Vorwort

Die **„Allgemeine Wirtschaftslehre der Kreditinstitute"** ist ein Lehr- und Lernbuch, das Fachwissen durch **kompetenzorientierte Lernkontrollen** ergänzt.

Für welche Zielgruppe ist dieses Buch geeignet?

Das Buch stellt eine optimale Vorbereitung auf die Abschlussprüfung der Bankkaufleute dar, ohne dabei auch weiterführende und vertiefende Inhalte außer Acht zu lassen. Somit kann das Buch auch als Nachschlagewerk eingesetzt werden.

Woran orientiert sich der Inhalt des Buches?

Die Allgemeine Wirtschaftslehre der Kreditinstitute berücksichtigt die gültige Ausbildungsordnung Bankkaufmann/Bankkauffrau und den Rahmenlehrplan für den Ausbildungsberuf Bankkaufmann/Bankkauffrau der Kultusministerkonferenz der Länder sowie den Lehrplan zur Allgemeinen Wirtschaftslehre in Baden-Württemberg.

Nach Lernfeldern gegliedert!

Das Buch ist nach Lernfeldern gegliedert und behandelt die kompletten Lernfelder 1, 6 und 12 des Rahmenlehrplans. Dabei werden die Inhalte um die Lehrplaneinheiten des Lehrplans Baden-Württemberg ergänzt.

Detaillierte Gliederung und umfangreiches Stichwortverzeichnis!

Durch die detaillierte Gliederung und das umfangreiche Stichwortverzeichnis ist ein schnelles Auffinden der Inhalte möglich.

Sachdarstellung und zusammenfassende Übersichten

Zahlreiche Beispiele, Übersichten, Tabellen, Grafiken und Merksätze veranschaulichen und ergänzen die Sachtexte. Am Ende eines Kapitels dienen zusammenfassende Übersichten zur Darstellung der Strukturzusammenhänge. Die Zusammenfassungen liegen auch als PDF-Datei auf einer CD im Lehrerhandbuch vor. Diese CD enthält außerdem zusätzliche Materialien für den Unterricht. Aufgaben, für die Arbeitsblätter und andere Materialien auf der CD als PDF verfügbar sind, sind am Seitenrand mit einem CD-Symbol gekennzeichnet.

Lernkontrollen

Die Lernkontrollen am Ende der Kapitel ermöglichen eine Wiederholung und Durchdringung der Lerninhalte.

Die vorliegende 2. Auflage entspricht dem **Stand Januar 2019** und enthält Änderungen für 2019 soweit bei Redaktionsschluss bekannt.

Die Inhalte der ersten Auflage wurden überarbeitet und aktualisiert. Völlig neu gefasst wurde der Teil Datenschutz gemäß der DSGV sowie das Kapitel über den Verbraucherschutz bei außerhalb der Geschäftsräume geschlossenen Verträge.

Wir danken!

Wir danken unseren Auszubildenden, den Kreditinstituten, unseren Kolleginnen und Kollegen sowie Unternehmen, die uns freundlicherweise mit Anregungen und Materialien unterstützt haben.

Ihr Feedback ist uns wichtig!

Wir freuen uns auch weiterhin auf einen lebendigen Austausch und sind allen Lesern gegenüber offen für Anregungen, Kritik und Verbesserungsvorschläge. Wenn Sie mithelfen möchten, dieses Buch für die kommenden Auflagen zu verbessern, schreiben Sie uns unter: lektorat@europa-lehrmittel.de.

Sommer 2019   Die Verfasser

A   Lernfeld 1: Privates und betriebliches Handeln am rechtlichen Bezugsrahmen ausrichten

1   Rechtliche Grundlagen

1.1   Rechtsquellen, Rechtsordnung und Rechtsgebiete

1.1.1   Rechtsquellen

Das Recht ordnet durch Gebote und Verbote das gesellschaftliche Leben und regelt die rechtlichen Beziehungen der Menschen eines Staates oder einer Staatengemeinschaft. Das Wort „Recht" hat einen objektiven und einen subjektiven Sinn.

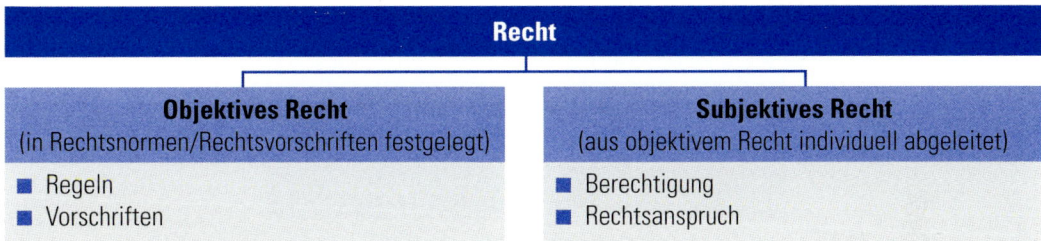

Rechtsvorschriften sind abstrakt, losgelöst von Einzelfällen, abgefasst. Neben dem schriftlich festgelegten Gesetzesrecht gibt es auch das Gewohnheitsrecht. Diese Rechtsnormen entstehen durch lang dauernde Übung und sind nicht schriftlich festgelegt.

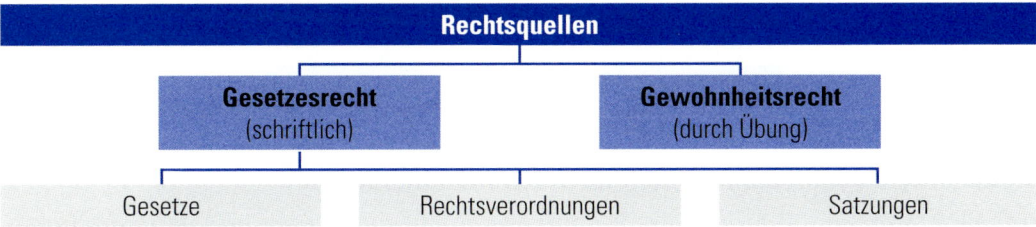

Gesetze

Gesetze werden von den verfassungsrechtlich zuständigen Organen (Legislative) erlassen. Das Zustandekommen ist formal vorgeschrieben (z. B. Bundestagslesungen – Mitwirkung des Bundesrates – Veröffentlichung).

Rechtsverordnungen

Im Gegensatz zu den Gesetzen werden Rechtsverordnungen durch die Exekutive (vollziehende Gewalt) erlassen (z. B. Straßenverkehrsordnung). Grundlage bildet auch hier ein Gesetz, das die Exekutive zum Erlass einer Rechtsverordnung für einen bestimmten Sachverhalt ermächtigt.

Satzung[1]

Satzungen sind Rechtsnormen, die von einer juristischen Person des öffentlichen Rechts (Körperschaften, Anstalten und Stiftungen des öffentlichen Rechts sowie staatliche Verbände) zur Regelung ihrer Angelegenheiten erlassen werden. Satzungen bedürfen keiner speziellen gesetzlichen Ermächtigung. Sie sind Ausdruck einer vom Staat verliehenen Autonomie. Beispielsweise erlassen die Gemeinden ihre Haushaltssatzung, die Satzung für einen Bebauungsplan oder für die Müllabfuhr.

1.1.2 Aufbau der Rechtsordnung

Die Rechtsordnung ist hierarchisch gegliedert. Es gilt das Rangordnungsprinzip. Dies besagt, dass eine auf höherer Ebene angesiedelte Regel Vorrang hat vor einer niedriger eingestuften, schwächeren Regel. Das bedeutet, dass ein Gesetz in der Verfassung verankert sein muss und eine Verordnung im entsprechenden Gesetz. Eine Satzung muss den Verordnungen entsprechen.

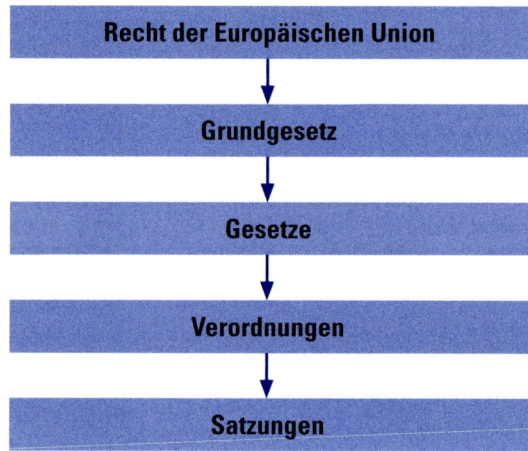

1.1.3 Rechtsgebiete: Privates und öffentliches Recht

Die deutsche Rechtsordnung unterscheidet die Rechtsgebiete privates und öffentliches Recht.

Das **Privatrecht** (Zivilrecht, bürgerliches Recht) regelt die Beziehungen der Einzelnen zueinander. Die Beteiligten stehen sich gleichberechtigt gegenüber. Die Rechtsbeziehungen der Beteiligten sind freiwillig zustande gekommen.

Das **öffentliche Recht** regelt rechtliche Beziehungen des Einzelnen zum Staat sowie die Beziehungen der staatlichen Verbände untereinander. Der Staat ist dem Einzelnen gegenüber übergeordnet. Die Rechtsbeziehung zwischen Bürger und Staat wird vom Staat erzwungen.

---

1   Satzungen als Rechtsnormen sind von den Satzungen juristischer Personen des privaten Rechts (z. B. Verein, Aktiengesellschaft) zu unterscheiden.

Beispiele	
Privates Recht	**Öffentliches Recht**

■ Bürgerliches Recht
■ Mietrecht
■ Handelsrecht
■ Arbeitsrecht
■ Versicherungsrecht
	■ Staatsrecht (Verfassung, Grundgesetz,
	   Staatsorganisationsrecht)
	■ Verwaltungsrecht
	■ Strafrecht
	■ Steuerrecht
	■ Prozessrecht (Zivilprozessrecht,
	   Strafprozessrecht, Verwaltungsprozessrecht)

1.2 Rechtssubjekte

1.2.1 Rechtsfähigkeit

Rechtsfähigkeit ist die Fähigkeit von natürlichen und juristischen Personen, Träger von Rechten und Pflichten zu sein.

Rechtsfähige Personen (= Rechtssubjekte) können beispielsweise Eigentum erwerben, erben, klagen, verklagt werden sowie zur Zahlung von Steuern verpflichtet werden.

Rechtssubjekte sind alle Personen, die durch Rechtsordnung zu Pflichten berufen und mit Rechten ausgestattet werden können. Sie sind rechtsfähig. Sie können Träger von Rechten und Pflichten sein.

Natürliche Personen

Alle Menschen (= natürliche Personen) sind von Geburt bis zum Tod rechtsfähig, d. h. sie können Träger von Rechten und Pflichten sein.

BGB § 1

Bereits Kinder können beispielsweise Erbe eines Vermögens werden und somit auch erbschaftssteuerpflichtig sein. Die Steuer selbst zahlen jedoch die gesetzlichen Vertreter für das Kind. Kinder haben das Recht auf Schulbildung, gleichzeitig besteht für sie Schulpflicht.

Juristische Personen

> Juristische Personen sind Rechtskonstrukte, die ihre Rechtsfähigkeit mit Eintragung in ein öffentliches Register erlangen und diese mit der Löschung aus diesem Register wieder verlieren.

*siehe LF 1
Kap. 1.2.2*

 Zum Beispiel erlangt eine GmbH von der Eintragung in das Handelsregister bis zur Löschung im Handelsregister die Rechtsfähigkeit. Juristische Personen können unter ihrem Namen am Rechtsverkehr teilnehmen, klagen und verklagt werden. Als Kunstgebilde fehlt ihnen die Fähigkeit durch Willenserklärungen am rechtsgeschäftlichen Verkehr teilzunehmen. Diese Fähigkeit haben nur natürliche Personen. Um auch juristische Personen zu Trägern von Rechten und Pflichten aus rechtsgeschäftlichen Erklärungen zu machen, benötigen sie Stellvertreter. Diese Stellvertreter können für die juristische Person rechtswirksam handeln, z. B. der Vorstand für eine AG oder die Geschäftsführer für eine GmbH.

Juristische Personen erlangen ihre Rechtsfähigkeit aufgrund eines privatrechtlichen Gesetzes mit Eintragung in ein öffentliches Register oder aufgrund öffentlich-rechtlicher Vorschriften durch Verleihung. Dementsprechend lassen sich juristische Personen des Privatrechts und des öffentlichen Rechts unterscheiden

Juristische Personen	
juristische Personen des privaten Rechts	**juristische Personen des öffentlichen Rechts**
privatrechtliche Körperschaften Organisationen, die vom Wechsel ihrer Mitglieder unabhängig sind, z. B. <ul><li>eingetragener Verein (e.V.)</li><li>eingetragene Genossenschaft (e. G.)</li><li>Gesellschaft mit beschränkter Haftung (GmbH)</li><li>Aktiengesellschaft (AG)</li><li>Europäische Gesellschaft (Societas Europaea, SE)</li></ul>	**Körperschaften des öffentlichen Rechts** Organisationen, die vom Wechsel ihrer Mitglieder unabhängig sind, z. B. <ul><li>Gebietskörperschaften, wie Bund, Länder, Gemeinden</li><li>Personenkörperschaften, wie Universitäten, Industrie- und Handelskammern, Rechtsanwaltskammern</li></ul>
privatrechtliche Stiftungen haben keinen personellen Bezug (also keine Mitglieder oder Benutzer), sind rechtlich verselbstständigte Vermögensmassen, deren Erträge einem festgelegten Zweck dienen	**Anstalten des öffentliche Rechts** haben keine Mitglieder, sondern Benutzer z. B. Sparkassen, ARD
Sonderstellung: Personengesellschaften besitzen nur Teilrechtsfähigkeit	**Stiftungen des öffentlichen Rechts** Vermögensmassen, deren Erträge zur Wahrnehmung öffentlicher Aufgaben dienen, sie haben Nutznießer, z. B. Conterganstiftung, Stiftung Preußischer Kulturbesitz, Stiftung Warentest

*siehe LF 1
Kap. 2*

Personengesellschaften, wie die Gesellschaft des bürgerlichen Rechts, die Offene Handelsgesellschaft, die Kommanditgesellschaft und die Partnerschaftsgesellschaft haben keine eigene Rechtspersönlichkeit. Sie sind keine juristischen Personen, verfügen aber über eine eingeschränkte Rechtsfähigkeit.

Rechtsfähigkeit		
	Beginn der Rechtsfähigkeit	**Ende der Rechtsfähigkeit**
natürliche Personen	mit Vollendung der Geburt	mit Eintritt des Todes
juristische Personen	mit Eintragung in das jeweilige öffentliche Register (z. B. Handels- oder Vereinsregister)	mit Löschung aus dem jeweiligen öffentlichen Register

Lernkontrolle
Aufgaben 1, 2 u. 4

1.2.2   Geschäftsfähigkeit

Bei Abschluss von Rechtsgeschäften muss sichergestellt sein, dass die handelnden Personen Geschäftsfähigkeit besitzen. Nur dann können gültige Rechtsgeschäfte (z. B. Konto-, Kauf-, Darlehens- oder Mietvertrag) abgeschlossen werden. Kreditinstitute sind verpflichtet, im Zusammenhang mit der Kontoeröffnung, die Kunden zu legitimieren und dabei auch die Geschäftsfähigkeit des Antragsstellers zu prüfen.

Ein **Rechtsgeschäft** besteht aus einer oder mehreren Willenserklärungen, die darauf gerichtet sind, eine Rechtsfolge gewollt herbeizuführen.

Die **Willenserklärung** ist grundsätzlich eine ausdrückliche Äußerung oder absichtliche Handlung einer Person, um eine rechtliche Wirkung herbeizuführen.

Geschäftsfähigkeit ist die Fähigkeit, wirksame Willenserklärungen abgeben zu können. Dadurch können Rechtsgeschäfte zustande kommen.

BGB
§ 104 ff.

Geschäftsfähig sind nur **natürlichen Personen**. Sie erhalten diese Fähigkeit in Stufen, die sich nach dem Lebensalter richten.

Arten der Geschäftsfähigkeit bei natürlichen Personen		
Geschäftsunfähigkeit §§ 104, 105 BGB	**beschränkte Geschäftsfähigkeit** §§ 106 ff. BGB	**Geschäftsfähigkeit**
■ Kinder unter 7 Jahren ■ Personen mit dauerhafter krankhafter Störung der Geistestätigkeit ■ Personen mit vorübergehender Störung der Geistestätigkeit oder im Zustand der Bewusstlosigkeit	■ Personen von 7 bis unter 18 Jahren ■ unter Betreuung stehende Personen mit Anordnung des Einwilligungsvorbehalts	■ Personen ab 18 Jahren

Geschäftsunfähige können keine rechtswirksamen Willenserklärungen abgeben. Ihre Willenserklärungen sind nichtig, das bedeutet, sie sind von Beginn an ungültig. Ein Kontovertrag oder auch ein anderer Vertrag mit einem Geschäftsunfähigen ist somit nicht möglich. Die Kontoeröffnung bzw. der Vertragsabschluss muss durch den gesetzlichen Vertreter (z. B. Eltern) im Namen des Geschäftsunfähigen erfolgen.

Willenserklärungen **beschränkt geschäftsfähiger** Personen sind **schwebend unwirksam**. Die Willenserklärungen sind dann wirksam, wenn der gesetzliche Vertreter seine Zustimmung erteilt. Eine vorherige Zustimmung wird als **Einwilligung** bezeichnet und eine nachträgliche Zustimmung als **Genehmigung**. Die Genehmigung muss innerhalb von zwei Wochen nach Aufforderung erteilt werden, sonst ist die Willenserklärung des beschränkt Geschäftsfähigen nichtig. Allerdings nennt das Gesetz auch einige Ausnahmen von dieser Regel. Folgende Rechtsgeschäfte kann ein beschränkt Geschäftsfähiger rechtswirksam abschließen:

BGB § 107
- **rechtlicher Vorteil:** Der Minderjährige erlangt aus dem Rechtsgeschäft ausschließlich einen rechtlichen Vorteil (z. B. Schenkung ohne Pflicht zur Gegenleistung).

BGB § 110
- **Taschengeldparagraf:** Der Minderjährige bewirkt die vertragsgemäßen Leistungen mit Mitteln, die ihm von den gesetzlichen Vertretern oder mit deren Zustimmung von einem Dritten zu diesem Zweck oder zur freien Verfügung überlassen wurden.

- **erweiterte Geschäftsfähigkeit**

BGB § 112
  - **selbstständiger Betrieb eines Erwerbsgeschäfts:** Die Rechtsgeschäfte beschränken sich auf das Betreiben eines selbstständigen Erwerbsgeschäfts, zu dem der Minderjährige durch den gesetzlichen Vertreter und das Betreuungsgericht (ehemals Vormundschaftsgericht) ermächtigt wurde, z. B. Kontoeröffnung für das Unternehmen.

BGB § 113
  - **Dienst- oder Arbeitsverhältnis:** Ermächtigt der gesetzliche Vertreter den Minderjährigen ein Dienst- oder Arbeitsverhältnis anzutreten (bezieht sich nicht auf Ausbildungsverhältnisse), so ist er für Rechtsgeschäfte im Zusammenhang des Dienst- oder Arbeitsverhältnisses unbeschränkt geschäftsfähig, z. B. Eröffnung eines Gehaltskontos.

Lernkontrolle
Aufgaben 3, 5 u. 6

Geschäftsfähige können unbeschränkt rechtswirksame Willenserklärungen abgeben. Beispielsweise ist eine selbstständige Kontoeröffnung möglich.

1.2.3 Willenserklärung

> Eine **Willenserklärung** ist auf die Herbeiführung einer bestimmten Rechtsfolge gerichtet. Sie kann **mündlich, schriftlich** oder durch **schlüssiges (konkludentes) Handeln** abgegeben werden.

> **Beispiele:**
> - Der Autoverkäufer nennt dem Kunden den Preis, zu dem er den Gebrauchtwagen verkaufen will. Die Willenserklärung erfolgt mündlich.
> - Ein Kunde erteilt einen schriftlichen Auftrag zum Kauf von Wertpapieren.
> - Bei einer Versteigerung hebt Frau Müller die Hand, um ein Gebot abzugeben. Die Willenserklärung erfolgt durch schlüssiges Handeln.

Eine Willenserklärung ist also eine Äußerung einer Person, mit der willentlich eine Rechtsfolge herbeigeführt werden soll. Dabei gilt **bloßes Schweigen** grundsätzlich nicht als Willenserklärung. Nur unter Kaufleuten gilt Schweigen unter bestimmten Voraussetzungen ausnahmsweise als Zustimmung.

Zu unterscheiden von der Willenserklärung ist die **Absichtserklärung**. Durch eine Absichtserklärung soll keine Rechtsänderung herbeigeführt werden, sie ist im Gegensatz zur Willenserklärung nicht rechtlich bindend, sondern unverbindlich.

Beispiel:
Der Auszubildende Franz sagt, dass er den Mitschüler Bernd am nächsten Tag zum Joggen abholen wird. Damit will sich Franz nicht rechtlich binden. Er muss also nicht mit einer Schadenersatzforderung von Bernd rechnen, wenn er den Termin nicht wahrnimmt.

Rechtswirksamkeit von Willenserkärungen

Willenserklärungen können bezüglich ihrer Rechtswirksamkeit
- empfangsbedürftig oder
- nicht empfangsbedürftig sein.

Empfangsbedürftige Willenserklärungen werden erst rechtswirksam, wenn sie in den Verfügungsbereich des Empfängers gelangt sind.

Beispiel:
Der Bankangestellte Götze kündigt sein Arbeitsverhältnis bei der Europabank AG. Die Kündigung wird wirksam, sobald sein Arbeitgeber diese erhalten hat.

Um die Rechtswirksamkeit einer empfangsbedürftigen Willenserklärung herbeizuführen, muss der Erklärende sich an den Empfänger wenden.

Wirksamwerden von empfangsbedürftigen Willenserklärungen	
Unter Anwesenden muss die Willenserklärung vom Empfänger wahrgenommen und verstanden werden.	Unter Abwesenden muss die Willenserklärung in den Einflussbereich des Empfängers gelangt sein.

Nicht empfangsbedürftige Willenserklärungen werden bereits mit ihrer Abgabe wirksam.

Lernkontrolle
Aufgabe 7

Beispiel:
Der Bankdirektor Müllmann legt seinen letzten Willen in Form eines handgeschriebenen Testaments nieder.

Zusammenfassung und Lernkontrolle

Zusammenfassung

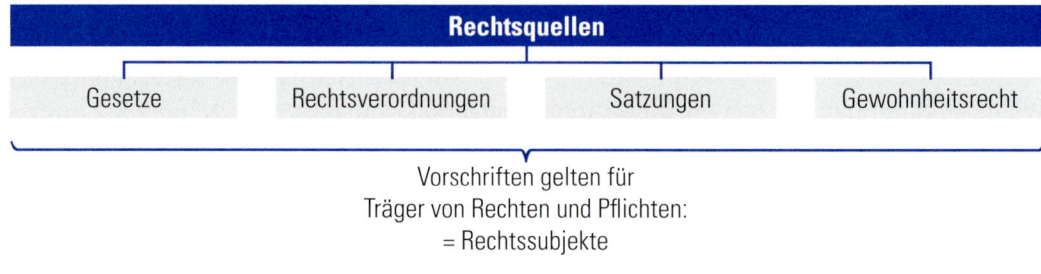

Rechtsquellen			
Gesetze	Rechtsverordnungen	Satzungen	Gewohnheitsrecht

Vorschriften gelten für
Träger von Rechten und Pflichten:
= Rechtssubjekte

Rechtssubjekte
nehmen aktiv am Rechtsverkehr teil

natürliche Personen (Geburt bis Tod)	**juristische Personen** (Eintrag bis zur Löschung)
haben die **Rechtsfähigkeit**: können Träger von Rechten und Pflichten sein	haben die **Rechtsfähigkeit**: können Träger von Rechten und Pflichten sein
erlangen die **Geschäftsfähigkeit** in Stufen; Geschäftsfähige können rechtsverbindliche Willenserklärungen abgeben.	besitzen keine Geschäftsfähigkeit und brauchen deshalb natürliche Personen (Organe) um rechtsverbindliche Willenserklärungen abgeben zu können

Willenserklärungen
Zweck: Herbeiführung einer Rechtsfolge

mündliche Willenserklärung	schriftliche Willenserklärung	Erklärung des Willens durch schlüssiges Handeln

Gültigkeit
- empfangsbedürftige Willenserklärung: mit Zugang in den Verfügungsbereich des Empfängers
- nicht empfangsbedürftige Willenserklärung: mit Abgabe der Willenserklärung

Lernkontrolle

Aufgabe 1

Die Witwe Beate Klein hat in ihrem Testament ihren treuen Dackel Waldi zu ihrem Erben gemacht. Kann Waldi nach ihrem Tod das Erbe antreten?

Aufgabe 2

Die Universität Tübingen möchte zur jährlichen Diplomierungsfeier einen Festsaal im Tübinger Schloss anmieten. Kann die Universität einen Mietvertrag abschließen?

Aufgabe 3

Der Fahrradhändler Sport Max verkauft der 17-jährigen Mandy ein Mountainbike zum Preis von 1.800 Euro. Mandy wirkt älter und reifer. Am nächsten Tag kommt Mandys Vater in das Fahrradgeschäft, bringt das Fahrrad zurück und fordert den Kaufpreis zurück.

Aufgabe 4

Beweisen Sie an drei Beispielen, dass ein 3-Jähriger Träger von Rechten und Pflichten sein kann, also rechtsfähig ist.

Aufgabe 5

In einer Tageszeitung lesen Sie folgende Überschrift: „Tierfreundin will Lebensversicherung über 20.000 Euro zugunsten ihrer Ente Trudel abschließen".

1. Ist dies möglich? Begründen Sie Ihre Antwort und suchen Sie gegebenenfalls eine andere Lösung, wie die Tierfreundin dafür sorgen kann, dass ihre Ente auch nach dem Tod von Frauchen gut versorgt ist.
2. Wie würden Sie den Fall beurteilen, wenn statt der Ente der Tierschutzverein Mössingen e.V. als Begünstigter eingesetzt werden soll?

Aufgabe 6

Der 17-jährige Schüler Edwin Polanski erhält von seinen Eltern ein monatliches Taschengeld in Höhe von 100 Euro und bessert sich dieses durch gelegentliche Rasenmäharbeiten auf. Erwin möchte nun auf Anraten seiner Eltern hin ein Girokonto eröffnen, um sich das Taschengeld überweisen zu lassen sowie die gelegentlichen Einnahmen einzuzahlen. Prüfen Sie, ob Edwin die zur Kontoeröffnung erforderlichen Willenserklärungen rechtsgültig abgeben kann.

Aufgabe 7

Entscheiden Sie, ob es sich bei den Äußerungen in den folgenden Fällen jeweils um eine Willenserklärung handelt und geben Sie gegebenenfalls die Art die Willenserklärung an.

1. Jürgen Maier bietet einem Straßenhändler 15 Euro für eine Handtasche an.
2. Der Schlagerstar Helen Fleischer gibt einem Fan ein Autogramm.
3. Bei einer Versteigerung hebt Olav Tomm seine rechte Hand, um eine Vase zu ersteigern.
4. Roland König gibt über Onlinebanking bei seinem Kreditinstitut einen neuen Dauerauftrag ab.
5. Roberta Weiss informiert sich im Internet über die Zinssätze einer Geldanlage.
6. Ein Kreditinstitut schickt einem Kunden eine automatisch erzeugte Orderbestätigung (Auftrag für einen Wertpapierkauf an der Börse).
7. Frau Renate Koslowki gibt ihrem Kreditinstitut telefonisch einen Überweisungsauftrag.
8. Bernd sagt zu, seine Freundin am Sonntag zum Essen in ein Restaurant einzuladen.

1.3 Rechtsobjekte

1.3.1 Rechtsobjekte im Überblick

Rechtsobjekte sind alle Sachen, Tiere und Rechte (z. B. Eigentumsrecht, Patent). Sie nehmen am Rechtsverkehr nur passiv teil. Über sie üben die Rechtssubjekte ihre Rechtsmacht aus.

Lernkontrolle
Aufgabe 1

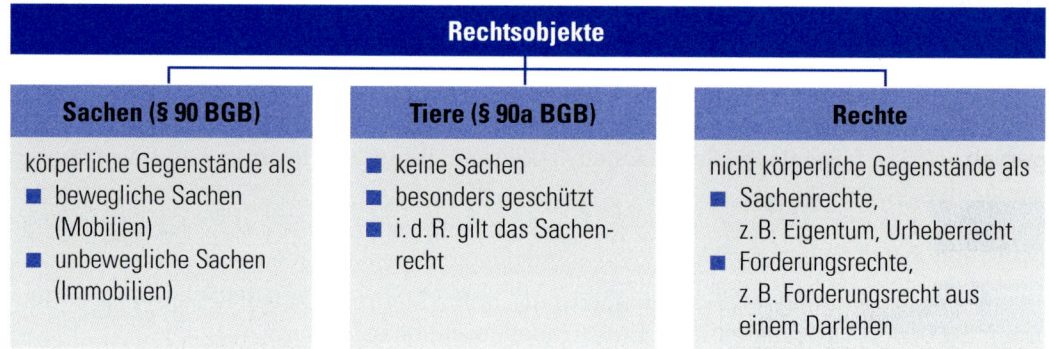

1.3.2 Eigentum und Besitz

Eigentums- und Besitzrechte sind Rechtsobjekte. Sie drücken das Verhältnis des Eigentümers bzw. Besitzers zu einer Sache oder einem Recht aus.

BGB
§§ 903 u. 854

1.4   Rechtsgeschäfte

1.4.1   Arten und Zustandekommen von Rechtsgeschäften

Ein **Rechtsgeschäft** ist eine Handlung, die aus einer oder mehreren Willenserklärungen besteht und darauf gerichtet ist, eine Rechtsfolge gewollt herbeizuführen. Rechtsgeschäfte dienen dazu, rechtliche Beziehungen Einzelner zu regeln, also Rechtsbeziehungen zu begründen, zu verändern oder aufzuheben.

Bei einseitigen Rechtsgeschäften erklärt nur eine Person ihren Willen. Bei zweiseitigen Rechtsgeschäften geben die beiden Partner inhaltlich übereinstimmende Willenserklärungen ab.

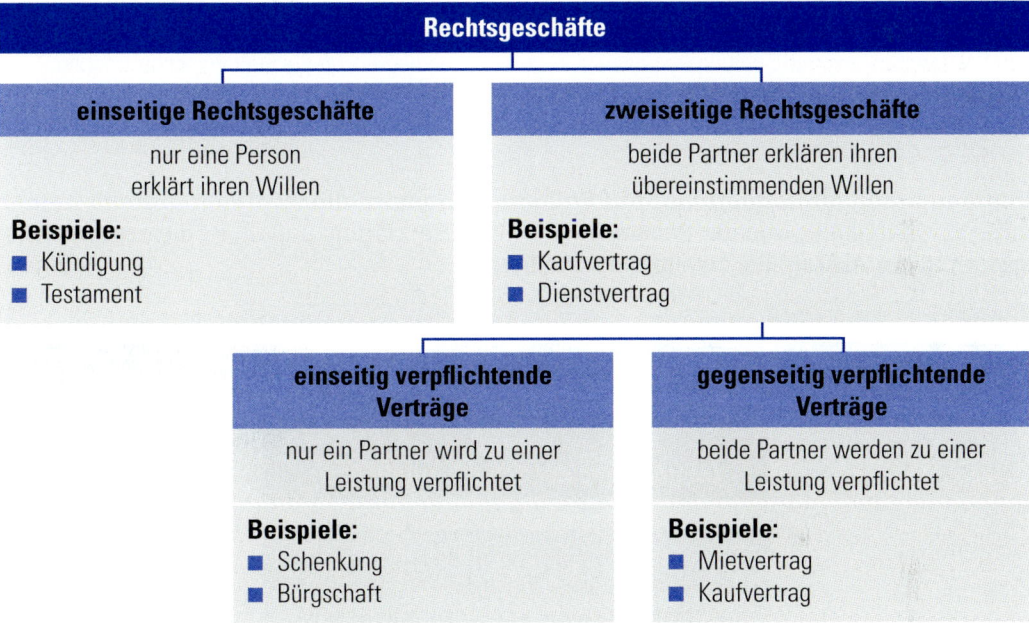

Einseitige Rechtsgeschäfte

Wenn für das Rechtsgeschäft nur die Willenserklärung einer Person benötigt wird, spricht man von einem einseitigen Rechtsgeschäft. Dabei ist zwischen empfangsbedürftigen und nicht empfangsbedürftigen Willenserklärungen zu unterscheiden.

empfangsbedürftige Willenserklärungen	nicht empfangsbedürftige Willenserklärungen
Um rechtswirksam zu sein, muss die Willenserklärung in den Herrschaftsbereich des Empfängers gelangen (z. B. Briefkasten).	Die Rechtswirksamkeit entsteht bereits mit der Abgabe der Willenserklärung.
Beispiel: Ein Mieter wirft sein Kündigungsschreiben in den Briefkasten des Vermieters.	**Beispiel:** Eine Person verfasst ein formgerechtes Testament.

Mehrseitige Rechtsgeschäfte

Zwei- und mehrseitige Rechtsgeschäfte entstehen durch die Willenserklärungen von mehreren Personen. Verträge sind mehrseitige Rechtsgeschäfte. Durch den Abschluss eines Vertrags (z. B. Kaufvertrag) entstehen allen oder einzelnen Vertragspartnern Pflichten (Verpflichtungsgeschäft). Davon zu trennen ist das Verfügungsgeschäft (Erfüllungsgeschäft), durch das die eingegangenen Verpflichtungen eingelöst werden.

Verpflichtungsgeschäft (Vertrag)	Verfügungsgeschäft (Erfüllungsgeschäft)
Verpflichtungsgeschäfte sind Rechtsgeschäfte, durch die sich eine Person gegenüber einer anderen zu einer Leistung verpflichtet. Das Verpflichtungsgeschäft begründet ein Schuldverhältnis.	Verfügungsgeschäfte bewirken eine unmittelbare Rechtsänderung an einer Sache oder an Rechten. Das Verfügungsgeschäft ist von dem ihm zugrundeliegenden Verpflichtungsgeschäft unabhängig.
Beispiel: Durch einen Kaufvertrag wird der Käufer zur Warenabnahme und Zahlung verpflichtet. Der Verkäufer verpflichtet sich zur Übergabe der mangelfreien Ware und zur Eigentumsübertragung.	**Beispiel:** Einigung und Übergabe beweglicher Sachen begründen die Eigentumsübertragung.

Verträge benötigen mindestens zwei Willenserklärungen, die inhaltlich übereinstimmen müssen. Unabhängig von der Person, die die Willenserklärung äußert, ist die erste Willenserklärung der **Antrag**, die zweite die **Annahme**.

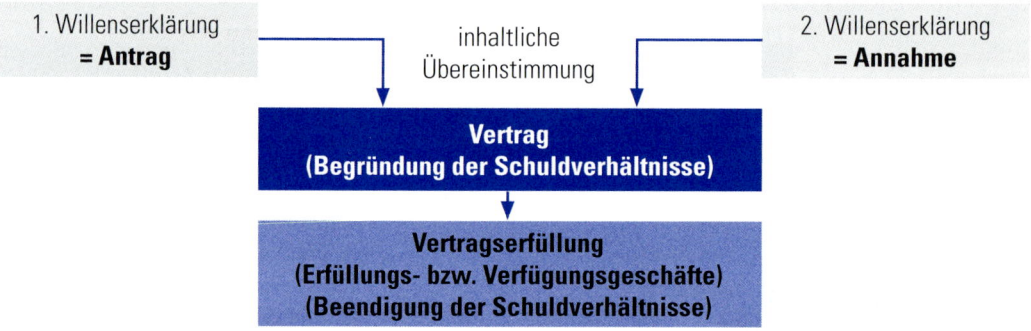

1.4.2 Vertragsfreiheit

GG
Art. 2 Abs. 1

Die Vertragsfreiheit stellt einen Teil des Rechts der freien Entfaltung der Persönlichkeit dar, das durch das Grundgesetz garantiert ist. Dieses Grundrecht ist jedoch eingeschränkt, sofern
■ Rechte Dritter verletzt werden,
■ gegen die verfassungsrechtliche Ordnung oder
■ die guten Sitten verstoßen wird.

Die Vertragsfreiheit umfasst drei Aspekte.

Abschlussfreiheit

Geschäftsfähige Personen können ihren Vertragspartner frei wählen. In wenigen Fällen gibt es jedoch einen **Kontrahierungszwang**. Das ist eine rechtliche Verpflichtung mit einem anderen ein Rechtsverhältnis (i.d.R. einen Vertrag) zu schließen. Dies gilt beispielsweise für Nahverkehrsbetriebe bei der Personenbeförderung oder Apotheken bei der Vorlage einer ärztlichen Verordnung. Auch für Sparkassen gilt in einigen Bundesländern der Kontrahierungszwang für die Eröffnung eines Guthabenkontos („Jedermann-Konto").

Inhaltsfreiheit

Verträge können inhaltlich frei gestaltet werden. Es können also alle Vertragsinhalte frei ausgehandelt werden. Dies sind z.B. der Preis, die Zahlungsform oder die Lieferbedingungen, sofern nicht die oben genannten Einschränkungen, wie z.B. Sittenwidrigkeit oder Verstoß gegen ein Gesetz, gelten.

Formfreiheit

Rechtsgeschäfte können in beliebiger Form abgeschlossen werden. Ausnahmen bilden Rechtsgeschäfte, bei denen die Form der Willenserklärung und des Inhalts des Rechtsgeschäfts ausdrücklich in einem Gesetz vorgeschrieben wird (z.B. Grundstückskauf).

1.4.3 Formenvorschriften

Formfreiheit

Ein Rechtsgeschäft kann grundsätzlich in jeder beliebigen Form abgeschlossen werden. Die für das Zustandekommen des Rechtsgeschäfts nötige Willenserklärung kann schriftlich, mündlich oder durch schlüssiges (konkludentes) Handeln abgegeben werden.

Lernkontrolle Aufgabe 6

Formzwang

Trotz der grundsätzlichen Formfreiheit gibt es Rechtsvorschriften, die für bestimmte Rechtsgeschäfte eine besondere Form vorschreiben. Natürlich können die Vertragspartner auch selbst eine Form vereinbaren, wenn durch diese die Rechtssicherheit der Beteiligten erhöht wird (z.B. schriftlicher Kaufvertrag, obwohl dieser auch mündlich abgeschlossen werden könnte).

BGB § 125

Form	Beschreibung	Beispiel	
Schriftform	Die Urkunde muss vom Aussteller eigenhändig unterschrieben werden.	Bürgschaftserklärung von Nichtkaufleuten	BGB § 126
elektronische Form	Das elektronische Dokument muss mit einer qualifizierten elektronischen Signatur versehen sein.	elektronische Steuererklärung	BGB § 126 a
Textform	Die Erklärung muss durch Nachbildung der Namensunterschrift (ohne eigenhändige Unterschrift) oder anders kenntlich gemacht werden („Dieses Schreiben ist auch ohne Unterschrift gültig".).	faksimilierte Unterschrift Bußgeldbescheid	BGB § 126 b
öffentliche Beglaubigung	Ein Notar beglaubigt die Echtheit der Unterschrift auf dem Dokument.	Antrag zur Grundbucheintragung	BGB § 129
notarielle Beurkundung	Die Willenserklärungen werden von einem Notar protokolarisch aufgenommen. Er bestätigt neben der Echtheit der Unterschrift auch, dass die Unterzeichneten diesen Inhalt erklären wollten.	Kaufvertrag für ein Grundstück	BGB § 128

1.4.4   Eigentumsübertragung

Eigentumsübertragung an beweglichen Sachen

Die Eigentumsübertragung ist ein Verfügungsgeschäft (Erfüllungsgeschäft). Voraussetzung dafür ist die Einigung zwischen den Vertragspartnern (z. B. Veräußerer und Erwerber, Schenker und Beschenkter).

	Situation	Beispiel	Eigentumsübertragung Veräußerer ⟶ Erwerber
BGB § 929	**Gegenstand ist beim Veräußerer**	B kauft beim Fahrradhändler A einen Sattel und nimmt ihn mit.	A ⟷ B Einigung + Übergabe
BGB § 931	**Gegenstand ist bei einem Dritten**	A verkauft B ein Buch, das sich C ausgeliehen hat. B soll das Buch direkt bei C abholen.	A ⟷ B Einigung + Abtretung des Herausgabeanspruchs C
BGB § 929 Abs. 2	**Gegenstand ist beim Erwerber**	A erhält auf Probe einen Staubsauger, den er nach dem Test von B kauft.	A ⟷ B Einigung
BGB § 930	**Veräußerer soll Besitzer bleiben**	A verkauft B seinen PKW. A darf das Auto aber noch so lange fahren, bis sein bestellter Neuwagen geliefert wird.	A ⟷ B Einigung + Besitzkonstitut (z. B. Leihvertrag)

Eigentumsvorbehalt

Lernkontrolle Aufgaben 2, 4 u. 5

Eigentumsvorbehalt ist eine Vereinbarung zwischen Käufer und Verkäufer, wonach der Käufer zwar sofort den Besitz an einer Sache erlangt, der Eigentumserwerb jedoch erst nach vollständiger Zahlung des Kaufpreises erfolgen soll. Bis zur Bezahlung bleibt der Verkäufer Eigentümer.

Gutgläubiger Erwerb

BGB § 932

Wer Sachen oder Rechte von einem Nichtberechtigten (Nichteigentümer) erwirbt, kann trotzdem Eigentum erwerben, wenn er **gutgläubig** war.

Diese Regelung soll den gutgläubigen Erwerber schützen. Der Grund für diese Regelung ist, dass beim Erwerb von beweglichen Sachen der Erwerber meist nicht prüfen kann, ob der Veräußerer zur Eigentumsübertragung berechtigt ist. Deshalb gilt die gesetzliche Vermutung, dass der Besitzer auch der Eigentümer ist. Voraussetzung für den gutgläubigen Erwerb ist, dass der Erwerber nicht wusste und nicht wissen konnte, dass der Veräußerer nicht zur Eigentumsübertrag berechtigt ist.

> **Beispiel:**
> Ein Kunde erwirbt im Elektrofachhandel ein TV-Gerät. Der Händler hat diesen Fernseher vom Hersteller unter Eigentumsvorbehalt (Eigentumsübergang erst nach Bezahlung) erworben. Das Gerät gehört somit noch dem Hersteller. Der Kunde wird jedoch Eigentümer, da er guten Glaubens war, dass dem Händler das Gerät gehört.

Gutgläubiger Erwerb an beweglichen Sachen ist nicht möglich, wenn diese

- gestohlen,
- verloren gegangen oder
- anderweitig abhanden gekommen sind.

Auf Geld oder Inhaberpapiere sowie auf den Erwerb bei öffentlichen Versteigerungen finden diese Bestimmungen über den Ausschluss des gutgläubigen Erwerbs keine Anwendung. Hier ist ein gutgläubiger Erwerb immer möglich.

Eigentumsübertragung an unbeweglichen Sachen

Die Übertragung des Eigentums an Grundstücken (unbeweglichen Sachen) erfolgt durch **Auflassung und Eintragung im Grundbuch**. Die Auflassung ist die Einigung zwischen Veräußerer und Erwerber darüber, dass das Eigentum übertragen werden soll. Die Auflassung wird von einem Notar beurkundet. Die darauf folgende Eintragung in das Grundbuch erfolgt nur, wenn die Auflassung nachgewiesen ist und der Veräußerer die Eintragung bewilligt. Zudem muss noch die Bestätigung des Finanzamts über die entrichtete Grunderwerbsteuer vorgelegt werden.

Lernkontrolle Aufgabe 3

Auch bei Grundstücken ist ein gutgläubiger Erwerb möglich. Der Erwerber kann sich im Grundbuch vergewissern, ob der Veräußerer auch Eigentümer ist. Sollte der Grundbucheintrag falsch sein, ist ein gutgläubiger Erwerb möglich.

BGB §§ 891–893

1.4.5 Nichtigkeit und Anfechtbarkeit von Rechtsgeschäften und Willenserklärungen

Wenn abgegebene Willenserklärungen Mängel aufweisen, können Rechtsgeschäfte unwirksam sein oder nachträglich unwirksam werden.

Rechtsgeschäfte	
nichtige Rechtsgeschäfte	**anfechtbare Rechtsgeschäfte**
falls bei Abschluss gegen Gesetzesvorschriften verstoßen wird	falls bei einer Willenserklärung ein Irrtum vorlag oder die Willenserklärung durch arglistige Täuschung oder widerrechtliche Drohung herbeigeführt wurde
Folge: Rechtsgeschäft ist unwirksam	**Folge:** Rechtsgeschäft kann nachträglich unwirksam werden

Eine Besonderheit bilden Rechtsgeschäfte mit beschränkt Geschäftsfähigen (7. bis zur Vollendung des 18. Lebensjahres) ohne Einwilligung (vorherige Zustimmung) des gesetzlichen Vertreters. Diese sind bis zur Genehmigung (nachträgliche Zustimmung) durch den gesetzlichen Vertreter schwebend unwirksam. Verweigert der gesetzliche Vertreter die Genehmigung, gilt der Vertrag als von vornherein nichtig.

BGB § 108

Nichtigkeit von Rechtsgeschäften

Lernkontrolle
Aufgabe 8

Die Nichtigkeit führt dazu, dass die Vertragspartner so gestellt werden müssen, als hätte das **Rechtsgeschäft nie stattgefunden**. Das Rechtsgeschäft ist von vornherein ungültig.

Folgende Rechtsgeschäfte sind nichtig:

BGB
§ 105 Abs. 1

- **Mangel in der Geschäftsfähigkeit**
  Willenserklärung wurde durch einen Geschäftsunfähigen abgegeben
  Beispiel: 4-jähriges Kind verschenkt sein Dreirad

BGB
§ 134

BGB
§ 138

- **Mangel im Inhalt des Rechtsgeschäfts**
  - Verstoß gegen ein gesetzliches Verbot
    Beispiel: Kaufvertrag über 1 kg Heroin
  - Verstoß gegen ein die guten Sitten
    Beispiel: Herr Maier verspricht Bernd K. eine Belohnung, wenn er seinen Nachbarn Herbold verprügelt.

BGB
§§ 311b u. 125

- **Mangel in der Form**
  - Willenserklärung wurde nicht in der vorgeschriebenen Form abgegeben
    Beispiel: Testament wird auf Tonband gesprochen

BGB
§ 105 Abs. 2

BGB
§§ 125, 117
u. 311b

BGB
§ 118

- **Mangel im rechtsgeschäftlichen Willen**
  - Willenserklärung wird im Zustand der Bewusstlosigkeit oder vorübergehender Störung der Geistestätigkeit abgegeben
    Beispiel: Im volltrunkenen Zustand verkauft Grauer sein neues Mobiltelefon für 10 Cent an die Bardame Moni.
  - Willenserklärung wird zum Schein abgegeben (Scheingeschäft)
    Beispiel: Grundstückskauf, bei dem die Parteien, um Steuern und Notariatsgebühren zu sparen, einen niedrigeren Kaufpreis im Vertrag angeben als tatsächlich bezahlt wird.
  - Willenserklärung wird ohne ernstlichen Willen abgegeben (Scherzgeschäft)
    Beispiel: Paul erklärt seiner Freundin, dass er ihr einen Stern vom Himmel holt

Anfechtbarkeit von Rechtsgeschäften

Lernkontrolle
Aufgabe 7

Wenn ein Rechtsgeschäft anfechtbar ist, wird es durch die Anfechtung rückwirkend nichtig. Solange keine Anfechtung erfolgt, ist das Rechtsgeschäft schwebend unwirksam. Die Anfechtung kann durch eine formfreie Erklärung erfolgen.

Irrtum

Wenn eine abgegebene Erklärung vom Willen des Erklärenden unbewusst abweicht, liegt ein Irrtum vor.

Art des Irrtums	Erklärung	Beispiel
Inhaltsirrtum	Der Erklärende hat sich über die inhaltliche Bedeutung der Willenserklärung geirrt.	Bei einer Versteigerung sieht Anna einen Bekannten und winkt ihm zu. Der Versteigerer nimmt an, dass Anna mitbieten will. Allerdings wollte sie mit ihrer Handbewegung keine rechtlichen Folgen herbeiführen.
Erklärungsirrtum	Der Erklärende verspricht oder verschreibt sich.	Der Verkäufer schreibt in ein Angebot einen Preis von 290 Euro statt 920 Euro.
Übermittlungsirrtum	Ein Dritter (Bote – kein Stellvertreter) übermittelt die Willenserklärung falsch.	Der Einkaufsleiter beauftragt den Auszubildenden, dem Händler auszurichten, er bestelle 20 kg Bananen. Der Auszubildende richtet dem Geschäftspartner aus, sein Chef wolle 200 kg Bananen.
Eigenschaftsirrtum	Der Erklärende gibt die Willenserklärung aufgrund einer falschen Vorstellung über die Person oder Sache ab.	Ein Unternehmer stellt einen Buchhalter ein, ohne zu wissen, dass dieser bereits wegen Unterschlagung vorbestraft ist.

In den Fällen, in denen eine Anfechtung wegen Irrtums möglich ist, muss die Anfechtung unverzüglich nach Erkennen des Irrtums erfolgen. Zehn Jahre nach Abgabe der Willenserklärung ist die Anfechtung ausgeschlossen. Vom Inhaltsirrtum abzugrenzen ist der **Motivirrtum**, der keine Anfechtung erlaubt. Der Erklärende geht irrtümlich von einem falschen Umstand aus. Diese falschen Umstände motivieren ihn zur Abgabe einer Willenserklärung.

BGB § 121

> **Beispiel:** Herr Albrecht kauft Aktien einer AG, weil er der Meinung ist, dass der Aktienkurs steigen wird. Tatsächlich sinkt der Kurs jedoch. Eine Anfechtung ist nicht möglich.

Arglistige Täuschung und widerrechtliche Drohung

Rechtsgeschäfte, bei denen die Willenserklärung aufgrund einer arglistigen Täuschung oder einer widerrechtlichen Drohung abgegeben wurde, sind ebenfalls anfechtbar. Eine **arglistige Täuschung** liegt vor, wenn der Täuschende weiß und will, dass die Vorspiegelung falscher Tatsachen den Getäuschten zur Willenserklärung veranlasst.

BGB § 123

> **Beispiel:** Katrin verkauft ihr Auto, das bereits einen Unfall hatte, mit der Zusicherung, der Wagen sei unfallfrei.

Wird eine Willenserklärung durch psychischen Druck, also mit der Absicht, Furcht vor einem künftigen Übel zu erzeugen, herbeigeführt, spricht man von einer **widerrechtlichen Drohung**.

> **Beispiel:** Ein Autokäufer droht mit Schlägen, wenn ihm der Händler den PKW nicht billiger verkauft.

Liegt als Anfechtungsgrund eine arglistige Täuschung oder widerrechtliche Drohung vor, muss die Anfechtung innerhalb eines Jahres nach der Entdeckung bzw. des Wegfalls der Zwangslage erfolgen. Die Frist von zehn Jahren gilt auch hier, genauso wie bei der Anfechtung wegen Irrtums.

> Eine Anfechtung bewirkt, dass das Rechtsgeschäft rückwirkend nichtig wird.

Die Folgen einer Anfechtung sind:

BGB § 142

- Alle bereits erbrachten Leistungen sind zurückzugeben, weil der Empfänger die Leistung ohne rechtlichen Grund erhalten hat (ungerechtfertigte Bereicherung).
- Ein aufgrund des Vertrauens in die Gültigkeit entstandener Schaden muss dem Partner ersetzt werden.
- Bei Rechtsgeschäften, die wegen arglistiger Täuschung oder widerrechtlicher Drohung angefochten wurden, muss dem Getäuschten oder Bedrohten jeglicher Schaden ersetzt werden. In der Regel liegt hier eine unerlaubte Handlung vor.

Zusammenfassung und Lernkontrolle

Zusammenfassung

Rechtsobjekte
nehmen passiv am Rechtsverkehr teil

Sachen	**Tiere**	**Rechte**
körperliche Gegenstände		unkörperliche Gegenstände

wichtige Rechte bei der Erfüllung von Verträgen

Eigentum	**Besitz**
rechtliche Herrschaft über eine Sache (sie gehört einem)	tatsächliche Herrschaft über eine Sache (man hat sie)

Eigentumsübertrag
- bewegliche Sache: Einigung und Übergabe
- unbewegliche Sache: Auflassung und Eintrag ins Grundbuch
- Besonderheiten: Eigentumsvorbehalt, gutgläubiger Erwerb

Rechtsgeschäfte

= durch Willenserklärungen wird eine Rechtsfolge herbeigeführt

- einseitige Rechtsgeschäfte: nur eine Person muss eine Willenserklärung abgeben
- zwei- oder mehrseitige Rechtsgeschäfte: mindestens 2 Personen müssen ihren Willen erklären

Verträge sind mehrseitige Rechtsgeschäfte. Sie bestehen aus

1. Verpflichtungsgeschäft: Verpflichtung zur Leistung durch Willenserklärung
2. Verfügungs- oder Erfüllungsgeschäft: Erfüllung der versprochenen Leistung durch alle oder einzelne Vertragspartner

Verträge

Willenserklärungen (mind. zwei) müssen inhaltlich übereinstimmen; für die Abgabe der Willenswillenserklärung besteht

Formfreiheit

Regelfall: Willenserklärung kann in beliebiger Form abgegeben werden (mündlich, schriftlich oder durch konkludentes Handeln)

Formzwang

Für bestimmte Rechtsgeschäfte werden Formen der Willenserklärung vorgeschrieben

- Schriftform
- Elektronische Form
- Textform
- Öffentliche Beglaubigung
- Notarielle Beurkundung

abgegebene Willenserklärung ist

ohne Mangel

Willenserklärung und Rechtsgeschäft sind gültig

mit einem Mangel

- Willenserklärung und Rechtsgeschäft sind nichtig bzw.
- Rechtsgeschäft ist anfechtbar

Willenserklärungen mit einem Mangel

nichtige Rechtsgeschäfte

Rechtsgeschäft verstößt gegen ein Gesetz, ist ein Schein- oder Scherzgeschäft, verstößt gegen die guten Sitten oder eine Formvorschrift

anfechtbare Rechtsgeschäfte

Es lag
- ein Irrtum
- eine arglistige Täuschung oder
- eine widerrechtliche Drohung vor.

Folge:

Rechtsgeschäft ist unwirksam

Folge:

Rechtsgeschäft kann durch Anfechtung ungültig werden

Lernkontrolle

Aufgabe 1

Stellen Sie fest, um welche Art von Rechtsobjekten es sich jeweils handelt:
1. Fabrikgebäude
2. Forderung aus einer Warenlieferung
3. Hund
4. Lizenz zum Nachbau eines Elektronikgerätes
5. Eigentumserwerb an einem Auto
6. Fahrrad

Aufgabe 2

Wodurch geht das Eigentum an einer Ware in den folgenden Fällen auf den Erwerber über?
1. Bernd kauft am Kiosk eine Zeitschrift.
2. Karin kauft von Mandy ein Fahrrad und nimmt es mit nach Hause. Am nächsten Tag stellt sie fest, dass Mandy das Fahrrad von Isabelle geliehen hatte.
3. Frank kauft einen PC bei einem Computer-Fachhändler. Frank bezahlt sofort, das Gerät wird erst in drei Wochen geliefert.
4. Wie Fall 3, jedoch zahlt Frank erst 10 Tage nach Lieferung.
5. Wie Fall 4, jedoch wurde beim Kauf ein Eigentumsvorbehalt vereinbart.
6. Beate hat einen neuen Teppich bei einem „fliegenden" Händler gekauft. Sie wusste nicht, dass der Teppich aus einem Diebstahl stammt.
7. Marion kauft in einer Boutique ein Kleid.

Aufgabe 3

Erwin Kauer will von Wilfried Baum ein Grundstück erwerben. Kauer und Baum schließen am 15. Mai einen notariell beurkundeten Kaufvertrag ab. Am 10. Juni erfolgt die Grundstücksauflassung vor dem Notar. Am 10. Juni wird gleichzeitig die Grundbucheintragung beantragt. Die Umschreibung im Grundbuch erfolgt am 30. Juni.
Wann ist Kauer Eigentümer des Grundstücks geworden?

Aufgabe 4

Bernd Kleinert kauft bei seinem Arbeitgeber, dem Elektroeinzelhändler Müller, ein Fernsehgerät am 15. November. Der Rechnungsbetrag soll am 01. Dezember mit seinem Gehalt verrechnet werden. Herr Kleinert schenkt am 20. November das Gerät seiner Mutter zum Geburtstag.
1. Begründen Sie, wer nach jedem Vorgang Eigentümer des Gerätes war.
2. Ändert sich Ihre Rechtsauffassung, wenn der Einzelhändler Müller das TV-Gerät noch nicht bezahlt hat?
3. Wie beurteilen Sie den Fall 1, wenn Kleinert wusste, dass das Gerät unter Eigentumsvorbehalt an Müller geliefert wurde und Müller es noch nicht bezahlt hatte?

Aufgabe 5

Toni Innauer kauft von seinem Freund Christian Neuweiler gut erhaltene Skier. Nach einer Woche stellt sich heraus, dass Neuweiler die Ski von seinem Bekannten Florian Silber geliehen hatte. Wurde Innauer Eigentümer der Skier?

Aufgabe 6

Erklären Sie, wie die Willenserklärungen in den folgenden Fällen abgegeben wurden und ob sie zu einem Rechtsgeschäft geführt haben.
1. Der Prokurist Müller bestellt telefonisch Rohstoffe. Der Lieferant sagt die Lieferung in zwei Wochen zu.
2. Gerd nimmt sich am Kiosk eine Zeitung und legt den Kaufpreis auf den Ladentisch.
3. Barbara bestellt im Internet auf einer Verkaufsplattform ein Paar Schuhe. Die Lieferung erfolgt fünf Tage später.
4. Der Mieter Hunderer übergibt dem Vermieter Preiss ein Kündigungsschreiben.
5. Der Mieter Hunderer wirft sein Kündigungsschreiben in den Briefkasten des Vermieters Preiss. Preiss ist mehrere Wochen im Urlaub.
6. Braun winkt einem Taxifahrer zu. Das Taxi fährt auf Braun zu und hält an.
7. Maik steigt in die S-Bahn ein.
8. Einzelhändler Maier holt beim Großhändler ein Angebot ein (Anfrage).

Aufgabe 7

Kann in diesen Fällen das Rechtsgeschäft angefochten werden (Begründung)?
1. Herr Braun will eine echte Perlenkette kaufen. Der Verkäufer Maier weiß, dass es sich nicht um echte Perlen handelt, verkauft sie ihm aber trotzdem.
2. Felix mietet in Tübingen ein Zimmer, da er nach dem Abitur dort studieren will. Er besteht das Abitur nicht.
3. Grauer kauft bei Huber ein. Er erklärt Huber, dass er einen Rabatt von 80 Prozent möchte, sonst würde er Hubers Frau von Hubers Verhältnis mit dessen Mitarbeiterin Lorenz berichten.

Aufgabe 8

Wie ist die Rechtslage in folgenden Fällen?
1. Ein Drogen-Dealer schließt mit einem Drogen-Schmuggler einen Kaufvertrag über 1 kg Heroin ab.
2. Bei der Bestellung hat sich der Einkäufer vertippt und statt des Kaufpreises von 2.500 Euro in seine Bestellung den Preis von 5.200 Euro eingetragen.
3. Der Lehrer einer Schulklasse bestellt für einen Ausflug einen Bus für den kommenden Mittwoch. Am Dienstag vor dem Ausflug wird schlechtes Wetter angekündigt. Der Lehrer ruft den Busunternehmer an und sagt die Busfahrt wegen Irrtums ab.
4. Eine Kundin kauft einen neuen Staubsauger. Nach dem Auspacken sieht sie, dass das Gerät bereits benutzt worden ist.
5. Josef Meyer ist verschuldet und bittet einen Freund, ihm für eine Woche Geld zu leihen, da er am nächsten Tag eine Rate bezahlen muss und erst in einer Woche sein Gehalt bekommt. Der Freund erkennt, dass Meyer ohne das Geld mit einem gerichtlichen Mahnbescheid rechnen muss. Der Freund will Meyer das Geld mit einem Wochenzinssatz von 2 Prozent leihen.

1.5   Kaufvertrag

1.5.1   Anfrage

Im Geschäftsleben wird ein Kaufvertrag häufig durch eine Kundenanfrage angebahnt. Die Anfrage dient der Einholung eines **Angebots**. Es soll festgestellt werden, ob und zu welchen Bedingungen ein Produkt oder eine Dienstleistung vom angefragten Unternehmen bezogen werden kann. Eine allgemeine Anfrage bezieht sich auf das gesamte Lieferprogramm, während eine spezielle Anfrage auf ein bestimmtes Produkt oder eine bestimmte Leistung gerichtet ist. Die Anfrage kann formfrei erfolgen und ist rechtlich unverbindlich.

1.5.2   Angebot

Ein Angebot ist eine **an eine bestimmte Person gerichtet Willenserklärung** des Lieferers Waren oder Dienstleistungen zu den angegebenen Bedingungen liefern zu wollen. Ein vollständiges Angebot enthält Angaben über die Menge, die Art, die Beschaffenheit, die Güte der Ware oder der Dienstleistung, Angaben über den Preis, über die Lieferungs- und Zahlungsbedingungen, den Erfüllungsort und den Gerichtsstand.

Von einem Angebot muss die **Anpreisung** von Waren, die nicht an eine bestimmte Person, sondern an die Allgemeinheit gerichtet ist, unterschieden werden. Solche Anpreisungen beispielsweise in Form von Zeitungsanzeigen, Prospekten, Katalogen und Schaufensterauslagen sind rechtlich nicht bindend. Eine Anpreisung ist die Aufforderung des Verkäufers zur Abgabe eines Antrags durch den Käufer. Auch das Auslegen von Waren im Selbstbedienungsladen gilt lediglich als Anpreisung. Der Kaufantrag findet hier erst durch den Kunden statt, wenn er die Ware an der Kasse vorlegt.

Form des Angebots

Für Angebote gibt es keine Formvorschriften. Diese Willenserklärung kann auf unterschiedliche Weise abgegeben werden.

Form der Abgabe von Angeboten	
unter Anwesenden	**unter Abwesenden**
■ mündlich (auch fernmündlich) ■ schriftlich ■ schlüssiges Handeln	■ Brief ■ Fax ■ E-Mail

Rechtliche Wirkung des Angebots

Angebote, die an eine bestimmte Person ohne Einschränkung abgegeben werden, binden den Anbietenden. Im Wirtschaftsverkehr werden Angebote häufig mit Einschränkungen der Bindung abgegeben oder sind durch Rechtsvorschriften in ihrer Gültigkeit eingeschränkt.

Einschränkungen der Bindung an das Angebot		
gesetzliche Einschränkungen der Bindungsfrist	**vertragliche Einschränkungen der Bindung**	
unter Anwesenden: Das Angebot wird sofort mit Abgabe der Willenserklärung wirksam. Die Bindung ist auf die Dauer der Unterredung beschränkt (gilt „solange anwesend"). **Beispiel:** Verkaufsgespräch im Verkaufsraum oder per Telefon	**vertragliche Bindungsfristen:** Der Anbieter kann eine Frist festlegen, für die er das Angebot aufrechterhält. **Beispiel:** „Dieses Angebot gilt bis zum 20.6.20..".	BGB § 147 Abs. 1 BGB § 148
unter Abwesenden: Die Willenserklärung wird erst mit Zugang beim Abwesenden wirksam. Die Bindung ist auf den Zeitraum beschränkt, in dem der Eingang der Antwort unter regelmäßigen Umständen erwartet werden darf. **Beispiele für Bindungsfristen:** ■ Brief: ca. 1 Woche ■ Fax: ca. 2–3 Tage ■ E-Mail: 1 Tag Zu den gegebenenfalls anfallenden Postlaufzeiten muss dem Empfänger eine angemessene Überlegungszeit eingeräumt werden.	**Freizeichnungsklauseln:** Durch die Verwendung bestimmter Klauseln kann die Bindung an das Angebot eingeschränkt oder ganz ausgeschlossen werden. **Beispiele:** ■ Einschränkung der Bindung bezüglich der Liefermenge: „solange der Vorrat reicht" ■ Einschränkung der Bindung an den Preis: „Preis freibleibend" ■ Ausschluss der Bindung an das Angebot: „freibleibend"	BGB §§ 147 Abs. 2, 130 BGB § 145

Erlöschen der Bindung an das Angebot

Die Bindung an das Angebot erlischt, wenn der Empfänger

■ das Angebot ablehnt,
■ es geändert annimmt oder
■ nicht rechtzeitig annimmt.

Dabei ist es unerheblich, ob die Verzögerung der Annahme vom Empfänger unverschuldet erfolgt. Geänderte oder verspätete Annahmen eines Angebots gelten als neuer Antrag des Käufers (= 1. Willenserklärung), der vom Verkäufer angenommen werden kann (= 2. Willenserklärung).

Widerruf des Angebots

Will der Anbietende sein Angebot widerrufen, muss der Widerruf spätestens mit dem Angebot beim Kunden eingehen. So kann beispielsweise ein schriftliches Angebot noch mittels Telefon oder E-Mail zurückgezogen werden.

1.5.3 Bestellung

Die Bestellung durch einen Käufer ist eine Willenserklärung, durch die er erklärt, dass er ein Produkt oder eine Dienstleistung zu den angegebenen Bedingungen beziehen will. Sie ist entweder die erste Willenserklärung (Bestellung ohne vorheriges Angebot) oder die zweite Willenserklärung, wenn sie die Annahme eines Angebots darstellt.

Die Bestellung kann formfrei erfolgen, wobei aus Gründen der Rechtssicherheit häufig die Schrift- oder Textform gewählt wird. Die Bestellung sollte neben den Angaben über die Art, Beschaffenheit, Güte und Menge der Ware auch die Lieferungs- und Zahlungsbedingungen enthalten.

Rechtliche Wirkung der Bestellung

Der Besteller ist wie der Anbietende an seine Willenserklärung gebunden. Die Wirksamkeit erfolgt erst, wenn die Bestellung dem Empfänger zugegangen ist. Ein Widerruf ist nur wirksam, wenn er spätestens gleichzeitig mit der Bestellung beim Lieferer eingeht. Wenn die Bestellung die Annahme eines Angebots darstellt (= 2. Willenserklärung), muss sie innerhalb der gesetzlichen oder vertraglichen Annahmefristen erfolgen, um rechtswirksam zu sein.

1.5.4 Bestellungsannahme

Durch die Bestellungsannahme erklärt der Lieferant seinen Willen, die bestellten Produkte oder Dienstleistungen zu den angegebenen Bedingungen zu liefern.

Die Bestellungsannahme kann formfrei erfolgen. Rechtlich notwendig ist eine Bestellungsannahme nur für den Fall, dass sie vertragsrechtlich die Annahme (2. Willenserklärung) darstellt, also auf eine Bestellung ohne vorheriges Angebot erfolgt. Eine Lieferung aufgrund einer Bestellung gilt als Bestellungsannahme.

1.5.5 Zustandekommen des Kaufvertrags

Verträge kommen durch Antrag und Annahme zustande. Dabei ist es unerheblich, welcher Vertragspartner die erste Willenserklärung (Antrag) und welcher die zweite Willenserklärung (Annahme) abgibt. Beide Willenserklärungen müssen inhaltlich übereinstimmen.

Für das Zustandekommen eines Kaufvertrags gibt es mehrere Möglichkeiten.

1. Angebot durch den Verkäufer – Käufer bestellt rechtzeitig und ohne Änderungen

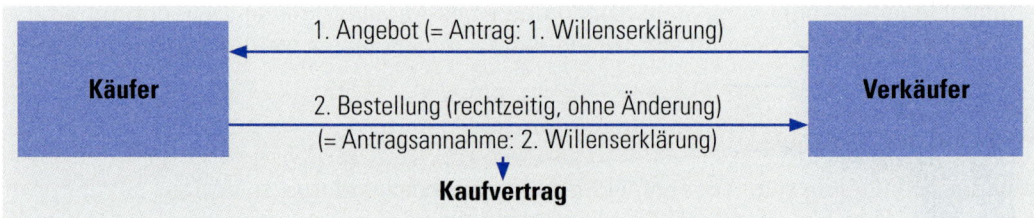

2. Die 1. Willenserklärung gibt der Verkäufer ab. Der Käufer gibt die 2. Willenserklärung verspätet oder geändert ab (gilt als neuer Antrag)

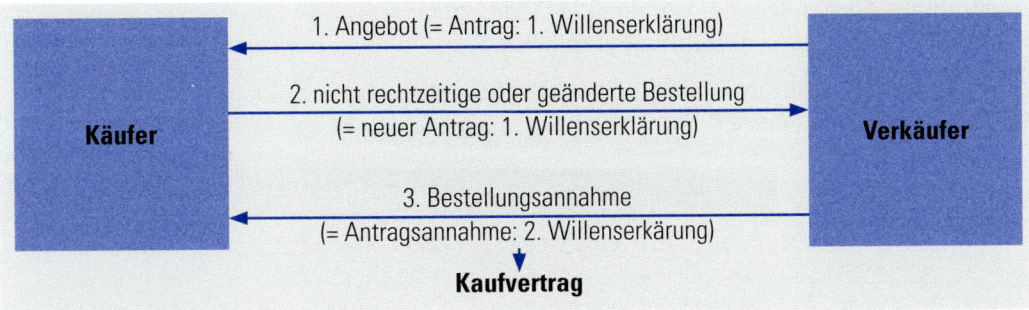

3. Verkäufer macht ein freibleibendes Angebot, Käufer bestellt rechtzeitig ohne Änderungen

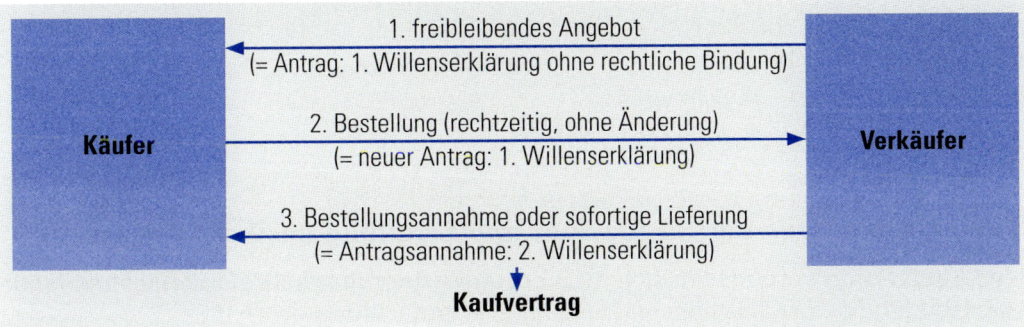

4. Käufer bestellt ohne vorheriges Angebot, Verkäufer nimmt Bestellung an

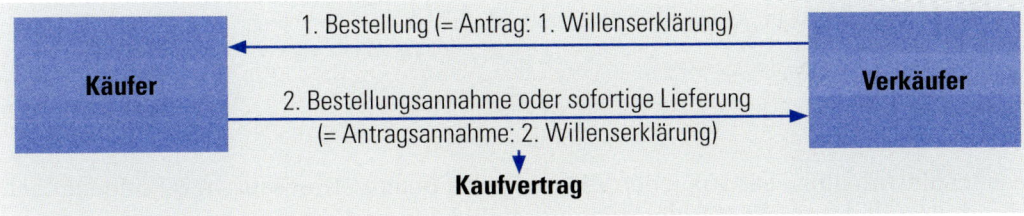

5. Käufer bestellt ohne Angebot – Verkäufer lehnt die Bestellung ab und macht ein Angebot

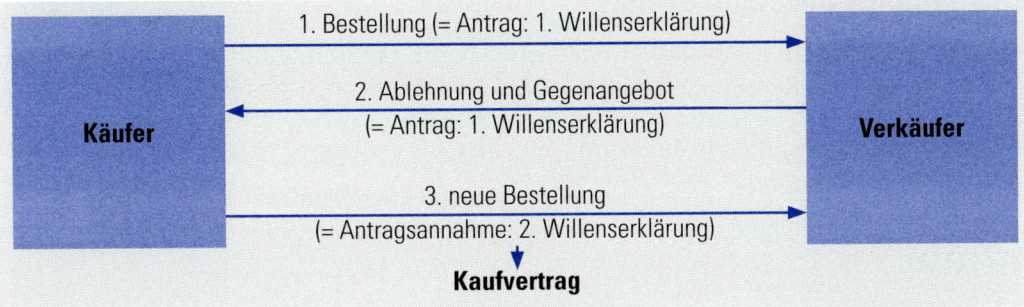

Sonderfall: Zusendung unbestellter Waren

BGB
§ 241 a

Werden Waren ohne Bestellung geliefert, kommt ein Kaufvertrag nur zustande, wenn der Empfänger ausdrücklich die Annahme erklärt oder bezahlt. Der Empfänger ist aber nicht zum Kauf und damit zur Bezahlung verpflichtet.

HGB
§ 362

Ein Verbraucher muss die unbestellte Ware nicht aufbewahren. Er kann sie sogar benutzen und/oder entsorgen. Diese Regelung gilt nicht für Kaufleute.

Zusendung unbestellter Waren an:		
Kaufmann mit bereits bestehender Geschäftsverbindung (übliche wiederkehrende Lieferung)	Kaufmann ohne bisherige Geschäftsverbindung	Verbraucher
Wirkung von Stillschweigen		
Annahme	**Ablehnung**	**Ablehnung**
Pflichten bei Ablehnung		
■ Mitteilung ■ Aufbewahrung ■ spätere Rücksendung	■ Aufbewahrung ■ keine Rücksendung	■ keine Aufbewahrung ■ keine Rücksendung

1.5.6 Pflichten der Vertragspartner und Erfüllung des Kaufvertrags

BGB
§ 433

Beim Kaufvertrag verpflichten sich die Vertragspartner durch zwei übereinstimmende Willenserklärungen zu bestimmten Leistungen (Verpflichtungsgeschäft).

Pflichten des Verkäufers	Pflichten des Käufers
■ Übergabe des Kaufgegenstands frei von Sach- und Rechtsmängeln ■ Eigentumsübertragung ■ Annahme des Kaufpreises	■ Annahme des Kaufgegenstands ■ Zahlung des Kaufpreises

Lernkontrolle
Aufgaben 1 u. 2

Das Schuldverhältnis, das von jeder Vertragspartei beim Vertragsabschluss eingegangen wurde, erlischt, wenn alle Verpflichtungen erfüllt wurden (Verpflichtungsgeschäft).

1.5.7 Inhalte des Kaufvertrags

Im Kaufvertrag werden Vereinbarungen über Ware, Lieferung und Zahlung getroffen. Fehlen solche Vereinbarungen, können an deren Stelle gesetzliche Bestimmungen treten.

Art, Beschaffenheit und Güte der Ware

Die Warenart ist durch deren handelsüblichen Namen gekennzeichnet. Zur Festlegung der Güte dienen Gütezeichen, Güteklassen und Herkunftskennzeichnungen.

Menge

Die Menge wird in den üblichen metrischen Maßeinheiten (m, kg usw.) oder in handelsüblichen Bezeichnungen (z. B. Stück, Kiste, Palette) angegeben.

Preis

Die Preisangabe erfolgt als Preis pro Einheit oder Gesamtpreis. Beim Verkauf an Endverbraucher muss immer der Bruttopreis (= einschließlich Umsatzsteuer) angegeben werden.

PAngV
§ 1

Preisnachlässe

- **Rabatte** sind sofortige Nachlässe aufgrund verschiedener Kriterien (z. B. Mengen-, Treue-, Wiederverkäuferrabatt).
- **Skonto** wird als Preisnachlass für die Bezahlung innerhalb einer festgelegten Frist vor Ablauf des Zahlungsziels gewährt.
- **Bonus** ist ein nachträglich (i. d. R. am Jahresende) gewährter Rabatt (z. B. ab einem bestimmten Jahresumsatz).

BGB
§ 448

Verpackung

Vereinbarungen über die Verpackung beziehen sich hauptsächlich auf die Übernahme der Verpackungskosten. Nach der gesetzlichen Regelung sind die Kosten für die Versandverpackung durch den Käufer zu tragen.

BGB
§ 448

Versand

Neben der Versandart muss auch die Übernahme der Versandkosten geregelt werden. Ohne vertragliche Regelung greifen die Vorschriften des BGB, wonach der Verkäufer die Ware auf seine Kosten am Erfüllungsort (s. u.) zur Abholung bereitstellen muss. Auch die Kosten für das Messen und Wiegen trägt der Verkäufer. Die Kosten für die Abnahme und die Versendung an einen anderen Ort als den Erfüllungsort trägt nach den BGB-Vorschriften der Käufer.

BGB
§ 448

*Lernkontrolle
Aufgabe 3*

Lieferzeit

Die Lieferzeit wird durch einen bestimmten Termin oder eine Frist bestimmt. Ohne vertragliche Vereinbarung gilt, dass der Käufer sofortige Lieferung verlangen kann.

BGB
§ 271

Zahlungsbedingungen

Neben der Art und Weise der Zahlung (z. B. Barzahlung, bargeldlose Zahlung) kann auch die Übernahme der Kosten der Zahlung und insbesondere der Zahlungszeitpunkt vereinbart werden. Gesetzliche Regelung: Der Verkäufer kann sofortige Zahlung verlangen.

BGB
§ 271

Erfüllungsort

Der Erfüllungsort ist der Ort, an dem der Schuldner durch rechtzeitige und mangelfreie Leistung von seiner vertraglichen Verpflichtung frei wird. Da es beim Kauf einen Waren- und einen Geldschuldner gibt, gibt es grundsätzlich auch zwei Erfüllungsorte.

BGB
§ 269

gesetzlicher Erfüllungsort	
Geldschulden sind Schulden des Käufers	**Warenschulden sind Schulden des Verkäufers**
■ Erfüllungsort ist der Wohn- oder Geschäftssitz des Verkäufers ■ Geldschulden = Bringschulden	■ Erfüllungsort ist der Wohn- oder Geschäftssitz des Verkäufers ■ Warenschulden = Holschulden

Der Erfüllungsort kann für Geld- und Warenschulden auch vertraglich festgelegt werden.

Rechtliche Bedeutung des Erfüllungsorts

■ Bedeutung für die rechtzeitige Erfüllung

Bei der gesetzlichen Regelung liefert der Verkäufer rechtzeitig, wenn er am vereinbarten Termin die Ware versendet. Der Käufer muss seinen Zahlungsauftrag so erteilen, dass der Geldbetrag auf dem Konto des Zahlungsempfängers am Fälligkeitstag eingeht.

■ Bedeutung für den Gerichtsstand

Wenn für den Ort, an dem bei Streitigkeiten die Gerichtsverhandlung stattfinden soll, nichts vereinbart wird, ist der Gerichtsort (Gerichtsstand) identisch mit dem Erfüllungsort. Für Rechtsstreitigkeiten z. B. wegen verspäteter Zahlung ist somit das Gericht am Wohnsitz des Käufers (Geldschuldners) zuständig. Vertragliche Vereinbarungen über den Gerichtsstand können aber nur zwischen Kaufleuten getroffen werden. Somit können Nichtkaufleute nur an dem für ihren Wohnsitz zuständigen Gericht auf Zahlung des Kaufpreises verklagt werden.

■ Bedeutung für den Gefahrenübergang

BGB §§ 446 u. 447

Bei Warenschulden geht die Gefahr des Untergangs der Ware mit der Übergabe der Ware an den Käufer oder mit Auslieferung an den Spediteur bzw. Frachtführer vom Verkäufer auf den Käufer über (Warenschulden sind Holschulden).

BGB § 270

Wenn ein Versendungskauf mit einem Verbraucher vereinbart wurde (Verbrauchsgüterkauf), geht das Risiko der Zerstörung der Ware dann aber erst auf den Käufer über, wenn sie ihm an dem Ort, an den die Ware versandt werden soll, übergeben wird („Ware reist auf Gefahr des Verkäufers"). Die Warenschuld ist dann eine Schickschuld. Der gesetzliche Erfüllungsort ist aber für die rechtzeitige und ordnungsgemäße Erfüllung der Warenschuld nach wie vor der Geschäftssitz des Verkäufers. Das bedeutet, dass beim Untergang der Ware während des Transports nicht neu geliefert werden muss, da durch die Übergabe der Ware an den Transporteur die Leistungspflicht des Verkäufers erfüllt wurde. Der Verkäufer verliert allerdings gegenüber dem Käufer seinen Anspruch auf Zahlung der Ware.

Da Geldschulden Bringschulden sind, muss der Käufer das Geld auf seine Kosten und sein Risiko an den Geschäftssitz des Verkäufers übermitteln.

> Der gesetzliche Erfüllungsort für Geldschulden ist der Wohnsitz des Verkäufers (Geldschulden sind Bringschulden).

Der Käufer trägt also bei Geldschulden die Übermittlungsgefahr (Geld muss beim Verkäufer ankommen) und die Verzögerungsgefahr (Geld muss rechtzeitig beim Verkäufer ankommen).

■ **Bedeutung für die Kostenübernahme**

Der Erfüllungsort bestimmt, wer die Kosten der Lieferung und Zahlung zu tragen hat. Bei gesetzlicher Regelung trägt die Kosten der Übergabe der Verkäufer, der Käufer die Kosten für den Versand und die Abnahme der Ware. Die Kosten der Zahlung trägt bei gesetzlicher Regelung in jedem Fall der Käufer.

BGB
§§ 446 u. 270

Eigentumsvorbehalt

Um zu verhindern, dass das Eigentum an der Ware schon vor der vollständigen Bezahlung auf den Käufer übergeht, kann der Verkäufer einen Eigentumsvorbehalt vereinbaren. Hierdurch bleibt der Verkäufer bis zur vollständigen Bezahlung Eigentümer der Ware. Die Vereinbarung schiebt den Eigentumsübergang auf den Zeitpunkt der vollständigen Bezahlung hinaus („Die Ware bleibt bis zur vollständigen Zahlung in unserem Eigentum.").

1.5.8 Besonderheiten beim Abschluss von Kaufverträgen mit Verbrauchern

Verbrauchsgüterkauf

Kaufarten lassen sich nach verschiedenen Kriterien unterscheiden (z. B. nach dem Inhalt, der Lieferzeit, der Zahlungszeit). Eine rechtlich wichtige Unterscheidung ist die nach den am Vertrag beteiligten Personen.

BGB
§§ 13 u. 14

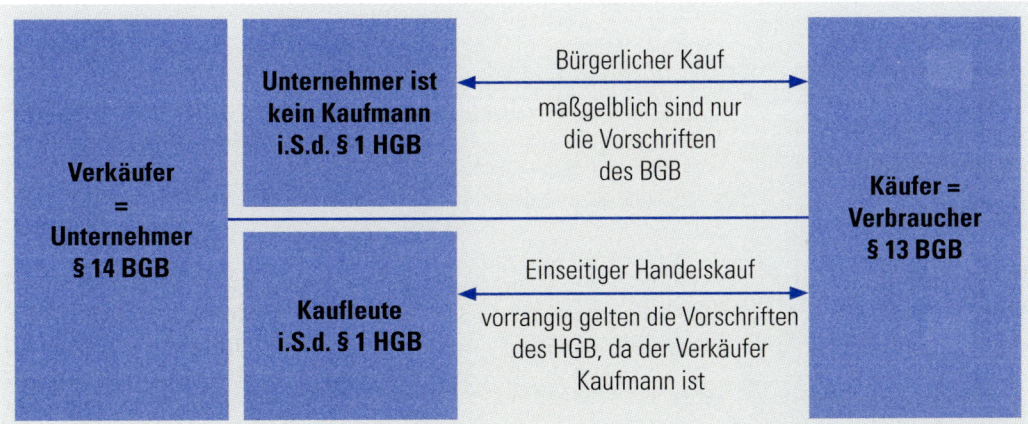

Ein **Verbraucher** ist jede natürliche Person, die ein Rechtsgeschäft für private Zwecke abschließt. **Unternehmen** sind hingegen natürliche oder juristische Personen, die beim Vertragsabschluss gewerblich oder selbstständig beruflich tätig handeln.

> Wenn ein Unternehmer eine bewegliche Sache an einen Verbraucher verkauft, handelt es sich um einen **Verbrauchsgüterkauf**. Kaufverträge zwischen zwei Verbrauchern gelten nicht als Verbrauchsgüterkauf. Für Verbraucher gelten zahlreiche Schutzvorschriften.

Schutzvorschriften beim Verbrauchsgüterkauf

Vorschriften zum Schutz des Verbrauchers beim Verbrauchsgüterkraftwerk	
Vertragsabschluss z. B. in der Privatwohnung oder am Arbeitsplatz (= Haustürgeschäfte)	Der Verbraucher hat das Recht, seine abgegebene Willenserklärung innerhalb von 14 Tagen zu widerrufen § 312 (1) BGB.
Vertragsabschluss z. B. über das Internet oder per E-Mail (= Fernabsatzverträge)	Der Verbraucher hat das Recht, seine abgegebene Willenserklärung innerhalb von 14 Tagen zu widerrufen § 312d BGB.
Allgemeine Geschäftsbedingungen (z. B. Kleingedrucktes) als Bestandteil eines Vertrages	Allgemeine Geschäftsbedingungen (z. B. Kleingedrucktes) werden nur dann Bestandteil eines Verbrauchsgüterkaufvertrages, wenn der Unternehmer den Verbraucher ausdrücklich darauf hinweist § 310 (1) BGB.
Gefahrenübergang	Wurde zwischen einem **Unternehmer** und einem **Verbraucher** ein Versendungskauf vereinbart, so geht das Risiko, dass die Ware auf dem Transport durch höhere Gewalt zerstört oder beschädigt wird (= „zufälliger Untergang oder zufällige Verschlechterung der Ware") erst dann auf den Käufer (= Verbraucher) über, wenn ihm die Ware an dem Ort, an den die Ware versandt werden soll (normalerweise ist das der Wohnort des Käufers), übergeben wird § 474 (2) BGB.
Garantieerklärung	Garantieerklärungen müssen verständlich sein und darauf hinweisen, dass gesetzliche Rechte durch die Garantie nicht eingeschränkt werden § 477 BGB.
Zusendung unbestellter Ware	Liefert ein Unternehmer einem Verbraucher Ware, ohne dass dieser eine Bestellung aufgegeben hat, so hat der Unternehmer keinen Anspruch auf Zahlung § 241a BGB.
Vertragliche Einschränkung von Käuferrechten bei Vorliegen eines Sachmangels **Verkürzung der Verjährungsfrist**	Vertragliche Vereinbarungen eines Unternehmers mit einem Verbraucher zur Inanspruchnahme von Rechten bei mangelhafter Lieferung haben keine Gültigkeit, wenn die getroffenen Vereinbarungen den Verbraucher benachteiligen § 475 (1) BGB. Auch haben Vertragsvereinbarungen zur Verkürzung der Verjährungsfristen (bei neuen Sachen unter zwei Jahre, bei gebrauchten Sachen unter einem Jahr) keine Gültigkeit § 475 (2) BGB.
Beweislast bei Vorliegen eines Sachmangels	Zeigt sich innerhalb von sechs Monaten nach einem Kauf, dass die Ware mangelhaft ist, so wird zugunsten des Verbrauchers vermutet, dass der Mangel von Anfang an – also bereits zum Zeitpunkt des Gefahrenübergangs (Warenübergabe) – vorhanden war. Der Verbraucher muss also nicht beweisen, dass dieser Mangel bereits zum Zeitpunkt des Gefahrenübergangs vorlag § 476 BGB.

Zusammenfassung und Lernkontrolle

Zusammenfassung

Anfrage des Käufers = rechtlich unverbindlich (keine Willenserklärung)	**Angebot** des Verkäufers = rechtsverbindliche Willenserklärung	**Bestellung** des Käufers = rechtsverbindliche Willenserklärung	**Bestellungsannahme** des Verkäufers = rechtsverbindliche Willenserklärung

Bindung an den Antrag / Angebot		
inhaltlich	**zeitlich**	
Einschränkung der Bindung durch Freizeichnungsklauseln	Bei Anwesenden: Bindung bei sofortiger Annahme	Bei Abwesenden: Bindung falls Annahme im Zeitrahmen regelmäßiger Umstände erfolgt

Inhalt des Kaufvertrags		
■ Art, Beschaffenheit und Güte der Ware ■ Menge, Preis, Preisabzüge	■ Kosten der Verpackung und des Versands ■ Erfüllungsort und Gerichtsstand	■ Lieferzeit ■ Zahlungsbedingungen ■ Allgemeine Geschäftsbedingungen (siehe Kapitel 1.8.1)

Kaufvertrag
= Verpflichtungsgeschäft, d.h. die Vertragspartner verpflichten sich den Vertrag zu erfüllen Verpflichtung des **Käufers**: Annahme der Ware und Zahlung des Kaufpreises Verpflichtung des **Verkäufers**: Übergabe der Ware, Übertragung des Eigentums und Annahme des Kaufpreises

1. Willenserklärung	**2. Willenserklärung**
Angebot des Verkäufers ←——→ Annahme des Käufers	
Bestellung des Käufers ←——→ Bestellungsannahme des Verkäufers	

Lernkontrolle

Aufgabe 1

Helmut Haller hat aufgrund seiner schriftlichen Anfrage ein schriftliches Angebot über zwanzig hochwertige Fahrrad-Computer für seine Radgruppe erhalten. Der Hersteller bietet die Rad-Computer mit Schreiben vom 18.07. zu einem Preis von 83,00 Euro je Stück an. Haller bestellt am 20.07. d.J. die Fahrrad-Computer.

1. Ist der Hersteller an sein Angebot gebunden?
2. Welche rechtliche Wirkung hat die Bestellung von Herrn Haller?
3. Hätte der Anbieter seine Bindung an das Angebot anders gestalten können?
4. Wie wäre die Rechtslage, wenn Haller in seiner Bestellung einen Preis von 80,00 Euro angegeben hätte?

Aufgabe 2

In einem Schaufenster ist ein Anzug zum Preis von 98,00 Euro ausgestellt. Der Bankaus-zubildende erkennt die Chance, günstig zu einem Anzug zu kommen. An der Kasse wird jedoch ein Preis von 298 Euro genannt. Wie ist die Rechtslage?

Aufgabe 3

Das Kreditinstitut Europa-Bank AG bestellt neue Büromöbel aufgrund eines Angebots, das die Klausel frei Haus enthält. Auf der Rechnung steht die Position: Versandkosten 55,00 Euro.

1. Beurteilen Sie den Sachverhalt.
2. Wie wäre der Sachverhalt zu beurteilen, wenn keine Vereinbarung über die Versand-kosten getroffen worden wäre?

1.6 Störungen bei der Erfüllung von Kaufverträgen

1.6.1 Arten von Erfüllungsstörungen im Überblick

Bei der Erfüllung der Pflichten aus einem Kaufvertrag können Störungen auftreten, wenn die Leistungen nicht wie vereinbart erbracht werden.

	Pflichten der Vertragspartner	mögliche Störungen
Verkäufers	Lieferung mangelfreier Ware	**Schlechtleistung**
	fristgerechte Lieferung	**Nicht-Rechtzeitig-Lieferung**
Käufers	Abnahme der Ware	**Annahmeverzug**
	fristgerechte Zahlung der Ware	**Nicht-Rechtzeitig-Zahlung**

1.6.2 Schlechtleistung

1.6.2.1 Arten von Mängeln

> Der Verkäufer hat die Pflicht der mangelfreien Lieferung (Gewährleistungspflicht). Eine Schlechtleistung liegt vor, wenn der Verkäufer gegen diese Pflicht verstößt.

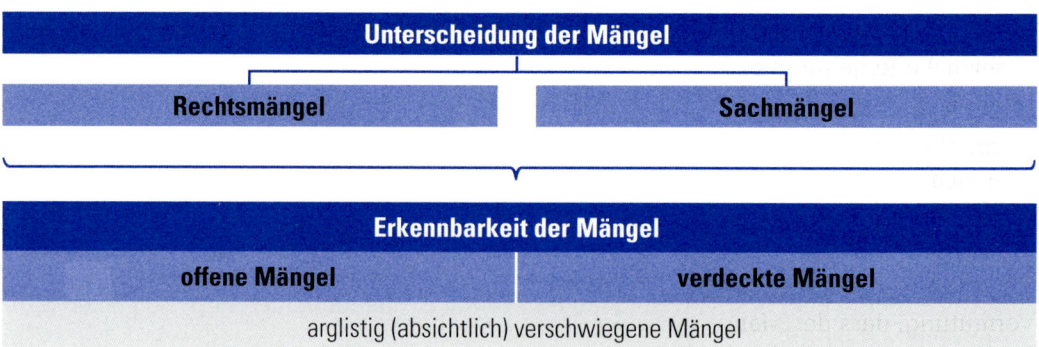

■ Rechtsmängel liegen vor, wenn Dritte gegenüber dem Käufer Rechte geltend machen können.
Beispiel: Ein Einzelhändler bietet fabrikneue MP3-Player zum Kauf an – es handelt sich aber um gestohlene Ware (Hehlerware).

■ Sachmängel, wenn ein Fehler bei der Sache vorliegt
BGB
§ 434
  ■ Qualitätsmängel: Der Kaufgegenstand hat nicht die vereinbarte Qualität.
  Beispiel: Besteck ist nicht aus Edelstahl wie angeboten.
  ■ Quantitätsmängel (Minderlieferung): Es wurde nicht die richtige Menge geliefert.
  Beispiel: Der Verkäufer liefert 300 Meter Stoff statt 400 Meter.
  ■ Artmängel (Falschlieferung): Es wurde falsche Ware geliefert.
  Beispiel: Statt 500 Dosen Erbsen wurden 500 Dosen Bohnen geliefert.

■ Erkennbarkeit der Mängel für den Käufer
  ■ offene Mängel: Mängel können sofort erkannt werden
  Beispiel: Kratzer im Schrank
  ■ verdeckte Mängel: Mängel können erst bei Gebrauch erkannt werden.
  Beispiel: Uhr geht nicht genau.
  ■ arglistig verschwiegene Mängel: Die Mängel sind dem Verkäufer bekannt und werden von ihm verschwiegen.
  Beispiel: Unfallwagen wird als unfallfreies Auto verkauft.

1.6.2.2 Pflichten des Käufers bei Schlechtleistung

Pflichten des Käufers	
Einseitiger Handelskauf (= Unternehmer – Verbraucher) und bürgerlicher Kauf (= keine Kaufleute)	**zweiseitiger Handelskauf (= zwei Kaufleute)**
■ keine unverzügliche Prüfpflicht ■ keine unverzügliche Rügepflicht	■ unverzügliche Prüfpflicht ■ unverzügliche Rügepflicht ■ Aufbewahrungspflicht

Einseitiger Handelskauf und bürgerlicher Kauf

Bei Beteiligung von Verbrauchern bestehen gegenüber dem zweiseitigen Handelskauf abweichende Regelungen.

■ Der Käufer muss die Ware nicht unverzüglich prüfen. Für ihn gibt es gibt es keine gesetzliche Regelung bezüglich der Prüfpflicht.

■ Der Käufer muss die Mängel nicht unverzüglich rügen (reklamieren). Er kann die Rüge innerhalb der Gewährleistungsfrist von zwei Jahren vornehmen, unabhängig davon, ob es sich um einen offenen oder verdeckten Mangel handelt. Bei arglistig verschwiegenen Mängeln muss die Rüge innerhalb von drei Jahren erfolgen, wobei die Frist am Ende des Jahres der Entdeckung des Mangels beginnt.
BGB
§§ 438, 195
u. 199

Innerhalb der ersten sechs Monate nach Gefahrenübergang gilt bei Sachmängeln die Vermutung, dass der Mangel schon bei Übergabe bestanden hat. Dem Käufer stehen die Rechte aus mangelhafter Lieferung zu, falls der Verkäufer nicht beweisen kann, dass er
BGB
§ 476

die Ware mangelfrei übergeben hat **(Grundsatz der Beweislastumkehr)**. Nach Ablauf der sechs Monate muss der Käufer beweisen, dass der Mangel bereits bei Übergabe vorhanden war. Ansprüche aus Sachmängeln bei beweglichen Sachen verjähren nach zwei Jahren.

BGB
§ 475

Vertragliche Regelungen der gesetzlichen Verjährungsfrist sind bei Verbrauchsgüterkäufen eingeschränkt. Bei neuen Sachen muss die Frist mindestens zwei Jahre und bei gebrauchten Sachen mindestens ein Jahr betragen.

Garantieerklärung

BGB
§ 443

Ein Unternehmer kann sich gegenüber seinen Käufern verpflichten, über die gesetzliche Gewährleistungspflicht hinauszugehen. Diese Garantieerklärung wird überlicherweise vom Hersteller abgegeben. Die Garantieerklärung ist eine freiwillige Zusage, unabhängig von der gesetzlichen Gewährleistung des Verkäufers. Da die gesetzliche Gewährleistung erhalten bleibt, kann der Hersteller oder Händler in seiner Garantieerklärung Bedingungen festlegen (z. B. Kostenübernahme durch den Käufer bei Rücksendung).

Zweiseitiger Handelskauf

Um sich Gewährleistungsansprüche zu sichern, muss der Käufer beim zweiseitigen Handelskauf folgende Pflichten wahrnehmen:

HGB
§ 377

■ **Prüfpflicht**. Die eingegangene Ware muss unverzüglich auf Güte, Menge und Art untersucht werden. Das Wort „unverzüglich" wird juristisch mit „ohne schuldhaftes Verzögern" beschrieben, was unter normalen Umständen sofort bei Übergabe bedeutet. Unter bestimmten Umständen (z. B. Weihnachtsfeiertage) reicht es aus, wenn die Ware entsprechend später geprüft wird.

■ **Rügepflicht**. Offene Mängel müssen unverzüglich nach Prüfung dem Verkäufer mitgeteilt werden (Mängelrüge). Verdeckte Mängel sind unverzüglich nach Entdeckung, jedoch innerhalb der Gewährleistungsfrist, zu rügen. Die Gewährleistungsfrist beträgt zwei Jahre und beginnt mit dem Zeitpunkt der Ablieferung. Vertraglich kann diese Frist auch verlängert werden. Hat der Verkäufer den Mangel arglistig verschwiegen, verjährt der Mangel erst nach drei Jahren. Die Frist für diese Verjährung beginnt mit dem Ende des Jahres, in dem der Mangel entdeckt wurde. Allerdings muss der Mangel innerhalb von 30 Jahren entdeckt werden, um Ansprüche geltend machen zu können.

HGB
§ 379

■ **Aufbewahrungspflicht**. Beim Versendungskauf muss der Käufer bis zur Entscheidung des Verkäufers darüber, was mit der Ware geschehen soll, diese zunächst zu Lasten des Verkäufers aufbewahren oder bei einem Dritten einlagern. Handelt es sich um verderbliche Ware, kann sie öffentlich versteigert werden oder, sofern sie einen Börsen- oder Marktpreis hat, freihändig verkauft werden.

1.6.2.3 Rechte des Käufers bei Schlechtleistung

Lernkontrolle
Aufgaben 1 u. 2

Wenn die verkaufte Sache mit Mängeln behaftet ist (= Schlechtleistung), kann der Käufer verschiedene Rechte geltend machen. Zunächst muss er vorrangig dem Verkäufer die Möglichkeit der Nacherfüllung einräumen, ehe er die anderen Rechte in Anspruch nehmen kann.

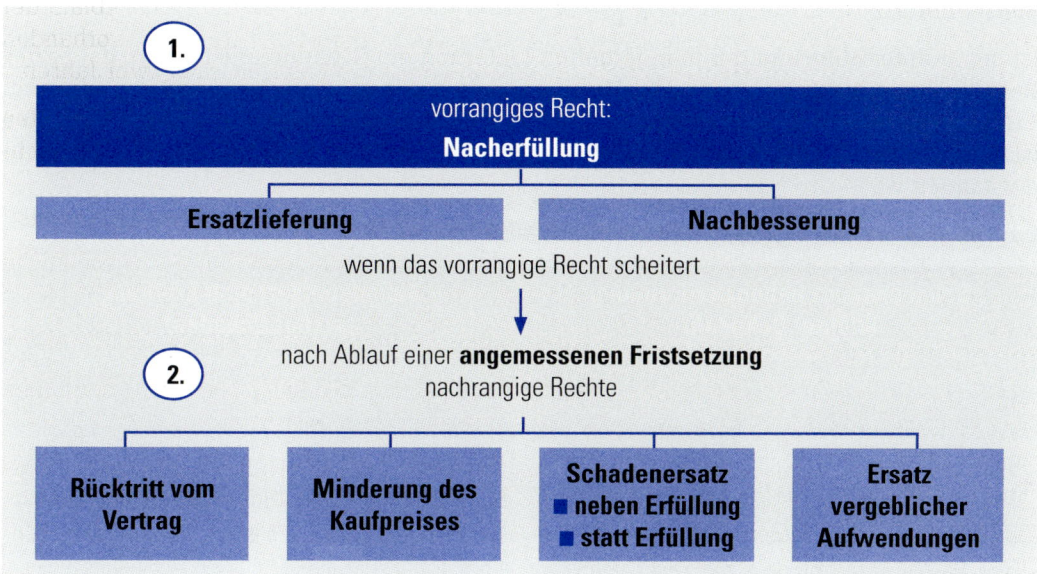

Nacherfüllung

Das Recht zur Nacherfüllung gibt dem Käufer das Wahlrecht zwischen

BGB
§ 439 u. 476

- Nachbesserung (Mangelbeseitigung durch Reparatur) und
- Ersatzlieferung (Lieferung einer mangelfreien Ware), falls es sich um eine Gattungsware[1] handelt.

Sollte die gewählte Form für den Verkäufer mit unverhältnismäßig hohen Kosten verbunden sein, kann der Verkäufer die gewählte Form verweigern (z. B. Kunde verlangt Reparatur eines 10,00 Euro teuren USB-Sticks statt Ersatzlieferung). Es gibt auch Fälle, bei denen eine Nachlieferung unmöglich ist (z. B. Kauf eines gebrauchten Fahrzeugs). Auch in diesen Fällen kann das Wahlrecht nicht ausgeübt werden. Sollte die Wahrnehmung des Rechts auf Nacherfüllung mit Aufwendungen verbunden sein (z. B. Porto), so muss der Verkäufer diese Kosten tragen. Wenn eine Nachbesserung zweimal erfolglos bleibt, so gilt i. d. R. die Nachbesserung als gescheitert. Für die Nachbesserung muss der Käufer dem Verkäufer eine angemessene Nachfrist setzen. Wenn diese Frist verstrichen ist, können weitere Rechte in Anspruch genommen werden. Sollte der Verkäufer die Nachbesserung verweigern, kann auf eine Fristsetzung verzichtet werden.

Rücktritt vom Vertrag

Wenn der Käufer vom Vertrag zurücktritt, muss der Kaufgegenstand zurückgegeben und der bereits bezahlte Kaufpreis wieder erstattet werden.

Minderung des Kaufpreises

Wählt der Käufer das Recht auf Minderung, bleibt der Vertrag bestehen. Der Kaufpreis wird herabgesetzt.

---

1 Gattungsware: vertretbare Ware, d. h. die Sache ist mehrfach vorhanden – Gegensatz: Stückschuld, d. h. die Ware ist nur einmal vorhanden (z. B. bestimmter Gebrauchtwagen, Originalgemälde)

Schadenersatz

BGB
§§ 276, 278
u. 280

Ist dem Käufer aufgrund der mangelhaften Lieferung ein Schaden entstanden, hat er das Recht Schadenersatz zu verlangen. Voraussetzung dafür ist, dass der Verkäufer oder sein Erfüllungsgehilfe (z. B. angestellter Verkäufer) die Pflichtverletzung zu vertreten hat[1]. Dies ist dann der Fall, wenn die Pflichtverletzung durch vorsätzliches oder fahrlässiges Handeln entstanden ist.

Folgende Arten des Schadenersatzanspruchs sind möglich:

BGB
§§ 241, 280 – 283,
286, 325, 346 ff.

Schadenersatz neben der Erfüllung (kleiner Schaden)	Schadenersatz statt Erfüllung (großer Schaden)
Der Käufer verlangt die Erfüllung des Vertrags und den Ersatz entstandener Kosten.	Der Käufer tritt vom Kaufvertrag zurück und verlangt Schadenersatz.
Beispiel: Paul bestellt beim Getränkehändler für ein Grillfest ein Fass Bier und mietet eine Zapfanlage für fünf Euro. Bei den Vorbereitungen zum Fest bemerkt er, dass die Zapfanlage defekt ist. Sein Händler verfügt aber über keine weiteren Zapfanlagen mehr. Deshalb besorgt Paul eine solche Anlage bei einem anderen Händler. Dafür muss er zehn Euro Miete zahlen. Diese 10 Euro fordert er bei seinem Händler ein.	**Beispiel:** Nach dem Kauf eines Neuwagens stellt sich ein Fehler in der Elektronik heraus. Die Kofferraumtür lässt sich nicht schließen. Nach zweimaligem vergeblichem Versuch des Händlers den Fehler zu beseitigen, tritt der Käufer vom Vertrag zurück und verlangt die Kosten für einen Mietwagen bis zur Ersatzbeschaffung.

BGB
§ 284

Ersatz vergeblicher Aufwendungen

Anstatt von seinem Recht „Schadenersatz statt Erfüllung" Gebrauch zu machen, kann der Käufer Ersatz der Aufwendungen verlangen, die er im Vertrauen auf den Erhalt der Leistung gemacht hat.

> **Beispiel:** Für eine Maschine wurde ein Fundament errichtet. Der Verkäufer liefert die Maschine mangelhaft und die Nacherfüllung scheitert. Der Verkäufer muss die Aufwendungen für dieses Fundament erstatten.

---

[1]   Hat jemand eine Pflichtverletzung zu vertreten, so kann er für die Folgen verantwortlich gemacht werden und muss dafür einstehen. Das bedeutet aber nicht, dass er die Pflichtverletzung auch verschuldet haben muss. Die Begriffe **Vertretenmüssen** und **Verschulden** sind also nicht gleichbedeutend.

1.6.3 Nicht-Rechtzeitige-Lieferung und Lieferungsverzug

1.6.3.1 Abgrenzung Nicht-Rechtzeitige-Lieferung und Lieferungsverzug

Die Begriffe Nicht-Rechtzeitige-Lieferung und Lieferungsverzug sind wie folgt zu unterscheiden.

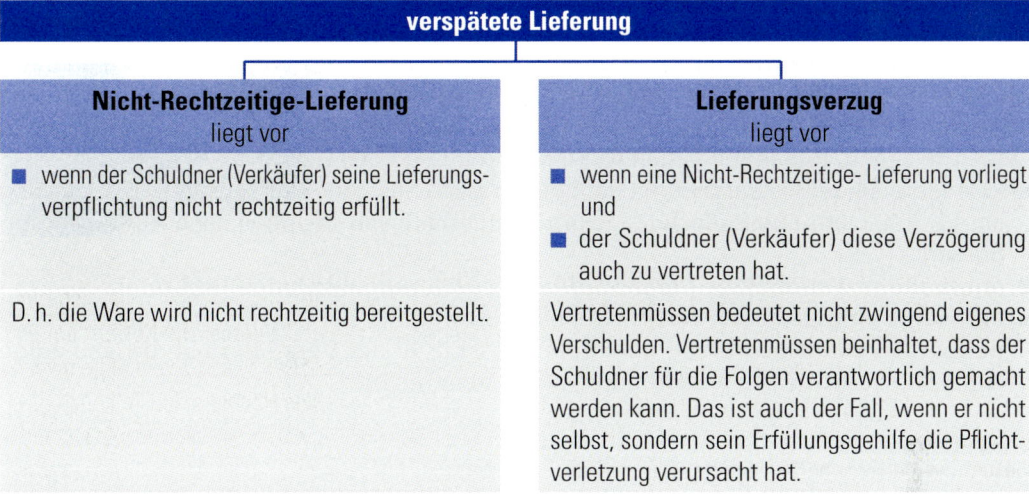

Ein Lieferungsverzug tritt somit nicht ein, wenn der Verkäufer z. B. aufgrund höherer Gewalt nicht rechtzeitig liefern kann. Er muss allerding beweisen, dass er die Verzögerung nicht zu vertreten hat. Solange er dies nicht bewiesen hat, wird vom Verschulden des Verkäufers ausgegangen (vermutetes Verschulden).

> **Beispiel:**
> Ein Verkäufer hat vereinbart, Ware bis zum 20.11. zu liefern. Vom 17.11. ab wird sein Betrieb, wie alle Betriebe der Branche, bestreikt. Eine fristgerechte Lieferung ist nicht mehr möglich. Am 20.11. liegt also der Sachverhalt der Nicht-Rechtzeitigen Lieferung vor. Der Verkäufer befindet sich aber nicht im Lieferungsverzug, da er die Verzögerung nicht zu vertreten hat. Er muss dies allerdings beweisen.

1.6.3.2 Voraussetzungen

Ein Lieferungsverzug liegt vor, wenn der Verkäufer trotz Fälligkeit und Mahnung nicht rechtzeitig liefert und er diese Nicht-Rechtzeitige-Lieferung zu vertreten hat.

Nichtlieferung trotz Fälligkeit

BGB
§§ 286, 242
u. 271

Unter Fälligkeit versteht man den Zeitpunkt, von dem ab der Käufer die Lieferung verlangen kann. Wenn im Kaufvertrag nichts anderes vereinbart ist, kann der Käufer die sofortige Lieferung verlangen, es sei denn aus den Umständen des Kaufvertrags bestimmt sich etwas anderes.

Mahnung durch den Käufer

BGB
§§ 286

Durch eine Mahnung wird der Lieferer aufgefordert, die Ware zu liefern. Ist der Kalendertag, an dem die Lieferung zu erfolgen hat, kalendermäßig weder direkt noch indirekt genau bestimmt oder bestimmbar, so muss der Käufer den Verkäufer durch eine Mahnung in Verzug setzen. In folgenden Fällen ist keine Mahnung notwendig:

- kalendermäßige Bestimmbarkeit der Leistungszeit aus dem Kaufvertrag (z.B. Lieferung am 15. Juli, Lieferung Ende Juli, Lieferung innerhalb von 14 Tagen nach Auftragsbestätigung)
- ernsthafte und endgültige Verweigerung der Lieferung durch den Verkäufer
- besondere Gründe liegen vor, so dass unter Abwägung der Interessen beider Vertragspartner der sofortige Verzug gerechtfertigt ist (z.B. der Verkäufer hat die alsbaldige Lieferung ausdrücklich angekündigt, liefert aber nicht).

Vertretenmüssen

BGB
§§ 286 u. 276

Der Lieferer kommt nur dann in Verzug, wenn er die Verzögerung auch zu vertreten hat. Der Verkäufer handelt in seinem Verantwortungsbereich schuldhaft, wenn er vorsätzlich oder fahrlässig nicht rechtzeitig liefert.

> **Beispiel:**
> Der Lieferer kommt in Verzug, weil er bei seinem eigenen Lieferanten nicht rechtzeitig bestellt hat. In diesem Fall liegt Fahrlässigkeit, also Verschulden des Verkäufers, vor.

Der Schuldner (Verkäufer) kommt nicht in Verzug, wenn er die Lieferungsverzögerung nicht zu vertreten hat (z.B. Hochwasser, Streik), er also die Verzögerung nicht fahrlässig oder vorsätzlich verursacht hat. Der Verkäufer trägt die Beweislast.

Falls der Verkäufer aber für die verkaufte Sache das Beschaffungsrisiko übernommen hat, haftet er für die Erfüllung auch dann, wenn ihn zwar kein Verschulden trifft, die Beschaffung der Ware aber scheitert, weil die Gründe dafür seinen Geschäftsbereich betreffen.

> **Beispiele:**
> - Der Verkäufer kann die Ware bei seinem Lieferanten nicht beschaffen, weil er nicht rechtzeitig bestellt hat.
> - Der Verkäufer kann die Ware bei seinem Lieferanten nicht beschaffen, weil ihm die finanziellen Mittel fehlen.

Das Beschaffungsrisiko trifft häufig bei Gattungswaren zu. Die Leistungspflicht besteht dann so lange, wie die geschuldete Ware am Markt erhältlich ist.

1.6.3.3 Rechte des Käufers beim Lieferungsverzug

Wenn sich der Lieferer in Lieferungsverzug befindet, stehen dem Käufer wahlweise verschiedene Rechte zu.

Lernkontrolle
Aufgaben 3–5

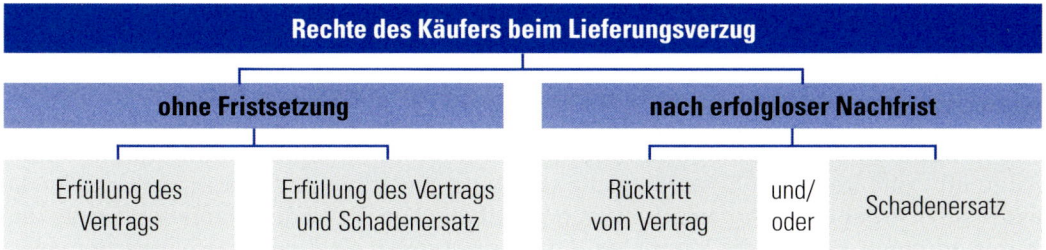

Erfüllung des Vertrags

Der Käufer besteht auf der Lieferung der Ware (Beispiel: Ware kann nur von diesem Lieferer bezogen werden).

BGB
§§ 280 u. 286

Erfüllung und Schadenersatz wegen Verzögerung

Dem Käufer ist durch den Lieferungsverzug ein Schaden entstanden. Er möchte aber immer noch die Ware vom Verkäufer beziehen (Beispiel: Durch die verspätete Lieferung ist der Käufer selbst in Lieferverzug geraten und muss dafür eine Vertragsstrafe bezahlen).

Rücktritt vom Vertrag

Für einen Rücktritt vom Vertrag gelten die Voraussetzungen wie beim Anspruch auf Schadenersatz statt Leistung. Dabei kann das Recht allein in Anspruch genommen werden (Beispiel: Kunde hat kein Interesse mehr an der verspäteten Lieferung, da ein aktuelleres Modell der Ware inzwischen auf dem Markt ist) oder mit dem Recht auf Schadenersatz kombiniert werden (Beispiel: verspätete Lieferung einer Saisonware, für die bereits Verkaufsprospekte gedruckt worden waren). Für dieses Recht ist das erfolglose Verstreichen einer gesetzten Nachfrist erforderlich.

BGB
§ 323

Eine Nachfrist ist jedoch in folgenden Fällen entbehrlich:
- kalendermäßige Bestimmbarkeit der Leistungszeit aus dem Kaufvertrag (z.B. Lieferung am 15. Juli, Lieferung Ende Juli, Lieferung innerhalb von 14 Tagen nach Auftragsbestätigung)
- ernsthafte und endgültige Verweigerung der Lieferung durch den Verkäufer
- besondere Gründe liegen vor

Schadenersatz

Das Recht auf Erstattung des Schadens kann als
- Schadenersatz statt Leistung oder als
- Ersatz vergeblicher Aufwendung
geltend gemacht werden.

BGB
§ 281

Schadenersatz statt der Leistung (Nichterfüllungsschaden)
Wählt der Käufer das Recht auf Schadenersatz statt Leistung, verzichtet er auf die vereinbarte Leistung und verlangt dafür den Ersatz von Aufwendungen, die ihm entstanden sind,

weil der Verkäufer nicht erfüllt hat. Dieses Recht kann erst nach erfolgloser Nachfrist in Anspruch genommen werden.

Eine Nachfrist ist jedoch in folgenden Fällen entbehrlich:
■ ernsthafte und endgültige Verweigerung der Lieferung durch den Verkäufer
■ besondere Gründe liegen vor

Die Rechte Schadensatz statt der Leistung und Rücktritt vom Vertrag können auch gleichzeitig geltend gemacht werden.

Recht auf Ersatz vergeblicher Aufwendungen
Alternativ zum Recht auf Schadenersatz statt Leistung, kann der Käufer auch das Recht auf Ersatz vergeblicher Aufwendungen geltend machen. Er fordert dann den Ersatz der Aufwendungen, die ihm im Vertrauen darauf entstanden sind, dass der Verkäufer seine Verpflichtungen erfüllt.

> **Beispiel:**
> Im Vertrauen auf die Anlieferung von Möbeln zu einem vereinbarten Termin, hat der Kunde einen Tag Urlaub genommen, um bei der Anlieferung anwesend zu sein. Er kann den Verdienstausfall als Schaden geltend machen.

1.6.3.4 Lieferungsverzug bei Fixgeschäft und Fixkauf

BGB
§§ 323 u. 325

Fixgeschäft und Fixkäufe sind Kaufverträge, bei denen die Lieferung an oder bis zu einem genau bestimmten Zeitpunkt zu erfolgen hat. Der Vertrag enthält eine Formulierung, aus der hervorgeht, dass das Geschäft mit der Beachtung des Liefertermins „steht und fällt" (z. B. „Lieferung am 14.07. fix" oder „Lieferung bis 22. Dezember fest", eine Sängerin soll zum Tag der offenen Tür eines Kreditinstituts am 01.08. singen). Die Einhaltung des Lieferzeitpunkts ist bei Fixgeschäften und Fixkäufen entscheidend für deren Wirksamkeit. Wenn es sich beim Käufer um einen Verbraucher handelt muss zwischen zwei Fällen unterschieden werden:

Rechte des Käufers beim Fixgeschäft und Fixkauf	
Bürgerlicher Kauf	**Einseitiger Handelskauf**
Kaufvertrag zwischen einem Unternehmer, der aber kein Kaufmann i. S. des Handelsgesetzbuches ist, und einem Verbraucher	Kaufvertrag zwischen einem Unternehmer, der Kaufmann ist, und einem Nichtkaufmann
Fixgeschäft BGB § 323 Abs. 2	**Fixkauf (Fixhandelsgeschäft HGB § 376)**
■ sofortiger Rücktritt vom Vertrag und/oder ■ Schadenersatz statt der Leistung ohne Nachfrist, wenn die nachträgliche Lieferung für den Käufer sinnlos ist (z. B. Hochzeitstorte nach der Hochzeit) = absolutes Fixgeschäft §§ 275, 281 Abs. 2 BGB ■ Schadenersatz statt der Leistung mit Nachfristsetzung, wenn die nachträgliche Lieferung das Geschäft nicht hinfällig macht = relatives Fixgeschäft § 281 Abs. 1 BGB	Sofortiger Rücktritt vom Vertrag wie beim Fixgeschäft § 376 Abs. 1 HGB auf jeden Fall möglich: Schadenersatz wegen Nichterfüllung ohne Nachfristsetzung § 376 Abs. 1 HGB

1.6.3.5 Ermittlung des Schadens

Schadenersatz ist ein Ausgleich für einen entstandenen Schaden und erfolgt normalerweise in Geldform. Die Höhe des Schadenersatzes kann wie folgt ermittelt werden:

Arten der Schadensberechnung	
nach dem **konkreten Schaden**, wenn die Schadenshöhe berechenbar ist (z. B. Mehrpreis beim Kauf der benötigten Ware bei einem anderen Lieferanten)	nach dem **abstrakten Schaden** in Höhe des entgangenen Gewinns (erzielbarer Verkaufspreis abzüglich vereinbarter Einkaufspreis).

BGB § 251

BGB § 339

Um keine Schwierigkeiten beim Nachweis bzw. bei der Berechnung des entgangenen Gewinns aufkommen zu lassen, wird häufig zwischen Vertragspartnern eine Vertragsstrafe (Konventionalstrafe) vereinbart, die bei Nichterfüllung zu bezahlen ist.

1.6.4 Nicht-Rechtzeitige-Zahlung und Zahlungsverzug

1.6.4.1 Abgrenzung Nicht-Rechtzeitige-Zahlung und Zahlungsverzug

Die Begriffe Nicht-Rechtzeitige-Zahlung und Zahlungsverzug sind wie folgt zu unterscheiden.

Verspätete Zahlung	
Nicht-Rechtzeitige-Zahlung liegt vor	**Zahlungsverzug** liegt vor
■ wenn der Geldschuldner (Käufer) seine Zahlungsverpflichtung nicht zu dem vorgesehenen Zeitpunkt bzw. nicht innerhalb einer bestimmen Frist erfüllt hat.	■ wenn eine Nicht-Rechtzeitige-Zahlung vorliegt und ■ der Geldschuldner (Käufer) diese Verzögerung auch zu vertreten hat.
D. h. die Zahlung muss rechtzeitig den Gläubiger (Verkäufer) erreicht haben (Geldschulden sind Bringschulden).	Bei Geldschulden gilt der Grundsatz „Geld muss man haben". Das bedeutet, dass der Schuldner im Regelfall die Nicht-Rechtzeitige-Zahlung auch zu vertreten hat.

Wenn ein Käufer seine Geldschuld wegen finanzieller Leistungsunfähigkeit (d. h. weil er kein Geld hat) nicht rechtzeitig erfüllt, so hat er diese Verzögerung unabhängig von seinem Verschulden immer zu vertreten (Grundsatz: „Geld hat man zu haben"). Es ist aber auch denkbar, dass die Zahlung aus anderen Gründen nicht rechtzeitig erfolgt. Hat der Käufer diese Gründe nicht zu vertreten (z. B. plötzliche schwere Erkrankung, höhere Gewalt), liegt zwar eine Nicht-Rechtzeitige-Zahlung, aber kein Zahlungsverzug vor. Der Käufer muss allerdings beweisen, dass er die Verzögerung nicht zu vertreten hat. Solange er den Nachweis nicht erbracht hat, wird vom Verschulden des Käufers ausgegangen (vermutetes Verschulden).

> **Beispiel:**
> Ein Schuldner verunglückt schwer und liegt auf der Intensivstation. Er ist nicht in der Lage eine fällige Zahlung vorzunehmen oder einen Vertreter dazu zu beauftragen. Der Schuldner zahlt nicht rechtzeitig (Nicht-Rechtzeitige-Zahlung). Er kommt aber nicht in Zahlungsverzug, da er die Verzögerung **ausnahmsweise** nicht zu vertreten hat.

1.6.4.2 Voraussetzungen

Ein Zahlungsverzug liegt vor, wenn der Verkäufer trotz Mahnung den vereinbarten Kaufpreis nicht oder nicht rechtzeitig bezahlt und er diese Nicht-Rechtzeitige-Zahlung zu vertreten hat.

Nichtzahlung trotz Fälligkeit

BGB
§§ 242, 271 u. 286

Wenn im Kaufvertrag nichts anderes vereinbart ist, ist die Zahlung sofort fällig.

Mahnung

BGB
§ 286

Grundsätzlich ist die Aufforderung zur Zahlung (Mahnung) Voraussetzung für den Eintritt des Zahlungsverzugs. Eine Mahnung ist allerdings nicht erforderlich, wenn

- der Zahlungstermin kalendermäßig bestimmt ist („Zahlung bis 18. Mai …"),
- der Zahlungstermin kalendermäßig berechnet werden kann, d. h. bestimmbar ist („Zahlung 20 Tage nach Rechnungsdatum"),
- der Käufer die Zahlung verweigert bzw. erklärt, dass er nicht leisten werde, oder
- 30 Tage nach Fälligkeit und Rechnungszugang vergangen sind (Rechnungszugang 15. Mai – Zahlungsverzug ab 14. Juni, 24:00 Uhr).

Bei einem Verbrauchsgüterkauf kann auf die Mahnung nur verzichtet werden, wenn ausdrücklich auf die 30-Tage-Frist hingewiesen wurde. In der Praxis wird dies i. d. R. durch die Nennung der Fälligkeit ersetzt.

Vertretenmüssen

Wenn der Käufer seine Geldschuld wegen finanzieller Leistungsfähigkeit (d. h. weil er kein Geld hat) nicht rechtzeitig erfüllt, hat er diese Nichterfüllung – unabhängig von seinem Verschulden – immer zu vertreten. Nur in Ausnahmefällen (z. B. plötzliche schwere Erkrankung) hat er die Verzögerung u. U. nicht zu vertreten.

> **Beispiel:**
> Aufgrund der Insolvenz seines Arbeitgebers kann ein Schuldner seine Zahlungen aus einem Ratenkauf nicht begleichen, da er momentan kein Gehalt mehr erhält.
> Der Schuldner kommt in Zahlungsverzug, obwohl er die Zahlungsschwierigkeit nicht verursacht hat, sondern sein Arbeitgeber.

1.6.4.3 Rechte des Verkäufers

Lernkontrolle
Aufgabe 6

Da es sich beim Zahlungsverzug um einen Schuldnerverzug wie beim Lieferungsverzug handelt, hat der Gläubiger, hier der Verkäufer, nahezu die gleichen Rechte wie der Gläubiger beim Lieferungsverzug.

Rechte des Verkäufers		
ohne Fristsetzung	**nach erfolgloser Nachfrist**	
Zahlung verlangen und Schadenersatz (Verzugsschaden)	Rücktritt vom Vertrag	und/ oder	Schadenersatz statt Leistung (Nichterfüllungsschaden)

1.6.4.4 Ermittlung des Schadens

Da bei einer verspäteten Zahlung dem Gläubiger immer ein Zinsverlust entsteht, kann der Verkäufer beim Zahlungsverzug neben einem sonstigen Schaden immer Verzugszinsen geltend machen. Dabei erlaubt das BGB Verzugszinsen in Höhe von

BGB §§ 288

■ 5 % über dem Basiszinssatz der Deutschen Bundesbank[1] bei Verbrauchsgüterkäufen bzw.
■ 9 % über dem Basiszinssatz, wenn bei dem Rechtsgeschäft kein Verbraucher beteiligt ist.

Vertraglich kann auch ein höherer Zinssatz vereinbart werden.

1.6.5 Annahmeverzug

1.6.5.1 Voraussetzungen

Wenn der Käufer die Ware (oder der Verkäufer die Zahlung) nicht oder nicht rechtzeitig annimmt, liegt ein Annahmeverzug vor. Meist kommt der Annahmeverzug auf Seiten des Käufers vor (Warenannahme).

Der Annahmeverzug setzt kein Verschulden voraus. Damit der Annahmeverzug eintritt, muss

BGB §§ 293 f.

■ die Leistung fällig und
■ tatsächlich angeboten worden sein.

Der Eintritt eines Annahmeverzugs hat Auswirkungen auf den Gefahrenübergang und die Haftung beim Verkauf.

BGB § 300

Auswirkungen des Annahmeverzugs	
auf den Gefahrenübergang	**auf die Haftung**
Die Gefahr des zufälligen Untergangs der Ware geht mit Eintritt des Annahmeverzugs auf den Gläubiger über (Käufer als Gläubiger der Ware).	Die Haftung des Schuldners (Verkäufer beim Annahmeverzug der Ware) erstreckt sich mit Eintritt des Annahmeverzugs nur noch auf grobe Fahrlässigkeit. Der Schuldner haftet nicht mehr für leichte Fahrlässigkeit.

---

1   Zum 1.1.2018 betrug der Basiszinssatz −0,88 % (Negativzinsen). http://www.bundesbank.de Suchwort: Basiszinssatz

1.6.5.2 Rechte des Verkäufers

Der Schuldner (Verkäufer beim Annahmeverzug der Ware) hat folgende Rechte, wenn die Voraussetzungen für den Annahmeverzug vorliegen:

BGB
§§ 373 f.

Rechte des Schuldners beim Annahmeverzug		
auf Annahme klagen	sich von der Leistungspflicht befreien	Schadenersatz verlangen

- **auf Annahme klagen**

Der Schuldner kann die Ware in eigene Verwahrung nehmen und auf Annahme klagen.

- **sich von der Leistungspflicht befreien**
  - Ist der Schuldner (hier Verkäufer) ein Kaufmann, kann er die Ware an jedem geeigneten Ort in sicherer Weise einlagern.
  - Der Kaufmann kann die Ware auch an jedem Ort versteigern lassen. Wenn die Ware einen Börsen- oder Marktpreis hat, kann sie freihändig verkauft werden (Selbsthilfeverkauf). Der Erlös muss mit der Forderung aufgerechnet werden. Ein Mehrerlös steht dem Käufer zu. Bei einem Mindererlös hat der Kaufmann eine Restforderung in Höhe des Differenzbetrags. Vor einer Versteigerung muss diese mit einer Fristsetzung für die Abnahme angedroht werden. Wenn es sich um verderbliche Ware handelt, kann die Androhung unterbleiben.

- **Schadenersatz verlangen**

Wenn der Käufer die Ware schuldhaft nicht entgegen nimmt, kann der Verkäufer Schadenersatz wegen Nichterfüllung verlangen.

Zusammenfassung und Lernkontrolle

Zusammenfassung

Pflichten aus dem Kaufvertrag (Verpflichtungsgeschäft)	
= Erfüllung der vereinbarten Leistungen	
Pflichten des Verkäufers	**Pflichten des Käufers**
■ Lieferung mangelfreier Ware ■ fristgerechte Lieferung	■ Abnahme der Ware ■ fristgerechte Zahlung

Störungen bei der Erfüllung des Kaufvertrags	
Verkäuferseite	**Käuferseite**
■ Schlechtleistung ■ Nicht-Rechtzeitige-Lieferung	■ Nicht-Rechtzeitige-Zahlung ■ Annahmeverzug

Schlechtleistung

Mängel

Rechtsmängel	Sachmängel

Geltendmachung von Rechten durch den Käufer, wenn der Verkäufer seine Pflichten nicht erfüllt hat (insbesondere beim zweiseitigen Handelskauf: Prüf-, Rüge- und Aufbewahrungspflicht)

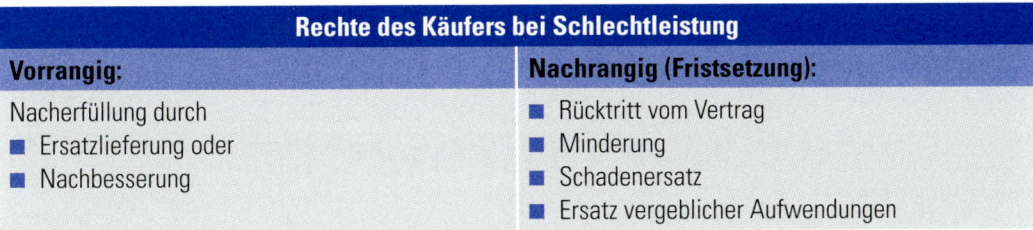

Rechte des Käufers bei Schlechtleistung

Vorrangig:	**Nachrangig (Fristsetzung):**
Nacherfüllung durch ■ Ersatzlieferung oder ■ Nachbesserung	■ Rücktritt vom Vertrag ■ Minderung ■ Schadenersatz ■ Ersatz vergeblicher Aufwendungen

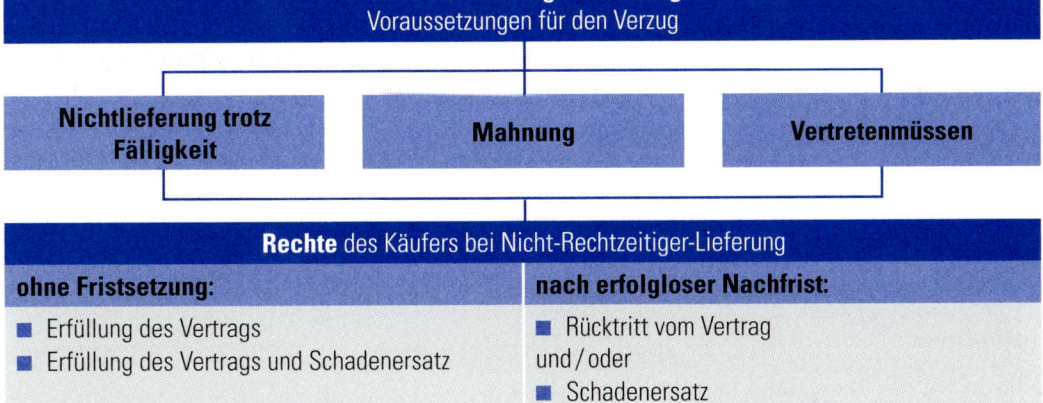

Nicht-Rechtzeitige-Lieferung
Voraussetzungen für den Verzug

Nichtlieferung trotz Fälligkeit	Mahnung	Vertretenmüssen

Rechte des Käufers bei Nicht-Rechtzeitiger-Lieferung

ohne Fristsetzung:	**nach erfolgloser Nachfrist:**
■ Erfüllung des Vertrags ■ Erfüllung des Vertrags und Schadenersatz	■ Rücktritt vom Vertrag und / oder ■ Schadenersatz

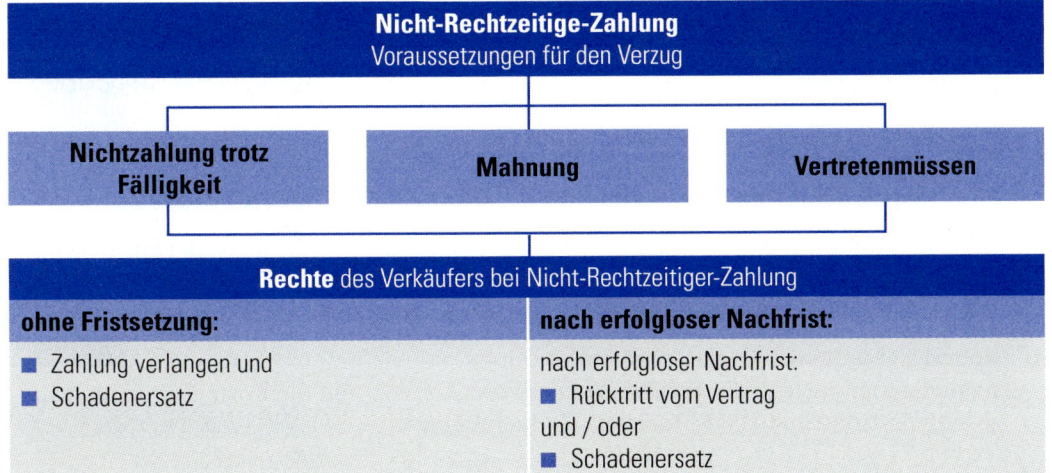

Nicht-Rechtzeitige-Zahlung
Voraussetzungen für den Verzug

Nichtzahlung trotz Fälligkeit	Mahnung	Vertretenmüssen

Rechte des Verkäufers bei Nicht-Rechtzeitiger-Zahlung

ohne Fristsetzung:	**nach erfolgloser Nachfrist:**
■ Zahlung verlangen und ■ Schadenersatz	nach erfolgloser Nachfrist: ■ Rücktritt vom Vertrag und / oder ■ Schadenersatz

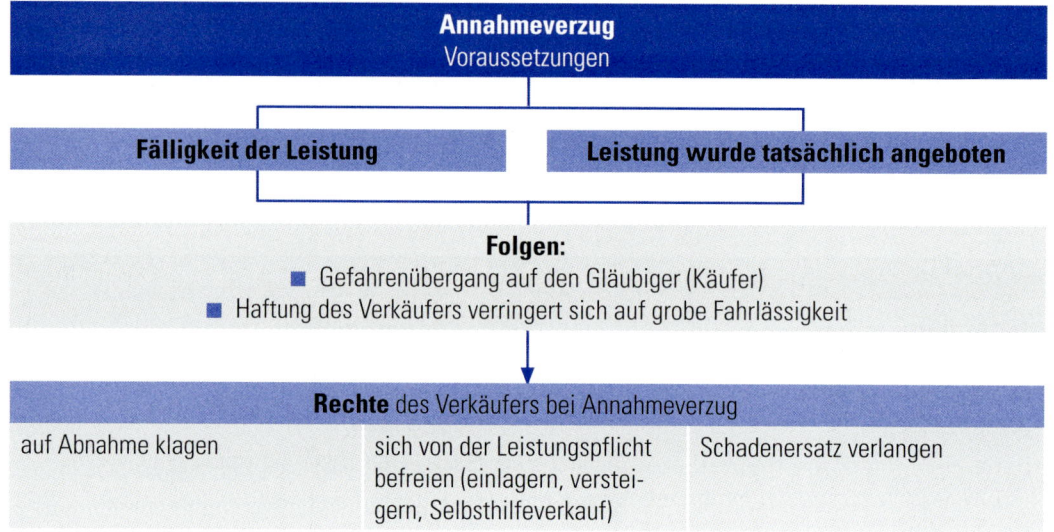

Lernkontrolle

Aufgabe 1

Franz Biberbusch kauft bei der Autohandlung Autoarena einen Neuwagen. Einige Wochen nach Übergabe des Autos stellt er Mängel an der Klimaanlage fest. Da sich der Mangel erst auf langen Fahrten zeigt, konnte er bei Übergabe nicht gleich entdeckt werden. Welche Rechte kann Biberbusch geltend machen und welche Voraussetzungen sind dabei zu beachten?

Aufgabe 2

Klären Sie die Rechtslage in folgenden Fällen:

1. Madeleine B. kauft von einem Händler einen PKW. Nach drei Tagen stellt sie fest, dass eine Glühbirne der Innenbeleuchtung defekt ist. Sie verlangt deshalb die Lieferung eines neuen PKW. Der Händler lehnt dies ab, ist aber bereit nachzubessern und die Birne auszutauschen.

2. Theresa S. kauft bei einem Händler einen neuen PKW. Nach vier Wochen stellt sie fest, dass die Zentralverriegelung nicht funktioniert, wenn der Wagen lange gestanden hat. Theresa S. möchte vom Vertrag zurücktreten. Der Händler ist jedoch nur bereit, den PKW gegen einen Neuen einzutauschen.

3. Leon R. kauft im Elektrohandel einen DVD-Player. Beim Anschluss an sein TV-Gerät stellt er kleinere Farbflecken am DVD-Player fest, die beim Kauf nicht aufgefallen waren. Leon R. überlegt, ob er Nachbesserung oder Neulieferung verlangen soll.

4. Robert L. kauft von einem Autohändler einen Neuwagen. Nach Wochen stellt er erhebliche Mängel fest. Er will den Wagen zurückgeben und die Kosten für einen Mietwagen, in Höhe von 200 Euro ersetzt bekommen.

Aufgabe 3

Holger Maurer bestellt 50 Kisten Champagner. Die Weinhandlung Böhmer liefert nicht rechtzeitig. Zwischenzeitlich bietet die Weinhandlung Krauss die gleiche Marke Champagner wesentlich günstiger an. Deshalb kauft Maurer den Champagner dort und informiert Böhmer. Böhmer verlangt Abnahme und Zahlung. Wie ist die Rechtslage?

Aufgabe 4

Aufgrund einer Anzeige kauft Uwe Sänger bei einem Raritätenhändler eine Jacke für 8.000 Euro, die der verstorbene Elvis Presley einmal getragen hat. Uwe will die Jacke am nächsten Morgen abholen. Der Sohn des Händlers nimmt, ohne den Vater zu informieren, noch am selben Abend die Jacke mit auf eine dreiwöchige Reise nach Memphis (USA). Als Uwe am nächsten Morgen in den Laden kommt, stellt der Händler fest, dass die Jacke fehlt. Uwe stellt dem Händler eine Nachfrist von acht Tagen. Er erklärt, dass er nach erfolglosem Ablauf der Nachfrist die Jacke nicht mehr haben möchte. Ihm sei dann aber ein Schaden in Höhe von 2.000 Euro entstanden. Der Schaden würde darin bestehen, dass er die Jacke einem Elvis-Fan für 10.000 Euro versprochen habe. Außerdem will Uwe zusätzlich vom Vertrag zurücktreten. Der Verkäufer ist nicht einverstanden und besteht weiterhin auf Abnahme und Zahlung.

Aufgabe 5

Der Inhaber des Restaurants „Zur goldenen Gans", Reinhold Koch, entdeckt um 14:30 Uhr, dass aufgrund eines Wasserrohrbruchs ein Teil seines Restaurants überschwemmt ist. Er ruft beim Klempner Bergmann an. Koch erklärt Bergmann, dass er sein Lokal um 18:00 Uhr öffnen müsse, um keine Umsatzeinbußen zu haben. Es liegen für diese Zeit bereits Reservierungen vor. Bergmann sagt sofortige Reparatur zu und erscheint um 19:00 Uhr. Koch verlangt Schadenersatz in Form seines entgangenen Gewinns in Höhe von 1.000 Euro.

Aufgabe 6

Die Firma MediaCenter erhält vom Importeur ChinaQuality eine Lieferung von 20 Flachbildschirmen. MediaCenter erhält die Rechnung am 10. März. Befindet sich die Firma MediaCenter am 25. März in den folgenden Fällen jeweils in Zahlungsverzug?

1. Die Rechnung enthält kein Zahlungsziel.

2. Die Rechnung enthält kein Zahlungsziel. Die Firma ChinaQuality mahnt MediaCenter jedoch am 20. März.

3. Auf der Rechnung wird „Zahlung bis spätestens 22. März" verlangt.

1.7 Weitere wichtige Vertragsarten

1.7.1 Überblick über wichtige Vertragsarten

Verträge sind mehrseitige Rechtsgeschäfte, die durch übereinstimmende Willenserklärungen zustande kommen. Im Wirtschaftsgeschehen sind verschiedene Vertragsarten von Bedeutung, die sich insbesondere durch die von den Vertragspartnern übernommenen Pflichten unterscheiden.

Überblick über wichtige Vertragsarten			
Vertrags-art	Beschreibung und Hauptpflichten der Vertragspartner		Beispiel
Kauf-vertrag (BGB §§ 433–458)	Erwerb eines Gegenstandes gegen Entgelt		Einkauf von Rohstoffen für ein Industrie-unternehmen
	Käufer: ■ Annahme des Gegenstands ■ Bezahlung des Kaufpreises	**Verkäufer:** ■ Übergabe des Gegenstands ■ Verschaffung des Eigentums	
Werk-vertrag (BGB §§ 631–651)	Herstellung eines Werks gegen Entgelt		Einbau einer Heizungsanlage durch einen Installateur
	Besteller: ■ Annahme des Werks ■ Bezahlung der Vergütung	**Unternehmer:** ■ Zustandebringen eines bestimmten Werks mit Arbeitserfolg	
Dienst-vertrag (BGB §§ 611–630)	Leistung von Diensten gegen Entgelt		Arbeitsvertrag eines Bank-angestellten
	Dienstverpflichteter (z. B. Arbeitnehmer): ■ Verrichtung einer Arbeit	**Dienstberechtigter** (z. B. Arbeitgeber): ■ Bezahlung einer vereinbarten Vergütung	
Geschäfts-besor-gungs-vertrag (BGB § 675)	Dienst- oder Werkvertrag zur entgeltlichen oder unentgeltlichen Besorgung eines Geschäfts auf rechtlichem oder wirtschaftlichem Gebiet		Überweisungs-auftrag an ein Kreditinstitut
	Beauftragter: ■ Besorgung eines ihm übertragenen Geschäfts	**Auftraggeber:** ■ evtl. Bezahlung der vereinbarten Vergütung	
Schen-kungs-vertrag (BGB §§ 516–534)	unentgeltliche Zuwendung von Sachen und Rechten, durch die der Beschenkte bereichert wird		Spende an das Rote Kreuz
	Beschenkter: ■ Annahme der Sache bzw. des Rechts	**Schenker:** ■ Übereignung der Sache bzw. des Rechts	
Miet-vertrag (BGB §§ 535–580)	Überlassung einer Sache zum Gebrauch gegen Entgelt		Familie Müller mietet ein Schrankfach bei ihrem Kredit-institut.
	Mieter: ■ Bezahlung der Miete ■ Rückgabe derselben Sache	**Vermieter:** ■ Übergabe der Sache	
Pacht-vertrag (BGB §§ 581–597)	Überlassung von Sachen und Rechten zum Gebrauch und Fruchtgenuss gegen Entgelt		Übernahme einer Gaststätte zum Betrieb, Eigentümer bleibt eine Brauerei
	Pächter: ■ Bezahlung der Pacht ■ Rückgabe derselben Sache	**Verpächter:** ■ Übergabe der Sache	

Leih-vertrag	Überlassung eine Sache zum Gebrauch ohne Entgelt		Schülerin über-lässt einem Mit-schüler für die Schulstunde ihren Taschenrechner.	BGB §§ 598 – 606
	Entleiher: ■ Rückgabe derselben Sachen	**Verleiher:** ■ Überlassung der Sache		
Darlehens-vertrag	unentgeltliche oder entgeltliche Überlassung von vertretbaren Sachen		Aufnahme eines Kredits	BGB §§ 607 – 610 §§ 488 – 498
	Darlehensnehmer: ■ Rückerstattung von Sachen gleicher Art, Güte und Menge ■ eventuell Zahlung des vereinbar-ten Darlehensentgelts (Zinsen)	**Darlehensgeber:** ■ Überlassung der vereinbar-ten, vertretbaren Sache (z. B. Geld)		
Versiche-rungs-vertrag	Risikoübernahme gegen Entgelt		Familie Berger schließt eine Hausratversiche-rung ab.	VVG § 1
	Versicherungsnehmer: ■ Bezahlung der Ver-sicherungsprämie	**Versicherer:** ■ Erbringung der Versicherungs-leistung im Versicherungsfall		

Lernkontrolle Aufgabe 1

1.7.2 Mietvertrag

Ein Mietvertrag ist ein Vertrag, durch den der Vermieter dem Mieter eine Sache gegen Entgelt zumindest zeitweilig zum Gebrauch überlässt. Der Mieter verpflichtet sich, die vereinbarte Miete zu zahlen und die Sache nur entsprechend dem Vertrag zu nutzen. Der Vermieter bleibt Eigentümer, der Mieter wird Besitzer der Sache. Nach Ablauf der Mietzeit muss er die Sache dem Vermieter zurückgeben. Dabei können Immobilien und Mobilien Gegenstand des Mietvertrags sein.

BGB §§ 535 ff.

Unterscheidung nach der Art der vermieteten Sache	
Immobilienmiete	**Mobiliarmiete**
Vermietung von Wohnräumen, Geschäftsräumen und Grundstücken	Vermietung beweglicher Sachen, z. B. PKW, Sport-ausrüstung, Baumaschinen

Neben beweglichen und unbeweglichen Sachen können auch Sachteile, die gebrauchs-tauglich sind, Gegenstand eines Mietvertrags sein (Werbefläche an der Hauswand oder am Auto). Das Gesetz unterscheidet bei Immobilien, ob diese zu Wohnzwecken **(Wohn-raummietvertrag)** oder zu anderen Zwecken **(Gewerbemietvertrag)** vermietet werden.

Die Abgrenzung zwischen gewerblicher Miete und Wohnraummiete ist deshalb überaus wichtig, weil sämtliche Mieterschutzvorschriften des Mietrechts ausschließlich für Wohn-raum gelten.

Bei Gewerbemietverträgen gelten die Mieterschutzgesetze nicht. Mietverträge zur dauer-hafte Vermietung von Wohnraum unterliegen zwingenden Rechtsvorschriften, die nicht einzelvertraglich abgeändert werden dürfen. Es gibt keine Formvorschrift für Mietverträge, mit der Ausnahme, dass für Wohnraummietverträge die länger als ein Jahr geschlossen werden, Schriftform vorgeschrieben ist.

Die Rechtsprechung erlaubt auch die Nutzung privater Mietwohnungen zu geschäftlichen Besprechungen sowie für normale gelegentliche Büroarbeiten. Auch ein Heimarbeitsplatz am Computer ändert den Mietcharakter der Wohnraummiete nicht.

In gewerblichen Mietverträgen sind fast alle Vertragsklauseln erlaubt, d. h. wirksam, während dies bei Wohnraummietverträgen nicht der Fall ist.

Abgrenzung Mietvertrag – Pachtvertrag – Leihvertrag

Ein Pachtvertrag liegt vor, wenn der Pächter zusätzlich zum Gebrauch auch noch zum „Genuss der Früchte" berechtigt ist, er also Erträge aus dem Grundstück erzielen kann. Für Pachtverträge gelten ebenfalls die Vorschriften des Mietrechts. Beim besonderen Fall einer Unternehmenspacht überlässt der Verpächter dem Pächter ein ganzes Unternehmen. Dadurch kann der Pächter das Unternehmen weiterführen und den Kundenstamm übernehmen. Ein Leihvertrag liegt vor, wenn die Sache unentgeltlich zum Gebrauch überlassen wird (z. B. Wohnungsüberlassung unentgeltlich an Verwandte).

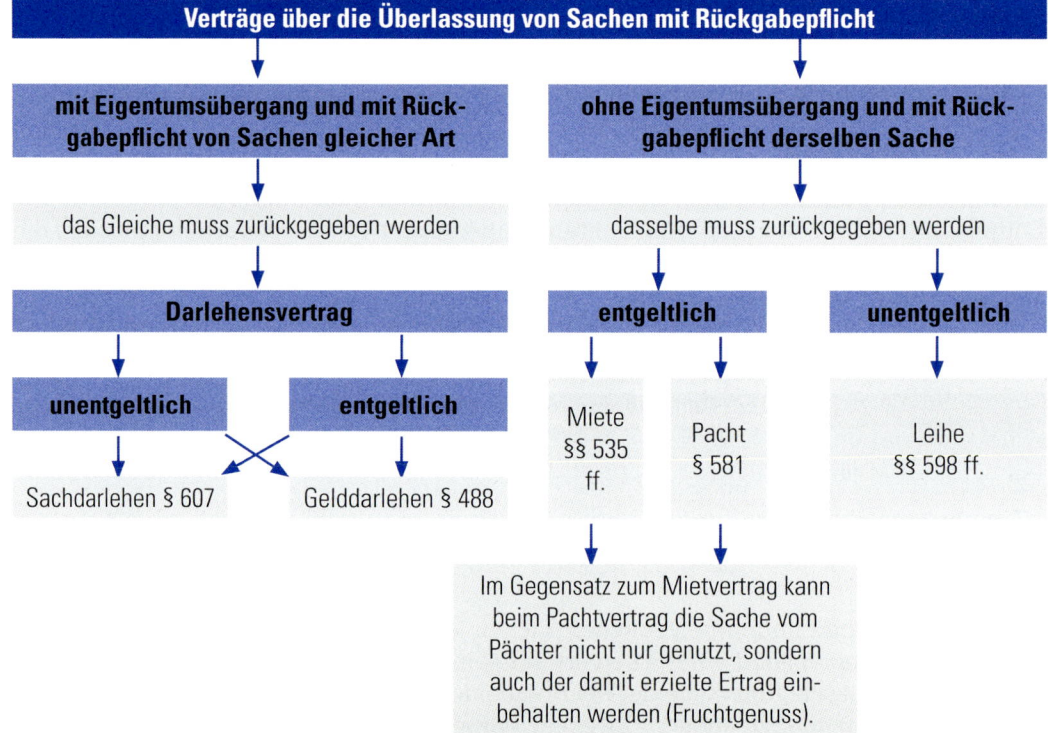

1.7.3 Geschäftsbesorgungsvertrag

BGB
§§ 611, 631, 675

Ein Geschäftsbesorgungsvertrag beinhaltet die selbstständige Tätigkeit im fremden Interesse. Ein Auftraggeber überträgt ein Geschäft (i. d. R. entgeltlich) an einen Beauftragten. Der Geschäftsbesorgungsvertrag stellt eine Sonderform eines Dienst- oder Werkvertrags dar. Regelmäßig liegt dem Geschäftsbesorgungsvertrag eine Vollmacht zugrunde. Die Vollmachterteilung ist ein eigenständiges Rechtsgeschäft. Geschäftsbesorgungsverträge erfassen deshalb insbesondere Tätigkeiten der Freiberufler (z. B. Steuerberater, Rechtsanwälte, Makler). Bei den meisten Bankgeschäften bildet ein Geschäftsbesorgungsvertrag die Grundlage.

Zahlungsdienstevertrag

BGB
§ 675c

Eine besondere Form des Geschäftsbesorgungsvertrags ist der Zahlungsdienstevertrag zwischen Kreditinstituten (Zahlungsdienstleister) und ihren Kunden (Zahlungsdienstnutzer). Der Vertrag beinhaltet die Erbringung von Zahlungsdiensten (Durchführung von Zahlungsaufträgen) durch das Kreditinstitut.

Voraussetzungen

BGB
§ 675d

Die Kreditinstitute müssen den Kunden vorvertraglich Informationen geben, die im Einführungsgesetz zum Bürgerlichen Gesetzbuch aufgeführt sind. Der Kunde muss Informationen erhalten

EGBGB
Art. 248 § 4

- zum Zahlungsdienstleister,
- zur Nutzung des Zahlungsdienstes,
- zu Entgelt, Zinsen und Wechselkursen,
- zur Kommunikation und
- zu den Schutz- und Abhilfemaßnahmen.

Wichtige Begriffe beim Zahlungsdienstevertrag

- Einzelzahlungsvertrag: Durchführung eines Zahlungsvorgangs
- Zahlungsdiensterahmenvertrag: Ausführung einzelner aufeinander folgender Zahlungsvorgänge
- Zahlungsvorgang: jede Bereitstellung, Übermittlung oder Abhebung eines Geldbetrags
- Zahlungsdienstnutzer: Kunde, der einen Zahlungsdienst in Anspruch nimmt
- Zahlungsdienstleister: Kreditinstitut, das für den Kunden Zahlungsvorgänge durchführt

BGB
§ 675f

Änderungen beim Zahlungsdienstrahmenvertrag muss das Kreditinstitut dem Kunden spätestens zwei Monate bevor sie wirksam werden anbieten. Lehnt der Kunde die Änderung nicht bis zu diesem Zeitpunkt ab, gilt sie als angenommen. Der Kunde hat die Möglichkeit den Zahlungsdiensterahmenvertrag jederzeit zu kündigen, es sei denn es wurde eine andere Kündigungsfrist vereinbart. Die Zahlungsvorgänge, die das Kreditinstitut für den Zahler durchführt, sind nur wirksam, wenn der Kunde zugestimmt hat (Autorisierung).

BGB
§§ 675g, 675h
und 675j

1.8 Vorschriften zum Verbraucherschutz

1.8.1 Allgemeine Geschäftsbedingungen

Allgemeine Geschäftsbedingungen (AGB) sind vorformulierte, für eine Vielzahl von Verträgen geltende Vertragsbedingungen. Sie werden auf Vertragsunterlagen (z. B. Bestellformular) oder auf einem besonderen Vordruck wiedergegeben. Es besteht auch die Möglichkeit die AGB in den Geschäftsräumen auszuhängen. Diese Bedingungen sollen Vertragsbestandteil sein, ohne dass sie jeweils einzeln ausgehandelt werden. Die AGB sollen zur

BGB
§ 305

- Zeit- und Kostenersparnis,
- Risikobegrenzung und
- Rechtssicherheit beitragen.

Im Geschäftsleben zwingt i. d. R. der wirtschaftlich Stärkere den wirtschaftlich Schwächeren seine AGB anzuerkennen. Zwischen Unternehmen kann es daher auch vorkommen, dass beim Kaufvertrag die AGB des Käufers vereinbart werden. Bei Verträgen zwischen Unternehmen und Privatleuten erkennt der Käufer die AGB des Verkäufers an.

Zum Schutz der Verbraucher wurden zahlreiche Schutzvorschriften in das Bürgerliche Gesetzbuch aufgenommen.

BGB
§ 305 Abs. 2

■ Die AGB gelten nur, wenn der Unternehmer bei Vertragsabschluss den Verbraucher ausdrücklich auf diese hinweist und der Verbraucher in zumutbarer Weise Kenntnis von den AGB erlangen kann (z. B. Aushang in einem Kreditinstitut). Der Verbraucher muss sich mit den AGB einverstanden erklären.

BGB
§§ 307 u. 242

■ Generalklausel: Die AGB sind dann unwirksam, wenn sie den Vertragspartner unangemessen benachteiligen und gegen den Grundsatz von Treu und Glauben verstoßen.

BGB
§ 309

■ Klauselverbote ohne Wertungsmöglichkeit: Diese Klauseln sind auch ohne rechtliche Wertung immer unwirksam, weil sie die gesetzlichen Rechte des Verbrauchers einschränken.

Beispiele für Klauselverbote ohne Wertungsmöglichkeit		
Klausel	**Erläuterung**	**Beispiel**
Pauschalierung von Schadenersatzansprüchen	Die Festlegung einer Schadenspauschale ist unwirksam, wenn dem anderen Vertragspartner nicht die Möglichkeit des Nachweises eines geringeren Schadens eingeräumt wird.	Ein Autohändler setzt für den Fall der Nichtabnahme eines bestellten Autos in den AGB den Schadenersatzanspruch auf 10 % fest, wenn der Käufer einen geringeren Schaden nachweist.
kurzfristige Preiserhöhungen	Unwirksam ist eine Klausel, bei der die Möglichkeit eingeräumt wird, bei einer Warenlieferung innerhalb von vier Monaten nach Vertragsabschluss eine kurzfristige Preiserhöhung zu erlauben.	Die Lieferung eines Neuwagens soll in acht Wochen erfolgen. Die AGB sehen vor, dass eine zwischenzeitlich eintretende Preiserhöhung an den Kunden weitergegeben werden kann.
Haftungsausschluss bei Verletzung von Leben, Gesundheit und bei grobem Verschulden	Ein Haftungsausschluss des Unternehmers für eine leicht fahrlässige Pflichtverletzung ist unzulässig, wenn es durch die Pflichtverletzung zu einer Körperverletzung oder zum Tod einer Person gekommen ist. Ebenso ausgeschlossen sind Haftungsbeschränkungen für Fälle, bei denen grobes Verschulden vorliegt.	Der Hersteller von Motorrädern schließt in seinen AGB eine Schadenersatzleistung für den Fall einer Verletzung aufgrund eines Materialfehlers aus.

BGB
§ 308

■ Klauselverbote mit Wertungsmöglichkeit: Diese Klauseln sind durch die Verwendung von unbestimmten Rechtsbegriffen gekennzeichnet, die einer Auslegung bedürfen (z. B. eine Nachfrist wird nicht hinreichend bestimmt).

Wenn Klauseln unbestimmte Rechtsbegriffe enthalten, müssen diese erst rechtlich gewertet werden. Solche Klauseln, die erst der rechtlichen Auslegung bedürfen, also erst bewertet werden müssen, sind unzulässig.

Beispiele:
- „Der Vertrag kommt wahlweise durch schriftliche Bestätigung des Auftrags (E-Mail, Fax, Brief) oder durch Versenden der Ware zustande" (Bestellung von Kameras und Kamerazubehör auf einer Website)
- „Der Käufer kann vier Wochen nach Überschreitung eines unverbindlichen Liefertermins oder einer unverbindlichen Lieferfrist den Verkäufer schriftlich auffordern, binnen angemessener Frist zu liefern" (Klausel für Verträge über individuell zusammengestellte Einbauküchen)
- „Die Sparkasse zahlt neben dem jeweiligen durch Aushang bekannt gemachten Zinssatz für Spareinlagen dieser Art, zur Zeit [handschriftlich eingefügt: 4] %, bei Beendigung des Sparvertrages auf die Summe der bis dahin vertragsgemäß erbrachten Sparleistungen eine einmalige und unverzinsliche Prämie." (Prämiensparvertrag aus dem Jahre 1991)

Rechtsfolgen

Sollten aufgrund der BGB-Vorschriften die AGB nur teilweise Vertragsbestandteil geworden oder rechtsunwirksam sein, dann bleiben die anderen Vertragsbestandteile trotzdem wirksam.

*Lernkontrolle
Aufgabe 2*

1.8.2 Fernabsatzvertrag

Merkmale des Fernabsatzvertrags

Zunehmende Bedeutung für Verbraucher haben Verträge, die ausschließlich mit Fernkommunikationsmitteln (z. B. Internetkäufe, Internetauktionen) zustande kommen. Diese bezeichnet man als Fernabsatzverträge.

*BGB
§ 312b*

Fernabsatzverträge sind Verträge
- über die Lieferung von Waren oder die Erbringung von Dienstleistungen,
- zwischen einem Unternehmer und einem Verbraucher,
- unter ausschließlicher Verwendung von „Fernkommunikationsmitteln",
- im Rahmen eines für den Fernabsatz organisierten Vertriebs- oder Dienstleistungssystems.

Fernkommunikationsmittel sind z. B. Briefe, Kataloge, Telefon, Telefax, Internet-Homepages (bzw. Internet-Plattformen), SMS-Nachrichten und E-Mails. Entscheidend für die Zuordnung zu den Fernabsatzverträgen ist allein die Art und Weise des Vertragsabschlusses. Wird ein Vertrag z. B. über E-Mail oder Telefon angebahnt, jedoch bei einem Vertreterbesuch abgeschlossen, gelten die Vorschriften über Fernabsatzverträge nicht. Verfügt das Unternehmen über kein für den Fernabsatz organisiertes Vertriebs- oder Dienstleistungssystem, liegt kein Fernabsatzvertrag vor, falls nur gelegentlich Fernabsatzkommunikationsmittel verwendet werden (Beispiel: Unternehmen nimmt gelegentlich telefonische Bestellungen entgegen).

Internetauktionen

Internetauktionen fallen in der Regel unter das Fernabsatzrecht. Die Rechtsprechung geht davon aus, dass Internetauktionen keine Versteigerungen im Sinne des BGB darstellen. Grund dafür ist, dass der Zuschlag nicht zum absolut höchsten Gebot erfolgt, sondern durch einen Zeitpunkt bestimmt wird. Aufgrund dieser Rechtsauffassung führen Internetauktionen zu Kaufverträgen. Das Onlineangebot ist die erste Willenserklärung (Antrag), die Abgabe des höchsten Gebots stellt die zweite Willenserklärung (Annahme) dar. Das Fernabsatzrecht setzt voraus, dass der Anbieter ein Unternehmer ist, also planmäßig und regelmäßig Waren bei Auktionsplattformen oder sonst über das Internet anbietet. Es liegt dann ein Verbrauchsgüterkauf vor.

*BGB
§ 312d*

Besondere Rechtsvorschriften im Fernabsatzgeschäft für Verbraucher

BGB
§ 312c Zum Schutz der Verbraucher gelten für Fernabsatzverträge besondere Rechtsvorschriften.

Informationspflicht des Unternehmers

Unternehmen, die Fernabsatzkommunikationsmittel zur Geschäftsanbahnung oder zum Vertragsabschluss verwenden, müssen den Verbraucher rechtzeitig vor Abschluss eines Fernabsatzvertrags über folgende Aspekte aufklären:

- Einzelheiten des Vertrags (Anschrift des Unternehmens, Ware/Dienstleistung, Liefer- und Zahlungsbedingungen, Gültigkeitsdauer, Widerruf und Rückgabe),
- den geschäftlichen Zweck des Vertrags.

Die Aufklärung muss klar und verständlich in einer dem eingesetzten Fernkommunikationsmittel entsprechenden Form erfolgen.

Widerrufs- und Rückgaberecht

BGB
§ 312d

BGB
§§ 356 f Bei Fernabsatzverträgen wird dem Verbraucher ein Widerrufsrecht eingeräumt. Handelt es sich um Warengeschäfte, kann der Verbraucher anstelle des Widerrufsrechts auch ein Rückgaberecht in Anspruch nehmen. Die Widerrufs- oder Rückgabefrist beträgt 14 Tage. Der Widerruf oder die Rücksendung können ohne Begründung wahrgenommen werden.

Pflichten des Unternehmers im elektronischen Geschäftsverkehr

BGB
§ 312e Wenn der Verbraucher zum Vertragsabschluss Teledienste (i. d. R. Internet) benutzt, muss der Unternehmer Maßnahmen zum Schutz des Verbrauchers ergreifen. Der Verbraucher muss

- die Möglichkeit haben, Eingabefehler vor Abgabe der Bestellung erkennen und korrigieren zu können,
- die Identität des Unternehmens (Name, Anschrift) rechtzeitig vor Abgabe der Bestellung klar und verständlich mitgeteilt bekommen,

*Lernkontrolle
Aufgabe 3*
- den Zugang der Bestellung unverzüglich auf elektronischem Weg bestätigt bekommen und
- die Vertragsbestimmungen einschließlich der allgemeinen Geschäftsbedingungen abrufen und in wiedergabefähiger Form speichern können.

1.8.3   Verbraucherschutz bei außerhalb der Geschäftsräume geschlossenen Verträgen

BGB
§ 312b Unter einem außerhalb der Geschäftsräume geschlossenen Vertrag (ehemals Haustürgeschäft) versteht man Verträge,

- die bei gleichzeitiger körperlicher Anwesenheit des Verbrauchers und des Unternehmers an einem Ort geschlossen werden, der kein Geschäftsraum des Unternehmers ist,
- für die der Verbraucher unter den in Nummer 1 genannten Umständen ein Angebot abgegeben hat,
- die in den Geschäftsräumen des Unternehmers oder durch Fernkommunikationsmittel geschlossen werden, bei denen der Verbraucher jedoch unmittelbar zuvor außerhalb der Geschäftsräume des Unternehmers bei gleichzeitiger körperlicher Anwesenheit des Verbrauchers und des Unternehmers persönlich und individuell angesprochen wurde, oder
- die auf einem Ausflug geschlossen werden, der von dem Unternehmer oder mit seiner Hilfe organisiert wurde, um beim Verbraucher für den Verkauf von Waren oder die Erbringung von Dienstleistungen zu werben und mit ihm entsprechende Verträge abzuschließen.

Dem Unternehmer stehen Personen gleich, die in seinem Namen oder Auftrag handeln.

Wenn der Vertrag nach diesen Kriterien abgeschlossen wurde, besteht eine detaillierte Informationspflicht des Unternehmers und ein Widerspruchsrecht des Verbrauchers. Finanzdienstleister haben hierbei eine erweiterte Informationspflicht, die vor Abgabe der Vertragserklärung des Verbrauchers erfüllt werden muss. Der Finanzdienstleister muss seine Identität unter Angabe seiner Registernummer genau darlegen. Zudem sind z. B. Angaben zur Hauptgeschäftstätigkeit und zu der zuständigen Aufsichtsbehörde zu machen. Neben den Merkmalen über das Zustandekommen des Vertrages sind Angaben zum Gesamtpreis, einschließlich Steuern und aller Nebenkosten vorgeschrieben. Notwendig sind auch Angaben über das Bestehen oder Nichtbestehen eines Widerrufsrechts.

BGB
§ 312d
EBGB
Art. 246a
u. 246b

Grundsätzlich hat der Verbraucher ein Widerspruchsrecht. Zur Abgabe eines Widerspruchs kann der Unternehmer dem Verbraucher die Möglichkeit einräumen ein Widerrufsformular oder eine eindeutige Widerrufserklärung auf der Webseite des Unternehmers auszufüllen. Diese muss vom Unternehmer bestätigt werden. Die Widerrufsfrist beginnt bei Verbrauchsgüterkäufen mit Erhalt der Ware, ansonsten mit Vertragsabschluss. Die Frist beginnt nicht bevor der Verbraucher gemäß der Informationspflicht des Unternehmers über das Widerrufsrecht informiert wurde. Die Frist für den Widerruf beträgt 14 Tage, hierbei gilt das Datum der Absendung des Widerrufs. Die Widerrufsfrist erlischt spätestens nach zwölf Monaten und 14 Tagen. Bei Finanzdienstleistungen erlischt das Widerspruchsrecht, wenn von beiden Seiten der Vertag vollständig erfüllt ist.

BGB
§§ 312g
u. 355

Ausnahmen vom Recht auf Widerruf sieht das Gesetz in besonderen Fällen vor, wie z. B. bei verderblichen Waren oder versiegelter Software, deren Siegel entfernt wurde. Bei Verträgen zur Lieferung von Waren oder zur Erbringung von Dienstleistungen, einschließlich Finanzdienstleistungen, deren Preis von Schwankungen auf dem Finanzmarkt abhängt, auf die der Unternehmer keinen Einfluss hat und die innerhalb der Widerrufsfrist auftreten können, insbesondere Dienstleistungen im Zusammenhang mit Aktien, mit Anteilen an offenen Investmentvermögen und mit anderen handelbaren Wertpapieren, Devisen, Derivaten oder Geldmarktinstrumenten, entfällt das Widerrufsrecht ebenfalls.

1.8.4   Verbraucherschutz aufgrund der Preisangabenverordnung

PAngV

Durch die Preisangabenverordnung ist geregelt, wie Waren und Dienstleistungen hinsichtlich des Preises gegenüber Verbrauchern auszuzeichnen sind. Verbraucher sollen durch sachlich richtige und vollständige Information die Möglichkeit haben, einen optimalen Preisvergleich vorzunehmen. Die Verordnung gilt nur für geschäftsmäßige Anbieter von Waren und Diensten gegenüber Letztverbrauchern. Oberste Priorität hat dabei der Grundsatz „Preisklarheit und Preiswahrheit".

Wesentliche Vorschriften der Preisangabenverordnung:
- Preise müssen dem jeweiligen Angebot eindeutig zugeordnet werden können.
- Preise müssen leicht erkennbar und deutlich lesbar sein.
- Pflicht zur Angabe von Endpreisen, auch in der Werbung (Bruttopreise), einschließlich Umsatzsteuer und sonstiger Preisbestandteile.
- Pflicht zur Angabe von Grundpreisen bei Waren (Preis je Mengeneinheit, z. B. Kilo-Preis, Liter-Preis).
- Waren in Schaufenstern und auf Verkaufsständern und Waren, die vom Kunden unmittelbar entnommen werden können, müssen mit Preisschildern versehen werden.
- In Katalogen und bei Internet-Angeboten sind die Preise unmittelbar neben den Produktbeschreibungen anzugeben.

■ Anbieter von Dienstleistungen (z. B. Kreditinstitute, chemische Reinigung, Frisördienst-leistungen oder Gastronomie) müssen ein Preisverzeichnis mit den Preisen für ihre wesentlichen Leistungen oder Verrechnungssätze aufstellen (im Geschäftslokal oder am sonstigen Ort des Leistungsangebots wie z. B. Internet).

Von einigen Vorschriften gibt es Ausnahmeregelungen und Befreiungen.

ProdHaftG

1.8.5 Verbraucherschutz durch das Produkthaftungsgesetz

Das Produkthaftungsgesetz regelt die Haftung eines Herstellers bei fehlerhaften Produkten. Als Produkte gelten alle beweglichen Sachen. Dies gilt auch, wenn sie nur Teile von einer anderen beweglichen oder unbeweglichen Sache bilden. Geschützte Güter im Sinne des Gesetzes sind

■ Leben,   ■ Gesundheit und

■ Körper,   ■ Sachen.

Voraussetzung für eine Schutzgutverletzung ist, dass die Verletzung durch ein fehlerhaftes Produkt zustande gekommen ist. Der Fehler eines Produkts muss schadensursächlich sein. Ein Fehler liegt dann vor, wenn ein Produkt nicht die erforderliche Sicherheit bietet. Dabei muss der Fehler zum Zeitpunkt des Inverkehrbringens (Überlassen an andere) schon vor-gelegen haben. Er darf nicht später oder durch übliche Abnutzung oder andere Einwirkung entstanden sein. Nicht in den Verkehr gebracht sind Produkte, die gestohlen, unterschlagen oder beim Transport verloren wurden. Auch wenn ein Produkt zum Zwecke der Prüfung oder Erprobung an andere übergeben wurde, gelten die Produkte nicht als in den Verkehr gebracht.

Das Gesetz nennt nur den Hersteller als Haftenden für einen Produkthaftungsfall. In be-stimmten Fällen haften aber auch andere Personen als der tatsächliche Hersteller:

■ **quasi Hersteller**: wer sich durch das Anbringen seines Namens, Marke oder anderen Kennzeichens als Hersteller ausgibt

■ **Importeuer**: wer ein Produkt mit wirtschaftlichem Zweck aus einem Drittstaat in den Geltungsbereich des Abkommens über den Europäischen Wirtschaftsraum einführt

■ **Lieferant**: wer als Lieferant eines Produktes seinen Lieferanten oder den Hersteller nicht benennen kann

Werden im Rahmen einer Produktionskette mehrere Personen ersatzpflichtig, haften sie gegenüber dem Geschädigten als Gesamtschuldner.

Der Umfang der Haftung ist teilweise begrenzt. Bei Sachschäden besteht außerdem eine Selbstbeteiligung in Höhe von 500 Euro.

1.8.6 Schutzvorschriften bei Verbraucherkrediten

BGB
§§ 491 ff.

Ein Verbraucherdarlehen ist ein Darlehen, bei dem der Darlehensvertrag zwischen einem Verbraucher als Darlehensnehmer und einem Unternehmer als Darlehensgeber geschlos-sen wird. Zum Schutz des Verbrauchers bedarf dieser Darlehensvertrag grundsätzlich der Schriftform, d. h. die Unterschrift beider Vertragspartner ist erforderlich. Die Unterschrift des Darlehensgebers (z. B. Kreditinstitut) kann entfallen, wenn dessen Erklärung mit Hilfe einer automatischen Einrichtung erstellt wurde.

BGB
§ 492

Mindestinhalte

Der Gesetzgeber schreibt neben der Schriftform auch Inhalte vor, die zwingend im Vertrag enthalten sein müssen. Wichtige Pflichtangaben sind die Angabe des Nettodarlehensbetrags und des effektiven Jahreszinses.

Neben Schriftform und Mindestinhalten bestehen noch weitere Vorschriften für den Verbraucherschutz, z.B.:

- Anordnung von Rechtsfolgen bei Missachtung der obigen Punkte zu Lasten des Kreditgebers
- Widerrufsrecht des Darlehensnehmers in dem Zeitraum von 14 Tagen nach Vertragsschluss
- Behandlung von Verzugszinsen (Schutz vor Überschuldung)
- Begrenzung der Kündigungsmöglichkeiten des Darlehensgebers bei Zahlungsverzug

Werden die vorgeschriebene Schriftform oder die Mindestinhalte nicht beachtet, führt dies zur Nichtigkeit des Darlehensvertrags. Durch den Empfang bzw. der Inanspruchnahme des Darlehens wird der Vertrag jedoch trotzdem gültig. Davon unberührt bleibt die 14-tägige Widerspruchsfrist.

Die Regelungen des Verbraucherdarlehens gelten jedoch nicht für einen Überziehungskredit auf dem Giro- bzw. Kontokorrentkonto und für Darlehen, die grundpfandrechtlich abgesichert sind.

Zusammenfassung und Lernkontrolle

Zusammenfassung

Vertragsarten
Unterscheidung je nach Vertragsinhalt in z.B. **Kauf-, Geschäftsbesorgungs-, Miet-, Darlehensvertag u.v.m.**

häufig wichtiger Bestandteil:

Allgemeine Geschäftsbedingungen
Bedingungen, die für eine Vielzahl von Einzelverträgen standardisiert gültig sind Voraussetzungen: Verbraucherschutzvorschriften des BGB sind beachtet

Mietvertrag
Vertrag über die Nutzung von Immobilien oder Mobilien (beweglichen Sachen) z.B. Grundstücke, Geschäfts- und Wohnräume, Maschinen, Fahrzeuge

Geschäftsbesorgungsvertrag
Auftrag zur Erledigung von Geschäften (Dienstleistungen) ■ Grundlage der meisten Bankgeschäfte ■ insbesondere Zahlungsdienstevertrag

Verbraucherschutz
bei Verträgen mit Privatpersonen ■ Vorschriften des Fernabsatzgesetzes ■ Vorschriften bei Verträgen, die außerhalb der Geschäftsräume geschlossen wurden ■ Vorschriften des Produkthaftungsgesetzes ■ Vorschriften bei Verbraucherkrediten

Lernkontrolle

Aufgabe 1

Welche Vertragsarten liegen vor?

1. Die Europa-Bank AG stellt zwei neue Mitarbeiter ein.
2. Der Unternehmer Müllheimer leiht sich von seinem Kreditinstitut 50.000 Euro für eine Investition.
3. Herr Müller bekommt von seinem Arbeitgeber für eine Urlaubsreise mit seiner Familie einen Kleinbus kostenlos zur Verfügung gestellt.
4. Der Hausmann Franz Klammer leiht sich von seiner Nachbarin zehn Eier. Er will ihr diese nach dem nächsten Einkauf ersetzen.
5. Frau Bauer bringt ihren Kleinwagen in eine Werkstatt zur Reparatur.
6. Bernd erwirbt einen Gebrauchtwagen und schließt dafür eine Haftpflichtversicherung ab.

Aufgabe 2

In den AGB eines Händlers finden sich folgende Klauseln:

1. „Reklamationen sind nur innerhalb von vier Monaten möglich."
2. „Der Rücktritt vom Vertrag ist ausgeschlossen."
Beurteilen Sie die Gültigkeit der Klauseln.

Aufgabe 3

Entscheiden Sie, ob in den folgenden Fällen die Vorschriften des BGB über Fernabsatzverträge Anwendung finden:

1. Einzelhändler Wagner kauft Waren bei einem Großhändler über das Internet.
2. Paul erwirbt bei einer Versteigerung auf der ebay-Plattform eine Armbanduhr.
3. Eine Fernsehzuschauerin bestellt während der Warenpräsentation in einer Sendung eines Verkaufssenders das angebotene Fitnessgerät telefonisch.

2 Handelsrechtliche Grundlagen einer Unternehmensgründung

2.1 Gründung eines Unternehmens

Bei der Gründung eines Unternehmens müssen wichtige Grundentscheidungen getroffen werden, die sich langfristig auf den Erfolg des Unternehmens auswirken.

Wahl des Geschäftszweiges

Die Gründer sollten im gewählten Geschäftszweig über Fachkenntnisse, Erfahrungen und Beziehungen verfügen. Zudem muss ein Betätigungsfeld gewählt werden, bei dem hinreichend Nachfrage oder noch latente Bedürfnisse bestehen. Mit dem Einsatz von Marktforschungsinstrumenten können die für die Entscheidung notwendigen Daten beschafft werden. Wichtig für ein langfristiges Bestehen des Unternehmens sind die Gewinnchancen, die das jeweilige Geschäftsmodell bietet. Die Gründer müssen eine möglichst exakte Rentabilitätsprüfung durchführen.

Wahl der Betriebsgröße

Von der Wahl der Betriebsgröße hängt insbesondere die Höhe des benötigten Kapitals ab.

Wahl des Standorts

Eine in der Regel langfristig wirkende Entscheidung ist die Standortentscheidung. Der Standort hat meist großen Einfluss auf die Umsatzhöhe, die Kosten der Leistungserstellung (z. B. Arbeitslöhne, Transportkosten, Steuerhöhe) und damit auf den Gewinn. Unternehmen sind grundsätzlich bei der Standortwahl frei, aber sachliche Zwänge engen die Wahl oft ein.

> **Beispiele:**
> - Bergwerke sind an die Rohstoffvorkommen gebunden.
> - Ein Internethandelsunternehmen wählt seinen Standort für Auslieferungslager nach der Verkehrsanbindung (z. B. Autobahnnähe).
> - Ein Zulieferbetrieb für die Automobilindustrie sucht die Nähe zu Automobilfabriken.
> - Lohnintensive Unternehmen wählen einen Standort in einem Niedriglohnland.
> - Betriebe suchen Standorte in strukturschwache Regionen, um Steueranreize oder Subventionen zu erhalten.

Grundsätzlich sollte der Standort so gewählt werden, dass die standortbedingten Vorteile die standortbedingten Nachteile übertreffen.

Kapitalbedarf

Die Höhe des benötigten und zu beschaffenden Kapitals wird durch folgende Faktoren bestimmt:
- den Wirtschaftszweig,
- die Unternehmensgröße,
- den technischen Standard,
- die erwartete Umschlagshäufigkeit des Warenlagers und
- die den Kunden gewährten Zahlungsziele bzw. die von den Lieferern gewährten Zahlungsziele.

Kapitalverwendung

Jeder Wirtschaftszweig verlangt eine andere Art der Kapitalverwendung. Dadurch wird der Vermögensaufbau bestimmt. Industrieunternehmen benötigen häufig einen hohen Bestand an Anlagevermögen (technische Anlagen, Maschinen). Der Handel muss über hohes Umlaufvermögen (Warenbestand) verfügen. Dienstleistungsunternehmen (z. B. Kreditinstitute) benötigen nur ein geringes Anlagevermögen.

Schritte zur Unternehmensgründung

Bei der Gründung sind neben den betriebswirtschaftlichen Grundentscheidungen auch die rechtlichen Rahmenbedingungen zu beachten. Folgende Schritte müssen durchgeführt werden:

1. **Genehmigung und Erlaubnis einholen**
   Je nach Geschäftszweig kann es sein, dass Genehmigungen und Zulassungen beantragt werden müssen oder bestimmte Qualifikationen für die Unternehmensgründung nachzuweisen sind.
2. **Wahl der Unternehmensform**
   Außer bei der Wahl der Rechtsform der Einzelunternehmung ist ein Gesellschaftervertrag erforderlich, der eventuell notariell zu beurkunden ist.
3. **Anmeldung des Unternehmens**
   Das neue Gewerbe muss bei verschiedenen Behörden und Organisationen angemeldet werden (z. B. Gewerbeamt, IHK, Handwerkskammer, Handelsregister und Finanzamt).

Rechtliche Rahmenbedingungen

Unternehmer müssen zahlreiche Vorschriften des deutschen und europäischen Rechts beachten und sich hierüber vor Unternehmensgründung informieren. Beispiele hierfür sind:

- Handelsrecht (Kaufmannseigenschaften, Firma, Rechtsformen, Vollmachten, Vertragswesen u. a.)
- Sozialversicherungsrecht (z. B. Kranken-, Rentenversicherung, Mutterschutz, Elternzeit)
- Arbeitsrecht (z. B. Mitbestimmung, Arbeitsschutz, Kündigungsschutz)
- Zivilrecht (z. B. Rechts- und Geschäftsfähigkeit).

2.2   Handelsrechtliche Bestimmungen

2.2.1   Kaufmannseigenschaft

HGB
§ 1
§§ 2 ff.

Die allgemeinen juristischen Grundlagen zur Regelung von Rechtsbeziehungen sind im Bürgerlichen Gesetzbuch (BGB) verankert. Für Kaufleute gilt daneben das spezielle Recht des Handelsgesetzbuchs (HGB).

> Kaufmann im Sinne des HGB ist, wer ein **Handelsgewerbe** betreibt oder aus anderen Rechtsgründen in das Handelsregister als Kaufmann eingetragen wird.

Ein **Gewerbe** ist eine planmäßige, auf Dauer angelegte, selbstständige und auf Gewinnerzielung ausgerichtete Tätigkeit. Kein Gewerbe üben aus:

- Freiberufler (z. B. Architekten, Steuerberater, Rechtsanwälte, Ärzte u. a.)
- Vereinigungen mit nur ideellen Zwecken ohne Gewinnerzielungsabsicht
- Personen und Gesellschaften, die nur eigenes Vermögen verwalten
- Land- und Forstwirte
- Personen, die künstlerisch oder wissenschaftlich tätig sind

HGB
§ 1 Abs. 2

Als **Handelsgewerbe** gilt jeder Gewerbebetrieb, der „nach Art und Umfang einen in kaufmännischer Weise eingerichteten Geschäftsbetrieb" erfordert. Es kann sich dabei also nicht um einen Kleinbetrieb handeln. Allein die Erfordernis eines in kaufmännischer Weise eingerichteten Geschäftsbetriebs ist maßgebend, nicht das tatsächliche Vorhandensein. Bei Gewerbetreibenden wird zunächst immer vermutet, dass ein Handelsgewerbe vorliegt. Ein Kleingewerbetreibender muss nachweisen, dass er keinen in kaufmännischer Weise eingerichteten Geschäftsbetrieb benötigt. Als Kriterien für die Unterscheidung zwischen Handelsgewerbe und Kleingewerbe gelten z. B. die Höhe des eingesetzten Kapitals, die Größe der Gewerberäume, die Zahl der Betriebsstätten, die Umsatzhöhe, die Mitarbeiterzahl oder die Zahl der Erzeugnisse.

Alle Betreiber eines Handelsgewerbes sind Kaufleute ab dem Zeitpunkt ihrer Geschäftsaufnahme, spätestens jedoch ab der Eintragung in das Handelsregister **(Istkaufmann)**. Sie müssen sich ins Handelsregister eintragen lassen. Die Kaufmannseigenschaft besteht allerdings auch ohne Registereintragung. Bei Geschäftsaufnahme vor Eintragung in das Handelsregister hat der Eintrag nur rechtsbezeugende **(deklaratorische)** Wirkung.

Jeder Kleingewerbetreibende und jeder Land- und Forstwirt kann sich freiwillig ins Handelsregister eintragen lassen und erlangt ebenfalls die Kaufmannseigenschaft **(Kannkaufmann)**. Der Registereintrag erzeugt in diesem Fall die Kaufmannseigenschaft. Die Eintragung hat rechtserzeugende **(konstitutive)** Wirkung. Für die Teilnahme am Wirtschaftsverkehr kann es von Vorteil sein, sich den strengeren Regeln des Handelsgesetzbuchs zu unterwerfen. *HGB §§ 2 u. 3*

Kapitalgesellschaften (AG, GmbH, Genossenschaften) erlangen die Kaufmannseigenschaft kraft Rechtsform **(Formkaufmann)**. Voraussetzung für die Erlangung ihrer Rechtsform ist der Eintrag in das jeweilige Unternehmensregister (Handelsregister, Genossenschaftsregister). Da dieser Eintrag rechtserzeugende Wirkung hat, wird die Kaufmannseigenschaft erst durch Eintragung erlangt **(konstitutiv)**. *HGB § 6 Abs. 2*

Personengesellschaften, die ein Handelsgewerbe betreiben, sind **Istkaufleute** (z.B. OHG, KG). Daneben können auch Kleinbetriebe als Personengesellschaften in Form einer OHG oder KG oder in der Rechtsform einer Kapitalgesellschaft (z.B. GmbH) betrieben werden. In diesem Fall handelt es sich bei den Kleinbetrieben ebenfalls um Kaufleute[1].

Wer im Geschäftsverkehr den Eindruck erweckt, er sei Kaufmann, muss aufgrund der Rechtsprechung die ihn belastenden Folgen der Kaufmannseigenschaft gegen sich gelten lassen. Er ist dann zwar kein eingetragener Kaufmann, haftet jedoch gegenüber gutgläubigen Dritten wie ein solcher. Es gilt der Grundsatz von Treu und Glauben. *BGB § 242*

Lernkontrolle Aufgaben 1–3

Kaufmannseigenschaften nach HGB

Kapitalgesellschaften (GmbH, AG, eG)	**Gewerbetreibende** (außer Kapitalgesellschaften)		**Land- und Forstwirte**
	mit kfm. Organisation	ohne kfm. Organisation	
Formkaufmann	**Istkaufmann**	**Kannkaufmann** (Eintragungswahlrecht)	
Registereintragung konstitutiv	Registereintragung deklaratorisch	Registereintragung konstitutiv	keine Registereintragung
Kaufmann nach HGB HGB gilt in vollem Umfang			**Nichtkaufmann** nur BGB gilt

Die Kaufmannseigenschaft führt dazu, dass vorrangig die gegenüber dem BGB strengeren HGB-Vorschriften für den Kaufmann verbindlich sind.

---

1 Ob eine Kleingewerbe betreibende OHG oder KG Kaufmann kraft Rechtsform (Formkaufmann gem. § 6 HGB) oder Kaufmann gem. § 2 HGB ist, wird in der juristischen Literatur unterschiedlich beurteilt. Die Frage, ob es sich bei diesen Gesellschaften um Form- oder Kannkaufleute handelt, ist aber rechtlich bedeutungslos.

	Kaufmann nach HGB	**Nichtkaufmann**
Firma	■ kann eine Firma führen ■ Firmenname kann auch nach dem Tod des Inhabers und bei Kauf/Verkauf des Unternehmens weiter bestehen	■ darf keine Firma führen und muss seine Geschäfte unter bürgerlichem Namen durchführen
Buchführung	■ volle Buchführungspflicht (Inventar, Bilanzen, Handelsbücher)	■ vereinfachte Aufzeichnungspflicht
Bürgschaftserklärung	■ auch mündlich im Rahmen eines Handelsgeschäfts möglich	■ nur schriftlich möglich
Handlungsvollmacht und Prokura[1]	■ kann erteilt werden	■ darf nicht erteilt werden
Prüf- und Rügepflicht bei Warenlieferungen aus Kaufverträgen	■ unverzüglich	■ keine Prüfpflicht ■ Rüge innerhalb von zwei Jahren

2.2.2 Firma

Im Gegensatz zum Nichtkaufmann kann ein Kaufmann seine Geschäfte unter einem weitgehend frei wählbaren Namen betreiben.

> Eine Firma im Sinne des HGB ist der Name, unter dem ein Kaufmann seine Geschäfte betreibt, seine Unterschriften leistet und unter dem er klagen und verklagt werden kann.

Nichtkaufleute dürfen nur unter ihrem bürgerlichen Namen am Geschäftsverkehr teilnehmen. Sie können eine anderslautende Geschäftsbezeichnung führen.

Die Firma eines Kaufmanns muss ins Handelsregister eingetragen werden. In Geschäftsbriefen muss neben anderen Pflichtangaben die Firma in genauer Übereinstimmung mit dem Registereintrag angegeben werden.

Die Firma besteht aus zwei Teilen.

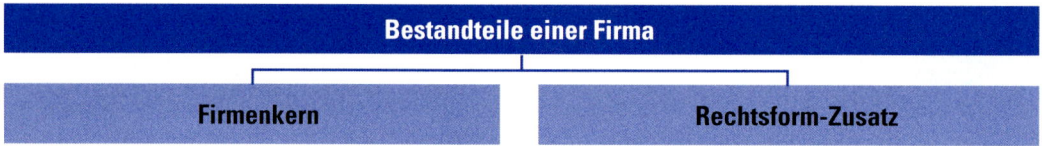

Firmenkern

Der Firmenkern kann frei gewählt und gebildet werden als

■ **Personenfirma:** Als Firma gibt ein Einzelkaufmann seinen Vor- und Nachnamen oder eine Gesellschaft den Namen eines oder mehrerer Gesellschafter an, z.B. Robert Bosch GmbH (Gründer Robert Bosch).
■ **Sachfirma:** Als Firma wird die Tätigkeit des Unternehmens sachlich beschrieben, z.B. Volkswagen AG.

---

1   Prokura: Sehr umfangreiche Vollmacht (Vertretungsmacht) für Mitarbeitet eines Unternehmens. Bis auf wenige Ausnahmen berechtigt sie zum Abschluss fast aller Rechtsgeschäfte für das Unternehmen. Vgl. Kapitel 2.2.4

- **Fantasiefirma:** Als Firma wird ein Fantasieausdruck gewählt, z. B. Infineon Technologies AG.
- **Mischfirma:** Als Firma wird eine Kombination aus Personen-, Fantasie- oder Sachfirma gewählt, z. B. Schreinerei Mayer GmbH.

Insbesondere die Verwendung von Kunstbegriffen ermöglicht es, eine international einsetzbare Firmierung zu verwenden. Dies bietet u. a. die Vorteile, dass sie in vielen Sprachen aussprechbar ist, weitestgehend unbesetzt ist und in vielen Sprachen Assoziationen weckt. Zudem ist die Firma Teil des Corporate Identity von großen Unternehmen.

Rechtsformzusatz

Das HGB und Einzelgesetze für juristische Personen schreiben vor, dass die Rechtsform des Unternehmens aus der Firma ersichtlich ist. Hierzu kann auch eine entsprechende Abkürzung verwendet werden.

HGB
§ 17

Rechtsformzusatz bzw. Kaufmannszusätze

Abkürzung	vollständige Bezeichnung	Abkürzung	vollständige Bezeichnung
e. K.	eingetragener Kaufmann oder eingetragene Kauffrau	SE	Europäische Gesellschaft Societas Europaea
e. Kfm.	eingetragener Kaufmann	VVaG	Versicherungsverein auf Gegenseitigkeit
e. Kfr.	eingetragene Kauffrau	eG	eingetragene Genossenschaft
OHG	Offene Handelsgesellschaft	SCE	Europäische Genossenschaft
KG	Kommanditgesellschaft	KGaA	Kommanditgesellschaft auf Aktien
GmbH	Gesellschaft mit beschränkter Haftung	GmbH & Co. KG	Kommanditgesellschaft mit einer GmbH als Komplementärin
gGmbH	Gemeinnützige GmbH	AG & Co. KG	Kommanditgesellschaft mit einer AG als Komplementärin
UG	Unternehmergesellschaft	GmbH & Co. KGaA	Kommanditgesellschaft auf Aktien mit einer GmbH als Komplementärin
AG	Aktiengesellschaft	AG & Co. KGaA	Kommanditgesellschaft auf Aktien mit einer AG als Komplementärin

Rechtsformen
siehe Kapitel 3

Neben dem formalen Aufbau der Firma sind bei der Firmierung noch weitere Grundsätze zu beachten.

- **Firmenzusatz:** Die Rechtsform muss wie oben in der Tabelle angegeben werden.
- **Firmenklarheit:** Die Firmenbezeichnung muss zur Kennzeichnung geeignet sein (Namensfunktion). Das heißt, die grafische Gestaltung des Schriftbildes muss auch lateinische Buchstaben enthalten und darf nicht lediglich aus Bildzeichen bestehen. Die Firma muss zudem Unterscheidungskraft besitzen.
- **Firmenwahrheit:** Die Firma darf nicht irreführend sein, also nicht über die Art und den Umfang des Geschäfts oder die Verhältnisse des Geschäftsinhabers täuschen.

Lernkontrolle
Aufgabe 4

HGB
§ 30 Abs. 1
■ **Firmenausschließlichkeit:** Jede Firma muss sich von anderen Firmen unterscheiden, die bereits im Handelsregister eingetragen sind und sich in derselben Gemeinde befinden.

HGB
§ 21
■ **Firmenbeständigkeit:** Auch nach einer Namensänderung des Inhabers, z. B. durch Heirat, einer Übertragung des Unternehmens durch Kauf oder Erbschaft, darf die bisherige Firma beibehalten werden. Hierzu muss das Einverständnis des Voreigentümers vorliegen.

HGB
§ 29
■ **Firmenöffentlichkeit:** Jeder Kaufmann muss seine Firma in das Handelsregister eintragen lassen. Die vollständige und genaue Firma muss in jedem Geschäftsbrief genannt werden.

■ **Firmeneinheit:** Für ein- und dasselbe Unternehmen darf der Kaufmann nur eine Firma führen.

Firmenschutz

HGB
§ 37
Wenn eine Firma unzulässig verwendet wird, kann das Registergericht von Amts wegen die Weiterverwendung verbieten und gegebenenfalls auch ein Ordnungsgeld verhängen. Der in seinen Rechten Verletzte hat zudem die Möglichkeit, privatrechtliche Unterlassungsansprüche geltend zu machen und auch Schadenersatz zu verlangen.

2.2.3   Handelsregister und weitere Register

HGB
§ 8
Das Handelsregister ist das amtliche Verzeichnis der Kaufleute eines oder mehrerer Amtsgerichtsbezirke. Das Register wird beim zuständigen Registergericht elektronisch geführt.

Inhalt und Aufbau

HGB
§§ 8, 10 u. 12
Je nach Rechtsform werden die Kaufleute in verschiedenen Abteilungen eingetragen.

Abteilung A	Abteilung B
■ Einzelkaufleute ■ Personengesellschaften (z. B. OHG, KG)	■ Kapitalgesellschaften (z. B. GmbH, AG)

Handelsregister B des Amtsgerichts Stuttgart	Abteilung B Wiedergabe des aktuellen Registerinhalts Abruf vom 22.01.20..	Nummer der Firma **HRB 8856**
– Ausdruck –	Seite 1 von 1	

1.   Anzahl der bisherigen Eintragungen: 3
1.   a) Firma
     Frantz Druckguss GmbH
     b) Sitz der Niederlassung, Zweigniederlassung Heilbronn
     c) Gegenstand des Unternehmens: Herstellung und Vertrieb von Aluminiumdruckgussteilen
1.   Grund- oder Stammkapital: 50.000,00 Euro
1.   a) Allgemeine Vertretungsregelung
     Die Gesellschaft hat zwei Geschäftsführer.
     Die Gesellschaft wird durch zwei Geschäftsführer oder durch einen Geschäftsführer gemeinschaftlich mit einem Prokuristen vertreten.
     b) Vorstand, Leitungsorgane, geschäftsführende Direktoren, persönlich haftende Gesellschafter; Geschäftsführer, Vertretungsberechtigte und besondere Vertretungsbefugnis:
     Geschäftsführer: Frantz, Günther, Heilbronn, *26.09.1962; Geschäftsführer: Lauser, Björn, Neckarsulm, *03.03.1965
1.   Prokura
     Gesamtprokura gemeinsam mit einem Geschäftsführer oder einem anderen Prokuristen: Waller, Martin, Schwaigern, *13.04.1968; Künzel, Barbara, Ludwigsburg, *30.07.1972
1.   a) Rechtsform, Beginn, Satzung oder Gesellschaftsvertrag:
     Gesellschaft mit beschränkter Haftung
     Gesellschaftsvertrag vom 20.07.1997 mit Nachtrag vom 14.04.2009
     b) Sonstige Rechtsverhältnisse
1.   Tag der letzten Eintragung: 17.06.20..

Insbesondere folgende Inhalte werden in das Handelsregister aufgenommen:
- Fima
- Sitz der Niederlassung bzw. der Gesellschaft
- Gegenstand des Unternehmens
- Grund- oder Stammkapital bei Kapitalgesellschaften
- Geschäftsinhaber, persönlich haftende Gesellschafter, Vorstand
- Vertretungsregelung für die Leitungsorgane
- Prokura
- Rechtsverhältnisse (Rechtsform, Satzung / Gesellschaftsvertrag).

Anträge zur Eintragung in das Handelsregister sind elektronisch in öffentlich beglaubigter Form einzureichen. Die Beglaubigung geschieht mit elektronischer Signatur. Mit Aufnahme in den Datenspeicher ist die Eintragung wirksam. **HGB §§ 12 u. 8a**

Löschung von Eintragungen
Die Löschung von Handelsregistereintragungen erfolgt durch rotes Unterstreichen. Dadurch bleiben alte Eintragungen weiterhin lesbar. Alte Rechtsverhältnisse bleiben dadurch nachvollziehbar.

Eintragung oder Löschung	
auf Antrag	**von Amts wegen**
<ul><li>durch<ul><li>den Kaufmann bei Einzelunternehmen</li><li>alle vollhaftenden Gesellschafter bei der OHG und KG</li><li>den Vorstand einer AG bzw. durch die Geschäftsführer einer GmbH</li></ul></li><li>elektronisch, in öffentlich-beglaubigter Form</li></ul>	<ul><li>durch das Registergericht bei Eröffnung des Insolvenzverfahrens</li></ul>

Wirkung der Eintragungen
Die Eintragungen können konstitutive oder deklaratorische Wirkung haben.

konstitutive Wirkung (rechtserzeugend)	deklaratorische Wirkung (rechtsbezeugend)
Rechtszustand wird erst mit Eintragung in das Register erzeugt.	Rechtszustand wird durch den Registereintrag lediglich beurkundet. Der Rechtszustand ist auch ohne Eintragung gültig.
Beispiele:<ul><li>Kaufmannseigenschaft bei Kannkaufleuten</li><li>Erlangen der Rechtsfähigkeit bei einer AG oder GmbH</li></ul>	Beispiele:<ul><li>Kaufmannseigenschaft eines Istkaufmanns</li><li>Erteilung und Widerruf einer Prokura</li></ul>

Einsicht in das Handelsregister
Handelsregistereinträge, -änderungen und -löschungen werden öffentlich bekannt gemacht. Die elektronische Bekanntmachung kann im Internet (**www.unternehmensregister.de, www.handelsregister.de, www.bundesanzeiger.de**) abgerufen werden. Die Einsichtnahme ist zu jedem Informationszweck gestattet. **HGB §§ 9 f.**

Öffentlicher Glaube

HGB
§ 15

Das Handelsregister soll auch den gutgläubigen Rechtsverkehr schützen. Alle Auskunfts-suchenden müssen auf die Richtigkeit der Eintragungen vertrauen können.

*Lernkontrolle
Aufgaben 5 u. 6*

öffentlicher Glaube der Registereintragung	
positive Publizität	**negative Publizität**
Eingetragene und bekannt gemachte Tatsachen muss ein Dritter gegen sich gelten lassen. Ausgenommen sind Rechtshandlungen, die innerhalb von 15 Tagen nach Bekanntmachung vorgenommen werden, falls der Dritte beweisen kann, dass er die Tatsache nicht kannte oder sie kennen musste. *Z. B.: Die Firma wurde geändert, ein Lieferant reicht Klage unter der alten Firma ein.*	Wenn einzutragende Tatsachen nicht eingetragen und bekannt gemacht wurden, können sie einem Dritten gegenüber nicht entgegengebracht werden. Ein Dritter kann sich auf unrichtig eingetragene Tatsachen berufen, wenn er gutgläubig war, also die Unrichtigkeit nicht kannte. *Z. B.: Einem Prokuristen wurde die Prokura entzogen. Er schließt vor Veröffentlichung der Löschung einen Vertrag ab.*

Die Kreditinstitute sehen allerdings in ihren AGB vor, dass Änderungen bei der Verfügungsberechtigung gegenüber den Kreditinstituten schriftlich widerrufen werden müssen, unabhängig von den Handelsregistereinträgen.

Genossenschafts- und Partnerschaftsregister

Für Genossenschaften und Partnerschaftsgesellschaften gibt es selbstständige elektronische Register. Sie enthalten analog zum Handelsregister wesentliche Angaben zu diesen Unternehmen.

Unternehmensregister

Über das Unternehmensregister **(www.unternehmensregister.de)** werden alle wichtigen Unternehmensdaten online zur Verfügung gestellt. Es fasst die Einzelregister zusammen.

2.2.4   Vollmachten nach dem HGB

2.2.4.1 Überblick über die handelsrechtlichen Vollmachten

Kaufleute können Mitarbeiter bevollmächtigen, für das Unternehmen rechtsverbindliche Willenserklärungen abzugeben. Das Handelsrecht regelt zwei unterschiedliche Arten von Vollmachten.

Vollmachten nach HGB	
Handlungsvollmacht	**Prokura**
■ allgemeine Handlungsvollmacht ■ Artvollmacht ■ Einzelvollmacht	■ Einzelprokura ■ Gesamtprokura ■ Filialprokura

2.2.4.2 Handlungsvollmacht

Die Handlungsvollmacht kann ausdrücklich (schriftlich, mündlich) oder stillschweigend (Duldung) erteilt werden. Diese Vollmacht wird nicht in das Handelsregister eingetragen. Die allgemeine Handlungsvollmacht kann mit und ohne Sonderrechte, die im HGB geregelt sind, erteilt werden. Sonstige Beschränkungen sind im Außenverhältnis unwirksam, es sei denn Dritte, z. B. Kreditinstitute, kannten sie oder hätten sie kennen müssen.

HGB §§ 54 ff.

Handlungsvollmacht ohne Sonderbefugnisse	Handlungsvollmacht mit Sonderbefugnissen
Berechtigung, alle gewöhnlichen Rechtshandlungen eines derartigen Handelsgewerbes durchzuführen	Zusätzliche Berechtigung zur Vornahme der Ausnahmegeschäfte nach HGB 54 Abs. 2
Rechtshandlungen im Geschäftsverkehr mit der Bank sind insbesondere: ■ Verfügungen über Kontoguthaben ■ Verfügungen über bewilligte Kredite ■ Ankauf und Verkauf von Wertpapieren ■ Vornahme von Kündigungen ■ Anerkennung von Salden und Abrechnungen	zusätzliche Rechtsgeschäfte: ■ Eingehen von Wechselverbindlichkeiten ■ Aufnahme von Krediten und Darlehen ■ Belastung oder Veräußerung von Grundstücken

Die **allgemeine Handlungsvollmacht** kann im Umfang und in der Anzahl der Rechtsgeschäfte durch die Art der Vollmacht beschränkt werden:

- **Einzelvollmacht:** Diese berechtigt zur Vornahme eines einzelnen Rechtsgeschäfts.
- **Artvollmacht:** Der Bevollmächtigte darf eine bestimmte Art von Rechtsgeschäften wiederholt durchführen.

Der Handlungsbevollmächtigte unterzeichnet mit dem Zusatz „i. V." (in Vertretung) oder mit „i. A." (im Auftrag).

Die Handlungsvollmacht erlischt
- bei Widerruf durch den Vollmachtgeber.
- mit Beendigung des Arbeitsverhältnisses.
- mit dem Tod des Bevollmächtigten.
- bei Insolvenzeröffnung.
- bei Einzelvollmachten zusätzlich nach Ausübung der Tätigkeiten.

2.2.4.3 Prokura

Die Prokura stellt eine sehr weitreichende Vollmacht dar und ermächtigt zu allen Rechtsgeschäften, die der Betrieb irgendeines Handelsgewerbes mit sich bringt.
Lediglich zur Belastung und Veräußerung von Grundstücken benötigt der Prokurist eine Sondervollmacht.

HGB §§ 48 ff.

In der Zusammenarbeit mit Kreditinstituten kann der Prokurist über Konten und Depots eines Unternehmens uneingeschränkt verfügen. Er kann alle Bankgeschäfte eingehen, insbesondere auch Kredite im Namen des Unternehmens aufnehmen. Er kann hierfür alle möglichen Sicherheiten stellen, aber er darf keine Grundpfandrechte bestellen. Kreditinstitute müssen eine Prokura laut AGB erst dann für bzw. gegen sich gelten lassen, wenn sie ihnen angezeigt wurde.

Prokura kann nur von Kaufleuten erteilt werden. Prokuristen können nur ausdrücklich ernannt werden. Die Eintragung in das Handelsregister erfolgt mit deklaratorischer (rechtsbezeugender) Wirkung. Der Umfang der Prokura ist gesetzlich geregelt. Einschränkungen sind im Außenverhältnis unwirksam. Im Innenverhältnis kann die Prokura beschränkt werden. Verstößt der Prokurist gegen diese Beschränkungen aus dem Innenverhältnis, kann das Unternehmen Schadenersatzansprüche gegen ihn geltend machen. Der Prokurist unterschreibt mit dem Zusatz „ppa." – per Prokura.

Die Art der Vertretung wird ins Handelsregister eingetragen:

■ Einzelprokura
Bei der Einzelprokura ist der Prokurist alleine vertretungsbefugt.

■ Gesamtprokura
Erfolgt die Erteilung der Prokura gemeinschaftlich an zwei oder mehrere Personen, so spricht man von einer Gesamtprokura. Gesamtprokuristen vertreten das Unternehmen gemeinsam.

■ Filialprokura
Die Vollmacht erstreckt sich auf alle Rechtsgeschäfte einer bestimmten Filiale oder Geschäftsstelle eines Unternehmens.

Die Prokura erlischt
- bei Widerruf durch den Vollmachtgeber.
- mit Beendigung des Arbeitsverhältnisses.
- mit dem Tod des Prokuristen.
- bei Insolvenzeröffnung.

*Lernkontrolle
Aufgaben 7 u. 8*

Zusammenfassung und Lernkontrolle

Zusammenfassung

Unternehmensgründung
erfordert Entscheidungen über

■ Wahl des Wirtschaftszweiges	■ Kapitalbedarf
■ Betriebsgröße	■ Kapitalverwendung
■ Standort	■ u. a.

Kaufmann i. S. des HGB
■ Kaufmann kraft Handelsgewerbe (Istkaufmann)
■ Kaufmann kraft Rechtsform (Formkaufmann)
■ Kaufmann kraft freiwilliger Eintragung (Kannkaufmann)

Kaufleute können eine Firma führen, sind buchführungspflichtig, können mündlich bürgen, Handlungsbevollmächtigte und Prokuristen ernennen und habe eine unverzügliche Prüfungs- und Rügepflicht.
Keine Kaufmannseigenschaft besitzen Kleingewerbetreibende ohne Handelsregistereintrag und Freiberufler.

Firma
= Name unter dem das Unternehmen betrieben wird besteht aus Firmenkern (frei wählbar) und Rechtsformzusatz
Bei der Firmenwahl zu beachten sind die Grundsätze: Firmenwahrheit, Firmenklarheit, Firmenausschließlichkeit, Firmenöffentlichkeit und Firmeneinheit

Handelsregister
= amtliches Verzeichnis aller Kaufleute
■ Öffentlichkeit des Registers: Einsichtsrecht, öffentliche Bekanntmachung ■ Öffentlicher Glaube des Registers: im Rechtsleben kann auf die Richtigkeit der Eintragung vertraut werden

Handlungsvollmacht
= Vollmacht, die die gewöhnlichen Rechtsgeschäfte des jeweiligen Handelsgewerbes umfasst
als allgemeine Handlungsvollmacht, Art- oder Einzelvollmacht

Prokura
= Vollmacht, die alle Rechtsgeschäfte (außer Belastung und Veräußerung von Grundstücken) irgendeines Handelsgewerbes umfasst
als Einzel-, Gesamt- oder Filialprokura Prokura wird in das Handelsregister eingetragen

Lernkontrolle

Aufgabe 1

Kleingewerbetreibende können sich freiwillig in das Handelsregister eintragen lassen. Welche Vor- und Nachteile bringt die Registereintragung?

Aufgabe 2

Ute Erath möchte sich selbstständig machen. Welche Kriterien können herangezogen werden, um zu beurteilen, ob sie als Gewerbetreibende einen in kaufmännischer Weise eingerichteten Geschäftsbetrieb benötigt?

Aufgabe 3

Welche Kaufmannseigenschaft liegt in den folgenden Fällen vor?
1. Firma Frank KG, Druckguss, 70 Beschäftigte
2. Rechtsanwaltskanzlei Dr. Pleiss
3. Imbissbude Müller, Hafenmarktstraße, Heilbronn
4. Alibaba Im- und Export GmbH, keine Angestellten
5. Landwirtschaftsbetrieb Hofbauer
6. Bankkaufmann Jens Baumann

Aufgabe 4

Elena Breitenbach, Inhaberin des Modegeschäfts „Modegeschäft Elena Breitenbach e. Kfr." will ihr Geschäft verkaufen. Die Erwerberin möchte den guten Firmennamen behalten. Unter welchen Voraussetzungen ist dies möglich?

Aufgabe 5

Erklären Sie den Begriff „öffentlicher Glaube" im Zusammenhang mit dem Handelsregister.

Aufgabe 6

Zeigen Sie an zwei Beispielen, warum Kreditinstitute ein besonderes Interesse an Handelsregistereinträgen haben.

Aufgabe 7

Für das Kontokorrentkonto von Jürgen Breuer e. K. liegen folgende Informationen aus dem Handelsregister vor:

Eigentümer:	Jürgen Breuer
Firma:	Jürgen Breuer e. K.
Prokuristen:	Elisabeth Greiner und Josef Straub, gemeinschaftliche Vertretung

Herr Jürgen Breuer hat wenig betriebswirtschaftliche und juristische Erfahrung und möchte deshalb von Ihnen über folgende Punkte aufgeklärt werden:

1. Könnte auch der Einkäufer der Firma, Herr Florian Schmieder, ein Konto für das Unternehmen eröffnen?
2. Welche Bankgeschäfte dürfen die Prokuristen Greiner und Straub durchführen?
3. Können die gesetzlich geregelten Vertretungsmöglichkeiten von Florian Schmieder erweitert werden? Falls dies möglich ist, wie kann das Kreditinstitut dies berücksichtigen?
4. Was wäre, wenn den Prokuristen die Vollmacht entzogen würde und sie trotzdem über das Konto verfügen würden?

Aufgabe 8

Bei einem Auslandsaufenthalt verunglückt der Geschäftsführer der Heilbronner Teigwaren GmbH so schwer, dass er nicht mehr bei Bewusstsein ist. Der Prokurist Detlev Kühner, der bisher nicht zeichnungsberechtigt für das Firmenkonto ist, bittet Sie als Mitarbeiter der Bank deshalb, ihn sofort als zeichnungsberechtigt einzutragen, damit die Firmengeschäfte weiter geführt werden können.
Wie handeln Sie? Beurteilen Sie den Fall.

3 Rechtsformen von Unternehmen

3.1 Überblick über die Rechtsformen von privatrechtlichen Unternehmen

Neben den **privatrechtlich** organisierten Unternehmen gibt es **öffentlich-rechtliche** Unternehmen in den Unternehmensformen:

- öffentlich-rechtliche Körperschaft
- öffentlich-rechtliche Anstalt
- Stiftung des öffentlichen Rechts

Während für die öffentlich-rechtlichen Unternehmen spezielles öffentliches Recht gilt, ist für privatrechtliche Unternehmen das Privatrecht maßgebend.

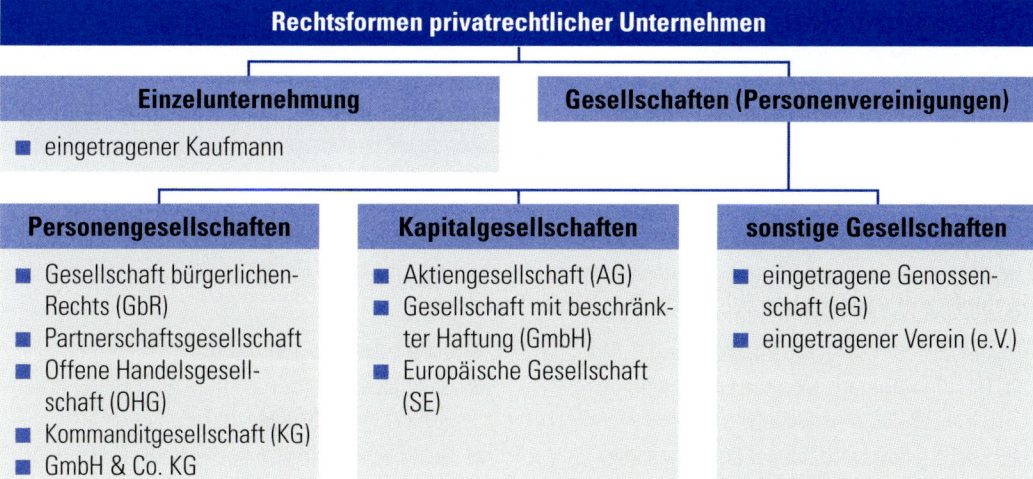

3.2 Entscheidungskriterien für die Wahl der Rechtsform

Die Wahl der Rechtsform eines Unternehmens führt zu zahlreichen Konsequenzen. Die gewählte Rechtsform entscheidet darüber wer das Unternehmen leitet und wer berechtigt ist, rechtsverbindliche Willenserklärung für das Unternehmen abzugeben. Auch inwiefern ein Unternehmer mit seinem Privatvermögen haftet ist von der Rechtsform abhängig. Weiterhin ist auch die Möglichkeit der Kapitalbeschaffung durch die Rechtsform bestimmt. Die Rechtsform entscheidet auch darüber, unter welcher Steuerart die Gewinne versteuert werden (Einkommen- oder Körperschaftsteuer).

Um die für das Unternehmen richtige Rechtsform zu finden, muss zwischen verschiedenen Grundformen unterschieden werden.

Einzelunternehmen	Gesellschaften	
In Einzelunternehmen bringt der Unternehmer das Eigenkapital allein auf. Er führt sein Unternehmen und haftet für alle Verbindlichkeiten.	Gesellschaftsunternehmen sind Vereinigungen von Personen, die einen gemeinsamen Zweck verfolgen.	
	Personengesellschaften ■ enge persönliche Bindung der Gesellschafter zum Unternehmen ■ persönliche und gesamtschuldnerische Haftung der Gesellschafter ■ Geschäftsführung durch die Gesellschafter	**Kapitalgesellschaften** ■ meist keine persönliche Bindung der Gesellschafter zum Unternehmen ■ Kapitalbindung steht im Vordergrund ■ keine Haftung der Gesellschafter ■ keine Pflicht zur Mitarbeit der Gesellschafter im Unternehmen

Grundsätzliche Unterschiede zwischen Personen- und Kapitalgesellschaften

Personengesellschaften	Kapitalgesellschaften
■ eingeschränkte Rechtsfähigkeit ■ mindestens ein Gesellschafter haftet auch mit seinem Privatvermögen ■ Handlungsorgane sind die Gesellschafter selbst (Selbstorganschaft) ■ Gesellschaftsvermögen ist gemeinsames Eigentum aller Gesellschafter (Gesamthandsvermögen) ■ kein vorgeschriebenes Mindestkapital ■ Übertragbarkeit von Gesellschaftsanteilen nicht ohne Weiteres möglich ■ Gesellschaftsvertrag ■ im Normalfall – wie Einzelunternehmen – Erstellung eines einfachen Jahresabschlusses (Bilanz, Gewinn- und Verlustrechnung) ■ im Normalfall keine Pflicht zur Veröffentlichung des Jahresabschlusses	■ eigene Rechtspersönlichkeit (juristische Person) ■ nur die Gesellschaft haftet ■ Gesellschaft wird von Organen (z.B. Vorstand) geführt (Fremdorganschaft) ■ Gesellschaft als juristische Person ist Eigentümerin des Gesellschaftsvermögens ■ vorgeschriebenes Mindestkapital ■ Möglichkeit der Übertragbarkeit von Gesellschaftsanteilen ■ Satzung (Gesellschaftsvertrag) ■ Erstellung eines ausführlichen Jahresabschlusses (Bilanz, Gewinn- und Verlustrechnung mit Anhang) sowie eventuell eines Lageberichts ■ Pflicht zur Veröffentlichung des Jahresabschlusses

Starken Einfluss auf die Wahl der Rechtsform haben die Kriterien

■ Haftung,
■ Vertretung und
■ Geschäftsführung.

Die Haftungsvorschriften für einzelne Rechtsformen regeln, ob ein Geldgläubiger des Unternehmens seinen Zahlungsanspruch nur gegenüber dem Unternehmen selbst oder auch gegenüber einzelnen am Unternehmen beteiligten Personen durchsetzen kann.

Vertretung: Wer das Recht oder die Pflicht zur Vertretung hat, kann im Namen des Unternehmens rechtswirksame Verträge schließen und gegenüber Dritten (Außenverhältnis) im Namen des Unternehmens tätig werden.

Geschäftsführung: Die Geschäftsführungsbefugnis bezieht sich auf Regelungen und Vereinbarungen im Innenverhältnis (nicht gegenüber Dritten). Durch die Geschäftsführungsbefugnis wird festgelegt, welche Rechte einzelnen Gesellschaftern (z.B. bei OHG und KG), einem Geschäftsführer (z.B. bei der GmbH) oder einem Vorstand (z.B. bei der AG) zustehen.

Unterscheidung Innen- und Außenverhältnis	
Innenverhältnis	**Außenverhältnis**
Das Innenverhältnis stellt das Rechtsverhältnis der Gesellschafter zueinander dar und bezieht sich nicht auf Rechtshandlungen gegenüber Dritten. Die Regelungen im Innenverhältnis betreffen z.B. die Buchführung oder die Beaufsichtigung der Arbeitnehmer.	Das Außenverhältnis regelt die Rechtsbeziehungen der Gesellschaft bzw. der einzelnen Gesellschafter zu gesellschaftsfremden Dritten (Geschäftspartnern).

Weitere Kriterien für die Wahl der Rechtsform:

Kontrolle der Geschäftsführung

- Der Einzelunternehmer trifft seine Entscheidungen allein und ist allein verantwortlich.
- Bei Personengesellschaften kontrollieren sich die Gesellschafter gegenseitig. Hierzu gibt es auch gesetzliche Regelungen.
- Für Kapitalgesellschaften sind meist Aufsichtsorgane gesetzlich vorgeschrieben (z.B. Aufsichtsrat bei einer AG). Ihre Aufgabe ist es, die Geschäftsführung (Leitungsorgane) zu kontrollieren.

Eigenkapitalbeschaffung

- Bei Einzelunternehmen stellt nur der Unternehmer Eigenkapital zur Verfügung. Die Möglichkeit bei Bedarf zusätzliches Eigenkapital zu beschaffen, ist von seinem Privatvermögen abhängig.
- Die Gesellschafter von Personengesellschaften können wie der Einzelunternehmer ihre Eigenkapitalanteile aus ihrem Privatvermögen erhöhen. Die Gesellschaft hat zudem noch die Möglichkeit neue Gesellschafter aufzunehmen.
- Bei Kapitalgesellschaften sind mit der finanziellen Beteiligung an der Gesellschaft keine persönliche Mitarbeit und keine persönliche Haftung verbunden. Dadurch ist die Aufnahme von zusätzlichem Eigenkapital leichter möglich. Aktiengesellschaften können sich über ihren Zugang zum Kapitalmarkt (über die Börse) hohe Kapitalmengen beschaffen.

Gewinn und Verlustverteilung

■ Da einem Einzelunternehmer der Gewinn allein zusteht und er auch einen Verlust allein zu tragen hat, stellt sich das Verteilungsproblem nur bei Gesellschaften.

■ Bei Personengesellschaften gibt es hierzu gesetzliche Regelungen, die aber durch Vereinbarungen im Gesellschaftsvertrag geändert werden können.

■ Über die Gewinnausschüttung bei Kapitalgesellschaften entscheiden die Organe (Vorstand/Geschäftsführer, Aufsichtsrat, Hauptversammlung/Gesellschafterversammlung).

Belastung mit Ertragsteuern

Die Erträge (Gewinne) von Unternehmen werden bei den Gesellschaftern und ggf. auch bei der Unternehmung besteuert.

■ Einzelunternehmen und Personengesellschaften: Die erwirtschafteten Gewinne unterliegen der Einkommensteuer, die der Einzelunternehmer bzw. der Gesellschafter zu tragen hat.

■ Kapitalgesellschaften unterliegen der Körperschaftsteuer. Diese Steuer muss noch vor Ausschüttung von Gewinnen abgeführt werden. Die Gewinnanteile der Gesellschafter (z. B. Dividenden bei Aktionären) werden der Einkommensteuer in Form der Abgeltungsteuer unterzogen. Die auszahlende Stelle behält die Steuer sofort ein und zahlt den Nettobetrag aus.

■ Neben der Einkommen- und Körperschaftsteuer unterliegt der Gewinn (Gewerbeertrag) bei Gewerbebetrieben und Kapitalgesellschaften auch der Gewerbesteuer.

Rechnungslegung

Die Jahresabschlüsse der Unternehmen bestehen aus der Bilanz und der Gewinn- und Verlustrechnung. Bei Kapitalgesellschaften gehören zum Jahresabschluss zusätzlich noch Erläuterungen zum Abschluss und bei Aktiengesellschaften der Lagebericht dazu. Je nach Unternehmensgröße müssen der Jahresabschluss oder nur Teile davon der Öffentlichkeit zugänglich gemacht werden (Publizitätspflicht).

3.3 Einzelunternehmung

Lernkontrolle
Aufgabe 1

Ein Einzelunternehmen wird von einem Unternehmer allein gegründet und geführt.

Der Unternehmer entscheidet über die Höhe des Kapitals und bringt das gesamte Kapital allein auf. Der Einzelunternehmer führt die Geschäfte unter seinem Namen beziehungsweise unter seiner Firma auf eigene Rechnung und eigenes Risiko. Er kann aber Dritte durch Erteilung einer Vollmacht zur Führung der Geschäfte ermächtigen. Dem Einzelunternehmer steht der gesamte Gewinn zur Verfügung, er trägt aber auch einen eventuellen Verlust und alle Risiken allein.

Haftung

Der Einzelunternehmer haftet mit seinem gesamten Vermögen, also mit dem Betriebs- und dem Privatvermögen für die Verbindlichkeiten des Unternehmens.

Gründung

Jeder Gewerbetreibende muss beim zuständigen Gewerbeamt sein Gewerbe anmelden. Nach Eintragung des Gewerbes in das Gewerberegister kann im Normalfall die Tätigkeit des Unternehmens beginnen[1]. Das Gewerbeamt benachrichtigt – je nach Notwendigkeit – weitere Behörden. Wenn es sich nicht um ein Kleingewerbe, sondern um ein Handelsgewerbe im Sinne von § 1 HGB handelt, ist zudem die Eintragung in das Handelsregister notwendig. Die Firma muss den Rechtszusatz „eingetragener Kaufmann", „ eingetragene Kauffrau" oder eine entsprechende Abkürzung dieser Bezeichnung enthalten.

Handelsrecht

Einzelunternehmer, die Kaufleute sind, müssen ihr Unternehmen in das Handelsregister eintragen lassen. Mit dem Eintrag in das Register gelten für das Einzelunternehmen die Vorschriften des HGB, also alle Rechte und Pflichten eines Kaufmanns.

Kleingewerbetreibende

Wenn die Voraussetzungen für die Kaufmannseigenschaft nicht vorliegen und der Einzelunternehmer nicht freiwillig einen Handelsregistereintrag beantragt (Kannkaufmann), kann er sein Einzelunternehmen auch als Kleingewerbe betreiben. Für Kleingewerbetreibende finden die Vorschriften des HGB keine Anwendung.

Gewinnbesteuerung

Der Unternehmensgewinn unterliegt der Einkommensteuer beim Einzelunternehmer und gehört dort zu den „Einkünften aus Gewerbebetrieb".

Vor- und Nachteile eines Einzelunternehmers gegenüber einem Gesellschaftsunternehmen:

Vorteile	Nachteile
■ alleiniges Entscheidungsrecht (Ausnahme: Einzelunternehmen hat so viele Mitarbeiter, dass Regelungen über Mitbestimmung der Arbeitnehmer beachtet werden müssen)	■ alleiniges Entscheidungsrecht beeinträchtigt evtl. die Qualität der Entscheidungen, da keine Absprache erforderlich bzw. möglich
■ Flexibilität bei Entscheidungen, da keine Abstimmung erforderlich	■ hohes Risiko, da Einzelunternehmer allein und unbeschränkt haftet
■ alleiniger Gewinnanspruch	■ begrenzte Möglichkeiten zur Beschaffung von Eigen- und Fremdkapital
■ kein Mindestkapital erforderlich	■ Auflösung des Unternehmens bei Tod des Unternehmers
■ hohe Motivation des Einzelunternehmers, da ihm der Gewinn alleine zusteht	
■ i. d. R. keine Gründungsvorschriften (außer: Anmeldung zum Handelsregister, Gewerbeanmeldung beim Gewerbeamt)	

---

[1] Freiberufler (z. B. Ärzte, Rechtsanwälte, Steuerberater, Architekten) gelten nicht als Gewerbetreibende. Sie müssen lediglich beim Finanzamt eine Steuernummer beantragen, um ihre Tätigkeit aufnehmen zu dürfen.

3.4   Personengesellschaften nach Handelsrecht

3.4.1   Offene Handelsgesellschaft

Wesen und Firma

HGB
§ 124

*Lernkontrolle
Aufgabe 2*

Eine offene Handelsgesellschaft (OHG) ist ein Zusammenschluss von mindestens zwei Personen zu einer Gesellschaft, deren Zweck der Betrieb eines Handelsgewerbes unter gemeinschaftlicher Firma ist. Voraussetzung ist, dass alle Gesellschafter gegenüber den Gesellschaftsgläubigern unbeschränkt, also auch mit dem Privatvermögen, haften.

Die OHG ist keine juristische Person, verfügt aber über eine Teilrechtsfähigkeit. Dadurch kann sie unter ihrer Firma Rechte erwerben, Verbindlichkeiten eingehen, Eigentum und andere dingliche Rechte an Grundstücken erwerben und vor Gericht klagen bzw. verklagt werden. Die OHG muss die Bezeichnung „offene Handelsgesellschaft" oder ein entsprechendes Kürzel (OHG) in der Firma führen.

Gründung

HGB
§§ 163 u. 109

Im **Innenverhältnis**, z. B. für Fragen der Geschäftsführung und Beschlussfassung, entsteht die OHG mit Abschluss des Gesellschaftsvertrages. Der Gesellschaftsvertrag kann grundsätzlich auch mündlich abgeschlossen werden. Aus Gründen der Rechtssicherheit wird meist die Schriftform gewählt. Sollte im Gesellschaftsvertrag geregelt sein, dass einzelne Gesellschafter Grundstücke in die OHG einbringen, muss der Vertrag in notariell beurkundeter Form abgeschlossen werden. Im Gesellschaftsvertrag verpflichten sich die Gesellschafter insbesondere zur Leistung der Kapitaleinlage. Die Einlage kann in Geld oder in Sachwerten, z. B. Grundstücken, erfolgen. Mit der Einlage geht die persönliche Verfügungsbefugnis über die Einlage verloren. Die eingelegten Sachen werden Eigentum zur gesamten Hand **(Gesamthandsvermögen)**, d. h. sie gehören allen. Jeder ist Miteigentümer der ganzen Sache.

HGB
§ 123 Abs. 2

Im **Außenverhältnis**, d. h. im Verhältnis zu Dritten, kommen zwei Entstehungszeitpunkte der OHG in Betracht. Die Gesellschaft entsteht spätestens mit Eintragung in das Handelsregister. Erfolgt die Geschäftsaufnahme früher als der Registereintrag, entsteht die OHG bereits ab diesem früheren Zeitpunkt, wenn sie ein Handelsgewerbe im Sinne des § 1 Abs. 1 HGB betreibt. Bei Istkaufleuten hat die Eintragung deklaratorische Wirkung. Nur wenn die Aufnahme der Geschäftstätigkeit erst nach der Handelsregistereintragung erfolgt oder es sich um einen Kleingewerbetreibenden bzw. eine vermögensverwaltende OHG handelt, hat die Eintragung in das Handelsregister konstitutive Wirkung. In diesen Fällen entsteht die OHG erst mit Eintragung in das Handelsregister.

Haftung

HGB
§ 128

Die OHG-Gesellschafter haften für die Verbindlichkeiten der Gesellschaft

- **unmittelbar**,
- **unbeschränkt** und
- **gesamtschuldnerisch (solidarisch)**.

Haftungsgrundsätze	
unmittelbar	Jeder Gläubiger kann sich statt an die OHG an irgendeinen Gesellschafter wenden, um seine Forderung geltend zu machen.
unbeschränkt	Haftung mit dem Geschäfts- und dem Privatvermögen
gesamtschuldnerisch	Jeder Gesellschafter haftet für die Gesamtschulden, unabhängig davon, wer die Schuld eingegangen ist und unabhängig von der Höhe seines Anteils an der Gesellschaft.

Neu in eine bereits bestehende Gesellschaft eintretende Gesellschafter übernehmen ebenfalls die Haftung für bereits bestehende Verbindlichkeiten der OHG. Wenn ein Gesellschafter aus der OHG ausscheidet, haftet er für bestehende Schulden noch fünf Jahre lang weiter. Ein Austritt aus einer OHG ist durch Kündigung des Gesellschaftsverhältnisses zum Geschäftsjahresschluss möglich. Die Kündigung muss sechs Monate vor Geschäftsjahresschluss erfolgen.

HGB
§ 132

Beschränkungen der Haftung können im Gesellschaftsvertrag (Innenverhältnis) getroffen werden, sind jedoch gegenüber Dritten (Außenverhältnis) unwirksam. Wurde eine Beschränkung vereinbart, so haben die Gesellschafter untereinander einen Ausgleichsanspruch, falls sie aufgrund der gesamtschuldnerischen und unmittelbaren Haftung in Anspruch genommen wurden.

Geschäftsführung

Alle Gesellschafter der OHG sind grundsätzlich einzeln zur Führung der Geschäfte (Innenverhältnis) berechtigt **(Einzelgeschäftsführungsbefugnis)** und verpflichtet, es sei denn, im Gesellschaftsvertrag ist etwas anderes vereinbart. Im Gesellschaftsvertrag kann die Geschäftsführung auf einen oder mehrere Gesellschafter übertragen werden, wodurch dann einzelne Gesellschafter von der Geschäftsführung ausgeschlossen werden. Es kann eine Gesamtgeschäftsführung vereinbart werden, so dass die Geschäftsführungsbeschlüsse nur mit Zustimmung aller Gesellschafter herbeigeführt werden dürfen. Zudem kann die Geschäftsführungsbefugnis eines Gesellschafters auf bestimmte Aufgabenbereiche, z.B. Einkauf oder Produktion, beschränkt werden.

HGB
§§ 114 f.

Die Geschäftsführungsbefugnis des einzelnen Gesellschafters erstreckt sich aber immer nur auf Geschäfte, die der **gewöhnliche Betrieb des Handelsgewerbes** mit sich bringt. Für **außergewöhnliche Geschäfte** müssen immer alle Gesellschafter (also auch von der Geschäftsführung möglicherweise ausgeschlossene Gesellschafter) zustimmen. Die von der Geschäftsführung vertraglich ausgeschlossenen Gesellschafter haben ein **Kontrollrecht**. Sie dürfen sich über die Geschäftslage informieren sowie die Handelsbücher und die Geschäftspapiere einsehen.

HGB
§§ 116–118

Sollte ein geschäftsführender Gesellschafter seine Pflichten grob verletzen oder unfähig zur ordnungsmäßigen Geschäftsführung sein, kann ihm die Befugnis zur Geschäftsführung entzogen werden. Dafür ist aber eine gerichtliche Entscheidung notwendig.

Vertretung

HGB
§§ 125 f.
Das HGB sieht eine **Einzelvertretungsbefugnis** aller Gesellschafter vor. Jeder Gesellschafter kann Dritten gegenüber (Außenverhältnis) Willenserklärungen abgeben, durch welche die Unternehmung berechtigt oder verpflichtet wird.

Im Gesellschaftsvertrag können andere Regelungen getroffen werden:

- Einzelne Gesellschafter können ganz von der Vertretung ausgeschlossen werden.
- Statt Einzelvertretungsbefugnis kann eine Gesamtvertretungsbefugnis festgelegt werden.
- Es kann vereinbart werden, dass ein Gesellschafter nur zusammen mit einem Prokuristen die OHG vertreten kann.

*Lernkontrolle
Aufgaben 4–6*
Alle Abweichungen von der gesetzlichen Regelung müssen in das Handelsregister eingetragen werden. Im Außenverhältnis ist die Vertretungsmacht nicht beschränkbar. Gegenüber Dritten ist jeder vertretungsbefugte Gesellschafter unbeschränkt vertretungsbefugt. Der Dritte muss sich darauf verlassen können, dass der Vertretungsbefugte alle Vereinbarungen treffen kann. Wurde die Vertretungsbefugnis im Innenverhältnis eingeschränkt und wurde dennoch ein Rechtsgeschäft abgeschlossen, das über die Befugnis hinausgeht, ist der Gesellschafter gegebenenfalls gegenüber den anderen Gesellschaftern schadenersatzpflichtig.

Der Entzug der Vertretungsmacht ist durch Mehrheitsbeschluss oder durch Gerichtsbeschluss möglich. Dies muss in das Handelsregister eingetragen und den Geschäftspartnern mitgeteilt werden.

Wettbewerbsverbot

HGB
§ 112 f.
Die persönlich haftenden Gesellschafter der Offenen Handelsgesellschaft unterliegen einem gesetzlichen Wettbewerbsverbot. Ein Gesellschafter darf ohne die Einwilligung der anderen Gesellschafter weder in dem Handelszweig der Gesellschaft Geschäfte tätigen noch darf er sich als persönlich haftender Gesellschafter an Konkurrenzunternehmen beteiligen. Bei Verstoß gegen das Wettbewerbsverbot kann die OHG Schadenersatz verlangen oder von einem Eintrittsrecht Gebrauch machen, d.h. die OHG tritt an die Stelle des Gesellschafters.

Privatentnahmen

HGB
§ 122
Jeder Gesellschafter kann im laufenden Geschäftsjahr bereits Teile seines zu erwartenden Gewinnanteils in Form von Privatentnahmen entnehmen. Die gesetzliche Regelung sieht dafür höchstens 4 % seines zum Ende des letzten Geschäftsjahres festgestellten Kapitalanteils vor.

Gewinn- und Verlustbeteiligung

*Lernkontrolle
Aufgaben 3, 4 u. 7*
Die Gewinn- und Verlustbeteiligung kann im Gesellschaftsvertrag geregelt werden. Gibt es im Gesellschaftsvertrag keine Regelung, so gelten die Vorschriften des HGB. Die gesetzliche Regelung zur Gewinnverteilung sieht vor, dass zunächst jeder Gesellschafter 4 %
HGB
§ 121 Abs. 1
seiner Einlage als Verzinsung erhält, wenn der Gewinn dazu ausreicht. Reicht der Gewinn hierfür nicht aus, muss der Prozentsatz entsprechend verringert werden. Ist nach der vier-
HGB
§ 121 Abs. 3
prozentigen Kapitalverzinsung noch Gewinn übrig, so wird der Rest nach Köpfen verteilt. Verluste werden, wenn nicht anders im Gesellschaftsvertrag vereinbart, nach Köpfen aufgeteilt.

Beispiel:
Die Gesellschafter Ackermann, Breuninger und Christophorus haben 200.000 Euro, 50.000 Euro und 350.000 Euro als Einlage in eine OHG eingebracht. Aus dem abgelaufenen Geschäftsjahr ist ein Gewinn von 51.000 Euro zu verteilen.

Gesellschafter	Anfangskapital	4% Verzinsung	Kopfanteil	Gesamtgewinn
Ackermann	200.000,00	8.000,00	9.000,00	17.000,00
Breuninger	50.000,00	2.000,00	9.000,00	11.000,00
Christophorus	350.000,00	14.000,00	9.000,00	23.000,00
Summe	600.000,00	24.000,00	27.000,00	51.000,00

Bei einer Personengesellschaft sind die Tätigkeitsvergütungen für die geschäftsführenden Gesellschafter steuerlich nicht als Betriebsausgaben abzugsfähig. Sie sind bei der Gewinnverteilung dem jeweiligen Gesellschafter als Vorabvergütung zuzurechnen.

Gewinnbesteuerung

Gesellschafter einer OHG erzielen aus ihrer Beteiligung „Einkünfte aus Gewerbebetrieb". Jeder Gesellschafter ist einzeln einkommensteuerpflichtig.

Auflösung der OHG

Verschiedene Anlässe können zur Auflösung der OHG führen: HGB § 131
- Ablauf des Gesellschaftsvertrages
- Beschluss der Gesellschafter
- Eröffnung eines Insolvenzverfahrens über das Vermögen der Gesellschaft
- Entscheidung eines Gerichts

Ausscheiden eines Gesellschafters

Gründe für das Ausscheiden eines OHG-Gesellschafters können sein:
- Tod des Gesellschafters
- Eröffnung des Insolvenzverfahrens über sein Vermögen
- Kündigung des Gesellschafters
- Beschluss der Gesellschafterversammlung
- Eintritt der im Gesellschaftsvertrag vereinbarten Ausscheidungsgründe

3.4.2 Kommanditgesellschaft

Wesen und Firma

Eine Kommanditgesellschaft (KG) ist eine Personengesellschaft, zu der sich zwei oder mehrere natürliche oder juristische Personen zusammengeschlossen haben, um unter einer gemeinsamen Firma ein Handelsgewerbe zu betreiben. Dabei muss mindestens ein Gesellschafter unbeschränkt für Verbindlichkeiten der Gesellschaft haften **(Komplementär)**. Mindestens ein weiterer Gesellschafter haftet nur beschränkt **(Kommanditist)**.   HGB § 161

Die KG ist als Personenhandelsgesellschaft keine juristische Person, sie besitzt jedoch analog zur OHG die Teilrechtsfähigkeit. Die Firma der KG muss die Bezeichnung „Kommanditgesellschaft" oder „KG" enthalten.   HGB § 19 Abs. 2

Gründung und Einlage

Die Gründung der KG erfolgt im ersten Schritt zunächst im Innenverhältnis durch Abschluss eines Gesellschaftsvertrages. Es gibt keine gesetzlichen Bestimmungen über den Inhalt des Vertrages. Wesentliche Bestandteile des Vertrages sind jedoch die Firma, die Gesellschafter, ihre Haftung (Komplementär, Kommanditist), der Unternehmensgegenstand und die Gewinnverteilung. Die Höhe der Einlage kann von den Gesellschaftern frei bestimmt und in Geld oder in Sachwerten geleistet werden.

Im Innenverhältnis entsteht die KG mit Abschluss des Gesellschaftsvertrags. Im Außenverhältnis entsteht sie mit Aufnahme der Geschäftstätigkeit, spätestens mit Eintrag in das Handelsregister. Die Höhe der Haftsumme (bedungenes Kapital) wird in das Handelsregister eingetragen. Die Haftsumme kann von der Kommanditeinlage abweichend im Gesellschaftsvertrag vereinbart und in das Handelsregister eingetragen werden. Die Höhe der Einlage des Kommanditisten wird nicht in das Handelsregister eingetragen.

Haftung

Für die Vollhafter (Komplementäre) gelten die gleichen Bestimmungen wie für die OHG-Gesellschafter. Der Kommanditist haftet gegenüber den Gläubigern der KG bis zur Höhe seiner Einlage (Haftsumme) unmittelbar. Die Haftung ist ausgeschlossen, soweit die Einlage geleistet ist. Er trägt dann lediglich das Risiko des Verlustes seiner Einlage.

HGB § 171 Die Haftungsbeschränkung des Kommanditisten gilt erst ab dem Zeitpunkt der Eintragung in das Handelsregister (konstitutive Wirkung). Vor der Eintragung in das Handelsregister haften Kommanditisten unbeschränkt und unmittelbar, falls sie dem Geschäftsbeginn vor Eintragung zugestimmt haben und der Gläubiger keine Kenntnis von der Haftungsbeschränkung hatte.

Geschäftsführung

HGB § 164 Wenn im Gesellschaftsvertrag nichts anderes geregelt ist, übernehmen die Komplementäre die Geschäftsführung in Form der **Einzelgeschäftsführungsbefugnis**. Die Kommanditisten haben keine Geschäftsführungsbefugnis. Allerdings haben sie bei außergewöhnlichen **HGB § 166** Geschäften ein **Widerspruchsrecht**. Zudem stehen den Kommanditisten Kontrollrechte zu. Sie haben das Recht, eine Abschrift des Jahresabschlusses zu verlangen und diese zu prüfen. Hingegen haben von der Geschäftsführung ausgeschlossene Vollhafter ein jederzeitiges Kontrollrecht und ein Recht auf Unterrichtung. Sie dürfen alle Unterlagen einsehen.

Vertretungsbefugnis

HGB § 170 Nur die Komplementäre haben das Recht, die KG Dritten gegenüber zu vertreten. Es gilt **Einzelvertretungsbefugnis**. Die Kommanditisten sind von der Vertretung ausgeschlossen. Dies kann auch nicht durch den Gesellschaftsvertrag geändert werden. Allerdings könnte ein Kommanditist eine Bevollmächtigung in Form einer Prokura erhalten.

Gewinn- und Verlustbeteiligung

HGB §§ 167 f. Die gesetzliche Regelung sieht vor, dass wie bei der OHG, die Kapitaleinlage vorweg mit 4 % verzinst wird. Der restliche Gewinn wird ebenso wie ein eventueller Verlust im angemessenen Verhältnis verteilt. Daraus folgt, dass ohne Vereinbarung der Restgewinn wie auch ein eventueller Verlust im Verhältnis der Kapitalanteile verteilt werden.

Die Kommanditisten können keine Privatentnahmen tätigen. Die Gewinnanteile der Kommanditisten stehen zur Auszahlung bereit, wenn ihre Einlagen voll geleistet oder noch nicht fällig sind. Will ein Kommanditist zur Auszahlung bereitstehende Gewinnanteile im Unternehmen belassen, stellen sie ein Darlehen (Fremdkapital) dar. Ist die fällige Einlage noch nicht aufgefüllt kann der Anspruch der KG auf Leistung der Einlage mit dem Auszahlungsanspruch des Kommanditisten aufgerechnet werden. Mit Zustimmung der Gesellschafter können Gewinnanteile der Kommanditisten auch zur Erhöhung ihrer Einlagen verwendet werden.

Beispiel: Die Gruber KG verteilt den Gewinn nach den gesetzlichen Vorgaben.

Anfangskapital:		
Vollhafter Gruber		300.000 Euro
Vollhafter Huber		400.000 Euro
Teilhafter Ilgner		100.000 Euro
Gewinn im abgelaufenen Geschäftsjahr		168.000 Euro

Gesellschafter	Anfangskapital	4% Verzinsung	Rest im Verhältnis 3 : 4 : 1	Gesamtgewinn
Gruber	300.000,00	12.000,00	51.000,00	63.000,00
Huber	400.000,00	16.000,00	68.000,00	84.000,00
Ilgner	100.000,00	4.000,00	17.000,00	21.000,00
Summe	800.000,00	32.000,00	136.000,00	168.000,00

Gewinnbesteuerung

Die Gewinnanteile der Gesellschafter unterliegen der Einkommensteuerpflicht des einzelnen Gesellschafters. Die KG-Gesellschafter beziehen „Einkünfte aus Gewerbebetrieb".

Auflösung

Auflösungsgründe können im Gesellschaftsvertrag vereinbart werden. Daneben gibt es auch gesetzlich vorgeschriebene Auflösungsgründe:

HGB §§ 131 u. 133

- Zeitablauf
- Beschluss der Gesellschafter
- Auflösungsklage
- Eröffnung des Insolvenzverfahrens
- Ausscheiden des letzten Komplementärs oder Kommanditisten

Ausscheiden eines Gesellschafters

Die Gründe für das Ausscheiden eines Gesellschafters entsprechen denen der OHG.

Lernkontrolle Aufgaben 8–11

Vor- und Nachteile der KG gegenüber der OHG	
Vorteile	**Nachteile**
- erleichterte Kapitalbeschaffung durch Aufnahme von Kommanditisten - Risiko des Kommanditisten ist begrenzt auf übernommenen Kapitalanteil - Kommanditist hat keinen wesentlichen Einfluss auf die Geschäftsführung - Kommanditist ist nicht zur Mitarbeit verpflichtet	- u.U. geringere Kreditwürdigkeit als OHG, da zumindest ein Gesellschafter kein Vollhafter ist

3.5 Kapitalgesellschaften

3.5.1 Gesellschaft mit beschränkter Haftung

Wesen und Firma

GmbHG
§§ 1, 4 u. 13

> Die Gesellschaft mit beschränkter Haftung (GmbH) ist eine Kapitalgesellschaft mit eigenständiger Rechtspersönlichkeit (juristische Person). Für die Verbindlichkeiten gegenüber den Gläubigern haftet nur die GmbH als juristische Person mit ihrem Gesellschaftsvermögen.

Die Rechtsgrundlagen für die GmbH sind im GmbH-Gesetz (GmbHG) verankert. Die Gesellschafter sind mit ihrer Stammeinlage am Stammkapital beteiligt. Eine GmbH kann zu jedem gesetzlich zulässigen Zweck errichtet werden. Die Firma der GmbH muss den Zusatz GmbH oder Gesellschaft mit beschränkter Haftung enthalten.

Wenn das Stammkapital voll einbezahlt wurde und keine Vereinbarungen zu eventuellen Nachschüssen getroffen wurden, können die Gesellschafter nicht persönlich in Anspruch genommen werden.

Gründung

GmbHG
§§ 2, 3, 5, 8 u. 14

Eine GmbH kann von einer oder mehreren Personen gegründet werden. Die Gründer können natürliche oder juristische Personen sein. Zunächst muss ein Gesellschaftsvertrag vereinbart und notariell beurkundet werden. Das GmbH-Gesetz schreibt folgende Vertragsinhalte vor:

- die Firma und den Sitz der Gesellschaft,
- den Gegenstand des Unternehmens,
- den Betrag des Stammkapitals und
- die Zahl und die Nennbeträge der Gesellschaftsanteile, die jeder Gesellschafter gegen Einlage auf das Stammkapital übernimmt.

Das vereinbarte **Stammkapital** muss **mindestens 25.000 Euro** betragen und setzt sich aus der Summe der Geschäftsanteile der einzelnen Gesellschafter zusammen. Die Geschäftsanteile können unterschiedlich hoch sein und müssen auf volle Euro lauten. Ein Gesellschafter kann mehrere Geschäftsanteile übernehmen. Bereits vor Eintragung in das Handelsregister müssen die Gesellschafter eine **Mindesteinlage** in Höhe von mindestens einem Viertel ihrer Geschäftsanteile aufbringen. Insgesamt muss mindestens die Hälfte des Mindeststammkapitals, also **mindestens 12.500 Euro** aufgebracht werden. Die Einlagenpflicht kann je nach Vereinbarung in Geldform (Bargründung) oder in Form von Sacheinlagen (Sachgründung) erfüllt werden. Bei einer Sachgründung müssen die Einlagen (z. B. Gebäude, Patente) vollständig bei Gründung erbracht werden.

vgl. Kapitel
3.7.1

Als juristische Person entsteht die GmbH erst mit Eintragung in das Handelsregister (Formkaufmann). Der Registereintrag hat konstitutive Wirkung. Bereits mit dem Beschluss zur Gründung einer GmbH entsteht eine Vorgründungsgesellschaft (GmbH i.G.). In dieser Phase wird die Gründung vorbereitet und der Gesellschaftsvertrag ausgearbeitet. Diese Vorgründungsgesellschaft wird wie eine Gesellschaft des bürgerlichen Rechts oder wie eine OHG behandelt. Falls die Gesellschaft ihre unternehmerische Tätigkeit bereits in dieser Phase aufnimmt, haften die Gesellschafter wie in einer GbR bzw. OHG auch mit ihrem Privatvermögen.

Gründung einer haftungsbeschränkten Unternehmergesellschaft

Der Gründungsvorgang einer GmbH kann vereinfacht über die Gründung einer **Unternehmergesellschaft (UG haftungsbeschränkt)** erfolgen. Diese Sonderform der GmbH, die auch als **„Mini-GmbH"** bezeichnet wird, kann ohne Mindestkapital errichtet werden. Zur Gründung reicht also ein Kapital, das nach Abzug der Gründungskosten einen Euro beträgt, aus. Sacheinlagen sind bei dieser Unterform der GmbH nicht erlaubt. Die Gründung der UG darf mit maximal drei Gesellschaftern erfolgen. Der Gesellschaftsvertrag wird entsprechend dem Mustergesellschaftsvertrag des GmbHG vereinbart. Damit werden Kosten vermieden, weil der Notar nur die Unterschriften der Gesellschafter beglaubigt. Die Unternehmergesellschaft wird erst in das Handelsregister eingetragen, wenn das Stammkapital in voller Höhe eingezahlt wurde. Die Eintragung ist für die UG konstitutiv.

GmbHG
§ 5a

Trotzdem ist die Mini-GmbH eine juristische Person mit eigener Rechtspersönlichkeit. Damit ist die Haftung der Gesellschafter ausgeschlossen. Um mögliche Geschäftspartner über die beschränkte Haftung zu informieren, muss die UG mit dem Zusatz „Unternehmergesellschaft (haftungsbeschränkt)" oder „UG (haftungsbeschränkt)" firmieren. Die Gesellschaft ist verpflichtet, jährlich eine Rücklage in Höhe eines Viertels des erwirtschafteten Gewinns zu bilden. Auf diese Weise soll die Höhe des Stammkapitals der normalen GmbH (25.000 Euro) erreicht werden. Wenn die Mindesteinlage für eine GmbH erreicht ist, kann die Gesellschaft in eine GmbH umfirmieren.

Haftung

Um eine breitere Haftungsbasis zu erhalten, kann im Gesellschaftsvertrag eine **Nachschusspflicht** vereinbart werden. Hierbei handelt es sich um einen Betrag, für den der Gesellschafter zusätzlich zu den übernommenen Geschäftsanteilen in Anspruch genommen werden kann, wenn die Gesellschafterversammlung dies beschließt.

GmbHG
§§ 26–28

Organe

Die GmbH verfügt als juristische Person über mindestens zwei Organe: Geschäftsführer und Gesellschafterversammlung. Die Bestellung eines Aufsichtsrates ist zulässig, aber nicht in jedem Fall notwendig.

Organe der GmbH

Leitung der GmbH — **Geschäftsführer** — eine oder mehrere natürliche Personen

Aufsicht über die Geschäftsführung — **Aufsichtsrat** — fakultativ nach GmbHG; vorgeschrieben ab 500 Arbeitnehmern

GmbHG § 52
DrittelbG § 1 Nr. 3
MitbestG
§§ 1 Abs. 1, 7 u. 31

Beschlussfassung — **Gesellschafterversammlung**

GmbHG
§§ 6, 35 – 43

Die **Leitung** der GmbH erfolgt durch den oder die **Geschäftsführer**. Diese werden durch die Gesellschafterversammlung bestellt. Die Satzung kann vorsehen, dass die Bestellung durch den Aufsichtsrat erfolgt. Die Geschäftsführung und Vertretung erfolgt bei mehreren Geschäftsführern gemeinschaftlich. Andere Regelungen sind möglich. Eine Beschränkung der Vertretungsmacht ist gegenüber Dritten unwirksam. Die Geschäftsführer unterliegen bei der Leitung des Unternehmens der Sorgfaltspflicht. Sie sind verpflichtet, Weisungen der Gesellschafter auszuführen. Als Geschäftsführer können Gesellschafter oder andere natürliche Personen berufen werden.

GmbHG
§ 52

Zur **Überwachung** der Geschäftsführung kann in der Satzung ein **Aufsichtsrat** vorgesehen werden. Das GmbHG schreibt dieses Organ jedoch nicht vor. Da in Deutschland verschiedene Mitbestimmungsmodelle der Arbeitnehmer die Bildung eines Aufsichtsrates unter Beteiligung von Arbeitnehmervertretern vorsehen, muss ein Aufsichtsrat ab 500 Arbeitnehmern bestellt werden. Die Mitglieder des Aufsichtsrates werden in diesem Fall durch die Gesellschafterversammlung und die Arbeitnehmer gewählt. Wenn ein Aufsichtsrat vorgesehen ist, erstreckt sich seine Überwachungsaufgabe auch auf die Prüfung des Jahresabschlusses und auf den Vorschlag zur Verwendung des Bilanzgewinns. Weitere Befugnisse können durch den Gesellschaftsvertrag vorgesehen werden. Bei einer GmbH mit einem durch das Mitbestimmungsgesetz vorgeschriebenen Aufsichtsrat (GmbH mit mehr als 2000 Arbeitsnehmern) erfolgt die Bestellung und Abberufung der Geschäftsführer durch den Aufsichtsrat.

GmbHG
§§ 45 – 51a

Die **Gesellschafterversammlung** bildet das **Beschlussfassungsorgan**. Die Versammlung hat die Satzungs- und Grundlagenkompetenz. Weitere Befugnisse dieses Organs erstrecken sich auch auf den Bereich der laufenden Geschäftsführung und begründen eine weitgehende Weisungsgebundenheit der Geschäftsführer. Die Aufgaben der Gesellschafterversammlung bestimmen sich nach dem Gesellschaftsvertrag. Das GmbHG sieht folgende Aufgaben vor:

- Feststellung des Jahresabschlusses und Verwendung des Ergebnisses (Gewinn)
- Einforderung von Einlagen
- Rückzahlung von Nachschüssen
- Teilung, Zusammenlegung sowie Einziehung von Geschäftsanteilen
- Bestellung und Abberufung von Geschäftsführern und deren Entlastung
- Maßregeln zur Prüfung und Überwachung der Geschäftsführung
- Bestellung von Prokuristen und Handlungsbevollmächtigten

Die Stimmenzahl der Gesellschafter wird durch die Höhe ihrer Geschäftsanteile bestimmt. Der Gesellschafter hat je einem Euro Geschäftsanteil eine Stimme.

Publizität und Prüfung

Bezüglich der Prüfungs- und Veröffentlichungspflicht gelten für die Gesellschaft mit beschränkter Haftung die Vorschriften für die Kapitalgesellschaften (siehe Aktiengesellschaft).

Besteuerung des Gewinns

Die Gewinne juristischer Personen unterliegen der Körperschaftsteuer. Steuerpflichtig ist die GmbH. Die ausgeschütteten Gewinnanteile muss jeder Gesellschafter unter der Einkunftsart „Einkünfte aus Kapitalvermögen" versteuern.

Auflösung der GmbH

Die GmbH wird meist durch Gesellschafterbeschluss aufgelöst aber auch z. B. durch

- Ablauf der vertraglich vereinbarten Zeit,
- Gerichtsbeschluss oder die
- Eröffnung des Insolvenzverfahrens.

GmbHG
§ 60

Am Ende des Auflösungsvorganges steht die Löschung aus dem Handelsregister, wodurch die juristische Person aufgelöst wird.

*Lernkontrolle
Aufgaben 12 u. 13*

3.5.2 Rechtsformverbindung am Beispiel der GmbH & Co. KG

Wesen und Gründung

> Bei einer GmbH & Co. KG handelt es sich um eine **Kommanditgesellschaft** (Personengesellschaft), deren Vollhafter eine GmbH (Komplementär-GmbH) ist. Meistens sind die GmbH-Gesellschafter gleichzeitig Kommanditisten der KG.

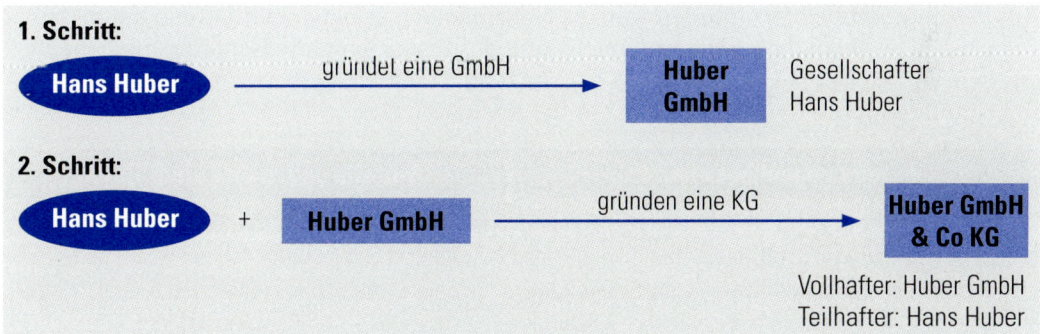

Da in dieser Kommanditgesellschaft keine natürliche Person haftet, muss die Haftungsbeschränkung aus der Firmierung durch die Rechtsformbezeichnungen GmbH und KG ersichtlich sein.

Haftung

Bei der KG haftet der Komplementär unbeschränkt. Bei der GmbH & Co. KG ist die GmbH der Komplementär (Vollhafter). Diese haftet als juristische Person nur mit ihrem Gesellschaftsvermögen. Die Kommanditisten haften nur bis zur Höhe ihrer noch nicht erbrachten Einlage. Nach vollständig erbrachter Einlage tragen sie nur noch das Risiko des Verlustes der Einlage.

Geschäftsführung und Vertretung

Bei einer KG haben nur die Komplementäre Geschäftsführungs- und Vertretungsbefugnis. Die GmbH wird als juristische Person von ihren Geschäftsführern geleitet und vertreten. Da die GmbH einziger Komplementär ist, leiten und vertreten die Geschäftsführer der GmbH somit gleichzeitig die KG.

Organe

Die KG ist keine juristische Person und hat deshalb keine Organe. Allerdings benötigt die GmbH die Organe Gesellschafterversammlung, Geschäftsführer und eventuell Aufsichtsrat.

Gewinn- und Verlustbeteiligung

HGB
§ 168
Die Gewinnverteilung und die Beteiligung am Verlust erfolgen nach den Vorschriften zur KG oder sind im Gesellschaftsvertrag geregelt.

Besteuerung des Gewinns

Eine GmbH & Co. KG ist eine Personengesellschaft. Die Gewinnanteile der einzelnen Gesellschafter gehören bei jedem Gesellschafter einkommensteuerrechtlich zu den „Einkünften aus Gewerbebetrieb". Die Gewinnanteile, die ggf. aus der GmbH-Beteiligung entstanden sind, gehören beim Gesellschafter zu den Einkünften aus Kapitalvermögen.

Motive für die Gründung

Aus haftungsrechtlichen Gründen wäre es viel einfacher, es bei der Gründung einer GmbH zu belassen, weil bei dieser Unternehmensform das Risiko der Gesellschafter ausschließlich auf den Verlust der Geschäftsanteile begrenzt ist. Dennoch sprechen nachstehende Gesichtspunkte für die Gründung einer GmbH & Co. KG:

Vorteile gegenüber einer KG	Vorteile gegenüber einer GmbH
■ Die Leitung der GmbH & Co. KG ist den/dem GmbH-Geschäftsführer(n) übertragen. Damit kann trotz des bei der Kommanditgesellschaft geltenden Grundsatzes der Selbstorganschaft (d. h. Vollhafter der KG vertritt die KG nach außen) ein Dritter oder ein Kommanditist die Leitung übernehmen. ■ Keine natürliche Person übernimmt das unbeschränkte Haftungsrisiko. ■ Die Existenz der Komplementär-GmbH als Kapitalgesellschaft ist vom Tod ihrer Gesellschafter unabhängig („Die GmbH stirbt nicht."). Damit ist die Nachfolgeregelung bei einer GmbH & Co. KG gesichert.	■ Einfache Kapitalbeschaffung durch Eintritt und Austritt von Kommanditisten (keine notarielle Beurkundung des geänderten Gesellschaftsvertrages –> größere Flexibilität). ■ Eventuell Mitbestimmungsvorteile: – Bei „klein gehaltener" GmbH ist kein Aufsichtsrat erforderlich (KG unterliegt nicht dem DrittelbG.). – Die GmbH & Co. KG fällt als Personengesellschaft nur in bestimmten Fällen unter das Mitbestimmungsgesetz (MitbesG § 4). ■ KG-Gesellschafter können Verlustanteile mit anderen Einkunftsarten verrechnen und dadurch evt. ihre ESt mindern. Verluste der GmbH mindern dagegen lediglich deren KSt und können nicht auf die Gesellschafter übertragen werden (keine Verrechnung mit anderen Einkünften möglich).

Lernkontrolle
Aufgaben 14
Bedeutsame **steuerliche Vorteile** gegenüber den anderen Rechtsformen ergeben sich für die GmbH & Co. KG nicht. Ebenso besteht kein Vorteil im Hinblick auf die Offenlegung des Jahresabschlusses, da eine GmbH & Co. KG diesbezüglich einer Kapitalgesellschaft gleichgestellt ist.

3.5.3 Aktiengesellschaft

Wesen

> Eine Aktiengesellschaft (AG) ist eine Gesellschaft mit eigener Rechtspersönlichkeit (juristische Person), die über ein in Aktien zerlegtes **Grundkapital** verfügt. Das **Mindestgrundkapital** beträgt **50.000 Euro**. Für die Verbindlichkeiten der Gesellschaft haftet den Gläubigern gegenüber nur das Gesellschaftsvermögen. Die Firma der Gesellschaft muss den Zusatz Aktiengesellschaft oder AG enthalten. Die AG übt unabhängig vom Geschäftszweig, in dem sie tätig ist, ein Handelsgewerbe aus und erhält ihre Kaufmannseigenschaft kraft Rechtsform (Formkaufmann).

AktG
§§ 1 – 6

Die Aktiengesellschaft ist eine Kapitalgesellschaft, an der sich gegebenenfalls viele Aktionäre auch mit Kleinbeträgen als Eigenkapitalgeber beteiligen können. Im Gegensatz zu den Personengesellschaften besteht bei Kapitalgesellschaften kein Recht zur Geschäftsführung oder Vertretung für die Eigenkapitalgeber. Grundsätzlich können die Aktionäre ihre Beteiligungen in Form von Aktien jederzeit, meist über die Börse, verkaufen.

Gründung und Kapital der Aktiengesellschaft

Ein oder mehrere Gründer beschließen eine Satzung und bringen das Grundkapital der AG auf. Die Satzung muss notariell beurkundet sein und bestimmt die Höhe des Grundkapitals. Es wird auch festgelegt, wie dieses Grundkapital in Aktien zerlegt werden soll.

AktG
§§ 7 f.

Eine **Aktie** ist ein vertretbares (untereinander austauschbares) Kapitalwertpapier, das ein Anteilsrecht an einer AG verbrieft **(Teilhaberpapier)**.

Es gibt die Möglichkeit, die Aktien als **Nennbetragsaktien** (Nennwertaktien) mit feststehendem Euro-Wert oder als **Stückaktien** (nennwertlose Aktien) in die Satzung aufzunehmen. Dabei muss der vorgesehene oder der rechnerische Nennwert einer Aktie mindestens einen Euro betragen.

> **Beispiel:**
>
> Eine AG legt in ihrer Satzung ein Grundkapital in Höhe von 100.000 Euro fest. Die Satzung bestimmt entweder die Ausgabe von Nennbetragsaktien oder Stückaktien.
>
> | | Nennbetragsaktien | Stückaktien |
> |---|---|---|
> | **Satzung legt fest:** | Grundkapital: 100.000 Euro | Grundkapital: 100.000 Euro |
> | | Nennwert pro Aktie: z. B. 2 Euro | Anzahl der Aktien: z. B. 50.000 Stück |
> | **rechnerisch ermittelbar** | Anzahl der auszugebenden Aktien: $$\frac{Grundkapital}{Nennwert\ je\ Aktie}$$ Im Beispiel: $$\frac{100.000}{2} = 50.000\ \text{Stück}$$ | Rechnerische Nennwert je Aktie: $$\frac{Grundkapital}{Aktienzahl}$$ Im Beispiel: $$\frac{100.000}{50.000} = 2,00\ \text{Euro}$$ |

AktG
§§ 27 – 48

Nach dem Abschluss des Gesellschaftsvertrags (Satzung) sowie der Aktienübernahme durch den oder die Gründer, müssen die notwendigen Organe gewählt und die Einlagen erbracht werden. Danach erfolgt die Anmeldung in das Handelsregister, wodurch die AG als juristische Person entsteht (konstitutive Wirkung).

Aufbau und Organe

Juristische Personen benötigen zum Handeln Organe. Die Einrichtung eines Aufsichtsrats ist anders als bei der GmbH zwingend. Für die Zusammensetzung des Aufsichtsrats gelten – je nach Zahl der Mitarbeiter – verschiedene Mitbestimmungsvorschriften. Die Mitbestimmungsgesetze sehen eine Arbeitnehmerbeteiligung an der Wahl des Aufsichtsrats in unterschiedlicher Weise vor.

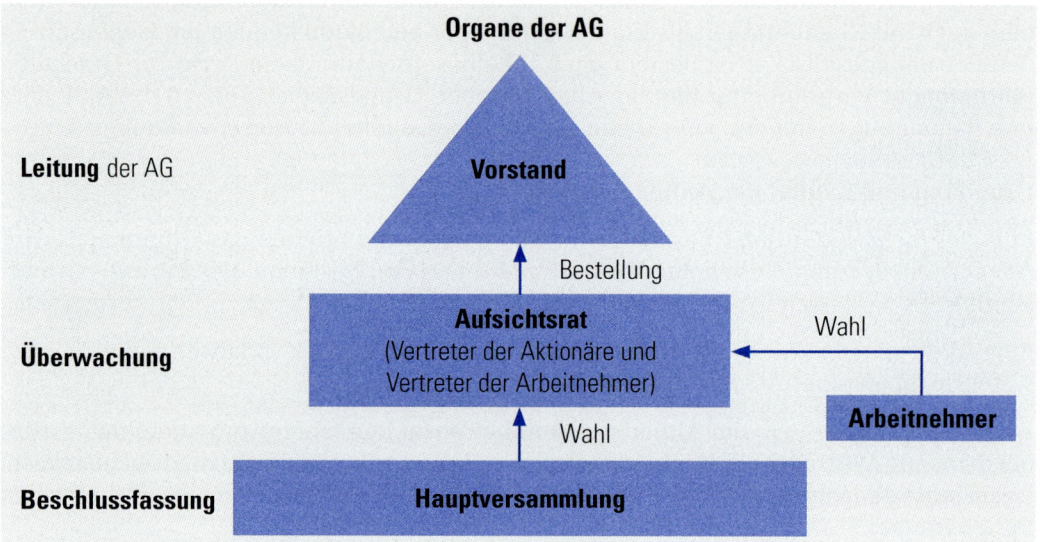

Eine Mitbestimmung durch Arbeitnehmervertreter im Aufsichtsrat ist nur bei Aktiengesellschaften mit mehr als 500 Arbeitnehmern vorgeschrieben.

Vorstand – leitendes Organ

AktG
§ 76 ff.

Der Vorstand als geschäftsführendes Organ leitet die Gesellschaft in eigener Verantwortung. Er wird vom Aufsichtsrat für höchstens fünf Jahre bestellt, wobei eine wiederholte Bestellung möglich ist. Das Leitungsorgan besteht aus einer oder mehreren Personen, die keine Aktionäre sein müssen. Vorstandsmitglieder dürfen nicht gleichzeitig Aufsichtsratsmitglieder dieser AG sein. Die Zahl der Vorstandsmitglieder wird durch die Satzung bestimmt. Bei Aktiengesellschaften mit mehr als 3 Millionen Euro Grundkapital sind mindestens zwei Personen vorgeschrieben.

Der Vorstand hat grundsätzlich Gesamtgeschäftsführungs- und Gesamtvertretungsbefugnis. Abweichungen müssen in der Satzung vereinbart und in das Handelsregister eingetragen werden. Der Vorstand ist verpflichtet, den Aufsichtsrat regelmäßig über den Stand und die Entwicklung der Unternehmung zu unterrichten. Er erstellt den Jahresabschluss (Bilanz, Gewinn- und Verlustrechnung, Anhang) und den Lagebericht. Den Abschluss muss der Vorstand vom Aufsichtsrat und von den Abschlussprüfern prüfen lassen.

Der Vorstand beruft die jährlich vorgeschriebene ordentliche Hauptversammlung ein. Er muss seine Aufgaben sorgfältig erfüllen und unterliegt einem Wettbewerbsverbot. Damit dürfen Vorstandsmitglieder ohne Einwilligung des Aufsichtsrats weder ein Handelsgewerbe betreiben, noch im Geschäftszweig der Gesellschaft für eigene oder fremde Rechnung Geschäfte machen. Außerdem dürfen sie ohne Einwilligung auch nicht Mitglied des Vorstands, Geschäftsführer oder persönlich haftender Gesellschafter einer anderen Handelsgesellschaft sein. Für ihre Tätigkeit erhalten die Vorstandmitglieder eine Vergütung.

AktG
§ 88

Meist setzt sich die Vergütung aus Gehalt, Gewinnbeteiligung (Tantieme) und Aufwandsentschädigung zusammen.

Aufsichtsrat – überwachendes Organ

Die Zusammensetzung des Aufsichtsrats ist aufgrund verschiedener Mitbestimmungsvorschriften unterschiedlich geregelt.

bis zu 500 Arbeitnehmer	mehr als 500 Arbeitnehmer (Drittelbeteiligungsgesetz)	mehr als 2.000 Arbeitnehmer (Mitbestimmungsgesetz)
Der Aufsichtsrat besteht nur aus Vertretern der Anteilseigner (Aktionäre). Die Arbeitnehmer haben kein Mitbestimmungsrecht im Aufsichtsrat.	Der Aufsichtsrat wird zu zwei Dritteln durch die Aktionäre gewählt. Ein Drittel der Mitglieder wählen die Arbeitnehmer auf Grundlage von Wahlvorschlägen der Betriebsräte.	Bei den Großunternehmen setzt sich der Aufsichtsrat paritätisch zusammen. Er besteht zu gleichen Teilen aus Vertretern der Anteilseigner und der Arbeitnehmer. Bei Stimmengleichheit hat der Vorsitzende (i. d. R. ein Vertreter der Aktionäre) eine zweite Stimme.

DrittlbG
MitbG

Besonderheit der Montanmitbestimmung

MontanMitbestG

Für Unternehmen im Bereich der Montanindustrie (Bergbau, eisen- und stahlerzeugende Industrie) mit mehr als 1.000 Arbeitnehmern wird der Aufsichtsrat durch paritätische Besetzung der Anteilseigner- und der Arbeitnehmerseite besetzt. Auf der Arbeitnehmerseite sind zwingend Gewerkschaftsvertreter vorgesehen. Anders als beim Mitbestimmungsgesetz ist hier der Vorsitzende eine neutrale Person.

Lernkontrolle
Aufgabe 19

Der Aufsichtsrat wird für höchstens vier Jahre gewählt. Ein Aufsichtsratsmitglied darf nicht gleichzeitig Vorstand dieser AG sein. Allerdings kann er Vorstand einer anderen AG sein. Die Zahl der möglichen Aufsichtsratssitze für jede Person ist auf zehn Unternehmen beschränkt. Ist eine AG einer anderen AG untergeordnet (Mutter-/Tochtergesellschaft), darf ein Vorstandsmitglied der Tochtergesellschaft nicht Mitglied des Aufsichtsrats der Muttergesellschaft sein.

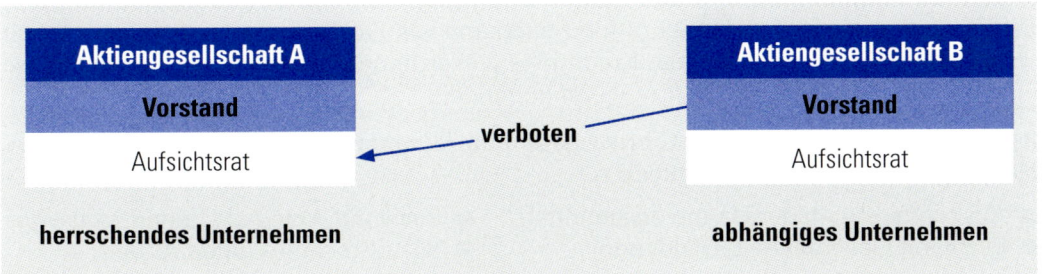

Um keine Interessenkonflikte entstehen zu lassen, darf auch keine Überkreuzverflechtung entstehen.

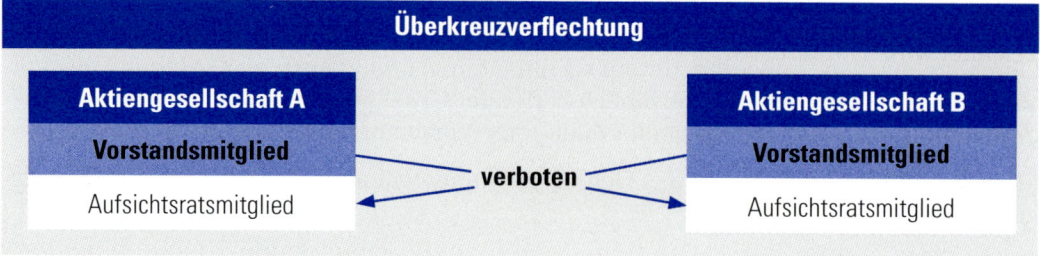

Die Aufgaben des Aufsichtsrats sind:

- Überwachung der Tätigkeit des Vorstands
- Prüfung des Jahresabschlusses und des Lageberichts
- Prüfung des Gewinnverwendungsvorschlags des Vorstands
- Einberufung einer außerordentlichen Hauptversammlung
- Bestellung und Abberufung des Vorstands

Hauptversammlung – beschließendes Organ

AktG §§ 118 ff. Die Versammlung der Aktionäre findet in der Regel einmal jährlich statt. Die Hauptversammlung wird vom Vorstand innerhalb der ersten acht Monate des Geschäftsjahres einberufen. Hier üben die Aktionäre (Gesellschafter) ihr Stimmrecht aus. Die Beschlüsse börsennotierter Aktiengesellschaften müssen notariell beurkundet werden.

Wesentliche Rechte in der Hauptversammlung sind:

- Wahl der Aufsichtsratsmitglieder der Kapitaleigner
- Beschluss über die Verwendung des Bilanzgewinns
- Entlastung der Mitglieder des Vorstands und des Aufsichtsrats
- Bestellung der Abschlussprüfer
- Beschlüsse über Satzungsänderungen

Jede mit Stimmrecht ausgestattete Aktie (Stammaktie) gewährt eine Stimme. Nur wenn Aktien mit unterschiedlichen Nennwerten ausgegeben wurden, richtet sich die Stimmenzahl nach dem jeweiligen Nennwert der Aktie. Die Beschlüsse in der Hauptversammlung können grundsätzlich mit einfacher Mehrheit des anwesenden Kapitals gefasst werden.

AktG §§ 17 u. 103 Für Satzungsänderungen muss die Beschlussfassung mit einer **qualifizierten Mehrheit** von 75 % des vertretenen Kapitals erfolgen. Auch für die Abberufung von Aufsichtsratsmitgliedern wird die qualifizierte Mehrheit (¾-Mehrheit) benötigt. Das Stimmrecht kann übertragen werden. Wenn ein Kreditinstitut, bei dem der Aktionär ein Depot unterhält, durch

AktG § 135 diesen zur Stimmabgabe bevollmächtigt wird, spricht man vom **Depotstimmrecht**. Diese Bevollmächtigung bedarf der Schriftform und kann von Fall zu Fall oder auf Dauer erteilt werden. Der Kunde kann seinem Kreditinstitut Weisungen bezüglich der Stimmabgabe erteilen. Dann ist das Kreditinstitut daran gebunden.

Aus der Beteiligung an einer AG erwachsen dem Aktionär neben dem Stimmrecht in der Hauptversammlung folgende Rechte:

Lernkontrolle Aufg. 15, 17 u. 18

- Auskunftsrecht in der Hauptversammlung
- Recht auf Gewinnanteil (Dividende)
- Recht auf Anteil am Liquidationserlös
- Bezugsrecht für junge Aktien

Eigenkapital der Aktiengesellschaft

HGB
§ 268

Die Summe der Aktiennennwerte entspricht dem **Grundkapital**, das aufgrund der für den Jahresabschluss geltenden HGB-Vorschriften in der Bilanz als **gezeichnetes Kapital** bezeichnet wird. Das Grundkapital ist eine feste, satzungsmäßig festgelegte Größe. Der Wert des Grundkapitals ändert sich, wenn eine Kapitalerhöhung vollzogen wird.

AktG
§§ 150 u. 58

Bei Gründung und bei jeder späteren Kapitalerhöhung kann beschlossen werden, dass die Aktien über dem Nennbetrag ausgegeben werden. Die Differenz zwischen dem (rechnerischen) Nennbetrag und dem Ausgabepreis **(Emissionskurs)** wird als Aufgeld oder **Agio**[1] bezeichnet. Bilanztechnisch bildet die Summe der Nennwerte das Grundkapital, das Agio wird in eine Rücklage eingestellt. Aktien dürfen also zum Nennwert **(pari)** oder mit Aufgeld (über pari) ausgegeben werden. Eine Ausgabe unter dem Nennwert (unter pari) ist verboten. Da auch das Aufgeld von den Aktionären (Eigentümern der AG) aufgebracht wird, stellt es Eigenkapital dar.

AktG
§ 9

Eigenkapital einer AG = Grundkapital (gezeichnetes Kapital) + Summe aller Rücklagen

Eine AG wird mit einem Grundkapital in Höhe von 100.000 Euro gegründet. Die Satzung legt die Zahl der Aktien (Stückaktien) auf 25.000 Stück fest. Es wird beschlossen, die Aktien mit einem Aufschlag von 50 % auszugeben.

rechnerischer Nennwert einer Aktie:

$$\frac{100.000}{25.000} = 4 \text{ Euro}$$

Ausgabepreis je Aktie:

Nennwert	4 Euro
+ Agio 50 %	2 Euro
Emissionskurs	6 Euro

Zufluss an flüssigen Mitteln:

Grundkapital:	4 Euro × 25.000 Stück = 100.000 Euro
Rücklagen:	2 Euro × 25.000 Stück = 50.000 Euro
gesamtes Eigenkapital:	150.000 Euro

Aktiva	Eröffnungsbilanz AG		Passiva
Flüssige Mittel	150.000,00 Euro	Gezeichnetes Kapital (Grundkapital)	100.000,00 Euro
		Kapitalrücklage	50.000,00 Euro
	150.000,00 Euro		150.000,00 Euro

Die AG kann beantragen, dass die Aktien an der Börse gehandelt werden. Dadurch hat der Aktionär die Möglichkeit, Aktien jederzeit zu kaufen oder zu verkaufen. An der Börse bildet sich der Preis aufgrund von Angebot und Nachfrage. Der **Börsenkurs** einer Aktie weicht daher i. d. R. vom (rechnerischen) Nennbetrag der Aktie ab.

*Lernkontrolle
Aufgabe 16*

Kapitalerhöhungen

Jede Änderung des Grundkapitals muss durch eine Satzungsänderung von den Gesellschaftern in der Hauptversammlung mit qualifizierter Mehrheit (¾ des anwesenden Kapitals) beschlossen werden. Eine Kapitalerhöhung erfolgt durch Ausgabe von neuen Aktien

---

1   In der Praxis werden die Gründer der AG sich selbst kein Agio auferlegen. Agio wird im Regelfall erst beim Börsengang und bei Kapitalerhöhungen erhoben.

(jungen Aktien) und wird in das Handelsregister eingetragen. Die bisherigen Aktionäre haben ein Recht, an der Kapitalerhöhung teilzunehmen (Bezugsrecht). Das Aktiengesetz erlaubt mehrere Formen der Kapitalerhöhung.

AktG
§§ 182, 186 u. 188

■ **Ordentliche Kapitalerhöhung**

Die Kapitalerhöhung erfolgt gegen Einlagen. Es werden Aktien ausgegeben und der AG fließt Geld zu. Die bisherigen Aktionäre haben ein Recht auf Bezug junger Aktien (Vorkaufsrecht).

Beispiel: Die Kupfer AG erhöht ihr Grundkapital durch Ausgabe von 10.000 jungen Aktien zum Nennbetrag von je 10 Euro. Bei der Aktienemission wird ein Agio von 20 % erhoben.

Aktiva	Bilanz vor Kapitalerhöhung		Passiva
Anlagevermögen	1.200.000,00 Euro	Gez. Kapital	1.000.000,00 Euro
Umlaufvermögen	300.000,00 Euro	Kapitalrücklage	500.000,00 Euro
	1.500.000,00 Euro		1.500.000,00 Euro

Die Kapitalerhöhung führt zur Veränderung des Grundkapitals durch die Aktiennennbeträge um 10.000 Aktien × 10 Euro   = 100.000 Euro
Das Agio führt zu einer Erhöhung der Kapitalrücklagen um 10.000 Aktien × 2 Euro (20 % von 10 Euro)   = 20.000 Euro.
Der AG fließen durch diese Kapitalerhöhung flüssige Mittel (Umlaufvermögen) in Höhe der Grundkapitalerhöhung und des Agios zu: = 120.000 Euro.

Aktiva	Bilanz nach Kapitalerhöhung		Passiva
Anlagevermögen	1.200.000,00 Euro	Gez. Kapital	1.100.000,00 Euro
Umlaufvermögen	420.000,00 Euro	Kapitalrücklage	520.000,00 Euro
	1.620.000,00 Euro		1.620.000,00 Euro

■ **Kapitalerhöhung aus Gesellschaftsmitteln**

AktG
§ 207

Eine AG kann bereits gebildete Rücklagen in Grundkapital umwandeln. Häufig führen zu hohe Rücklagen zu einem hohen Börsenkurs, da das Unternehmen dadurch über ein hohes Eigenkapital verfügt. Um künftige Kapitalerhöhungen zu erleichtern, kann die AG den Börsenkurs durch Umwandlung von Rücklagen in Grundkapital senken. Da bei dieser Art von Kapitalerhöhung das Eigenkapital gleich bleibt, die Aktienanzahl aber steigt, sinkt der Börsenkurs.

Da Rücklagen aber bereits durch die Aktionäre bei früheren Kapitalerhöhungen **(Kapitalrücklagen durch Agio)** aufgebracht wurden oder durch nicht ausgeschüttete Gewinne entstanden sind **(Gewinnrücklagen)**, werden die neuen Aktien unentgeltlich ausgegeben **(Berichtigungsaktien** – fälschlicher Weise auch **Gratisaktien** genannt). Bilanztechnisch werden nur Eigenkapitalpositionen getauscht. Es fließen keine Geldmittel zu. Die jungen Berichtigungsaktien stehen den bisherigen Aktionären zu.

■ **Sonderformen der Kapitalerhöhung**

Das Aktiengesetz sieht zudem besondere Formen der Kapitalerhöhung vor.

■ **Genehmigtes Kapital**

Die Hauptversammlung kann den Vorstand ermächtigen, innerhalb von 5 Jahren eine Kapitalerhöhung durch Ausgabe neuer Aktien gegen Einlage durchzuführen (maximal 50 % des bisherigen Grundkapitals). Der Vorstand kann die Kapitalerhöhung zu einem für die Gesellschaft günstigen Zeitpunkt ausführen.

■ **Bedingte Kapitalerhöhung**

Die Aktionäre können eine Kapitalerhöhung für den Zweck beschließen, dass die Gläubiger von Wandelanleihen oder von Optionsanleihen ihr Recht auf späteren Bezug von Aktien geltend machen können. Bei einer Wandelanleihe kann die festverzinsliche Anleihe in Aktien umgetauscht werden. Die Optionsanleihe ist eine Schuldverschreibung, die neben dem Gläubigerrecht noch ein Bezugsrecht auf Aktien verbrieft. Bei beiden Papieren können die Gläubiger entscheiden, ob sie Aktien der Gesellschaft haben wollen. Nur in diesem Fall findet eine Kapitalerhöhung statt.

Das Eigenkapital der Aktiengesellschaft besteht neben dem Grundkapital auch aus Rücklagen. Die Rücklagen werden getrennt ausgewiesen und entstehen bei Aktienausgabe (Kapitalrücklage) und durch nicht ausgeschüttete Gewinne (Gewinnrücklagen).

Kapitalrücklage	Gewinnrücklagen
Entstehen durch Agio: ■ bei Ausgabe von jungen Aktien im Rahmen einer ordentlichen Kapitalerhöhung ■ beim Umtausch von Wandelanleihen ■ bei Wahrnehmung des Optionsrechts bei Optionsanleihen	Entstehen durch Einbehaltung von Gewinnen als: ■ gesetzliche Rücklagen ■ satzungsmäßige Rücklagen ■ andere Gewinnrücklagen

Gewinnverwendung

Die Hauptversammlung beschließt über die Verwendung des Bilanzgewinns. Der Bilanzgewinn ist nicht identisch mit dem Jahresüberschuss, der sich aus der Gewinn- und Verlustrechnung (Erträge minus Aufwand) ergibt. Der Jahresüberschuss wird um einen eventuell aus dem Vorjahr übertragenen Verlustvortrag vermindert. Zudem müssen gesetzliche oder laut Satzung festgelegte Gewinnrücklagen gebildet werden. Der Aufsichtsrat kann zusätzlich freiwillige Gewinnrücklagen bilden. Der danach übrig bleibende Bilanzgewinn kann auf Beschluss der Hauptversammlung

■ zur Dividendenausschüttung,
■ für weitere Rücklagen und
■ eventuell für einen Gewinnvortrag verwendet werden.

Beispiel: Gewinnverwendung nach AktG (Beispielrechnung)

Jahresüberschuss aus der GuV	100.000 Euro	
– evtl. Verlustvortrag aus dem Vorjahr	0 Euro	Der Verlust des Vorjahres muss zunächst ausgeglichen werden.
= bereinigter Jahresüberschuss	100.000 Euro	
davon evtl. 5 % für gesetzliche Rücklagen	5.000 Euro	Die Rücklage muss so lange gefüllt werden, bis die Summe aus gesetzlicher Rücklage und Kapitalrücklage 10 % des Grundkapitals beträgt (oder einen in der Satzung bestimmten höheren Satz).
= Restbetrag	95.000 Euro	
davon maximal 50 % für andere Gewinnrücklagen	47.500 Euro	Vorstand und Aufsichtsrat können bis zu 50 % des Restbetrages ohne Mitwirkung der Aktionäre in die Gewinnrücklage einstellen.
= Restbetrag	47.500 Euro	
+ evtl. Gewinnvortrag aus dem Vorjahr	1.000 Euro	Der Restgewinn des Vorjahres steht erneut zur Ausschüttung bereit.
= Bilanzgewinn	48.500 Euro	Über die Verwendung des Bilanzgewinns entscheidet die Hauptversammlung auf Vorschlag des Vorstands.
evtl. davon weitere Beträge in die anderen Gewinnrücklagen	0	Die Hauptversammlung kann weitere Gewinnrücklagen beschließen. Annahme: Die Hauptversammlung stimmt nicht für weitere Rücklagen.
= Betrag für Dividendenausschüttung	48.500 Euro	
– tatsächliche Ausschüttung	47.000 Euro	Annahme: Die Hauptversammlung beschließt eine Ausschüttung eines „runden" Betrags pro Aktie, wodurch ein Rest bleibt.
= Gewinnvortrag	1.500 Euro	Der Rest steht im nächsten Jahr zur Ausschüttung zur Verfügung.

Seitliche Paragrafenverweise: AktG § 150; AktG § 58 Abs. 2; AktG § 58 Abs. 3

Publizitäts- und Prüfungspflicht

Zum Schutz der Gesellschafter und Gläubiger der Aktiengesellschaft muss der Jahresabschluss und der Lagebericht durch Abschlussprüfer geprüft werden. Darüber hinaus müssen folgende Unterlagen offengelegt werden:

- Jahresabschuss und Lagebericht
- Bericht des Aufsichtsrates
- Bestätigungsvermerk der Abschlussprüfer
- Vorschlag und Beschluss zur Gewinnverwendung

Die Offenlegung erfolgt nach Einreichung der Unterlagen im elektronischen Bundesanzeiger. Der Umfang der Offenlegung richtet sich nach der Unternehmensgröße.

Besteuerung des Gewinns

Die Gewinne der Aktiengesellschaft unterliegen auf der Ebene der AG der Körperschaftsteuer. Die ausgeschütteten Dividenden der Aktionäre müssen von jedem Aktionär unter der Einkunftsart „Einkünfte aus Kapitalvermögen" einkommensteuerrechtlich versteuert werden. Es gelten die Vorschriften über die Abgeltungssteuer. Bei Dividendengutschrift über ein Kreditinstitut kann ein Freistellungsauftrag erteilt werden.

Europäische
Gesellschaft:

3.6 Genossenschaft

Wesen

> Eingetragene Genossenschaften (eG) sind Gesellschaften von nicht geschlossener Mitgliederzahl.
> Durch einen gemeinschaftlichen Geschäftsbetrieb sollen der Erwerb oder die Wirtschaft oder die sozialen oder kulturellen Belange (ideelle Zwecke) der Genossenschaftsmitglieder gefördert werden. Die Gesellschaft wird in das Genossenschaftsregister eingetragen und wird dadurch zur juristischen Person. Die Firma muss den Zusatz „eingetragene Genossenschaft" oder „eG" enthalten. Die wesentlichen Vorschriften zur Genossenschaft sind im Genossenschaftsgesetz (GenG) geregelt.

GenG
§ 1

Gründung

Um eine Genossenschaft zu gründen, muss durch mindestens drei Gründungsmitglieder eine Satzung aufgestellt sowie ein Vorstand und ein Aufsichtsrat gewählt werden. Nur Mitglieder der Genossenschaft können Vorstand oder Aufsichtsrat werden. Durch Eintrag in das Genossenschaftsregister wird die Genossenschaft zur juristischen Person des Privatrechts und erlangt die Kaufmannseigenschaft.

Mitgliedschaft

Nach Gründung der Genossenschaft ist die Aufnahme von Mitgliedern möglich. Hier zeigt sich ein wesentlicher Unterschied zu den Kapitalgesellschaften. Die Genossenschaft ist personenbezogen. Die Mitgliedschaft ist nicht auf Kapitaleinlagen aufgebaut, sondern auf Mitgliedschaft. Die Mitgliedschaft ist jederzeit kündbar und kann nicht verkauft werden. Der Mitgliederbestand ist nicht fest.

Die Satzung kann auch die Aufnahme investierender Mitglieder erlauben. Diese Mitglieder orientieren sich nicht am Förderzweck der Genossenschaft, sie sind lediglich an der Kapitalanlage interessiert. Investierende Mitglieder haben kein Stimmrecht in der Generalversammlung. Die Aufnahme solcher Mitglieder ist an besondere Voraussetzungen geknüpft.

GenG
§ 8 Abs. 2

Organe

Das Genossenschaftsgesetz sieht drei Pflichtorgane der Genossenschaft vor. Nur bei Genossenschaften mit nicht mehr als 20 Mitgliedern kann auf den Aufsichtsrat verzichtet werden, wenn es in der Satzung vereinbart wurde. Vorstands- und Aufsichtsratsmitglieder müssen auch Mitglieder der Genossenschaft (Genossen) sein.

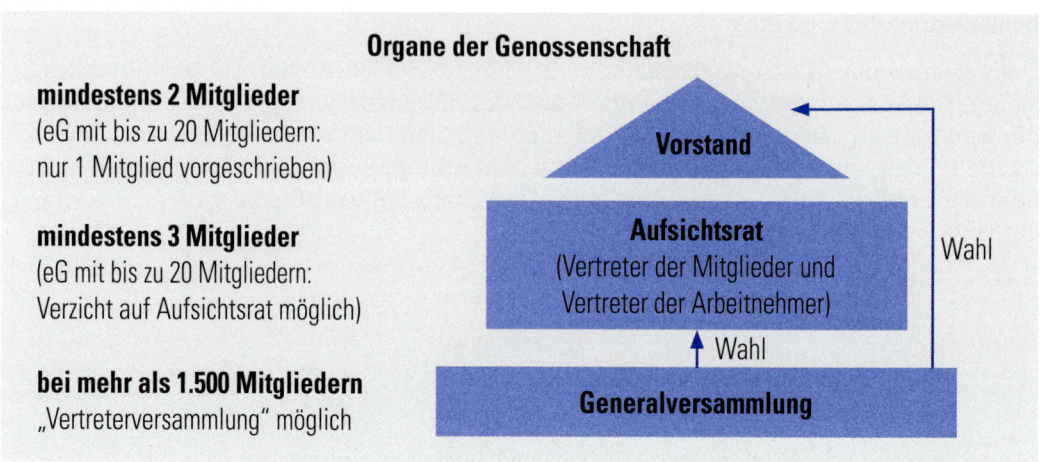

GenG
§§ 9, 24 u. 30

Der **Vorstand** übernimmt die Leitung und Vertretung der Genossenschaft und muss aus mindestens zwei Personen bestehen. Bei Genossenschaften mit weniger als 20 Mitgliedern reicht eine Person im Vorstand. Der Vorstand wird von der Generalversammlung gewählt, wenn die Satzung keine andere Regelung vorsieht.

GenG
§§ 9 u. 36

Der **Aufsichtsrat** ist das Kontrollorgan und besteht aus mindestens drei Mitgliedern. Die Aufsichtsratsmitglieder werden von der Generalversammlung gewählt. Die Regelungen für die Mitbestimmung der Arbeitnehmer im Aufsichtsrat gelten für Genossenschaften ebenfalls. Es ist nicht erlaubt, dass die Mitglieder des Aufsichtsrats gewinnabhängige Vergütungen erhalten.

GenG
§§ 43 u.43a

Die **Generalversammlung** als beschlussfassendes Organ besteht aus allen Mitgliedern. Bei mehr als 1.500 Mitgliedern kann die Satzung bestimmen, dass die Generalversammlung aus Vertretern der Mitglieder besteht **(Vertreterversammlung)**. Jedes Mitglied hat das gleiche Stimmrecht. Wenn die Satzung keine andere Regelung vorsieht, wählt die Generalversammlung den Vorstand und den Aufsichtsrat. Die Generalversammlung trifft grundlegende Entscheidungen der Genossenschaft, z. B. die Feststellung des Jahresabschlusses oder die Gewinnverwendung.

Geschäftsführung und Vertretung

GenG
§§ 24 u.26 f.

Die Mitglieder des Vorstands vertreten die Genossenschaft gerichtlich und außergerichtlich. Sie haben, wenn die Satzung nichts Abweichendes regelt, Gesamtgeschäftsführungs- und Gesamtvertretungsbefugnis. Neben dem Vorstand können noch Geschäftsführer vorgesehen sein, die dann als Handlungsbevollmächtigte handeln.

Kapital und Haftung

GenG
§§ 6 f.

Für die Gründung einer Genossenschaft ist kein Mindestkapital vorgeschrieben. Es besteht aber die Möglichkeit, durch Regelung in der Satzung ein Mindestkapital festzusetzen. In diesem Fall darf das Mindestkapital nicht durch Auszahlung von Geschäftsanteilen an die Mitglieder unterschritten werden. Die Auszahlung ist auszusetzen bis eine entsprechende Deckung wieder gewährleistet ist. Die Satzung kann jedoch andere Regelungen vorsehen. Dritten gegenüber haftet nur das Genossenschaftsvermögen. Es ist zulässig im Falle der Insolvenz der Genossenschaft den Mitgliedern eine Nachschusspflicht aufzuerlegen. Die Satzung kann regeln, dass die Nachschusspflicht

- unbegrenzt,
- auf eine bestimmte Summe begrenzt **(Haftsumme)** oder
- gänzlich ausgeschlossen

ist.

Die Höhe des Geschäftsanteils muss in der Satzung festgelegt werden. Die tatsächliche Beteiligung eines Mitglieds kann jedoch niedriger sein. Ebenfalls satzungsmäßig wird auch die Höhe der zwingend zu leistenden Einzahlung geregelt (gesetzliche Mindesteinlage 10 %). Der Geschäftsanteil kann dann durch Zuschreibung der Gewinnanteile voll einbezahlt werden. Es kann auch festgeschrieben sein, dass ein Mitglied mehr als einen Geschäftsanteil zeichnen kann.

GenG
§§ 2 u. 7

Prüfungsverbände

Genossenschaften sind verpflichtet, einem Prüfungsverband anzugehören. Aufgabe des Prüfungsverbandes ist es, die wirtschaftlichen Verhältnisse und die Ordnungsmäßigkeit der Geschäftsführung alle zwei Jahre festzustellen. Bei Genossenschaften, deren Bilanzsumme zwei Millionen Euro übersteigt, muss die Prüfung in jedem Geschäftsjahr stattfinden.

GenG
§§ 53 f.

Besteuerung des Gewinns

Die Gewinne der Genossenschaft unterliegen der Körperschaftsteuer. Die ausgeschütteten Dividenden der Mitglieder müssen von jedem Mitglied unter der Einkunftsart „Einkünfte aus Kapitalvermögen" versteuert werden. Es gelten die Vorschriften über die Abgeltungssteuer.

Lernkontrolle
Aufgabe 20

3.7 Sonstige Rechtsformen

3.7.1 Gesellschaft bürgerlichen Rechts

> Die Gesellschaft bürgerlichen Rechts (GbR/BGB-Gesellschaft) ist eine vertragliche Vereinigung von mindestens zwei Gesellschaftern (natürliche Personen, juristische Personen oder rechtsfähige Personengesellschaften) zur Erreichung eines gemeinsamen Zwecks. Die Gesellschafter verpflichten sich durch den Gesellschaftsvertrag den Gesellschaftszweck zu fördern und insbesondere die vereinbarten Beiträge zu leisten. Die Gesellschaft des bürgerlichen Rechts ist eine Personengesellschaft.

BGB
§ 705

Bei der GbR handelt es sich um eine nicht-kaufmännische Gesellschaft. Daher führt sie keine Firma im Sinne des § 17 HGB. Sie darf aber einen die Gesellschaft andeutenden Zusatz führen (Geschäftsbezeichnung). Die GbR dient dem Zusammenschluss von Nichtkaufleuten, wie z. B. Freiberuflern. Wird dagegen ein Handelsgewerbe im Sinne des § 1 HGB betrieben, entsteht eine OHG.

Geschäftsführung (Innenverhältnis)

Zur Geschäftsführung sind alle Gesellschafter berechtigt und verpflichtet. Grundsätzlich steht die Geschäftsführung den Gesellschaftern gemeinschaftlich zu, d. h. für jede Anordnung ist die Zustimmung aller Gesellschafter erforderlich (Gesamtgeschäftsführung). Im Gesellschaftsvertrag kann aber auch bestimmt werden, dass bei der Geschäftsführung die Mehrheit der abgegebenen Stimmen entscheidet. Die Geschäftsführung kann auch einem bzw. mehreren Gesellschaftern übertragen werden. Die anderen Gesellschafter sind dann von der Geschäftsführung ausgeschlossen.

Vertretung (Außenverhältnis)

Wenn vertraglich keine andere Regelung getroffen wurde, wird die Gesellschaft von allen Gesellschaftern gemeinsam vertreten. Willenserklärungen gegenüber Dritten müssen dann von allen Gesellschaftern gemeinsam abgegeben werden **(Gesamtvertretungsbefugnis)**. Vertraglich kann die Vertretungsbefugnis auf einzelne Gesellschafter übertragen werden.

Haftung

Jeder Gesellschafter haftet wie ein Einzelunternehmer. Gegenüber Dritten, im Außenverhältnis, haftet jeder Gesellschafter **gesamtschuldnerisch**, d. h. für alle Schulden der GbR. Er haftet auch mit seinem Privatvermögen **(unbeschränkt)**. Im Innenverhältnis kann er einen Ausgleich von seinen Mitgesellschaftern verlangen.

Gewinn- und Verlustverteilung

Ohne vertragliche Regelung werden der Gewinn und der Verlust auf alle Gesellschafter gleich verteilt.

3.7.2   Partnerschaftsgesellschaft

Wesen und Firma

PartGG
§ 1

> Die Partnerschaftsgesellschaft ist eine Gesellschaft, in der sich Angehörige Freier Berufe zur gemeinsamen Berufsausübung zusammenschließen. Die Gesellschafter müssen natürliche Personen sein. Da die Gesellschaft kein Handelsgewerbe ausübt, ist sie auch kein Kaufmann.

PartGG
§ 7 i.V.m. HGB
§ 124

Die Partnerschaftsgesellschaft kann also keine Firma im Sinne des HGB führen. Das Partnerschaftsgesellschaftsgesetz (PartGG) sieht aber vor, dass die Gesellschaft einen Namen führt, der mindestens den Namen eines Partners mit einem Gesellschaftszusatz („& Partner", „Partnerschaft") und den Berufsbezeichnungen aller in der Partnerschaft vertretenen Berufe enthält.

Die Partnerschaft ist keine juristische Person, kann aber unter ihrem Namen Rechte erwerben und Verbindlichkeiten eingehen, Eigentum und andere dingliche Rechte an Grundstücken erwerben und vor Gericht klagen und verklagt werden.

Freie Berufe im Sinne des Partnerschaftsgesellschaftsgesetzes sind:

- Ärzte
- Zahnärzte
- Tierärzte
- Heilpraktiker
- Physiotherapeuten
- Hebammen/ Entbindungspfleger
- Heilmasseure
- Dipl.-Psychologen
- Mitglieder der Rechtsanwaltskammer

- Patentanwälte
- Wirtschaftsprüfer
- Steuerberater
- beratende Volks- und Betriebswirte
- vereidigte Buchprüfer (vereidigte Buchrevisoren)
- Steuerbevollmächtigte
- Ingenieure
- Architekten
- Handelschemiker

- Lotsen
- hauptberufliche Sachverständige
- Journalisten
- Bildberichterstatter
- Dolmetscher
- Übersetzer
- Wissenschaftler
- Künstler
- Schriftsteller
- Lehrer und Erzieher

Gründung

Im ersten Schritt muss ein Partnerschaftsvertrag in Schriftform abgeschlossen werden, der
- den Namen und den Sitz der Partnerschaft,
- den Namen und den Vornamen sowie den in der Partnerschaft ausgeübten Beruf und den Wohnort jedes Partners und
- den Gegenstand der Partnerschaft

enthalten muss.

Eine Mindestkapitaleinlage ist gesetzlich nicht vorgeschrieben. Nach der Gründung im Innenverhältnis muss die Gesellschaft im Partnerschaftsregister eingetragen werden. Änderungen müssen im Register eingetragen werden (z. B. Austritt oder Eintritt von Partnern, Namensänderungen, Verlegung des Sitzes der Gesellschaft).

PartGG
§ 4

Haftung

Die Partner einer Partnerschaft haften den Gläubigern für die Verbindlichkeiten der Partnerschaft als Gesamtschuldner persönlich. Für berufliche Fehler, z. B. „ärztliche Behandlungsfehler", haften neben dem Gesellschaftsvermögen nur diejenigen Partner, die mit der Bearbeitung des Auftrages tatsächlich befasst waren. Wenn ein Partner ausscheidet, haftet er für die bis dahin bestehenden Verbindlichkeiten weiter.

PartGG
§ 8

Berufshaftpflicht

Einzelgesetze können für einzelne Berufe eine Beschränkung der Haftung für Ansprüche aus Schäden wegen fehlerhafter Berufsausübung auf einen bestimmten Höchstbetrag festlegen. Voraussetzung ist, dass zugleich eine Pflicht zum Abschluss einer Berufshaftpflichtversicherung der Partner oder der Partnerschaft vorgeschrieben ist. Wenn durch ein Berufsgesetz oder eine Verordnung die Haftung von Freiberuflern beschränkt ist, müssen diese eine Berufshaftpflichtversicherung abschließen. Die Partnerschaft muss in diesen Fällen darlegen und beweisen, dass die Haftung beschränkt ist und wer mit dem Auftrag tatsächlich befasst war.

Geschäftsführungsbefugnis

Zur Geschäftsführung sind alle Partner berechtigt und verpflichtet. Die Geschäftsführung kann jedoch nicht auf einen Dritten übertragen werden.

Vertretungsbefugnis

Jeder Gesellschafter ist allein vertretungsberechtigt. Im Gesellschaftsvertrag können abweichende Regelungen getroffen werden. Es können auch einzelne Partner von der Ausführung sonstiger Geschäfte ausgeschlossen werden.

Gewinn- und Verlustbeteiligung

Die Aufteilung von Gewinn und die Beteiligung am Verlust sind im Partnerschaftsvertrag zu regeln. Es gibt keine gesetzliche Vorgabe.

Steuerliche Behandlung des Gesellschaftsgewinns

Gewinnanteile gehören bei jedem Gesellschafter einkommensteuerrechtlich zu den „Einkünften aus selbstständiger Arbeit".

Auflösung einer Partnerschaft

Gründe für die Auflösung der Gesellschaft können sein:

- Zeitablauf, wenn sie für eine bestimmte Zeit eingegangen worden ist
- Beschluss der Partner
- Eröffnung des Insolvenzverfahrens über das Vermögen der Partnerschaft
- gerichtliche Entscheidung

Ausscheiden eines Gesellschafters

Ein Partner scheidet aus der Gesellschaft aus,

- mit seinem Tod,
- wenn über sein Vermögen ein Insolvenzverfahren eröffnet wird,
- wenn er kündigt,
- durch Beschluss der Partnerversammlung,
- durch Eintritt vereinbarter Ausscheidungsgründe (z. B. Altersgrenze).

3.7.3   Verein

Ein Verein ist eine freiwillige Personenvereinigung, die

- einen gemeinsamen (im Idealfall einen nicht-wirtschaftlichen) Zweck verfolgt,
- auf Dauer angelegt ist,
- vom Wechsel der Mitglieder unabhängig ist,
- über eine Organisation verfügt, die in der Satzung niedergelegt ist und
- einen gemeinsamen Namen führt.

BGG
§§ 21 u. 54

Das Bürgerliche Gesetzbuch unterscheidet zwischen einem **rechtsfähigen (eingetragenen)** und einem **nicht-rechtsfähigen Verein**. Der rechtsfähige Verein ist eine juristische Person. Die Rechtsfähigkeit wird durch Eintrag in das Vereinsregister erlangt.

Merkmale	
eingetragener Verein (e.V.)	**nicht-rechtsfähiger Verein**
juristische Person	nur Teilrechtsfähigkeit
Haftung der Mitglieder auf das Vereinsvermögen beschränkt	persönliche, gesamtschuldnerische Haftung der Mitglieder
Gründung: Satzung – Wahl der Organe – Eintragung in das Vereinsregister (mindestens 7 Mitglieder erforderlich)	Gründung: Satzung – Wahl der Organe (mindestens 2 Gründer)
Name mit Zusatz „eingetragener Verein" oder „e.V."	Name ohne Zusatz

Organe und Vertretung

BGB
§ 26

Der Verein wird durch seinen Vorstand vertreten. Die Vorstandsmitglieder haben Gesamtvertretungsbefugnis. In der Satzung kann der Umfang der Vertretung gegenüber Dritten eingeschränkt werden. In der Mitgliederversammlung hat jedes Mitglied eine Stimme. Die Versammlung wählt auch den Vorstand.

Gemeinnützigkeit

Sowohl rechtsfähige als auch nicht rechtsfähige Vereine können die Gemeinnützigkeit beantragen, wenn der Verein einen gemeinnützigen Zweck im Sinne der Abgabenordnung verfolgt. Die Anerkennung der Gemeinnützigkeit hat zur Folge, dass der Verein

AO
§ 52 Abs. 2

- von der Zahlung der Körperschaftsteuer und der Gewerbesteuer befreit ist,
- öffentliche Zuschüsse, Spenden, Schenkungen und Erbzuweisungen steuerfrei erhalten kann und
- von der Grundsteuer befreit ist.

Spenden an gemeinnützige Vereine können vom Spender als Sonderausgaben in der Einkommensteuererklärung geltend gemacht werden und vermindern das zu versteuernde Einkommen.

3.7.4 Unternehmensformen des öffentlichen Rechts

Unternehmen des öffentlichen Rechts nehmen Aufgaben der „Daseinsvorsorge" wahr. Beispiele für solche öffentlich-rechtlichen Organisationen sind die Handwerkskammer (HWK), die Industrie- und Handelskammer (IHK), Sozialversicherungsträger, öffentlich-rechtliche Rundfunkanstalten, Sparkassen und die Deutsche Bundesbank. Die rechtlichen Rahmenbedingungen dieser Unternehmen werden durch Gesetz oder ein Gründungsprotokoll geregelt. Neben der Wahrnehmung öffentlicher-rechtlicher Aufgaben beteiligen sich öffentlich-rechtliche Unternehmen auch am privaten Wirtschaftsverkehr (z.B. Einkäufe von Büromaterial, Kontoeröffnung, Kontoverfügungen). Gesetze und Satzungen regeln hierzu auch die Vertretungsbefugnisse gegenüber Dritten.

Unternehmensformen des öffentlichen Rechts		
Körperschaften des öffentlichen Rechts	**Anstalten des öffentlichen Recht**	**Stiftungen des öffentlichen Rechts**
Körperschaften des öffentlichen Rechts nehmen öffentlich Aufgaben wahr und haben **Mitglieder**. Für die Mitglieder kann eine Zwangsmitgliedschaft (z.B. Gemeinde, IHK) bestehen. Bei manchen Körperschaften ist eine freiwillige Mitgliedschaft möglich (z.B. Evangelische und Katholische Kirche).	Anstalten des öffentlichen Rechts sind Einrichtungen zur Wahrnehmung von staatlichen Aufgaben. Ihre Leistungen werden dem **Nutzer** angeboten. Die Nutzung ist freiwillig.	Bei der Gründung einer Stiftung werden Vermögensmassen für einen bestimmten Zweck gebildet. Teile der Vermögensmasse und der daraus resultierenden Erträge werden dem Stiftungszweck entsprechend für **Nutznießer** verwendet. (z.B. Stiftung Warentest: Testergebnisse kommen den interessierten Verbrauchern zugute)
Beispiele: - Gebietskörperschaften: Gemeinden, Bundesländer, Bund - Personenkörperschaften: IHK, AOK	**Beispiele:** - Westdeutscher Rundfunk - Sparkassen	**Beispiele:** - Stiftung Warentest - Stiftung „Preußischer Kulturbesitz"

Unterscheidung wichtiger Rechtsformen des privaten Rechts

	Einzelunternehmung	Offene Handelsgesellschaft	Kommanditgesellschaft	Gesellschaft mit beschränkter Haftung	Aktiengesellschaft
Gründung	formfrei, eine Person, in der Regel Eintragung in das Handelsregister (deklaratorisch). Entstehung mit Aufnahme der Tätigkeit	formfrei, mindestens zwei Personen, Entstehung mit Geschäftsaufnahme (spätestens mit Eintragung in das Handelsregister)	wie bei der OHG, mindestens ein Komplementär und ein Kommanditist	ein oder mehrere Gesellschafter, Entstehung mit Eintragung ins Handelsregister (konstitutiv), notarieller Gesellschaftsvertrag	wie bei der GmbH
Mindestkapital	keine Vorschriften	keine Vorschriften	keine Vorschriften	25.000 Euro Stammkapital	50.000 Euro Grundkapital
Geschäftsführung/ Vertretung (gesetzliche Regelung)	Einzelunternehmer alleine	jeder Gesellschafter alleine	jeder Komplementär alleine	der Geschäftsführer bzw. alle Geschäftsführer gemeinsam	alle Vorstandsmitglieder gemeinsam
Haftung	unbeschränkt mit Privat- und Geschäftsvermögen	unmittelbar, unbeschränkt, gesamtschuldnerisch	Komplementär wie OHG, Kommanditist bis zur Höhe seiner nicht geleisteten Einlage	beschränkt auf Gesellschaftsvermögen (Stammkapital)	Gesellschaftsvermögen der AG
Eigenkapital-beschaffung	durch Unternehmer	durch Gesellschafter (aus Privatvermögen oder durch Aufnahme neuer Gesellschafter), Gewinne einbehalten (thesaurieren)	wie bei der OHG; aber bessere Möglichkeit der Eigenfinanzierung durch Aufnahme weiterer Kommanditisten	Aufnahme neuer Gesellschafter	über Kapitalmarkt
Kreditwürdigkeit	begrenzte Kreditwürdigkeit	relativ hohe Kreditwürdigkeit, da mehrere Schuldner	wie bei der OHG	Aufnahme von Krediten durch beschränkte Haftung begrenzt	hohe Kreditwürdigkeit
gesetzliche Gewinn-/ Verlustverteilung	allein	4 % der Kapitaleinlage, Rest nach Köpfen; Verlust nach Köpfen	4 % der Kapitaleinlage, Rest in angemessenem Verhältnis; Verlust in angemessenem Verhältnis	anteilsmäßige Gewinnbeteiligung	anteilsmäßiger Gewinnbetrag (Dividende)
Auflösung	freiwilliger Entschluss, Insolvenz, Tod	Ablauf des Gesellschaftsvertrages, Auflösungsbeschluss, Insolvenz	wie bei der OHG	Ablauf des Gesellschaftsvertrages, Beschluss der Gesellschafter, Insolvenz	Ablauf der Satzung, Beschluss der Hauptversammlung, Insolvenzverfahren

Zusammenfassung und Lernkontrolle

Zusammenfassung

Unternehmensformen			
Einzelunternehmen	**Gesellschaften**		
vom Unternehmer allein gegründet und geführt	Personen-gesellschaften	Kapital-gesellschaften	sonstige
	■ GbR ■ OHG ■ KG ■ GmbH & Co. KG ■ Partnerschaft	■ AG ■ GmbH ■ SE	■ e. G. ■ e. V.

Personengesellschaften	
Gesellschaft	**wichtige Merkmale**
Gesellschaft bürgerlichen Rechts (GbR)	■ mindestens zwei Gesellschafter ■ gemeinsamer Zweck ■ Gesetz: gemeinschaftliche Geschäftsführung und Vertretung durch die Gesellschafter ■ gesamtschuldnerische Haftung der Gesellschaft
Offene Handelsgesellschaft (OHG)	■ mindestens zwei Gesellschafter ■ Betrieb eines Handelsgewerbes ■ Gesetz: gemeinschaftliche Geschäftsführung und Vertreter durch die Gesellschafter ■ Gesamtschuldnerische, unbeschränkte und unmittelbare Haftung aller Gesellschafter
Kommanditgesellschaft (KG)	■ mindestens zwei Gesellschafter ■ Betrieb eines Handelsgewerbes ■ mindestens ein Vollhafter (Kommanditist) und ein Teilhafter (Komplementär) ■ Vollhafter: siehe OHG ■ Teilhafter: persönliche Haftung nur bis zur Höhe einer evtl. ausstehenden Einlage, keine Geschäftsführungs- und Vertretungsbefugnis, Widerspruchsrecht bei außergewöhnlichen Geschäften, Haftung
GmbH Co. KG	■ Rechtsformverbindung zwischen KG und Gesellschaft mit beschränkter Haftung
Partnerschaftsgesellschaft (Partnerschaft)	■ mindestens zwei Gesellschafter (Freiberufler) ■ ähnlich OHG

Kapitalgesellschaften und sonstige Gesellschaften	
Gesellschaft	**wichtige Merkmale**
Gesellschaft mit beschränkter Haftung (GmbH)	■ juristische Person ■ Gründung durch eine oder mehrere Personen ■ Satzung ■ Stammkapital mind. 25.000 Euro ■ Stammkapital zerlegt in Geschäftsanteile ■ Vorstufe als Unternehmergesellschaft möglich ■ Organe: Geschäftsführer – evtl. Aufsichtsrat – Gesellschafterversammlung ■ Leitung: Vertretung und Geschäftsführung durch die Geschäftsführer (lt. Gesetz: Gesamtgeschäftsführung und -vertretung) ■ Beschlussfassung durch Gesellschafterversammlung ■ Haftung durch die juristische Person, evtl. laut Satzung auch Nachschusspflicht durch die Gesellschafter
GmbH & Co. KG	■ Personengesellschaft ■ KG mit einer GmbH als Komplementär
Aktiengesellschaft (AG)	■ juristische Person ■ Gründung durch eine oder mehrere Personen ■ Satzung (Statut) ■ Grundkapital mind. 50.000 Euro ■ Grundkapital zerlegt in Aktien als Nennbetrags- oder Stückaktie ■ Organe: Vorstand – Aufsichtsrat – Hauptversammlung ■ Leitung: Vertretung und Geschäftsführung durch den Vorstand (lt. Gesetz: Gesamtgeschäftsführung und -vertretung) ■ Überwachung des Vorstands durch den Aufsichtsrat (bestellt und entlässt den Vorstand) ■ Beschlussfassung durch Hauptversammlung (insbesondere Gewinnverwendung und Satzungsänderungen – hier ¾-Mehrheit notwendig) ■ Haftung durch die juristische Person
Eingetragene Genossenschaft (eG)	■ juristische Person ■ Satzung: muss als Zweck die „Förderung der wirtschaftlichen, sozialen und kulturellen Belange der Gesellschafter (Genossen)" beinhalten ■ Organe: Vorstand – Aufsichtsrat – Generalversammlung (Vertreterversammlung) ■ Haftung durch juristische Person, evtl. lt. Satzung auch persönliche Haftung der Gesellschafter (Haftsummenzuschlag)
Eingetragener Verein (e.V.)	■ juristische Person ■ Satzung ■ Vertretung und Geschäftsführung durch den Vorstand ■ Gemeinnützigkeit kann beantragt werden

Lernkontrolle

Aufgabe 1

Was könnte ein Unternehmer veranlassen, statt einer Einzelunternehmung eine Gesellschaft zu gründen? Welche Argumente würden dagegen für eine Einzelunternehmung sprechen?

Aufgabe 2

Die bisherige Einzelunternehmung Walter Müller e. K. wird in eine OHG umgewandelt. Die OHG-Gesellschafter sind Walter Müller, Maik Bayer und Oliver Kuhn.

1. Darf die bisherige Firmenbezeichnung „Walter Müller e. K." beibehalten werden?
2. Darf die stattdessen gewählte Firmenbezeichnung „Müller und Bayer OHG" beibehalten werden, wenn Bayer ausscheidet?

Aufgabe 3

Unterscheiden Sie Haftung und Verlustbeteiligung.

Aufgabe 4

Sind folgende Vereinbarungen im Gesellschaftsvertrag einer OHG rechtswirksam? Begründen Sie Ihre Meinung.

1. Kapitaleinlage Teilhaber Albert 500.000 Euro, Teilhaber Brecht nur 1.000 Euro.
2. Der Reingewinn der Teilhaber soll nach Köpfen verteilt werden.
3. Die Haftung des Teilhabers Brecht wird auf seine Einlage beschränkt.

Aufgabe 5

Beurteilen Sie die Rechtslage im folgenden Fall:

Bei der „Mayer, Bayer und Kuhn OHG" gibt es im Gesellschaftsvertrag keine Regelungen über die Geschäftsführungs- und Vertretungsbefugnis. Mayer schließt nun einen Kaufvertrag über eine neue Roboterstraße in Höhe von mehreren Millionen Euro ab. Bayer und Kuhn sind nachträglich nicht einverstanden.

Aufgabe 6

Im Gesellschaftsvertrag der „Mayer, Bayer und Kuhn OHG" wurde vereinbart, dass Kaufverträge über den Betrag von 100.000 Euro nur gemeinsam abgeschlossen werden dürfen. Kuhn schließt einen Kaufvertrag über Rohstoffe im Wert von 120.000 Euro ohne Rücksprache mit Bayer und Mayer ab. Wie ist die Rechtslage?

Aufgabe 7

Die Gesellschafter der „Mayer, Bayer und Kuhn OHG" hatten zu Beginn des Geschäftsjahres folgende Kapitalanteile: Mayer 400.000 Euro, Bayer 100.000 Euro, Kuhn 10.000 Euro.

1. In welcher Höhe könnten die Gesellschafter entsprechend der gesetzlichen Regelung jeweils Privatentnahmen tätigen?

2. Wie würde nach den gesetzlichen Bestimmungen ein Gewinn von 320.400 Euro auf die Gesellschafter verteilt werden, wenn keine Privateinlagen und keine Privatentnahmen erfolgt sind?
3. Beurteilen Sie die Gewinnverteilung aus der Sicht des Gesellschafters Mayer.

Aufgabe 8

An der Schlosserei Maier KG sind die Komplementäre Tobias Maier und Timo Schulz sowie die Kommanditisten Bernd Halter und Maik Dussler beteiligt.

1. Maier kauft für die KG bei der Hausbank Aktien im Wert von 500.000 Euro ohne vorherige Absprache mit den anderen Gesellschaftern. Prüfen Sie die Rechtslage.
2. Im laufenden Geschäftsjahr tritt am 15. Juni Michael Mittler als Kommanditist in das Unternehmen ein. Die Eintragung in das Handelsregister erfolgt am 30. Juni. Erklären Sie, wie die Haftungsregelung für Mittler in der Zeit vom 15. Juni bis zum 30. Juni ist.
3. Für Mittler wurde eine Kommanditeinlage in Höhe von 150.000 Euro (Haftsumme) vertraglich vereinbart. Mittler hat seither 100.000 Euro bereits eingezahlt. Ein Gläubiger der KG wendet sich mit einer Forderung in Höhe von 70.000 Euro direkt an Mittler. Muss Mittler zahlen?
4. Bernd Halter kauft für die KG Waren im Wert von 50.000 Euro. Ist die KG an den Kaufvertrag gebunden?
5. Maik Dussler möchte bezüglich seiner Geschäftsführungs- und Vertretungsrechte weitgehend mit den Komplementären gleichgestellt werden. Gibt es Möglichkeiten, dies vertraglich zu gestalten?
6. Am Ende des Geschäftsjahres ergibt sich folgende Gewinnverteilung:
    Maier: 180.000 Euro   Dussler: 80.000 Euro
    Schulz: 120.000 Euro   Mittler: 25.000 Euro
    Halter: 90.000 Euro
    Privatentnahmen wurden nicht getätigt. Wie hoch sind die Kapitalanteile nach Gewinnverteilung? Alle nicht geleisteten Einlagen sind bereits fällig und im Gesellschaftsvertrag wurde vereinbart, dass vor Auszahlung von Gewinnanteilen die Einlagen vollständig aufgefüllt werden müssen.

Gesellschafter	Einlage (Haftungskapital)	eingezahlte Einlage
Maier	500.000 Euro	500.000 Euro
Schulz	400.000 Euro	400.000 Euro
Halter	360.000 Euro	360.000 Euro
Dussler	270.000 Euro	270.000 Euro
Mittler	150.000 Euro	100.000 Euro

Aufgabe 9

Da der Einzelunternehmer Helmut Bleibtreu sein Unternehmen (Maschinenbau) vergrößern und seine Produktion erweitern möchte, will er sein Unternehmen durch die Aufnahme eines Gesellschafters in eine KG umwandeln. Mit Wirkung zum 1. Januar wird mit Uwe Hönnig ein Gesellschaftsvertrag vereinbart. Hönnig wird Kommanditist und Bleibtreu

Komplementär. Die Kommanditeinlage wird auf 200.000 Euro festgelegt, wovon Hönnig 100.000 Euro sofort einzahlt. Die KG wird am 15. Februar in das Handelsregister eingetragen.

1. Was könnte Bleibtreu veranlasst haben eine KG und keine OHG zu gründen (3 Gründe)?
2. Nennen Sie drei Beispiele für eine mögliche Firmierung der KG.
3. Wann ist die KG im Innenverhältnis bzw. Außenverhältnis entstanden?
4. Ein Gläubiger macht Forderungen aus der Zeit der Einzelunternehmung in Höhe von 120.000 Euro geltend. Wie beurteilen Sie die Haftungssituation von Hönnig, wenn die Forderung
   a) am 1. Februar
   b) am 20. Februar
   geltend gemacht wurde?
5. Im Juni beschließt Bleibtreu, ein Zweigwerk in Slowenien zu gründen. Hönnig ist nicht einverstanden. Beurteilen Sie die Situation.

Aufgabe 10

Bauer und Dannemann planen die Gründung einer Unternehmung, um ihr neu entwickeltes Produkt vermarkten zu können. Folgende Überlegungen fließen in die Diskussion darüber ein, ob eine OHG oder eine KG gegründet werden soll:

1. Wann käme nur eine KG in Frage?
2. Wann käme nur eine OHG in Frage?
3. Wie beurteilt ein Kreditinstitut die Kreditwürdigkeit der beiden Unternehmensformen?
4. Welche Rechtsform würde eine spätere Eigenkapitalbeschaffung erleichtern (Begründung)?

Aufgabe 11

Braun entschließt sich, in eine bestehende KG als Kommanditist einzutreten. Bei der Anmeldung der Änderung zum Handelsregister erfährt er, dass zwar die Kommanditisten mit ihrer Einlage in das Handelsregister eingetragen werden, nicht aber das Kapital der Komplementäre. Begründen Sie, warum der Gesetzgeber eine Eintragung des Kapitals der Kommanditisten verlangt, jedoch nicht des Kapitals der Komplementäre.

Aufgabe 12

Bei der Robert Büsch GmbH ist das Stammkapital von 80.000 Euro auf die Gesellschafter Büsch mit 25.000 Euro, Altmann mit 20.000 Euro, Binzle mit 20.000 Euro und Caribaldi mit 15.000 Euro verteilt.

1. Wie viele Stimmen haben die Gesellschafter jeweils bei der Gesellschafterversammlung?
2. Kann Binzle Geschäftsführer werden? Begründen Sie Ihre Meinung.
3. Geschäftsführer Binzle kauft ohne Abstimmung mit Altmann und Caribaldi ein Fabrikgebäude für 300.000 Euro. Ist der Kauf rechtsgültig?
4. Der alleinige Geschäftsführer Binzle erstellt den Jahresabschluss und einen Gewinnverteilungsvorschlag. Dabei sieht er vor, dass 30.000 Euro in die Rücklagen eingestellt werden. Altmann und Caribaldi waren davon nicht unterrichtet. Begründen Sie ob Binzle rechtmäßig gehandelt hat.
5. Geschäftsführer Binzle ernennt den Angestellten Daum zum Prokuristen. Altmann und Caribaldi hätten lieber den Angestellten Rehhagel ernannt. Wie ist die Rechtslage?

6. Altmann und Caribaldi wollen die Vertretungsbefugnis ändern. Caribaldi soll ebenfalls Geschäftsführer werden. Die Geschäftsführung soll dann als Gesamtgeschäftsführung in das Handelsregister eingetragen werden. Welche zwei Gründe könnten für eine solche Regelung sprechen?

7. Gesellschafter Altmann vereinbart mit seinem Bekannten Bürger schriftlich, dass er ihm seinen Geschäftsanteil veräußert. Wie ist die Rechtslage?

8. Klären Sie Bürger über den Unterschied zwischen Stammkapital und Geschäftsanteil auf.

9. In der Robert Büsch GmbH wird darüber diskutiert, die GmbH in eine KG umzuwandeln. Was spricht für und was gegen eine Umwandlung (jeweils 2 Gründe)?

Aufgabe 13

Die Heilbronner Greiner Kühlwagen KG produziert Kühlwagenausstattungen für Catering und Partyservice. Die KG ist aus einem kleinen Handwerksbetrieb entstanden und durch die Produktlinie „Kühlwagenausstattung" zu einem mittelständischen Unternehmen mit 150 Mitarbeitern und einem Jahresumsatz von 30 Mio. Euro angewachsen. Für die Zukunft werden Umsatzzuwächse in zweistelliger Höhe und eine Verdopplung der Mitarbeiterzahl erwartet.

Eigenkapital		Bilanzsumme
Alfred Greiner, Komplementär:	2,8 Mio. Euro	(letztjähriger Abschluss)
Thomas Greiner, Kommanditist:	1,8 Mio. Euro	8,2 Mio. Euro
Niko Flumm, Kommanditist:	0,4 Mio. Euro	

In der Geschäftsführung reift die Überlegung, die KG in eine GmbH umzuwandeln. Zudem will sich Alfred Greiner in drei Jahren zur Ruhe setzen. Sein Sohn, Thomas Greiner, will sich nach seinem Studium nun stärker in das Unternehmen einbringen.

1. Welche beiden Gründe sprechen aus der Sicht von Alfred Greiner für die Rechtsform der GmbH?

2. Niko Flumm befürchtet durch die Umwandlung in eine GmbH Nachteile gegenüber seiner bisherigen Rechtsstellung. Künftige Nachteile sieht er
    ■ im Bereich der Möglichkeit mitzuentscheiden,
    ■ in seinen Kontrollrechten sowie
    ■ durch Fremdeinflüsse aufgrund der Bildung eines Aufsichtsrats mit Arbeitnehmerbeteiligung.
    Nehmen Sie hierzu Stellung.

3. Gegen die Bedenken von Flumm wird die KG am 30.06. diesen Jahres in eine GmbH umgewandelt. Das Stammkapital beträgt 5 Mio. Euro. Die Firma lautet Greiner & Flumm GmbH. Die Gesellschafter bringen ihre KG-Kapitalanteile ein. Thomas Greiner wird zum Geschäftsführer mit Einzelvertretungsbefugnis bestellt. Am 24.08. erfolgt die Handelsregistereintragung.
    a) Warum sieht der Gesetzgeber für diesen Gesellschaftsvertrag eine besondere Formvorschrift vor?
    b) Thomas Greiner beschafft am 18. Juli eine neue Maschine im Wert von 250.000 Euro mit einem Zahlungsziel von einem Monat. Der Lieferant verlangt am 18. August die Zahlung. Erläutern Sie die Rechtslage.

Aufgabe 14

Der Flugkapitän Florian Rauhut gründet mit Jasmin Schwarz die „Fly-and-relax-Air GmbH & Co. KG". Es ist geplant, später weitere Kommanditisten aufzunehmen, um weitere Flugzeuge und eventuell auch eigene Hotelanlagen finanzieren zu können.

Warum gründen Rauhut und Scharz keine „reine" KG oder eine „reine" GmbH?

Aufgabe 15

1. Eine neu zu gründende AG, die im Bereich der Unternehmensberatung tätig sein soll, beantragt die Handelsregistereintragung unter der Firma „Consulting-AG". Wie verhält sich das Registergericht?
2. Bei den Überlegungen vor der Gründung wurde auch die Frage diskutiert, wann eine AG entsteht und welche Haftungsregelung vor der Handelsregistereintragung besteht. Nehmen Sie dazu Stellung.
3. Klären Sie die Gründer darüber auf, welche Organe der AG für folgende Vorgänge zuständig sind.
   (1) Wahl der Abschlussprüfer
   (2) Einberufung einer außerordentlichen Hauptversammlung
   (3) Entlastung des Vorstandes
   (4) Prüfung des Jahresabschlusses
   (5) Vertretung der AG
   (6) Bestellung des Vorstandes
   (7) Überwachung des Vorstandes
   (8) Satzungsänderungsbeschluss
   (9) Erstellung des Jahresabschlusses
   (10) Einberufung einer ordentlichen Hauptversammlung
   (11) Entscheidung über die Verwendung des Bilanzgewinns
4. Die Gründer beabsichtigen, eine Bargründung vorzunehmen. Es ist ihnen jedoch nicht möglich, das gesamte gezeichnete Kapital sofort aufzubringen. Wie können sie verfahren?

Aufgabe 16

Die Hauptversammlung der Wulff AG beschießt eine Erhöhung des Grundkapitals um 200.000 Euro. Es wird festgelegt, dass hierzu 40.000 Stückaktien ausgegeben werden sollen. Bei Aktienausgabe soll ein Agio in Höhe von 100.000 Euro einbezahlt werden.

1. Können die Aktien zu je 4,50 Euro zuzüglich Agio gezeichnet werden? Bestimmen Sie den Ausgabebetrag einschließlich Agio (rechnerische Lösung).
2. Welche Eigenkapitalpositionen sind in welcher Höhe durch diese Aktienausgabe betroffen?
3. Wie hoch ist die Eigenkapitalerhöhung der AG?

Aufgabe17

Beurteilen Sie folgende Vorgänge, Tatsachen und Rechtshandlungen in einer AG:

1. Der Vorstand einer AG kauft eine Maschine für 2 Mio. Euro. Der Aufsichtsrat ist damit nicht einverstanden.

2. Gregor Feinauer ist Mitglied in sieben AG-Aufsichtsräten und in fünf GmbH-Aufsichts-
    räten.
3. Felix Glück hat 20 % der Aktien einer AG. Kann er einen Beschluss zur Kapitalerhöhung
    verhindern?
4. Eine AG hat ein Grundkapital von 10 Mio. Euro. Der Vorstand steht vor der Entschei-
    dung, ob er vom Jahresüberschuss in Höhe von 1 Mio. Euro gesetzliche Gewinnrücklagen
    bilden muss. Wie hat der Vorstand in folgenden Situationen jeweils zu entscheiden?
    a) Die Kapitalrücklage beträgt 2.000.000 Euro, die bisherigen gesetzlichen Gewinn-
       rücklagen 0,00 Euro.
    b) Die Kapitalrücklage beträgt 400.000 Euro, die bisherigen gesetzlichen Gewinnrück-
       lagen 200.000 Euro.
5. Das Vorstandsmitglied Breitner bewirbt sich in der Hauptversammlung zur Wahl in den
    Aufsichtsrat.
6. Aufsichtsrat Paul Schmatke kauft für die AG Aktien einer anderen AG.
7. Das Vorstandsmitglied Bach der Glaube AG bewirbt sich für den Aufsichtsrat in der
    Maibach AG. Gleichzeitig will das Vorstandsmitglied Hönnes der Maibach AG in den
    Aufsichtsrat der Glaube AG.

Aufgabe 18

Laut Satzung hat eine AG 8 Mio. Stückaktien ausgegeben. Ein Großaktionär besitzt 1,5 Mio.
Aktien. Kann er die Entlastung des Vorstandes in der Hauptversammlung verhindern, wenn
die Präsenz des Grundkapitals 80 % beträgt?

Aufgabe 19

Welche Mitbestimmungsregelung für die Arbeitnehmervertreter im Aufsichtsrat gilt in
folgenden Fällen:

1. AG (Autobranche) mit 25.000 Arbeitnehmern
2. AG (Holzbranche) mit 1.600 Arbeitnehmern
3. AG (Holzbranche) mit 2.100 Arbeitnehmern
4. AG (Bergbau) mit 1.100 Arbeitnehmern
5. OHG (Handel) mit 7.000 Arbeitnehmern
6. GmbH (Autozulieferer) mit 300 Arbeitnehmern

Aufgabe 20

1. Was unterscheidet grundsätzlich die eingetragene Genossenschaft von den Kapital-
    gesellschaften?
2. In der Generalversammlung einer Genossenschaft sind zehn Mitglieder (Genossen)
    vertreten. Die Mitglieder A, B, C, D, E und F haben jeweils drei Geschäftsanteile, das
    Mitglied G hat vier Geschäftsanteile, die Mitglieder H, I und J besitzen jeweils einen
    Geschäftsanteil. Wie viele Stimmen haben die Mitglieder jeweils?

4 Rechtliche und soziale Rahmenbedingungen für Arbeitnehmer

4.1 Grundlagen des Arbeitsrechts

Das deutsche Arbeitsrecht regelt die Rechtsbeziehungen zwischen Arbeitgebern und Arbeitnehmern[1]. Es basiert auf Rechtsnormen (Anspruchsgrundlagen) und individuellen Regelungen. Das Arbeitsrecht untergliedert sich in **Individualarbeitsrecht** und **Kollektivarbeitsrecht**. Nachstehend sind die arbeitsvertraglichen Rechtsnormen gemäß ihrer Rangstufe aufgeführt.

Rangprinzip

1. Europäisches Recht
2. Grundgesetz
3. Arbeitsgesetzgebung (Bundes- und Landesgesetze)
4. Tarifvertrag
5. Betriebsvereinbarung
6. Einzelarbeitsvertrag
7. Direktionsrecht Arbeitgeber

Günstigkeitsprinzip

Im Arbeitsrecht geht grundsätzlich die ranghöhere der rangniedrigeren Rechtsnorm vor. Sind arbeitsrechtliche Regelungen in miteinander konkurrierenden Rechtsquellen unterschiedlich geregelt, ergibt sich die dargestellte „normale" Rangfolge **(Rangprinzip)**.

Das Rangprinzip kann durchbrochen werden, wenn eine rangniedrigere Anspruchsgrundlage günstiger für den Arbeitnehmer ist **(Günstigkeitsprinzip)**. Für die Arbeitnehmer besteht darin ein Schutzrecht, dass in Einzelarbeitsverträgen nicht zu ihrem Nachteil von höheren Rangstufen abgewichen werden darf.

> Eine rangniedrigere Gesetzesnorm (z. B. Einzelarbeitsvertrag) darf nicht zum Nachteil eines Arbeitnehmers von einer ranghöheren Anspruchsgrundlage (z. B. Arbeitsgesetzgebung) abweichen.

Beispiel 1:
Die EUROPA-Bank weicht zu Gunsten ihrer Arbeitnehmer vom gesetzlichen Urlaubsanspruch ab und gewährt arbeitsvertraglich 30 Werktage Urlaub. Es greift das Günstigkeitsprinzip, weil im Vergleich zur höheren (gesetzlichen) Rangstufe mit 24 Werktagen, sechs zusätzliche Urlaubstage vereinbart werden.

Lernkontrolle
Aufgabe 1

Beispiel 2:
Die EUROPA-Bank gewährt ihren Arbeitnehmern arbeitsvertraglich 20 Werktage Urlaub. Die Arbeitnehmer können sich auf die ranghöhere Regelung (Arbeitsgesetzgebung) berufen und 24 Werktage Urlaub einfordern. Eine arbeitsvertragliche Regelung darf nicht gegen ein höherrangiges Recht (Gesetz) verstoßen.

---

[1] Arbeitnehmer ist nach der Rechtsprechung des Bundesarbeitsgerichts (BAG), wer aufgrund eines privatrechtlichen Vertrages für einen anderen (Arbeitgeber), gegen Entgelt, unselbstständige (d. h. weisungsgebundene) Arbeit leistet.

4.2   Individualarbeitsrecht

4.2.1   Wesen von Arbeitsverträgen

BGB
§ 611
Unter das Individualarbeitsrecht fällt der **Arbeitsvertrag**. Der Arbeitsvertrag ist ein privatrechtlicher Vertrag zwischen Arbeitnehmer und Arbeitgeber zur Begründung eines Arbeitsverhältnisses. Er kommt durch zwei übereinstimmende Willenserklärungen zustande. Aus rechtlicher Sicht ist der Arbeitsvertrag eine Sonderform des Dienstvertrages.

§ 14 (4)
TzBfG
Der **Abschluss** eines Einzelarbeitsvertrags bedarf keiner gesetzlichen Form. Es herrscht **Form-** bzw. **Vertragsfreiheit**. Der Vertrag kann schriftlich oder mündlich geschlossen werden. Ausnahme: Ein befristeter Arbeitsvertrag bedarf zwingend der Schriftform. Aus Gründen der Rechtssicherheit sollte in der Praxis die Schriftform grundsätzlich gewählt werden.

NachwG
Erfolgt der Abschluss in mündlicher Form, bestehen für den Arbeitgeber weiterführende Verpflichtungen gemäß dem Gesetz über den Nachweis der für ein Arbeitsverhältnis geltenden Bedingungen (NachwG). In diesem Fall ist dem Arbeitnehmer spätestens einen Monat nach Beginn des Arbeitsverhältnisses die vom Arbeitgeber unterzeichnete Niederschrift über die wesentlichen Arbeitsbedingungen auszuhändigen. Ein Nachweis in elektronischer Form ist unzulässig. Dies gilt gemäß dem NachwG gleichermaßen bei Änderungen zentraler Vertragsbedingungen.

4.2.2   Inhalt von Arbeitsverträgen

NachwG
§ 2
Die Inhalte können entsprechend den gesetzlichen Bestimmungen frei vereinbart werden. In die Niederschrift sind mindestens folgende Vertragsinhalte aufzunehmen:

1. der Name und die Anschrift der Vertragsparteien,
2. der Zeitpunkt des Beginns des Arbeitsverhältnisses,
3. bei befristeten Verträgen die vorhersehbare Dauer bzw. das Ende des Arbeitsverhältnisses,
4. der Arbeitsort, ggf. Arbeitsorte,
5. eine kurze Charakterisierung oder Beschreibung der vom Arbeitnehmer zu leistenden Tätigkeit,
6. die Zusammensetzung, die Höhe und die Fälligkeit des Arbeitsentgelts einschließlich der Zuschläge, Zulagen, Prämien, usw.,
7. die vereinbarte regelmäßige Arbeitszeit,
8. die Dauer des jährlichen Erholungsurlaubs[1],
9. die Fristen für die Kündigung des Arbeitsverhältnisses (auch Probezeiten),
10. ein in allgemeiner Form gehaltener Hinweis auf die Tarifverträge, Betriebs- oder Dienstvereinbarungen, die auf das Arbeitsverhältnis anzuwenden sind.

Die oben genannten Vertragsinhalte können teilweise, etwa die Punkte 6. und 7., durch Verweise auf Tarifverträge oder Betriebsvereinbarungen ersetzt werden. Ebenso die Punkte 8. und 9., welche einen Verweis auf die gesetzlichen Bestimmungen erlauben.

Wird dem Arbeitnehmer ein schriftlicher Arbeitsvertrag (siehe nachfolgendes Vertragsmuster) zur Unterzeichnung vorgelegt, entfällt die obige Nachweispflicht, soweit dieser den inhaltlichen Mindestanforderungen gemäß NachwG entspricht.

---

1   Für die Dauer des Erholungsurlaubs wird zwischen Werk- und Arbeitstagen unterschieden.
Nach § 3 (2) Bundesurlaubsgesetz (BUrlG) gelten als Werktag alle Kalendertage, die nicht Sonn- oder gesetzliche Feiertage sind. Damit sind die Tage von Montag bis einschließlich Samstag Werktage (sechs Tage pro Woche). Im Gegensatz dazu sind nur der Montag bis einschließlich Freitag Arbeitstage (fünf Tage pro Woche).

Beispiel für einen unbefristeten Arbeitsvertrag

Bank (nachfolgend Arbeitgeber) **EUROPA-Bank**	Mitarbeiter (nachfolgend Arbeitnehmer) **Max Mustermann**

Zwischen der „EUROPA-Bank; Musterstraße 6; 74078 Musterstadt" und Herrn *„Max Mustermann, Musterallee 12; 74078 Musterstadt"* wird nachfolgender **– unbefristeter Arbeitsvertrag** – geschlossen.

§ 1 Aufgabenbereich
Der Mitarbeiter wird mit Wirkung vom 1. September 20.. als Privatkundenbetreuer angestellt. Er ist verpflichtet, in der Hauptstelle und in allen anderen Geschäftsstellen tätig zu sein. Mehrarbeit ist auf Anordnung im Rahmen gesetzlicher und tariflicher Vorschriften zu leisten.

§ 2 Probezeit
Die Anstellung erfolgt zunächst auf die Dauer von 6 Monaten zur Probe. Während der Probezeit kann das Dienstverhältnis beiderseits mit einer Frist von zwei Wochen gekündigt werden. Eine Kündigung vor Dienstantritt ist ausgeschlossen. Mit Ablauf der Probezeit endet das Dienstverhältnis, sofern nicht spätestens 2 Wochen vor diesem Zeitpunkt seine Fortsetzung schriftlich vereinbart wird.

§ 3 Beendigung des Dienstverhältnisses
(1) Wird das Dienstverhältnis nach Ablauf der Probezeit fortgesetzt, ist es beiderseits mit einer Frist von 4 Wochen zum Ende eines Kalendermonats kündbar. Nach einer Kündigung ist die Bank berechtigt, für die restliche Dauer des Dienstverhältnisses auf eine weitere Dienstleistung zu verzichten.
(2) Das Dienstverhältnis endet spätestens am Ende des Monats, in dem das 65. Lebensjahr vollendet wird, ohne dass es einer Kündigung bedarf.

§ 4 Arbeitszeit und Vergütung
(1) Die regelmäßige Arbeitszeit richtet sich nach der betriebsüblichen Zeit. Sie beträgt derzeit 40 Stunden in der Woche unter Berücksichtigung von Pausen. Regelmäßiger Arbeitsbeginn ist um 8:00 Uhr, Arbeitsende ist um 17:00 Uhr.
(2) Der Mitarbeiter wird gemäß seiner Arbeitszeit in die tarifliche Gehaltsgruppe III, Berufsjahr 6 eingestuft.
(3) Übertarifliche Zulagen werden freiwillig und unter Widerrufsvorbehalt gewährt; sie sind auf Tariferhöhungen und Höhergruppierungen anrechenbar.
(4) Die Zahlung von Zulagen, Gratifikationen und ähnlichen Leistungen liegt im Ermessen der Bank und begründet auch bei wiederholter Gewährung keinen Rechtsanspruch.

§ 5 Abtretung und Verpfändung
Die Abtretung und Verpfändung der Gehaltsansprüche bedürfen der Zustimmung der Bank. Bei Gehaltspfändungen können zur Deckung der Bearbeitungskosten bis zu 3% des jeweiligen an den Gläubiger überwiesenen Betrags einbehalten werden. Dieser Anspruch entsteht jeweils vor der Gehaltsforderung.

§ 6 Urlaub
Der Urlaubsanspruch beträgt derzeit 25 Arbeitstage. Die Urlaubstage sind mit der Bank abzustimmen.

§ 7 Schweigepflicht, Bankgeheimnis
Der Mitarbeiter verpflichtet sich, über alle ihm während seiner Tätigkeit bekannt werdenden Geschäfts- und Betriebsgeheimnisse der Bank sowie der Kunden innerhalb und außerhalb des Betriebs auch nach Beendigung des Arbeitsverhältnisses Stillschweigen zu bewahren.

§ 8 Nebenbeschäftigung
Der Mitarbeiter verpflichtet sich, während der Beschäftigung jede entgeltliche oder unentgeltliche Tätigkeit, die die Arbeitsleistung negativ beeinflussen könnte, zu unterlassen. Eine Information an die Bank ist bei Aufnahme einer Nebentätigkeit unbedingt erforderlich.

§ 9 Vertragsstrafe
Der Mitarbeiter verpflichtet sich, der Bank eine Vertragsstrafe in Höhe eines Monatsgehalts zu zahlen, falls er die Stelle nicht antritt oder später das Dienstverhältnis vertragswidrig löst.

§ 10 Vertragsänderungen
Mündliche Nebenabreden bestehen nicht. Jede Änderung oder Ergänzung dieses Vertrages bedarf der Schriftform, um Gültigkeit zu erlangen.

§ 11 Abschlussklausel / Zeugnis
(1) Ansprüche aus dem Arbeitsverhältnis müssen von beiden Seiten innerhalb eines Monats nach Kündigung schriftlich geltend gemacht werden.
(2) Bei Beendigung des Arbeitsverhältnisses erhält der Arbeitnehmer ein Zeugnis, aus dem sich Art und Dauer der Beschäftigung sowie, wunschgemäß, eine Beurteilung von Führung und Leistung ergeben.

Musterstadt, den 06.05. 20..
i.A. *M. Hummels* (EUROPA-Bank)

Musterstadt, den 06.05.20..
M. Mustermann (Arbeitnehmer)

4.2.3   Dauer von Arbeitsverhältnissen

BGB
§ 620 (2)

Das Arbeitsverhältnis gilt als Dauerschuldverhältnis und wird im Allgemeinen auf unbestimmte Zeit geschlossen **(unbefristete Arbeitsverträge)**. Zur Verbesserung der Flexibilität der Beschäftigung gibt es Sonderformen **(befristete Arbeitsverträge)**, die gesondert geregelt werden.

BGB
§§ 620 (3),
163, 158 (2)

Befristete Arbeitsverhältnisse sind entweder auf eine bestimmte **Dauer** (kalendermäßig befristete Arbeitsverträge) oder zu einem bestimmten **Zweck** (zweckbefristete Arbeitsverträge) vereinbart und enden ohne Kündigung mit Zeitablauf bzw. Zweckerreichung.

TzBfG
§ 14 (1)

Die Befristung bedarf nach dem Teilzeit- und Befristungsgesetz (TzBfG) grundsätzlich eines **sachlichen Grundes**. Ein solcher Grund liegt vor, wenn z. B.:

- der betriebliche Bedarf an der Arbeitsleistung nur vorübergehend besteht,
- die Befristung im Anschluss an eine Ausbildung oder ein Studium erfolgt, um den Übergang des Arbeitnehmers in eine Anschlussbeschäftigung zu erleichtern,
- der Arbeitnehmer zur Vertretung eines anderen Arbeitnehmers beschäftigt wird,
- die Eigenart der Arbeitsleistung die Befristung rechtfertigt,
- die Befristung zur Erprobung erfolgt,
- in der Person des Arbeitnehmers liegende Gründe die Befristung rechtfertigen.

Als Ausnahme von der genannten Regel sieht das TzBfG die einmalige **sachgrundlose Befristung** für bis zu zwei Jahre bei demselben Arbeitgeber vor. Bis zu dieser Gesamtdauer von zwei Jahren ist auch die höchstens dreimalige Verlängerung eines kalendermäßig befristeten Arbeitsvertrags zulässig. Als gesetzlich ausgeschlossen gilt dies, wenn mit demselben Arbeitgeber bereits zuvor ein befristetes oder unbefristetes Arbeitsverhältnis bestanden hat (Verbot von Kettenverträgen).

BAG
06.04.2011 – 7
AZR 716/09

Das Bundesarbeitsgericht hat entschieden, dass mit einem zeitlichen Abstand von drei Jahren erneut ein sachgrundlos befristetes Arbeitsverhältnis mit demselben Arbeitgeber geschlossen werden kann.

TzBfG
§ 14 (4)

Die Befristung bedarf grundsätzlich der Schriftform. Ferner ist der Arbeitgeber verpflichtet, die Arbeitnehmer in befristeten Arbeitsverhältnissen über zu besetzende unbefristete Arbeitsplätze zu informieren.

4.2.4   Haupt- und Nebenpflichten aus Arbeitsverträgen

4.2.4.1 Abgrenzung der Vertragspflichten

BGB
§ 611

Der Arbeitsvertrag ist gekennzeichnet durch eine Vielzahl von gegenseitigen Vertragspflichten und den damit in Verbindung stehenden Rechten. Rechtsgrundlage ist das BGB in Verbindung mit dem individuellen Arbeitsvertrag, welcher ggf. durch einen Tarifvertrag oder eine Betriebsvereinbarung ergänzt und konkretisiert ist.

Lernkontrolle
Aufgaben 1 u. 5

Die Vertragspflichten lassen sich in **Haupt-** und **Nebenpflichten** unterteilen. Die Hauptpflichten umfassen die unmittelbaren Leistungen der jeweiligen Vertragspartner (Arbeitgeber und Arbeitnehmer) gemäß Arbeitsvertrag. Ergänzend ergeben sich durch die längerfristige arbeitsvertragliche Beziehung im Sinne eines Dauerschuldverhältnisses bestimmte Nebenpflichten.

4.2.4.2 Hauptpflichten

Die **Hauptpflicht des Arbeitnehmers** umfasst die persönliche Erbringung der vertraglich geschuldeten Arbeitsleistung in festgelegtem Umfang und am vereinbarten Ort (sog. Dienstpflicht). Folglich hat der Arbeitnehmer die ihm übertragenen Arbeiten pünktlich, gewissenhaft und seinen Fähigkeiten entsprechend auszuführen. Eine in der Regel allgemein gehaltene Umschreibung der auszuübenden Tätigkeit ersetzt nähere Einzelheiten über die Hauptleistungspflichten der Arbeitnehmer. Gemäß diesem Vorgehen entsteht ein gewisser Spielraum, den der Arbeitgeber durch das Zuweisen eines bestimmten Arbeitsplatzes mit konkretem Arbeitsgebiet gestalten kann bzw. muss.

BGB §§ 613 (1), 269
HGB § 59
NachwG § 2 (1)
BGB § 315

> **Beispiel:**
> Der Bankkaufmann Wolfgang Kuhnle wird von der EUROPA-Bank mit der Vereinbarung eingestellt, dass er als Kundenberater in der Hauptstelle Heilbronn die vermögenden Privatkunden betreut. Die damit verbundenen Einzeltätigkeiten werden nicht gesondert erwähnt.

In der Praxis erfolgt die Konkretisierung der Tätigkeit oftmals über das sog. **Direktionsrecht** des Arbeitgebers.

BGB § 315

Die **Hauptpflicht des Arbeitgebers** besteht darin, die vertraglich geschuldete Vergütung, das sog. Arbeitsentgelt, zu zahlen. Diese Entgeltzahlungspflicht gilt auch bei Arbeitsunfähigkeit wegen Krankheit. Ein Anspruch auf volle Vergütung besteht in den ersten sechs Wochen. Die Vergütungspflicht entfällt bei Arbeitskämpfen (z. B. Streik oder Aussperrung).

BGB § 611
EntgFG §§ 1, 3, 4

Zusätzliche Vereinbarungen über eine erfolgsabhängige Vergütung (z. B. Provisionen) sind vertraglich zu fixieren. Ein Anspruch auf bestimmte Zusatz- oder Sonderzahlungen (z. B. Weihnachtsgratifikationen) sind auch ohne vertragliche Niederschrift verpflichtend, soweit diese als branchenspezifisch üblich gelten oder ohne Vorbehalt auf längere Zeit vergeben wurden (= betriebliche Übung).

HGB §§ 59, 64, 69
BGB §§ 151

Die Einzelheiten zu den Vergütungspflichten der Arbeitgeber sind im Mindestlohngesetz, in Tarifverträgen oder in Betriebsvereinbarungen geregelt.

Exkurs: Gesetzlicher Mindestlohn

Nach dem Mindestlohngesetz (MiLoG) hat jeder Arbeitnehmer Anspruch auf Zahlung eines Arbeitsentgelts mindestens in Höhe des Mindestlohns. Die Höhe des Mindestlohns ist an die Inflation (Anstieg des Preisniveaus) gekoppelt und wird in der Regel alle zwei Jahre neu festgesetzt. Im Jahr 2019 beträgt der Brutto-Mindestlohn 9,19 Euro je Zeitstunde und gilt als Lohnuntergrenze[1]. Für den Mindestlohn gilt der Grundsatz der Unabdingbarkeit. Damit sind individuelle vertragliche Vereinbarungen die den Anspruch auf Mindestlohn unterschreiten oder seine Geltendmachung beschränken oder ausschließen unwirksam.

MiLoG §§ 1, 3

Ausnahmen sieht das MiLoG u. a. für Auszubildende oder Pflichtpraktikanten im Rahmen einer Ausbildung oder eines Studiums vor. Für diese gilt der Mindestlohn nicht, weil es sich hierbei um ein Berufsbildungsverhältnis und kein Arbeitsverhältnis handelt.

MiLoG § 22

---

1   Laut Mindestlohn-Kommission erhöht sich die Lohnuntergrenze ab dem 01.01.2020 um weitere 16 Cent, auf 9,35 Euro je Arbeitsstunde.
(Quelle: https://www.bmas.de/DE/Themen/Arbeitsrecht/Mindestlohn/mindestlohn.html, Abruf: 12.2018)

4.2.4.3 Nebenpflichten

BGB
§ 242

Die Nebenpflichten beruhen sowohl für Arbeitgeber wie auch für Arbeitnehmer in erster Linie auf dem Grundsatz von **Treu und Glauben**[1]. Diesem Grundsatz nach muss der Arbeitnehmer seine Verpflichtungen aus dem Arbeitsverhältnis so erfüllen, dass die Interessen des Arbeitgebers gewahrt werden. Er hat dabei sowohl seine Stellung im Betrieb, seine eigenen Interessen als auch die Interessen der anderen Arbeitnehmer des Betriebes zu berücksichtigen.

Der Umfang und die Grenzen der Nebenpflichten lassen sich damit nicht immer exakt definieren. Sie bedürfen der Berücksichtigung des Einzelfalls. Das führt dazu, dass die zu beachtenden Nebenpflichten in Abhängigkeit zur auszuübenden Tätigkeit variieren.

> **Beispiel:**
> Eine Führungskraft bei der EUROPA-Bank (z. B. Bankdirektor) mit einer entsprechend weitreichenden Verantwortung hat andere Nebenpflichten zu erfüllen als ein Arbeitnehmer am Service einer Bankfiliale.

Abweichend von der Nebenpflicht im Einzelfall kann in bestimmten Notfällen die Dienstpflicht für einen Arbeitnehmer in Anlehnung an „Treu und Glauben" in der Form erweitert werden, dass ein bestimmtes pflichtbewusstes Handeln oder die allgemeine Hilfe eingefordert wird.

> **Beispiel:**
> Ein Angestellter der EUROPA-Bank erkennt Rauch aus einem Papierkorb. Ein Einschreiten zum Löschen dieses Brandherdes stellt eine pflichtbewusste Handlung im Sinne einer Nebenpflicht dar, die sich aus „Treu und Glauben" ohne vertragliche Verpflichtung ergibt.

Einen Überblick über ausgewählte Haupt- und Nebenpflichten für die Arbeitnehmer- und Arbeitgeberseite gibt die folgende Tabelle.

---

[1] **Treue** in diesem Zusammenhang bedeutet, dass der eine Vertragspartner (Arbeitnehmer) aufrichtig, ehrlich, korrekt und verlässlich seinen Verpflichtungen nachkommt. **Glauben** heißt, dass der andere Vertragspartner (Arbeitgeber) darauf vertraut, dass der Arbeitnehmer diese Eigenschaften besitzt.

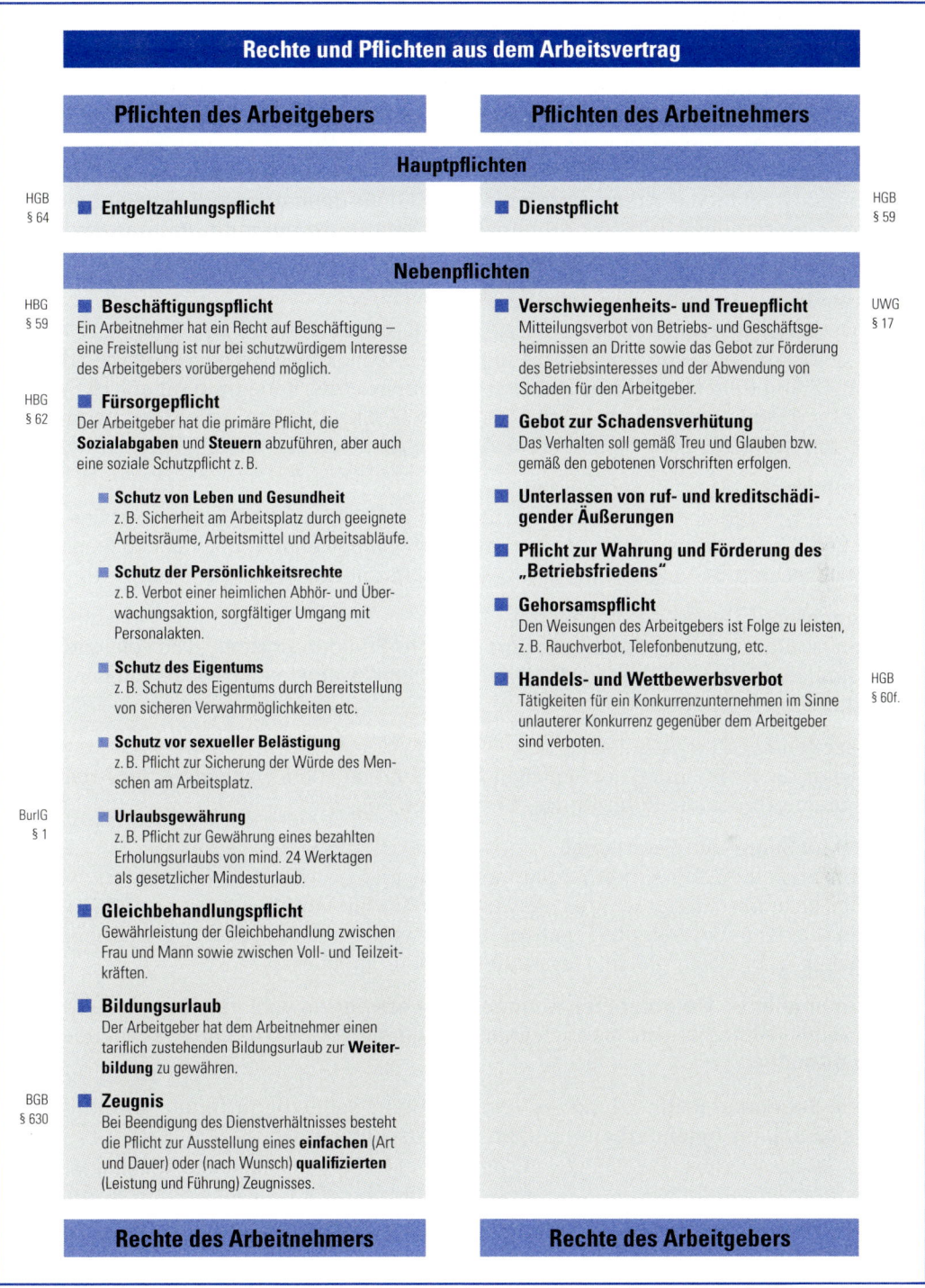

Rechte und Pflichten aus dem Arbeitsvertrag

Pflichten des Arbeitgebers	Pflichten des Arbeitnehmers

Hauptpflichten

HGB § 64

- **Entgeltzahlungspflicht**

- **Dienstpflicht**

HGB § 59

Nebenpflichten

HBG § 59

- **Beschäftigungspflicht**
Ein Arbeitnehmer hat ein Recht auf Beschäftigung –
eine Freistellung ist nur bei schutzwürdigem Interesse
des Arbeitgebers vorübergehend möglich.

HBG § 62

- **Fürsorgepflicht**
Der Arbeitgeber hat die primäre Pflicht, die
Sozialabgaben und **Steuern** abzuführen, aber auch
eine soziale Schutzpflicht z. B.

  - **Schutz von Leben und Gesundheit**
  z. B. Sicherheit am Arbeitsplatz durch geeignete
  Arbeitsräume, Arbeitsmittel und Arbeitsabläufe.

  - **Schutz der Persönlichkeitsrechte**
  z. B. Verbot einer heimlichen Abhör- und Über-
  wachungsaktion, sorgfältiger Umgang mit
  Personalakten.

  - **Schutz des Eigentums**
  z. B. Schutz des Eigentums durch Bereitstellung
  von sicheren Verwahrmöglichkeiten etc.

  - **Schutz vor sexueller Belästigung**
  z. B. Pflicht zur Sicherung der Würde des Menschen am Arbeitsplatz.

BurlG § 1

  - **Urlaubsgewährung**
  z. B. Pflicht zur Gewährung eines bezahlten
  Erholungsurlaubs von mind. 24 Werktagen
  als gesetzlicher Mindesturlaub.

- **Gleichbehandlungspflicht**
Gewährleistung der Gleichbehandlung zwischen
Frau und Mann sowie zwischen Voll- und Teilzeit-
kräften.

- **Bildungsurlaub**
Der Arbeitgeber hat dem Arbeitnehmer einen
tariflich zustehenden Bildungsurlaub zur **Weiterbildung** zu gewähren.

BGB § 630

- **Zeugnis**
Bei Beendigung des Dienstverhältnisses besteht
die Pflicht zur Ausstellung eines **einfachen** (Art
und Dauer) oder (nach Wunsch) **qualifizierten**
(Leistung und Führung) Zeugnisses.

UWG § 17

- **Verschwiegenheits- und Treuepflicht**
Mitteilungsverbot von Betriebs- und Geschäftsge-
heimnissen an Dritte sowie das Gebot zur Förderung
des Betriebsinteresses und der Abwendung von
Schaden für den Arbeitgeber.

- **Gebot zur Schadensverhütung**
Das Verhalten soll gemäß Treu und Glauben bzw.
gemäß den gebotenen Vorschriften erfolgen.

- **Unterlassen von ruf- und kreditschädi-
gender Äußerungen**

- **Pflicht zur Wahrung und Förderung des
„Betriebsfriedens"**

- **Gehorsamspflicht**
Den Weisungen des Arbeitgebers ist Folge zu leisten,
z. B. Rauchverbot, Telefonbenutzung, etc.

HGB § 60f.

- **Handels- und Wettbewerbsverbot**
Tätigkeiten für ein Konkurrenzunternehmen im Sinne
unlauterer Konkurrenz gegenüber dem Arbeitgeber
sind verboten.

Rechte des Arbeitnehmers	Rechte des Arbeitgebers

Kommt eine der Vertragsparteien seinen Haupt- oder Nebenpflichten nicht oder nur in unzureichender Form nach, kann dies zu Sanktionen wie Lohnminderung, Kündigung oder zu einer Schadenersatzpflicht führen.

z. B. BGB
§ 626 i. V. m.
§ 628 Abs. 2

4.2.5 Arbeitszeit

ArbZG §§ 1f.

Ein Arbeitnehmer kann in Vollzeit, Teilzeit oder als Aushilfe beschäftigt werden. Die Regelungen zur Arbeitszeit bleiben davon in der Regel unberührt. Die Arbeitszeit wird stets als die Zeit definiert, in der ein Arbeitnehmer im Rahmen seines Arbeitsverhältnisses beschäftigt ist. Als Beschäftigungszeit gilt die Zeit vom Beginn bis zum Ende der Arbeit abzüglich der Ruhepausen, die nicht als Arbeitszeit gelten. Den Maßstab für die Festlegung der Arbeitszeit bildet das Arbeitszeitgesetz (ArbZG). Es dient in erster Linie der Sicherheit und dem Gesundheitsschutz der Arbeitnehmer bei der Arbeitszeitgestaltung und regelt unter anderem folgende Sachverhalte:

■ **Maximaldauer** der täglichen Arbeitszeit

ArbZG § 3

Die werktägliche regelmäßige Arbeitszeit darf 8 Stunden nicht überschreiten. Als Werktage gelten die Tage von montags bis samstags. Die maximale Wochenarbeitszeit beträgt damit 48 Stunden. Die tägliche Arbeitszeit kann in freier Vereinbarung auf 10 Stunden erhöht werden. Damit ist eine Arbeitszeit von 60 Stunden pro Arbeitswoche möglich, wenn an keinem Tag die maximale Höchstarbeitszeit von 10 Stunden überschritten wird.

■ **Verteilung** der täglichen Arbeitszeit

ArbZG §§ 3, 4

Für die Erhöhung der regelmäßigen Arbeitszeit auf maximal 10 Stunden setzt das Gesetz eine zeitliche Begrenzung. In einem Zeitraum von 6 Monaten bzw. 24 Wochen dürfen im Durchschnitt 8 Stunden werktäglicher Arbeitszeit nicht überschritten werden.

■ **Ruhepausen** während der Arbeitszeit

ArbZG § 5

Bei einer täglichen Arbeitszeit von mehr als sechs Stunden ist eine Pause von mindestens 30 Minuten, bei einer Arbeitszeit von mehr als neun Stunden eine Pause von mindestens 45 Minuten verbindlich.

■ **Ruhezeiten** nach der Arbeitszeit

ArbZG §§ 9, 10, 11

Zwischen der Beendigung der täglichen Arbeitszeit und dem Neubeginn der Arbeit muss eine ununterbrochene Ruhezeit von 11 Stunden liegen.

■ Arbeit an **Sonn-** und **Feiertagen**

ArbZG §§ 7 u. 10

Grundsätzlich dürfen Arbeitnehmer an Sonn- und gesetzlichen Feiertagen von 0 bis 24 Uhr nicht beschäftigt werden. Ausnahmen für das Verbot von Sonn- und Feiertagsarbeit gibt es außerhalb des Finanzdienstleistungsbereichs, jedoch in vielen anderen Branchen (z. B. Gastronomie, Gesundheitswesen, Theater).

In tarifgebundenen Unternehmen können **Tarifverträge** sowohl engere Grenzen für die Arbeitszeitgestaltung fassen, als auch über den Rahmen des ArbZG hinausgehende Regelungen festhalten.

Spezielle Regelungen zur Arbeitszeit von besonders schutzbedürftigen Arbeitnehmern finden sich u. a. im **Jugendarbeits-** und im **Mutterschutzgesetz**.

4.2.6 Arbeitszeitformen

4.2.6.1 Gleitende Arbeitszeit

ArbZG

Bei der gleitenden Arbeitszeit wird eine bestimmte **Kernzeit** (einschließlich Pausen) festgelegt. Den Arbeitnehmern obliegt es nun selbst, außerhalb der Kernzeit den Beginn und das Ende ihrer täglichen Arbeitszeit innerhalb des Arbeitszeitrahmens zu bestimmen, die Gleitspanne.

Lernkontrolle Aufgabe 6

Variante 1:

08:00 Uhr	Arbeitszeitrahmen	20:00 Uhr
Gleitspanne	**Kernzeit** (z. B. 10:00 bis 14:00 Uhr)	**Gleitspanne**

Variante 2:

08:00 Uhr	Arbeitszeitrahmen			20:00 Uhr
Gleitspanne	**Kernzeit** (z. B. 10:00 bis 12:00 Uhr)	**Gleitspanne**	**Kernzeit** (z. B. 14:00 bis 16:00 Uhr)	**Gleitspanne**

Ist Variante 1 oder 2 als Arbeitszeitform vereinbart, gilt während der Kernzeit Anwesenheitspflicht. Die Kontrolle der täglichen Arbeitszeit erfolgt durch geeignete Hilfsmittel (z. B. Stechuhren) und wird auf einem Gleitzeitkonto verbucht. Am Ende eines festgelegten Abrechnungszeitraums (z. B. sechs Monate) soll das Gleitzeitkonto ausgeglichen sein.

Für die Gestaltungsmöglichkeiten innerhalb eines Unternehmens bietet die folgende Arbeitszeitform (Variante 3) die Möglichkeit, bestimmte Tätigkeitsbereiche mit individuell festgelegten **Funktionszeiten** zu belegen.

Variante 3:

08:00 Uhr	Arbeitszeitrahmen			20:00 Uhr
Bereich 1: Abwicklung Zahlungsverkehr				
Gleitspanne	**Funktionszeit**	**Gleitspanne**	**Funktionszeit**	**Gleitspanne**
Bereich 2: Marktfolge Passiv				
Gleitspanne	**Funktionszeit**		**Gleitspanne**	

Die Festlegung der jeweiligen abteilungsspezifischen **Funktionszeiten** erfolgt in unmittelbarer Abhängigkeit von der

- Anzahl der notwendigen Arbeitnehmer (Besatzungsstärke)
- Auftragsbearbeitungszeit (Qualität und Zuverlässigkeit)
- Verfügbarkeit der Leistung (Servicezeiten für Kunden)

In der Praxis wird die Koordinierung den Abteilungen bzw. den Arbeitnehmern in den Abteilungen selbst überlassen. Damit regelt das Team (betroffene Arbeitnehmer) die Dauer und die Lage ihrer Arbeitszeit, einschließlich der Urlaubsgestaltung, in eigener Kompetenz.

4.2.6.2 Flexible Arbeitszeit

Die flexible Arbeitszeit umfasst zwei Modelle, die **Vertrauensarbeitszeit** und die **freie Arbeitszeitregelung**. Bei beiden Modellen entfällt die Anwesenheitspflicht des Arbeitnehmers, weshalb ein intaktes Vertrauensverhältnis zwischen Arbeitgeber und Arbeitnehmer wichtig ist. Häufig findet diese Form bei Führungskräften oder Außendienstmitarbeitern Anwendung.

Vertrauensarbeitszeit

Die Erfüllung der vertraglichen Arbeitszeitpflicht obliegt dem Arbeitnehmer. Für außervertragliche Arbeitnehmerleistungen (Überstunden) besteht kein Anspruch auf eine zusätzliche Vergütung. Eine für das Unternehmen notwendige Kontrolle der Anwesenheit (z. B. über die Führung eines individuellen Arbeitnehmerzeitkontos) kann entfallen.

> **Beispiel:**
> Ein Kundenberater der EUROPA-Bank arbeitet gemäß der Vertrauensarbeitszeit. Dies ist sinnvoll, weil für das Erreichen bestimmter Absatzziele sehr flexibel auf die Erreichbarkeit von Kunden Rücksicht zu nehmen ist.

Freie Arbeitszeitregelung

Die freie Arbeitszeitregelung findet häufig bei denjenigen Arbeitnehmern Anwendung, die überwiegend einer erfolgsorientierten Entgeltzahlung unterliegen. Die Höhe des Arbeitnehmerentgelts ist damit unmittelbar von der persönlichen Arbeitsleistung abhängig. Eine Arbeitszeitkontrolle entfällt.

4.2.6.3 Teilzeitarbeit[1]

TzBfG §§ 2, 6, 8

Nach dem Teilzeit- und Befristungsgesetz (TzBfG) arbeitet ein Arbeitnehmer in Teilzeit, wenn dessen regelmäßige Wochenarbeitszeit kürzer ist als die eines vergleichbaren vollzeitbeschäftigten Arbeitnehmers desselben Betriebes. Arbeitnehmer in Betrieben mit mehr als 15 Mitarbeitern haben **einen Rechtsanspruch auf Teilzeitarbeit**, wenn ihr Arbeitsverhältnis seit mindestens 6 Monaten besteht und keine betrieblichen Gründe entgegenstehen. Teilzeitarbeit ist formfrei, jedoch spätestens drei Monate vor dem erstrebten Beginn zu beantragen. Hat der Arbeitgeber betriebsbedingte Einwände, ist die Ablehnung der Teilzeit spätestens einen Monat vor dem beantragten Beginn schriftlich zu erklären.

TzBfG §§ 4 u. 10

Bei Teilzeitbeschäftigten gilt das **Verbot der Diskriminierung**, d. h. sie sind grundsätzlich wie vergleichbare Vollzeitbeschäftigte zu behandeln, durch Aus- und Weiterbildung zu fördern und bei der Besetzung von Führungspositionen zu berücksichtigen. Die Entgelthöhe eines Teilzeitbeschäftigten richtet sich prozentual am Entgelt eines Vollzeitbeschäftigten aus.

> **Beispiel:**
> Ein Vollzeitbeschäftigter erhält ein Bruttoentgelt von 5.000 Euro pro Monat. Ein Teilzeitbeschäftigter in gleicher Position arbeitet 70 %. Daraus ergibt sich ein monatliches Bruttoentgelt für den Teilzeitbeschäftigten wie folgt: 5.000 Euro $\times$ 70 % = 3.500 Euro.

---

1   **Hinweis:**
Das Teilzeit- und Befristungsgesetz (TzBfG) soll zum 01. Januar 2019 reformiert werden. Laut einem Referentenentwurf der Bundesregierung soll das TzBfG u. a. um einen Anspruch auf eine „Brückenteilzeit" ergänzt werden. Die Arbeitszeit ist während der Brückenteilzeit mindestens für ein Jahr und höchstens für fünf Jahre zu reduzieren. Dies soll den Arbeitnehmern zu einer an den Bedürfnissen ihrer Lebensphase angepassten Arbeitszeit verhelfen und einer Altersarmut entgegenwirken.

Bei einer **befristeten Teilzeitregelung** kann ein Arbeitnehmer nach Fristablauf seine Arbeit in Vollzeit wieder aufnehmen. Ist eine **unbefristete Teilzeitregelung** vereinbart, besteht kein Recht auf Rückkehr in Vollzeitarbeit. Der Arbeitgeber hat den Teilzeitarbeitnehmer jedoch bei gleicher Eignung für die Besetzung eines noch offenen Arbeitsplatzes zu bevorzugen. Die **Kündigung** eines Arbeitsverhältnisses auf Grund eines beabsichtigten Übergangs von einem Vollzeit- in ein Teilzeitarbeitsverhältnis oder umgekehrt ist unwirksam.

TzBfG
§ 9

§§ 10 f.

Abrufarbeitsverhältnisse

Arbeit auf Abruf ist ein besonderes Teilzeitarbeitsverhältnis, bei dem der Arbeitnehmer seine Arbeit in Abhängigkeit vom Arbeitsanfall leistet. Grundlage ist die Vereinbarung über die Dauer der z. B. wöchentlichen oder täglichen Arbeitszeit. Wird diese vertraglich nicht fixiert, gilt eine Arbeitszeit von 10 Stunden pro Woche und eine tägliche Arbeitszeit von drei zusammenhängenden Stunden als vereinbart. Beim „Abrufen" ist eine Abruffrist von vier Tagen zu beachten. Wird diese Mindestfrist nicht eingehalten, hat der Arbeitnehmer ein Arbeitsverweigerungsrecht. Unabhängig von der geleisteten Arbeit muss für nicht abgerufene Arbeit die vereinbarte Vergütung bezahlt werden.

TzBfG
§ 12

Arbeitsplatzteilung (Job-Sharing)

Bei der Arbeitsplatzteilung teilen sich mindestens zwei oder mehrere Arbeitnehmer einen Vollzeitarbeitsplatz. Die daraus resultierenden Teilzeitarbeitskräfte sind gemeinsam für die Erfüllung der Arbeitsaufgabe verantwortlich. Sie regeln unabhängig vom Arbeitgeber innerhalb der gegebenen Betriebszeit die Dauer und Verteilung ihrer Arbeitszeit. Bei dringenden betrieblichen Erfordernissen (z. B. Krankheit oder Urlaub) kann eine gegenseitige Vertretungspflicht vereinbart werden. Scheidet eine Teilzeitkraft aus dem Unternehmen aus, besteht für die direkt betroffenen übrigen Teilzeitkräfte, neben dem allgemeinen Kündigungsrecht, ein gesondertes Kündigungsrecht.

TzBfG
§ 13

Geringfügiges Beschäftigungsverhältnis

Ein geringfügiges Beschäftigungsverhältnis lässt sich in Anlehnung an das „Sozialgesetzbuch – viertes Buch" (SGB IV) unterteilen in eine **„geringfügig entlohnte Beschäftigung"** und eine **„kurzfristige Beschäftigung"**.

SGB IV
§ 8 (1)
vgl. Soziale Sicherung

4.2.6.4 Telearbeit

Bei der Telearbeit wird die Arbeitsleistung räumlich entfernt vom Arbeitsplatz am Unternehmenssitz (Betriebsarbeitsplatz) erbracht. Voraussetzung sind Informations- und Kommunikationstechnologien, die den Betriebsarbeitsplatz mit dem Telearbeitsplatz verbinden. Diese Verbindung leisten elektronische Kommunikationsmittel wie Computer, Internet, E-Mail und Telefon. Telearbeit ist Zuhause (heimbasierte Telearbeit) und unterwegs (mobile Telearbeit) möglich.

> **Beispiel:**
> Ein IT-Mitarbeiter der EUROPA-Bank mit dem Telearbeit vereinbart ist, hat an regelmäßigen Beratungen (z. B. Projektbesprechungen) teilzunehmen. Bei Bedarf ist der Telearbeiter an die Bürokommunikation angeschlossen. Die Art und Weise weiterer Informationsvermittlung (z. B. Unterschriftsprotokolle) ist innerhalb der Abteilung abzustimmen.

Lernkontrolle
Aufgaben 7, 8 u. 9

137

4.2.7 Beendigung von Arbeitsverhältnissen

BGB
§ 620

Die folgende Abbildung verdeutlicht unterschiedliche Varianten für die Beendigung von Arbeitsverhältnissen.

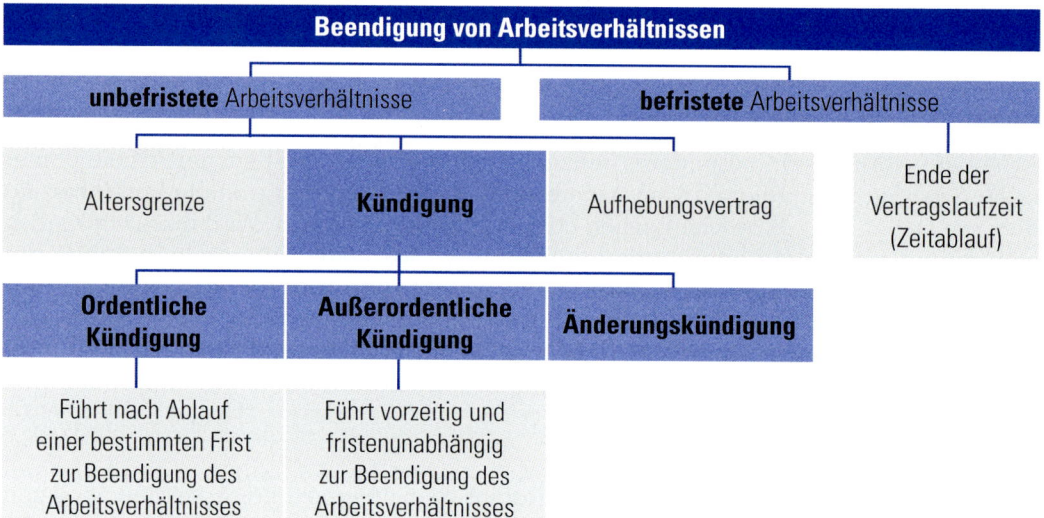

Steht der Zeitpunkt für die Beendigung des Arbeitsverhältnisses bereits bei Vertragsabschluss fest **(befristetes Arbeitsverhältnis)**, endet das Arbeitsverhältnis mit Ablauf der festgelegten Zeit. Da sich beide Vertragspartner der Befristung damit im Vorfeld bewusst sind, besteht sowohl für den Arbeitnehmer als auch für den Arbeitgeber Planungssicherung. In beiderseitigem Einvernehmen ist die Umgestaltung eines befristeten in ein unbefristetes Arbeitsverhältnis möglich.

Ist ein Arbeitsverhältnis hingegen für eine **unbefristete Zeit** geschlossen, so endet dieses durch das Erreichen der Altersgrenze, mittels eines Aufhebungsvertrages oder mit Kündigung.

4.2.7.1 Altersgrenze

Erreicht ein Arbeitnehmer die gesetzliche **Altersgrenze** (derzeit 67 Jahre, ab Jahrgang 1964), so führt dieser Umstand automatisch zu einer Beendigung des Arbeitsverhältnisses.

4.2.7.2 Aufhebungsvertrag

Der Aufhebungsvertrag (Auflösungsvereinbarung) basiert auf einer zwischen Arbeitnehmer und Arbeitgeber einvernehmlichen Aufhebung des Arbeitsverhältnisses zu einem bestimmten Zeitpunkt. In den meisten Fällen erhält der Arbeitnehmer bei Aufhebung des Arbeitsverhältnisses eine Abfindungszahlung, womit sämtliche Rechtsstreitigkeiten beseitigt sind. Mit dieser Form wählt der Arbeitnehmer bewusst die Möglichkeit seinen Arbeitsvertrag aufzulösen, um ggf. eine Stelle bei einem anderen Unternehmen antreten zu können.

Kündigt ein Arbeitnehmer sein Arbeitsverhältnis ohne die Angabe von Gründen, droht im Rahmen der Arbeitslosenversicherung eine Sperrzeit. In der Folge hat ein Arbeitnehmer bis zu drei Monate nach Beendigung des Arbeitsverhältnisses keinen Anspruch auf Arbeitslosengeld (Sperrzeit wegen Arbeitsaufgabe). Ferner verliert er den gesetzlichen Kündigungsschutz.

Beispiel:
Der Angestellte Sebastian Corbé und die EUROPA-Bank sind darüber einig, dass das bestehende Arbeitsverhältnis mit Ablauf des 02.11.20.. endet. Die EUROPA-Bank zahlt zum Ausgleich die vereinbarte Abfindung in Höhe von 25.000 Euro, womit sämtliche Ansprüche aus dem Arbeitsverhältnis abgegolten sind.

4.2.7.3 Kündigung

Mit der Kündigung beendet eine Vertragspartei einseitig das Arbeitsverhältnis. Die Kündigung ist eine einseitige, empfangsbedürftige und rechtsgestaltende Willenserklärung, durch die das Arbeitsverhältnis für die Zukunft aufgelöst werden soll. Bei Kündigungen durch den Arbeitgeber ist stets der Kündigungsschutz zu prüfen.

BGB
§§ 622, 125, 623

vgl.
Kapitel 4.3.1

Ordentliche Kündigung

Die ordentliche Kündigung ist eine fristgerechte Kündigung, die eine einseitige Erklärung des Arbeitgebers oder des Arbeitnehmers darstellt, um das Arbeitsverhältnis zum Ablauf einer gesetzlich festgelegten Frist zu beenden.

Gesetzliche Kündigungsfrist

Das Arbeitsverhältnis eines Arbeitnehmers kann von beiden Seiten (Arbeitnehmer und Arbeitgeber) mit einer Grundkündigungsfrist von vier Wochen (28 Tage) zum 15. oder zum Ende eines Kalendermonats gekündigt werden. Die Kündigung bedarf der Schriftform.

Besondere Kündigungsfristen

Die Sonderregelungen zu den Kündigungsfristen gelten lediglich für die Arbeitgeber gegenüber den langjährig beschäftigten Arbeitnehmern. Eine Kündigung durch den Arbeitgeber ist in diesem Fall nur zum Ende eines Monats möglich und steht in unmittelbarer Abhängigkeit zu den besonderen (gesetzlichen) Kündigungsfristen, die wiederum von der aktuellen Beschäftigungsdauer[1] des Arbeitnehmers abhängig sind. Die nachstehende Grafik gibt hierzu einen Überblick.

---

1 **Hinweis:**
Beschäftigungszeiten vor Vollendung des 25. Lebensjahres sind nach § 622 Abs. 2 BGB bei der Ermittlung der Kündigungsfrist nicht zu berücksichtigen. Beachte: NEU-Regelung seit 2010. Der Europäische Gerichtshof (EuGH) hat im Jahr 2010 entschieden, dass die sogenannte „alte" Regelung des deutschen Arbeitsrechts eine unzulässige Altersdiskriminierung darstellt (EuGH, Urteil vom 19.01.2010 – C-55/07). Sie ist daher wegen Verstoßes gegen EU-Recht in laufenden Prozessen vor Arbeitsgerichten nicht mehr anzuwenden. Zur Berechnung der für Arbeitgeber geltenden gesetzlichen Kündigungsfrist sind also auch Beschäftigungszeiten vor Vollendung des 25. Lebensjahres heranzuziehen.

Besondere Kündigungsfristen

Betriebszugehörigkeit des Arbeitnehmers	Kündigungsfrist jeweils zum Monatsende
mind. 2 Jahre	1 Monat
mind. 5 Jahre	2 Monate
mind. 8 Jahre	3 Monate
mind. 10 Jahre	4 Monate
mind. 12 Jahre	5 Monate
mind. 15 Jahre	6 Monate
mind. 20 Jahre	7 Monate

Beispiel:

Die Angestellte Hannah Baumgärtner (26 Jahre, Bankkauffrau) wurde mit 18 Jahren bei der EUROPA-Bank eingestellt. Ihre Beschäftigungszeit beträgt 8 Jahre.

Kündigung durch den Arbeitnehmer

Hannah Baumgärtner kündigt zum 30. Mai. In diesem Fall muss die Kündigung dem Arbeitgeber spätestens vier Wochen (28 Tage) vor Arbeitsvertragsende (30. Mai) vorliegen.

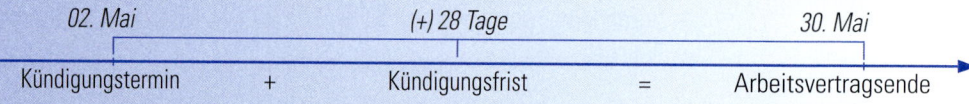

02. Mai		(+) 28 Tage		30. Mai
Kündigungstermin	+	Kündigungsfrist	=	Arbeitsvertragsende

Für Hannah Baumgärtner ist der 02. Mai der späteste Kündigungstermin zum 30. Mai, d.h. die Kündigung muss zu diesem Zeitpunkt dem Arbeitgeber bereits vorliegen.

Abwandlung: Beabsichtigt Hannah Baumgärtner zum 15. Mai (Monatsmitte) zu kündigen, muss die Kündigung spätestens am 18. April dem Arbeitgeber zugegangen sein.

Kündigung durch den Arbeitgeber

Die EUROPA-Bank kündigt Hannah Baumgärtner unter Berücksichtigung der Kündigungsschutzvorschriften zum 30. Mai. Die Kündigungsfrist der EUROPA-Bank beliefe sich auf vier Wochen zum Ende eines Kalendermonats. Tatsächlich beträgt die Kündigungsfrist drei Monate zum Monatsende (vgl. Tabelle und Hinweis zum EU-Recht).

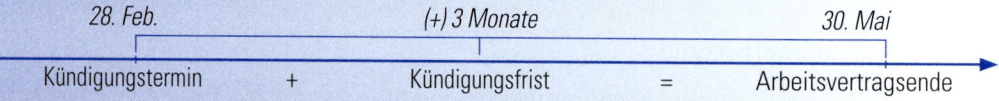

28. Feb.		(+) 3 Monate		30. Mai
Kündigungstermin	+	Kündigungsfrist	=	Arbeitsvertragsende

Für eine fristgerechte Kündigung durch den Arbeitgeber muss Hannah Baumgärtner die Kündigung spätestens am 28. Februar zugegangen sein. Eine Kündigung zur Monatsmitte (15. Mai) ist nicht möglich.

Lernkontrolle Aufgaben 10, 11, 12, 13 u. 14

Außerordentliche Kündigung

BGB
§ 626
§ 314

Bei einer außerordentlichen Kündigung wird das Arbeitsverhältnis (befristet oder unbefristet) ohne Einhaltung der gesetzlichen Kündigungsfrist beendet (fristlose Kündigung). Sie wird auch als Kündigung aus wichtigem Grund bezeichnet.

Zur außerordentlichen Kündigung bedarf es – anders als bei der ordentlichen Kündigung – eines **ausreichenden Kündigungsgrundes**. Ein solcher liegt vor, wenn dem Kündigenden unter Berücksichtigung aller Umstände des Einzelfalls und unter Abwägung der beiderseitigen Interessen (Verhältnismäßigkeit) die Fortsetzung des Vertragsverhältnisses bis zum Ablauf der vereinbarten Befristung bzw. bis zur nächsten ordentlichen Kündigungsmöglichkeit unzumutbar ist. Unzumutbar ist die Fortsetzung des Arbeitsverhältnisses im Einzelfall nur, wenn der Arbeitgeber vor der Kündigung eine Abmahnung ausspricht und die Kündigung nicht unverhältnismäßig ist.

Im Einzelfall sind die Dauer des Arbeitsverhältnisses, die Höhe des Verschuldens und die Folgen des Verhaltens des Arbeitnehmers zu berücksichtigen. Entscheidend ist die Prognose. Es geht nicht nur darum, was bereits geschehen ist, sondern darum, ob die Zusammenarbeit in der Zukunft unzumutbar ist. Als wichtige Gründe anerkannt sind folgende Beispiele.

Wichtige Kündigungsgründe	
Arbeitgeber	**Arbeitnehmer**
■ strafbare (vorsätzliche) Handlungen mit Auswirkung auf das Unternehmen (z. B. Diebstahl, Unterschlagung, schwere Beleidigung, tätliche Übergriffe, Sachbeschädigung) ■ unbegründete Arbeitsverweigerung ■ vorsätzliche Geschäftsschädigung (z. B. üble Nachrede, Konkurrenztätigkeit, wiederholte Trunkenheit) ■ Mobbing ■ sexuelle Belästigung	■ Verletzung der Vergütungspflicht (z. B. keine Gehaltszahlung) ■ Verletzung der Fürsorgepflichten ■ Keine Urlaubsgewährung ■ Gewalterfahrung

Die außerordentliche Kündigung muss nach Feststellung der maßgeblichen Tatsache (Grund) innerhalb von **zwei Wochen** schriftlich erklärt werden und dem Empfänger zugehen (Empfangsbedürftigkeit).

BGB
§ 626
§ 314 (1, 2)

Wird die außerordentliche Kündigung nicht innerhalb von zwei Wochen nach Kenntnis des wichtigen Grundes ausgesprochen, verfällt dieses Recht. Die Möglichkeit der ordentlichen (normalen) Kündigung bleibt davon unberührt.

Vertragliche Kündigung

Bei der vertraglichen Kündigung werden über arbeitsvertragliche Regelungen die gesetzlichen Bestimmungen der Vertragspartner zur Kündigung erweitert.

BGB
§ 622 (6)
§ 623

Zu dieser Erweiterung zählen u. a. die Verlängerung der gesetzlichen Kündigungsfrist oder die individuelle Festlegung eines bestimmten Kündigungstermins. Zu beachten ist, dass individuelle Vereinbarungen stets schriftlich festzuhalten sind und keine Vereinbarung zur Benachteiligung des Arbeitnehmers führen darf. So kann z. B. für den Arbeitnehmer keine längere Kündigungsfrist vereinbart werden als die, die für den Arbeitgeber gilt.

Beispiel:
Im Arbeitsvertrag zwischen Anika Rutkofsky und der EUROPA-Bank wird in beiderseitigem Einvernehmen eine Kündigungsfrist für beide Seiten von vier Monaten zum Quartalsende vereinbart.

Lernkontrolle
Aufgabe 15

Änderungskündigung

KSchG
§ 2 S.1

> Bei der Änderungskündigung kündigt der Arbeitgeber das Arbeitsverhältnis mit dem Ziel, das bestehende Arbeitsverhältnis zu abweichenden Bedingungen weiterzuführen.

> **Beispiel:**
> Durch die zunehmende Digitalisierung wird dem Servicemitarbeiter Marco Ritter gekündigt. Mit der Kündigung bekommt der Angestellte sofort einen anderen Arbeitsplatz in der Abteilung „Abwicklung des Zahlungsverkehrs" angeboten, welchen Herr Ritter annimmt.

Exkurs: Anhörungsrecht des Betriebsrats

BetrVG
§ 102 (5)
KSchG
§ 103
vgl.
Kapitel 4.4.1.1

Haben die Arbeitnehmer des betroffenen Unternehmens einen Betriebsrat gewählt, so ist dieser vor jeder Kündigung zu hören. Eine ohne Anhörung des Betriebsrats ausgesprochene Kündigung ist unwirksam. Nach dem Betriebsverfassungsgesetz (BetrVG) kann der Betriebsrat der ordentlichen Kündigung innerhalb einer Woche, der außerordentlichen Kündigung unverzüglich, spätestens jedoch innerhalb von drei Tagen, schriftlich unter Angabe von Gründen, widersprechen.

4.2.7.4 Probearbeitsverhältnis

BGB
§ 622 (3)

Eine Probezeit ist für ein Arbeitsverhältnis nicht vorgeschrieben. Dennoch ist die Vereinbarung einer Probezeit zu Beginn eines Arbeitsverhältnisses gängige Praxis. Während der Probezeit gelten grundsätzlich arbeitsrechtliche Bedingungen. Bei unbefristeten Arbeitsverhältnissen beträgt die Probezeit maximal sechs Monate. Während der Probezeit gilt eine gesetzliche Kündigungsfrist von zwei Wochen. Bei befristeten Arbeitsverhältnissen ist die Probezeit als sachlicher Befristungsgrund anerkannt. Damit endet das Arbeitsverhältnis ohne Kündigung mit Fristablauf. In der Praxis nutzen die Arbeitgeber verstärkt die bis zu zwei Jahren zulässige sachgrundlose Befristung eines Arbeitsverhältnisses „zur Erprobung".

4.2.8 Berufsausbildungsverhältnis

BBiG
§§ 1, 10 f.

Die Berufsausbildung dient dem Ziel **berufliche Handlungsfähigkeit** zu vermitteln. In dieser Fähigkeit münden alle beruflichen Fertigkeiten, Kenntnisse und Fähigkeiten (auch berufliche Erfahrungen) die zur Ausübung einer qualifizierten beruflichen Tätigkeit notwendig sind. Das Berufsausbildungsverhältnis begründet sich zwischen dem Ausbildenden (Ausbildungsbetrieb, z.B. Kreditinstitute) und dem Auszubildenden als Privatperson. Der rechtliche Rahmen basiert auf dem **Berufsbildungsgesetz** (BBiG), in Verbindung mit den spezifisch geltenden **Tarifverträgen** und den allgemeinen **arbeitsrechtlichen Bestimmungen**, wie z.B. den Schutzvorschriften des Jugendarbeitsschutzgesetzes (JArbSchG). Diese Rechtsgrundlagen werden durch die **Ausbildungsordnung**[1] für die Betriebe und den **Rahmenlehrplan**[2] für die kaufmännischen Berufsschulen komplettiert.

---

[1] Die Ausbildungsordnung wird vom Bundesministerium für Wirtschaft und Technologie im Einvernehmen mit dem Bundesministerium für Bildung und Forschung verordnet. Die rechtliche Inhalte der Ausbildungsordnung (Ausbildungsrahmenplan) für den Ausbildungsberuf „Bankkaufmann" finden Sie allgemein unter der Internetadresse (Abruf: 24.12.2014): http://www.heilbronn.ihk.de/infothek/ihkhnberufsbildungausbildungbasisinfosrechtliches/idIT-6596.aspx

[2] Die Rahmenlehrpläne werden von der Ständigen Konferenz der Kultusminister der Länder (KMK) beschlossen. Inhalte des Rahmenlehrplans für den kaufmännischen Ausbildungsberuf „Bankkaufmann" finden Sie unter der Internetadresse (Abruf: 24.12.2014): http://www.km.org/filadmin/pdf/bildung/beruflicheBildung/rlp/bankkaufmann97-10-17.pdf

Das zentrale Merkmal für die berufliche Ausbildung ist das **duale Ausbildungssystem**. Kennzeichnend für dieses System sind zwei parallel gestaltete Lernorte, in denen unterschiedliche Schwerpunkte auf Praxis und Theorie gelegt werden.

Lernkontrolle
Aufgabe 16 u. 17

Unter einer Ausbildung versteht man die Vermittlung von Fertigkeiten und Wissen durch eine dazu befugte Einrichtung (z. B. Unternehmen, Behörden, Schulen). Im Regelfall endet eine institutionelle Ausbildung mit einer Abschlussprüfung und der Auszubildende erhält nach erfolgreicher Teilnahme eine Bescheinigung über seine erworbene Befähigung.

Die Berufsausbildung hat die Zielsetzung Fähigkeiten zu vermitteln, die der Berufsausübung dienen. Bei der dualen Berufsausbildung wird diese Aufgabe durch Ausbildungsbetriebe und Berufsschulen (berufsbildende Schulen; Berufskollegs) nach den Vorgaben des Berufsbildungsgesetzes (BBiG) übernommen.

Das duale Ausbildungssystem

1. Lernort: Ausbildungsbetrieb	**2. Lernort:** Berufsschule
■ An diesem Lernort ist die spezifische Ausbildungsordnung grundlegend. ■ Sie stellt den Rahmen für die Durchführung der **praktischen Ausbildung** im Betrieb dar, d. h. sie bildet das Fundament für die Vermittlung von berufs- und betriebsspezifischen Kenntnissen und Fertigkeiten beim Kreditinstitut vor Ort.	■ Die schwerpunktmäßige Vermittlung der theoretischen Kenntnisse auf Basis der Rahmenlehrpläne ist für diesen Lernort maßgeblich. ■ Die **theoretische Ausbildung** soll den Grundstein für die praktische Ausbildung im Betrieb legen und eine Reflektion der praktischen Ausbildung ermöglichen.

Berufsausbildungsvertrag

Ausbildende haben unverzüglich nach Abschluss des Berufsausbildungsvertrages, spätestens vor Beginn der Ausbildung, den wesentlichen Inhalt des Vertrages schriftlich niederzulegen.

BBiG
§ 11

In der Niederschrift sind mindestens folgende Vertragsinhalte aufzunehmen:

1. Art, sachliche und zeitliche Gliederung sowie Ziel der Berufsausbildung, insbesondere die Berufstätigkeit, für die ausgebildet werden soll,
2. Beginn und Dauer der Berufsausbildung(unter subjektiver Berücksichtigung von Anerkennungszeiten und Verkürzung),
3. Ausbildungsmaßnahmen außerhalb der Ausbildungsstätte (z. B. externe Schulungen, Besuch von Seminaren bzw. Lehrgängen),
4. Dauer der regelmäßigen täglichen Ausbildungszeit,
5. Dauer der Probezeit (mindestens ein Monat, maximal vier Monate),
6. Zahlung und Höhe der Ausbildungsvergütung,
7. Dauer des Urlaubs (ggf. unter Berücksichtigung der Tarifverträge und des JArbSchG),
8. Voraussetzungen, unter denen der Berufsausbildungsvertrag gekündigt werden kann,
9. Tarifverträge, Betriebs- oder Dienstvereinbarungen, die auf das Berufsausbildungsverhältnis anzuwenden sind.

Die Niederschrift ist von den Ausbildenden und den Auszubildenden, bei Minderjährigen von deren gesetzlichen Vertretern zu unterzeichnen.

BBiG
§§ 34 ff.

Abschließend wird der Berufsausbildungsvertrag der zuständigen Stelle, regelmäßig den Kammern, wie der Industrie- und Handelskammer (IHK) vorgelegt. Diese prüft die Bedingungen, gibt ggf. ihr Einverständnis und trägt diesen in das Verzeichnis der Berufsausbildungsverhältnisse ein. Dieser Vorgang ist für die Zulassung zur Zwischen- und Abschlussprüfung bei der IHK zwingend erforderlich.

Der Abschluss eines Berufsausbildungsvertrages begründet wechselseitige Rechte und Pflichten. Die nachstehende Tabelle gibt hierzu einen Überblick.

Rechte und Pflichten aus dem Berufsausbildungsvertrag

Pflichten des Ausbildenden

Ausbildung

- Die Ausbildenden müssen dafür Sorge tragen, dass das vorgesehene **Ausbildungsziel** erreicht wird. Die Ausbildung hat durch einen Ausbilder planmäßig, zeitlich und sachlich gegliedert zu erfolgen um die theoretischen und praktischen Kenntnisse zu vermitteln. *(BBiG §§ 13 ff.)*
- Kostenlose Zurverfügungstellung von notwendigen **Ausbildungsmitteln**, wie z. B. Werkzeuge und Werkstoffe.
- **Freistellung** der Auszubildenden für den Berufsschulunterricht oder für Sonderveranstaltungen im Rahmen des Berufsschulunterrichts. *(BBiG §§ 15, 43)*
- Zur Führung des schriftlichen **Ausbildungsnachweises** anhalten, soweit in der Ausbildungsordnung vorgeschrieben. *(BBiG § 14 (2)*
- Übertragung von **Tätigkeiten**, die dem Ausbildungszweck dienen und den körperlichen Kräften des Auszubildenden angemessen sind (z. B. Verbot von Akkordarbeit). *(JArSchG § 22, 23)*
- **Informationspflicht** über die an jeder Ausbildungsstätte geltenden Sicherheits- und Ordnungsvorschriften.

Fürsorge

- Zahlung einer angemessenen, mindestens jährlich steigenden **Vergütung** und Gewährung von **Urlaub**. *(BBiG § 17 BurlG § 1)*
- Verbot von Weisungen, die auf eine ausbildungswidrige Beschäftigung gerichtet sind. *(JArSchG § 31)*
- **Körperliche Gewalt** oder Züchtigung ist unzulässig. *(GG Art. 2)*

Zeugnis

- Bei Beendigung der Ausbildung besteht die Pflicht zur Ausstellung eines einfachen (Art, Dauer und Ziel) oder (nach Wunsch) qualifizierten (Leistung und Führung) Zeugnisses. *(BBiG § 16)*

Pflichten des Auszubildenden

Ausbildung

- Das Bemühen (aktive Mitwirkung), die notwendigen Fertigkeiten, Kenntnisse und Fähigkeiten (und damit die berufliche Handlungsfähigkeit) zu erwerben. *(BBiG § 13)*
- **Teilnahme am Schulunterricht** (Besuch der Berufsschule) bzw. an den Veranstaltungen.
- **Teilnahme an Prüfungen** und überbetrieblichen Ausbildungsmaßnahmen.
- Das **Befolgen von Weisungen**, die ihnen im Rahmen der Berufsausbildung von Ausbildenden oder sonst Weisungsberechtigten erteilt werden.
- **Ordentlicher Umgang** mit zur Verfügung gestellten Betriebsmitteln.
- **Ärztliche Untersuchung** innerhalb der letzten 14 Monate vor Ausbildungsbeginn (Bescheinigung) mit Nachuntersuchung nach einem Jahr. *(JArSchG §§ 32, 33)*

Treue und Verschwiegenheit

- **Stillschweigen** über Betriebs- und Geschäftsgeheimnisse zu wahren. *(UWG § 17)*
- **Handelsverbot**, Verbot des Betreibens eines eigenen Gewerbes
- **Wettbewerbsverbot**, d. h. Verbot der Ausübung von Geschäften im Geschäftszweig des Ausbildenden.

Rechte des Auszubildenden

Rechte des Ausbildenden

*Lernkontrolle
Aufgaben 18 u. 19*

Berufsausbildungsdauer und Probezeit

Die Berufsausbildungsdauer beginnt mit der Probezeit, die mindestens einen Monat betragen muss, aber höchstens vier Monate betragen darf. Die eigentliche Berufsausbildungsdauer soll in der Regel drei Jahre umfassen und nicht weniger als 2 Jahre dauern.

Eine Verkürzung der Berufsausbildungsdauer ist im Rahmen einer Kann-Regelung für besonders begabte bzw. ältere Auszubildende möglich. Die Grundlage bildet die Anerkennung bestimmter Leistungen (z. B. Abitur, berufliche Vorerfahrungen oder besondere ausbildungsrelevante Leistungen). Die Verkürzung bedarf der Zustimmung der zuständigen Kammer (IHK).

Eine Verlängerung der Berufsausbildungsdauer zum Erreichen des Ausbildungsziels bedarf der Beantragung durch den Auszubildenden. Eine Verlängerung kann etwa durch schwere Erkrankungen oder durch eine Unterbrechung der Berufsausbildung begründet sein.

Berufsausbildungsende und Kündigung

Das Berufsausbildungsende tritt laut BBiG mit Ablauf der Berufsausbildungsdauer bzw. vor Ablauf mit Bestehen der Abschlussprüfung bei der IHK ein. `BBiG §§ 20, 22`

Die Kündigung des Berufsausbildungsverhältnisses kann von beiden Vertragspartnern während der Probezeit jederzeit ohne das Einhalten einer Kündigungsfrist erfolgen. Nach dem Ende der Probezeit kann beiderseits nur noch aus wichtigem Grund fristlos gekündigt werden. `BBiG § 5`

Eine einseitige Kündigung von Seiten des Auszubildenden ist mit einer Kündigungsfrist von vier Wochen unter Angabe des Kündigungsgrundes schriftlich möglich. Die Vertragspartei, die nach der Probezeit das Berufsausbildungsverhältnis grundlos löst, ist innerhalb der ersten drei Monate nach Beendigung zum Schadenersatz verpflichtet (sog. Vertragsbruch). `BBiG § 21` `BBiG § 23`

> **Beispiel 1:**
> Die EUROPA-Bank setzt den Auszubildenden Jochen Tröger seit Beginn der Ausbildung in der Hauptstelle ein. Herr Tröger ist dort seit 1,5 Jahren ausschließlich im Kassenbereich tätig. Der Ausbildende vernachlässigt seine Ausbildungspflicht. Der Auszubildende Jochen Tröger tritt deshalb vom Berufsausbildungsvertrag zurück. Eine ggf. entstehende Schadenersatzpflicht trägt der Ausbildende.
>
> **Beispiel 2:**
> Der Auszubildende Jochen Tröger fehlt regelmäßig unentschuldigt im Berufsschulunterricht. Nach vergeblicher Aufforderung seiner Gehorsamspflicht nachzukommen, tritt die EUROPA-Bank vom Berufsausbildungsvertrag zurück. Herr Tröger muss ggf. Schadenersatz leisten.

Lernkontrolle Aufgaben 20, 21 u. 22

Die **Weiterbeschäftigung** nach Ablauf der Berufsausbildungsdauer wird i. d. R. innerhalb der letzten sechs Monate des Ausbildungsverhältnisses vereinbart. Erfolgt die Weiterbeschäftigung des Auszubildenden nach Ablauf der Berufsausbildungsdauer ohne vorherige Vereinbarung zwischen Ausbildenden und Auszubildenden, so wird ein Arbeitsverhältnis für unbestimmte Zeit geschlossen. Der Arbeitgeber hat die Niederschrift der wesentlichen Vertragsbestimmungen binnen eines Monats dem Arbeitnehmer vorzulegen. `BBiG § 23` `NachwG § 2`

Zusammenfassung und Lernkontrolle

Zusammenfassung

Arbeitsvertrag (Individualarbeitsrecht)		

Arbeitgeber	**Abschluss: Formfreiheit Grundsatz: Vertragsfreiheit, ggf. Günstigkeitsprinzip**	**Arbeitnehmer**

Rechte und Pflichten	**Rechtsrahmen:**	**Rechte und Pflichten**
Rechte des Arbeitgebers = Pflichten des Arbeitnehmers	z. B. ■ BGB ■ HGB ■ NachwG ■ ArbzG ■ Tarifverträge	Rechte des Arbeitnehmers = Pflichten des Arbeitgebers

Arten von Arbeitsverhältnissen	

Vollzeitarbeit	**Teilzeitarbeit**
Arbeitszeitregelung ■ 48 Stunden pro Woche ■ 8 Stunden pro Tag Ausnahmen: ■ Arbeitszeit von 10 Stunden pro Tag für max. 6 Monate im Durchschnitt 8 Stunden pro Tag. ■ Tarifverträge können geringere Arbeitszeiten festschreiben.	**Recht** auf Teilzeit, wenn: ■ der Betrieb mehr als 15 Arbeitnehmer beschäftigt ■ das Arbeitsverhältnis mehr als 6 Monate besteht ■ betriebliche Gründe der Teilzeitarbeit nicht entgegenstehen.

Arbeitszeitformen	
■ gleitende Arbeitszeit ■ flexible Arbeitszeit 　■ Vertrauensarbeitszeit 　■ freie Arbeitszeitgestaltung	■ Abrufarbeitsverhältnisse ■ Arbeitsplatzteilung (Job-Sharing) ■ geringfügig Beschäftigte 　■ geringfügige entlohnte Beschäftigung 　■ kurzfristige Beschäftigung ■ Telearbeit

Beendigung des Arbeitsverhältnisses

Erreichen der Altersgrenze	Zeitablauf	Kündigung	Aufhebungsvertrag
Ein Arbeitnehmer erreicht das Rentenalter. Die gesetzliche Altersgrenze liegt bei 67 Jahren (ab Geburtsjahrgang 1964).	Ein zeitlich befristeter Arbeitsvertrag endet automatisch nach Ablauf der vereinbarten Zeit.	Ausdrückliche (schriftliche) Willenserklärung, die dem Vertragspartner zugehen muss (Empfangsbedürftigkeit).	Einvernehmliche Einigung zum Beenden des Arbeitsverhältnisses, zu einem festgelegten Zeitpunkt.

Arten der Kündigung

Ordentliche Kündigung

- Kündigungsfrist (Regel) = 28 Tage zum 15. oder zum Ende eines Monats.
- Längere Kündigungsfristen für langjährig beschäftigte Arbeitnehmer.
- Keine längere Frist des Arbeitnehmers im Vergleich zum Arbeitgeber.
- Informationspflicht an den Betriebsrat.
- Begründungspflicht des Arbeitgebers.
- Prüfung, ob die Kündigung sozial gerechtfertigt ist (vgl. Kapitel 4.3.1.1.)

Außerordentliche Kündigung

- Fristlose Kündigung aus wichtigem Grund von beiden Seiten.
- 2-Wochenfrist nach Kündigungsgrund.
- Informationspflicht an den Betriebsrat.

  Beispiele:
  - Diebstahl
  - Beleidigung
  - Arbeitsverweigerung

Änderungskündigung

- Änderung der Tätigkeit des Arbeitnehmers.
- Teilkündigungen sind zulässig, wenn das Arbeitsverhältnis zu abgeänderten Bedingungen fortgeführt werden kann.

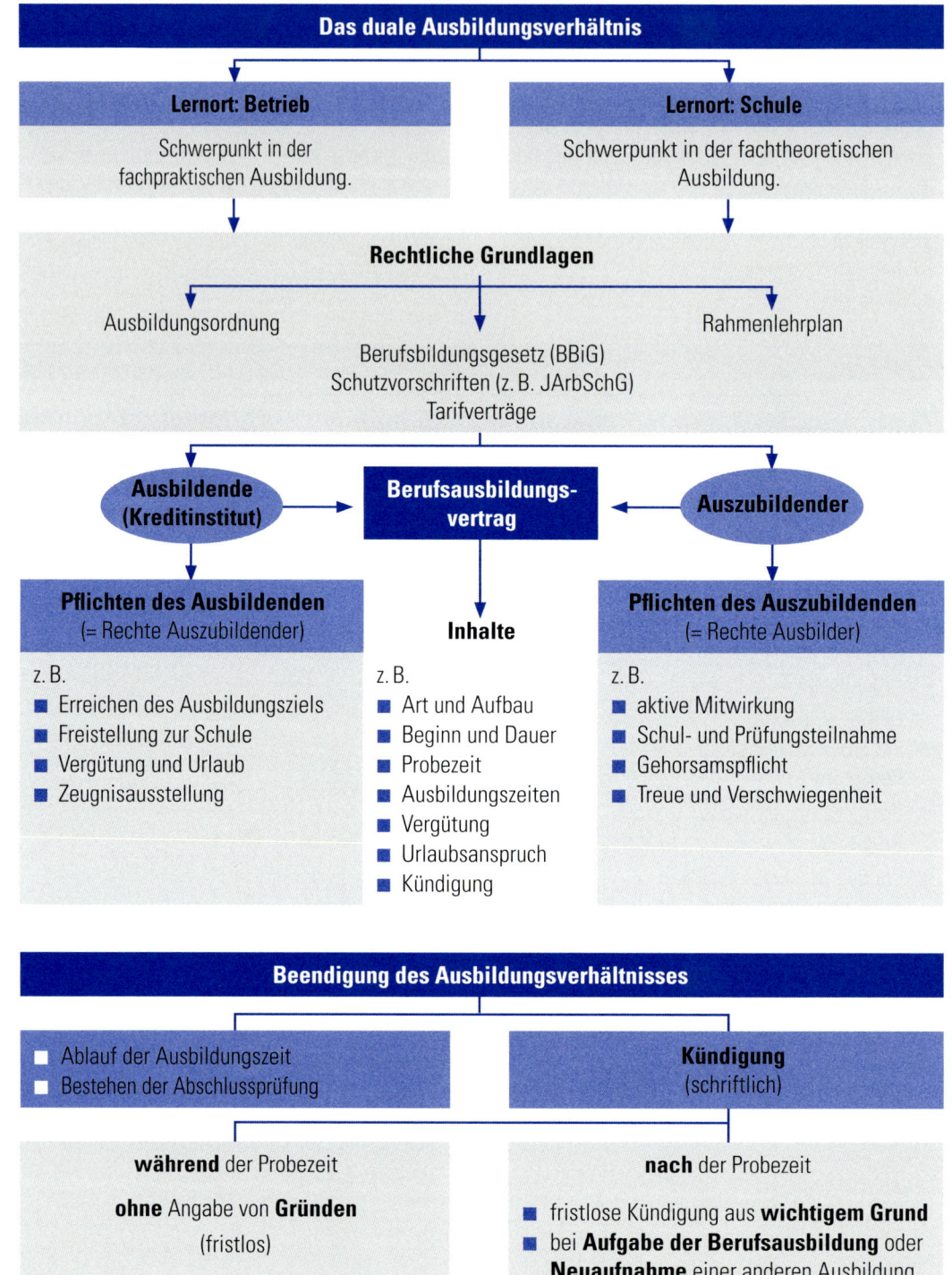

Das duale Ausbildungsverhältnis

Lernort: Betrieb
Schwerpunkt in der fachpraktischen Ausbildung.

Lernort: Schule
Schwerpunkt in der fachtheoretischen Ausbildung.

Rechtliche Grundlagen

Ausbildungsordnung

Berufsbildungsgesetz (BBiG)
Schutzvorschriften (z. B. JArbSchG)
Tarifverträge

Rahmenlehrplan

Ausbildende (Kreditinstitut) → **Berufsausbildungsvertrag** ← **Auszubildender**

Pflichten des Ausbildenden
(= Rechte Auszubildender)

z. B.
- Erreichen des Ausbildungsziels
- Freistellung zur Schule
- Vergütung und Urlaub
- Zeugnisausstellung

Inhalte

z. B.
- Art und Aufbau
- Beginn und Dauer
- Probezeit
- Ausbildungszeiten
- Vergütung
- Urlaubsanspruch
- Kündigung

Pflichten des Auszubildenden
(= Rechte Ausbilder)

z. B.
- aktive Mitwirkung
- Schul- und Prüfungsteilnahme
- Gehorsamspflicht
- Treue und Verschwiegenheit

Beendigung des Ausbildungsverhältnisses

- Ablauf der Ausbildungszeit
- Bestehen der Abschlussprüfung

Kündigung
(schriftlich)

während der Probezeit

ohne Angabe von **Gründen**
(fristlos)

nach der Probezeit

- fristlose Kündigung aus **wichtigem Grund**
- bei **Aufgabe der Berufsausbildung** oder **Neuaufnahme** einer anderen Ausbildung

Lernkontrolle

Aufgabe 1

Erklären Sie das im Arbeitsvertragsrecht geltende Rang- und das Günstigkeitsprinzip anhand eines selbstgewählten Beispiels.

Aufgabe 2

Prüfen Sie, ob jede Arbeitsvertragsform mündlich abgeschlossen werden kann.

Aufgabe 3

Prüfen und begründen Sie, ob der nachstehende Arbeitsvertrag inhaltlich richtig und vollständig ist.

Arbeitsvertrag

Zwischen dem „Bankhaus Klingmann; Rosenstraße 7; 74078 Heilbronn" (Arbeitgeber genannt) und Frau „Sophia Baum; Akazienstr. 8, 74078 Heilbronn" (Arbeitnehmer genannt) wird folgender – unbefristeter Arbeitsvertrag – geschlossen:

1. **Beginn des Arbeitsverhältnisses/Arbeitsort**
   Der Arbeitnehmer wird ab 1.8.20.. in der Zentrale in Heilbronn eingestellt.
2. **Probezeit**
   Auf eine Probezeit wird verzichtet.
3. **Arbeitszeit**
   Die regelmäßige tägliche Arbeitszeit beträgt zurzeit 10,2 Stunden ohne die Berücksichtigung von Pausen. Regelmäßiger Arbeitsbeginn ist um 7:30 Uhr. Die Mittagspause dauert von 13:45 Uhr bis 14:30 Uhr.
4. **Urlaub**
   Der Arbeitnehmer hat einen bezahlten Urlaubsanspruch von 30 Werktagen pro Kalenderjahr.
5. **Vergütung**
   Der Arbeitnehmer erhält für seine Tätigkeit ein monatliches Bruttogehalt von 2.350 Euro. Die Auszahlung erfolgt innerhalb der ersten drei Tage des Folgemonats. Ein Anspruch auf vermögenswirksame Leistungen besteht nicht.
6. **Krankheit**
   Im Krankheitsfall hat der Arbeitnehmer für die Dauer von vier Wochen einen Anspruch auf Entgeltfortzahlung durch den Arbeitgeber.
7. **Verschwiegenheitspflicht**
   Der Arbeitnehmer verpflichtet sich, während der Dauer des Arbeitsverhältnisses über alle betrieblichen Angelegenheiten, die ihm im Rahmen oder aus Anlass seiner Tätigkeit bekannt geworden sind, Stillschweigen zu bewahren.
8. **Kündigung**
   Die Kündigungsfrist beträgt für den Arbeitnehmer vier Wochen, für den Arbeitgeber zwei Wochen jeweils zum 15. oder Ende eines Kalendermonats.
9. **Zeugnis**
   Der Arbeitgeber überreicht dem Arbeitnehmer beim Ausscheiden aus dem Unternehmen ein schriftliches Zeugnis, in dem Angaben über Art und Dauer der Beschäftigung gemacht werden. Ein Anspruch auf ein qualifiziertes Zeugnis, das zusätzlich Aussagen zur Leistung und Führung enthält, besteht nicht und wird nur in Ausnahmefällen ausgestellt.

Ort, Datum / Unterschrift Arbeitgeber	Ort, Datum / Unterschrift Arbeitnehmer
Heilbronn, 01.10.20.. / *Klingmann*	Heilbronn, 01.10.20.. *Baum*

Hinweis: Erstellen Sie für Ihre Lösungen eine Tabelle nach folgendem Muster.

	Inhalte und Rechtsquelle	zulässig/ unzulässig	Gesetzliche Begründung, ggf. Richtigstellung
1	..	..	..
2	..	..	..
3	..	..	..
Anmerkung:			

Aufgabe 4

Frau Hummel ist seit 2 Jahren bei der EUROPA-Bank im Zahlungsverkehr beschäftigt. In ihrem Büro arbeitet sie mit fünf weiteren Mitarbeitern, von denen zwei ab und an im Büro rauchen. Da sie eine nachweisliche Atemwegserkrankung hat, bittet sie um Versetzung an einen rauchfreien Arbeitsplatz. Ihr Arbeitgeber verweigert ihr diesen Wunsch. Beurteilen Sie die Rechtslage.

Aufgabe 5

Herr Müller wird von seinem Filialleiter Herrn Stein fast täglich zu Überstunden verpflichtet. Im Arbeitsvertrag ist keine Überstundenregelung vereinbart. Prüfen Sie, ob Herr Müller dazu verpflichtet ist, die Überstunden zu leisten.

Aufgabe 6

Nennen Sie jeweils Vor- und Nachteile der Gleitzeitarbeit für Arbeitnehmer und Arbeitgeber.

Aufgabe 7

Erklären Sie die Arbeitszeitformen: Jobsharing, Arbeit auf Abruf und Telearbeit.

Aufgabe 8

Die betriebliche Ausgestaltung der Arbeitszeit und der Pausen wirkt sich auf die individuelle Arbeitsleistung der Arbeitnehmer aus. Prüfen Sie, welche Arbeitszeitformen für die in nachfolgenden Fällen betroffenen Mitarbeiter aus unterschiedlichen Feldern am geeignetsten erscheinen.

Fall 1.   Für die Mitarbeiter, die in der Verwaltung eines Kreditinstituts arbeiten.

Fall 2.   Für Arbeitnehmer, die in der Forschung und Entwicklung in einem Softwareunternehmern beschäftigt sind.

Aufgabe 9

Teilzeitarbeit bietet sowohl Vor- als auch Nachteile. Erläutern Sie diese für die Beteiligten.
1. Arbeitgeber
2. Arbeitnehmer
3. Gesellschaft

Aufgabe 10

Prüfen Sie, auf welche Weise die nachfolgenden Arbeitsverhältnisse beendet werden.

Fall 1. Frau Kleiner hat heute, nach über 30 Jahren Anstellung ohne Unterbrechung, ihren letzten Arbeitstag in der Volksbank.

Fall 2. Herr Hummel hat sich mit der Geschäftsleitung vertraglich über den Zeitpunkt seines Ausscheidens aus dem Unternehmen und die Höhe der Abfindung geeinigt.

Fall 3. Herr Reichert war für 6 Monate als Vertretung für eine Mitarbeiterin tätig, die nun aus der Elternzeit zurückkommt.

Fall 4. Herr Vogel bekommt noch heute seine Arbeitspapiere per Post zugeschickt, da er nach einem Vorfall an seinem Arbeitsplatz, der strafrechtliche Folgen nach sich ziehen wird, sofort das Firmengelände verlassen musste.

Fall 5. Herr Kern arbeitet heute das letzte Mal in seiner Abteilung. Sein Arbeitgeber hat ihm einen anderen Arbeitsplatz innerhalb des Unternehmens angeboten, zu geänderten Arbeitsbedingungen.

Aufgabe 11

Erläutern Sie, wodurch sich die Änderungskündigung von der „gewöhnlichen" bzw. ordentlichen Kündigung unterscheidet.

Aufgabe 12

Die EUROPA-Bank plant die Entlassung von drei Mitarbeitern. Als Auszubildender in der Personalabteilung sind Sie damit beauftragt, unter Beachtung der gesetzlichen Kündigungsfristen den letzten Arbeitstag für die drei betroffenen Mitarbeiter zu ermitteln.

	Name	Alter	Dauer der Beschäftigung	Zugang der Kündigung	Kündigungsfrist (§ 622 BGB)	Letzter Arbeitstag (Datum)
Fall 1	*Onken*	33	7 Jahre	15. Juli		
Fall 2	*Kern*	43	21 Jahre	31. Juli		
Fall 3	*Hankel*	26	5 Jahre	27. Juli		

Aufgabe 13

Herr Wünsche (31 Jahre), seit 8 Jahren bei der EUROPA-Bank, möchte zum 1. September zur Sparkasse wechseln. Bestimmen Sie nachweislich den Tag, an dem die Kündigung spätestens vorliegen muss.

Aufgabe 14

Die Klopp GmbH möchte die nachfolgenden Regelungen in ihre Arbeitsverträge übernehmen. Begründen Sie, ob diese Gültigkeit besitzen.

1. Die Kündigungsfrist für Mitarbeiter beträgt drei Monate zum Ende des Quartals, für die Klopp GmbH gilt die Kündigungsfrist per Gesetz.
2. Die Kündigungsfrist beträgt 3 Jahre für beide Vertragspartner.
3. Die Klopp GmbH zahlt 7 % über den aktuellen Tarifvertragsbestimmungen. Dieses Gehalt soll drei Jahre unverändert bleiben. Ein neuer Tarifvertrag hat hierauf keinen Einfluss.
4. Tritt ein Mitarbeiter einer Gewerkschaft bei, so ist die Klopp GmbH dazu berechtigt, das Arbeitsverhältnis aufzulösen.

Aufgabe 15

Hannah Baumgärtner ist bei der EUROPA-Bank im Kassenservice angestellt. Beim Verlassen des Gebäudes wird sie des Diebstahls überführt. Unverzüglich wird ihr dazu geraten, das bestehende Arbeitsverhältnis in beiderseitigem Einvernehmen zu kündigen. Andernfalls würde am folgenden Tag die fristlose Kündigung ausgesprochen.

1. Prüfen Sie die allgemeinen Voraussetzungen für das Aussprechen einer fristlosen Kündigung und beurteilen Sie den Sachverhalt.
2. Nehmen Sie Stellung zum Verhalten der EUROPA-Bank.
3. Nennen Sie vier Gründe, die eine fristlose (außerordentliche Kündigung) rechtfertigen.
4. Hannah Baumgärtner wurde fristlos gekündigt. Sie möchte sich gegen die Kündigung wehren. Beraten Sie Frau Baumgärtner.

Aufgabe 16

Sophia Maria Baum (17 Jahre) möchte Bankkauffrau werden. Die EUROPA-Bank bietet ihr einen Ausbildungsplatz an.

1. Klären Sie die Voraussetzungen für einen möglichen Vertragsabschluss.
2. Nennen Sie wesentliche Inhalte, die im Berufsausbildungsvertrag geregelt werden.
3. Die EUROPA-Bank ist von Sophias Leistungsbereitschaft bereits beim Vorstellungsgespräch überzeugt. Auf eine Probezeit wird daher verzichtet. Prüfen Sie, ob dies rechtlich möglich ist.
4. Beurteilen Sie den Fall erneut, wenn die EUROPA-Bank 5 Monate Probezeit festsetzt.

Aufgabe 17

Die Auszubildende Hannah Baumgärtner wird bei der EUROPA-Bank als Angestellte im Privatkundenbereich übernommen. Beschreiben Sie mindestens vier wesentliche Unterschiede, die zwischen einem Berufsausbildungsverhältnis und einem Arbeitsverhältnis bestehen.

Aufgabe 18

Die EUROPA-Bank beschäftigt zwei Auszubildende für 4 Wochen in der Filiale Heilbronn. Der dortige Filialeiter beauftragt die Auszubildenden ab und an den Bürgersteig vor der Filiale zu fegen. Darüber hinaus verlangte er von beiden Azubis während der Geldsparwoche zu arbeiten und dafür dem Berufsschulunterricht fern zu bleiben.

Prüfen Sie, ob die Anweisungen des Filialleiters rechtmäßig sind.

Aufgabe 19

Nennen Sie je zwei Rechte und Pflichten, die mit dem Beginn der Berufsausbildung bei der EUROPA-Bank für die Auszubildende Anika Rutkofsky entstehen.

Aufgabe 20

Anika Rutkofsky ist mit ihrer Berufsausbildung bei der EUROPA-Bank unzufrieden. Recherchieren Sie die Einflussmöglichkeiten der Auszubildenden und die Anlaufstellen, die sie unterstützen können.

Aufgabe 21

Beurteilen Sie, ob die Kündigung in den folgenden Fällen rechtswirksam ist.

Fall 1: Die Auszubildende Rebekka Angres hat zwei Wochen nach Ablauf der Probezeit Geld aus der Kasse gestohlen. Drei Wochen nach Bekanntwerden dieser Tatsache, erhält Frau Angres die schriftliche Kündigung.

Fall 2: Der Auszubildende Jan Hofer möchte ein Studium beginnen. Er kündigt unter Einhaltung der Kündigungsfrist von 4 Wochen zum 31. März.

Fall 3: Der Auszubildende Wolfgang Kuhnle erzählt seinen Mitschülern, dass sein Berufsschullehrer sein Konto mit 5.000 Euro überzogen hat. Ein Mitschüler spricht den Lehrer darauf an. Dieser beschwert sich bei der EUROPA-Bank, die Herrn Kuhnle daraufhin fristlos kündigt.

Aufgabe 22

Die nachfolgenden Aussagen betreffen das Berufsausbildungsverhältnis. Begründen Sie jeweils, ob diese richtig oder falsch sind.

1. Das Berufsausbildungsverhältnis ist während der Probezeit von jedem Vertragspartner ohne Angabe von Gründen fristlos kündbar.
2. Ein unbefristetes Arbeitsverhältnis wird begründet, wenn ein Auszubildender direkt im Anschluss an sein Berufsausbildungsverhältnis weiterbeschäftigt wird, ohne dass dies ausdrücklich vereinbart wurde.
3. Die Höchstdauer der Probezeit ist frei zwischen den Vertragspartnern zu vereinbaren.
4. Mit Bestehen der Abschlussprüfung ist das Berufsausbildungsverhältnis vorzeitig beendet.
5. Nach der Probezeit kann das Berufsausbildungsverhältnis vom Auszubildenden ohne Wahrung der Kündigungsfrist aufgelöst werden, wenn der Auszubildende eine andere Berufsausbildung beginnen möchte.

4.3   Schutzrechte für Arbeitsverhältnisse

4.3.1   Überblick

Arbeitsrechtliche Schutzbestimmungen gelten für Arbeitsverhältnisse und sind im engeren Sinne Schutzvorschriften zu Gunsten der Arbeitnehmer. Sie bestehen in vielen **sozialen** und **technischen** Bereichen, die den Arbeitsalltag der Arbeitnehmer prägen und sichern.

Die gesetzlichen Bestimmungen normieren Ansprüche und Pflichten der Arbeitnehmer und Arbeitgeber. Die sozialen Schutzbereiche regeln häufig individuelle Ansprüche der Arbeitnehmer in den Bereichen Arbeitszeit und Kündigung.

Die technischen Schutzbereiche umfassen allgemeine Vorschriften zur Arbeitssicherheit und zum Gesundheitsschutz der Arbeitnehmer.

Lernkontrolle
Aufgaben 1 u. 2

Der Großteil der Schutzrechte gilt für alle Arbeitnehmer. Einzelne Arbeitnehmergruppen genießen darüber hinaus Sonderschutz, z. B. werdende Mütter, Auszubildende und Jugendliche.

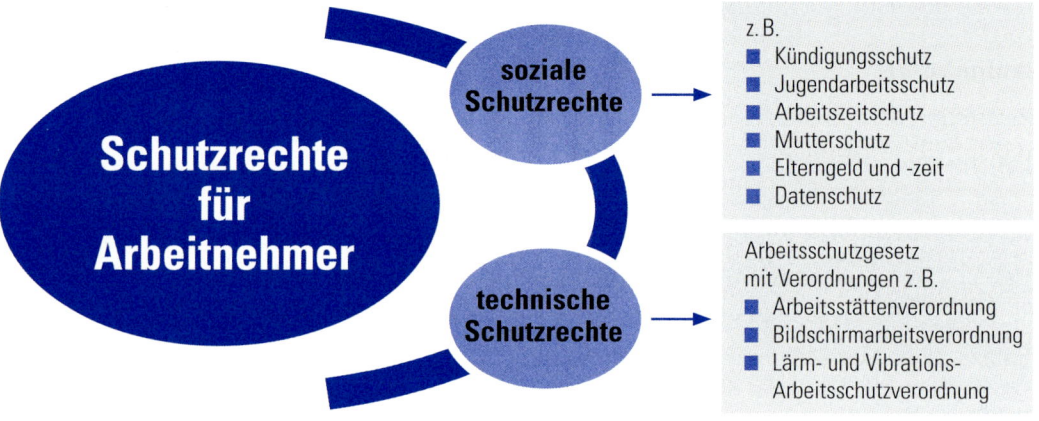

4.3.2   Soziale Schutzrechte

4.3.2.1 Kündigungsschutz

Mit einer Kündigung beendet ein Vertragspartner einseitig das Arbeitsverhältnis. Anders als bei einem Aufhebungsvertrag ist nicht entscheidend, ob der von der Kündigung betroffene Partner mit der Kündigung einverstanden ist (einseitiges Rechtsgeschäft).

Für Arbeitnehmer hat die Kündigung oft schwerwiegende Konsequenzen. Das Arbeitsverhältnis bildet im Regenfall die Existenzgrundlage. Aus diesem Grund hat das Kündigungsrecht (Kündigungsschutz) das vorrangige Ziel zur Erhaltung von Arbeitsverhältnissen beizutragen. Damit sollen Arbeitnehmer vor übereilten und sozial ungerechtfertigten Kündigungen durch den Arbeitgeber gesetzlich geschützt werden.

Den Arbeitgebern muss es dennoch möglich sein Arbeitnehmer zu entlassen, wenn es die wirtschaftliche Lage erfordert, wenn ein Arbeitnehmer für sein Aufgabenfeld ungeeignet ist oder sein Fehlverhalten dem Unternehmen schadet. Der gesetzliche Kündigungsschutz ist arbeitsrechtlich von besonderer Bedeutung. Er dient dem Interessenausgleich zwischen Arbeitgeber und Arbeitnehmer und soll für beide Vertragsparteien zufriedenstellende Lösungen anbieten.

Allgemeiner Kündigungsschutz

In den Anwendungsbereich des Kündigungsschutzgesetzes (KschG) fällt die Kündigung des Arbeitsverhältnisses gegenüber einem Arbeitnehmer. Arbeitnehmerseitige Kündigungen sind grundsätzlich nicht im Geltungsbereich des KschG. Damit können sich die Arbeitgeber nicht auf dieses Gesetz berufen. Die Arbeitnehmer hingegen sind laut KschG gegen eine ordentliche Kündigung durch den Arbeitgeber geschützt, wenn bestimmte Voraussetzungen erfüllt sind. Es gilt zu klären, ob

- das Arbeitsverhältnis am 1. Januar 2004 oder danach begonnen hat und in dem Betrieb in der Regel mehr als zehn Arbeitnehmer (ausschließlich der Auszubildenden) beschäftigt sind, **oder**
- das Arbeitsverhältnis bereits am 31. Dezember 2003 bestanden hat und in dem Betrieb am 31. Dezember 2003 in der Regel mehr als fünf Arbeitnehmer (ausschließlich der Auszubildenden) beschäftigt waren **und**
- das Arbeitsverhältnis des Arbeitnehmers zum Zeitpunkt der Kündigung in dem Betrieb ununterbrochen länger als sechs Monate bestanden hat (Wartezeit).

Erfüllt das Arbeitsverhältnis die aufgeführten drei Voraussetzungen, ist die ordentliche Kündigung Seitens der Arbeitgeber unwirksam, wenn die Kündigung als **sozial ungerechtfertigt** gilt. KschG § 1 (2)

Eine sozial gerechtfertigte Kündigung bedarf eines bestimmten Kündigungsgrundes. Dieser kann in der **Person** oder im **Verhalten** des Arbeitnehmers oder durch dringend **betriebliche Erfordernisse** bedingt sein (siehe nachfolgende Übersicht).

Kündigungsgrund	Beispiele	Voraussetzungen für die Rechtmäßigkeit des Kündigungsgrundes
Person des Arbeitnehmers	■ Mangelnde körperliche und geistige Eignung ■ Dauernde bzw. häufig wiederholte krankheitsbedingte Unfähigkeit, die geschuldete Arbeitsleistung zu erbringen.	■ Bestätigung der negativen Prognose und Nachweis einer für den Arbeitgeber unzumutbaren wirtschaftlichen Belastung des Betriebsablaufs ■ Überprüfung, ob der Arbeitnehmer für den Kündigungsgrund objektiv verantwortlich ist.
Verhalten des Arbeitnehmers	Schuldhafte Pflichtverletzung durch z. B. ■ Arbeitsverweigerung ■ Häufige Unpünktlichkeit ■ Beleidigung oder tätliche Angriffe ■ Betrug und Diebstahl ■ Fehlende Krankmeldungen	■ Notwendigkeit einer schriftlichen Abmahnung über die Leistungsmängel vor der Kündigung ■ Überprüfung, ob der Arbeitnehmer für den Kündigungsgrund objektiv verantwortlich ist.
dringende betriebliche Erfordernisse	■ Geschäftsrückgang (Auftrags- oder Absatzrückgang) ■ Rationalisierungsmaßnahmen (Änderung der Produktionsverfahren, Betriebsstillegungen)	■ Erfolgt die Kündigung mehrerer Arbeitnehmer, sind die sozialen Gesichtspunkte zu berücksichtigen (sog. Sozialauswahl).

Verhältnismäßigkeitsgrundsatz

Recht-
sprechung
des BAG

Bei jeder Kündigung ist der Grundsatz der Verhältnismäßigkeit zu wahren. Dieser besagt, dass das Ziel einer Maßnahme und deren Auswirkungen in einem angemessenen Verhältnis zueinander stehen müssen. Die Kündigung als Maßnahme kommt damit nur in Betracht, wenn bestimmte Prüfungspunkte berücksichtigt wurden. Zu prüfen ist, ob

■ der zu kündigende Arbeitnehmer an einem anderen Arbeitsplatz im selben Betrieb oder in einem anderen Betrieb des selben Unternehmens weiterbeschäftigt werden kann,

■ die Weiterbeschäftigung des Arbeitnehmers nach zumutbaren Umschulungs- oder Fortbildungsmaßnahmen möglich ist oder

■ eine Weiterbeschäftigung des Arbeitnehmers unter geänderten Vertragsbedingungen möglich ist und der Arbeitnehmer sein Einverständnis hierzu erklärt hat (Änderungskündigung).

Anhörung und Widerspruch des Betriebsrats

KschG
§ 1 (2)
BetrVG
§§ 95, 102
vgl.
Betriebsrat
Kapitel 4.4.1.1

Als sozial ungerechtfertigt gilt eine Kündigung auch dann, wenn der Betriebsrat nicht oder nicht ordnungsgemäß angehört wurde. Dieser hat die Möglichkeit einer ordentlichen Kündigung innerhalb einer Woche, einer außerordentlichen Kündigung innerhalb von drei Tagen zu widersprechen. Dieses Widerspruchsrecht gilt ferner, wenn der Arbeitgeber bei der Auswahl des ordentlich zu kündigenden Arbeitnehmers den Verhältnismäßigkeitsgrundsatz oder soziale Gesichtspunkte nicht oder nicht ausreichend berücksichtigt.

Einspruch beim Betriebsrat

vgl.
Kapitel 4.4.1.1
vgl.
Arbeits-
gerichtsbarkeit
Kapitel 6.2

Hält ein Arbeitnehmer eine Kündigung für sozial ungerechtfertigt, kann er beim Betriebsrat binnen einer Woche nach Zugang der Kündigung Einspruch einlegen. Der Betriebsrat wird nach Prüfung des Falls versuchen, eine Einigung zwischen Arbeitnehmer und Arbeitgeber zu bewirken. Erachtet der Betriebsrat den Einspruch für richtig, wird er auf Verlangen des Arbeitnehmers seine Stellungnahme, die der Kündigungsschutzklage vor dem Arbeitsgericht beifügt werden kann, schriftlich mitteilen.

> Das Einspruchsrecht des Betriebsrats gilt nicht für Aufhebungsverträge oder Kündigungen durch die Arbeitnehmer selbst.

Klage gegen eine Kündigung

KschG
§ 4
vgl.
Arbeits-
gerichtsbarkeit
Kapitel 6.2

Hält ein Arbeitnehmer seine Kündigung für sozial ungerechtfertigt oder aus anderen Gründen für rechtlich unwirksam, steht es dem Arbeitnehmer frei, binnen drei Wochen nach Zugang der Kündigung beim Arbeitsgericht des Geschäftssitzes Klage zu erheben (**Kündigungsschutzklage**). Hat ein Arbeitnehmer Kündigungsschutzklage erhoben, muss der Arbeitgeber den Arbeitnehmer auf dessen Verlangen hin grundsätzlich bis zum rechtskräftigen Urteil bei unveränderten Arbeitsbedingungen weiterbeschäftigen. In der Praxis wird anstelle einer Kündigungsschutzklage häufig ein Vergleich vor dem Arbeitsgericht geschlossen. Darin verzichtet der Arbeitnehmer auf Weiterbeschäftigung und der Arbeitgeber zahlt eine Ausgleichszahlung in Höhe einer gerichtlich festgesetzten Abfindung.

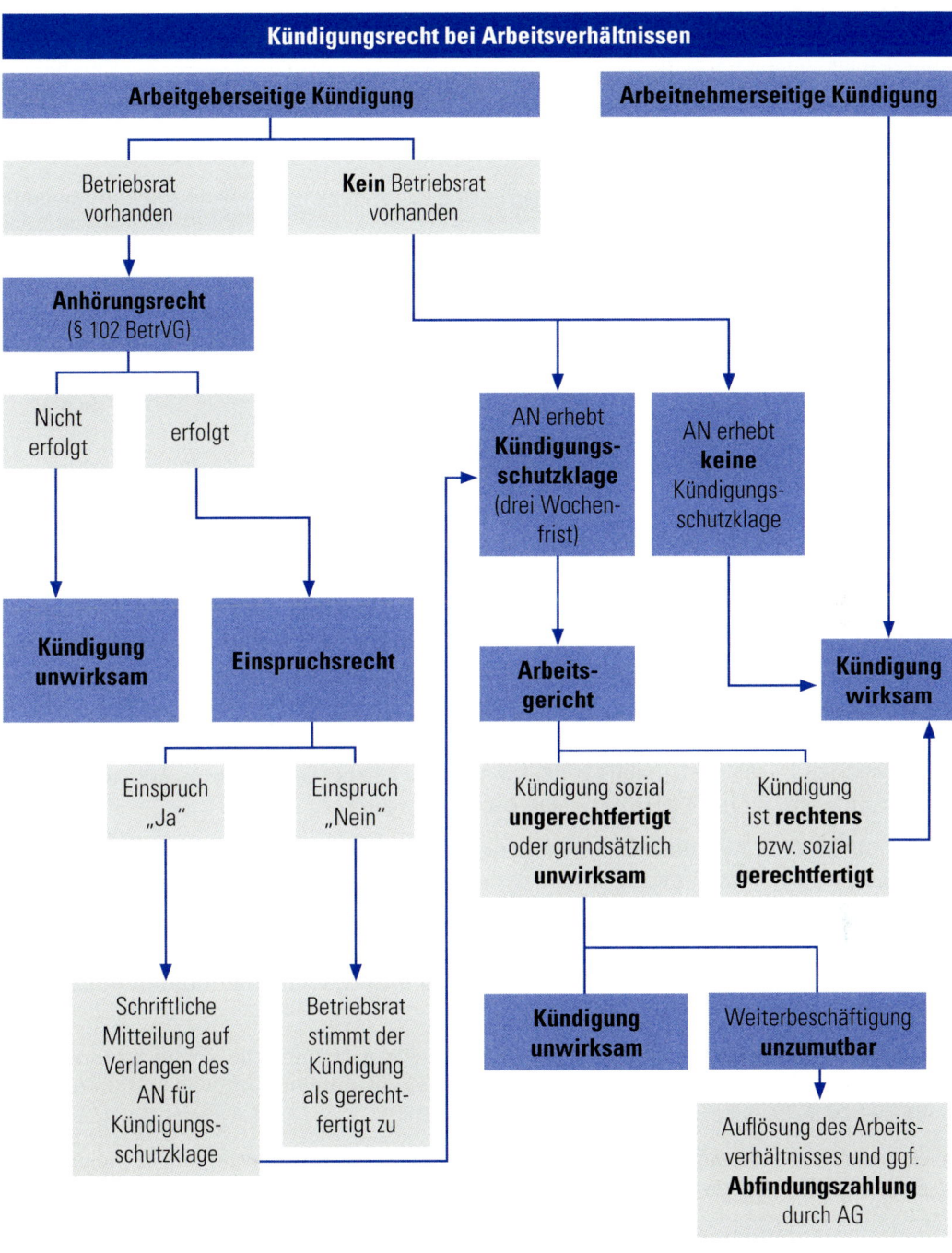

AN = Arbeitnehmer
AG = Arbeitgeber

Besonderer Kündigungsschutz

Lernkontrolle
Aufgaben 3 u. 4

Über den allgemeinen Kündigungsschutz hinausgehend hat der Gesetzgeber die Kündigung von Personengruppen, die als besonders schutzbedürftig gelten, grundsätzlich ausgeschlossen oder erschwert. Die Personen können dabei in einer besonderen **Situation** oder **Funktion** sein.

Besonderer Kündigungsschutz			
Personen in besonderer Situation		**Personen in besonderer Funktion**	
Schwerbehinderte Menschen	§§ 85 ff. SGB IX	Betriebsratsmitglieder	§ 15 KSchG
Werdende Mütter	§ 9 MuSchG	Jugend- und Auszubildendenvertretung	§ 15 KSchG
Eltern während der Elternzeit	§ 18 BEEG	Schwerbehindertenvertreter	§ 96 SGB IX
Auszubildende nach Ende der Probezeit	§ 22 BBiG	Datenschutzbeauftragte	§ 4 f. (3) BDSG

SGB IX
§§ 85 ff.

■ **Schwerbehinderte Menschen** (mind. 50 % Behinderungsgrad) können nur mit Zustimmung des Integrationsamtes gekündigt werden. Die Kündigungsfrist beträgt vier Wochen.

MuSchG
§ 9

■ **Werdende Mütter** (Schwangere) können während der Schwangerschaft und bis zum Ablauf von vier Monaten nach der Entbindung nicht gekündigt werden, sofern der Arbeitgeber davon Kenntnis hat oder innerhalb von zwei Wochen nach Kündigung Kenntnis erlangt.

BEEG
§ 18

■ Eltern während der **Elternzeit** dürfen ab dem Zeitpunkt, von dem an Elternzeit beim Arbeitgeber beantragt worden ist, höchstens jedoch acht Wochen vor Beginn der Elternzeit und während der Elternzeit nicht gekündigt werden.

BBiG
§ 22

■ Gegenüber dem **Auszubildenden** kann nach der abgelaufenen Probezeit keine ordentliche Kündigung mehr ausgesprochen werden.

KSchG
§ 15

■ **Betriebsratsmitglieder** und Mitglieder der **Jugend- und Auszubildendenvertretung** sind während ihrer Amtszeit und bis ein Jahr danach ordentlich unkündbar. Dies gilt ferner für Kandidaten zur Wahl des Betriebsrats und nicht gewählte Kandidaten bis sechs Monate nach der Wahl.

SGB IX
§ 96

■ **Schwerbehindertenvertreter** gelten als Vertrauenspersonen der schwerbehinderten Menschen und genießen damit den gleichen Kündigungsschutz wie Mitglieder des Betriebsrats.

BDSG
§§ 4f (3)

■ **Datenschutzbeauftragte** können während des Bestehens ihrer Bestellung sowie ein Jahr nach Abberufung als Datenschutzbeauftragter nicht gekündigt werden.

BGB
§ 626

Das Recht zur **fristlosen Kündigung** aus wichtigem Grund bleibt vom genannten Kündigungsschutz unberührt. Ausgenommen und an Bedingungen geknüpft ist der Mutterschutz.

4.3.2.2 Jugendarbeitsschutz

Ein jugendlicher Arbeitnehmer[1] ist eine beschäftigte Person die mindestens 15 Jahre und maximal 18 Jahre alt ist. Diese Arbeitnehmer haben weder ihre körperliche noch geistig-seelische Entwicklung abgeschlossen. Damit besitzen sie eine begrenzte Leistungsfähigkeit und sind durch das Jugendarbeitsschutzgesetz (JArbSchG) im Besonderen vor Überforderung, Überbeanspruchung und allgemeinen Gefahren geschützt. Die folgende Tabelle zeigt wichtige Schutzbestimmungen zu den Bereichen Beschäftigungs-, Erholungs- und Gesundheitsschutz.

JArbSchG
§§ 2, 7

Lernkontrolle
Aufgaben 5, 6 u. 7

Jugendarbeitsschutzgesetz – Auszug –			
	Aspekte	**Rechts-quelle**	**Inhalte**
Beschäftigungsschutz	Beschäfti-gungsbe-schränkungen	§ 22	Arbeitgeber dürfen Jugendliche nicht mit Arbeiten beschäftigen, die ■ ihre physische oder psychische Leistungsfähigkeit übersteigen, ■ sie sittlichen Gefahren aussetzen oder ■ mit Unfallgefahren verbunden sind.
	Arbeitszeit	§§ 8, 15f.	■ Jugendliche dürfen nicht mehr als acht Stunden täglich und nicht mehr als 40 Stunden wöchentlich beschäftigt werden. ■ Maximal 8,5 Stunden pro Tag, wenn innerhalb einer Woche an einem anderen Werktag weniger als 8 Stunden gearbeitet wird und damit die Wochenarbeitszeit (5-Tage-Woche) im Durchschnitt 40 Stunden nicht überschreitet. ■ Werden Jugendliche an Samstagen (maximal zwei pro Monat) beschäftigt, ist ihnen durch Freistellung an einem anderen berufsschulfreien Arbeitstag derselben Woche die 5-Tage-Woche sicherzustellen.
	Berufsschul-besuch und Prüfung	§§ 9ff.	■ Der Arbeitgeber hat die Jugendlichen für die Teilnahme am Berufsschulunterricht freizustellen. ■ Jugendliche sind nicht zu beschäftigen 　▪ vor einem vor 9 Uhr beginnenden Unterricht und 　▪ an einem Berufsschultag mit mehr als fünf Stunden Unterricht von mindestens je 45 Minuten. 　(Beachte: Diese Regelung gilt nur einmal in der Woche.) ■ In Berufsschulwochen mit einem planmäßigen Blockunterricht von mindestens 25 Stunden an mindestens fünf Tagen ist eine betriebliche Beschäftigung verboten. ■ Zusätzliche betriebliche Ausbildungsveranstaltungen bis zu zwei Stunden wöchentlich sind zulässig. ■ Der letzte Arbeitstag, der unmittelbar der schriftlichen Abschlussprüfung vorangeht, ist frei.

---

1   Das Mindestalter für die Beschäftigung beträgt 15 Jahre. **Kind** im Sinne des JArbSchG ist, wer noch nicht 15 Jahre alt ist.

Jugendarbeitsschutzgesetz		
— Besonderheiten für erwachsene Auszubildende —		
Aspekte	**Rechts- quelle**	**Inhalte**
Beschäftigungsschutz Besonder- heiten für erwachsene Auszu- bildende	BBiG § 7 JArbSchG § 9 BAG Urt. v. 26. März 2001, Az: 5 AZR 413/99)	■ Nach dem BBiG ist jeder Auszubildende für die Teilnahme am Berufsschulunterricht und an Prüfungen freizustellen. ■ Die hierzu geltende Regelung des JArbSchG zur Anrechnung der Berufsschulzeiten auf die betriebliche Ausbildungszeit findet für erwachsene Auszubildende keine Anwendung. Für sie gilt nur der § 7 BBiG, der nicht von „Anrechnung", sondern von „Freistellung" spricht. ■ Freistellung bedeutet, dass der Auszubildende während der Berufsschulzeiten in seinem Betrieb nicht anwesend sein und auch nicht ausgebildet werden muss. ■ Die Berufsschulzeit ersetzt während ihrer Dauer die betriebliche Ausbildungszeit. Die notwendigen Berufsschulzeiten sind vom Auszubildenden nicht nachzuarbeiten. Das gilt auch für Pausen- und Wegezeiten zwischen Arbeitsstelle und Berufsschule. ■ Eine stundenweise „Anrechnung", wie sie für Minderjährige vorgeschrieben ist, findet nicht statt. **Beispiel 1:** Liegt die Unterrichtszeit der Berufsschule innerhalb der betrieblichen Ausbildungszeit, wird diese voll auf die betriebliche Ausbildungszeit angerechnet. Einem erwachsenen Auszubildenden der EUROPA-Bank, dessen regelmäßige Arbeitszeit zwischen 7.30 und 17.30 Uhr liegt, wird der Berufsschulunterricht, der um 8.00 Uhr beginnt, auf die Ausbildungszeit voll angerechnet. **Beispiel 2:** Liegt die Unterrichtszeit der Berufsschule außerhalb der betrieblichen Ausbildungszeit, wir diese nicht auf die betriebliche Ausbildungszeit angerechnet. Dies ist immer dann der Fall, wenn betriebliche Zeiten und Berufsschulzeiten nicht parallel liegen. Einem erwachsenen Auszubildenden der EUROPA-Bank, dessen regelmäßige Arbeitszeit zwischen 9.00 und 19.00 Uhr liegt, wird der Berufsschulunterricht, der um 8.00 Uhr beginnt, nicht auf die Ausbildungszeit angerechnet. Die Zeiten in der Berufsschule können damit zu einer höheren Stundenanzahl (40 Stunden pro Woche) führen.

Jugendarbeitsschutzgesetz		
– Auszug –		
Aspekte	**Rechts-quelle**	**Inhalte**
Erholungsschutz — Urlaub	§ 19	Jugendliche haben einen gesonderten Urlaubsanspruch. Dieser steht in Abhängigkeit zum Alter des Jugendlichen zu Beginn des Kalenderjahres. So haben Jugendliche ■ bis 16 Jahre einen Anspruch auf 30 Werktage, ■ bis 17 Jahre einen Anspruch auf 27 Werktage und ■ bis 18 Jahre einen Anspruch auf 25 Werktage. Der Urlaubsanspruch entsteht nach Ablauf von sechs Monaten. Anmerkung: Für Volljährige gilt der gesetzliche Urlaubsanspruch von mindestens 24 Werktagen nach dem Bundesurlaubsgesetz (BurlG).

Ruhezeiten	§§ 11	■ Arbeitgeber müssen Jugendlichen im Voraus feststehende Ruhepausen von angemessener Dauer gewähren.
		Die Ruhepausen betragen mindestens:
		  ■ 30 Minuten bei einer Arbeitszeit von 4,5 bis 6 Stunden,
		  ■ 60 Minuten bei einer Arbeitszeit von über 6 Stunden.
		■ Länger als viereinhalb (4,5) Stunden hintereinander dürfen Jugendliche nicht ohne Ruhepause beschäftigt werden.
		■ Als Ruhepause gilt nur eine Arbeitsunterbrechung von mindestens 15 Minuten.
		Anmerkung:
		Der Ausbildende ist verpflichtet, die Pausen in der Berufsschule und die Zeiten für die Wegestrecken zwischen Berufsschule und Betrieb auf die Arbeitszeit anzurechnen.

Freizeit, Arbeitsbeginn und Arbeitsende	§§ 13–18, 27	■ Nach Beendigung der täglichen Arbeitszeit dürfen Jugendliche nicht vor Ablauf einer ununterbrochenen Freizeit von mindestens 12 Stunden beschäftigt werden. ■ Jugendliche dürfen zwischen 20.00 und 06.00 Uhr, an Samstagen und an Sonn- und Feiertagen nicht beschäftigt werden. Beachte: Branchenspezifische Regularien
Aspekte	**Rechts-quelle**	**Inhalte**
Gesundheitsschutz — Ärztliche Untersuchungen	§§ 32 f.	**Erstuntersuchung** Vor Eintritt in das Berufsleben ist für den Jugendlichen vorgeschrieben, dass er innerhalb der letzten vierzehn Monate von einem Arzt untersucht worden ist (Erstuntersuchung) und dem Arbeitgeber eine von diesem Arzt ausgestellte Bescheinigung vorliegt. Legt der Jugendliche nach Ablauf von 14 Monaten nach Aufnahme der ersten Beschäftigung die Bescheinigung nicht vor, darf er nicht weiterbeschäftigt werden. **Nachuntersuchung** Dem Jugendlichen ist ferner eine Nachuntersuchung in den letzten drei Monaten des ersten Jahres verpflichtend vorgeschrieben.

4.3.2.3 Arbeitszeit

Lernkontrolle
Aufgabe 8

Das Arbeitszeitgesetz (ArbZG) betrifft übergeordnet den Gesundheitsschutz der Arbeitnehmer, indem es die tägliche Höchstarbeitsdauer begrenzt, Mindestruhepausen während der Arbeit sicherstellt und Mindestruhezeiten nach Arbeitsende festlegt. Dieses Gesetz ist für alle Arbeitsverhältnisse anzuwenden, sofern keine Sondervorschriften per Gesetz gelten (z. B. JArbSchG). Auszugsweise sind wesentliche Aspekte aufgezählt.

ArbZG
§§ 3 f.

■ Die werktägliche Arbeitszeit ist auf acht Stunden begrenzt.
Ausnahmen:

ArbZG
§ 7

■ Die werktägliche Arbeitszeit kann auf maximal zehn Stunden erhöht werden, wenn innerhalb von sechs Monaten oder innerhalb von 24 Wochen im Durchschnitt acht Stunden werktäglich nicht überschritten werden.

ArbZG
§ 4

■ Eine Überschreitung der Ausnahmeregelung von zehn Stunden pro Werktag ist z. B. gemäß einer betrieblichen oder tarifvertraglichen Vereinbarung möglich.

■ Die Arbeitnehmer dürfen nicht länger als sechs Stunden hintereinander arbeiten. Es sind die folgenden Ruhepausen einzuhalten:

Arbeitszeit	Ruhepausen
ab 6 Stunden bis max. 9 Stunden	mind. 30 Minuten (oder 2 x 15 Minuten)
ab 9 Stunden	mind. 45 Minuten

ArbZG
§ 5

■ Nach Beendigung der werktäglichen Arbeitszeit muss eine ununterbrochene Ruhezeit von mindestens elf Stunden gewährt werden.

ArbZG
§§ 9 f.

■ An Sonn- und Feiertagen gilt ein grundsätzliches Beschäftigungsverbot. Arbeiten sind an diesen Tagen nur ausnahmsweise unter den im Gesetz festgelegten Bedingungen zulässig.

4.3.2.4 Mutterschutz

Lernkontrolle
Aufgabe 9

Das Mutterschutzgesetz (MuSchG) und die Verordnung zum Schutze der Mütter am Arbeitsplatz (MuSchArbV) gelten für alle (werdenden) Mütter, die sich in einem Beschäftigungsverhältnis befinden. Nachfolgend sind ausgewählte Regelungen aufgeführt.

■ **Schutz vor Überforderung und Gesundheitsschädigung**

MuSchG
§§ 2, 4

Mütter sind am Arbeitsplatz besonders schutzbedürftig. Die Arbeitgeber haben Sorge dafür zu tragen, dass der Arbeitsplatz derart gestaltet wird, dass kurze Pausen möglich sind und passende Sitzmöglichkeiten eingerichtet werden. Besteht nach ärztlichem Gutachten eine Gefahr für Leben und Gesundheit von Mutter oder Kinder, darf die Mutter an diesem Arbeitsplatz nicht mehr weiterbeschäftigt werden.

■ **Mutterschutzfristen und Beschäftigungsverbote**

MuSchG
§§ 6, 8

Werdende Mütter dürfen in den letzten sechs Wochen vor der Entbindung und bis zum Ablauf von acht Wochen, bei Früh- und Mehrlingsgeburten bis zum Ablauf von zwölf Wochen nach der Entbindung nicht beschäftigt werden.

Außerhalb der allgemeinen Schutzfristen sieht das MuSchG generelle Beschäftigungsverbote für Akkord- Fließband,- Mehr-, Sonntags- oder Nachtarbeit, sowie individuelle Beschäftigungsverbote aufgrund eines ärztlichen Attestes vor.

■ **Schutz vor Arbeitsplatzverlust und finanziellen Einbußen**

Mütter sind vor dem Verlust des Arbeitsplatzes während der Schwangerschaft und einige Zeit nach der Geburt gesetzlich geschützt. Der Gesetzgeber schützt Mütter zusätzlich vor materiellen (finanziellen) Einbußen. Hierfür schafft das Mutterschaftsgeld einen Ausgleich.

MuSchG
§§ 9, 13 f.

Exkurs: Mutterschaftsgeld

Für den Zeitraum der Mutterschutzfristen erhalten Mütter in Abhängigkeit vom durchschnittlichen Nettogehalt der letzten drei Kalendermonate vor Beginn der Mutterschutzfrist von der gesetzlichen Krankenversicherung ein Mutterschaftsgeld in Höhe von maximal 13 Euro pro Kalendertag, maximal 403 Euro pro Monat. Die Differenz zwischen diesem Betrag und dem vollen Nettogehalt ist für diese Zeit vom Arbeitgeber zu entrichten.

4.3.2.5 Elternzeit und Elterngeld

Aufgrund des Bundeselterngeld- und Elternzeitgesetzes (BEEG) besteht sowohl ein Anspruch auf **Elternzeit** als auch auf **Elterngeld**.

BEEG
§§ 15 f.

Elternzeit

Elternzeit ist ein Anspruch des Arbeitnehmers gegenüber dem Arbeitgeber.

■ **Antragsberechtigte**
   Die Elternzeit kann (auch anteilig) von jedem Elternteil allein oder von beiden gemeinsam in Anspruch genommen werden. Bei mehreren Kindern besteht der gesonderte Anspruch für jedes Kind.

■ **Beantragungsfristen**
   Die Elternzeit ist spätestens sieben Wochen vor der voraussichtlichen Geburt schriftlich beim Arbeitgeber zu beantragen. Die Beantragungsfrist für die Elternzeit für den Zeitraum zwischen dem dritten und achten Geburtstag des Kindes beträgt 13 Wochen.

■ **Dauer und Flexibilisierung**
   Die maximale Dauer der Elternzeit beträgt 36 Monate. Der Anspruch besteht bis zur Vollendung des dritten Lebensjahres des Kindes. Mütter und Väter können 24 Monate der Elternzeit auf den Zeitraum zwischen dem dritten und dem achten Lebensjahr übertragen. Die Zustimmung des Arbeitgebers ist nicht notwendig.

■ **Beschäftigung während und nach der Elternzeit**
   Das Arbeitsverhältnis bleibt während der Elternzeit bestehen. Die Elternzeit wird auf den Rentenversicherungsanspruch angerechnet. Während der Elternzeit ist eine Teilzeitbeschäftigung mit maximal 30 Stunden pro Woche für Vater und Mutter oder bis maximal 60 Stunden für beide gemeinsam möglich. Nach der Elternzeit besteht Anspruch auf die Arbeitszeit, die vor Beginn der Elternzeit galt.

Elterngeld

Elterngeld ist eine Familienleistung für Eltern, die ihr Kind selbst betreuen und aus diesem Beweggrund nicht voll erwerbstätig sind. Der zeitweilige Ausstieg eines Elternteils aus dem Berufsleben für die Erziehung des Kindes wird durch das Elterngeld honoriert.

BEEG
§ 1 ff.

■ **Anspruchsvoraussetzungen**

Elterngeld wird für die vollen Lebensmonate des Kindes gezahlt. Fehlt eine der nachstehenden Anspruchsvoraussetzungen an nur einem Tag, besteht für den gesamten Lebensmonat kein Anspruch. Elterngeld kann beantragen, wer

- einen Wohnsitz oder seinen gewöhnlichen Aufenthalt in Deutschland hat,
- mit seinem Kind in einem Haushalt lebt,
- dieses Kind selbst betreut und erzieht,
- keine oder keine volle Erwerbstätigkeit ausübt,
- die Einkommensgrenze im Kalenderjahr vor Geburt des Kindes (Elternpaar bei Zusammenveranlagung 500.000 Euro oder Alleinerziehende bei Einzelveranlagung 250.000 Euro) nicht überschreitet.

■ Leistungshöhe und Beitragsdauer

Die Berechnung der Höhe des Elterngelds steht grundsätzlich in Abhängigkeit zum Nettoeinkommen des betreuenden Elternteils. Konkret ersetzt das Elterngeld das entfallende Erwerbseinkommen, welches im Jahr vor der Geburt des Kindes vom betreuenden Elternteil monatlich im Durchschnitt erzielt wurde.

Berechnung der Leistungshöhe:	
Monatliches Nettoeinkommen (NE) vor der Geburt des Kindes in Euro	**Ersatzrate in Prozent (%)**
> 1.240,00 €	65 %
1.000,00 € bis 1.200,00 €	67 %
1.000,00 €	schrittweise bis 100 %

- Bei Nettoeinkommen unter 1000 Euro steigt das Elterngeld schrittweise von 67 % auf 100 % an. Je geringer das Einkommen, desto höher ist der prozentuale Anstieg (Ersatzrate).
- Elterngeld wird in Höhe von monatlich 300 Euro (Mindestbetrag) bis zu monatlich 1.800 Euro (Höchstbetrag) gezahlt.

Der Bezugszeitraum von einem Elternteil beträgt mindestens zwei Monate und maximal 12 Monate. Zusätzlich besteht Anspruch auf zwei weitere Monate, wenn ein Elternteil für mindestens zwei weitere Monate auf einen Teil seines Einkommens verzichtet hat. Eltern können diesen Anspruch von 12 oder 14 Monaten untereinander aufteilen. Eine abwechselnde oder gleichzeitige Beanspruchung ist möglich.

■ Antragstellung und Fristen

Das Elterngeld muss schriftlich bei den zuständigen Elterngeldstellen der Bundesländer beantragt werden. Jeder Elternteil stellt hierzu einmalig und separat einen Antrag, der von beiden Elternteilen unterschrieben werden muss (Ausnahme: Alleinerziehende mit alleinigem Sorgerecht). Elterngeld kann innerhalb der ersten vierzehn Lebensmonate eines Kindes beantragt werden. Für adoptierte Kinder ist bei der Elterngeldbeantragung nicht das tatsächliche Geburtsdatum, sondern das Datum der Aufnahme des Kindes in den Haushalt relevant.

> **Beispiel:**
> Die verheiratete Bankangestellte Maria Onken beantragt unmittelbar nach der Geburt ihres Sohnes Elterngeld bei der L-Bank in Karlsruhe. Ihr durchschnittliches Jahreseinkommen (im Jahr vor der Geburt) betrug 30.000 Euro. Damit erzielte Frau Onken ein monatliches Nettoeinkommen von 2.500 Euro (30.000 Euro/12 Monate). Frau Onken steht eine Ersatzrate in Höhe von 65 % auf ihr letztes Nettoeinkommen zu (2.500 Euro > 1.240 Euro). Sie erhält nach Bewilligung des Antrags eine monatliche Ersatzrate in Höhe von 1.625 Euro (2.500 $\times$ 0,65) für maximal 14 Monate.

Exkurs: ElterngeldPlus

Für die Eltern von Kindern, die nach dem 01.07.2015 geboren sind, besteht die Möglichkeit, zwischen dem Bezug von dem bisherigem Elterngeld (Basiselterngeld) und dem Bezug von ElterngeldPlus zu wählen oder beides zu kombinieren. Mit dem ElterngeldPlus soll es für Mütter und Väter künftig einfacher werden, Elterngeldbezug und Teilzeitarbeit miteinander zu vereinbaren.

vgl. Soziale Sicherung Kapitel 4.7

4.3.2.6 Schutz schwerbehinderter Menschen

Das Schwerbehindertenrecht verfolgt das wesentliche Ziel, die Einstellung möglichst vieler schwerbehinderter Menschen zu erreichen.

SGB IX
§ 2

Ein schwerbehinderter Mensch ist infolge körperlicher, geistiger oder seelischer Erkrankung in seiner Erwerbsfähigkeit nicht nur vorübergehend um mindestens 50 % gemindert. Private und öffentliche Arbeitgeber, die im Jahresdurchschnitt monatlich mindestens 20 Arbeitsplätze haben, sind verpflichtet, mindestens fünf Prozent dieser Arbeitsplätze (Pflichtarbeitsplätze) mit schwerbehinderten Menschen zu besetzen (sog. Pflichtquote).

SGB IX
§ 71, 72

Solange ein Arbeitgeber die vorgeschriebene Zahl schwerbehinderter Menschen nicht beschäftigt, entrichtet er für jeden unbesetzten Pflichtarbeitsplatz eine Ausgleichsabgabe. Die Zahlung der Ausgleichsabgabe hebt die Beschäftigungspflicht schwerbehinderter Menschen jedoch nicht auf.

SGB IX
§ 77

Werden Arbeitsplätze neu besetzt, sind die Arbeitgeber verpflichtet, vorrangig zu prüfen, ob ein schwerbehinderter Mensch beschäftigt werden kann. Nimmt ein Arbeitgeber ohne vorherige Prüfung eine Einstellung eines nicht behinderten Arbeitnehmers vor, so hat der Betriebsrat das Recht, die Zustimmung zur Einstellung zu verweigern. Erfolgt die Einstellung eines schwerbehinderten Menschen, so darf die Beschäftigung nur nach dessen Fähigkeiten und Fertigkeiten erfolgen. Zusätzlich sind notwendige Sicherheitsvorkehrungen zu treffen.

SGB IX
§ 81 (1)

BetrVG
§ 99

Die rechtmäßige Kündigung eines schwerbehinderten Arbeitnehmers bedarf der Zustimmung des Integrationsamtes.

SGB IX
§§ 85, 102

4.3.2.7 Datenschutz

Mit der fortschreitenden Entwicklung der Digitalisierung gewinnt der Datenschutz als Schutzrecht der Arbeitnehmer zunehmend an Bedeutung. Dies begründet sich u. a. damit, dass die Erfassung, Erhaltung, Analyse und Weitergabe persönlicher Daten stetig vereinfacht und beschleunigt wird. Die Aufgabe des Datenschutzes ist es, die Persönlichkeitsrechte einer natürlichen Person und damit personenbezogene Daten zu schützen. Die Europäische Datenschutz-Grundverordnung (DSGVO) ermächtigt die Mitgliedsstaaten zum Komplex Datenschutz im Rahmen von Beschäftigungsverhältnissen Vorschriften zu erlassen. Das BDSG trifft hierzu eigenen Regeln. Personenbezogene Daten von Beschäftigten dürfen für Zwecke der Begründung, Durchführung, Beendigung, Ausübung oder Erfüllung eines Beschäftigungsverhältnisses oder nach Begründung des Beschäftigungsverhältnisses verarbeitet werden, sofern dies aufgrund eines Gesetzes, eines Tarifvertrag bzw. einer Betriebs- oder Dienstvereinbarung erforderlich ist. Zusätzlich können personenbezogene Daten von Beschäftigten auch im Rahmen der Aufdeckung von Straftaten unter bestimmten Einschränkungen verarbeitet werden.

vgl. Datenschutz Kapitel 5

4.3.3   Technischer Arbeitsschutz

Der technische Arbeitsschutz umfasst den Gesundheits- und Unfallschutz. Ziel ist die Erhöhung der Arbeitssicherheit und damit die Verringerung von Gesundheitsgefahren. Die Rechtsgrundlagen sind weitläufig und beruhen auf Gesetzen, die durch Verordnungen, Vorschriften sowie Richtlinien beeinflusst und konkretisiert werden.

§ **Gesetze**	§ **Verordnungen und Vorschriften**	§ **Richtlinien**
■ Arbeitsschutzgesetz (ArbSchG) ■ Arbeitssicherheitsgesetz (ASiG) ■ Produktsicherheitsgesetz (ProdSG) ■ Sozialgesetzbuch (SGB)	■ Arbeitsstättenverordnung (ArbStättV) ■ Betriebssicherheitsverordnung (BetrSichV) ■ Bildschirmarbeitsverordnung (BildscharbV) ■ Lärm- und Vibrations-Arbeitsschutzverordnung ■ Unfallverhütungsvorschriften (UVV)	■ Arbeitsstättenrichtlinie ■ Arbeitsschutzrichtlinie ■ Bildschirmrichtlinie

Der technische Arbeitsschutz – Auszug –		
Arbeitsschutz-gesetz (ArbSchG)	**ArbSchG §§ 1 ff.**	Dieses Gesetz regelt für alle Tätigkeitsbereiche die grundlegenden Arbeitsschutzpflichten des Arbeitgebers, die Pflichten und die Rechte der Beschäftigten sowie die Überwachung des Arbeitsschutzes durch die zuständigen staatlichen Behörden.
		Der Arbeitgeber ist verpflichtet, die erforderlichen Maßnahmen zu treffen, um die Sicherheit und den Gesundheitsschutz der Beschäftigten bei der Arbeit zu gewährleisten und zu verbessern. Hierzu muss er die am Arbeitsplatz bestehenden Gesundheitsgefährdungen beurteilen. Die Gefährdungsbeurteilung ist die Grundvoraussetzung, um zielgerichtete, wirksame und kostengünstige Arbeitsschutzmaßnahmen durchführen zu können. Der Arbeitgeber hat die Beschäftigten über Gesundheitsgefährdungen und Schutzmaßnahmen zu unterweisen.

Die nachfolgende Tabelle gibt einen allgemeinen Überblick zu ausgewählten Rechtsgrundlagen des technischen Arbeitsschutzes, die das Arbeitsschutzgesetz maßgeblich beeinflussen.

Der technische Arbeitsschutz – Auszug –	
Arbeitsstätten-verordnung (ArbStättV)	Diese Verordnung definiert Ziele an das Betreiben von Arbeitsstätten und konkretisiert sich über die „Technischen Regeln für Arbeitsstätten (ASR)". Im Detail werden Schutzziele für Arbeitnehmer geregelt, wie z. B. die Anforderungen an ■ Arbeitsräume (z. B. Raumabmessungen und Bewegungsflächen), ■ Pausen-, Bereitschafts- und Sanitärräume, ■ Beleuchtung, Belüftung und Raumtemperatur.

Der technische Arbeitsschutz – Auszug –	
Bildschirm- verordnung (BildscharbV)	Diese Verordnung konkretisiert die Sicherheit und den Gesundheitsschutz bei der Arbeit an Bildschirmgeräten. Sie gilt für alle Beschäftigtengruppen und schließt alle Arten von Tätigkeiten mit Bildschirmgeräten ein. Geregelt werden u. a. ■ die technischen Mindestanforderungen an Bildschirmgeräte, ■ die Arbeitsumgebung, ■ die Softwaregestaltung und ■ die Arbeitsorganisation (z. B. regelmäßige Pausen etc.). Die Arbeitgeber sind ferner dazu angehalten, ihren Arbeitnehmern Untersuchungen der Augen und des Sehvermögens anzubieten.
Sozialgesetzbuch, Siebtes Buch (SGB VII)	Das Siebte Buch Sozialgesetzbuch (SGB VII) – Gesetzliche Unfallversicherung – ist die Rechtsgrundlage für die gesetzliche Unfallversicherung in Deutschland. Es enthält Regelungen zur: ■ Verhütung und zur finanziellen Entschädigung von Arbeitsunfällen und Berufskrankheiten, ■ zur medizinischen, beruflichen und sozialen Rehabilitation von Versicherten und ■ zur Organisation der Unfallversicherungsträger. Das SGB VII bestimmt auch, unter welchen Voraussetzungen Unternehmer, Kollegen oder Dritte für Arbeitsunfälle haften. Es enthält zudem Spezialvorschriften für den Datenschutz, die die allgemeinen Datenschutznormen im Sozialgesetzbuch X ergänzen.

Allgemeine Hinweise zum technischen Arbeitsschutz
Die **Überwachung** der Einhaltung oben genannter Aspekte obliegt u. a.

■ den Ämtern für Arbeitsschutz und Sicherheitstechnik,
■ den Gewerbeaufsichtsämter und
■ den Berufsgenossenschaften.

Sie führen Betriebsbesichtigungen durch, begutachten die Einrichtungen und nehmen bei Unfällen und Anzeigen Stellung. Des Weiteren werden in den Unternehmen Sicherheitsbeauftragte bestellt, die darüber wachen, ob die Unfallverhütungsvorschriften eingehalten werden.

Nur eine gemeinsame Gestaltung der Arbeitsumgebung durch Arbeitgeber und Arbeitnehmer, die beide aktiv und präventiv agieren, bekämpft und schaltet Gesundheitsgefahren aus.

4.3.4 Arbeitsgerichtsbarkeit

Arbeitsgerichte gelten als Fachgerichte für Arbeitssachen. Sie sind in bürgerlich-rechtlichen Streitigkeiten zwischen Arbeitgeber und Arbeitnehmer verantwortlich, sofern der Gegenstand der Streitigkeit in den Anwendungsbereich der zuständigen Gesetzesgrundlage fällt. Diese ergibt sich aus dem Arbeitsgerichtsgesetz (ArbGG) und der Zivilprozessordnung (ZPO). *ArbGG §§ 46 – 79 §§ 80 – 99*

Das arbeitsgerichtliche Verfahren unterscheidet zwischen Urteils- und Beschlussverfahren. Gegenstand des Urteilsverfahrens sind u. a. individuelle Rechtsstreitigkeiten zwischen Arbeitnehmer und Arbeitgeber aus Arbeitsverträgen, wie z. B. Streitfragen zur Kündigung. Das Beschlussverfahren umfasst kollektivrechtliche Streitigkeiten wie z. B. Angelegenheiten aus dem Betriebsverfassungsgesetz (z. B. Errichtung und Zusammensetzung eines Betriebsrats). *ArbGG §§ 2, 2b vgl. Kapitel 6.2*

167

Zusammenfassung und Lernkontrolle

Zusammenfassung

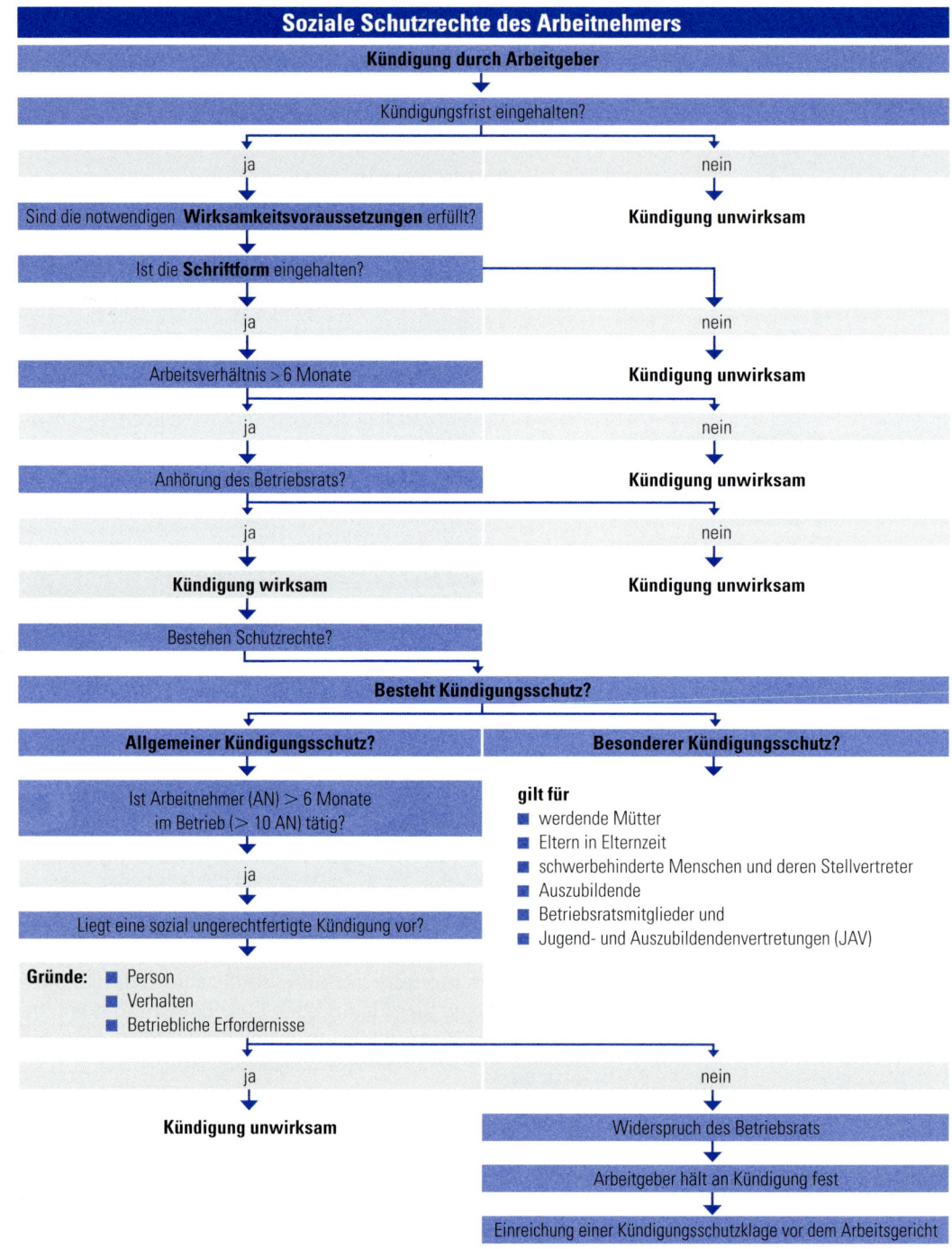

Wichtige Schutzrechte des Arbeitnehmers im Überblick

Soziale Schutzrechte	Technische Schutzrechte

Jugendarbeitsschutzgesetz

Dieses Gesetz dient dem Schutz von heranwachsenden Kindern und Jugendlichen und soll sie vor psychischer und physischer Gefährdung bei der Ausübung ihrer Arbeit schützen, z. B. Regelungen zur Arbeitszeit, Pausen, etc.

Arbeitsschutzgesetz

Dieses Gesetz gilt für alle Tätigkeitsbereiche und umfasst die grundlegenden Arbeitsschutzpflichten des Arbeitgebers, die die Arbeitnehmer vor jeder möglichen Gefahr am Arbeitsplatz schützen sollen.

Arbeitszeitgesetz

Dieses Gesetz soll die Arbeitnehmer vor gesundheitlichen Schäden durch zu lange Arbeitszeiten schützen. Die Höchstarbeitszeit ist dabei auf 8 Stunden pro Tag begrenzt. Weiter sind die Pausenregelungen zu beachten, z. B. ab 6 Stunden → 30 Min. Pause.

Arbeitsstättenverordnung

Diese Verordnung regelt die Schutzziele gemäß den Anforderungen an bestimmte Arbeitsräume (z. B. Raumabmessungen und Bewegungsflächen oder Beleuchtungen etc.).

Mutterschutzgesetz

Dieses Gesetz gewährt Frauen, die in einem Arbeitsverhältnis beschäftigt sind, in der Zeit der Schwangerschaft und nach der Geburt des Kindes neben dem Kündigungsschutz einen besonderen Gesundheitsschutz sowie materielle (finanzielle) Leistungen.

Bildschirmverordnung

Diese Verordnung dient dem Schutz der Arbeitnehmer indem die technischen Mindestanforderungen an Bildschirmgeräte, an die Arbeitsumgebung und an die Softwaregestaltung optimal für den Arbeitsprozess definiert werden.

Elterngeld und Elternzeitgesetz

Dieses Gesetz regelt die Antragsfristen, Freistellungszeiten und Wiedereinstiegsmöglichkeiten nach der Geburt des Kindes und die Zurverfügungstellung von Elterngeld für einen bestimmten Zeitraum.

Sozialgesetzbuch (SGB VII)

Dieses umfasst die Leistungen der gesetzlichen Unfallversicherung im Falle eines Arbeitsunfalls oder bei eintretenden Berufskrankheiten.

Schwerbehindertenschutzgesetz

Dieses Gesetz fördert Chancengleichheit, indem behinderte Menschen bevorzugt eingestellt werden (Quote). Ferner sind bestimmte Arbeitsverbote definiert.

169

Lernkontrolle

Aufgabe 1

Begründen Sie, weshalb der Gesetzgeber Schutzrechte für Arbeitnehmer vorsieht.

Aufgabe 2

Unterscheiden Sie zwischen „sozialen" und „technischen" Schutzrechten und finden Sie jeweils Beispiele.

Aufgabe 3

Definieren Sie Arbeitnehmergruppen, für die der besondere Kündigungsschutz gilt, und begründen Sie die jeweilige Berechtigung.

Aufgabe 4

Die EUROPA-Bank, Heilbronn, beschäftigt die nachfolgenden Arbeitnehmer. Prüfen Sie, welche Regelungen für den Kündigungsschutz gelten.

1. Anna Klingmann, Auszubildende im 3. Ausbildungsjahr.
2. Steffen Rothmeier, Angestellter, seit einem Jahr im Betriebsrat.
3. Nadine Baumgärtner, Auszubildende im 2. Ausbildungsjahr, Mitglied in der JAV.
4. Maria Onken, Angestellte in der Filiale Heilbronn, ist aufgrund eines Unfalls in ihrer Erwerbsfähigkeit um 70% gemindert.

Aufgabe 5

Das Jugendarbeitsschutzgesetz verfolgt das Ziel, die gesundheitsgefährdende Beschäftigung von Jugendlichen zu verhindern. Prüfen Sie in diesem Zusammenhang die nachfolgenden Fälle.

1. Eine Auszubildende der EUROPA-Bank ist 16 Jahre alt und hat bis 20 Uhr gearbeitet. Bestimmen Sie, ab wann sie am nächsten Tag frühestens wieder beschäftigt werden darf.
2. Der 17-jährige Jérémy Mayer wird am 14. Mai 18 Jahre alt. Er möchte am 10. Mai seinen Urlaub antreten. Prüfen Sie, welcher Urlaubsanspruch besteht.
3. Ein Auszubildender der EUROPA-Bank hat dienstags seinen regelmäßigen Berufsschultag mit fünf Unterrichtsstunden zu je 45 Minuten. Die Bank verlangt von ihm, nach Ende der Unterrichtszeit noch in die Bank zu kommen. Prüfen Sie die Rechtslage.
4. Stellen Sie fest, ob ein 16-jähriger an jedem Tag 8,5 Stunden am Fließband beschäftigt sein darf, wenn sein Betrieb regelmäßig samstags geschlossen hat.

Aufgabe 6

Begründen Sie, ob im folgenden Fall ein Verstoß gegen das Jugendarbeitsschutzgesetz vorliegt.

Die 16-jährige Sophia Baumgärtner muss häufig 2 bis 3 Stunden länger arbeiten. Grund hierfür ist der Kassenabschluss, bei dem sie helfen muss. Sophia kommt häufig erst gegen 22 Uhr nach Hause. Selbst wenn sie ein Kollege nach Hause fährt, wird es nach 21 Uhr. Am nächsten Tag soll sie regelmäßig bereits um 7 Uhr wieder in der Filiale sein.

Aufgabe 7

Die Auszubildende Anika Rutkofsky, 17 Jahre wird seit dem 1. August zur Bankkauffrau bei der EUROPA-Bank ausgebildet. Am Montag, 08.12., konfrontiert sie ihr Ausbilder mit der fristlosen Kündigung. Als Grund wird mangelnde Arbeitsleistung und Vertrauensbruch angegeben. Hintergrund ist die Krankmeldung von Frau Rutkofsky, während sie im Ski-Urlaub war und dies auf Facebook öffentlich machte. Frau Rutkofsky verlässt daraufhin die Bank. Sie rechtfertigt die vorgetäuschte Krankmeldung damit, dass sie mit ihrer Ausbildung sehr unzufrieden ist. Besonders unglücklich ist sie mit ihrem Einsatzplan, der folgende Arbeits- und Unterrichtszeiten vorsieht:

Tag	Arbeits- bzw. Unterrichtszeiten
Montag	08.00 bis 13.00 Uhr Berufsschule, 14.15 bis 17.30 Uhr Betrieb
Dienstag	08.00 bis 12.10 Uhr Berufsschule, 14.00 bis 17.00 Uhr Betrieb
Mittwoch	07.30 bis 12.30 Uhr, 13.30 bis 18.00 Uhr Betrieb
Donnerstag	07.30 bis 12.30 Uhr, 13.00 bis 18.00 Uhr Betrieb
Freitag	07.30 bis 13.00 Uhr Betrieb

Auch die Tätigkeiten in der Bank stören sie. Am Mittwoch hat sie wieder den Auftrag erhalten, die Geschäftsräume aufzuräumen. Dabei muss sie bis zu 30 kg schwere Kartons mit Ordnern schleppen sowie fegen und wischen. Sie hatte jedes Mal starke Rückenschmerzen von der anstrengenden Arbeit. Im Sommer musste sie vor einem Jubiläumsfest den Rasen der EUROPA-Bank mähen. Sie war darüber so verärgert, dass sie sich am nächsten Tag weigerte, Kontokarten einzusortieren. Aus Protest hat sie sich immer wieder auf dem Mitarbeiterbalkon, trotz geltenden Rauchverbots, eine Zigarette angesteckt.

1. Begründen Sie, wer (Auszubildende und Ausbilder) gegen welche Pflichten des Berufsbildungsgesetzes oder das Jugendarbeitsschutzgesetz verstoßen hat.
2. Prüfen Sie die Rechtswirksamkeit der Kündigung durch den Ausbilder.
3. Frau Rutkofsky möchte selbst das Ausbildungsverhältnis mit der EUROPA-Bank kündigen. Sie möchte eine Ausbildung zur Floristin beim Blumenhaus Klingmann beginnen. Zum 01. Januar diesen Jahres könnte sie anfangen. Prüfen Sie, ob die Kündigung möglich ist.

Aufgabe 8

Das Arbeitszeitgesetz regelt die maximale Arbeitszeit eines Arbeitnehmers pro Tag. Beurteilen Sie die Rechtslage bei folgenden Fällen.

1. Eine Angestellte der Kreditabteilung bei der EUROPA-Bank, 23 Jahre, möchte ihre tägliche Arbeitszeit auf 60 Stunden pro Woche erhöhen. Eine tarifliche Regelung besteht nicht.
2. In der EUROPA-Bank gilt die 5-Tage-Woche von Montag bis Freitag. Ein Angestellter möchte wissen, wieviel werktägliche Arbeitszeit das Arbeitszeitgesetz maximal zulässt.
3. Die EUROPA-Bank plant in den Monaten November und Dezember aufgrund der Jahresabschlussarbeiten die Arbeitnehmer des Rechnungswesens an insgesamt 25 Tagen 10 Stunden zu beschäftigen. Regelmäßig wird 40 Stunden in der 5-Tage-Woche gearbeitet.

4. Ein Arbeiter einer Maschinenbaufabrik hat in einer Schicht von 15 bis 23 Uhr gearbeitet. Sein Arbeitgeber erwartet von ihm, dass er am nächsten Tag um 9 Uhr die Frühschicht beginnt.

Aufgabe 9

Die EUROPA-Bank hat Frau Hummel vor zwei Monaten eingestellt. Kurz darauf wird ihre Schwangerschaft festgestellt. Sie befindet sich noch in der Probezeit.

1. Prüfen Sie, ob das Mutterschutzgesetz für Frau Hummel gilt.
2. Stellen Sie fest, ob Frau Hummel zur Bekanntgabe ihrer Schwangerschaft beim Arbeitgeber verpflichtet ist und wann sie dies mitteilen muss.
3. Aufgrund der möglichen Gesundheitsgefährdung, die sich mit der Tätigkeit ergeben kann, möchte die EUROPA-Bank ihren Arbeitsplatz ihrem Umstand gerecht einrichten. Worauf muss die Bank hierbei achten?
4. Zählen Sie allgemeine berufliche Tätigkeiten auf, die zum Schutz der werdenden Mütter von Frau Hummel nicht mehr ausgeübt werden dürfen.

4.4 Kollektives Arbeitsrecht

4.4.1 Möglichkeiten der kollektiven Mitbestimmung

> Die kollektive Mitbestimmung regelt die Rechtsbeziehung zwischen Arbeitnehmerkoalitionen und Arbeitgebern. Diese Koalitionen firmieren in der Privatwirtschaft als **Betriebsrat** oder **Aufsichtsrat** und fungieren als Interessenvertretung der Arbeitnehmer gegenüber den Arbeitgebern.

GG Art. 9 (3)

Lernkontrolle Aufgabe 1

Im Gegensatz zum Individualarbeitsrecht, bei dem sich Arbeitnehmer und Arbeitgeber als eigene Rechtspersönlichkeit unvermittelt gegenüberstehen, werden die Arbeitnehmer beim Kollektivarbeitsrecht durch die Organe **Betriebsrat** oder **Aufsichtsrat** vertreten. Damit erfolgt die betriebliche Mitbestimmung im Kollektiv.

Möglichkeiten kollektiver Mitbestimmung	
Mitbestimmung in Betrieben	**Mitbestimmung in Unternehmensorganen**
Die Arbeitnehmer im Betrieb wählen Gremien – grundsätzlich auf der betrieblichen Ebene –, wie z. B. das Gremium des **Betriebsrats**, denen bei Entscheidungen des Arbeitgebers, die von Bedeutung für die Arbeitnehmer sind, bestimmte Beteiligungsrechte zugestanden werden.	Die Beschäftigtenvertreter werden in den **Aufsichtsrat** des Unternehmens (Kapitalgesellschaften) gesandt und dort nach den gesellschaftsrechtlichen Vorschriften an der Führung des Unternehmens und unternehmerischen Entscheidungen beteiligt.
Rechtsgrundlage: ■ **Betriebsverfassungsgesetz** (BetrVG)	Rechtsgrundlage u. a.: ■ **Drittelbeteiligungsgesetz** (DrittelbG) ■ **Mitbestimmungsgesetz** (MitbestG)

4.4.1.1 Betriebsrat

■ Gründungsmodalitäten: Wahl, Amtszeit und Zusammensetzung

Der Betriebsrat ist das Interessenvertretungsorgan der Arbeitnehmer. Gemäß BetrVG steht den Arbeitnehmern ein **Initiativrecht** zu, einen Betriebsrat zu gründen, wenn mindestens fünf wahlberechtigte Arbeitnehmer ständig beschäftigt sind, von denen drei wählbar sein müssen. Arbeitnehmer im Sinne dieses Gesetzes sind keine leitenden Angestellten.

BetrVG § 1, 5, 13

Wahlberechtigt sind alle Arbeitnehmer, auch Auszubildende, die das 18. Lebensjahr vollendet haben (aktives Wahlrecht). Für den Betriebsrat **wählbar** sind alle wahlberechtigten Arbeitnehmer, die mindestens sechs Monate dem Betrieb angehören (passives Wahlrecht).

BetrVG § 7, 8

Die **Größe** des Betriebsrats bestimmt sich nach der Gesamtanzahl der Arbeitnehmer im Betrieb. Gewählte Betriebsratsmitglieder nehmen ihre Tätigkeit während der Arbeitszeit wahr und werden ab einer Betriebsgröße von i. d. R. mehr als 200 Arbeitnehmern von der Arbeit freigestellt.

BetrVG §§ 9, 38,

Der Betriebsrat wird in geheimer und unmittelbarer Wahl gewählt. Im Vorfeld ist der Wahlvorstand zu wählen. Die regelmäßige **Amtsdauer** beträgt vier Jahre und endet spätestens zum 31. Mai des Jahres, in welchem die regelmäßigen Neuwahlen zum Betriebsrat anstehen.

BetrVG §§ 14, 21

Der Betriebsrat wählt aus seiner Mitte den Vorsitzenden und Stellvertreter, die die laufenden Geschäfte führen. Seine **Zusammensetzung** soll so gestaltet sein, dass viele Organisations- und Beschäftigungsbereiche vertreten sind. Ab drei Mitgliedern muss der Betriebsrat den zahlenmäßigen Anteil an weiblichen und männlichen Beschäftigten abbilden.

BetrVG §§ 15, 26

Lernkontrolle Aufgabe 2

■ Organe

Den Organen des Betriebsrats werden bestimmte Sachaufgaben zugewiesen, um die eigentliche Arbeit des Betriebsrats zu optimieren. Unterschieden werden u. a. der Betriebs- und Wirtschaftsausschuss.

BetrVG §§ 27, 28, 106f.

Organe des Betriebsrats	
Betriebsausschuss	**Wirtschaftsausschuss**
■ In Betriebsräten mit 9 und mehr Mitgliedern ist ein Betriebsausschuss zu bilden. ■ Er führt die lfd. Geschäfte und besteht aus dem Vorsitzenden des Betriebsrats, dessen Stellvertreter und aus 3 bis 9 weiteren Mitgliedern, deren Zahl sich nach der Größe des Betriebsrats ergibt.	■ In allen Unternehmen mit mehr als 100 Beschäftigten ist ein Wirtschaftsausschuss zu bilden. ■ Er berät mit der Unternehmensleitung über wirtschaftliche Angelegenheiten und besteht aus 3 bis 7 Mitgliedern, die vom Betriebsrat für ihre Amtszeit bestimmt werden.

■ Innerbetriebliche Kooperation: Betriebsversammlungen

Eine Betriebsversammlung dient dem Zweck der Unterrichtung der Arbeitnehmer und Aussprache über Angelegenheiten, die für Arbeitsverhältnisse von Interesse sind. Der Betriebsrat hat in jedem Kalendervierteljahr eine Betriebsversammlung einzuberufen, welcher der Tätigkeitsbericht des Betriebsrats zugrunde liegt und zu welcher auch die Arbeitgebervertreter eingeladen werden. Diese sind wenigstens einmal im Kalenderjahr zur Teilnahme verpflichtet, um über das Personal- und Sozialwesen, die wirtschaftliche Lage und Entwicklung des Betriebes sowie den betrieblichen Umweltschutz zu berichten.

BetrVG §§ 2, 42ff.

■ Allgemeine Aufgaben

BetrVG
§ 80

Das BetrVG definiert für den Betriebsrat u. a. folgende allgemeine Aufgaben:

Lernkontrolle
Aufgaben 5 u. 6

- Überwachung der Umsetzung der für Arbeitnehmer geltenden Gesetze, Verordnungen, Unfallverhütungsvorschriften, Tarifverträge und Betriebsvereinbarungen.
- Förderung der Interessen von schwerbehinderten Menschen, Jugendlichen, älteren und ausländischen Arbeitnehmern sowie der Frauen für die Vereinbarkeit von Familie und Beruf.

■ Beteiligungsrechte

BetrVG
§§ 81 ff.

Die Beteiligungsrechte des Betriebsrats bilden die Grundlage für die Wahrnehmung seiner allgemeinen Aufgaben. Diese Rechte ermöglichen dem Betriebsrat Maßnahmen zu beeinflussen und damit den Entscheidungsspielraum der Geschäftsleitung.

Beteiligungsrechte

Informationsrecht	Beratungsrechte	Mitwirkungsrechte	Mitbestimmungsrechte
Das Informationsrecht umfasst die rechtzeitige und umfassende Unterrichtung des Betriebsrats über geplante betriebliche Maßnahmen.	Aufgrund des Beratungsrechts kann der Betriebsrat seine Argumente darlegen und Gegenvorschläge unterbreiten. Eine Einigung ist nicht erzwingbar. Das Ziel ist ein Interessenausgleich.	Der Betriebsrat hat ein Widerspruchs- bzw. Vetorecht bei bestimmten personellen Angelegenheiten. Bestimmte Rechte sind abhängig von der Anzahl der Arbeitnehmer.	Die Mitbestimmung ist das stärkste Beteiligungsrecht. Ohne die Zustimmung des Betriebsrats sind Entscheidungen nicht durchsetzbar. Der Betriebsrat kann auch eigene Vorschläge einbringen, sog. Initiativrecht.
Beispiele: **Information** über die:	**Beispiele:** **Beratung** über die:	**Beispiele:** **Zustimmung** über die:	**Beispiele:** **Mitbestimmung** über die:

■ wirtschaftliche und finanzielle Lage
■ geplante Neu-, Um- und Erweiterungsbauten,
■ Einführung neuer Arbeitsmethoden und -abläufe
■ Investitionsprogramme
■ etc.
	■ Personalbedarfplanungen
	■ geplante Betriebsänderungen z. B.
	  ■ Betriebsstilllegungen,
	  ■ Unternehmenszusammenschlüsse,
	  ■ Rationalisierungsmaßnahmen
		■ Personalauswahlrichtlinien
		■ Personalbefragungen
		■ Beurteilungsgrundsätze
		■ Maßnahmen zur Berufsbildung
		Unternehmen ab 20 Arbeitnehmer:
		■ Personale Einzelmaßnahmen z. B.
		  ■ Einstellungen
		  ■ Versetzung
		  ■ Kündigung
			■ Arbeitszeitregelungen z. B.
			  ■ Überstunden,
			  ■ Kurzarbeit, etc.
			■ Entgeltregelungen
			■ Arbeitsüberwachung
			■ Sozialeinrichtungen z. B.
			  ■ Kinderbetreuung
			  ■ Kantinen

Einflussmöglichkeiten: **sehr gering**	Einflussmöglichkeiten: **gering**	Einflussmöglichkeiten: **mittel**	Einflussmöglichkeiten: **hoch**
wirtschaftliche Angelegenheiten		**personelle Angelegenheiten**	**soziale Angelegenheiten**

Beispiel 1:
Die EUROPA-Bank (300 Mitarbeiter) hat einen Betriebsrat und plant den Neubau einer Filiale in Heilbronn. Verbunden mit dieser Entscheidung soll die Filiale in Heilbronn-Sontheim geschlossen werden. Über die Planung des Neubaus ist der Betriebsrat rechtzeitig und umfassend zu informieren. Er hat ein **Informationsrecht**. Im Fall der Filialschließung kann der Betriebsrat auf der Grundlage bereitgestellter Informationen eine Stellungnahme verfassen und Gegenvorschläge unterbreiten. Der Betriebsrat versucht, über sein Beratungsrecht einen Interessenausgleich zu erreichen.

Beispiel 2:
Die EUROPA-Bank plant im Zuge einer Filialschließung die Entlassung von zehn Mitarbeitern. Der Betriebsrat hat diesbezüglich ein **Mitwirkungsrecht**, d. h. er kann gegen die Kündigungen Widerspruch einlegen. Unter bestimmten Umständen kann der Widerspruch die Weiterbeschäftigung der betroffenen Arbeitnehmer bis zur endgültigen gerichtlichen Entscheidung bewirken.

Beispiel 3:
Im Zuge der Neueröffnung des Filialgebäudes in Heilbronn, will der Vorstand neue Arbeitszeitüberwachungsmethoden, in Form von Stempeluhren einführen. Werden derartige soziale Angelegenheiten geplant, hat der Betriebsrat ein **Mitbestimmungsrecht**. Ohne die Zustimmung des Betriebsrats ist die Einführung rechtlich nicht möglich.

Einigungsstelle

Das BetrVG sieht bei unüberwindbaren innerbetrieblichen Differenzen zwischen Arbeitgeber und Betriebsrat die Einigungsstelle vor, deren Urteil in letzter Instanz durch ein arbeitsgerichtliches Urteil ersetzt werden kann. Die Einigungsstelle besteht aus einem unabhängigen Vorsitzenden, auf den sich beide Seiten einigen müssen, und der gleichen Anzahl von Arbeitgeber- und Arbeitnehmervertretern. Es herrscht eine **paritätische Besetzung**. BetrVG §§ 76f., 99

Die mit Mehrheitsbeschluss gefassten Entscheidungen der Einigungsstelle werden schriftlich in Form von **Betriebsvereinbarungen** festgehalten. vgl. Betriebsvereinbarung, Kapitel 4.4.1.4

4.4.1.2 Europäischer Betriebsrat

Nach dem Europäischen Betriebsratsgesetz (EBRG) besteht eine Verpflichtung zur Errichtung eines europäischen Betriebsrats bei denjenigen Unternehmen, die innerhalb des Grenzgebiets der Europäischen Union mindestens 1.000 Arbeitnehmer beschäftigen, wovon jeweils mindestens 150 in mindestens zwei Mitgliedsstaaten beschäftigt sind. Die zentrale Leitung des Unternehmens hat den Europäischen Betriebsrat einmal im Kalenderjahr über EBRG §§ 3, 32 die Entwicklung der Geschäftslage und die Perspektiven des gemeinschaftsweit tätigen Unternehmens unter rechtzeitiger Vorlage der erforderlichen Unterlagen zu unterrichten und ihn anzuhören.

4.4.1.3 Jugend- und Auszubildendenvertretung

BetrVG § 60 (1)

In Unternehmen mit Betriebsrat kann es eine gesonderte Jugend- und Auszubildendenvertretung (JAV) geben, sofern mindestens fünf Arbeitnehmer beschäftigt werden,
- die unter 18 Jahren sind (jugendliche Arbeitnehmer) oder
- die zu ihrer Ausbildung beschäftigt sind und das 25. Lebensjahr noch nicht vollendet haben.

BetrVG §§ 62, 63

Wahlberechtigt sind alle jugendlichen Arbeitnehmer unter 18 Jahren sowie Auszubildende und Studierende an den dualen Hochschulen unter 25 Jahren. Alle Arbeitnehmer unter 25 Jahren, die nicht Mitglied des Betriebsrates sind, sind wählbar. Gewählt wird geheim und unmittelbar. Die Amtszeit beträgt zwei Jahre. Die Zusammensetzung der JAV ist abhängig von der Anzahl der jugendlichen Arbeitnehmer und Auszubildenden im Betrieb. Ihre Vertretung soll Mitglieder aus unterschiedlichen Abteilungen und Berufen enthalten.

BetrVG § 70

Die Aufgaben einer JAV umfassen alle Angelegenheiten, die die jugendlichen Arbeitnehmer und Auszubildenden im Betrieb betreffen. Hierzu gehören u. a.:
- Die Vertretung der Jugendinteressen im Betriebsrat.
- Die Beantragung der Gleichstellung von jugendlichen Frauen und Männern beim Betriebsrat.
- Die Überwachung der Einhaltung der für die jugendlichen Arbeitnehmer und Auszubildenden geltenden Gesetze, Verordnungen, Unfallverhütungsvorschriften etc.
- Die Weitergabe von Anregungen, speziell in Fragen der Berufsbildung, beim Betriebsrat.

Lernkontrolle
Aufgaben 3 u. 4

4.4.1.4 Betriebsvereinbarungen

BetrVG § 77

Eine Betriebsvereinbarung ist Ausdruck einer zwischen Betriebsrat und Arbeitgeber innerbetrieblichen Einigung. Sie ist im Konsens getroffen und wird vertraglich festgehalten. Die Inhalte des Vertrages sind Rechtsnormen, die unmittelbar und zwingend auf die Arbeitsverhältnisse der Arbeitnehmer einwirken (Günstigkeitsprinzip).

BetrVG § 88

Betriebsvereinbarungen regeln u. a.:
- Maßnahmen zur Verhütung von Arbeitsunfällen und Gesundheitsschädigungen.
- Maßnahmen des betrieblichen Umweltschutzes und zur Errichtung von Sozialeinrichtungen.
- Maßnahmen zur Förderung der Vermögensbildung.

In Betrieben ohne Betriebsrat ist keine Betriebsvereinbarung möglich. Alternativ können in diesen Betrieben allgemeine Regelungen für Arbeitnehmer u. a. durch eine **Betriebsordnung** erlassen werden. Sie steht in ihrer Bedeutung der Betriebsvereinbarung jedoch nicht gleich.

4.4.1.5 Überblick über die innerbetriebliche Mitbestimmung im Rahmen des BetrVG

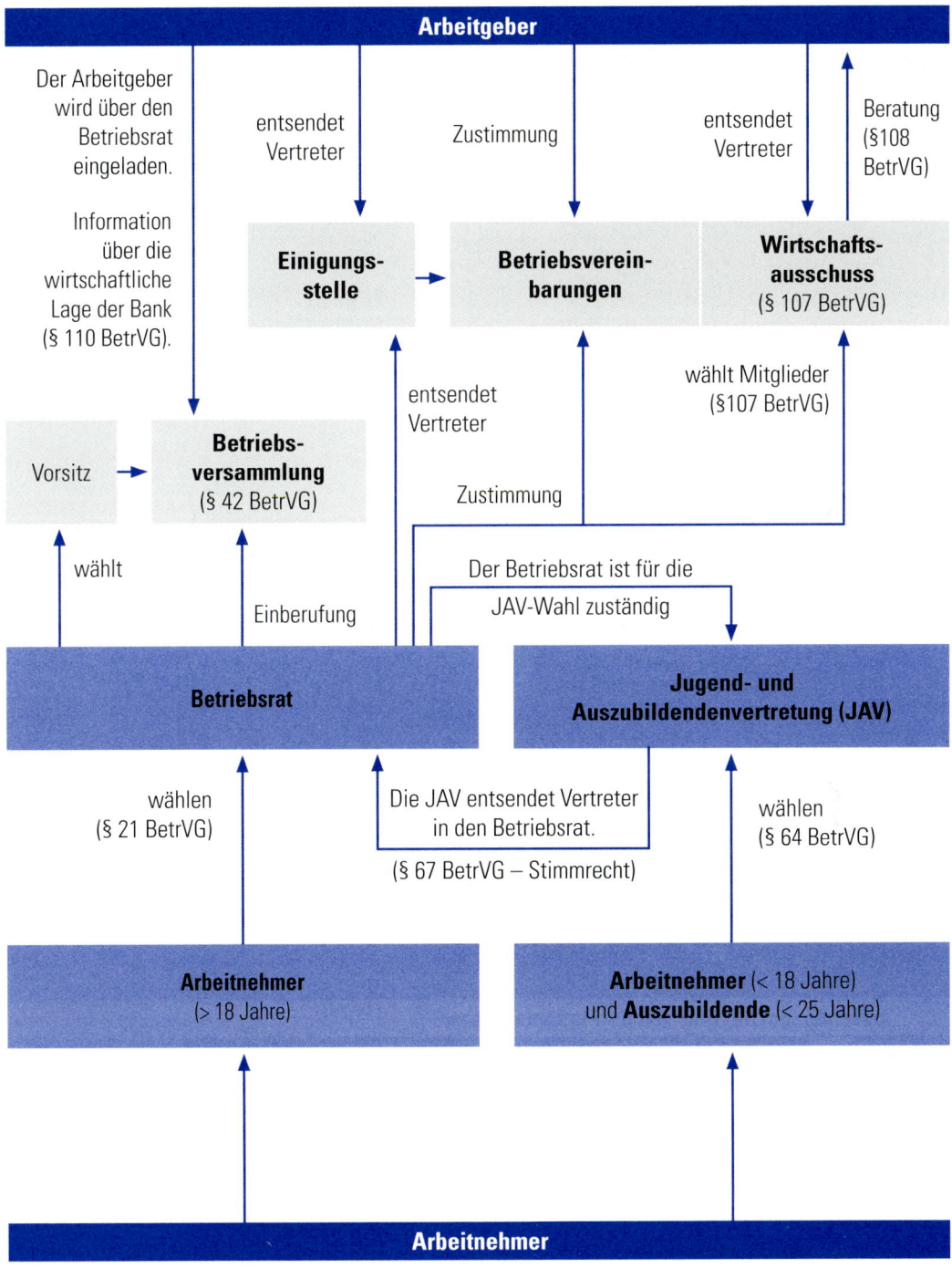

Zusammenfassung und Lernkontrolle

Zusammenfassung

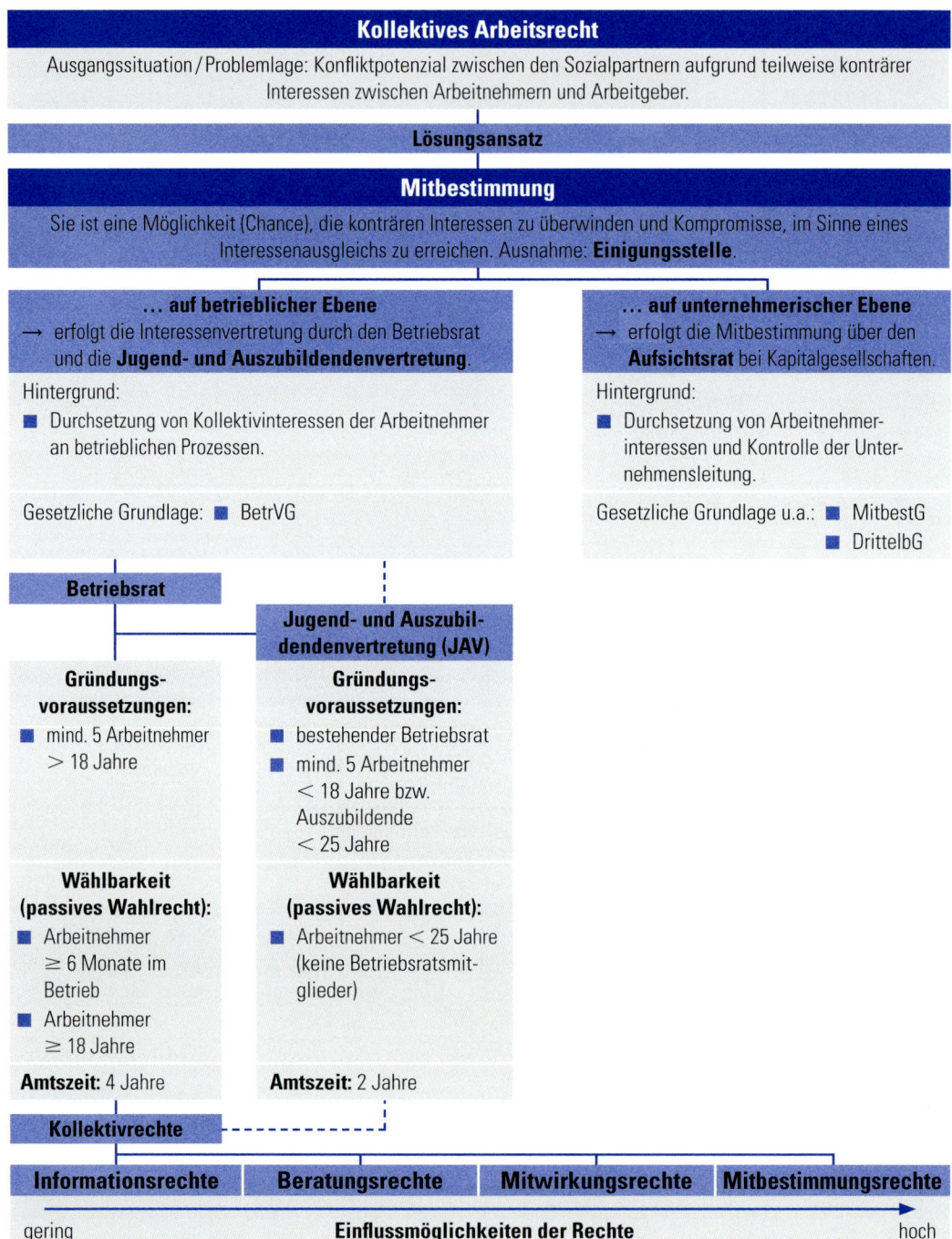

Kollektives Arbeitsrecht

Ausgangssituation / Problemlage: Konfliktpotenzial zwischen den Sozialpartnern aufgrund teilweise konträrer Interessen zwischen Arbeitnehmern und Arbeitgeber.

Lösungsansatz

Mitbestimmung

Sie ist eine Möglichkeit (Chance), die konträren Interessen zu überwinden und Kompromisse, im Sinne eines Interessenausgleichs zu erreichen. Ausnahme: **Einigungsstelle**.

... auf betrieblicher Ebene
→ erfolgt die Interessenvertretung durch den Betriebsrat und die **Jugend- und Auszubildendenvertretung**.

Hintergrund:
- Durchsetzung von Kollektivinteressen der Arbeitnehmer an betrieblichen Prozessen.

Gesetzliche Grundlage: ■ BetrVG

... auf unternehmerischer Ebene
→ erfolgt die Mitbestimmung über den **Aufsichtsrat** bei Kapitalgesellschaften.

Hintergrund:
- Durchsetzung von Arbeitnehmerinteressen und Kontrolle der Unternehmensleitung.

Gesetzliche Grundlage u.a.: ■ MitbestG
                            ■ DrittelbG

Betriebsrat

Jugend- und Auszubildendenvertretung (JAV)

Gründungsvoraussetzungen:
- mind. 5 Arbeitnehmer > 18 Jahre

Gründungsvoraussetzungen:
- bestehender Betriebsrat
- mind. 5 Arbeitnehmer < 18 Jahre bzw. Auszubildende < 25 Jahre

Wählbarkeit (passives Wahlrecht):
- Arbeitnehmer ≥ 6 Monate im Betrieb
- Arbeitnehmer ≥ 18 Jahre

Wählbarkeit (passives Wahlrecht):
- Arbeitnehmer < 25 Jahre (keine Betriebsratsmitglieder)

Amtszeit: 4 Jahre

Amtszeit: 2 Jahre

Kollektivrechte

Informationsrechte	**Beratungsrechte**	**Mitwirkungsrechte**	**Mitbestimmungsrechte**

gering   **Einflussmöglichkeiten der Rechte**   hoch

Lernkontrolle

Aufgabe 1

Das Arbeitsrecht unterscheidet zwischen Individualarbeitsrecht und Kollektivarbeitsrecht. Grenzen Sie beide Formen inhaltlich voneinander ab.

Aufgabe 2

Die Mitarbeiter der EUROPA-Bank möchten die Möglichkeit einer Betriebsratsgründung überprüfen. Die aktuelle Belegschaft setzt sich wie folgt zusammen:

- 22 Arbeitnehmer (darunter zehn Auszubildende) unter 18 Jahren,
- 38 Arbeitnehmer (einschließlich vier Auszubildende) 18 – 24 Jahre,
- 40 Arbeitnehmer 25 Jahre und älter.

Von diesen Mitarbeitern wurden innerhalb der letzten sechs Monate eingestellt:
- 4 Auszubildende unter 18 Jahren,
- 9 Arbeitnehmer (einschließlich zwei Auszubildende) 18 – 24 Jahre,
- 6 Arbeitnehmer 25 Jahre und älter.

1. Weisen Sie nach, ob die Voraussetzungen zur Gründung eines Betriebsrats erfüllt sind.
2. Stellen Sie fest, wer nach dem BetrVG als Arbeitnehmer gilt und prüfen Sie,
   a) wie viele Mitarbeiter der Bank insgesamt wahlberechtigt sind (aktives Wahlrecht) und
   b) wie viele Belegschaftsmitglieder sich zur Wahl des Betriebsrats aufstellen lassen können (passives Wahlrecht) und
   c) wie viele Mitarbeiter bei der anstehenden Wahl insgesamt zu wählen sind.
3. Erläutern Sie die geltenden Wahlvorschriften und bestimmen Sie die regelmäßige Amtszeit eines Betriebsratsmitgliedes.

Aufgabe 3

Nachdem der Betriebsrat der EUROPA-Bank (siehe Aufgabe 2) seine Arbeit aufgenommen hat, stehen dieses Jahr die Wahlen der Jugend- und Auszubildendenvertretung (JAV) an. Derzeit wird der Wahl der JAV, die alle zwei Jahre in der Zeit vom 01. Oktober bis 30. November stattfindet, vorbereitet. Als angehender Bankkaufmann sollen Sie tatkräftig mitwirken.

1. Erklären Sie die Grundsätze, nach denen die Wahl zur JAV durchgeführt wird.
2. Prüfen Sie, aus wie vielen Mitgliedern die JAV der EUROPA-Bank (vgl. Arbeitnehmersituation aus Aufgabe 2) besteht.
3. Stellen Sie fest, wie viele Personen bei der EUROPA-Bank insgesamt wahlberechtigt sind (aktives Wahlrecht).
4. Sophia Baum, 24 Jahre, seit neun Monaten bei der EUROPA-Bank angestellt, möchte als neu gewähltes Betriebsratsmitglied gleichzeitig auch JAV-Vertreterin werden. Prüfen Sie, ob dies für Frau Baum möglich ist.
5. Klären Sie, wer von den drei folgenden Kandidaten für die JAV wahlberechtigt ist (aktives Wahlrecht) und wer sich in die JAV wählen lassen kann (passives Wahlrecht).
   Kandidat 1. Johanna Dannhauser (17 Jahre, Auszubildende, 3. Ausbildungsjahr)
   Kandidat 2. Jochen Tröger (22 Jahre, seit fünf Monaten Angestellter bei der EUROPA-Bank)
   Kandidat 3. Laura Feuchter (26 Jahre, Auszubildende, 2. Ausbildungsjahr)
6. Bestimmen Sie die Amtszeit der JAV.

Aufgabe 4

Als Mitglied der JAV bei der EUROPA-Bank möchten Sie wissen, welche Rechte bzw. Pflichten sich aus dieser Tätigkeit ergeben. Entscheiden Sie, ob die nachfolgenden Rechte zutreffen.

1. Die JAV verhandelt selbstständig mit dem Vorstand der EUROPA-Bank.
2. Für die jüngeren Mitarbeiter der EUROPA-Bank gibt es durch die JAV Ansprechpartner in ihrem Alter, die ihre Anliegen über den Betriebsrat bei der Geschäftsleitung (Vorstand) vortragen können und durchzusetzen versuchen.
3. Mitglieder der JAV müssen an allen Sitzungen des Betriebsrates teilnehmen und aktuelle Informationen an die jungen Mitarbeiter in der EUROPA-Bank weitergeben.
4. Ein Vertreter der JAV kann sich gleichzeitig in den Betriebsrat wählen lassen.
5. Die Auszubildenden können beispielsweise die Ablösung eines unbeliebten Ausbilders über den Betriebsrat erzwingen.

Aufgabe 5

A. Becker, Bankkaufmann bei der Volksbank Musterstadt eG, wird eines morgens über das Intranet der Volksbank Musterstadt auf folgende Mitteilung aufmerksam.

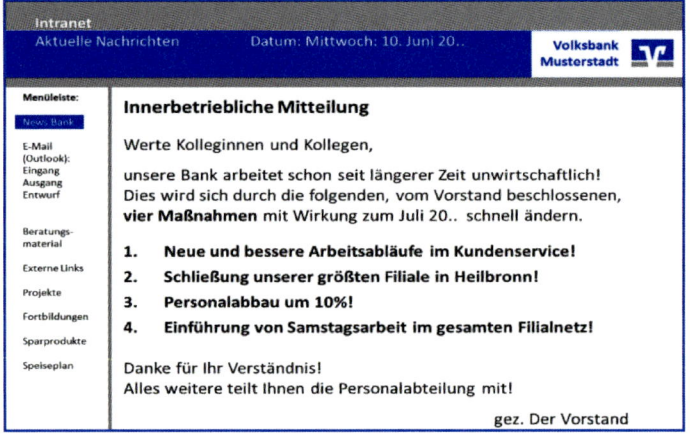

Herr Becker ist in der Filiale Heilbronn angestellt und echauffiert sich. Er zweifelt die Rechtmäßigkeit dieser vier Entscheidungen des Vorstands an. Er glaubt nicht, dass der Vorstand dies einfach so bestimmen kann. Schließlich habe die Bank Arbeitnehmervertreter gewählt, die mitentscheiden können.

1. Stellen Sie gemäß der Fallsituation die Problematik heraus, indem Sie die Interessenlagen von Arbeitgeber und Arbeitnehmer gegenüberstellen.
2. Bestimmen Sie die grundsätzlichen Rechte des Betriebsrats und beurteilen Sie anhand der Einflusskraft der Rechte, ob die im Fall genannten Maßnahmen ohne weiteres durchgesetzt werden können. Fertigen Sie hierzu eine Tabelle an.
3. Die Rechte des Betriebsrats beziehen sich auf unterschiedliche Bereiche des Betriebs und lassen sich in „wirtschaftliche-, personelle- und soziale Angelegenheiten" unterteilen. Ordnen Sie die Rechte diesen Bereichen zu.
4. Die Maßnahmen werden zum Teil durch den Betriebsrat verhindert. Beurteilen Sie in diesem Zusammenhang die Funktion des Betriebsrats für die Mitarbeiter und die Volksbank, indem Sie für jede Partei jeweils Vor- und Nachteile aufführen.

Aufgabe 6

Begründen Sie, welche Rechte der Betriebsrat in folgenden Fällen geltend machen kann.

1. Änderung der Arbeitszeiten.
2. Der Chef plant im nächsten Jahr 50 Arbeitnehmer einzustellen.
3. Ein Betriebsteil soll stillgelegt werden.
4. Herr Kuhnle ist die Faulheit in Person. Ihm wird fristgerecht gekündigt, ohne den Betriebsrat zu informieren.
5. Für die Buchhaltung wurde eine neue Software angeschafft. Von den drei Angestellten (zwei 30-jährige Junggesellen und ein 50-jähriger Familienvater mit 4 Töchtern) wird einer nicht mehr gebraucht. Den Familienvater trifft nach vorheriger Anhörung des Betriebsrates die Kündigung, weil er das höchste Gehalt bezieht.
6. Die Unternehmensleitung informiert den Betriebsrat darüber, dass ein neuer Personalfragebogen eingeführt wird.

4.4.2 Tarifvertragsrecht

4.4.2.1 Gesetzliche Grundlage und Koalitionsfreiheit

Das Tarifvertragsgesetz (TVG) ist Bestandteil des kollektiven Arbeitsrechts und basiert auf dem Grundrecht der Arbeitnehmer, Koalitionen bzw. Vereinigungen zu bilden, die zur Wahrung und Förderung der Arbeitsbedingungen beitragen. Diese Koalitionsfreiheit bildet die Grundlage für die Existenz von Tarifvertragsparteien, den sog. Sozialpartnern.

TVG

GG
Art. 9 (3)

4.4.2.2 Tarifvertragsparteien

Mit dem Tarifvertragsrecht erklären sich die Vereinigungen der Arbeitnehmer (Gewerkschaften) und die der Arbeitgeber (Arbeitgeberverbände) als Parteien zur Aushandlung von Tarifverträgen.

Tarifvertragsparteien	
Arbeitgeberverbände	**Gewerkschaften**
Dachverband: Bundesvereinigung der Deutschen Arbeitgeberverbände (BDA)	Dachverband: Deutscher Gewerkschaftsbund (DGB)
bankspezifische Arbeitgeberverbände	**bankspezifische Gewerkschaften**
z. B. ■ Arbeitgeberverband des privaten Bankgewerbes ■ Arbeitgeberverband Volks- und Raiffeisenbanken ■ Tarifgemeinschaft öffentlicher Banken ■ Deutscher Bankangestellten-Verband	z. B. ■ Vereinte Dienstleistungsgewerkschaft (ver.di) ■ Deutscher Bankangestellten-Verband (DBV) ■ Deutscher Handels- und Industrieangestellten-Verband (DHV) im Christlichen Gewerkschaftsbund

4.4.2.3 Tariffähigkeit

TVG
§ 2
Die Dachverbände der Arbeitgeber und Gewerkschaften führen keine Tarifverhandlungen. Sie sind Ansprechpartner gegenüber politischen Entscheidungsträgern und Verbänden auf Bundes-, Landes-, und kommunaler Ebene und nicht tariffähig. Tariffähigkeit besitzen hingegen die regionalen Fachverbände (z. B. Arbeitgeberverband der Volks- und Raiffeisenbanken) bzw. die Einzelgewerkschaften (z. B. ver.di) für die Bankenbranche. In Ausnahmen verhandeln Gewerkschaften direkt mit einzelnen, großen und tariffähigen Arbeitgebern, wie z. B. Volkswagen.

4.4.2.4 Tarifautonomie

GG
Art. 9 (3)
Art. 19 (2)

*Lernkontrolle
Aufgaben 1 u. 2*
Die Tarifautonomie umfasst das Grundrecht eigenständige (autonome) Regelungen der Arbeits- und Wirtschaftsbedingungen durch Tarifverträge zu fassen. Sozialpartner finden ohne staatliche Mitwirkung in eigener Verantwortung zu einer Übereinkunft. Es ist ein Recht der Sozialpartner, welches u. a. ihre Betätigungsfreiheit, Vereinbarungsbefugnis und ihr Recht auf Arbeitskampf (Streik und Aussperrung) garantiert.

4.4.2.5 Tarifvertragsarten

TVG
§§ 1, 3
Tarifverträge sind schriftlich zu vereinbaren. Sie lassen sich nach Vertragspartnern, ihren Rechtswirkungen, nach Geltungsbereichen und Inhalten unterscheiden.

■ Vertragspartner

Tarifverträge werden zwischen den Sozialpartnern (Verbandstarifverträge) oder zwischen Gewerkschaften und einzelnen Arbeitgebern (Firmen- oder Haustarifverträge) geschlossen. Ein geschlossener Tarifvertrag gilt für alle Gewerkschaftsmitglieder, solange der Arbeitgeber dem betreffenden Arbeitgeberverband angehört (Tarifgebundenheit).

■ Rechtswirkung

Tarifverträge werden gemäß ihrer Wirkung in einen gebundenen (obligatorischen) und einen verpflichtenden (normativen) Teil unterschieden.

- ■ Im obligatorischen Teil sind Pflichten vereinbart, die ausschließlich für die betreffenden Sozialpartner gelten. Die Arbeitgeber verpflichten sich zur Durchführung der Tarifinhalte, die Arbeitnehmer zur Friedenspflicht während der Laufzeit des Tarifvertrages.
- ■ Im normativen Teil sind tarifvertragliche Wirkungen festgelegt, die direkt auf das einzelne Arbeitsverhältnis wirken und entgegenstehende Vereinbarungen außer Kraft setzen (z. B. Probezeit, Kündigungsfrist, Gehaltshöhe).

■ Geltungsbereich

Der Geltungsbereich eines Tarifvertrags unterteilt sich in vier Unterbereiche.

Bereich	Anmerkungen
fachlich	Definition der tarifspezifischen Branche. Die Branche kann relativ gleichartig (z. B. Bankensektor) oder sehr unterschiedlich (z. B. Industriesektor) sein.
persönlich	Definition der vom Tarifvertrag betroffenen Arbeitnehmer. Unterschieden wird u. a. zwischen Angestellten, Arbeitern und Auszubildenden. Im Sektor Bank wird zwischen diesen Gruppen nicht unterschieden (einheitliches Tarifwerk).

Bereich	Anmerkungen
räumlich	Definition des territorialen Gültigkeitsbereichs eines Tarifvertrags, sog. Tarifgebiet. Zu unterscheiden sind: ■ **bundesweite** (für das gesamte Bundesgebiet*), ■ **landesweite** (für ein bestimmtes Bundesland, z. B. BaWü), ■ **regional** oder **örtlich** (für einen Tarifbezirk) geltende Tarifverträge. * Im Bankensektor gilt ein einheitlicher Bundestarif. Gilt ein Tarifvertrag für mehrere Orte, Bundesländer oder für das Staatsgebiet der BRD, so bezeichnet man diesen als **Flächentarifvertrag**. Bezieht er sich nur auf ein Unternehmen, werden diese als Werks- oder Haustarifverträge bezeichnet.
zeitlich	Definition der vereinbarten Tarifvertragslaufzeit. Diese kann zwischen einem Entgelttarifvertrag (Laufzeit: i. d. R. 1 Jahr) oder einem Manteltarifvertrag (Laufzeit: i. d. R. 3 Jahre) variieren. Ein Manteltarifvertrag regelt z. B. Arbeitszeiten (siehe Tarifvertragsinhalte).

■ **Tarifvertragsinhalte**

Ein Tarifvertrag regelt die **Mindestinhalte** für Arbeitsverhältnisse. Es wird dabei zwischen Vergütungs- und Manteltarifverträgen unterschieden.

TVG
§ 4

Tarifvertragsarten	
Vergütungstarifverträge ("Lohn- und Gehaltstarifverträge")	**Manteltarifverträge** ("Rahmentarifverträge")
■ Höhe von Löhnen und Gehältern ■ Entgelte der Auszubildendenvergütung	■ allgemeine Arbeitsbedingungen wie Einstellung und Kündigung ■ Arbeitszeit, Überstunden, Urlaub ■ Akkordbedingungen ■ Entgeltfortzahlung
Laufzeit: i. d. R. ein Jahr	Laufzeit: i. d. R. mehrere Jahre

(Spalte links: Geltungsgegenstand)

Die Tarifverträge im Bankensektor unterscheiden sich nicht wesentlich voneinander. Abweichend davon entsprechen die Tarifverträge im Sparkassenbereich denen des öffentlichen Dienstes.

4.4.2.6 Tarifbindung

Tarifverträge gelten für die tarifschließenden Parteien. Die Parteien sind tarifgebunden, d. h. der Tarifvertrag gilt für sie zwingend und unmittelbar (Grundsatz der Unabdingbarkeit). Die Tarifbindung endet mit Ablauf oder Kündigung des Tarifvertrages. Die Tarifbedingungen gelten bis zum Abschluss eines neuen Tarifvertrages unverändert weiter (tarifliche Nachwirkungszeit). Ausnahmen zur Tarifbindung gewährt das Tarifvertragsrecht über das Günstigkeitsprinzip und die Öffnungsklausel.

TVG
§§ 3, 4

BetrVG
§ 77 (3)

Ausnahmen zur Tarifbindung	
Günstigkeitsprinzip	**Öffnungsklausel**
Ein abweichender Spielraum für die tarifgebundene (autonome) Entgeltpolitik besteht bei tarifgebundenen Unternehmen in der Form, dass die Mindestentgeltgrundsätze vom betreffenden Arbeitgeber individduell freiwillig überboten, aber nicht unterboten werden können.	Die gebotene Öffnungsklausel schafft in begründeten Ausnahmefällen Flexibilität für die tarifgebundenen Unternehmen. Wird eine Öffnungsklausel im Tarifvertrag vereinbart, verzichten die betroffenen Tarifparteien (im Eigeninteresse) auf die zwingende Wirkung der Mindestgrundsätze, sofern die betriebliche Lage (z. B. Krisensituation) es erfordert.

Beispiel (Günstigkeitsprinzip):
Der Mitarbeiter Wolfgang Kuhnle vereinbart mit der EUROPA-Bank ein monatliches Entgelt in Höhe von 3.500 Euro. Der geltende Tarifvertrag sieht ein geringeres Monatsentgelt für eine gleichwertige Position vor. In der Rechtsrangfolge steht der Tarifvertrag über dem Arbeitsvertrag, der in diesem Fall für Herrn Kuhnle jedoch günstiger ist. Die Mindestbedingungen wurden überschritten. Der Vertrag ist gültig.

Beispiel (Öffnungsklausel):
Befindet sich die EUROPA-Bank in einer finanziellen Krise, bietet ihr die Öffnungsklausel die Möglichkeit, ihre Arbeitnehmer untertariflich zu bezahlen, um auf betriebsbedingte Kündigungen verzichten zu können. Die Öffnungsklausel erweitert so den betrieblichen Gestaltungsspielraum.

Eine weitere Ausnahme bildet die **Allgemeinverbindlichkeitserklärung** für Tarifverträge. Mit dieser Erklärung wird die Tarifautonomie durchbrochen, indem der Bundesarbeitsminister in einer Kooperation zwischen Staat und Tarifparteien die Tarifnormen auf alle Arbeitsverhältnisse einer Branche erstreckt, ohne Rücksicht auf die Tarifbindung.

4.4.2.7 Tarifverhandlung

Der Begriff Tarifverhandlung bezeichnet autonome Verhandlungen zwischen den Tarifvertragsparteien. Zu Verhandlungsbeginn werden die Positionen weit auseinanderliegen. Für die beabsichtigte Kompromissfindung, werden sich diese Positionen im Verlaufe der Verhandlungen annähern.

Positionenvergleich der Tarifvertragsparteien	
Arbeitnehmer	**Arbeitgeber**
■ Inflationsausgleich mit Lohnerhöhungen ■ Beteiligung an Unternehmensgewinnen ■ Ausgleich für zunehmenden Leistungsdruck und steigende Belastung	■ Wettbewerbsfähigkeit wird durch zu hohe Personalkosten gefährdet ■ Lohnerhöhungen führen zu Arbeitsplatzgefährdung ■ sinkende Innovationskraft der Unternehmen

Führen die Tarifverhandlungen zu keinem Verhandlungskompromiss, kann eine Tarifpartei die Verhandlungen für gescheitert erklären. In der Folge bestehen zwei Möglichkeiten. Beide Tarifparteien einigen sich über die Schieds- oder Schlichtungsstelle auf eine Schlichtung und bekennen sich zur Friedenspflicht oder sie leiten Arbeitskampfmaßnahmen ein.

Arbeitskampfmaßnahmen

Die wichtigste Arbeitskampfmaßnahme der Arbeitnehmerseite ist der **Streik**. Die Arbeitnehmervertreter rufen dabei zur gemeinsamen Arbeitsniederlegung der organisierten Arbeitnehmer auf. Die Rechtmäßigkeit eines Streiks ist an bestimmte Prinzipien geknüpft.

Prinzipien für den Streik

Für einen **Streik** ist ein Mehrheitsbeschluss (75%) der betroffenen gewerkschaftlich organisierten Arbeitnehmer über eine sog. **Urabstimmung** erforderlich. Wird diese Mehrheit erreicht, ruft die Gewerkschaft zur Arbeitsniederlegung auf. Wird ein Streik ohne Urabstimmung vollzogen, spricht der Gesetzgeber von einem „wilden Streik", der rechtswidrig ist. Rechtswidrig ist ein Streik auch, wenn er kein tarifkonformes, sondern ein politisches Ziel verfolgt.

Die Gegenmaßnahme der Arbeitgeberseite ist die **Aussperrung**. Die Arbeitgeber reagieren damit auf den bestehenden Streik und lassen sämtliche Arbeitsverhältnisse bis zum Streikende ruhen (zeitweilige Suspendierung).Von der Aussperrung sind streikende und arbeitswillige Arbeitnehmer gleichermaßen betroffen. Die Lohnzahlungspflicht des Arbeitgebers entfällt. Die Gewerk-

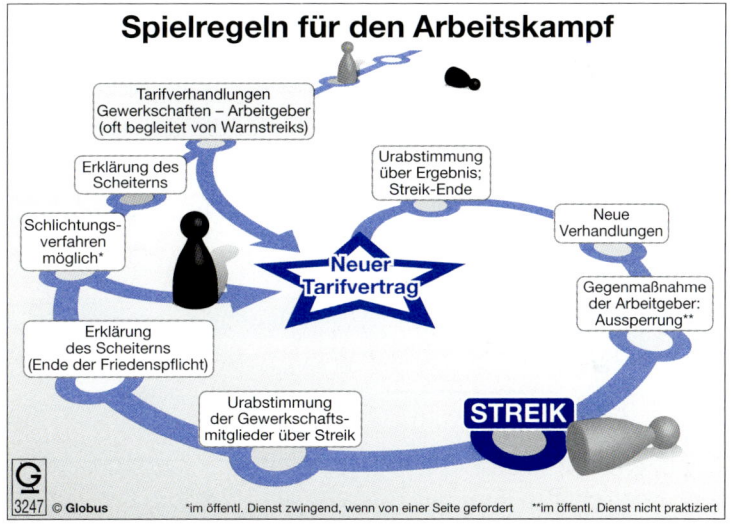

schaftsmitglieder erhalten aus der gewerkschaftlichen „Streikkasse" Streikgelder, deren Höhe abhängig ist von der jeweiligen Gewerkschaft, der Zugehörigkeitsdauer und der Gehaltshöhe. Auch in der Phase des Arbeitskampfes gehen die Tarifverhandlungen weiter. Führen die Verhandlungen zu einem Ergebnis wird der Streik über eine neuerliche **Urabstimmung** (25%-Zustimmung) der betroffenen Gewerkschaftsmitglieder beendet. Ein neuer Tarifvertrag schließt damit die Tarifverhandlungen und die Kompromissfindung ab.

Verhältnismäßigkeitsprinzip

Aus einer gesamtvolkswirtschaftlichen Interessenlage (z.B. Arbeitsplatz- und Wettbewerbsverluste, außenpolitische Reputation), gilt für die Arbeitskampfmittel in Deutschland stets das Prinzip der Verhältnismäßigkeit.

*Lernkontrolle
Aufgaben 3 u. 4*

Zusammenfassung und Lernkontrolle

Zusammenfassung

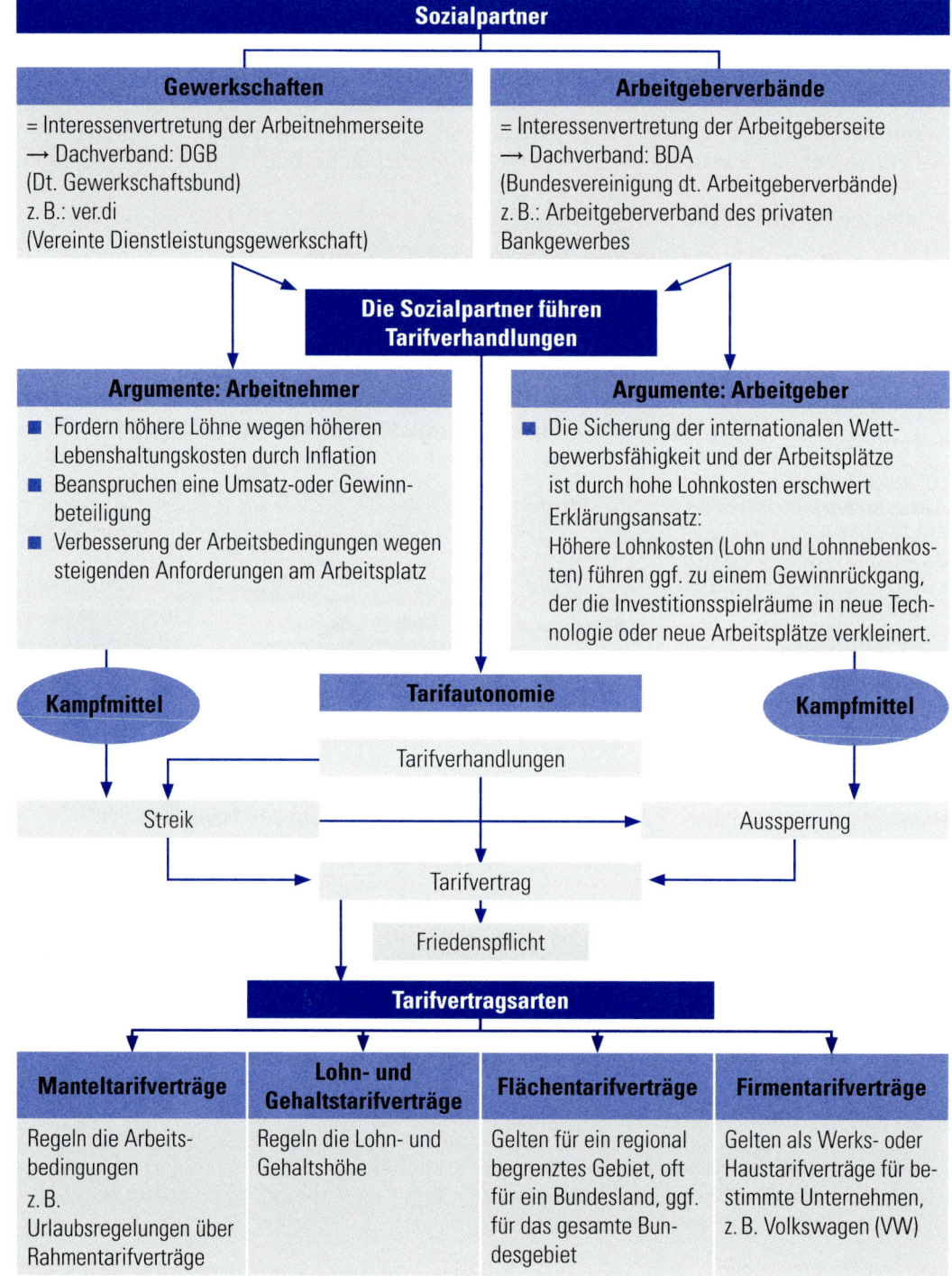

Sozialpartner

Gewerkschaften	Arbeitgeberverbände
= Interessenvertretung der Arbeitnehmerseite → Dachverband: DGB (Dt. Gewerkschaftsbund) z. B.: ver.di (Vereinte Dienstleistungsgewerkschaft)	= Interessenvertretung der Arbeitgeberseite → Dachverband: BDA (Bundesvereinigung dt. Arbeitgeberverbände) z. B.: Arbeitgeberverband des privaten Bankgewerbes

Die Sozialpartner führen Tarifverhandlungen

Argumente: Arbeitnehmer	Argumente: Arbeitgeber
■ Fordern höhere Löhne wegen höheren Lebenshaltungskosten durch Inflation ■ Beanspruchen eine Umsatz- oder Gewinnbeteiligung ■ Verbesserung der Arbeitsbedingungen wegen steigenden Anforderungen am Arbeitsplatz	■ Die Sicherung der internationalen Wettbewerbsfähigkeit und der Arbeitsplätze ist durch hohe Lohnkosten erschwert Erklärungsansatz: Höhere Lohnkosten (Lohn und Lohnnebenkosten) führen ggf. zu einem Gewinnrückgang, der die Investitionsspielräume in neue Technologie oder neue Arbeitsplätze verkleinert.

Kampfmittel — **Tarifautonomie** — **Kampfmittel**

Tarifverhandlungen

Streik — Aussperrung

Tarifvertrag

Friedenspflicht

Tarifvertragsarten

Manteltarifverträge	Lohn- und Gehaltstarifverträge	Flächentarifverträge	Firmentarifverträge
Regeln die Arbeitsbedingungen z. B. Urlaubsregelungen über Rahmentarifverträge	Regeln die Lohn- und Gehaltshöhe	Gelten für ein regional begrenztes Gebiet, oft für ein Bundesland, ggf. für das gesamte Bundesgebiet	Gelten als Werks- oder Haustarifverträge für bestimmte Unternehmen, z. B. Volkswagen (VW)

Lernkontrolle

Aufgabe 1
Ordnen Sie die folgenden Begriffe dem Bereich Individualarbeitsrecht oder Kollektivarbeitsrecht zu.
1. Bundesurlaubsgesetz
2. Koalitionsrecht
3. Streikrecht
4. Jugendarbeitsschutzrecht
5. Tarifvertragsrecht

Aufgabe 2
1. Erläutern Sie die wesentliche Aufgabe der Arbeitgeberverbände und grenzen Sie diese von den Hauptaufgaben der Arbeitnehmerverbände (Gewerkschaften) ab.
2. Erläutern Sie die Aufgaben, die die beiden oben genannten Verbände grundlegend haben und leiten Sie daraus die gemeinsame Zielsetzung der Sozialpartner ab.
3. Unterscheiden Sie die Arbeitskampfmittel der Gewerkschaften von denen der Arbeitgeberverbände und beurteilen Sie deren Konsequenzen.
4. Erläutern Sie den idealtypischen Ablauf von Tarifverhandlungen. Gehen Sie hierbei auf die unterschiedlichen Instanzen ein und erläutern Sie deren Besonderheiten (z. B. Urabstimmungen).

Aufgabe 3
Die Sozialpartner einigen sich auf einen Tarifvertrag. Prüfen Sie,
1. in welcher Form der Tarifvertrag geschlossen werden muss,
2. wer an den Tarifvertrag gebunden ist,
3. in welchen Fällen tarifgebundene Arbeitgeber vom Tarifvertrag abweichen dürfen,
4. wie lange eine Bindung an den Tarifvertrag besteht,
5. welche Lohnfindungsmöglichkeiten die Betriebe haben, die keinem Arbeitgeberverband angeschlossen sind und
6. was man unter der Allgemeinverbindlichkeit eines Tarifvertrages versteht.

Aufgabe 4
Christian Wünsche ist Bankkaufmann. Er wird am 01.04. des Jahres von der EUROPA-Bank AG, 120 Angestellte, als Filialleiter in Heilbronn angestellt. Beim Einstellungsgespräch wird ihm ein Bruttogehalt von 3.800 Euro und 28 Tage Urlaub angeboten. Für ihn ist jedoch ein höheres Bruttogehalt wichtiger, als ein längerer Urlaub. Herr Wünsche macht daraufhin den Vorschlag, das Bruttogehalt zu erhöhen und den Urlaub zu kürzen. Im Arbeitsvertrag wird folglich ein Bruttogehalt von 4.000 Euro festgelegt und der Urlaub auf 26 Tage reduziert. Die EUROPA-Bank ist Mitglied beim Arbeitgeberverband.
1. Vom Betriebsratsvorsitzenden, der ihn als Gewerkschaftsmitglied anwerben will, erfährt Herr Wünsche, dass ihm nach dem gültigen Lohntarifvertrag ein Bruttogehalt von 4.100 Euro zustehen würde. Nach der Urlaubsregelung im Manteltarifvertrag hätte er allerdings nur Anspruch auf 24 Urlaubstage. Er überlegt, ob er in die Gewerkschaft ver.di eintreten soll. Prüfen Sie, ob die Mindestregelungen des Tarifvertrags der Banken für Herrn Wünsche auch dann Gültigkeit besitzen, wenn er kein Gewerkschaftsmitglied ist.
2. Herr Wünsche ist in die Gewerkschaft ver.di eingetreten. Beurteilen Sie, ob er einerseits unter Berufung auf den Tarifvertrag vom Arbeitgeber 4.100 Euro Bruttolohn verlangen und andererseits unter Berufung auf den Einzelarbeitsvertrag weiterhin 26 Tage Urlaub beanspruchen kann.

3. Der Tarifvertrag von ver.di mit dem Arbeitgeberverband der Banken wurde für allgemeinverbindlich erklärt. Herr Wünsche echauffiert sich, weil in der Konsequenz alle Arbeitnehmer, d. h. auch keine Gewerkschaftsmitglieder (Trittbrettfahrer) in den Genuss der tarifrechtlichen Mindestregelungen kommen. Er fügt an, ver.di solle bei den nächsten Tarifverhandlungen darauf hinwirken, dass die nachstehende Anmerkung in den Tarifvertrag aufgenommen wird: *„Die Arbeitgeber verpflichten sich, die tarifvertraglichen Regelungen nur Gewerkschaftsmitgliedern zugutekommen zu lassen."* Beurteilen Sie diesen Vorschlag.

4.5 Entlohnung für Arbeitszeit

4.5.1 Grundlagen

Das **Arbeitsentgelt**[1] ist die vertraglich geschuldete Gegenleistung des Arbeitgebers für die Arbeitsleistung des Arbeitnehmers. Für den Arbeitnehmer ist dies **Einkommen**.

Die Höhe des Bruttoarbeitsentgelts ergibt sich aus den gesetzlichen Bestimmungen, aus den Regelungen des Arbeitsvertrages und des Tarifvertrages. Trägt der Arbeitgeber Teile der vermögenswirksamen Leistungen (VL), erhöhen diese das steuer- und sozialversicherungspflichtige Bruttogehalt des Arbeitnehmers entsprechend. Das regelmäßige Bruttoarbeitsentgelt kann sich durch Sondervergütungen erhöhen.

Sondervergütungen sind z. B.:

- Gratifikationen und Zuschläge (u. a. Weihnachts- und Urlaubsgeld)
- Tantiemen (u. a. Gewinnbeteiligung)
- Provisionen (u. a. prozentualer Anteil zur Umsatzhöhe)
- Boni (u. a. in Abhängigkeit zur individuellen Zielerreichung)

vgl. Einkommensteuer Kapitel 4.6

Im steuerrechtlichen Sinne wird das Arbeitsentgelt eines Arbeitnehmers unter der Einkunftsart **Einkünfte aus nichtselbstständiger Arbeit** (Einkunftsart 4) erfasst.

4.5.2 Entgeltsysteme

Die Berechnung des Arbeitsentgeltes kann nach zwei unterschiedlichen Verfahren erfolgen. Diesen liegen zwei Arbeitslohnformen zugrunde.

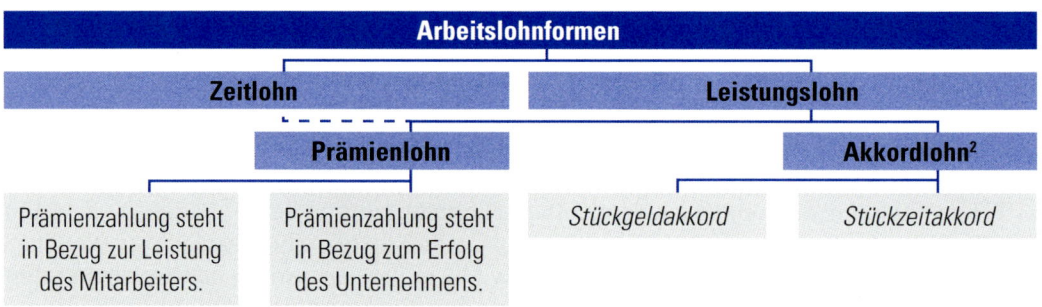

---

1 Die Begriffe Arbeitsentgelt und Arbeitslohn werden häufig synonym verwendet. Der Arbeitslohn im engeren Sinne ist das Gehalt eines Angestellten und der Lohn eines Arbeiters.

2 Der **Akkordlohn** ist von der Menge der tatsächlich gefertigten Werkstücke je Zeiteinheit, z. B. Stunde, Tag, Woche oder Monat abhängig. Voraussetzung für seinen Einsatz ist, dass der Arbeitnehmer seinen Output (z. B. Produktionsteile) selbst bestimmen kann. Das Arbeitsergebnis muss nachvollziehbar und messbar sein. Dieses leistungsabhängige Lohnanreizsystem findet seine Berechtigung z. B. in der produzierenden Industrie. Im Bankgewerbe findet es i. d. R. keine Anwendung und dient an dieser Stelle lediglich dem Zweck der Vollständigkeit.

■ Zeitlohn

Beim reinen Zeitlohn erfolgt die Entlohnung nach der Dauer der Arbeitszeit, unabhängig von der erbrachten Leistung. Die Höhe des Zeitlohns bestimmt sich über Zeiteinheiten, für die ein konstanter Lohnsatz gezahlt wird. Als Bezugsgröße kommen Stunden (Stundenlohn), Tage, Wochen oder Monate (Monatsgehalt) in Betracht. Der Lohnsatz steht dabei meist in Bezug zu Ausbildungsgrad und Berufserfahrung. Der Bruttoarbeitslohn ist folglich das Ergebnis aus Zeiteinheit und Lohnsatz.

Zeitlohn (Bruttoarbeitslohn) = Anzahl der Zeiteinheiten × Lohnsatz je Zeiteinheit

Dem Zeitlohn kommt im Bankengewerbe hohe Priorität zu, weil die Tätigkeiten (z. B. Kundenberatungen) im Finanzwesen qualitativ hochwertig ausgeführt werden müssen und damit Qualität, Genauigkeit und Präzision vor Schnelligkeit und Menge (Akkordlohn) stehen.

Beispiel:
Der Angestellte Marcel Lampert ist im Servicebereich einer wenig frequentierten Bankfiliale der EUROPA-Bank tätig. Herr Lampert erhält den vereinbarten Zeitlohn pro Monat auch dann, wenn er lediglich anwesend ist und nur in bestimmten Situationen (z. B. Kundenkontakt) aktiv wird.

Die Monatsgehälter richten sich bei tarifgebundenen Banken nach der jeweiligen Tarifgruppe (TG 1 bis TG 9) und dem entsprechenden Berufsjahr. Die nachfolgende Tabelle[1] gibt hierzu einen Überblick.

Beispiel:
Die Höhe des Monatsgehaltes des Angestellten Sebastian Corbé bei der Volksbank Musterstadt ergibt sich aus dem Gehaltstarifvertrag für die Genossenschaftsbanken. Als Angestellter in der Tarifgruppe (TG) 6 mit 5 Berufsjahren, beträgt sein Bruttogehalt 3.069 € pro Monat.

Berufs-jahr	TG 1	TG 2	TG 3	TG 4	TG 5	TG 6	TG 7	TG 8	TG 9
Im 1./2.	2209	2284	2398	2505	2604				
Im 3./4.	2332	2429	2519	2630	2746	2893			
Im 5./6.	2452	2564	2634	2756	2886	3069	3279		
Im 7./8.	2604	2732	2751	2881	3030	3246	3498	3782	
Im 9.			2898	3009	3174	3429	3711	4024	4332
Im 10.			3133	3312	3614	3930	4264	4605
Im 11.				3467	3797	4148	4509	4876

Vergütung für Tarif-Angestellte ab August 2018

(Anmerkung: Angaben jeweils in Euro, TG = Tarifgruppe)
Von TG 1 bis TG 6 können maximal 8 Prozent der tariflichen Vergütung variabilisiert werden (TFlex), von TG 7 bis TG 9 maximal 10 Prozent – das gilt sowohl für Vertrieb und Betrieb als auch für Gesamtbank und individuelle Zielvorgaben.

---

1   Quelle: https://dbv-gewerkschaft.info/wp-content/uploads/Gehaltstabelle_in_Geno-Banken_2017_und_2018-1.pdf

■ **Prämienlohn**

Der Prämienlohn ist eine Kombination aus Zeitlohn und Leistungslohn. Zwei Varianten sind zu unterscheiden.

Variante 1: Individuelle Leistungsfähigkeit

Diese Variante basiert auf der individuellen Leistungsfähigkeit des Arbeitnehmers. Das Ziel dieser Entlohnungsformkombination ist es, durch ein Festgehalt (Zeitlohn, sog. Fixum) und einem variablen Gehaltsbestandteil (Leistungslohn) die Leistungen und Ergebnisse des Angestellten angemessen zu honorieren und Leistungsanreize zu setzen. Der variable Gehaltsbestandteil steht dabei i. d. R. in einem angemessen Verhältnis zum Festgehalt (z. B. 2/3 fest zu 1/3 variabel).

Beispiel:

Ein Vermögensberater der EUROPA-Bank wird nach Variante 1 entlohnt. Nach der Zielvereinbarung ist zu seinem Festgehalt (fixer Anteil des Jahresgehalts) ein Zielbonus möglich. Die Leistungsbeurteilung erfolgt anhand der vereinbarten Leistungsfaktoren. Die Festlegung erfolgt in Absprache zwischen Führungskraft und Mitarbeiter und führt im positiven Fall (Zielerreichung) zu einem Bonus, der sein Festgehalt um den Bonusanteil erhöht.

Zielvereinbarung		Individuelle Leistungsfaktoren	Zielerreichung	
Festgehalt	Zielbonus	z. B. ■ Festgeldsumme (250.000 Euro p.a.) ■ Neukundenakquise (20 Neukunden p.a.) ■ Bausparsumme (2,5 Mio. p.a.)	Festgehalt	**Bonus**
Grundgehalt (fix)			Gesamtgehalt (fix + variabel)	

Variante 2: Kollektive Leistungsfähigkeit

Diese Variante basiert auf der kollektiven Leistungsfähigkeit aller Arbeitnehmer und ist vom Gesamterfolg des Unternehmens abhängig. Unter ähnlichen Motiven wie bei Variante 1 erfolgt die Entlohnung durch einen festen und einen variablen Gehaltsbestandteil. Der variable Teil orientiert sich an Prämien, die in Zusammenhang mit dem Gesamtgewinn stehen.

Beispiel:

Die EUROPA-Bank schüttet Prämien in Höhe von insgesamt 15 % des Gesamtgewinns an ihre Arbeitnehmer in gleichen Teilen (Prämienanteil am Gewinn/Anzahl der Mitarbeiter) oder in angemessenem Verhältnis zum Grundgehalt der jeweiligen Arbeitnehmer aus.

4.5.3 Gesetzlicher Lohnabzug

Vgl. Kapitel 4.7 Der Arbeitgeber ist gesetzlich dazu verpflichtet, einen Steuer- und Sozialversicherungsanteil (gesetzlicher Lohnabzug) direkt abzuführen. Ein Arbeitnehmer erhält folglich nicht das Bruttogehalt, sondern ein um die gesetzlichen Lohnabzüge verringertes Nettogehalt.

Gesetzlicher Lohnabzug

Steueranteil

- **Lohnsteuer** (in Abhängigkeit zum Bruttogehalt gemäß Einkommensteuertarif)
- **Solidaritätszuschlag** (5,5 % vom Betrag der Lohnsteuer)
- **Kirchensteuer** (8 % in Baden-Württemberg und Bayern, 9 % in den übrigen Bundesländern für Mitglieder anerkannter Religionsgemeinschaften)

Arbeitnehmeranteil[1] zur gesetzlichen Sozialversicherung

- **Rentenversicherung** (9,30 %)
- **Arbeitslosenversicherung** (1,25 %)
- **Krankenversicherung** (7,75 %[2])
- **Pflegeversicherung** (1,525 %[3])

Die Höhe des Nettogehalts hängt demzufolge von den Abzügen in Form der Sozialversicherungsbeiträge und der Lohnsteuer ab. Die Lohnsteuer stellt eine besondere Erhebungsform der Einkommensteuer für die Einkünfte aus nichtselbstständiger Arbeit dar. Die Einkommensteuer ist eine Steuer die nach dem Prinzip der Leistungsfähigkeit erhoben wird. Je höher das zu versteuernde Einkommen eines Steuerpflichtigen ist, desto höher ist sein Steuersatz. Man spricht auch von der Steuerprogression. Damit ist der Anstieg des Steuersatzes in Abhängigkeit von der Höhe des Einkommens gemeint.

vgl. Kapitel 4.6

EStG
§ 32a (1)
§ 9a
§ 10c

Auszug aus der Monatssteuertabelle 2018 mit 8 % Kirchensteuer[4]

| Kinderfreibetrag | | | 0 | | 0,5 | | 1 | | 1,5 | | 2 | | 2,5 | | 3 | | 3,5 | | 4 | |
ab Euro	StK	Steuer	SolZ	KiStr	SolZ	KiStr	SolZ	KiStr	SolZ	KiStr	SolZ	KiStr	SolZ	KiStr	SolZ	KiStr	SolZ	KiStr	SolZ	KiStr
2.973,00 €																				
	1	418,00	22,99	33,44	17,93	26,08	13,14	19,12	8,64	12,58	–	6,43	–	1,38	–	–	–	–	–	–
	2	370,08	–	–	15,44	22,46	10,80	15,71	6,43	9,36	–	3,60	–	–	–	–	–	–	–	–
	3	176,66	2,93	14,13	–	8,45	–	3,66	–	–	–	–	–	–	–	–	–	–	–	–
	4	418,00	22,99	33,44	20,42	29,71	17,93	26,08	15,50	22,55	13,14	19,12	10,86	15,80	8,64	12,58	6,49	9,45	–	6,43
	5	735,25	40,43	58,82	–	–	–	–	–	–	–	–	–	–	–	–	–	–	–	–
	6	771,50	42,43	61,72	–	–	–	–	–	–	–	–	–	–	–	–	–	–	–	–
2.976,00 €																				
	1	418,83	23,03	33,50	17,97	26,14	13,18	19,18	8,68	12,62	–	6,48	–	1,41	–	–	–	–	–	–
	2	370,91	–	–	15,47	22,51	10,83	15,76	6,47	9,42	–	3,64	–	–	–	–	–	–	–	–
	3	177,33	3,06	14,18	–	8,49	–	3,69	–	–	–	–	–	–	–	–	–	–	–	–
	4	418,83	23,03	33,50	20,46	29,77	17,97	26,14	15,54	22,61	13,18	19,18	10,89	15,85	8,68	12,62	6,53	9,50	–	6,48
	5	736,33	40,49	58,90	–	–	–	–	–	–	–	–	–	–	–	–	–	–	–	–
	6	772,58	42,49	61,80	–	–	–	–	–	–	–	–	–	–	–	–	–	–	–	–
2.979,00 €																				
	1	419,58	23,07	33,56	18,01	26,20	13,22	19,23	8,71	12,68	0,11	6,52	–	1,44	–	–	–	–	–	–
	2	371,66	–	–	15,51	22,57	10,87	15,82	6,51	9,47	–	3,69	–	–	–	–	–	–	–	–
	3	177,83	3,16	14,22	–	8,53	–	3,73	–	–	–	–	–	–	–	–	–	–	–	–
	4	419,58	23,07	33,56	20,51	29,83	18,01	26,20	15,58	22,66	13,22	19,23	10,93	15,90	8,71	12,68	6,56	9,55	0,11	6,52
	5	737,41	40,55	58,99	–	–	–	–	–	–	–	–	–	–	–	–	–	–	–	–
	6	773,66	42,55	61,89	–	–	–	–	–	–	–	–	–	–	–	–	–	–	–	–

Die Höhe der einbehaltenen Lohnsteuer ist von der Höhe des Bruttolohns und von der Steuerklasse des Arbeitnehmers abhängig. Die Steuerklassen berücksichtigen steuerliche Besonderheiten der Arbeitnehmer, wie z. B.:

- Grundfreibetrag (steuerfreies Existenzminimum) in den Steuerklassen I bis IV.
- Arbeitnehmerpauschbetrag (Werbungskosten-Pauschbetrag) in den Steuerklassen I bis V.
- Sonderausgabenpauschbetrag in den Steuerklassen I bis V.

---

1   **Hinweis:**
Bei der Berechnung der Sozialversicherungsbeiträge sind die geltenden (Stand: 2019) Beitragsbemessungsgrenzen bundesweit (Kranken- und Pflegeversicherung 60.750 Euro pro Jahr und rechtskreisbezogen (Arbeitslosen- und Rentenversicherung (80.400 Euro pro Jahr – West –, 73.800 Euro pro Jahr – Ost –) zu berücksichtigen.

2   Der Beitragssatz zur gesetzlichen Krankenkasse beträgt einheitlich 14,6 %. Krankenkassen haben darüber hinaus die Möglichkeit einen Zusatzbeitrag zu erheben. Dieser beträgt durchschnittlich 0,9 % (Stand: 2019) und wird seit Januar 2019 auch paritätisch, d. h. zu gleichen Teilen vom Arbeitnehmer und Arbeitgeber getragen. Der paritätisch abzuführende Gesamtbeitrag zur gesetzlichen Krankenversicherung beträgt damit i. d. R. 15,5 %.

3   Der Pflegeversicherungsbeitrag liegt bei 3,05 % bzw. 3,3 %. Bei Arbeitnehmern zahlt die Hälfte des Beitrags der Arbeitgeber, aber ohne den Kinderlosenzuschlag (0,25 %). Kinderlose (ab 23 Jahren) bezahlen 1,65 %.

4   Quelle: www.imacc.de – IMACC Firmen Ratgeber: Lohn, Gehalt, Buchhaltung, Steuer, Recht

Lohnsteuerklassen	
Steuerklasse I	ledige, geschiedene, verwitwete oder in einer eingetragenen Lebenspartnerschaft lebende Arbeitnehmer, die nicht in die Klasse II oder III fallen
Steuerklasse II	ledige, geschiedene und verwitwete Arbeitnehmer, die mindestens ein Kind haben, das in ihrem Haushalt lebt sowie Verwitwete, die nicht in die Steuerklasse III fallen
Steuerklasse III	verheiratete bzw. verpartnerte Arbeitnehmer, wenn der Ehegatte/Lebenspartner nicht Arbeitnehmer ist oder wenn der Ehegatte/Lebenspartner die Steuerklasse V gewählt hat sowie verwitwete Arbeitnehmer für das auf den Todesfall des Ehegatten folgende Jahr
Steuerklasse IV	verheiratete bzw. verpartnerte Arbeitnehmer, wenn die Ehegatten/Lebenspartner beide Arbeitslohn beziehen und nicht die Kombination der Klassen III und V gewählt haben (Kombination IV und IV)
Steuerklasse V	verheiratete bzw. verpartnerte Arbeitnehmer, wenn der andere Ehegatte/Lebenspartner die Steuerklasse III gewählt hat (Kombination III und V)
Steuerklasse VI	zweite oder weitere steuerpflichtige Arbeitsverhältnisse

Die endgültige Steuerbelastung der Arbeitnehmer ist nicht von der Wahl der Steuerklassen abhängig. Wird zu viel Lohnsteuer bezahlt, wird diese im Rahmen der Einkommensteuererklärung zurückerstattet.

■ Kinderfreibetrag

Mit dem Kinderfreibetrag unterstützt der Staat in Deutschland lebende Eltern pro Kind mit bis zu 7.620,00 € pro Jahr (Stand: 2019). Es handelt sich hierbei nicht um einen absoluten Betrag wie beim Kindergeld, sondern um eine Steuerbegünstigung. Allerdings müssen die Eltern zwischen Kindergeld und Kinderfreibetrag wählen. Die Entscheidung fällt in Abhängigkeit zur Höhe des zu versteuernden Einkommens. Liegt die Einkommenshöhe von Eheleuten über 60.000,00 € lohnt sich in der Regel der Kinderfreibetrag. In den meisten Fällen stellt das Kindergeld allerdings die günstigere Option dar.

Entscheiden sich die Eltern aufgrund der Günstigerprüfung für den Kinderfreibetrag, erhalten sie für jedes Kind einen vollen Kinderfreibetrag, den sie nach dem Halbteilungsprinzip untereinander aufteilen. Bei verheirateten Paaren, die beide die Steuerklasse IV (4) haben, wird der gleiche Kinderfreibetrag angerechnet. Hier wird bei einem Kind der Zähler 1,0 und bei zwei Kindern entsprechend der Zähler 2,0 für jedes Elternteil angerechnet. Bei Eheleuten mit den Steuerklassen III (3) und V (5) hingegen wird der gesamte Kinderfreibetrag komplett bei dem Partner mit der Steuerklasse III (3) berücksichtigt. Für unverheiratete Paare mit der Steuerklasse I (1) oder II (2) gilt pro Kind der Zähler 0,5.

4.5.4   Entgeltabrechnung

Die Entgeltabrechnung dient der Ermittlung des Auszahlungsbetrages. Diesen Betrag erhält ein Arbeitnehmer auf seinem Konto gutgeschrieben. Er entspricht der Differenz aus dem steuer- und sozialversicherungspflichtigen Bruttoarbeitsentgelt und den gesetzlichen Lohnabzügen (Lohnsteuer laut Lohnsteuertabelle und Sozialversicherungsbeiträge vom steuerpflichtigen Bruttoentgelt). Von dem sich ergebenden **Nettolohn** werden regelmäßig noch weitere Abzüge, wie z.B.

■ Anlage von vermögenswirksamen Leistungen (VL),
■ Tilgung von Arbeitnehmerdarlehen oder
■ Rückzahlungen von Lohnvorauszahlungen

vorgenommen und danach der **Auszahlungsbetrag** ermittelt.

Beispiel: Entgeltabrechnung ohne VL

Berechnung des Auszahlungsbetrages

Sozialversicherungsbeiträge (Beispielwerte)

Krankenversicherung: 14,6 % (evtl. zuzüglich Zusatzbeitrag)
Arbeitslosenversicherung: 3,0 %   **Rentenversicherung:**   18,7 %
Pflegeversicherung: 2,35 %

Auszüge aus monatlichen Entgeltabrechnungen

Laura Lindner, 3. Ausbildungsjahr im Ausbildungsberuf Bankkauffrau, 20 Jahre, ledig, konfessionslos		Andreas Dürr, Abteilungsleiter bei der Europa-Bank, 43 Jahre, verheiratet, 2 Kinder, katholisch	
Ausbildungsvergütung brutto	**700,00 €**	**Monatsgehalt brutto**	**3.400,00 €**
– Lohnsteuer	0,00 €	– Lohnsteuer	306,83 €
– Solidaritätszuschlag	0,00 €	– Solidaritätszuschlag	0,00 €
– Kirchensteuer (8 %)	0,00 €	– Kirchensteuer (8 %)	13,66 €
Zwischensumme (nach Steuern)	700,00 €	Zwischensumme (nach Steuern)	3.079,51 €
– Krankenvers. 7,3 % (1/2 von 14,6 %)	51,10 €	– Krankenvers. 7,3 % (1/2 von 14,6 %)	248,20 €
– Rentenvers. 9,35 % (1/2 von 18,7 %)	65,45 €	– Rentenvers. 9,35 % (1/2 von 18,7 %)	317,90 €
– Arbeitslosenvers. 1,5 % (1/2 von 3,0 %)	10,50 €	– Arbeitslosenvers. 1,5 % (1/2 von 3,0 %)	51,00 €
– Pflegevers. 1,175 % (1/2 von 2,35 %)	12,25 €	– Pflegevers. 1,175 % (1/2 von 2,35 %)	39,95 €
Nettobezüge	**560,70 €**	**Nettobezüge**	**2.422,46 €**
Der Ausbildungsbetrieb (Arbeitgeber) muss insgesamt 278,60 Euro Gesamtsozialversicherungsbeitrag (139,30 Euro Arbeitnehmeranteil + 139,30 Euro Arbeitgeberanteil) abführen.		Der Arbeitgeber (EUROPA-Bank) muss insgesamt 1.314,10 Euro Gesamtsozialversicherungsbeitrag (657,05 Euro Arbeitnehmeranteil + 657,05 Euro Arbeitgeberanteil) abführen.	

Aufgrund seines höheren Einkommens muss Andreas Dürr 306,83 Euro LSt (+13,66 Euro KiSt) sowie 517,75 Euro (657,05 Euro – 139,90 Euro) mehr Sozialversicherungsbeiträge bezahlen als Laura Linder. Bei Herrn Dürr betragen die gesamten Abzüge (Lohn- und Kirchensteuer, Arbeitnehmeranteil zur Sozialversicherung) 28,75 % seines Bruttogehalts, bei Frau Lindner sind es nur 19,90 %. Allerdings genießt Herr Dürr wegen seiner beiden Kinder gegenüber einem Kinderlosen folgende Vorteile: Er zahlt keinen Solidaritätszuschlag sowie eine geringere Kirchensteuer.

Beispiel: Entgeltabrechnung mit VL

Berechnung des Auszahlungsbetrages

Der Familienvater Christian Wünsche, verheiratet, evangelisch, arbeitet in Wiesbaden und erhält ein laufendes Bruttogehalt von 2.500,00 Euro. Herr Wünsche hat einen VL-Vertrag über 40,00 Euro monatlich. Sein Arbeitgeber zahlt vermögenswirksame Leistungen zusätzlich zum Arbeitsentgelt in Höhe von 30,00 Euro monatlich. C. Wünsche ist in Steuerklasse IV und pflichtversichert in der gesetzlichen Krankenversicherung. Es gelten die oben dargestellten Beispielwerte zur Sozialversicherung.

Bruttolohn/ Bruttogehalt	**2.500,00 €**
+ Vermögenswirksame Leistung des Arbeitgebers	30,00 €
= steuerpflichtiges Bruttoentgelt	**2.530,00 €**
– Lohnsteuer	338,08 €
– Solidaritätszuschlag	18,59 €
– Kirchensteuer	27,05 €
Zwischensumme	2.146,28 €
– AN-Anteil Krankenversicherung (7,3 %)	184,69 €
– AN-Anteil Rentenversicherung (9,3 %)	236,56 €
– AN-Anteil Arbeitslosenversicherung (1,5 %)	37,95 €
– AN-Anteil Pflegeversicherung (1,175 %)	29,73 €
= Nettolohn/ Nettogehalt	**1.657,35 €**
– Vermögenswirksame Anlage (Überweisungsbetrag)	40,00 €
= Auszahlungsbetrag	**1.617,35 €**

Zusammenfassung und Lernkontrolle

Zusammenfassung

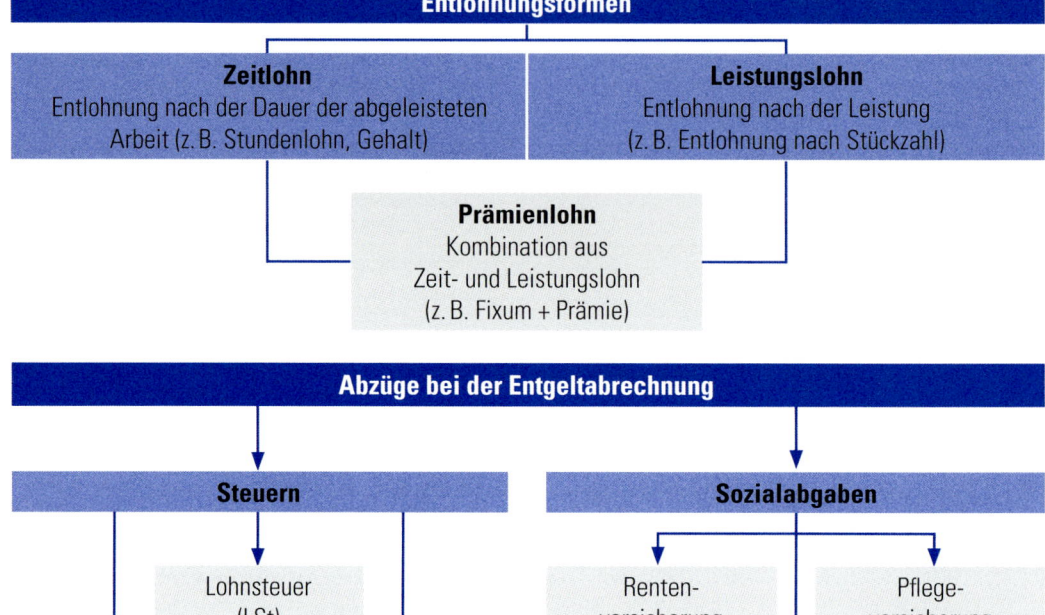

Entlohnungsformen	
Zeitlohn Entlohnung nach der Dauer der abgeleisteten Arbeit (z. B. Stundenlohn, Gehalt)	**Leistungslohn** Entlohnung nach der Leistung (z. B. Entlohnung nach Stückzahl)

Prämienlohn
Kombination aus
Zeit- und Leistungslohn
(z. B. Fixum + Prämie)

Abzüge bei der Entgeltabrechnung

Steuern

Lohnsteuer
(LSt)

Solidaritätszuschlag
5,5 % von der LSt

Kirchensteuer (KiSt)
8 % von der LSt (BaWü)

Sozialabgaben

Renten-
versicherung

Pflege-
versicherung

Kranken-
versicherung

Arbeitslosen-
versicherung

Berechnungsschema zur Entgeltabrechnung

Grundlohn

+ Zulagen (Orts-, Alters-, und Kinderzulagen)
+ Zuschläge (Mehrarbeit regelmäßig, Überstunden temporär, Sonntags- und/oder Nachtarbeit, etc.)
+ Prämien, Umsatzprovisionen
+ AG-Anteil von vermögenswirksamen Leistungen (VL)

= Bruttolohn

– Lohnsteuer
– Solidaritätszuschlag
– Kirchensteuer
– Sozialversicherungsbeiträge (Arbeitnehmeranteile)

= Nettolohn

– (gesamte) vermögenswirksame Leistungen des AN
– sonstige Abzüge (z. B. Abschlagszahlungen, Pfändungen)

= Auszahlungsbetrag (Kontogutschrift)

Lernkontrolle

Aufgabe 1

Unterscheiden Sie den Zeit- vom Leistungslohn und finden Sie je zwei Vor- und Nachteile für Arbeitnehmer und Arbeitgeber.

Aufgabe 2

Charakterisieren Sie den Prämienlohn und finden Sie einen Aufgabenbereich in Ihrer Bank, bei welchem sich diese Entlohnungsform eignen würde.

Aufgabe 3

Definieren Sie den Begriff des Arbeitsentgelts.

Aufgabe 4

Erstellen Sie unter Berücksichtigung der angegebenen Lohnsteuer für die nachfolgenden Sachverhalte eine vollständige Entgeltabrechnung für den Monat September auf der Basis der zurzeit geltenden Sozialversicherungsbeitragssätze. Beachten Sie hierzu ferner die geltenden Beitragsbemessungsgrenzen.

1. Das tarifliche Entgelt einer Bankkauffrau beträgt 4.050,00 Euro. Die Lohnsteuer bei Lohnsteuerklasse I, beträgt laut Lohnsteuertabelle 702,25 Euro. Die katholische Angestellte ist 22 Jahre alt, ledig und wohnt in Stuttgart. Die EUROPA-Bank als Arbeitgeber leistet einen Zuschuss zu den vermögenswirksamen Leistungen in Höhe von 15,00 Euro. Die monatliche VL-Sparrate der Mitarbeiterin beträgt 40 Euro.

2. Ein verheirateter 23-jähriger Angestellter mit Wohnsitz in Heilbronn erhält ein Entgelt in Höhe von 2.993 Euro. Die Lohnsteuer lt. Lohnsteuertabelle beträgt 422,66 Euro. Er erhält zusätzlich eine VL-Arbeitgeber-Zulage in Höhe von 40,00 Euro. Beide Ehepartner sind evangelisch. Für beide Ehepartner gilt die Steuerklasse IV. Der eigene VL-Sparbetrag beträgt 40,00 Euro.

3. Das Entgelt einer 45-jährigen Vermögensberaterin beträgt 7.200,00 Euro. Die Lohnsteuer lt. Lohnsteuertabelle beträgt 1.912,41 Euro. Sie ist konfessionslos, ledig und hat keine Kinder. In der gesetzlichen Krankenversicherung (AOK) ist sie freiwillig versichert. Die Angestellte hat aus dem Vormonat einen Gehaltsvorschuss in Höhe von 550 Euro zu verrechnen.

4.6 Einkommensteuer

4.6.1 Grundlagen der Einkommensteuer

4.6.1.1 Einkommensteuerpflicht

EStG
§ 1.

Der Einkommensteuerpflicht unterliegen nur natürliche Personen. Je nach Wohnsitz oder gewöhnlichem Aufenthalt sind die natürlichen Personen mit ihrem Welteinkommen **(unbeschränkte Steuerpflicht)** oder ihrem inländischen Einkommen **(beschränkte Steuerpflicht)** in Deutschland einkommensteuerpflichtig.

AO
§§ 8 u. 9

Als **Wohnsitz** definiert die Abgabenordnung (AO) den Ort, an dem man über eine Wohnung (Küche, Schlafmöglichkeit, WC usw.) unter Umständen verfügt, die darauf schließen lassen, dass die Wohnung beibehalten und genutzt wird. Seinen **gewöhnlichen Aufenthalt** begründet jemand im Inland, wenn er sich in Deutschland unter Umständen aufhält, die erkennen lassen, dass er an dem Ort nur vorübergehend verweilt (z. B. Aufenthalt in einem Hotelzimmer). Wenn sich eine natürliche Person länger als sechs Monate in der Bundesrepublik aufhält, wird sie unbeschränkt steuerpflichtig.

Da die Einkommensteuerpflicht zu einer Steuerpflicht in zwei Ländern führen kann, hat die Bundesrepublik Deutschland mit vielen Ländern ein Doppelbesteuerungsabkommen geschlossen. Diese Abkommen verhindern oder vermindern die Folgen einer doppelten Besteuerung in zwei Ländern.

4.6.1.2 Steuererhebung

Die Einkommensteuer wird im Wege der Veranlagung erhoben. Der Steuerpflichtige muss seine Einkünfte durch eine Steuererklärung dem Finanzamt gegenüber darlegen. Er erhält daraufhin einen Steuerbescheid, der neben der Steuerberechnung auch die Höhe der Nachzahlung bzw. Rückerstattung sowie die Höhe der künftigen Steuervorauszahlungen enthält. Der Veranlagungszeitraum ist das Kalenderjahr. Eine Ausnahme gibt es bei den Gewinneinkünften (z. B. Einkünfte aus Gewerbebetrieb), hier kann ein abweichendes Wirtschaftsjahr gewählt werden.

Vereinfachungen gibt es im Rahmen der Einkünfte aus Kapitalvermögen. Diese Einkünfte müssen i. d. R. nicht in der Steuererklärung angegeben werden. Die Steuerpflicht ist für diese Einkunftsart durch die Einbehaltung der Kapitalertragsteuer (Abgeltungsteuer) erfüllt. Die Kapitalertragsteuer wird von der Zahlstelle (z. B. Kreditinstitut) einbehalten und an das Finanzamt abgeführt.

Auch Arbeitnehmer müssen, falls sie nur Einkünfte aus nichtselbstständiger Arbeit haben, keine Steuererklärung abgeben. Die Steuerpflicht ist hier durch die vom Arbeitgeber einbehaltene und an das Finanzamt abgeführte Lohnsteuer erfüllt.

Steuerpflichtig ist jede natürliche Person einzeln. Für Ehepaare gibt es aber die Möglichkeit, sich auch gemeinsam veranlagen zu lassen. Sie haben die Wahl zwischen
- Einzelveranlagung und
- Zusammenveranlagung.

4.6.1.3 Ermittlung des zu versteuernden Einkommens

Die Quellen der Steuerberechnung bilden sieben Einkunftsarten **(sachliche Steuerpflicht)**. Die Summe der Einkünfte wird insbesondere um Freibeträge, Sonderausgaben und um außergewöhnliche Belastungen gekürzt. Das am Ende des Berechnungsschemas errechnete zu versteuernde Einkommen ist die Größe, aus der sich die Steuerschuld errechnet.

Verkürztes Berechnungsschema des zu versteuernden Einkommens:	
Einkünfte aus Land- und Forstwirtschaft	
+ Einkünfte aus Gewerbebetrieb	
+ Einkünfte aus selbstständiger Arbeit	
+ Einkünfte aus nichtselbstständiger Arbeit	
+ Einkünfte aus Kapitalvermögen	
+ Einkünfte aus Vermietung und Verpachtung	
+ Sonstige Einkünfte im Sinne	(§ 22 EStG)
= Summe der Einkünfte	
./. Altersentlastungsbetrag	(§ 24a EStG)
./. Freibetrag für Land- und Forstwirtschaft	(§ 13 Abs. 3 EStG)
= Gesamtbetrag der Einkünfte	(§ 2 Abs. 3 EStG)
./. Sonderausgaben	(§§ 10, 10b, 10c EStG)
./. außergewöhnliche Belastungen	(§§ 33 ff. EStG)
./. Verlustabzug	(§ 10d EStG)
= Einkommen	(§ 2 Abs. 4 EStG)
./. Freibeträge für Kinder	(§ 32 Abs. 6 EStG)
./. Freibetrag für Betreuungs- und Erziehungs- oder Ausbildungsbedarf	(§ 32 Abs. 6 EStG)
./. Freibetrag für Alleinerziehende	(§ 24b EStG)
= zu versteuerndes Einkommen	(§ 2 Abs. 5 EStG)

Einkünfte

Die Einkunftsarten lassen sich in **Gewinn- und Überschusseinkünfte** einteilen. Die Einnahmen stellen immer die Bruttoeinnahmen dar, von denen dann die Betriebsausgaben bzw. Werbungskosten (vgl. unten) abgezogen werden müssen, um die Einkünfte zu ermitteln.

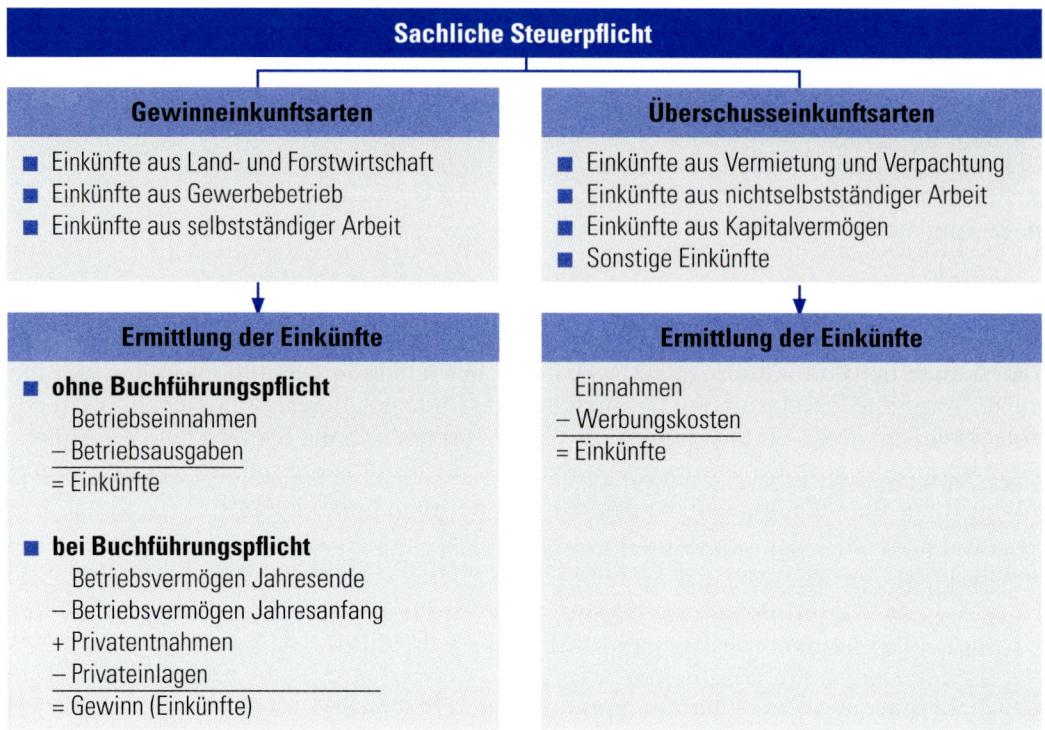

Einnahmen

EStG
§ 3 Das Einkommensteuergesetz versteht unter Einnahmen Zuflüsse in Geld oder Geldeswert, die ein Steuerpflichtiger erzielt. Einnahmen, die nicht im Rahmen einer der sieben Einkunftsarten zufließen, sind nicht steuerbar. Sie unterliegen nicht der Steuerpflicht. Steuerfreie Einnahmen sind Einnahmen, die prinzipiell steuerbar wären, auf deren Besteuerung jedoch verzichtet wird. Diese Einnahmen sind einzeln im EStG aufgeführt.

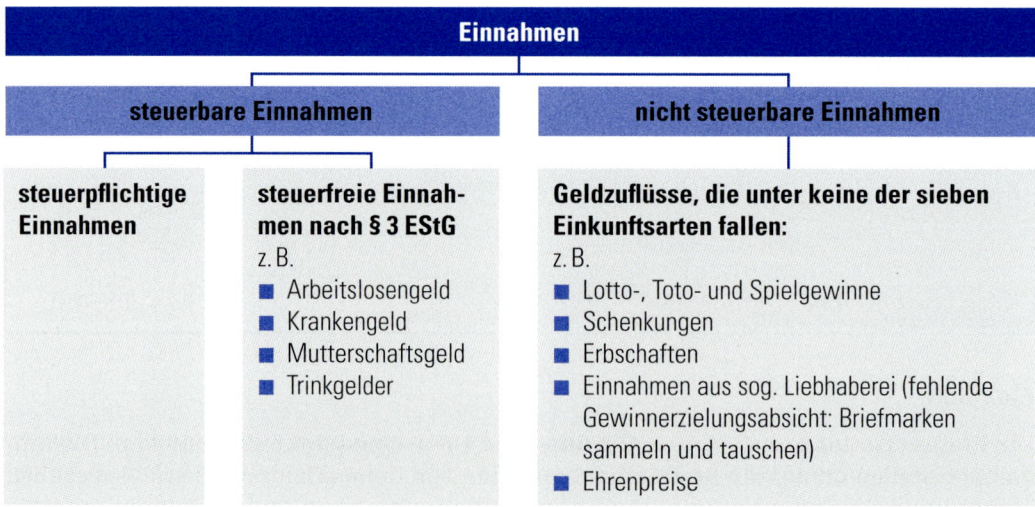

Steuerpflichtige Einnahmen sind grundsätzlich zu versteuern, es sei denn für die Einnahme gilt ein Steuerfreibetrag oder eine Freigrenze.

Ein **Freibetrag** wird abgezogen, dieser Betrag bleibt immer steuerfrei (z. B. Grundfreibetrag: Keine Steuer wird für den Grundfreibetrag in Höhe von 9.168 Euro (Stand 2019) erhoben.

Eine **Freigrenze** bedeutet, dass bis zu diesem Betrag keine Steuer erhoben wird. Wird die Grenze überschritten, erfolgt die Besteuerung des Gesamtbetrages (z. B. Gewinne aus privaten Veräußerungsgeschäften bleiben unter 600 Euro steuerfrei).

Nicht steuerbare Einnahmen fallen nicht unter das Einkommensteuergesetz.

Ausgaben

Zur Ermittlung der Einkünfte dürfen von den Einnahmen die Ausgaben abgezogen werden. Die Ausgaben müssen aber im Zusammenhang mit den Einnahmen stehen und nicht privat veranlasst sein. Je nach Einkunftsart handelt es sich bei den abzugsfähigen Ausgaben um Betriebsausgaben oder um Werbungskosten. Während **Betriebsausgaben** immer abzugsfähige **EStG** Ausgaben sind, ist der Begriff der **Werbungskosten** stark eingeschränkt. Werbungskosten **§ 9** sind nur Aufwendungen, die zum Erwerb, zur Sicherung oder zum Erhalt der Einnahmen notwendig sind. Die Notwendigkeit ist bei Betriebsausgaben nicht nachzuweisen. Einige privat veranlasste Ausgaben können bei der Einkommensteuer an anderer Stelle als Sonderausgaben oder außergewöhnliche Belastung steuermindernd abgezogen werden.

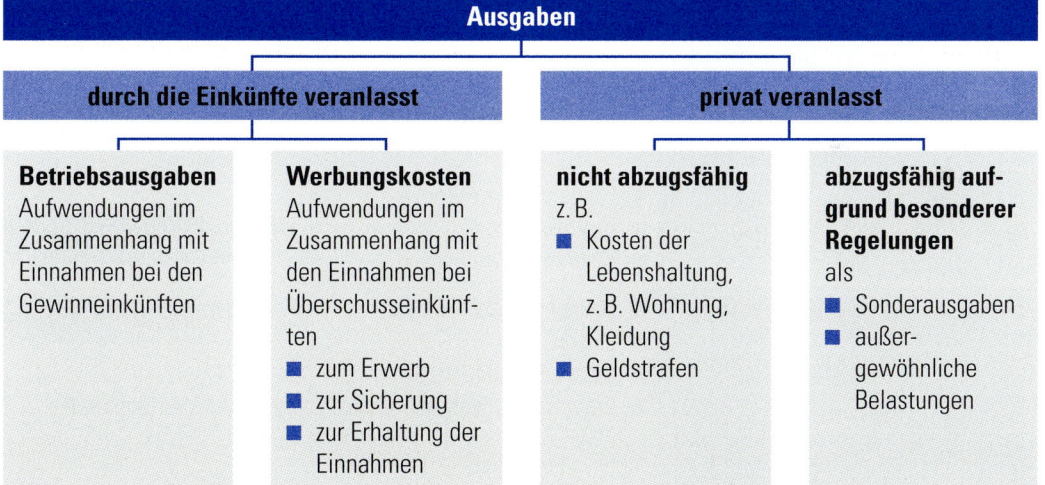

Bezüglich der Höhe der Abzugsfähigkeit gibt es bei einigen Betriebsausgaben (z. B. Geschenke an Mitarbeiter) und bei Werbungskosten (z. B. Abzugsfähigkeit der Aufwendungen für ein Arbeitszimmer) Grenzen.

Manche Werbungskosten muss der Steuerpflichtige nicht einzeln nachweisen, sondern sie werden auch ohne Nachweis pauschal angerechnet. Es gibt z. B. für alle Arbeitnehmer einen **Arbeitnehmer-Pauschbetrag** in Höhe von 1.000 Euro (Stand 2019). Dieser Betrag wird von Amts wegen als Werbungskosten-Pauschale abgezogen. Wenn ein Steuerpflichtiger höhere Werbungskosten geltend machen will, muss er alle Werbungskosten dem Finanzamt gegenüber erklären.

Die kalendermäßige Zuordnung der Einnahmen und Ausgaben richtet sich nach dem Zahlungsprinzip. Einnahmen müssen daher in dem Jahr, in dem sie vereinnahmt wurden, versteuert werden. Ausgaben können nur in dem Jahr abgezogen werden, in dem sie geleistet wurden. Eine Ausnahme gibt es für regelmäßig wiederkehrende Zahlungen. Diese können, wenn sie zehn Tage vor dem 31.12. bzw. zehn Tage nach dem 31.12. geleistet wurden, nach der wirtschaftlichen Zughörigkeit den Kalenderjahren zugerechnet werden. Wenn zum Beispiel die Dezember-Miete erst am 5. Januar eingeht, stellt sie eine Einnahme bei den Einkünften aus Vermietung und Verpachtung im alten Kalenderjahr dar.

Einkunftsarten

Die folgende Tabelle zeigt Beispiele für die Zuordnung der Einnahmen zu den einzelnen Einkunftsarten.

	Einkunftsart	Beispiele
EStG § 13	**Einkünfte aus Land- und Forstwirtschaft**	■ Land- und Forstwirtschaft ■ Weinbau ■ Gartenbau, Obstbau ■ Tierzucht
EStG § 15	**Einkünfte aus Gewerbebetrieb**	■ Einkünfte aus gewerblichen Unternehmen (Gewinne als Einzelunternehmer) ■ Gewinnanteile der Gesellschafter von Personenhandelsgesellschaften
EStG § 18	**Einkünfte aus selbstständiger Arbeit**	■ Einkünfte aus freiberuflicher Tätigkeit, z. B. als selbstständiger Rechtsanwalt, Steuerberater, Arzt
EStG § 19	**Einkünfte aus nichtselbstständiger Arbeit**	■ Löhne und Gehälter ■ Gratifikationen ■ Beamtenpensionen
EStG § 20	**Einkünfte aus Kapitalvermögen**	■ Dividenden aus Aktien ■ Zinsen ■ GmbH-Gewinnanteile ■ Gewinne aus Veräußerungsgeschäften mit Wertpapieren
EStG § 21	**Einkünfte aus Vermietung und Verpachtung**	■ aus unbeweglichem Vermögen ■ aus beweglichem Betriebsvermögen (Sachinbegriffen)
EStG § 22	**Sonstige Einkünfte**	■ wiederkehrende Leistungen, z. B. Renten aus der gesetzlichen Rentenversicherung ■ aus Unterhaltsleistungen (z. B. empfangene Unterhaltsleistungen bei Geschiedenen) ■ aus privaten Veräußerungsgeschäften innerhalb bestimmter Fristen (keine Wertpapiere) ■ aus Leistungen, z. B. Vermietung beweglicher Gegenstände

Lernkontrolle
Aufgabe 1

Sonderausgaben

Sonderausgaben sind Ausgaben, die privat veranlasst sind, also keine Werbungskosten darstellen.
Der Gesetzgeber lässt den steuerlichen Abzug allerdings aufgrund der sozial- oder wirtschaftspolitischen Bedeutung dieser Aufwendungen zu.

Im Rahmen der Geld- und Vermögensanlage spielen insbesondere die Vorsorgeaufwendungen (z. B. Beiträge zur gesetzlichen und privaten Rentenversicherung, zur Kranken- und Pflegeversicherung) eine wichtige Rolle.

EStG
§§ 10–10c

Außergewöhnliche Belastungen

Das Einkommensteuerrecht erlaubt den Abzug von Aufwendungen, die einem Steuerpflichtigen zwangsläufig in größerer Höhe entstehen als anderen Bürgern.

EStG
§§ 33–33b

Bei außergewöhnliche Belastungen handelt es sich um Ausgaben, denen sich der Steuerpflichtige aus rechtlichen, tatsächlichen oder sittlichen Gründen nicht entziehen kann.

Beispiele hierfür sind: Krankheitskosten, Aufwendungen aufgrund einer Behinderung und Unterhaltszahlungen an Kinder ohne Kindergeldanspruch (z. B. Studenten über 25 Jahre).

4.6.1.4 Steuerschuld

Das zu versteuernde Einkommen ist die Bemessungsgrundlage für die Einkommensteuerschuld. Die Höhe der Einkommensteuer richtet sich nach dem Steuertarif. Steuerfrei bleibt der Grundfreibetrag (Stand 2019: 9.168 Euro). Danach steigt der Grenzsteuersatz beginnend mit 14 % in Stufen an. Die höchste Grenzsteuerbelastung beträgt 45 %. Der **Grenzsteuersatz** gibt an, um wie viel Prozent das zusätzliche Einkommen belastet wird. Ein Grenzsteuersatz von 14 % bedeutet, dass von den nächsten 100 Euro Einkommen 14 Euro Einkommensteuer einbehalten wird. Der **Durchschnittssteuersatz** gibt an, wie viel Prozent die Einkommensteuer in Bezug auf das zu versteuernde Einkommen beträgt. Die Einkommensteuer wird durch eine Formel ermittelt:

EStG
§ 32a

Einkommensteuer (Rechengrößen 2019) = $(212{,}02 \times Z + 2.397) \times Z + 972{,}79$
$Z = (zvE - 14.352) / 10.000$
(zvE = zu versteuerndes Einkommen).

Beispiel: zu versteuerndes Einkommen = 23.130 Euro
$Z = (23.130 - 14.532) / 10.000 = 0{,}8597$
Einkommensteuer = $(212{,}02 \times 0{,}8597 + 2.397) \times 0{,}8597 + 972{,}79 = 3.190{,}19$ Euro

$$\text{Durchschnittssteuersatz} = \frac{3.190{,}19 \times 100}{23.130} = 13{,}79\,\%$$

Ermittlung des Grenzsteuersatzes:
Einkommensteuer bei 23.130 Euro zu versteuerndes Einkommen: 3.190,19 Euro

bei 100 Euro mehr Einkommen:
Einkommensteuer bei 23.230 Euro zu versteuerndes Einkommen: 3.218,10 Euro
Differenz der Einkommensteuer: 27,91 Euro
→ Beim nächsten zu versteuernden einen Euro sind 0,2791 Euro
   (= 27,91 % Grenzsteuersatz) an Steuern zu zahlen.

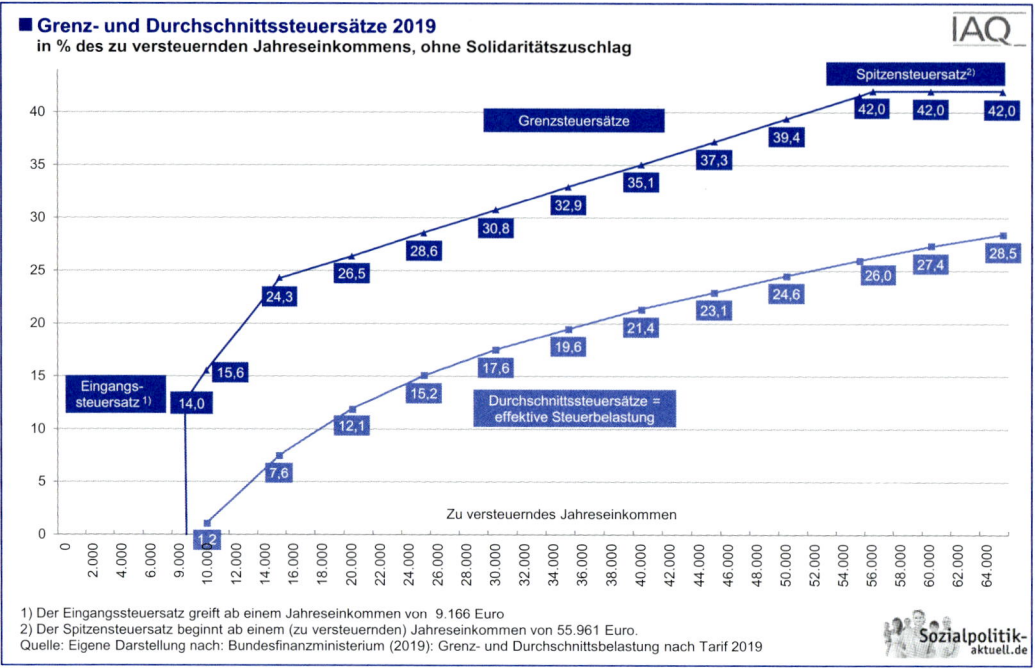

Die aus dem zu versteuernden Einkommen berechnete Steuerschuld verkürzt sich um geleistete Vorauszahlungen, die mancher Steuerpflichtige regelmäßig leisten muss oder die durch eine andere Erhebungsform (z. B. Lohnsteuer) bereits einbehalten wurde.

> zu versteuerndes Einkommen × Steuersatz
> = tarifliche Einkommensteuer
> ./. Vorauszahlung (z. B. Lohnsteuer)
> ---
> = noch zu zahlende Einkommensteuer

Die errechnete tarifliche Einkommensteuer bildet die Bemessungsgrundlage für den **Solidaritätszuschlag** (5,5 % aus der Einkommensteuer) und die **Kirchensteuer** (8 % in Baden-Württemberg und Bayern bzw. 9 % der Einkommensteuer in den anderen Bundesländern).

4.6.2   Besteuerung der Einkünfte aus nichtselbstständiger Arbeit

> Zu den Einkünften aus nichtselbstständiger Arbeit gehören alle Vergütungen in Geld (z. B. Gehälter, Provisionen, Tantiemen) und in Geldwert (z. B. Dienstwagen, Mitarbeiterrabatt), die aus dem derzeitigen oder einem früheren Arbeitsverhältnis (Beamtenpensionen) resultieren.

Von den Einnahmen werden die Werbungskosten abgezogen. Ohne Nachweis wird ein Pauschbetrag in Höhe von 1.000 Euro pro Jahr gewährt (Stand 2019).

> Bruttoeinnahmen
> – Werbungskosten (mindestens Pauschbetrag 1.000 Euro)
> --
> = Einkünfte aus nichtselbstständiger Arbeit

Typische Werbungskosten bei dieser Einkunftsart sind u. a.:

Lernkontrolle
Aufgabe 2

- Entfernungspauschale (einfache Fahrt zwischen Wohnung und Arbeitsstätte; 0,30 Euro pro km)
- Fachliteratur
- Gewerkschaftsbeitrag
- beruflich bedingte Reisekosten
- beruflich bedingte Umzugskosten

Die Besonderheit dieser Einkunftsart besteht in der Steuererhebung. Jeder Arbeitgeber ist verpflichtet, vom Arbeitslohn **Lohnsteuer** einzubehalten und diese direkt an das Finanzamt abzuführen. Sollte ein Arbeitnehmer keine weiteren Einkünfte, keine höheren Werbungskosten als den Pauschbetrag, keine besonderen Aufwendungen im Bereich der Sonderausgaben und außergewöhnlichen Belastungen haben, so entspricht die einbehaltene Lohnsteuer seiner Einkommensteuerschuld. Er muss dann keine Einkommensteuererklärung abgeben.

4.6.3 Besteuerung der Einkünfte aus Kapitalvermögen

4.6.3.1 Grundlagen der Besteuerung der Einkünfte aus Kapitalvermögen

Zu den Einkünften aus Kapitalvermögen gehören:
- Dividenden und sonstige Gewinnausschüttungen von juristischen Personen
- Zinsen und zinsähnliche Erträge
- Kursgewinne bei der Veräußerung von Wertpapieren
- Gewinne aus Termingeschäften und Stillhalterprämien[1]

Anders als bei anderen Überschusseinkünften können keine Werbungskosten berücksichtigt werden. Allerdings wird von den Einnahmen ein **Sparerfreibetrag (Sparerpauschbetrag)** in Höhe von 801 Euro bei Alleinstehenden bzw. von 1.602 Euro bei Verheirateten abgezogen.

EStG
§ 20 Abs. 4

> Einnahmen aus Kapitalvermögen
> – Sparerpauschbetrag (801 Euro/1.602 Euro)
> --
> = Einkünfte aus Kapitalvermögen

Die Einkommensteuer wird bei dieser Einkunftsart in Form der **Kapitalertragsteuer** als **Abgeltungsteuer** direkt bei der Auszahlung der Kapitalerträge durch die Zahlstelle (z. B. Kreditinstitut) einbehalten und an das Finanzamt abgeführt. Abgeltungsteuer bedeutet, dass durch den Einbehalt dieser Steuer keine weitere Steuerpflicht mehr besteht. Die Abgeltungsteuer beträgt grundsätzlich 25 %. Zusätzlich wird auf die Kapitalertragsteuer noch der Solidaritätszuschlag in Höhe von 5,5 % erhoben. Die Kirchensteuer muss bei dieser Berechnung eventuell noch berücksichtigt werden (Beträge Kirchensteuer und Solidaritätszuschlag immer auf volle Cent abrunden). Anstelle der Abgeltungssteuer kann der Steuerpflichtige seine Kapitalerträge aber auch in der Einkommensteuererklärung angeben. In diesem Fall wird die bezahlte Kapitalertragsteuer (Abgeltungsteuer) als Vorauszahlung auf die Einkommensteuerschuld angerechnet.

EStG
§ 32d

---

1 Für die Einräumung eines Optionsrechts (z. B. das Recht Aktien zu einem bestimmten Preis kaufen oder verkaufen zu dürfen) muss der Optionsinhaber dem Verkäufer des Optionsrechts (Stillhalter) eine Prämie bezahlen. Diese Prämie wird als Stillhalterprämie bezeichnet.

Eine freiwillige Veranlagung der Einkünfte aus Kapitalvermögen im Rahmen der Einkommensteuererklärung ist dann sinnvoll, wenn

- der persönliche Steuersatz unter 25 % liegt oder
- kein Freistellungsauftrag bzw. kein hinreichender Freistellungsauftrag bei der Zahlstelle (z. B. Kreditinstitut, Bausparkasse) gestellt wurde.

Der Freistellungsauftrag bewirkt, dass der Sparerpauschbetrag im Rahmen der Abgeltungssteuer berücksichtigt wird.

4.6.3.2 Aufgaben der Kreditinstitute bei der Steuererhebung

Das Kreditinstitut muss bei der Einbehaltung der Abgeltungsteuer beachten, ob der Kunde einen **Freistellungsauftrag** oder eine **Nichtveranlagungsbescheinigung (NV-Bescheinigung)** vorgelegt hat. Außerdem müssen die anfallende Kirchensteuer und der Solidaritätszuschlag berücksichtigt werden.

Freistellungsauftrag

Da jedem Steuerpflichtigen der Sparerpauschbetrag zusteht, hat er die Möglichkeit zu verhindern, dass für Einnahmen bis zu dieser Höhe Kapitalertrag-, Kirchensteuer und Solidaritätszuschlag von der Zahlstelle einbehalten werden. Hierfür kann ein alleinstehender Steuerpflichtiger bei seinem Kreditinstitut einen Freistellungsauftag in Höhe von maximal 801 Euro stellen. Für Verheiratete gilt die Höchstgrenze 1.602 Euro. Jeder Steuerpflichtige kann mehreren Zahlstellen (z. B. Kreditinstitute, Bausparkassen, Fondsgesellschaften) einen Freistellungsauftrag erteilen. Die Summe der freigestellten Beträge darf den Höchstbetrag nicht übersteigen. Der Freistellungsaufrag muss schriftlich oder bei Internetbanking z. B. im PIN-TAN-Verfahren erteilt werden. Der Antrag kann befristet oder unbefristet bis zum Widerruf erteilt werden. Neben dem Freistellungsbetrag und den persönlichen Daten (Name, Anschrift, Geburtstag) muss auch die bundeseinheitliche **Steuer-Identifikationsnummer** (auch IdNr, TIN für Tax-Identification-Number) angegeben werden. Durch den Freistellungsauftrag bleiben die Kapitalerträge des Kunden bis zur Höhe des Freistellungsbetrages unversteuert. Die Zahlstelle behält also keine Steuern ein. Überschreiten die Kapitalerträge das Freistellungsvolumen, wird der übersteigende Teil unter Abzug der Kapitalertragsteuer in Höhe von 25 % zuzüglich des Solidaritätszuschlags und ggf. der Kirchensteuer netto ausgezahlt.

Das Kreditinstitut führt die Steuer an das Finanzamt ab. Der Kunde ist für diese Erträge nicht mehr einkommensteuerpflichtig. Die Steuerschuld ist abgegolten (Abgeltungsteuer). Die Höhe der freigestellten Beträge wird vom Kreditinstitut dem Bundeszentralamt für Steuern (BZSt) gemeldet. Auch die Höhe der Kapitalerträge, für die keine Abgeltungsteuer erhoben wurde, wird dem BZSt gemeldet.

Berücksichtigung der Kirchensteuer

Die Kirchensteuer wird als Zuschlag auf die Einkommensteuer und somit auch auf die Kapitalertragsteuer erhoben. Wie die Arbeitgeber bei der Einbehaltung der Lohnsteuer, müssen auch die Kreditinstitute Kirchensteuer auf die Abgeltungsteuer einbehalten. Die Religionszugehörigkeit der Kunden wird an die Kreditinstitute automatisch übermittelt. Diesem automatisierten Datenabruf kann der Kunde schriftlich widersprechen.
Bei inländischen thesaurierenden Fonds kann die Kirchensteuer nur über die Einkommensteuerveranlagung entrichtet werden.

Bei Eheleuten mit unterschiedlicher Konfession wird die Kirchensteuer auf Erträge von Gemeinschaftskonten hälftig den Konfessionen zugeordnet. Eine andere Aufteilung ist auf Antrag möglich.

Da die Kirchensteuer unbeschränkt bei den Sonderausgaben abzugsfähig ist, wird dies bei der Berechnung der Kapitalertragsteuer berücksichtigt. Der Abgeltungsteuersatz verringert sich. EStG § 10 (4)

$$\text{Abgeltungsteuer} = \frac{Kapitalertrag}{(4 + 1/100 \times Kirchensteuersatz)}$$

Beispiel: Bei einem Kapitalertrag von 100 Euro entsteht bei einem Kirchensteuersatz von 8 % ein Kapitalertragsteuerabzug in Höhe von 24,51 Euro. EStG § 32d (1)

$$\text{Abgeltungsteuer} = \frac{100}{4,08} = 24,51 \text{ Euro} \rightarrow 24,51 \%$$

Bei einem Kirchensteuersatz von 9 % fallen 24,45 Euro Abgeltungsteuer an.

$$\text{Abgeltungsteuer} = \frac{100}{4,09} = 24,51 \text{ Euro} \rightarrow 24,45 \%$$

Nichtveranlagungsbescheinigung

Wer ein zu versteuerndes Einkommen unter dem Grundfreibetrag (2019: 9.168 bzw. für Verheiratete 18.336 Euro) hat, braucht keine Einkommensteuer zu entrichten. Dieser Personenkreis kann sich bei seinem Wohnsitzfinanzamt bestätigen lassen, dass er nicht veranlagt wird. Diese Nichtveranlagungsbescheinigung (NV-Bescheinigung) kann er seinem Kreditinstitut vorlegen, was zur Folge hat, dass alle seine Kapitalerträge ohne Steuerabzug ausgezahlt werden. Es besteht die Möglichkeit, sich mehrere NV-Bescheinigungen ausstellen zu lassen, um sie bei verschiedenen Zahlstellen einzureichen. Die Bescheinigung gilt für drei Jahre und muss vom Steuerpflichtigen zurückgenommen werden, wenn sich der steuerliche Tatbestand ändert. In Frage kommt die NV-Bescheinigung insbesondere für Kinder, für geringverdienende Arbeitnehmer und für Rentner. Die Kreditinstitute müssen Kapitalerträge, die ohne Abgeltungsteuer ausgezahlt wurden, an das Bundeszentralamt für Steuern melden. 2015

Details zur Besteuerung siehe LF 5 Europa-Lehrmittel 72269

Lernkontrolle Aufgabe 3

4.6.4 Einkünfte aus Vermietung und Verpachtung

Zu den Mieterträgen zählen alle Mieteinnahmen und Umlagen (z. B. Strom, Heizung) aus vermieteten Objekten, wenn diese zum Privatvermögen des Vermieters gehören. Von den Einnahmen aus Vermietung und Verpachtung werden die Werbungskosten abgezogen, um zu den steuerpflichtigen Einkünften aus Vermietung und Verpachtung zu gelangen. EStG § 21

Typische Werbungskosten bei dieser Einkunftsart sind:
- Absetzung für Abnutzung (AfA)[1]: 2 % jährlich der Anschaffungs- oder Herstellungskosten eines Gebäudes (monatsgenau verrechnet, pro rata temporis)
- Zinsen und Geldbeschaffungskosten: abzugsfähig, wenn sie für den Kauf, Bau, die Renovierung oder Umschuldung notwendig sind
- verschiedene Hausaufwendungen wie Instandhaltung, Reparatur, Gebäudeversicherung, Schornsteinfeger oder Müllabfuhr

Negative Einkünfte dieser Einkommensart dürfen mit allen anderen Einkunftsarten verrechnet werden (vertikaler Verlustausgleich).

---

[1] Steuerlicher Begriff für die Gebäudeabschreibung wegen Wertminderung

Beispiel: Der Kunde Robert Müller hat eine 3-Zimmerwohnung im März gekauft. Die Anschaffungskosten ohne Grundstückskosten betrugen 150.000 Euro. Er hat die Wohnung seit März für monatlich 600 Euro vermietet. Für den Kauf hat er ein Grundschulddarlehen aufgenommen. Hierfür zahlte er 5.000 Euro Zinsen im Kalenderjahr. Die sonstigen als Werbungskosten abzugsfähige Aufwendungen für diese Wohnung betrugen 2.000 Euro.

Einkünfte aus Vermietung und Verpachtung		
Einnahmen Miete 10 × 600,00 Euro		6.000,00 Euro
– Werbungskosten		
AfA 2 % von 150.000,00 × 10/12	2.500,00	
Zinsen	5.000,00	
sonstige Aufwendungen	2.000,00	– 9.500,00 Euro
= Einkünfte Vermietung und Verpachtung (Verlust)		– 3.500,00 Euro

Lernkontrolle
Aufgabe 4

4.6.5   Sonstige Einkünfte

Zu den sonstigen Einkünften gehören drei verschiedene Einkunftsarten:
- Einkünfte aus wiederkehrenden Bezügen
- Einkünfte aus privaten Veräußerungsgeschäften
- Einkünfte aus gelegentlichen Leistungen

Alle drei Einkunftsarten sind als eigenständige Einkunftsart zu sehen.

Einkünfte aus wiederkehrenden Bezügen

Zu den wiederkehrenden Bezügen gehören insbesondere die Rentenbezüge aus der gesetzlichen Rentenversicherung. Sie werden seit 2005 mit einem jährlich steigenden Prozentsatz versteuert. Entscheidend dafür ist das Jahr des Rentenbeginns. Im ersten Jahr mit vollständigem Rentenbezug wird der steuerfreie Teil der Rente berechnet. Dieser Teil bleibt dann für immer unverändert steuerfrei. Von den Einnahmen werden noch Werbungskosten abgezogen. Der Pauschbetrag beträgt 102 Euro.

Jahr des Rentenbeginns	Besteuerungsanteil in %
2005 und früher	50
2006	52
…	
2013	66
2014	68
…	
2020	80
2021	81
…	
2040	100

Bruttorente
– steuerfreier Rentenanteil
– Werbungskostenpauschale 102 Euro
= Einkünfte

Beispiel: Bernd Bieber bezieht seit Januar 2017 Rente aus der gesetzlichen Rentenversicherung. Die Rentenhöhe betrug zunächst 1.700 Euro. Im Jahr 2018 wurde die Rente zum 1.7. auf eine Rentenzahlung von monatlich 1.800 Euro erhöht. Im Jahr 2019 erfolgte eine Rentenerhöhung zum 1.7. auf 1.850 Euro.

steuerpflichtiger Rentenanteil: 74 % (Renteneintritt 2017)
Bruttorente 12 × 1.700 Euro: = 20.400 Euro
davon 74 % steuerpflichtiger Anteil: 15.096 Euro (Jahr 2017)

steuerfreier Anteil (wird im Jahr 2017 festgelegt und gilt für alle weiteren Jahre)
Bruttorente – steuerpflichtiger Rentenanteil: 20.400 Euro – 15.096 Euro = 5.304 Euro

Einkünfte aus wiederkehrenden Leistungen im Jahr 2018

Einnahmen (Rente)	6 × 1.700 Euro	
	+ 6 × 1.800 Euro	21.000 Euro
– steuerfreier Rentenanteil		– 5.304 Euro
– Werbungskostenpauschale		– 102 Euro
= Einkünfte aus wiederkehrenden Bezügen		15.594 Euro

Einkünfte aus wiederkehrenden Leistungen im Jahr 2019

Einnahmen (Rente)	6 × 1.800 Euro	
	+ 6 × 1.850 Euro	21.900 Euro
– steuerfreier Rentenanteil		– 5.304 Euro
– Werbungskostenpauschale		– 102 Euro
= Einkünfte aus wiederkehrenden Bezügen		16.494 Euro

Einkünfte aus privaten Veräußerungsgeschäften

Zu diesen Einkünften gehören Erträge aus privaten Veräußerungsgeschäften von Grundstücken und Immobilien, die nicht vom Steuerpflichtigen selbst genutzt wurden sowie aus Veräußerungsgeschäften mit anderen beweglichen Gegenständen (z. B. Edelmetalle, Kunstgegenstände und Antiquitäten). Zu beachten sind dabei folgende Regeln:

- Ein Veräußerungsgeschäft bei Immobilien liegt vor, wenn zwischen Anschaffung und Verkauf (Verpflichtungsgeschäft) weniger als 10 Jahre liegen.
- Bei Veräußerungsgeschäften mit Immobilien muss in Anspruch genommene AfA noch zum Gewinn hinzugezählt werden.
- Veräußerungsgeschäfte mit anderen beweglichen Gegenständen liegen nur vor, wenn zwischen Kauf und Verkauf weniger als ein Jahr liegt.
- Für alle privaten Veräußerungsgeschäfte gibt es eine Freigrenze von 600 Euro.
- Veräußerungsgeschäfte mit Wertpapieren gehören zu den Einkünften aus Kapitalvermögen.

Einkünfte aus gelegentlichen Leistungen

Nach § 22 Nr. 3 EStG gehören zu den sonstigen Einkünften auch noch bestimmte Leistungen, soweit sie weder zu den Einkunftsarten 1 bis 6 noch zu den anderen sonstigen Einkunftsarten gehören. Eine Leistung im Sinne des EStG ist jedes Tun, Dulden oder Unterlassen, das Gegenstand eines entgeltlichen Vertrages sein kann und das um des Entgelts Willen erbracht wird. Hierzu gehören unter anderem gelegentliche Vermittlungen (z. B.

von Versicherungsverträgen) und Vermietung beweglicher Gegenstände (z. B. von Maschinen). Die Einkünfte werden als Überschuss der Einnahmen über die Werbungskosten ermittelt. Sie sind nur dann nicht steuerpflichtig, wenn sie im Jahr unter 256 Euro betragen (Freigrenze 255,99 Euro).

4.6.6 Vorsorgeaufwendungen als Sonderausgaben

Das Einkommensteuerberechnungsschema sieht den Abzug von Sonderausgaben vor. Es handelt sich hierbei um Aufwendungen, die weder Betriebsausgaben noch Werbungskosten sind. Sie stehen in keinem Zusammenhang mit der Erzielung von Einkünften.

Für die Anlageberatung sind hierbei insbesondere die abzugsfähigen Versicherungsbeiträge zur Altersvorsorge bedeutend.

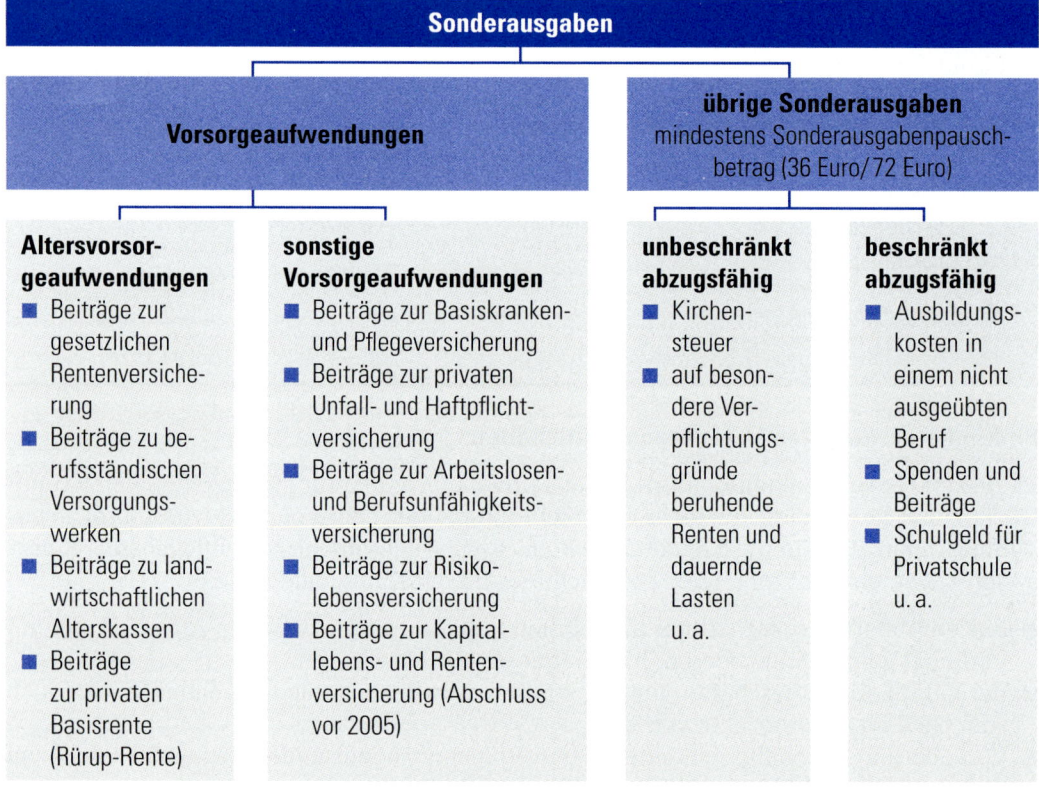

Die Altersvorsorgeaufwendungen sind im Jahr 2019 mit 88 % der Beiträge, maximal mit 88 % des Höchstbetrages von 24.305 Euro abziehbar. Für Verheiratete gilt der jeweils doppelte Betrag. Der Prozentsatz steigt jährlich um 2 % an und beträgt im Jahr 2025 dann 100 %. Der Arbeitgeberanteil wird bei Arbeitnehmern auf den Höchstbetrag angerechnet.

Sonstige Vorsorgeaufwendungen können Arbeitnehmer, Beamte und Rentner bis zur Höchstgrenze von 1.900 Euro abziehen. Für Selbstständige gilt ein Höchstbetrag von 2.800 Euro. Bei der Krankenversicherung ist zu beachten, dass lediglich die Basisversorgung ohne Komfortleistungen angesetzt werden kann. Die für die (Basis-)Kranken- und (Basis-)Pflegeversicherung gezahlten Beiträge sind mindestens als Sonderausgaben anrechenbar. Sie dürfen bei den sonstigen Vorsorgeaufwendungen mindestens abgezogen werden, auch wenn dadurch die Höchstbeträge von 1.900 bzw. 2.800 Euro überschritten werden. Ergibt sich aber aus der Krankenversicherung ein Anspruch auf Krankengeld oder vergleichbare Leistungen, ist der tatsächlich gezahlte Betrag um 4 % zu kürzen.

Beispiel:

Die alleinstehende Kundin Martina Moll, Arbeitnehmerin, hat ein Bruttogehalt in Höhe von 40.000 Euro bezogen. Sie hat im Jahr 2019 folgende Altersvorsorgeaufwendungen getätigt.

Arbeitnehmerbeiträge zur gesetzlichen Rentenversicherung	3.780,00 Euro
Arbeitgeberbeiträge zur gesetzlichen Rentenversicherung	3.780.00 Euro
Beiträge zur Krankenversicherung (Basisversorgung)	3.280,00 Euro
Beiträge zur Pflegeversicherung (Basisversorgung)	390,00 Euro
Beiträge zur Arbeitslosenversicherung	600,00 Euro
Beiträge zur Lebensversicherung (Abschluss vor 2005)	1.600,00 Euro

Berechnung der Vorsorgeaufwendungen

1. abziehbare Altersvorsorgeaufwendungen

begünstigter Aufwand (Rentenversicherungsbeiträge)		7.560,00 Euro
Höchstbetrag	88 % von 23.712 Euro	21.388,40 Euro
abzugsfähig max.	88 % von 7.560 Euro	6.652,80 Euro
abzüglich steuerfreier Arbeitgeberanteil		3.780,00 Euro
abzugsfähige Altersvorsorgeaufwendungen		2.872,80 Euro

2. Berechnung der sonstigen abziehbaren Vorsorgeaufwendungen

Krankenversicherung (3.280 Euro abzgl. 4 %)	3.148,80 Euro
+ Pflegeversicherung	390,00 Euro
= Mindestabzug (Kranken- u. Pflegeversicherung)	**3.538,80 Eruo**
Aufwendungen insgesamt (3.538,00 + 600,00 + 1.600,00)	5.738,80 Euro
davon nur abzugsfähig (alleinstehende Arbeitnehmerin),	**1.900,00 Euro**
aber mindestens Kranken- und Pflegeversicherung	3.538,00 Euro

3. Summe der abzugsfähigen Vorsorgeaufwendungen

abzugsfähige Altersvorsorgeaufwendungen	2.872,80 Euro	
abzugsfähige sonstige Vorsorgeaufwendungen	3.538,00 Euro	6.411,40 Euro

*Lernkontrolle
Aufgabe 5*

Zusammenfassung und Lernkontrolle

Zusammenfassung

Einkommensteuer
steuerpflichtig sind natürliche Personen je nach Wohnort oder gewöhnlichem Aufenthalt

unbeschränkt steuerpflichtig mit **Welteinkommen**	**beschränkt** steuerpflichtig mit **inländischem** Einkommen

Summe der Einkünfte aus 7 Einkunftsarten
– Sonderausgaben
– Außergewöhnliche Belastungen
_____
= zu versteuerndes Einkommen

Wichtige Einkunftsarten für den Bankbereich:

Einkünfte aus nichtselbstständiger Arbeit	
Bruttoarbeitslohn – Werbungskosten _____ = Einkünfte aus nicht- selbstständiger Arbeit	Werbungskosten, z. B. ■ Entfernungspauschale ■ Fachliteratur ■ Reisekosten

Einkünfte aus Kapitalvermögen
Zinsen – Dividenden – Investmenterträge – Veräußerungsgewinne aus Wertpapierverkäufen
Einnahmen aus Kapitalvermögen – Sparerpauschbetrag 801/1602 Euro) _____ = Einkünfte aus Kapitalvermögen wird pauschal besteuert bei Auszahlung, danach besteht keine Steuerpflicht mehr

Einkünfte aus Vermietung und Verpachtung (Privatbereich)	
Einnahmen aus Vermietung und Verpachtung – Werbungskosten _____ = Einkünfte aus Vermietung und Verpachtung	Werbungskosten, z. B. ■ Abschreibung (AfA) ■ Zinsen ■ Hausaufwendungen

Sonstige Einkünfte
■ aus wiederkehrenden Bezügen: insbesondere Renten ■ aus privaten Veräußerungsgeschäften ■ aus gelegentlichen Leistungen

Lernkontrolle

Aufgabe 1

Erklären Sie, wie in den nachfolgenden Fällen die Besteuerung im Rahmen der Einkommensteuer (Einkunftsart, steuerliche Behandlung) erfolgt:
1. Gewinn aus dem Verkauf von Bezugsrechten
2. Mietertrag aus der privaten Vermietung einer Wohnung
3. Rente aus einer privaten Rentenversicherung mit Rentengarantie zu Lebzeiten
4. Veräußerungsgewinn aus dem privaten Verkauf einer vermieteten Immobilie
5. Veräußerungsgewinn aus dem Verkauf einer selbstgenutzten Immobilie
6. Zuteilung von Berichtigungsaktien aus einer Kapitalerhöhung aus Gesellschaftsmitteln
7. Gewinn aus dem privaten Verkauf von Münzen

Aufgabe 2

Der ledige Franz Unser hat im letzten Kalenderjahr während des ganzen Jahres als Angestellter im Verkauf einer Möbelfabrik gearbeitet.

Seine Lohnbescheinigung weist u. a. folgende Daten auf:
- Bruttoarbeitslohn 28.500,00 Euro
- einbehaltende Lohnsteuer 3.709,90 Euro
- Kirchensteuer ev. 296,79 Euro
- Arbeitnehmeranteil zur Rentenversicherung 2.736,00 Euro
- Arbeitgeberanteil zur Rentenversicherung 2.736,00 Euro
- Arbeitnehmeranteil zur Kranken-, Pflege- und Arbeitslosenversicherung 3.420,00 Euro

Herr Unser ist im Kalenderjahr an 220 Tagen von seiner Wohnung zu seiner 32 km entfernten Arbeitsstätte gefahren.

Er legt folgende Belege vor:
- Fachliteratur 90,00 Euro
- Fortbildung (MS Excel) 170,00 Euro
- Gewerkschaftsbeitrag 150,00 Euro
- Kauf eines Laptops 630,00 Euro
- Spende Rotes Kreuz 120,00 Euro
- Kfz-Haftpflichtversicherung 310,00 Euro

Berechnen Sie die Einkünfte aus nichtselbstständiger Arbeit für Herrn Unser.

Aufgabe 3

Frau Meisner besitzt 800 Aktien der Deutschen Post AG. Die Post AG schüttet 0,60 Euro pro Aktie als Dividende aus. Errechnen Sie den Auszahlungsbetrag den Frau Meisner erhält, wenn sie

1. keinen Freistellungsauftrag erteilt hat und keiner Religionsgemeinschaft angehört oder
2. einen Freistellungsauftrag in Höhe von 200 Euro erteilt hat und der römisch-katholischen Kirche (Schleswig-Holstein) angehört?

Aufgabe 4

Das Ehepaar Lang kauft am 01.04. eine Eigentumswohnung, die vermietet ist. Das Objekt kostet 150.000 Euro. Der Mieter bezahlt monatlich 450 Euro Miete. Beim Kauf fallen 5 % Grunderwerbsteuer und 1.850 Euro Beurkundungskosten an. Familie Lang finanziert den Kauf komplett über ein Grundschulddarlehen mit einem Zinssatz von 4 % p. a. Für die Wohnung entstehen dem Ehepaar Lang 80,00 Euro monatliche Aufwendungen für Hausmeisterdienste. Dieser Betrag ist in die Miete bereits eingerechnet. Berechnen Sie die Höhe der Einkünfte aus Vermietung und Verpachtung des Ehepaares Lang im Jahr des Kaufs.

Aufgabe 5

Berechnen Sie die Vorsorgeaufwendungen des Ehepaars Bauer (Dortmund) für das Jahr 2019. Die Eheleute sind selbstständig. Folgende Angaben liegen vor:
- Beiträge zur Rentenversicherung (Rürüp-Rente) 9.300,00 Euro
- Kranken- und Pflegeversicherung (Basisversicherung) 7.102,00 Euro
- Unfallversicherung 320,00 Euro
- Kfz-Haftpflicht (Privat-PKW) 550,00 Euro
- Kfz-Vollkaskoversicherung (Privat-PKW) 350,00 Euro
- Rechtschutzversicherung 90,00 Euro
- Hausratversicherung 120,00 Euro

4.7 Soziale Sicherung

4.7.1 Wesen der Sozialversicherung

Das Sozialversicherungssystem der Bundesrepublik Deutschland hat seinen Ursprung im Ende des 19. Jahrhunderts. Reichskanzler Bismarck führte im Jahr 1883 die Krankenversicherung und im Folgejahr die Unfallversicherung ein. Im Jahr 1889 folgte dann die Alters- und Invaliditätsversicherung (Rentenversicherung). Der nächste Meilenstein in der Weiterentwicklung der Sozialversicherung war die Einführung der Arbeitslosenversicherung im Jahr 1927. Der letzte Schritt zum heutigen Versicherungsumfang wurde 1994 mit der Erweiterung um die Pflegeversicherung vollzogen. Zwischenzeitlich gab es zahlreiche Ergänzungs- und Änderungsgesetze in den verschiedenen Zweigen der gesetzlichen Sozialversicherung.

GG
Art. 20

Seit Inkrafttreten des Grundgesetztes der Bundesrepublik Deutschland ist die soziale Sicherheit des Einzelnen eine gesamtgesellschaftliche Aufgabe. Es gilt das Sozialstaatsprinzip.

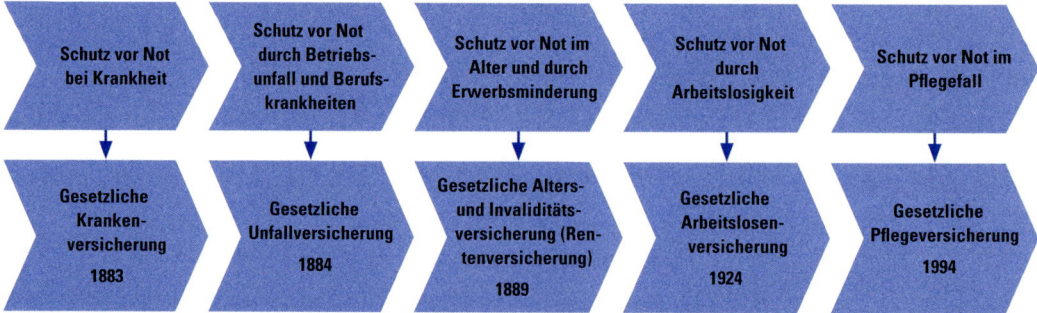

Die Sozialversicherung ist die wichtigste Säule der sozialen Sicherung, da sie für weite Teile der Bevölkerung eine Pflichtversicherung darstellt und diese vor wirtschaftlicher Not im Alter, bei Erwerbsminderung, Arbeitslosigkeit, Krankheit und Unfall schützt. Die gesetzliche Sozialversicherung ist dem Wesen nach grundsätzlich eine Zwangsversicherung, deren Beiträge, mit Ausnahme der Unfallversicherung, vom Einkommen abhängig sind. Während private Versicherungen durch ein freiwilliges gegenseitiges Rechtsgeschäft (Versicherungsvertrag) zustande kommen, ist die Basis für die Sozialversicherung eine gesetzliche Vorschrift über die Versicherungspflicht. Die Höhe der Beiträge einer privaten Versicherung richtet sich nach dem versicherten Risiko. Bei Privatversicherungen gilt also das Gleichgewicht zwischen Beitrag und Leistung (Äquivalenzprinz), während bei der gesetzlichen Sozialversicherung das Solidaritätsprinzip gilt. Der Beitrag zu den Sozialversicherungen richtet sich nach der individuellen finanziellen Leistungsfähigkeit, d. h. nach dem persönlichen Einkommen. Zudem trägt der Versicherte den Beitrag nicht allein. Auch sein Arbeitgeber ist am Beitrag beteiligt.

SGB
VVG

Die Träger der Sozialversicherung sind keine staatliche Einrichtungen, sondern rechtlich selbstständige Körperschaften des öffentlichen Rechts mit Selbstverwaltung.

SGB IV
§§ 29 – 90a

Als gesetzliche Versicherungen folgen die einzelnen Versicherungszweige gleichen Grundprinzipien.

Versicherungspflicht
Durch die Erfüllung der gesetzlich festgelegten Voraussetzungen für die jeweilige Versicherung (i. d. R. die Aufnahme einer versicherungspflichtigen Tätigkeit) besteht ein grundsätzlicher Versicherungszwang. Die Versicherung entsteht kraft Gesetzes. Sie entsteht unabhängig von einer Anmeldung oder Beitragszahlung. Bestimmte Berufsgruppen sind von der Versicherungsplicht ausgenommen.

Beitragsfinanzierung
Die Sozialversicherungen finanzieren sich überwiegend aus den Versicherungsbeiträgen. Die Beiträge werden i. d. R. von Arbeitnehmern und Arbeitgebern geleistet. Nur bei der Unfallversicherung werden die Beiträge allein durch den Arbeitgeber aufgebracht. Die Finanzierung wird bei Bedarf ergänzt durch steuerfinanzierte staatliche Zuschüsse.

Solidarität
Da die Versicherungsbeiträge unabhängig vom versicherten Risiko aus den versicherungspflichtigen Einkommen berechnet werden, trägt nicht der einzelne Versicherte, sondern die Versichertengemeinschaft zusammen die Risiken. Durch dieses Solidaritätsprinzip erhält jeder Versicherte die gleichen Leistungen ohne Rücksicht auf den persönlichen Beitrag.

Selbstverwaltung
Die Träger der Versicherung handeln im staatlichen Auftrag, nehmen aber die Aufgaben unabhängig und eigenverantwortlich wahr. Zur Aufgabenerfüllung sind Organe eingerichtet. Die jeweiligen beschlussfassenden Organe werden je zur Hälfte durch die Versicherten und durch die Arbeitgeber gewählt. Diese Sozialwahlen finden alle 6 Jahre statt.

Äquivalenzprinzip bei der Renten- und Arbeitslosenversicherung
Eine Durchbrechung des reinen Solidaritätsprinzips gibt es bei der Renten- und Arbeitslosenversicherung. Die Versicherungsleistung in Form der Rente steht im Verhältnis zur Höhe der erbrachten Beitragszahlungen während der Beitragszeit. Ebenso verhält es sich bei der Gewährung von Arbeitslosengeld I. In diesem Fall ist die Höhe der Zahlung ebenfalls von den Beitragszahlungen abhängig.

*Lernkontrolle
Aufgabe 1*

4.7.2 Gesetzliche Krankenversicherung

4.7.2.1 Träger

> Aufgabe der GKV ist es, die Mitglieder gegen das finanzielle Risiko der mit einer Krankheit verbundenen Kosten abzumildern. Die Kosten der Gesundheitsversorgung werden insbesondere durch die Solidargemeinschaft der GKV-Mitglieder und deren Arbeitgebern getragen.

Die Träger der gesetzlichen Krankenversicherung sind

- Allgemeine Ortskrankenkassen,
- Ersatzkassen (z. B. DAK-Gesundheitskasse, Barmer-GEK, Kaufmännische Krankenkasse – KKH, Techniker Krankenkasse – TK) und zahlreiche Betriebskrankenkassen (z. B. AUDI BKK, Daimler-BKK, Siemens BKK),
- Landwirtschaftliche Krankenkassen,
- Bundesknappschaft (für im Bergbau Beschäftigte) und die
- See-Krankenkasse (für Seeleute).

4.7.2.2 Mitgliedschaft

Mitglieder der gesetzlichen Krankenversicherung (GKV) können versicherungspflichtige und versicherungsberechtigte Personen sein. Daneben gibt es noch den Sonderfall der als Familienmitglied versicherten Personen.

- Versicherungspflichtig sind u. a. folgende Personenkreise:
  1. Arbeiter, Angestellte und Auszubildende, die gegen Arbeitsentgelt beschäftigt sind
  2. Bezieher von Arbeitslosengeld I und II
  3. Landwirte sowie ihre mitarbeitenden Familienangehörigen
  4. Künstler und Publizisten
  5. Personen, die in Einrichtungen der Jugendhilfe für eine Erwerbstätigkeit befähigt werden sollen
  6. Teilnehmer an Leistungen zur Teilhabe am Arbeitsleben
  7. behinderte Menschen, die in anerkannten Werkstätten, Anstalten und Heimen arbeiten
  8. Studenten
  9. Rentner

  Für Arbeitnehmer endet die Versicherungspflicht in der GKV und der gesetzlichen Pflegeversicherung (GPV) mit Ablauf des Kalenderjahres, in dem ihr Jahresarbeitsentgelt die Jahresarbeitsentgeltgrenze (Versicherungspflichtgrenze) übersteigt. Für das Jahr 2019 beträgt die Jahresarbeitsentgeltgrenze 60.750 Euro (monatliche Grenze: 5.062,50 Bruttogehalt). Wird die Jahresentgeltgrenze wieder unterschritten tritt grundsätzlich die Versicherungspflicht in der GKV bzw. GPV wieder ein.

- Versicherungsberechtigte Personen können freiwillig der GKV beitreten. Dazu gehören insbesondere
  1. Personen, die als Mitglieder aus der Versicherungspflicht ausgeschieden sind und vorher bestimmte Zeiten versichert waren,
  2. Personen, die aus der Familienversicherung ausgeschieden sind.

- Familienversichert sind Ehegatten, Lebenspartner und Kinder eines Mitglieds der GKV, die selbst nicht versicherungspflichtig sind. Sie bezahlen keine Beiträge. Für sie erfolgt eine Mitfinanzierung aus Steuermitteln durch den Staat.

Grundsätzlich besteht in Deutschland eine Krankenversicherungspflicht für alle, unabhängig davon, ob diese Pflicht bei einer gesetzlichen oder einer privaten Krankenversicherung (PKV) erfüllt wird. Somit müssen sich auch Selbstständige, Freiberufler, Beamte und Richter krankenversichern.

Lernkontrolle Aufgabe 2

4.7.2.3 Leistungen

Die Leistungen der GKV sind gesetzlich vorgeschrieben. Als Versicherungsnachweis erhält der Versicherte eine elektronisch lesbare Gesundheitskarte. Diese Karte kann auch als elektronische Patientenkarte verwendet werden. Es besteht die Möglichkeit, medizinische Informationen (z. B. Notfallversorgung, Diagnosen u. ä.) zu speichern. Über die Verwendung der Karte als Patientenkarte kann der Versicherte selbst entscheiden.

Die gesetzlich vorgeschriebenen Leistungen sind Mindestleistungen, die jede Krankenkasse erbringen muss. Die Kassen haben zusätzlich die Möglichkeit, Mehrleistungen in der Satzung festzulegen. Die Leistungen der GKV erfolgen i. d. R. als Sachleistungen (z. B. Untersuchung beim Arzt, Operation im Krankenhaus), während die PKV ihren Versicherten immer Geldleistungen gewährt (z. B. Rückgewährung des Betrags einer Arztrechnung).

Leistungen der GKV im Überblick
Leistungen zur Gesundheitsförderung und Krankheitsverhütung
Die GKV haben die Pflicht, ihre Mitglieder über Gesundheitsgefährdungen aufzuklären und über die Vermeidung von Krankheiten zu beraten.
Regelmäßige Untersuchungen zur Früherkennung von Krankheiten
Die Versicherten haben einen Anspruch auf Gesundheitsuntersuchungen ab einem bestimmten Lebensalter und bei bestimmten Risiken (z. B. Krebsvorsorgeuntersuchungen).
Krankenbehandlung
Zur Behandlung von Krankheiten gehört neben der ärztlichen und zahnärztlichen Behandlung auch die Versorgung mit verordnungsfähigen Arznei-, Verband-, Heilmitteln (z. B. Sprachtherapie) und Hilfsmitteln (z. B. Hörgeräte). Bei den Arzneimitteln sind solche gegen geringfügige Krankheiten (z. B. Erkältungen) ausgenommen. Für Arznei- und Verbandmittel, für Aufwendungen der häuslichen Krankenpflege, Krankenhaus- und Kuraufenthalte sowie für Zahnersatz bestehen Zuzahlungsregelungen. Aufwendungen für Brillen und sonstige Sehhilfen werden von der GKV im Regelfall nur für Kinder und Jugendliche bis zum vollendendeten 18. Lebensjahr übernommen.
Krankengeld
Das Krankengeld ist eine Geldleistung, die ausbezahlt wird, wenn der Versicherte durch eine Krankheit arbeitsunfähig wird und sein Anspruch auf Lohnfortzahlung durch den Arbeitgeber nach sechs Wochen entfällt. Die Höhe des Krankengeldes beträgt 70 % des zuvor erzielten regelmäßigen Arbeitsentgelts (Bruttoarbeitslohn). Das Krankengeld darf aber 90 % des entsprechenden Nettoarbeitsentgeltes nicht übersteigen. Die Berechnung und Auszahlung erfolgt für Kalendertage. Die Zahlung des Krankengeldes ist auf 78 Wochen seit Arbeitsunfähigkeit innerhalb von drei Jahren begrenzt.

SGB I § 21 und SGB V §§ 20 ff.

SGB V §§ 44 ff.

Beispiel:
Ein Arbeitnehmer ist aufgrund einer Operation drei Wochen im Krankhaus und danach noch sechs Wochen in einer Rehabilitationseinrichtung zur Kur. Sein regelmäßig erzieltes Bruttoarbeitsentgelt beträgt

Leistungen der GKV im Überblick

3.600 Euro. Das Nettogehalt beträgt 2.500 Euro.

Zunächst erhält der Arbeitnehmer für sechs Wochen von seinem Arbeitgeber sein Gehalt weiter bezahlt (Lohnfortzahlung).

Für die restlichen drei Wochen erhält der Arbeitnehmer Krankengeld in Höhe von 70 % seines Bruttosgehaltes. Berechnung des Krankengelds:

Bruttorechnung 3.600 Euro / 30 Tage = 120 Euro $\times$ 70 % = 84 Euro / Tag

Nettorechnung 2.500 Euro / 30 Tage = 83,33 Euro $\times$ 90 % = 75,00 Euro / Tag

Für jeden Krankheitstag nach der 6. Krankheitswoche erhält der Arbeitnehmer 75,00 Euro Krankengeld. Hiervon sind aber noch Renten-, Arbeitslosen- und Pflegeversicherungsbeiträge zu leisten.

Kosten des Krankentransports

Für zwingend medizinisch begründete Krankenfahrten werden die Kosten von der GKV übernommen.

Leistungen bei Schwangerschaft und Mutterschaft

MuSchG
§ 14

Zu den Leistungen der GKV gehört auch die Kostenübernahme für Aufwendungen, die durch eine Schwangerschaft und eine Mutterschaft entstehen. Neben der ärztlichen Betreuung werden auch die Kosten einer stationären Geburt, der häuslichen Pflege und ggf. einer Haushaltshilfe übernommen.

Als Ersatz für das ausfallende Einkommen von mindestens sechs Wochen vor und acht Wochen nach der Entbindung erhält die Versicherte Mutterschaftsgeld. Derzeit gewähren die gesetzlichen Krankenkassen maximal 13 Euro pro Kalendertag. Arbeitnehmerinnen, die Anspruch auf Mutterschaftsgeld haben, erhalten zusätzlich von ihrem Arbeitgeber einen Zuschuss zum Mutterschaftsgeld. Der Zuschuss des Arbeitgebers soll zusammen mit dem Mutterschaftsgeld den Verdienstausfall ausgleichen, der wegen des Beschäftigungsverbots eintritt. Es besteht Anspruch auf das bisherige durchschnittliche Nettogehalt der letzten drei Kalendermonate vor Beginn der Mutterschaftsfrist.

*Lernkontrolle
Aufgabe 3*

4.7.2.4 Beiträge

SGB V
§ 241

Der Beitragssatz zur GKV beträgt 14,6 % (Stand 2019) vom Arbeitsentgelt, höchstens von der Beitragsbemessungsgrenze von monatlich 4.537,50 Euro (Stand 2019). Der Beitrag wird zwischen Arbeitgeber und Arbeitnehmer geteilt. Jeweils 7,3 % des Bruttogehalts zahlen Arbeitnehmer und Arbeitgeber. Der Höchstbeitrag wird auf der Grundlage der Beitragsbemessungsgrenze von 4.537,50 Euro (Monatsgrenze) berechnet und steigt bei höheren Einkommen nicht mehr. Die Krankenkassen können Zusatzbeiträge erheben, die von Arbeitnehmern und Arbeitgebern je zur Hälfte zu tragen sind.

Beispiel 1:

Eine Bankkauffrau bezieht ein monatliches Bruttogehalt in Höhe von 3.600 Euro.

Der Beitrag zur GKV beträgt

für den Arbeitgeber	3.600 Euro $\times$ 7,3 %	= 262,80 Euro
für den Arbeitnehmer	3.600 Euro $\times$ 7,3 %	= 262,80 Euro
insgesamt*		= 525,60 Euro

Beispiel 2:

Eine Bankkauffrau bezieht ein monatliches Bruttogehalt in Höhe von 4.800 Euro.

Der Beitrag zur GKV beträgt

für den Arbeitgeber	4.537,50 Euro (BBG) $\times$ 7,3 %	= 331,24 Euro
für den Arbeitnehmer	4.537,50 Euro (BBG) $\times$ 7,3 %	= 331,24 Euro
insgesamt*		= 662,48 Euro

---

*ohne Berücksichtigung eines Zusatzbeitrages, den die Krankenkassen von Arbeitnehmern erheben können

Die Krankenkassen können zusätzlich von jedem Mitglied einen prozentualen Zusatzbeitrag fordern, der allein vom Arbeitnehmer zu tragen ist.

Die aus dem Arbeitsentgelt zu zahlenden Beiträge zur Sozialversicherung muss der Arbeitgeber bei der Lohn- und Gehaltsabrechnung einbehalten und abführen. Die Beiträge müssen bis zum drittletzten Bankarbeitstag eines Monats bei der Krankenversicherung eingegangen sein. Die Krankenkasse leitet die Beiträge an den Gesundheitsfonds weiter.

Der Gesundheitsfonds wird neben den Beiträgen der Krankenkassen auch über Steuermittel gespeist. Aus dem Gesundheitsfonds erhält jede Krankenkasse grundsätzlich eine Pauschale pro Versichertem. Für Versicherte mit bestimmten schwerwiegenden Erkrankungen wird mehr Geld aus dem Fonds zur Verfügung gestellt, weil die Behandlung dieser Krankheiten hohe Kosten verursacht. Ebenfalls berücksichtigt wird die Risikostruktur der Versicherten der jeweiligen Krankenkasse (z. B. Alter, Geschlecht, Vorerkrankungen).

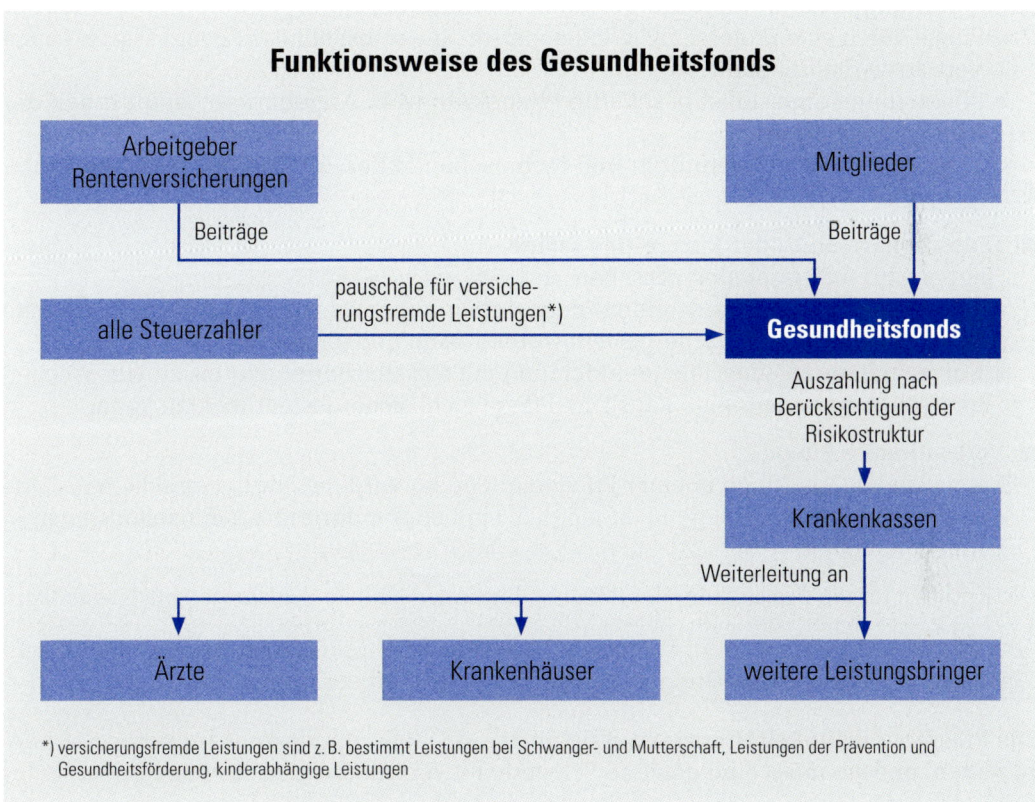

Funktionsweise des Gesundheitsfonds

*) versicherungsfremde Leistungen sind z. B. bestimmt Leistungen bei Schwanger- und Mutterschaft, Leistungen der Prävention und Gesundheitsförderung, kinderabhängige Leistungen

4.7.3 Gesetzliche Pflegeversicherung

4.7.3.1 Träger

Die Pflegeversicherung wurde als eigenständige Säule der Sozialversicherung geschaffen, um dem zunehmenden Risiko der Pflegebedürftigkeit gerecht zu werden.

SGB XI
§ 46

Träger der Pflegeversicherung sind eigenständige Pflegekassen, allerdings unter dem Dach der Krankenversicherungen. Dies gilt für die gesetzliche (GPV) und die private Pflegeversicherung (PPV).

217

4.7.3.2 Versicherungspflicht

SGB XI
§§ 20 ff.

Die Versicherungspflicht bei der Pflegeversicherung erstreckt sich auf
- alle Mitglieder der gesetzlichen Krankenversicherung (Pflichtversicherte und freiwillig Versicherte) und

SGB XI
§§ 56 u. 25

- alle Mitglieder einer privaten Krankenversicherung.

Personen, die Anspruch auf Familienversicherung haben (Kinder, Ehegatten, Lebenspartner), sind beitragsfrei mitversichert.

4.7.3.3 Leistungen

Aufgabe der Pflegeversicherung ist die soziale Absicherung des Risikos der Pflegebedürftigkeit. Hierzu gewährt die Pflegeversicherung folgende Leistungen:

- **Häusliche Pflege**
  Die Leistung kann in Anspruch genommen werden als
  - Pflege durch eine professionelle Pflegeperson, die selbst mit der Pflegekasse in einem Vertragsverhältnis steht.
  - Pflege durch eine selbst beschaffte Pflegekraft (z. B. Angehörige). Dafür erhält der Pflegende Pflegegeld.
  - Versorgung mit Pflegemitteln und technischen Hilfen im Haushalt (z. B. Rollstuhl, Aufzug).

- **Teilstationäre und/oder kurzzeitige Pflege**
  Hierbei wird unterschieden zwischen
  - Tages- und Nachtpflege in einer Pflegeeinrichtung mit sozialer Betreuung, falls eine häusliche Pflege nicht sichergestellt werden kann und einer
  - Kurzzeitpflege in einer Pflegeeinrichtung mit sozialer Betreuung bis zu vier Wochen im Kalenderjahr, falls eine häusliche Pflege nicht sichergestellt werden kann.

- **Vollstationäre Pflege**
  Die vollstationäre Pflege in einer Pflegeeinrichtung wird gewährt, wenn die häusliche und die teilstationäre Pflege nicht möglich sind oder aufgrund des Einzelfalls nicht in Betracht kommen.

SGB IV
§ 14

Die Kriterien für die Feststellung der Pflegebedürftigkeit sind im Sozialgesetzbuch festgelegt.

> Pflegebedürftig ist, wer eine körperliche, geistige oder psychische Behinderung oder eine gesundheitliche Belastung nicht selbstständig kompensieren kann.

Die Pflegebedürftigkeit muss voraussichtlich auf Dauer, mindestens für sechs Monate, bestehen, und sie muss eine gewisse Schwere aufweisen, die in fünf Pflegegraden kategorisiert wird.

Zur Feststellung der Pflegebedürftigkeit werden die täglichen Verrichtungen in Kategorien einsortiert, die zur Festlegung des Pflegegrades unterschiedlich gewichtet werden:

Kriterium	Gewich-tung in %	Erklärung
Mobilität	10	Hierbei geht es um die Fähigkeit, sich in der eigenen Wohnung fortzubewegen, zu sitzen und im Bett zu liegen.
Kognitive und kommunikative Fähigkeiten sowie Verhaltensweisen und psychische Problemlagen	15	Hierbei geht es um das räumliche und zeitliche Orientierungsvermögen, die Funktion des Gedächtnisses, die exekutiven Funktionen, die Willens- und Entscheidungskraft, die Steuerungsfähigkeit, die Intelligenz und die kommunikativen Fähigkeiten.

Kriterium	Gewichtung in %	Erklärung
Selbstversorgung	40	Hierunter fällt die eigene Körperpflege, das An- und Auskleiden, das Essen und Trinken sowie die Darm- und Blasenentleerung.
Bewältigung krankheitsbedingter Anforderungen	20	Hierbei geht es um die selbstständige Anwendung von Medikamenten, Cremes, Injektionen und anderen Hilfsmitteln. Es geht aber auch um einen notwendige Verbandswechsel sowie die Wundversorgung, Arztbesuche und der Besuch anderer therapeutischer Einrichtungen sowie die Einhaltung einer krankheitsbedingten Diät.
Gestaltung des Alltagslebens	15	Hier geht es um die Aufrechterhaltung einer Tagesstruktur sowie regelmäßiger sozialer Kontakte.

Aus der Summe der Bewertungen aller Kriterien wird der Pflegegrad errechnet, aus dem sich dann die Leistungshöhe der Pflegeversicherung ergibt.

Lernkontrolle Aufgabe 5

Leistungen der GPV nach Pflegegraden (in Euro)		
häusliche/ambulante Pflege		vollstationäre Pflege
durch Angehörige/ Bekannte	durch den ambulanten Dienst oder teilstationäre Pflege	
Pflegegrad 1 –	–	125
Pflegegrad 2 316	689	770
Pflegegrad 3 545	1298	1262
Pflegegrad 4 728	1612	1775
Pflegegrad 5 901	1995	2009
Bei allen Pflegegraden kann bei häuslicher oder ambulanter Pflege ein Entlastungsbetrag in Höhe von 125 Euro beantragt werden.		

4.7.3.4 Beiträge

Die Beitragshöhe für die GPV beträgt 3,05 % (Stand 1.1.2019) vom Bruttogehalt. Die Beiträge werden von den Arbeitnehmern und Arbeitgebern mit jeweils 1,525 % aufgebracht. Eine Ausnahme gilt für das Bundesland Sachsen. Hier bezahlen die Arbeitnehmer 2,025 % und die Arbeitgeber 1,025 %. Für kinderlose Beitragszahler ab dem 23. Lebensjahr erhöht sich der Beitrag in allen Bundesländern um 0,25 %. Die Beiträge werden maximal von der Beitragsbemessungsgrenze (identisch mit der BBG der GKV: 4.537,50 Euro mtl. – Stand 2019) erhoben.

SGB XI
§§ 55 58

Lernkontrolle Aufgabe 4

4.7.4 Gesetzliche Rentenversicherung

4.7.4.1 Versicherungsträger

Die zentrale Aufgabe der GRV ist der teilweise Ersatz ausgefallener Arbeitseinkommen bei Eintritt ins Rentenalter oder im Falle einer vorzeitigen Erwerbsminderung (Lebensstandardsicherung als Grundschutz). Die GRV hat zusätzlich die Aufgabe die Erwerbsfähigkeit der Versicherten vor Eintritt in das Rentenalter zu erhalten und ggf. wieder herzustellen (Rehabilitation).

Versicherungsträger der gesetzlichen Rentenversicherung (GRV) sind die Deutsche Rentenversicherung (Regionalträger und Bundesträger) und die Deutsche Rentenversicherung Knappschaft-Bahn-See.

SGB VI
§ 125

4.7.4.2 Versicherungspflicht

SGB VI
§§ 1–4

Versicherungspflichtig sind alle Arbeitnehmer (Arbeiter, Angestellte und Auszubildende) und alle Arbeitslosen. Selbstständige können innerhalb von fünf Jahren nach Aufnahme der Selbstständigkeit die Aufnahme in die Pflichtversicherung beantragen.

SGB VI
§ 5

Kraft Gesetzes versicherungsfrei sind z. B. Personen, die als Angehörige ihrer Berufsgruppen über ein eigenes System der Altersvorsorge verfügen (z. B. Beamtinnen und Beamte, Richterinnen und Richter oder Berufssoldatinnen und Berufssoldaten). Auf Antrag können

SGB VI
§ 6

Beschäftigte oder Selbstständige von der Versicherungspflicht befreit werden, wenn sie die besonderen im Gesetz genannten Voraussetzungen erfüllen, aus denen auf eine anderweitige Altersversorgung geschlossen werden kann (z. B. die Mitglieder berufsständischer Versorgungswerke).

SGB VI
§§ 7, 167 u. 171

Daneben besteht für alle Personen, die nicht versicherungspflichtig sind, die Möglichkeit, sich nach Vollendung des 16. Lebensjahres freiwillig zu versichern. Diese freiwillig Versicherten können die Beitragshöhe selbst bestimmen.

4.7.4.3 Beiträge

SGB VI
§§ 158, 168
u. 159

Die Beiträge der Pflichtversicherten werden vom Bruttoverdienst, höchstens von der Beitragsbemessungsgrenze berechnet. Die Beitragsbemessungsgrenze für das Jahr 2019 beträgt für die GRV 6.700 Euro (West) und für die Bundesländer Ost 6.150 Euro. Der Beitragssatz beträgt 18,6 % und wird vom Arbeitnehmer und vom Arbeitgeber jeweils mit 9,3 % getragen.

Lernkontrolle
Aufgabe 6

4.7.4.4 Leistungen

Die GRV gewährt Leistungen in Form von Reha-Leistungen und Renten. Dabei gilt der Grundsatz „Reha vor Rente".

Leistungen der GRV	
Reha-Leistungen	**Renten**
Die Rehabilitationsleistungen sollen insbesondere dazu beitragen, dass die Versicherten länger am Erwerbsleben teilnehmen können. Zu den Reha-Maßnahmen gehören neben medizinischen Leistungen auch Umschulungen.	Renten werden gewährt als ■ Altersrenten ■ Erwerbsminderungsrenten ■ Hinterbliebenenrenten

SGB VI
§§ 9 ff.

Rentenansprüche entstehen nur, wenn zuvor Beiträge gezahlt wurden und bestimmte persönliche und versicherungsrechtliche Voraussetzungen erfüllt sind. Aus der gesetzlichen Rentenversicherung werden Renten wegen Alters, Renten wegen verminderter Erwerbsfähigkeit und Hinterbliebenenrenten (Renten wegen Todes) bezahlt.

Altersrenten (Renten wegen Alters)

SGB VI
§§ 35 ff.

Die Regelaltersgrenze für die Rente wegen Alters wird vom Jahr 2012 an bis zum Jahr 2029 vom 65. auf das 67. Lebensjahr stufenweise angehoben. Anspruch auf eine Rente wegen Alters hat nur der Versicherte selbst. Voraussetzung ist zunächst das Erreichen eines bestimmten Lebensalters (Altersgrenze). Daneben müssen – je nach Art der Altersrente – weitere Voraussetzungen erfüllt werden.

Die Regelaltersrente setzt voraus, dass der Versicherte neben der für ihn geltenden Regel-altersgrenze auch die allgemeine Wartezeit von fünf Jahren erfüllt hat. Bei Versicherten, die vor dem 01. Januar 1947 geboren sind, liegt die Regelaltersgrenze bei 65 Jahren. Ab dem Geburtsjahrgang 1964 gilt die Regelaltersgrenze von 67 Jahren. Für Versicherte der Geburtsjahrgänge von 1947 bis 1963 wird die Altersgrenze schrittweise angehoben.

Neben der Regelaltersrente gibt es noch Altersrenten für langjährige Versicherte, die bereits schon vor Erreichen der Altersgrenze in Anspruch genommen werden können.

Erwerbsminderungsrenten (Renten wegen verminderter Erwerbsfähigkeit)

Wenn Beschäftigte aus gesundheitlichen Gründen nur noch wenige Stunden am Tag ar-beiten können, haben sie die Möglichkeit, eine Rente wegen verminderter Erwerbsfähig-keit zu beantragen. Diese kann als Teil- oder Vollrente gezahlt werden und das bisher erzielte Einkommen ergänzen oder ersetzen. Die Einstufung hängt vom restlichen Leis-tungsvermögen des Versicherten ab. Hierbei gilt der Grundsatz „Reha vor Rente". Voraus-setzung für eine Rente wegen teilweiser oder voller Erwerbsminderung ist die Erfüllung der allgemeinen Wartezeit von fünf Jahren. Zudem muss der Versicherte in den letzten fünf Jahren vor Eintritt der Erwerbsminderung mindestens drei Jahre Pflichtbeiträge aus einer versicherten Beschäftigung oder Tätigkeit geleistet haben. Die Renten wegen verminder-ter Erwerbsfähigkeit werden grundsätzlich als Zeitrenten (d.h. Renten, die nicht lebenslang gewährt werden) gewährt.

SGB VI §§ 43 ff.

Eine Rente wegen teilweiser Erwerbsminderung wird gewährt, wenn der Versicherte we-gen Krankheit oder Behinderung auf nicht absehbare Zeit unter den üblichen Bedingungen des allgemeinen Arbeitsmarktes nur noch weniger als sechs Stunden täglich, jedoch mehr als drei Stunden täglich, erwerbstätig sein kann. Diese Rente stellt keine volle Lohnersatz-funktion dar, da man davon ausgeht, dass der Versicherte noch selbst zur Sicherung seines Lebensunterhalts beitragen kann.

Ein Anspruch auf eine Rente wegen voller Erwerbsminderung besteht, wenn der Versicherte wegen Krankheit oder Behinderung auf nicht absehbare Zeit nur noch weniger als drei Stunden täglich unter den üblichen Bedingungen des allgemeinen Arbeitsmarktes arbeiten kann. Die Rente wegen voller Erwerbsminderung entspricht einer Vollrente.

Hinterbliebenenrenten (Renten wegen Todes)

Renten wegen Todes werden an die Hinterbliebenen (Witwe bzw. Witwer, Waisen) des Versicherten als Ersatz für den fehlenden Unterhalt bezahlt.

SGB VI §§ 46 ff.

Die „kleine" Witwen- oder Witwerrente beträgt 25 Prozent der Rente des verstorbenen Ehegatten. Sie ist auf zwei Jahre begrenzt.

Anspruch auf die „kleine" Witwen- oder Witwerrente haben die Witwe oder der Witwer beziehungsweise die überlebende Lebenspartnerin oder der überlebende Lebenspartner einer eingetragenen Lebenspartnerschaft, wenn
1. der verstorbene Versicherte die allgemeine Wartezeit erfüllt hatte und
2. der Hinterbliebene nach dem Tod des Versicherten nicht wieder geheiratet hat bezie-hungsweise keine neue Lebenspartnerschaft eingegangen ist.

Die „große" Witwen- oder Witwerrente beträgt 55 Prozent der Rente des Verstorbenen.

Anspruch auf die „große" Witwen- oder Witwerrente hat neben der Witwe oder dem Witwer der überlebende Lebenspartner einer eingetragenen Lebenspartnerschaft, wenn

1. die Voraussetzungen für die kleine Witwen- oder Witwerrente erfüllt sind und
2. der Hinterbliebene entweder das 45. Lebensjahr vollendet hat oder
3. ein eigenes Kind oder ein Kind des Verstorbenen, das das 18. Lebensjahr noch nicht vollendet hat, erzieht oder
4. erwerbsgemindert ist.

Eine Waisenrente wird uneingeschränkt bis zur Vollendung des 18. Lebensjahres des Kindes gezahlt. Über das 18. Lebensjahr hinaus wird die Waisenrente längstens bis zur Vollendung des 27. Lebensjahres gezahlt, wenn die Waise

1. sich in Schul- oder Berufsausbildung befindet oder
2. sich in einer Übergangzeit von höchstens vier Kalendermonaten zwischen zwei Abschnitten (zum Beispiel Schulende und Beginn einer Ausbildung) befindet oder
3. ein freiwilliges soziales oder ökologisches Jahr leistet oder
4. wegen Behinderung nicht imstande ist, sich selbst zu unterhalten.

Rentenberechnung

SGB VI
§§ 63 ff.

Die Höhe der Rente errechnet sich aus der Rentenformel.

$$\text{Rente} = E \times Z \times R \times A$$

Faktoren der Rentenformel	
Faktor	**Bedeutung**
E Summe der Entgeltpunkte	Jeder Rentenversicherte erhält pro Jahr eine bestimmte Punktzahl. Sie hängt davon ab, ob er mehr oder weniger als das Durchschnittseinkommen des jeweiligen Jahres verdient und entsprechend in die Rentenkasse eingezahlt hat. Der Durchschnittsverdiener (20xx: 34.857 Euro) erhält somit 1,0 Entgeltpunkte. Wer mehr bzw. weniger als das Durchschnittseinkommen verdient, erhält mehr als einen Entgeltpunkt (z. B. 1,3) bzw. weniger als einen Entgeltpunkt (z. B. 0,8). Alle erworbenen Entgeltpunkte werden zur Rentenberechnung aufsummiert. Beispiel: Im Jahr 20xx beträgt das durchschnittliche Einkommen 34.857 Euro. Wie viele Entgeltpunkte bekommen die Arbeitnehmer gutgeschrieben die a) 34.857 Euro b) 29.700 Euro c) 40.000 Euro im Jahr 2014 verdient haben. Lösung: a) 34.857 : 34.857 = 1,0000 Entgeltpunkt b) 29.700 : 34.857 = 0,8521 Entgeltpunkte c) 40.000 : 34.857 = 1,1475 Entgeltpunkte
Z Zugangsfaktor	Der Zugangsfaktor beträgt normalerweise 1. Der Wert ändert sich nur dann, wenn die Rente früher oder später als üblich ausgezahlt werden soll. So verringert sich Z um jeden Monat, um den der Renteneintritt vorgezogen wird, um 0,003 Punkte.

Faktoren der Rentenformel	
R Rentenart	Dieser Wert richtet sich nach der Rentenart und beträgt für ■ Renten wegen Alters 1,0 ■ Rente wegen voller Erwerbsminderung 1,0 ■ Großer Witwen/Witwer-Rente 0,5 ■ Kleiner Witwen/Witwer-Rente 0,25 ■ Vollwaisenrente 0,2 ■ Halbwaisenrente 0,1
A aktueller Rentenwert	Der aktuelle Rentenwert wird für jedes Jahr neu festgesetzt. Er beträgt für das Jahr 2019 33,05 in den Bundesländern West und 31,89 für die neuen Bundesländer (Ost).

Beispiel:
Ein Mitarbeiter eines Kreditinstituts hat 45 Jahre lang jedes Jahr genau das Durchschnittseinkommen aller Versicherten bezogen. Seine Monatsrente (Altersrente) 2019 berechnet sich dann wie folgt:

Faktoren: $E = 45 \times 1{,}0$ $Z = 1$ $R = 1$ $A = 28{,}61$ Euro

Monatsrente = $45 \times 1 \times 1 \times 33{,}05$ Euro = 1.487,25 Euro

Lernkontrolle
 Aufgaben 7 u. 8

4.7.5 Gesetzliche Arbeitslosenversicherung und Arbeitsförderung

4.7.5.1 Versicherungsträger

Die **Arbeitslosenversicherung** ist ein Teil der Arbeitsförderung. Sie dient dem Zweck, Arbeitnehmer im Falle der Arbeitslosigkeit den notwendigen Lebensunterhalt zu sichern und sie so vor dem sozialen Abstieg zu bewahren.

Die **Arbeitsförderung** ist eine wesentliche Aufgabe der Arbeitslosenversicherung. Hauptziel der Arbeitsförderung ist die Vermeidung und Beendigung von Arbeitslosigkeit, aber auch die Förderung der beruflichen Bildung.

Der Versicherungsträger der gesetzlichen Arbeitslosenversicherung (GAV) ist die Bundesagentur für Arbeit mit Sitz in Nürnberg. Die Aufgaben der Bundesagentur bestehen in der Beratung der Ausbildungs- und Arbeitssuchenden, der zügigen Besetzung offener Stellen und dem Schutz vor sozialem Abstieg durch Arbeitslosigkeit.

SGB III
 §§ 1 u. 367

4.7.5.2 Versicherungspflicht

Versicherungspflichtig sind alle Personen, die einer bezahlten, mehr als geringfügigen Beschäftigung nachgehen. Für besondere Personengruppen (z.B. Beamte, Soldaten) besteht Versicherungsfreiheit.

SGB III
 § 25

4.7.5.3 Beiträge

Die Beitragshöhe beträgt 2,5 % des Bruttoarbeitslohnes (Stand 2019). Die Beiträge werden von den Arbeitnehmern und Arbeitgebern je zur Hälfte übernommen. Für die Arbeitslosenversicherung gilt die identische Beitragsbemessungsgrenze der gesetzlichen Rentenversicherung (Stand 2019: 6.700 Euro West bzw. 6.150 Euro Ost).

SGB III
 §§ 341 u. 346

4.7.5.4 Leistungen

Die Arbeitslosenversicherung erbringt neben reinen Versicherungsleistungen auch Leistungen für Nichtversicherte im Bereich der Arbeitsförderung.

Leistungen der aktiven Arbeitsförderung

SGB III
§§ 29 ff.

Die Instrumente zur aktiven Arbeitsförderung sind vorranging und flexibel durch die Arbeitsagentur einzusetzen und auf den individuellen Handlungsbedarf im Einzelfall auszurichten.

Arbeitsmarktpolitische Instrumente	
Instrument	**Leistungen**
Beratung und Vermittlung	Die Agentur für Arbeit berät junge Menschen und Erwachsene bezüglich der Berufswahl. Die Agentur für Arbeit vermittelt Arbeitsplätze an Ausbildungs- und Arbeitssuchende und vermittelt Arbeitgebern Arbeitskräfte.
Aktivierung und berufliche Eingliederung	Wenn es zur beruflichen Eingliederung von Ausbildungssuchenden und von Arbeitslosigkeit bedrohten Arbeitssuchenden notwendig ist, kann die Agentur für Arbeit die berufliche Eingliederung durch besondere Maßnahmen unterstützen (z. B. Bewerbertraining, EDV-Kurse, Praktika).
Berufswahl und Berufsausbildung	Hierzu dienen Maßnahmen zur Berufsorientierung, zur Berufseinstiegsbegleitung und zur Berufsvorbereitung beim Übergang von der Schule in die Berufsausbildung (z. B. Kompetenzanalyse, Praktika, Maßnahmen zur Erlangung eines Hauptschulabschlusses). Unter bestimmten Voraussetzungen können Zuschüsse an förderfähige Personen bezahlt werden.
berufliche Weiterbildung	Die Bundesagentur für Arbeit kann Arbeitnehmer bei der beruflichen Weiterbildung durch Kostenübernahme fördern, wenn die Weiterbildung zur Wiedereingliederung notwendig ist oder durch die Maßnahme drohende Arbeitslosigkeit abgewendet werden kann.
Aufnahme einer Erwerbstätigkeit	Zur Eingliederung von Arbeitnehmern, die schwer zu vermitteln sind, kann der Arbeitgeber einen Zuschuss erhalten. Arbeitnehmer, die zur Beendigung ihre Arbeitslosigkeit eine selbstständige Tätigkeit aufnehmen, können hierfür einen Gründungszuschuss erhalten.
Teilhabe behinderter Menschen am Arbeitsleben	Um die Erwerbsfähigkeit von behinderten Menschen zu erhalten, zu verbessern, wiederherzustellen und ihre Teilhabe am Arbeitsleben zu sicher, kann die Bundesagentur für Arbeit Leistungen zur Förderung der Teilhabe gewähren.

Arbeitslosengeld

SGB III
§ 136

Arbeitnehmer haben bei Arbeitslosigkeit und bei beruflicher Weiterbildung Anspruch auf Arbeitslosengeld, wenn die Voraussetzungen erfüllt sind.

SGB III
§§ 142 u. 137

Anspruchsvoraussetzungen für den Bezug von Arbeitslosengeld:
- Arbeitslosmeldung
  Der Arbeitslose muss sich bei der Arbeitsagentur arbeitslos melden.

■ Erfüllung der Anwartschaftszeit
Der Arbeitssuchende muss zwölf Beitragsmonate innerhalb der letzten zwei Jahre als Versicherungszeit nachweisen.

Die Höchstdauer für den Bezug von Arbeitslosengeld beträgt grundsätzlich zwölf Monate. Unter bestimmten Bedingungen wird für über 55jährige die Bezugszeit auf maximal 24 Monate verlängert.

Die Höhe des Arbeitslosengeldes beträgt 60 % der durchschnittlichen versicherungspflichtigen Arbeitsentgelte aus Beschäftigungsverhältnissen der letzten zwölf Monate. Für Arbeitslose mit mindesten einem Kind erhöht sich der Satz auf 67 %. *Lernkontrolle Aufgabe 9*

Kurzarbeitergeld

Von Kurzarbeit im Arbeitsverhältnis spricht man, wenn es aufgrund eines erheblichen Arbeitsausfalls zu einer vorübergehenden Verringerung der regelmäßigen Arbeitszeit in einem Betrieb kommt. Von der Kurzarbeit können alle oder nur ein Teil der Arbeitnehmer des Betriebes betroffen sein. Die Bundesagentur für Arbeit zahlt an die Arbeitnehmer, die von Kurzarbeit betroffen sind, Kurzarbeitergeld, wenn dadurch zu erwarten ist, dass die Arbeitsplätze erhalten werden. SGB III §§ 95 ff.

Saison-Kurzarbeitergeld

Das Saison-Kurzarbeitergeld ist eine Sonderform des Kurzarbeitergeldes. Es wird mit dem Ziel gewährt, die Arbeitslosigkeit bei saisonalen Arbeitsausfällen in der Schlechtwetterzeit (Winter) für Arbeitnehmer in der Bauwirtschaft und in anderen Wirtschaftszweigen zu vermeiden. SGB III §§ 101 f.

Insolvenzgeld

Im Inland beschäftigte Arbeitnehmer erhalten im Falle der Insolvenz ihres Arbeitgebers Insolvenzgeld zum Ausgleich ihres ausgefallenen Arbeitsentgeltes. Das Insolvenzgeld wird von der Bundesanstalt für Arbeit gezahlt. Zur Finanzierung des Insolvenzgeldes zahlen die Arbeitgeber eine Umlage. SGB III §§ 165 ff.

4.7.6 Gesetzliche Unfallversicherung

4.7.6.1 Versicherungsträger

> Die gesetzliche Unfallversicherung hat die Aufgabe, Arbeitsunfälle und Berufskrankheiten sowie arbeitsbedingte Gesundheitsgefahren zu verhüten, bei Arbeitsunfällen oder Berufskrankheiten die Gesundheit und die Leistungsfähigkeit wiederherzustellen und die Versicherten oder ihre Hinterbliebenen durch Geldleistungen zu entschädigen.

Die Träger der Gesetzlichen Unfallversicherung (GUV) sind die Berufsgenossenschaften, die es für die verschiedenen Berufsgruppen gibt und die Unfallkassen der Länder und Gemeinden. Für die Bankberufe ist die „Verwaltungsberufsgenossenschaft für gesetzliche Unfallversicherung" zuständig. SGB VII §§ 1 u.114 ff.

Aufgabe der GUV ist es, den Arbeitnehmer und seine Familie vor den Folgen von Arbeitsunfällen und Berufskrankheiten, die bei der bzw. durch die Verrichtung der beruflichen Tätigkeit eintreten können, zu schützen. *Lernkontrolle Aufgaben 12 u. 13*

4.7.6.2 Versicherungspflicht

SGB VII
§ 2

Versicherungspflichtig sind
- alle Beschäftigten eines Betriebes,
- Lernende während der Aus- und Fortbildung,
- Kinder, die einen Kindergarten bzw. eine Kindertagesstätte besuchen sowie
- Schüler, die eine Schule besuchen.

Unternehmer können sich freiwillig versichern.

4.7.6.3 Beiträge

SGB VII
§ 150 ff.

Die Beiträge zur GUV bringt allein der Arbeitgeber auf. Die Höhe der Beiträge richtet sich nach dem Finanzbedarf der jeweiligen Berufsgenossenschaft, der gezahlten Arbeitsentgelte des Betriebes und der Gefahrenklasse, die aufgrund der Tätigkeit festgelegt ist. Bis zum Jahr 1885 gab es eine Arbeitgeber-Haftpflichtversicherung, die Schäden der Arbeitnehmer erstattete, wenn der Arbeitnehmer ein Verschulden des Arbeitgebers nachweisen konnte. Die Nachweispflicht war für den Betriebsfrieden nicht gut. Durch die Ablösung der Unternehmenshaftpflicht spart der Arbeitgeber die Beiträge zu einer Arbeitgeber-Haftpflichtversicherung, deshalb wird der Beitrag zur GUV nur vom Arbeitgeber getragen.

4.7.6.4 Leistungen

SGB VII
§§ 7 ff.

Die Leistungspflicht der gesetzliche Unfallversicherung tritt ein, wenn
- ein Arbeitsunfall, einschließlich eines Wegeunfalls, oder
- eine Berufskrankheit

vorliegt.

Zu den Leistungen gehört auch der Bereich Prävention. Durch den Erlass und die Kontrolle von Unfallverhütungsvorschriften sollen Arbeitsunfälle und Berufskrankheiten vermieden werden.

Lernkontrolle
Aufgabe 11

Die Leistungen der GUV sind weitgehend identisch mit denen der gesetzlichen Krankenversicherung. Zusätzlich zahlt die GUV auch eine Rente, wenn die Erwerbsfähigkeit aufgrund eines Arbeitsunfalls bzw. einer Berufskrankheit eigetreten ist.

Leistungen der Gesetzlichen Unfallversicherung	
Heilbehandlung **SGB VII** **§§ 27 ff.**	Die GUV übernimmt im Versicherungsfall die ärztliche Versorgung, die zahnärztliche Behandlung (inklusive Zahnersatz), die Versorgung mit Arznei- und Heilmitteln, die Krankenpflege zu Hause, im Krankenhaus oder einer Rehabilitationseinrichtung.
Verletztengeld **SGB VII** **§§ 45 ff.**	Analog zum Krankengeld wird ein Verletztengeld im Anschluss an die Lohnfortzahlung bezahlt.
Rehabilitation **SGB VII** **§§ 35 ff.**	Hierzu gehören berufsfördernde Leistungen zur Erhaltung und Erlangung eines Arbeitsplatzes und die berufliche Anpassung durch Fort-, Ausbildung oder Umschulung. Zudem wird die soziale Rehabilitation durch Leistungen unterstützt (z. B. Haushaltshilfen, soziale und psychische Betreuung, Wohnungsumbau).
Erwerbsunfähig-keitsrente **SGB VII** **§§ 56 ff.**	Erwerbsunfähigkeitsrente wird gezahlt, wenn die Erwerbsfähigkeit durch einen Arbeitsunfall um mindestens 20 % langfristig gemindert ist.
Hinterbliebenenrente **SGB VII** **§§ 63 ff.**	Hinterbliebene erhalten im Versicherungsfall Sterbegeld und Hinterbliebenenrente

4.7.7   Bestimmungen für Geringverdiener

4.7.7.1 Kurzfristig Beschäftigte

Nicht versicherungspflichtig in der gesetzlichen Sozialversicherung sind kurzfristig Beschäftigte. Kurzfristig beschäftigt ist jeder, der

■ maximal zwei Monate oder
■ maximal 50 Arbeitstage im Laufe von zwölf Monaten

beschäftigt ist.

SGB IV
§ 8

Unter bestimmten Voraussetzungen können solche Beschäftigungsverhältnisse wahlweise auch mit einem Lohnsteuersatz von 25 % pauschal besteuert werden, wenn der Arbeitgeber die Lohnsteuer trägt.

EStG
§ 40 a

4.7.7.2 Geringfügig Beschäftigte (Minijob)

Geringfügige Beschäftigungsverhältnisse sind Arbeitsverhältnisse, bei denen der Arbeitnehmer regelmäßig Arbeitseinkommen von nicht mehr als 450 Euro im Monat erzielt. Bei diesen Minijobs kann der Arbeitgeber die Beiträge zur Sozialversicherung pauschal abführen. Der Arbeitnehmer ist automatisch in der Rentenversicherung pflichtversichert und muss den Aufstockungsbetrag leisten. Auf Antrag kann er sich von der Versicherungspflicht befreien lassen. Durch die Befreiung spart der Arbeitnehmer seinen Beitrag (siehe Tabelle unten), verzichtet aber auch auf verschiedene Leistungen aus der GRV (z. B. Verzicht auf Anspruch auf Reha-Maßnahmen).

SGB IV
§ 8a

Bei den Pauschalsätzen wird unterschieden, ob es sich um haushaltsnahe Beschäftigungsverhältnisse handelt oder nicht.

Pauschalsätze 2019 für geringfügig Beschäftigte	bis 450 Euro	bis 450 Euro im Haushalt
Rentenversicherung Arbeitgeber	15 %	5 %
Krankenversicherung	13 %	5 %
Einkommensteuer (Lohnsteuer)	2 %	2 %
Umlage U1[1]	0,9 %	0,9 %
Umlage U2[2]	0,24 %	0,24 %
Umlage Insolvenzgeld	0,06 %	keine
Unfallversicherung	Individuell	1,6 %
Arbeitgeber führt pauschal ab	31,20 %	14,74 %
Arbeitnehmerbeitrag zur Rentenversicherung (Aufstockungsbetrag für das Jahr 2019 auf 18,6 %)	3,6 %	13,6 %

---

1   Pflichtbeitrag bestimmter Arbeitgeber zur solidarischen Finanzierung eines Ausgleichs für die Arbeitgeberaufwendungen im Falle der Entgeltfortzahlung im Krankheitsfall

2   Die Umlage U2 – Mutterschaft ist ein Verfahren für Arbeitgeber zum Ausgleich der finanziellen Belastungen aus dem Mutterschutz

> **Beispiel:**
> Frau Monika Tausch arbeitet bei einem Kreditinstitut als Reinigungskraft. Sie arbeitet dort nur wenige Stunden in der Woche und verdient monatlich 400 Euro.
> Da ein Minijob vorliegt, führt der Arbeitgeber 31,20 % = 124,80 Euro monatlich pauschal ab.
> Monika Tausch muss 3,6 % = 14,40 Euro an die Rentenversicherung zahlen, wenn sie keinen Antrag auf Befreiung gestellt hat.

Für Arbeitnehmer, die zwischen 450,01 Euro und 850 Euro regelmäßiges Arbeitskommen beziehen, gibt es eine Gleitzone. Die Arbeitnehmerbeiträge zur Sozialversicherung steigen abgestuft an.

4.7.8 Staatliche Förderung der privaten Altersvorsorge

Altersvorsorgezulage (Riester-Rente)

AltZertG
§ 1
EStG
§§ 10a u. 79 ff.

Das System der GRV basiert auf dem sogenannten Generationenvertrag. Das bedeutet, dass die Renten der derzeitigen Rentner hauptsächlich aus den Beiträgen der jetzigen Beitragszahler bezahlt werden. Dieses System hat seine Grenzen, wenn die Schere zwischen der Zahl der Rentner aufgrund steigender Lebenserwartung und die Zahl der Beitragszahler aufgrund sinkender Geburtenzahlen immer weiter auseinander geht. Um durch das sinkende Rentenniveau entstehende Lücken ausgleichen zu können, fördert der Staat eine freiwillige private Rentenversicherung (Riester-Rente). Durch diese beitragsgeförderte Versicherung erwirbt der Versicherungsnehmer das Anrecht auf eine lebenslange Rente, die bei Auszahlung versteuert werden muss.

Gefördert werden Beiträge von versicherungspflichtigen Arbeitnehmern, Arbeitslosen und Beamten. Staatlich gefördert werden die Beiträge durch eine Grundzulage und eine Kinderzulage. Wahlweise kann der Versicherungsnehmer sich statt für die Zulagenförderung für einen Sonderausgabenabzug im Rahmen der Einkommensteuerveranlagung entscheiden.

Zulagen für Beiträge zur Riester-Rente	
Grundzulage	154 Euro
Kinderzulage	185 Euro
Kinderzulage für Kinder, die nach dem 01.08.2008 geboren wurden	300 Euro
Einmalige Zulage für Berechtigte, die bis zum 1. Januar im Jahr des Vertragsabschlusses ihr 25. Lebensjahr noch nicht vollendet haben und unmittelbar zulagenberechtigt sind.	200 Euro

Um die Zulagen in der maximalen Höhe zu erhalten, muss der Berechtigte Beiträge in Höhe von 4 % des rentenversicherungspflichtigen Bruttoeinkommens des Vorjahres, maximal 2.100 Euro aufbringen

Steuerliche Förderung der Rentenversicherungsbeiträge (Basisrente)

EStG
§§ 10 u.
22 Nr. 1

Die Versicherungsbeiträge für eine Basisrente (Rürup-Rente) sind eine steuerlich begünstigte Form der privaten Altersvorsorge. Die Beiträge werden wie die Beiträge zur gesetzlichen Rentenversicherung als Sonderausgabenabzug bei der Einkommensteuerermittlung berücksichtigt. Der Unterschied zur GRV besteht darin, dass die Rürup-Rente nicht umlagefinanziert, sondern versicherungswirtschaftlich kapitalgedeckt ist. Der Unterschied zur klassischen privaten Rentenversicherung besteht darin, dass die Basisrente nicht in Form einer Ablaufsumme ausgezahlt werden kann. Sie muss verrentet werden.

4.7.9 Probleme der Sozialversicherung

Das grundsätzliche Problem der Sozialversicherung besteht in der Finanzierung der Leistungen, die durch folgende Entwicklungen erschwert sind.

Überalterung der Gesellschaft

Die Bevölkerung der Bundesrepublik Deutschland geht zurück. Die Bevölkerung überaltert. Dieser Rückgang der Bevölkerung basiert auf der sinkenden oder gleichbleibenden Geburtenrate. Auch durch die gestiegene Lebenserwartung wird der Bevölkerungsrückgang nicht gestoppt.

Der Bevölkerungsrückgang wirkt sich auf alle Sozialversicherungszweige aus, besonders aber auf die Rentenversicherung, die sich aufgrund des Generationenvertrages insbesondere aus den laufendenden Beiträgen finanziert. Diese Tatsache ist der Grund dafür, dass das Rentenalter stufenweise von 65 Jahre auf 67 Jahre angehoben wird. Wenn sich die Entwicklung so fortsetzt, werden im Jahr 2030 zwei Erwerbstätige auf einen Rentner entfallen und somit dessen Rente finanzieren müssen.

Insbesondere für die Altersvorsorge der Arbeitnehmer bedeutet das, dass eine Versorgungslücke entsteht, wenn die Altersvorsorge allein auf der Gesetzlichen Rentenversicherung basiert. Deshalb wird ein Drei-Säulen-System für die Altersvorsorge empfohlen, das auch bei der Kundenberatung der Kreditinstitute eingesetzt wird.

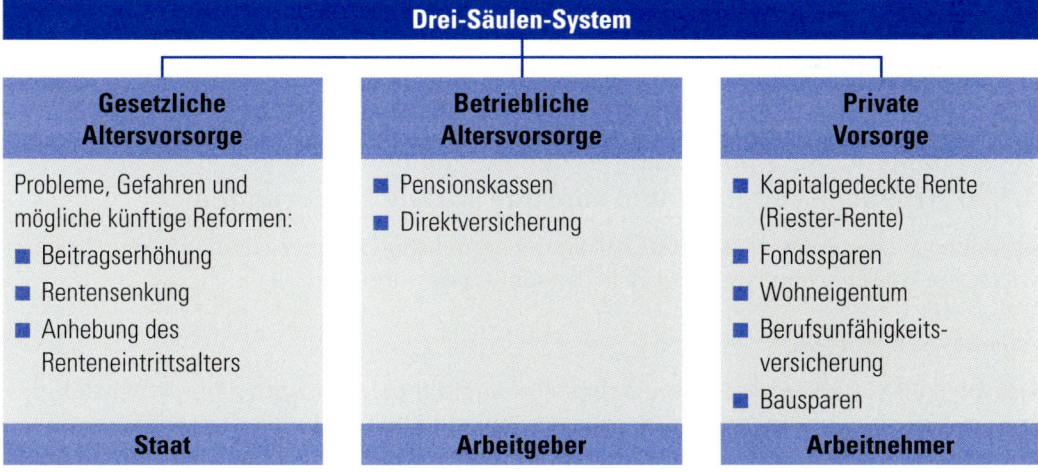

Hohe Arbeitslosigkeit

Die Arbeitslosigkeit in Deutschland befindet sich seit einigen Jahren auf einem relativ hohen Niveau. Arbeitslosigkeit wirkt sich auf alle Sozialversicherungszweige aus, da dies zu einem Ausfall der Sozialversicherungsbeiträge führt.

Globalisierung der Märkte

Durch die zunehmende Globalisierung wird der Konkurrenz- und Kostendruck immer stärker. Da die Arbeitgeberbeiträge zu Sozialversicherungsbeiträgen nicht reduzierbare Kosten darstellen, verlagern manche Unternehmen ihre Produktion ganz oder teilweise ins Ausland.

Versicherungsfremde Verwendung

Die Sozialversicherungsträger übernehmen auch Leistungen, die keine reinen Versicherungsleistungen darstellen, für die Träger aber Kosten verursachen.

Beispiele für versicherungsfremde Leistungen			
GRV	**GKV**	**GPV**	**GAV**
■ Anrechnung von Ersatz- und Anrechnungszeiten ohne Beiträge auf die Rentenzeiten ■ Renten nach dem Fremdrentengesetz ■ Renten vor Erreichen des gesetzlichen Renteneintrittsalters (z. B. „Rente mit 63")	■ bestimmte Leistungen bei Schwanger- und Mutterschaft ■ Leistungen der Prävention und Gesundheitsförderung ■ kinderabhängige Leistungen	■ die Förderung des Auf- und Ausbaus ehrenamtlicher Pflege oder Pflegekurse für Angehörige und ehrenamtliche Pflegepersonen	■ Differenzierung der Bezugsdauer von Arbeitslosengeld nach Alter und Vorversicherungszeit ■ Kinderzuschlag für kindererziehende Arbeitslose ■ Leistungen der Arbeitsförderung

Ausfall von Beiträgen

SGB II Aufgrund der gesetzlichen Regelung der geringfügigen Beschäftigungsverhältnisse (Minijob) und durch illegalen Entzug aus dem Sozialversicherungssystem durch Scheinselbstständigkeit und Schwarzarbeit entstehen Beitragsausfälle.

4.7.10 Arbeitslosengeld II und sonstige soziale Sicherungen

Es gibt noch eine Reihe weiterer staatlicher Sicherungsmaßnahmen für die Bürger. Zu einer wichtigen Absicherung ist das Arbeitslosengeld II geworden.

Arbeitslosengeld II

Das auch als Harz IV bezeichnete Arbeitslosengeld II (ALG II) wird allen Arbeitsfähigen gewährt, die keinen Anspruch auf Arbeitslosengeld I haben. Entweder weil sie noch nie einen solchen Anspruch hatten (z. B. Schüler, Studenten, Selbstständige) oder weil sie keinen Anspruch mehr auf Arbeitslosengeld I haben (Höchstdauer abgelaufen). Darüber hinaus kann ALG II auch ergänzend zum Arbeitslosengeld I oder zu anderen Einkommen bezogen werden, wenn diese und eventuell vorhandenes Vermögen nicht bedarfsdeckend sind. Das ALG II ist im SGB II (Grundsicherung für Arbeitsuchende) und nicht im SGB III (Arbeitsförderung) geregelt.

Voraussetzungen für den Bezug von ALG II		
Alter	Anspruchsberechtigte müssen mindestens 15 Jahre alt und höchsten zwischen 64 und 66 Jahre (Renteneintrittsalter) alt sein.	SGB II §§ 7 u. 7a
Hilfebedürftigkeit	Diese ist gegeben, wenn dem Antragssteller und den mit ihm in einer Bedarfsgemeinschaft lebenden Personen nicht genug Geld zur Deckung des alltäglichen Bedarfs zur Verfügung steht. Hilfebedürftigkeit besteht dann, wenn der Lebensunterhalt nicht durch die Aufnahme einer zumutbaren Arbeit, den Einsatz von Einkommen und Vermögen oder der Unterstützung von Dritten oder anderen Sozialleistungsträgern (z. B. Wohngeld), gesichert werden kann. Das kann Erwerbslose aber auch Erwerbstätige mit geringem Einkommen betreffen.	SGB II § 9
Erwerbsfähigkeit	Als erwerbsfähig gelten Personen, die dem allgemeinen Arbeitsmarkt sofort oder in absehbarer Zukunft zur Verfügung stehen. Dabei spielt es keine Rolle, ob die Person eine Ausbildung oder ein Studium absolviert oder welche Tätigkeit sie zuletzt ausgeübt hat. Erwerbsfähigkeit liegt vor, wenn mindestens eine Person einer Bedarfsgemeinschaft in der Lage ist, täglich mindestens drei Stunden zu arbeiten.	SGB II § 8
Antrag	Das ALG II wird nur auf Antrag gewährt.	

Die Höhe des ALG II wird durch den Familienstand und die Höhe der Kinderzahl (Kinder bis maximal 25. Lebensjahr) bestimmt. Hierfür gibt es feste Sätze (Regelsätze). Neben dieser Hilfe zum Lebensunterhalt werden für die ALG II-Empfänger auch die Unterkunftskosten (Miete und Heizung) in tatsächlicher Höhe übernommen. Während die Regelsätze für den Lebensunterhalt von der Bundesagentur für Arbeit (Bund) getragen werden, sind die Kommunen für die Übernahme der Miet- und Heizungskosten zuständig.

Regelsätze ALG II (Stand 2019)					
Alleinstehende/ Alleinerziehende	**Paare/ Bedarfsgemeinschaften**	**Erwachsene im Haushalt anderer**	**Jugendliche von 14 bis unter 18 Jahren**	**Kinder von sechs bis unter 14 Jahren**	**Kinder von 0 bis 6 Jahre**
424 Euro	382 Euro	339 Euro	322 Euro	302 Euro	245 Euro

Zuschläge (Beispiele)		
Alleinerziehende mit einem Kind unter 7 Jahre	36%	147,24 Euro
Alleinerziehende mit einem Kind über 7 Jahre	12%	49,08 Euro
Alleinerziehende mit zwei Kindern unter 16 Jahre	36%	147,24 Euro
Alleinerziehende mit zwei Kindern über 16 Jahre	24%	98,16 Euro

Lernkontrolle Aufgabe 10

231

Weitere soziale Sicherungen

Beispiele	
Ausbildungsförderung (BAföG)	Schüler und Studenten können aufgrund des Bundesausbildungsförderungsgesetzes (BAföG) während ihrer Ausbildung staatliche Unterstützung erhalten.
Elternzeit	Zur Betreuung und Erziehung ihres Kindes haben Eltern Anspruch auf Elternzeit bis zur Vollendung des dritten Lebensjahres des Kindes. Die Elternzeit ist ein Anspruch des Arbeitnehmers oder der Arbeitnehmerin gegenüber dem Arbeitgeber. Während der Elternzeit ruhen die Hauptpflichten des Arbeitsverhältnisses. Das Arbeitsverhältnis bleibt aber bestehen und nach Ablauf der Elternzeit besteht ein Anspruch auf Rückkehr zum früheren Arbeitsplatz.
Elterngeld	Eltern, die vorübergehend ganz oder teilweise auf eine Erwerbstätigkeit verzichten, um mehr Zeit für die Betreuung ihres Kindes zu haben, haben Anspruch auf Elterngeld als Unterstützung. Es wird an Väter und Mütter für maximal 14 Monate gezahlt; beide können den Zeitraum frei untereinander aufteilen. Das Elterngeld orientiert sich in der Höhe am laufenden durchschnittlich monatlich verfügbaren Erwerbseinkommen. Es beträgt zwischen 65 und 100 % des weggefallenen Netto-Monatseinkommens, mindestens aber 300 Euro und höchstens 1.800 Euro.
Betreuungsgeld	Eltern, die für ihre Kinder keine frühkindliche Betreuung in öffentlich bereitgestellten Tageseinrichtungen oder Kindertagespflegeeinrichtungen in Anspruch nehmen, haben Anspruch auf Betreuungsgeld. Das Betreuungsgeld wird im Anschluss an das Elterngeld (i. d. R. vom 15. Lebensmonat des Kindes an) für bis zu 22 Monate, d. h. längstens bis zum 36. Lebensmonat gewährt. Die Zuwendung beträgt pro Kind 150 Euro monatlich. Das Betreuungsgeld kann grundsätzlich parallel zur Elternzeit beantragt werden. Der Bezug von Betreuungsgeld ist steuerfrei.
Kindergeld	Das Kindergeld wird an die Erziehungsberechtigten ausgezahlt und dient der Grundversorgung jedes Kindes in Deutschland und zwar von der Geburt bis zum 18. Lebensjahr. Das Kindergeld kann auch bis zum vollendeten 25. Lebensjahr des Kindes gewährt werden, wenn sich das Kind in einem Ausbildungsverhältnis (z. B. Berufsausbildung, Studium) befindet oder ausbildungsplatzsuchend ist. Es handelt sich beim Kindergeld um eine steuerliche Ausgleichszahlung, nicht um eine Sozialleistung. Die Höhe des Kindergeldes beträgt (Stand 2019) ■ für das erste und zweite Kind jeweils 210 Euro, ■ für das dritte und jedes weitere Kind 235 Euro monatlich.
Sozialhilfe	Als Grundsicherung ist im SGB XII die Sozialhilfe als Hilfe zum Lebensunterhalt geregelt. Sozialhilfe erhält, wer wegen Alters oder wegen voller Erwerbsminderung nicht erwerbsfähig ist. Erwerbsfähige erhalten ALG II.
Wohngeld	Das Wohngeld können Bürger mit geringem Einkommen als Zuschuss zur Miete oder zu den Kosten selbst genutzten Wohneigentums erhalten. Die Höhe des Wohngeldes richtet sich nach der Anzahl der Familienmitglieder im Haushalt, dem Familieneinkommen und der zu berücksichtigenden Miete bzw. Belastung.

Zusammenfassung und Lernkontrolle

Zusammenfassung

Gesetzliche Sozialversicherung			
Gesetzliche Sozialver-sicherung	**Träger**	**Hauptleistungen**	**Beiträge Beitragsbemessungsgrenzen 2019**
Krankenver-sicherung	Kranken-kassen	Übernahme von Arzt-, Zahnarzt-, Krankenhaus-, Entbindungskos-ten u. a.	14,6 % (evtl. Zusatzbeitrag, je zur Hälfte von AG und AN zu tragen) AN: 7,3 – AG: 7,3 Bem.grenze: 4.537,50 Euro
Pflegever-sicherung	(Pflege-) Kranken-kassen	Übernahme von Sachleistungen und Pflegegeld bis zu festgeleg-ten Höchstbeträgen bei häusli-cher oder stationärer Pflege	3,05 % AN: 1,525 – AG: 1,525 + 0,25% für Kinderlose Bem.grenze: 4.537,50 Euro
Rentenver-sicherung	Deutsche Rentenver-sicherung	Zahlung von Renten, Übernahme von Reha-Kosten und Kosten für Fördermaßnahmen	18,6 % AN: 9,3 – AG: 9,3 Bem.grenze: 6.700 Euro West 6.150 Euro Ost
Arbeits-losenver-sicherung	Bundes-agentur für Arbeit	Zahlung von Arbeitslosengeld, Übernahme beruflicher Aus- und Fortbildungs- und Umschulungs-kosten, Berufsberatung, Arbeits-vermittlung	2,5 % AN: 1,25 – AG: 1,25 Bem.grenze: 6.700 West 6.150 Ost
Unfallver-sicherung	Berufs-genossen-schaften	Zahlung von Renten- und Heilbe-handlungen, Unfallverhütung	AG trägt Beiträge allein, Höhe richtet sich nach Gefahrenklasse und Be-triebsgröße

Probleme der Sozialversicherung:
Altersstruktur, Arbeitslosenquote, Globalisierung, Versicherungsfremde Leistungen

↓

weitere **Sozialleistungen** des Staates:
z. B. ALG II, Kindergeld, BaföG, Elterngeld, Betreuungsgeld, Wohngeld, Sozialhilfe

Lernkontrolle

Aufgabe 1

Vergleichen Sie die privaten Versicherungen mit den Versicherungen der gesetzlichen Sozialversicherung nach den Kriterien
■ Zustandekommen des Versicherungsverhältnisses
■ Beiträge
■ Leistungen
■ Träger der Versicherung / Versicherungsnehmer.

Aufgabe 2

Willi Boger, Bankkaufmann, verheiratet, ein Kind, ist bei der EUROPA-Bank angestellt. Er ist bei der AOK krankenversichert. Sein monatliches Bruttoeinkommen beträgt 3.200 Euro.

1. Willi Boger überlegt, ob er in die private Krankenversicherung wechseln soll. Prüfen Sie ob dies möglich ist.
2. Wie hoch ist der Krankenversicherungsbeitrag, den die EUROPA-Bank für Herrn Boger an die AOK monatlich überweisen muss?
3. Wer trägt in welcher Höhe diesen Beitrag?
4. Herr Boger ist der Meinung, dass sein Beitrag aufgrund der Mitversicherung seiner Frau und seines Kindes höher sei als der von Alleinversicherten. Nehmen Sie Stellung und klären Sie Herrn Boger auf. Vergleichen Sie seine Situation auch mit der eines Privatversicherten.
5. Herr Boger wird vorübergehend arbeitslos. Wie wirkt sich das auf seine Mitgliedschaft bei der AOK aus?

Aufgabe 3

Bei der EUROPA-Bank sind einige Mitarbeiter derzeit krank.

1. Herr Toni Klein hat eine Meniskusverletzung. Er muss operiert werden und wird für voraussichtlich acht Wochen krankgeschrieben. Herr Klein bezieht ein Bruttogehalt von 4.000 Euro und ein Nettogehalt in Höhe von 2.700 Euro.
2. Frau Melanie Großkreuz hat eine Darmerkrankung und wird im Krankenhaus stationär behandelt. Sie wird voraussichtlich sechs Wochen arbeitsunfähig sein. Frau Großkreuz hat ein Bruttogehalt von 3.200 Euro und ein Nettogehalt in Höhe von 2.000 Euro.
3. Frank Lahm hat sich beim Skifahren einen Beinbruch zugezogen und wird voraussichtlich neun Monate arbeitsunfähig sein. Sein Bruttogehalt beträgt 2.800 Euro und sein Nettogehalt 1.800 Euro.

Welche Leistungen der Krankenkasse können die jeweiligen Personen in Anspruch nehmen? Auf welche Zahlungen haben sie jeweils Anspruch und in welcher Höhe?

Aufgabe 4

Die Bankangestellte Brigitte Bäumler aus Stuttgart, verheiratet, ein Kind, erhält ein Bruttogehalt in Höhe von 3.000 Euro monatlich. Sie ist bei der AOK Baden-Württemberg krankenversichert.

1. Beurteilen Sie, ob Frau Bäumler auch in der Pflegeversicherung pflichtversichert ist.
2. Berechnen Sie die Beiträge zur gesetzlichen Pflegeversicherung (jeweils getrennt für Arbeitnehmer und Arbeitgeber).
3. Muss sich Frau Bäumler bei der Pflegeversicherung selbst anmelden?
4. An welche Pflegekasse muss der Pflegeversicherungsbeitrag überwiesen werden und wer haftet für die rechtzeitige und vollständige Zahlung?

Aufgabe 5

Die Bankangestellte Barbara Kleinert pflegt ihre Mutter. Die Mutter ist vom medizinischen Dienst in den Pflegegrad 2 eingestuft worden.

1. Welche Ansprüche auf Leistungen der Pflegeversicherung stehen Frau Kleinert aufgrund der Pflege der Mutter zu?

2. Da Barbara Kleinert die Pflege nicht mehr leisten kann, wird die Mutter in einem Heim untergebracht. Sie bleibt in dem Pflegegrad 2. Welche Ansprüche gegenüber der Pflegeversicherung hat die Mutter?

Aufgabe 6

Axel Eismann, München, ist bei einem Münchner Kreditinstitut beschäftigt und bezieht ein monatliches Arbeitsentgelt in Höhe von 3.200 Euro brutto.

1. Ist Herr Eismann rentenversicherungspflichtig?
2. Wie viel Euro führt sein Arbeitgeber an die Rentenversicherung ab? Wie viel Euro werden Herrn Eismann dafür vom Bruttogehalt einbehalten (abgezogen)?
3. Wie hoch wäre der Beitrag zur gesetzlichen Rentenversicherung, wenn Herr Eismann ein Bruttogehalt in Höhe von 6.900 Euro hätte?

Aufgabe 7

Die Bankmitarbeiterin Beate Reinecke, 52 Jahre alt, ist seit ihrem 20. Lebensjahr in der gesetzlichen Rentenversicherung versichert. Frau Reinecke hat seit längerem Herzbeschwerden und ist deshalb auch in ärztlicher Behandlung. Sie befürchtet nach Rücksprache mit ihrem Arzt, dass sie ihren Beruf bald nicht mehr ausführen kann, wenn die Beschwerden weiter zunehmen.

1. Welche Leistungen kann Frau Reinecke von der Rentenversicherung in Anspruch nehmen, um ihre Leistungsfähigkeit zurückzugewinnen?
2. Welche Leistung der gesetzlichen Rentenversicherung würde sie bekommen, wenn sie tatsächlich nicht mehr arbeiten könnte?

Aufgabe 8

Der Bankkaufmann Kurt Müller beantragt im Jahr 2019 eine Altersrente. Er erfüllt alle Voraussetzungen. Wie hoch ist seine Altersrente, wenn Herr Müller 90 Entgeltpunkte angesammelt hat?

Aufgabe 9

Joachim Bernecker hat seit drei Jahren ununterbrochen bei der EUROPA-Bank gearbeitet. Sein Nettogehalt betrug 1.800 Euro. Aus betrieblichen Gründen wird Herrn Bernecker gekündigt.

1. Welche Schritte muss Herr Bernecker unternehmen, damit er als arbeitslos gilt?
2. Klären Sie Herrn Bernecker auf, ob er Anspruch auf Arbeitslosengeld hat. Wenn Anspruch besteht, errechnen Sie die Höhe und bestimmen Sie den Zeitraum des maximalen Bezugs.
3. Wer trägt die Beiträge zur Krankenversicherung während der Arbeitslosigkeit?
4. Nennen Sie Leistungen der Bundesanstalt für Arbeit, die Herrn Bernecker zustehen, wenn er Anspruch auf Arbeitslosengeld hat. Stünden ihm diese Leistungen auch zu, wenn kein Anspruch auf Arbeitslosengeld besteht?

Aufgabe 10

Claudia Söhner wohnt in München allein mit ihrem Kind Kevin, der vier Jahre alt ist. Sie hat früher ein Gehalt in Höhe von 3.000 Euro brutto bezogen. Seit der Geburt von Kevin arbeitet Frau Söhner nicht mehr. Die Bezugszeit für das Arbeitslosengeld I ist abgelaufen. Für Miete und Heizung wendet sie gegenwärtig 424 Euro auf. Claudia hat außer dem Kindergeld kein anrechenbares Einkommen und Vermögen. Wie hoch ist ihr Arbeitslosengeld II?

Aufgabe 11

Die Bankkauffrau Monika Helfrich verunglückt in der Registratur des Kreditinstituts durch einen Sturz von einer Leiter und verletzt sich dabei schwer.
1.   Ist Frau Helfrich unfallversichert?
2.   Welche Leistungen der gesetzlichen Unfallversicherung kommen in Betracht, wenn

     a)   die Verletzungen vorübergehend sind?
     b)   die Verletzungen von Dauer sind, so dass Frau Helfrich nicht mehr arbeiten kann?

Aufgabe 12

Der Bankangestellter Schulze fährt morgens auf direktem Weg von seiner Wohnung zu seiner Arbeitsstelle.

1.   Auf dem Weg verursacht er einen Unfall und wird verletzt.
2.   Auf dem Weg übersieht er eine rote Ampel, verursacht deshalb einen Unfall und wird verletzt.

Liegt in den Fällen a) und b) jeweils ein Wegeunfall vor, wodurch ein Versicherungsfall für die gesetzliche Unfallversicherung entsteht?

Aufgabe 13

Ein Bergmann bekommt nach 20 Jahren Arbeit unter Tage eine Staublunge. Er muss nach wenigen Schritten stehen bleiben, um nach Luft zu ringen.
Liegt ein Versicherungsfall für die gesetzliche Unfallversicherung vor?

5 Datenschutz und Datensicherheit

5.1 Rechtliche Grundlagen

Mit der fortschreitenden Entwicklung der Digitalisierung gewinnt der Datenschutz als Schutzrecht der Arbeitnehmer zunehmend an Bedeutung. Dies begründet sich u. a. damit, dass die Erfassung, Erhaltung, Analyse und Weitergabe persönlicher Daten stetig vereinfacht und beschleunigt wird. Die gesetzlichen Grundlagen für den Datenschutz bilden die Europäische Datenschutz-Grundsatzverordnung (DSGVO) und das Bundesdatenschutzgesetz (BDSG). Für die Behörden der Länder und Gemeinden gelten die jeweiligen Landesdatenschutzgesetze (LDSG). Für alle gültig ist die DSGVO, die den Mitgliedsstaaten der EU in bestimmten Bereichen einen Gestaltungsspielraum einräumt. Zusätzliche Vorschriften zum Datenschutz findet man in weiteren Gesetzen (z. B. Telekommunikationsgesetz). *Landesdatenschutzgesetz der einzelnen Bundesländer*

Datenschutzgrundverordnung (DSGVO)	
gültig für alle Mitgliedsstaaten der EU	
Bundesdatenschutzgesetz (BDSG) gültig für Bundesbehörden und Organisationen des Bundes und für Unternehmen	**Landesdatenschutzgesetze (LDSG)** gültig für die jeweiligen Landesbehörden und ihre Organisationen

5.2 Ziel des Datenschutzes

Gemäß eines BGH-Urteils zur Volkszählung von 1983 muss jeder Person die Möglichkeit gegeben werden, über die Verwendung und Weitergabe ihrer personenbezogenen Daten selbst zu entscheiden.

> **Merke:**
> Die Vorschriften des Datenschutzes basieren auf dem Grundrecht der Unantastbarkeit der Menschenwürde und dem Grundrecht auf freie Entfaltung der Persönlichkeit.

GG Art 1 u. 2

Die DSGVO nennt als Ziele der Verordnung und damit Ziele des Datenschutzes den *DSGVO Art. 1*

- Schutz natürlicher Personen bei der Verarbeitung personenbezogener Daten und den

- Schutz der Grundrechte und Grundfreiheiten natürlicher Personen, insbesondere des Rechts auf Schutz personenbezogener Daten.

Der sachliche Anwendungsbereich erstreckt sich auf ganz oder teilweise automatisierte Verarbeitung personenbezogener Daten sowie auf die nichtautomatisierte Verarbeitung, wenn die Daten in einem Dateisystem gespeichert werden oder gespeichert werden sollen. Erfolgt die Datenverarbeitung durch nichtöffentliche Stellen in nichtautomatisierter Verarbeitung gilt das BDSG nicht, wenn die Datenverarbeitung ausschließlich persönlicher oder familiärer Tätigkeiten dient. *DSGVO Art. 2* *BDSG § 1*

5.3 Wichtige Begriffe des Datenschutzes

Personenbezogene Daten

Personenbezogene Daten sind Einzelangaben über persönliche oder sachliche Verhältnisse einer bestimmten oder bestimmbaren natürlichen Person. Eine Person wird als bestimmbar angesehen, wenn sie direkt oder indirekt identifiziert werden kann. Grundsätzlich gilt, dass *DSGVO Art. 4* *BDSG § 46*

237

alle Informationen, über die irgendwie ein Personenbezug hergestellt werden kann, auch unter den Begriff der personenbezogenen Daten fallen. Klar zuzuordnen sind der Name, die Telefonnummer sowie Kreditkarten- oder Personalnummern. Aber auch Kontodaten, Kfz-Kennzeichen, die Kundennummer oder die Anschrift zählen zu den personenbezogenen Daten. Auch weniger eindeutige Informationen lassen u. U. einen Personenbezug zu (z. B. Arbeitszeit).

Verarbeitung

DSGVO
Art. 4
BDSG
§ 46

Unter Verarbeitung versteht das Gesetz jeden mit oder ohne Hilfe automatisierter Verfahren ausgeführten Vorgang im Zusammenhang mit personenbezogenen Daten wie das **Erheben, Erfassen, Ordnen** und die **Speicherung** (Aufnahme und Aufbewahren von Daten auf einem Datenträger zum Zweck der Nutzung) der Daten. Unter Verarbeitung wird auch die **Anpassung** oder **Veränderung** (inhaltliche Umgestaltung gespeicherter Daten) das **Auslesen, Abfragen,** die **Verwendung** sowie die **Offenlegung** durch Übermittlung oder Verbreitung der Daten verstanden. Ebenfalls ist der **Abgleich** oder die **Verknüpfung,** die **Einschränkung,** das **Löschen** oder die **Vernichtung** eine Verarbeitung. Auch die **Sperrung** (Einschränkung der Verarbeitung durch Markierung der Daten mit dem Ziel, ihre künftige Verarbeitung einzuschränken) ist Teil der Datenverarbeitung.

Verantwortlicher

DSGVO
Art. 4
BDSG
§ 2

Als Verantwortliche gelten natürliche oder juristische Personen, Behörden, Einrichtungen oder andere Stellen, die über die Zwecke und Mittel der **Verarbeitung von personenbezogenen Daten** entscheiden.

Das BDSG unterscheidet zudem zwischen öffentlichen Stellen und nichtöffentlichen Stellen. **Öffentliche Stellen** i.S. des BDSG sind Behörden des Bundes, juristische Personen und andere, öffentliche Aufgaben wahrnehmende Personen und Organe. Als **nichtöffentliche Stellen** gelten natürliche und juristische Personen, Gesellschaften und andere Personenvereinigungen des privaten Rechts, soweit sie keine hoheitlichen Aufgaben der öffentlichen Verwaltung wahrnehmen.

Die DSGVO definiert hierzu den Begriff **Unternehmen**.

Einwilligung

GSDVO
Art. 4

Als Einwilligung der betroffenen Person gilt jede freiwillig für den bestimmten Fall, in informierter Weise und unmissverständlich abgegebene Willensbekundung in Form einer Erklärung oder einer sonstigen eindeutigen bestätigenden Handlung, mit der die betroffene Person zu verstehen gibt, dass sie mit der Verarbeitung der sie betreffenden personenbezogenen Daten einverstanden ist.

Betroffene Person

GSDVO
Art. 4

Betroffene Personen sind alle identifizierten oder identifizierbaren natürliche Personen.

5.4 Grundregeln des Datenschutzes

Im Gesetz werden Grundsätze festgelegt, die bei der Datenverarbeitung von personenbezogenen Daten eingehalten werden müssen.

DSGVO und BDSG § 47

■ Rechtmäßigkeit der Verarbeitung

Für die Verarbeitung personenbezogener Daten gilt ein sogenanntes Verbot mit Erlaubnisvorbehalt. Die Verarbeitung von Daten ist demnach nur zulässig, wenn eine **Einwilligung** oder eine andere in dieser **Vorschrift normierte Ausnahme** vorliegt. Dies ist der Fall, wenn z. B.

DSGVO Art. 6

- ■ die Verarbeitung für die Erfüllung eines Vertrages erforderlich ist, die auf Antrag der betroffenen Person erfolgt;
- ■ die Verarbeitung zur Erfüllung einer rechtlichen Verpflichtung erforderlich ist;
- ■ die Verarbeitung erforderlich ist, um lebenswichtige Interessen der betroffenen Person oder einer anderen natürlichen Person zu schützen;
- ■ die Verarbeitung im öffentlichen Interesse oder zur Erfüllung hoheitlicher Aufgaben erforderlich ist oder
- ■ die Verarbeitung zur Wahrung berechtigter Interessen des Verantwortlichen oder eines Dritten erforderlich ist und die Interessen oder Grundrechte und Grundfreiheiten der betroffenen Person nicht überwiegen. Dieser Rechtfertigungsgrund gilt nicht für Behörden.

> **Beispiele:**
> Ein Kreditinstitut muss die persönlichen Daten ihrer Kunden erheben und aufbewahren.
> Ein Kreditinstitut speichert die Adressen der Lieferanten von Büromaterial.

■ Transparenz

Der Grundsatz der Transparenz soll dazu dienen, dass die betroffenen Personen ihre Rechte und im weiteren Sinne generell ihr Recht auf informationelle Selbstbestimmung wahrnehmen können. Der Grundsatz der Transparenz wird in weiteren Artikeln präzisiert, z. B. durch die Informationspflichten bei der Erhebung von personenbezogenen Daten sowie durch das Auskunftsrecht der betroffenen Person

DSGVO Art. 5 und 12 ff

■ Zweckbindung

Die Zwecke der Datenverarbeitung müssen bereits bei der Erhebung personenbezogener Daten festgelegt, eindeutig und legitim sein.

DSGVO Art.5 BDSG § 3

■ Datenminimierung (Datensparsamkeit)

Personenbezogene Daten müssen dem Zweck angemessen und auf das für die Zwecke der Verarbeitung notwendige Maß beschränkt werden.

DSGVO Art.5

■ Richtigkeit der Datenverarbeitung

Personenbezogene Daten müssen sachlich richtig und erforderlichenfalls auf dem neuesten Stand sein. Personenbezogene Daten, die im Hinblick auf die Zwecke ihrer Verarbeitung unrichtig sind, sollen unverzüglich gelöscht oder berichtigt werden.

DSGVO Art. 16 u. 17

■ Speicherbegrenzung

Personenbezogene Daten dürfen nur in einer Form gespeichert werden, die die Identifizierung der Person nur solange ermöglicht, wie es für die Zwecke der Verarbeitung erforderlich ist. Sobald die Speicherung personenbezogener Daten für den Verarbeitungszweck also nicht mehr erforderlich ist, müssen sie gelöscht oder die Identifizierung der betroffenen Person aufgehoben werden.

DSGVO Art. 5 u. 17

■ Integrität und Vertraulichkeit

DSGVO
Art. 32

Personenbezogene Daten müssen in einer Weise verarbeitet werden, die eine angemessene Sicherheit der personenbezogenen Daten gewährleistet. Dazu gehört auch der Schutz vor unbefugter und unrechtmäßiger Verarbeitung und vor unbeabsichtigtem Verlust, Zerstörung oder Schädigung der Daten (Datenschutz). Die verarbeitende Stelle muss hierfür geeignete technische und organisatorische Maßnahmen treffen.

5.5 Rechte der Betroffenen

Aus den Rechten der Betroffenen ergeben sich auch Pflichten der datenverarbeitenden Stelle (Verantwortlicher).

■ Informationspflicht bei Erhebung personenbezogener Daten und Transparenzpflicht

DSGVO
Art 12 u. 13
BDSG
§ 32

Werden personenbezogene Daten bei der betroffenen Person erhoben, so muss der Verantwortliche zum Zeitpunkt der Erhebung dem Betroffenen mitteilen, wer die Daten erhebt (Kontaktdaten des Verantwortlichen), ggf. unter Angabe der Kontaktdaten des Datenschutzbeauftragten. Zudem muss über den Zweck der Verarbeitung und die dafür geltende Rechtsgrundlage informiert werden. Sollten die Daten für andere bestimmt sein, muss auch der Empfänger genannt werden. Zusätzlich muss die Information auch die Dauer der Datenspeicherung enthalten. Ein Hinweis auf die dem Betroffenen zustehenden Rechte auf Berichtigung, Löschung und Einschränkung der Verarbeitung muss erfolgen.

■ Auskunftsrecht des Betroffenen

DSGVO
Art 15
BDSG
§ 34

Die betroffene Person hat das Recht, von dem Verantwortlichen eine Bestätigung darüber zu verlangen, ob sie betreffende personenbezogene Daten verarbeitet werden. Ist dies der Fall, so hat sie ein Recht auf Auskunft über diese Daten. Unter anderem kann der Betroffene auch Information über die Verarbeitungszwecke, die Herkunft und Empfänger der Daten sowie über die Dauer der Speicherung und ihm zustehende Rechte verlangen.

■ Recht auf Berichtigung

DSGVO
Art. 16

Die betroffene Person hat das Recht, die Berichtigung sie betreffender unrichtiger personenbezogener Daten im Hinblick auf den Zweck und die Vollständigkeit zu verlangen.

■ Recht auf Löschung (Recht auf Vergessenwerden)

DSGVO
Art. 17
BDSG
§ 35

Betroffene haben (mit bestimmten Ausnahmen) das Recht, die Löschung ihrer Daten zu verlangen. Dies ist z.B. möglich, wenn die Daten zu dem Zweck, zu dem sie ursprünglich erhoben oder verarbeitet wurden, nicht mehr erforderlich sind oder die dazu erteilte Einwilligung widerrufen wurde. Das Löschungsrecht im Sinne der DSDVO ist auch ein „Recht auf Vergessenwerden", wenn die verantwortliche Stelle die zu löschenden Daten öffentlich gemacht hat. Dann muss sie vertretbare Schritte unternehmen, um die Stellen, die diese Daten verarbeiten, zu informieren, dass die betroffene Person von ihnen die Löschung aller Links zu diesen Daten oder von Kopien verlangt. Diese Vorschrift ist von besonderer Bedeutung für den Betrieb von Internet-Suchmaschinen.

■ Recht auf Einschränkung der Verarbeitung (Sperrung)

DSGVO
Art. 18
BDSG
§ 35

Die betroffene Person kann in bestimmten Fällen die Einschränkung der Verarbeitung verlangen. Ein Beispiel hierfür wäre, wenn der Verantwortliche die Daten nicht mehr länger benötigt, die betroffene Person sie jedoch zur Geltendmachung, Ausübung oder Verteidigung von Rechtsansprüchen benötigt oder die betroffene Person Widerspruch gegen die Verarbeitung eingelegt hat.

Der Verantwortliche muss grundsätzlich allen Empfängern der Daten jede Berichtigung, Löschung oder Einschränkung der Verarbeitung mitteilen.

DSGVO
Art. 19

■ Recht auf Datenübertragbarkeit
Das Recht auf Datenübertragung gibt betroffenen Personen unter bestimmten Voraussetzungen einen Anspruch, eine Kopie der sie betreffenden personenbezogenen Daten in einem üblichen und maschinenlesbaren Dateiformat zu erhalten. Der Nutzer hat damit das Recht, Daten von einem Anbieter zu einem anderen mitzunehmen. Das Recht auf Datenübertragbarkeit ist auf die Daten beschränkt, die die betroffene Person dem Verarbeiter zur Verfügung gestellt hat. Es gilt nicht für den öffentlichen Bereich.

DSGVO
Art. 20

■ Widerspruchsrecht
Der Betroffene hat grundsätzlich ein allgemeines Widerspruchsrecht gegen eine an sich rechtmäßige Verarbeitung von personenbezogenen Daten, die im öffentlichen Interesse liegt, in Ausübung öffentlicher Gewalt oder aufgrund des berechtigten Interesses des Verantwortlichen oder eines Dritten erfolgte. Der Verantwortliche darf dann die Daten nur noch verarbeiten, wenn er zwingende berechtigte Gründe für die Verarbeitung nachweisen kann, die die Interessen, Rechte und Freiheiten des Betroffenen überwiegen. Bei der Verarbeitung von Daten zum Zwecke des Direktmarketings besteht das Widerrufsrecht jedoch voraussetzungslos und uneingeschränkt.

DSGVO
Art. 6 u. 21

■ Unabhängige Aufsicht
Die DSGVO bestimmt, dass jeder Mitgliedstaat eine oder mehrere unabhängige Aufsichtsbehörden einzurichten hat. Diese Behörden müssen vollständig unabhängig in der Wahrnehmung ihrer Aufgaben sein. Die Aufsichtsbehörde hat die Aufgabe die Anwendung der DSGVO zu überwachen und durchzusetzen. Zudem ist sie für die Aufklärung über Risiken der Verarbeitung personenbezogener Daten zuständig. Betroffene können sich mit Beschwerden an die Behörde wenden.

DSGVO
Art. 51, 52 u. 57

5.6   Bestellung und Aufgaben eines Datenschutzbeauftragten

5.6.1   Bestellung eines Datenschutzbeauftragten

Aufgrund der Öffnungsklausel gibt es in Deutschland eine Vorschrift über die Pflicht zur Bestellung eines Datenschutzbeauftragten in Abhängigkeit der Anzahl der Personen, die bei der verantwortlichen Stelle mit der Verarbeitung personenbezogener Daten beauftragt sind.

Die DSGVO schreibt Voraussetzungen für die Bestellung eines Datenschutzbeauftragten nach anderen Kriterien vor.

Nach der DSGVO muss ein Datenschutzbeauftragter bestellt werden, wenn

■ die Verarbeitung von einer **Behörde oder öffentlichen Stelle** durchgeführt wird, mit Ausnahme von Gerichten, die im Rahmen ihrer justiziellen Tätigkeit handeln, oder **bei nicht-öffentlichen Stellen**

DSGVO
Art. 37
BDSG
§ 5

■ wenn deren Kerntätigkeit oder desjenigen, der Daten im Auftrag verarbeitet, in einer Datenverarbeitung besteht, die aufgrund ihres Zwecks oder ihres Umfangs eine umfangreiche, regelmäßige und systematische Beobachtung von betroffenen Personen erfordert oder eine umfangreiche Verarbeitung von Daten, die nach Art. 9 oder 10 DSGVO besonders schutzwürdig sind, umfasst.

DSGVO
Art. 9 u. 10

Als **besonders schutzwürdig** gelten personenbezogene Daten aus denen die rassische und ethnische Herkunft, politische Meinungen, religiöse oder weltanschauliche Überzeugungen oder die Gewerkschaftszugehörigkeit hervorgehen, sowie genetische oder biometrische Daten zur eindeutigen Identifizierung einer natürlichen Person, Gesundheitsdaten oder Daten zum Sexualleben oder der sexuellen Orientierung einer natürlichen Person.

Unter **Kerngeschäft** ist dabei die Hauptaktivität des Unternehmens zu verstehen. Bloße Nebentätigkeiten fallen nicht darunter.

BDSG § 38

■ Jede Stelle hat die Möglichkeit **freiwillig** einen Datenschutzbeauftragten zu bestellen. Zusätzlich schreibt das BDSG die Bestellung eines Datenschutzbeauftragten für Unternehmen in Deutschland vor, wenn

■ mindestens 10 Personen mit der automatisierten Verarbeitung personenbezogener Daten beschäftigt sind oder wenn

■ die Unternehmen Auskunfteien, Adresshändler oder Markt- und Meinungsforschungsinstitute sind.

DSGVO Art. 37 BDSG § 38

Die Ernennung eines Datenschutzbeauftragten kann formfrei erfolgen. Die Benennung ist offiziell erfolgt, wenn der Datenschutzbeauftragte der zuständigen Aufsichtsbehörde gemeldet wurde (Übermittlung der Kontaktdaten).

5.6.2 Hauptaufgaben des Datenschutzbeauftragten

DSGVO Art. 39

Zu den Aufgaben des Datenschutzbeauftragten zählen zumindest:

■ **Unterrichtung und Beratung** des Verantwortlichen oder des Auftragsverarbeiters und der Beschäftigten, die Verarbeitungen durchführen, hinsichtlich ihrer Pflichten aus den Datenschutzvorschriften.

DSGVO Art. 35

■ **Überwachung** der Einhaltung der Datenschutzvorschriften einschließlich der Zuweisung von Zuständigkeiten, der Sensibilisierung und Schulung der an der Datenverarbeitung beteiligten Mitarbeiter.

■ **Beratung** im Zusammenhang mit der Datenschutz-Folgenabschätzung und Überwachung ihrer Durchführung. Die Datenschutz-Folgenabschätzung ist eine Vorabkontrolle, die insbesondere bei der Verarbeitung besonders sensibler Daten durchzuführen ist. In diesen Fällen muss der Datenschutzbeauftragte die dem Verfahren innewohnenden besonderen Risiken für die Rechte und Freiheiten des Betroffenen prüfen und diese Risiken bewerten um die Rechtmäßigkeit der Datenverarbeitung festzustellen.

■ Der Datenschutzbeauftragte ist **Anlaufstelle** für die Aufsichtsbehörde.

5.7 Technischer Datenschutz (Datensicherheit)

Die Datensicherheit dient hauptsächlich dem eigenen Sicherheitsbedürfnis der speichernden Organisation bzw. Stelle. Gleichwohl ergibt sich die Notwendigkeit sicherer Datenbestände auch aufgrund gesetzlicher Vorschriften.

Die Datensicherung umfasst im weitesten Sinne alle technischen (auch softwaretechnischen), organisatorischen und personellen Maßnahmen, um die Sicherheit der betrieblichen Daten zu gewährleisten. Im engeren Sinne versteht man unter der Datensicherung (Bestandsicherung) die Herstellung von Kopien (Backup) der Daten.

Zahlreiche Bedrohungen gefährden die Ziele der Datensicherheit. Mögliche Ursachen sind z. B.:

- vorsätzliches Handeln von Personen (z. B. Datendiebstahl durch Mitarbeiter)

- Irrtum bzw. Fehlbedienung (z. B. versehentliches Löschen von Daten, falsche Dateneingabe)

- höhere Gewalt (z. B. Brand)

- Schadsoftware (z. B. Trojaner, Viren)

- technisches Versagen (z. B. defekte Hardware, Stromausfall)

Dabei ist zu beachten, dass Gefahren sowohl von Mitarbeitern als auch von Personen die im Haus tätig sind (z. B. Reinigungspersonal, Handwerker) oder von Personen ausgehen können, die sich außerhalb befinden (z. B. Hacker, Bot-Netze).

Da von diesen Bedrohungen naturgemäß auch personenbezogene Daten, die besonders sensibel zu behandeln sind, betroffen sind, dient die Datensicherheit auch dem Datenschutz. Die DSGVO und das BDSG machen hierzu Vorschriften, die zum Zweck des Datenschutzes, also zum Schutz der Persönlichkeitsrechte der Betroffenen einzuhalten sind.

DSGVO
Art. 25
BDSG
§ 64

Technischer Datenschutz nach § 64 BDSG

1. Verwehrung des Zugangs zu Verarbeitungsanlagen, mit denen die Verarbeitung durchgeführt wird, für Unbefugte **(Zugangskontrolle)**
2. Verhinderung des unbefugten Lesens, Kopierens, Veränderns oder Löschens von Datenträgern **(Datenträgerkontrolle)**
3. Verhinderung der unbefugten Eingabe von personenbezogenen Daten sowie der unbefugten Kenntnisnahme, Veränderung und Löschung von gespeicherten personenbezogenen Daten **(Speicherkontrolle)**
4. Verhinderung der Nutzung automatisierter Verarbeitungssysteme mit Hilfe von Einrichtungen zur Datenübertragung durch Unbefugte **(Benutzerkontrolle)**
5. Gewährleistung, dass die zur Benutzung eines automatisierten Verarbeitungssystems Berechtigten ausschließlich zu den von ihrer Zugangsberechtigung umfassten personenbezogenen Daten Zugang haben **(Zugriffskontrolle)**
6. Gewährleistung, dass überprüft und festgestellt werden kann, an welche Stellen personenbezogene Daten mit Hilfe von Einrichtungen zur Datenübertragung übermittelt oder zur Verfügung gestellt wurden oder werden können **(Übertragungskontrolle)**
7. Gewährleistung, dass nachträglich überprüft und festgestellt werden kann, welche personenbezogenen Daten zu welcher Zeit und von wem in automatisierte Verarbeitungssysteme eingegeben oder verändert worden sind **(Eingabekontrolle)**
8. Gewährleistung, dass bei der Übermittlung personenbezogener Daten sowie beim Transport von Datenträgern die Vertraulichkeit und Integrität der Daten geschützt werden **(Transportkontrolle)**
9. Gewährleistung, dass eingesetzte Systeme im Störungsfall wiederhergestellt werden können **(Wiederherstellbarkeit)**
10. Gewährleistung, dass alle Funktionen des Systems zur Verfügung stehen und auftretende Fehlfunktionen gemeldet werden **(Zuverlässigkeit)**
11. Gewährleistung, dass gespeicherte personenbezogene Daten nicht durch Fehlfunktionen des Systems beschädigt werden können **(Datenintegrität)**
12. Gewährleistung, dass personenbezogene Daten, die im Auftrag verarbeitet werden, nur entsprechend den Weisungen des Auftraggebers verarbeitet werden können **(Auftragskontrolle)**
13. Gewährleistung, dass personenbezogene Daten gegen Zerstörung oder Verlust geschützt sind **(Verfügbarkeitskontrolle)**
14. Gewährleistung, dass zu unterschiedlichen Zwecken erhobene personenbezogene Daten getrennt verarbeitet werden können **(Trennbarkeit)**

Zusammenfassung und Lernkontrolle

Zusammenfassung

Datenschutz

- Rechtliche Grundlagen: DSGVO, BDSG, LDSG der Bundesländer
- Ziel: Schutz der Persönlichkeitsrechte durch die Verarbeitung personenbezogener Daten

Datenverarbeitung im Sinne der Datenschutzgesetzgebung

erheben, speichern, verändern, übermitteln, löschen und sperren von Daten

Erlaubnis zur Verarbeitung von personenbezogenen Daten

- mit Zustimmung des Betroffenen
- aufgrund gesetzlicher Vorschriften
- bei betrieblicher Notwendigkeit

Rechte des Betroffenen

- Informationsrecht
- Auskunftsrecht
- Recht auf Berichtigung
- Recht auf Löschung
- Recht auf Beschränkung der Verarbeitung (Sperrung)
- Recht auf Datenübertragung
- Widerspruchsrecht

Überwachung der Vorschriften des Datenschutzes durch den
Datenschutzbeauftragten

Lernkontrolle

Aufgabe 1

Maßnahmen für die Datensicherheit dienen meist auch dem Datenschutz. Ist es auch möglich, dass Maßnahmen zur Datensicherung den Datenschutz jedoch behindern oder gegensätzliche Anforderungen an das Datenverarbeitungssystem stellen?

Aufgaben 2

Grenzen Sie die Begriffe „speichern, verändern und übermitteln" ab.

Aufgabe 3

Erläutern Sie das „Recht auf Vergessenwerden" im Zusammenhang mit dem Datenschutz!

Aufgabe 4

Klären Sie folgende Fragen!

1. Muss ein Unternehmen grundsätzlich einen Datenschutzbeauftragten bestellen?
2. Ein Denkmalschutzverein mit 100 Mitgliedern verwaltet Daten seiner Mitlieder mit Hilfe einer Standardsoftware. Die Daten werden vom Kassenwart gespeichert und für den Lastschrifteinzug der Hausbank übertagen. Klären Sie ab, ob in diesem Fall eine Verarbeitung im Sinne der DSGVO bzw. des BDSG vorliegt und ob ggf. ein Datenschutzbeauftragter zu bestellen ist.

6 Durchsetzung arbeits-, sozial und privatrechtlicher Ansprüche

6.1 Gerichtsbarkeit in Deutschland

Öffentliches Recht und Privatrecht

Das deutsche Recht wird in die beiden großen Rechtsgebiete Privatrecht und öffentliches Recht eingeteilt. Das Privatrecht regelt die Rechtsbeziehungen der einzelnen Bürger zueinander. Neben dem bürgerlichen Recht, das im BGB verankert ist, gehören zum Privatrecht auch das Handelsrecht, das nur unter Kaufleuten gilt, das Arbeitsrecht sowie das Urheber- und Patentrecht. Das öffentliche Recht regelt die Beziehungen des Einzelnen zur öffentlichen Gewalt (Staat, Land, Gemeinde, öffentliche Körperschaft)[1] und die Beziehungen der öffentlichen Gewalten zueinander.

Zweige der Gerichtsbarkeit

Die rechtsprechende Gewalt ist in der Bundesrepublik Deutschland in fünf selbstständige Gerichtszweige gegliedert. Daneben nimmt die Verfassungsgerichtsbarkeit eine Sonderstellung ein.

Gerichtsart	sachliche Zuständigkeit für	Gerichte
Arbeitsgerichtsbarkeit	Streitverfahren aus Arbeits- und Tarifverträgen	Arbeitsgericht Landesarbeitsgericht Bundesarbeitsgericht
Finanzgerichtsbarkeit	Streitverfahren wegen Steuern und Zöllen	Finanzgericht Bundesfinanzhof
Ordentliche Gerichtsbarkeit	Zivil- und Strafprozess, freiwillige Gerichtsbarkeit	Amtsgericht Landgericht Oberlandesgericht Bundesgerichtshof
Sozialgerichtsbarkeit	Streitverfahren mit Sozialversicherungsträgern	Sozialgericht Landessozialgericht Bundessozialgericht

---

1 Öffentliche Gewalt = Staatsgewalt (Träger d. Exekutive, Legislative u. Judikative)

Lernkontrolle
Aufgabe 1

Gerichtsart	sachliche Zuständigkeit für	Gerichte
Verfassungsgerichtsbarkeit	Streitverfahren in Verbindung mit dem Grundgesetz bzw. den Landesverfassungen	Bundesverfassungsgericht Verwaltungsgerichte der Länder
Verwaltungsgerichtsbarkeit	Streitverfahren mit der öffentlichen Verwaltung (Ausnahmen: Sozial- und Finanzgerichtsbarkeit)	Verwaltungsgericht Oberverwaltungsgericht Bundesverwaltungsgericht

In allen Gerichtszweigen gibt es jeweils Gerichte der Länder und des Bundes. Innerhalb der einzelnen Gerichtszweige bestehen mehrere Instanzen, also Stufen des gerichtlichen Verfahrens, die einander übergeordnet sind.

Rechtsmittel

Als Rechtsmittel bezeichnet man die formalisierte Anfechtung einer staatlichen Entscheidung, insbesondere eines Urteils. Die wichtigsten Rechtsmittel sind **Berufung** und **Revision**. Bei einer Berufung wird von der höheren Instanz sowohl der Sachverhalt als auch die rechtliche Seite des Falles überprüft. Der Prozess wird neu aufgerollt. Bei der Revision wird nur geprüft, ob die Vorinstanz das Recht richtig angewandt hat. Neben den ordentlichen Rechtsmitteln Berufung und Revision kennt das deutsche Recht auch die Möglichkeit einer Beschwerde. Eine Beschwerde ist ein Rechtsbehelf gegen Entscheidungen, Beschlüsse und Maßnahmen von Behörden und Gerichten. Gegen Urteile gibt es nur in Ausnahmefällen die Möglichkeit einer Beschwerde. Beispiele für Beschwerden sind die Verfassungsbeschwerde und die Dienstaufsichtsbeschwerde.

Zuständigkeit der Gerichte

Die Zuständigkeit regelt, welches Gericht handeln darf bzw. muss. Dabei unterscheidet man zwischen sachlicher, örtlicher und instanzieller Zuständigkeit. Die sachliche Zuständigkeit ergibt sich aus dem Streitgegenstand (z. B. Streitverfahren aus dem Arbeitsvertrag beim Arbeitsgericht). Die örtliche Zuständigkeit im Zivilverfahren ergibt sich in der Regel durch Vertrag oder durch Wohn- bzw. Geschäftssitz (z. B. Amtsgericht Leipzig). Die instanzielle Zuständigkeit ergibt sich z. B. aus dem Streitwert oder aus der Art des eingelegten Rechtsmittels (z. B. Bundesarbeitsgericht).

6.2   Arbeitsgerichtsbarkeit

Die Arbeitsgerichte sind zuständig für Streitigkeiten aus
- Arbeitsverträgen (z. B. Wirksamkeit einer Kündigung)
- Tarifverträgen und Arbeitskämpfen (z. B. Zulässigkeit eines Streiks oder einer Aussperrung)
- Betriebsvereinbarung (z. B. Einhaltung von vereinbarten Pausenregelungen)
- Mitbestimmungsgesetzen und dem Betriebsverfassungsgesetz (z. B. Anfechtung einer Betriebsratswahl).

Instanzenaufbau der Arbeitsgerichtsbarkeit

ArbGG
§§ 1 u. 40

Die Klageerhebung erfolgt beim zuständigen Arbeitsgericht und endet entweder mit einer Einigung der Beteiligten oder mit einem Urteil des Gerichts.

ArbGG
§§ 48 ff.

Das Verfahren vor der Kammer beginnt mit der Beweisaufnahme und endet mit einem Urteil an das die Prozessbeteiligten gebunden sind. Gegen die Urteile können bei der nächsten Instanz Rechtsmittel eingelegt werden.

6.3 Sozialgerichtsbarkeit

Entscheidungen der Sozialversicherungsträger stellen Verwaltungsakte dar (z. B. Ablehnung eines Antrags auf ein Heilverfahren, Rentenbescheid oder Festsetzung der Höhe des Krankengeldes). Gegen den jeweiligen Verwaltungsakt kann der Versicherte beim Versicherungsträger Widerspruch einlegen. Wird dem Widerspruch nicht entsprochen, hat der Versicherte die Möglichkeit, gegen diesen Widerspruchsbescheid gerichtlich vorzugehen. Für die Klage ist das Sozialgericht zuständig. Das Verfahren wird durch Einigung oder ein Urteil abgeschlossen. Gegen ein Urteil des Sozialgerichts kann beim Landessozialgericht Berufung eingelegt werden. Gegen Urteile des Landessozialgerichts ist Revision beim Bundessozialgericht möglich. Beim Verfahren vor dem Sozialgericht entstehen den Beteiligten keine Gerichtskosten. Außergerichtliche Kosten, insbesondere Anwaltskosten, können anfallen.

6.4 Mahnwesen

6.4.1 Außergerichtliches Mahnwesen

Ist nach Ablauf einer vereinbarten Zahlungsfrist eine Forderung noch nicht beglichen, wird der Gläubiger zunächst versuchen das Geld über das Mahnverfahren einzutreiben. Es ist selten sinnvoll sofort gerichtliche Schritte einzuleiten. Im Regelfall wird zunächst versucht,

---

1   Rechtsmittel gegen Entscheidungen der höheren Instanz

2   Rechtsmittel gegen Entscheidungen der ersten Instanz

den Schuldner auf außergerichtlichem Weg zur Zahlung zu bewegen. In verschiedenen Stufen wird die Formulierung verschärft.

möglicher Ablauf eines außergerichtlichen Mahnverfahrens	
Mahnstufen	**mögliche Form bzw. möglicher Inhalt**
Erste Mahnung (Zahlungserinnerung)	■ Zusendung von Rechnungsabschriften oder Kontoauszügen ■ Übersendung eines neuen Angebots mit Hinweis auf die fällige Zahlung ■ höflicher Stil
Zweite Mahnung	■ Hinweis auf erfolgte Zahlungserinnerung ■ evtl. Hinweis auf entstehende Kosten ■ Zusendung eines ausgefüllten Überweisungsformulars bzw. Mitteilung der Bankverbindung
Dritte Mahnung	■ Zahlungsaufforderung mit Nachfristsetzung ■ Hinweis auf entstehende Kosten ■ Hinweis auf weiterer Schritte
Vierte Mahnung	■ Zusendung einer Postnachnahme oder Einziehungsauftrag durch ein Inkassoinstitut oder ■ letzte Mahnung mit Nachfristsetzung und Androhung gerichtlicher Maßnahmen (Mahnbescheid oder Klage)

Jedes Unternehmen kann sein Mahnwesen frei gestalten und entsprechend eigene Mahnstufen definieren.

6.4.2 Gerichtliches Mahnverfahren

ZPO
§§ 688 ff.

Das gerichtliche Mahnverfahren wird durch Beantragung eines Mahnbescheides eingeleitet. Dieser ist auf einem maschinell lesbaren Vordruck oder per datenträgerloser Übermittlung an das Mahngericht zu senden. Das Mahngericht ist ein speziell eingerichtetes zentrales Mahngericht. Das Gericht überprüft nur die formelle Ordnungsmäßigkeit des Antrags. Es wird nicht geprüft, ob die Forderung zurecht besteht.

Das Mahngericht stellt den Mahnbescheid von Amts wegen dem Schuldner zu. Der Ablauf des sich anschließenden Verfahrens hängt von der Reaktion des Schuldners ab. Wenn der Schuldner seine Schuld begleicht, ist das Verfahren beendet. Falls dies nicht geschieht, werden auf Antrag weitere Schritte eingeleitet, bis gegebenenfalls die Zwangsvollstreckung in das Vermögen des Schuldners erfolgt. Das gerichtliche Mahnverfahren ist eine Möglichkeit kostengünstiger und schneller zu einem Vollstreckungsbescheid zu kommen als durch eine Klage.

Antrag auf Erlass eines Mahnbescheids
– Nicht verwendbar für Rechtsanwälte und registrierte Inkassodienstleister –

Raum für Vermerke des Gerichts

Zeilen-Nummer

Datum des Antrags **20-08-17** **C**

Bitte beachten Sie die Ausfüllhinweise!

Antragsteller
Bei mehreren Antragstellern: Es wird versichert, dass der in Spalte 1 Bezeichnete bevollmächtigt ist, die weiteren zu vertreten.

Spalte 1   1 = Herr 2 = Frau
Vorname

Spalte 2 Weiterer Antragsteller   1 = Herr 2 = Frau
Vorname

Nachname

Nachname

Straße, Hausnummer – bitte kein Postfach! –

Straße, Hausnummer – bitte kein Postfach! –

Postleitzahl Ort   Ausl. Kz.

Postleitzahl Ort   Ausl. Kz.

Spalte 3 Nur Firma, juristische Person u. dgl. als Antragsteller
3 = nur Einzelfirma   4 = nur GmbH u. Co KG   sonst Rechtsform:
Rechtsform, z. B. GmbH, AG, OHG, KG **KG**
Vollständige Bezeichnung

Paul Breitenmeyer, Großhandlung KG
Fortsetzung von Zeile 9

Straße, Hausnummer – bitte kein Postfach! –
Untere Neckarstraße 25
Postleitzahl Ort   Ausl. Kz. **74080** **Heilbronn**

Gesetzlicher Vertreter
Nr. der Spalte, in der der Vertretene bezeichnet ist
Stellung (z. B. Geschäftsführer, Vater, Mutter, Vormund)
Komplementär
Vor- und Nachname
Paul Breitenmeyer
Straße, Hausnummer – bitte kein Postfach! –
Untere Neckarstraße 25
Postleitzahl Ort   Ausl. Kz.
74080 **Heilbronn**

Gesetzlicher Vertreter (auch weiterer)
Nr. der Spalte, in der der Vertretene bezeichnet ist
Stellung

Vor- und Nachname

Straße, Hausnummer – bitte kein Postfach! –

Postleitzahl Ort   Ausl. Kz.

Antragsgegner
Falls der Antragsgegner unter das Zusatzabkommen zum NATO-Truppenstatut fällt, bitte Ausfüllhinweise beachten.
Antragsgegner sind Gesamtschuldner

Spalte 1 **1**   1 = Herr 2 = Frau
Vorname
Markus
Nachname

Spalte 2 Weiterer Antragsgegner 1 = Herr 2 = Frau
Vorname
Nachname

Straße, Hausnummer – bitte kein Postfach! –
Beethovenstraße 122
Postleitzahl Ort   Ausl. Kz. **51063** **Köln**

Straße, Hausnummer – bitte kein Postfach! –
Postleitzahl Ort   Ausl. Kz.

Spalte 3 Nur Firma, juristische Person u. dgl. als Antragsgegner
3 = nur Einzelfirma   4 = nur GmbH u. Co KG   sonst Rechtsform:
Rechtsform, z. B. GmbH, AG, OHG, KG
Vollständige Bezeichnung

Fortsetzung von Zeile 24

Straße, Hausnummer – bitte kein Postfach! –
Postleitzahl Ort   Ausl. Kz.

Gesetzlicher Vertreter
Nr. der Spalte, in der der Vertretene bezeichnet ist
Stellung (z. B. Geschäftsführer, Vater, Mutter, Vormund)
Vor- und Nachname
Straße, Hausnummer – bitte kein Postfach! –
Postleitzahl Ort   Ausl. Kz.

Gesetzlicher Vertreter (auch weiterer)
Nr. der Spalte, in der der Vertretene bezeichnet ist
Stellung
Vor- und Nachname
Straße, Hausnummer – bitte kein Postfach! –
Postleitzahl Ort   Ausl. Kz.

RNK Verlags-Nr. 705 **Antrag auf Mahnbescheids** Fassung 01. 06. 2010
4 002871 070508

Bitte die nächste Vordruckseite beachten!

▼

Bezeichnung des Anspruchs

I. Hauptforderung – siehe Katalog in den Hinweisen –

Zeilen-Nummer	Katalog-Nr.	Rechnung/Aufstellung/Vertrag oder ähnliche Bezeichnung	Nr. der Rechng./des Kontos u. dgl.	Datum bzw. Zeitraum (TT.MM.JJ) vom	bis	Betrag EUR
32	43	Rechnung	33-3033-2015	20-03-17		6.485,50
33						
34						

	Postleitzahl	Ort als Zusatz bei Katalog-Nr. 17, 19, 20, 90	Ausl. Kz.	Vertragsart als Zusatz bei Katalog-Nr. 28	
35					-Vertrag

Sonstiger Anspruch – nur ausfüllen, wenn im Katalog nicht vorhanden – mit Vertrags-/Lieferdatum/Zeitraum vom ... bis ...

	Fortsetzung von Zeile 36	vom	bis	Betrag EUR
36				
37				

			Datum	Seit diesem Datum ist die Forderung an den Antragsteller abgetreten/auf ihn übergegangen.
38	**Nur bei Abtretung oder Forderungsübergang:**			
39	Früherer Gläubiger – Vor- und Nachname, Firma (Kurzbezeichnung)	Postleitzahl Ort		Ausl. Kz.

IIa. Laufende Zinsen

	Zeilen-Nr. der Hauptforderung	Zinssatz %	oder %-Punkte über Basiszinssatz	1 = jährl. 2 = mtl. 3 = tägl.	Betrag EUR nur angeben, wenn abweichend vom Hauptforderungsbetrag.	Ab Zustellung des Mahnbescheids, wenn kein Datum angegeben. ab oder vom	bis
40	32	10,0		1			
41							
42							

IIb. Ausgerechnete Zinsen

Gemäß dem Antragsgegner mitgeteilter Berechnung für die Zeit

III. Auslagen des Antragstellers für dieses Verfahren

	vom	bis	Betrag EUR	Vordruck/Porto Betrag EUR	Sonstige Auslagen Betrag EUR	Bezeichnung
43						

IV. Andere Nebenforderungen

	Mahnkosten Betrag EUR	Auskünfte Betrag EUR	Bankrücklastkosten Betrag EUR	Inkassokosten Betrag EUR	Anwaltsvergütung für vorgerichtl. Tätigkeit Betrag EUR	Sonstige Nebenforderung Betrag EUR	Bezeichnung
44							

Ein streitiges Verfahren wäre durchzuführen vor dem

1 = Amtsgericht
2 = Landgericht
3 = Landgericht – KfH
6 = Amtsgericht – Familiengericht
8 = Sozialgericht

		Postleitzahl	Ort		
45	2 ◄	50939	Köln	☐ ◁	Im Falle eines Widerspruchs beantrage ich die Durchführung des streitigen Verfahrens.

In

Prozessbevollmächtigter des Antragstellers

Ordnungsgemäße Bevollmächtigung versichere ich.

	3 = Rechtsbeistand 4 = Herr, Frau 9 = Verbraucherzentrale, -verband	Betrag EUR	Bei Rechtsbeistand: Anstelle der Auslagenpauschale (Nr. 7002 VV RVG) werden die nebenstehenden Auslagen verlangt, deren Richtigkeit versichert wird.	Der Antragsteller ist nicht zum Vorsteuerabzug berechtigt.
46	☐ ◄			☐ ◁

	Vor- und Nachname/Bezeichnung		
47	Straße, Hausnummer – bitte kein Postfach! –	Postleitzahl Ort	Ausl. Kz.
48	IBAN oder: Bankleitzahl Konto-Nr.	BIC (Bank Identifier Code)	
49			

Von Kreditgebern (auch Zessionar)   zusätzlich zu machende Angaben bei Anspruch aus Verbraucherdarlehensvertrag (§§ 491 ff BGB):

	Zeilen-Nr. der Hauptforderung	Vertragsdatum	Effektiver Jahreszins	Zeilen-Nr. der Hauptforderung	Vertragsdatum	Effektiver Jahreszins	Zeilen-Nr. der Hauptforderung	Vertragsdatum	Effektiver Jahreszins
50									

Geschäftszeichen des Antragstellers/Prozessbevollmächtigten

51 .   .

An das Amtsgericht – Zentrales Mahngericht –

Ich erkläre, dass der Anspruch von einer Gegenleistung abhängt, die bereits erbracht wurde oder nicht von einer Gegenleistung abhängt.

Ich beantrage, einen Mahnbescheid zu erlassen und in diesen die Kosten des Verfahrens aufzunehmen.

52

Unterschrift des Antragstellers/Vertreters/Prozessbevollmächtigten

53   70154 Stuttgart
Postleitzahl, Ort

Paul Breitenmeyer

.   .

Fassung 01. 06. 2010

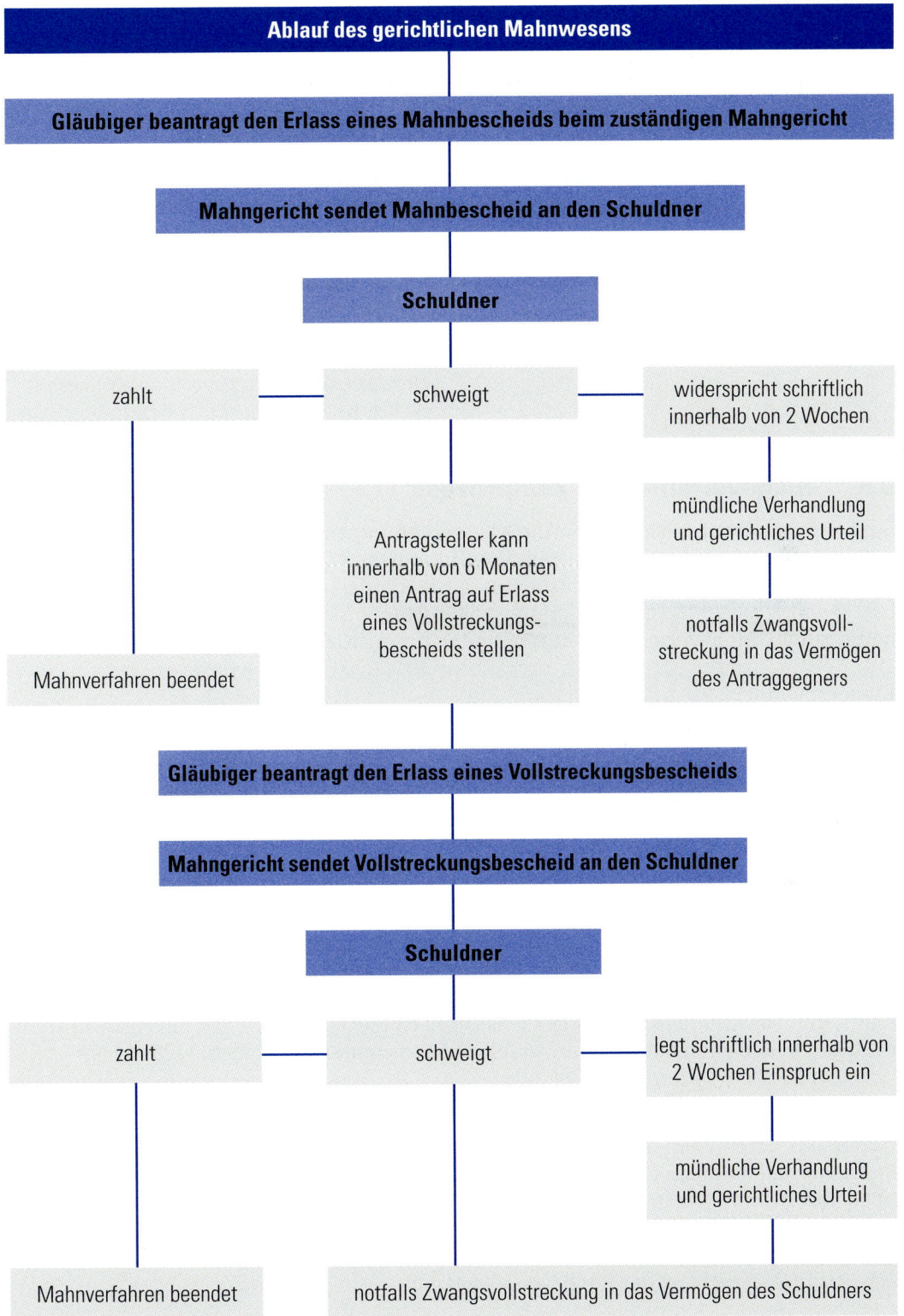

Ablauf des gerichtlichen Mahnwesens

Gläubiger beantragt den Erlass eines Mahnbescheids beim zuständigen Mahngericht

Mahngericht sendet Mahnbescheid an den Schuldner

Schuldner

zahlt — schweigt — widerspricht schriftlich innerhalb von 2 Wochen

mündliche Verhandlung und gerichtliches Urteil

Antragsteller kann innerhalb von 6 Monaten einen Antrag auf Erlass eines Vollstreckungs-bescheids stellen

notfalls Zwangsvoll-streckung in das Vermögen des Antraggegners

Mahnverfahren beendet

Gläubiger beantragt den Erlass eines Vollstreckungsbescheids

Mahngericht sendet Vollstreckungsbescheid an den Schuldner

Schuldner

zahlt — schweigt — legt schriftlich innerhalb von 2 Wochen Einspruch ein

mündliche Verhandlung und gerichtliches Urteil

Mahnverfahren beendet   notfalls Zwangsvollstreckung in das Vermögen des Schuldners

Lernkontrolle
Aufgaben 4 u. 5

251

Die Zwangsvollstreckung in das Vermögen des Schuldners erfolgt nur dann, wenn der Schuldner nicht zahlt und der Gläubiger die Zwangsvollstreckung beantragt. Die Vollstreckung erfolgt durch Pfändung des Vermögens und anschließender Zwangsversteigerung.

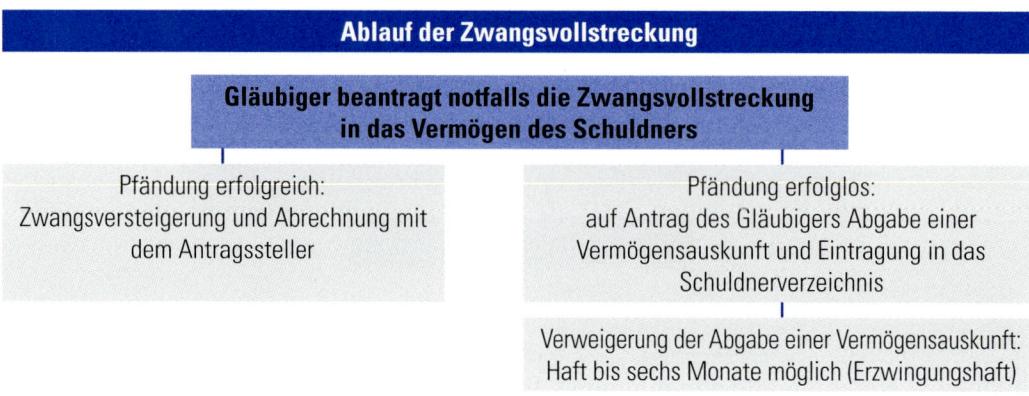

Ablauf der Zwangsvollstreckung

Gläubiger beantragt notfalls die Zwangsvollstreckung in das Vermögen des Schuldners

Pfändung erfolgreich:
Zwangsversteigerung und Abrechnung mit dem Antragssteller

Pfändung erfolglos:
auf Antrag des Gläubigers Abgabe einer Vermögensauskunft und Eintragung in das Schuldnerverzeichnis

Verweigerung der Abgabe einer Vermögensauskunft:
Haft bis sechs Monate möglich (Erzwingungshaft)

6.5   Klageverfahren im Zivilprozess

ZPO
§§ 12, 13,
17 u. 29

Bei der Frage welches Gericht für die Klageerhebung zuständig ist, muss man zwischen der örtlichen und sachlichen Zuständigkeit unterscheiden. Örtlich zuständig ist in der Regel das Gericht, in dessen Amtsbezirk der Beklagte seinen Geschäfts- oder Wohnsitz hat. Sachlich zuständig ist bei Zahlungsansprüchen bis 5.000 Euro das Amtsgericht. Bei hören Streitwerten wechselt die Zuständigkeit für die Klageerhebung zum Landgericht.

Klageerhebung

Den ersten Schritt stellt die Klageerhebung dar. Hierzu muss der Kläger i. d. R. eine Klageschrift (siehe Beispiel) einreichen. Ersatzweise kann der Kläger die Klageerhebung mündlich zu Protokoll geben. Das Gericht prüft die Klageschrift formell und stellt sie dem Beklagten zu.

Prozess

Die mündliche Verhandlung hat den Zweck, die strittigen Sachverhalte zu klären. Als Beweismittel gelten Urkunden, Zeugen- und Parteienvernehmung, Inaugenscheinnahmen (Besichtigungen vor Ort) und Sachverständigengutachten. Das Verfahren der ersten Instanz endet mit einem Urteil oder wird auf andere Weise abgeschlossen (z. B. Rücknahme der Klage, gütliche Einigung, Vergleich). Das Urteil ist rechtskräftig, wenn die Parteien keine Rechtsmittel einlegen oder das Einlegen von Rechtsmitteln nicht mehr zulässig ist.

Rechtsmittel

Gegen das Urteil können die Prozessbeteiligten Berufung oder Revision einlegen. Als Berufungsgericht kommen das Landgericht bzw. das Oberlandesgericht in Betracht. Dies ist davon abhängig, ob in der ersten Instanz das Amtsgericht oder das Landgericht zuständig war. Revision kann nur gegen ein Urteil des Oberlandesgerichts als Berufungsinstanz beantragt werden. Gegen ein Berufungsurteil des Landesgerichts ist keine Revision möglich. Revisionsgericht ist der Bundesgerichtshof.

Dr. Oliver Bernstein
Königstraße 88
70173 Stuttgart
Telefon: 0711 998877   Fax: 0711 776655

Amtsgericht Stuttgart
Haufstraße 5
70190 Stuttgart   Stuttgart, 13.12.20.

Klage

der Steinhandlung Schwarz und Weiß KG, Fellbach,
vertreten durch den persönlich haftenden Gesellschafter
Bernd Schwarz, Baumallee 3, 70734 Fellbach   Kläger

gegen

Anton Braun, Bauunternehmung KG, Moselstraße 5,
50111 Köln,   Beklagter

wegen Forderungen aus Warenlieferungen – Streitwert 4.165 Euro.

Im Namen und als Bevollmächtigter des Klägers erhebe ich Klage und stelle folgenden Antrag:
1. Der Beklagte wird verurteilt, 4.165 Euro nebst 8 % Zinsen seit dem 13.06.20.. an den Kläger zu zahlen.
2. Der Beklagte hat die Kosten des Rechtsstreits zu tragen.
3. Das Urteil ist vorläufig vollstreckbar.

Begründung des Klageantrags:
– Der Beklagte hat am 02.05.20.. Naturpflastersteine „Granit, Bravo, edelgrau" zum Preis von 4.165,00 Euro bestellt.
  Beweis: Bestellschein (Anlage 1) und Auftragsbestätigung vom 04.05.20.. (Anlage 2).
– Die Pflastersteine wurden dem Beklagten durch ein Fahrzeug des Klägers am 09.05.20. zugestellt und vom
  Prokuristen Erich Blau ohne Vorbehalte angenommen. Beweis: Lieferschein mit Unterschrift (Anlage 3).
– Als Zahlungstermin wurde der 13.06.20. vereinbart. Beweis: Rechnung vom 13.05.20.. (Anlage 4). Trotz viermaliger
  schriftlicher Mahnung nach Ablauf des vereinbarten Zahlungstermins, auch mit Androhung der Klageerhebung,
  hat der Beklagte den Kaufpreis nicht bezahlt.
– Entsprechend den Bestimmungen des § 286 Abs. 2 BGB befindet sich der Beklagte in Zahlungsverzug, da der
  Zahlungstermin kalendermäßig genau bestimmt war. Eine besondere Mahnung war nicht erforderlich.

Als Erfüllungsort und Gerichtsstand ist Stuttgart vereinbart worden. Beweis: Bestellschein mit Abdruck der AGB
und dem Hinweis auf die AGB (Anlage 1).

Dr. Oliver Bernstein

Dr. Oliver Bernstein, Rechtsanwalt

4 Anlagen
Bestellschein (1)
Auftragsbestätigung (2)
Lieferschein (3)
Rechnung (4)

*Lernkontrolle
Aufgabe 2*

6.6   Zwangsvollstreckung

ZPO
§§ 704 ff.

Die Zwangsvollstreckung hat den Zweck, mit Hilfe des Gerichts bzw. des Gerichtsvollziehers, Zahlungsansprüche (Geldforderungen) durchzusetzen oder zu sichern. Um eine Zwangsvollstreckung durchführen zu lassen, muss der Gläubiger ein vollstreckbares Urteil, einen Vollstreckungsbescheid oder eine vollstreckbare Urkunde besitzen.

Die Durchführung der Zwangsvollstreckung erfolgt je nach der Art des Vermögens unterschiedlich.

Zwangsvollstreckung in das bewegliche Vermögen

Die Pfändung von beweglichen Sachen erfolgt entweder durch

- Beschlagnahme von Wertsachen (z. B. Geld, Schmuck) durch einen Gerichtsvollzieher oder

ZPO
§ 811

- Sicherstellung von Wertsachen durch Aufkleben von Pfandsiegelmarken (auch „Kuckuck" genannt) bei Gegenständen wie z. B. Möbeln oder Maschinen.

- Gegenstände die dem persönlichen Gebrauch oder dem Haushalt dienen sind unpfändbar.

ZPO
§§ 816. 818

Die gepfändeten Gegenstände werden durch den Gerichtsvollzieher verkauft oder versteigert. Vom Erlös werden die Gerichts- und Versteigerungskosten abgezogen. Bleibt nach der Befriedigung der Forderungen des Gläubigers ein Überschuss, so wird dieser an den Schuldner überwiesen.

Zwangsvollstreckung in das unbewegliche Vermögen

Für die Zwangsvollstreckung in das unbewegliche Vermögen (Grundstück, Grundstück mit Gebäude) gibt es drei Möglichkeiten.

- Belastung des Grundstücks durch Eintragung einer Sicherungshypothek
  Dabei erfolgt lediglich eine Sicherung der Forderung durch Eintragung eines Grundpfandrechtes. Ein Forderungsausgleich findet noch nicht statt.

- Zwangsverwaltung des Grundstücks
  Durch die Zwangsverwaltung verliert der Schuldner das Verfügungsrecht über das Grundstück bis zum vollständigen Ausgleich der Forderung. Die Erträge aus dem Grundstück (z. B. Mieten) werden eingezogen.

- Zwangsversteigerung
  Der Erlös aus der Versteigerung des Grundstücks dient zum Forderungsausgleich. Es erfolgt eine Abrechnung analog zur Versteigerung von beweglichen Gegenständen.

Zwangsvollstreckung in Forderungen

ZPO
§ 850

Für die Pfändung von Forderungen kommen neben Bankguthaben insbesondere auch Lohnforderungen in Betracht. Die Lohnpfändung erfolgt durch die Beantragung eines Pfändungs- und Überweisungsbeschlusses beim zuständigen Gericht. Das Gericht stellt den Beschluss dann dem Arbeitgeber zu. Der Arbeitgeber behält den pfändbaren Teil des Lohns ein und führt ihn an den Gläubiger ab. Analog erfolgt die Pfändung eines Bankguthabens. Dabei muss der Schuldner, wenn er verhindern will, dass sein gesamtes Guthaben gepfändet wird, ein sogenanntes Pfändungsschutzkonto (P-Konto) errichten. Bei einem solchen Konto wird der Grundpfandfreibetrag auf jeden Fall von der Pfändung verschont.

Sollten die Zwangsvollstreckungsmaßnahmen erfolglos verlaufen, kann der Gläubiger beantragen, dass der Schuldner eine Vermögensauskunft abgeben muss. Die Vermögensauskunft ist eine eidesstattliche Versicherung über die Vermögensverhältnisse des Schuldners. Das Amtsgericht führt ein Schuldnerverzeichnis, in das alle Personen eingetragen werden, die eine Vermögensauskunft abgegeben haben. Das Schuldnerverzeichnis kann von jedermann eingesehen werden.

ZPO
§§ 802 c u. 807

ZPO
§§ 882 b

*Lernkontrolle
Aufgabe 3*

Zusammenfassung und Lernkontrolle

Zusammenfassung

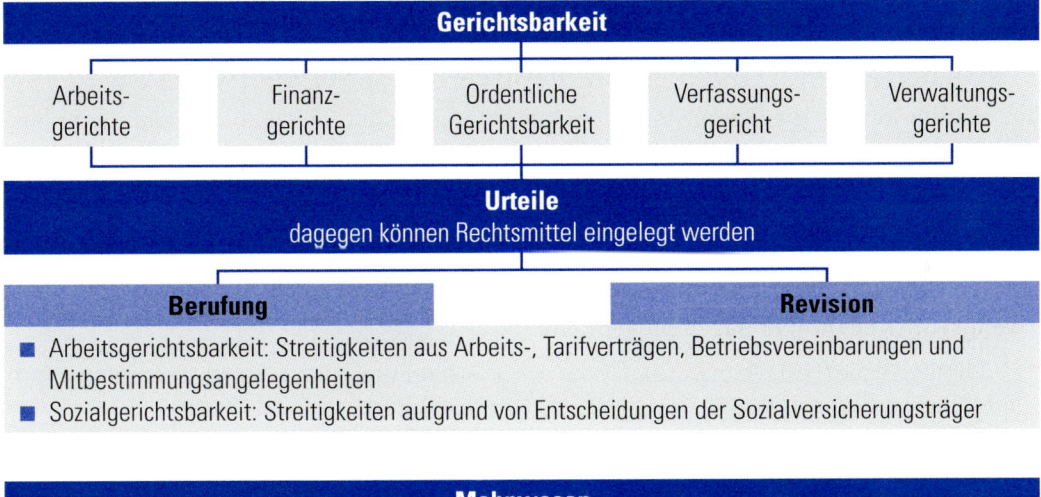

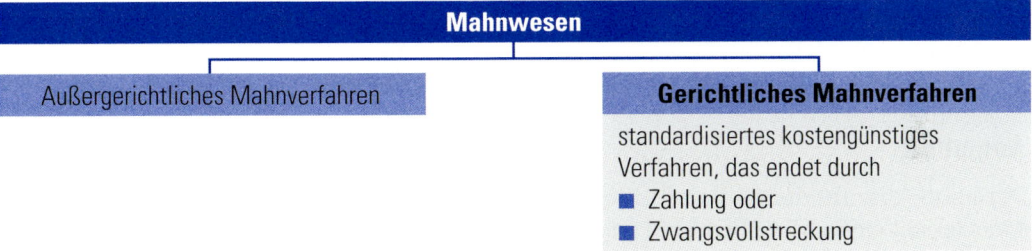

Lernkontrolle

Aufgabe 1

Welche Gerichte sind bei den unten stehenden Rechtsfällen sachlich zuständig?

1. Klage eines Bankmitarbeiters wegen einer fristlosen Kündigung
2. Rechtsstreit zwischen dem Betriebsrat eines Kreditinstituts und der Geschäftsleitung über die Auslegung einer Betriebsvereinbarung
3. Klage einer ehemaligen Bankangestellten wegen Kürzung ihrer Unfallrente
4. Klage wegen einer Schadenersatzforderung aufgrund einer mangelhaften Lieferung von Waren (Schadenshöhe 900 Euro)
5. Erlass eines Mahnbescheids gegenüber einem säumigen Schuldner

Aufgabe 2

Das Bauunternehmen Billigbau GmbH, Freiburg, schuldet der Baustoffhandlung Baumann GmbH, Mannheim 25.000 Euro aus der Lieferung von Baustoffen. Es wurden keine Vereinbarungen bezüglich des Erfüllungsortes und des Gerichtstandes getroffen. Beraten Sie die Baustoffhandlung bezüglich folgender Fragen.

1. Bei welchem Gericht muss die Baumann GmbH einen Mahnbescheid beantragen?
2. Bei welchem Gericht müsste die Baustoffhandlung Klage erheben?
3. Warum würden Sie der Baumann GmbH eher zum gerichtlichen Mahnbescheid, statt zur Klage raten?
4. Welche Gründe könnte es dafür geben, sofort zu klagen und nicht das gerichtliche Mahnverfahren zu durchlaufen?

Aufgabe 3

Beim Amtsgericht findet eine Versteigerung gepfändeter Gegenstände statt.

1. Warum werden die Gegenstände versteigert und nicht einfach an den Gläubiger ausgehändigt oder direkt verkauft?
2. Welche der folgenden Gegenstände des Schuldners Maier, Bankangestellter, können durch den Gerichtsvollzieher gepfändet werden?

Kaffeemaschine	50 Euro
Waschmaschine	900 Euro
Schmuck, Uhrensammlung	3.800 Euro
Stereoanlage	900 Euro
2 neue Anzüge (Markenware)	2.200 Euro
einfaches Fernsehgerät	300 Euro
LCD-Fernsehgerät	2.500 Euro
Beamer	600 Euro
einfacher PC	500 Euro
Spiegelreflexkamera	1.500 Euro

3. Warum wird bei der Gehaltspfändung nicht das komplette Gehalt gepfändet?

Aufgabe 4

Der neue Auszubildende Baier bittet um Rat, wie er sich verhalten soll. Er hat über das Amtsgericht einen Mahnbescheid zugestellt bekommen. Der Mahnbescheid über 900 Euro wurde von einem Versandhandel beantragt. Baier hat bei diesem Handel nie etwas eingekauft.

Aufgabe 5

Die Maninger GmbH hatte gegen den säumigen Kunden Ilgner einen gerichtlichen Mahnbescheid beantragt (Datum: 18.08.20..). Das Mahngericht hat dem Antrag am 23.08.20.. entsprochen und mit Datum vom 24.08.20.. Herrn Ilgner zugestellt. Ilgner hat bis zum 13.09.20.. keine Reaktion auf den Mahnbescheid gezeigt. Wie soll die Maninger GmbH weiter vorgehen?

6.7 Insolvenzverfahren für Unternehmen

6.7.1 Insolvenz

> Als Insolvenz bezeichnet man die Situation eines Schuldners, seine Zahlungsverpflichtungen gegenüber den Gläubigern nicht erfüllen zu können.

Merkmale der Insolvenz sind
- akute Zahlungsunfähigkeit
- drohende Zahlungsunfähigkeit oder
- Überschuldung.

Dabei können die Ursachen einer solchen Krise vielfältig sein. Bei Unternehmen können sie innerbetrieblicher Natur sein (z. B. mangelndes Kapital, falsche Kapitalverwendung, fehlende Marktanpassung). Ebenso können die Ursachen für die Insolvenz von außen kommen (z. B. Abschwächung der Konjunktur, Verschärfung des Wettbewerbs, Änderung der Verbrauchergewohnheiten).

Lernkontrolle
Aufgaben 1 u. 2

6.7.2 Ablauf eines Insolvenzverfahren für Unternehmen

> Das Insolvenzverfahren ist ein gerichtliches Verfahren zur gemeinschaftlichen Befriedigung der Gläubiger. Das Vermögen des Schuldners wird verwertet und der Erlös (Insolvenzmasse) verteilt.

InsO
§ 1

Mit einem Insolvenzverfahren soll vermieden werden, dass einzelne Gläubiger durch raschen Zugriff auf das Vermögen des Schuldners ihre Forderungen voll befriedigen können, während andere Gläubiger leer ausgehen.

Die Insolvenzordnung (InsO) unterscheidet zwei verschiedene Insolvenzverfahren:

- **Regelinsolvenzverfahren**
Dieses Verfahren ist auf juristische Personen anzuwenden, außerdem auf natürliche Personen, die aktuell als Selbstständige tätig sind oder waren.

- **Verbraucherinsolvenzverfahren** (Restschuldbefreiung)
Das Verbraucherinsolvenzverfahren gilt für andere natürliche Personen (siehe Kapitel 5.8).

Ablauf des Regelinsolvenzverfahrens	
Voraussetzungen	■ Zahlungsunfähigkeit, drohende Zahlungsunfähigkeit, bei juristischen Personen auch Überschuldung
	■ Antrag an das Insolvenzgericht (Amtsgericht) durch
	▪ den Schuldner selbst (auch schon bei drohender Zahlungsunfähigkeit) oder
	▪ einen Gläubiger, der ein rechtliches Interesse an der Eröffnung des Insolvenzverfahrens nachweisen kann und eine Forderung glaubhaft machen kann (z. B. erfolglose Zwangsvollstreckung).

InsO
§ 17

InsO
§§ 3 u. 13 ff.

Lernkontrolle
Aufgabe 3

Ablauf des Regelinsolvenzverfahrens		
InsO §§ 26 u. 207	**Eröffnung des Verfahrens**	Gericht prüft, ob die Voraussetzungen zur Eröffnung des Insolvenzverfahrens erfüllt sind und ernennt einen vorläufigen Insolvenzverwalter. Deckt das vorhandene Vermögen die Kosten des Verfahrens nicht, so wird der Antrag mangels Masse abgewiesen. Wird das Verfahren eröffnet, ernennt das Gericht einen Insolvenzverwalter. Der Eröffnungsbeschluss wird veröffentlicht und in das Handelsregister und zusätzlich in das Grundbuch (Verhinderung von gutgläubigem Erwerb) eingetragen.
InsO § 80 InsO §§ 99 u. 102 InsO § 100 InsO § 117 InsO § 97 InsO § 82 InsO § 89 InsO §§ 174 f.	**Wirkung des Eröffnungsbeschlusses**	**Wirkung für den Schuldner:** ■ Recht zur Vermögensverwaltung geht auf den Insolvenzverwalter über ■ Schuldner muss jederzeit auf Anordnung des Gerichts zur Verfügung stehen ■ evtl. erlässt das Gericht eine Postsperre (Öffnung der Geschäftspost nur durch den Insolvenzverwalter) ■ Schuldner und seine Angehörigen können auf Beschluss der Gläubigerversammlung Unterhalt aus seinem Vermögen erhalten ■ vorhandene Vollmachten (z. B. Prokura) erlöschen ■ Auskunftspflicht des Schuldners gegenüber dem Insolvenzverwalter **Wirkung für Drittschuldner:** ■ Dritte dürfen nicht mehr an den Schuldner leisten (Ausnahme: Nachweis, des Dritten, dass er Verfahrenseröffnung nicht kannte). **Wirkung für Gläubiger:** ■ einzelne Gläubiger verlieren das Recht auf Zwangsvollstreckung ■ Anmeldung der Forderung beim Gericht ■ Hemmung der Verjährung
InsO §§ 56 ff InsO § 153 InsO §§ 103, 109 u. 129 ff.	**Stellung des Insolvenzverwalters**	■ wird vom Insolvenzgericht bestellt und soll eine für den Einzelfall geeignete Person sein (Rechtsanwalt, Wirtschaftsprüfer) ■ wird Besitzer des zur Insolvenzmasse gehörenden Vermögens und verwaltet dieses ■ erstellt ein Verzeichnis der Gegenstände, die zur Insolvenzmasse gehören ■ wickelt bestehende Verträge ab
InsO §§ 74 ff.	**Gläubigerversammlung**	■ Stimmberechtigt sind die Gläubiger, deren Forderungen weder vom Insolvenzverwalter noch von einem stimmberechtigten Gläubiger bestritten werden. ■ Ein Beschluss kommt zustande, wenn die Forderungssumme der zustimmenden Gläubiger mehr als die Hälfte der Forderungen aller abstimmenden Gläubiger beträgt.

Ablauf des Regelinsolvenzverfahrens

Verwertung und Verteilung der Insolvenzmasse	**Insolvenzplan** Beim Berichtstermin erklärt der Insolvenzverwalter den Gläubigern, ob Aussichten bestehen, das Unternehmen zu erhalten und ob die Möglichkeit für einen Insolvenzplan besteht. Der Insolvenzplan ist ein Sanierungsplan. Er soll dazu dienen, das Unternehmen in einem Insolvenzverfahren als solches zu erhalten, zu stabilisieren und fortzuführen. Hierbei verzichten die Gläubiger auf einen Teil ihrer Forderungen mit der Erwartungshaltung auf eine zukünftige Bedienung aller Forderungen durch das Unternehmen. Dem Insolvenzplan muss die Mehrheit der abstimmenden Gläubiger zustimmen. Zudem muss die Summe der Ansprüche der zustimmenden Gläubiger mehr als die Hälfte der Summe aller abstimmenden Gläubiger betragen. **Verwertung** Auf Beschluss der Gläubigerversssammlung verwertet der Insolvenzverwalter das zur Insolvenzmasse gehörende Vermögen. **Verteilung** Die Verteilung der Insolvenzmasse erfolgt in gesetzlich vorgeschriebener Rangfolge. Die am Ende der Rangfolge stehenden Gläubiger erhalten einen prozentualen Anteil am Restvermögen (Insolvenzquote), falls noch Restvermögen übrig ist. $$\text{Insolvenzquote} = \frac{\text{Restmasse}}{\text{noch offene Forderungen}}$$ $$\text{als Prozentquote} = \frac{\text{noch offene Forderungen} \times 100}{\text{Restmasse}}$$
Beendigung des Verfahrens	Nach vollzogener Schlussverteilung, beschließt das Gericht die Aufhebung des Insolvenzverfahrens. Die Insolvenzgläubiger können ihre restlichen Forderungen gegenüber dem Schuldner weiterhin uneingeschränkt geltend machen.

Randverweise: InsO §§ 156 u. 217 ff. · InsO § 159 · InsO § 188 · InsO § 201

Rangfolge bei der Verteilung der Insolvenzmasse (Gläubigerklassen)

Die Insolvenzmasse umfasst das gesamte Vermögen des Schuldners, das zum Zeitpunkt der Insolvenzeröffnung vorhanden war und während des Verfahrens erlangt wurde. Die Verteilung der Insolvenzmasse erfolgt nach einem festgelegten Schema. *(InsO § 35)*

- **Aussonderung**

  Alle Gegenstände, die im Besitz des Schuldners sind, von denen er aber nicht Eigentümer ist, werden ausgesondert. Sie gehören nicht in die Insolvenzmasse (fremdes Eigentum). *(InsO § 47)*

  Beispiele: unter einfachem Eigentumsvorbehalt gelieferte Sachen, gemietete, gepachtete oder geleaste Gegenstände

■ **Absonderung**

InsO
§§ 49 ff.

Gegenstände, die mit einem Pfandrecht belastet oder sicherungsübereignet sind, werden aus der Insolvenzmasse ausgesondert. Die Gläubiger werden vorrangig befriedigt.
Beispiele: Grundstück mit Hypothek oder Grundschuld belastet, sicherungsübereignete Maschine

■ **Massegläubiger**

InsO
§§ 53 ff.

Aus der Insolvenzmasse werden nach Absonderung zunächst die Massegläubiger befriedigt. Es handelt sich dabei um Ansprüche, die erst nach der Eröffnung des Insolvenzverfahrens entstanden bzw. durch das Insolvenzverfahren selbst veranlasst worden sind. Alle Verbindlichkeiten, die durch Rechtshandlungen des Insolvenzverwalters entstanden sind, sind immer Masseverbindlichkeiten.
Zunächst werden die Kosten des Insolvenzverfahrens abgezogen (Rang 1), danach im Rang 2 die sonstigen Massenverbindlichkeiten (z. B. Löhne, Gehälter, Mieten, Ansprüche aus dem Sozialplan).

■ **Persönliche Insolvenzgläubiger**

InsO
§ 38

Lernkontrolle
Aufgabe 4

Diese Gläubigergruppe umfasst alle, die zum Zeitpunkt der Eröffnung des Insolvenzverfahrens eine begründetet Forderung gegenüber dem Insolvenzschuldner hatten. Sie erhalten bei der Verteilung der Restmasse einen vom Insolvenzverwalter errechneten Bruchteil von ihrem Anspruch (Rang 3).

■ **Nachrangige Gläubiger**

InsO
§ 39

Zu den nachrangigen Gläubigern (Rang 4) gehören alle Gläubiger, deren Forderungen erst nach Eröffnung des Insolvenzverfahrens entstanden sind.

Beispiel: Verteilung der Insolvenzmasse

Vermögen	Schulden		Recht	
fremdes Eigentum 100.000 Euro			Aussonderung	
Insolvenzmasse 400.000 Euro	durch Pfand gesichert	50.000 €	Absonderung	volle Befriedung
	Gerichtskosten, Kosten des Insolvenzverwalters	100.000 €	Masseverbindlichkeit (Rang 1)	
	Materialeinkäufe, Mieten, Löhne, Gehälter nach Eröffnung des Verfahrens	150.000 €	Masseverbindlichkeiten (Rang 2)	
	gedeckte Forderungen der Insolvenzgläubiger	100.000 €	Bruchteil 1/5	teilweise Befriedung
	ungedeckte Forderungen der Insolvenzgläubiger	**400.000 €**	Forderungen der persönlichen Insolvenzgläubiger 500.000 Euro	
	nachrangige Insolvenzgläubiger	**50.000 €**	keine Befriedigung	

Lernkontrolle
Aufgabe 5

6.7.3 Insolvenzgeld

Wenn Arbeitnehmer wegen Zahlungsunfähigkeit des Arbeitsgebers ihre Löhne und Gehälter nur noch teilweise beziehungsweise gar nicht mehr erhalten, zahlt die Agentur für Arbeit unter bestimmten Voraussetzungen die ausstehenden Entgeltansprüche an die betroffenen Arbeitnehmer (Insolvenzgeld). Der Anspruch auf das Insolvenzgeld besteht für die drei letzten Monate des Arbeitsverhältnisses vor der Eröffnung des Insolvenzverfahrens.

SGB III
§§ 165 ff.

6.8 Verbraucherinsolvenzverfahren

Natürliche Personen können als Privatleute bei Zahlungsunfähigkeit einen Antrag auf Befreiung von der Restschuld beim Insolvenzgericht stellen (Verbraucherinsolvenz). Dieses Privatinsolvenzverfahren ist ein vereinfachtes Insolvenzverfahren, das den Gläubigern eines zahlungsunfähigen Schuldners gleichmäßige anteilige Befriedigung ihrer Forderungen bringen soll. Sollten nach Abschluss des Verfahrens noch Forderungen bestehen, kann sich der Schuldner nach Ablauf einer festgelegten Frist von der Restschuld befreien lassen.

InsO
§§ 286 ff.

Voraussetzungen für das Verbraucherinsolvenzverfahren

Als Personenkreis für das Verbraucherinsolvenzverfahren kommen nur in Betracht:

- natürliche Personen, die keine selbstständige wirtschaftliche Tätigkeit ausüben oder ausgeübt haben
- Selbstständige, deren Vermögensverhältnisse überschaubar sind und gegen die keine Forderungen aus Arbeitsverhältnissen bestehen (Vermögensverhältnisse sind überschaubar, wenn der Schuldner im Zeitpunkt der Antragstellung auf Eröffnung des Insolvenzverfahrens weniger als 20 Gläubiger hat)

Voraussetzung für das Verfahren ist, dass der Schuldner zahlungsunfähig ist oder sich für die nächste Zeit eine Zahlungsunfähigkeit abzeichnet (drohende Zahlungsunfähigkeit).

Verfahren

Das Verbraucherinsolvenzverfahren gliedert sich in drei Stufen:

- 1. Stufe: außergerichtlicher Einigungsversuch vor Eröffnung des gerichtlichen Verfahrens
- 2. Stufe: Schuldenbereinigungsverfahren mit gerichtlicher Hilfe auf Grundlage eines Schuldenbereinigungsplanes
- 3. Stufe: Vereinfachtes Verbraucherinsolvenzverfahren, gegebenenfalls mit Restschuldbefreiung

Die Reihenfolge ist verpflichtend. Das Verfahren endet, wenn in Stufe 1 oder 2 eine Einigung erzielt wurde. Falls keine Zustimmung der Gläubiger zu einer außergerichtlichen Einigung oder zu einem Schuldenbereinigungsverfahren erreicht wird, muss der Schuldner einen Antrag auf ein vereinfachtes Insolvenzverfahren und auf Restschuldbefreiung stellen. Dabei muss er eine Bescheinigung über das Scheitern einer außergerichtlichen Einigung, ein Vermögens-, Gläubiger-, Schuldner- und Forderungsverzeichnis sowie einen Schuldenbereinigungsplan einreichen.

Das Insolvenzgericht benachrichtigt die Gläubiger und fordert sie zur Stellungnahme auf. Forderungen, die nicht angegeben werden erlöschen. Der Schuldenbereinigungsplan ist angenommen, wenn die Hälfte der Gläubiger, die zusammen mehr als 50 % der Forderungen besitzen, zustimmen. Kommt es zu keiner Einigung kann das Gericht einen Beschluss fassen. Zur Abwicklung des Schuldenbereinigungsplans wird ein Treuhandkonto eingerichtet. Die Aufgaben des Insolvenzverwalters werden im Verbraucherinsolvenzverfahren durch einen Treuhänder wahrgenommen.

Eine Restschuldbefreiung wird insbesondere versagt, wenn der Schuldner unrichtige Angaben gemacht hat oder in den letzten zehn Jahren schon eine Restschuldbefreiung erteilt wurde.

Bei entsprechendem Wohlverhalten des Schuldners innerhalb der Wohlverhaltensphase, kann das Gericht auf Antrag die Restschuldbefreiung festlegen. Der Schuldner ist dann schuldenfrei.

Die Restschuldbefreiung erfolgt dann
- spätestens nach sechs Jahren oder
- nach drei Jahren, wenn es dem Schuldner gelingt, mindestens 35 % der Schulden, die Gläubiger angemeldet haben, sowie die gesamten Verfahrenskosten in diesem Zeitraum zu zahlen oder
- nach fünf Jahren, wenn es dem Schuldner innerhalb dieses Zeitraums zumindest gelingt, die gesamten Verfahrenskosten abzutragen.

Falls die Verfahrenskosten und die Forderungen sämtlicher angemeldeter Gläubiger vollständig gedeckt sind, kommt es zu einer sofortigen Erteilung der Restschuldbefreiung.

Während der Wohlverhaltensphase ist der Schuldner verpflichtet,
- sich um eine angemessene Erwerbstätigkeit zu bemühen,
- von Erbschaften, die Hälfte an den Treuhänder abzuführen,
- Wohnsitz- oder Arbeitsstellenwechsel anzuzeigen und
- Zahlungen zur Befriedigung von Insolvenzgläubigern nur an den Insolvenzverwalter zu leisten.

Zusammenfassung und Lernkontrolle

Zusammenfassung

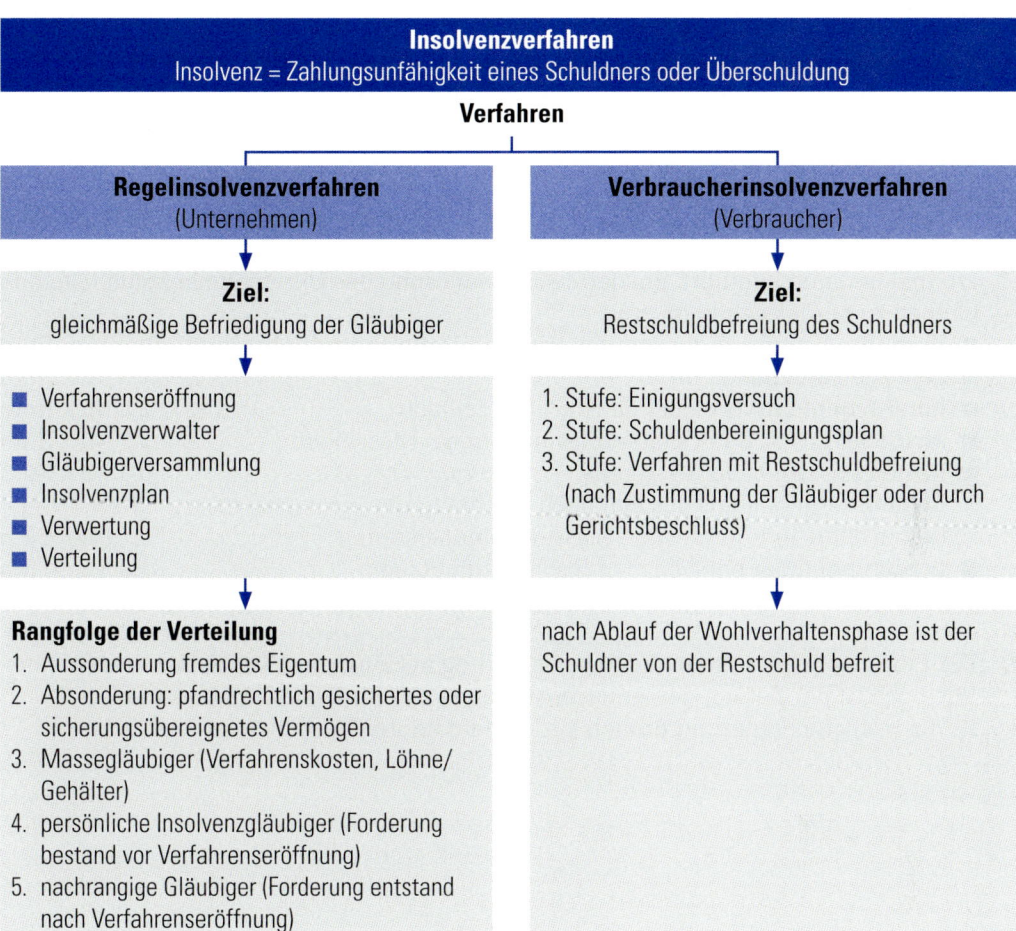

Insolvenzverfahren
Insolvenz = Zahlungsunfähigkeit eines Schuldners oder Überschuldung

Verfahren

Regelinsolvenzverfahren (Unternehmen)	**Verbraucherinsolvenzverfahren** (Verbraucher)
Ziel: gleichmäßige Befriedigung der Gläubiger	**Ziel:** Restschuldbefreiung des Schuldners
■ Verfahrenseröffnung ■ Insolvenzverwalter ■ Gläubigerversammlung ■ Insolvenzplan ■ Verwertung ■ Verteilung	1. Stufe: Einigungsversuch 2. Stufe: Schuldenbereinigungsplan 3. Stufe: Verfahren mit Restschuldbefreiung (nach Zustimmung der Gläubiger oder durch Gerichtsbeschluss)
Rangfolge der Verteilung 1. Aussonderung fremdes Eigentum 2. Absonderung: pfandrechtlich gesichertes oder sicherungsübereignetes Vermögen 3. Massegläubiger (Verfahrenskosten, Löhne/ Gehälter) 4. persönliche Insolvenzgläubiger (Forderung bestand vor Verfahrenseröffnung) 5. nachrangige Gläubiger (Forderung entstand nach Verfahrenseröffnung)	nach Ablauf der Wohlverhaltensphase ist der Schuldner von der Restschuld befreit

Lernkontrolle

Aufgabe 1

Welche Auswirkungen hat ein Insolvenzverfahren eines Unternehmens auf

1. die Volkswirtschaft?
2. die Arbeitnehmer?
3. die Gläubiger?
4. die Eigentümer?

Aufgabe 2

Welche Ursachen können für den Mangel an flüssigen Mitteln eines Unternehmens verantwortlich sein?

Aufgabe 3

Eugen Holly stellt beim zuständigen Insolvenzgericht einen Antrag auf Eröffnung des Insolvenzverfahrens über das Vermögen der Hermann Heuer GmbH. Ist dies möglich?

Aufgabe 4

Über das Vermögen der Hermann Heuer GmbH wurde das Insolvenzverfahren eröffnet. Beim Insolvenzverwalter meldet sich Josef Rating e.K., der der GmbH Büromöbel unter Eigentumsvorhalt geliefert hat. Rating verlangt vom Insolvenzverwalter Vertragserfüllung in Form der Zahlung oder Rückgabe der Büromöbel. Begründen Sie, ob er im Recht ist.

Aufgabe 5

1. Über das Vermögen der Baumann Maschinenbau GmbH wurde das Insolvenzverfahren eröffnet und durchgeführt. Bei der Zwangsauflösung des Unternehmens sind folgende Größen zu berücksichtigen:
   - Wert aller Vermögensgegenstände, die im Eigentum der GmbH sind: 229,9 Mio. Euro
   - geleaste Fahrzeuge   1,2 Mio. Euro
   - unter Eigentumsvorbehalt gelieferte Metallteile   2,5 Mio. Euro
   - an die EUROPA-Bank sicherungsübereignete Maschinen   3,2 Mio. Euro
   - Kosten des Insolvenzverfahrens   0,8 Mio. Euro
   - Lohnforderungen aus der Zeit nach Eröffnung des Insolvenzver-
     fahrens und andere sonstige Masseverbindlichkeiten   0,7 Mio. Euro
   - Forderungen der persönlichen Insolvenzgläubiger   84,3 Mio. Euro

   Führen Sie die Verteilung des Vermögens durch und errechnen Sie die Insolvenzquote.
2. Der Einzelkaufmann Brauer hat eine Forderung in Höhe von 175,000 Euro angemeldet. Wie hoch ist der Betrag, den er nach Abschluss des Insolvenzverfahrens erhält.
3. Ist die restliche Forderung Brauers für immer verloren?

6.9 Verjährung von Ansprüchen

6.9.1 Wesen der Verjährung

> Unter Verjährung versteht man den Ablauf einer gesetzlich festgelegten Frist, innerhalb derer ein Anspruch gerichtlich durchgesetzt werden kann.

BGB §§ 194 ff.

Der Anspruch, also das Recht, ein Tun oder Unterlassen zu verlangen, bleibt weiter bestehen. Der Eintritt der Verjährung gibt dem Schuldner nur das Recht der „Einrede der Verjährung", das heißt, das Recht die Leistung zu verweigern (Leistungsverweigerungsrecht). Der Gläubiger verliert hingegen sein Recht, die Leistung juristisch zu erzwingen (Verlust der Erzwingbarkeit).

Erfüllt ein Schuldner jedoch eine bereits verjährte Leistung, kann er sie nicht zurückfordern, da der Anspruch als solcher besteht.

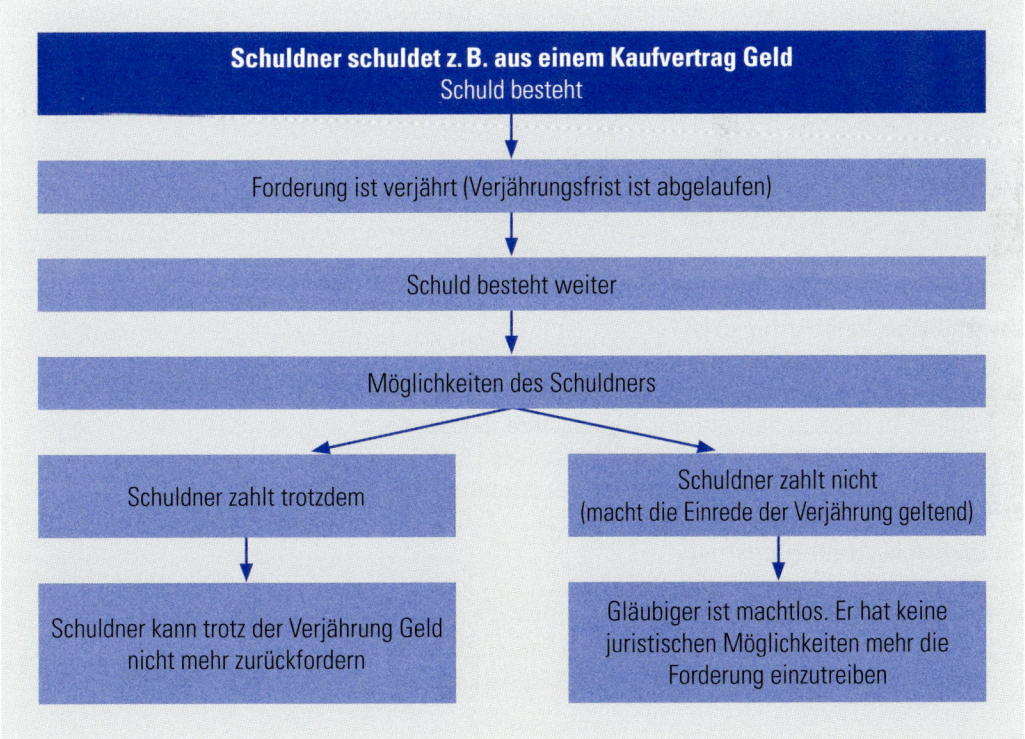

Lernkontrolle Aufgabe 2

6.9.2 Beginn der Verjährung

Die regelmäßige Verjährungsfrist beginnt am Ende des Jahres, in dem der Anspruch entstanden ist. Es gibt auch Ansprüche, die nicht der regelmäßigen Verjährung unterliegen. Bei diesen Ansprüchen beginnt die Verjährungsfrist mit der Entstehung des Anspruchs.

6.9.3 Dauer der Verjährung

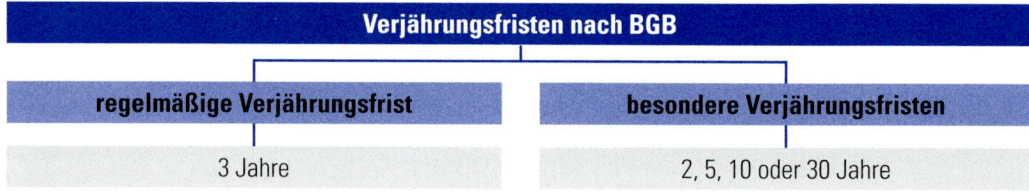

Regelmäßige Verjährungsfrist: 3 Jahre

BGB §§ 195, 199 und 438

Die regelmäßige Verjährungsfrist gilt u. a. für:
- Forderungen der Verbraucher und Unternehmer
- Ansprüche auf Rückzahlung und Verzinsung von Bankdarlehen
- Schadenersatzansprüche aus Dienst- und Werkverträgen
- Schadenersatzansprüche nach dem Produkthaftungsgesetz
- Schadenersatzansprüche bei arglistig verschwiegenen Mängeln

Die Verjährungsfrist beginnt mit dem Ablauf des Jahres, in dem der Anspruch entstanden ist.

> **Beispiel:**
> Der Bankkunde Neumann hat sein am 10. August 2018 fälliges Darlehen noch nicht zurückgezahlt.
> Es gilt die regelmäßige Verjährungsfrist von 3 Jahren. Die Frist beginnt am 31.12.2018, 24:00 Uhr bzw. am 01.01.2019, 0:00 Uhr zu laufen und endet am 31.12.2021, 24:00 Uhr bzw. am 01.01.2022 0:00 Uhr. Danach wäre die Forderung verjährt und Neumann hätte das Recht auf die Einrede der Verjährung.

Zweijährige Verjährungsfrist

BGB § 438 Abs. 1 Nr. 3

Nach zwei Jahren verjähren folgende Ansprüche:
- Ansprüche aus einem Kaufvertrag von beweglichen Sachen wegen Sachmängeln. Die Frist beginnt in diesem Fall mit der Ablieferung der Sache.
- Ansprüche wegen Sachmängeln aus einem Werkvertrag von beweglichen Sachen. Die Frist beginnt in diesem Fall mit der Abnahme der Sache.

Fünfjährige Verjährungsfrist

BGB § 634 a

Die fünfjährige Verjährungsfrist gilt für
- Mängelansprüche beim Kauf eines Bauwerks und für
- Sachmängelansprüche beim Kauf von Baumaterial.

Die Frist beginnt mit der Übergabe des Bauwerks bzw. mit der Ablieferung der Sache.

Zehnjährige Verjährungsfrist

BGB §§ 199 u. 196

Nach 10 Jahren verjähren
- Ansprüche aus der Übertragung von Grundstücken und
- Schadenersatzansprüche aus unerlaubter Handlung.

Diese Frist beginnt mit der Entstehung des Anspruchs (Fälligkeit).

Dreißigjährige Verjährungsfrist

BGB § 197

Die längste Verjährungsfrist beträgt 30 Jahre und gilt für die folgenden Fälle:
- Herausgabeanspruch aus Eigentum und anderen dinglichen Rechten[1]

---

1   z. B. Anspruch des Eigentümers gegenüber dem Besitzer auf Hergabe eines verliehenen Gegenstandes

- familien- und erbrechtliche Ansprüche
- Ansprüche aus vollstreckbaren Vergleichen und vollstreckbaren Urkunden
- vollstreckbare Ansprüche aus Insolvenzverfahren

Die Frist beginnt mit der Entstehung des Anspruchs oder der Rechtskraft der Entscheidung.

> **Beispiel:**
> Gegen Manfred Burger wurde am 15. April 1994 ein Vollstreckungsbescheid erlassen.
> Die Verjährungsfrist beginnt am 15. April 1994 um 24:00 Uhr, dauert 30 Jahre und endet
> am 15. April 2024 um 24:00 Uhr.

Lernkontrolle
Aufgabe 1 u. 3

6.9.4 Hemmung der Verjährung

Bestimmte Ereignisse können dazu führen, dass sich die Verjährungsfrist verlängert (gehemmt) wird. Die Verjährungsfrist verlängert sich um die Zeitspanne der Hemmung.

Eine Hemmung der Verjährung bewirkt u. a. folgende Ereignisse:
- Klageerhebung
- Zustellung eines Mahnbescheids
- Anmeldung des Anspruchs im Insolvenzverfahren.

Die Hemmung endet sechs Monate nach der rechtskräftigen Entscheidung oder nach einer Beendigung des Verfahrens.

BGB
§ 204 ff.

> **Beispiel:**
> Der Bankkunde Joachim Deuber nahm am 15. August 2016 ein Darlehen bei der EUROPA-
> Bank auf. Die Darlehenshöhe betrug 30.000 Euro. Das Darlehen wurde zum 15. August
> 2017 in einer Summe fällig. Die Zinszahlungen erfolgten immer regelmäßig. Das Darlehen selbst konnte Deuber nicht zum Fälligkeitstermin zurückzahlen. Nach erfolglosen
> außergerichtlichen Versuchen, Deuber zur Zahlung zu bewegen, erließ die Bank am
> 05. Oktober 2017 einen Mahnbescheid, der ihn zur Zahlung aufforderte.
> Das Darlehen war am 15. August 2017 (Anspruchsentstehung) fällig. Die Verjährungsfrist beträgt drei Jahre und beginnt am 31. Dezember 2017 und endet am 31.12.2020,
> 24:00 Uhr bzw. 01. Januar 2021 um 0:00 Uhr. Durch die Zustellung des Mahnbescheids
> verlängerte sich die Verjährung um 6 Monate. Dadurch endet die Verjährungsfrist am
> 01. Juli 2021 um 0:00 Uhr.

6.9.5 Neubeginn der Verjährung

Ein Neubeginn einer Verjährungsfrist wird ausgelöst, wenn
- der Schuldner seine Schuld anerkennt oder
- der Gläubiger eine gerichtliche oder behördliche Vollstreckungshandlung beantragt.

BGB
§ 212

> **Beispiel:**
> Der Kunde eines Kreditinstituts hat Darlehensschulden, die am 08.11.2015 fällig waren.
> Am 07.06.2016 macht er eine Abschlagszahlung.
> Die Zahlung entspricht einem Schuldanerkenntnis. Die Verjährungsfrist beginnt neu zu
> laufen.
> Die regelmäßige Verjährungsfrist beginnt am 01.01.2016 um 0:00 Uhr. Durch das Schuldanerkenntnis beginnt die Frist am 07.06.2016 neu. Die Verjährungsfrist endet dadurch
> am 06.06.2019 um 24:00 Uhr.

Lernkontrolle
Aufgaben 4 u. 5

Zusammenfassung und Lernkontrolle

Zusammenfassung

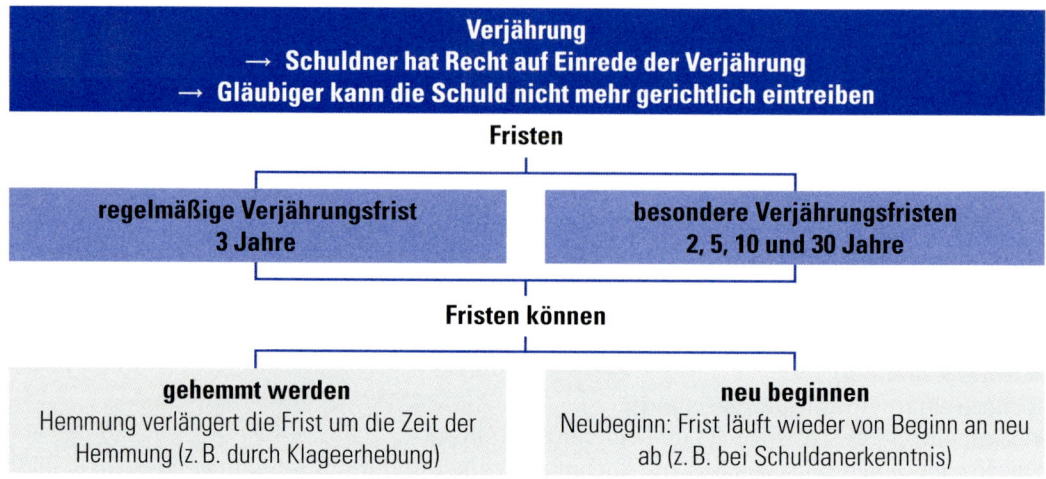

Lernkontrolle

Aufgabe 1

Bestimmen Sie für folgende Fälle die Verjährungsfristen und deren jeweiligen Beginn.

1. Die neue Bankauszubildende kauft sich vom ersten Gehalt ein neues Fahrrad für 1.800 Euro auf Rechnung.
2. Die EUROPA-Bank kauft 10 neue PCs für 9.400 Euro.
3. Der Kunde Müller, Steuerberater, nimmt ein Darlehen über 20.000 Euro bei der EUROPA-Bank auf.
4. Der Handwerker Schneider kauft Baumaterial.
5. Ein Kläger erhält vom Landgericht einen vollstreckbaren Titel (Urteil).

Aufgabe 2

Der Bankkunde Müller zahlt nach langer Zeit sein Darlehen bei der EUROPA-Bank zurück. Erst danach bemerkt er, dass die Forderung eigentlich schon verjährt war. Er möchte vom Kreditinstitut den Betrag zurück mit der Begründung er mache die Einrede der Verjährung geltend.

Aufgabe 3

Beurteilen Sie die Rechtslage bezüglich der Verjährung in den folgenden Fällen:

1. Der Fliesenleger Grau legt bei Familie Blau die Bodenfliesen im Flur für 800 Euro zuzüglich Umsatzsteuer. Die Rechnung war am 13.2.2016 fällig und wurde auch rechtzeitig bezahlt. Im Dezember 2018 stellt Frau Blau fest, dass sich die Fliesen lockern. Sie fordert Grau auf die Fliesen neu zu verlegen, dieser weigert sich.

2. Bauer kauft am 15. März 2016 einen Gebrauchtwagen bei einem Gebrauchtwagen-händler. Die Zahlung ist sofort fällig. Bauer verspicht umgehend den Betrag zu über-weisen. Nach 2 Monaten bemerkt der Autohändler, dass Bauer noch nicht gezahlt hat.
3. Barbara Becker, Auszubildende zur Industriekauffrau, nimmt am 20. September 2015 ein Darlehen bei der EUROPA-Bank über 10.000 Euro auf. Dieses Darlehen soll am 20. September 2017 zurückgezahlt werden. Bauer kann zu diesem Termin nicht zahlen.

Aufgabe 4

Im Möbelhaus Möbelfix hat der Kunde Sauer am 10. April 2016 Wohnzimmermöbel für 5.500 Euro gekauft. Sauer zahlt 1.500 Euro sofort an. Der Rest soll nach Lieferung fällig sein. Die Möbel werden ordnungsgemäß am 12. Juni 2016 geliefert. Sauer zahlt jedoch nicht.

1. Am 31. Juli 2016 mahnt das Möbelhaus die Zahlung bei Sauer schriftlich an. Daraufhin zahlt Sauer am 5. August einen Abschlag auf die Restschuld in Höhe von 1.000 Euro. Ermitteln Sie für das Möbelhaus das Ende der Verjährungsfrist.
2. Am 15. Januar 2017 beantragt das Möbelhaus Möbelfix nach mehrmaliger Zahlungs-aufforderung den Erlass eines Mahnbescheides gegen Sauer. Der Mahnbescheid wird am 3. Februar 2017 zugestellt. Wie wirkt sich dieser Vorgang auf die Verjährung der Forderung aus?

Aufgabe 5

Bestimmen Sie die Verjährungsfrist in den folgenden Fällen.

1. Die Medienmarket GmbH hat aus dem Verkauf eines PC eine Forderung gegenüber dem Kunden Josef Blum über 420 Euro. Die Forderung war sofort fällig, wurde aber nicht bezahlt. Da der beantragte Mahnbescheid nicht zur Zahlung geführt hat, beantragt die Medienmarket GmbH am 15.06.2018 einen Vollstreckungsbescheid.
2. Die EUROPA-Bank hat gegenüber dem Kunden Klein eine Zinsforderung aufgrund einer Kreditgewährung in Höhe von 300 Euro, fällig am 17.12.2016. Am 08.01.2018 bittet Klein um Stundung der Forderung bis zum 15.04.2018. Das Kreditinstitut ist da-mit einverstanden.

7 Kommunikations- und Konfliktverhalten

7.1 Kommunikation und Kommunikationsstörungen

> Unter Kommunikation versteht man den Austausch von Informationen zwischen zwei oder mehr Personen. Dabei kann die Kommunikation über Sprache, Mimik, Gestik, durch schriftlichen Austausch, Medien u. a. stattfinden.

Die Kommunikation zwischen Menschen lässt sich durch ein einfaches Modell beschreiben. Auf der einen Seite gibt es einen **Sender**, der etwas mitteilen möchte. Die Nachricht, die er weitergeben will, verschlüsselt er in erkennbare Zeichen.

Der **Empfänger** der Nachricht muss diese Zeichen entschlüsseln (decodieren). Im Regelfall stimmen gesendete und empfangene Nachricht weitgehend überein, wenn der gleiche Code verwendet wird (z. B. muss unter einem Begriff das Gleiche verstanden werden). Es hat eine Verständigung stattgefunden. Allerdings besteht die Kommunikation häufig nicht nur aus der Weitergabe von sachbezogenen Informationen (Sachaspekt).

Meist werden bei der Kommunikation verschiedene Kanäle (Sprache, Mimik, Körperhaltung, Gesten) benutzt. Allein die Betonung oder die Sprachmelodie des gesprochenen Wortes wird als zusätzliche Nachricht wahrgenommen. Die hierbei bewusst oder unbewusst gesendeten Zeichen erzeugen beim Empfänger ein Vorstellungsbild. Menschen sind in ihrer Kommunikation weder objektiv noch neutral. Sie sind hauptsächlich emotional.

Die mit Hilfe der Sinnesorgane aufgenommene Nachricht wird durch das Gehirn des Empfängers verarbeitet. Das menschliche Gehirn benutzt dabei Filter, um zu verhindern, dass die einstürmende Informationsflut übermächtig wird. Der persönliche Filter jeder Person bestimmt, wie Nachrichten aufgenommen werden, wie man denkt und handelt. Der Filter hat sich bei jedem Menschen durch eine Vielzahl von Erinnerungen, Erfahrungen, Gefühlen und Werten gebildet. Es gibt daher bei der Kommunikation keine Objektivität und keine Neutralität. Probleme der Verständigung können auch durch Unzulänglichkeiten des verwendeten Kanals (Rauschen, Störungen) entstehen.

Die Kommunikation erfolgt in mehreren Schritten:

1. Der Sender der Nachricht hat eine Absicht.
2. Er übersetzt sie in Worte.
3. Er sendet sie (er spricht sie aus oder schreibt sie in einen Brief, eine E-Mail u. ä.).
4. Die Nachricht wird übermittelt.
5. Der Empfänger erhält die Nachricht, er hört oder liest sie.
6. Er übersetzt sie.
7. Er interpretiert die Bedeutung.

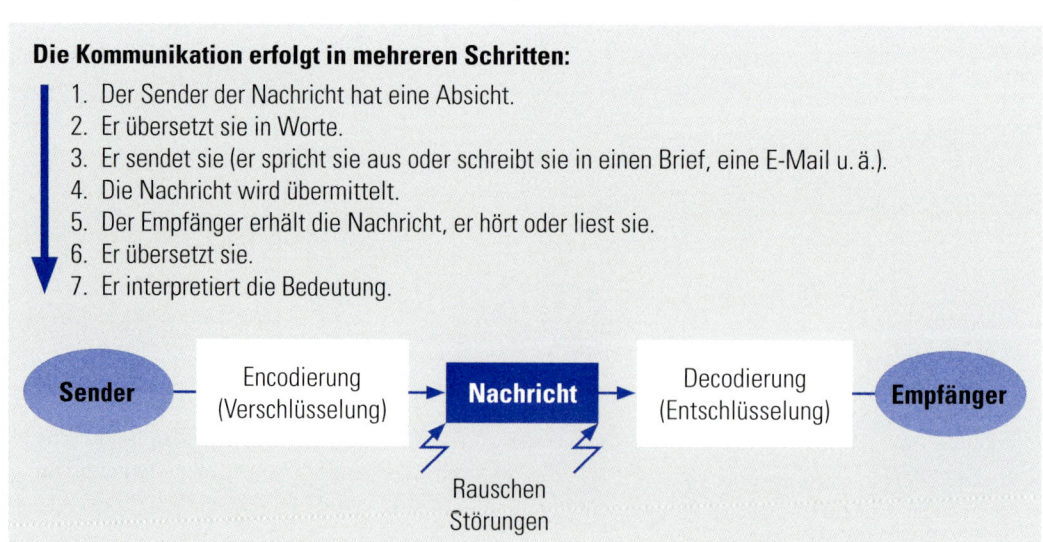

Bei jedem der Kommunikationsschritte können Fehler auftreten. So kann zum Beispiel ein Begriff unterschiedlich verwendet werden, ein Telefongespräch kann mit Rauschen begleitet sein, der Empfänger hört ein Wort nicht oder eine E-Mail wird unvollständig übertragen.

Wichtig für das Verständnis von Kommunikationsproblemen ist die Tatsache, dass Nachrichten mehrere Aspekte beinhalten.

Vier Aspekte einer Nachricht	
Sach-Aspekt	formaler, sachlicher Inhalt der Nachricht
Beziehungs-Aspekt	Inhalte der Information, die zusätzlich durch die Beziehung entstehen, in der Sender und Empfänger zueinander stehen (z. B. Wertschätzung, Verachtung)
Ausdrucks-/Selbstoffenbarungs-Aspekt	Aussage über die Ziele und Motive des Senders (z. B. Entschlossenheit, Unschlüssigkeit)
Appell-Aspekt	Teilaspekt der Nachricht, etwas zu tun oder zu unterlassen, also Einfluss zu nehmen (hier liegt ein Fehler vor – versteckter Appell: Fehler muss berichtigt werden)

Ob bei der Kommunikation Störungen auftreten, hängt auch vom Typ des Zuhörers (Empfängers) ab. Werden bestimmte Persönlichkeitsmerkmale bei der Kommunikation nicht beachtet, entstehen schnell Missverständnisse oder andere Probleme.

7.2 Feedback

Bei jeder Kommunikation erwartet der Gesprächspartner, dass er eine Rückmeldung darüber erhält, ob und wie seine Aussage bei dem anderen ankommt. Diese Rückkopplung wird auch als **Feedback** bezeichnet.

Feedback besteht also aus Rückmeldung geben und Rückmeldung annehmen. Man bekommt die Möglichkeit, aus konkreten Ereignissen zu lernen. Durch Rückkopplung wird Lob und Kritik ausgesprochen.

Diese Rückkopplung kann auch bewusst angefordert werden, z. B. durch Rückfragen oder Fragebögen am Ende einer Präsentation.

Durch Rückmeldungen kann der Sender sich seiner Vorgehensweise bewusst werden, sich besser einschätzen lernen und sehen, was bei anderen dabei ausgelöst wird.

Es ist daher wichtig, dass im Rahmen der Zusammenarbeit und Kommunikation Feedback gegeben wird und dieses auch angenommen wird.

> **Beispiel:**
> Der Personalchef eines Kreditinstituts führt ein Mitarbeitergespräch mit einem seiner Angestellten und spricht dabei Lob und konstruktive Kritik aus.
> - Im Gespräch gibt der Vorgesetzte Informationen darüber, wie er den Mitarbeiter wahrnimmt und bewertet (Orientierungsfunktion des Feedbacks).
> - Der Personalchef erkennt die bisherige Tätigkeit des Mitarbeiters (Motivationsfunktion des Feedbacks) an.
> - Der Personalchef zieht eine Bilanz der bisherigen Tätigkeit und Erfolge des Mitarbeiters und stärkt dadurch die Selbstsicherheit des Mitarbeiters. Er verstärkt damit im persönlichen Gespräch die Beziehungsebene zwischen Mitarbeiter und Vorgesetztem (Beziehungsfunktion).

Damit kritisches Feedback angenommen wird, sind verschiedene Punkte beim Abgeben von Feedback zu beachten.

Regeln für das Abgeben von kritischem Feedback	
Beim Abgeben von Feedback muss ich…	**Das heißt, …**
konstruktiv sein	Perspektiven für zukünftige Präsentationen bieten
beschreibend sein	Kritik muss sachlich bleiben, auf Bewertungen und Interpretationen sollte verzichtet werden.
konkret sein	Keine Verallgemeinerungen vornehmen und keine pauschalen Aussagen machen, sondern helfen das Problem zu beseitigen und das Feedback durch konkrete Beschreibung nachvollziehbar machen.
subjektiv formulieren	Aus der eigenen Perspektive, den eigenen Beobachtungen berichten und nicht von Eindrücken anderer sprechen.
nicht nur negativ sein	Für den Kritiknehmer ist es einfacher, Kritik zu verarbeiten und Verbesserungsvorschläge anzunehmen, wenn er merkt, dass man auch die positiven Seiten sieht und nicht nur die negativen.

Beim Entgegennehmen des Feedbacks befindet sich der Empfänger in einer passiven Rolle. Wenn man aber Feedback als Chance sieht zu erfahren, wie man auf andere wirkt oder gewirkt hat, muss Kritik angenommen werden können. Der Empfänger sollte dabei auch einige wichtige Regeln beachten.

Regeln für das Annehmen von kritischem Feedback	
Beim Annehmen von Feedback muss ich…	**Das heißt, …**
den anderen ausreden lassen	bevor der andere nicht zu Ende gesprochen hat, kann man nicht wissen, was er sagen will.
sich nicht rechtfertigen oder verteidigen	man muss wissen, dass der andere nur beschreiben kann wie man wirkt, nicht wie man ist. Eine solche Wahrnehmung kann aber durch keine Klarstellung revidiert werden; man muss die Meinung des anderen daher hinnehmen und eventuell daraus lernen.
dankbar sein für Feedback	selbst wenn die Kritik nicht in der richtigen Form formuliert wurde, hilft es, die Wirkung, die ich bei anderen hinterlasse kennenzulernen. Dadurch kann man kompetenter und sicherer auftreten.

Durch Feedback wird die Kommunikation zu einem Regelkreis erweitert, der Störungen wahrnimmt und damit die Möglichkeit zur Beseitigung von Kommunikationsstörungen bietet.

Feedback kann innerbetrieblich als wichtiges Führungsinstrument eingesetzt werden, um die Kommunikation, die Motivation und die betrieblichen Prozesse zu verbessern.

7.3 Konfliktbewältigung

7.3.1 Konflikte

Ein **Konflikt** ist ein Prozess, der dadurch entsteht, dass unterschiedliche Interessen von Individuen und sozialen Gruppierungen bestehen und diese jeweils ihre Interessen verfolgen. In Unternehmen entstehen Konflikte zwischen Kollegen, Abteilungen, Teams, im Verhältnis zwischen Vorgesetzten und Mitarbeitern, aber auch mit schwierigen Kunden und anderen Dritten.

Konflikte entstehen auf verschiedenen Ebenen und können wie folgt unterschieden werden:
- Sachkonflikte
- Beziehungskonflikte oder Gefühlskonflikte
- Konfliktebenen: Machtkonflikte

Sachkonflikte beruhen auf konkreten Situationen und Fakten. Sie können rational bewertet und diskutiert werden.

Beispiele für Varianten von Sachkonfliktebenen	
Zielkonflikte	Konflikte über die zu verfolgenden Ziele z. B. Ziele, die eine Abteilung oder das gesamte Unternehmen verfolgen sollen
Wegekonflikte	Konflikte um die einzuschlagende Strategie z. B. Aufnahme eines großen Kredits, um in ein neues Geschäft mit einer großen Werbekampagne einzusteigen versus vorsichtigem Einstieg in das neue Geschäftsfeld mit Kleinaufträgen ohne Verschuldung
Wertekonflikte	Konflikte um den Handlungskodex (Normen, Regeln) z. B. Kleinkunden werden zeitlich gleich schnell bedient wie Großkunden versus Großkunden werden bevorzugt
Verteilungskonflikte	Konflikte aufgrund von Wertschätzung z. B. Verteilung des Gewinns unter Gesellschaftern, die in unterschiedlichem Umfang mitarbeiten

Beziehungskonflikte oder Gefühlskonflikte

Gefühlskonflikte entstehen meist aufgrund von emotionalen Unstimmigkeiten. Es können Streitigkeiten entstehen, weil es z. B. Dissonanzen über Farben oder Kleiderordnungen gibt. Solche Streitthemen entstehen oft aus unterschwellig vorhandenen Rivalitäten. Konflikte auf dieser Ebene können nur schwer gelöst werden. Sie sind allerdings häufig Ursachen für Sachkonflikte und sollten daher bei der Lösung von Sachkonflikten beachtet werden.

Machtkonflikte

Bei Machtkonflikten wird um hierarchische Positionen gerungen. Die Konfliktparteien wollen ihre Machtposition beibehalten oder verbessern. Wie auch die Beziehungskonflikte können sich Machtkonflikte oberflächlich in Sachkonflikten äußern. Basis der Machtkonflikte sind Konkurrenzdenken, Angst vor Abhängigkeit oder Autoritätsverlust.

7.3.2 Konfliktlösungen

Eine erfolgreiche Konfliktlösung kann nur durch eine bewusste Vorgehensweise erreicht werden. Zunächst muss der Konflikt als solcher erkannt werden. Dabei ist es wichtig, den Konflikt einzuordnen als Sach-, Gefühls- oder Machtkonflikt. Konflikte sollten möglichst schnell gelöst werden. Je länger ein Konflikt währt, desto größere Kreise zieht er und die tatsächlichen Ursachen werden immer weiter überdeckt.

In der betrieblichen Praxis können verschiedene Strategien zur Konfliktlösung beobachtet werden.

Vermeidungsstrategie

Personen, die unsicher sind, wählen oft bewusst oder unbewusst, die Vermeidungsstrategie. Es werden offene Auseinandersetzungen vermieden, indem man seine eigene Meinung nicht vorbringt, um den Konflikt zu vermeiden. Das Unbehagen, das dabei empfunden wird, wird nur verborgen geäußert. Diese Strategie löst den Konflikt nicht.

Pokerstrategie

Wenn einer der Konfliktpartner taktiert, um die Auseinandersetzung für sich zu entscheiden, spricht man von der Pokerstrategie. Diese Strategie löst den Konflikt ebenfalls nicht. Es wird nur versucht, die Hierarchie zu festigen oder zu verändern und führt zu einem gestörten Betriebsklima.

Strategie der Problemlösung

Die vorteilhafteste Form der Konfliktbewältigung ist die Lösung des eigentlichen Problems. Dies erfordert aber den gewollten Einsatz aller am Konflikt Beteiligten. Alle Probleme, die zum Konflikt geführt haben, werden einzeln analysiert und gelöst. In einem konstruktiven Konfliktgespräch wird versucht, die Situation aufzuarbeiten.

- **Vorbereitung des Gesprächs**
  Die Konfliktpartner müssen sich im Vorfeld Gedanken über die Auslöser des Konflikts (Ursachenanalyse) machen. Außerdem soll sich jeder Teilnehmer überlegen, wo es Übereinstimmungen mit dem Konfliktpartner gibt. Die Beteiligten müssen sich zur Sachlichkeit während des Gesprächs verpflichten.

- **Gespräch durchführen**
  Für ein Konfliktgespräch bietet sich die Feedback-Technik an. Es müssen Rahmenbedingungen und Regeln beachtet werden.

Regeln und Rahmenbedingungen für das Konfliktgespräch

- Das Gespräch findet in angenehmen Räumlichkeiten und in Ruhe statt.
- Es dürfen keine Vorwürfe und Anklagen gemacht oder ausgesprochen werden.
- Argumente werden aus der Ich-Perspektive (nicht aus der Man-Perspektive) vorgestellt.
- Es wird möglichst konkret argumentiert (keine Vermutungen sondern Fakten).
- Derjenige, der das Wort hat, darf ungestört ausreden.
- Jeder darf zu jedem Punkt Stellung nehmen.
- Jeder muss dem anderen aufmerksam zuhören.

In einem Konfliktgespräch geht es nicht um Schuldzuweisungen. Das Ziel ist, Lösungsvorschläge zu finden, die beide Konfliktparteien akzeptieren können. Jede Konfliktpartei muss Vorschläge machen und ins Gespräch einbringen. Jeder Lösungsvorschlag wird sachlich geprüft.

■ **Wer leitet das Konfliktgespräch?**
   Da die Unabhängigkeit der Leitung meist ein entscheidender Faktor für den Erfolg einer Lösungsfindung ist, bietet es sich bei Konflikten an, externe Personen heranzuziehen. Diese Personen werden als Moderator (Organisator des Lösungsprozesses) oder Vermittler (z. B. bei Tarifstreiten) tätig. Zudem besteht bei manchen Konflikten die Möglichkeit, ein Schiedsverfahren einzuleiten. Der Schiedsrichter trifft dann aufgrund seiner Bewertung des Sachverhaltes eine Entscheidung an die die Konfliktpartner gebunden sind (z. B. Ombusman-Verfahren im Bankwesen). Denkbar ist auch eine autoritäre Entscheidung eines Vorgesetzten, auch gegen den Willen der Betroffenen (z. B. Abteilungsleiter trifft eine Entscheidung).

7.4   Grundregeln der Kommunikation

Die Kommunikation findet als verbale oder nonverbale Kommunikation statt. Dabei spielt auch das aktive Zuhören eine besondere Rolle.

Kommunikationsformen	
Verbale Kommunikation	**Nonverbale Kommunikation**
mündlich ■ Gespräche ■ Konferenzen	**durch Objekte** ■ Symbole ■ Grafiken
schriftlich ■ Briefe ■ E-Mails ■ sonstige Mitteilungen	**durch die Person** ■ Körpersprache ■ Rituale (z. B. Begrüßung)
aktives Zuhören	
aufmerksames, Interesse bekundendes Zuhören ohne zu werten, ohne Lösungsvorschläge zu unterbreiten ohne zu unterbrechen, mit positiver Körperhaltung	

Bei jeder Art von Kommunikation empfiehlt es sich, bestimmte Grundregeln einzuhalten, um einen erfolgreichen Austausch zu gewährleisten.

Grundregeln guter Kommunikation		
Verbale Kommunikation	**Nonverbale Kommunikation**	**Aktives Zuhören**
■ laut, deutlich und verständlich sprechen ■ vollständige Sätze verwenden ■ kurze und präzise Argumentation ■ Meinungen und Behauptungen begründen ■ nicht vom Thema abschweifen ■ Aggressionen vermeiden	■ räumliche Distanz halten ■ offener Blickkontakt ■ Mimik und Gestik beachten	■ konzentriert zuhören ■ bei Unklarheiten nachfragen ■ keine Nebentätigkeiten dabei ausführen ■ Meinungen und Einstellungen akzeptieren

7.5   Kundenorientierter Gesprächsaufbau

Für Mitarbeiter von Kreditinstituten ist die Kommunikation mit dem Kunden in Form eines Beratungsgesprächs besonders wichtig. Dabei ist das Ziel, dem Kunden eine bedarfsgerechte Lösung in Form eines Angebots zu unterbreiten. Um dieses Ziel zu erreichen, gibt es zahlreiche Formeln für den Aufbau eines Kundengesprächs. Diese Aufbauformeln dienen letztendlich nur als „roter Faden". Ein möglicher Gesprächsaufbau kann mit der AIDA-Formel beschrieben werden, die im Werbebereich stark verbreitet ist. Die Kreditinstitute verwenden meist organisationseinheitliche Formeln. Alle diese Formeln dienen zur Beschreibung der Gesprächsphasen und zur zielgerichteten Gesprächsführung.

Vor dem eigentlichen Kunden- oder Beratungsgespräch müssen, soweit möglich, noch Vorbereitungen getroffen werden:
- Fachwissen ggf. aktualisieren (Beratermappe, aktuelle Zahlen u. a.)
- Arbeitsmaterialien bereithalten (Formulare, Prospekte, Schreibmaterialien u. a.)
- Schema des Gesprächsaufbaus in Erinnerung rufen

Phase	Ziel
A Attention	**Atmosphäre schaffen** durch Begrüßung mit Vorstellung, Höflichkeit, Freundlichkeit, Smalltalk
I Interest	**Kundenbedarf analysieren** durch Fragen und aktives Zuhören – Bedarf erkennen
D Desire	**Angebot unterbreiten** ■ Angebot (ggf. Alternativen) mit Hilfe von Verkaufshilfen (z. B. Prospekten, Beispielen) unterbreiten ■ Nutzen für den Kunden herausarbeiten ■ Preis begründen
A Action	**Abschluss des Gesprächs (Verkauf)** ■ Abschlussbereitschaft erkennen und herbeiführen ■ Entscheidung verstärken (Entscheidung bestätigen) ■ ggf. weitere Termine vereinbaren ■ ggf. cross-selling-Angebote ansprechen ■ Verabschieden

Lernkontrolle
Aufgaben 1–3

Zusammenfassung und Lernkontrolle

Zusammenfassung

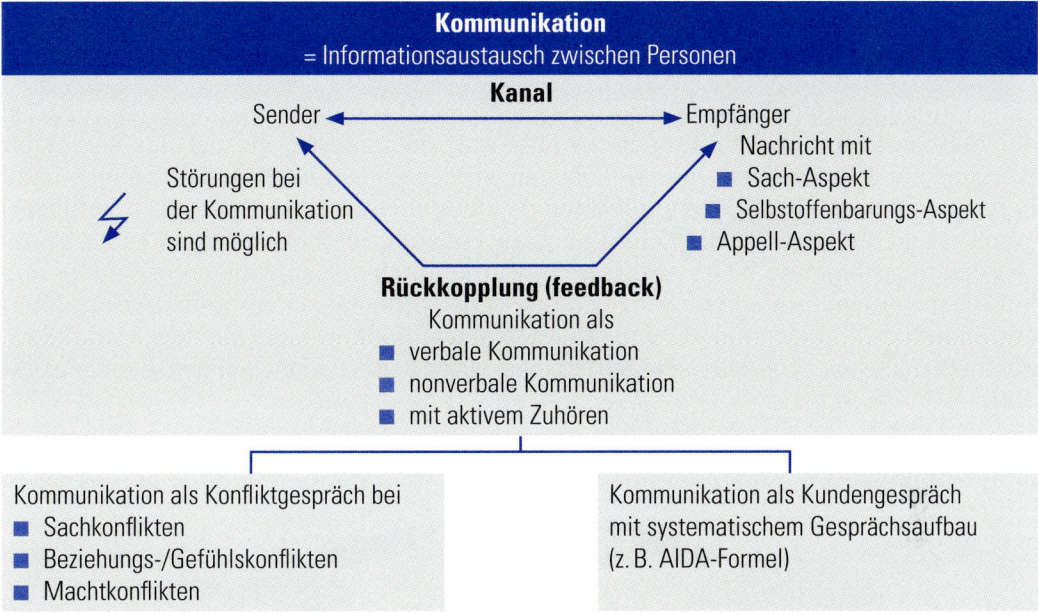

Kommunikation als Konfliktgespräch bei
- Sachkonflikten
- Beziehungs-/Gefühlskonflikten
- Machtkonflikten

Kommunikation als Kundengespräch mit systematischem Gesprächsaufbau (z. B. AIDA-Formel)

Lernkontrolle

Aufgabe 1

Bereiten Sie ein Gespräch mit einem Erstkunden vor, der ein Ausbildungsverhältnis beginnen wird und deshalb zur Beratung zu Ihrem Kreditinstitut kommt.
1. Welche Vorbereitungen können Sie vor dem Gespräch treffen?
2. Überlegen Sie mögliche Themen für die Phase A (Atmosphäre schaffen)
3. Wie können Sie den Nutzen der Bankprodukte Girokonto, Bausparvertrag, girocard und Kreditkarte dem Kunden darlegen? (Phase D: Angebot unterbreiten)
4. Wie können Sie den Preis für eine Kreditkarte begründen (Phase D)?
5. Welches cross-selling-Angebot könnten Sie dem jungen Kunden zudem unterbreiten?

Aufgabe 2

Überlegen Sie sich Möglichkeiten, wie Sie die Entscheidung eines Kunden verstärken können.

Aufgabe 3

1. Bereiten Sie ein Beratungsgespräch zum Thema Bausparen vor. Der Kunde ist 18 Jahre alt und beginnt eine Ausbildung zum Industriekaufmann und ist ein Neukunde. Die Eltern des Neukunden sind schon langjährige Kunden und zählen zum Kundenkreis der vermögenden Kunden.
   Bereiten Sie das Gespräch auf der Basis eines Gesprächsschemas (z. B. AIDA-Formel) auf und machen Sie sich hierzu Notizen zu allen Gesprächsphasen.
2. Führen Sie das Beratungsgespräch mit einem Mitschüler durch.

B Lernfeld 6: Modelle für Marktentscheidungen nutzen

1 Marketing der Kreditinstitute

1.1 Marktsituation der Kreditinstitute

In den Anfangsjahren der Bundesrepublik Deutschland war den Kreditinstituten zunächst ein Wettbewerb unmöglich. Es galten Wettbewerbshemmnisse, wie z. B. das Verbot der Werbung mit dem Zinssatz. Diese Abkommen wurden Ende der 1960er Jahre abgeschafft. In den folgenden Jahrzehnten entdeckten die deutschen Kreditinstitute das Investmentgeschäft und die ausländische Konkurrenz tauchte auf dem deutschen Bankenmarkt auf. Der dadurch steigende Wettbewerbsdruck wurde durch die zunehmend bewusster und kritischer werdenden Verbraucher verstärkt. Neue Technologien, insbesondere das Internet, änderten den Bankenmarkt und schafften neuen Konkurrenten auf dem Markt Platz. Internetbanken oder spezielle Zahlungssysteme wie z. B. PayPal sind auf dem Bankenmarkt aktiv.

Die heutige Marktsituation der Kreditinstitute ist insbesondere durch sechs wichtige Merkmale bestimmt.

Käufermarkt

Auf einem Käufermarkt steht der Verbraucher (Käufer) im Vordergrund. Seine Bedürfnisse und Probleme sind Ausgangspunkt des unternehmerischen Denkens und Handelns. Der Verbraucher bestimmt das Marktgeschehen, da es viele Anbieter gibt.

Marktsättigung

In Deutschland herrscht eine große Bankendichte, obwohl die Zahl der Institute deutlich gesunken ist. 2004 betrug die Zahl der Institute 2.401 und im Jahr 2016 noch 1.888. Gleichzeitig sank auch die Zahl der Bankfilialen im gleichen Zeitraum von 47.835 auf 36.005 im Jahr 2013. Allerdings stieg die Zahl der Girokonten an:

Quelle: Deutsche Bundesbank

Girokonten in Deutschland			
Jahr 2004		**Jahr 2016**	
Girokonten insgesamt	davon Online-Girokonten	Girokonten insgesamt	davon Online-Girokonten
84,5 Mio.	33,1 Mio.	102,68 Mio.	62,83 Mio.

Wie bei den Girokonten und insbesondere den Online-Girokonten kam es auch bei der Zahl der Geldautomaten zu einem Anstieg von 52.595 (Jahr 2004) auf 58.340 im Jahr 2016, diese Zahl ist allerdings gegenüber 2015 rückläufig.

Betrachtet man die Zahl der Girokonten, so hat rechnerisch jeder Deutsche mehr als ein Girokonto. Daraus folgt, dass der Markt weitgehend gesättigt ist und die Möglichkeit der Neukundengewinnung schwierig.

Die Bankdichte ist in Deutschland immer noch hoch. Auf 10.000 Einwohner entfielen (Jahr 2017) 3,5 Banken bzw. Zweigstellen. Damit befindet sich Deutschland im europäischen Mittelfeld. Mehr Bankstellen pro 10.000 Einwohner gibt es z.B. in Spanien (6,7), Frankreich, Italien, Österreich und Polen. Dagegen ist die Bankendichte in den Niederlanden (1,0), Großbritannien (1,7), Dänemark (2,0) und Griechenland (2,3) deutlich geringer. Wenn die Dichte der Zweigstellen groß ist, wirkt sich dies negativ auf den Ertrag aus. Man spricht von Übersättigung („overbanked"). Die deutsche Bankwirtschaft hat auf diese Entwicklung reagiert, wie die abnehmende Zahl an Kreditinstituten und insbesondere der Zweigstellen zeigt. Trotz allem befindet sich die deutsche Kreditwirtschaft noch immer im europäischen Mittelfeld, was die Bankendichte betrifft. Der Kuchen scheint verteilt zu sein, die Neukundengewinnung ist aufwändig. Billiger ist der Ausbau vorhandener Kundenkontakte.

Erklärungsbedürftigkeit

Die Angebote der Kreditinstitute sind oft nicht anschaulich, sondern abstrakt und kompliziert. Das heißt, die Produkte sind erklärungsbedürftig. Die Kunden können viele Produkte nicht überschauen und vergleichen. Für die besonders erklärungsbedürftigen Bankprodukte z.B. im Anlage- und auch im Kreditbereich ist Beratung gefragt.

Hohe Vermögensmassen

Im Jahr 2016 betrug allein das Bruttogeldvermögen der privaten Haushalte, also vor Abzug von Schulden, in Deutschland 5.591,4 Mrd. Euro. Das Bruttogesamtvermögen betrug im gleichen Jahr 13.390 Mrd. Euro. Damit entsprach das Gesamtvermögen der Haushalte in Deutschland nahezu der Gesamtwirtschaftsleistung in der Europäischen Union. Das Geldvermögen der deutschen Haushalte hat sich seit 1970 etwa verzwanzigfacht. Die Generation der reichen Erben und Senioren ist zu einer wichtigen Zielgruppe der Kreditinstitute geworden.

Quelle: Statistisches Bundesamt

Vorsorgebedürfnis

Trotz großer Vermögensmassen ist die Versorgung der Bevölkerung im Rentenalter ein gesellschaftliches und persönliches Problem jedes Bundesbürgers geworden. Die großen Vermögensmassen sind ungleich verteilt und für den größten Teil der Bevölkerung besteht die Notwendigkeit der privaten Altersvorsorge, da die gesetzliche Rente nicht mehr auskömmlich ist oder sein wird. Es besteht eine Versorgungslücke. Die Produktpalette der Kreditinstitute muss hierfür angepasst und erweitert werden.

Neue Konkurrenz

Auf dem Markt der Kreditinstitute sind neue Konkurrenten aufgetreten. Neben der Bankenkonkurrenz aus dem Ausland sind auch Direktfinanzierer (z.B. Versandhäuser, Autobanken) oder Unternehmen die als Branchenfremde mit der Kreditwirtschaft kooperieren (z.B. Visa Card des ADAC) auf dem Markt. Allfinanzgeschäfte bieten auch Bausparkassen und Versicherungen an. Im Bereich der Vermögensanlagen gibt es eine Vielzahl freier Finanzdienstleister. In den Geschäftsfeldern Zahlungsverkehr und Geldanlage besteht auch eine Konkurrenzsituation zu Direkt- oder Internetbanken und zu Spezialinstituten, die z. B. den Zahlungsverkehr abwickeln (z. B. PayPal). Kreditinstitute müssen auf diese Konkurrenz reagieren.

1.2   Markt und Wettbewerb

Wettbewerb findet auf dem Markt statt. Ein Markt ist volkswirtschaftlich betrachtet das Zusammentreffen von Angebot und Nachfrage. Unter Idealbedingungen (Polypol auf dem vollkommenen Markt) kommt auf dem Markt in der Theorie des vollkommenen Marktes ein Gleichgewichts- oder Marktpreis zustande, der zu einer maximalen umgesetzten Menge führt.

Das Modell setzt einige Prämissen voraus. Die wichtigsten sind:

■ **keine Präferenzen**
Die Modellannahme besagt, dass kein Verbraucher ein Unternehmen (z. B. ein Kreditinstitut) aus sachlichen, persönlichen, zeitlichen oder räumlichen Gründen bevorzugt. Der Bankkunde entscheidet sich ganz rational für ein Kreditinstitut.

■ **vollständige Markttransparenz**
Diese Voraussetzung besagt, dass auf dem Modellmarkt jeder vollständig über den Markt informiert ist.

■ **vollständige Konkurrenz**
Damit der vollkommene Markt funktioniert, müssen Anbieter und Nachfrager gleich mächtig sein (Polypolmarkt). Dazu müssen so viele Marktteilnehmer auf jeder Seite vorhanden sein, dass ein Einzelner sich nur anpassen kann.

Natürlich ist der Markt der Kreditinstitute kein vollkommener Markt. Da wo Elemente des vollkommenen Marktes vorhanden sind, ist es Aufgabe des Marketings den Markt unvollkommen zu machen, um Kunden gewinnen zu können. Dies geschieht z. B. mit Werbung um das Vertrauen des Kunden, durch räumliche Präsenz, kundenfreundliche Öffnungszeiten oder unterschiedliche Vertriebswege (z. B. Internetbanking).

1.3   Marketing und Marketingziele

Bankenmarketing ist eine methodische, auf die Unternehmensziele ausgerichtete Steuerung des Verkaufs von Bankmarktleistungen auf der Basis von Marktanalysen. Marketing ist auch das marktorientierte (an den Kunden orientierte) Führen des gesamten Unternehmens. Alle betrieblichen Bereiche sollen auf den Markt ausgerichtet werden.

Dabei setzt auch das Marketing selbst Ziele für das Unternehmen. Wirtschaftliches Handeln eines Unternehmens ist immer zielgerichtetes Handeln. Wirtschaften muss sich an Zielen orientieren.

Ziele sind Vorstellungen über einen erstrebenswerten künftigen Zustand. Dieser soll durch Handlungen erreicht werden. Die Formulierung der Ziele und die Auswahl der sich zur Zielerreichung ergebenden Handlungsalternativen sind zentrale Führungsaufgaben der Unternehmensleitung.

Häufig wird die Gewinnmaximierung als einziges Ziel eines Unternehmens unterstellt. In der Realität wird die Zielsetzung vom internen und externen Umfeld beeinflusst, so dass am Ende des Zielbildungsprozesses kein Monoziel, sondern ein Zielbündel steht.

Es ist eine zentrale Aufgabe eines Marketingkonzeptes, ein langfristig ausgerichtetes Zielsystem zu formulieren.

Damit Ziele verfolgt und gewichtet werden können, müssen sie messbar sein. Nur dann kann man den Grad der Zielerreichung messen und entsprechende Managementinstrumente einsetzen. Operationalisiert sind Ziele, wenn sie mindestens drei Zieldimensionen beinhalten.

- Die Ziele müssen inhaltlich definiert sein (**Was** soll erreicht werden?).
- Es muss festgelegt sein, in welchem Zeitraum das Ziel erreicht werden soll (**Wann** soll das Ziel erreicht werden?) und
- in welchem Ausmaß dies geschehen soll (**Wie viel** soll erreicht werden?).

Beispiele für Ziele mit den drei Dimensionen		
Zielinhalt	**Zeitbezug**	**Zielausmaß**
Der Gewinn	soll im nächsten Wirtschaftsjahr	um 15 % gesteigert werden.
Der Umsatz	soll im nächsten Quartal	um 4 % steigen.
Die Personalkosten	sollen in den nächsten drei Jahren	nicht steigen.

Über weitere Dimensionen wie Personenbezug (**Wer** soll das Ziel erreichen?) oder Raumbezug (**Wo** soll das Ziel erreicht werden?) lassen sich die Ziele noch weiter operationalisieren.

Bei den Marketingzielen lassen sich zwei Gruppen unterscheiden, die ökonomischen und die psychografischen[1] Ziele.

ökonomische Ziele	psychografische Ziele
<ul><li>Ziele, die die Lebensgrundlage eines Unternehmens stützen</li><li>beobachtbare Ergebnisse von unternehmerischen Entscheidungen</li><li>dienen der Verwirklichung der wirtschaftlichen Interessen</li><li>beinhalten Bestandteile des Erwerbsziels</li><li>Zielerreichung ist leicht messbar</li><li>quantitative Ziele</li><li>Markt- und Produktziele</li></ul>	<ul><li>Ziele die sich auf das Verhalten (Kaufbereitschaft) der Verkäufer beziehen</li><li>beziehen sich meist auf mentale[2] Prozesse</li><li>qualitative Ziele</li><li>sind nicht oder schwer messbar</li><li>Verhaltens- und Imageziele</li></ul>
z. B.<ul><li>Marktanteil</li><li>Anzahl zu verkaufender Kreditkarten</li><li>Umsatzsteigerung</li><li>Renditeerhöhung</li></ul>	z. B.<ul><li>Kundenzufriedenheit</li><li>Bekanntheitsgrad</li><li>Image</li><li>Markenbindung</li></ul>

---

1   qualitative Ziele

2   mental = geistig

Bei der Zielsetzung ist zu beachten, dass die Ziele in einer Beziehung zueinander stehen. Aufgrund des Einflusses verschiedener Gruppen auf die Zielsetzung eines Unternehmens versucht jedes Kreditinstitut, stets gleichzeitig mehrere, zum Teil sehr heterogene Ziele zu realisieren. Inwiefern dies gelingt, hängt davon ab, in welcher Beziehung die Ziele zueinander stehen.

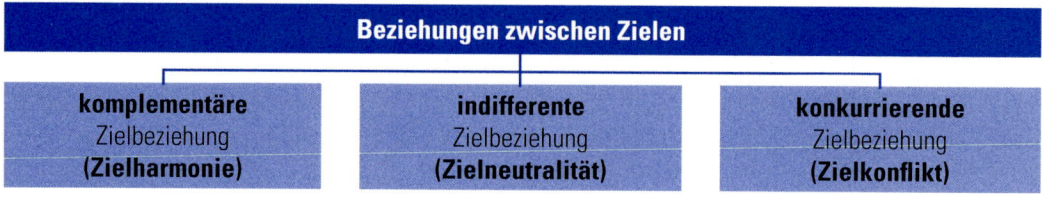

Komplementäre Ziele

Wenn die Erreichung eines Ziels gleichzeitig zur Erreichung eines anderen Ziels beiträgt, stehen diese in einer komplementären Beziehung.

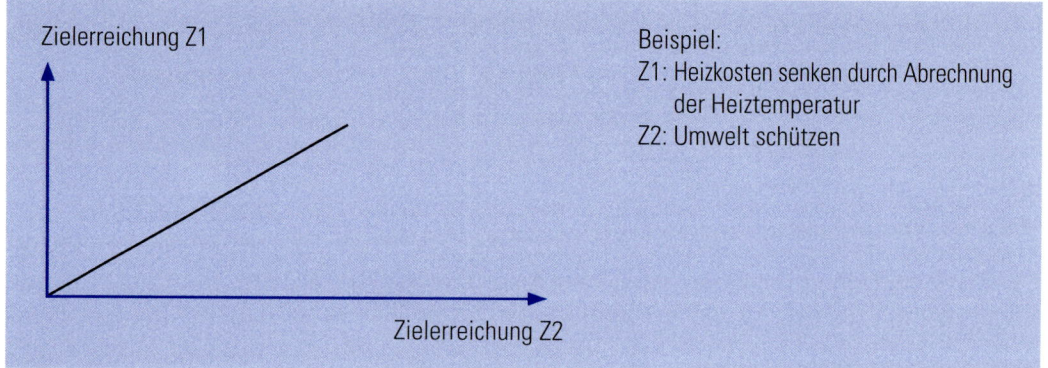

Indifferente Ziele

Wenn die Zielerreichung eines Ziels keinerlei Auswirkungen auf die Erreichung eines anderen Ziels hat, verhalten sich die Ziele indifferent zueinander. Sie sind unabhängig voneinander erreichbar.

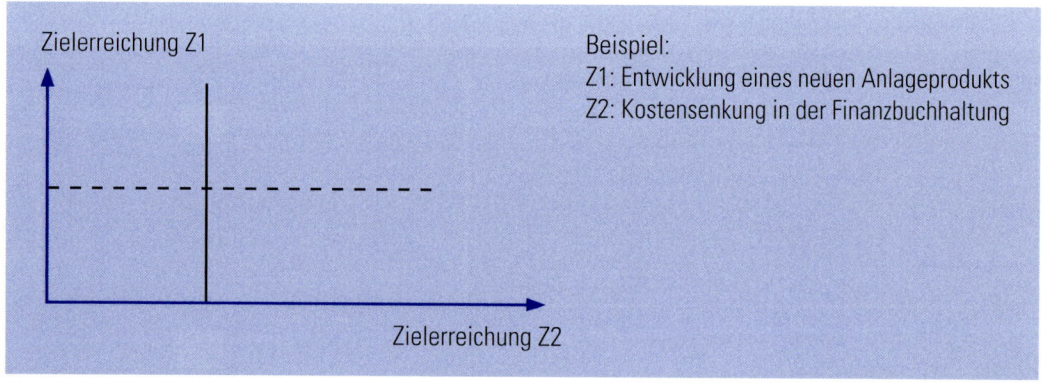

Konkurrierende Ziele

Während indifferente und komplementäre Ziele in der Zielverfolgung unproblematisch sind, verhalten sich konkurrierende Ziele so, dass sich die Maßnahmen zur Zielerreichung gegenseitig behindern.

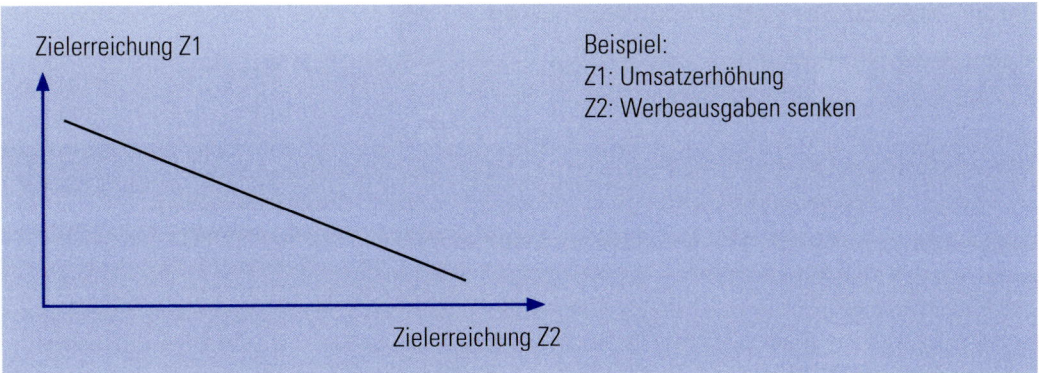

Bei Zielkonflikten muss eine Lösung bei der Zielverfolgung gesucht werden. Es ist Aufgabe des Managements zu entscheiden, ob bei einem Zielkonflikt ein konkurrierendes Ziel gestrichen wird oder ob ein Ziel eine Prioritätenrolle (Hauptziel) erhält und das andere Ziel nur als Nebenziel verfolgt wird.

1.4   Marktforschung

Da das Marketing seine absatzpolitischen Instrumente einsetzt, um die Kundenbedürfnisse zu befriedigen und Marktwiderstände zu beseitigen, müssen Markt und Kundenwünsche erforscht werden.

> Marktforschung setzt ein systematisches, wissenschaftlich abgesichertes Vorgehen voraus. Fehlt diese Systematik, spricht man von Markterkundung.

Letztendlich ist es Aufgabe der Marktforschung genaue Kenntnisse über die Märkte und das Geschehen auf diesen Märkten zu erforschen. Nur aufgrund dieser Analyse können betriebliche Entscheidungen getroffen werden. Man erhält durch die Marktforschung Kenntnisse darüber, welche Produkte sich in welcher Menge am Markt verkaufen lassen.

1.4.1   Marktanalyse und Marktbeobachtung

Nach dem zeitlichen Einsatz der Marktforschung unterscheidet man zwischen Marktanalyse und Marktbeobachtung.

Die **Marktanalyse** liefert Marktdaten zu einem bestimmten **Zeitpunkt**, zu dem diese Daten erhoben wurden. Die Aufgabe besteht darin, einen umfassenden Überblick über den Markt zu diesem Zeitpunkt zu geben. Die Marktanalyse liefert Daten über die momentane Aufnahmefähigkeit der Märkte (Kapazitätsanalyse) und über das derzeitige Marktverhalten der Kunden (Motivanalyse). Damit können der Einsatz und die Wirkung absatzpolitischer Maßnahmen bestimmt werden.

Die **Marktbeobachtung** liefert über einen längeren **Zeitraum** relevante Marktdaten. Durch die Zeitraumbetrachtung können Veränderungen auf den Märkten erfasst und bewertet werden. Die Marktbeobachtung kann
- die Kundenbeobachtung (Informationen über Kunden und Kundenverhalten),
- die Konkurrenzbeobachtung (Informationen über die Mitbewerber) sowie
- die Konjunkturbeobachtung (Veränderungen in der Gesamtwirtschaft)
umfassen.

1.4.2   Sekundär- und Primärforschung

Nach der Art der Durchführung der Marktforschung unterscheidet man zwischen Sekundärforschung und Primärforschung.

Verfahren der Informationsbeschaffung durch Marktforschung	
Sekundärforschung = Ökoskopie = Desk Research	**Primärforschung** = Demoskopie = Field Research
Informationsbeschaffung aus vorhandenen außer- und innerbetrieblichen Unterlagen (keine eigene Datenerhebung)	Erhebung neuer Daten durch eine eigene oder fremde (beauftragte) Person als Total- oder Stichprobenerhebung.
Beispiele für Informationsquellen außerbetrieblicher Quellen: ■ Konjunktur- und Monatsberichte der Deutschen Bundesbank ■ Statistiken des Statistischen Bundesamtes ■ Forschungsberichte von Hochschulen oder Verbänden ■ betriebliche Quellen: 　■ Umsatzstatistiken 　■ Kalkulationen 　■ Absatzstatistiken	**Methoden:** ■ Befragung ■ Beobachtung ■ Experiment ■ Testmarkt

Die Primärforschung erfordert einen höheren Aufwand als die Sekundärforschung. Zudem muss der Umgang mit den Methoden verstanden werden, um aussagefähige Ergebnisse zu beschaffen. Meist werden hierfür Marktforschungsinstitute beauftragt.

Befragung und Beobachtung

Eine häufig benutzte Methode der Primärforschung ist die Befragung oder die Umfrage, meist per Fragebogen. Um irrationales Verhalten auszuschließen, sollten die Bögen Kontrollfragen enthalten, die Widersprüche aufdecken. Außerdem sollten die Fragen geschickt formuliert werden, d.h. keine geschlossenen Fragen und keine direkten Fragen.

Beispiel:	
geschlossene Frage: Kennen Sie die Werbeaussage der Volksbanken?	besser offene Frage: Welche Werbeaussagen von Kreditinstituten kennen sie?
direkte Frage: Wie oft pro Monat gehen sie zu ihrem Kreditinstitut?	besser indirekte Frage: Aus welchen Anlässen besuchten sie im letzten Monat ihr Kreditinstitut?

Grundsätzlich teilen sich Fragbögen in vier Bereiche auf:
- Einleitungstext (Auftraggeber, Zielpersonenwahl, Ziel, Freiwilligkeit, Vertraulichkeit)
- Einleitungsfragen („warm-up", Motivation)
- Sach- und Kontrollfragen (eigentliche Information)
- Schlussteil (Angaben zur Person, soziodemographische Merkmale)

Befragungen können mündlich (telefonisch, persönlich) oder per Fragebogen durchgeführt werden. Für die Auswahl der Befragten gibt es zwei Verfahren.

Random-Verfahren	**Quota-Verfahren**
Reine Zufallsauswahl (z. B. jeder zehnte Kunde)	Auswahl der Befragten nach bestehenden Kriterien (z. B. Querschnitt der Bevölkerung, nach Altersgruppen, nach Geschlechteranteil)

Eine besondere Form der Datenerhebung stellt das **Panel** dar. Bei einem Panel handelt es sich um eine Erhebung bei einem gleichbleibenden Kreis von Auskunftssubjekten (Personen, Betrieben) über einen längeren Zeitraum hinweg. Dabei werden die Subjekte zu immer gleichen Zeitpunkten, in der gleichen Methode und zu gleichen Themen befragt. Damit ist es möglich Veränderungen zu messen.

> **Beispiel GFK-Finanzmarktpanel:**
>
> Befragt werden seit 1983 monatlich 20.000 Haushalte mit 45.400 Personen zu Themen des Finanzmarktes. Dieses Panel gibt Auskunft zu folgenden Fragen:
> - Wie hoch ist der Ausstattungsgrad der Haushalte mit Finanzdienstleistungen?
> - Welches Potenzial ist bei welchen Zielgruppen vorhanden?
> - Welche Marktanteilsentwicklungen sind zu erwarten?
> - Welche Präferenzen haben die Kunden, wie sehen die Wechselströme aus?
> - Wie ausgeprägt ist die Kundenbindung?

Experiment

Unter einem Experiment bzw. einem Test versteht man die gezielte Anordnung einer Untersuchung zum Zweck der objektiven Erkenntnisgewinnung. Es findet eine begrenzte Untersuchung der Wirkung von Marketingmaßnahmen statt. Beispielsweise werden neue Verpackungen von Produkten so getestet, dass beobachtet und erhoben wird, wie sie die Aufmerksamkeit erregen, wie das Material angenommen wird oder wie gut die Haltbarkeit ist. Bei Bankprodukten kann getestet werden, wie hoch die Zahlungsbereitschaft bei einem Produkt ist.

Testmarkt

Eine Möglichkeit, die Einführung neuer Produkte zu testen, bietet die Einrichtung eines Testmarkts. Auf einem abgegrenzten Markt wird das Produkt testweise eingeführt, ehe man die Einführung bundes- oder weltweit durchführt. Zahlreiche Bankprodukte wurden zuerst auf solchen Märkten getestet (z. B. Geldkarte und andere elektronische Zahlungsformen). Der verwendete Testmarkt ist ein geographisch begrenztes Gebiet, welches nach bestimmten Kriterien ein repräsentatives Abbild des für ein neues Produkt angestrebten Gesamtmarktes darstellt. Beispiele für häufig verwendete Testmärkte sind Haßloch, Bremen, Berlin und der Rhein-Neckar-Raum.

Lernkontrolle Aufgaben 1, 3 u. 4

1.4.3 Messung des Marktanteils

Von zentraler Bedeutung für die Marktforschung ist der **Marktanteil** eines Kreditinstituts. Der Marktanteil wird durch die Größen Absatzvolumen und Marktvolumen definiert. Der Marktanteil eines Kreditinstituts für ein Produkt drückt aus, welchen Anteil das Kreditinstitut am gesamten tatsächlichen Absatz der gesamten Branche hat.

$$\text{Marktanteil} = \frac{\text{Absatzvolumen}}{\text{Marktvolumen}} \times 100$$

Marktvolumen	tatsächlicher mengen- oder wertmäßiger Absatz der gesamten Branche (Bankensektor)
Absatzvolumen	tatsächlicher mengen- oder wertmäßiger Absatz eines Unternehmens (Kreditinstitut)
Marktpotenzial	Aufnahmefähigkeit des Martes für ein Produkt, d. h. möglicher Absatz für die gesamte Branche
Absatzpotenzial	möglicher Anteil des Produkts eines Unternehmens (Kreditinstituts) am Marktpozential, den dieses Unternehmen maximal erreichen kann

Der relative Marktanteil eines Kreditinstituts wird am stärksten mittels Marktkonkurrenten gemessen.

$$\text{relativer Marktanteil} = \frac{\text{absoluter Marktanteil des betrachteten Unternehmens}}{\text{absoluter Marktanteil des stärksten Konkurrenten}} \times 100$$

Will man feststellen, bis zu welchem Grad ein Markt bereits gesättigt ist, misst man den Anteil des derzeitigen Absatzes aller Anbieter an der maximal möglichen Absatzmenge für ein bestimmtes Produkt.

$$\text{Marktsättigung} = \frac{\text{Marktvolumen}}{\text{Marktpotenzial}} \times 100$$

Lernkontrolle
Aufgaben 5 u. 8

Die Messgrößen dienen dazu, den Markt einzuschätzen und die Wirkung von Marketing-maßnahmen zu messen. Ziel ist die Erhöhung des Marktanteils.

1.5 Marktsegmentierung

Zum zielgerichteten Einsatz der Marketinginstrumente ist es wichtig, die Kunden gezielt anzusprechen. Dies erfordert eine genaue Zielgruppenbeschreibung und -abgrenzung.

Marktsegmentierung: Aufteilung des Gesamtmarktes nach bestimmten Kriterien in Käufergruppen bzw. -segmente. Die Gruppen oder Segmente sollten hinsichtlich des Kaufverhaltens weitgehend ähnlich (homogen) sein. Durch die Marktsegmentierung werden die Bankgeschäfte in Teilmärkte aufgeteilt.

Die Segmentierung des Marktes für Bankprodukte kann unterschiedlich erfolgen. Eine erste, aber wichtige Einteilung der Kunden wird durch die Altersstruktur bestimmt. Die benötigten Bankleistungen ändern sich im Lebenszyklus der Kunden. So benötigen z. B. junge Paare ohne Kinder häufiger Geld für Anschaffungen im Bereich des Haushalts oder für den Kauf eines Autos. In Haushalten mit Kindern wächst verstärkt der Bedarf für eine größere Wohnung oder für ein Haus. Die Vorsorge für die Zukunft der Kinder steht im Vordergrund. In späteren Lebensabschnitten spielen Bankprodukte zur Altersabsicherung für den Kunden eine größere Rolle.

Ziel des Bankenmarketings muss es sein, für jede Altersstufe bedarfsgerechte Produkte anzubieten und die Kunden lebenslang an das Kreditinstitut zu binden.

Zielgruppen aufgrund von Lebenszyklen

Alter	Lebenssituation	Beispiele für benötigte Bankprodukte
Geburt bis ca. 17. Lebensjahr	■ Anlage Kindergeld ■ Absicherung der Ausbildung	■ Sparbuch ■ Girokonto ■ Versicherungen
Berufseintritt bis ca. 30. Lebensjahr	■ Autokauf ■ Wohnungseinrichtung ■ Urlaub ■ allgemeiner Konsum	■ Girokonto ■ VL-Anlage ■ Geldanlage ■ Lebensversicherung ■ Riestervertrag ■ Rürupvertrag ■ Bausparen ■ Konsumentenkredit
ab 30. Lebensjahr	■ Heirat ■ Familiengründung ■ Immobilienerwerb ■ Zunehmender Finanzbedarf	■ Versicherungen ■ Altersvorsorge ■ Depot ■ Risiko-Lebensversicherung ■ Immobilienkredit ■ Umschuldung ■ Renovierung
Eintritt in den Ruhestand	■ Einkommensverlust ■ Nachlassregelung	■ Entschuldung ■ Vertrag zugunsten Dritter

Aus den Bedürfnissen in den unterschiedlichen Lebensphasen der Kunden kann beispielsweise unterschieden werden nach:

- ■ junge Singles
- ■ junge Paare ohne Kinder
- ■ junge Familien
- ■ Familien mit nur älteren Kindern

- ■ ältere Paare ohne Kinder
- ■ Seniorenpaare (ab 60 Jahren)
- ■ ältere Singles

Eine immer wieder verwendete Einteilung der Kunden kann mithilfe der ABC-Analyse vorgenommen werden.

Idealtypische Kundenverteilung nach dem Paretoprinzip durch ABC-Analyse	
A-Kunden (höchste Bedeutung)	Diese wichtigen Kunden stellen nur einen kleinen Anteil der Kunden dar (z. B. 20 %), bringen aber den größten Umsatzanteil (z. B. 80 %). Dieser Kundenkreis stellt die Wunschkunden dar, die man gewinnen will.
B-Kunden (mittlere Bedeutung)	Die B-Kunden stellen den mittleren Anteil der Kunden dar (z. B. 30 % der Kunden). Sie tragen aber noch einen erheblichen Teil des Umsatzes (z. B. 15 %).
C-Kunden (geringe Bedeutung)	Die größte Gruppe der Kunden (z. B. 50 %) trägt nur wenig zum Umsatz bei (z. B. 5 %).

Die dargestellten Zahlen werden in der Realität selten erreicht und stellen nur eine idealtypische Verteilung dar.

Möglich ist auch eine Kundeneinteilung nach Anlegertypen, z. B. in Typenklassen vom sicherheitsorientierten Spartypen bis zum ausgabefreudigen Kredittyp.

Verbreitet ist eine dreiteilige Marktsegmentierung in
- ■ Privatkunden
- ■ vermögende Privatkunden
- ■ Firmenkunden.

Lernkontrolle Aufgaben 2, 6 – 7

Zusammenfassung und Lernkontrolle

Zusammenfassung

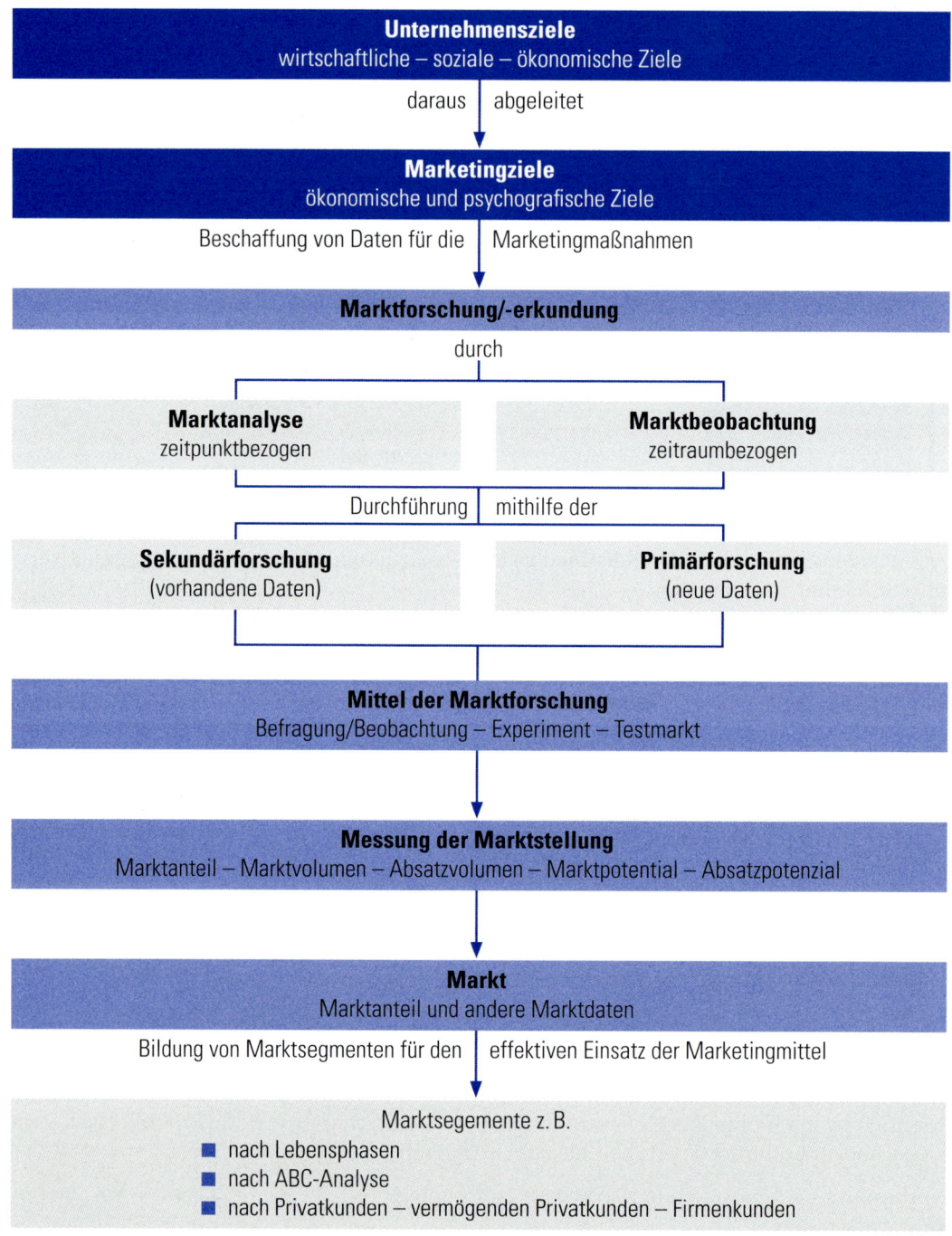

Unternehmensziele
wirtschaftliche – soziale – ökonomische Ziele

daraus | abgeleitet

Marketingziele
ökonomische und psychografische Ziele

Beschaffung von Daten für die | Marketingmaßnahmen

Marktforschung/-erkundung

durch

| **Marktanalyse** | **Marktbeobachtung** |
| zeitpunktbezogen | zeitraumbezogen |

Durchführung | mithilfe der

| **Sekundärforschung** | **Primärforschung** |
| (vorhandene Daten) | (neue Daten) |

Mittel der Marktforschung
Befragung/Beobachtung – Experiment – Testmarkt

Messung der Marktstellung
Marktanteil – Marktvolumen – Absatzvolumen – Marktpotential – Absatzpotenzial

Markt
Marktanteil und andere Marktdaten

Bildung von Marktsegmenten für den | effektiven Einsatz der Marketingmittel

Marktsegemente z. B.
- nach Lebensphasen
- nach ABC-Analyse
- nach Privatkunden – vermögenden Privatkunden – Firmenkunden

Lernkontrolle

Aufgabe 1

Worin sehen Sie die Vor- und Nachteile der Primärforschung gegenüber der Sekundärforschung für ein Kreditinstitut?

Aufgabe 2

Welche Folgerungen für das Marketing eines Kreditinstituts leiten Sie aus folgenden Aussagen ab?

1. Die deutsche Bevölkerung interessiert sich immer stärker für Sportsendungen im Fernsehen.
2. 50 % der Zuschauer der letzten Fußball-Weltmeisterschaft waren Frauen.
3. Die Zahl der Deutschen, die ein Eigenheim bauen oder erwerben wollen, nimmt stark zu.
4. Die Inflationsrate frisst den Sparzins auf.

Aufgabe 3

Die EUROPA-Bank AG plant verstärkt Bankdienstleistungen für Kleingewerbetreibende anzubieten. Für diese noch nicht genauer untersuchte Zielgruppe muss der Bedarf festgestellt werden. Welche Maßnahmen könnten Sie ergreifen, um Informationen über diesen Markt zu erhalten?

Aufgabe 4

Die EUROPA-Bank AG Leipzig stellt fest, dass seit einigen Jahren die Einnahmen aus Provisionen durch Wertpapierhandel rückläufig sind und die Zahl der Wertpapierorders zurückgeht. Die Marketingabteilung soll tätig werden.

1. Nennen Sie vier Ziele, die sich auf die Arbeit der Marketingabteilung richten.
2. Um die Ziele genauer definieren zu können, will die EUROPA-Bank zunächst Marktforschung betreiben.
   a) Grenzen Sie Marktbeobachtung und Marktanalyse gegeneinander ab.
   b) Warum sind Marktprognosen mit Vorsicht zu beurteilen?
   c) Warum wird die Sekundärforschung auch als kostengünstigste Methode bezeichnet?
3. Die Geschäftsleitung beschließt, zunächst einmal aufgrund der Kunden- und Auftragsdaten und des sonstigen vorhandenen Datenmaterials zu erforschen, welches die Ursachen für den Rückgang im Wertpapierbereich sind.
   a) Welche Methode der Marktforschung wurde gewählt?
   b) Erläutern Sie Vor- und Nachteile, wenn ein Marktforschungsinstitut beauftragt würde die derzeitige Marktsituation im Wertpapierbereich zu erforschen.
4. Begründen Sie, weshalb ein modernes Marketing auf die Marktforschung angewiesen ist.
5. Erläutern Sie die Erhebungstechniken „Befragung (Interview)" und „Panel" und ordnen Sie diese der Marktbeobachtung bzw. der Marktanalyse zu.

Aufgabe 5

Mit einem Jahresumsatz von 90 Mio. Euro ist man bei der EUROPA-Bank AG bei einem Produkt Marktführer in Deutschland. Angenommen, das Marktpotenzial für dieses Bankprodukt wird pro Jahr deutschlandweit auf 1 Mrd. Euro geschätzt. Das Marktvolumen beläuft sich auf 300 Mio. Euro. Wie hoch ist der Marktanteil der EUROPA-Bank AG?

Aufgabe 6

Worin unterscheiden sich das Produktangebot, die Kundenbetreuung und die Kundenberatung eines Kreditinstituts für die Gruppen Privatkunden, vermögende Privatkunden und Firmenkunden?

Aufgabe 7

Ein Kreditinstitut will den Markt nach den Lebensphasen der Menschen segmentieren. Erläutern Sie allgemein und an Beispielen, dass diese Einteilung sinnvoll sein kann.

Aufgabe 8

Bei einem Bankprodukt erzielt die EUROPA-Bank AG einen Umsatz von 20 Mio. Euro, der Gesamtumsatz aller Kreditinstitute für dieses Produkt beträgt 100 Mio. Euro. Die EUROPA-Bank AG schätzt, dass sie aufgrund ihres eigenen Potenzials den Umsatz auf 25 Mio. Euro steigern kann. Der schärfste Konkurrent erzielt einen Umsatz von 30 Mio. Euro.

Ermitteln Sie den Marktanteil, den relativen Marktanteil der EUROPA-Bank und die Marktsättigung.

1.6 Marketing-Instrumente

1.6.1 Produktpolitik

Das Sortiment der Bankdienstleistungen orientiert sich an den Kundenbedürfnissen. Treten neue Bedürfnisse z. B. aufgrund geänderter Rahmenbedingungen (Steuerrecht, Kundenverhalten) auf, müssen die neuen Bedürfnisse durch neue Dienstleistungen befriedigt werden. Die Einführung neuer Produkte nennt man **Produktinnovation**.

> **Beispiele** für Produktinnovationen: Diskontzertifikate, Indexanleihe

Von der Produktinnovation zu unterscheiden ist die **Produktdifferenzierung**. Dabei handelt es sich nur um Änderungen bereits bestehender Dienstleistungen.

> **Beispiele** für Produktdifferenzierungen: Wachstumssparen, Bonussparen

Als **Produktdiversifikation** wird die Verbreiterung der Produktpalette um neue „Standbeine" verstanden. Das Sortiment wird also um Dienstleistungen erweitert, die nicht ursprüngliche Bankdienstleistungen waren.

> **Beispiele** für Produktdiversifikation: Versicherungen, Immobilien, Leasing, Bausparen

Auch die Sortimentsbereinigung **(Produktelimination)** kann notwendig sein, wenn diese Produkte aufgrund geänderter Rahmenbedingungen nicht mehr nachgefragt werden.

> **Beispiele** für Produktelimination: Berlin-Darlehen wurden einkommens- und körperschaftsteuerlich gefördert. Die Förderung wurde 1991 aufgehoben. Das Bankprodukt musste eliminiert werden. Vergleichbar verhält es sich auch mit verschiedenen durch die Kreditanstalt für Wiederaufbau (KfW) geförderten Darlehensformen.

Oft spielt die äußere Aufmachung von Produkten, die **Produktgestaltung**, für den Verkauf eine entscheidende Rolle. Die Designfrage ist bei Bankprodukten weniger bedeutend als bei Industrieprodukten. Die Produktgestaltung findet sich bei Bankprodukten in der Namensgebung und bei komplexen Produkten in der Konstruktion (z. B. Zertifikate) wieder.

Zur Produktpolitik gehört auch die **Sortimentsgestaltung**. Ein Sortiment stellt die Gesamtheit der angebotenen Güter und Dienstleistungen eines Unternehmens dar. Die Geschäftsleitung entscheidet über die Breite und Tiefe eines Sortiments.

Sortimentsgestaltung	
Sortimentsbreite	**Sortimentstiefe**
Wie viele Dienstleistungsgruppen werden angeboten (z. B. auch Versicherungen)?	Wie viele unterschiedliche Ausführungen innerhalb einer Dienstleistungsgruppe werden angeboten (z. B. Personen- und Sachversicherungen)?

Alle Produkte am Markt unterliegen einem Lebenszyklus. Durch Veränderung von Kundenwünschen, technischen Möglichkeiten, Trends und rechtlichen Rahmenbedingungen sind Produkte irgendwann überflüssig oder bringen keinen Ertrag mehr. Für den rechtzeitigen Einsatz von produktpolitischen Maßnahmen, wie z. B. Produktelemination oder Produktdifferenzierung muss der Lebenszyklus von Produkten beobachtet werden. Die Dauer der Lebenszyklen sind sehr unterschiedlich.

Idealtypischer Produktlebenszyklus

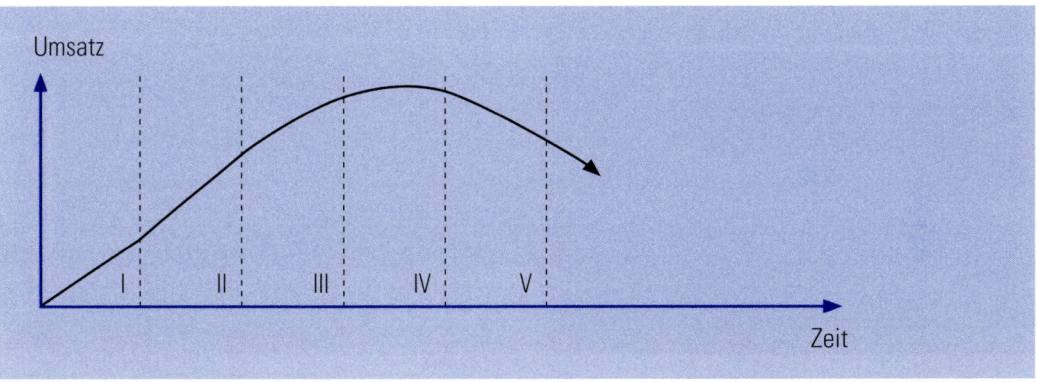

Beschreibung der Phasen

I = Einführungsphase	**II = Wachstumsphase**
■ Einführung des Produkts am Markt ■ große Bedeutung von Werbung, hoher Werbeaufwand ■ Anfangsverluste möglich, da Umsatz eher gering ■ nur wenige Kunden testen das Produkt	■ steigende Wachstumsraten ■ steigende Gewinne ■ Verdichtung des Vertriebsnetzes ■ normaler Aufwand an Werbung
III = Reifephase	
■ Produkt hat sich am Markt durchgesetzt ■ langsameres Wachstum des Umsatzes ■ eventuell Diversifikationen zur Erschließung weiterer Marktsegmente	

IV = Sättigungsphase	V = Degenerationsphase
■ es werden keine zusätzlichen Marktsegmente erschlossen ■ Nachfrage ist nahezu befriedigt ■ Produkt hat hohen Bekanntheitsgrad ■ maximaler Umsatz erreicht ■ Preiskampf, Produkt oft zu niedrigeren Preisen erhältlich als in den ersten Phasen	■ irreversibler Absatzrückgang ■ Umsatz stark sinkend ■ neue Produkte sind bereits auf dem Markt ■ bei positivem Deckungsbeitrag Produkt möglichst lange am Markt halten

Je genauer ein Kreditinstitut diesen Lebenszyklus beobachtet, desto wirksamer können die Marketinginstrumente, insbesondere die Instrumente der Produktpolitik, eingesetzt werden.

Mithilfe der Portfolioanalyse können die einzelnen Geschäftsfelder oder Produkte in einer Vier-Felder-Matrix nach ihren zu erwartenden Wachstumschancen eingeordnet werden.

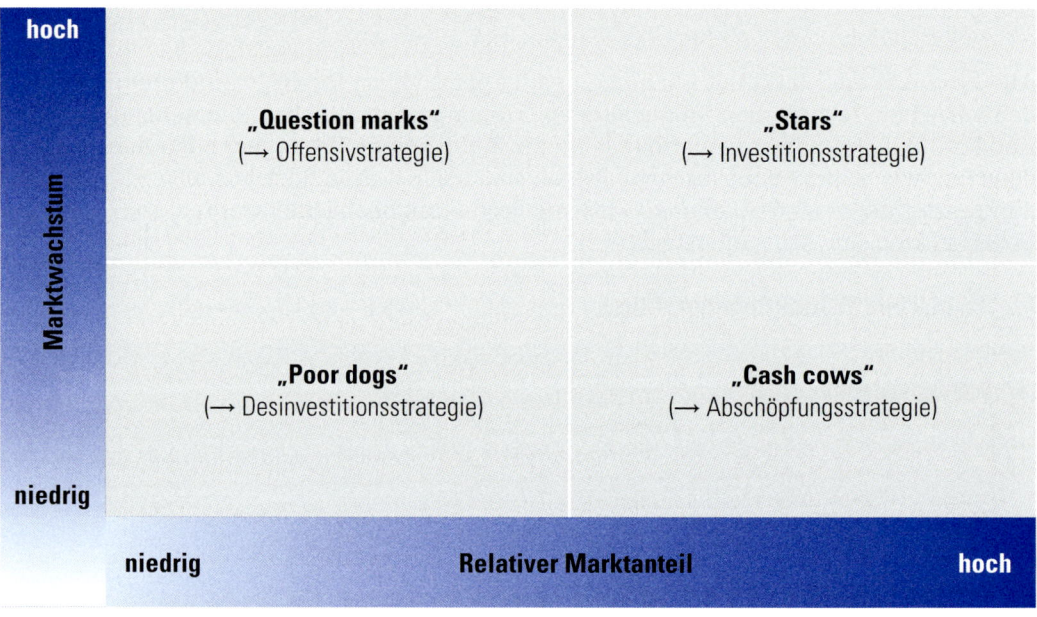

Beschreibung der Felder

Fragezeichen	Sterne
■ neues Produkt ■ geringer Marktanteil ■ Bedarf an absatzpolitischen Maßnahmen ■ Einführungsphase	■ deutlich steigender Marktanteil ■ gute Wachstumschancen ■ hohe Investitionen in das Produkt sind lohnend ■ Wachstumsphase
Arme Hunde	**Melkkühe**
■ Marktanteil ist stark rückläufig ■ Investitionen in das Produkt sind sinnlos ■ Produkt muss vom Markt genommen werden ■ Sättigungsphase oder Degenerationsphase	■ hoher Marktanteil ■ geringe Wachstumschancen ■ Investitionen in das Produkt werden stark reduziert ■ Markt wird abgeschöpft, solange das Produkt noch Gewinn erwirtschaftet ■ Sättigungs- bzw. Reifephase

Eine entscheidende Rolle spielt im Bankenbereich, wie im gesamten Dienstleistungsbereich, der **Service**. Guter Service eines Kreditinstituts bedeutet

■ den Kunden umfassend und individuell zu beraten,
■ ein Produkt oder ein Bündel von Produkten für seine individuelle Situation oder sein Problem anzubieten und
■ dabei die Bankleistung, die meist abstrakt und erklärungsbedürftig ist, rechtlich und fachlich zu erklären.

Dazu ist zu beachten, dass Service für den Kunden auch bedeutet, dass er keine oder nur kurze Wartezeiten hat, dass die Öffnungs- bzw. Terminzeiten seinen Bedürfnissen entsprechen und alle technischen Einrichtungen funktionieren.

> Die Produktpolitik hat die Aufgabe durch Innovation, Diversifikation, Differenzierung, Elimination und bankspezifische Gestaltung für die Kunden ein Allfinanz-Angebot zu erstellen. Dabei müssen Beratung und Service besondere Beachtung finden.

Lernkontrolle
Aufgaben 1–4

1.6.2 Preis- und Konditionenpolitik

Die Preis- und Konditionenpolitik befasst sich mit der vertraglichen Festlegung des Entgeltes für die angebotenen Bankleistungen. Die Entgelte setzten sich aus verschiedenen Komponenten zusammen.

Komponenten der Entgelte für Bankleistungen		
Zinsen	**Provisionen und Gebühren**	**Sonstige Komponenten**
■ Habenzinssatz ■ Sollzinssatz ■ Überziehungszinssatz	■ Kontoführungsgebühr ■ Gebühr für Buchungsposten ■ Gebühr für girocard und Kreditkarten ■ Gebühren für Daueraufträge (einrichten, ändern, löschen) ■ Depotgebühren ■ Schließfachgebühren ■ Provisionen für Wertpapiertransaktionen und -geschäfte	■ Regeln für die Wertstellung (Wertstellungsusancen) für Schecks und Lastschriften ■ Bonusvergütungen im Passivgeschäft ■ Verhandlungsspielräume für Mitarbeiter gegenüber Kunden

Die Kreditinstitute sind wie andere Unternehmen bei der Preisgestaltung von inneren und äußeren Fakten abhängig.

Einflussfaktor Nachfrage

Über die Durchsetzbarkeit von Preisen entscheidet letztendlich immer der Nachfrager. Er bewertet, ob ein Preis für die Leistung bezahlt wird oder nicht. Es ist auch Aufgabe des Marketings, die Preisentscheidungen kundenorientiert zu treffen und zu kommunizieren. Ob ein Kunde den Preis für ein Produkt akzeptiert, hängt auch von der Serviceleistung des Kreditinstituts ab.

Einflussfaktor Konkurrenz

Kreditinstitute bewegen sich in den meisten Fällen auf einem unvollkommenen oligopolistischen Markt. Das bedeutet, dass es einen monopolistischen Spielraum innerhalb der

Zur Preisbildung
siehe Kapitel B 5

Preisgestaltung gibt. Durch die Schaffung von Präferenzen kann dieser Spielraum vergrößert werden. Innerhalb des monopolistischen Bereichs können die Preise unabhängig gestaltet werden.

> **Beispiel:**
> Ein regionales Kreditinstitut erhöht die Kontoführungsgebühr um 20 Eurocent pro Monat. Aufgrund der räumlichen Nähe oder wegen der hervorragenden Kundenfreundlichkeit und der guten Beratung kündigen nur wenige Kunden und wechseln das Kreditinstitut.

Lernkontrolle
Aufgabe 6

Einflussfaktor Kosten

Traditionelle Preisfestsetzungen basieren auf dem Prinzip der Kostendeckung, bei dem die für die Herstellung der Leistung anfallenden Kosten ermittelt werden. Um zum Preis der Leistung zu kommen, wird den Kosten noch ein Gewinnzuschlag hinzugerechnet.

> **Beispiel:**
> Für einen Kredit über 10.000 Euro mit einer Laufzeit von 6 Monaten wird ermittelt, dass die Bearbeitungskosten sich auf 100 Euro belaufen und die Refinanzierungskosten des Kreditinstituts 2 % betragen. Zudem soll ein Gewinn von 100 Euro erreicht werden. Daraus ergibt sich für den Kunden ein Zinssatz in Höhe von 6 %.
>
> | | |
> |---|---:|
> | Kosten Refinanzierung 2 % von 10.000 Euro für 6 Monate = | 100,00 € |
> | Bearbeitungsgebühr | 100,00 € |
> | Gewinn | 100,00 € |
> | Preis für den Kunden | 300,00 € |
>
> $$P = \frac{300 \times 100 \times 360}{10.000 \times 180} = \mathbf{6\,\%}$$

Ein Problem der Kreditinstitute bei der kostenorientierten Preisermittlung besteht darin, dass Kreditinstitute hohe Fixkosten haben, die die Kalkulation auf Vollkostenbasis erschweren. Langfristig müssen die Umsätze aber die Gesamtkosten überdecken, damit ein Unternehmen überleben kann.

> Kurzfristig kann die Preisuntergrenze durch die variablen Kosten plus Gewinn festgelegt werden.

Einflussfaktor Rechtsprechung

Zahlreiche Gerichtsurteile haben Einfluss auf die Preisgestaltung der Kreditinstitute. So gab es beispielsweise Urteile zur Vorfälligkeitsentschädigung bei Krediten, zur kostenfreien Abhebung oder zu Bearbeitungsgebühren bei Privatkrediten.

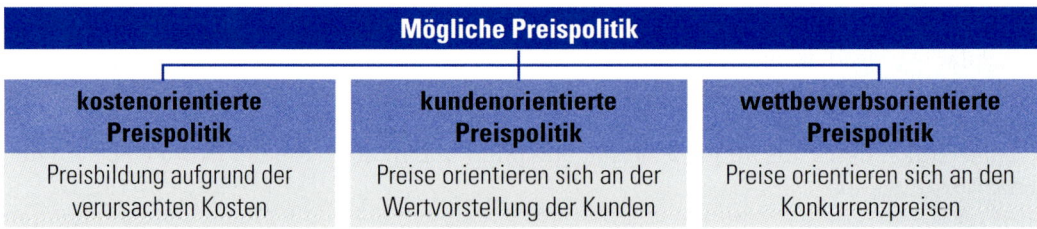

Mögliche Preispolitik		
kostenorientierte Preispolitik	**kundenorientierte Preispolitik**	**wettbewerbsorientierte Preispolitik**
Preisbildung aufgrund der verursachten Kosten	Preise orientieren sich an der Wertvorstellung der Kunden	Preise orientieren sich an den Konkurrenzpreisen

Innerhalb der Preis- und Konditionenpolitik können unterschiedliche Strategien angewandt werden. Dabei ist die Preissetzung immer ein Prozess. Preise müssen immer wieder verändert und an die sich ändernden Einflussfaktoren angepasst werden.

Preisstrategie	Erläuterung
Preisdifferenzierung	Werden für verschiedene Marktsegmente unterschiedliche Preise für ein Produkt verlangt, spricht man von Preisdifferenzierung (z. B. kostenfreies Girokonto für Studenten). Preisdifferenzierung kann auch räumlich (je nach Stadt oder Bundesland) oder zeitlich erfolgen (Einführungsphase hoher Preis – später niedrigerer Preis). Dadurch kann die Zahlungsbereitschaft verschiedener Käuferschichten besser berücksichtigt werden.
Psychologische Gesichtspunkte	Durch die Psychologie bewiesen ist, dass ungerade Preise von Käufern eher akzeptiert werden als gerade und dass gebrochene Preise den Eindruck einer exakten Kalkulation erwecken.
Einzel- und Paketpreise	Für bestimmte Leistungen können Einzelpreise (z. B. Produkt mit hohem Beratungsbedarf) und für andere wiederum Paketpreise (z. B. Führung eines Girokontos) verlangt werden.
Höchst- und Niedrigpreisstrategie	Insbesondere durch den Produktlebenszyklus bestimmt, können Preise den verschiedenen Lebensphasen angepasst werden (z. B. Einführungsphase eines Produkts mit Höchstpreis oder mit Niedrigpreis).

Die Preispolitik von Kreditinstituten umfasst die Festlegung der Höhe von Zinsen, Gebühren, Provisionen und Wertstellungsusancen, orientiert an der Nachfragesituation, der Konkurrenz oder den Kosten.

Lernkontrolle
Aufgaben 5–7

1.6.3   Vertriebspolitik

Unter der Vertriebspolitik (Distributionspolitik) eines Kreditinstituts versteht man die Entscheidung darüber, auf welchen Absatzwegen die Bankdienstleistungen den Kunden angeboten werden sollen. Kreditinstitute nutzen neben dem klassischen stationären Vertrieb auch andere, insbesondere durch moderne Techniken geprägte Vertriebswege.

Kategorie	Erläuterung
stationärer Vertrieb	■ Geschäftsstellen, Filialen und Zweigstellen als 　■ Full-Service-Banken oder 　■ Servicestellen für standardisierte Privatkundengeschäfte. ■ Beratungsstellen für Geschäfte mit intensivem Beratungsbedarf (z. B. für Vermögensberatungen) werden ausgegliedert. ■ Sondergeschäftsstellen befinden sich an Orten mit starkem Publikumsverkehr, wie z. B. Bahnhöfen, Flughäfen und Einkaufszentren.
mobiler Vertrieb	■ Außendienstmitarbeiter übernehmen Beratungs- und andere Dienstleistungsaufgaben unabhängig von Öffnungszeiten. Das ermöglicht eine individuelle und flexible Kundenbetreuung und -gewinnung. Neben den Bankmitarbeitern kommen für diese Vertriebsform auch Kooperationspartner (z. B. Bausparkassen und Versicherungen) in Betracht. ■ Fahrbare Geschäftsstellen gibt es vereinzelt in ländlichen Regionen. Die Fahrzeuge fahren die entsprechenden Orte zu festen Zeiten an und bieten die Möglichkeit, Standardbankgeschäfte vor Ort zu erledigen.

Kategorie	Erläuterung
technisch gestützter Vertrieb	■ **Selbstbedienungscenter** In speziell geschaffenen, rund um die Uhr zugänglichen Bereichen sind in den SB-Centren Geräte aufgestellt, um den Kunden z. B. zu erlauben 　■ auf elektronischem Weg Überweisungen zu tätigen, Daueraufträge einzurichten, sich über Kontostände zu informieren u.ä. Geschäfte durchzuführen (Informations- und Dialogterminals), 　■ Geldauszahlungen vorzunehmen (GAA), 　■ Kontoauszüge auszudrucken (KAD) oder 　■ Einzahlungen vorzunehmen (Einzahlungsautomaten). ■ **Direktbanking** Große Bedeutung hat der Vertrieb der Bankprodukte über Telefon, Briefversand, Fax, PC und Smartphone (Online- oder Internetbanking) gewonnen. Dem Kunden ersparen diese Wege Zeit und sind kostengünstiger. Kunden verwalten durch PC- oder Smartphone gestützte Systeme ihre Konten weitgehend selbst. Reine Direktbanken verzichten ganz auf den stationären Vertrieb.

Die meisten Banken setzen auf einen Mix von verschiedenen Vertriebswegen und sind dadurch Multichanel-Anbieter. Durch die Kombination der Formen können sich Vorteile im Bereich der Bedarfsdeckung und beim Preis ergeben.

Lernkontrolle
Aufgaben 8–9

> Die Vertriebspolitik der Kreditinstitute umfasst alle Bemühungen des Kreditinstituts, den Zielgruppen bedarfsgerecht, kostengerecht und produktiv Produkte über stationäre, mobile oder technisch gestützte Wege anzubieten.

1.6.4　Kommunikationspolitik

Mithilfe der Kommunikationspolitik soll die Öffentlichkeit über die Bankleistungen informiert werden. Dabei soll ein positives Bild vom Kreditinstitut und dessen Leistungen in der Öffentlichkeit entstehen. Zudem werden mithilfe der Kommunikation auch die Bankprodukte positiv und werbewirksam dargestellt. Durch die Kommunikationsmittel soll eine Verbindung zwischen Kreditinstitut und Kunde hergestellt werden (Kommunikation = Nachrichtenaustausch).

Ziele der Kommunikationspolitik sind
■ Informationen verbreiten,
■ Kaufanreize schaffen,
■ den Bekanntheitsgrad eines Unternehmens steigern und ein
■ positives Image des Kreditinstituts entstehen zu lassen und zu erhalten.

Die Ziele der Kommunikationspolitik lassen sich auch durch die AIDA-Formel beschreiben.

Attention (Aufmerksamkeit)　**I**nterest (Interesse)　**D**esire (Kaufwunsch)　**A**ction (Kauf)

Zur Zielerreichung stehen mehrere Instrumente zur Verfügung.

Instrumente der Kommunikationspolitik

| Werbung | Verkaufs-förderung | Öffentlichkeits-arbeit | Sponsoring | persönlicher Verkauf |

1.6.4.1 Werbung

Werbung soll Botschaften übermitteln und Kaufanreize schaffen. Da viele Bankleistungen komplex und erklärungsbedürftig sind, ist es schwierig, mithilfe der Werbung Informationen zu übermitteln. Oft bleibt nur das Mittel der indirekten Veranschaulichung.

Beispiele:	Wir machen den Weg frei.
	Das Sparkassen Finanzkonzept: ganzheitliche Beratung statt 08/15.
	Die smarte Zukunft für ihr Online-Banking.
	Eine Bank, die ihre Kunden kennt.
	Der SpardaFairKredit.

Werbeträger und Werbemittel

Die Werbemittel sind Anzeigen, Werbebriefe, Plakate, Funk- und Fernsehspots. Durch sie wird über geeignete Werbeträger (Medien) die Werbebotschaft zu den Umworbenen transportiert. Die Medien, die hierzu verwendet werden (Werbeträger) sind Zeitungen, Zeitschriften, Rundfunk, Fernsehen, Plakate, Internet, Kino und auch Personen.

Gestaltungsmittel des Kommunikationsauftritts

Für den Werbeauftritt können verschiedene Gestaltungselemente eingesetzt werden. Dabei ist zu beachten, dass die Werbewirksamkeit von der jeweiligen Situation abhängt. Die Gestaltungselemente müssen der jeweiligen Situation angepasst sein.

Wesentliche Gestaltungselemente

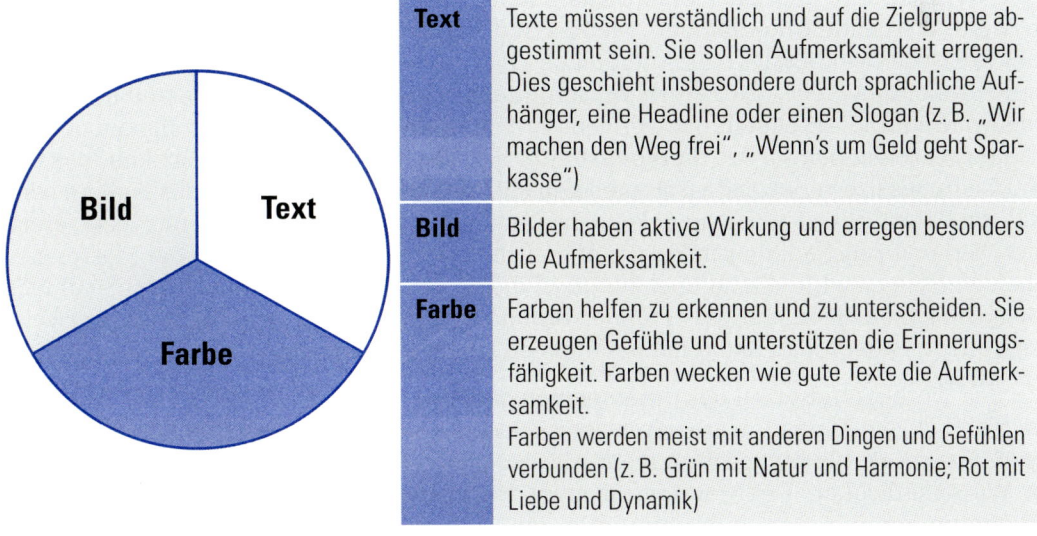

Text	Texte müssen verständlich und auf die Zielgruppe abgestimmt sein. Sie sollen Aufmerksamkeit erregen. Dies geschieht insbesondere durch sprachliche Aufhänger, eine Headline oder einen Slogan (z. B. „Wir machen den Weg frei", „Wenn's um Geld geht Sparkasse")
Bild	Bilder haben aktive Wirkung und erregen besonders die Aufmerksamkeit.
Farbe	Farben helfen zu erkennen und zu unterscheiden. Sie erzeugen Gefühle und unterstützen die Erinnerungsfähigkeit. Farben wecken wie gute Texte die Aufmerksamkeit. Farben werden meist mit anderen Dingen und Gefühlen verbunden (z. B. Grün mit Natur und Harmonie; Rot mit Liebe und Dynamik)

Die Gestaltung des Kommunikationsauftritts kann insbesondere sprachlich, bildhaft und akustisch erfolgen.

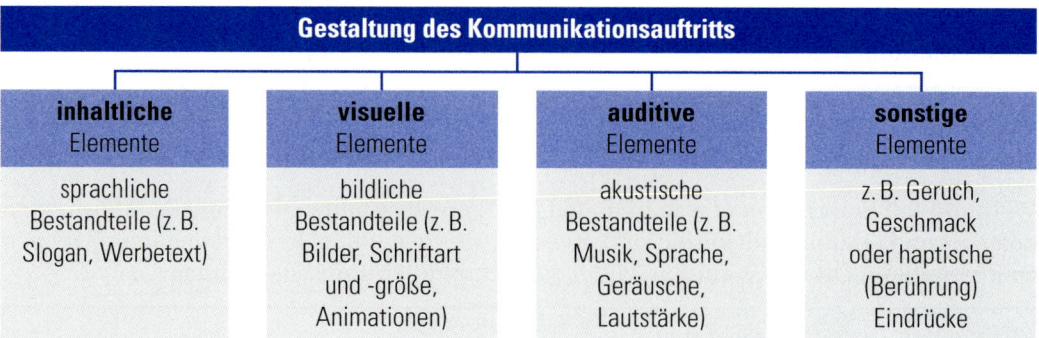

Gestaltung des Kommunikationsauftritts			
inhaltliche Elemente	**visuelle** Elemente	**auditive** Elemente	**sonstige** Elemente
sprachliche Bestandteile (z. B. Slogan, Werbetext)	bildliche Bestandteile (z. B. Bilder, Schriftart und -größe, Animationen)	akustische Bestandteile (z. B. Musik, Sprache, Geräusche, Lautstärke)	z. B. Geruch, Geschmack oder haptische (Berührung) Eindrücke

Werbeplanung

Im Werbeplan werden alle wesentlichen Elemente einer Werbeaktion oder -kampagne festgelegt.

Wichtige Elemente eines Werbeplans	
Streuweg oder Streumittel	Welche Werbeträger und -mittel sollen eingesetzt werden (Anzeigen, Spots usw.)?
Streukreis	Welche Personen (Gruppen, Zielgruppen) sollen angesprochen werden?
Streugebiet	In welchem geographischen Gebiet wird die Werbung durchgeführt?
Streuzeit	Zu welchem Zeitpunkt und Zeitraum wird die Werbemaßnahme durchgeführt? Wird die Werbung zyklisch (regelmäßig, periodisch) oder antizyklisch platziert?

Werbegrundsätze

UWG In Deutschland gibt es Grundsätze, die bei der Werbung beachtet werden sollten. Unlautere Werbung wird gesetzlich unterbunden durch das Gesetz gegen den unlauteren Wettbewerb. Werbende Unternehmen, Medien und Agenturen haben sich mit der Gründung des Deutschen Werberates eine Autorität geschaffen, die das Werbegeschehen in Deutschland ordnend begleitet. Der Werberat sorgt dafür, dass sich die Werbefreiheit auf allgemeinverträgliche Art entfaltet. Er verbietet irreführende, belästigende oder Jugend gefährdende Werbeaussagen. Als Sanktionsmittel hat der Werberat die Möglichkeit, das die Werbegrundsätze verletzende Unternehmen aufzufordern, die Kampagne abzuändern oder aus der Öffentlichkeit zu nehmen. Folgt das Unternehmen dieser Aufforderung nicht, greift der Werberat zum Sanktionsmittel der öffentlichen Rüge. Die Redaktionen der Massenmedien erhalten eine Mitteilung über die Rüge, die sie dann in ihre Berichterstattung aufnehmen und kommentieren. Diese „Prangerwirkung" die zu einem Imageverlust führt, erweist sich als wirksames Instrument mit einer hohen Durchsetzungsrate.

Zu den Werbegrundsätzen der Unternehmen gehören:
- Wahrheit und Klarheit: Werbung soll den Tatsachen entsprechende Informationen liefern.
- Wirksamkeit: Werbung soll zu mehr Absatz führen.
- Wirtschaftlichkeit: Der Mehrumsatz muss den finanziellen Einsatz durch die Werbung übertreffen.

Kontrolle des Kommunikationserfolgs

Zur Überprüfung der Zielerreichung des Kommunikationsauftritts muss der Erfolg gemessen werden. Die Wirkung der Kommunikationspolitik zeigt sich entsprechend den Zielen dieses Marketingelements im kommunikativen und wirtschaftlichen Erfolg.

Erfolg	Kontrolle des Erfolgs
kommunikativer Erfolg ■ Image ■ Bekanntheitsgrad ■ Einstellung	■ **Messung der Wahrnehmung der Werbebotschaft** z. B. durch Recall-Test (Interviews, Anrufe um abzufragen, ob man sich z. B. an den Slogan oder die Farbgebung erinnert) ■ **Messung der Verarbeitung, d. h. Messung, ob ein Lernprozess stattgefunden hat** z. B. Fragebogen mit der Abfrage nach Kernaussagen oder Eigenschaften eines Produkts ■ **Messung der Verhaltensänderung, d. h. messen, ob sich das Kaufverhalten geändert hat** z. B. Abfrage am Schalter nach künftigen Kaufabsichten der Kunden
wirtschaftlicher Erfolg ■ Wirtschaftlichkeit ■ Umsatz ■ Gewinn	■ **Wirtschaftlichkeit der gesamten Werbung:** $$\frac{\text{Umsatzzuwachs}}{\text{Gesamter Werbeaufwand der Periode}} \times 100$$ Die Messung des Erfolgs einzelner Aktivitäten gestaltet sich schwieriger. Mögliche Verfahren sind ■ **Gebietstestverfahren** Vergleich zweier Teilmärkte, wobei nur bei einem Teilmarkt die Aktivität (z. B. Werbung) eingesetzt wird. ■ **BuBaW-Verfahren** Bestellung unter Bezugnahme auf die Werbung: Den Werbemitteln werden besonderes markierte Bestell- oder Antwortscheine beigefügt ■ **Befragung** Die Kunden werden direkt zu ihren Kaufmotiven befragt.

1.6.4.2 Verkaufsförderung

Unter **Verkaufsförderung (Salespromotion)** versteht man alle Maßnahmen, die die Arbeit der Verkäufer unterstützen. Dadurch soll der Absatz der Bankleistungen gesteigert werden. Dies bedeutet, dass die Bankmitarbeiter bestehende Werbemaßnahmen und andere verkaufsfördernde Maßnahmen im Sinne einer Philosophie aufnehmen sollten. Das gesamte Kreditinstitut soll von der Öffentlichkeit als Gesamtbild wahrgenommen werden (Corporate Identity). Dazu tragen auch das Logo, der Firmenname und das Unternehmensleitbild bei.

Strategische Ziele der Verkaufsförderung sind die
■ Unterstützung der Werbeziele und die
■ Durchsetzung einer eigenen Absatzpolitik.

Verkaufsförderung	
Bereitstellung eines effizienten Beraterstabes	**wirksame Präsentation der Produkte**
■ Verkaufstraining der Berater ■ Fortbildung der Berater ■ Wettbewerbe unter Mitarbeitern ■ Belohnungssysteme für Mitarbeiter (Prämien, Boni) ■ Incentive-Aktionen (Prämien für einzelne Mitarbeiter bei Zielerreichung) usw.	■ Ausstattung und Architektur der Verkaufsräume ■ Demonstrationshilfen (Prospekte, Berechnungsbeispiele, Display-Material, Ständer, Animationen, Flipcharts, Präsentationen u. v. m.) ■ Produktvorführungen ■ kundenorientierte Beratung usw.

1.6.4.3 Öffentlichkeitsarbeit

Die Öffentlichkeitsarbeit (Public Relations) eines Kreditinstituts umfasst alle Anstrengungen, die das Image und den guten Ruf des Kreditinstituts sowie die Pflege der Beziehungen zur Öffentlichkeit fördern. Dabei steht die Darstellung der Leistungsfähigkeit, des sozialen Engagements und des umweltbezogenen Handelns des Kreditinstituts im Vordergrund.

Mögliche Maßnahmen im Sinne der Öffentlichkeitsarbeit:

■ Pressekonferenzen	■ Kundenzeitschriften	■ Kultursponsoring
■ Betriebsbesichtigungen	■ Zeitungsberichte	■ Sportsponsoring
■ Interviews	■ Tag der offenen Tür	■ Spenden

1.6.4.4 Sponsoring

Eine besondere und im Bereich der Kreditinstitute herausragende Art der Öffentlichkeitsarbeit stellt das Sponsoring dar. Man versteht darunter die finanzielle oder sachliche Förderung sportlicher, kultureller und sozialer Organisationen und Bereiche. Viele Kreditinstitute unterstützen regionale Sportvereine, Kulturvereine oder Sozialstationen u. ä.. In einigen Bereichen dienen die Vereinbarungen mit den Empfängern nicht nur der Öffentlichkeitsarbeit (Erweiterung des Bekanntheitsgrads), sondern auch der gezielten Werbung (z. B. Bandenwerbung, Trikotwerbung).

1.6.4.5 Persönlicher Verkauf

Kreditinstitute setzen aufgrund der Erklärungsbedürftigkeit und Beratungsintensität ihrer Produkte auf den Verkauf durch persönlichen Kontakt (**Persönlicher Verkauf** oder **Personal Selling**). Die Kunden werden von den Mitarbeitern gezielt telefonisch, auf Messen oder in der Schalterhalle angesprochen. Häufig kennen sich Kunde und Berater schon, wenn die Berater den Kunden fest zugeteilt sind. Der Erfolg des persönlichen Verkaufs hängt von der Überzeugungskraft sowie den fachlichen und psychologischen Fähigkeiten des Mitarbeiters ab. Das erfordert auch rhetorische Fähigkeiten und die Fähigkeit verbale und nonverbale Signale, die der Kunde sendet, zu verstehen und aufzugreifen.

Lernkontrolle Aufgaben 10–13

Kommunikationspolitik dient der Information der Öffentlichkeit über das Kreditinstitut und seine Produkte und soll das Image des Unternehmens und den Verkauf von Bankprodukten fördern. Dabei bedient sie sich der Werbung, der Öffentlichkeitsarbeit, des Sponsorings und der Möglichkeiten des persönlichen Kontakts mit dem Kunden.

1.6.5 Marketing-Mix

Die Gesamtheit aller Marketingmaßnahmen wird als Marketing-Mix bezeichnet. Die Marketingmaßnahmen werden nicht isoliert betrachtet, sondern gemeinsam in einer optimalen Zusammenstellung miteinander kombiniert.

1.7 Marketing-Management

Da man unter Marketing versteht, dass das gesamte Unternehmen auf den Markt ausgerichtet werden soll, bedarf die Durchsetzung einer Strategie und einer gezielten Führung.

Die Ergebnisse der Marktforschung und -beobachtung werden in die Zukunft projiziert. Daraus werden dann die Ziele formuliert. Zur Verwirklichung der Ziele muss der Einsatz der Marketinginstrumente geplant werden (Auswahl des optimalen Marketing-Mix). Nach

Durchführung der Maßnahmen müssen diese durch Messungen kontrolliert werden. Die erzielten Ergebnisse führen erneut zur Anpassung der Prognosen. Der Kreislauf beginnt von neuem.

1.8 Cross-Selling

Jede Gesprächs- und Verkaufssituation mit Kunden bietet die Möglichkeit ein Anschlussgeschäft anzubahnen bzw. dem Kunden anzubieten (Zusatzverkäufe – **Cross-Selling**). Während des Kundengesprächs kann ein guter Berater zusätzlichen Bedarf des Kunden erkennen und dem Kunden auch hierfür Lösungsmöglichkeiten anbieten.

> **Beispiel:**
> Eine junge Frau kommt zum Kreditinstitut um ein Gehaltskonto zu eröffnen. Aus dem Gespräch wird erkennbar, dass sie ein Ausbildungsverhältnis beginnt. Der Berater berät sie daher auch noch über mögliche Anlagen von vermögenswirksamen Leistungen und bietet ihr beispielweise den Abschluss eines Bausparvertrages an.

Zusammenfassung und Lernkontrolle

Zusammenfassung

Markt

↓

Marktsegemente

zielgerichteter Einsatz der ↓ Marketingmittel als Marketing-Mix

Produktpolitik
- Produktgestaltung (äußere Aufmachung)
- Produktinnovation (neue Produkte)
- Produktdiversifikation (Änderungen bestehender Produkte)
- Sortimentsgestaltung in Breite und Tiefe

Preis- und Konditionenpolitik
- Gestaltungsfaktoren: Zinsen, Provisionen und Gebühren, Sonstige
- Einflussfaktoren: Nachfrage, Konkurrenz, Rechtsprechung
- Preispolitik: kostenorientiert, kundenorientiert, wettbewerbsorientiert

Vertriebspolitik
- stationärer Vertrieb
- mobiler Vertrieb
- technisch gestützter Vertrieb

Kommunikationspolitik
- Werbung mithilfe der Werbeträger und des Werbeplans
- Verkaufsförderung: Hilfsmittel zur Unterstützung beim Verkauf
- Öffentlichkeitsarbeit (Imagebildung)
- Sponsoring
- persönlicher Verkauf

gesteuert durch ein Marketing-Management-System

Lernkontrolle

Aufgabe 1

Die Volks- und Raiffeisenbanken bieten keinen Geldmarktchip mehr auf den girocards an. Um welche Art von Marketingmaßnahme handelt es sich? Was könnte die Bankenorganisation zu dieser Maßnahme bewogen haben?

Aufgabe 2

Um welche Anwendungsfelder der Produktpolitik handelt es sich in den folgenden Fällen?
1. Aufnahme neuer Discountzertifikate in das Leistungsprogramm des Kreditinstituts.
2. Wegfall von Schecks im Bereich des Zahlungsverkehrs.
3. Einführung einer neuen Variante des Girokontos „Online-Konto ‚Youth' für junge Leute zwischen 18 und 25 Jahren".
4. Die Bankkarte wird mit der Zusatzfunktion „Geldkarte" ausgestattet.

Aufgabe 3

Ein Kreditinstitut analysiert die Umsatzzahlen von vier Produkten. Diese hatten in den vergangenen fünf Jahren folgende Umsätze:

Produkt	Umsatz in TEUR				
	Jahr 1	Jahr 2	Jahr 3	Jahr 4	Jahr 5
A	200	203	214	230	255
B	1.000	1.100	1.034	1.044	1.050
C	20	43	44	50	63
D	400	404	390	322	243

1. Beschreiben Sie in welcher Phase des Produktlebenszyklus sich die Produkte jeweils befinden.
2. Begründen Sie, ob eines der Produkte eliminiert werden sollte.

Aufgabe 4

Der Produktlebenszyklus stellt einen idealtypischen Produktverlauf dar. In der Realität gibt es jedoch Produkte für die der Lebenszyklus nicht gilt.
1. Nennen Sie zwei Bankprodukte, die dem Zyklus nicht unterworfen sind, weil sie auch nach vielen Jahren noch bestehen und voraussichtlich bestehen werden.
2. Nennen Sie zwei Produkte aus dem täglichen Leben, für die der Zyklusverlauf ebenfalls nicht zutrifft.

Aufgabe 5

Welche Auswirkung ergibt sich bezüglich der Preispolitik eines Kreditinstituts aufgrund der Oligopolstruktur auf dem unvollkommenen Markt?

Aufgabe 6

Kunden von Kreditinstituten verhalten sich oft preisunelastisch und bleiben ihrem Institut auch bei Preisänderungen treu, solange bestimmte Preisgrenzen eingehalten werden. Wie versucht Ihr Kreditinstitut zu erreichen, dass die Kunden preisunelastisch reagieren?

Aufgabe 7

Was könnte ein Kreditinstitut dazu bewegen, ein Produkt anzubieten, obwohl der erzielbare Preis nicht kostendeckend ist?

Aufgabe 8

Beschreiben Sie die Vertriebswege ihres Kreditinstituts (stationär, mobil, technisch gestützt).

Aufgabe 9

Welche Ziele verfolgen Kreditinstitute mit der Einrichtung von Selbstbedienungscentern und Selbstbedienungsgeräten?

Aufgabe 10

In der Marketingabteilung eines regional tätigen Kreditinstituts wird der Einsatz folgender drei Werbemittel diskutiert:

1. Anzeigen in der regionalen Tageszeitung
2. Werbespot im Fernsehen
3. Plakatwerbung in den Schaufenstern der Geschäftsstellen

Vergleichen Sie diese unter den Gesichtspunkten Werbewirksamkeit und Wirtschaftlichkeit.

Aufgabe 11

Ein Kreditinstitut hat mit einem Produkt im zurückliegenden Kalenderjahr 150.000 Euro Umsatz erzielt. Für die Mediawerbung dieses Produkts hat es innerhalb dieses Zeitraumes 750 Euro monatlich aufgewendet. Das Kreditinstitut beabsichtigt eine Umsatzsteigerung für dieses Produkt im neuen Geschäftsjahr. Hierzu steigerte man die Ausgaben für Mediawerbung im Vergleich zum Vorjahr um 35 %. In den ersten drei Monaten stieg der Umsatz durchschnittlich auf 14.000 Euro pro Monat.

1. Erläutern Sie dem Vorstand, woran man erkennen kann, ob sich die Erhöhung des Werbebudgets im Allgemeinen gelohnt hat.
2. Berechnen Sie die Steigerung des Umsatzes und des Werbeaufwandes in Euro und Prozent.
3. Berechnen Sie die Werbewirtschaftlichkeit im alten und im neuen Geschäftsjahr.
4. Hat sich die Erhöhung des Werbebudgets Ihrer Meinung nach für das Kreditinstitut gelohnt?

Aufgabe 12

Interpretieren Sie folgende Aussage von Henry Ford:
„Ich weiß genau, dass die Hälfte meiner Werbegelder zum Fenster hinausgeworfen ist, aber ich weiß nicht welche Hälfte!"

Aufgabe 13

Im Rahmen einer Werbeaktion fallen die Begriffe Image und Public Relations. Welcher Zusammenhang besteht zwischen den beiden Begriffen?

2 Grundlagen des Wirtschaftens

2.1 Motive für wirtschaftliches Handeln

2.1.1 Bedürfnisse und Güter

Jeder Mensch hat vielfältige Wünsche, die er erfüllt sehen möchte. In solchen Wünschen kommt das Gefühl, etwas nicht zu haben (= Gefühl eines Mangels) zum Ausdruck. Sind derartige Gefühle mit dem Bestreben verbunden, den empfundenen Mangel zu beseitigen, werden sie als **Bedürfnisse** bezeichnet.

Verschiedene Bedürfnisse
Bedürfnisse beziehen sich auf so unterschiedliche Lebensbereiche wie z. B.

- Nahrung, Wohnung, Kleidung,
- Schlaf, Sexualität, Gesundheit,
- Sicherung von Arbeitsplatz und Einkommen,

- Freizeit, Geselligkeit, Unterhaltung, soziale Kontakte,
- Freundschaft, Liebe, Zuneigung,
- Anerkennung, Bestätigung, Selbstverwirklichung.

> Bedürfnisse sind Gefühle des Mangels, die mit dem Wunsch verbunden sind, diesen Mangel zu beseitigen.

Die Wirtschaftswissenschaft befasst sich nur mit solchen Bedürfnissen, für deren Befriedigung **wirtschaftliches Handeln** nötig ist (z. B. Befriedigung von Bedürfnissen wie Hunger, Bildung, Information). Dabei wird davon ausgegangen, dass solche Bedürfnisse in unbeschränktem Umfang vorhanden sind oder neu entstehen können. Die **Befriedigung von Bedürfnissen** erfolgt durch **Güter** (z. B. Brot, Kleidung, Kinobesuch).

> Güter sind Mittel, die direkt oder indirekt zur Befriedigung von Bedürfnissen dienen.

Güter stiften einen **Nutzen:** Je stärker die bei der Verwendung eines Gutes entstehende Bedürfnisbefriedigung ist, desto größer ist sein Nutzen.

> Der Nutzen gibt das Ausmaß der Bedürfnisbefriedigung an, welche eine Person durch die Verwendung eines Gutes empfindet.

Bedürfnispyramide nach A. H. Maslow[1]

---

1   A. H. Maslow (amerikanischer Psychologe), Motivation und Persönlichkeit, Freiburg 1977

Arten von Bedürfnissen

Aus wirtschaftlicher Sicht sind folgende Einteilungsmöglichkeiten der Bedürfnisse von Bedeutung:

Einteilung der Bedürfnisse		
Dringlichkeit der Bedürfnisse	**Art der Bedürfnis-befriedigung**	**Bewusstsein der Mangelempfindung**
Luxusbedürfnisse/ Prestige-bedürfnisse Bsp.: teurer Schmuck **Kulturbedürfnisse** Bsp.: Information, Unterhaltung **Grundbedürfnisse** Bsp.: Nahrung, Kleidung, Wohnung	**Individualbedürfnisse[1]** Bsp.: Nahrung, Kleidung, Auto **Kollektivbedürfnisse[2]** Bsp.: Rechtssicherheit, Landes-verteidigung	**Offene Bedürfnisse** Die einzelne Person weiß, welche Bedürfnisse sie hat. Die Bedürfnisse sind ihr bewusst. **Verdeckte Bedürfnisse** (latente Bedürfnisse) Die Bedürfnisse sind unbewusst. Sie können z. B. durch das Konsumverhalten anderer Menschen und durch **Werbung** geweckt, vergrößert und gelenkt werden.

Bedürfnisse, Bedarf, Nachfrage

In einer Marktwirtschaft erfolgt die Befriedigung individueller Bedürfnisse dadurch, dass solche **Güter** am Markt nachgefragt und gekauft werden, an denen **Bedarf** besteht.

> Als Bedarf werden die zur Befriedigung eines Bedürfnisses geeigneten Güter bezeichnet.

Der Bedarf wird erst dann zur **Nachfrage**, wenn die notwendige Kaufkraft (z. B. Geld) vorhanden ist.

Bedürfnis
allgemeines Mangelempfinden (z. B. Hunger)
Bedarf
bestimmte Güter, durch die ein Bedürfnis befriedigt werden kann (z. B. Nahrungsmittel)
Nachfrage
Teil des Bedarfs, für den **Kaufkraft** vorhanden ist und der deshalb am Markt nachfragewirksam werden kann (z. B. Nachfrage nach Brot)

> Nachfrage ist der Teil des Bedarfs, für den Kaufkraft vorhanden ist und der am Markt wirksam wird.

---

1 Individuum (*lat.*): der einzelne Mensch

2 Kollektiv (*lat.*): Gruppe, Gemeinschaft

2.1.2   Güterknappheit als wirtschaftliches Grundproblem

Knappe Güter und Bedürfnisvielfalt

Die meisten Güter sind nicht von Natur aus im Überfluss und in nutzbarer Form vorhanden. Bei Gütern,

- die nur **begrenzt** zur Verfügung stehen,
- deren Herstellung **Kosten** verursacht und
- die deswegen einen **Preis** haben

handelt es sich um **wirtschaftliche** Güter.

Wirtschaftliche Güter sind im **Verhältnis zu den Bedürfnissen knapp**. Bei einigen Gütern lassen sich zwar Sättigungserscheinungen und Überproduktionen beobachten (z. B. landwirtschaftliche Produkte in der Europäischen Union). Dadurch wird die Aussage über die Knappheit der Güter aber nicht widerlegt. Knappheit bedeutet vielmehr: **Bezogen auf die Gesamtheit der Bedürfnisse aller Menschen** stehen nicht alle Güter in ausreichendem Maße zur Verfügung, um sämtliche Bedürfnisse zu befriedigen.

> Knappheit liegt vor, wenn die Bedürfnisse größer sind als die Gütermenge, die zu ihrer Befriedigung zur Verfügung steht.

Lernkontrolle Aufgabe 1

Demgegenüber stehen **freie Güter** unbegrenzt zur Verfügung (z. B. Meerwasser). Da für ihre Bereitstellung keinerlei Anstrengungen erforderlich sind, fallen auch **keine Kosten** an. Diese Güter haben daher auch **keinen Preis**. Die zunehmende Umweltverschmutzung zeigt aber beispielsweise, dass mit Gütern, die keinen Preis haben, nicht sorgsam umgegangen wird. So kann es dazu kommen, dass ursprünglich freie Güter (z. B. frische Luft) im Laufe der Zeit zu knappen Gütern werden.

Freie Güter
Luft ist im Allgemeinen ein freies Gut. Im Untertagebergbau ist Luft dagegen ein knappes Gut. Es müssen Anstrengungen unternommen werden, um Frischluft mithilfe von Belüftungsanlagen in die Stollen zu pumpen. Das verursacht Kosten. Auch über Tage ist Frischluft heute zu bestimmten Zeiten und an bestimmten Orten kein freies Gut mehr. Luftverschmutzung (z. B. zu hoher Ozongehalt) kann aber durch Kosten verursachende Maßnahmen (z. B. Einbau von Katalysatoren in Kfz) zumindest teilweise vermieden werden.

Aus dem Missverhältnis zwischen Bedürfnisvielfalt und verfügbaren Gütern ergibt sich das zentrale Problem der Wirtschaftswissenschaft.

> Die Knappheit der Güter im Verhältnis zur Unbegrenztheit der menschlichen Bedürfnisse stellt das Grundproblem der Wirtschaftswissenschaft dar.

Unterscheidung der Güter nach der Knappheit	
Freie Güter	**Wirtschaftliche Güter**
■ stehen unbegrenzt zur Verfügung, ■ verursachen durch ihre Bereitstellung keine Kosten, ■ haben keinen Preis, ■ sind nicht Gegenstand des Wirtschaftens.	■ stehen nur begrenzt zur Verfügung (knappe Güter), ■ verursachen für ihre Herstellung Kosten, ■ haben einen Preis, ■ sind Gegenstand des Wirtschaftens.

Knappe Güter: Ursache des Wirtschaftens

Freie und knappe Güter
Meerwasser, Luft, Sand und Sonne sind freie Güter. Strandkörbe hingegen sind – ebenso wie die Freizeit, die nötig ist, um die Körbe nutzen zu können – knappe Güter.

Das **Spannungsverhältnis** zwischen den als unbegrenzt angenommenen **Bedürfnissen** und den knappen **Gütern** ist die Antriebskraft allen wirtschaftlichen Handelns und damit die Ursache für die Produktion von Gütern.

> Wirtschaften bedeutet, planvolle Entscheidungen über die Herstellung und Verwendung knapper Güter zum Zweck der Bedürfnisbefriedigung zu treffen.

Wirtschaftliche Güter als Ergebnis eines Produktionsvorgangs sind deswegen knapp, weil auch die für die Produktion notwendigen Hilfsmittel **(Ressourcen)**[1] knapp sind.

> Ressourcen sind Hilfsmittel zur Produktion. Sie umfassen neben Geldmitteln und Gütern für Produktionszwecke auch die Arbeitsfähigkeit eines Menschen, sein Wissen und die Zeit.

2.1.3 Arten von Gütern

Wirtschaftliche Güter lassen sich nach ihrer **Beschaffenheit** in **materielle** und **immaterielle Güter** unterteilen. **Waren (Sachgüter)** sind materielle Güter. **Dienstleistungen** sind dagegen immaterielle Güter.

Nach ihrem **Verwendungszweck** lassen sich **Konsumgüter** und **Produktionsgüter** (Kapitalgüter) unterscheiden. Konsumgüter können die Bedürfnisse von Verbrauchern unmittelbar befriedigen. Sie werden von **privaten Haushalten** verwendet. Produktionsgüter dienen zur Herstellung anderer Güter. Sie werden von **Unternehmen** verwendet.

Nach der Dauer bzw. der Wiederholbarkeit der Nutzung lassen sich **Verbrauchsgüter** und **Gebrauchsgüter** unterscheiden. Verbrauchsgüter verwandeln oder verzehren sich bei ihrer Verwendung. Gebrauchsgüter können über einen längeren Zeitraum genutzt werden und unterliegen der **Abnutzung**.

Wirtschaftliche Güter nach Beschaffenheit, Verwendungszweck und Nutzungsdauer					
Materielle Güter (Waren, Sachgüter)				Immaterielle Güter (Dienstleistungen)	
Konsumgüter		Produktionsgüter (Kapitalgüter)		Konsumgüter	Produktionsgüter
Gebrauchsgüter	Verbrauchsgüter	Gebrauchsgüter (Investitionsgüter)	Verbrauchsgüter	Konsumentenkredit, Schwimmbadbesuch	Reparatur eines Geschäftswagens
Radiogerät in einem privaten Haushalt	Butter, Benzin für Urlaubsreise mit privatem Pkw	Büromöbel, Maschinen	Dieselkraftstoff für den Lkw einer Spedition		

---

1   Ressource *(franz.)*: Hilfsmittel

Ob ein Gut ein Konsumgut oder ein Produktionsgut ist, wird nicht durch bestimmte Eigenschaften des Gutes, sondern ausschließlich durch die Art seiner Verwendung bestimmt. Ein und dasselbe Gut kann je nach seiner Verwendung sowohl Konsumgut als auch Produktionsgut sein. Ein für eine Urlaubsfahrt benutztes Auto ist beispielsweise ein Konsumgut. Wird das Auto dagegen von einem Handelsvertreter für seine Kundenbesuche benutzt, handelt es sich um ein Produktionsgut.

Lernkontrolle
Aufgabe 2

2.1.4 Ökonomisches Prinzip

Minimalprinzip – Maximalprinzip

Ursache und Motor allen wirtschaftlichen Handelns ist das **Spannungsverhältnis** zwischen den als unbegrenzt angenommenen **Bedürfnissen** und den knappen **Gütern**. Um dieses Spannungsverhältnis so weit wie möglich zu entschärfen und ein höchstmögliches Maß an Bedürfnisbefriedigung zu erreichen, ist ein effizienter[1] Einsatz der knappen Güter nötig. Es muss **gewirtschaftet** werden.

> Wirtschaften bedeutet, planvolle Entscheidungen über die Herstellung und Verwendung knapper Güter zum Zweck der Bedürfnisbefriedigung zu treffen. Dabei müssen die Kosten der Gütererstellung und der Nutzen, den diese Güter stiften, in einem vernünftigen Verhältnis zueinander stehen.

Bei vernünftigem Handeln erfolgt der Einsatz der knappen Güter nach dem **ökonomischen Prinzip** (Wirtschaftlichkeitsprinzip, Rationalprinzip). Das ökonomische Prinzip tritt in zwei Formen auf:

Maximalprinzip	Minimalprinzip
Mit gegebenen Mitteln soll ein höchstmöglicher Nutzen (Erfolg) erreicht werden.	**Ein bestimmter Nutzen (Erfolg) soll mit geringstmöglichem Mitteleinsatz erreicht werden.**
Produzenten (Unternehmen) setzen die vorhandenen Produktionsmittel so ein, dass ein höchstmöglicher Gewinn erzielt wird **(Gewinnmaximierung)**. Konsumenten (Haushalte) versuchen, mit gegebenem Einkommen einen höchstmöglichen Nutzen zu erzielen **(Nutzenmaximierung)**.	Produzenten (Unternehmen) versuchen, ein bestimmtes Produktionsergebnis mit geringstmöglichen Kosten zu erzielen **(Kostenminimierung)**. Konsumenten (Haushalte) versuchen, durch Preis- und Qualitätsvergleiche für die benötigten Güter den geringstmöglichen Geldbetrag auszugeben **(Ausgabenminimierung)**.

> Das ökonomische Prinzip kommt in zwei Ausprägungen vor:
> 1. „Handle so, dass bei gegebenem Mitteleinsatz der Nutzen maximiert wird!" (Maximalprinzip)
> 2. „Handle so, dass bei vorgegebenem Nutzen der Mitteleinsatz minimiert wird!" (Minimalprinzip).

Ökonomisches Prinzip: Allgemeiner Grundsatz vernünftigen Handelns

Das ökonomische Prinzip gilt in **jeder Wirtschafts- und Gesellschaftsordnung**. Andernfalls würde es zu einer **Verschwendung knapper Mittel** kommen. Wichtig ist aber die Erkenntnis, dass das ökonomische Prinzip als allgemeingültiges Rationalprinzip nicht nur im wirt-

---

1   Effizienz: (*lat.*): Wirksamkeit; optimales Verhältnis zwischen einem bestimmten Ziel (Nutzen) und dem Aufwand, der zu dessen Erreichung nötig ist.

schaftlichen Bereich, sondern in nahezu **allen menschlichen Lebensbereichen** zur Anwendung kommt. Es ist ein allgemein anerkannter und unbestrittener Grundsatz jeden vernünftigen menschlichen Handelns.

Anwendung des ökonomischen Prinzips im täglichen Leben

Schüler Daniel will bei der Vorbereitung auf eine Klassenarbeit mit einer bestimmten Vorbereitungszeit die bestmögliche Note oder eine bestimmte Note mit einer minimalen Vorbereitungszeit erzielen. Unsinnig, weil logisch nicht erfüllbar, wäre dagegen die Forderung, mit geringstmöglichem Zeitaufwand (= Vorbereitungszeit null) das bestmögliche Ergebnis (= volle Punktzahl) zu erreichen.

Das ökonomische Prinzip (= Rationalprinzip) ist ein allgemeiner Grundsatz jeden vernünftigen menschlichen Handelns. Seine Anwendung ist nicht auf wirtschaftliche Entscheidungssituationen beschränkt, sondern erstreckt sich auf alle Lebensbereiche.

Trotzdem wird das ökonomische Prinzip häufig als Forderung nach selbstsüchtigem und eigennützigem Handeln missverstanden. Diese Interpretation ist unzutreffend. In Wirklichkeit bezieht sich das ökonomische Prinzip weder auf Ziele (**was** soll erreicht werden?) noch auf Motive (**warum** soll etwas erreicht werden?). Vielmehr beinhaltet das ökonomische Prinzip **ausschließlich** eine Forderung, **wie** (d. h. auf welche Weise und mit welchen Mitteln) ein bestimmtes Ziel erreicht werden soll. Der Mitteleinsatz soll demnach **effizient** (d. h. sparsam und zugleich wirksam) sein.

Lernkontrolle
Aufgabe 3

Das ökonomische Prinzip sagt nichts darüber aus, was erreicht werden soll (Ziel) und warum dies erreicht werden soll (Motiv). Es beinhaltet lediglich die Forderung, wie (auf welche Weise und mit welchen Mitteln) etwas erreicht werden soll.

Zusammenfassung und Lernkontrolle

Zusammenfassung

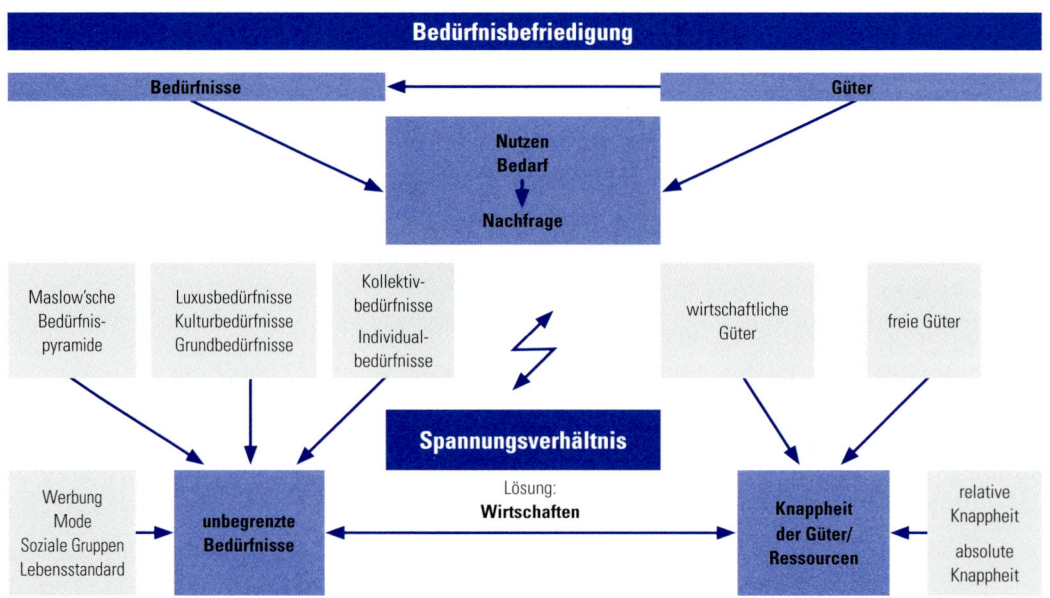

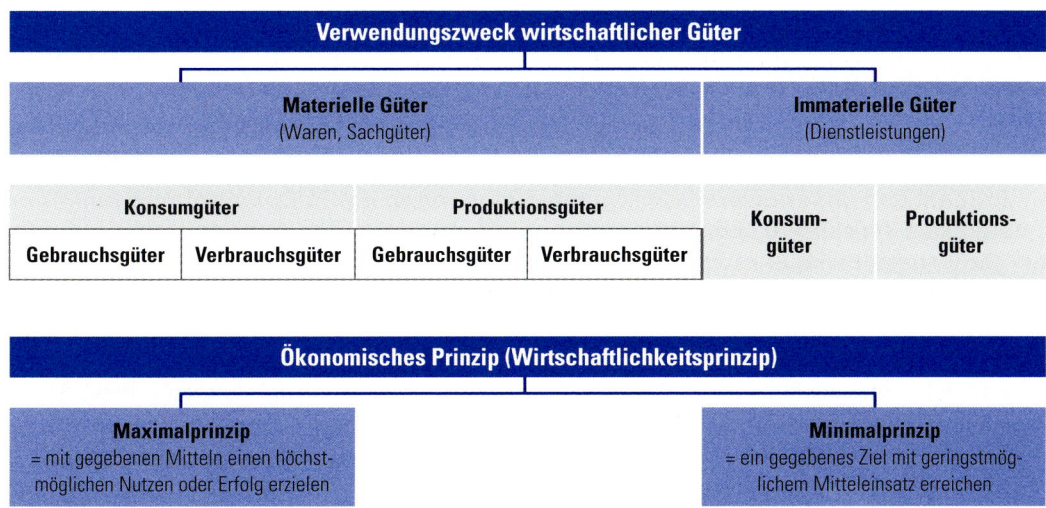

Verwendungszweck wirtschaftlicher Güter					
Materielle Güter (Waren, Sachgüter)				**Immaterielle Güter** (Dienstleistungen)	
Konsumgüter		**Produktionsgüter**		**Konsum- güter**	**Produktions- güter**
Gebrauchsgüter	Verbrauchsgüter	Gebrauchsgüter	Verbrauchsgüter		

Ökonomisches Prinzip (Wirtschaftlichkeitsprinzip)	
Maximalprinzip = mit gegebenen Mitteln einen höchst- möglichen Nutzen oder Erfolg erzielen	**Minimalprinzip** = ein gegebenes Ziel mit geringstmög- lichem Mitteleinsatz erreichen

Lernkontrolle

Aufgabe 1: Bedürfnisse – Konsum

In der folgenden Tabelle sind 15 verschiedene Güter wiedergegeben.
1. Ordnen Sie die Güter entsprechend der Höhe der Ausgaben, die Sie persönlich monat-lich für diese Güter tätigen.
2. Ordnen Sie die einzelnen Güter unterschiedlichen Bedürfnisebenen entsprechend der Maslow'schen Bedürfnispyramide zu.

- Schulsachen
- Handy
- Computer
- Sportartikel
- Kino, Konzerte
- Videos, Bücher
- Körper-/Haarpflege
- Fast Food
- Süßigkeiten, Eis
- Kleidung
- Geschenke
- Musik-CDs
- Getränke
- Zeitschriften
- Schuhe

Aufgabe 2: Güterarten

Ordnen Sie die unter (1) bis (6) genannten Güter der folgenden Übersicht zu:

Materielle Güter (Waren, Sachgüter)				Immaterielle Güter (Dienstleistungen)	
Konsumgüter		Produktionsgüter (Kapitalgüter)		Konsum- güter	Produk- tionsgüter
Gebrauchs- güter	Verbrauchs- güter	Gebrauchs- güter (Investi- tionsgüter)	Verbrauchs- güter		

1. Kinobesuch
2. Staubsauger eines privaten Haushalts
3. Holz in einer Schreinerei
4. Strom für den Betrieb des Staubsaugers
5. Hobelmaschine in einer Schreinerei
6. Beratung eines Steuerberaters für eine Schreinerei

Aufgabe 3: Ökonomisches Prinzip

1. Einigen der folgenden Sachverhalte liegt das ökonomische Prinzip zugrunde. Prüfen Sie für diejenigen Fälle, in denen das ökonomische Prinzip zur Anwendung kommt, ob es sich dabei um das Maximal- oder das Minimalprinzip handelt.

a) In der Konstruktionsabteilung einer Automobilfabrik wird erreicht, dass bei gleicher PS-Zahl und unveränderten Beschleunigungswerten der Benzinverbrauch eines bestimmten Typs um 10 % gesenkt wird.

b) Zur Unterstützung der Landwirtschaft kauft eine staatliche Vorratsstelle Pfirsiche auf, um einen Preisverfall zu verhindern. Die aufgekauften Pfirsiche werden vernichtet.

c) In einer Möbelfabrik, die Bücherwände herstellt, war ein Unternehmensberater tätig. Aufgrund einer von ihm vorgeschlagenen Änderung des Fertigungsablaufs war es möglich, ohne zusätzliche Investitionen und ohne zusätzliches Personal die Produktion um 6 % zu erhöhen.

d) Eine Organisation, die sich dem Schutz der Umwelt widmet, wirbt um Spenden mit dem Hinweis, dass bei gleichem Spendenaufkommen die Kosten für die Verwaltung von 0,8 % auf 0,5 % des Spendenaufkommens reduziert werden konnten.

e) In einem Weinanbaugebiet sind im Frühjahr die Blütenansätze der Trauben überwiegend erfroren. Wegen der geringen Erträge steigen die Preise für die Weine dieses Jahrgangs. Ein Weinbauer, dessen Weinberge in einer besonders geschützten Lage liegen, macht deshalb mit dem Verkauf des Weins dieses Jahrgangs einen viel höheren Gewinn als mit dem Verkauf früherer Jahrgänge.

2. Unterscheiden Sie das Maximal- und das Minimalprinzip am Beispiel des Zusammenhangs zwischen der Höhe des Benzinverbrauchs eines Autos und der Länge der zurückgelegten Strecke.

3. Zeigen Sie an je einem Beispiel die Anwendung des Maximal- und des Minimalprinzips aus Ihrem persönlichen Erfahrungsbereich auf.

2.2 Volkswirtschaftliche Produktionsfaktoren

2.2.1 Einteilung der Produktionsfaktoren

Nur wenige Güter sind von Natur aus direkt als Konsumgüter verwendbar (z. B. Wildfrüchte). In den meisten Fällen durchlaufen Güter einen langwierigen Produktionsprozess mit mehreren Produktionsstufen, bevor sie geeignet sind, einem Konsumenten unmittelbar zur Bedürfnisbefriedigung zu dienen. Wird von einem solchen Konsumgut (z. B. Brot) ausgegangen und der Produktionsprozess über die verschiedenen Produktionsstufen bis zum Ursprung zurückverfolgt, dann wird deutlich, dass am Anfang dieses Produktionsprozesses **Natur** und **Arbeit** stehen, die als Produktionsfaktoren eingesetzt werden.

> Produktionsfaktoren sind Hilfsmittel (Ressourcen), die für die Herstellung wirtschaftlicher Güter benötigt werden.

> Natur und Arbeit sind ursprüngliche (originäre) Produktionsfaktoren, weil sie zur Produktion benötigt werden, selbst aber nicht produziert werden müssen.

Heutzutage ist kaum noch ein Produktionsprozess denkbar, bei dem neben Natur und Arbeit nicht auch Produktionsgüter (z. B. Werkzeuge, Maschinen) als dritter Produktionsfaktor eingesetzt werden. Solche Produktionsgüter sind zuvor mithilfe anderer Produktionsfaktoren hergestellt worden. Es handelt sich also um produzierte Produktionsmittel, die auch als **Sachkapital (Realkapital)** bezeichnet werden.

Unter dem Produktionsfaktor Kapital werden in der Volkswirtschaftslehre produzierte Produktionsmittel (= Sachkapital, Realkapital) verstanden. Kapital ist ein abgeleiteter (derivativer) Produktionsfaktor, weil er nur durch Einsatz der ursprünglichen Produktionsfaktoren Natur und Arbeit hergestellt werden kann.

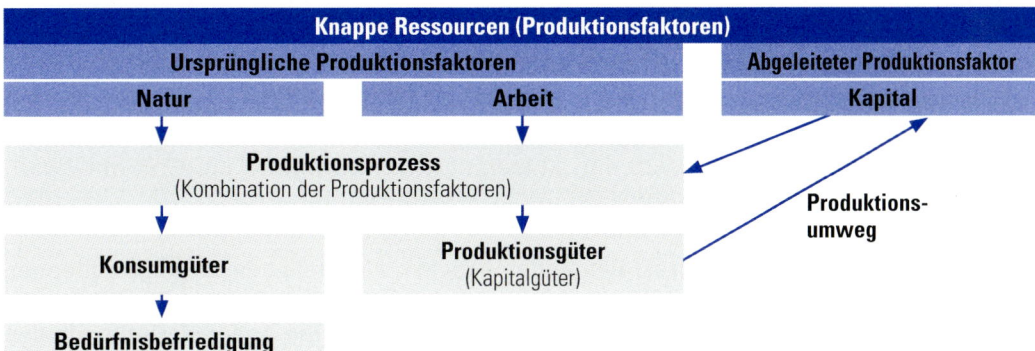

Maßnahmen zur Verbesserung der Qualität landwirtschaftlicher Nutzflächen (z. B. durch Kunstdünger, künstliche Be- und Entwässerung) sowie Bildungsmaßnahmen zur Qualifikation von Arbeitskräften führen dazu, dass die Produktionsfaktoren Natur und Arbeit in der heute genutzten Form großenteils nicht mehr als ursprüngliche, sondern als abgeleitete Produktionsfaktoren angesehen werden können. Wegen ihrer besonderen Bedeutung für wirtschaftliche und technische Neuerungen (Innovationen) im Produktionsprozess werden zuweilen **Bildung** und **technischer Fortschritt** als zusätzliche Produktionsfaktoren neben Natur, Arbeit und Kapital genannt. In jüngster Zeit gibt es auch Vorschläge, einen eigenständigen Produktionsfaktor **Information** zu berücksichtigen.

2.2.2 Natur als Produktionsfaktor

Nutzungsmöglichkeiten

In der traditionellen Volkswirtschaftslehre wird üblicherweise vom Produktionsfaktor **Boden** statt vom Produktionsfaktor **Natur** gesprochen. Folgende Nutzungsmöglichkeiten des Bodens lassen sich unterscheiden:

Nutzungsmöglichkeiten des Produktionsfaktors Boden			
Anbaufläche	**Abbau**	**Standort**	**Lagerstätte**
für Land- und Forstwirtschaft	von Bodenschätzen und Energiequellen (z. B. Erdgas)	für Produktionsstätten und Infrastruktur (z. B. Straßen)	für Abfälle aus Produktion und Konsum (z. B. Abfalldeponien)

Neben dem Boden werden aber auch andere Teilbereiche der Natur als Produktionsfaktoren genutzt. Dazu gehören beispielsweise
- Wasser, Wind und Sonne zur Energiegewinnung,
- Witterungsverhältnisse für die landwirtschaftliche Produktion,
- Klima, intakte Landschaften und unbelastete Gewässer für die Tourismusbranche,
- Luft und Wasser für die Aufnahme von Abgasen und Schadstoffen (= Deponiefunktion).

Während diese Faktoren lange als unerschöpfbar und unveränderlich angesehen wurden, deuten heute viele Anzeichen auf die begrenzte Belastbarkeit der Natur hin (z. B. Klimaveränderungen, Luft- und Wasserverschmutzungen). Die Natur ist somit inzwischen über den Faktor Boden hinaus großenteils als knappes Gut anzusehen. Daher wird zunehmend vom Produktionsfaktor **Natur** oder (ökologische) **Umwelt** gesprochen. Dazu gehören neben solchen Naturerscheinungen wie Sonne, Wind, Luft und Wasser sowohl die nicht erneuerbaren Rohstoffe (z. B. Bodenschätze) als auch die erneuerbaren Rohstoffe (z. B. Wald- und Fischbestände)[1].

2.2.3 Arbeit und Arbeitsteilung

Begriff der Arbeitsteilung

> Arbeit im volkswirtschaftlichen Sinne ist jede körperliche und geistige Tätigkeit des Menschen, die auf die Produktion von Gütern gerichtet ist.

Die meisten am Produktionsprozess beteiligten Arbeitskräfte stellen heutzutage Güter her, die nicht für sie selbst, sondern für andere Menschen bestimmt sind. Diese Produktion für den Fremd- statt für den Eigenbedarf bedeutet gleichzeitig eine **Arbeitsteilung**, die den **Austausch von Gütern** notwendig macht. Arbeitsteilung kann nicht nur zwischen verschiedenen Personen, sondern auch zwischen Betrieben, Regionen und Ländern bestehen.

> Arbeitsteilung ist die Auflösung einer Arbeitsleistung in Teilverrichtungen, die von verschiedenen Personen, Betrieben, Regionen oder Ländern ausgeführt werden.

Erhöhung der Wirksamkeit der Arbeitsleistung (Arbeitsproduktivität)

Im Jahre 1776 veröffentlichte der schottische Philosoph und Volkswirt ADAM SMITH (1723–1790) sein berühmt gewordenes Buch „Der Wohlstand der Nationen", in dem er sich u. a. mit der Frage beschäftigt, wie die Güterproduktion schneller, besser und kostengünstiger erfolgen kann. Am Beispiel der Stecknadelproduktion beschreibt er die Vorteile der **innerbetrieblichen Arbeitsteilung**, wie sie sich inzwischen weltweit durchgesetzt hat.

Lernkontrolle
Aufgabe 1

Herstellung von Stecknadeln

„Ein Arbeiter, der noch niemals Stecknadeln gemacht hat und auch nicht dazu angelernt ist, so dass er auch mit den dazu eingesetzten Maschinen nicht vertraut ist, könnte, selbst wenn er sehr fleißig ist, täglich höchstens eine, sicherlich aber keine zwanzig Nadeln herstellen. Um eine Stecknadel anzufertigen, sind etwa 18 verschiedene Arbeitsgänge notwendig. Ich selbst habe eine kleine Manufaktur gesehen, in der nur 10 Leute beschäftigt waren, so dass einige von ihnen zwei oder drei solcher Arbeiten übernehmen mussten. So waren die 10 Arbeiter imstande, täglich etwa 48.000 Nadeln herzustellen, ... Hätten Sie indes alle einzeln und unabhängig voneinander gearbeitet, noch dazu ohne besondere Ausbildung, so hätte der Einzelne gewiss nicht einmal 20, vielleicht sogar keine einzige Nadel am Tag zustande gebracht."

„Jemand, der tagtäglich nur wenige einfache Handgriffe ausführt, die zudem immer das gleiche oder ein ähnliches Ergebnis haben, hat keinerlei Gelegenheit, seinen Verstand zu üben ... so ist es ganz natürlich, dass er stumpfsinnig und einfältig wird ..."   *Adam Smith, Der Wohlstand der Nationen, S. 9f.*

Mithilfe von Produktivitätskennzahlen lässt sich das Ergebnis wirtschaftlichen Handelns messen. Die **Produktivität** gibt das Verhältnis zwischen dem mengenmäßigen Produktionsergebnis (Output) und der Faktoreinsatzmenge (Input) an.

---

1   Erneuerbare (regenerierbare) natürliche Ressourcen sind durch natürliche Wachstumsprozesse vergrößerbar. Dennoch sind viele erneuerbare natürliche Ressourcen gleichzeitig auch erschöpfbar (z. B. durch Ausrottung von Tier- und Pflanzenarten).

$$\text{Produktivität} = \frac{\text{Produktionsergebnis } (Output)}{\text{Faktoreinsatzmenge } (Input)}$$

Die Wirkung der Arbeitsteilung kann durch die Berechnung der **Arbeitsproduktivität** (Ergiebigkeit der Arbeitsleistung) nachgewiesen werden. Dabei wird das Produktionsergebnis nur auf den Faktor Arbeit bezogen, ohne den Einsatz anderer Produktionsfaktoren zu berücksichtigen.

$$\text{Arbeitsproduktivität} = \frac{\text{Produktionsergebnis } (Output)}{\text{Arbeitseinsatz}}$$

Durch Arbeitsteilung kann die Arbeitsproduktivität gesteigert werden.

Die Erhöhung der Arbeitsproduktivität durch die Arbeitsteilung kann verschiedene Ursachen haben:
- Besondere Fähigkeiten und Eignungen der Arbeitskräfte werden durch Arbeitsteilung besser berücksichtigt.
- Die Geschicklichkeit der Arbeitskräfte steigt durch die Spezialisierung auf wenige Tätigkeiten.
- Bei der internationalen Arbeitsteilung können Vorteile daraus entstehen, dass bestimmte Güter in bestimmten Ländern günstiger produziert werden können als anderswo.

Arten der Arbeitsteilung – Notwendigkeit einer Wirtschaftsordnung

Die Arbeitsteilung bedingt eine starke Spezialisierung der Arbeit. Dadurch sind die Menschen in erheblichem Maße voneinander abhängig geworden, weil kaum jemand mehr alle Güter, die er zum Leben braucht, selbst herstellen kann. Die Spezialisierung auf einen bestimmten Beruf ist aber nur dann sinnvoll, wenn sicher ist, dass gegen das bei der Berufsausübung verdiente Geld andere benötigte Güter getauscht werden können. Die Arbeitsteilung macht somit ein **Koordinationssystem (Wirtschaftsordnung)** erforderlich. Da die Arbeitsleistung mit Geld oder Gütern entlohnt wird, muss der **Austausch** von Gütern und Leistungen geregelt werden. Das **Geld** erleichtert in seiner Eigenschaft als **allgemeines Zahlungs- und Tauschmittel** diesen Güteraustausch. Wirtschaftsgeschichtlich ist daher die Entwicklung der **Arbeitsteilung** untrennbar mit der Entwicklung der **Geldwirtschaft** verbunden.

Arbeitsteilung				
Ursprüngliche Arbeitsteilung	**Berufliche Arbeitsteilung**	**Gesellschaftlich-technische Arbeitsteilung**	**Volkswirtschaftliche Arbeitsteilung**	**Internationale Arbeitsteilung**
■ in der Familie oder Gruppe, zwischen Mann und Frau	■ Berufsbildung ■ Berufsspaltung	■ Arbeits-zerlegung (betrieblich) ■ Produktions-teilung (über-betrieblich)	■ Urerzeugung ■ Weiterver-arbeitung ■ Handel, Dienst-leistungen	■ Import ■ Export

Das Ausmaß der **beruflichen Arbeitsteilung** zeigt sich für Deutschland u. a. darin, dass es fast 400 verschiedene staatlich anerkannte Ausbildungsberufe im dualen System[1] gibt. Die Zahl der Betriebe und der Erwerbstätigen in den einzelnen Wirtschaftssektoren gibt Auskunft über die **überbetriebliche** und die **volkswirtschaftliche Arbeitsteilung**.

Das Ausmaß der **internationalen Arbeitsteilung** zeigt sich darin, dass Deutschland mit nahezu allen Ländern der Erde Handel treibt.

2.2.4 Kapitalbildung und Investition

Kapitalbegriff und Kapitalarten

> Mit dem Begriff Kapital als volkswirtschaftlicher Produktionsfaktor ist immer Sachkapital (Realkapital) gemeint. Es handelt sich dabei um produzierte Produktionsmittel.

Das **Sachkapital** besteht aus Produktionsgütern (Kapitalgütern). Diese Güter stehen nicht für den Konsum zur Verfügung, sondern dienen der Produktion neuer Produktions- oder Konsumgüter. Zu den Produktionsgütern (Kapitalgütern) gehören im Einzelnen

- Produktionsmittel, die für eine dauerhafte Nutzung zur Verfügung stehen (Investitionsgüter wie z.B. Gebäude, Maschinen, Werkzeuge, Transportmittel),
- andere Produktionsmittel, die im Produktionsprozess verbraucht oder umgewandelt werden (z.B. geförderte oder bearbeitete Rohstoffe, Schmierstoffe),
- Lagerbestände an produzierten Gütern (unfertige Erzeugnisse, Fertigerzeugnisse).

Geldkapital bezeichnet demgegenüber die finanziellen Mittel, die für die Bildung von Sachkapital zur Verfügung stehen.

Kapitalbildung

Ziel der Herstellung von Sachkapital (z.B. Maschinen, Werkzeuge und Transportmittel) ist es, mit diesen Produktionsgütern zu einem **späteren Zeitpunkt** Konsumgüter zu erzeugen. Wird vorläufig auf die Produktion von Konsumgütern verzichtet, um stattdessen zunächst produzierte Produktionsmittel herzustellen, liegt ein **Produktionsumweg** vor. Ein solcher Produktionsumweg wird deswegen in Kauf genommen, weil der Einsatz von Produktionsgütern die Herstellung von Konsumgütern erleichtern und die Wirksamkeit der Arbeit (Arbeitsproduktivität) erhöhen kann. Das Ausmaß, in dem produzierte Produktionsmittel zur **Erhöhung der Arbeitsproduktivität** beitragen, hängt aber nicht nur von der Menge, sondern auch von der Qualität der Produktionsmittel ab. Qualitätsverbesserungen bei Maschinen, Werkstoffen usw. sind Teil des **technischen Fortschritts** in einer Volkswirtschaft.

Lernkontrolle Aufgabe 2

> Durch Einsatz von Produktionsgütern (Sachkapital) im Produktionsprozess kann die Arbeitsproduktivität gesteigert werden.

Alle Güter in einer Volkswirtschaft, die nicht konsumiert werden, erhöhen zwangsläufig den Bestand an Produktionsmitteln und/oder die Lagervorräte. Diese Erhöhung des Sachkapitalbestandes wird als **Investition** bezeichnet.

---

[1] Duales System: Ausbildungsbetriebe und Berufsschulen führen arbeitsteilig und einander ergänzend die berufliche Bildung durch

Güter, die nicht als Konsumgüter verwendet werden, führen zu einer Erhöhung des Sachkapitalbestandes in einer Volkswirtschaft (= Investition).

Die Herstellung von Sachkapital bedeutet, dass heute auf möglichen Konsum zugunsten der Zukunft verzichtet wird. Statt zu konsumieren wird investiert. Da nur der nicht als Konsumgüter verwendete Teil der volkswirtschaftlichen Gesamtproduktion investiert werden kann, bedeutet jede Erhöhung des Bestands an Sachkapital gleichzeitig einen Verzicht auf Konsum. **Konsumverzicht** ist gleichbedeutend mit **Sparen**.

Kapitalbildung ist nur möglich, wenn auf einen gegenwärtig möglichen Konsum verzichtet wird. Konsumverzicht wird auch als Sparen bezeichnet.

Arten der Investitionen

Der volkswirtschaftliche Investitionsbegriff beinhaltet sowohl die **Veränderung** der Ausstattung einer Volkswirtschaft mit dauerhaften Produktionsmitteln als auch die Lagerbestands**veränderungen** der Betriebe während eines bestimmten **Zeitraums** (z. B. Kalenderjahr). Dementsprechend werden die Investitionen in Anlage- und Vorratsinvestitionen unterteilt.

Lernkontrolle
Aufgaben 3 u. 4

Anlageinvestition ist die Erhöhung des Bestandes an dauerhaften Produktionsmitteln (Gebäude, Maschinen, Werkzeuge), die im Produktionsprozess eingesetzt werden.

Vorratsinvestition (Lagerinvestition) ist die Erhöhung der Lagerbestände an nicht dauerhaften Produktionsmitteln (Roh-, Hilfs- und Betriebsstoffe) sowie an halbfertigen und fertigen Erzeugnissen.

Die dauerhaften Produktionsmittel unterliegen einer ständigen Abnutzung. Die dadurch ausgelöste Wertminderung der Produktionsmittel wird als **Abschreibung** bezeichnet. Soweit Investitionen die an den dauerhaften Produktionsmitteln eingetretenen Wertminderungen wieder ausgleichen, handelt es sich um **Ersatzinvestitionen**. Die **Bruttoinvestitionen** sind die gesamte Erhöhung an Anlagen und Vorräten. Wird von den Bruttoinvestitionen die durch Abnutzung entstehende Wertminderung in Höhe der **Abschreibungen** abgezogen, ergeben sich die **Nettoinvestitionen**.

Zusammenhang zwischen verschiedenen Investitionen	
Bundesrepublik Deutschland 2018	
Bruttoanlageinvestitionen	703,288 Mrd. €
± Vorratsveränderungen	+ 14,621 Mrd. €
= Bruttoinvestitionen	717,909 Mrd. €
− Abschreibung (= Ersatzinvestition)	600,037 Mrd. €
= Nettoinvestitionen	117,872 Mrd. €

Quelle: Stat. Bundesamt, VGR, März 2015

Nettoinvestition = Bruttoinvestition − Abschreibung

2.2.5 Bildung (Humankapital)[1]

> Humankapital (Arbeitsvermögen) umfasst die wirtschaftlich verwertbaren Kenntnisse, Fähigkeiten und Verhaltensweisen, die Arbeitskräfte durch Ausbildung und Berufserfahrung erwerben.

Ausgaben für Erziehung, Ausbildung und Gesundheit stellen **immaterielle Investitionen** dar, die das Humankapital erhöhen. Dadurch verbessern sich – ebenso wie durch das Sachkapital – die Produktionsmöglichkeiten eines Landes. Ähnlich wie beim Sachkapital ist auch bei der Bildung von Humankapital (z. B. in Form von Schulbildung, Ausbildung, Studium) ein Produktionsumweg mit vorübergehender Konsumeinschränkung nötig.

Lernkontrolle
Aufgabe 5

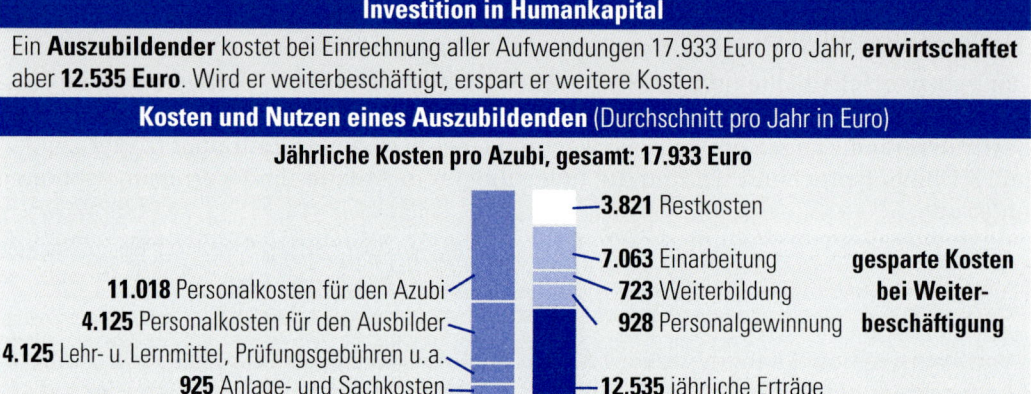

Investition in Humankapital

Ein **Auszubildender** kostet bei Einrechnung aller Aufwendungen 17.933 Euro pro Jahr, **erwirtschaftet** aber **12.535 Euro**. Wird er weiterbeschäftigt, erspart er weitere Kosten.

Kosten und Nutzen eines Auszubildenden (Durchschnitt pro Jahr in Euro)

Jährliche Kosten pro Azubi, gesamt: 17.933 Euro

- **3.821** Restkosten
- **7.063** Einarbeitung
- **723** Weiterbildung — **gesparte Kosten bei Weiterbeschäftigung**
- **928** Personalgewinnung
- **12.535** jährliche Erträge

11.018 Personalkosten für den Azubi
4.125 Personalkosten für den Ausbilder
4.125 Lehr- u. Lernmittel, Prüfungsgebühren u. a.
925 Anlage- und Sachkosten

Quelle: Bundesinstitut für Berufsbildung, Berlin 2015

Die Qualifikationsstruktur der Arbeitskräfte hat sich in Deutschland in den letzten Jahrzehnten deutlich verändert. Es werden immer weniger unqualifizierte und dafür mehr qualifizierte Arbeitskräfte benötigt **(Humankapitalintensivierung)**. Die Arbeitslosigkeit in Deutschland ist daher in erster Linie ein Problem der gering Qualifizierten.

2.2.6 Kombination der Produktionsfaktoren im Produktionsprozess

Die Herstellung von Gütern setzt den Verbrauch und die Umwandlung anderer Güter voraus. Bei diesen Einsatzgütern handelt es sich um Produktionsfaktoren, die z. B. in Form von Energieverbrauch, Arbeitsleistung und Maschinenverschleiß in andere Güter eingehen.

> Produktion ist die Kombination und das Zusammenwirken von Produktionsfaktoren zur Herstellung von Gütern.

Ein Produktionsprozess führt also einerseits zu neuen oder veränderten Produkten und bringt andererseits auch gleichzeitig Verbrauch und Wertminderung von Produktionsfaktoren mit sich. Aus der Sicht des produzierenden Betriebes entstehen durch diesen **Verbrauch von Produktionsfaktoren Kosten**.

---

1   Der Begriff „Humankapital" wurde im Jahr 2004 von Sprachwissenschaftlern zum Unwort des Jahres gewählt. Dies wurde damit begründet, dass mit dieser Bezeichnung Arbeitskräfte herabgewürdigt und Menschen zu nur noch ökonomisch interessanten Größen gemacht würden. In der Volkswirtschaftslehre wird diese Bezeichnung (engl.: *human capital*) allerdings schon seit langem als Fachausdruck in dem Sinne verwendet, dass Lernen die Arbeitsproduktivität erhöht und Bildung daher als eine das Produktionsergebnis erhöhende Investition zu verstehen ist.

Betriebliche Kosten sind der in Geldeinheiten bewertete Verbrauch von Produktionsfaktoren, der in einem Betrieb bei der Herstellung von Gütern entsteht.

Mathematisch lässt sich der Zusammenhang zwischen dem Einsatz der Produktionsfaktoren (Input) und dem Produktionsergebnis (Output) als **Produktionsfunktion** beschreiben. Wird die Gütermenge, die durch den Einsatz der Produktionsfaktoren Natur (N), Arbeit (A) und Kapital (K) erzeugt wird, mit X bezeichnet, so hat eine solche Produktionsfunktion in ihrer allgemeinen Form folgendes Aussehen:

$$X = f(N, A, K)$$

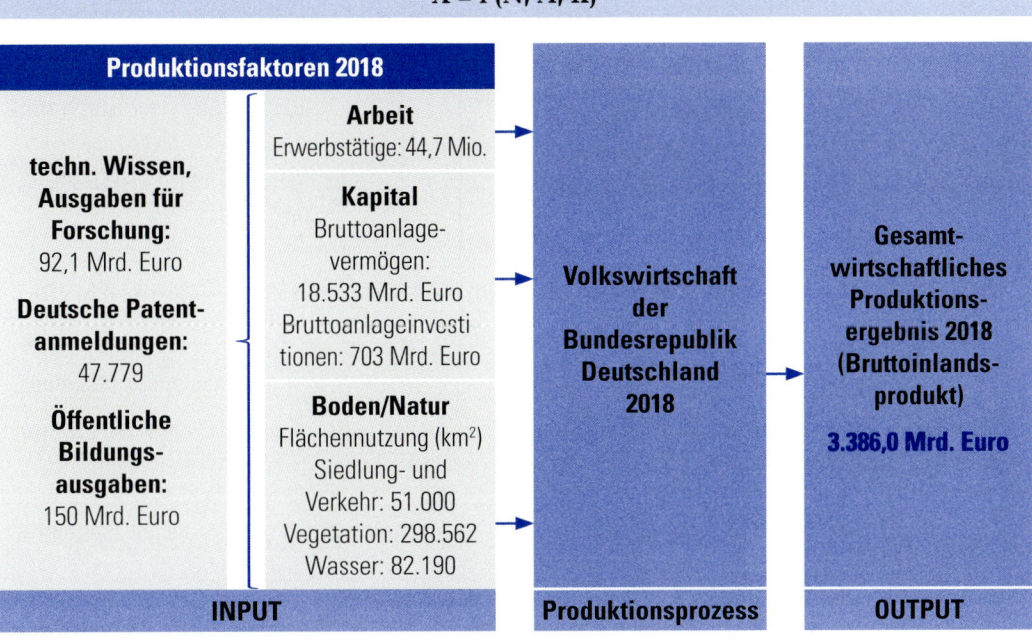

Die gesamtwirtschaftliche Produktionsfunktion beschreibt die Abhängigkeit zwischen der Menge der produzierten Güter (Output) einer Volkswirtschaft und dem Einsatz der volkswirtschaftlichen Produktionsfaktoren (Input).

Kostengünstigste Kombination der Produktionsfaktoren

Kann bei der Herstellung von Gütern ein Produktionsfaktor ganz oder teilweise durch einen anderen ersetzt (substituiert[1]) werden, ohne dass dadurch die Produktionsmenge beeinflusst wird, handelt es sich um **substitutionale Produktionsfaktoren[2]**.

Die Ersetzung eines Produktionsfaktors durch einen anderen wird als Substitution bezeichnet.

---

1 substituieren *(lat.)*: ersetzen

2 Kann bei der Herstellung von Gütern ein Produktionsfaktor nicht durch einen anderen ersetzt werden, handelt es sich um limitationale Produktionsfaktoren (z. B. Maschine, für deren Bedienung genau eine Arbeitskraft nötig ist).

Landwirtschaftliche Produktion ist beispielsweise auf einer relativ kleinen Anbaufläche mit hohem Einsatz von Düngemitteln und Maschinen möglich. Ein gleich hohes Produktionsergebnis lässt sich aber möglicherweise auch durch den Anbau auf einer großen Fläche unter geringem Einsatz des Produktionsfaktors Kapital erzielen. Das Gleiche gilt für handwerkliche und industrielle Produktionsverfahren. Ein Möbelstück kann z. B. arbeitsintensiv in einer Schreinerwerkstatt mit geringem Maschineneinsatz oder aber kapitalintensiv in einer Möbelfabrik mit geringem Arbeitskräfteeinsatz hergestellt werden.

Lernkontrolle
Aufgabe 6

Kombination der Produktionsfaktoren

In einem Holz verarbeitenden Betrieb werden täglich 60 Bücherregale hergestellt. Diese Ausbringungsmenge lässt sich durch verschiedene Kombinationen der Produktionsfaktoren erzeugen.

Kombi-nation	Faktoreinsatz in Stunden		Aus-bringungs-menge in ME
	Arbeitszeit	Maschinen-stunden	
A	50	10	60
B	30	20	60
C	20	30	60
D	10	60	60

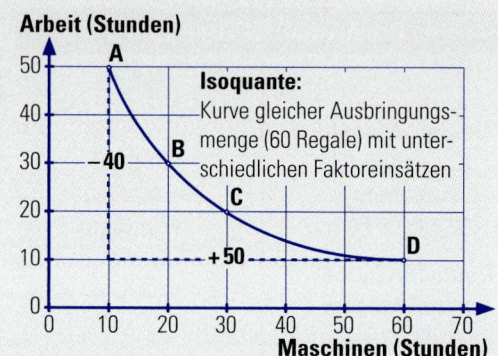

Bei **arbeitsintensiver Produktion** würden 50 Stunden Arbeit und 10 Stunden Kapital, bei **kapitalintensiver Produktion** dagegen 60 Stunden Maschinen (Kapital) und 10 Stunden Arbeit eingesetzt. Werden in einem Koordinatensystem alle Punkte, die eine gleiche Ausbringungsmenge, aber unterschiedliche Faktoreinsatzverhältnisse aufweisen, miteinander verbunden, entsteht eine Kurve, die als **Isoquante[1]** bezeichnet wird.

Im vorliegenden Fall wird der Unternehmer seine Entscheidung, ob er die arbeitsintensive Faktorkombination (50 Stunden Arbeit und 10 Maschinenstunden) oder die kapitalintensive Faktorkombination (10 Stunden Arbeit und 60 Maschinenstunden) wählt, von den Kosten der Produktionsfaktoren abhängig machen. Wenn eine Stunde Arbeit 10 Geldeinheiten und eine Maschinenstunde 30 Geldeinheiten kostet, ergeben sich für eine Ausbringungsmenge von 60 Bücherregalen folgende Gesamtkosten:

Kosten der arbeitsintensiven Faktorkombination: 50 x 10 + 10 x 30 =   800 Geldeinheiten
Kosten der kapitalintensiven Faktorkombination: 10 x 10 + 60 x 30 = 1.900 Geldeinheiten

Bei diesen Preisen der Produktionsfaktoren ist die arbeitsintensive Faktorkombination um 1.100 GE kostengünstiger. Ändern sich aber beispielsweise die Faktorkosten, so dass eine Stunde Arbeit 40 Geldeinheiten und eine Maschinenstunde 10 Geldeinheiten kosten, ist die kapitalintensive Faktorkombination um 1.100 Geldeinheiten billiger. In diesem Fall würden 40 Stunden Arbeit durch 50 Maschinenstunden ersetzt (Kombination D statt A).

Minimalkostenkombination

Die **Anwendung des ökonomischen Prinzips** besteht im vorliegenden Fall darin, diejenige Kombination der substitutionalen Produktionsfaktoren zu wählen, die dem Betrieb die geringsten Kosten verursacht **(Minimalkostenkombination)**. Da die Preise der Produktionsfaktoren für den Betrieb Kosten darstellen, führt die Entscheidung zugunsten der

---

1   iso ... *(gr.)*: gleich ...; quantum *(lat.)*: Menge

Minimalkostenkombination gleichzeitig dazu, dass vornehmlich die Produktionsfaktoren, die weniger knapp und daher billig sind, zum Einsatz kommen. Die besonders knappen und daher sehr teuren Produktionsfaktoren werden dagegen geschont.

> Diejenige Kombination der Produktionsfaktoren, die bei der Herstellung einer bestimmten Produktionsmenge die geringsten Kosten verursacht, wird als Minimalkostenkombination bezeichnet.

Ändern sich die Preise der Produktionsfaktoren, so verändert sich auch die Minimalkostenkombination. Teurer gewordene Produktionsfaktoren werden – soweit dies technisch möglich ist – durch billigere ersetzt. Dadurch kann kostengünstiger produziert werden. Diese dem ökonomischen Prinzip entsprechende Maßnahme zur Kostensenkung wird als **Rationalisierung** bezeichnet. Möglicherweise hat dieses Vorgehen aber negative **soziale Folgen**, da u. U. Arbeitnehmer **arbeitslos** werden, wenn die Löhne im Verhältnis zu den Kapitalkosten dauerhaft gestiegen sind.

Zusammenfassung und Lernkontrolle

Zusammenfassung

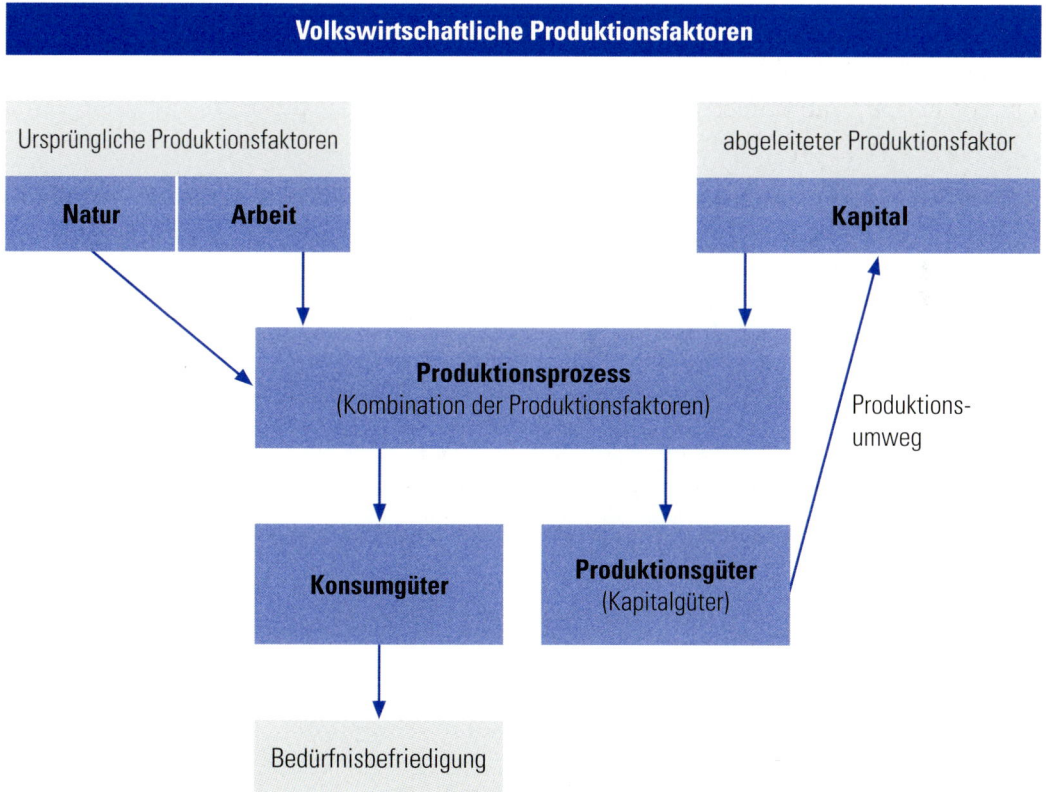

321

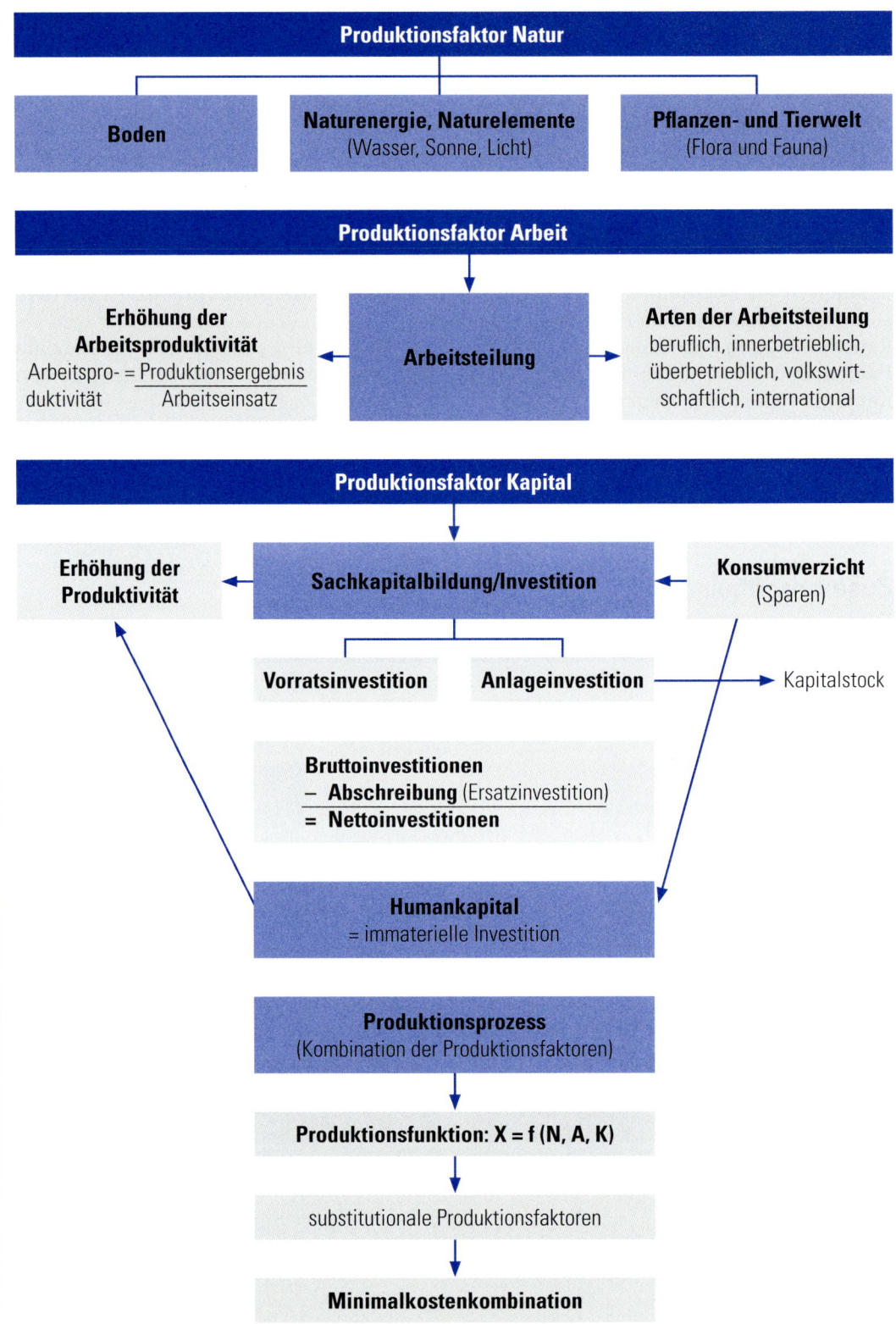

Produktionsfaktor Natur

Boden

Naturenergie, Naturelemente
(Wasser, Sonne, Licht)

Pflanzen- und Tierwelt
(Flora und Fauna)

Produktionsfaktor Arbeit

Erhöhung der Arbeitsproduktivität
Arbeitspro- = $\dfrac{\text{Produktionsergebnis}}{\text{Arbeitseinsatz}}$
duktivität

Arbeitsteilung

Arten der Arbeitsteilung
beruflich, innerbetrieblich, überbetrieblich, volkswirtschaftlich, international

Produktionsfaktor Kapital

Erhöhung der Produktivität

Sachkapitalbildung/Investition

Konsumverzicht
(Sparen)

Vorratsinvestition

Anlageinvestition

Kapitalstock

Bruttoinvestitionen
– Abschreibung (Ersatzinvestition)
= Nettoinvestitionen

Humankapital
= immaterielle Investition

Produktionsprozess
(Kombination der Produktionsfaktoren)

Produktionsfunktion: X = f (N, A, K)

substitutionale Produktionsfaktoren

Minimalkostenkombination

Lernkontrolle

Aufgabe 1: Arbeitsteilung – Arbeitsproduktivität

Es wird behauptet, durch innerbetriebliche Arbeitsteilung könne die Arbeitsproduktivität gesteigert werden.

1. Erläutern Sie, was unter der Arbeitsproduktivität zu verstehen ist.
2. Überprüfen Sie die Aussage anhand des Stecknadelbeispiels von A. Smith auf S. 315, indem Sie die Arbeitsproduktivität vor und nach der Arbeitsteilung sowie deren prozentuale Veränderung ermitteln.
3. Nennen Sie Ursachen für die Erhöhung der Arbeitsproduktivität.

Aufgabe 2: Kapitalarten: Sachkapital – Geldkapital

Siegfried Gregori ist Alleininhaber einer Werft für Sportsegelboote am Bodensee. Voller Stolz übergibt er die Werft, die er schon von seinem Vater geerbt hat, schuldenfrei an seinen Sohn mit folgender Auflistung des Betriebsvermögens:

Unbebaute Grundstücke	500.000 Euro
Fabrikgebäude	1.500.000 Euro
Maschinen	800.000 Euro
Fahrzeuge	200.000 Euro
Materialvorrat	500.000 Euro
Kasse	50.000 Euro
Bankguthaben	650.000 Euro

Er erläutert seinem Sohn, dass der Kassenbestand und zusätzlich 150.000 Euro des Bankguthabens zur Erhaltung der Zahlungsbereitschaft (für Lieferantenrechnungen, Löhne, Steuern usw.) benötigt werden. Der Rest des Bankguthabens ist zur Modernisierung der maschinellen Ausstattung vorgesehen.

1. Wie groß ist der Bestand an Sachkapital (in Euro)?
2. Wie groß ist der Bestand an Geldkapital?
3. Welcher in der Werft eingesetzte Produktionsfaktor lässt sich aus der Auflistung des Betriebsvermögens nicht erfassen?

Aufgabe 3: Investitionsarten: volkswirtschaftliche Sichten

Das Statistische Bundesamt einer Volkswirtschaft hat für das vergangene Jahr folgende Werte ermittelt:

■ Neubauten für gewerbliche Zwecke (z. B. Büros, Produktionsstätten)	250 Mrd. Euro
■ Neue Maschinen und andere Produktionsmittel	170 Mrd. Euro
■ Erhöhung der Lagervorräte (Rohstoffe, halbfertige Erzeugnisse, …)	11 Mrd. Euro
■ Ersatz für in diesem Jahr verschlissene Produktionsmittel	350 Mrd. Euro

1. Erläutern Sie, um welche Art von Investition es sich in den vier Fällen jeweils handelt.
2. Ermitteln Sie die Höhe der Brutto- und Nettoinvestitionen.

Aufgabe 4: Investitionsarten: betriebliche Sicht

Gegeben sind die Bilanzen eines Unternehmens für zwei aufeinanderfolgende Jahre:

Bilanz (in 1.000 Euro)						
Aktiva						**Passiva**
	Jahr 1	Jahr 2			Jahr 1	Jahr 2
Anlagen	800	880	**Eigenkapital**		900	1.000
Vorräte	200	240	**Fremdkapital**		300	400
Bank/Kasse	200	280				
	1.200	1.400			1.200	1.400

In der Gewinn- und Verlustrechnung sind Abschreibungen auf das Anlagevermögen in Höhe von 30.000 Euro ausgewiesen.

Wie groß war in diesem Unternehmen im Jahr 2
1. die Brutto-Anlageinvestition,
2. die Vorratsinvestition,
3. die Bruttoinvestition,
4. die Nettoinvestition,
5. die Netto-Anlageinvestition?

Aufgabe 5: Humankapital – Qualifikation der Arbeitskräfte

1. Es wird behauptet, dass der Produktionsfaktor Arbeit heute weitestgehend nicht mehr ein ursprünglicher, sondern ein abgeleiteter Produktionsfaktor sei.
   Erläutern Sie diese Aussage anhand des folgenden Stellenangebots.

> **Ausbildung ist das Kapital der Zukunft!**
> Wir stellen Auszubildende mit Realschulabschluss oder Abitur oder Fachhochschulreife
> für folgende Ausbildungsberufe ein:
> ■ **Finanzassistent/-assistentin**
> ■ **Bankkaufmann/-frau**
> ■ **Kaufmann/-frau für Büromanagement**
> **Bewerbungen mit den üblichen Unterlagen an:**
> EUROPA-Bank AG Karlsruhe, Durlacher Allee 15, 76136 Karlsruhe
> Tel. 0721 800 85 10 (Frau Hansen)

2. Zeigen Sie anhand der Stellenanzeige und der Abb. auf S. 319, dass für die Bildung von Humankapital ähnliche Voraussetzungen gelten wie für die Bildung von Sachkapital.

3. Im Jahr 2015 hat der Staat für die Bildung und Ausbildung von Schülern an öffentlichen Schulen durchschnittlich folgende Beträge je Schüler aufgewendet:

Allgemeinbildende Schulen				Berufliche Schulen (einschl. Berufs-schulen mit Teilzeitunterricht)
Hauptschulen	**Realschulen**	**Gymnasien**	**Gesamtschulen und Änliche**	
8.900 Euro	**6.400 Euro**	**7.900 Euro**	**8.000 Euro**	**4.700 Euro**

Quelle: Statistisches Bundesamt, Bildungsausgaben, Wiesbaden, Febr. 2018, S. 6 f.

Welche Ausgaben sind Ihrer Meinung nach in diesen Beträgen enthalten und wie werden sie finanziert?

4. Überlegen Sie, ob der Allgemeinheit neben den oben genannten Beträgen noch weitere Ausgaben und Nachteile während der Zeit entstehen, in der erwerbsfähige Jugendliche noch keine Berufstätigkeit ausüben, sondern die Schule besuchen. Unter welchen Voraussetzungen lohnt sich dieser „Umweg" für den Einzelnen und die Allgemeinheit?

Aufgabe 6: Kombination der Produktionsfaktoren – Substitution – Minimalkostenkombination – Rationalisierung

Eine Möbelfabrik hat die Möglichkeit, verschiedene Fertigungsverfahren bei unterschiedlichem Einsatz von Arbeitskräften und Maschinen anzuwenden. Die folgende Produktionstabelle zeigt die Mengen an Möbeln, die bei verschiedener Kombination der Faktoren Arbeit und Kapital (Maschinen) produziert werden können.

Einheiten Arbeit	Zahl der Möbelstücke					
5	0	32	60	80	110	120
4	0	30	45	65	80	88
3	0	20	32	40	48	56
2	0	15	20	30	40	50
1	0	10	15	20	25	30
0	0	0	0	0	0	0
Einheiten Maschinen	0	1	2	3	4	5

1. Die Möbelfabrik möchte täglich 30 Möbelstücke herstellen.
   Mit welchen Kombinationen der Produktionsfaktoren ist das möglich?
2. Der Lohn für eine Einheit Arbeit beträgt 100 Euro, während sich die Kosten für die Nutzung der Maschinen auf 120 Euro je Einheit belaufen.
   Entscheiden Sie, mit welcher Faktorkombination die Möbelfabrik die 30 Möbelstücke herstellen soll (Minimalkostenkombination).
3. Die Löhne steigen auf 125 Euro je Einheit Arbeit, während die Maschinenkosten unverändert bleiben.
   Mit welcher Faktorkombination wird die Möbelfabrik künftig die Tagesproduktion von 30 Möbelstücken herstellen?
4. Erläutern Sie am vorliegenden Beispiel die Aussage: „Rationalisierung entspricht einem Handeln nach dem ökonomischen Prinzip!"

3   Wirtschaftsprozess als Geld- und Güterkreislauf

3.1   Geldwirtschaft als Folge der Arbeitsteilung

Funktionen des Geldes

Die Entwicklung der **Arbeitsteilung** ist untrennbar mit der Entwicklung der **Geldwirtschaft** verbunden. Arbeitsteilung erfordert zwangsläufig den Güteraustausch, da ein Produzent in einer arbeitsteiligen Wirtschaft andere Güter herstellt als er selbst benötigt. Der direkte Tausch „Ware gegen Ware" **(Naturaltausch)** ist aber äußerst umständlich und schwerfällig.

Lernkontrolle
Aufgabe 1

Probleme beim Naturaltausch

Würde beispielsweise ein Schmied (Werkzeugmacher) versuchen, eine Axt gegen Schuhe zu tauschen, muss er einen Tauschpartner suchen, der gleichzeitig Anbieter von Schuhen und Nachfrager einer Axt ist. Die Zahl der in Frage kommenden Tauschpartner ist entsprechend gering. Außerdem entstehen Bewertungsprobleme: Wie viele und welche Werkzeuge sind so viel wert wie ein Paar Schuhe? Die Information über das zwischen den beiden Partnern ausgehandelte Tauschverhältnis wäre aber für andere Anbieter und Nachfrager völlig wertlos, da beim direkten Tausch der Wert einer Ware (= Preis) nicht in Mengeneinheiten einer allgemein anerkannten Bezugsgröße ausgedrückt wird.

Geld erleichtert in seiner Eigenschaft als allgemeines **Tauschmittel** den Güteraustausch. In einer Geldwirtschaft wird jeder Tausch in zwei unabhängige Kaufvorgänge, nämlich Verkauf (Güter gegen Geld) und Kauf (Geld gegen Güter) zerlegt. Der Verkäufer kann dann aufgrund der **Zahlungsmittelfunktion** des Geldes ohne Tauschumwege direkt solche Güter erwerben, die er braucht. Geld erhöht somit die Tauschflexibilität und verringert die beim Güteraustausch entstehenden Informations- und Transaktionskosten[1] (z.B. Kosten für Wertermittlung, Transport und Lager).

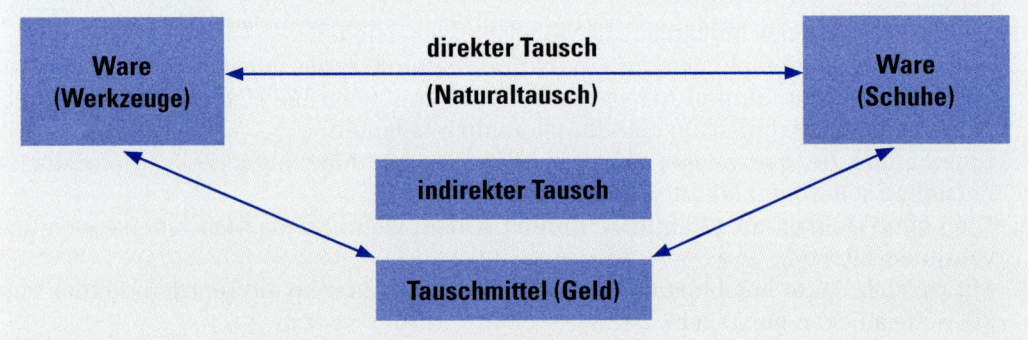

Geld senkt die mit dem Güter- und Leistungsaustausch einhergehenden Informations- und Transaktionskosten.

---

1   Transaktion (*lat.*): Übertragung, Abwicklung

Als Geld gilt alles, was folgende Funktionen erfüllt:

Funktionen des Geldes			
Tauschfunktion	**Zahlungsfunktion** (Wertübertragungs- funktion)	**Wertaufbewah- rungsfunktion**	**Rechenfunktion** (Wertmaßstab)
Durch Geld wird der Tausch in zwei Teile zer- legt: Verkauf von Ware gegen Geld und Kauf von Ware gegen Geld (in- direkter Tausch).	Geld kann zur Tilgung von Schulden und zur Gewährung von Krediten dienen.	Geld ermöglicht es, die beiden Tauschakte Ver- kauf von Ware gegen Geld zeitlich zu trennen.	Mit Geld lässt sich der Wert anderer Güter ausdrücken.

Eigenschaften des Geldes

Damit Geld die ihm zugedachten Funktionen erfüllen kann, muss es folgende Eigenschaf- ten besitzen:

Eigenschaften des Geldes				
allgemein anerkannt	leicht teilbar	leicht transportierbar und übertragbar	leicht aufbewahrbar, wertbeständig	knapp und fälschungssicher

Entwicklungsstufen des Geldes – Arten des Geldes

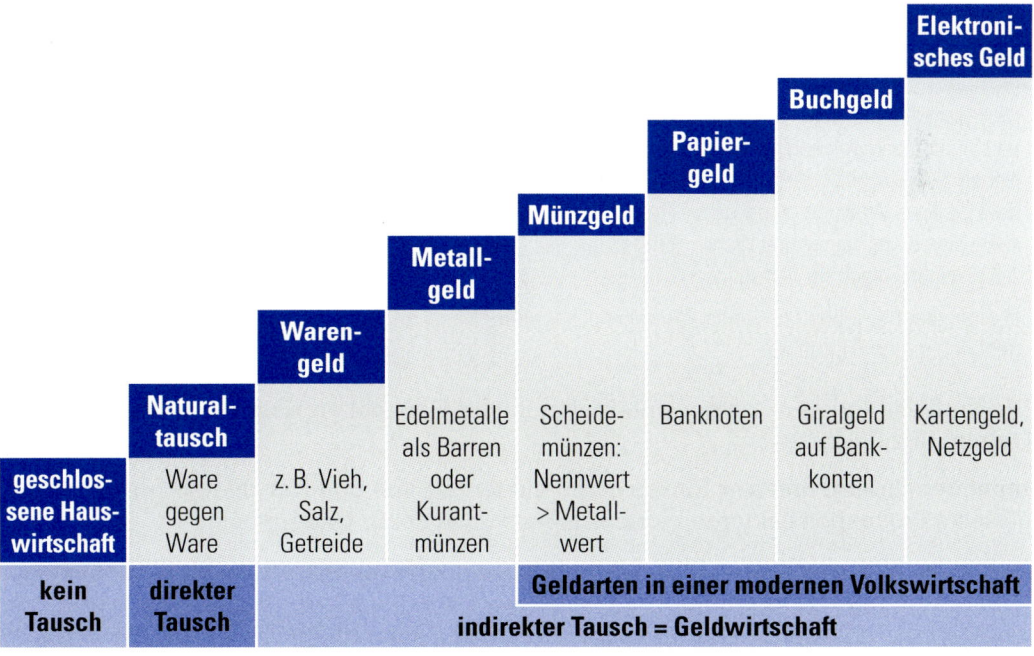

3.2 Wirtschaftliche Beziehungen zwischen Unternehmen und Haushalten

In einer arbeitsteiligen Geldwirtschaft beziehen die **Unternehmen Vorleistungen** (Waren und Dienstleistungen) von anderen Unternehmen. Außerdem nehmen sie die von den privaten **Haushalten** zur Verfügung gestellten **Produktionsfaktoren** (insbesondere den Faktor Arbeit, aber auch Boden und Geldkapital) in Anspruch.

Um die Bedeutung der von den Inhabern der Produktionsfaktoren im Produktionsprozess erzielten Einkommen besser analysieren zu können, wird angenommen, dass die Unternehmen nicht Eigentümer der Produktionsmittel sind. Vielmehr werden ihnen von den Haushalten, die sich in Arbeitnehmer- und Unternehmerhaushalte gliedern lassen, neben der Arbeitsleistung auch die Produktionsfaktoren Boden und Kapital zur Verfügung gestellt.

Für die erbrachte Arbeitsleistung und die Nutzung der anderen zur Verfügung gestellten Produktionsfaktoren erhalten die privaten Haushalte von den Unternehmen Geldeinkommen, das sie wiederum für den Kauf von Waren und Dienstleistungen verwenden.

Tabellarische Darstellung der Beziehungen zwischen Unternehmen und Haushalten

Für eine Modellvolkswirtschaft sollen folgende Annahmen gelten:

Unternehmen 1: Land- und forstwirtschaftlicher Betrieb	Unternehmen 2: Mühlenbetrieb	Unternehmen 3: Bäckerei
Der land- und forstwirtschaftliche Betrieb liefert Getreide an die Mühle und Brennmaterialien an die Bäckerei.	Die Mühle liefert Futtermehl an den land- und forstwirtschaftlichen Betrieb und Backmehl an die Bäckerei	Die Bäckerei beliefert alle Haushalte mit Backwaren.
Haushalt 1: Familie Bauer	**Haushalt 2: Familie Müller**	**Haushalt 3: Familie Beck**
Herr Bauer ist Inhaber des land- und forstwirtschaftlichen Betriebs. Neben seiner Arbeitskraft stellt er dem Betrieb Wald, Wiesen und Äcker sowie Maschinen und Werkzeuge gegen Entgelt zur Verfügung.	Herr Müller ist Inhaber der Getreidemühle. Neben seiner Arbeitskraft stellt er dem Betrieb auch Gebäude und Maschinen gegen Entgelt zur Verfügung.	Herr Beck ist Inhaber der Bäckerei. Neben seiner Arbeitskraft stellt er dem Betrieb auch die Backstube und das Ladengeschäft gegen Entgelt zur Verfügung.

In allen drei Betrieben arbeiten außerdem noch weitere Haushaltsmitglieder als mithelfende Familienangehörige gegen Entgelt mit.

Die Verflechtungen zwischen Unternehmen und Haushalten lassen sich in einer **Input-Output-Tabelle** darstellen.

Input der Unternehmen (= Einsatzgüter/-faktoren): Von den Haushalten zur Verfügung gestellte Produktionsfaktoren, Vorleistungen von anderen Unternehmen

Output der Unternehmen (= Produktionsergebnis): Vorleistungen für andere Unternehmen, Konsumgüter für Haushalte

Input der Haushalte: von den Unternehmen bezogene Konsumgüter

Output der Haushalte: den Unternehmen zur Verfügung gestellte Produktionsfaktoren

Input-Output-Tabelle: Güterströme in GE								
	Empfangende Wirtschaftseinheit (Input)	Unternehmen empfangen Vorleistungen von anderen Unternehmen und Produktionsfaktoren von Haushalten			Haushalte empfangen Konsumgüter von Unternehmen			Summe Output (GE)
Liefernde Wirtschaftseinheit (Output)		U₁: Land-/Forst-wirt-schaft	U₂: Mühle	U₃: Bäckerei	H₁: Bauer	H₂: Müller	H₃: Beck	
Unternehmen liefern Vorleistungen an andere Unternehmen und Konsumgüter an Haushalte	U₁: Land-/Forstwirt		30	10	–	–	–	40
	U₂: Mühle	10		60	–	–	–	70
	U₃: Bäckerei	–	–		30	40	50	120
Haushalte liefern Produktionsfaktoren an Unternehmen	H₁: Bauer	30	–			–	–	30
	H₂: Müller	–	40		–		–	40
	H₃: Beck	–	–	50		–		50
Summe Input (GE)		40	70	120	30	40	50	350

Grafische Darstellung der Beziehungen zwischen Unternehmen und Haushalten

Die aus der Tabelle hervorgehenden Verflechtungen und Beziehungen lassen sich als Güter- und Geldströme in einem Kreislaufschema darstellen. Den einzelnen Güterströmen fließen jeweils wertmäßig gleich große Geldströme (Kaufpreis für die Vorleistungen, Einkommen für die Zurverfügungstellung der Produktionsfaktoren, Kaufpreis für die Konsumgüter) entgegen.

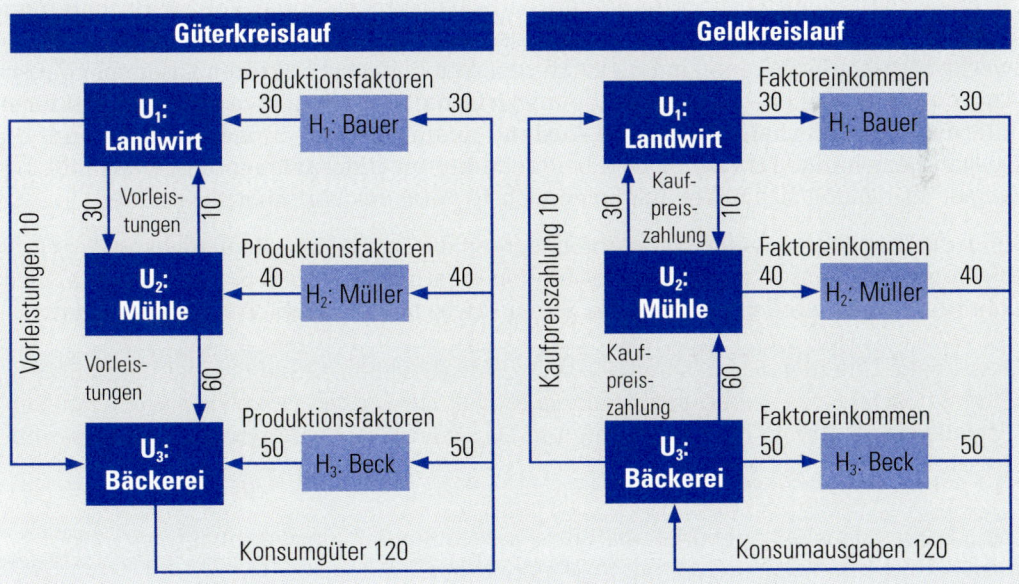

Der Wert, den ein Unternehmen im Rahmen des Produktionsprozesses den Vorleistungen hinzufügt, wird als Wertschöpfung bezeichnet.

Im vorliegenden Beispiel ergibt sich die Wertschöpfung der einzelnen Unternehmen wie folgt:

U1:   40 GE Güterverkäufe – 10 GE Vorleistungen = 30 GE Wertschöpfung

U2:   70 GE Güterverkäufe – 30 GE Vorleistungen = 40 GE Wertschöpfung

U3: 120 GE Güterverkäufe – 70 GE Vorleistungen = 50 GE Wertschöpfung

Die Summe der Wertschöpfung aller Unternehmen einer Volkswirtschaft ergibt das gesamtwirtschaftliche Produktionsergebnis (Inlandsprodukt).

Im vorliegenden Beispiel beträgt der Wert des gesamtwirtschaftlichen Produktions ergebnisses 120 GE (U1: 30 GE + U2: 40 GE + U3: 50 GE).

Die Summe aller Faktoreinkommen in einer Volkswirtschaft ergibt das Volkseinkommen.

Im vorliegenden Beispiel beträgt das Volkseinkommen 120 GE (H1: 30 GE + H2: 40 GE + H3: 50 GE).

Lernkontrolle
Aufgaben 1

Wertschöpfung und **Faktoreinkommen** stellen – wie zwei Seiten derselben Medaille – Ergebnisse ein und desselben Produktionsprozesses dar. Beide Größen sind wertmäßig gleich groß.

3.3   Einfacher Wirtschaftskreislauf

Um die verwirrenden Verflechtungen im Wirtschaftsprozess einer Volkswirtschaft übersichtlicher zu machen, werden für volkswirtschaftliche Modellanalysen und statistische Zwecke Wirtschaftseinheiten mit gleichartigen Aktivitäten zu **Sektoren** zusammengefasst **(Aggregation)**. Üblicherweise wird beim **Wirtschaftskreislauf** zwischen den **Sektoren Unternehmen, Haushalte, Staat und Ausland** unterschieden. Zunächst werden nur die Kreislaufbeziehungen zwischen den beiden Sektoren **Unternehmen** und **Haushalte** betrachtet. Es handelt sich dabei um die einfachste Form des Wirtschaftskreislaufs.

Durch die Zusammenfassung zu Sektoren werden die Ströme **innerhalb** eines Sektors (z.B. Kauf von Investitionsgütern und Vorleistungen innerhalb des Sektors Unternehmen) nicht mehr sichtbar. Es werden nur noch die Ströme **zwischen** den Sektoren berücksichtigt.

Zum Sektor Unternehmen gehören alle Wirtschaftseinheiten, die auf Beschaffungsmärkten Produktionsfaktoren nachfragen, in einem Produktionsprozess durch Kombinationen der Produktionsfaktoren Güter (= Waren und Dienstleistungen) herstellen und diese auf Absatzmärkten anbieten.

Zum Sektor Haushalte gehören alle Wirtschaftseinheiten, die als Anbieter von Produktionsfaktoren und Nachfrager von Konsumgütern auftreten.

Geld- und Güterkreislauf zwischen den Sektoren Unternehmen und Haushalte einer Modellvolkswirtschaft (Beispiel von S. 330)

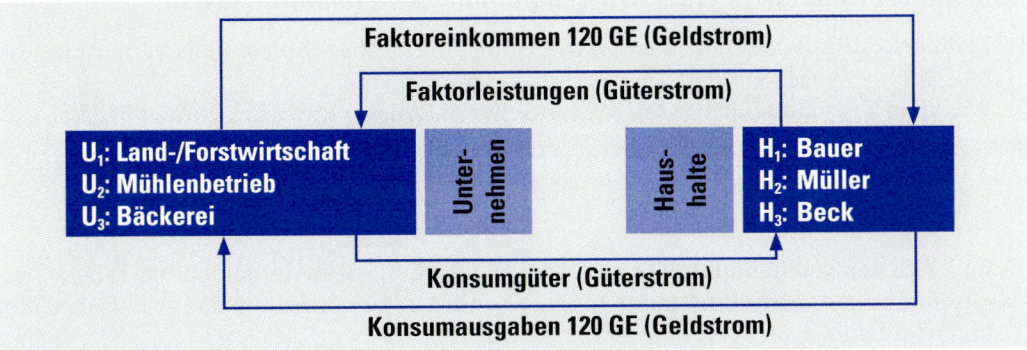

Der einfache Wirtschaftskreislauf ist eine modellhafte Darstellung der zusammengefassten Wirtschaftsbeziehungen zwischen den beiden Sektoren Unternehmen und Haushalte einer Volkswirtschaft.

Der **einfache Wirtschaftskreislauf** ist durch zwei Güterströme (Waren und Faktorleistungen) und zwei den Güterströmen entgegen laufende Geldströme (Einkommen und Konsumausgaben) gekennzeichnet. Da die Güterströme und die ihnen entgegen fließenden Geldströme wertmäßig gleich groß sind, kann zur Vereinfachung auf die Darstellung einer der beiden Ströme verzichtet werden. Üblicherweise wird im Rahmen der Analyse des Wirtschaftskreislaufs nur der Geldstrom betrachtet.

Lernkontrolle
Aufgaben 2

Zusammenfassung und Lernkontrolle

Zusammenfassung

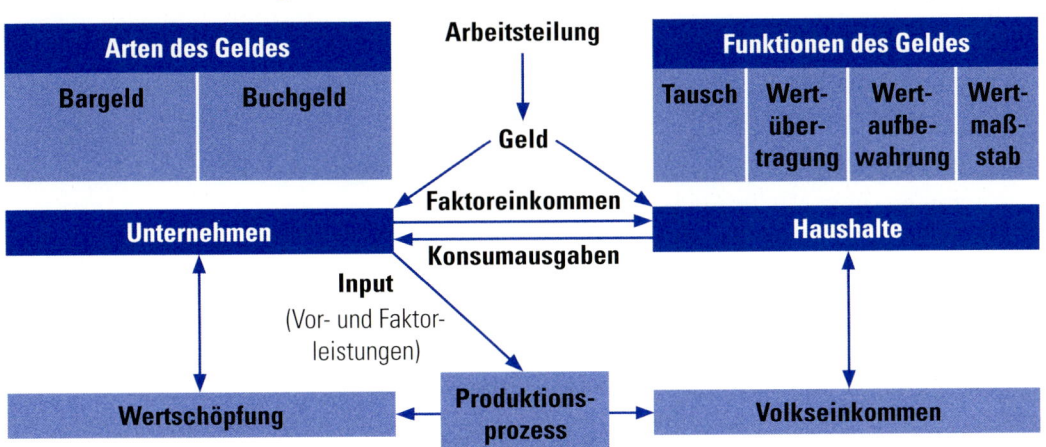

Lernkontrolle

Aufgabe 1: Probleme in einer Wirtschaft ohne Geld (Naturaltausch)

1. In einer Naturalwirtschaft werden die Güter Brot, Butter, Milch, Fleisch und Eier getauscht.
   Wie viele Tauschmöglichkeiten (Austauschverhältnisse) gibt es in diesem Fall?

2. Wie viele Tauschmöglichkeiten gibt es bei 5, 6, 7 usw. Gütern? Welche Gesetzmäßigkeit lässt sich feststellen? Hinweis: *Die Zahl der Tauschmöglichkeiten bei n Gütern entwickelt sich nach der Formel: $(n^2 - n)/2$.*

3. Im Laufe der Zeit haben sich in der Naturalwirtschaft die in der folgenden Tabelle dargestellten Austauschverhältnisse für bestimmte Mengeneinheiten der einzelnen Güter herausgebildet.
   Ermitteln Sie die übrigen Austauschverhältnisse.

	Brot	Butter	Milch	Fleisch	Eier
Brot		1:1			
Butter			3:1	1:2	
Milch	1:3				
Fleisch					
Eier	2:3	2:3		1:3	

4. Mittlerweile hat sich aus der Naturaltauschwirtschaft eine Geldwirschaft entwickelt. Eine Mengeneinheit Fleisch kostet 9 Taler.
   Wie viele Taler kosten die anderen Güter, wenn sich die bisherigen Austauschverhältnisse nicht verändert haben?

5. Für drei Produzenten in einer Naturalwirtschaft liegen folgende Angaben vor:

Landwirt	Bäcker	Schmied
bietet Käse an und fragt Werkzeug nach	bietet Brot an und fragt Käse nach	bietet Werkzeug an und fragt Brot nach

   a) Erläutern Sie, welche und wie viele Tauschakte nötig sind, damit jeder der Produzenten seine Nachfrage befriedigen kann.
   b) Welche Probleme können sich bei dieser Art von Tausch ergeben?
   c) Wie viele Tauschakte und Gütertransporte wären nötig, wenn es in dieser Wirtschaft ein allgemeines Tauschmittel (Geld) gäbe?

Aufgabe 2: Geld- und Güterströme – Einfacher Wirtschaftskreislauf

Die folgende Tabelle zeigt die Lieferbeziehungen (Güterströme) zwischen den drei Wirtschaftsbereichen A, B und C einer Modellvolkswirtschaft (in Mio. Geldeinheiten).

	Verflechtungen zwischen den Wirtschaftsbereichen			Summe der abgegebenen Leistungen
	A	B	C	
A: Dienstleistungen/Konsumgüter		0	0	
B: Investitionsgüter	20		30	
C: Bergbau, Land- und Forstwirtschaft	10	40		
Summe der empfangenen Leistungen				

1. Stellen Sie anhand der Tabelle fest, in welcher Höhe die Unternehmen jedes der drei Wirtschaftsbereiche insgesamt von den Unternehmen anderer Wirtschaftsbereiche Leistungen empfangen haben und in welcher Höhe sie insgesamt Leistungen an Unternehmen anderer Wirtschaftsbereiche abgegeben haben.

2. Die Unternehmen des Wirtschaftsbereichs A haben auf dem Konsumgütermarkt Güter in Höhe von insgesamt 120 Mio. Geldeinheiten abgesetzt. Die Unternehmen der Wirtschaftsbereiche B und C haben außer den in der Tabelle dargestellten Leistungen keine weiteren Leistungen erbracht.

   Die privaten Haushalte erzielen ihr Einkommen für Arbeitsleistungen (= Faktoreinkommen) in den Unternehmen der Wirtschaftsbereiche A, B und C. Sie geben ihr gesamtes Faktoreinkommen für Konsumgüter beim Unternehmen A aus.

   Den oben tabellarisch dargestellten Güterströmen fließen Geldströme entgegen. Stellen Sie die Geldströme in dieser Volkswirtschaft dar, indem Sie eine Grafik nach folgendem Muster erstellen und die Werte (in Mio. Geldeinheiten) bei den Geldströmen eintragen.

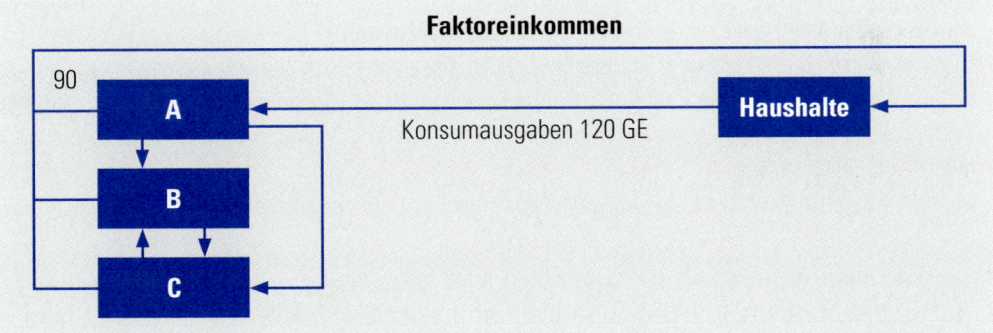

3. Wie hoch sind die Wertschöpfung und das Volkseinkommen (= Summe aller Faktoreinkommen) in dieser Volkswirtschaft?

4. Fassen Sie die Wirtschaftsbereiche A, B und C in einer grafischen Darstellung zu einem Sektor „Unternehmen" zusammen und zeichnen Sie die Geldströme zwischen dem Sektor Unternehmen und dem Sektor Haushalte ein.

5. Welche Informationen gehen durch die Zusammenfassung (= Aggregation) der Unternehmen der drei Wirtschaftsbereiche zum Sektor Unternehmen verloren?

4 Wirtschaftsordnung: Koordination wirtschaftlichen Handelns

4.1 Grundelemente einer Wirtschaftsordnung

Begriff der Wirtschaftsordnung

In einer arbeitsteiligen Wirtschaft müssen die Regeln für das Zusammenwirken der Wirtschaftssubjekte dauerhaft vereinbart werden. Nur so können die wirtschaftlichen Aktivitäten von Unternehmen, Haushalten und Staat aufeinander abgestimmt und die **Grundfragen jeder Volkswirtschaft: Was, wie und für wen wird produziert**? erfolgreich gelöst werden. Es gehört zu den Aufgaben **staatlicher Wirtschaftspolitik**, ein solches Regelsystem, das aus Grundsätzen, Vereinbarungen und Vorschriften für wirtschaftliches Handeln besteht, festzulegen.

Warum benötigen wir eine Wirtschaftsordnung?

In Deutschland leben rund 80 Mio. Menschen in ca. 39 Mio. Haushalten. Sie wollen essen, trinken, benötigen Kleidung, der eine will eine Jeans, … Frau Meyer möchte Kinderkleidung, … Herr Wenger kauft sich eine CD, … Jenny kauft eine Zeitschrift, um endlich die Reportage über ihre Lieblingsgruppe zu lesen. Eine Unternehmerin besucht eine Messe, um sich dort über die neueste technische Ausstattung für ihren Druckereibetrieb zu informieren. Morgens gehen wir zum Bäcker, um Brötchen, Milch und Brot zu holen. Diese Reihe ließe sich beliebig fortsetzen.

Hunderttausende unterschiedlicher Produkte und Dienstleistungen werden von den 80 Millionen Menschen benötigt. Zählt man die vielen Rohstoffe und Betriebsstoffe hinzu, die Unternehmer für ihre Produktion benötigen, sind es noch wesentlich mehr. Diese werden in den zahlreichen Betrieben hergestellt. Allein in Deutschland sind ca. 3 Mio. steuerpflichtige Unternehmen registriert. Es herrscht Arbeitsteilung: Wer etwas haben will, muss tauschen, z. B. Arbeitskraft gegen Einkommen, Werkzeugmaschinen oder Brötchen gegen Geld.

Woher aber weiß z. B. ein Bäcker, wie viele Leute seine Brötchen kaufen wollen, woher ein Müller, dass der Bäcker ihm Mehl von einer bestimmten Qualität abkaufen wird?

Güter müssen produziert, verkauft, transportiert und immer zur richtigen Zeit am richtigen Ort zu Verfügung stehen, damit Menschen ihre Bedürfnisse befriedigen oder Unternehmen z. B. die benötigten Maschinen kaufen können. Wie ärgerlich jemand sein kann, der das, was er benötigt, nicht findet und darauf warten muss, weiß jeder aus eigener Erfahrung.

In Anlehnung an: Institut für Ökonomische Bildung Oldenburg, Unterrichtseinheit „Wirtschaftsordnung", S. 31

> Die Wirtschaftsordnung ist die Gesamtheit aller Rahmenbedingungen (z. B. geschriebene und ungeschriebene Regeln, öffentliche und private Einrichtungen zur Ordnung des Wirtschaftsgeschehens) innerhalb derer die Wirtschaftsbeziehungen und wirtschaftlichen Veränderungen in einer Volkswirtschaft ablaufen.

Gesellschaftspolitisches Leitbild

Die **Wirtschaftsordnung** ist neben der Rechts- und Sozialordnung das wichtigste Element der Gesellschaftsordnung, die alle Bereiche des menschlichen Zusammenlebens umfasst. Das in der jeweiligen **Gesellschaftsordnung** vorherrschende **gesellschaftspolitische Leitbild** hat entscheidenden Einfluss auf die Wirtschaftsordnung. Als zwei extrem unterschiedliche Auffassungen vom Wesen des Menschen stehen sich dabei **Individualismus**[1] und **Kollektivismus**[2] gegenüber.

Der Individualismus sieht den Menschen als Ausgangs- und Mittelpunkt allen gesellschaftlichen Lebens. Sein oberstes Ideal ist die freie Entfaltung aller Anlagen, Kräfte und Interessen des Einzelnen. Diesem Menschenbild entspricht als Staats- und Gesellschaftsauffassung der **Liberalismus**[3]. Der Kollektivismus sieht dagegen den Einzelnen vor allem und zuerst als ein der **Gemeinschaft** (Kollektiv) untergeordnetes und dienendes Wesen. Das beinhaltet die Auffassung, die Gemeinschaft habe eigenständige, übergeordnete Interessen, die möglicherweise von den Interessen des Einzelnen abweichen und gegen dessen Willen durchgesetzt werden müssen. Als politisches System entspricht dem Kollektivprinzip der **Sozialismus** in seinen verschiedenen Ausprägungen, von denen der **Kommunismus** als extremste Form angesehen wird.

Die gesellschaftspolitische Grundentscheidung zwischen **Individualismus** und **Kollektivismus** bestimmt weitgehend auch alle anderen wesentlichen Elemente einer Wirtschaftsordnung.

Vergleichende Übersicht der Merkmale idealtypischer Wirtschaftsordnungen

Als gedankliche **Modelle** lassen sich die beiden idealtypischen Wirtschaftsordnungen **freie Marktwirtschaft** und **Zentralverwaltungswirtschaft** unterscheiden. Es handelt sich dabei nicht um in der Realität tatsächlich vorzufindende Wirtschaftsordnungen (Realtypen).

Merkmale der idealtypischen Wirtschaftsordnungen im Vergleich		
Idealtypen / **Merkmale**	**Freie Marktwirtschaft**	**Zentralverwaltungswirtschaft**
Leitidee hinsichtlich der Stellung des Einzelnen in der Gesellschaft	Individualismus	Kollektivismus
aus der Leitidee entwickelte gesellschaftspolitische Auffassung	Liberalismus	Sozialismus
Eigentumsordnung	Privateigentum an den Produktionsmitteln (Kapitalismus)	Gemeineigentum an Produktionsmitteln (sozialisiertes Eigentum)
Aufstellung und Koordination der Wirtschaftspläne (Lenkungsprinzip)	Einzelwirtschaftliche Planung durch die Unternehmen (Produktionspläne) und Haushalte (Konsumpläne) = dezentrale Planung, Lenkung und Steuerung des Wirtschaftsprozesses zur Abstimmung der Einzelpläne durch den Preismechanismus	Aufstellung eines zentralen Gesamtplans durch eine zentrale Planungsbehörde, Lenkung und Steuerung des Wirtschaftsprozesses durch die Planungsbehörde
Rolle des Staates	Schutz der Freiheiten der Bürger durch Festsetzung und Überwachung eines Ordnungsrahmens	Uneingeschränkte wirtschaftliche und politische Macht des Staates
Staatsform	Demokratie	Diktatur

---

1 Individuum *(lat.)*: der einzelne Mensch

2 Kollektiv *(lat.)*: Gruppe, Gemeinschaft

3 liberal *(lat.)*: freiheitlich

Die realen Wirtschaftsordnungen lassen sich nach dem Grad der Abweichung von den beiden Idealtypen unterscheiden. Sie liegen zwischen den beiden idealtypischen Extrempolen. In der Realität sind die einzelnen Elemente der Wirtschaftsordnungen in unterschiedlicher Weise und Ausprägung miteinander gemischt.

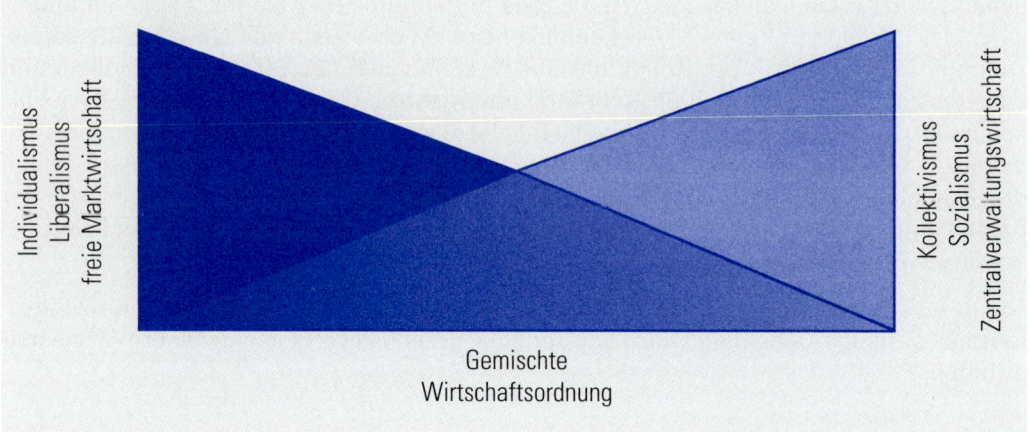

4.2 Freie Marktwirtschaft als idealtypische Wirtschaftsordnung

4.2 Freie Marktwirtschaft als idealtypische Wirtschaftsordnung

4.2.1 Grundlagen einer freien Marktwirtschaft

Die wesentlichen Merkmale einer Marktwirtschaft wurden erstmals von ADAM SMITH (1723–1790) systematisch untersucht und beschrieben[1]. Er gilt als Begründer der klassischen Volkswirtschaftslehre und Vorreiter marktwirtschaftlichen Denkens. Seinen Überlegungen liegt das Leitbild des **Individualismus** zugrunde. Die freie Entfaltung des Menschen ist daher das oberste Ziel. Entsprechend der zugehörigen Staats- und Gesellschaftsauffassung des **Liberalismus** soll der Staat auf alle Eingriffe in das Wirtschaftsgeschehen verzichten und die Wirtschaftsentwicklung dem freien Spiel der Marktkräfte überlassen. Nach der Auffassung von A. SMITH führt das egoistische Erwerbsstreben des Einzelnen, das wie eine „unsichtbare Hand" wirkt, gleichzeitig zur Förderung des Gemeinwohls. Die Selbststeuerung der Wirtschaft wird als das geeignete Mittel angesehen, um den Reichtum einer Nation zu vergrößern und gleichzeitig eine sozial gerechte Güterverteilung herbeizuführen.

Adam Smith: Verhältnis von Eigennutz zu Gemeinnutz[2]
„Der Einzelne ist stets darauf bedacht, herauszufinden, wo er sein Kapital, über das er verfügen kann, so vorteilhaft wie nur irgend möglich einsetzen kann. Und tatsächlich hat er dabei den eigenen Vorteil im Auge und nicht etwa den der Volkswirtschaft. Aber gerade das Streben nach seinem eigenen Vorteil ist es, das ihn ganz von selbst oder vielmehr notwendigerweise dazu führt, sein Kapital dort einzusetzen, wo es auch dem ganzen Land den größten Nutzen bringt. … Und er wird in diesem wie auch in vielen anderen Fällen von einer unsichtbaren Hand geleitet, um einen Zweck zu fördern, den zu erfüllen er in keiner Weise beabsichtigt hat. …"

---

1   A. Smith, Der Wohlstand der Nationen, Eine Untersuchung seiner Natur und seiner Ursachen, a. a. O.

2   Zitiert nach der deutschen Übersetzung von H. C. Rechtenwald, Der Wohlstand der Nationen, 7. Aufl. München 1996, S. 369, 371, 582, 601

Adam Smith: Aufgaben des Staates[1]

„Solange der Einzelne nicht die Gesetze verletzt, lässt man ihm völlige Freiheit, damit er das eigene Interesse auf seine Weise verfolgen kann und seinen Erwerbsfleiß und sein Kapital im Wettbewerb mit jedem anderen oder einem anderen Stand entwickeln oder einsetzen kann. … Im System der natürlichen Freiheit hat der Souverän[2] lediglich drei Aufgaben zu erfüllen, …

Erstens die Pflicht, das Land gegen Gewalttätigkeit und Angriffe anderer unabhängiger Staaten zu schützen, zweitens die Aufgabe, jedes Mitglied der Gesellschaft so weit wie möglich vor Ungerechtigkeit oder Unterdrückung durch einen Mitbürger in Schutz zu nehmen oder ein zuverlässiges Justizwesen einzurichten, und drittens die Pflicht, bestimmte öffentliche Anstalten und Einrichtungen zu gründen und zu unterhalten, die ein einzelner oder eine kleine Gruppe aus eigenem Interesse nicht betreiben kann, weil der Gewinn ihre Kosten niemals decken könnte …"

… Nur unter dem Schutz einer staatlichen Behörde kann der Besitzer eines wertvollen Vermögens … auch nur eine einzige Nacht ruhig und sicher schlafen … Wo es jedoch kein Privateigentum … gibt, … ist eine Behörde nicht so nötig.

Nach Auffassung der Vertreter des klassischen Wirtschaftsliberalismus wird das Gemeinwohl dann am besten gefördert, wenn sich die Menschen bei ihrem wirtschaftlichen Handeln an ihren eigenen Interessen orientieren und der Staat auf Eingriffe in das Wirtschaftsgeschehen verzichtet.

4.2.2 Funktionsweise einer Marktwirtschaft: Preisfunktionen

In **jeder Wirtschaftsordnung** müssen die wirtschaftlichen Aktivitäten von Unternehmen und Haushalten geplant, koordiniert und kontrolliert werden. Außerdem sind Anreize nötig, damit die Entscheidungen der am Wirtschaftsleben Beteiligten unter Beachtung des ökonomischen Prinzips getroffen werden.

Jede Wirtschaftsordnung benötigt ein Planungs-, Koordinations-, Anreiz- und Kontrollsystem.

In einer Marktwirtschaft werden diese Aufgaben mithilfe von Märkten, Preisen und Wettbewerb gelöst.

In einer Marktwirtschaft stellen die Unternehmer ihre Produktionspläne und die privaten Haushalte ihre Verbrauchspläne selbstständig und unabhängig voneinander unter Berücksichtigung ihrer eigenen Interessen auf. Die Anbieter wollen zu einem Preis verkaufen, bei dem ihr Gewinn möglichst groß ist, während die Nachfrager möglichst billig kaufen und dadurch einen möglichst großen Nutzen erzielen möchten. Die gegenseitige Abstimmung und Anpassung der Pläne von Anbietern und Nachfragern sowie der Ausgleich der gegensätzlichen Interessen erfolgt auf dem **Markt**.

Der Markt ist der Ort, an dem Angebot und Nachfrage zusammentreffen.

---

1   Zitiert nach der deutschen Übersetzung von H. C. Rechtenwald, Der Wohlstand der Nationen, 7. Aufl. München 1996, S. 369, 371, 582, 601

2   Souverän *(franz.):* Herrscher, Staat

Der Markt hat die Funktion, die Pläne der Anbieter und die Pläne der Nachfrager durch den Preis zum Ausgleich zu bringen. Der Markt ist der Ort der Preisbildung.

Dabei ist unterstellt, dass die Anbieter in Wettbewerb miteinander stehen und weder auf der Nachfrage- noch auf der Angebotsseite marktmächtige Gruppen oder der Staat die Marktpreisbildung beeinflussen. Unter diesen Voraussetzungen werden Planung, Koordination, Anreiz und Kontrolle der wirtschaftlichen Aktivitäten im Rahmen einer Marktwirtschaft wie folgt vorgenommen:

Lernkontrolle
Aufgabe 1

Planungssystem	Koordinations- system	Anreizsystem	Kontrollsystem
Dezentrale Konsum- und Produktionsplanung durch Haushalte und Unternehmen	Abstimmung der Konsum- und Produktionspläne durch den Markt	Leistungsanreiz durch Einkommenschancen (Gewinn, Lohnerhöhung)	Leistungskontrolle durch Wettbewerb

Planungssystem: Dezentrale Planung

In einer freien Marktwirtschaft werden die Entscheidungen, welche Güter in welchem Umfang produziert und konsumiert werden sollen, von den Produzenten und Konsumenten eigenständig getroffen (**= dezentrale Planung**). Die Produktions- und Konsumentscheidungen der Wirtschaftseinheiten sind dabei abhängig von den Preisen auf den Güter- und Faktormärkten. Preiserhöhungen signalisieren, dass das Angebot für die vorliegende Nachfrage zu gering ist. Preissenkungen signalisieren, dass das Angebot für die vorliegende Nachfrage zu hoch ist. Der Preis dient als Knappheitsindikator (**= Signal-** oder **Informationsfunktion des Preises**).

Indem die Produzenten ihre Produktionsmenge an die veränderte Knappheitssituation auf den Gütermarkt anpassen, werden gleichzeitig die Produktionsfaktoren in die Bereiche gelenkt, in denen nach den Preisänderungen die größten Gewinne zu erwarten sind. Dadurch ist gewährleistet, dass die Produktionsfaktoren jeweils in ihrer produktivsten Verwendung eingesetzt werden (**= Lenkungs-** oder **Allokationsfunktion des Preises**).

Mit der Änderung von Produktionsmenge und Produktionsstruktur verändert sich auch der Bedarf an bestimmten Produktionsfaktoren. Das beeinflusst die Preisverhältnisse auf den Faktormärkten. Somit ziehen Preisänderungen auf Gütermärkten auch Preisänderungen auf Faktormärkten nach sich. Da die Preise auf den Faktormärkten die Einkommen für die Inhaber der Produktionsfaktoren darstellen, ergeben sich daraus auch Veränderungen für die Einkommens- und Vermögensverteilung (**= Verteilungsfunktion des Preises**). Auf der Nachfrageseite teilen die Preise das Angebot den Nachfragern zu, die bereit sind, den Marktpreis zu akzeptieren (**= Zuteilungsfunktion des Preises**).

Koordinationssystem: Abstimmung der Pläne durch den Preis

Es wäre reiner Zufall, wenn die einzelwirtschaftlichen Pläne der Produzenten und Konsumenten von vornherein so übereinstimmen würden, dass alle Produzenten zu den von ihnen geplanten Preisen ihre gesamte Produktion absetzen könnten und alle Konsumenten zu den von ihnen akzeptierten Preisen die erwartete Gütermenge erhalten würden. In Wirklichkeit müssen Produzenten und Konsumenten ihre Pläne laufend ändern. Möchten beispielsweise die Konsumenten zu einem bestimmten Preis weniger Güter kaufen als die Produzenten auf Grund ihrer Produktionspläne hergestellt haben, werden die Produzenten den Preis senken. Zu diesem niedrigeren Preis sind einige Konsumenten zusätzlich bereit, diese Güter – abweichend von ihrem ursprünglichen Konsumplan – zu kaufen. Eine solche Lenkung des Wirtschaftsprozesses durch die auf den Bedürfnissen der Konsumenten beruhenden Nachfrageentscheidungen wird als **Konsumentensouveränität**[1] bezeichnet.

Die **Wechselwirkungen** zwischen Angebot, Nachfrage und Preis, die eine **Koordination** der Wirtschaftspläne von Produzenten und Konsumenten herbeiführen, werden als **Preismechanismus** bezeichnet und stellen das **Steuerungsinstrument** einer Marktwirtschaft dar. Dieser Anpassungsprozess, der ständige Preis-, Produktions- und Nachfrageänderungen beinhaltet, setzt sich so lange fort, bis die Pläne der Produzenten und Konsumenten aufeinander abgestimmt sind **(= Planabstimmungs- oder Ausgleichsfunktion des Preises, Gleichgewichtspreis)**.

Anreizsystem: Leistungsanreiz durch Gewinnstreben

Die Steuerung einer Marktwirtschaft durch einen sich frei am Markt bildenden Preis kann nur funktionieren, wenn die Anbieter miteinander in Wettbewerb stehen. Ein funktionierender Wettbewerb schafft bei den Produzenten Anreize zur Leistungsverbesserung und erzwingt Anpassungen an veränderte Konsumentenwünsche, da auf diese Weise die Gewinnerzielungsmöglichkeiten steigen. Für die Produzenten stellen Gewinne einen Leistungsanreiz dar, während Verluste einer Bestrafung für unwirtschaftliches Verhalten gleichkommen.

Produzenten und Konsumenten werden durch den Preis zu wirtschaftlichem Handeln und zur Berücksichtigung der Knappheitsverhältnisse auf den Güter- und Faktormärkten veranlasst **(= Anreizfunktion des Preises)**.

Kontrollsystem: Leistungskontrolle durch Wettbewerb

Die dezentrale Planung der Wirtschaftseinheiten setzt Privateigentum an Konsum- und Produktionsgütern voraus. Mit privaten Eigentumsrechten geht aber die Gefahr einer wirtschaftlichen Machtkonzentration einher. Der Wettbewerb zwischen den Produzenten stellt diesbezüglich ein wirksames System zur Machtkontrolle dar. Bei funktionierendem Wettbewerb ist es ausgeschlossen, dass ein Produzent auf Dauer eine unangemessen hohe Marktmacht innehat, da die Mitbewerber seine Produkte und Produktionsverfahren nachahmen und den von ihm verlangten Preis unterbieten. Da sich in einer Wettbewerbswirtschaft Konsumenten und Produzenten bei der Suche nach eigenen Vorteilen ständig gegenseitig beobachten und überwachen, beinhaltet der Wettbewerb nicht nur einen Leistungsanreiz, sondern gleichzeitig auch eine wirksame Leistungskontrolle für wirtschaftliches Verhalten.

Über den Preis erzielen leistungsfähige Marktteilnehmer ein entsprechendes Einkommen und werden belohnt. Nichtleistungsfähige oder nichtleistungswillige Marktteilnehmer werden dagegen über den Preis mit einer Einkommensminderung bis hin zur Verdrängung vom Markt bestraft **(= Auslesefunktion des Preises)**.

---

1   souverän *(franz.)*: selbstständig, unabhängig

Funktionen des Preises im Überblick

Funktionen des Preises in einer freien Marktwirtschaft					
Signal-/ Informationsfunktion	Lenkungs-/ Allokationsfunktion	Ausgleichs-/ Planabstimmungsfunktion	Verteilungs- und Zuteilungsfunktion	Anreizfunktion	Auslesefunktion
Der Preis informiert über die Knappheit eines Gutes (Knappheitsindikator).	Der Preis lenkt die Produktionsfaktoren in die Bereiche, in denen sie am produktivsten eingesetzt werden können.	Der Preis stimmt die Pläne von Unternehmen und Haushalten aufeinander ab und bringt Angebot und Nachfrage zum Ausgleich.	Veränderungen von Güter- und Faktorpreisen wirken sich auf die Einkommensverteilung aus. Über den Preis wird das Angebot den Nachfragern zugeteilt.	Der Preis bietet einen Anreiz, mit knappen Gütern sparsam umzugehen.	Der Preis sanktioniert leistungsunfähige Unternehmen und sorgt dafür, dass sie aus dem Markt ausscheiden.

> Wettbewerb ist die Voraussetzung für das Wirksamwerden des Preismechanismus und die Erfüllung der Preisfunktionen.

4.2.3 Ordnungsrahmen einer freien Marktwirtschaft

Voraussetzung für das Funktionieren einer Marktwirtschaft ist ein Ordnungsrahmen, innerhalb dessen der Wirtschaftsprozess abläuft. Diesen Ordnungsrahmen legt der Staat fest. Er greift aber nicht direkt in das Wirtschaftsgeschehen ein.

Ordnungsrahmen einer freien Marktwirtschaft				
Merkmale des Ordnungsrahmens				
Privateigentum an Produktionsmitteln	Vertragsfreiheit	Konsumfreiheit	Gewerbe- und Produktionsfreiheit	freie Berufs- und Arbeitsplatzwahl

■ Das **Privateigentum an den Produktionsmitteln** (z.B. Maschinen, Transportmittel, Boden) ist Voraussetzung dafür, dass sich die Unternehmen bei der Aufstellung und Verwirklichung ihrer Produktionspläne frei entscheiden können.

■ Die **Vertragsfreiheit** ermöglicht es den Wirtschaftssubjekten, beliebige Verträge abzuschließen und deren Inhalt selbst zu bestimmen (Vertragswirtschaft). Ohne Vertragsfreiheit kann es keinen freien Austausch von Sachgütern und Leistungen am Markt geben. Der Staat muss Rechtssicherheit garantieren, damit die Vertragspartner ihre Ansprüche notfalls mit staatlicher Hilfe (z.B. Gerichte, Polizei) durchsetzen können.

■ Die **Konsumfreiheit** ermöglicht es jedem Konsumenten, selbst darüber zu entscheiden, wie er sein Einkommen verwenden und was er in welchem Umfang kaufen will. Entsprechend dem Prinzip der **Konsumentensouveränität** gehen die Impulse für wirtschaftliches Handeln vom Verbraucher aus, indem sich die Anbieter mit ihrer Produktion nach den Konsumentenwünschen richten.

■ Die **Produktionsfreiheit** ermöglicht es jedem Produzenten, selbst darüber zu entscheiden, was und wie viel er produzieren will.

■ Die **Gewerbefreiheit** ermöglicht es jedem Produzenten, ein beliebiges Gewerbe zu betreiben und sich am Markt frei zu betätigen. Staatliche Kontrollen und Zulassungsbeschränkungen sind damit nicht zu vereinbaren. Marktzutrittsschranken würden zu einer Verringerung des Wettbewerbs führen und die Entstehung marktbeherrschender Unternehmen fördern. Die Gewerbefreiheit umfasst auch die **freie Wahl von Beruf und Arbeitsplatz**.

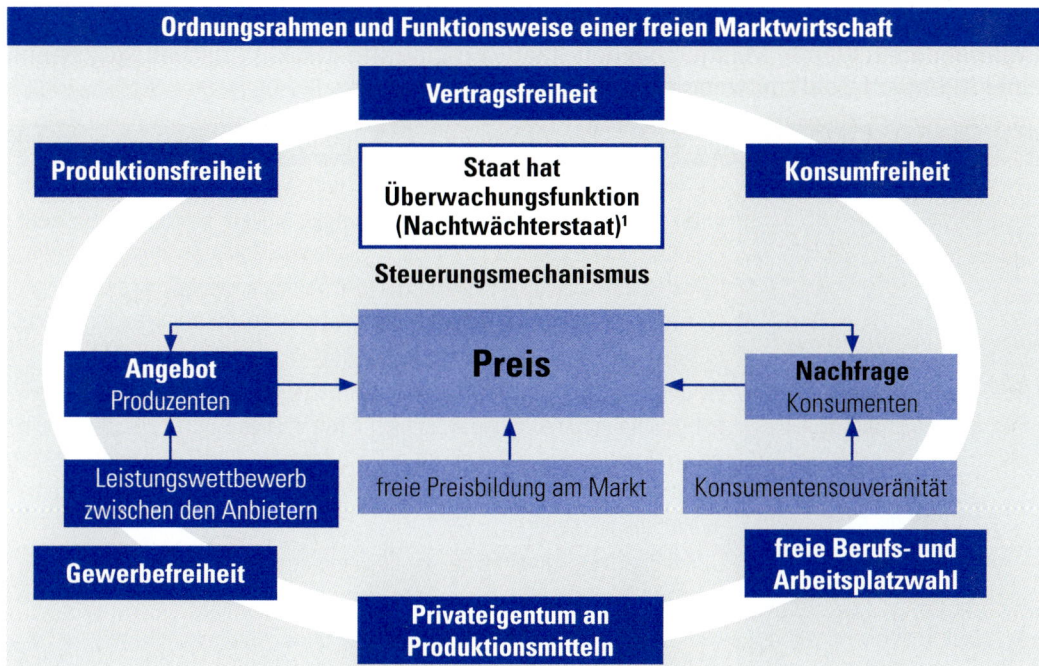

4.2.4   Abweichung zwischen Modell und Realität marktwirtschaftlicher Ordnung

Das Modell der freien Marktwirtschaft beschreibt eine idealtypische Wirtschaftsordnung, die nur unter ganz bestimmten Bedingungen funktionsfähig ist. In der Realität kann eine rein marktwirtschaftliche Lenkung des Wirtschaftsprozesses zwar zu effizienten und kostengünstigen Ergebnissen führen, die aber häufig nach heutigen Gerechtigkeitsvorstellungen unsozial sind.

> Alle in der Realität vorzufindenden marktwirtschaftlichen Ordnungen weichen vom Idealtyp der freien Marktwirtschaft mehr oder weniger stark ab. Die freie Marktwirtschaft führt in bestimmten Fällen zu Ergebnissen, die den heutigen Vorstellungen von sozialer Gerechtigkeit widersprechen.

Im 19. Jahrhundert gab es insbesondere in England eine auf den Prinzipien des **Liberalismus** beruhende Wirtschaftsordnung. Die damit einhergehende Wirtschaftspolitik, die auch als **Laissez-faire-Liberalismus**[2] oder **Manchester-Liberalismus**[3] bezeichnet wird, war durch

---

1   Diese polemische Bezeichnung für die Rolle des Staates, sich auf den Schutz des Privateigentums zu beschränken, stammt von Ferdinand Lassalle (1825–1864). F. Lassalle war ein deutscher Politiker. Er gründete 1893 den „Allgemeinen Deutschen Arbeiterverein", die Vorläuferorganisation der SPD.

2   laissez faire, laissez passer (deutsch: lasst machen, lasst gehen). Im 17. Jh. in Frankreich als Motto für die Beseitigung hinderlicher Staatseingriffe in den Wirtschaftsablauf entstandene Redewendung

3   Diese Bezeichnung geht auf die Forderung einiger Industrieller aus der englischen Stadt Manchester zurück, die jegliche Eingriffe des Staates in das Wirtschaftsgeschehen unterbinden wollten.

eine äußerst starke Zurückhaltung des Staates gekennzeichnet (Nachtwächterstaat). Eine ausschließlich an den Eigeninteressen der Menschen orientierte Wirtschaftsordnung, die nur durch den Marktmechanismus gelenkt wird, kann aber zu erheblichen Fehlentwicklungen führen. Der von A. SMITH in diesem Zusammenhang behauptete Wohlstand für die gesamte Gesellschaft tritt keineswegs in allen Fällen ein.

Insbesondere folgende Mängel machen staatliche Eingriffe in das Wirtschaftsgeschehen einer Marktwirtschaft notwendig:

Fehlentwicklungen einer rein marktwirtschaftlichen Ordnung	
Unsoziale Einkommens- und Vermögensverhältnisse	Die Voraussetzungen zur Einkommens- und Vermögenserzielung, nämlich Intelligenz, Leistungs- und Durchsetzungsfähigkeit, ererbtes Vermögen, Eigentum an Produktionsmitteln u. Ä. sind in der Realität ungleich verteilt. Daher ist eine ungleiche Einkommens- und Vermögensverteilung die zwangsläufige Folge einer freien Marktwirtschaft. Es besteht die Tendenz, dass Arme immer ärmer und Reiche immer reicher werden.
Soziale Missstände durch Versagen des Arbeitsmarktes	Befürworter der freien Marktwirtschaft behaupteten, es würde sich automatisch Vollbeschäftigung einstellen. Statt dessen können sich auf einem freien Arbeitsmarkt Marktmacht der Arbeitgeber, starke Abhängigkeit der besitzlosen Arbeitnehmer und ein Lohnniveau unterhalb des Existenzminimums einstellen.
Einschränkung des Leistungswettbewerbs zwischen den Anbietern	Durch die Ungleichheiten bei der Einkommens- und Vermögensverteilung entsteht Marktmacht. Diese kann dazu missbraucht werden, mögliche Konkurrenten vom Markt fern zu halten, vorhandene Konkurrenten zu verdrängen und überhöhte Preise von den Konsumenten zu verlangen. Durch die Ausnutzung der Vertragsfreiheit können Absprachen zwischen Unternehmen zur Ausschaltung des Wettbewerbs getroffen werden. Dadurch entstehen Kartelle und Monopole, die zu einer weiteren Konzentration von wirtschaftlicher und politischer Macht führen. Wettbewerbsbeschränkungen machen den Preismechanismus als das entscheidende Koordinations-, Anreiz- und Kontrollsystem einer Marktwirtschaft funktionsunfähig.
Unterversorgung mit öffentlichen Gütern und Überbeanspruchung von Umweltgütern	Ohne wirtschaftliche Einflussnahme des Staates kommt es in einer Marktwirtschaft zu einer Unterversorgung mit öffentlichen Gütern (z. B. Infrastruktur, Gesundheits- und Bildungswesen), da solche Güter nicht oder nicht im erwünschten Umfang von privaten Anbietern über den Markt bereitgestellt werden. Auch bei der Nutzung von Umweltgütern liegt ein solches Marktversagen vor.
Wirtschaftskrisen	Kritiker der freien Marktwirtschaft behaupten, dass ein rein marktwirtschaftliches System regelmäßig wiederkehrende Wirtschaftskrisen auslöst. Die in der Realität beobachtbaren Konjunkturschwankungen werden als Beleg dafür herangezogen, dass die von der klassischen Arbeitsmarkttheorie behauptete Tendenz zur Vollbeschäftigung ohne staatliche Eingriffe in Wirklichkeit nicht besteht. Von Befürwortern des marktwirtschaftlichen Systems wird dagegen behauptet, dass gerade die staatliche Einflussnahme auf den Wirtschaftsprozess die Wirtschaftsschwankungen erst hervor ruft.

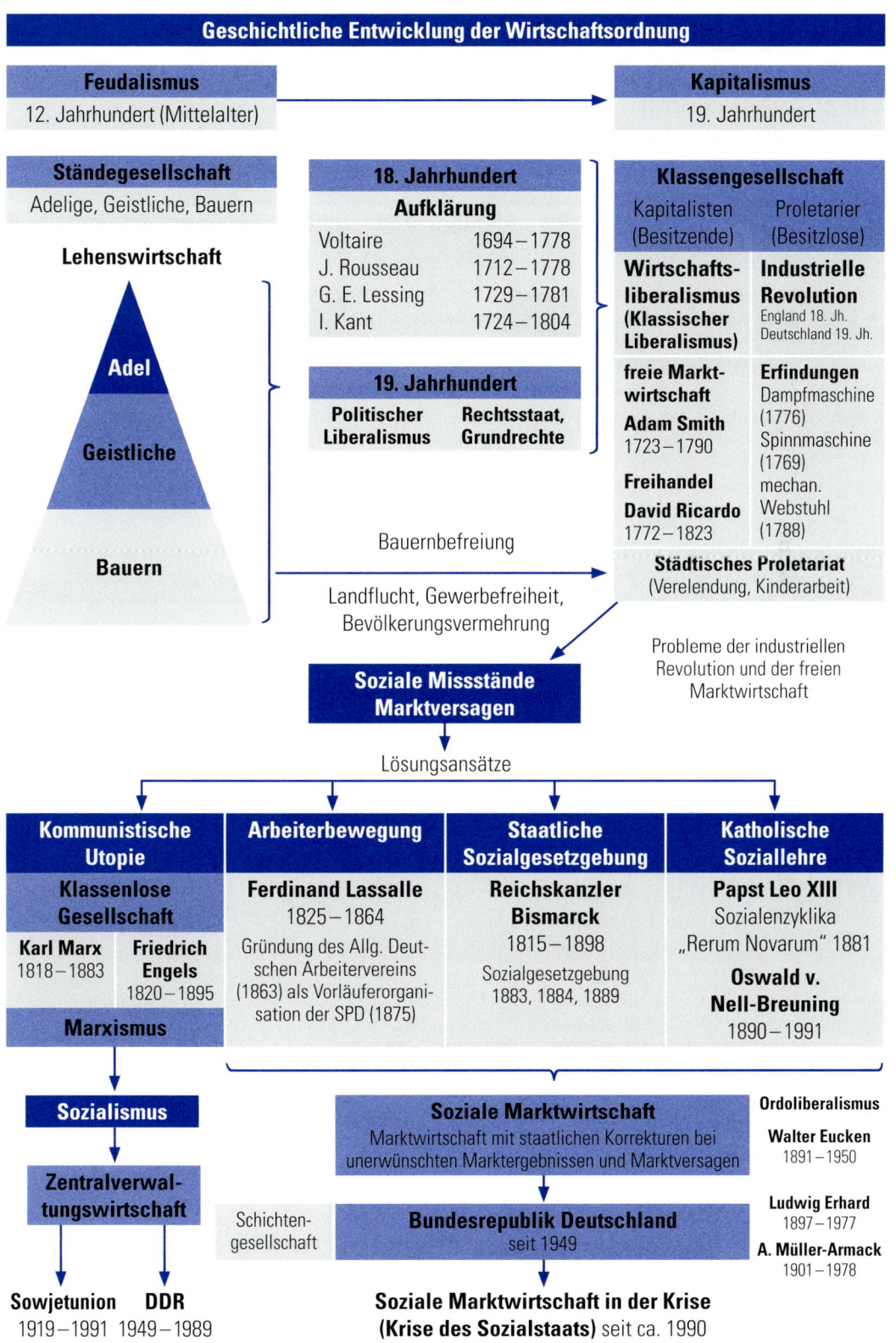

Geschichtliche Entwicklung der Wirtschaftsordnung

Feudalismus	**Kapitalismus**
12. Jahrhundert (Mittelalter)	19. Jahrhundert

Ständegesellschaft
Adelige, Geistliche, Bauern

Lehenswirtschaft

Adel
Geistliche
Bauern

18. Jahrhundert
Aufklärung

Voltaire	1694 – 1778
J. Rousseau	1712 – 1778
G. E. Lessing	1729 – 1781
I. Kant	1724 – 1804

19. Jahrhundert

| **Politischer Liberalismus** | **Rechtsstaat, Grundrechte** |

Klassengesellschaft

Kapitalisten (Besitzende)	Proletarier (Besitzlose)
Wirtschafts-liberalismus (Klassischer Liberalismus)	**Industrielle Revolution** England 18. Jh. Deutschland 19. Jh.
freie Marktwirtschaft **Adam Smith** 1723 – 1790	**Erfindungen** Dampfmaschine (1776) Spinnmaschine (1769)
Freihandel **David Ricardo** 1772 – 1823	mechan. Webstuhl (1788)
Städtisches Proletariat (Verelendung, Kinderarbeit)	

Bauernbefreiung

Landflucht, Gewerbefreiheit, Bevölkerungsvermehrung

Probleme der industriellen Revolution und der freien Marktwirtschaft

Soziale Missstände Marktversagen

Lösungsansätze

Kommunistische Utopie	**Arbeiterbewegung**	**Staatliche Sozialgesetzgebung**	**Katholische Soziallehre**
Klassenlose Gesellschaft	**Ferdinand Lassalle** 1825 – 1864	**Reichskanzler Bismarck** 1815 – 1898	**Papst Leo XIII** Sozialenzyklika „Rerum Novarum" 1881
Karl Marx 1818 – 1883 / **Friedrich Engels** 1820 – 1895	Gründung des Allg. Deutschen Arbeitervereins (1863) als Vorläuferorganisation der SPD (1875)	Sozialgesetzgebung 1883, 1884, 1889	**Oswald v. Nell-Breuning** 1890 – 1991
Marxismus			

Sozialismus

Zentralverwaltungswirtschaft

Sowjetunion 1919 – 1991   **DDR** 1949 – 1989

Soziale Marktwirtschaft
Marktwirtschaft mit staatlichen Korrekturen bei unerwünschten Marktergebnissen und Marktversagen

Schichtengesellschaft

Bundesrepublik Deutschland
seit 1949

Soziale Marktwirtschaft in der Krise (Krise des Sozialstaats) seit ca. 1990

Ordoliberalismus

Walter Eucken 1891 – 1950

Ludwig Erhard 1897 – 1977

A. Müller-Armack 1901 – 1978

Zusammenfassung und Lernkontrolle

Zusammenfassung

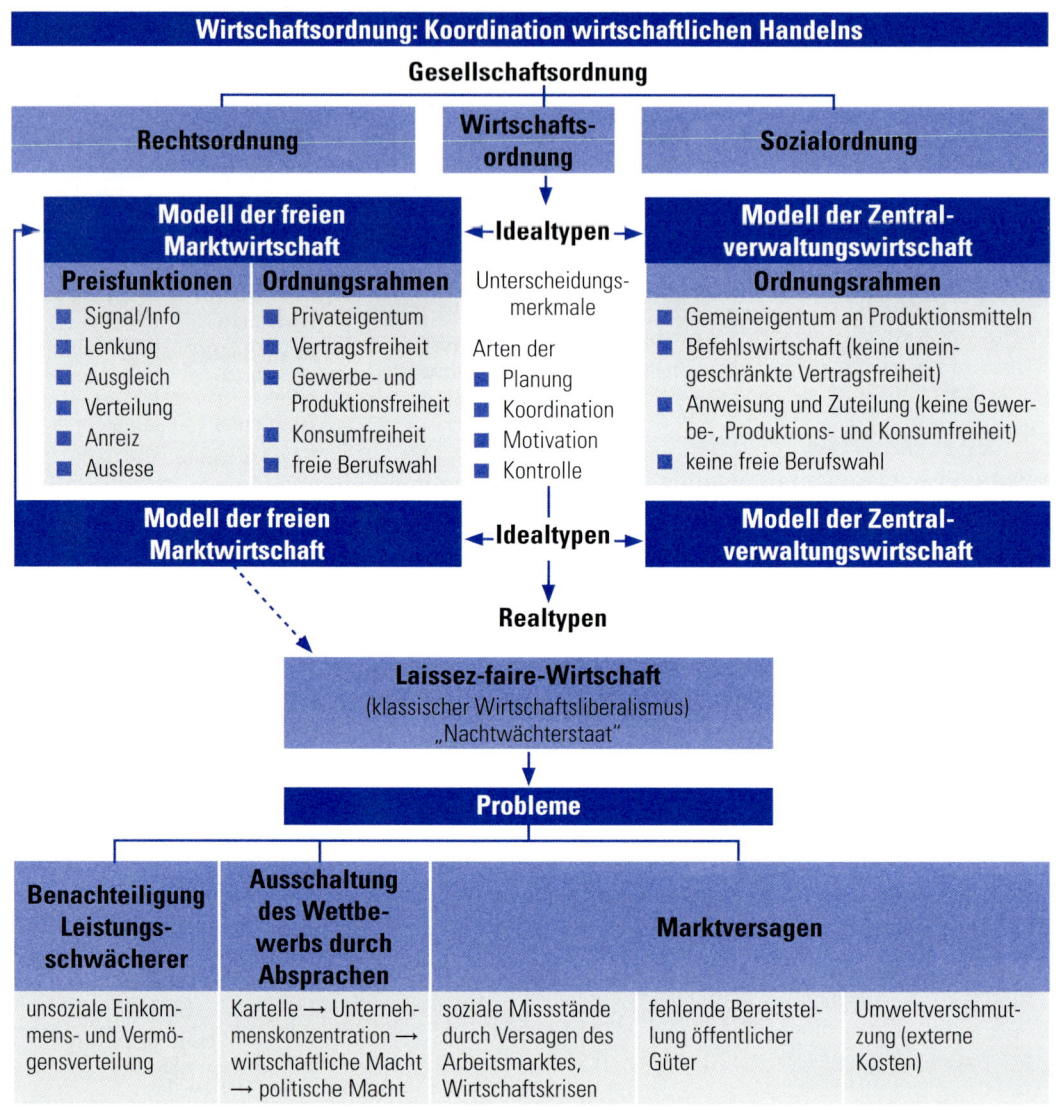

Lernkontrolle

Aufgabe 1: Lenkungssystem in der Marktwirtschaft

Die Regierungsdelegation einer einsamen Südseeinsel will sich bei Ihnen Rat holen, für welches wirtschaftliche Lenkungssystem sich das Land entscheiden soll. Das Gespräch könnte sich wie folgt entwickeln[1]:

1   R. L. Heilbronner, Wege zum Wohlstand, Gütersloh 1962, S. 32

„Unsere Art zu leben war stets stark von der Tradition beeinflusst. Die Männer unseres Volkes gehen auf die Jagd, sie bestellen ihre Felder und tun dies, so wie sie es durch das Beispiel der Alten gelernt haben. Wir wissen natürlich, dass in der Wirtschaft auch durch Befehl etwas erreicht werden kann, und sind daher bereit, wenn notwendig, eine Verordnung zu erlassen, die viele unserer Männer zwangsweise verpflichtet, an nationalen Vorhaben mitzuarbeiten. Bitte, sagen Sie uns, gibt es da noch eine andere Möglichkeit? Wie können wir unsere Gesellschaft organisieren, damit wir erfolgreich bestehen – oder, besser noch, damit wir erfolgreicher bestehen?"

Wir würden wahrscheinlich antworten: „Ja, es gibt noch einen anderen Weg. Organisieren Sie Ihre Gesellschaft als Marktgesellschaft!"

„Nun ja", meinen die Delegierten, „wie teilen wir unseren Leuten ihre verschiedenen Aufgaben zu?" „Gar nicht, in einer Marktwirtschaft wird niemandem eine bestimmte Aufgabe zugeteilt. Die Spielregel des Marktsystems lautet nämlich: Jeder darf selbst entscheiden, was er tun will." Die Delegierten scheinen verblüfft. „Sie behaupten also, die Leute werden nicht zugeteilt, nicht dem Bergbau, nicht der Viehzucht? Man wählt nicht aus, diese für das Transportwesen, jene für Webereien? Man überlässt es wirklich den Leuten, sich selbst zu entscheiden? Was geschieht, wenn keiner freiwillig in die Bergwerke geht, wenn keiner Lokomotivführer werden will?" „Seien Sie sicher", antworten wir, „nichts dergleichen wird geschehen! In einer Marktgesellschaft werden alle Posten ausgefüllt, weil es für die Leute vorteilhaft ist sie auszufüllen."

Ungläubig nehmen dies unsere Gesprächspartner zur Kenntnis. Da meint schließlich einer von ihnen: „Angenommen, wir folgen Ihrem Rat und lassen unsere Leute tun, was ihnen beliebt. Schön. Doch sprechen wir jetzt von etwas Wichtigem, zum Beispiel von der Textilproduktion. Wie bestimmt man in Ihrer so genannten ‚Marktwirtschaft' die richtige Produktionsmenge?"

„Das tut man nicht", entgegnen wir.

„Nicht? Ja, wie wissen wir dann, ob genügend Textilien erzeugt werden?" „Es werden genügend erzeugt, das lenkt der Markt."

„Aber wie wissen wir, dass nicht zuviel erzeugt wird?", fragt er triumphierend.

„Auch das lenkt der Markt!"

„Ja, was ist denn das für ein Markt, der all diese Wunder vollbringt? Wer lenkt denn ihn?" „Oh, niemand lenkt den Markt, der lenkt sich selbst", antworten wir.

„In Wirklichkeit gibt es keinen ‚Markt' im eigentlichen Sinn, es ist nur ein von uns verwendeter Begriff um das Verhalten der Leute auszudrücken."

„Aber ich dachte, die Leute verhalten sich so, wie sie wollen!"

„Das tun sie auch. Haben Sie keine Bedenken: Die Leute werden sich so verhalten, wie Sie es wollen!" „Ich fürchte, dass wir Zeit vergeuden", sagt der Chef der Delegation. „Wir dachten Sie hätten uns einen ernst zu nehmenden Vorschlag zu machen. Aber was Sie da vorbringen ist verrückt. Das kann kein Mensch verstehen. Auf Wiedersehen!"

Erläutern Sie der Delegation ausführlich den Steuerungsmechanismus einer Marktwirtschaft anhand der folgenden Fragen:

1. Wie wird bestimmt, welche Güter produziert werden und wie viel von jedem Gut?
2. Wie wird die Knappheit der Güter festgestellt?
3. Wie werden Produzenten und Konsumenten veranlasst, mit knappen Gütern sparsam umzugehen?
4. Wie werden Pläne der Produzenten und der Konsumenten, die sich widersprechen, aufeinander abgestimmt?

5 Wirtschaftsordnung in der Bundesrepublik Deutschland: Soziale Marktwirtschaft

5.1 Ordnungspolitisches Leitbild der Sozialen Marktwirtschaft

Die „Väter" der Sozialen Marktwirtschaft

Die theoretischen Grundlagen der in der Bundesrepublik Deutschland seit ihrer Gründung im Jahr 1949 bestehenden Wirtschaftsordnung gehen auf die als **Ordoliberalismus** bezeichnete Denkrichtung der sog. FREIBURGER SCHULE um WALTER EUCKEN zurück. Ihre konkrete Ausgestaltung in der Realität erfuhr diese Wirtschaftsordnung durch den ersten Wirtschaftsminister der Bundesrepublik Deutschland, LUDWIG ERHARD[1], und seinen Mitarbeiter ALFRED MÜLLER-ARMACK[2]. Grundlage ist die ordnungspolitische Konzeption der **Sozialen Marktwirtschaft**, die das marktwirtschaftliche Prinzip mit dem des sozialen Ausgleichs zu verbinden versucht.

Die Vertreter einer Sozialen Marktwirtschaft sehen das vorrangige Ziel staatlicher Wirtschaftspolitik in der Schaffung und Sicherung einer **Wettbewerbsordnung**.

Soziale Marktwirtschaft

„Der Begriff der Sozialen Marktwirtschaft kann … als eine ordnungspolitische Idee definiert werden, deren Ziel es ist, auf der Basis der Wettbewerbswirtschaft die freie Initiative mit einem gerade durch die marktwirtschaftliche Leistung gesicherten sozialen Fortschritt zu verbinden …

Sinn der Sozialen Marktwirtschaft ist es, das Prinzip der Freiheit auf dem Markte mit dem des sozialen Ausgleichs zu verbinden."

A. Müller-Armack, Artikel „Soziale Marktwirtschaft", in: V. Beckerath u. a. (Hrsg.), Handwörterbuch der Sozialwissenschaften, Bd. 9, Stuttgart 1956, S. 390

Merkmale der Sozialen Marktwirtschaft

Von den Vertretern der Sozialen Marktwirtschaft wird ausdrücklich anerkannt, dass der **Leistungswettbewerb** wegen fehlender Start- und Chancengleichheit zwangsläufig zu einer **ungleichen Einkommens- und Vermögensverteilung** führt. Dadurch sind auch die Möglichkeiten ungleich verteilt, sich selbst gegen bestimmte Lebensrisiken (z. B. Alter, Krankheit, Invalidität, unverschuldete Arbeitslosigkeit) ausreichend abzusichern. Daher wird über die staatlichen Maßnahmen zur Gestaltung der Wettbewerbsordnung hinaus auch eine „Spezielle Sozialpolitik" zur Schließung dieser „Gerechtigkeitslücke" als notwendig angesehen[3]. Die Konzeption der Sozialen Marktwirtschaft sieht also **ergänzend** zur staatlich garantierten **Wettbewerbsordnung** eine **Sozialordnung** vor, die auch die **Korrektur der Marktergebnisse** nach sozialen Gerechtigkeitsvorstellungen durch spezielle Maßnahmen zur Einkommensumverteilung und sozialen Sicherung umfasst.

*Lernkontrolle
Aufgaben 1*

---

1   Ludwig Erhard (1897–1977), Professor für Volkswirtschaftslehre; 1949–1963 Bundeswirtschaftsminister; 1963–1966 Bundeskanzler

2   Alfred Müller-Armack (1901–1978), Professor für Volkswirtschaftslehre in Köln; 1958–1963 Staatssekretär im Bundeswirtschaftsministerium

3   Vgl. W. Eucken, Grundlagen der Wirtschaftspolitik, (1952), 6. Aufl. Stuttgart 1990, S. 318 ff.

In einer am Leitbild der Sozialen Marktwirtschaft orientierten Wirtschaftsordnung erfolgt die Lenkung des Wirtschaftsprozesses durch den freien Markt und Wettbewerb. Wenn das Marktergebnis sozial unerwünscht ist oder als ungerecht angesehen wird, greift der Staat korrigierend ein.

5.2   Ordnungsmerkmale der Sozialen Marktwirtschaft

Soziale Marktwirtschaft und Grundgesetz

Die Soziale Marktwirtschaft ist das Leitbild einer Wirtschaftsordnung, die bei ihrer konkreten Ausgestaltung in der Bundesrepublik Deutschland im Laufe der Zeit Wandlungen unterlag und für künftige Gestaltungsaufgaben offen ist. Im **Grundgesetz** der Bundesrepublik ist **keine bestimmte Wirtschaftsordnung** verankert. Vielmehr lässt das Grundgesetz verschieden ausgestaltete reale Wirtschaftsordnungen zu. Allerdings ist das Grundgesetz weder mit einer Zentralverwaltungswirtschaft noch mit einer freien Marktwirtschaft zu vereinbaren.

„Die gegenwärtige Wirtschafts- und Sozialordnung ist zwar eine nach dem Grundgesetz mögliche, keineswegs aber die allein mögliche.“   *Urteil des BverfG vom 20.07.1954*

Mit dem Grundgesetz der Bundesrepublik Deutschland ist weder eine freie Marktwirtschaft noch eine Zentralverwaltungswirtschaft zu vereinbaren. Das Grundgesetz schreibt keine bestimmte Wirtschaftsordnung vor. Es lässt vielmehr verschiedene Ausgestaltungsmöglichkeiten zu.

Lernkontrolle Aufgabe 2

Grundgesetz der Bundesrepublik Deutschland vom 23. Mai 1949	
Mit einer Zentralverwaltungswirtschaft unvereinbare Grundrechte	**Mit einer freien Marktwirtschaft unvereinbare Verpflichtungen und Rechte**
Art. 2: Entfaltung der Persönlichkeit (1) Jeder hat das Recht auf die freie Entfaltung seiner Persönlichkeit, soweit er nicht die Rechte anderer verletzt und nicht gegen die verfassungsmäßige Ordnung oder das Sittengesetz verstößt. (2) Jeder hat das Recht auf Leben und körperliche Unversehrtheit. Die Freiheit der Person ist unverletzlich. In diese Rechte darf nur auf Grund eines Gesetzes eingegriffen werden.	**Art. 14 (2): Sozialpflichtigkeit des Eigentums** (2) Eigentum verpflichtet. Sein Gebrauch soll zugleich dem Wohle der Allgemeinheit dienen. **Art. 14 (3): Enteignung zugunsten des Allgemeinwohls** (3) Eine Enteignung ist nur zum Wohle der Allgemeinheit zulässig. Sie darf nur durch Gesetz oder auf Grund eines Gesetzes erfolgen, das Art und Ausmaß der Entschädigung regelt. ...
Art. 5: Recht auf freie Meinungsäußerung (1) Jeder hat das Recht, seine Meinung in Wort, Schrift und Bild frei zu äußern und zu verbreiten und sich aus allgemein zugänglichen Quellen ungehindert zu unterrichten. Die Pressefreiheit und die Freiheit der Berichterstattung durch Rundfunk und Film werden gewährleistet. Eine Zensur findet nicht statt.	**Art. 15 (1): Recht auf Überführung in Gemeineigentum** (1) Grund und Boden, Naturschätze und Produktionsmittel können zum Zwecke der Vergesellschaftung durch ein Gesetz, das Art und Ausmaß der Entschädigung regelt, in Gemeineigentum oder in andere Formen der Gemeinwirtschaft überführt werden. ....

Grundgesetz der Bundesrepublik Deutschland vom 23. Mai 1949

Mit einer Zentralverwaltungswirtschaft unvereinbare Grundrechte	Mit einer freien Marktwirtschaft unvereinbare Verpflichtungen und Rechte
Art. 9: Vereinigungsfreiheit (1) Alle Deutschen haben das Recht, Vereine und Gesellschaften zu bilden. (3) Das Recht, zur Wahrung und Förderung der Arbeits- und Wirtschaftsbedingungen Vereinigungen zu bilden, ist für jedermann und für alle Berufe gewährleistet. Abreden, die dieses Recht einschränken oder zu behindern suchen, sind nichtig, hierauf gerichtete Maßnahmen sind rechtswidrig	**Art. 20 (1): Sozialer Bundesstaat** (1) Die Bundesrepublik Deutschland ist ein demokratischer und sozialer Bundesstaat. **Art. 20 (a): Umweltschutz** Der Staat schützt auch in Verantwortung für die künftige Generation die natürlichen Lebensgrundlagen und die Tiere im Rahmen der verfassungsmäßigen Ordnung …
Art. 11: Recht auf Freizügigkeit Alle Deutschen genießen Freizügigkeit im gesamten Bundesgebiet. **Art. 12: Berufsfreiheit** (1) Alle Deutschen haben das Recht, Beruf, Arbeitsplatz und Ausbildungsstätte frei zu wählen. Die Berufsausübung kann durch Gesetz oder auf Grund eines Gesetzes geregelt werden. (2) Niemand darf zu einer bestimmten Arbeit gezungen werden, …	**Art. 28 (1): Sozialer Rechtsstaat** (1) Die verfassungsmäßige Ordnung in den Ländern muss den Grundsätzen des republikanischen, demokratischen und sozialen Rechtsstaates im Sinne dieses Grundgesetzes entsprechen. **Art. 109 (2): Berücksichtigung des gesamtwirtschaftlichen Gleichgewichts durch Bund und Länder** (2) Bund und Länder haben bei ihrer Haushaltswirtschaft den Erfordernissen des gesamtwirtschaftlichen Gleichgewichts Rechnung zu tragen.
Art. 14 (1): Recht auf Privateigentum (1) Das Eigentum und das Erbrecht werden gewährleistet. Inhalt und Schranken werden durch die Gesetze bestimmt. (2) Eigentum verpflichtet. Sein Gebrauch soll zugleich dem Wohle der Allgemeinheit dienen. (3) Eine Enteignung ist nur zum Wohle der Allgemeinheit zulässig. Sie darf nur durch Gesetz oder auf Grund eines Gesetzes erfolgen, das Art und Ausmaß der Entschädigung regelt. …	

Ordnungsmerkmale: Freie Marktwirtschaft und soziale Marktwirtschaft im Vergleich

Die folgenden Ausprägungen der **Ordnungsmerkmale** können als systembestimmende Elemente einer Sozialen Marktwirtschaft angesehen werden:

Lernkontrolle
Aufgaben 3

freie Marktwirtschaft	Merkmale	Soziale Marktwirtschaft
keine Eingriffe in das Wirtschaftsgeschehen, nur Schutz- und Ordnungsmaßnahmen ("Nachtwächterstaat")	**Rolle des Staates**	**Eingriffe des Staates in das Wirtschaftsgeschehen** zur ■ Sicherung des Wettbewerbs (Wettbewerbspolitik) ■ Wahrung sozialer Gerechtigkeit (Sozial- und Einkommenspolitik) ■ Erreichung des gesamtwirtschaftlichen Gleichgewichts (Wachstums-, Konjunktur- und Strukturpolitik)
uneingeschränktes Privateigentum an Produktionsmitteln, keine Sozialbindung des Eigentums	**Eigentumsform**	**Einschränkung der Eigentumsgarantie:** Grundsätzlich wird das Privateigentum garantiert. Zugunsten des Allgemeinwohls sind aber Enteignungen gegen Entschädigung zulässig (z. B. Grundstücksenteignung für den Bau von Straßen). Auch Staatseigentum ist möglich (z. B. öffentliche Unternehmen für Verkehr, Energieversorgung usw.). Zweckentfremdungsverbot: Vermieter dürfen Wohnraum nicht ohne Genehmigung anderweitig nutzen (z. B. für Gewerbebetrieb) und können u. U. verpflichtet werden, leer stehenden Wohnraum zu vermieten. Mitbestimmung von Arbeitnehmern im Aufsichtsrat von Kapitalgesellschaften
freie Preisbildung auf allen Märkten, nur der Preismechanismus soll das Wirtschaftsgeschehen steuern ("invisible hand")	**Wettbewerb und Preisbildung**	**Einschränkung des freien Wettbewerbs und der freien Preisbildung:** Wettbewerb und freie Preisbildung sind die Grundprinzipien. Auf Teilmärkten greift der Staat aber in die Preisbildung ein oder tritt selbst als Anbieter auf (z. B. Preisregulierung auf dem Agrarmarkt, staatliche Monopole bei Wasser- und Energieversorgung, Bereitstellung öffentlicher Güter).
weitgehende Vertragsfreiheit (einschließlich Kartellverträgen), Formfreiheit von Verträgen	**Verträge**	**Einschränkung der Vertragsfreiheit:** Verträge zur Bildung von Kartellen und anderen wettbewerbsbeschränkende Vereinbarungen sind nichtig. Das gilt auch für Verträge, bei denen schwächere Vertragspartner übervorteilt werden (z. B. Wucher, Ausnutzung einer Notlage). Schutzgesetze (z. B. Verbraucherschutz, Arbeitsschutz) schränken die Vertragsfreiheit zugunsten des schwächeren Vertragspartners ein.
weitgehende Produktions- und Gewerbefreiheit	**Produktion/ Handel**	**Einschränkung der Produktions- und Gewerbefreiheit:** Betriebe, von denen eine Gefährdung der Gesundheit und/oder der Sicherheit der Bevölkerung ausgehen kann, sind genehmigungspflichtig und unterstehen staatlicher Kontrolle (z. B. Gaststätten, Apotheken, Kernkraftwerke).
Freihandel (freie Im- und Exporte ohne Zölle)	**Außenhandel**	**Einschränkung des Freihandels:** Staatliche Genehmigung für bestimmte Exportgüter (z. B. Waffenexporte); Importzölle für bestimmte Produkte zum Schutz der inländischen Produzenten (z. B. Agrarprodukte, Textilien).
weitgehende Konsumfreiheit	**Konsum**	**Einschränkung der Konsumfreiheit:** Güter, die Gesundheitsgefährdungen mit sich bringen können, sind nicht frei verkäuflich (z. B. Medikamente, Rauschgift, Waffen).
freie Berufs- und Arbeitsplatzwahl, Freizügigkeit	**Beruf/ Arbeitsplatz**	**Einschränkung der Berufs- und Arbeitsplatzwahl:** Bestimmte Berufsgruppen müssen sich staatlichen Prüfungen unterziehen (z. B. Ärzte, Lehrer, Juristen) und benötigen für ihre Niederlassung eine staatliche Zulassung (z. B. Notare).
freie Lohnbildung am Arbeitsmarkt, keine Gewerkschaften, keine Mindestlöhne	**Arbeitsmarkt**	**Koalitionsfreiheit und Tarifverhandlungen:** Gewerkschaften und Arbeitgeberverbände handeln Löhne und Arbeitsbedingungen aus. Der Staat greift in diese Verhandlungen nicht ein (Tarifautonomie). Staatliche Maßnahmen zur Einkommensumverteilung (z. B. Kindergeld, Wohngeld, progressiver Einkommensteuertarif).

■ **Wettbewerbordnung** (siehe Kapitel B 9.4)

■ **Arbeits- und Sozialordnung** (siehe Kapitel A 4.3, 4.4 und 4.7)

Zusammenfassung und Lernkontrolle

Zusammenfassung

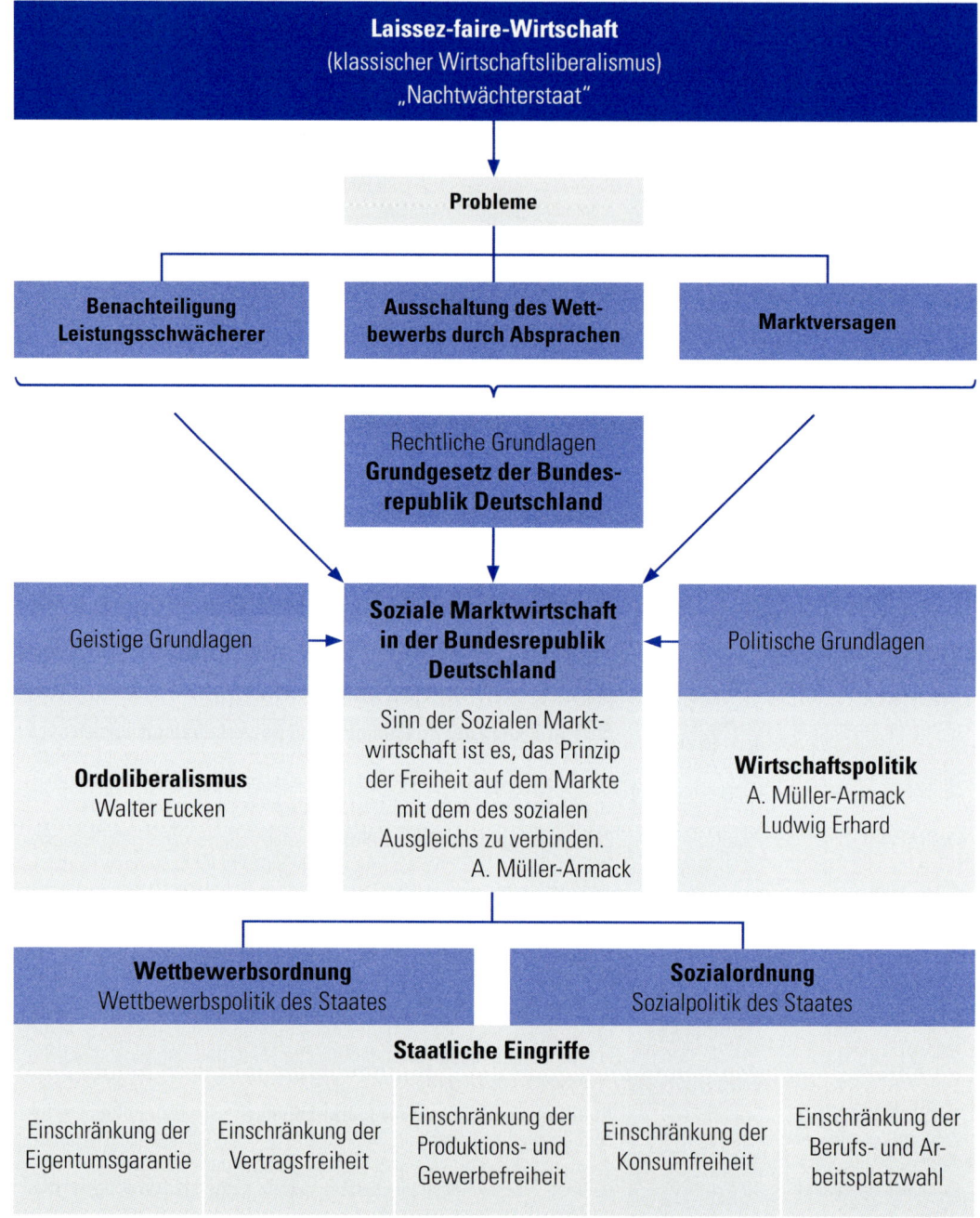

Laissez-faire-Wirtschaft
(klassischer Wirtschaftsliberalismus)
„Nachtwächterstaat"

Probleme

| **Benachteiligung Leistungsschwächerer** | **Ausschaltung des Wettbewerbs durch Absprachen** | **Marktversagen** |

Rechtliche Grundlagen
Grundgesetz der Bundesrepublik Deutschland

Geistige Grundlagen — **Soziale Marktwirtschaft in der Bundesrepublik Deutschland** ← Politische Grundlagen

Sinn der Sozialen Marktwirtschaft ist es, das Prinzip der Freiheit auf dem Markte mit dem des sozialen Ausgleichs zu verbinden.
A. Müller-Armack

Ordoliberalismus
Walter Eucken

Wirtschaftspolitik
A. Müller-Armack
Ludwig Erhard

Wettbewerbsordnung
Wettbewerbspolitik des Staates

Sozialordnung
Sozialpolitik des Staates

Staatliche Eingriffe

| Einschränkung der Eigentumsgarantie | Einschränkung der Vertragsfreiheit | Einschränkung der Produktions- und Gewerbefreiheit | Einschränkung der Konsumfreiheit | Einschränkung der Berufs- und Arbeitsplatzwahl |

Lernkontrolle

Aufgabe 1: Geschichtliche Entwicklung der Wirtschaftsordnung

Vollziehen Sie anhand der Abbildung auf S. 344 die geschichtliche Entwicklung der Wirtschafts- und Gesellschaftsordnung nach. Klären Sie mithilfe Ihres Geschichtsbuches und/oder einer Internetrecherche die fett gedruckten Begriffe. Informieren Sie sich über die Rolle und die Bedeutung der erwähnten Personen. Halten Sie vor Ihrer Klasse ein Kurzreferat unter Verwendung der von Ihnen beschafften Informationen und erläutern Sie die in der Abb. dargestellten Zusammenhänge.

Aufgabe 2: Soziale Marktwirtschaft und Grundgesetz

Begründen Sie anhand der Gegenüberstellung auf S. 347 f., warum die dort aufgeführten Grundgesetzartikel
1. nicht mit einer freien Marktwirtschaft
2. nicht mit einer Zentralverwaltungswirtschaft
zu vereinbaren sind.

Aufgabe 3: Prioritätenspiel: Was kennzeichnet die soziale Marktwirtschaft?

Führen Sie in Ihrer Klasse ein Prioritätenspiel zum Thema „Was kennzeichnet die Soziale Marktwirtschaft?" durch.
Bei diesem Spiel muss sich jeder Teilnehmer zunächst darüber Klarheit verschaffen, was er unter einer sozialen Marktwirtschaft versteht und welche Teilaspekte ihm besonders wichtig erscheinen. Auf der Basis der unterschiedlichen Auffassungen soll eine möglichst große Übereinstimmung hinsichtlich der Vorstellungen über die wesentlichen Merkmale einer sozialen Marktwirtschaft hergestellt werden.

6 Verhalten der Marktteilnehmer auf Wettbewerbsmärkten

6.1 Funktionen und Arten von Märkten

In einer Marktwirtschaft stellen die Unternehmer ihre Produktionspläne und die privaten Haushalte ihre Verbrauchspläne selbstständig und unabhängig voneinander unter Berücksichtigung ihrer eigenen Interessen auf. Die Anbieter wollen zu einem Preis verkaufen, bei dem ihr Gewinn möglichst groß ist, während die Nachfrager möglichst billig kaufen und dadurch einen möglichst großen Nutzen erzielen möchten. Die gegenseitige Abstimmung und Anpassung der Pläne von Anbietern und Nachfragern sowie der Ausgleich der gegensätzlichen Interessen erfolgt auf dem **Markt**.

> Der Markt ist der Ort, an dem Angebot und Nachfrage zusammentreffen.

> Der Markt hat die Funktion, die Pläne der Anbieter und die Pläne der Nachfrager durch den Preis zum Ausgleich zu bringen. Der Markt ist der Ort der Preisbildung.

Einteilung von Märkten nach der Art der gehandelten Güter

In Abhängigkeit davon, was auf dem jeweiligen Markt gehandelt wird, lassen sich Märkte wie in nachstehender Abbildung dargestellt einteilen.

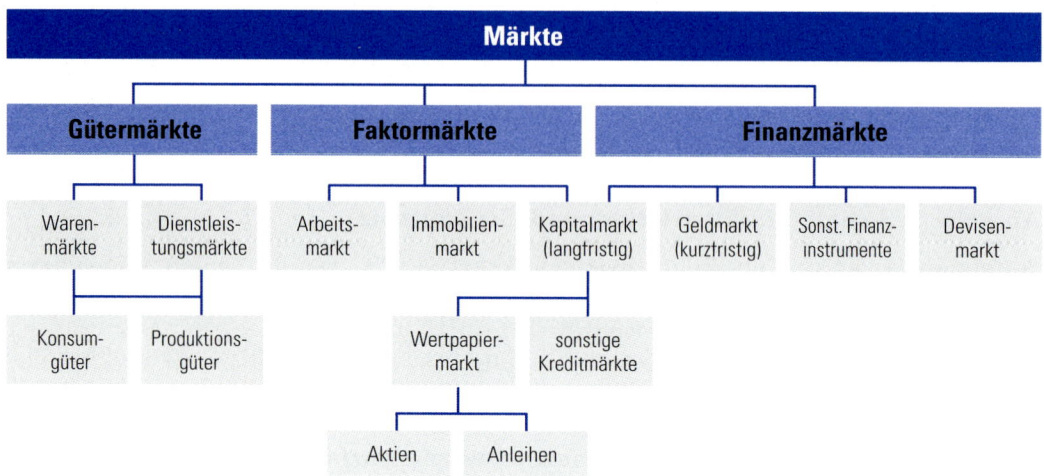

Einteilung von Märkten nach der Zahl der Marktteilnehmer (Marktformenschema)

Von großer Bedeutung für die Verhaltensweisen von Anbietern und Nachfragern ist die Zahl der Marktteilnehmer. Je größer die Zahl der Anbieter, umso stärker ist beispielsweise der zu erwartende Konkurrenzkampf. Ein Anbieter mit vielen Konkurrenten trifft andere Entscheidungen als ein alleiniger Anbieter, der die gesamte Nachfrage auf sich vereinigt. Die Preisbildung vollzieht sich daher anders, je nachdem ob es auf einem Markt viele, wenige oder nur einen Anbieter bzw. Nachfrager gibt. Um die Entscheidungen von Anbietern und Nachfragern auf Märkten, die sich hinsichtlich der Zahl der Marktteilnehmer unterscheiden, analysieren zu können, werden die Märkte üblicherweise nach folgendem **Marktformenschema** gegliedert[1]:

Marktformen			
Anbieter \ **Nachfrager**	**viele**	**wenige**	**einer**
viele	zweiseitiges Polypol	Nachfrageoligopol	Nachfragemonopol
wenige	Angebotsoligopol	zweiseitiges Oligopol	beschränktes Nachfragemonopol
einer	Angebotsmonopol	beschränktes Angebotsmonopol	zweiseitiges Monopol

---

1   Diese Art des Marktformenschemas stammt von Heinrich von Stackelberg (1905–1946). Vgl. H. v. Stackelberg, Grundlagen der theoretischen Volkswirtschaftslehre, Tübingen, Zürich 1951, S. 235. Die griechischen Vorsilben poly, oligo und mono haben folgende Bedeutung: poly = viel, oligo = wenig, mono = allein

Ein **Polypol** ist durch viele Anbieter (Polypolisten) und viele Nachfrager gekennzeichnet. Der einzelne Marktteilnehmer hat nur einen geringen Anteil am Gesamtangebot bzw. an der Gesamtnachfrage.

Die Marktform des **Polypols** wird auch als Wettbewerbsmarkt bezeichnet.

Beim **Angebotsoligopol** treten nur wenige Anbieter auf. Der einzelne **Oligopolist** hat einen großen Anteil am Gesamtangebot auf dem Markt.

Beim **Angebotsmonopol** tritt nur ein Anbieter auf. Er verfügt über große Marktmacht. Da er keine Konkurrenten hat, muss er bei seinen Entscheidungen nur die Reaktion der Nachfrager berücksichtigen.

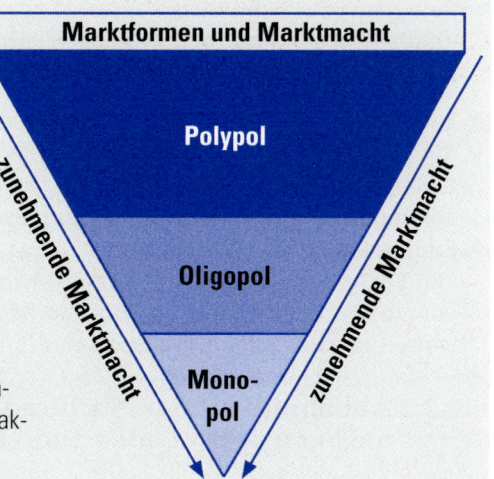

6.2 Verhalten der Nachfrager

6.2.1 Bestimmungsfaktoren der Nachfrage privater Haushalte

Bei der Untersuchung, von welchen Zielsetzungen und Bestimmungsfaktoren das **Nachfrageverhalten** und die Kaufentscheidungen der **privaten Haushalte** (= Verbraucher, Konsumenten, Nachfrager) abhängig sind, wird von folgenden **Annahmen** ausgegangen:

- Jeder private Haushalt hat das Ziel, sein Einkommen so zu verwenden, dass er seine individuellen Bedürfnisse möglichst weitgehend befriedigt und den größtmöglichen individuellen Nutzen erzielt **(Nutzenmaximierung)**.

- Um dieses Ziel zu erreichen, muss ein Haushalt folgende Entscheidungen treffen:
  - Welcher Teil des Einkommens soll gespart werden?
  - Wie sollen die für den Konsum vorgesehenen **Einkommensteile** (= Konsumsumme) möglichst nutzbringend auf die einzelnen Konsumgüterarten aufgeteilt werden (= optimaler Konsumplan)?

Am Beispiel des Nachfrageverhaltens der Schülerin Manuela in Bezug auf Speiseeis (nachgefragte Menge nach Gut $1: x_1^N$) lassen sich u.a. folgende Bestimmungsfaktoren der Nachfrage ableiten:

- **Preis des Gutes (p_1):** Wenn der Preis von Speiseeis auf 1,50 Euro je Kugel steigt, würde Schülerin Manuela weniger Eis kaufen wollen. Fiele der Preis dagegen auf 0,30 Euro je Kugel, würde sie mehr kaufen wollen. Normalerweise steigt die geplante Nachfragemenge mit sinkendem Preis und sinkt mit steigendem Preis.

- **Einkommen:** Die Nachfrage der Schülerin Manuela nach Speiseeis hängt möglicherweise auch von der Höhe ihres Taschengeldes und ihrer sonstigen Einkünfte ab.

- **Preise anderer Güter ($p_2 \ldots p_n$):** Sinkt beispielsweise der Preis für Schokolade, würde die Schülerin Manuela möglicherweise statt Eis Schokolade kaufen. Ihre Nachfrage nach Eis nimmt dann ab.

- **Bedürfnisstruktur und Nutzeneinschätzung:** Eine Gesundheitskampagne, die vor dem Verzehr von zu viel Süßigkeiten warnt, könnte bei Schülerin Manuela zu einem erhöhten Gesundheitsbewusstsein und damit zu einer Abnahme der Nachfrage nach Eis führen. Denselben Effekt könnte es haben, wenn Manuela aufgrund ihres Verzehrs von Süßigkeiten Gewichtsprobleme hat und verstärkt auf die „schlanke Linie" achten will.

■ **Zahl der Nachfrager:** Während die Nachfrage eines einzelnen Konsumenten (= individuelle Nachfrage) nach einem Gut u.a. vom Preis des Gutes, von den Preisen anderer Güter, vom Einkommen sowie von der Bedürfnisstruktur und der Nutzeneinschätzung abhängig ist, sind für die Höhe der Gesamtnachfrage nach einem Gut noch zusätzliche Einflussfaktoren von Bedeutung. Dazu gehört u. a. die Zahl der Konsumenten, die dieses Gut nachfragen. Wird beispielsweise in einer Stadt eine neue Schule gebaut, die auch von auswärtigen Schülerinnen und Schülern besucht wird, steigt dadurch möglicherweise die Nachfrage nach Speiseeis in dieser Stadt.

6.2.2   Abhängigkeit der Nachfrage eines Haushalts vom Preis des nachgefragten Gutes: Individuelle Nachfragekurve

Individuelle Nachfrage

Das Nachfrageverhalten für einen einzelnen Konsumenten wird auch als individuelle Nachfrage bezeichnet. Die Zusammenhänge des Nachfrageverhaltens sind jedoch sehr schwer zu erkennen, wenn sich mehrere Bestimmungsfaktoren gleichzeitig ändern. Deshalb werden nacheinander jeweils nur die Wirkungen eines dieser Einflussfaktoren untersucht. Alle anderen Faktoren werden dabei als unverändert (konstant) angenommen. Wird in der Volkswirtschaftslehre vom Nachfrageverhalten (Nachfragekurve) eines Konsumenten gesprochen, so ist damit üblicherweise die Wirkung der Preisänderung eines Gutes (p_1) auf die nachgefragte Menge dieses Gutes (x_1) gemeint. Der Preis gilt bei dieser Betrachtung als einzige Ursache für die Änderung der nachgefragten Menge. Für alle übrigen Einflussgrößen (z. B. Einkommen, Preise anderer Güter, Nutzeneinschätzung) wird angenommen, dass sie unverändert bleiben. Mathematisch lässt sich dieser Zusammenhang als **Nachfragefunktion** ausdrücken: $x_1^N = f(p_1)$.

| | Bei einer Umfrage über das Konsumverhalten von Jugendlichen hat die Schülerin Manuela auf die Frage „Wie viele Kugeln Eis zum Mitnehmen würdest du nachfragen, wenn der Preis soundso viel Euro betragen würde?" für unterschiedliche Preise die in der nebenstehenden Tabelle angegebenen Mengen genannt. Die Tabelle spiegelt Manuelas Verbrauchsplan für Eiskugeln für einen bestimmten Zeitraum (z. B. an einem heißen Sommertag im Juli) wider. Sie stellt den funktionalen Zusammenhang zwischen der geplanten Nachfragemenge an Eiskugeln (= abhängige Größe) und dem Preis für Eiskugeln (= unabhängige Größe) dar. Zu einem anderen Zeitpunkt könnte aber Manuelas Nachfrageverhalten völlig anders aussehen, weil sich beispielsweise ihre Einkommensverhältnisse oder die Preise für andere Süßigkeiten geändert haben oder weil sich an kalten und regnerischen Tagen ihre Bedürfnisse und Nutzeneinschätzungen hinsichtlich des Konsums von Eiskugeln ändern. |

Manuelas Nachfragetabelle für Eiskugeln zum Mitnehmen	
Preis (Euro) je Kugel	**Menge (Stück)**
0,00	12
0,30	10
0,60	8
0,90	6
1,20	4
1,50	2
1,80	0

Die von einem Konsumenten bei unterschiedlichen Preisen jeweils geplanten Nachfragemengen ergeben die Preis-Mengen-Kombinationen, bei denen er unter den vorliegenden Bedingungen seinen größtmöglichen Nutzen erzielt (= optimaler Verbrauchsplan).

Werden die Preis-Mengen-Kombinationen der Tabelle in ein Koordinatensystem übertragen[1] und die einzelnen Punkte miteinander verbunden[2], ergibt sich eine von links oben nach rechts unten fallende Nachfragekurve. Da diese Kurve nur für einen bestimmten Konsumenten gilt, handelt es sich um eine **individuelle Nachfragekurve**.

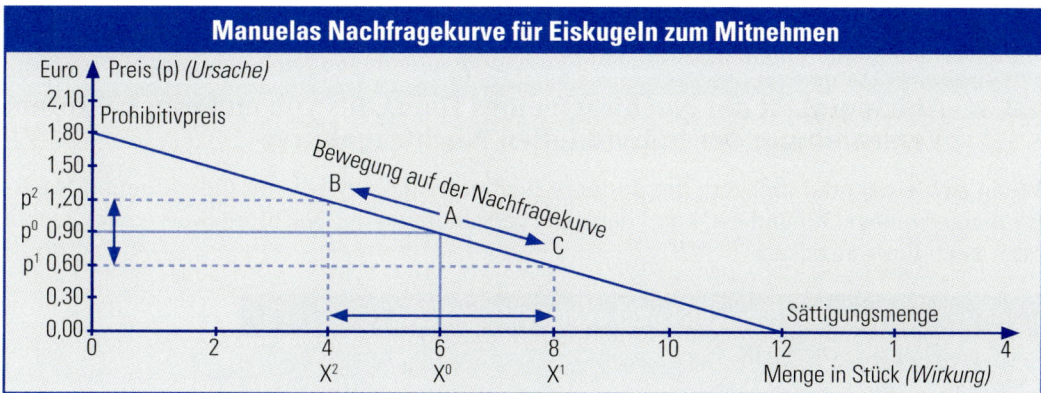

Manuelas Nachfragekurve für Eiskugeln zum Mitnehmen

Lernkontrolle
Aufgabe 1

Die individuelle Nachfragekurve zeigt, wie viele Mengeneinheiten eines Gutes ein Konsument jeweils bei unterschiedlichen Preisen dieses Gutes in einer bestimmten Zeiteinheit nachzufragen plant.

Ob der Konsument allerdings seinen Verbrauchsplan verwirklichen und die geplanten Mengen tatsächlich **kaufen** kann, hängt u. a. davon ab, ob zu dem jeweiligen Preis überhaupt entsprechende Mengen angeboten werden.

Bei **normalem Verhalten** der Konsumenten hat die **Nachfragekurve eine negative Steigung**. In diesem Kurvenverlauf kommt das Gesetz vom abnehmenden Nutzenzuwachs zum Ausdruck. Da jede zusätzlich konsumierte Einheit eines Gutes einem Konsumenten im Normalfall einen geringeren Nutzenzuwachs stiftet, fragt der Konsument nur dann mehr von diesem Gut nach, wenn der Preis dieses Gutes sinkt.

Die normale Nachfragekurve hat eine negative Steigung, d. h.,
– je höher der Preis ist, umso geringer ist die geplante Nachfragemenge,
– je niedriger der Preis ist, umso höher ist die geplante Nachfragemenge
  („Gesetz der Nachfrage").

Ändert sich der Preis des Gutes und bleiben alle anderen Bestimmungsfaktoren der Nachfrage gleich, so ergibt sich eine neue Preis-Mengen-Kombination für dieses Gut. Dies löst eine Bewegung auf der Kurve aus.

In **Grenzfällen** können sich auch Schnittpunkte der Kurve mit den Achsen ergeben, die sich folgendermaßen erklären lassen: Beim Schnittpunkt mit der Mengenachse liegt die

---

1 Die Zuordnung der abhängigen Größe (Menge = Wirkung) und der unabhängigen Größe (Preis = Ursache) zu den Koordinatenachsen erfolgt in der Volkswirtschaftslehre anders als in der Mathematik üblich. An der Y-Achse steht der Preis, obwohl es sich dabei immer um die unabhängige Größe (= Ursache) handelt. An der X-Achse steht als abhängige Größe (= Wirkung) die Menge.

2 Die Tabelle kann in einem Koordinatensystem eigentlich nur durch Punkte, die bestimmte Preis-Mengen-Kombinationen wiedergeben, abgebildet werden. Jedoch wird der Einfachheit halber unterstellt, dass sich aus der Verbindung dieser Punkte eine Kurve mit konstanter Steigung (= linearer Verlauf) konstruieren lässt.

Sättigungsmenge. Sie zeigt die nachgefragte Menge bei einem Preis von null, d. h., der Konsument möchte keine zusätzliche Mengeneinheit dieses Gutes konsumieren, selbst wenn er das Gut kostenlos erhält. Beim Schnittpunkt mit der Preisachse, dem eine nachgefragte Menge von null entspricht, ist ein Preis erreicht, zu dem der Konsument nicht mehr bereit oder in der Lage ist, auch nur eine einzige Mengeneinheit des Gutes nachzufragen **(Prohibitivpreis)**[1].

6.2.3 Abhängigkeit der Nachfrage eines Haushalts von anderen Faktoren: Verschiebung der individuellen Nachfragekurve

Wenn sich einer oder mehrere der anderen Bestimmungsfaktoren der individuellen Nachfrage nach einem Gut ändern, kann das eine Verschiebung der Nachfragekurve nach rechts oder nach links auslösen.

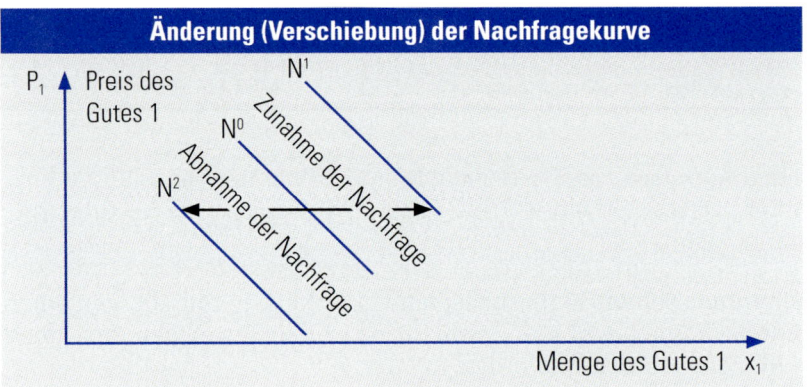

Abhängigkeit der Nachfrage von den Preisen anderer Güter

Die von einem Haushalt nachgefragte Menge eines Gutes kann außer vom Preis des Gutes selbst auch von den Preisen anderer Güter abhängen. Dabei sind zwei Fälle zu unterscheiden:

1. **Substitutionsgüter:** Nimmt als Folge einer Preissteigerung für Gut 2 (z. B. Kartoffeln) die Nachfrage nach Gut 1 (z. B. Nudeln) zu, so handelt es sich bei den Gütern 1 und 2 um Substitutionsgüter. **Substitutionsgüter können sich gegenseitig ersetzen.**

> **Beispiele für weitere Substitutionsgüter:**
> Kaffee und Tee, Wurst und Käse, Rindfleisch und Schweinefleisch

> **Handelt es sich bei Gut 1 und Gut 2 um Substitutionsgüter, so gilt:**
> Eine Preiserhöhung des Gutes 2 führt zu einer Zunahme der Nachfrage nach Gut 1 (= Rechtsverschiebung der Nachfragekurve von Gut 1).
> Eine Preissenkung des Gutes 2 führt zu einer Abnahme der Nachfrage nach Gut 1 (= Linksverschiebung der Nachfragekurve von Gut 1).

---

1   prohibitiv *(lat.):* verhindernd

2. **Komplementärgüter:** Nimmt als Folge einer Preissteigerung für Gut 2 (z. B. Benzin) die Nachfrage nach Gut 1 (z. B. Autos) ab, so handelt es sich bei den Gütern 1 und 2 um Komplementärgüter. **Komplementärgüter ergänzen sich gegenseitig**.

> **Beispiele für weitere Komplementärgüter:**
> Computer und Software, Telefon und Telefonnetz, Tabak und Pfeife

> **Handelt es sich bei Gut 1 und Gut 2 um Komplementärgüter, so gilt:**
> Eine Preiserhöhung des Gutes 2 führt zu einer Abnahme der Nachfrage nach Gut 1 (= Linksverschiebung der Nachfragekurve von Gut 1).
> Eine Preissenkung des Gutes 2 führt zu einer Zunahme der Nachfrage nach Gut 1 (= Rechtsverschiebung der Nachfragekurve von Gut 1).

Abhängigkeit der Nachfrage vom Einkommen

Die von einem Haushalt nachgefragte Menge eines Gutes kann außer vom Preis des Gutes selbst und den Preisen anderer Güter auch vom Einkommen abhängen. Dabei sind zwei Fälle zu unterscheiden:

Bei bestimmten Gütern nimmt die Nachfrage bei steigendem Einkommen zu (z. B. Güter des gehobenen Bedarfs, Luxusgüter).

> Wenn eine Einkommenserhöhung eine Zunahme der Nachfrage nach Gut 1 bewirkt, führt das zu einer Rechtsverschiebung der Nachfragekurve von Gut 1. Im umgekehrten Fall kommt es zu einer Linksverschiebung der Nachfragekurve.

Bedürfnisstruktur

Die Nachfrage eines Haushalts nach einem Gut kann sich ändern, obwohl der Preis des Gutes, die Preise aller anderen Güter sowie das Einkommen unverändert geblieben sind. Mögliche Ursache dafür ist eine **Änderung der Bedürfnisstruktur** des Haushalts. In diesem Fall hat sich seine Nutzeneinschätzung für eines oder mehrere Güter im Zeitablauf geändert. Das kann u. a. bedingt sein durch zunehmendes Alter der Haushaltsmitglieder, Veränderung der Zahl der Haushaltsmitglieder, Modeerscheinungen und gesundheitsbewusstere Lebensweise. Häufig ist dies aber auch auf eine **Beeinflussung der Konsumenten durch die Produzenten** zurückzuführen, die mithilfe von Marketingmaßnahmen wie Werbung, Produktgestaltung und Verkaufsförderung Bedarf wecken, stimulieren und lenken. Dabei werden auch soziologische und psychologische Konsumeinflüsse genutzt, indem in der Werbung bestimmte Güter mit begehrten sozialen Rollen, gehobenem Status und bekannten Persönlichkeiten in Verbindung gebracht werden.

> Wenn sich die Bedürfnisstruktur zugunsten von Gut 1 ändert, führt diese zu einer Zunahmen der Nachfrage nach Gut 1 (= Rechtsverschiebung der Nachfragekurve von Gut 1). Im umgekehrten Fall kommt es zu einer Linksverschiebung der Nachfragekurve.

6.2.4   Gesamtnachfragekurve und deren Verschiebung

Gesamtnachfragekurve

Werden die bei unterschiedlichen Preisen von den Konsumenten gewünschten individu-ellen Nachfragemengen für ein bestimmtes Gut zusammengefasst, ergibt sich die Gesamt-nachfrage (Marktnachfrage) für dieses Gut.

Ein Marktforschungsinstitut hat ermittelt, welche Gesamtnachfrage (Marktnachfrage) nach Eis in Ab-hängigkeit vom Preis sich in einer baden-württembergischen Kleinstadt ergibt. Der festgestellte Zusam-menhang wird in ein Preis-Mengen-Diagramm übertragen.

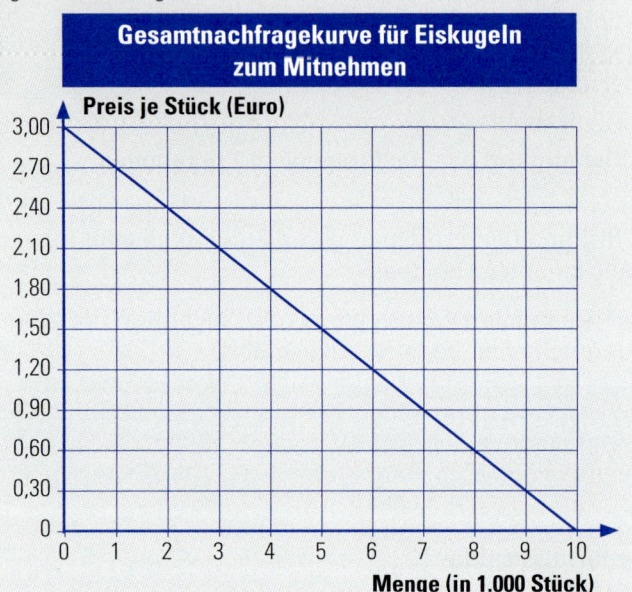

Gesamtnachfragetabelle für Eiskugeln zum Mitnehmen	
Preis (Euro) je Kugel	**Menge (Stück)**
0,00	10.000
0,30	9.000
0,60	8.000
0,90	7.000
1,20	6.000
1,50	5.000
1,80	4.000
2,10	3.000
2,40	2.000
2,70	1.000
3,00	0

Die Gesamtnachfrage (Marktnachfrage) nach einem bestimmten Gut ergibt sich durch Zusammenfassung der nach diesem Gut bestehenden individuellen Nachfrage der ein-zelnen Konsumenten.

Während die individuelle Nachfrage nach dem Gut 1 u. a. vom Preis des Gutes (p_1), den Preisen anderer Güter (p_2, ... p_n), dem Einkommen und der Nutzeneinschätzung des jewei-ligen Haushalts abhängig ist, sind für die Höhe der Gesamtnachfrage nach einem Gut noch zusätzliche Einflussfaktoren von Bedeutung. Dazu gehört u. a. die **Einkommens- und Ver-mögensverteilung** in einer Volkswirtschaft. Die Art und Weise, wie das gesamtwirtschaft-liche Einkommen und Vermögen auf die einzelnen Haushalte einer Volkswirtschaft verteilt sind, beeinflusst die Höhe des insgesamt für Konsumzwecke verwendeten Einkommens und damit auch die Gesamtnachfrage nach einzelnen Gütern. Die Konsumgewohnheiten von Haushalten mit hohem Einkommen sind anders als von Haushalten mit niedrigem Einkommen. Daneben ist die Gesamtnachfrage nach einem Gut auch von der **Zahl der Haushalte**, die dieses Gut nachfragen, abhängig. Bevölkerungswachstum, eine den Be-kanntheitsgrad des Produkts steigernde Werbung u. Ä. können somit zu einer Änderung der Gesamtnachfrage nach einem Gut führen.

Bestimmungsfaktoren der Gesamtnachfrage (Marktnachfrage)				
Preis des Gutes (p_1)	Preise anderer Güter $(p_2 \ldots p_n)$	Einkommen und Vermögen der einzelnen Haushalte	Bedürfnisstruktur der einzelnen Haushalte	Zahl der nachfragenden Haushalte

Verschiebung der Gesamtnachfragekurve

Wenn sich einzelne Einflussfaktoren der Nachfrage ändern, muss deutlich unterschieden werden, ob durch diese Änderung im Preis-Mengen-Diagramm eine **Bewegung auf** einer gegebenen Nachfragekurve (= Steigen oder Sinken der nachgefragten Menge) oder eine **Verschiebung der Nachfragekurve** (= Zunahme oder Abnahme der Nachfrage) ausgelöst wird. Dabei lassen sich folgende vier Fälle unterscheiden:

Lernkontrolle
Aufgabe 2

Ändert sich der Preis des Gutes, während alle anderen Einflussfaktoren unverändert bleiben, bewirkt das im Preis-Mengen-Diagramm eine **Bewegung auf der Nachfragekurve**.

- Eine **Preiserhöhung** bewirkt eine **Bewegung auf der Nachfragekurve nach oben links**, weil die nachgefragte Menge sinkt (z. B. sinkt als Folge einer Preiserhöhung für Eis die nachgefragte Menge).
- Eine **Preissenkung** bewirkt eine **Bewegung auf der Nachfragekurve nach unten rechts**, weil die nachgefragte Menge steigt (z. B. steigt als Folge einer Preissenkung für Eis die nachgefragte Menge).

Ändert sich dagegen **eine der anderen Einflussgrößen**, drückt sich das im Preis-Mengen-Diagramm in einer **Verschiebung der Nachfragekurve** aus. Eine Verschiebung der Nachfragekurve bedeutet, dass sich bei **unverändertem Preis** des Gutes die **nachgefragte Menge** nach diesem Gut **geändert** hat.

- Zu einer **Linksverschiebung der Nachfragekurve** kommt es dann, wenn nach dem auslösenden Ereignis zu jedem Preis weniger nachgefragt wird. Die Nachfrage nimmt ab (z. B. Werbeverbot für alkoholhaltige Limonade: Bei jedem denkbaren Preis werden weniger Alcopops nachgefragt als vorher).
- Zu einer **Rechtsverschiebung der Nachfragekurve** kommt es dann, wenn nach dem auslösenden Ereignis zu jedem Preis mehr nachgefragt wird als vorher. Die Nachfrage nimmt zu (z. B. Gesundheitskampagne für den Verzehr von Obst: Bei jedem denkbaren Preis wird mehr Obst nachgefragt als vorher).

Eine Verschiebung der Nachfragekurve nach rechts bedeutet, dass die Marktnachfrage bei jedem Preis größer ist als vorher. Eine Verschiebung der Nachfragekurve nach links bedeutet, dass die Marktnachfrage bei jedem Preis kleiner ist als vorher.

Wenn eine Regierung aus gesundheitspolitischen Gründen die Nachfrage nach Tabakwaren einschränken möchte, kann sie einerseits versuchen, eine Verschiebung der Nachfragekurve nach links auszulösen. Dazu gehören u. a. Maßnahmen wie die Warnung vor den Gesundheitsrisiken des Rauchens auf den Zigarettenpackungen, ein Werbeverbot für Tabakwaren, Hinweise darauf, dass Nichtraucher bessere Liebhaber sind usw. Andererseits kann die Regierung aber auch versuchen, durch eine Verteuerung der Tabakwaren den Konsum einzuschränken. Durch die Erhebung einer Tabaksteuer, die von den Zigarettenherstellern auf die Käufer überwälzt wird, steigt der Preis für Zigaretten, sodass sich eine Bewegung auf der Nachfragekurve nach links oben (höherer Preis bei geringerer Menge) ergibt.

Beispiele für eine Verschiebung der Nachfragekurve:

1. Einkommen ändert sich: Einkommenserhöhung der Bevölkerung
→ Rechtsverschiebung der Nachfragekurve für Autos

2. Preise anderer Güter ändern sich:
a) Komplementärgüter: Preiserhöhung für Benzin
→ Linksverschiebung der Nachfragekurve für Autos
b) Substitutionsgüter: Preiserhöhung für Butter
→ Rechtsverschiebung der Nachfragekurve für Margarine

3. Nutzeneinschätzung, Vorlieben, Geschmack, Mode:
Kampagne des Gesundheitsministeriums für gesündere Ernährung:
→ Rechtsverschiebung der Nachfragekurve für Obst

4. Zahl der Nachfrager ändert sich: Sinkende Geburtenrate in Deutschland
→ Linksverschiebung der Nachfragekurve für Babykleidung

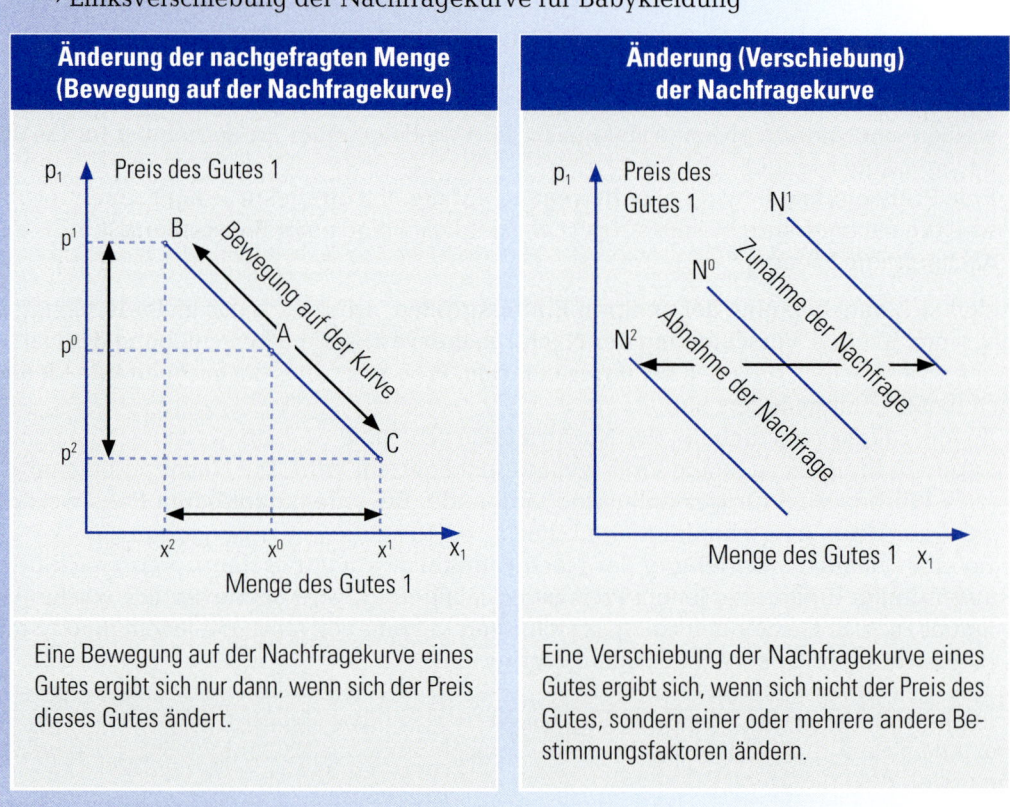

Änderung der nachgefragten Menge (Bewegung auf der Nachfragekurve)	Änderung (Verschiebung) der Nachfragekurve
Eine Bewegung auf der Nachfragekurve eines Gutes ergibt sich nur dann, wenn sich der Preis dieses Gutes ändert.	Eine Verschiebung der Nachfragekurve eines Gutes ergibt sich, wenn sich nicht der Preis des Gutes, sondern einer oder mehrere andere Bestimmungsfaktoren ändern.

6.2.5   Preiselastizität der Nachfrage

Begriff der Elastizität

In bestimmten Fällen ist die Erkenntnis, dass die nachgefragte Menge eines Gutes von der Höhe des Preises abhängt, nicht ausreichend. Vielmehr sind als Entscheidungsgrundlage häufig Informationen darüber wichtig, in welchem **Ausmaß** sich die Gesamtnachfrage nach einem Gut ändert, wenn sich beispielsweise der Preis oder das Einkommen ändert. Das gilt beispielsweise für wirtschaftspolitische Entscheidungen des Staates zur Beeinflussung der Gesamtnachfrage (z. B. Veränderungen bei der Umsatz- oder Einkommensteuer) und auch für preispolitische Maßnahmen von Unternehmen. Eine **Maßzahl** für das **Ausmaß** von Änderungen der nachgefragten Menge ist die **Elastizität**.

Preiselastizität der Nachfrage

> Wird der Preis für einen bestimmten Autotyp von 20.000 Euro um 200 Euro auf 20.200 Euro erhöht, beeinflusst die Preisveränderung die nachgefragte Menge kaum. Wenn dagegen der Preis eines Mountainbikes ebenfalls um 200 Euro von bisher 400 Euro auf jetzt 600 Euro erhöht wird, wird die nachgefragte Menge spürbar sinken. Aus dieser Beobachtung lässt sich aber nicht schließen, dass die Nachfrager nach Autos weniger stark auf Preisänderungen reagieren als die Nachfrager nach Mountainbikes. Der Preis für das Auto wurde nur um 1 %, der Preis für das Mountainbike dagegen um 50 % erhöht. Bei einer Erhöhung des Autopreises um 50 % würde die nachgefragte Menge bei Autos ebenfalls stark sinken.

Aussagen über **Nachfragereaktionen** bei verschiedenen Gütern lassen sich nur dann vergleichen, wenn sie die durch eine **prozentuale** Preisänderung ausgelöste **prozentuale** Änderung der nachgefragten Menge berücksichtigen. Dieser Zusammenhang kommt in der **Preiselastizität der Nachfrage** zum Ausdruck.

> Die Preiselastizität der Nachfrage (El_N) ist das Verhältnis der prozentualen Änderung der nachgefragten Menge eines Gutes zur prozentualen Preisänderung dieses Gutes. Sie gibt an, um wie viel Prozent sich die nachgefragte Menge eines Gutes ändert, wenn sich der Preis dieses Gutes um 1 % ändert.

$$\text{Preiselastizität der Nachfragen } (El_N) = \frac{\text{prozentuale Änderung der Nachfragemenge von Gut 1}}{\text{prozentuale Änderung des Preises von Gut 1}}$$

Ist die prozentuale Änderung der nachgefragten Menge größer als die prozentuale Preisänderung, so ergibt sich für die Elastizität ein Wert, der größer als 1 ist. In diesen Fällen wird von einer elastischen Nachfrage gesprochen. Dies trifft hier für alle Punkte der oberen Hälfte einer linearen Nachfragekurve zu (vgl. Abb. S. 362). Ist die prozentuale Änderung der nachgefragten Menge genauso hoch wie die prozentuale Preisänderung, so hat die Elastizität den Wert 1. Das trifft hier für den Halbierungspunkt einer die Achsen schneidenden linearen Nachfragekurve zu. Ist die prozentuale Änderung der nachgefragten Menge kleiner als die prozentuale Preisänderung, so ergibt sich für die Elastizität ein Wert, der kleiner als 1 ist. In diesen Fällen wird von einer unelastischen Nachfrage gesprochen. Das trifft hier für alle Punkte der unteren Hälfte einer linearen Nachfragekurve zu (vgl. Abb. S. 362).

Die folgenden Abbildungen zeigen Abschnitte von zwei Nachfragekurven, in denen gleiche Preisänderungen unterschiedliche Mengenänderungen nach sich ziehen. Die gleiche Preiserhöhung führt bei einem steileren Verlauf des Kurvenabschnitts zu einem geringeren Rückgang der nachgefragten Menge als bei einem flacheren Verlauf. Die Nachfrage ist in dem hier betrachteten Abschnitt der linken Nachfragekurve unelastisch, während die Nachfrage in dem hier betrachteten Abschnitt der rechten Nachfragekurve elastisch ist.

Lernkontrolle
Aufgaben 3 u. 4

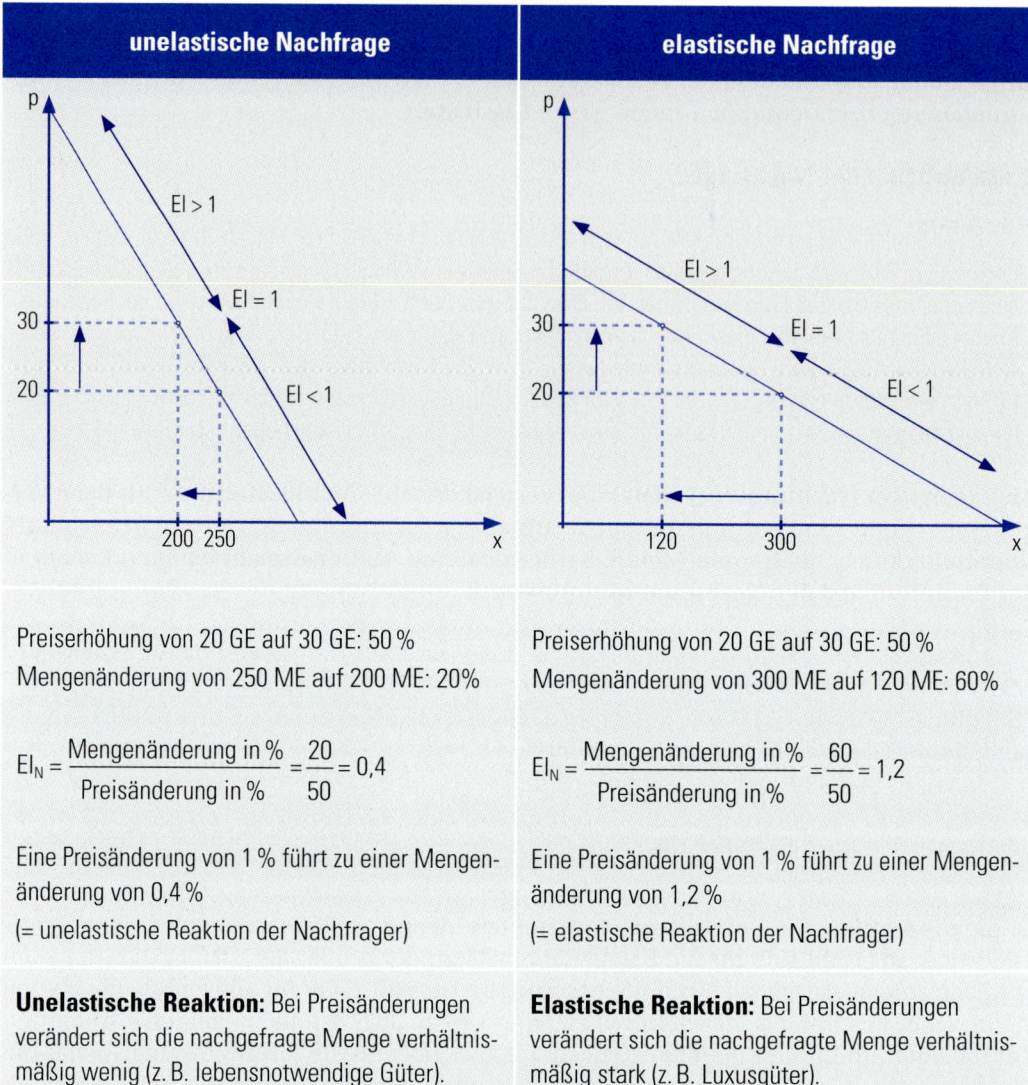

unelastische Nachfrage	**elastische Nachfrage**

Preiserhöhung von 20 GE auf 30 GE: 50 %
Mengenänderung von 250 ME auf 200 ME: 20%

$$EI_N = \frac{\text{Mengenänderung in \%}}{\text{Preisänderung in \%}} = \frac{20}{50} = 0,4$$

Eine Preisänderung von 1 % führt zu einer Mengenänderung von 0,4 %
(= unelastische Reaktion der Nachfrager)

Unelastische Reaktion: Bei Preisänderungen verändert sich die nachgefragte Menge verhältnismäßig wenig (z. B. lebensnotwendige Güter).

Preiserhöhung von 20 GE auf 30 GE: 50 %
Mengenänderung von 300 ME auf 120 ME: 60%

$$EI_N = \frac{\text{Mengenänderung in \%}}{\text{Preisänderung in \%}} = \frac{60}{50} = 1,2$$

Eine Preisänderung von 1 % führt zu einer Mengenänderung von 1,2 %
(= elastische Reaktion der Nachfrager)

Elastische Reaktion: Bei Preisänderungen verändert sich die nachgefragte Menge verhältnismäßig stark (z. B. Luxusgüter).

Bei einer linearen Nachfragekurve mit normalem Verlauf ist zwar die Steigung konstant, die Preiselastizität aber in jedem Punkt unterschiedlich. Entlang einer solchen Nachfragekurve nimmt die Elastizität alle Werte zwischen unendlich und null wie folgt an:

Schnittpunkt mit der Preisachse:	$EI_N = \infty$
Links vom Halbierungspunkt:	$EI_N > 1$ (= elastischer Bereich)
Halbierungspunkt:	$EI_N = 1$
Rechts vom Halbierungspunkt:	$EI_N < 1$ (= unelastischer Bereich)
Schnittpunkt mit der Mengenachse:	$EI_N = 0$

Daraus folgt, dass eine solche Nachfragekurve zwar einen elastischen und einen unelastischen Bereich hat, aus der Steigung der Kurve aber nicht direkt auf die Höhe der Preiselastizität geschlossen werden kann. Es gibt aber Nachfragekurven, die im gesamten Verlauf eine konstante Preiselastizität aufweisen:

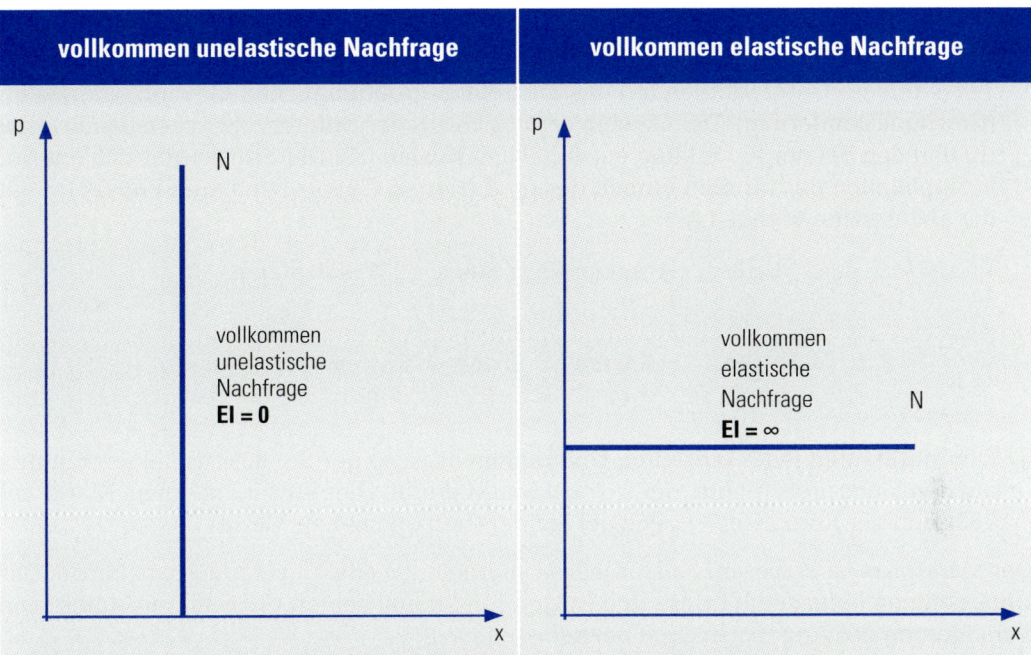

Eine Nachfragekurve, die parallel zur Preisachse verläuft, hat an jeder Stelle eine Elastizität von 0. Die Nachfrage ist in diesem Fall vollkommen unelastisch. Trotz Preisänderungen bleibt die nachgefragte Menge konstant. Ein solches Nachfrageverhalten ist z. B. bei lebensnotwendigen Medikamenten denkbar.

Eine Nachfragekurve, die parallel zur Mengenachse verläuft, hat an jeder Stelle eine Elastizität von unendlich. Die Nachfrage ist in diesem Fall vollkommen elastisch. Es handelt sich dabei um einen **theoretischen Grenzfall**. Zum gegebenen und jedem niedrigeren Preis würde eine unendliche Menge nachgefragt. Jede Preiserhöhung würde dagegen die nachgefragte Menge auf null sinken lassen.

6.3 Verhalten der Anbieter

6.3.1 Bestimmungsfaktoren des Angebots privater Unternehmen

Bei der Untersuchung, von welchen Zielsetzungen und Bestimmungsfaktoren das **Angebotsverhalten** der **privaten Unternehmen** abhängig ist, wird von folgenden **Annahmen** ausgegangen:

1. Jedes private Unternehmen hat das Ziel, einen größtmöglichen Gewinn zu erzielen **(Gewinnmaximierung)**. Der **Gewinn** ergibt sich aus der Differenz zwischen den **Erlösen** (E) und den bei der Produktion entstehenden **Kosten** (K). Der Erlös ergibt sich aus der Multiplikation des für eine Einheit des produzierten Gutes erzielbaren Preises (p) mit der abgesetzten Menge (x).

$$\text{Erlös} = \text{Absatzpreis je Stück} \times \text{Absatzmenge}$$
$$E = p \times x$$

$$\text{Gewinn} = \text{Erlös} - \text{Kosten}$$
$$G = E - K$$

2. Der Marktanteil jedes einzelnen Unternehmens ist so gering, dass es keinen Einfluss auf den Güterpreis (p) hat, der sich am Markt ergibt. Dies entspricht einem Markt mit vollständiger Konkurrenz (= Polypol auf dem vollkommenen Markt).

Der Marktpreis ist in diesem Fall für jedes Unternehmen eine unveränderbare Größe. Das Unternehmen kann seine Erlöse und Kosten (und damit seinen Gewinn) **nur** durch eine Veränderung der Angebotsmenge beeinflussen.

Am Beispiel des Angebotsverhaltens der Anbieter von Eiskugeln (Eisdielen) (= insgesamt angebotene Menge für Gut 1: X_1^A) lassen sich u. a. folgende Bestimmungsfaktoren des Angebots ableiten:

■ **Preis des Gutes (p_1):** Wenn der Preis für eine Kugel Eis langfristig auf 0,25 Euro sinkt, die einem Hersteller entstehenden Kosten für eine Eiskugel (= Stückkosten) aber bei 0,30 Euro liegen, müsste diese Eisdiele die Produktion einstellen und sich aus dem Markt zurückziehen. Die Angebotsmenge dieses Unternehmens beträgt dann null. Bei jedem Preis, der über den Stückkosten liegt, würde das Unternehmen dagegen die Menge anbieten, bei der sich der größtmögliche Gewinn ergibt. Zusätzlich kann ein höherer Preis auch die höheren Kosten anderer Anbieter decken. Diese beginnen dann ebenfalls zu produzieren. Die von den Unternehmen einer Branche insgesamt geplante Angebotsmenge steigt daher mit steigendem Preis und umgekehrt.

■ **Kosten der Produktionsfaktoren und Vorprodukte:** Wenn die Einkaufspreise für Zutaten (z. B. Milch, Eier) oder die Kosten der Produktionsfaktoren (z. B. Löhne für die Eisverkäufer) steigen, führt das bei gleich bleibendem Verkaufspreis zu einer Gewinnminderung. Kostenerhöhungen können somit dieselbe Wirkung haben wie sinkende Verkaufspreise. Liegen die Stückkosten über dem Verkaufspreis, entsteht ein Verlust. Bei steigenden Kosten und unverändertem Verkaufspreis können immer weniger Unternehmen ihre Kosten decken. Sie stellen daher langfristig ihre Produktion ein. Die von den Unternehmen einer Branche insgesamt geplante Angebotsmenge sinkt daher mit steigenden Produktionskosten und umgekehrt.

- **Technologie:** Der Einsatz neuer Technologien (z. B. Rührmaschine) senkt die Produktionskosten, sodass bei unverändertem Preis mehr Unternehmen ihre Kosten decken können. Die von den Unternehmen einer Branche insgesamt geplante Angebotsmenge steigt daher in diesem Fall.

- **Erwartungen:** Sind die Absatz- und Gewinnerwartungen in einer Branche positiv, werden mehr Unternehmen ihre Produktion in diese Branche verlagern und/oder ihre Kapazitäten erhöhen. Die insgesamt angebotene Menge steigt daher in diesem Fall.

6.3.2 Abhängigkeit des Angebots vom Preis des angebotenen Gutes: Angebotskurve

Individuelles Angebot

Das Angebotsverhalten eines **einzelnen Produzenten** wird auch als **individuelles Angebot** bezeichnet. Da es sehr viel schwieriger wäre, Einsicht in die Abhängigkeitsverhältnisse zu gewinnen, wenn sich mehrere Bestimmungsfaktoren gleichzeitig ändern, werden – wie beim Nachfrageverhalten – jeweils nur die Wirkungen eines dieser Einflussfaktoren untersucht. Alle anderen Faktoren werden dabei als unverändert (konstant) angenommen. Wird in der Volkswirtschaftslehre vom Angebotsverhalten (Angebotskurve) eines Produzenten gesprochen, so ist damit üblicherweise die Wirkung der Preisänderung eines Gutes (p_1) auf die angebotene Menge dieses Gutes (x_1) gemeint. Der Preis wird bei dieser Betrachtung als einzige Ursache für die Änderung der angebotenen Menge angesehen. Für alle übrigen Einflussgrößen (z. B. Kosten, Gewinnerwartungen) wird angenommen, dass sie unverändert bleiben. Mathematisch lässt sich dieser Zusammenhang als **Angebotsfunktion** ausdrücken: $x_1^A = f(p_1)$.

In einer baden-württembergischen Kleinstadt gibt es zahlreiche Eisdielen, zwischen denen ein starker Wettbewerb herrscht. Die nebenstehende Tabelle gibt an, welche Menge an Eiskugeln zum Mitnehmen die Eisdiele „Mariotti" in einem bestimmten Zeitraum (z. B. ein Tag im Sommer) anbieten würde, wenn der sich am Markt ergebende Preis für Eiskugeln eine bestimmte Höhe hätte (= Angebotsplan für unterschiedliche Preise). Bei einem Preis unter 0,25 Euro für eine Kugel würde „Mariotti" nichts anbieten, da dieser Preis seine Stückkosten nicht deckt. Würde der Verkaufspreis mehr und mehr steigen, würde „Mariotti" die angebotene Menge nach und nach erhöhen, weil sich bei einem höheren Preis für ihn eine größere Angebotsmenge lohnt.

Eisdiele „Mariotti": Angebotstabelle für Eiskugeln zum Mitnehmen	
Preis (Euro) je Kugel	**Menge (Stück)**
0,25	0
0,50	1.000
0,75	2.000
1,00	3.000
1,25	4.000
1,50	5.000
1,75	6.000
2,00	7.000

Lernkontrolle Aufgabe 5

Die von einem Produzenten bei unterschiedlichen Preisen jeweils geplanten Angebotsmengen ergeben die Preis-Mengen-Kombinationen, bei denen er unter den vorliegenden Bedingungen seinen größtmöglichen Gewinn erzielt (= optimaler Produktionsplan).

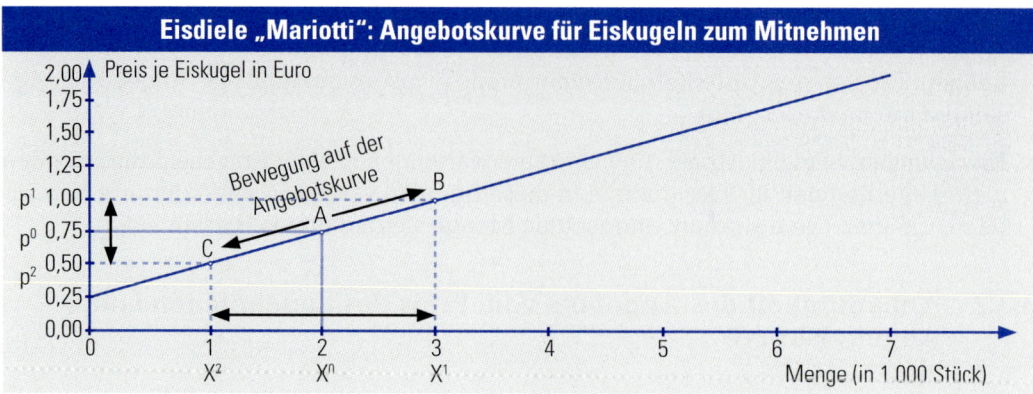

Eisdiele „Mariotti": Angebotskurve für Eiskugeln zum Mitnehmen

Werden die Preis-Mengen-Kombinationen der Tabelle in ein Koordinatensystem übertragen[1] und die einzelnen Punkte miteinander verbunden[2], ergibt sich eine von links unten nach rechts oben steigende Angebotskurve. Da diese Kurve nur für einen bestimmten Produzenten gilt, handelt es sich um eine individuelle Angebotskurve.

> Die individuelle Angebotskurve zeigt, wie viele Mengeneinheiten eines Gutes ein Produzent jeweils bei unterschiedlichen Preisen dieses Gutes in einer bestimmten Zeiteinheit anzubieten plant.

Ob der Produzent allerdings seinen Produktionsplan verwirklichen und die geplanten Mengen tatsächlich **verkaufen** kann, hängt u. a. davon ab, ob zu dem jeweiligen Preis überhaupt entsprechende Mengen nachgefragt werden.
Bei **normalem Verhalten** der Produzenten hat die **Angebotskurve eine positive Steigung**.

> Die normale Angebotskurve hat eine positive Steigung („Gesetz des Angebots"), d.h.,
> – je höher der Preis ist, umso höher ist die geplante Angebotsmenge,
> – je niedriger der Preis ist, umso niedriger ist die geplante Angebotsmenge.

> Ändert sich der Preis des Gutes und bleiben alle anderen Bestimmungsfaktoren des Angebots gleich, so ergibt sich eine neue Preis-Mengen-Kombination für dieses Gut. Dies löst eine Bewegung auf der Kurve aus.

Gesamtangebot (Marktangebot)

Werden die bei unterschiedlichen Preisen von den Produzenten geplanten individuellen Angebotsmengen für ein bestimmtes Gut zusammengefasst, ergibt sich das Gesamtangebot (Marktangebot) für dieses Gut.

---

1   Die Zuordnung der abhängigen Größe (Menge = Wirkung) und der unabhängigen Größe (Preis = Ursache) zu den Koordinatenachsen erfolgt in der Volkswirtschaftslehre anders als in der Mathematik üblich. An der Y-Achse steht der Preis, obwohl es sich dabei immer um die unabhängige Größe (= Ursache) handelt. An der X-Achse steht als abhängige Größe (= Wirkung) die Menge.

2   Obwohl die Tabelle in einem Koordinatensystem eigentlich nur durch Punkte, die bestimmte Preis-Mengen-Kombinationen wiedergeben, abgebildet werden kann, wird der Einfachheit halber unterstellt, dass sich aus der Verbindung dieser Punkte eine Kurve mit konstanter Steigung (= linearer Verlauf) konstruieren lässt.

Angenommen, für alle Eisdielen einer Kleinstadt zusammen ergibt sich in Abhängigkeit vom Preis einer Eiskugel für das Gesamtangebot (Marktangebot) der in der folgenden Tabelle dargestellte Zusammenhang. Die Werte wurden in nachstehendes Preis-Mengen-Diagramm übertragen.

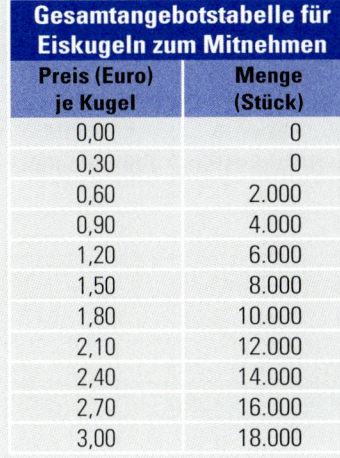

Gesamtangebotstabelle für Eiskugeln zum Mitnehmen	
Preis (Euro) je Kugel	**Menge (Stück)**
0,00	0
0,30	0
0,60	2.000
0,90	4.000
1,20	6.000
1,50	8.000
1,80	10.000
2,10	12.000
2,40	14.000
2,70	16.000
3,00	18.000

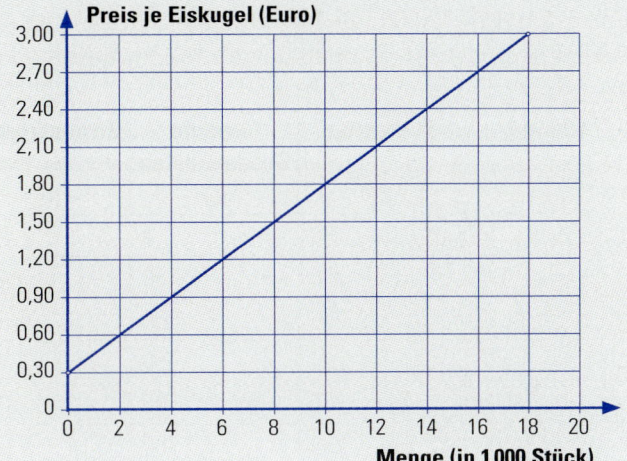

Das Gesamtangebot (Markangebot) für ein bestimmtes Gut ergibt sich durch Zusammenfassung der für dieses Gut bestehenden individuellen Angebotsmengen der einzelnen Produzenten.

6.3.3 Abhängigkeit des Angebots von den Kosten des angebotenen Gutes

Kostenarten

Bei jeder Art der Güterproduktion fallen Kosten an. Die Gesamtkosten lassen sich wie folgt einteilen.

Gesamtkosten Kg	
fixe Kosten Kf	**variable Kosten Kv**
Fixe Kosten bleiben bei einer Änderung der Produktionsmenge unverändert.	Variable Kosten ändern sich bei eine Änderung der Produktionsmenge (x).
z. B. Abschreibungen auf Gebäude, Pacht, Versicherungsbeiträge	z. B. Verbrauch von Rohstoffen, Energieverbrauch

Die gesamten variablen Kosten (K_v) ergeben sich, indem die variablen Kosten je Stück (k_v) mit der Produktionsmenge (x) multipliziert werden.

$$\text{Gesamtkosten} = \text{fixe Kosten} + \text{variable Kosten je Stück} \times \text{Produktionsmenge}$$
$$K = K_f + k_v \times x$$

Werden die Kosten auf ein Stück bezogen, ergibt sich folgender Zusammenhang:

$$\text{Gesamtkosten je Stück (Stückkosten kg)} =$$
$$= \frac{\text{Gesamtkosten (kg)}}{\text{Produktionsmenge (x)}} = \frac{K_f + k_v \times x}{x} = \frac{\text{fixe Kosten } (K_f)}{\text{Produktionsmenge (x)}} + \text{variable Stückkosten } (k_v)$$

367

Beispiel:

Angenommen, für die Eisdiele „Mariotti" liegen für die Herstellung von Eiskugeln folgende Daten vor:

Fixkosten (Kf): 250,00 pro Tag, variable Stückkosten (kv): konstant 0,50 Euro je Stück

Daraus ergibt sich bei zunehmender Produktionsmenge folgende Kostenentwicklung:

Menge	Fixkosten	variable Gesamtkosten	Gesamtkosten	variable Stückkosten	gesamte Stückkosten
x	Kf	Kv	Kg	kv	kg
0	250	0	250	0,30	–
500	250	150	400	0,30	0,80
1.000	250	300	550	0,30	0,55
1.500	250	450	700	0,30	0,47
2.000	250	600	850	0,30	0,43
2.500	250	750	1.000	0,30	0,40

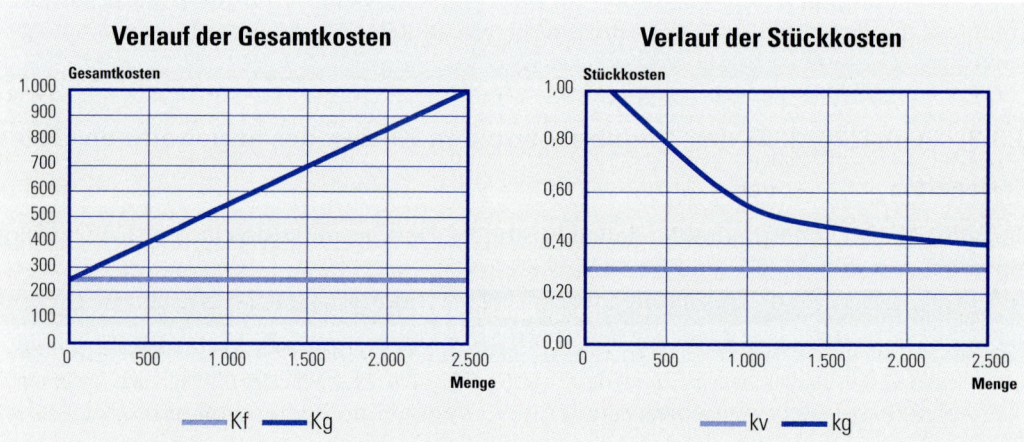

Verlauf der Gesamtkosten

Verlauf der Stückkosten

Angebotsverhalten

Die fixen Kosten je Stück sinken mit zunehmender Produktionsmenge (x), da der Anteil der fixen Kosten, der auf eine Mengeneinheit entfällt, bei Ausdehnung der Produktionsmenge immer kleiner wird (**Fixkostendegression**, **Gesetz der Massenproduktion**). Wenn die variablen Kosten je Stück (kv) unverändert bleiben, hat die Stückkostenkurve (kg) einen stetig fallenden Verlauf (vgl. rechte Abb. oben).

Da langfristig sowohl die fixen als auch die variablen Kosten gedeckt sein müssen, stellen die **Gesamtkosten je Stück** (kg) die **langfristige Preisuntergrenze** dar. Vorübergehend könnte aber auf die vollständige Deckung der Fixkosten aus folgendem Grund verzichtet werden: Solange der Preis mindestens die variablen Stückkosten (kv) deckt, ist der Verlust geringer als wenn bei weiterhin anfallenden Fixkosten die Produktion ganz eingestellt würde. Die variablen Kosten je Stück (kv) stellen somit die **kurzfristige Preisuntergrenze** dar.

Ob ein Unternehmen als Anbieter auftritt, hängt somit davon ab, ob der **Preis** die sich bei der beabsichtigten Produktionsmenge ergebenden **Stückkosten** deckt oder nicht. Langfristig lohnt sich für ein Unternehmen die Produktion nur dann, wenn der Verkaufspreis je Stück (p) über den Gesamtkosten je Stück (kg) liegt. Nur dann entsteht ein Gewinn. Andernfalls stellt das Unternehmen die Produktion langfristig ein.

> Die Gesamtkosten je Stück (kg) stellen die langfristige Preisuntergrenze für ein Unternehmen dar. Liegt der Preis unter diesen Stückkosten, stellt das Unternehmen die Produktion langfristig ein. Die Angebotsmenge beträgt dann null.

Daraus folgt: Bei unverändertem Marktpreis können Kostensteigerungen dazu führen, dass einzelne Anbieter aus dem Markt ausscheiden und sich das Gesamtangebot verringert. Bei Kostensenkungen kann der umgekehrte Effekt eintreten.

> Bei unverändertem Marktpreis können Kostenveränderungen folgende Wirkungen auf das Angebot haben:
> - Bei Kostenerhöhungen scheiden Unternehmen aus dem Markt aus, weil der Preis ihre gestiegenen Stückkosten nicht mehr deckt. Das Gesamtangebot nimmt ab.
> - Bei Kostensenkungen kommen zusätzliche Unternehmen auf den Markt, weil der Preis jetzt ihre gesunkenen Stückkosten deckt. Das Gesamtangebot nimmt zu.

6.3.4 Verschiebung der Angebotskurve

Wenn sich einzelne Einflussfaktoren des Angebots ändern, muss deutlich unterschieden werden, ob durch diese Änderung im Preis-Mengen-Diagramm eine Bewegung **auf einer gegebenen Angebotskurve** (= Steigen oder Sinken der angebotenen Menge) oder eine **Verschiebung der Angebotskurve** (= Zunahme oder Abnahme des Angebots) ausgelöst wird. Dabei lassen sich folgende vier Fälle unterscheiden:

Lernkontrolle Aufgaben 6

Ändert sich der Preis des Gutes, während alle anderen Einflussfaktoren unverändert bleiben, bewirkt das im Preis-Mengen-Diagramm eine Bewegung auf der Angebotskurve.

- Eine **Preiserhöhung** bewirkt eine **Bewegung auf der Angebotskurve nach oben rechts**, weil die angebotene Menge steigt (z.B. steigt als Folge einer Preiserhöhung für Eiskugeln die angebotene Menge, weil neue Anbieter auf den Markt drängen, die bei dem gestiegenen Preis ihre Kosten decken können).

- Eine **Preissenkung** bewirkt eine **Bewegung auf der Angebotskurve nach unten links**, weil die angebotene Menge sinkt (z.B. sinkt als Folge einer Preissenkung für Eiskugeln die angebotene Menge, weil Anbieter aus dem Markt ausscheiden, die zu dem niedrigeren Preis ihre Kosten nicht mehr decken können).

Ändert sich dagegen **eine der anderen Einflussgrößen**, drückt sich das im Preis-Mengen-Diagramm in einer **Verschiebung der Angebotskurve** aus.

- Zu einer Linksverschiebung der Angebotskurve kommt es dann, wenn nach dem auslösenden Ereignis zu jedem Preis weniger angeboten wird. Das Angebot nimmt ab (z.B. Kostenerhöhung für Rohstoffe wie Milch: Bei jedem denkbaren Preis werden weniger Eiskugeln angeboten als vorher, weil einige Anbieter wegen der gestiegenen Kosten aus dem Markt ausscheiden).

■ Zu einer Rechtsverschiebung der Angebotskurve kommt es dann, wenn nach dem auslösenden Ereignis zu jedem Preis mehr angeboten wird als vorher. Das Angebot nimmt
zu (z. B. positive Gewinn- und Absatzerwartungen: Bei jedem denkbaren Preis werden
mehr Eiskugeln angeboten, weil aufgrund der günstigen Erwartungen neue Anbieter
auf den Markt drängen, die vorher möglicherweise andere Produkte hergestellt haben).

> Eine Verschiebung der Angebotskurve nach rechts bedeutet, dass das Marktangebot
> bei jedem Preis größer ist als vorher. Eine Verschiebung der Angebotskurve nach links
> bedeutet, dass das Marktangebot bei jedem Preis kleiner ist als vorher.

Wenn eine Regierung das Angebot an Wohnungen erhöhen möchte, kann sie einerseits versuchen eine
Verschiebung der Angebotskurve nach rechts auszulösen. Dazu gehören u. a. Maßnahmen wie die Subventionierung des Wohnungsbaus durch Steuererleichterung, Zuschüsse, Zinsverbilligung für Baudarle-
hen usw. Andererseits kann die Regierung aber auch versuchen, durch Einführung von Mindestmieten
die angebotene Menge an Wohnungen zu erhöhen und eine Mögliche Mieterhöhung bei den Mietern
durch Zahlung von Wohngeld o. Ä. wieder auszugleichen. Durch die Erhöhung der Mieten ergibt sich eine
Bewegung auf der Angebotskurve nach rechts oben (höherer Preis bei höherer Menge).

> **Beispiele für eine Verschiebung der Angebotskurve:**
>
> **1. Produktionskosten ändern sich:** Kostenerhöhung
>   → Linksverschiebung der Angebotskurve
>
> **2. Technischer Fortschritt:** kostensenkende Technologien
>   → Rechtsverschiebung der Angebotskurve
>
> **3. Absatz- und Gewinnerwartungen ändern sich:**
>   Steigende Absatz- und Gewinnerwartungen
>   → Rechtsverschiebung der Angebotskurve
>
> **4. Zahl der Anbieter ändert sich:** Zunahme der Zahl der Anbieter
>   → Rechtsverschiebung der Angebotskurve

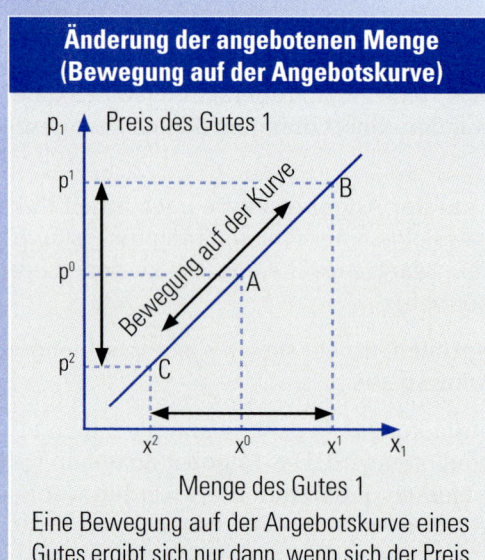

**Änderung der angebotenen Menge
(Bewegung auf der Angebotskurve)**

Eine Bewegung auf der Angebotskurve eines
Gutes ergibt sich nur dann, wenn sich der Preis
dieses Gutes ändert.

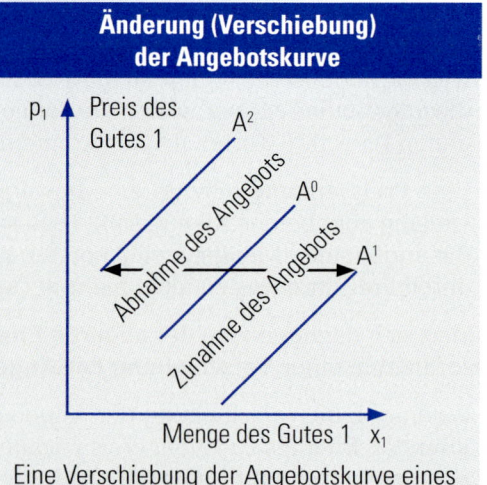

**Änderung (Verschiebung)
der Angebotskurve**

Eine Verschiebung der Angebotskurve eines
Gutes ergibt sich, wenn sich nicht der Preis des
Gutes, sondern einer oder mehrere andere Be-
stimmungsfaktoren ändern.

6.3.5   Preiselastizität des Angebots

Bei normalem Angebotsverhalten der Produzenten führen höhere Preise zu einem Anstieg der Angebotsmenge. Die **Preiselastizität des Angebots** ist eine Maßzahl für das **Ausmaß**, mit dem die angebotene Menge auf eine Preisänderung reagiert.

Die Preiselastizität des Angebots (El_A) ist das Verhältnis zwischen der prozentualen Änderung der angebotenen Menge eines Gutes zur prozentualen Preisänderung dieses Gutes. Sie gibt an, um wie viel Prozent sich die angebotene Menge eines Gutes ändert, wenn sich der Preis dieses Gutes um 1 % ändert.

$$\text{Preiselastizität der Angebots } (El_A) = \frac{\text{prozentuale Änderung der Angebotsmenge von Gut 1}}{\text{prozentuale Änderung des Preises von Gut 1}}$$

Am Beispiel der nebenstehenden Angebotskurve lassen sich folgende Angebotselastizitäten ermitteln: Bei einer Preissteigerung von 3,00 Euro auf 4,00 Euro (= Steigerung um 33 1/3 %) steigt die angebotene Menge von 100 Stück auf 200 Stück (= Erhöhung um 100 %). Die Elastizität ist größer als 1 (= elastisch), da die prozentuale Mengenerhöhung größer als die prozentuale Preiserhöhung ist.

Bei einer Preissteigerung von 12,00 Euro auf 15,00 Euro (= Steigerung um 25 %) steigt dagegen die angebotene Menge lediglich von 500 Stück auf 525 Stück (= Erhöhung um 5 %). Die Elastizität ist kleiner als 1 (= unelastisch), da die prozentuale Mengenerhöhung kleiner als die prozentuale Preiserhöhung ist.

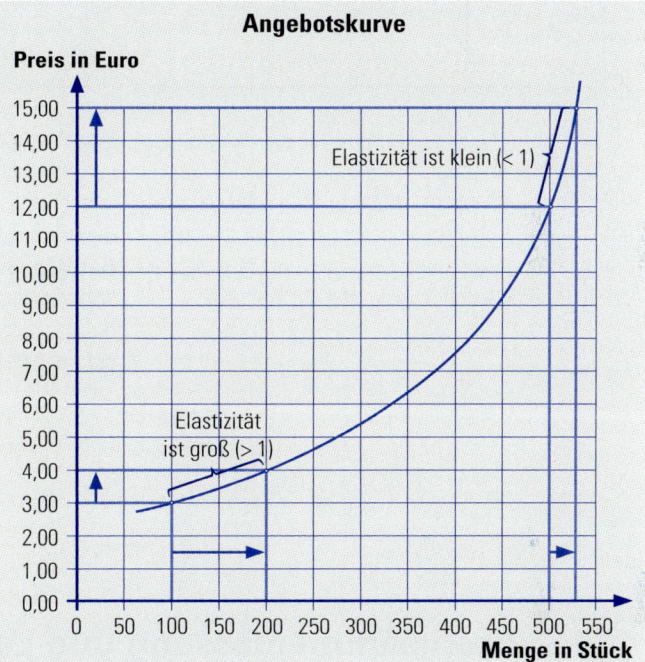

Angebotskurve

Ist die prozentuale Mengenänderung größer als die prozentuale Preisänderung, liegt ein elastisches Angebot vor (Angebotselastizität > 1). Ist die prozentuale Mengenänderung kleiner als die prozentuale Preisänderung, liegt ein unelastisches Angebot vor (Angebotselastizität < 1).

Die Höhe der Angebotselastizität hängt entscheidend von der Möglichkeit der Unternehmen ab, bei Preissteigerungen die Produktionsmenge zu erhöhen.

Bei nicht erneuerbaren Rohstoffen wie z.B. Erdöl und Erdgas sowie bei Baugrundstücken in bevorzugten Lagen ist die Angebotselastizität sehr gering. Demgegenüber ist bei Gütern, bei denen die Unternehmen die Produktionsmenge durch Erhöhung der Maschinenlaufzeiten, Zusatzschichten und Kapazitätserweiterungen flexibel steigern können (z.B. Autos, Bücher, Fernsehgeräte) die Angebotselastizität hoch.

Die Angebotselastizität eines Unternehmens ist umso geringer, je näher das Unternehmen an der Kapazitätsgrenze produziert. Im Extremfall ist das Angebot völlig unelastisch (Angebotselastizität = 0) bzw. völlig elastisch (Angebotselastizität = ∞).

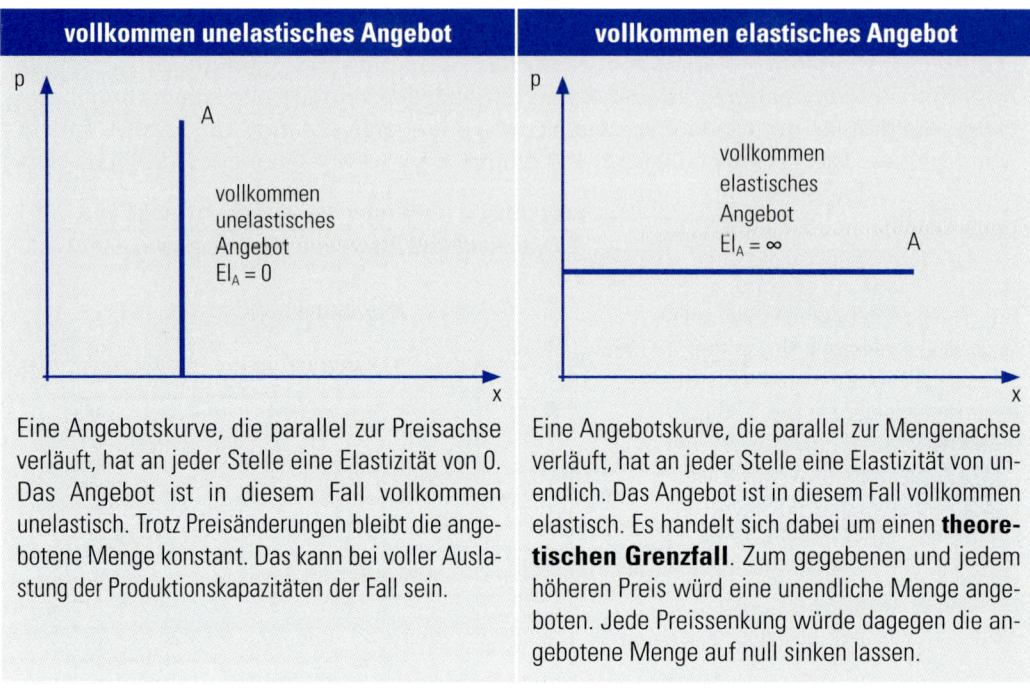

vollkommen unelastisches Angebot	vollkommen elastisches Angebot
Eine Angebotskurve, die parallel zur Preisachse verläuft, hat an jeder Stelle eine Elastizität von 0. Das Angebot ist in diesem Fall vollkommen unelastisch. Trotz Preisänderungen bleibt die angebotene Menge konstant. Das kann bei voller Auslastung der Produktionskapazitäten der Fall sein.	Eine Angebotskurve, die parallel zur Mengenachse verläuft, hat an jeder Stelle eine Elastizität von unendlich. Das Angebot ist in diesem Fall vollkommen elastisch. Es handelt sich dabei um einen **theoretischen Grenzfall**. Zum gegebenen und jedem höheren Preis würd eine unendliche Menge angeboten. Jede Preissenkung würde dagegen die angebotene Menge auf null sinken lassen.

Zusammenfassung und Lernkontrolle

Zusammenfassung

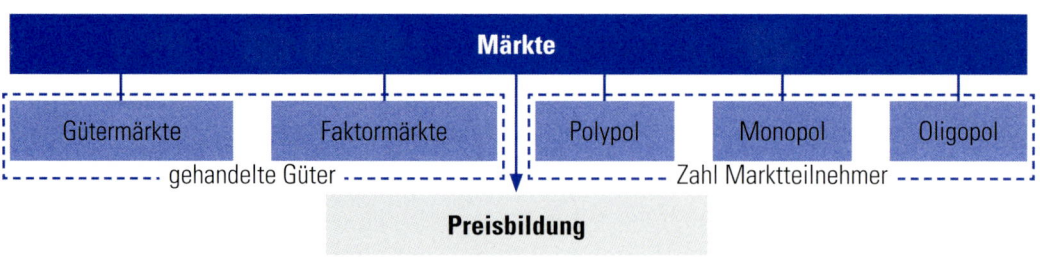

Verhalten der Marktteilnehmer auf Wettbewerbsmärkten

Nachfrage der Haushalte	**Angebot der Unternehmen**

Bestimmungsfaktoren der nachgefragten (= nutzenmaximalen) Menge: Preis des Gutes, Preise anderer Güter, Einkommen und Vermögen des Haushalts, Bedürfnisstruktur/ Nutzeneinschätzung des Haushalts	Bestimmungsfaktoren der angebotenen (= gewinnmaximalen) Menge: Preis des Gutes, Kosten (= Preise der Produktionsfaktoren), technisches Wissen, Erwartungen

Nachfragefunktion: $x_1^N = f(p_1)$	**Angebotsfunktion: $x_1^A = f(p_1)$**

Änderung des Preises (p_1) des Gutes (X_1) = Bewegung auf der Kurve = Änderung der nachgefragten Menge	**Änderung des Preises (p_1) des Gutes (X_1) = Bewegung auf der Kurve = Änderung der angebotenen Menge**

Änderung anderer Bestimmungsfaktoren (z. B. Einkommen) = Verschiebung der Kurve = Änderung der Nachfrage	**Änderung anderer Bestimmungsfaktoren (z. B. Kosten) = Verschiebung der Kurve = Änderung des Angebots**

Preiselastizität der Nachfrage (El_N)

$$El_N = \frac{\text{Änderung der nachgefragten Menge in \%}}{\text{Preisänderung in \%}}$$

$El_N < 1$: unelastische Reaktion der Nachfrager
$El_N > 1$: elastische Reaktion der Nachfrager

Preiselastizität des Angebots (El_A)

$$El_A = \frac{\text{Änderung der angebotenen Menge in \%}}{\text{Preisänderung in \%}}$$

$El_A < 1$: unelastische Reaktion der Anbieter
$El_A > 1$: elastische Reaktion der Anbieter

Lernkontrolle

Aufgabe 1: Individuelle Nachfrage

Ein Haushalt wird im Rahmen einer Marktanalyse über den geplanten Verbrauch von Erfrischungsgetränken in Abhängigkeit vom Preis der Getränke befragt. Die Befragung ergibt folgendes Ergebnis:

Preis je Einheit (p)	10	9	8	7	6	5	4	3	2	1	0
Geplante Verbrauchsmengen in einem bestimmten Zeitraum (x^N)	0	1	2	3	4	5	6	7	8	9	10

1. Zeichnen Sie die durch die Befragung ermittelten Preis-Mengen-Kombinationen als Punkte in ein Koordinatensystem ein.
2. Welche Annahmen müssen getroffen werden, wenn die als Punkte dargestellten Preis-Mengen-Kombinationen zu einer stetigen Nachfragekurve verbunden werden sollen?
3. Wie hoch ist im vorliegenden Fall die Sättigungsmenge?
4. Wie hoch ist im vorliegenden Fall der Prohibitivpreis?
5. Erläutern Sie, warum eine Nachfragekurve normalerweise eine negative Steigung hat.

Aufgabe 2: Veränderung der Gesamtnachfrage (Marktnachfrage)

Welche der folgenden Faktoren können im Zeitablauf die Verschiebung der Gesamtnachfragekurve für das Gut 1 von N^1 nach N^2 verursacht haben? Begründen Sie Ihre Antworten.

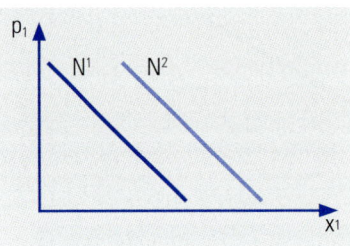

1. Der Preis des Gutes 1 ist gesunken.
2. Für das Gut 1 wurde verstärkt Werbung betrieben.
3. Das Einkommen der Konsumenten ist gestiegen.
4. Preissenkung des verwandten Gutes 2.
5. Preiserhöhung des verwandten Gutes 3.
6. Die Zahl der Konsumenten hat zugenommen.
7. Die Nutzeneinschätzung des Gutes durch die Haushalte hat sich verringert.

Aufgabe 3: Preiselastizität der Nachfrage

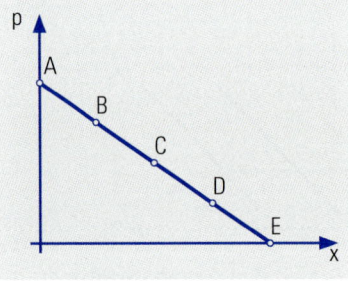

Fall	Direkte Preiselastizität der Nachfrage	Veränderung des Preises
a)	0,6	steigt
b)	1,8	fällt
c)	1,2	steigt
d)	0,8	fällt

Abb. 1 zu Aufgabe 1   Tabelle zu Aufgabe 2

1. Welche Aussagen lassen sich über die Höhe der Nachfrageelastizität in den Punkten A bis E der Nachfragekurve in Abb. 1 machen?

2. Die mit dem Stückpreis multiplizierte Nachfragemenge stellt einerseits die Ausgaben der Nachfrager und andererseits den Erlös (Umsatz) der Anbieter dar.
   Ausgaben der Nachfrager = Erlös der Anbieter = Preis × Menge

   Prüfen Sie, ob die Ausgabensumme der Nachfrager und damit der Erlös der Anbieter in den Fällen a) bis d) der Tabelle auf S. 374 jeweils steigt oder fällt. Begründen Sie Ihre Aussagen.

Aufgabe 4: Elastische und unelastische Reaktion der Nachfrager

Angenommen, die Regierung eines Landes möchte die milcherzeugenden Betriebe in der Landwirtschaft unterstützen, um deren Einkommen zu sichern. Dazu legt sie einen staatlich garantierten Mindestpreis (p^m = 8 GE) für Milchprodukte fest, der über dem bisherigen Marktpreis (p^0 = 6 GE) liegt (vgl. Abb. 1 und 2). Die Folge ist, dass keine Milchprodukte mehr zu einem niedrigeren Preis als 8 GE verkauft werden dürfen. Zum Marktpreis p^0 wurden bisher 100 Mio. ME Milchprodukte angeboten und nachgefragt. Durch die Preiserhöhung um 2 GE werden die Verbraucher veranlasst, weniger Milchprodukte nachzufragen. Die von ihnen nachgefragte Menge sinkt daher. Trotzdem soll für die Landwirte der Absatz (100 Mio. ME) gleich hoch bleiben. In Höhe der verringerten Verbrauchernachfrage muss die Regierung daher Milchprodukte aufkaufen, einlagern und anderweitig verwerten (z. B. exportieren oder vernichten).

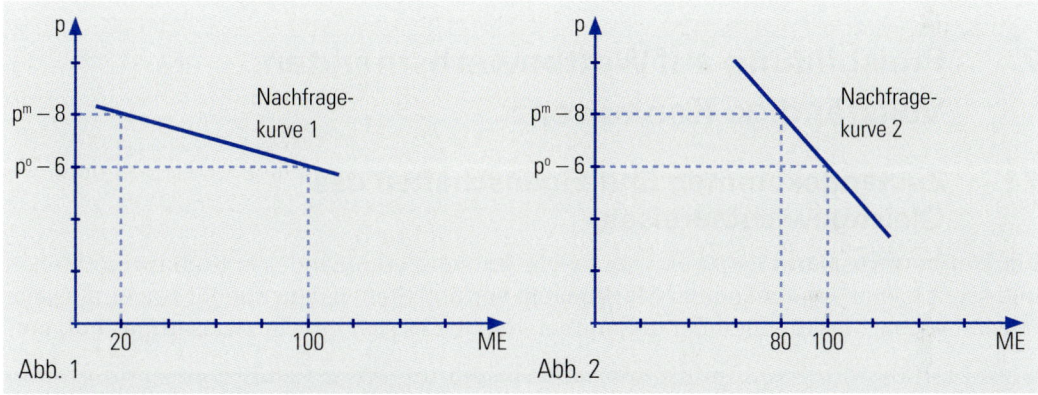

Abb. 1   Abb. 2

1. In welchem Umfang (Mio. GE) muss die Regierung zur Stützung des Preises pm jeweils Finanzmittel für den Aufkauf von Milchprodukten bereitstellen, wenn für die Milchprodukte die Gesamtnachfragekurve 1 (Abb. 1) bzw. 2 (Abb. 2) gilt?
2. Worauf ist die unterschiedliche Belastung des Staatshaushalts durch die Stützungskäufe in den Fällen 1 und 2 zurückzuführen?

Aufgabe 5: Individuelles Angebot

Für einen landwirtschaftlichen Betrieb wird durch eine Analyse der Produktionskosten folgender Zusammenhang zwischen dem Preis und der angebotenen Menge für Weizen festgestellt:

Preis je t in Euro	50	100	150	200	250	300	350	400
geplante Angebotsmenge in t	0	100	200	300	400	500	600	700

1. Zeichnen Sie die ermittelten Preis-Mengen-Kombinationen als Punkte in ein Koordinatensystem ein.
2. Welche Annahmen müssen getroffen werden, wenn die als Punkte dargestellten Preis-Mengen-Kombinationen zu einer stetigen Angebotskurve verbunden werden sollen?
3. Warum bietet der Betrieb bei einem Preis von 50,00 Euro je t keinen Weizen an?
4. Erläutern Sie, warum eine Angebotskurve normalerweise eine positive Steigung hat.

Aufgabe 6: Veränderung des Gesamtangebots (Marktangebot)

Welche der folgenden Faktoren können im Zeitablauf die Verschiebung der Gesamtangebotskurve für das Gut 1 von A1 nach A2 verursacht haben? Begründen Sie Ihre Antworten.

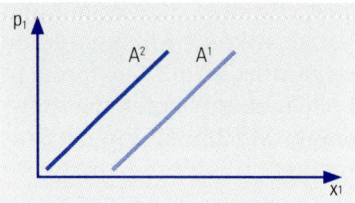

1. Der Preis des Gutes 1 ist gesunken.
2. Erhöhung der Faktorkosten.
3. Produktionsmenge ist wegen guter Ernte gestiegen.
4. Die Absatz- und Gewinnerwartungen der Produzenten haben sich verschlechtert.
5. Kostensenkung durch technischen Fortschritt.
6. Die Zahl der Anbieter hat zugenommen.

7. Preisbildung auf Wettbewerbsmärkten: Vollständige Konkurrenz

7.1 Zustandekommen und Eigenschaften des Gleichgewichtspreises

Ein **Wettbewerbsmarkt** liegt vor, wenn viele Anbieter miteinander in Konkurrenz stehen und somit keiner von ihnen über **Marktmacht** verfügt. Stehen dem auf der Nachfrageseite ebenfalls viele Marktteilnehmer gegenüber, handelt es sich um ein **zweiseitiges Polypol**.

Marktformen			
Anbieter \ Nachfrager	**viele**	**wenige**	**einer**
viele	zweiseitiges Polypol	Nachfrageoligopol	Nachfragemonopol
wenige	Angebotsoligopol	zweiseitiges Oligopol	beschränktes Nachfragemonopol
einer	Angebotsmonopol	beschränktes Angebotsmonopol	zweiseitiges Monopol

Preisbildung an einer Warenbörse

Die Funktion von Märkten, die Pläne von Anbietern und Nachfragern aufeinander abzustimmen und zum Ausgleich zu bringen, lässt sich am Beispiel einer **Börse** besonders gut veranschaulichen. Da an einer Börse viele Anbieter und viele Nachfrager auftreten, handelt es sich dabei um die **Preisbildung beim Polypol**.

Die traditionelle Form des Börsenhandels wird als Parketthandel bezeichnet. Dabei treffen sich die Börsenteilnehmer persönlich (= Präsenzhandel) zu festgelegten Zeiten an einem bestimmten Ort (= „auf dem Parkett" eines Börsensaals). Früher war dieser Parketthandel auch an Wertpapierbörsen üblich. Dort ist er aber inzwischen weitgehend von Computerbörsen bzw. elektronischen Handelssystemen (z. B. *Exchange Electronic Trading: XETRA*) abgelöst worden. Die Kursfeststellung erfolgt in diesem Fall nicht mehr durch einen Börsenmakler. Vielmehr ermittelt ein Computerprogramm durch Abgleich der Kauf- und Verkaufsaufträge den Börsenpreis. In Frankfurt wurde der Parketthandel für Wertpapiere im Mai 2011 eingestellt. Aus Gründen der Anschaulichkeit wird die Börsenpreisbildung im Folgenden nicht am Beispiel einer Wertpapier-, sondern einer Warenbörse dargestellt.

Stuttgarter Waren- und Produktenbörse
Börsenbericht vom 19. Mai 20..

Notierungen für Getreide, Mühlenprodukte, Futtermittel, Raufutter u. a.

Großhandelsabgabepreis je 1000 kg, ohne Mehrwertsteuer, komplette LKW- bzw. Waggonladungen, prompte Lieferung, sofern nichts anderes vermerkt.

I. Getreide und Ölsaaten

Inl. Brotweizen 11,5/220 FZ	**169,00**	–	Inl. Futtergerste 63/64		**145,00**
Inl. Futterweizen	**165,00**	–	Sojaschrot lose 44/7		**370,00**
Inl. Braugerste	**194,00**	–	Inl. Rapssaat		**383,00**

http://www.warenboersen-suedwest.de/

Stuttgarter Waren- und Produktenbörse

An der Stuttgarter Waren- und Produktenbörse werden u. a. verschiedene Getreidearten gehandelt. Eine Notierungskommission, die die Rolle eines Maklers übernimmt, sammelt die Verkaufsaufträge der Produzenten und die Kaufaufträge der Großhändler. Die Produzenten teilen mit, welchen Preis sie mindestens erzielen wollen (Mindestpreis) und welche Mengen (in t) sie zu diesem Preis anbieten. Die Händler nennen die Preise, die sie höchstens zu zahlen bereit sind (Höchstpreise), und die Mengen (in t), die sie zu diesem Preis abnehmen wollen. Aus den Kauf- und Verkaufsaufträgen ermittelt die Notierungskommission den **Börsenpreis**. Dabei ist es die Aufgabe der Notierungskommission, den Preis zu finden, bei dem die meisten Kauf- und Verkaufsaufträge ausgeführt werden können **(Meistausführungsprinzip)**. Bei diesem Preis ist die umgesetzte Menge am größten.

Angenommen, an einem bestimmten Börsentag liegen der Notierungskommission für eine bestimmte Getreideart, deren Qualität (z. B. Feuchtigkeitsgehalt) eindeutig festgelegt ist, folgende Kauf- und Verkaufsaufträge vor:

Verkaufsaufträge (Angebot)			**Kaufaufträge (Nachfrage)**		
Name des Verkäufers	**Mindestpreis je t in Euro**	**angebotene Menge t**	**Name des Käufers**	**Höchstpreis je t in Euro**	**nachgefragte Menge t**
A	100	50	F	100	25
B	125	25	G	125	75
C	200	75	H	200	50
D	250	50	I	250	75
E	325	75	J	325	25

Ermittlung des Börsenpreises

Die Notierungkommission ordnet den unterschiedlichen Preisen die jeweils insgesamt angebotene und nachgefragte Menge zu und erstellt folgende Übersicht:

Preis in Euro	angebotene Menge in t						nachgefragte Menge in t					
	A	B	C	D	E	Summe	F	G	H	I	J	Summe
100,00	50	0	0	0	A	**50**	25	75	50	75	25	**250**
125,00	50	25	0	0	0	**75**	0	75	50	75	25	**225**
200,00	50	25	75	0	0	**150**	0	0	50	75	25	**150**
250,00	50	25	75	50	0	**200**	0	0	0	75	25	**100**
325,00	50	25	75	50	75	**275**	0	0	0	0	25	**25**

Würde die Notierungskommission einen Preis von 100,00 Euro je t festlegen, würden zwar 250 t nachgefragt, aber nur 50 t angeboten. Daher könnten nur 50 t zu diesem Preis verkauft werden. Es besteht ein **Nachfrageüberschuss** bzw. eine **Angebotslücke** in Höhe von 200 t. Würde die Notierungskommission dagegen einen Preis von 325,00 Euro je t festlegen, würden zwar 275 t angeboten, aber nur 25 t nachgefragt. Daher könnten nur 25 t Getreide zu diesem Preis verkauft werden. Es besteht ein **Angebotsüberschuss** bzw. eine **Nachfragelücke** in Höhe von 250 t.

Die tabellarische Darstellung der Angebots- und Nachfragesituation lässt sich auch in grafischer Form in einem Preis-Mengen-Diagramm abbilden. Werden die einzelnen Punkte miteinander verbunden, indem angenommen wird, dass auch zu jedem (nicht ganzzahligen) Zwischenpreis eine Angebots- und Nachfragemenge vorliegt, ergeben sich eine **Angebotskurve** und eine **Nachfragekurve**.

In der Volkswirtschaftslehre werden häufig **Angebots- und Nachfragekurven** zur Darstellung von Marktprozessen verwendet. Dabei steht – anders als in der Mathematik üblich – an der **Y-Achse** der **Preis** (z. B. Preis eines Gutes, Aktienkurs, Lohn, Zinssatz, Miete, Wechselkurs), obwohl es sich dabei **immer** um die **un**abhängige Variable handelt. An der **X-Achse** steht als **ab**hängige Variable eine **Menge** (z. B. Menge eines Gutes, Beschäftigte, Devisen). Der Einfachheit halber wird oft unterstellt, dass Angebots- und Nachfragekurven – wie im vorliegenden Fall – linear verlaufen. Dabei hat die Angebotskurve fast immer einen steigenden Verlauf (positive Steigung) und die Nachfragekurve einen fallenden Verlauf (negative Steigung).

Lernkontrolle Aufgabe 1

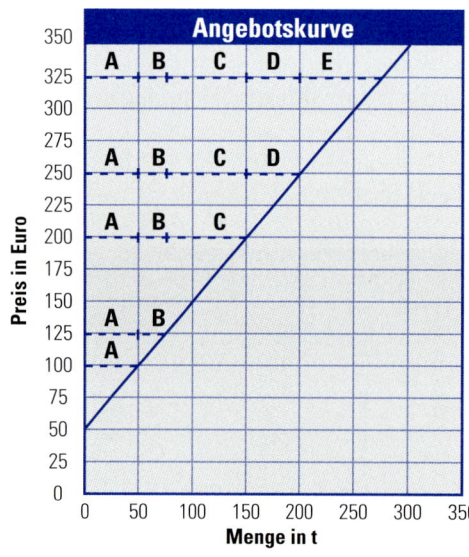

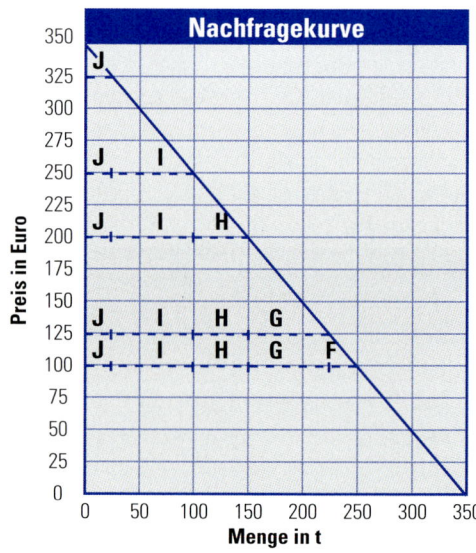

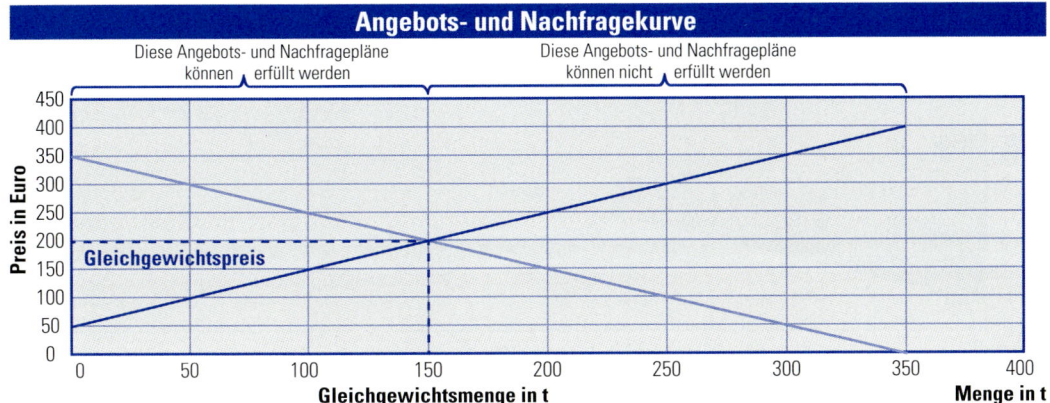

Die Notierungskommission wird an diesem Börsentag den Preis von 200 Euro je t Getreide festlegen. Bei diesem Preis planen die Anbieter 150 t zu verkaufen und die Nachfrager planen 150 t zu kaufen. Es besteht weder ein Angebots- noch ein Nachfrageüberhang. Dieser Preis „räumt den Markt". Bei keinem anderen Preis kann eine größere Menge umgesetzt werden. Die unabhängig voneinander gebildeten Kauf- und Verkaufspläne entsprechen einander. Der Preis von 200 Euro je t ist der Gleichgewichtspreis. Die bei diesem Preis umgesetzte Menge (150 t) ist die Gleichgewichtsmenge.

> Der Schnittpunkt zwischen Angebots- und Nachfragekurve bestimmt den Gleichgewichtspreis und die Gleichgewichtsmenge.

> Beim Gleichgewichtspreis sind die geplanten Angebots- und Nachfragemengen gleich groß.

Alle Anbieter, die bereit sind zum Gleichgewichtspreis zu verkaufen, können die angebotene Menge auch tatsächlich absetzen. Ihre Verkaufspläne werden erfüllt. Alle Nachfrager, die bereit sind, den Gleichgewichtspreis zu bezahlen, können die gewünschte Menge tatsächlich kaufen. Ihre Kaufpläne werden erfüllt. Nur die Anbieter, die einen höheren Preis als den Gleichgewichtspreis verlangen und die Nachfrager, die nur weniger als den Gleichgewichtspreis zu zahlen bereit sind, können ihre Pläne nicht realisieren.

Produzentenrente und Konsumentenrente

Die Nachfrager, die bereit gewesen wären, auch zu einem höheren Preis als dem Gleichgewichtspreis zu kaufen, erzielen einen Vorteil (Ersparnis), da sie jetzt die gewünschten Güter billiger erwerben können als geplant. Die Differenz zwischen der Zahlungsbereitschaft und den niedrigeren tatsächlichen Ausgaben wird als **Konsumentenrente** bezeichnet. Diejenigen Nachfrager, die beispielsweise bereit gewesen wären, 350 Euro je t Getreide zu zahlen, erzielen im vorliegenden Fall eine Konsumentenrente von 150,00 Euro je t. Die Nachfrager, die höchstens zu dem Preis kaufen wollten, der sich später als Gleichgewichtspreis herausstellt (hier: 200,00 Euro), können zwar ihre Nachfrage befriedigen, erzielen aber keine Konsumentenrente. Sie werden als **Grenznachfrager** bezeichnet. Die Summe aller Konsumentenrenten lässt sich grafisch durch die Fläche des Dreiecks PgGA darstellen.

> Die Konsumrente aller Nachfrager zusammen entspricht der Fläche unterhalb der Nachfragekurve und oberhalb des Gleichgewichtspreises.

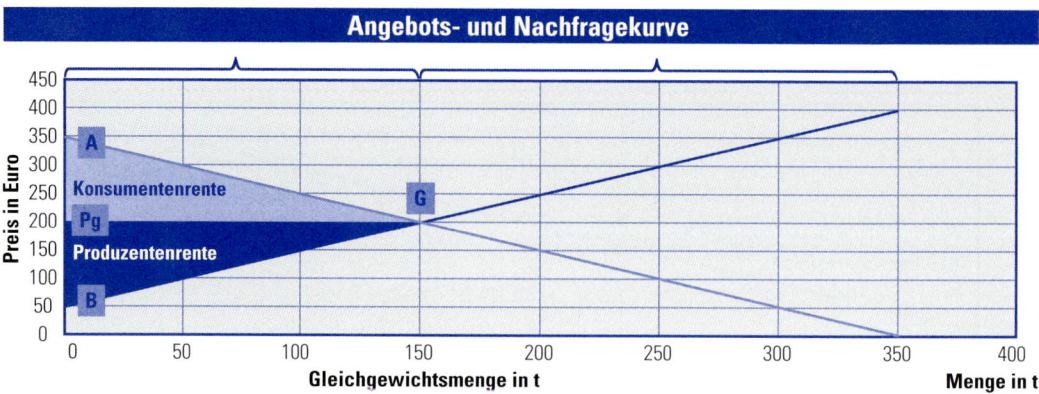

Die Anbieter, die bereit gewesen wären, auch zu einem niedrigeren Preis als dem Gleichgewichtspreis zu verkaufen, erzielen einen Vorteil (Gewinnerhöhung), da sie die Güter teurer verkaufen können als geplant. Die Differenz zwischen den Einnahmen beim geforderten Mindestpreis und den tatsächlich erzielten höheren Einnahmen wird als **Produzentenrente** bezeichnet. Diejenigen Anbieter, die beispielsweise bereit sind, das Getreide zu 70,00 Euro je t zu verkaufen, erzielen im vorliegenden Fall eine Produzentenrente von 130,00 Euro je t. Die Anbieter, die mindestens zu dem Preis verkaufen wollten, der sich später als Gleichgewichtspreis herausstellt (hier: 200,00 Euro), können zwar ihre Ware absetzen, erzielen aber keine Produzentenrente. Sie werden als **Grenzanbieter** bezeichnet. Die Summe aller Produzentenrenten lässt sich grafisch durch die Fläche des Dreiecks PgBG (vgl. Abb. oben) darstellen.

> Die Produzentrente aller Anbieter zusammen entspricht der Fläche oberhalb der Angebotskurve und unterhalb des Gleichgewichtspreises.

7.2   Börse als vollkommener Markt

Die Marktform der **Börse** stellt eine Besonderheit dar. Sie ist die in der Realität anzutreffende Marktform, die dem **Modell eines vollkommenen Marktes** sehr nahe kommt. Ein Markt wird als **vollkommen** bezeichnet, wenn die folgenden **Bedingungen** erfüllt sind:

❶ **Homogenität der Güter**	Die Güter sind sachlich völlig gleichartig.	
	An der Getreidebörse ist diese Bedingung erfüllt. Das gehandelte Getreide mit einer bestimmten Bezeichnung (Gütemerkmal) hat eine einheitliche Qualität.	
❷ **Keine Präferenzen (Bevorzugungen)**	**persönliche Präferenzen**	Persönliche Präferenzen können sich durch langjährige Geschäftsbeziehungen, den guten Ruf eines Unternehmens oder eine besonders freundliche und aufmerksame Bedienung ergeben.
		An der Börse ist diese Bedingung erfüllt. Die Nachfrager sind beispielsweise nicht bereit, einem bestimmten Anbieter zuliebe einen höheren Preis für eine Tonne Getreide zu bezahlen. Andererseits sind die Anbieter nicht bereit, einzelnen Nachfragern zuliebe einen geringeren Preis für eine Tonne Getreide zu akzeptieren.
	räumliche Präferenzen	Räumliche Präferenzen können sich ergeben, wenn für den Käufer wegen uneinheitlicher Entfernungen zu den einzelnen Anbietern ein unterschiedlicher Zeitaufwand oder unterschiedliche Transportkosten entstehen.
		An der Börse ist diese Bedingung erfüllt. Es gibt keine räumlichen Präferenzen einzelner Marktteilnehmer aus Gründen der Zeitersparnis oder der Minderung von Transportkosten.
	zeitliche Präferenzen	Zeitliche Präferenzen können sich durch unterschiedliche Lieferzeiten oder Bevorzugung bei der Abfertigung ergeben.
		An der Börse ist diese Bedingung erfüllt. Alle zur Ausführung kommenden Kauf- und Verkaufsaufträge werden gleichzeitig ausgeführt.
❸ **Vollständige Markttransparenz**	Alle Marktteilnehmer sind umfassend über die für den Abschluss von Kaufverträgen wesentlichen Daten informiert (z. B. Art und Qualität der Güter, Preise, Lieferfristen, Zahlungsbedingungen, Zahl und Marktmacht der Anbieter und Nachfrager).	
	An der Börse ist diese Bedingung durch die Einschaltung eines Maklers (weitestgehend) erfüllt. Der Makler sorgt durch die Zusammenstellung der Kauf- und Verkaufsaufträge für die nötige Markttransparenz.	

Ein vollkommener Markt liegt vor, wenn folgende Bedingungen erfüllt sind:
❶ Homogene Güter   ❷ Keine Präferenzen   ❸ Vollständige Markttransparenz

Nur auf einem **vollkommenen Markt** bildet sich **ein einheitlicher Preis (Gleichgewichts-preis)**, zu dem alle Käufe und Verkäufe getätigt werden. **Der vollkommene Markt ist ein Modell**, mit dessen Hilfe das Zustandekommen des Marktpreises durch Angebot und Nachfrage nachvollzogen werden kann. Die **Börse** kann als **Beispiel** für ein **Polypol auf dem vollkommenen Markt** dienen. Bei den anderen Märkten in der **Realität** handelt es sich aber ausschließlich um **unvollkommene Märkte**. Insbesondere wegen fehlender Markt-transparenz und/oder bestehender Präferenzen ergeben sich daher in der Realität für gleichartige Güter in der Regel unterschiedliche Preise (z. B. Kauf gleichartiger Schokolade am Bahnhofskiosk und im Supermarkt).

Lernkontrolle Aufgabe 3

7.3 Anpassungsprozesse bei Ungleichgewichten

Der Preisbildungsprozess beim **Polypol auf dem vollkommenen Markt** wird häufig am Beispiel der Börse veranschaulicht, weil diese Marktform in der Realität dem **Modell der vollständigen Konkurrenz** am nächsten kommt. Die grundsätzlichen Zusammenhänge lassen sich aber auch auf andere Formen von Wettbewerbsmärkten, wie z. B. den Markt für Eiskugeln, übertragen. In der Realität sind Marktpreise aber meistens keine Gleichge-wichtspreise. Auf dem Markt für Eiskugeln beispielsweise ergibt sich in Wirklichkeit kein einheitlicher Preis, zu dem sämtliche Käufe und Verkäufe getätigt werden. Das liegt daran, dass – anders als im Modell der vollständigen Konkurrenz –

- die Marktteilnehmer nicht über die genaue Lage der beiden Kurven informiert sind (fehlende Markttransparenz) und es – im Gegensatz zur Börse – keinen Makler gibt, der aus den Kauf- und Verkaufsaufträgen den Gleichgewichtspreis ermittelt,

- die Güter nicht völlig gleichartig (homogen) in Geschmack, Aussehen, Größe usw. sind (z. B. Eissorten mit tropischen Früchten, besonders milch- und sahnehaltige Eissorten),

- die Nachfrager besondere Vorlieben (Präferenzen) haben (z. B. für Eis aus der Eisdiele von Leo).

Die Marktteilnehmer müssen daher durch „Versuch und Irrtum" herausfinden, wo das Marktgleichgewicht annähernd liegt. Solange die Gleichgewichtssituation noch nicht er-reicht ist, lösen Anbieter und Nachfrager durch ihr Handeln und ihre Reaktionen Markt-kräfte aus, die eine Entwicklung zum Gleichgewicht bewirken. Dies lässt sich an einem Preis-Mengen-Diagramm nachvollziehen, wenn zunächst von einem Preis ausgegangen wird, der nicht dem Gleichgewichtspreis entspricht und bei dem folglich ein Ungleichge-wicht herrscht.

Lernkontrolle Aufgabe 4

Der aktuelle Preis liegt vorübergehend über dem Gleichgewichtspreis: Angebots-überschuss

Beim folgenden Beispiel wird auf die Gesamtnachfragekurve nach Eiskugeln aus Kap. 6.2.2 und auf die Gesamtangebotskurve an Eiskugeln aus Kap. 6.3.2 Bezug genommen.

Liegt der Preis vorübergehend über dem Gleichgewichtspreis (z. B. bei 1,50 Euro), können die Anbieter weniger absetzen als geplant. Geplant ist eine Absatzmenge von 8.000 Eis-kugeln. Die Nachfrager wollen zu diesem Preis aber nur 5.000 Eiskugeln kaufen. Es entsteht ein Angebotsüberschuss (Nachfragelücke) in Höhe von 3.000 Stück.

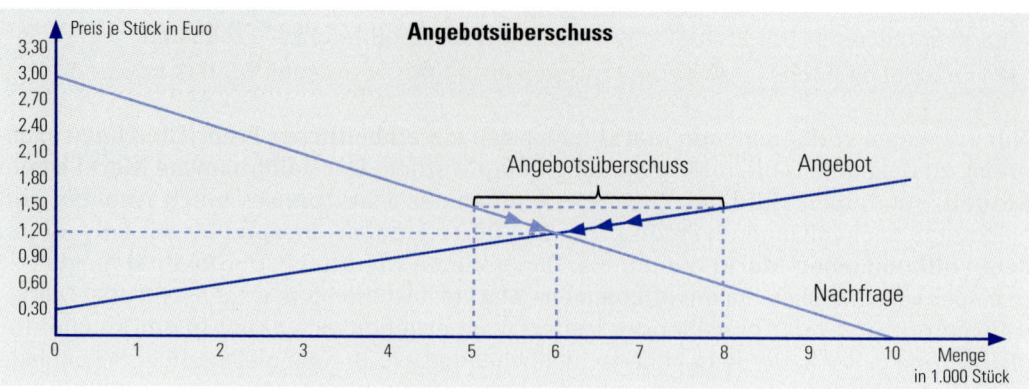

Die Anbieter werden bereit sein den Preis zu senken. Ein einzelner Anbieter alleine könnte den Preis zwar nicht nachhaltig beeinflussen. Da aber bei diesem Preis viele Anbieter ihre Pläne nicht verwirklichen können, kommt es zu einer **gegenseitigen Preisunterbietung der miteinander in Konkurrenz stehenden Anbieter**. Aufgrund des sinkenden Preises verringert sich die angebotene Menge, da einige Anbieter aus dem Markt ausscheiden, weil der Preis unter ihre Stückkosten gesunken ist. Gleichzeitig steigt die nachgefragte Menge, weil die bisherigen Käufer mehr nachfragen und möglicherweise neue Käuferschichten in der Lage sind das Gut aufgrund des gesunkenen Preises zu kaufen. Die abwärts gerichteten Pfeile in der Abbildung zeigen den Anpassungsprozess, der sich als Bewegung auf der Angebots- und Nachfragekurve darstellen lässt. Der Angebotsüberschuss verringert sich allmählich und der Preis nähert sich dem Gleichgewichtspreis von 1,20 Euro. Wird der Gleichgewichtspreis erreicht, besteht für keinen Anbieter Anlass zu einer weiteren Preissenkung, da alle, die zu diesem Preis verkaufen wollen, tatsächlich ihre Produkte absetzen können.

> Liegt der Marktpreis über dem Gleichgewichtspreis, entsteht ein Angebotsüberschuss (Nachfragelücke). Der Marktpreis sinkt.

Der aktuelle Preis liegt vorübergehend unter dem Gleichgewichtspreis: Nachfrageüberschuss

Liegt der Preis vorübergehend unter dem Gleichgewichtspreis (z. B. 0,90 Euro), entsteht ein Nachfrageüberschuss (Angebotslücke) in Höhe von 3.000 Stück.

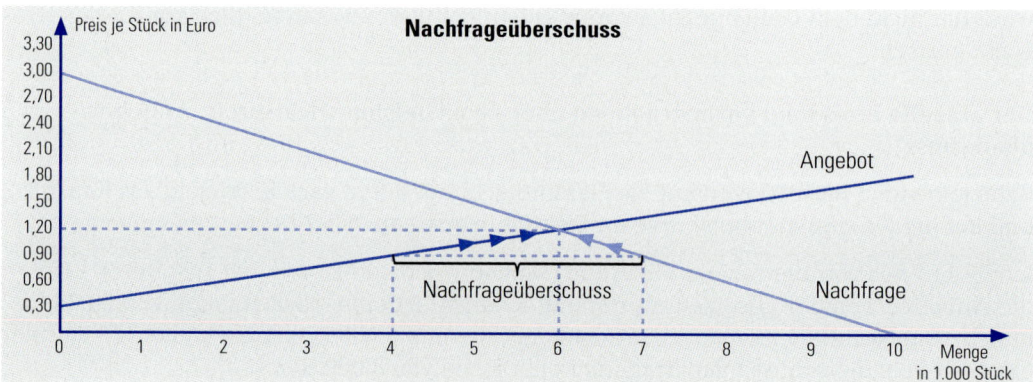

Ein Teil der Nachfrager kann seine Pläne nicht erfüllen, da er das Gut gar nicht oder nicht in der gewünschten Menge kaufen kann. Die Nachfrager mit einer höheren Zahlungsbereitschaft werden einen höheren Preis bezahlen. Es kommt zu einer **gegenseitigen Preisüberbietung der Konsumenten**. Als Folge davon steigt die angebotene Menge. Die Anbieter dehnen ihre Produktion aus und neue Anbieter, für die der Preis bisher nicht kostendeckend war, treten am Markt auf. Gleichzeitig sinkt die nachgefragte Menge, weil die bisherigen Käufer weniger nachfragen und ein Teil von ihnen möglicherweise nicht mehr in der Lage ist das Gut aufgrund des gestiegenen Preises zu kaufen. Die aufwärts gerichteten Pfeile in der Abbildung zeigen den Anpassungsprozess. Es liegt eine Bewegung auf der Angebots- und Nachfragekurve vor. Der Nachfrageüberschuss verringert sich und der Preis nähert sich dem Gleichgewichtspreis von 1,20 Euro. Beim Gleichgewichtspreis besteht für keinen Nachfrager Anlass, einen höheren Preis zu bieten, da alle, die zu diesem Preis kaufen wollen, tatsächlich die gewünschte Gütermenge erwerben können.

> Liegt der Marktpreis unter dem Gleichgewichtspreis, entsteht ein Nachfrageüberschuss (Angebotslücke). Der Marktpreis steigt.

Folgen von Angebots- und Nachfrageüberschüssen

> Angebots- oder Nachfrageüberschüsse deuten darauf hin, dass die Marktteilnehmer noch keine vollkommene Marktübersicht haben. Durch zunehmende Informationen über die Marktverhältnisse erhöht sich die Markttransparenz. Die Reaktion der Marktteilnehmer auf das Marktungleichgewicht löst einen Anpassungsprozess aus, aufgrund dessen sich der Marktpreis immer mehr dem Gleichgewichtspreis annähert.

7.4 Änderung des Gleichgewichtspreises

Die Marktbedingungen können sich aber im Zeitablauf ändern, sodass es zu einer Abweichung vom bisherigen Gleichgewichtszustand kommt. Veränderungen bei den Bestimmungsfaktoren von Angebot und Nachfrage und sich daraus ergebende neue Pläne der Marktteilnehmer führen möglicherweise zu einer **Verschiebung der Angebots- und/oder Nachfragekurven**.

Beispielsweise kann sich durch Geschmacksveränderungen und eine gesündere Lebensweise die Nutzeneinschätzung für Süßigkeiten verringern und die **Nachfrage** nach Speiseeis bei gleich bleibendem Angebot abnehmen. Das führt – sofern alle anderen Bestimmungsfaktoren von Angebot und Nachfrage unverändert bleiben – zu einer Linksverschiebung der Nachfragekurve.

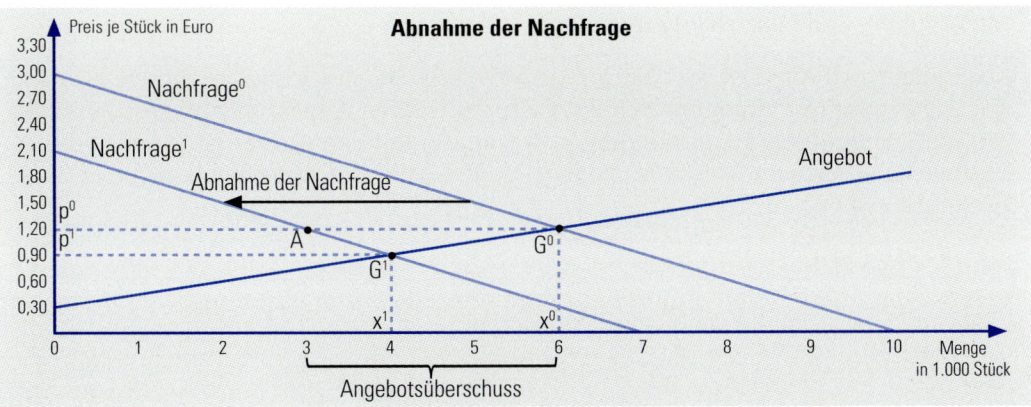

Beim bisherigen Gleichgewicht G^0 mit dem Gleichgewichtspreis $p^0 = 1,20$ Euro und der Gleichgewichtsmenge $x^0 = 6.000$ Stück würde sich durch die Abnahme der Nachfrage ein Angebotsüberschuss von 3.000 Stück (Strecke G^0A) ergeben. Durch den Preisunterbietungsprozess der Anbieter sinkt der Preis, bis ein neues Gleichgewicht G^1 bei einem niedrigeren Preis ($p^1 = 0,90$ Euro) und einer geringeren Menge ($x^1 = 4.000$ Stück) erreicht ist. Entsprechend kommt es bei einer Zunahme der Nachfrage zu einer Rechtsverschiebung der Nachfragekurve. Beim bisherigen Gleichgewichtspreis würde sich dann ein Nachfrageüberschuss ergeben. Durch den Preisüberbietungsprozess der Nachfrager steigt der Preis, bis ein neues Gleichgewicht bei einem höheren Preis und einer größeren Menge erreicht ist.

Das **Angebot** an Eiskugeln kann beispielsweise durch eine Erhöhung der Milch- und Zuckerpreise (= Kostenerhöhung für die Hersteller von Speiseeis) abnehmen. Das führt zu einer Linksverschiebung der Angebotskurve.

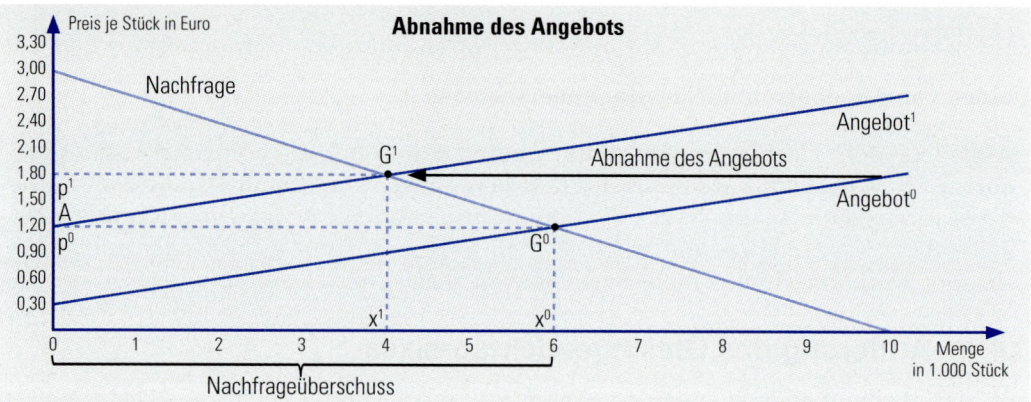

Bleibt die Nachfrage unverändert, würde sich beim bisherigen Gleichgewicht G^0 mit dem Gleichgewichtspreis $p^0 = 1,20$ Euro und der Gleichgewichtsmenge $x^0 = 6.000$ Stück durch die Abnahme des Angebots ein Nachfrageüberschuss in Höhe von 6.000 Stück (Strecke G^0A) ergeben. Der Preisüberbietungsprozess der Nachfrager lässt den Preis steigen, bis ein neues Gleichgewicht G^1 bei einem höheren Preis ($p^1 = 1,80$ Euro) und einer geringeren Menge ($x^1 = 4.000$ Stück) erreicht ist. Entsprechend kommt es bei einer Zunahme des Angebots zu einer Rechtsverschiebung der Angebotskurve. Beim bisherigen Gleichgewichtspreis würde sich dann ein Angebotsüberschuss ergeben. Durch den Preisunterbietungsprozess der Anbieter sinkt der Preis, bis ein neues Gleichgewicht bei einem niedrigeren Preis und einer größeren Menge erreicht ist.

> Änderungen von Angebot oder Nachfrage (= Verschiebung der Kurven) führen zu einem Angebots- oder Nachfrageüberschuss. Dadurch werden Anpassungsprozesse in Form von Preis- und Mengenänderungen (= Bewegung auf den Kurven) ausgelöst, die zu einem neuen Gleichgewichtspreis und einer neuen Gleichgewichtsmenge führen (= Preismechanismus).

7.5   Staatliche Eingriffe in die Preisbildung auf Wettbewerbsmärkten

7.5.1   Marktkonforme Maßnahmen

Greift der Staat in die Marktpreisbildung ein, ohne jedoch den Preismechanismus außer Kraft zu setzen, handelt es sich um eine marktkonforme Maßnahme.

Die marktkonformen Maßnahmen des Staates zur indirekten Beeinflussung des Preises umfassen insbesondere

- die Erhebung von **Steuern, Zöllen** und sonstigen Abgaben,

- die Zahlung von **Subventionen** und **Transferleistungen**,

- staatliche Stützungskäufe.

Beispiel Mengensteuern

Verbrauchsteuern lassen sich in Wertsteuern und Mengensteuern einteilen. Bei einer Wertsteuer (z. B. Umsatzsteuer) wird ein bestimmter Prozentsatz vom Wert der umgesetzten Ware als Steuer erhoben. Bei einer Mengensteuer muss der Unternehmer dagegen je Mengeneinheit (z. B. je Stück, kg, Liter) des verkauften Gutes einen bestimmten Betrag an den Staat abführen. Das ist z. B. bei der Mineralöl-, Tabak- und Branntweinsteuer der Fall. Mit diesen Steuern werden neben der Erzielung von Staatseinnahmen häufig auch umwelt bzw. gesundheitspolitische Ziele verbunden.

Die Erhebung einer solchen Mengensteuer bedeutet für die Produzenten eine Erhöhung der Stückkosten. Dies bewirkt eine Verschiebung der Gesamtangebotskurve nach links. Die ursprüngliche Angebotskurve A^0 verschiebt sich in der unten stehenden Abb. durch die Erhebung der Mengensteuer (100 Euro je t) nach A^1. Die Anbieter versuchen die Steuer auf die Nachfrager abzuwälzen. Dies ist bei Verbrauchsteuern vom Gesetzgeber auch so beabsichtigt. Die Überwälzung gelingt aber i. d. R. nicht in vollem Umfang.

Die Nachfrager reagieren nämlich auf die durch die Verschiebung der Angebotskurve ausgelöste Erhöhung des Marktpreises mit einer Einschränkung der nachgefragten Menge (Bewegung auf der Nachfragekurve von G^0 nach G^1). Ausgehend von der ursprünglichen Gleichgewichtsmenge x^0 in Höhe von 2 Mio. t sinkt im vorliegenden Fall die nachgefragte Menge auf 1,5 Mio. t (Mengeneffekt). Die umgesetzte Menge verringert sich also um 0,5 Mio. t. Diese Mengeneinschränkung führt dazu, dass die Preiserhöhung geringer ausfällt als die Steuererhöhung.

Mengensteuer in der Landwirtschaft

Die Regierung beschließt auf den Verkauf eines bestimmten landwirtschaftlichen Anbauprodukts eine Mengensteuer von 100 Euro je t zu erheben. Neben der Erhöhung der Staatseinnahmen soll diese Steuer gleichzeitig als Lenkungsinstrument dienen, um den Anbau dieses Produkts, der wegen der intensiven Düngung zu Boden- und Trinkwasserschäden führt, einzuschränken.

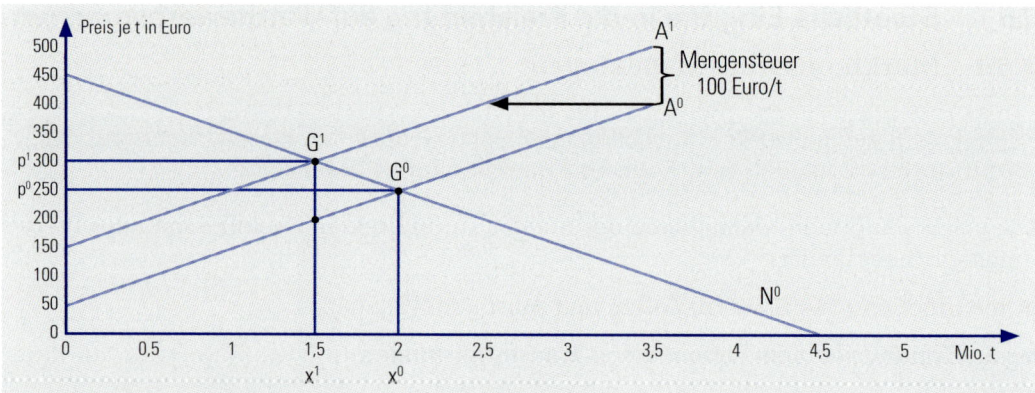

Ausgehend vom ursprünglichen Gleichgewichtspreis p^0 in Höhe von 250 Euro führt die Mengensteuer von 100 Euro je t bei unverändertem Verlauf der Nachfragekurve N^0 im vorliegenden Fall zu einer Preissteigerung um 50 Euro (Preiseffekt). Der neue Gleichgewichtspreis p^1 liegt bei 300 Euro.

> Die Erhebung einer Mengensteuer führt i. d. R. zu einer Preiserhöhung und einer Produktionseinschränkung (Preis- und Mengeneffekt). Diejenige Marktseite, die weniger elastisch reagiert, trägt den größeren Teil der Steuerlast.

Beispiel Subventionen

Subventionen sind Leistungen des Staates an Unternehmen, für die keine ökonomische Gegenleistung erbracht werden muss. Häufiges Ziel von Subventionszahlungen ist es, den Unternehmen ein höheres Einkommen zu verschaffen als es der Markt durch die Verkaufserlöse zulassen würde. Neben der Einkommenssicherung spielt bei den Subventionszahlungen aber auch die Lenkung der Produktionsfaktoren in andernfalls vernachlässigte Bereiche (z. B. Wohnungsbau, Investitionen zur Energieeinsparung) eine wichtige Rolle.

Subventionszahlung in der Landwirtschaft

Die Regierung beschließt den Anbau eines bestimmten landwirtschaftlichen Produkts, das als vielseitig verwendbarer Rohstoff gilt und dessen Anbau besonders umweltverträglich ist, durch eine Subventionszahlung von 100 Euro je t (= Mengensubvention) zu fördern. Gleichzeitig sollen durch diese Maßnahme auch die Einkommen in der Landwirtschaft gesichert werden.

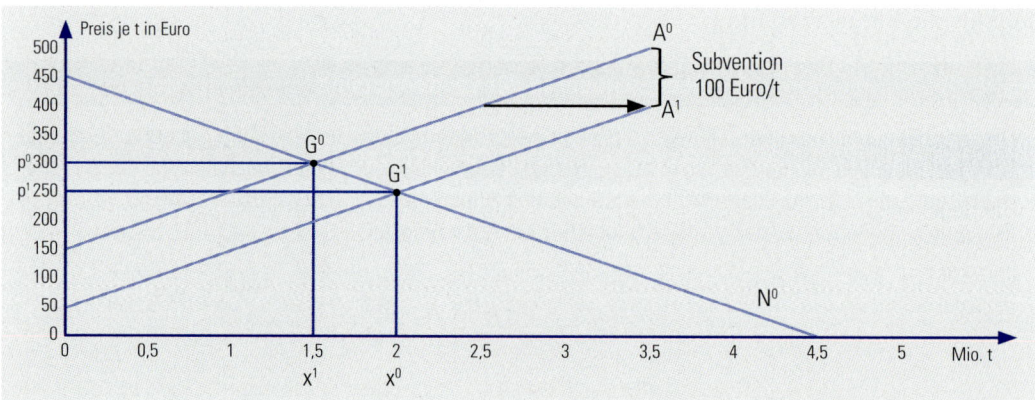

Ein je Mengeneinheit gezahlter Subventionsbetrag wirkt genau umgekehrt wie eine Mengensteuer. Die Subventionszahlungen wirken sich für die Produzenten wie eine Verringerung der Stückkosten aus. Dies bewirkt eine Verschiebung der Gesamtangebotskurve nach rechts. Die ursprüngliche Angebotskurve A^0 verschiebt sich in der folgenden Abb. durch die Subventionszahlung (100 Euro je t) nach A^1. Die Nachfrager reagieren auf die durch die Verschiebung der Angebotskurve ausgelöste Senkung des Marktpreises mit einer Ausdehnung der nachgefragten Menge (Bewegung auf der Nachfragekurve von G^0 nach G^1). Ausgehend von der ursprünglichen Gleichgewichtsmenge x^0 in Höhe von 1,5 Mio. t steigt im vorliegenden Fall die nachgefragte Menge auf 2 Mio. t (Mengeneffekt). Die umgesetzte Menge erhöht sich also um 0,5 Mio. t.

Subventionszahlungen führen i. d. R. zu einer Preissenkung und einer Produktionsausdehnung (Preis- und Mengeneffekt).

7.5.2 Marktkonträre Maßnahmen

Wird durch staatliche Eingriffe in die Marktpreisbildung der Preismechanismus außer Kraft gesetzt, handelt es sich um eine marktkonträre Maßnahme.

Der Staat kann den Marktpreis behördlich festlegen, wenn die Höhe des Gleichgewichtspreises, der sich aus dem freien Zusammenwirken von Angebot und Nachfrage ergibt, nicht den wirtschafts- oder sozialpolitischen Zielvorstellungen entspricht. Folgende Möglichkeiten der Preisfestsetzung lassen sich unterscheiden:

- **Festpreis**, der weder unter- noch überschritten werden darf
- **Mindestpreis**, der nicht unterschritten werden darf
- **Höchstpreis**, der nicht überschritten werden darf

In allen Fällen besteht der Zweck darin, entweder die Anbieter oder die Nachfrager im Vergleich zum Gleichgewichtspreis besser zu stellen.

Mindestpreise

Um bestimmte Produzentengruppen zu begünstigen und ihr Einkommen zu sichern, kann der Staat Mindestpreise festlegen, die nicht unterschritten werden dürfen. Den Produzenten wird so der Absatz ihrer Produkte zu einem über dem Gleichgewichtspreis liegenden Preis garantiert. Sie werden dadurch gegenüber dem Gleichgewichtspreis besser gestellt.

Das bekannteste Beispiel für Mindestpreispolitik ist die Preisbildung auf den Agrarmärkten. In fast allen Industrieländern der westlichen Welt werden solche Preisstützungsmaßnahmen zugunsten der heimischen Landwirtschaft vorgenommen. Ein weiteres Beispiel ist die Festlegung von Mindestlöhnen.

Lernkontrolle
Aufgabe 5

Mindestpreis in der Landwirtschaft

Die Regierung beschließt zur Sicherung der Einkommen in der Landwirtschaft und zur Sicherung eines ausreichenden Nahrungsmittelangebots den Marktpreis für eine bestimmte Getreidesorte über den derzeitigen Gleichgewichtspreis von 300 Euro je t hinaus anzuheben und einen Mindestpreis von 400 Euro je t festzulegen.

Der garantierte Mindestpreis muss über dem Gleichgewichtspreis liegen. Andernfalls wäre er wirkungslos, da sich dann als Marktpreis der Gleichgewichtspreis p^0 von 300 Euro ergeben würde. Der Mindestpreis verursacht eine Überproduktion, da die Produzenten ihre Angebotsmenge erhöhen und die Konsumenten gleichzeitig ihre Nachfragemenge einschränken. Während beim Gleichgewichtspreis p^0 von 300 Euro angebotene und nachgefragte Menge jeweils 1,5 Mio. t betragen, werden bei einem Mindestpreis p^M von 400 Euro nur 0,5 Mio. t nachgefragt, aber 2,5 Mio. t angeboten. Es liegt somit ein Angebotsüberschuss in Höhe von 2 Mio. t (Strecke AB) vor. Der Staat kann den Mindestpreis nur durchsetzen, wenn dieser Angebotsüberschuss „aus dem Markt genommen wird".

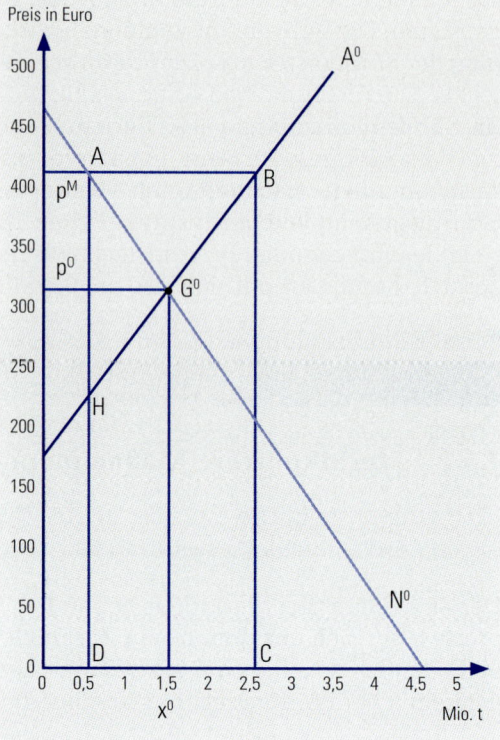

Das heißt, der Staat muss die Überschussmenge von 2 Mio. t zum Preis von 400 Euro je t aufkaufen. Dazu sind Mittel in Höhe von 800 Mio. Euro (2 Mio. t × 400 Euro; Fläche A B C D) nötig. Die Staatsausgaben erhöhen sich zusätzlich noch um die Lager-, Konservierungs- und Vernichtungskosten und verringern sich u. U. um die Erlöse, die beim verbilligten Verkauf der Überschüsse auf dem Binnen- oder Weltmarkt erzielt werden.

Der Mindestpreispolitik zur Sicherung der Produzenteneinkommen sind durch die enormen Kosten für den Staatshaushalt, die mit Aufkauf, Lagerung, Vernichtung bzw. Subventionierung der Überschüsse einhergehen, Grenzen gesetzt. Um die Überschüsse zu vermeiden, müsste im vorliegenden Fall die Produktion auf 0,5 Mio. t beschränkt werden. Dazu sind ergänzende mengenpolitische Maßnahmen (z. B. Anbaubeschränkungen) nötig. Im Extremfall werden sogar Prämien als Belohnung für die Einstellung der Produktion (z. B. Flächenstilllegungsprämien) bezahlt.

> Mindestpreise führen zu einem Überangebot. Sie machen staatliche Maßnahmen zum Aufkauf und zur Verwertung der Angebotsüberschüsse nötig. Die dafür erforderlichen staatlichen Ausgaben sind weitaus höher als die mit der Festsetzung von Mindestpreisen erzielbaren Einkommenserhöhungen der Produzenten.

Höchstpreise

Um die Nachfrager bestimmter Güter zu begünstigen, kann der Staat Höchstpreise festlegen, die nicht überschritten werden dürfen. Die Nachfrager werden dadurch gegenüber dem Gleichgewichtspreis besser gestellt.

Typische Fälle für Höchstpreispolitik sind Mietstopp und Preisbegrenzungen für wichtige Grundnahrungsmittel. Der Höchstpreis muss unter dem Gleichgewichtspreis liegen. Andernfalls wäre er wirkungslos, da sich dann als Marktpreis der Gleichgewichtspreis p^0 von 300 Euro ergeben würde (vgl. Abb. S. 389). Der Höchstpreis verursacht eine Mangelsituation, da die Produzenten ihre Angebotsmenge einschränken und die Konsumenten gleichzeitig ihre Nachfragemenge erhöhen. Während beim Gleichgewichtspreis p^0 von 300 Euro angebotene und nachgefragte Menge jeweils 1,5 Mio. t betragen, werden bei einem Höchstpreis p^H von 200 Euro nur 0,5 Mio. t angeboten, aber 2,5 Mio. t nachgefragt. Es liegt somit ein Nachfrageüberschuss in Höhe von 2 Mio. t (Strecke AB) vor. Der Staat kann den Höchstpreis nur durchsetzen, wenn er zusätzliche Maßnahmen zur Rationierung und Zuteilung des knappen Gutes ergreift (z. B. Verteilung von Bezugsscheinen an ausgewählte Bezugsberechtigte). Andernfalls würden diejenigen Nachfrager die Güter erhalten,

- die sich als Erste in die Käuferschlangen einreihen (Windhundverfahren),
- die gute Beziehungen zu den Preiskontrolleuren haben (Vetternwirtschaft),
- die bereit sind, auf dem Schwarzmarkt einen höheren Preis als den Höchstpreis zu zahlen.

Höchstpreis bei Nahrungsmitteln

Die Regierung ist der Meinung, der Gleichgewichtspreis von 300 Euro je t, der sich durch das freie Zusammenspiel von Angebot und Nachfrage für ein wichtiges Grundnahrungsmittel herausgebildet hat, sei zu hoch. Sie beschließt daher, zur preisgünstigen Nahrungsmittelversorgung der Bevölkerung einen Höchstpreis von 200 Euro festzusetzen.

Lernkontrolle
Aufgabe 6

Die Entstehung von Schwarzmärkten ist die typische Folge von Höchstpreisen. Auf diesem Markt werden die rechtswidrig dem offiziellen Markt vorenthaltenen Angebotsmengen zu weitaus höheren Preisen gehandelt. Der durch den Höchstpreis ausgelöste Angebotsrückgang bewirkt, dass zahlreiche Nachfrager jetzt schlechter gestellt sind als vorher. Obwohl sie bereit gewesen wären, 300 Euro oder sogar mehr (bis zu 449,99 Euro) zu bezahlen, kann ihre Nachfrage wegen des knappen Angebots nicht befriedigt werden. Nur diejenigen Nachfrager, die das Gut jetzt tatsächlich zum Preis von 200 Euro erhalten, obwohl sie bereit gewesen wären, mehr dafür zu bezahlen, haben Vorteile von der Höchstpreisregelung. Der Staat muss durch ein Kontroll- und Auswahlsystem dafür sorgen, dass diese Begünstigten auch tatsächlich diejenigen sind, die durch die staatliche Maßnahme unterstützt werden sollten. Andernfalls profitieren möglicherweise genau diejenigen Nachfrager von dieser Maßnahme, die es am wenigsten nötig haben und auch höhere Preise hätten bezahlen können.

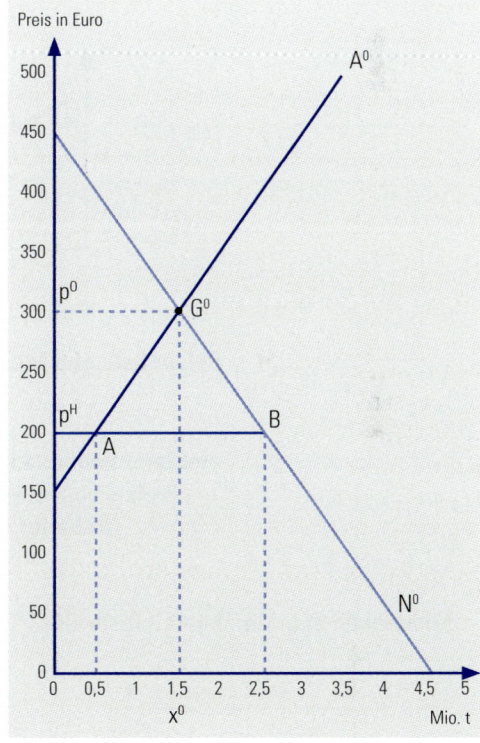

Der staatliche Eingriff in den Preismechanismus zieht in jedem Fall weitere staatliche Eingriffe und Kontrollmaßnahmen nach sich.

Höchstpreise führen zu einem Nachfrageüberhang. Sie machen staatliche Kontrollen nötig, um das knappe Angebot auf die berechtigten Nachfrager zu verteilen.

Zusammenfassung und Lernkontrolle

Zusammenfassung

Märkte				
unvollkommen	vollkommen	**Polypol**	**Monopol**	**Oligopol**

Homogenität der Güter,
Präferenzen, Markttransparenz

Preisbildung

**Börse = Polypol auf dem
vollkommenen Markt**

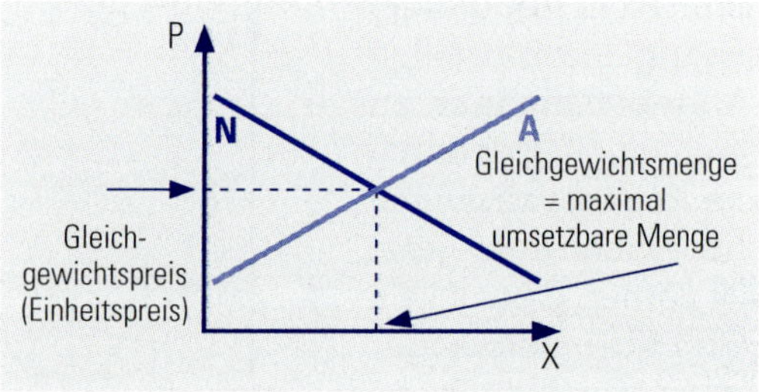

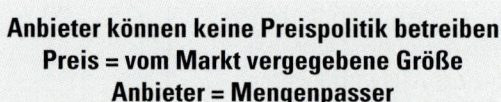

Polypolistische Märkte = Wettbewerbsmärkte

**Anbieter können keine Preispolitik betreiben
Preis = vom Markt vergegebene Größe
Anbieter = Mengenpasser**

Entstehung des Gleichgewichtspreises

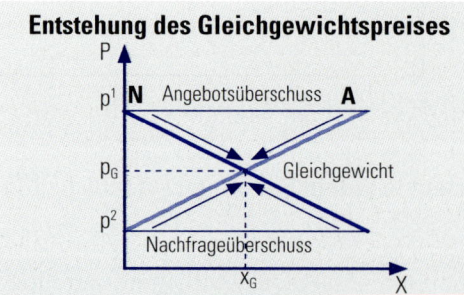

Veränderung des Gleichgewichtspreises

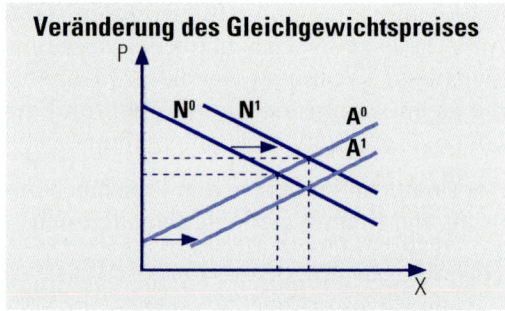

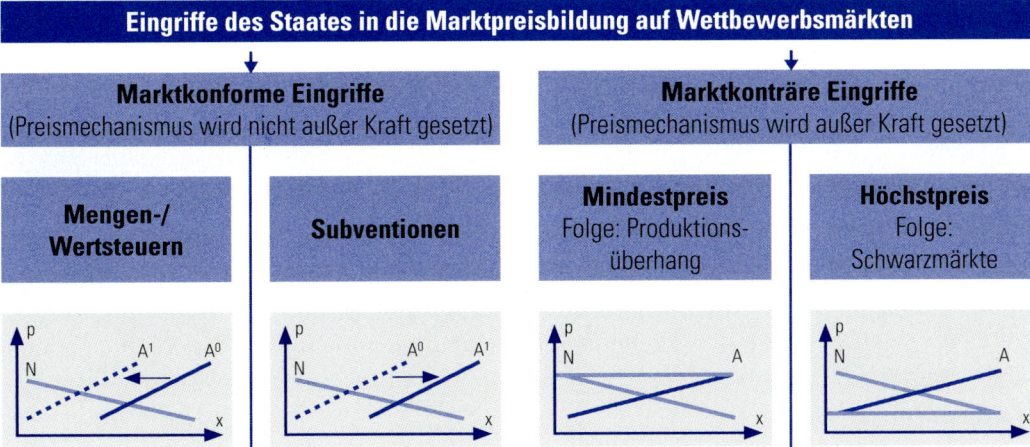

Lernkontrolle

Aufgabe 1: Rollenspiel Preisbildung

Führen Sie in Ihrer Klasse ein Rollenspiel, bei dem die Preisbildung an einer Börse simuliert wird, durch.

Aufgabe 2: Preisbildung an der Börse

An einer Rohstoffbörse erhält ein Makler folgende Aufträge:

Verkaufsaufträge			Kaufaufträge		
Verkäufer	Mindestpreis (Euro)	Menge (t)	Käufer	Höchstpreis (Euro)	Menge (t)
A	180	40	E	60	60
B	120	20	F	100	20
C	100	60	G	120	40
D	60	80	H	180	80

1. Welchen Preis legt der Makler fest?
2. Tragen Sie die Angebots- und Nachfragekurve in ein Koordinatensystem ein (x-Achse: 15 cm, 1 cm = 20 Mengeneinheiten; y-Achse: 10 cm, 1 cm = 20 Geldeinheiten)
3. Wodurch zeichnet sich die Gleichgewichtsmenge aus und wie hoch ist sie?
4. Warum ist ein Preis von 180 Euro nicht möglich?
5. Warum ist ein Preis von 60 Euro nicht möglich?
6. In welcher Höhe erzielt der Käufer G durch den Gleichgewichtspreis eine Ausgabenersparnis gegenüber seiner ursprünglichen Kaufabsicht (= Konsumentenrente)?
7. In welcher Höhe erzielt der Verkäufer D durch den Gleichgewichtspreis Mehreinnahmen gegenüber seiner ursprünglichen Verkaufsabsicht (= Produzentenrente)?
8. Nachrichten über eine mögliche weltweite Verknappung des Rohstoffs lösen eine erhöhte Nachfrage aus. Der Makler stellt fest, dass alle Käufer zu den von ihnen gebotenen Höchstpreisen 20 t mehr kaufen wollen. Welchen neuen Preis legt der Makler fest?
9. Stellen Sie die veränderten Nachfrageverhältnisse im Koordinatensystem (vgl. Nr. 2) dar.

Aufgabe 3: Vollkommene und unvollkommene Märkte

Die Stiftung Warentest hat in ihrer Zeitschrift test vom März 2013 u.a. folgende Testergebnisse über Zahnpasta veröffentlicht:

Produkt	mittlerer Preis pro 100 ml in Euro	Testergebnis
Dentalux Mint Fresh	0,39	sehr gut (1,4)
Colgate	2,20	sehr gut (1.5)
Elmex	4,00	sehr gut (1,5)
Priodent	0,32	sehr gut (1.5)
Lavera neutral	5,25	mangelhaft (5,0)
Sante Dental med	4,72	mangelhaft (5,0)

Quelle: Stiftung Warentest, test 3/2013, S. 32 f.

1. Wie ist es zu erklären, dass für Produkte mit den Test-Urteilen „mangelhaft" teilweise erheblich mehr bezahlt wurde als für Produkte mit dem Test-Urteil „sehr gut"?
2. Welche Wirkungen kann die Veröffentlichung derartiger Untersuchungen der Stiftung Warentest haben?
3. Wie wirkt sich die Möglichkeit, im Internet Produkt- und Preisvergleiche vornehmen zu können, auf die Marktunvollkommenheiten aus? Nennen Sie Beispiele.
4. Erläutern Sie die Besonderheit einer Börse im Hinblick auf die Vollkommenheit des Marktes. Begründen Sie, zu welchem Ergebnis die Börsenpreisbildung im Vergleich zu anderen Marktformen führt.

Aufgabe 4: Preisbildung auf dem polypolistischen Markt

Auf einem Wochenmarkt werden u. a. Eier der Güteklasse A/Gewichtsklasse L angeboten und nachgefragt. Es handelt sich um einen polypolistischen Markt. Die Marktteilnehmer verhalten sich in einer bestimmten Woche wie folgt:

Bei einem Stückpreis von 0,20 Euro und weniger wäre die angebotene Menge 0. In diesem Fall würden die Eierhändler die Eier lieber an Nudelfabriken, Eisdielen und andere Groß-abnehmer liefern. Für jeden Cent mehr würde die angebotene Menge um 50 Eier steigen. Bei einem Preis von 0,50 Euro und mehr wäre die nachgefragte Menge 0. Für jeden Cent weniger würde die nachgefragte Menge um 25 Eier steigen.

1. Zeichnen Sie die Angebots- und Nachfragekurve in ein Preis-Mengen-Diagramm ein.
2. Auch auf einem Markt mit homogenen Gütern und ohne Präferenzen stellt sich der Gleichgewichtspreis im Normalfall nicht sofort ein. Vielmehr handelt es sich um einen temporär (= zeitweise) unvollkommenen Markt, weil es einige Zeit dauert, bis sich die Marktteilnehmer die nötige Markttransparenz verschafft haben.
   Angenommen, auf dem hier vorliegenden Eiermarkt liegt der Stückpreis zunächst bei 0,34 Euro.
   Erläutern Sie die Reaktionen der Marktteilnehmer und die sich daraus ergebende Tendenz zu einem Gleichgewichtspreis.
3. Bei welchem Preis und bei welcher Menge befindet sich der Markt im Gleichgewicht?

Aufgabe 5: Subventionen – Mindestpreis

Für ein bestimmtes landwirtschaftliches Anbauprodukt liegen die in der nebenstehenden Abbildung dargestellten Marktverhältnisse vor. Die Regierung möchte den Anbau dieses Produkts weiter fördern.

Stellen Sie fest, wie sich

1. Subventionszahlungen in Höhe von 100 Euro je t oder stattdessen
2. die Festsetzung eines um 100 Euro über dem derzeitigen Gleichgewichtspreis liegenden Mindestpreises

auf die Produktionsmenge, den Preis, die Erlöse der Produzenten und den Staatshaushalt auswirken.

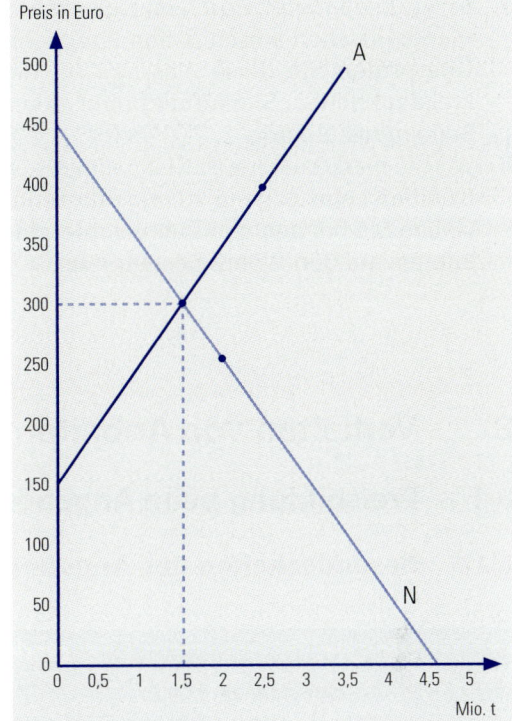

Aufgabe 6: Staatliche Eingriffe auf dem Wohnungsmarkt – Funktionen des Preises

In einer bestimmten Region haben sich für 4-Zimmer-Wohnungen mit vergleichbarer Größe, Ausstattung und Lage folgende Angebots- und Nachfrageverhältnisse herausgebildet:

Mietpreis pro Monat	250 Euro	500 Euro	750 Euro	1.000 Euro	1.250 Euro
Zahl der angebotenen Wohnungen	0	5.000	10.000	15.000	20.000
Zahl der nachgefragten Wohnungen	20.000	15.000	10.000	5.000	0

Die Regierung ist der Meinung, der sich bei diesen Verhältnissen am Markt ergebende Gleichgewichtspreis sei insbesondere für Familien mit mehreren Kindern nicht tragbar. Aus sozialpolitischen Gründen wird daher für diesen speziellen Wohnungstyp eine Höchstmiete von 500 Euro festgelegt.

1. Wie wirkt sich dieser Markteingriff auf Angebot und Nachfrage bei 4-Zimmer-Wohnungen dieses Typs aus?
2. Prüfen Sie, ob es im vorliegenden Fall Mieter gibt, die durch die Höchstmiete von 500 Euro Nachteile gegenüber der Ausgangssituation erleiden.
3. Prüfen Sie, ob die Zielgruppe „Familien mit mehreren Kindern" durch die Höchstmiete von 500 Euro im vorliegenden Fall begünstigt wird.
4. Für welche Mieter ist die Festlegung der Höchstmiete von 500 Euro im vorliegenden Fall vorteilhaft?

5. Es wird behauptet, durch marktkonträre Maßnahmen des Staates würden die für eine Marktwirtschaft wesentlichen Funktionen des Preises ausgeschaltet.
Überprüfen Sie diese Aussage für den vorliegenden Fall am Beispiel folgender Preisfunktionen: Signalfunktion, Lenkungsfunktion, Ausgleichsfunktion, Anreiz bzw. Erziehungsfunktion.

6. Welche marktkonformen Maßnahmen könnte die Regierung ergreifen, um kinderreichen Familien beim Zugang zu angemessenem Wohnraum behilflich zu sein?
Geben Sie bei den von Ihnen vorgeschlagenen Maßnahmen jeweils auch die Auswirkungen auf den Wohnungsmarkt an.

8 Verhalten von Anbietern auf Märkten mit Marktmacht

8.1 Preisbildung beim Angebotsmonopol

8.1.1 Besonderheiten des Angebotsmonopols

Marktformen			
Anbieter \ **Nachfrager**	**viele**	**wenige**	**einer**
viele	zweiseitiges Polypol	Nachfrageoligopol	Nachfragemonopol
wenige	Angebotsoligopol	zweiseitiges Oligopol	beschränktes Nachfragemonopol
einer	Angebotsmonopol	beschränktes Angebotsmonopol	zweiseitiges Monopol

> Gibt es auf einem Markt nur einen Anbieter, dem viele Nachfrager gegenüberstehen, liegt ein Angebotsmonopol vor.

Reine Angebotsmonopole sind in der Realität genauso selten zu finden wie vollkommene Polypole (vollständige Konkurrenz). Das ist u. a. dadurch bedingt, dass auf einem monopolistischen Markt

- im Laufe der Zeit Konkurrenten auftreten (Imitation),

- Substitutionsgüter entstehen, die in Konkurrenz zum Gut des Monopolisten stehen,

- der Gesetzgeber die Entstehung von Monopolen kontrollieren und bei Missbrauchsgefahr verhindern kann.

Die meisten Monopole befinden sich in öffentlicher Hand (Staat, Gemeinden) und/oder unterliegen einer öffentlichen Kontrolle. Öffentliche Monopole werden in der Regel nicht mit der Absicht der Gewinnmaximierung betrieben. Ihr Marktverhalten ist deshalb anders zu beurteilen als bei privaten Monopolen. Private Angebotsmonopole in der Form von **Kollektivmonopolen** können entstehen, wenn sich konkurrierende Anbieter zu **Kartellen**

zusammenschließen, um durch gemeinsame Vereinbarungen den **Wettbewerb auszuschließen** (z. B. einheitliche Preisgestaltung, Aufteilung des Absatzgebietes). Solche Preis- und
Gebietskartelle sind nach deutschem und europäischem Recht grundsätzlich verboten.

Obwohl reine private Angebotsmonopole einen theoretischen Grenzfall darstellen, lassen
sich aus der Monopolpreisbildung im Modell wichtige Erkenntnisse für die Absatzpolitik
marktmächtiger Unternehmen in der Realität ableiten.

Preis-Absatz-Funktion eines Angebotsmonopolisten: Konzertveranstaltung der Aids-Hilfe e.V.

Die Aids-Hilfe e.V. in einer mittelgroßen Stadt plant zur Finanzierung ihrer Arbeit ein Wohltätigkeitskon-
zert. Mehrere bekannte Musikgruppen aus der Umgebung haben ihre unentgeltliche Mitwirkung zugesagt.
Die Stadt stellt das örtliche Fußballstadion mit einem Fassungsvermögen von 8.000 Personen für diese
Veranstaltung zur Verfügung. Die Veranstalter stehen vor dem Problem, die Höhe des Eintrittspreises
festzulegen. Bei ähnlichen Veranstaltungen in früheren Jahren hat es sich als sinnvoll erwiesen, alle
Eintrittskarten gleich teuer anzubieten. Es liegen auch ziemlich genaue Schätzungen über den Zusammenhang zwischen der Höhe des Eintrittspreises und der zu erwartenden Zuschauerzahl in Form der
folgenden Preis-Absatz-Funktion vor.

Preis (p) in Euro	25,00	22,50	20,00	17,50	15,00	12,50	10,00	7,50	5,00	2,50	0
Zuschauer (x) in 1.000	0	1	2	3	4	5	6	7	8	9	10

Die Preis-Absatz-Funktion (Preis-Absatz-Kurve) gibt an, welche Menge ein einzelner
Anbieter jeweils zu einem von ihm festgesetzten Preis (Preisfixierung) absetzen kann.

Da der Monopolist der einzige Anbieter ist, ist die zu einem bestimmten Preis absetzbare
Menge immer identisch mit der am Markt zu diesem Preis nachgefragten Menge. Daraus
folgt für den Sonderfall des Monopols:

Die Preis-Absatz-Kurve ist beim Angebotsmonopol identisch mit der Gesamtnachfragekurve.

Aufgrund vollkommener Markttransparenz ist dem Monopolisten die mit seiner Preis-
Absatz-Kurve übereinstimmende Nachfragekurve bekannt. Im Gegensatz zu einem Anbieter beim Polypol, der nur seine Produktionsmenge, nicht aber den Preis bestimmen kann,
ist der Angebotsmonopolist wegen seiner Marktmacht in der Lage, den Marktpreis festzulegen. Der einzelne Nachfrager mit seinem verschwindend geringen Marktanteil muss in
diesem Fall den vom Monopolisten geforderten Preis als Datum akzeptieren.

Legt der Konzertveranstalter als Monopolist z. B. einen Preis von 15,00 Euro fest (= Preisfixierer), muss
er aber die sich bei diesem Preis am Markt ergebende Nachfragemenge von 4.000 Stück, die seiner
Absatzmenge entspricht, hinnehmen (vgl. Abb. S. 396). Statt des Preises kann der Konzertveranstalter
als Monopolist aber auch die Absatzmenge (z. B. 6.000 Stück) festlegen (= Mengenfixierer). In diesem
Fall muss er den Preis von 10,00 Euro akzeptieren, zu dem diese Menge am Markt nachgefragt wird.

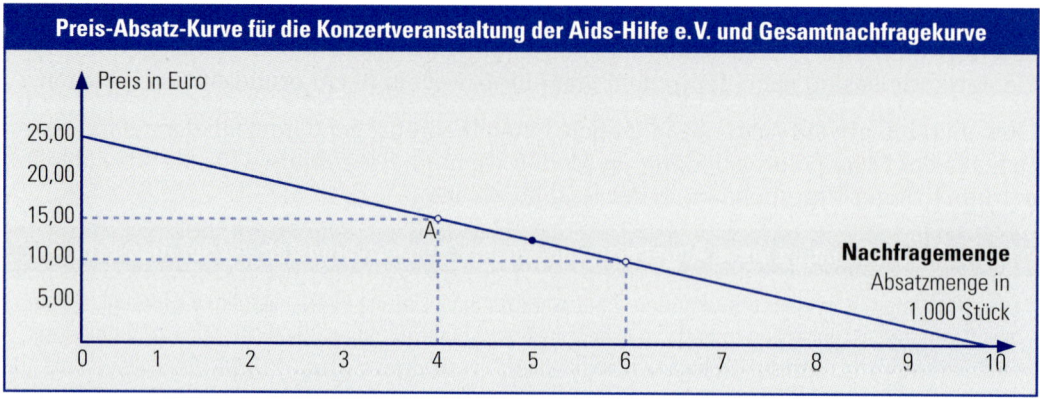

Der Angebotsmonopolist kann für das von ihm angebotene Gut entweder den Preis oder die Absatzmenge festlegen.

Die entscheidende Frage lautet: **Bei welcher Preis-Mengen-Kombination maximiert der Monopolist seinen Gewinn?**

8.1.2 Gewinnmaximum des Angebotsmonopolisten

Tabellarische Ermittlung des Gewinnmaximums

Der Gesamterlös (E) ergibt sich aus der Multiplikation des für eine Einheit des Gutes erzielten Preises (p) mit der abgesetzten Menge (x). Der Gewinn (G) ist die Differenz zwischen Erlösen (E) und Kosten (K).

Gewinn	**= Erlös**	**–**	**Kosten**
G	= E	–	K

Erlös =	**Absatzpreis je Stück** $\times$	**Absatzmenge**
E =	p	x

Die **Kosten** (K) setzen sich aus fixen und variablen Kosten zusammen. **Fixe Kosten** (K_f) ändern sich bei einer Änderung der Produktionsmenge nicht (z. B. Pacht für Betriebsgebäude). **Variable Kosten** ändern sich dagegen mit einer Änderung der Produktionsmenge (z. B. Energieverbrauch einer Maschine, Materialverbrauch). Die gesamten variablen Kosten (K_v) ergeben sich aus der Multiplikation der **variablen Kosten je Stück** (k_v) mit der Produktionsmenge (x).

Gesamtkosten =	**fixe Kosten**	**+**	**variable Kosten je Stück**	$\times$	**Produktionsmenge**
K =	Kf	+	kv	$\times$	x

Annahme: Für das Wohltätigkeitskonzert entstehen der Aids-Hilfe e.V. fixe Kosten für Stadionmiete, Werbung, Druck der Eintrittskarten, Versicherungsprämie usw. in Höhe von 15.000,00 Euro. Außerdem müssen 5,00 Euro je verkaufter Eintrittskarte an die Stadt für die Stadionreinigung, die Bezahlung von Ordnungskräften usw. (= variable Kosten) abgeführt werden.

Lernkontrolle
Aufgabe 1

Tabellarische Gewinnermittlung für die Konzertveranstaltung der Aids-Hilfe e.V.						
Preis (p) in Euro	Zuschauer (x)	Erlöse (E) in Euro	fixe Kosten (Kf) in Euro	variable Kosten (Kv) in Euro	Gesamt-kosten (K) in Euro	Gewinn/ Verlust (G) in Euro
25,00	0	0	15.000	0	15.000	−15.000
22,50	1.000	22.500	15.000	5.000	20.000	2.500
20,00	2.000	40.000	15.000	10.000	25.000	15.000
17,50	3.000	52.500	15.000	15.000	30.000	22.500
15,00	4.000	60.000	15.000	20.000	35.000	25.000
12,50	5.000	62.500	15.000	25.000	40.000	22.500
10,00	6.000	60.000	15.000	30.000	45.000	15.000
7,50	7.000	52.500	15.000	35.000	50.000	2.500
5,00	8.000	40.000	15.000	40.000	55.000	− 15.000
2,50	9.000	22.500	15.000	45.000	60.000	− 37.500
0,00	10.000	0	15.000	50.000	65.000	− 65.000

Grafische Ermittlung des Gewinnmaximums

Wird – wie im vorliegenden Fall – unterstellt, dass die variablen Kosten je Stück (k_v) bei jeder Produktionsmenge unverändert bleiben, hat die auf der **Kostenfunktion** K = Kf + k_v × x beruhende **Gesamtkostenkurve** einen linearen Verlauf. Die konstante Steigung der linearen Gesamtkostenkurve entspricht k_v. Das Schaubild der Erlöskurve ist dagegen eine nach unten geöffnete Parabel. Das liegt daran, dass für den Monopolisten weder der Preis noch die Menge eine vorgegebene (konstante) Größe darstellt. Vielmehr kann er beide Größen beeinflussen und entweder den Preis oder die Menge festlegen.

Der erste Schnittpunkt zwischen der Gesamterlöskurve und der Gesamtkostenkurve stellt die **Gewinnschwelle**, der zweite Schnittpunkt die **Gewinngrenze** des Monopolisten dar. Erst ab einer über die Gewinnschwelle hinausgehenden Menge sind die Erlöse größer als die Kosten, sodass ein Gewinn erzielt wird. Bei einer geringeren Menge entsteht ebenso ein Verlust wie bei einer über die Gewinngrenze hinausgehenden Menge. Das Gewinnmaximum liegt innerhalb der Gewinnzone an der Stelle, wo die Differenz zwischen Gesamterlös und Gesamtkosten am größten ist (hier: 4.000 Zuschauer). Geometrisch lässt sich das **Gewinnmaximum** ermitteln, indem die lineare Gesamtkostenkurve parallel verschoben wird bis zum Tangentialpunkt mit der Erlöskurve. Bei dieser Menge (hier: 4.000 Zuschauer) ist der **Abstand zwischen Erlöskurve und Kostenkurve am größten**.

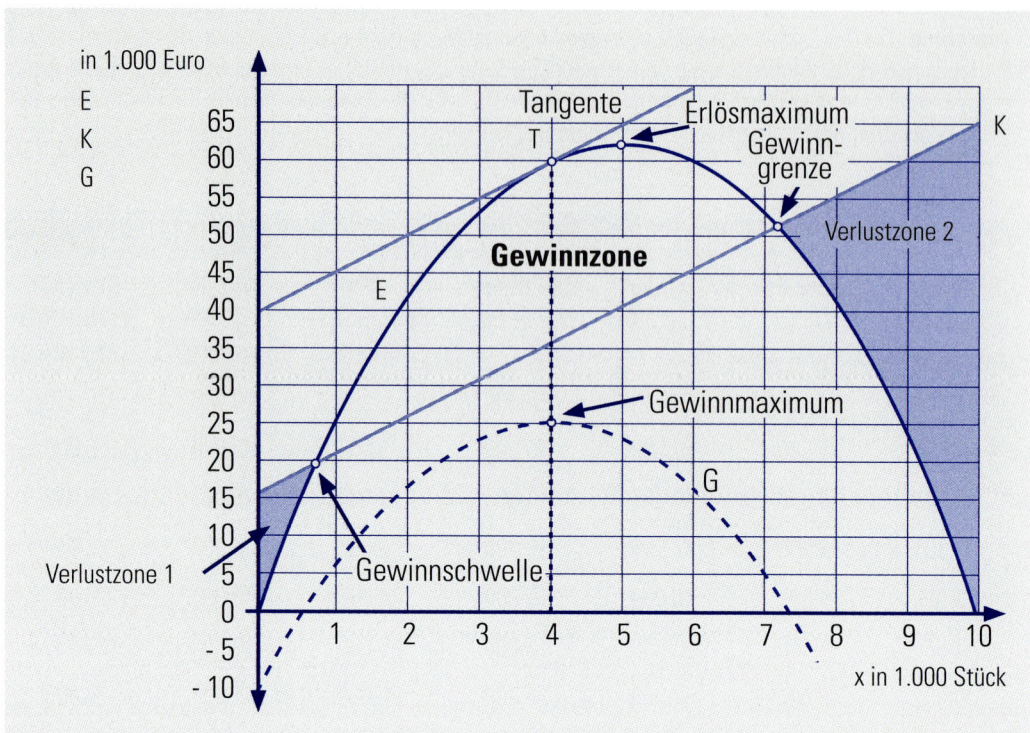

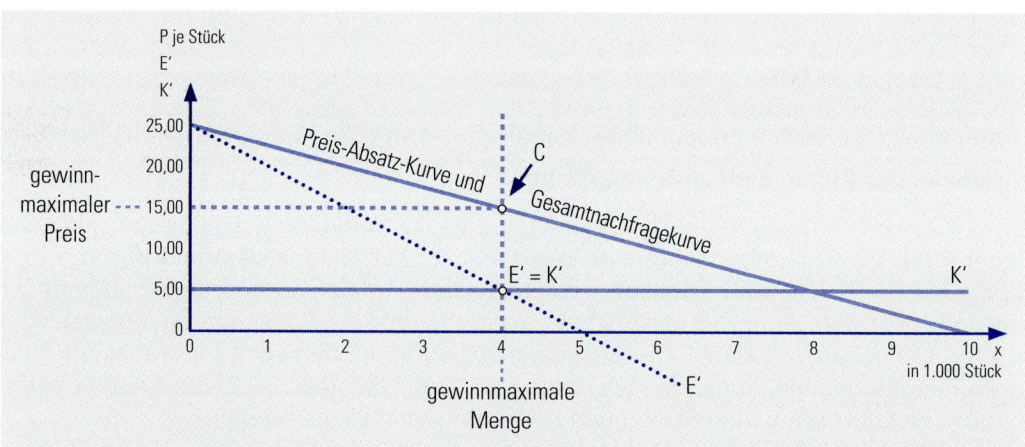

Das Gewinnmaximum des Monopolisten liegt bei der Menge, bei der der Abstand zwischen der Erlöskurve und der Kostenkurve am größten ist: G = E – K → Max!

Der zur gewinnmaximalen Menge gehörende Preis (hier: 15,00 Euro) lässt sich mithilfe der Preis-Absatz-Kurve ermitteln. Der Punkt auf der Preis-Absatz-Kurve des Monopolisten, der die gewinnmaximale Preis-Mengen-Kombination darstellt (hier: Punkt C), wird als COURNOT'scher Punkt[1] bezeichnet (vgl. Abb. oben).

---

1   Nach Antonie Augustin Cournot (1801–1877), französischer Mathematiker und Ökonom

Aufgrund der Erkenntnis, dass bei der gewinnmaximalen Menge die Steigungen von Erlös- und Kostenkurve gleich sind, lässt sich das Gewinnmaximum mathematisch auch wie folgt bestimmen: Die Steigung der Erlöskurve wird durch die Grenzerlöskurve (= 1. Ableitung der Erlösfunktion) angegeben. Der Grenzerlös ist der zusätzliche Erlös, der sich bei einer Erhöhung der Absatzmenge um eine Einheit ergibt (= Zuwachs des Gesamterlöses bei einer Absatzerhöhung um eine Mengeneinheit). Ein Grenzerlös von null bedeutet, dass kein weiterer Erlöszuwachs mehr möglich ist. Bei der Absatzmenge, die einem Grenzerlös von null entspricht (= Schnittpunkt der Grenzerlöskurve mit der Mengenachse), hat daher die Gesamterlöskurve ihr Maximum (= Steigung der Erlöskurve beträgt null).

Die Steigung der Kostenkurve wird durch die Grenzkostenkurve (= 1. Ableitung der Kostenfunktion) angegeben. Grenzkosten sind die zusätzlichen Kosten, die sich bei einer Erhöhung der Produktionsmenge um eine Einheit ergeben (= Zuwachs der Gesamtkosten bei einer Produktionserhöhung um eine Mengeneinheit). Bei linearem Kostenverlauf sind die Grenzkosten konstant und entsprechen den variablen Kosten je Stück (hier: 5,00 Euro).

Da die Grenzerlöse (E') die Steigung der Erlöskurve und die Grenzkosten (K') die Steigung der Kostenkurve angeben, sind bei der gewinnmaximalen Menge (hier: 4.000 Zuschauer) Grenzerlös und Grenzkosten gleich groß (hier: jeweils 5,00 Euro). Es gilt somit die Bedingung E' = K'. Solange der Grenzerlös größer ist als die Grenzkosten, ist das Gewinnmaximum noch nicht erreicht und der Gewinn steigt bei zunehmender Menge. Ist der Grenzerlös dagegen kleiner als die Grenzkosten, ist das Gewinnmaximum bereits überschritten und der Gewinn sinkt bei zunehmender Menge. Geometrisch entspricht das Gewinnmaximum dem Schnittpunkt zwischen Grenzerlös- und Grenzkostenkurve (vgl. Abb. S. 398 unten).

Marktversorgung

Im Vergleich zum Erlösmaximum liegt das Gewinnmaximum bei einer noch niedrigeren Menge (4.000 Zuschauer gegenüber 5.000 Zuschauern) und einem noch höheren Preis (15,00 Euro gegenüber 12,50 Euro). Der Monopolist maximiert also seinen Gewinn dadurch, dass er das Angebot künstlich verknappt (Verschlechterung der Marktversorgung) und die geringere Angebotsmenge zu einem höheren Preis verkauft.

Lernkontrolle Aufgabe 2

Beim Monopol ist die Marktversorgung schlechter und der Preis höher als auf Wettbewerbsmärkten.

8.1.3 Preisdifferenzierung des Angebotsmonopolisten

Die Untersuchung des Preisbildungsprozesses beim Angebotsmonopol hat zu dem Ergebnis geführt, dass es bei dieser Marktform nur einen einzigen Preis geben kann. Ein Markt, auf dem sich ein **Einheitspreis** ergibt, zu dem **alle** Käufe und Verkäufe getätigt werden, ist ein **vollkommener Markt**. Der Angebotsmonopolist kann jedoch seinen Monopolgewinn noch weiter erhöhen, wenn es ihm gelingt, das **gleiche Gut** an unterschiedliche Käufergruppen zu **unterschiedlichen Preisen** zu verkaufen. Eine solche **Preisdifferenzierung**, bei der sich für ein gleichartiges Gut verschiedene Preise ergeben, ist nur auf einem **unvollkommenen Markt** möglich.

Es lassen sich verschiedene Formen der Preisdifferenzierung unterscheiden:

Arten der Preisdifferenzierung	Kriterien für die Marktteilung	Beispiel
Persönliche Preisdifferenzierung	Gruppenzugehörigkeit	Ein Konzertveranstalter gewährt ermäßigte Preise für Schüler und Studenten.
	Einkommenshöhe	Ein Arzt berechnet bei Kassen- und Privatpatienten für die gleiche Leistung ein unterschiedliches Honorar.
Räumliche Preisdifferenzierung	Regionen, Länder	Ein pharmazeutisches Unternehmen verkauft das gleiche Medikament im Ausland billiger als im Inland.
Zeitliche Preisdifferenzierung	Zeitpunkt der Nachfrage	Die Parkgebühren in einem Parkhaus sind nachts niedriger als am Tag.
		Ein Energieversorgungsunternehmen gewährt einen günstigen Nachtstromtarif.
Sachliche Preisdifferenzierung	Verwendungszweck des Gutes	Ein Energieversorgungsunternehmen verlangt von Privatkunden einen höheren Tarif als von Industriekunden.
	Nachfragemenge	Die Deutsche Bahn fordert von einer zweiten mitreisenden Person nur den halben Fahrpreis.
	Einschätzung durch unterschiedliche Verbraucherschichten	Ein Waschmittelhersteller verkauft ein Waschpulver sowohl mit einer neutralen No-Name-Verpackung (weiße Ware) als auch unter einem bekannten Markennamen. Durch Werbung, Verpackung usw. werden Qualitätsunterschiede vorgetäuscht.

Ziel jeder Preisdifferenzierung ist es, die Bereitschaft einiger Nachfrager, für das Gut einen höheren als den Marktpreis zu zahlen, auszunutzen. Diese Zahlungsbereitschaft der Nachfrager kommt in der von links oben nach rechts unten fallenden Nachfragekurve zum Ausdruck. Auch bei hohem Preis wären noch einige Nachfrager bereit das Gut zu kaufen. Ist der tatsächlich vom Monopolisten festgesetzte Preis jedoch niedriger als der von einigen Nachfragern geplante, erzielen diese Nachfrager einen Vorteil, weil sie das Gut billiger erwerben können als vorgesehen. Die Differenz zwischen ihrer Zahlungsbereitschaft und den niedrigeren tatsächlichen Ausgaben wird als **Konsumentenrente** bezeichnet.

Ziel der Preisdifferenzierung ist die Abschöpfung von Konsumentenrente.

In allen Fällen ist Voraussetzung für eine Preisdifferenzierung, dass der Anbieter den Preis eigenmächtig festlegen und den Markt teilen kann. Eine solche Aufteilung des Marktes in Absatzschichten mit dem Ziel, in den einzelnen Marktsegmenten unterschiedliche Preise durchzusetzen, ist für einen Anbieter umso leichter möglich, je geringer die Markttransparenz ist und je leichter sich Marktsegmente in persönlicher, räumlicher, zeitlicher oder sachlicher Hinsicht abgrenzen lassen. Wesentlich ist dabei auch, dass der Weiterverkauf des Gutes zwischen den einzelnen Käufergruppen ausgeschlossen ist.

Mittel der Preisdifferenzierung ist die Aufspaltung der Gesamtnachfrage in Absatzschichten.

Konzertveranstalter als Monopolist mit Preisdifferenzierung

Die Veranstalter eines Pop-Konzerts, das in einem Fußballstadion mit einem Fassungsvermögen von 8.000 Personen stattfinden soll, gehen von den in folgender Tabelle wiedergegebenen Daten aus. Es wird überlegt, ob durch eine Preisdifferenzierung der Gesamtgewinn gesteigert werden kann, indem für zahlungskräftige Besucher, die nicht zur Gruppe der Schüler, Auszubildenden und Studenten gehören, höhere Eintrittspreise festgelegt werden.

Preis (p) in Euro	Zuschauer (x) in 1.000	Erlöse (E) in 1.000 Euro	Kosten (K) in 1.000 Euro	Gewinn/Verlust in 1.000 Euro
25,00	0	0	15	−15,0
22,50	1	22,5	20	2,5
20,00	2	40,0	25	15,0
17,50	3	52,5	30	22,5
15,00	4	60,0	35	25,0
12,50	5	62,5	40	22,5
10,00	6	60,0	45	15,0
7,50	7	52,5	50	2,5
5,00	8	40,0	55	−15,0
2,50	9	22,5	60	−37,5
0,00	10	0		

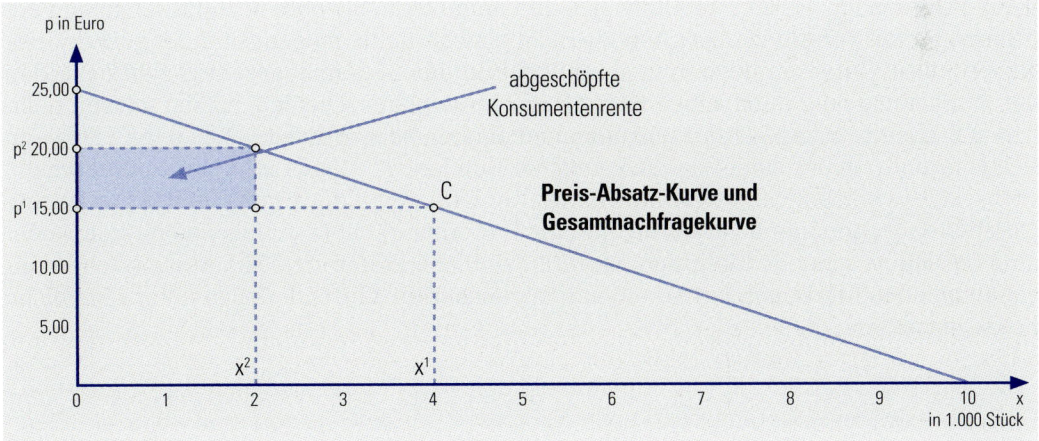

Das bisherige Gewinnmaximum von 25.000 Euro ergibt sich bei einem Preis von 15,00 Euro und einer Zuschauerzahl von 4.000. Wird dieser bisherige Monopolpreis von 15,00 Euro (p^1) als ermäßigter Preis für Schüler, Auszubildende und Studenten beibehalten und der

Preis für alle übrigen Besucher auf 20,00 Euro (p^2) festgesetzt, kann der Erlös um 10.000 Euro gesteigert werden. Voraussetzung dafür ist im vorliegenden Fall, dass sich unter den 4.000 Zuschauern, die bereit sind, einen Eintrittspreis von 15,00 Euro zu bezahlen, insgesamt mindestens 2.000 Schüler, Auszubildende und/oder Studenten befinden.

Erlösberechnung:	2.000 Zuschauer $\times$ 20,00 €	= 40.000 €
	+ 2.000 Zuschauer $\times$ 15,00 €	= 30.000 €
	= Gesamterlös	= 70.000 €

Da für diesen Fall die Gesamtzahl der Zuschauer auch nach der Preisdifferenzierung noch bei 4.000 liegt, ändern sich die Kosten nicht. Erlöszuwachs und Gewinnzuwachs sind demzufolge ausnahmsweise gleich hoch.

Die Erlös- und Gewinnsteigerung von 10.000 Euro kommt dadurch zustande, dass der Veranstalter einen Teil der Konsumentenrente oberhalb des bisherigen Monopolpreises abschöpft und in Erlös bzw. Gewinn umwandelt. Die verbleibende Konsumentenrente könnte teilweise noch weiter abgeschöpft werden, wenn es durch eine zusätzliche Marktaufspaltung gelänge, beispielsweise bei den 1.000 Zuschauern, die bereit wären, einen Preis von 22,50 Euro für eine Eintrittskarte zu zahlen, diesen Preis auch durchzusetzen.

Gewinnberechnung:	2.000 Zuschauer $\times$ 20,00 €	= 40.000 €
	+ 2.000 Zuschauer $\times$ 15,00 €	= 30.000 €
	= Gesamterlös	= 70.000 €
	− Gesamtkosten	= 35.000 €
	= Gesamtgewinn	35.000 €

8.2 Monopolistischer Preisspielraum

8.2 Monopolistischer Preisspielraum: Preisbildung beim Polypol auf dem unvollkommenen Markt

Häufig werden am Markt sehr ähnliche Güter angeboten, die aber nach Einschätzung der Nachfrager aus verschiedenen Gründen nicht gleichartig (homogen) sind. Möglicherweise werden diese Güter nur deswegen als andersartig (heterogen) angesehen, weil sie sich in der Verpackung oder durch eine Markenbezeichnung unterscheiden. Neben solchen sachlichen Präferenzen liegen Marktunvollkommenheiten beispielsweise auch dann vor, wenn sich aufgrund von besonders zuvorkommender Kundenbetreuung eine „Stammkundschaft" entwickelt (= persönliche Präferenzen), der Anbieter einen günstigen Standort (z. B. gute Geschäftslage, genügend Parkraum, geringe Entfernung) hat (= räumliche Präferenz) oder eine besonders schnelle Lieferung zusagt (= zeitliche Präferenz). Auf einem solchen unvollkommenen Markt können für eigentlich gleichartige Güter dennoch unterschiedliche Preise entstehen.

Die Marktform des Polypols auf dem unvollkommenen Markt ist dadurch gekennzeichnet, dass sich viele Anbieter und viele Nachfrager mit jeweils geringen Marktanteilen gegenüberstehen. Ein einheitlicher Preis kommt deswegen nicht zustande, weil mindestens eine der Bedingungen des vollkommenen Marktes (Homogenität der Güter, keine Präferenzen, Markttransparenz) nicht erfüllt ist.

Die Anbieter beim Polypol auf dem unvollkommenen Markt können den Preis innerhalb gewisser Grenzen verändern, ohne dass sie bei einer kleinen Preiserhöhung befürchten müssen, Kunden an die Konkurrenz zu verlieren und ohne dass es ihnen bei einer kleinen Preissenkung gelingt, Käufer aus dem Kundenstamm eines anderen Anbieters abzuziehen. Sie können somit – anders als bei der Marktform der vollkommenen Konkurrenz – innerhalb eines bestimmten Preisbereichs Preispolitik wie ein Monopolist betreiben. Diese Marktform wird daher auch als **monopolistische Konkurrenz** bezeichnet.

Es gibt aber eine Ober- und eine Untergrenze für den preispolitischen Spielraum eines einzelnen Anbieters. Setzt der Anbieter den Preis zu hoch fest, ist für die Nachfrager der Preisnachteil im Vergleich zu den Konkurrenten so groß, dass die bisherigen Präferenzen gegenüber diesem Anbieter ihre Wirkung verlieren. Alle Kunden wandern zur Konkurrenz ab. Der Anbieter würde dann – wie beim Polypol auf dem vollkommenen Markt – seinen ganzen Absatz verlieren. Setzt der Anbieter dagegen den Preis zu niedrig fest, wechseln alle Nachfrager von der Konkurrenz zu ihm über. Aufgrund seines geringen Marktanteils kann er diese Nachfrage aber nicht befriedigen und keine zusätzlichen Kunden langfristig an sich binden. Aus diesen Überlegungen ergibt sich beim Polypol auf dem unvollkommenen Markt für einen einzelnen Anbieter eine Preis-Absatz-Funktion, wie sie in der folgenden Abbildung dargestellt ist. Sie wird auch als **doppelt geknickte Preis-Absatz-Kurve** bezeichnet[1].

> Die Preis-Absatz-Kurve eines Anbieters spiegelt den auf ihn entfallenden Teil der Gesamtnachfrage wider. Die Nachfragemenge, die er bei unterschiedlichen Preisen auf sich vereinigen kann, ist identisch mit seiner jeweiligen Absatzmenge.

> Die Preis-Absatz-Kurve eines Polypolisten auf dem unvollkommenen Markt weist zwei Knicke auf (doppelt geknickt) und ist dadurch in drei Abschnitte unterteilt. Sie gibt an, welche Menge dieser Anbieter jeweils absetzen kann, wenn er unterschiedlich hohe Preise festsetzt.

In dem Preisintervall zwischen der Obergrenze (p^o) und der Untergrenze (p^u) (vgl. Abb. 402) kann der Anbieter Preispolitik wie ein Angebotsmonopolist betreiben. Der entsprechende Abschnitt auf der Preis-Absatz-Kurve wird daher auch als **monopolistischer Bereich** bezeichnet. Ausgehend vom Preis p^1 führt eine Preissenkung – wie beim Monopol – zu einer Absatzsteigerung, weil Nachfrager auftreten, die dieses Gut bisher nicht oder nur in geringer Menge gekauft haben (Weckung latenter Nachfrage). Bei einer Preiserhöhung verzichten dagegen einige der bisherigen Nachfrager ganz auf das Gut oder schränken zumindest die gekaufte Menge ein.

> Zwischen oberer und unterer Preisgrenze (monopolistischer Bereich) kann sich ein Anbieter beim unvollkommenen Polypol wie ein Monopolist verhalten und Preispolitik betreiben.

---

[1] Diese Form der Preis-Absatz-Funktion wurde von Erich Gutenberg (1897–1984), einem bedeutenden deutschen Betriebswirt an der Universität Köln, entwickelt. Vgl. E. Gutenberg, Grundlagen der Betriebswirtschaftslehre, Bd. 2: Der Absatz, 17. Aufl., Berlin, Heidelberg, New York 1984, S. 247 ff.

Doppelt geknickte Preis-Absatz-Kurve

Außerhalb des monopolistischen Bereichs lässt die Wirkung von Präferenzen und anderen Marktunvollkommenheiten deutlich nach. Die Nachfrager reagieren elastischer auf Preisänderungen. Die Preis-Absatz-Kurve verläuft in den beiden polypolistischen Bereichen flacher als im monopolistischen Bereich.

Außerhalb des monopolistischen Bereichs bestehen keine Präferenzen oder andere Marktunvollkommenheiten. Es liegt ein vollkommener Markt vor. Die Nachfrager reagieren unendlich elastisch auf Preisänderungen. Die Preis-Absatz-Kurve verläuft in den beiden polypolistischen Bereichen parallel zur Mengenachse.

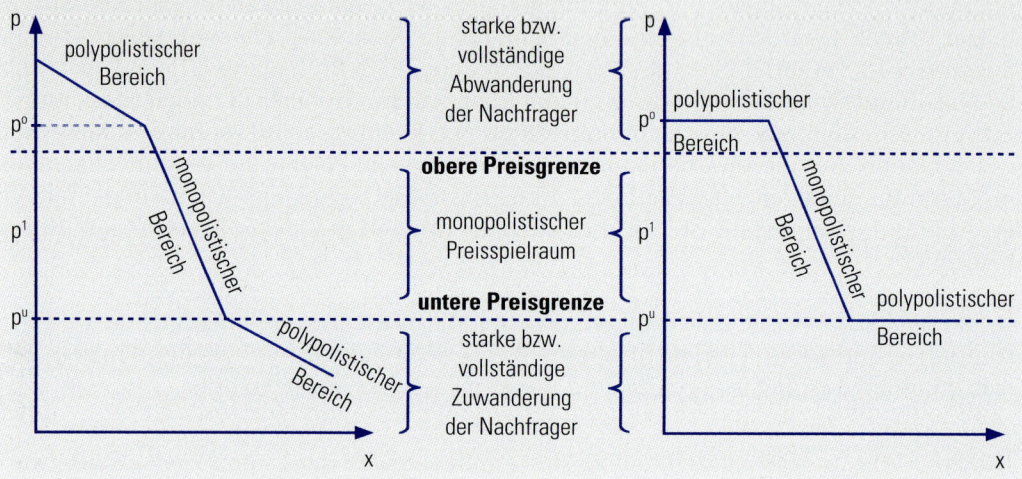

Außerhalb des monopolistischen Bereichs werden die Präferenzen mehr und mehr unwirksam. Diese beiden Abschnitte der Preis-Absatz-Kurve werden auch als polypolistische Bereiche bezeichnet (vgl. Abb. oben). Eine Erhöhung des Preises über den oberen Grenzpreis (p^o) führt zu einer Abwanderung von Kunden zu anderen Anbietern und damit zu einer Absatzminderung. Bei einer Preissenkung unterhalb des unteren Grenzpreises (p^u) kommt es zu einem Kundenzustrom von anderen Anbietern. Die Preis-Absatz-Kurve verläuft außerhalb des monopolistischen Bereichs umso flacher, je geringer die Präferenzen und je höher die Markttransparenz sind. Im Extremfall sind die Bedingungen eines vollkommenen Marktes erfüllt, sodass der Anbieter beim oberen Grenzpreis seinen gesamten Absatz verliert und beim unteren Grenzpreis jede im Bereich seiner Produktionskapazität liegende Menge absetzen kann. Das lässt sich durch jeweils parallel zur Mengenachse verlaufende Abschnitte der Preis-Absatz-Kurve darstellen (vgl. Abb. oben rechts).

Ein Anbieter, der durch die Marktunvollkommenheiten Vorteile hat, wird versuchen den monopolistischen Bereich zu erhalten und auszubauen, indem er absatzpolitische Instrumente (z. B. Werbung, Verpackung, Liefer- und Zahlungsbedingungen) einsetzt. Ziel ist es dabei, den monopolistischen Bereich weiter nach oben zu verlagern und die Preis-Absatz-Kurve nach rechts zu verschieben.

8.3 Verhaltensweisen der Anbieter beim Oligopol

Gibt es auf einem Markt nur wenige Anbieter, denen viele Nachfrager gegenüberstehen, liegt ein Angebotsoligopol vor.

Marktformen			
Anbieter \ **Nachfrager**	**viele**	**wenige**	**einer**
viele	zweiseitiges Polypol	Nachfrageoligopol	Nachfragemonopol
wenige	Angebotsoligopol	zweiseitiges Oligopol	beschränktes Nachfragemonopol
einer	Angebotsmonopol	beschränktes Angebotsmonopol	zweiseitiges Monopol

Das Angebotsoligopol ist – neben dem Polypol auf dem unvollkommenen Markt – die in der Realität am häufigsten anzutreffende Marktform (z. B. Waschmittel, Zigaretten, Mineralöl, Automobile, Autoreifen).

Nichtkooperatives[1] Verhalten (Verdrängungswettbewerb)

Versucht jeder einzelne Oligopolist, seinen Gewinn zu maximieren, löst das üblicherweise einen Preisunterbietungsprozess aus, weil jeder Anbieter seine Absatzmenge zulasten des Marktanteils der Konkurrenten ausdehnen will. Wenn aber alle Anbieter ihre Preise senken, sinkt der Gewinn, ohne dass sich die Marktanteile wesentlich ändern. **Gewinnmaximierendes Verhalten des Einzelnen** bewirkt somit eine Gewinnminderung aller Anbieter und führt zu einer Preisvergünstigung für die Nachfrager. Oft endet dieser Preiswettbewerb mit einem **Verlust für alle beteiligten Unternehmen**. Der Prozess kann in einen **Preiskrieg** (ruinöse Konkurrenz) münden. Dabei senkt derjenige Oligopolist, der am kostengünstigsten produziert oder die höchsten finanziellen Rücklagen hat, den Preis sogar unter seine Selbstkosten und nimmt zeitweilige Verluste in Kauf. Auf diese Weise will er seine Konkurrenten ebenfalls in die Verlustzone treiben und sie zwingen aus dem Markt auszuscheiden (Verdrängungswettbewerb).

Kooperatives Verhalten (friedliche Strategie)

Weil auf oligopolistischen Märkten die Gefahr besteht, dass ein Preiswettbewerb für alle Anbieter Nachteile mit sich bringt, ist es nahe liegend, dass die Anbieter stillschweigend oder offen vereinbaren, den Preis als Wettbewerbsinstrument auszuschalten und stattdessen miteinander zu kooperieren. Anstelle der Preispolitik treten dann andere absatzpolitische Maßnahmen (z. B. Werbung, Qualität, Kundendienst) in den Vordergrund.

Auf oligopolistischen Märkten zeigt sich häufig kein Preiswettbewerb (aggressive Strategie), sondern ein auf Übereinkunft beruhendes kooperatives Verhalten (friedliche Strategie).

---

1 kooperativ (lat.): gemeinsam handelnd; gemeinschaftlich

Preisstarrheit

Da mit preispolitischen Maßnahmen erhebliche Risiken für einen Oligopolisten einhergehen, wird der Preiswettbewerb auf solchen Märkten häufig durch andere Wettbewerbsformen (z.B. Qualität, Werbung) ersetzt. Es kann daher vorkommen, dass auf oligopolistischen Märkten die Preise auffallend lange stabil bleiben (Preisstarrheit).

Preisführerschaft

Wenn auf oligopolistischen Märkten Preisänderungen vorgenommen werden, liegt dem häufig keine aggressive, sondern eine friedliche Strategie in Form der Preisführerschaft zugrunde. Dabei verändert ein Anbieter den Preis und gibt damit den übrigen Anbietern das Signal, ihrerseits ebenfalls die Preise zu verändern (Parallelverhalten).

Bei dem Preisführer kann es sich um den Anbieter mit dem größten Marktanteil handeln. Es ist aber auch möglich, dass die Preisführerschaft zwischen den Unternehmen wechselt. Letzteres ist beispielsweise bei Benzinpreiserhöhungen der Mineralölgesellschaften zu beobachten. Ein derartiges Parallelverhalten stellt zwar eine Wettbewerbsbeschränkung dar, die aber nicht gesetzlich verboten ist.

Preisabsprachen

Eine nahe liegende Verhaltensweise, um die Konkurrenz zwischen den Anbietern noch weiter zu mindern, ist die **Preisabsprache**. Diese kann einerseits als **abgestimmte Verhaltensweise** ohne vertragliche Vereinbarung erfolgen („Frühstückskartell", „Augenzwinkerkartell", „gentlemen agreement"). Werden die Absprachen über Preise und/ oder Produktionsmengen vertraglich festgelegt, liegt ein **Preiskartell** und/oder **Quotenkartell** vor. Sowohl abgestimmtes Verhalten als auch Preis- und Quotenkartelle sind als schwere Formen der Wettbewerbsbeschränkung nach deutschem und eurpäischem Recht verboten. Im Rahmen eines **Kartells** können sich die beteiligten Unternehmen **gemeinsam wie ein Monopolist** verhalten **(Kollektivmonopol)**. Die gemeinsame Gewinnmaximierung macht eine Einigung zwischen den beteiligten Unternehmen über die Aufteilung der künstlich verknappten Produktionsmengen und der Gewinnanteile notwendig. Sie gelingt so lange, wie der gemeinsam vereinbarte Monopolpreis von niemandem unterboten wird. Je größer die Zahl der Kartellmitglieder ist, umso eher besteht aber die Gefahr, dass der vereinbarte Preis von einigen Mitgliedern unterlaufen wird. Sie steigern auf diese Weise ihren Absatz über die zugeteilte Produktionsmenge hinaus und erreichen eine **individuelle Gewinnsteigerung** zulasten der anderen Kartellmitglieder.

Lernkontrolle
Aufgaben 3–5

Mögliche Verhaltensweisen der Anbieter beim Oligopol			
kooperatives Verhalten (friedliche Strategie)			**nichtkooperatives Verhalten (aggressive Strategie)**
Preisstarrheit	**Preisführerschaft** (Parallelverhalten)	**Preisabsprachen** (Abgestimmtes Verhalten, Preiskartell)	**Verdrängungswettbewerb** (Preiskrieg, ruinöse Konkurrenz)
Wettbewerbsmittel: Werbung, Qualität, Kundendienst			Wettbewerbsmittel: Preis

Zusammenfassung und Lernkontrolle

Zusammenfassung

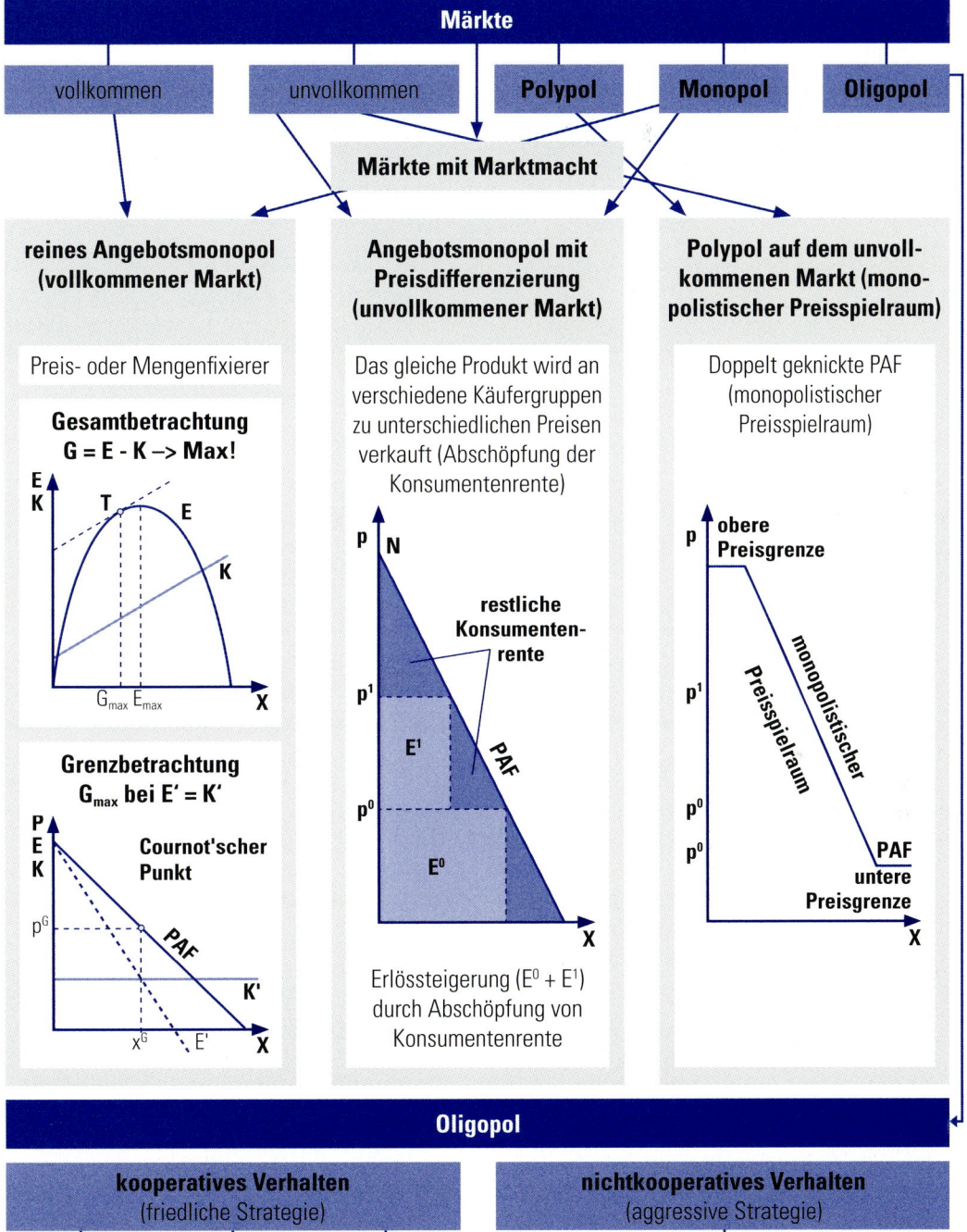

Märkte

| vollkommen | unvollkommen | **Polypol** | **Monopol** | **Oligopol** |

Märkte mit Marktmacht

reines Angebotsmonopol (vollkommener Markt)

Preis- oder Mengenfixierer

Gesamtbetrachtung G = E - K –> Max!

Grenzbetrachtung G_{max} bei E' = K'

Cournot'scher Punkt

Angebotsmonopol mit Preisdifferenzierung (unvollkommener Markt)

Das gleiche Produkt wird an verschiedene Käufergruppen zu unterschiedlichen Preisen verkauft (Abschöpfung der Konsumentenrente)

restliche Konsumentenrente

Erlössteigerung ($E^0 + E^1$) durch Abschöpfung von Konsumentenrente

Polypol auf dem unvollkommenen Markt (monopolistischer Preisspielraum)

Doppelt geknickte PAF (monopolistischer Preisspielraum)

obere Preisgrenze

monopolistischer Preisspielraum

untere Preisgrenze

Oligopol

kooperatives Verhalten (friedliche Strategie)

Preisstarrheit | Preisführerschaft | Preisabsprachen

nichtkooperatives Verhalten (aggressive Strategie)

Verdrängungswettbewerb (Preiskampf, ruinöse Konkurrenz)

Lernkontrolle

Aufgabe 1: Preisbildung eines Monopolisten:
Tabellarische und grafische Ermittlung des Gewinnmaximums

Die beiden ersten Spalten der folgenden Tabelle zeigen die Preis-Absatz-Funktion eines Monopolisten:

Preis (p)	Menge (x)	Erlös (E)	Fixkosten K_{fix}	var. Gesamt-kosten (K_v)	Gesamt-kosten (K)	Gewinn (G)
100	0					
90	1					
80	2					
70	3					
60	4					
50	5	250	60	50	110	140
40	6	240	60	60	120	120
30	7	210	60	70	130	80
20	8	160	60	80	140	20
10	9	90	60	90	150	− 60
0	10	0	60	100	160	−160

1. Tragen Sie die fehlenden Zahlenwerte der Erlösfunktion in die Tabelle ein.
2. Bei welcher Ausbringungsmenge erreicht der Monopolist sein Erlösmaximum?
3. Die Gesamtkostenfunktion lautet: K = 60 + 10 x. Tragen Sie die fehlenden Zahlenwerte für die Fixkosten, die variablen Gesamtkosten, die Gesamtkosten und den Gewinn in die Tabelle ein.
4. Zeichnen Sie die Erlöskurve, die Gesamtkostenkurve und den positiven Bereich der Gewinnkurve in ein Koordinatensystem ein (x-Achse: Menge, 10 cm, 1 cm = 1 Mengeneinheit, y-Achse: Erlöse, Kosten, Gewinn, 13 cm, 1 cm = 20 Geldeinheiten).
5. Ermitteln Sie
   a) die Ausbringungsmenge, bei der der Monopolist sein Gewinnmaximum erreicht,
   b) den Preis, der dieser gewinnmaximalen Ausbringungsmenge entspricht,
   c) die Höhe des Gewinns im Gewinnmaximum.

Aufgabe 2: Erlös- und Gewinnmaximum beim Angebotsmonopol:
Zusammenschluss zu einem Preiskartell

Angenommen, die Eisdielen in einer Kleinstadt wollen versuchen den Wettbewerb untereinander zu beschränken. Die gemeinsame Marktmacht soll gestärkt werden, damit sie nicht mehr – wie beim Polypol – den vom Markt vorgegebenen Preis akzeptieren müssen, sondern selbst den gewinnmaximalen Preis festlegen können. Dazu schließen sie sich zu einem Preiskartell zusammen. Die Gesamtnachfrage nach Eiskugeln für einen bestimmten Zeitraum (z. B. einen Tag) ist gegenüber dem Wettbewerbsmarkt unverändert geblieben (vgl. Kap. 6.2.4).

Preis (Euro) je Kugel	3,00	2,70	2,40	2,10	1,80	1,50	1,20	0,90	0,60	0,30	0,00
Menge in Stück	0	1.000	2.000	3.000	4.000	5.000	6.000	7.000	8.000	9.000	10.000
Erlös (Euro)	0	2.700	4.800	6.300	7.200	7.500	7.200	6.300	4.800	2.700	0

Die in einem bestimmten Zeitraum (z. B. einen Tag) anfallenden Fixkosten belaufen sich für alle Betriebe zusammen auf 2.500,00 Euro. Die variablen Stückkosten aller Hersteller betragen im Durchschnitt 0,40 Euro.

1. Bei welchem Preis und bei welcher Menge liegt das Erlösmaximum des Eis-Kartells?
2. Bei welchem Preis und bei welcher Menge liegt das Gewinnmaximum des Eis-Kartells?
3. Vergleichen Sie den vom Eis-Kartell festgelegten Preis und die entsprechende Absatzmenge mit der bisher auf dem Wettbewerbsmarkt vorliegenden Marktsituation von 6.000 abgesetzten Eiskugeln zum Preis von 1,20 Euro je Stück.

Aufgabe 3: Unterschiedliche Verhaltensweisen von Oligopol

Wal-Mart[1] und Aldi unterbieten sich gegenseitig

Das Bundeskartellamt hat sich in den neuen Preiskampf im Einzelhandel eingeschaltet. Prüfungen richten sich gegen die großen Lebensmittelketten Aldi, Lidl, Plus und Norma. Es geht dabei um die Preise für Grundnahrungsmittel und Getränke. Der US-Handelsriese Wal-Mart[1] hatte zuvor seine Preise drastisch gesenkt und soll angeblich zu Produktpreisen anbieten, die unter den Einstandspreisen liegen. Nach dem Kartellrecht sind solche Dumpingpreise aus Wettbewerbsgründen untersagt.

http://www.politikforum.de/forum

Benzinpreis steigt zu Pfingsten trotz sinkendem Ölpreis und schwachem Dollar

Pünktlich zur Pfingstreisewelle haben Mineralölkonzerne wie Aral/BP und Shell/DEA die Spritpreise kräftig angehoben, obwohl die Preise für Rohöl zuletzt kontinuierlich gesunken sind. Zudem müsste der schwache Dollar die Benzinpreise zusätzlich drücken. Unfaire Absprachen seitens der Ölmultis sieht das Bundeskartellamt derzeit aber nicht gegeben. Die Behörde werde erst einschreiten, wenn konkrete Hinweise für wettbewerbswidrige Preisabsprachen der Mineralölkonzerne vorliegen, sagte eine Sprecherin.

http://www.wdr.de/themen/verkehr/strasse/benzinpreise

Welche Zwecke verfolgen die Anbieter in den beiden beschriebenen Fällen? Welche Mittel setzten sie zur Erreichung ihrer Ziele ein?

---

1 Der US-amerikanische Einzelhandelskonzern Wal-Mart Stores Inc. gehört zu den umsatzstärksten Unternehmen der Welt. 2006 hat sich das Unternehmen wegen Erfolglosigkeit aus Deutschland zurückgezogen und seine Warenhäuser an die Metro AG verkauft.

Aufgabe 4: Angebotsoligopol – Erklärung von Verhaltensweisen im Oligopol – Kartellbildung

Angenommen, auf dem Benzinmarkt gibt es nur die beiden Anbieter A und B. Jeder von beiden versucht eine Strategie zu wählen, bei der sein Gewinn möglichst groß ist.

Situation 1:

Setzt A einen hohen Preis (z. B. Monopolpreis) fest, so ist dies für ihn nur dann mit einem hohen Gewinnzuwachs verbunden, wenn auch B denselben hohen Preis verlangt. Setzt B dagegen einen niedrigeren Preis fest, erleidet A eine Gewinnminderung, weil seine Absatzmenge zurückgeht. Der Gewinnzuwachs des B ist in diesem Fall noch höher als wenn beide Anbieter die Hochpreisstrategie wählen. Wählen beide Anbieter die Niedrigpreisstrategie, ergibt sich keine Gewinnveränderung. Diese Zusammenhänge sind für die vier möglichen Strategiekombinationen in der folgenden **Gewinnmatrix** in Mio. Euro dargestellt (linke untere Ecke: Gewinnveränderungen für Unternehmen A; rechte obere Ecke: Gewinnveränderung für Unternehmen B)

Für beide Anbieter besteht nur die Wahl zwischen zwei Strategien.

Gewinnzuwächse bei		Anbieter B	
		Hochpreis (S_{B1})	Niedrigpreis (S_{B2})
Anbieter A	Hochpreis (S_{A1})	(B) 50 (A) 50	(B) 100 (A) – 50
	Niedrigpreis (S_{A2})	(B) – 50 (A) 100	(B) 0 (A) 0

1. Welche Strategie wird Anbieter A voraussichtlich wählen? Begründen Sie Ihre Antwort.
2. Welche Strategie wird Anbieter B voraussichtlich wählen? Begründen Sie Ihre Antwort.
3. Welchen Einfluss haben die voraussichtlich gewählten Strategien auf die Gewinnsituation der beiden Anbieter?
4. Wie wirkt sich die voraussichtliche Strategiekombination für die Nachfrager aus?

Situation 2:

Aufgrund veränderter Kostenstrukturen ändert sich die Gewinnmatrix wie folgt:

		Anbieter B	
		Hochpreis (S_{B1})	Niedrigpreis (S_{B2})
Anbieter A	Hochpreis (S_{A1})	(B) 60 (A) 40	(B) 100 (A) – 50
	Niedrigpreis (S_{A2})	(B) – 50 (A) 100	(B) 5 (A) – 5

Welche Strategie wird Anbieter B voraussichtlich wählen und welche Folgen ergeben sich daraus für A? Begründen Sie Ihre Antwort.

Situation 3:

Die beiden Anbieter A und B haben ein Kartell gebildet, um gemeinsam ihren Gewinn zu maximieren. Der vereinbarte Kartellpreis (Monopolpreis) lässt sich aber nur durchsetzen, wenn die Angebotsmenge eingeschränkt wird. Die gewinnmaximale Menge wird daher zu gleichen Teilen auf die beiden Anbieter aufgeteilt. Beide Anbieter haben dadurch aber Leerkapazitäten. Jeder von ihnen überlegt daher, ob sich nicht ein individueller Zusatzgewinn erzielen lässt, wenn die Produktion unter Umgehung der Kartellvereinbarung heimlich erhöht wird.

Beiden Unternehmen stehen folgende Strategien zur Auswahl:
Strategie 1 (S1): Produktion nicht erhöhen (= Kartellvereinbarung einhalten)
Strategie 2 (S2): Produktion erhöhen (= Kartellvereinbarung umgehen)

Die sich bei jeder der vier Strategiekombinationen ergebenden Gewinne für A und B sind in der folgenden Gewinnmatrix dargestellt (linke untere Ecke: Gewinn für Unternehmen A; rechte obere Ecke: Gewinn für Unternehmen B).

		Anbieter B	
		Produktion nicht erhöhen (S_{B1})	**Produktion erhöhen (S_{B2})**
Anbieter A	**Produktion nicht erhöhen (S_{A1})**	(B) 110 (A) 110	(B) 120 (A) 80
	Produktion erhöhen (S_{A2})	(B) 80 (A) 120	(B) 100 (A) 100

1. Prüfen Sie, ob das Kartell längerfristig Bestand haben wird. Begründen Sie Ihre Antwort.
2. Wie wirkt sich die voraussichtliche Strategiekombination auf den Gewinn der beiden Anbieter aus?
3. Wie wirkt sich die voraussichtliche Strategiekombination für die Nachfrager aus?

Aufgabe 5: Plan- und Strategiespiel STRATOLIGO: Anbieterverhalten auf einem oligopolistischen Markt – Kartellbildung

Führen Sie in Ihrer Klasse das Plan- und Strategiespiel „STRATOLIGO" durch. Mit diesem Spiel werden das Konkurrenzverhalten von Oligopolisten und die Problematik der Kartellbildung simuliert.

9 Kooperation und Konzentration von Unternehmen – Wettbewerbspolitik

9.1 Überblick

Unternehmen können unterschiedliche Formen von **Unternehmenszusammenschlüssen** eingehen. Dieser Vorgang wird auch als **Mergers and Acquisitions (M&A)** bezeichnet. Je nach Intensität und Zielsetzung des Zusammenschlusses, lassen sich verschiedene **Kooperations-** und **Konzentrationsformen** unterscheiden.

> Eine Kooperation zwischen Unternehmen liegt dann vor, wenn sich die beteiligten Unternehmen vertraglich zur Zusammenarbeit verpflichten und dabei ihre rechtliche und wirtschaftliche Selbstständigkeit in den Bereichen bewahren, die nicht dem Kooperationsvertrag unterworfen sind.

> Bei einer Konzentration geben die beteiligten Unternehmen ihre wirtschaftliche Selbstständigkeit auf und unterstellen ihre Funktionsbereiche einer einheitlichen Leitung.

Unternehmenszusammenschlüsse nach der Intensität der Bindung	
Kooperation	**Konzentration**
Interessengemeinschaft, Konsortium	Beteiligung, Konzern, Holding
Kartell	Fusion

Je nachdem, auf welche Wirtschaftsstufen sich die Unternehmenszusammenschlüsse beziehen, lassen sich folgende Formen unterscheiden:

Unternehmenszusammenschlüsse nach Wirtschaftsstufen			
Bezeichnung	**Horizontale Zusammenschlüsse**	**Vertikale Zusammenschlüsse**	**Diagonale / anorganische Zusammenschlüsse**
Merkmal	Unternehmen der gleichen Produktions- oder Handelsstufe	Unternehmen aus aufeinanderfolgenden Produktions- oder Handelsstufen	Unternehmen aus verschiedenen Produktionsstufen oder Branchen
Ziele	Stärkung der Marktposition	Sicherung von Beschaffung und Absatz	Risikoausgleich zwischen verschiedenen Branchen
Beispiele	*Zusammenschluss von zwei Automobilherstellern*	*Zusammenschluss von Automobilhersteller und Zulieferer*	*Zusammenschluss von Bank, Brauerei und Touristikunternehmen*

9.2 Formen der Kooperation

9.2.1 Interessengemeinschaft und Konsortium

Zweck einer **Interessengemeinschaft** ist die **längerfristige Zusammenarbeit** von rechtlich unabhängigen Unternehmen in bestimmten betrieblichen Bereichen (z. B. gemeinsame Forschung und Entwicklung, gegenseitige Zulieferung und Abnahme von Erzeugnissen). Mit der Gründung einer solchen Interessengemeinschaft wird das Ziel einer Kostensenkung durch Rationalisierungen verfolgt. Die Interessengemeinschaft wird meistens in der Rechtsform einer Gesellschaft des bürgerlichen Rechts betrieben. Eine besonders enge Form der Kooperation im Rahmen einer Interessengemeinschaft liegt dann vor, wenn die Gewinne und Verluste der beteiligten Unternehmen gemeinsam erfasst und nach einem festgelegten Schlüssel den beteiligten Unternehmen zugewiesen werden. In diesem Fall wird von einer Gewinn- und Verlustgemeinschaft bzw. einem Pool gesprochen.

Wenn die Zusammenarbeit zwischen Unternehmen zeitlich begrenzt ist und sich nur auf die Durchführung bestimmter Aufträge bezieht, handelt es sich um ein **Konsortium**.

> Ein Konsortium ist ein Zusammenschluss von rechtlich selbstständig bleibenden Unternehmen zur Durchführung bestimmter zeitlich begrenzter Aufgaben.

Konsortien kommen besonders häufig im Bankenbereich vor[1]. Dabei schließen sich Kreditinstitute zusammen, um z. B. Aktien oder Schuldverschreibungen von den Emittenten zu übernehmen und beim Anlegerpublikum zu platzieren **(Emissionskonsortium)**. Nach Durchführung des Auftrags endet das Konsortium.

9.2.2 Kartelle

> Ein Kartell ist ein Zusammenschluss von rechtlich selbstständig bleibenden Unternehmen der gleichen Wirtschaftsstufe, die durch Vertrag oder Absprache ihre wirtschaftliche Handlungsfreiheit teilweise aufgeben, um den Wettbewerb einzuschränken oder aufzuheben.

In Deutschland sind Kartelle gem. § 1 des Gesetzes gegen Wettbewerbsbeschränkungen (GWB §§ 1, 2, 3) grundsätzlich verboten. Allerdings gibt es von diesem Verbot einige in den §§ 2 und 3 des GWB geregelte Ausnahmen (vgl. Kap. 9.4.2).

GWB
§§ 1, 2, 3

Wichtige Kartellarten		
Name des Kartells	**Kartellvereinbarung**	**gesetzliche Regelung**
Preiskartell	Festlegung eines einheitlichen (Mindest-)preises	verboten § 1 GWB
Konditionenkartell	Vereinbarung einheitlicher Geschäfts-, Liefer- und Zahlungsbedingungen	Freistellung vom Kartellverbot möglich § 2 GWB
Produktions-/ Quotenkartell	Festlegung der Produktions-/Absatzmenge und Zuteilung von Quoten	verboten § 1 GWB
Gebietskartell	Aufteilung eines Absatzgebietes	verboten § 1 GWB

Lernkontrolle
Aufgabe 1

---

1   In der gewerblichen Wirtschaft wird eine solche zeitlich begrenzte Zusammenarbeit auch als Arbeitsgemeinschaft (ARGE) bezeichnet (z. B. in der Bauwirtschaft: Bau eines Flughafens, Errichtung eines Kraftwerks).

9.3 Formen der Konzentration

9.3.1 Beteiligungserwerb

Im Rahmen einer Konzentration erwirbt ein Unternehmen in der Regel Aktien eines anderen Unternehmens. Dieser Beteiligungsvorgang **(acquisition)** an dem zu übernehmenden Unternehmen kann auf unterschiedliche Weise erfolgen:

- Kontinuierlicher Aufkauf von Aktien des Unternehmens an der Börse
- Übernahmeverhandlungen mit einem Großaktionär des Unternehmens
- Kaufangebot an die Aktionäre des Unternehmens, Aktien zu einem über dem Börsenkurs liegenden Ankaufskurs zu übernehmen

Wenn der Beteiligungserwerb gegen den Willen der Unternehmensleitung des zu übernehmenden Unternehmens erfolgt, liegt eine **feindliche Übernahme** vor.

Das erwerbende Unternehmen erhält durch die Beteiligung Stimmrechte in der Hauptversammlung und damit Einfluss auf die Leitung des zu übernehmenden Unternehmens.

> Die **Deutsche Postbank AG** ist seit 2010 mehrheitlich im Besitz der **Deutschen Bank**. Die Postbank beauftragte die US-amerikanische Investmentbank Morgan Stanley, einen Fusionspartner zu suchen. Im September 2008 wurde eine Übernahme der mehrheitlich der Deutsche Post AG gehörenden Postbank durch die Deutsche Bank angekündigt, die einem Angebot der spanischen Großbank Santander zuvorkam. Die Deutsche Bank übernahm 2009 in einem ersten Schritt 22,9 % der Aktien. Bis 2012 hatte die Deutsche Bank vollständigen Anteil von der Deutschen Post übernommen und weitere Aktien am freien Markt aufgekauft. 2012 betrug die Beteiligung der Deutschen Bank AG an der Postbank AG mehr als 90 % des Aktienkapitals. Es besteht ein Beherrschungs- und Gewinnabführungsvertrag zwischen der Postbank AG als abhängigem Unternehmen und der Deutsche Bank Finanz-Holding GmbH als herrschendem Unternehmen.

9.3.2 Konzern

> Bei einem Konzern sind ein herrschendes und ein oder mehrere abhängige – aber rechtlich selbstständige – Unternehmen unter der einheitlichen Leitung des herrschenden Unternehmens zusammengefasst. Die beteiligten Konzernunternehmen geben durch die Beteiligung die wirtschaftliche Selbstständigkeit auf.

Lernkontrolle
Aufgabe 2

Damit die Geschäftspolitik von beteiligten Unternehmen einheitlich ausgerichtet werden kann, ist zuvor die Regelung einer **einheitlichen Leitung** der rechtlich selbstständigen Unternehmen erforderlich.
Eine einheitliche Leitung liegt vor, wenn ein Unternehmen ein anderes Unternehmen tatsächlich beherrscht. Das kann durch einen **Beherrschungsvertrag** oder durch eine **kapitalmäßige Bindung** geregelt werden:

- Ein **Beherrschungsvertrag** berechtigt das herrschende Unternehmen, dem Vorstand der abhängigen Gesellschaft hinsichtlich der Leitung der Gesellschaft Weisungen zu erteilen. Durch dieses Weisungsrecht erlangt das herrschende Unternehmen die volle unternehmerische Leitung der abhängigen Gesellschaft.

- Im Rahmen einer **kapitalmäßigen Bindung** werden Aktien der Konzernunternehmen auf eine übergeordnete Gesellschaft **(Dachgesellschaft, Holdinggesellschaft)** übertragen. Die Dachgesellschaft übernimmt lediglich Aufgaben der Verwaltung (Leitung) und Finanzierung.

Lernkontrolle
Aufgabe 3

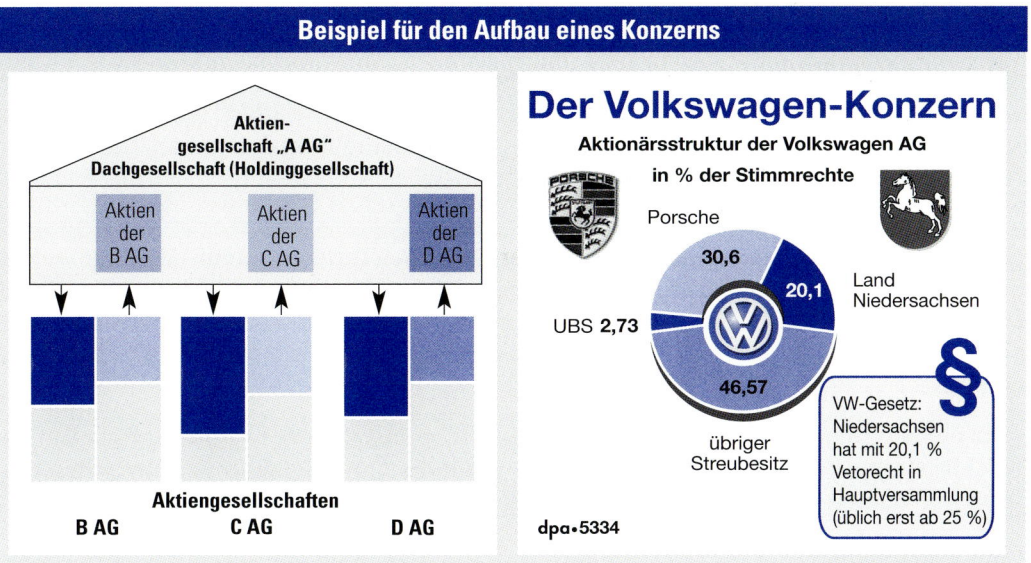

Beispiel für den Aufbau eines Konzerns

Aktiengesellschaft „A AG"
Dachgesellschaft (Holdinggesellschaft)

Aktien der B AG — Aktien der C AG — Aktien der D AG

Aktiengesellschaften
B AG   C AG   D AG

Der Volkswagen-Konzern

Aktionärsstruktur der Volkswagen AG
in % der Stimmrechte

Porsche 30,6

20,1 Land Niedersachsen

UBS 2,73

46,57

übriger Streubesitz

VW-Gesetz: Niedersachsen hat mit 20,1 % Vetorecht in Hauptversammlung (üblich erst ab 25 %)

dpa·5334

Unterscheidung nach der Struktur

Nach der Struktur eines Konzerns lassen sich unterscheiden:

Konzernarten		
Vertikaler Konzern	**Horizontaler Konzern**	**Diagonaler/ Anorganischer Konzern**
Konzern umfasst vor- und nachgelagerte Stufen der Wertschöpfung bzw. Leistungserstellung **Beispiel:** Unternehmensgruppe der Montanindustrie, die sowohl Kohle und Eisenerz abbaut als auch Stahl produziert und evtl. auch vermarktet.	Konzernunternehmen sind im gleichen Wirtschaftsbereich tätig. **Beispiel:** Der VW-Konzern produziert Autos vom billigen Kleinwagen bis zur Luxuslimousine.	Mischkonzern, der in unterschiedlichen Wirtschaftsbereichen tätig ist. **Beispiele:** E.ON Konzern (Kraftwerk, Immobilien), Oetker-Gruppe (Puddingpulver, Banken, Werften, Arzneimittel).

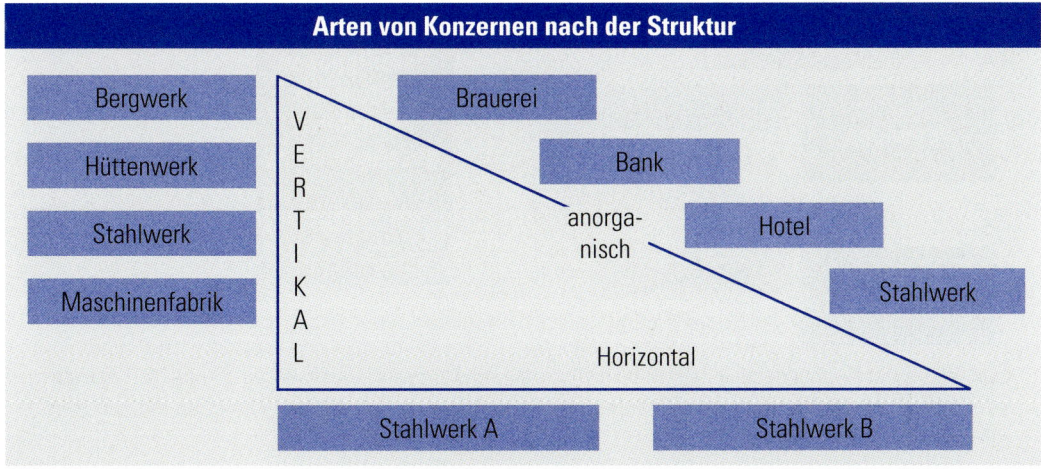

Arten von Konzernen nach der Struktur

Bergwerk
Hüttenwerk
Stahlwerk
Maschinenfabrik

VERTIKAL

Brauerei
Bank
anorganisch
Hotel
Stahlwerk

Horizontal

Stahlwerk A   Stahlwerk B

415

Unterscheidung nach der Stellung der Konzernunternehmen

Konzerne nach der Stellung der Konzernunternehmen	
Gleichordnungskonzern	**Unterordnungskonzern**

AktG
§ 18 (2)

> Bei einem Gleichordnungskonzern haben alle Konzernunternehmen eine gleichrangige Stellung.

Daher gibt es bei dieser Konzernart **kein herrschendes Unternehmen**. Vielmehr werden die Konzernunternehmen aufgrund von vertraglichen Regelungen unter **einheitlicher Leitung** zusammengefasst. Die einheitliche Leitung kann in Form eines Beirates oder einer personellen Verflechtung der Unternehmensleitungen der beteiligten Unternehmen geregelt werden.

> Um einen Unterordnungskonzern handelt es sich, wenn mehrere rechtlich selbstständige Unternehmen (Tochtergesellschaften) der einheitlichen Leitung eines herrschenden Unternehmens (Ober- oder Muttergesellschaft) unterstellt sind.

Eine Abhängigkeit der untergeordneten Unternehmen liegt vor, wenn das herrschende Unternehmen auf die Tochtergesellschaften unmittelbar oder mittelbar einen beherrschenden Einfluss ausüben kann, wobei diese Machtstellung nicht unbedingt ausgeübt werden muss. Vielmehr reicht es aus, wenn allein die Möglichkeit zur Machtausübung besteht.

AktG
§ 291
§ 308

Voraussetzung einer Beherrschung der Konzernunternehmen durch die Muttergesellschaft ist entweder ein **Beherrschungsvertrag** oder eine **kapitalmäßige Bindung** zwischen den Unternehmen.

AktG
§ 291

Häufig geht damit auch ein **Gewinnabführungsvertrag** einher. Dadurch wird das abhängige Unternehmen verpflichtet, seinen gesamten Gewinn an das beherrschende Unternehmen abzuführen.

Kapitalmäßige Verflechtung eines Unterordnungskonzerns

Die Bilanz der Holdinggesellschaft eines Unterordnungskonzerns ist u. a. daran erkennbar, dass auf der Aktivseite die Bilanzposition „Beteiligungen" ausgewiesen ist, die im Normalfall einen hohen Wert enthält.

9.3.3 Fusion

> Bei einer Fusion (Merger) erfolgt die Verschmelzung von mindestens zwei Unternehmen zu einer wirtschaftlichen und rechtlichen Einheit.

Eine durch Zusammenfassung mehrerer Unternehmen entstandene Wirtschaftseinheit wird auch als **Trust** bezeichnet.

Verschmelzung durch Aufnahme
Bei einer Verschmelzung durch Aufnahme gehen das Vermögen und die Schulden des übertragenden Unternehmens in voller Höhe auf das übernehmende Unternehmen über.

> Pressemitteilung Mai 2010: In Deutschland entsteht eine neue Großbank. Für etwa neun Milliarden Euro übernimmt die Frankfurter Commerzbank in zwei Schritten den Konkurrenten Dresdner Bank. Er gehörte seit 2001 dem Versicherungskonzern Allianz. Die Dresdner Bank verschwindet damit von der Bildfläche.

Verschmelzung durch Neubildung
Bei einer Verschmelzung durch Neubildung wird ein neues Unternehmen gegründet, das das Vermögen und die Schulden der verschmolzenen Unternehmen übernimmt.

> Pressemitteilung: Angesichts der dynamischen Veränderungen im Finanzdienstleistungssektor haben die Volksbank Neurshausen eG und die Volksbank Rümmingen eG vereinbart, im Zuge einer Verschmelzung die Weichen für eine gemeinsame und erfolgreiche Zukunft als eine starke genossenschaftliche Regionalbank unter dem Namen Volksbank Regio Wassertal eG zu stellen.

9.3.4 Gesamtwirtschaftliche Bedeutung der Konzentration

Aus gesamtwirtschaftlicher Sicht kann der Zusammenschluss von Unternehmen **(Unternehmenskonzentration)** u.a. folgende Auswirkungen haben:

■ **Überhöhte Preisfestsetzung**
Ein Zusammenschluss von Unternehmen z.B. derselben Branche führt dazu, dass zwischen diesen Unternehmen kein Preiswettbewerb mehr stattfindet. Das kann gegebenenfalls dazu führen, dass sich der Marktpreis nicht allein aufgrund von Güterknappheiten bildet, sondern von der Marktmacht der beteiligten Unternehmen bestimmt wird. Ob die Unternehmenskonzentration tatsächlich zu überhöhten Preisen führt, hängt von den jeweiligen Marktverhältnissen (Konkurrenzverhältnissen) ab. Oft ist die Konkurrenz auf **oligopolistischen Märkten** (wenige Anbieter, viele Nachfrager) wesentlich härter als auf polypolistischen Märkten (viele Anbieter, viele Nachfrager). In diesem Fall kann die Unternehmenskonzentration sogar zu sinkenden Preisen führen. Eine **monopolistische Marktstruktur** (ein Anbieter, viele Nachfrager) hingegen führt im Regelfall zu einer überhöhten Preisfestsetzung.

■ **Verhinderung von Investitionen**
Führt die Konzentration zu einer Verringerung des Wettbewerbs, so ist der **Zwang zur Kostensenkung** und damit zur **Rationalisierung der Produktion** geringer als bei einem intensiven Wettbewerb. Das kann dazu führen, dass notwendige Investitionen nicht oder nur verzögert vorgenommen werden.

■ **Entstehung von politischer Macht**
Wirtschaftliche Macht bedeutet gleichzeitig auch politische Macht, die möglicherweise missbraucht wird.

9.4 Ziele und Maßnahmen staatlicher Wettbewerbspolitik

9.4.1 Wettbewerbssicherung als staatliche Aufgabe

Wettbewerb ist das Grundelement jeder Marktwirtschaft. Ohne **Wettbewerb** kann der **Preis** seine für die **Steuerung** und **Koordination** des Wirtschaftsprozesses unerlässlichen Funktionen nicht erfüllen. Die geschichtlichen Erfahrungen zeigen aber, dass in einer Marktwirtschaft Tendenzen zur Einschränkung des Wettbewerbs und damit zur Selbstauflösung dieser Wirtschaftsordnung bestehen, wenn der Wettbewerb nicht durch staatliche Maßnahmen gesichert wird. Unternehmen haben nämlich das Bestreben, sich den Zwängen und Kontrollen des Wettbewerbs zu entziehen und sich vor Konkurrenten zu schützen, indem sie z. B.

- untereinander wettbewerbsbeschränkende Vereinbarungen treffen (Kartell),
- ihre Marktmacht durch Unternehmenszusammenschlüsse erhöhen (Fusion),
- ihre Marktmacht dazu benutzen, andere Wettbewerber vom Markt auszuschließen (Missbrauch marktbeherrschender Stellung).

> „Geschäftsleute des gleichen Gewerbes kommen selten … zusammen, ohne dass das Gespräch in einer Verschwörung gegen die Öffentlichkeit endet oder irgendein Plan ausgeheckt wird, wie man die Preise erhöhen kann. … Kaufleute sind immer daran interessiert, … den Wettbewerb einzuschränken. … doch muss eine Beschränkung der Konkurrenz … stets schaden, da diese lediglich dazu dienen kann, dass die Geschäftsleute ihren Gewinn über die natürliche Spanne hinaus erhöhen und gleichsam den Mitbürgern eine absurde Steuer zum eigenen Vorteil auferlegen. *Adam Smith, 1789, a. a. O., S. 112 und 213*

> Anbieter und Nachfrager suchen stets – wo immer es möglich ist – Konkurrenz zu vermeiden und monopolistische Stellungen zu erwerben oder zu behaupten. Ein tiefer Trieb zur Beseitigung von Konkurrenz und zum Erwerb von Monopolstellungen ist überall und zu allen Zeiten lebendig. … Warum sollen drei Bäcker in einer Stadt des 13. Jahrhunderts konkurrieren? Sie verabreden sich und bilden ein Monopol, und versuchen darüber hinaus, sich gegen weitere Konkurrenz abzuschirmen. Ähnlich war es vorher, ist es heute und wird es in Zukunft sein. … Universal besteht der „Hang zur Monopolbildung" – ein Faktum, mit dem alle Wirtschaftspolitik zu rechnen hat. So war es auch in der Zeit liberaler Wirtschaftspolitik.
> *W. Eucken, Grundsätze der Wirtschaftspolitik, 6. Aufl., Tübingen 1990, S. 31*

9.4.2 Wettbewerbspolitik

Zur Vermeidung nachteiliger Wirkungen, die sich gegebenenfalls bei abgeschwächtem oder ausbleibendem Wettbewerb auf die Funktionsweise einer **Marktwirtschaft** ergeben können, betreibt der Staat eine aktive **Wettbewerbspolitik (Ordnungspolitik)**. Die Wettbewerbspolitik in Deutschland bedient sich verschiedener gesetzlicher Regelungen:

Gesetz gegen Wettbewerbsbeschränkungen (GWB, Kartellgesetz)	Gesetz gegen den unlauteren Wettbewerb (UWG)
■ Kartellverbot (z. B. Kartelle, die Preise absprechen) ■ Missbrauchsaufsicht über marktbeherrschende Unternehmen ■ Fusionskontrolle	z. B. Verbot unwahrer Werbung, Vorschriften über Sonderverkäufe

Das 1958 gegen heftigen Widerstand des Bundesverbandes der Deutschen Industrie (BDI) in Kraft getretene **Gesetz gegen Wettbewerbsbeschränkungen (GWB)** wurde vom damalige Wirtschaftsminister **Ludwig Erhard** als **„Grundgesetz der Marktwirtschaft"** bezeichnet.

Die Wettbewerbspolitik stützt sich auf folgende Strategien:

Wettbewerbspolitische Strategien		
Wettbewerbsschutz		**Wettbewerbsförderung**
durch Unterbindung wettbewerbsbeschränkenden Verhaltens	durch Verhinderung wettbewerbsbeschränkender Marktstrukturen	durch Marktöffnung, Privatisierung, Abbau wettbewerbshemmender Vorschriften (Deregulierung)

Zuständig für die im **GWB** vorgesehenen Kontrollen und Maßnahmen ist i. d. R. das **Bundeskartellamt**, das seinen Sitz in Bonn hat. Auf europäischer Ebene werden die Maßnahmen durch die **Wettbewerbspolitik der Europäischen Kommission** ergänzt.

Verstöße gegen die gesetzlichen Vorschriften werden mit hohen **Geldbußen** bestraft. Folgende Vorschriften sind besonders bedeutsam:

1. Wettbewerbsbeschränkende Vereinbarungen (§§1 bis 3)

Wettbewerbsbeschränkende Vereinbarungen sind nach dem GWB grundsätzlich verboten. Ausnahmen von dieser Grundregel sind in den §§2 und 3 geregelt.

GWB § 1

Verbot wettbewerbsbeschränkender Vereinbarungen § 1	Vereinbarungen zur Verhinderung, Einschränkung oder Verfälschung des Wettbewerbs	z. B. Preisabsprachen, Absprachen über Produktionsmengen, Zuweisung von Absatzgebieten, abgestimmte Verhaltensweisen
Freigestellte Vereinbarungen § 2	**Bestimmte Vereinbarungen sind vom Verbot des § 1 freigestellt.**	„Vereinbarungen zwischen Unternehmen, die unter angemessener Beteiligung der Verbraucher an dem entstehenden Gewinn zur Verbesserung der Warenerzeugung oder -verteilung oder zur Förderung des technischen oder wirtschaftlichen Fortschritts beitragen, ohne dass den Unternehmen Möglichkeiten eröffnet werden, für einen wesentlichen Teil der betreffenden Waren den Wettbewerb auszuschalten." Dazu gehören u. a. Forschungs- und Entwicklungsvereinbarungen, Spezialisierungsvereinbarungen zum Technologietransfer und Vertriebsvereinbarungen.
Mittelstandskartelle § 3	**Rationalisierungskartelle und ähnliche Vereinbarungen können vom Verbot freigestellt werden.**	Vereinbarungen, die der Rationalisierung wirtschaftlicher Vorgänge dienen, die Leistungsfähigkeit der Unternehmen technisch, betriebswirtschaftlich oder organisatorisch wesentlich steigern und dadurch die Nachfrage besser decken.

GWB § 2, 3

> Nach dem Gesetz gegen Wettbewerbsbeschränkungen (GWB) sind wettbewerbsbeschränkende Vereinbarungen grundsätzlich verboten.

Vom Kartellverbot können u. a. sogenannte **Mittelstandskartelle** ausgenommen werden. Dabei handelt es sich um Absprachen zwischen kleinen und mittleren Unternehmen, die der Verbesserung der Wettbewerbsfähigkeit der beteiligten Unternehmen dienen (z. B. Absprachen über den gemeinsamen Wareneinkauf).

GWB
§§ 35–43

2. Zusammenschlusskontrolle (§§35 bis 43)

Zusammenschluss § 37	Ein Zusammenschluss liegt in folgenden Fällen vor: ■ Erwerb des Vermögens eines anderen Unternehmens ganz oder zu einem wesentlichen Teil ■ Erwerb der Kontrolle über andere Unternehmen durch Rechte, Verträge oder andere Mittel ■ Erwerb von Anteilen, wenn sie 50 % oder 25 % des Kapitals oder der Stimmrechte erreichen
Anwendungsbereich der Zusammenschlusskontrolle § 35	Anwendung, wenn im letzten Geschäftsjahr vor dem Zusammenschluss ■ die beteiligten Unternehmen insgesamt weltweit Umsatzerlöse von mehr als 500 Mio. Euro und ■ mindestens ein beteiligtes Unternehmen im Inland Umsatzerlöse von mehr als 25 Mio. Euro erzielt haben.
Beurteilung von Zusammenschlüssen § 36	Ein Zusammenschluss, von dem zu erwarten ist, dass er eine marktbeherrschende Stellung begründet oder verstärkt, ist vom Bundeskartellamt zu versagen, es sei denn, die Unternehmen weisen nach, dass durch den Zusammenschluss auch Verbesserungen der Wettbewerbsbedingungen eintreten und dass diese Verbesserungen die Nachteile der Marktbeherrschung überwiegen.
Anmelde- und Anzeigepflicht § 39	Zusammenschlüsse müssen vorher beim Bundeskartellamt angemeldet werden.

Das Bundeskartellamt kann Zusammenschlüsse von Unternehmen verbieten, wenn zu erwarten ist, dass durch den Zusammenschluss eine marktbeherrschende Stellung entsteht oder verstärkt wird.

GWB
§§ 19–23

3. Verbot des Missbrauchs einer marktbeherrschenden Stellung, Verbot wettbewerbsbeschränkenden Verhaltens (§§19 bis 23)

Marktbeherrschung § 19 (1)	**Marktbeherrschung liegt vor, wenn …**	**Marktbeherrschung wird vermutet, wenn …**
	■ ein Unternehmen keinem wesentlichen Wettbewerb ausgesetzt ist oder eine überragende Marktstellung hat oder ■ zwischen zwei oder mehr Unternehmen kein wesentlicher Wettbewerb besteht und sie eine überragende Marktstellung haben.	■ ein Unternehmen einen Marktanteil von mindestens $33\frac{1}{3}$ % hat oder ■ bis zu 3 Unternehmen zusammen einen Marktanteil von mindestens 50 % haben oder ■ bis zu 5 Unternehmen zusammen einen Marktanteil von mindestens $66\frac{2}{3}$ % haben.

Verbot des Missbrauchs der Marktbeherrschung § 19 (1) u. (4)	Die missbräuchliche Ausnutzung einer marktbeherrschenden Stellung ist verboten § 19 (1). Ein Missbrauch liegt vor, wenn ein marktbeherrschendes Unternehmen, ■ die Wettbewerbsmöglichkeiten anderer Unternehmen ohne sachlich gerechtfertigten Grund beeinträchtigt, ■ Entgelte oder Geschäftsbedingungen fordert, die sich bei wirksamem Wettbewerb wahrscheinlich nicht ergeben würden, ■ ungünstigere Entgelte oder Geschäftsbedingungen fordert, als es auf vergleichbaren Märkten verlangt, ■ sich weigert, einem anderen Unternehmen gegen angemessenes Entgelt Zugang zu den eigenen Netzen oder anderen Infrastruktureinrichtungen zu gewähren, wenn es dem anderen Unternehmen sonst nicht möglich ist, auf dem vor- oder nachgelagerten Markt als Wettbewerber des marktbeherrschenden Unternehmens tätig zu werden, …
Verbot sonstigen wettbewerbsbeschränkenden Verhaltens §§ 21 bis 23	Diskriminierungsverbot, Verbot unbilliger Behinderung (§ 20) Marktbeherrschende Unternehmen dürfen ■ andere Unternehmen nicht unbillig behindern oder gegenüber gleichartigen Unternehmen ohne sachlichen Grund unterschiedlich behandeln, ■ ihre Marktstellung nicht dazu ausnutzen, andere Unternehmen zu veranlassen, ohne sachlichen Grund Vorzugsbedingungen zu gewähren (Boykottverbot, § 21), ■ Unternehmen dürfen nicht zu Liefer- oder Bezugssperren aufrufen.

Marktbeherrschenden Unternehmen ist der Missbrauch ihrer Marktstellung verboten. Sie unterliegen der Missbrauchsaufsicht durch das Bundeskartellamt.

Die Wettbewerbspolitik des Bundeskartellamtes wird auf europäischer Ebene durch die **Wettbewerbspolitik der Europäischen Kommission** ergänzt und unterstützt.

Tätigkeitsfelder der Europäischen Wettbewerbspolitik		
Prüfung von Unternehmenszusammenschlüssen	**Öffnung von Märkten für den Wettbewerb**	**Überwachung staatlicher Beihilfen**
Prüfung von Zusammenschlüssen, die „gemeinschaftsweite" Bedeutung haben (weltweiter Gesamtumsatz der sich zusammenschließenden Unternehmen von mehr als 5 Mrd. Euro und einem Gesamtumsatz in der EU von mehr als 250 Mio. Euro).	Öffnung der Dienstleistungsmärkte (Verkehr, Energie, Post, Telekommunikation) für den Wettbewerb (= Liberalisierung)	Die Förderung von Unternehmen durch EU-Mitgliedsländer (z. B. Förderung der Industrieansiedlung in Ostdeutschland durch Zuschüsse, Zinsvergütungen, Steuerbefreiungen) wird überwacht, um Wettbewerbsverzerrungen zu verhindern.

Lernkontrolle Aufgabe 3

Zusammenfassung und Lernkontrolle

Zusammenfassung

Unternehmensverbindungen/Unternehmenszusammenschlüsse			
Kooperation		**Konzentration**	
Interessengemeinschaft/Konsortium		**Konzern**	
Kartell		Gleichordnungskonzern	Unterordnungskonzern
verboten	erlaubt		
Preis-, Produktions-, Quoten-, Gebietskartell	Vereinbarungen ohne starke Wettbewerbs-beschränkung, Mittel-standskartell	**Fusion**	
		Verschmelzung durch Aufnahme	Verschmelzung durch Neubildung

Gefahren von Unternehmenszusammenschlüssen				
Wettbewerbsbe-schränkung	Preiserhöhungen	Marktbeherr-schung	Unterlassung von Investitionen	Politische Macht

Sicherung des Wettbewerbs als staatliche Aufgabe in der sozialen Marktwirtschaft

Wettbewerbspolitik/Verbraucherschutz		
Gesetz gegen Wettbewerbsbeschränkung		
Wettbewerbsbeschränkungs-verbot	**Zusammenschlusskontrolle**	**Missbrauchsaufsicht**
Europäische Wettbewerbspolitik		
Prüfung von Unternehmens-zusammenschlüssen	Öffnung der Märkte für den Wettbewerb	Überwachung staatlicher Beihilfen

Lernkontrolle

Aufgabe 1: Kartellarten

Geben Sie an, um welche Art von Kartell es sich bei den folgenden Vereinbarungen handelt und stellen Sie fest, welche kartellrechtliche Regelung das Gesetz gegen Wettbewerbsbe-schränkungen dafür jeweils vorschreibt.

1. Drei Hersteller von Teerfarben beschließen, für ihre Produkte einheitliche Preise zu verlangen.
2. Die Hersteller von Kunstdünger vereinbaren, bei Lieferungen an den Großhandel einheitlich 20 % Rabatt zu gewähren.
3. Zwei Straßenbauunternehmen treffen eine Vereinbarung, wonach sich jedes Unternehmen nur in einem ihm zugewiesenen Gebiet an öffentlichen Ausschreibungen beteiligt.
4. Hersteller von Büromöbeln vereinbaren einheitliche Lieferbedingungen.

5. Die Hersteller von Läufern aus Kokosmaterial vereinbaren, dass nur noch Punkt-mustergewebe mit einem Gewicht von 2.000 g je m² mit einer Toleranz von ± 5 % her-gestellt werden sollen.
6. Sechs Energieversorgungsunternehmen, die auf dem Gebiet der Kernenergie tätig sind, wollen sich gemeinsam an Uranminen beteiligen sowie Vorräte zentral lagern.
7. Zwei Hersteller von Stromkabeln treffen eine Vereinbarung, wonach sich jedes Unter-nehmen auf die Herstellung von Kabeln bestimmter Stärke spezialisiert. Die Unterneh-men beliefern sich jedoch gegenseitig mit den Kabelstärken, die sie nicht selbst pro-duzieren.
8. Die beiden Hersteller von Stromkabeln (vgl. Nr. 7) beabsichtigen, zum Vertrieb ihrer Produkte eine Absatz-GmbH zu gründen, an der beide je zur Hälfte beteiligt sind.
9. Deutsche Hersteller von Herrenoberhemden klagen zunehmend über rückläufige Um-sätze.
   Als Ursache dafür nennen sie Billigprodukte aus Südasien. Sie beabsichtigen daher, ihre Kapazitäten innerhalb der nächsten 2 Jahre um 20 % zu reduzieren. Gleichzeitig soll eine Umstellung ihrer Produktion auf andere Produkte bzw. auf höhere Qualitäten vorgenommen werden.
10. Vier Hersteller von Leichtbauplatten (alles kleinere und mittlere Unternehmen) haben eine Vereinbarung getroffen, wonach Aluminiumschienen gemeinsam beschafft werden können. Ziel dieser Vereinbarung ist die Ausnutzung von Mengenrabatt.

**Aufgabe 2: Konzern – Fusion – Holdinggesellschaft –
Gesetz gegen Wettbewerbsbeschränkungen**

Nachstehende Übersicht zeigt die Beteiligungen der Badischen Chemiewerke AG an verschiedenen Unternehmen:

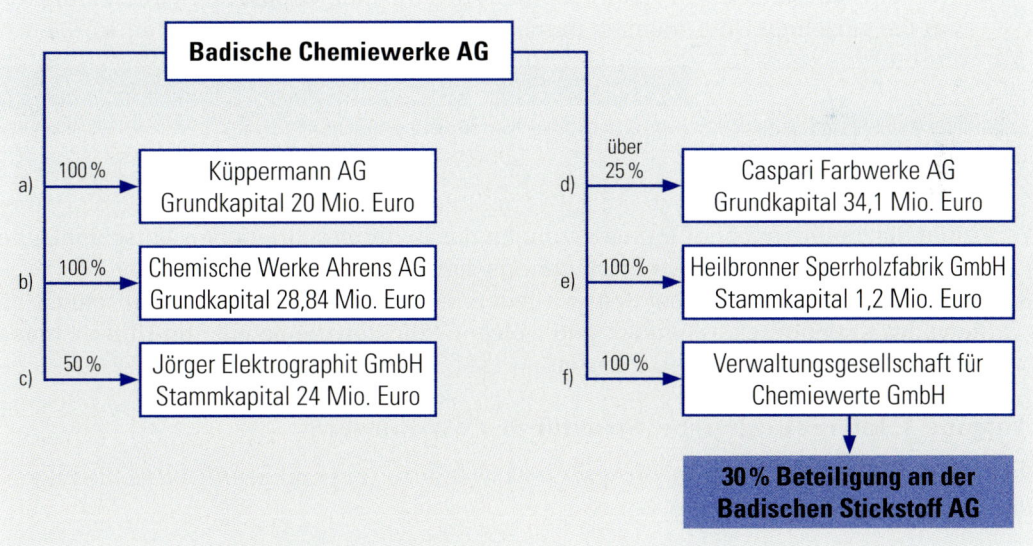

Angaben zu den einzelnen Beteiligungen:
zu a) Produktion und Vertrieb sowie Forschung und Entwicklung der im Werk Küppermann AG hergestellten Erzeugnisse. Es besteht ein Beherrschungsvertrag mit der Badischen Chemiewerke AG, in dem geregelt ist, dass die Leitung der Küppermann AG bei der Badischen Chemiewerke AG liegt.

zu b) Produktion von Kunstharzen und Arzneimitteln. Das Unternehmen ist in die Badische Chemiewerke eingegliedert. Es besteht ein Beherrschungsvertrag, in dem die Gewinnabführung geregelt ist.

zu c) Bedeutender Produzent von Graphit- und Kohleerzeugnissen.

zu d) Herstellung von Farben, Farbstoffen und Arzneimitteln.

Produktionsprogramm der Badischen Chemiewerke (stark gekürzt):

Chemikalien, Farbstoffe, Düngemittel, Arzneimittel

AktG
§ 18 (1)

1. Die Badische Chemiewerke AG führt folgende Unternehmen als Konzernunternehmen auf: Küppermann AG, Chemische Werke Ahrens AG.
   Warum handelt es sich bei dieser Unternehmensverbindung um einen Konzern?

2. Geben Sie für den vorliegenden Fall jeweils ein Beispiel für Mutter-, Tocher- und Schwesterngesellschaften an. In welchem Fall lässt sich von einer „Verschachtelung" sprechen?

3. Worin besteht das Wesen einer Holdinggesellschaft?
   Welches Unternehmen übernimmt in obiger Struktur die Funktion einer Holdinggesellschaft?

4. Nennen Sie für den vorliegenden Fall je ein Beispiel für einen horizontalen, vertikalen und anorganischen Zusammenschluss.

5. Nennen Sie drei gesamtwirtschaftliche Folgen, die sich aus dem Zusammenschluss von Unternehmen (Konzentration) ergeben können.

6. In der Hauptversammlung der Badischen Chemiewerke AG schlägt ein Aktionär vor, die Chemieunternehmen des Konzerns (Aktiengesellschaften und GmbHs) zu einem einzigen Unternehmen (Trust) zu verschmelzen. Das neue Unternehmen soll in der Rechtsform einer Aktiengesellschaft geführt werden. Der Aktionär begründet seinen Vorschlag u.a. mit dem Argument des Wegfalls von Verwaltungskosten für die Organe.
   a) Welche Organe würden im Falle der vorgeschlagenen Verschmelzung entfallen?
   b) Vergleichen Sie in nachstehender Übersicht, welcher Verlust an Selbstständigkeit für die einzelnen Unternehmen durch die Verbindung jeweils eintreten würde.

	Trust	Konzern
rechtliche Selbstständigkeit		
wirtschaftliche Selbstständigkeit		

7. Prüfen Sie, unter welchen Voraussetzungen das in der beschriebenen Verschmelzung aufgehende Unternehmen als marktbeherrschend anzusehen ist.

8. Stellen Sie fest, ob es sich bei dem vorliegenden Fall um einen Zusammenschluss im Sinne des Kartellgesetzes handelt und welchen Pflichten die beteiligten Unternehmen gegebenenfalls nachkommen müssten.

Aufgabe 3: Internetrecherche: Struktur des VW-Konzerns

Recherchieren Sie im Internet unter www.volkswagenag.com und beantworten Sie folgende Fragen:

1. Welches Unternehmen im VW-Konzern übernimmt als Muttergesellschaft die einheitliche Leitung der Konzernunternehmen?

2. Wie viel % des Kapitalanteils hält die Volkswagen AG an nachstehenden Unternehmen:
   - VW Sachsen GmbH, Zwickau
   - Audi AG, Ingoldstadt
   - SEAT S.A. Martorell
   - Volkswagen (China)?

C Lernfeld 12: Einflüsse der Wirtschaftspolitik beurteilen

1 Volkswirtschaftliche Gesamtrechnung: Ermittlung von Inlandsprodukt und Volkseinkommen

1.1 Sektoren im Wirtschaftskreislauf der Bundesrepublik Deutschland

1.1.1 Überblick

Die gesamtwirtschaftliche Statistik zur Ermittlung der Wirtschaftsleistung eines Landes wird als **volkswirtschaftliche Gesamtrechnung** (VGR) bezeichnet. Die statistischen Zahlen der VGR liefern u. a. den Trägern der Wirtschaftspolitik (z. B. Bundes- und Landesregierungen, Zentralbank, Tarifpartner, Wirtschaftsverbände) und den Wirtschaftsforschungsinstituten wichtige Informationen für gesamtwirtschaftliche Analysen und Prognosen. Auf der Grundlage der Ergebnisse der Vorperiode kann rückblickend festgestellt werden, welche Wirkungen die wirtschaftspolitischen Maßnahmen gehabt haben und inwieweit die zahlenmäßig formulierten Ziele tatsächlich erreicht wurden.

Für die statistischen Zwecke der volkswirtschaftlichen Gesamtrechnung wird die Volkswirtschaft in folgende vier Sektoren aufgeteilt[1]:

| Unternehmen | private Haushalte | Staat | Ausland (übrige Welt) |

Für das Verständnis der Zusammenhänge ist die Veranschaulichung der Beziehungen zwischen den einzelnen Wirtschaftssektoren hilfreich.

1.1.2 Sektor Unternehmen[2]

Private Unternehmen sind Wirtschaftseinheiten, in denen Entscheidungen über die Beschaffung und die Kombination von Produktionsfaktoren sowie über die Produktion und den Verkauf von Gütern getroffen werden. Ihr Ziel besteht in der Erwirtschaftung von Gewinnen (erwerbswirtschaftliches Prinzip).

Unternehmen im Wirtschaftskreislauf

Zwischen dem Sektor Unternehmen und den übrigen Wirtschaftssektoren bestehen die in der folgenden Abbildung dargestellten Beziehungen.

---

1 In vielen Schulbüchern wird im Rahmen des Wirtschaftskreislaufs fälschlicherweise ein zusätzlicher Sektor „Banken" oder „Kapitalsammelstellen" ausgewiesen. Diese Finanzinstitutionen bilden aber keinen eigenständigen Sektor, sondern gehören zum Sektor Unternehmen. Die mit dieser Darstellung häufig verbundene Vorstellung, die Funktion der „Kapitalsammelstellen" bestünde darin, die bei ihnen angelegten Spargelder der Haushalte als Investitionskredite an die Unternehmen weiterzuleiten, um so den Kreislauf zu schließen und die Übereinstimmung von Sparen und Investieren zu bewirken, beruht auf einem fehlerhaften Denkansatz. Vgl. dazu die entsprechenden Hintergrundinformationen im Lehrerhandbuch.

2 Die Begriffe Unternehmung und Betrieb werden häufig gleichbedeutend benutzt.

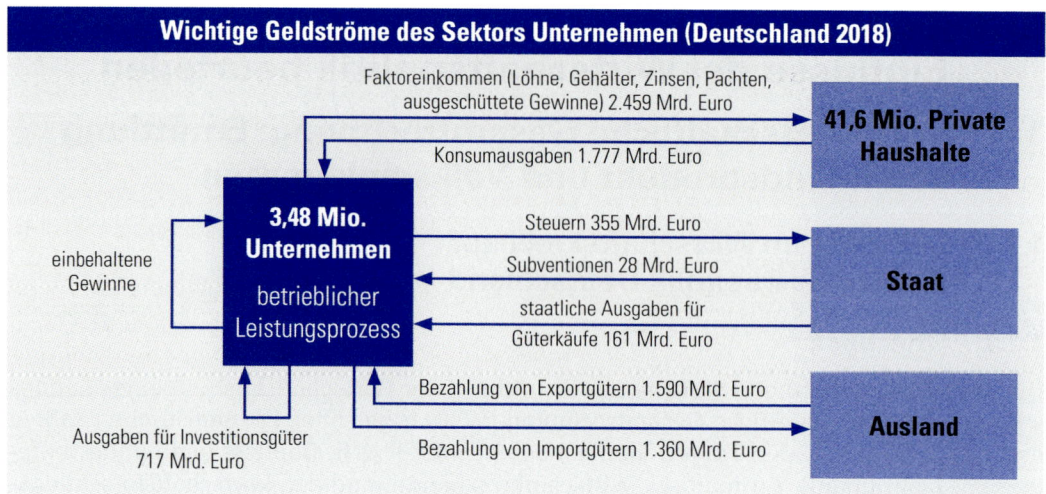

1.1.3 Sektor private Haushalte

Private Haushalte sind Wirtschaftseinheiten, die als Anbieter von Produktionsfaktoren Einkommen erzielen und dieses zum Kauf von Gütern (Konsum) oder zum Sparen (Vermögensbildung) verwenden.

In Deutschland leben ca. 82,8 Mio. Einwohner in ca. 41,6 Mio. Haushalten.

Volkseinkommen

Entsprechend der Art der erzielten Faktoreinkommen lassen sich Arbeitnehmerhaushalte (Lohn- und Gehaltseinkommen) und Unternehmerhaushalte (Gewinn- und Vermögenseinkommen wie Zinsen und Pachten) unterscheiden. Werden alle Einkommen, die während eines Jahres von Inländern als Entlohnung für die Bereitstellung von Produktionsfaktoren erzielt werden, zusammengezählt, ergibt sich das **Volkseinkommen**.

Das Volkseinkommen ist die Summe der Erwerbs- und Vermögenseinkommen, die Inländern für die Bereitstellung von Produktionsfaktoren zufließt (Faktoreinkommen).

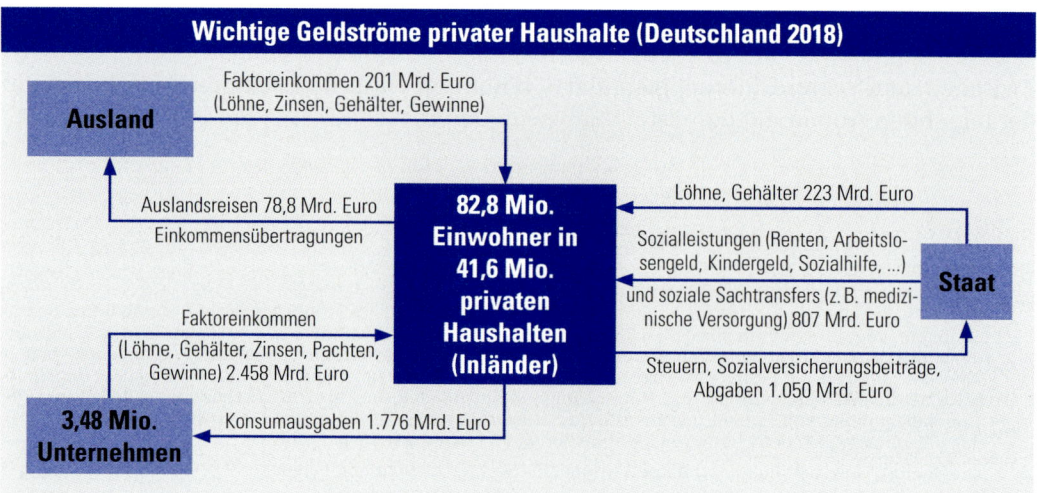

1.1.4 Sektor Staat

Zum Sektor Staat gehören der Bund, die Länder und Gemeinden sowie die Sozialversicherungsträger.

Staat im Wirtschaftskreislauf

Zwischen dem Sektor Staat und den übrigen Wirtschaftssektoren bestehen die in der folgenden Abbildung dargestellten Beziehungen.

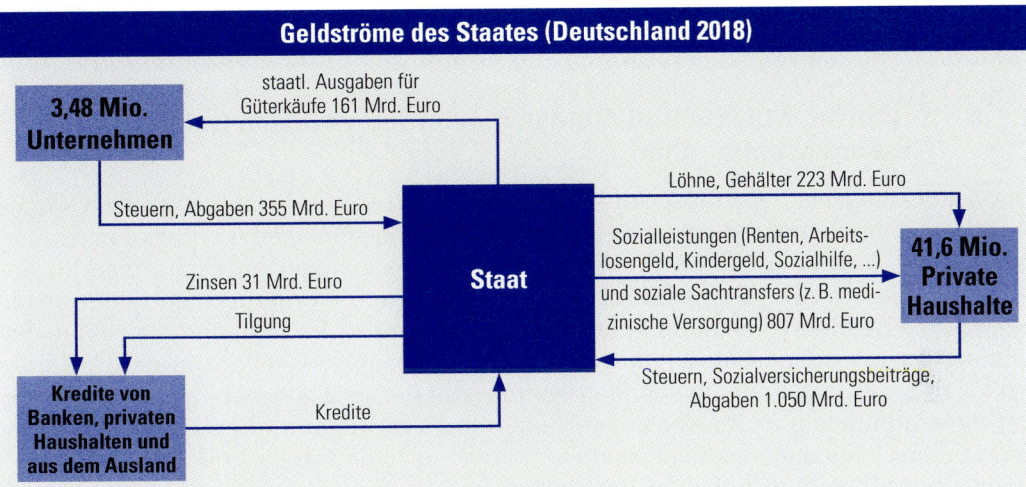

1.1.5 Sektor Ausland

Ausland im Wirtschaftskreislauf

Zwischen dem Sektor Ausland und den übrigen Wirtschaftssektoren bestehen folgende Beziehungen:

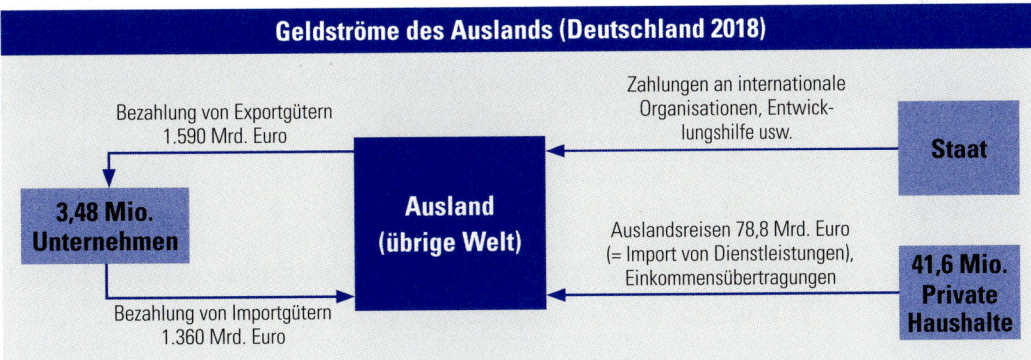

Alle wirtschaftlichen Vorgänge, die während eines bestimmten Zeitraums zwischen Inland und Ausland stattfinden, werden statistisch erfasst und in der Zahlungsbilanz eines Landes ausgewiesen. Die Zahlungsbilanz gibt somit Auskunft über die ökonomische Verflechtung einer Volkswirtschaft mit dem Ausland.

Außenbeitrag

Deutschland gehört neben China, den USA und Japan zu den exportstärksten Volkswirtschaften der Welt. Annähernd jeder vierte Arbeitsplatz in Deutschland ist exportabhängig. Andererseits ist Deutschland als dicht besiedeltes Industrieland mit geringen Rohstoffvorkommen auf die Einfuhr vieler Güter angewiesen.

Lernkontrolle
Aufgaben 1 u. 2

Die Bedeutung des Außenhandels für die Gesamtwirtschaft lässt sich anhand des Außenbeitrags verdeutlichen.

> Der Außenbeitrag ist die Differenz zwischen den Exporten und den Importen von Waren und Dienstleistungen. Er gibt den Beitrag des Außenhandels zum Inlandsprodukt an.

1.1.6 Sektoren, Märkte und Geldströme einer Volkswirtschaft im Gesamtzusammenhang

Die vier Sektoren der Volkswirtschaft – Haushalte, Unternehmen, Staat und Ausland (übrige Welt) – sind durch drei verschiedene Arten von Märkten miteinander verbunden: Faktormärkte, Gütermärkte (= Märkte für Waren und Dienstleistungen) und Finanzmärkte. Vereinfachend lassen sich folgende Beziehungen darstellen: Die Unternehmen zahlen an die Haushalte Faktoreinkommen in Form von Löhnen, Zinsen, Pachten und Gewinnen. Sie führen Steuern an den Staat ab und erhalten von diesem ggf. Subventionen. Die Haushalte verwenden das nach Zahlung von Steuern und dem Bezug staatlicher Transferleistungen verfügbare Einkommen für Konsumausgaben und Ersparnisse. Über die Finanzmärkte werden die Geldanlagen der Haushalte (und ggf. auch die von Unternehmen und Staat) sowie der Mittelzufluss aus dem Ausland in verschiedene Anlageformen gelenkt, z.B. Beteiligungskapital und Kredite für den Unternehmenssektor, Konsumentenkredite, Kredite zum Ausgleich des Staatsdefizits und Kapitalexport. Den Unternehmen fließen über den Gütermarkt Mittel von Haushalten, Staat und Ausland zu, mit denen der Kauf von Waren und Dienstleistungen bezahlt wird. Die Importe führen zu einem Abfluss von Geldmitteln aus der Volkswirtschaft. Innerhalb des Sektors Unternehmen spielt der Finanzsektor (Banken, Versicherungen, Pensionskassen, Fonds, …) eine besondere Rolle. Die Institutionen des

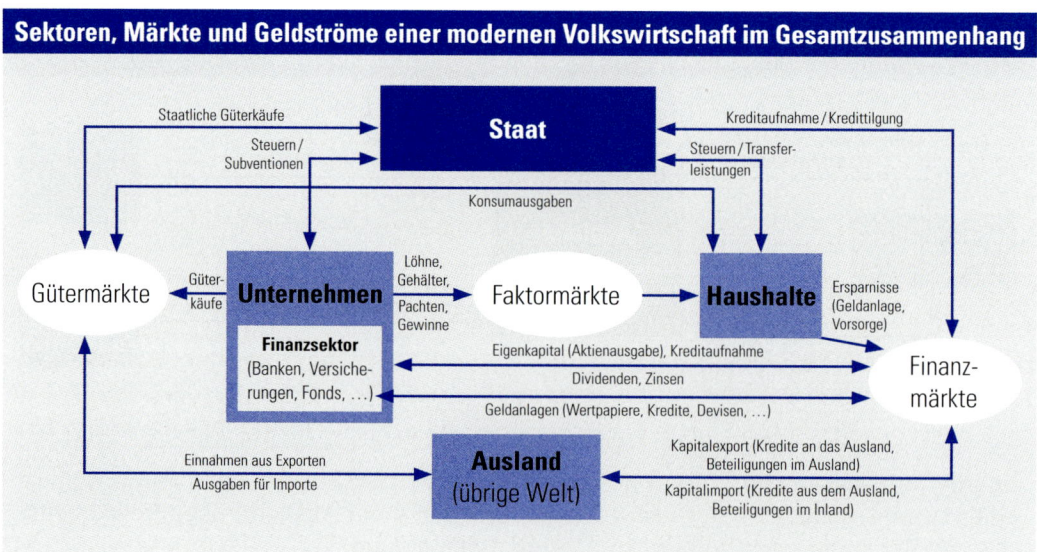

Sektoren, Märkte und Geldströme einer modernen Volkswirtschaft im Gesamtzusammenhang

Finanzsektors sammeln u. a. das Geldvermögen einzelner Wirtschaftsteilnehmer, decken damit den Finanzierungsbedarf anderer Wirtschaftsteilnehmer und/oder legen die finanziellen Mittel anderweitig produktiv oder spekulativ an.

1.2   Messgrößen der gesamtwirtschaftlichen Leistung: Das Inlandsprodukt

1.2.1   Gesamtwirtschaftliche Wertschöpfung und Inlandsprodukt

Wertschöpfung als Ausgangspunkt

> Das Inlandsprodukt ist der Wert aller Waren (Sachgüter) und Dienstleistungen, die in einer bestimmten Periode im Inland produziert werden.

Die Ermittlung des **Inlandsprodukts** kann auf verschiedene Art und Weise erfolgen. Eine Methode besteht darin, die **Wertschöpfung** aller Institutionen (Unternehmen, Staat, private Organisationen), die in einer Volkswirtschaft Waren und Dienstleistungen herstellen, zusammenzufassen.

> Die Wertschöpfung ist derjenige Wert, der im Rahmen des Produktionsprozesses den von anderen Unternehmen bezogenen Vorleistungen hinzugefügt wird.

Unternehmen	Staat	Private Haushalte und private Organisationen ohne Erwerbszweck (z. B. Kirchen, Vereine)
Wertschöpfung (Produktionswert – Vorleistungen) der Unternehmen +	Wert der größtenteils unentgeltlich zur Verfügung gestellten Leistungen des Staates +	Wertschöpfung (Produktionswert – Vorleistungen) der privaten Haushalte u. Ä.

= Gesamtwirtschaftliches Produktionsergebnis
= Inlandsprodukt

> Die Summe der Wertschöpfung aller Unternehmen und anderer Institutionen einer Volkswirtschaft ergibt das Inlandsprodukt (= gesamtwirtschaftliches Produktionsergebnis).

Einzelwirtschaftliches Produktionskonto

Für ein einzelnes Unternehmen lässt sich die Bruttowertschöpfung in einem **Produktionskonto** erfassen. Dabei werden folgende Größen gegenübergestellt:

- die für die Produktion entstehenden Kosten (z. B. Materialkosten, Wertminderung an Produktionsanlagen in Form von Abschreibungen, Löhne, Zinsen) und
- die Ergebnisse des Produktionsprozesses (= Leistungen des Unternehmens in Form von Verkaufserlösen, Lagerbestandserhöhungen an Fertig- und Halbfertigerzeugnissen, selbst erstellten Anlagen)

Als Differenzbetrag (Saldo) ergibt sich der Gewinn oder Verlust.

Der **Produktionswert** ist die Summe der in einer Periode erstellten Leistungen eines Unternehmens. Werden davon die von anderen Unternehmen bezogenen **Vorleistungen** abgezogen, ergibt sich die **Bruttowertschöpfung**. Soll der **tatsächlich** in diesem Unternehmen erzeugte **Wertzuwachs** ermittelt werden, muss von der Bruttowertschöpfung die Abschreibung (= im Produktionsprozess entstandene Wertminderung an Produktionsmitteln) abgezogen werden. Auf diese Weise ergibt sich die **Nettowertschöpfung**.

Lernkontrolle
Aufgabe 3

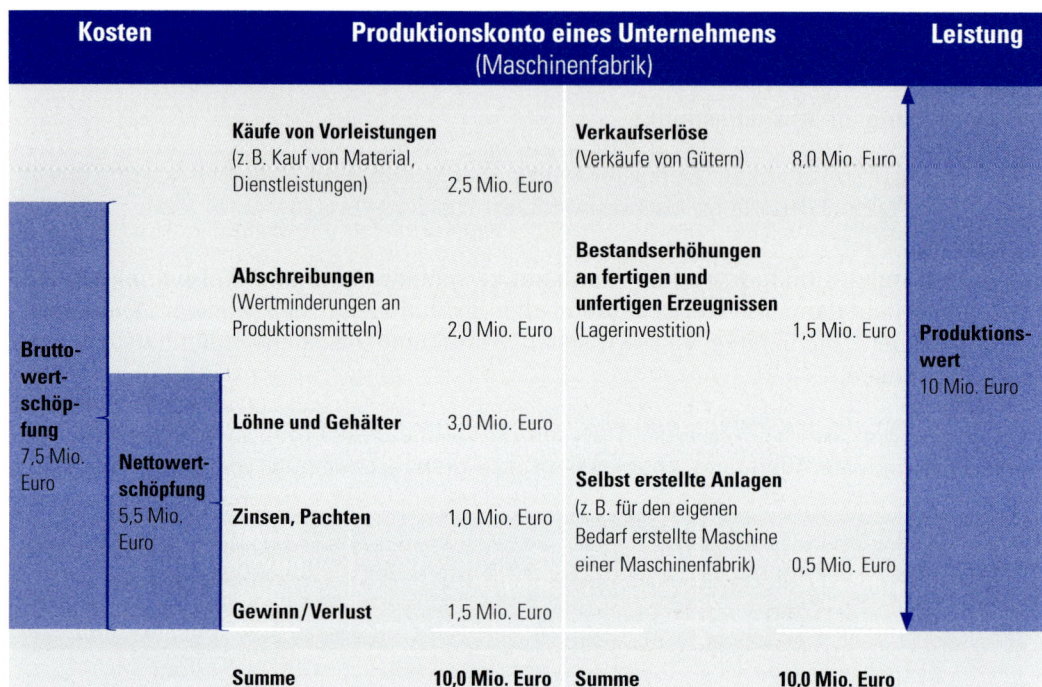

Der Wert, den ein Unternehmen im Rahmen des Produktionsprozesses den von anderen Unternehmen bezogenen Vorleistungen hinzufügt, wird als Bruttowertschöpfung bezeichnet.

Bruttowertschöpfung = Produktionswert – Vorleistungen

Produktionswert	10,0 Mio. EUR
– Vorleistungen	2,5 Mio. EUR
= Bruttowertschöpfung	7,5 Mio. EUR
– Abschreibungen	2,0 Mio. EUR
= Nettowertschöpfung	5,5 Mio. EUR
= Summe der Faktorkosten:	5,5 Mio. EUR
Löhne + Gehälter + Zinsen + Pachten + Gewinn	

Nettowertschöpfung = Bruttowertschöpfung – Abschreibungen

Gesamtwirtschaftliches Produktionskonto

Das sich durch die Zusammenfassung **(= Konsolidierung[1])** aller Produktionskonten von Unternehmen, Staat und anderen Institutionen ergebende gesamtwirtschaftliche Produktionskonto hat zunächst folgendes Aussehen:

Gesamtwirtschaftliches Produktionskonto Deutschland 2018 (in Mrd. Euro)				
Vorleistungen		3.049,176		
Bruttowert-schöpfung 3.053,188	**Abschreibungen**	600,037	**Produktionswert**	6.102,364
	Nettowertschöpfung	2.453,151		
Summe		**6.102,364**	**Summe**	**6.102,364**

Um das Inlandsprodukt und dessen Zusammensetzung auszuweisen, kann das gesamtwirtschaftliche Produktionskonto unter Berücksichtigung folgender Zusammenhänge aufbereitet und modifiziert werden:

■ Inländische Vorleistungen werden nicht ausgewiesen. Bei der Zusammenfassung der Produktionskonten heben sich nicht nur die **Vorleistungen innerhalb eines Sektors** (Käufe und Verkäufe von Vorleistungen zwischen inländischen Unternehmen), sondern auch die **Vorleistungen zwischen den Sektoren** (z. B. Vorleistungskäufe des Staates von inländischen Unternehmen) gegenseitig auf. Durch die Konsolidierung der Konten neutralisieren sich die inländischen Vorleistungen und können entfallen.

■ Die einzelnen Güterarten, aus denen sich das gesamtwirtschaftliche Produktionsergebnis zusammensetzt (Konsum der privaten Haushalte, Konsum des Staates, Investitionen, Exporte), werden getrennt ausgewiesen. Die Investitionen umfassen neben den Verkäufen von Investitionsgütern an inländische Unternehmen und Staat auch die Bestandsveränderungen (Lagerinvestitionen) sowie die importierten und selbst erstellten Anlagen.

■ Die Konsumausgaben des Staates entsprechen dem Kollektivkonsum, d. h. dem Wert der Güter, die vom Staat selbst produziert werden (z. B. Straßen und andere Infrastruktureinrichtungen). Außerdem umfassen sie die sozialen Sachtransfers (z. B. Arzt- und Krankenhausleistungen, Medikamente), die den privaten Haushalten vom Staat zur Verfügung gestellt werden.

■ Die importierten Vorleistungen werden zusammen mit allen anderen Importen, die in einem besonderen Konto „Ausland" erfasst werden, von den Exporten abgezogen. Der Saldo wird als Außenbeitrag ausgewiesen.

■ Es wird davon ausgegangen, dass die Unternehmen nicht nur die pro Einheit zu entrichtenden Steuern (= Gütersteuern wie z. B. Verbrauchssteuern und Zölle), sondern auch alle anderen Produktions- und Importabgaben (z. B. Kfz-Steuer, Grundsteuer) in die Verkaufspreise einkalkulieren. Gleichzeitig werden die Verkaufspreise um die als Steuererstattung anzusehenden Subventionen verringert. Die Verkaufspreise beinhalten somit die Differenz aus Produktions- bzw. Importabgaben und Subventionen (= Nettoproduktionsabgaben).

---

1   Konsoldierung *(lat.):* Zusammenfassung von Größen aus verschiedenen Sektoren, wobei gleichartige Größen addiert bzw. saldiert werden.

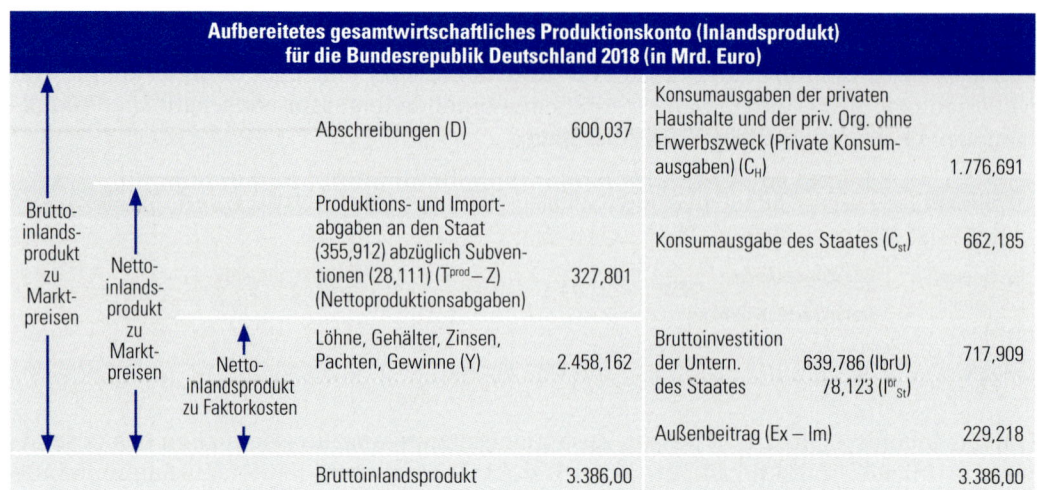

Aufbereitetes gesamtwirtschaftliches Produktionskonto (Inlandsprodukt) für die Bundesrepublik Deutschland 2018 (in Mrd. Euro)

Quelle: Stat. Bundesamt, VGR 2018, März 2019, Tab. 2.3.7, 3.3.3, 3.4.3.15

1.2.2 Grundbegriffe der volkswirtschaftlichen Gesamtrechnung

Aus diesem aufbereiteten gesamtwirtschaftlichen Produktionskonto lassen sich wichtige Größen und Zusammenhänge der volkswirtschaftlichen Gesamtrechnung ableiten:

> Das Bruttoinlandsprodukt zu Marktpreisen (BIP) entspricht dem Wert aller in einem bestimmten Zeitraum im Inland hergestellten bewerteten Güter nach Abzug der im Produktionsprozess verbrauchten Vorleistungen.

Dazu werden die Güter zu ihren Verkaufspreisen bewertet. Für Güter, die keinen Verkaufspreis haben, werden ersatzweise die bei ihrer Herstellung entstandenen Kosten angesetzt. Dazu gehören auch die vom Staat kostenlos zur Verfügung gestellten Leistungen (= Konsumausgaben des Staates, C_{St}).

Werden vom Bruttoinlandsprodukt zu Marktpreisen die Abschreibungen abgezogen, ergibt sich das **Nettoinlandsprodukt** zu Marktpreisen. Dieses beinhaltet gegenüber dem Bruttoinlandsprodukt nicht mehr die Bruttoinvestition, sondern nur noch die Nettoinvestition. Werden vom Nettoinlandsprodukt zu Marktpreisen die Produktions- und Importabgaben abgezogen und die Subventionen hinzugezählt, ergibt sich das **Nettoinlandsprodukt zu Faktorkosten**. In diesem Fall wird die gleiche aus Konsumgütern, Investitionen und Außenbeitrag bestehende Gütermenge nicht mehr zu Marktpreisen bewertet, sondern zu den Kosten, die bei ihrer Herstellung durch den Einsatz der Produktionsfaktoren entstanden sind. Dabei gelten auch die Gewinne als Faktorkosten. Da neben den im Produktionsprozess angefallenen Faktorkosten in gleicher Höhe auch Faktoreinkommen entstanden sind, ist diese Größe identisch mit den im Inland entstandenen **Faktoreinkommen** (Löhne, Gehälter, Zinsen, Pachten, Gewinne).

Bruttoinlandsprodukt zu Marktpreisen	$BIP_m = C_H + C_{St} + I^{br} + (Ex - Im)$
– Abschreibungen	– D
= Nettoinlandsprodukt zu Marktpreisen	= $NIP_m = C_H + C_{St} + I^{netto} + (Ex - Im)$
– Saldo aus Produktions- und Importabgaben an den Staat und Subventionen	– $(T^{prod} - Z)$
= Nettoinlandsprodukt zu Faktorkosten	= $NIP_f = C_H + C_{St} + I^{netto} + (Ex - Im) - (T^{prod} - Z)$

1.2.3 Entstehungs-, Verwendungs- und Verteilungsrechnung

In der volkswirtschaftlichen Gesamtrechnung gibt es drei verschiedene Berechnungsansätze zur Ermittlung des Inlandsprodukts, nämlich die Entstehungsrechnung, die **Verwendungsrechnung** und die **Verteilungsrechnung**.

Deutschlands Volkswirtschaft zieht Bilanz

Das Bruttoinlandsprodukt 2018 Angaben in Milliarden Euro

So entstand es	Dafür wurde es verwendet	So wurde es verteilt
Bruttowertschöpfung:		
788,2 Mrd. Euro Produzierendes Gewerbe	1777,5 Mrd. Euro private Konsumausgaben	1746,5 Mrd. Euro Löhne und Gehälter
674,8 Öffentliche Dienstleistungen, Erziehung, Gesundheit u. a.		
496,3 Handel, Gastgewerbe und Verkehr	663,1 staatliche Konsumausgaben	785,6 Unternehmens- und Vermögenseinkommen
330,5 Unternehmensdienstleistungen		=
325,1 Grundstücks- und Wohnungswesen	+	**Volkseinkommen**
160,8 Baugewerbe	**Bruttoinvestitionen:**	+
144,2 Information, Kommunikation	352,6 Bauten	328,4 Abgaben abzgl. Subventionen
112,6 Finanzen, Versicherungen	226,0 Ausrüstungen (Maschinen, Fahrzeuge u. a.)	=
22,9 Land- und Forstwirtschaft, Fischerei		**Nettonationaleinkommen**
	135,4 Sonstiges (einschl. Vorratsveränderungen)	+
		599,9 Abschreibungen
+	+	=
332,9 Steuern abzüglich Subventionen	233,7 Außenbeitrag*	**Bruttonationaleinkommen**
		−
		72,2 Saldo der Einkommen aus dem Ausland
=	=	=

rundungsbedingte Differenzen

Bruttoinlandsprodukt: 3388,2 Milliarden Euro

Quelle: Statistisches Bundesamt Stand Jan. 2019 *Exporte minus Importe © Globus 12982

Hinweis: Die Zahlen in der Abb. stammen vom Jan. 2019. Sie weichen geringfügig von den im Text verwendeten korrigierten Zahlen vom März 2019 ab.

Entstehungsrechnung

Die Entstehungsrechnung gibt für eine abgeschlossene Wirtschaftsperiode Auskunft darüber, welche Wirtschaftsbereiche in welchem Umfang zur Entstehung des Bruttoinlandsprodukts beigetragen haben. Dazu werden alle Wirtschaftseinheiten, die Güter produzieren, einem der folgenden Bereiche zugeordnet:

- Land- und Forstwirtschaft, Fischerei **(Primärer Sektor)**
- produzierendes Gewerbe **(Sekundärer Sektor)**
- Dienstleistungen **(Tertiärer Sektor)**
  mit den Bereichen Handel, Gastgewerbe und Verkehr, Finanzierung, Vermietung und Unternehmensdienstleister sowie öffentliche und private Dienstleister.

Jeder dieser Bereiche trägt – abgesehen von bewertungsbedingten Korrekturen – annähernd in Höhe seiner **Bruttowertschöpfung** zum **Bruttoinlandsprodukt** bei. Die Entstehungsrechnung gibt Einblick in die sektorale Produktionsstruktur einer Volkswirtschaft, indem sie die Anteile der einzelnen Wirtschaftsbereiche am Bruttoinlandsprodukt deutlich macht. Durch einen Zeitvergleich lassen sich Veränderungen der Produktionsstruktur (z. B. abnehmende Bedeutung des landwirtschaftlichen und gewerblichen Bereichs bei gleichzeitig stark zunehmender Bedeutung des Dienstleistungssektors) erkennen.

Der größte Teil der Bruttowertschöpfung wird derzeit im Dienstleistungssektor erbracht (ca. 70 %). Seit Gründung der Bundesrepublik Deutschland hat die Bedeutung dieses Sektors laufend zugenommen. Demgegenüber ist der Anteil des Industriesektors (produzierendes Gewerbe) zunächst gestiegen, seit ca. 1970 aber ständig gesunken. Diese in allen industrialisierten Ländern zu beobachtende Entwicklung wird als **Weg in die Dienstleistungsgesellschaft** bezeichnet.

Verwendungsrechnung

Die Verwendungsrechnung zeigt, wofür die Güter, aus denen sich das Bruttoinlandsprodukt zusammensetzt, verwendet werden. Dabei lassen sich folgende Verwendungszwecke unterscheiden:

- **Private Konsumausgaben (C_{pr})**

- **Konsumausgaben des Staates (C_{St})**
  Auch der Staat erbringt Leistungen, die in das BIP eingehen. Diese den anderen Wirtschaftssektoren meist kostenlos zur Verfügung gestellten Sachgüter und Dienstleistungen, werden als **Konsumausgaben des Staates** bezeichnet. Dazu gehören u. a. die vom Staat getragenen Kosten für öffentliche Verwaltung, Straßen und Bildungseinrichtungen sowie die sog. sozialen Sachleistungen (z. B. Arzt- und Krankenhausleistungen, Medikamente).

- **Bruttoinvestitionen (I^{br})**
  Die Bruttoinvestitionen bestehen aus Ausrüstungsinvestitionen (z. B. Maschinen), Bauinvestitionen, sonstige Anlagen (z. B. immaterielle Anlageinvestitionen wie Software) und Vorratsinvestitionen (Lagerbestandsveränderungen).

- **Außenbeitrag (Exporte – Importe)**
  Da die importierten Güter (Waren und Dienstleistungen) Vorleistungen aus dem Ausland darstellen und nicht Teil des gesamtwirtschaftlichen Produktionsergebnisses des Inlandes sind, werden sie von den Exporten abgezogen. Die Differenz aus Exporten und Importen wird als Außenbeitrag bezeichnet.

$$\text{Verwendungsrechnung: BIP} = C_{pr} + C_{St} + I^{br} + (Ex - Im)$$

Verteilungsrechnung

Entsprechend der Art der erzielten Faktoreinkommen lassen sich Arbeitnehmerhaushalte (Lohn- und Gehaltseinkommen) und Unternehmerhaushalte (Gewinn- und Vermögenseinkommen wie Zinsen und Pachten) unterscheiden. Werden alle Einkommen, die während eines Jahres von **Inländern** (im In- und Ausland) als Entlohnung für die Bereitstellung von Produktionsfaktoren erzielt werden, zusammengezählt, ergibt sich das **Volkseinkommen**.

Das Volkseinkommen ist die Summe der Erwerbs- und Vermögenseinkommen, die Inländern für die Bereitstellung von Produktionsfaktoren zufließt (Faktoreinkommen).

Die **Verteilungsrechnung** zeigt die Aufteilung des Volkseinkommens auf die beiden Einkommensarten
- Arbeitnehmerentgelt (Bruttolöhne/-gehälter und Sozialbeiträge der Arbeitgeber)
- Unternehmens- und Vermögenseinkommen (Gewinne, Zinsen, Mieten, Pachten)

> Der prozentuale Anteil der Arbeitnehmerentgelte am Volkseinkommen wird als Lohnquote bezeichnet.

$$\text{Lohnquote} = \frac{\text{Arbeitnehmerentgelte} \times 100}{\text{Volkseinkommen}}$$

1.2.4 Nominales und reales Inlandsprodukt

Mit dem Inlandsprodukt zu Marktpreisen sollen eigentlich Gütermengen gemessen werden. Tatsächlich wird aber durch Bewertung der Güter mit ihren Marktpreisen der Geldwert dieser Güter gemessen. Nur durch die Verwendung einer solchen einheitlichen Messgröße (z. B. Währungseinheit Euro) können die verschiedenen Güterarten und -mengen zu einer einzigen Größe wie dem Inlandsprodukt zusammengefasst werden. Es wäre aber irreführend, einfach den in Euro ausgedrückten Geldwert der Produktionsergebnisse zweier Jahre miteinander zu vergleichen und daraus Schlüsse über die Veränderung der verfügbaren Gütermenge zu ziehen. Der in Geldeinheiten ausgedrückte Wert der im Inlandsprodukt enthaltenen Güter kann sich nämlich durch allgemeine Preissteigerungen nominal (= dem Nennwert nach) erhöht haben, ohne dass tatsächlich mehr Güter produziert wurden. Sollen die Produktionsergebnisse mehrerer Jahre miteinander verglichen werden, um Aussagen über die Güterversorgung der Bevölkerung und die wirtschaftliche Leistungsfähigkeit der Volkswirtschaft machen zu können, sind daher nicht nominale, sondern nur reale Veränderungen des Inlandsprodukts von Interesse. Um die reale Entwicklung zu erfassen, muss das nominale Inlandsprodukt um die in diesem Zeitraum eingetretene Preissteigerung korrigiert werden, d. h., das Inlandsprodukt muss zu konstanten Preisen berechnet werden. Nicht das nominale, sondern nur das **reale Inlandsprodukt** kann bei einem Zeitvergleich als Messgröße für die Entwicklung der gesamtwirtschaftlichen Leistung infrage kommen.

Berechnung des Bruttoinlandsprodukts (BIP) zu konstanten Preisen für die Bundesrepublik Deutschland		
Jahr	**Nominales Bruttoinlandsprodukt (BIP$_n$) in Mrd. Euro**	**Preisindex[1] (Deflator)**
2010	2.580,1	100,00
2018	3.386,0	113,84

Berechnung der nominalen Steigerung in Prozent

2.580,1 Mrd. Euro = 100 %	Das BIP ist nominal um ca. 31,24 % gestiegen.
3.386,0 Mrd. Euro = x %	x = 131,24 %

Berechnung des realen Bruttoinlandsprodukts (BIP$_r$)[2]

$$BIP_r = \frac{BIP_n}{\text{Preisindex}} \times 100 = \frac{3.386,6}{113,84} \times 100 = 2.974,9$$

Im Jahr 2018 betrug das reale BIP (in Preisen von 2010) 2.974,9 Mrd. Euro.

Berechnung der realen Steigerung in Prozent

2.580,1 Mrd. Euro = 100 %	Das BIP ist real um ca. 15,3 % gestiegen.
2.974,9 Mrd. Euro = x %	x = 115,30 %

Quelle: Stat. Bundesamt, VGR 2018, März 2019, Tab. 2.3.1, 2.3.3

---

[1] Für die Berechnung des realen BIP wird ein spezieller Preisindex (Preisindex für das Bruttoinlandsprodukt, BIP-Deflator) verwendet, der nicht mit dem Verbraucherpreisindex identisch ist.

[2] Seit 2005 weist das Stat. Bundesamt das reale BIP nur noch als Indexzahl und nicht mehr in Euro aus.

Entwicklung des nominalen und realen BIP 2010–2018				
Jahr	**BIP in jeweiligen Preisen**		**BIP, in Preisen des Jahres 2010**	
	Mrd. Euro	**Veränderung in %**	**Mrd. Euro**	**Veränderung in %**
2010	2.580,10	4,9	2.580,10	4,1
2011	2.703,10	4,8	2.674,48	3,7
2012	2.758,30	2,0	2.687,62	0,5
2013	2.826,20	2,5	2.700,88	0,5
2014	2.938,59	4,0	2.759,50	2,2
2015	3.048,86	3,8	2.807,68	1,7
2016	3.159,75	3,6	2.870,41	2,2
2017	3.277,34	3,7	2.932,48	2,2
2018	3.386,00	3,3	2.974,35	1,4

Quelle: Stat. Bundesamt, VGR 2018, März 2019, Tab 2.3.1, 2.3.2, 2.3.3

$$BIP_r = \frac{BIP_n \times 100}{Preisindex\ (= BIP\text{-}Deflator)}$$

Das nominale Inlandsprodukt beruht auf den Marktpreisen des Berechnungszeitraumes. Das reale Inlandsprodukt ist um die Preisveränderung korrigiert. Es ist ein Maßstab für die wirtschaftliche Entwicklung einer Volkswirtschaft unter Ausschaltung der Preissteigerungen.

Um die Leistungsfähigkeit verschiedener Volkswirtschaften miteinander vergleichen und die Güterversorgung der Bevölkerung beurteilen zu können, ist außerdem die Berechnung des **Inlandsprodukts pro Kopf** nötig. Für den internationalen Vergleich wird üblicherweise das Bruttoinlandsprodukt je Einwohner bzw. das Pro-Kopf-Einkommen als Maßstab benutzt. Trotz einer Steigerung des realen Inlandsprodukts kann das Pro-Kopf-Einkommen sinken, wenn nämlich die Wachstumsrate der Bevölkerung größer ist als die Wachstumsrate des realen Inlandsprodukts. Diese Situation ist für Entwicklungsländer mit starkem Bevölkerungswachstum typisch.

1.2.5 Kritik am Inlandsprodukt als Wohlstandsindikator

Wohlstand, Lebensstandard, Lebensqualität

Lernkontrolle
Aufgabe 5

Das Inlandsprodukt pro Kopf wird häufig auch als Indikator für den Wohlstand der Bevölkerung in einer Volkswirtschaft benutzt. Zwar signalisiert ein steigendes Inlandsprodukt pro Kopf eine zunehmende materielle Güterversorgung. Das bedeutet aber nicht ohne weiteres auch eine Steigerung von Lebensstandard und Wohlstand. Obwohl diese beiden Begriffe nicht eindeutig definiert und voneinander abgrenzbar sind, beinhalten sie doch beide den Gesichtspunkt, dass das Wohlergehen der Menschen nicht nur von der Menge der bereitgestellten materiellen Güter abhängt, sondern auch von solchen immateriellen Gütern wie z.B. Freiheit, soziale Sicherheit, Freizeit und Umwelterhaltung. Dies wird auch mit dem Begriff Lebensqualität zum Ausdruck gebracht.

Erfassungs-, Bewertungs- und Zurechnungsprobleme

Ein wesentlicher Kritikpunkt an der Aussagekraft des Inlandsprodukts als Wohlstandsindikator ist die Tatsache, dass bestimmte Vorgänge, die den Wohlstand in einer Volkswirtschaft beeinflussen, nicht in der volkswirtschaftlichen Gesamtrechnung und damit auch nicht im Inlandsprodukt erfasst werden.

> Viele Güter werden im Inlandsprodukt nicht erfasst, weil sie nicht auf Märkten gehandelt werden und daher keinen Marktpreis haben.

Mit Ausnahme der vom Staat kostenlos bereitgestellten Güter (Konsumausgaben des Staates) sind nur solche Waren und Dienstleistungen im Inlandsprodukt enthalten, die auf Märkten gehandelt werden. Das bedeutet beispielsweise, dass weder die Eigenleistungen privater Haushalte (z. B. Hausfrauenarbeit, Kindererziehung, Nachbarschaftshilfe, Hobbygärtner) noch die Befriedigung höherer Bedürfnisebenen (z. B. Bedürfnis nach Geborgenheit, Anerkennung, Selbstverwirklichung) im Inlandsprodukt berücksichtigt sind. Auch die Arbeitsbedingungen, unter denen die Güterproduktion erfolgt, kommen nicht in der Höhe des Inlandsprodukts zum Ausdruck.

> Die in der offiziellen Wirtschaftsstatistik nicht erfasste Schattenwirtschaft (z. B. Schwarzarbeit) trägt zwar zur gesamtwirtschaftlichen Wertschöpfung bei, geht aber nur als Schätzgröße in die Inlandsproduktberechnung ein.

Es können nur solche Leistungen statistisch erfasst und bei der Ermittlung des Inlandsprodukts berücksichtigt werden, die aus Dokumenten und anderen Unterlagen, die den Behörden vorgelegt werden, ersichtlich sind. Schattenwirtschaftliche Aktivitäten (z. B. Leistungen aus der Beschäftigung ohne formelles Arbeitsverhältnis, Lieferungen und Leistungen ohne Rechnung u. Ä.) gehen daher nur als Schätzgröße in das Inlandsprodukt ein.

> In das Inlandsprodukt gehen nur Gütermengen und Güterpreise ein. Die Qualität der Produkte wird nicht gesondert erfasst.

Die Marktpreise, mit denen die Güter in das Inlandsprodukt eingehen, spiegeln häufig nicht die Produktqualität, die sich beispielsweise auch in der Lebensdauer ausdrückt, wider. Die Herstellung vieler herkömmlicher Glühbirnen mit kurzer Lebensdauer erhöht beispielsweise trotz des Preisunterschiedes das Inlandsprodukt mehr als die Produktion langlebiger Energiesparlampen. Obwohl die Produktionstechnologie laufend verbessert wird, nimmt die Gebrauchsdauer vieler Konsumgüter (z. B. Kühlschränke, Autos, Waschmaschinen, Kleider) ständig ab. Der dadurch entstehende Ersatzbedarf steigert zwar Produktion und Inlandsprodukt, beansprucht aber gleichzeitig natürliche Rohstoffe und schafft erhebliche Entsorgungs-, Abfall- und Umweltprobleme.

> Die Höhe des Inlandsprodukts sagt nichts über die Einkommensverteilung aus.

Aus einer Veränderung des Inlandsprodukts lässt sich nicht ableiten, ob und ggf. wie sich die Einkommensverteilung verändert hat. Der Wohlstand einer Volkswirtschaft hängt aber nicht nur von der Menge der materiellen Güter ab, sondern auch von der Art und Weise, wie das Gesamteinkommen auf die Bevölkerung verteilt ist.

> Das Inlandsprodukt berücksichtigt nicht den Wert der Freizeit.

Das Inlandsprodukt kann beispielsweise deswegen steigen, weil aufgrund einer verlängerten Wochenarbeitszeit mehr gearbeitet und produziert wird. Dabei wird aber nicht berücksichtigt, dass der durch die Steigerung des Inlandsprodukts bedingte Verzicht auf Freizeit eine Wohlstandsminderung darstellt.

> Das Inlandsprodukt berücksichtigt nicht die sozialen Kosten.

Bei der Güterproduktion entstehen u.a. auch Kosten, die nicht von den verursachenden Unternehmen getragen, sondern auf die Allgemeinheit überwalzt werden (z.B. Schädigung von Umweltgütern in Form von Luftverschmutzung und Gewässerverunreinigung sowie dadurch bedingte Gesundheitsschäden). Dabei handelt es sich um soziale Kosten. Sie werden bei der Inlandsproduktberechnung nicht berücksichtigt.

> Die Aufwendungen zur Beseitigung von Umweltschäden erhöhen in Form von Nettoinvestitionen das Nettoinlandsprodukt, obwohl es sich dabei eigentlich um Ersatzinvestitionen handelt.

Aufwendungen für die Entsorgung verseuchter Boden und die Reinigung verschmutzter Gewässer werden als Nettoinvestitionen erfasst und erhöhen demzufolge das Nettoinlandsprodukt. Eigentlich handelt es sich dabei aber um eine Art Ersatzinvestition, um die am Produktionsfaktor Natur eingetretenen Schäden zu beheben. Es liegt keine Wertschöpfung, sondern lediglich eine Werterhaltung vor. Werden die Umweltschäden nicht oder nicht in vollem Umfang behoben, liegt eine Art Desinvestition vor, um die der Wert des Nettoinlandsprodukts verringert werden müsste. Es wird versucht dies im Rahmen einer **Umweltökonomischen Gesamtrechnung (UGR)**[1] und durch die Berechnung des **Ökoinlandsprodukts** zu berücksichtigen.

Wachstum des Inlandsprodukts

„Das Inlandsprodukt wächst, wenn immer mehr Abfälle die Umwelt belasten. Und es wächst noch einmal, wenn wir Mittel einsetzen, um Umweltschäden zu beseitigen. Es wächst, wenn der Lärm in den Städten zunimmt. Und es wächst noch einmal, wenn wir Lärmschutzanlagen anbringen. Es wächst, wenn der Verbrauch von Medikamenten, Drogen und Alkohol zunimmt. Und es wächst noch einmal, wenn die durch Medikamente, Drogen und Alkohol Geschädigten behandelt werden müssen."

Erhard Eppler, Ende oder Wende, Stuttgart 1975, S. 38

Bruttoinlandsprodukt

– Abschreibungen auf Anlagegüter

= Nettoinlandsprodukt

– Wertminderung des Naturvermögens

= Ökoinlandsprodukt

Lernkontrolle
Aufgabe 6

---

1   Vgl. Statistisches Bundesamt, Umweltökonomische Gesamtrechnung (UGR), Wiesbaden, Nov. 2010

1.2.6 Soziale Indikatoren als Messgrößen für den Wohlstand

Ein weiterer wesentlicher Kritikpunkt bezieht sich darauf, dass das Inlandsprodukt in erster Linie quantitative Aussagen über die materielle Güterversorgung zulässt. Solche Bereiche wie Gesundheits- und Bildungsstand der Bevölkerung bleiben hingegen unberücksichtigt. Deshalb wird vorgeschlagen, das Inlandsprodukt als Messgröße für Wohlstandsveränderungen durch ein System sozialer Indikatoren zu ergänzen. Aber auch mithilfe sozialer Indikatoren wird das Problem, die Entwicklung des Wohlstandes zu messen, nicht zufriedenstellend und ohne Probleme gelöst. Ist es beispielsweise als eine Wohlstandsmehrung anzusehen, wenn die Zahl der Krankenhausbetten steigt, oder ist dies möglicherweise ein Anzeichen für die Verschlechterung des Gesundheitszustands der Bevölkerung? Neben den sonstigen Mess- und Erhebungsfehlern ist eine der Hauptschwierigkeiten dadurch bedingt, dass solche Begriffe wie „Wohlstand" und „Lebensqualität" nicht eindeutig sind.

Human Development Index

Gemessen am *Human development index* (HDI), der vom UNDP (United Nations Development Programme) ermittelt wird und neben dem Pro-Kopf-Einkommen u. a. Daten über die Lebenserwartung, den Bildungsstand und die Ausgaben für Bildung und Erziehung berücksichtigt, belegte Deutschland im Jahr 2018 den fünften Rang. An der Spitze lagen Norwegen, Australien, Island, Kanada, Neuseeland und die USA. Die letzten Plätze nahmen die afrikanischen Staaten Mosambik, Burundi, Niger, Kongo und Simbabwe ein.

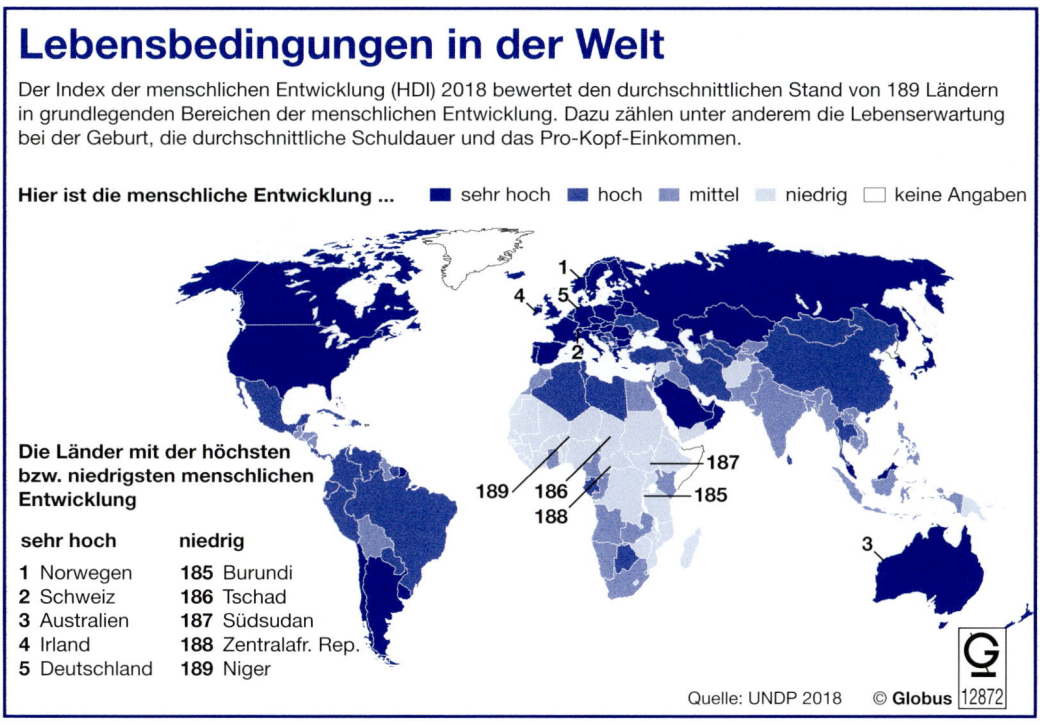

Lebensbedingungen in der Welt

Der Index der menschlichen Entwicklung (HDI) 2018 bewertet den durchschnittlichen Stand von 189 Ländern in grundlegenden Bereichen der menschlichen Entwicklung. Dazu zählen unter anderem die Lebenserwartung bei der Geburt, die durchschnittliche Schuldauer und das Pro-Kopf-Einkommen.

Hier ist die menschliche Entwicklung ...   ■ sehr hoch   ■ hoch   ■ mittel   □ niedrig   □ keine Angaben

Die Länder mit der höchsten bzw. niedrigsten menschlichen Entwicklung

sehr hoch	niedrig
1 Norwegen	185 Burundi
2 Schweiz	186 Tschad
3 Australien	187 Südsudan
4 Irland	188 Zentralafr. Rep.
5 Deutschland	189 Niger

Quelle: UNDP 2018   © **Globus** 12872

Zusammenfassung und Lernkontrolle

Zusammenfassung

Geldströme zwischen den Wirtschaftssektoren

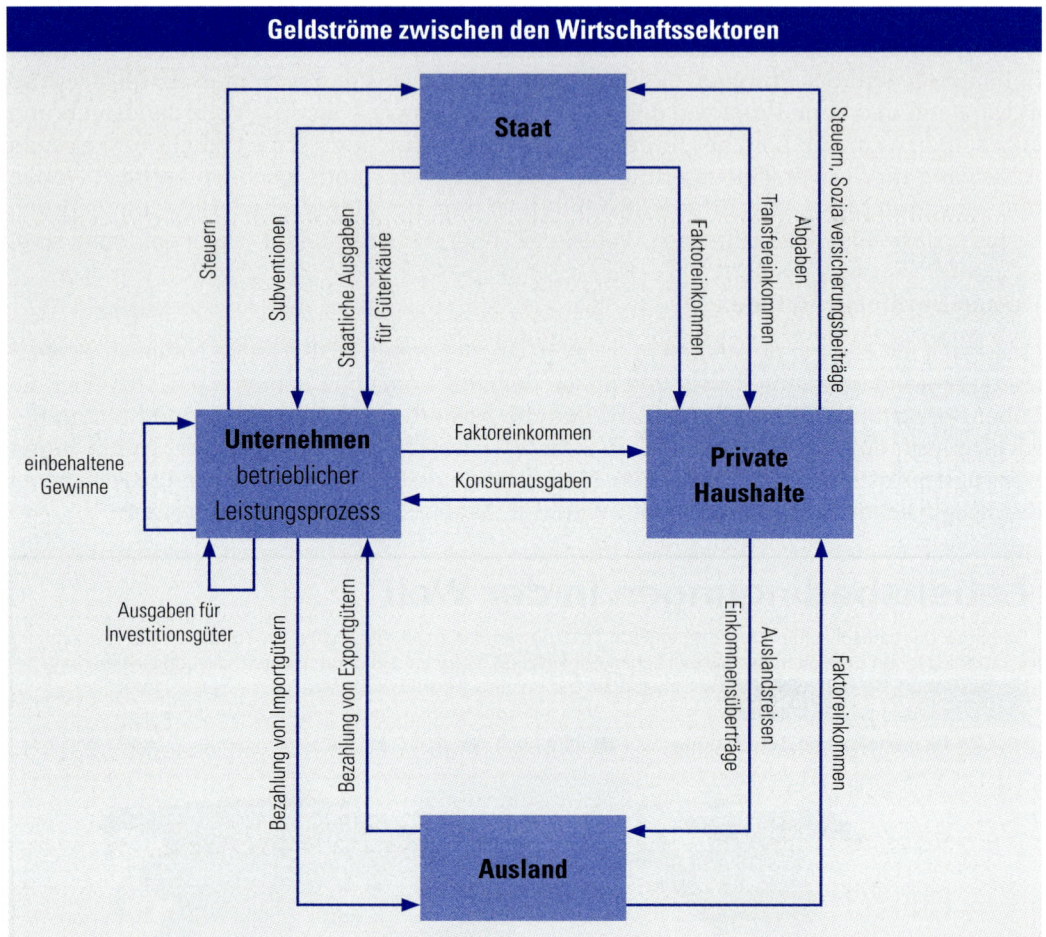

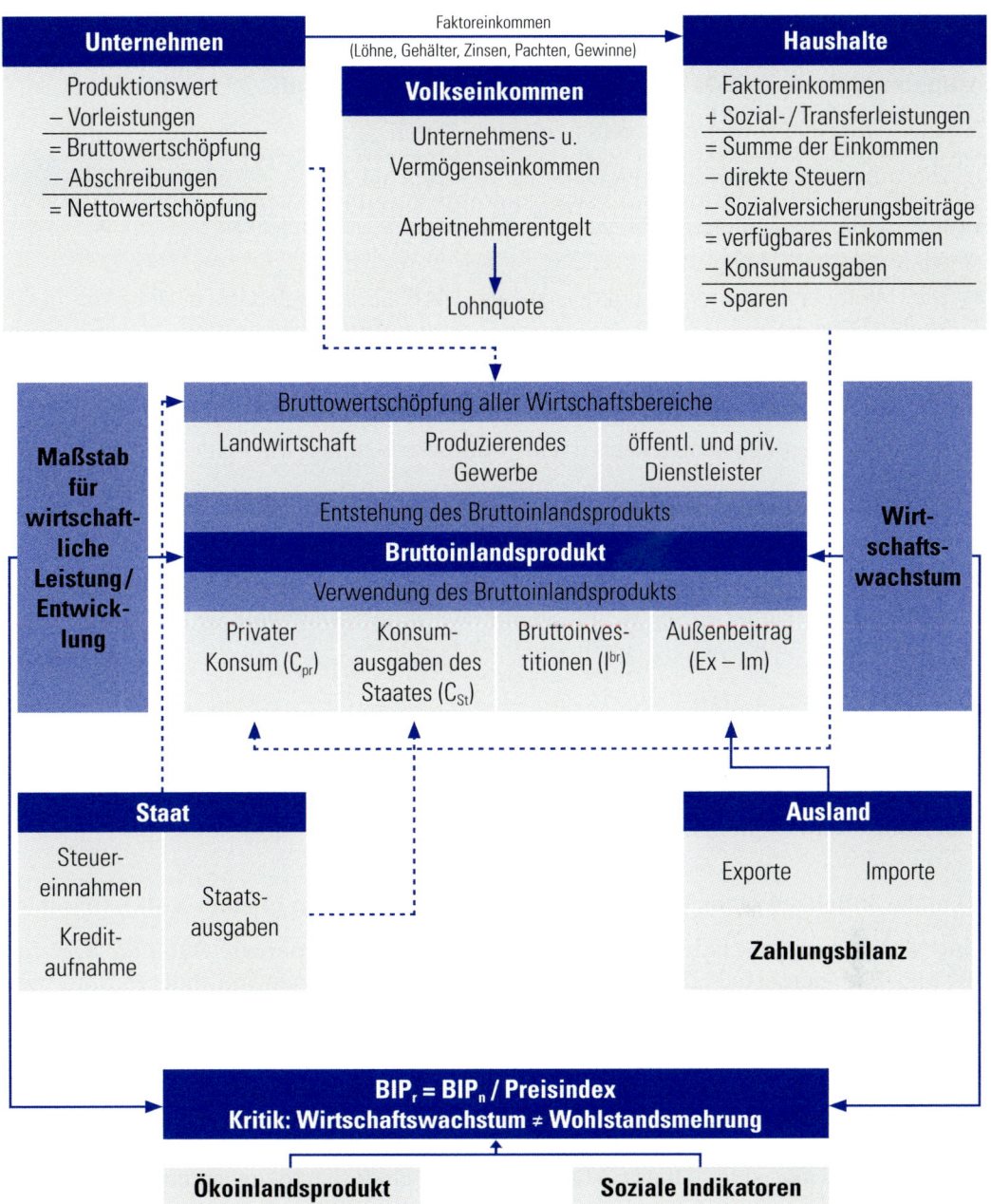

Lernkontrolle

Aufgabe 1: Grafische Darstellung des Wirtschaftskreislaufs

Für eine Modellvolkswirtschaft gelten folgende Daten:

1. Die Unternehmen produzieren Güter im Wert von 500 GE.
2. Als Entgelt für die dabei eingesetzten Produktionsfaktoren sind den Haushalten Einkommen in gleicher Höhe in Form von Löhnen, Gehältern, Zinsen, Mieten und Gewinnen zugeflossen.
3. Die Unternehmen führen Produktionsabgaben (z. B. Gewerbesteuern) in Höhe von 75 GE an den Staat ab.
4. Die Haushalte zahlen aus ihrem Bruttoeinkommen direkte Steuern (Einkommensteuer) in Höhe von 100 GE an den Staat.
5. Der Staat zahlt an die Haushalte 120 GE (z. B. als Gehälter für Angehörige des öffentlichen Dienstes, Pensionen, Renten und Transfereinkommen wie Kindergeld, Wohngeld, Sozialhilfe).
6. Die Haushalte verwenden das gesamte verfügbare Einkommen für Konsumausgaben.
7. Der Staat zahlt Subventionen an die Unternehmen in Höhe von 55 GE.

Stellen Sie für diese Volkswirtschaft die Kreislaufbeziehungen zwischen den Sektoren Unternehmen, private Haushalte und Staat grafisch dar. Benennen Sie die dargestellten Geldströme und geben Sie die zugehörigen Werte an.

Aufgabe 2: Wirtschaftskreislauf in der Bundesrepublik Deutschland

Erstellen Sie anhand der Abbildungen auf S. 426 und 427 einen Wirtschaftskreislauf (Geldströme) der Bundesrepublik Deutschland mit allen vier Sektoren entsprechend dem im Arbeitsblatt dargestellten Gesamtzusammenhang.

Aufgabe 3: Beitrag eines Unternehmens zur Wertschöpfung in einer Volkswirtschaft

Eine Maschinenfabrik hat in der vergangenen Abrechnungsperiode Güter im Wert von 400 Mio. Euro hergestellt. Das Unternehmen bezog Vorleistungen von anderen Unternehmen in Höhe von 100 Mio. Euro. Die Abschreibungen beliefen sich auf 200 Mio. Euro.

1. Wie hoch war der Produktionswert der Maschinenfabrik?
2. Wie hoch war die Bruttowertschöpfung der Maschinenfabrik (= Beitrag zum Bruttoinlandsprodukt)?
3. Wie hoch war die Nettowertschöpfung der Maschinenfabrik?
4. In welcher Höhe sind in dieser Maschinenfabrik Faktoreinkommen entstanden?

Aufgabe 4: Ermittlung des Inlandsprodukts

Für eine Volkswirtschaft liegen für das vergangene Jahr (Jahr 01) folgende Daten vor (Wertangaben in Preisen des Jahres 01):

a) Verkäufe von Konsumgütern an private Haushalte	1.500 GE
b) Vorleistungen von inländischen an inländische Unternehmen	2.500 GE
c) Abschreibungen	350 GE
d) Bruttoinvestitionen	450 GE
e) Staatliche Subventionen an Unternehmen	30 GE
f) Produktions- und Importabgaben an den Staat	300 GE
g) Vorleistungen aus dem Ausland (Importe)	1.000 GE
h) Faktorkosten für den Produktionsfaktor Arbeit (= Arbeitnehmereinkommen: Löhne und Gehälter)	1.300 GE
i) Unternehmergewinne	230 GE
j) Faktorkosten für die Produktionsfaktoren Kapital und Boden (= Vermögenseinkommen: Zinsen und Pachten)	400 GE
k) Wert der unentgeltlich abgegebenen Leistungen des Staates (Konsumausgaben des Staates)	500 GE
l) Verkäufe von Gütern an das Ausland (Exporte)	1.100 GE

1. Erstellen Sie das gesamtwirtschaftliche Produktionskonto.
2. Ermitteln Sie die Höhe folgender Größen: Bruttoinlandsprodukt zu Marktpreisen, Nettoinlandsprodukt zu Marktpreisen, Nettoinlandsprodukt zu Faktorkosten.
3. Wie hoch war der Produktionswert, wenn davon ausgegangen wird, dass das Bruttoinlandsprodukt und die Bruttowertschöpfung gleich hoch sind.
4. Drücken Sie die Berechnung des Bruttoinlandsprodukts zu Marktpreisen von der Verwendungsseite in einer allgemeinen Formel aus.
5. Drücken Sie den Zusammenhang zwischen Bruttoinlandsprodukt zu Marktpreisen, Nettoinlandsprodukt zu Marktpreisen und Nettoinlandsprodukt zu Faktorkosten in einer allgemeinen Formel aus.
6. Im Jahr zuvor (Jahr 00) betrug das Bruttoinlandsprodukt 2.500 GE (in Preisen des Jahres 00).
   Lässt sich daraus schließen, dass sich die Güterversorgung der Bevölkerung im Jahr 01 gegenüber 00 verbessert hat? Begründen Sie Ihre Aussage.

Aufgabe 5: Kritik am Inlandsprodukt als Wohlstandsindikator

Stellen Sie fest, ob das Inlandsprodukt aufgrund folgender Vorgänge steigt, sinkt oder unverändert bleibt. Begründen Sie Ihre Antworten.

1. Ein Junggeselle stellt eine Haushälterin ein. Es werden ordnungsgemäß Lohnsteuer und Sozialversicherungsbeiträge abgeführt.
2. Der Junggeselle heiratet seine bisherige Haushälterin. Auch nach der Heirat führt sie den Haushalt weiter.
3. Es werden vermehrt langlebige Energiesparlampen statt herkömmlicher Glühbirnen verwendet. Die Mehraufwendungen aufgrund des höheren Preises der Energiesparlampen gegenüber den herkömmlichen Lampen können schon nach kurzer Zeit durch geringeren Energieverbrauch und längere Lebensdauer ausgeglichen werden.
4. Die Regierung ergreift steuerpolitische Maßnahmen zur Einkommensumverteilung, um untere Einkommensschichten zu entlasten und höhere Einkommensschichten zu belasten.

5. Einer der bisherigen gesetzlichen Feiertage wird gestrichen. Die Arbeitnehmer müssen jetzt bei gleichem Monatslohn einen Tag mehr arbeiten.
6. Ein Hobbygärtner versorgt seine Familie regelmäßig mit Obst und frischem Gemüse.
7. Ein kranker Familienvater wird zu Hause von seinen Familienangehörigen gepflegt.
8. Der Kranke (Fall 7.) wird vom Arzt in ein Krankenhaus eingewiesen.
9. Ein Bauherr erstellt einen Teil des Rohbaus durch Eigenleistung und Nachbarschaftshilfe.
10. Ein Malergeselle tapeziert nach Feierabend die Wohnung des Nachbarn gegen Entgelt.
11. Ein Landwirt spezialisiert sich auf biologischen Anbau. Wegen des Verzichts auf Pflanzenschutzmittel gehen die Produktionsmengen in der Umstellungsphase zunächst zurück. Er kann aber seine Produkte wegen der besseren Qualität teurer verkaufen, so dass sein Erlös nicht sinkt.
12. Nach einem Unfall müssen mehrere Personen im Krankenhaus behandelt werden. Eine Person stirbt an den Folgen des Unfalls.
13. Die Außenmauern einer denkmalgeschützten Kirche werden durch Luftschadstoffe beschädigt und müssen restauriert werden.
14. Es werden Solarzellen aus dem benachbarten Ausland importiert.
15. Die Regierung genehmigt den Verkauf von U-Booten an ein Entwicklungsland.
16. An einer Autobahn werden die Anwohner durch die Errichtung von Schallschutzwänden gegen den Verkehrslärm geschützt.
17. Wegen hoher Gefährdung durch den Straßenverkehr bringen Eltern ihre Kinder mit dem Pkw zum Kindergarten, statt sie zu Fuß laufen zu lassen.
18. Durch Überdüngung der Böden mit Gülle aus der Massentierhaltung wird das Grundwasser mit Nitrat belastet.

2 Grundlagen der Wirtschaftspolitik

2.1 Ziele der Wirtschaftspolitik

Wirtschaftspolitik als Bestandteil der Gesellschaftspolitik

Die möglichen Fehlentwicklungen einer freien Marktwirtschaft zeigen, dass wirtschaftlicher Wohlstand in einem Land nicht automatisch durch den Marktmechanismus entsteht. Vielmehr sind dazu auch Eingriffe des Staates und anderer Institutionen (z.B. Zentralbank, Tarifpartner) in das Wirtschaftsgeschehen nötig.

> Wirtschaftspolitik ist die Gesamtheit aller Maßnahmen, die darauf abzielen, das Wirtschaftsgeschehen in einer Volkswirtschaft zu ordnen, zu beeinflussen, zu gestalten oder unmittelbar festzulegen.

Alle wirtschaftspolitischen Maßnahmen haben das gemeinsame **Ziel**, der Förderung des Wohlstands zu dienen. Diese Wohlstandssteigerung ist ihrerseits wiederum ein **Mittel**, zur Verwirklichung **übergeordneter** gesellschaftlicher **Ziele** wie z.B. Freiheit, Gerechtigkeit und Sicherheit. Im Rahmen einer solchen Hierarchie von Ober- und Unterzielen trägt die Wirtschaftspolitik als Teil der Gesellschaftspolitik zur Erreichung höherrangiger gesellschaftlicher Grundwerte bei.

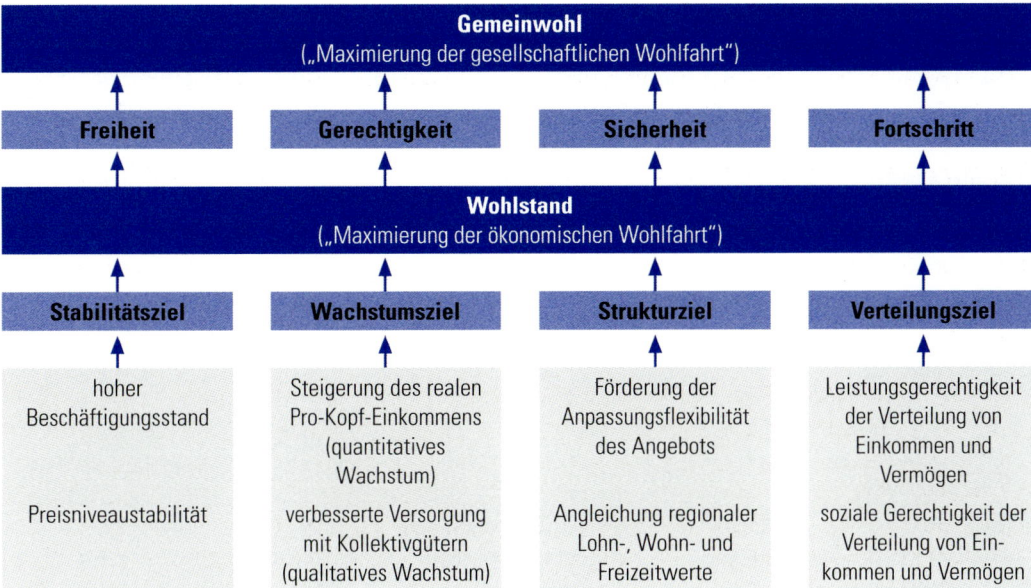

Quelle: E. Tuchfeld, zitiert nach H. Berg, D. Cassel, Theorie der Wirtschaftspolitik, in: Vahlens Kompendium der Wirtschaftstheorie und Wirtschaftspolitik, Bd. 2, München 1985, S. 189

> Wirtschaftspolitische Ziele sind Unterziele übergeordneter gesellschaftspolitischer Ziele.

Ziele des Stabilitätsgesetzes von 1967

Mit dem 1967 erlassenen „Gesetz zur Förderung der Stabilität und des Wachstums der Wirtschaft" **(Stabilitätsgesetz)** werden vier wirtschaftspolitische Ziele vorgegeben.

Gesamtwirtschaftliches Gleichgewicht

Stabilität des Preisniveaus	Hoher Beschäftigungsstand	Außenwirtschaftliches Gleichgewicht	Stetiges und angemessenes Wirtschaftswachstum

Um überprüfen zu können, ob die Ziele erreicht wurden, muss jedes Ziel **operationalisiert**, d. h. in folgender Hinsicht konkretisiert und präzisiert werden:

- Zuordnung von **Indikatoren** (messbare Ereignisse), die den Zielerreichungsgrad anzeigen
- Formulierung des Ziels in **zahlenmäßiger** Form
- Festlegung des **Zeitraums**, innerhalb dessen das Ziel erreicht werden soll.

Gesetz zur Förderung der Stabilität und des Wachstums der Wirtschaft v. 8. Juni 1967 (Stabilitätsgesetz)

§ 1 (Erfordernisse der Wirtschaftspolitik)
Bund und Länder haben bei ihren wirtschafts- und finanzpolitischen Maßnahmen die Erfordernisse des gesamtwirtschaftlichen Gleichgewichts zu beachten. Die Maßnahmen sind so zu treffen, dass sie im Rahmen der marktwirtschaftlichen Ordnung gleichzeitig zur Stabilität des Preisniveaus, zu einem hohen Beschäftigungsstand und außenwirtschaftlichem Gleichgewicht bei stetigem und angemessenem Wirtschaftswachstum beitragen.

1967 wurde das Grundgesetz wie folgt ergänzt:

Art. 109 (2) Bund und Länder haben bei ihrer Haushaltswirtschaft den Erfordernissen des gesamtwirtschaftlichen Gleichgewichts Rechnung zu tragen.

Ziel	Indikator (Messgröße)	Ziel gilt als erreicht, wenn ...	Ziel der Regierung für 2015–2019	Zielerreichung in den Jahren 2015–2018
Stabilität des Preisniveaus	Verbraucher-preisindex	am Verbraucherpreis-index gemessene Preisniveausteigerung (Inflationsrate) unter, aber nahe bei 2 %	2015 < 2 % 2016 < 2 % 2017 < 2 % 2018 < 2 % 2019 < 2 %	0,7 % 0,4 % 1,7 % 1,9 %
Hoher Beschäf-tigungsstand	Arbeitslosenquote	Arbeitslosenquote ≤ 3 %	2015 6,6 % 2016 6,4 % 2017 6,0 % 2018 5,3 % 2019 4,9 %	6,4 % 6,1 % 5,7 % 5,2 %
Außenwirt-schaftliches Gleichgewicht	Anteil des Außenbeitrags (Exporte – Importe) am BIP in %	positiver Außenbeitrag 1,5 % bis 2 % des nominalen BIP (siehe Erläuterung)	2015 6,8 % 2016 7,6 % 2017 7,2 % 2018 7,6 % 2019 6,6 %	7,8 % 7,6 % 8,0 % 6,9 %
Stetiges und angemessenes Wirtschafts-wachstum	Zuwachsrate des realen BIP	gleichmäßiges Wachstum in angemessener Höhe (für deutliche Beschäfti-gungseffekte gelten 3 % als nötig)	2015 1,5 % 2016 1,7 % 2017 1,4 % 2018 2,4 % 2019 1,0 %	1,7 % 2,2 % 2,2 % 1,5 %

Aktuelle Zahlen: www.destatis.de

Erläuterungen zu einzelnen wirtschaftspolitischen Zielen

1. Stabilität des Preisniveaus

Die wirtschaftspolitisch wichtige Kennzahl zur Messung der Preisniveauänderung ist der vom Statistischen Bundesamt ermittelte **Verbraucherpreisindex**. Er bringt die Preis-entwicklung typischer Güter der privaten Lebenshaltung zum Ausdruck. Dazu wird die durchschnittliche Ausgabenstruktur der privaten Haushalte in einem für Durchschnitts-haushalte typischen Warenkorb abgebildet.

2. Hoher Beschäftigungsstand

Der Beschäftigungsstand bezogen auf den Produktionsfaktor Arbeit wird mit Hilfe der Arbeitslosenquote gemessen. Die Arbeitslosenquote (ALQ) ergibt sich als prozentualer Anteil der registrierten Arbeitslosen an der Gesamtzahl der Erwerbspersonen. Die Zahl der Erwerbspersonen (= Arbeitskräftepotenzial) setzt sich aus den Erwerbstätigen (Selbststän-dige und Arbeitnehmer) einerseits und den Erwerbslosen andererseits zusammen. Nach heutiger Interpretation würde eine Arbeitslosenquote, die sich zwischen 3 % und 5 % bewegt, als weitgehende Erfüllung des Beschäftigungsziels angesehen.

3. Außenwirtschaftliches Gleichgewicht

Der Maßstab für dieses Ziel ist der Anteil des Außenbeitrags (Exporte – Importe) am BIP. Das Ziel stammt aus der Zeit, als die Wechselkurse (z. B. Preis für 1 Euro ausgedrückt in US-$: 1,55) zwischen einzelnen Ländern nicht von Angebot und Nachfrage auf dem Devisenmarkt bestimmt wurden (= freie Wechselkurse), sondern zwischen einzelnen Ländern fest vereinbart waren (= feste Wechselkurse). Durch erhebliche Exportüberschüsse wurde nämlich in den 1950er und 1960er Jahren die Konjunktur zeitweise überhitzt und ein Dollarzufluss ausgelöst, der durch Umtausch in DM zu einer unerwünschten Erhöhung der inländischen Geldmenge führte. Seit der Aufhebung der festen Wechselkursbindung an den Dollar (1973) besteht für feste Zielvorgaben bezüglich des Außenbeitrags aber keine Notwendigkeit mehr, da unerwünschte Devisenzuflüsse durch eine sich am Devisenmarkt ergebenden Erhöhung des Wechselkurses unterbunden werden. Das Ziel des außenwirtschaftlichen Gleichgewichts gilt daher heutzutage dann als erreicht, wenn von außenwirtschaftlichen Beziehungen keine nachteiligen Wirkungen auf die Binnenwirtschaft (Preisniveaustabilität, hoher Beschäftigungsstand und angemessenes Wirtschaftswachstum) ausgehen.[1]

4. Stetiges und angemessenes Wirtschaftswachstum

Ein stetiges Wirtschaftswachstum, das sich in einer Erhöhung des realen BIP ausdrückt, ist u. a. wegen der andernfalls eintretenden Schwankungen im Auslastungsgrad des Produktionspotenzials und damit zur Vermeidung von Arbeitslosigkeit und Inflation sinnvoll. Was unter „angemessenem" Wirtschaftswachstum zu verstehen ist, ist schwer zu definieren. In den 70er Jahren galten jährliche Wachstumsraten von 4 % als angemessen. Heute erscheinen schon allein aus beschäftigungspolitischen Gründen mindestens 2,5 % bis 3 % als nötig, aber kaum erreichbar. Zu berücksichtigen ist, dass sich bei einem jährlichen Wachstum von 4 % die Produktionsmenge in 17 Jahren und bei 2 % in 35 Jahren verdoppeln würde.

> Das Stabilitätsgesetz von 1967 nennt vier wirtschaftspolitische Ziele: Stabilität des Preisniveaus, hoher Beschäftigungsstand, außenwirtschaftliches Gleichgewicht, stetiges und angemessenes Wirtschaftswachstum.

Weitere wirtschaftspolitische Ziele

Neben den vier im Stabilitätsgesetz enthaltenen **quantitativen[2] Zielen**, die sich zahlenmäßig formulieren und überprüfen lassen, sind an anderer Stelle auch die **qualitativen Ziele** *„Gerechte Einkommens- und Vermögensverteilung"* und *„Erhalt einer lebenswerten Umwelt"* *(Umweltschutz Art. 20a GG)* genannt. Für diese Ziele kann lediglich die Zielrichtung, nicht aber eine messbare Beschreibung des derzeitigen und des angestrebten Zustands angegeben werden.

> Weitere wirtschaftspolitische Ziele sind: gerechte Einkommens- und Vermögensverteilung sowie Erhalt einer lebenswerten Umwelt (Umweltschutz).

---

1   In der EU gilt ein Leistungsbilanzsaldo von 6 % des nominalen BIP als Grenzwert. Bei höheren Leistungsbilanzsalden werden zu große wirtschaftliche Ungleichgewichte zwischen den EU-Mitgliedsstaaten befürchtet.

2   quantitativ *(lat.):* mengenmäßig

Ziele des Europäischen Stabilitäts- und Wachstumspakts

Von den 28 (nach dem Brexit 27) EU-Mitgliedern nehmen bisher (2019) 19 an der Europäischen Währungsunion mit der gemeinsamen Euro-Währung teil. Voraussetzung für die Aufnahme in die Währungsunion ist die Erfüllung der sogenannten **Konvergenzkriterien**[1], die 1992 im Vertrag von Maastricht vereinbart wurden.

Konvergenzkriterien für den Beitritt zur Europäischen Währungsunion (EWU)			
stabiles Preisniveau	**gesunde Staatsfinanzen**	**stabile Wechselkurse**	**Zinsniveau**
Die **Inflationsrate** darf höchstens 1,5 Prozentpunkte über dem Durchschnitt der drei preisstabilsten Mitgliedsstaaten liegen.	Die jährliche **Neuverschuldung** des Staates (Defizit der öffentlichen Haushalte) darf höchstens 3 %, die **Gesamtverschuldung** höchstens 60 % des BIP betragen.	Teilnahme in den letzten zwei Jahren am **Europäischen Währungssystem** (EWS) ohne starke **Kursschwankungen**.	**langfristige Zinsen** höchstens 2 Prozentpunkte über dem Zinssatz der drei preisstabilsten Mitgliedsstaaten

Überschreitet ein Land **nach Aufnahme in die Währungsunion** beispielsweise die Vorgaben für die Staatsverschuldung **(Defizitkriterium)**, drohen ihm seitens der EU-Kommission Abmahnungen („blaue Briefe"), Defizitverfahren (= Verpflichtung, Sparbeschlüsse vorzulegen und einzuhalten) und letztlich Geldbußen bis zu 0,5 % des jeweiligen BIP.

Hauptziel dieser Regelung ist es, durch Eindämmung der Staatsausgaben und der **Staatsverschuldung** zu verhindern, dass das Preisniveau und damit die **Inflationsrate** im Euro-Währungsgebiet übermäßig steigen.

Deutschland hat aufgrund der hohen Staatsverschuldung von 2002 bis 2005 ständig sowohl gegen das Defizitkriterium als auch gegen die Schuldenstandsquote verstoßen. Die vorgegebene Zielgröße der Schuldenstandsquote von $\leq$ 60 % des BIP wurde in Deutschland seit 2001 nicht mehr erreicht. Auch die meisten anderen Euro-Länder haben dieses Ziel nicht erreicht (Staatsschuldenkrise).

Entwicklung des Defizits des Staatshaushalts und des Schuldenstands in Deutschland entsprechend den „Maastricht-Kriterien"										
Jahr	**2009**	**2010**	**2011**	**2012**	**2013**	**2014**	**2015**	**2016**	**2017**	**2018**
Defizit des Staatshaushalts in % des BIP	– 3,0	– 4,1	– 0,9	0,0	– 0,1	+ 0,5	+ 0,8	+ 0,9	+ 1,0	+ 1,7
Schuldenstand in % des BIP	72,6	80,5	77,9	80,7	78,2	75,3	71,6	68,5	64,5	60,9
Schuldenstand in Mrd. Euro	1.784,1	2.037,7	2.101,8	2.225,2	2.210,7	2.212,3	2.182,0	2.165,9	2.115,4	2.063,2

Quelle: Deutsche Bundesbank, Monatsbericht April 2019
Die Höhe der Staatsverschuldung weicht wegen unterschiedlicher Berechnungsweisen teilweise von den in der volkswirtschaftlichen Gesamtrechnung ausgewiesenen Zahlen ab.

---

1   Konvergenz *(lat.):* Annäherung, Übereinstimmung

Verfassungsgemäßer Haushalt nach Art. 115 des Grundgesetzes

Nach Art. 115 GG darf die Kreditaufnahme des Bundes die Summe der im Haushaltsplan veranschlagten Investitionen nicht überschreiten. Ausnahmen von dieser Vorschrift sind nur dann zulässig, wenn durch erhöhte Kreditaufnahme eine Störung des „gesamtwirtschaftlichen Gleichgewichts" abgewendet werden kann. Es ist aber weder eindeutig definiert, welche staatlichen Ausgaben als „öffentliche Investitionen" gelten, noch wann eine Störung des gesamtwirtschaftlichen Gleichgewichts vorliegt. Angesichts der enormen staatlichen Kreditaufnahme zur Rezessionsbekämpfung im Jahr 2009 haben Bundestag und Bundesrat durch Änderung des Art. 115 GG künftig eine Schuldenbegrenzung (Schuldenbremse) für Bund und Länder beschlossen. Ab 2016 ist dem Bund und ab 2020 den Ländern die Aufnahme neuer Schulden verboten, außer bei einer besonders schweren Rezession und bei Katastrophen. Außerdem sollen konjunkturbedingte Haushaltsdefizite über 1,5 % des BIP hinaus nur zulässig sein, wenn sie an einen Tilgungsplan gebunden sind.

2.2 Beziehungen zwischen den wirtschaftspolitischen Zielen

Magisches Vieleck als Problem der Wirtschaftspolitik

Die vielfältigen Zielbeziehungen lassen es nicht zu, dass alle Ziele – wie im Stabilitätsgesetz gefordert – **gleichzeitig** erreicht werden. Zwischen einigen **Zielen** bestehen **Konflikte**, da Maßnahmen zur Erreichung eines Ziels gleichzeitig die Erreichung eines anderen Ziels behindern.

Lernkontrolle
Aufgabe 1

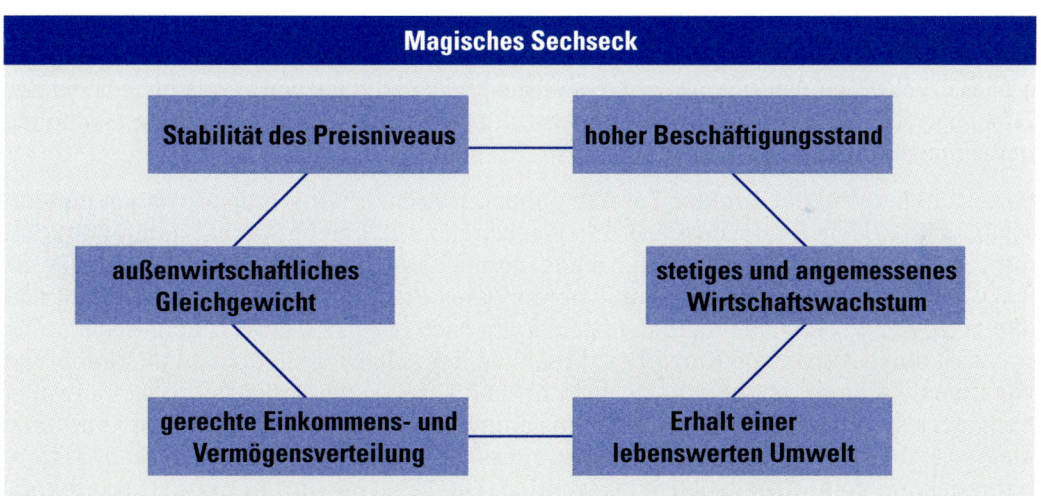

Beispielsweise können in bestimmten Fällen

- ■ **Maßnahmen** zur Beschäftigungsförderung (Ziel: Hoher Beschäftigungsstand) zu Preissteigerungen führen (Ziel: Stabilität des Preisniveaus)

- ■ **Maßnahmen** zur Wachstumsförderung (Ziel: Stetiges und angemessenes Wirtschaftswachstum) die Kluft zwischen Armen und Reichen verstärken (Ziel: Gerechte Einkommens- und Vermögensteilung) und/oder die Umweltbelastung erhöhen (Ziel: Erhalt einer lebenswerten Umwelt).

Wenn dagegen Maßnahmen zur Erreichung eines Ziels gleichzeitig auch die Erreichung eines anderen Ziels fördern, liegt eine **Zielharmonie** vor. Bezogen auf mögliche Konflikte zwischen den vier Zielen des Stabilitätsgesetzes wird das Zielbündel daher auch als **magisches Viereck** bezeichnet. Die Berücksichtigung weiterer Ziele führt zu einem **magischen Vieleck**. Zielkonflikte machen es nötig, dass die Wirtschaftspolitik **Prioritäten** setzt. Die Entscheidung der Politiker über die Gewichtung und Rangfolge der anzustrebenden Ziele ist von Interessenstandpunkten abhängig und damit ein politisches **Werturteil**. In der Praxis wird meistens das Ziel am nachdrücklichsten verfolgt, das in der jeweiligen wirtschaftlichen Situation und der vermuteten künftigen Entwicklung am stärksten gefährdet ist. Das ist gegenwärtig in den meisten Ländern das Beschäftigungsziel.

> Zwischen verschiedenen wirtschaftspolitischen Zielen kann Harmonie, Konflikt oder Indifferenz bestehen. Werden miteinander in Konflikt stehende Ziele verfolgt, wird von einem magischen Vieleck gesprochen.

Zielharmonie (Kompatibilität, Komplementarität)	Zielkonflikt (Inkompatibilität, Konkurrenz)	Zielindifferenz (Neutralität)
Maßnahmen zur Erreichung eines Ziels begünstigen gleichzeitig auch die Erreichung eines anderen Ziels.	Maßnahmen zur Erreichung eines Ziels behindern gleichzeitig auch die Erreichung eines anderen Ziels.	Maßnahmen zur Erreichung eines Ziels beeinflussen die Erreichung eines anderen Ziels nicht.

Zusammenhang zwischen Beschäftigung und Wirtschaftswachstum

Die Beziehung zwischen den Zielen **Wirtschaftswachstum** und **Vollbeschäftigung** gilt grundsätzlich als harmonisch. Mit der Ausweitung der Produktion und der dadurch bedingten Zunahme des realen Bruttoinlandsprodukts (BIP) steigt tendenziell auch die Beschäftigung und umgekehrt.

Es besteht jedoch kein direkter Zusammenhang zwischen Wirtschaftswachstum und Beschäftigung in dem Sinne, dass z.B. 1 % Wachstum zu 1 % mehr Beschäftigung führt. Für die USA wurde vielmehr empirisch nachgewiesen, dass im Durchschnitt das reale BIP um 3,2 % steigt, wenn die Arbeitslosenquote um einen Prozentpunkt abnimmt. Dies ist u.a. dadurch bedingt, dass die Produktionssteigerung nach einer Phase der Unterbeschäftigung zunächst durch Abbau von Kurzarbeit, Erhöhung der Arbeitsproduktivität und Einführung von Überstunden bewältigt wird. Je nach Art und Ursache der Arbeitslosigkeit kann aber trotz eines stetigen Wirtschaftswachstums eine hohe „Sockelarbeitslosigkeit" bestehen bleiben (jobless growth). In Deutschland muss das Wirtschaftswachstum mehr als 2 % betragen, um neue Arbeitsplätze zu schaffen. Die Ursache wird in den „strukturellen" Arbeitsmarkthemmnissen gesehen. Damit ist u.a. der Kündigungsschutz gemeint: Trotz verbesserter Auftragslage stellen die Unternehmen keine neuen Mitarbeiter ein, weil sie befürchten, diese bei schlechterer Auftragslage nicht mehr entlassen zu können. Andererseits werden auch die unflexiblen Tarifverträge kritisiert: Es besteht bei den Lohnverhandlungen wenig Spielraum, um auf regionale und branchenbedingte Unterschiede mit niedrigeren Lohnabschlüssen zu reagieren.

Zusammenhang zwischen Beschäftigung und Preisniveaustabilität

In der wirtschaftspolitischen Diskussion wird manchmal ein Zielkonflikt zwischen **Beschäftigung** und **Preisniveaustabilität** behauptet. Dabei wird wie folgt argumentiert:

- Bei hohem Beschäftigungsstand können die Arbeitnehmer Lohnsteigerungen leichter durchsetzen als bei Unterbeschäftigung. Werden diese Lohnsteigerungen von den Unternehmen in Form höherer Preise an die Konsumenten überwälzt, kommt es zu Preissteigerungen. Ein höherer Beschäftigungsstand (d. h. eine geringere Arbeitslosenquote) kann demnach nur durch eine höhere Inflationsrate erkauft werden.

- Ein anderer Erklärungsansatz besagt, dass ein hoher Beschäftigungsstand mit einer hohen gesamtwirtschaftlichen Nachfrage einhergeht, die wiederum eine Sogwirkung auf die Preise entfaltet.

Der behauptete Konflikt zwischen Beschäftigung und Preisniveaustabilität ist kurzfristig für den Fall einer konjunkturellen Arbeitslosigkeit durchaus plausibel und empirisch nachweisbar. Auf Dauer besteht für die Wirtschaftspolitik aber keine Wahlmöglichkeit zwischen Inflation und Arbeitslosigkeit, da eine Verbesserung der Beschäftigungssituation langfristig nicht durch eine höhere Inflationsrate erkauft werden kann. Vielmehr lassen sich auch gesamtwirtschaftliche Zustände nachweisen, in denen weder Preisniveaustabilität noch Vollbeschäftigung herrschen. Eine solche durch **Inflation und Arbeitslosigkeit** gekennzeichnete Situation wird als **Stagflation** bezeichnet.

Sonstige Zielbeziehungen

Wirtschaftswachstum – Preisniveaustabilität	Wirtschaftswachstum – gerechte Einkommensverteilung	Wirtschaftswachstum – Umweltschutz	Preisniveaustabilität – gerechte Einkommensverteilung
Ein Konflikt zwischen Wirtschaftswachstum und Preisniveaustabilität lässt sich nicht empirisch nachweisen. Vielmehr gibt es im internationalen Vergleich zahlreiche Beispiele, mit denen sich sowohl eine harmonische als auch eine konkurrierende Zielbeziehung belegen lässt.	Eine Verminderung von Einkommensunterschieden ist leichter, wenn in einer wachsenden Wirtschaft keine gesellschaftliche Gruppe eine Verringerung ihres bisherigen Einkommens durch Umverteilung befürchten muss, sondern Besserverdienende lediglich geringere prozentuale Einkommenszuwächse erhalten als die Bezieher niedrigerer Einkommen.	Wirtschaftswachstum erhöht die Umweltbelastung, da grundsätzlich jede Mehrproduktion zu einem erhöhten Ressourcenverbrauch, zu vermehrten Emissionen und zu einem zusätzlichen Verkehrsaufkommen führt. Andererseits können Maßnahmen zum Umweltschutz umso leichter finanziert werden, je höher das Wirtschaftswachstum und damit das Volkseinkommen ist.	Zwischen Preisniveaustabilität und gerechter Einkommens- und Vermögensverteilung besteht Zielharmonie, weil durch eine Minderung des Geldwertes die Einkommens- und Vermögensverteilung negativ beeinflusst wird.

2.3   Bereiche und Träger der Wirtschaftspolitik

Die Maßnahmen zur Erreichung der wirtschaftspolitischen Ziele lassen sich für eine Marktwirtschaft, wie sie in Deutschland existiert, in verschiedene Teilbereiche gliedern.

Wirtschaftspolitische Maßnahmen lassen sich in die Bereiche Ordnungspolitik und Ablaufpolitik (Prozesspolitik) gliedern.

Ordnungspolitik	Ablaufpolitik (Prozesspolitik)
Festlegung der Rahmenbedingungen der Wirtschaftsordnung (= rechtliche Ausgestaltung der Eigentums-, Markt-, Wettbewerbs-, Unternehmens-, Geld-, Finanz-, Außenwirtschafts- und Sozialordnung)	Ergänzungs- und Korrekturmaßnahmen bei Marktversagen (= zielgerichtete Beeinflussung des Wirtschaftsgeschehens)

Ordnungspolitik – Beispiele

Verbraucherpolitik
Stärkung der Marktposition der Verbraucher gegenüber Produzenten durch
- Verbraucherinformation
- Rechtsschutz
- Verbrauchererziehung

Wettbewerbspolitik
(Kern der Ordnungspolitik)
Sicherung eines funktionsfähigen Wettbewerbs durch
- Wettbewerbsschutzpolitik (z. B. GWB)
- Wettbewerbsförderpolitik (z. B. Privatisierung, Beseitigung wettbewerbsverzerrender Vorschriften)

Ablaufpolitik – Beispiele

Infrastruktur- und Umweltpolitik
Bereitstellung und Regelung der Nutzung öffentlicher Güter

Stabilitätspolitik
Vermeidung und Behebung von Konjunkturschwankungen (z. B. Preisniveau-, Beschäftigungs- und Wachstumsschwankungen)

Verteilungspolitik
Einkommens- und Vermögensumverteilung entsprechend den herrschenden Vorstellungen von sozialer Gerechtigkeit

Kombination von Ordnungs- und Ablaufpolitik – Beispiele

Strukturpolitik
Beeinflussung des wirtschaftlichen Strukturwandels

Sektorale Strukturpolitik
(z. B. Industrie-, Agrarpolitik)

Regionale Strukturpolitik
(z. B. Förderung des ländliches Raums)

Außenwirtschaftspolitik
u. a. Beeinflussung des Außenhandels, des Kapitalverkehrs und der internationalen Währungsbeziehungen

Wachstumspolitik
Erhöhung des realen Inlandsprodukts durch Förderung von
- Investitionen,
- Qualifikation der Arbeitskräfte,
- Forschung/Entwicklung (technischer Fortschritt),
- Wettbewerb

Die Träger der Wirtschaftspolitik, d. h. die für die wirtschaftspolitischen Maßnahmen zuständigen Institutionen, lassen sich wie folgt einteilen:

Träger der Wirtschaftspolitik					
Entscheidungsträger				Einflussträger (Beeinflussung und Beratung der Entscheidungsträger)	
Staatliche Institutionen	Institutionen unter staatlicher Aufsicht	Autonome (= vom Staat unabhängige) Institutionen	Internationale Institutionen	öffentlich-rechtliche Institutionen	private Institutionen
Beispiele					
Legislative Parlamente (Bund, Länder, Kommunen) **Exekutive** Regierungen (Bund, Länder, Verwaltungen, Behörden) **Judikative** u. a. Bundes-verfassungs-gericht, Arbeits- und Sozialgerichte	**Bundes-kartellamt** (Wettbewerbs-politik) **Bundes-agentur für Arbeit** (Arbeitsmarkt-politik)	**Europ. System der Zentralban-ken (ESZB)** (Geldpolitik) **Selbst-verwaltungs-organe** Landwirt-schafts-, Handwerks-, Industrie- u. Handels-kammern **Tarifparteien** Gewerk-schaften und Arbeitgeber-verbände (Lohnpolitik)	**Europäische Union** (EU) **Inter-nationaler Währungs-fonds** (IWF) **Welthandels-organisation** (WTO)	**Beratungs-gremien** Sachver-ständigenrat („Rat der fünf Weisen"), Monopol-kommission, wirtschaftliche Beiräte	**Interessen-gruppen** Verbände, Parteien

Zu den Trägern der Wirtschaftspolitik gehören Bund, Länder und Gemeinden, andere öffentlich-rechtliche Institutionen, internationale Organisationen sowie nichtstaatliche Interessenverbände.

Zusammenfassung und Lernkontrolle

Zusammenfassung

Ziele der Wirtschaftspolitik

gesellschaftspolitische Ziele

Freiheit	Gerechtigkeit	Sicherheit	Fortschritt

wirtschaftspolitische Ziele

vier quantitative Ziele (Stabilitätsgesetz von 1967) = magisches Viereck

qualitatives Ziel

qualitatives Ziel

Stabilität des Preisniveaus	hoher Beschäftigungsstand

außenwirtschaftliches Gleichgewicht	stetiges und angemessenes Wirtschaftswachstum

gerechte Einkommens- und Vermögensverteilung

Erhaltung einer lebenswerten Umwelt

Zielharmonie	Beziehungen zwischen den Einzelzielen	Zielkonflikt

magisches Vieleck als Problem der Wirtschaftspolitik

Ordnungspolitik	wirtschaftspolitische Maßnahmen	Ablaufpolitik

Träger der Wirtschaftspolitik
Bund, Länder, Gemeinden, Institutionen,
internationale Organisationen,
Interessenverbände

Lernkontrolle

Aufgabe 1: Erreichung wirtschaftspolitischer Ziele – Magisches Viereck

1. Untersuchen Sie anhand der folgenden Abb., in welchen Jahren seit 1967 mindestens zwei der Ziele des magischen Vierecks gleichzeitig erreicht waren.

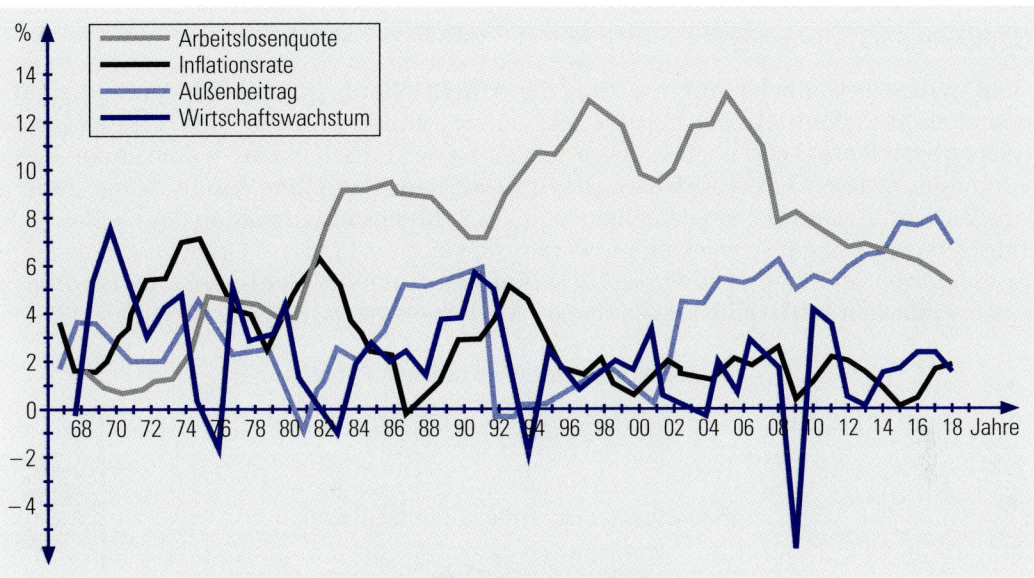

- Arbeitslosenquote: Arbeitslose in % aller Erwerbspersonen (ohne Soldaten)
- Wirtschaftswachstum: Wachstumsraten des realen BIP
- Inflationsrate: Veränderung des Verbraucherpreisindex
- Außenbeitragsquote: Anteil des Außenbeitrags (Exporte-Importe) am nominalen BIP

Aktuelle Zahlen: www.destatis.de

2. Welche Rückschlüsse lassen sich aus dem Ergebnis von 1. ziehen?

3 Geldpolitik und Preisniveau

3.1 Zusammenhang zwischen Geld- und Gütermenge

3.1.1 Ungleichgewicht zwischen Geld- und Gütermenge als Ursache für Inflation und Deflation

Geldmenge = Gütermenge

Geld ist eine wesentliche Voraussetzung der **Arbeitsteilung**. In seiner Eigenschaft als allgemeines **Tauschmittel** erleichtert es den Güteraustausch. Anstelle des Naturaltauschs (Ware gegen Ware) kann in einer Geldwirtschaft jeder Tausch in zwei unabhängige Kaufvorgänge, nämlich Verkauf (Güter gegen Geld) und Kauf (Geld gegen Güter) zerlegt werden. Der Verkäufer kann dann aufgrund der **Zahlungsmittelfunktion** des Geldes ohne Tauschumwege direkt solche Güter erwerben, die er braucht. Diese Grundzusammenhänge einer arbeitsteiligen Geldwirtschaft lassen sich durch die **Geld- und Güterströme** in einem **einfachen Wirtschaftskreislauf** einer Modellvolkswirtschaft wie folgt darstellen.

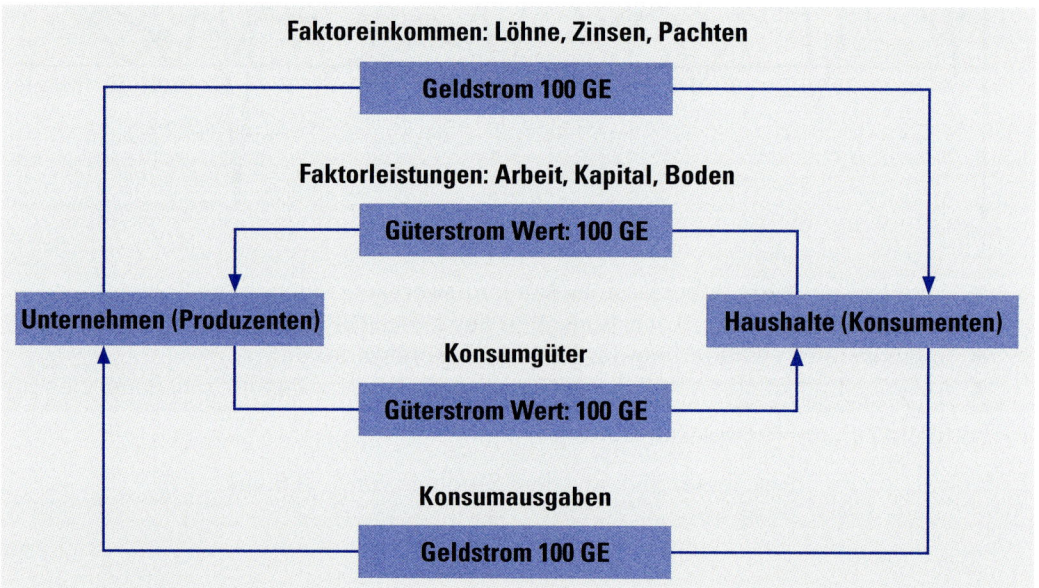

Die **Güterströme** und die ihnen entgegenfließenden **Geldströme** sind wertmäßig gleich groß. Es liegt ein **Gleichgewicht** zwischen **Geld- und Gütermenge** vor.

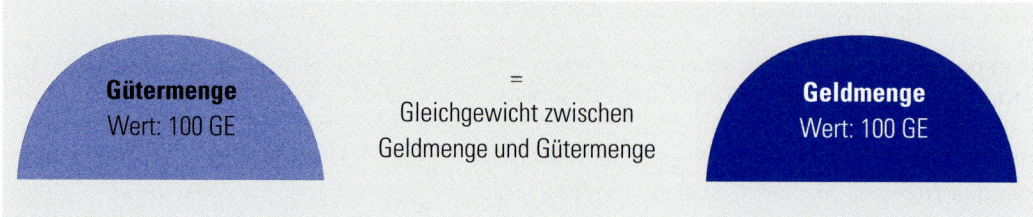

Kommt aus irgendeinem Grund in dieser Modellvolkswirtschaft mehr Geld in Umlauf, sodass sich die Güternachfrage entsprechend erhöht, kann das Gleichgewicht zwischen Geld- und Gütermenge nur dann aufrechterhalten bleiben, wenn das Güterangebot entsprechend steigt. Das ist aber nur möglich, wenn die Produktionsfaktoren nicht voll ausgelastet sind und die Güterproduktion noch ausgedehnt werden kann. Voraussetzung für ein neues Gleichgewicht zwischen Geld- und Gütermenge ist im vorliegenden Fall also, dass in dieser Modellvolkswirtschaft **Unterbeschäftigung** herrscht.

Geldmenge > Gütermenge: Ursache für Inflation

Kommt jedoch mehr Geld in Umlauf, ohne dass sich gleichzeitig die Güterproduktion im selben Verhältnis wie die Güternachfrage erhöht, steht für den Kauf der gleich bleibenden Gütermenge mehr Geld zur Verfügung. Die Konsumenten sind bereit, mehr zu bezahlen, um diese unveränderte Gütermenge zu erwerben. Die Folge sind **Preiserhöhungen**, die zu einer **Inflation**[1] führen können.

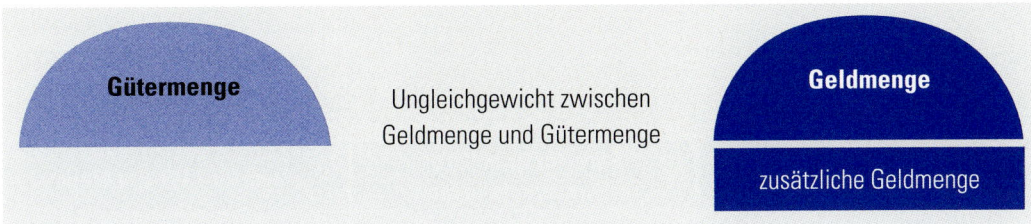

Gütermenge | Ungleichgewicht zwischen Geldmenge und Gütermenge | Geldmenge | zusätzliche Geldmenge

> Ein anhaltender Prozess allgemeiner Preiserhöhungen wird als Inflation bezeichnet. Ursache kann ein Missverhältnis zwischen Geld- und Gütermenge in der Form sein, dass in einer Volkswirtschaft die nachfragewirksame Geldmenge im Verhältnis zur verfügbaren Gütermenge zu groß ist.

Geldmenge < Gütermenge: Ursache für Deflation

Sinkt aufgrund der Verringerung der umlaufenden Geldmenge die Güternachfrage, ohne dass gleichzeitig auch die Güterproduktion im gleichen Verhältnis abnimmt, steht für den Kauf der gleich bleibenden Gütermenge weniger Geld zur Verfügung. Als Folge dieses Güterüberschusses werden die **Preise sinken**. Das kann zu einer Wirtschaftskrise und zu einer **Deflation** führen.

> Ein anhaltender Prozess allgemeiner Preissenkungen wird als Deflation bezeichnet. Ursache ist ein Missverhältnis zwischen Geld- und Gütermenge in der Form, dass in einer Volkswirtschaft die nachfragewirksame Geldmenge im Verhältnis zur verfügbaren Gütermenge zu gering ist.

Inflation in Deutschland 1918–1923

Ein besonders drastisches Beispiel für den Zusammenhang zwischen Geldmengenerhöhung und **Inflation** liefert die deutsche Geschichte in den Jahren nach dem Ersten Weltkrieg. Als Folge des verlorenen Kriegs (1918) kamen auf die Nachkriegsregierung des Deutschen Reiches (Weimarer Republik) enorme Zahlungsverpflichtungen u. a. für Wiedergutmachung an das Ausland (Reparationszahlungen), Tilgung der durch den Krieg bedingten Staatsschulden, Kriegsopferversorgung, Wiederaufbau der zerstörten Gebiete und Umrüstung

---

1   Der Begriff Inflation ist lateinischen Ursprungs (inflare: aufblähen, hineinblasen). Er macht deutlich, dass Inflation in Zusammenhang mit der Aufblähung der Geldmenge steht.

der Wirtschaft zu. Das zwang die Regierung, bei der Reichsbank neue Kredite aufzunehmen. Die unbegrenzte Kreditgewährung der Reichsbank führte zu einer explosionsartigen Vermehrung der umlaufenden Geldmenge und des Buchgeldes (= Guthaben auf Konten).

Bargeldumlauf in Mrd. Reichsmarkt	
Dezember 1918	22,2
Juni 1919	29,9
Dezember 1919	35,7
Dezember 1920	68,8
Dezember 1921	113,8
Dezember 1922	1.280,10 (= 1,280 Billionen)
Juni 1923	17.291,00 (= 17,291 Billionen)
Oktober 1923	2.496.823.000,00 (= 2,497 Trillionen)
November 1923	92.844.721.000,00 (= 92,485 Trillionen)

Preis für 1 kg Roggenbrot (Berlin) in Mark		Porto für Brief (20 g) im Fernverkehr in Mark		Preis für 1 US-$ in Mark	
Jan. 1917	0,34	Okt. 1919	0,20	Dez. 1918	8,28
Jan. 1919	0,54	Mai 1920	0,40	Febr. 1920	96,00
Dez. 1920	2,37	April 1921	0,60	Sept. 1921	100,63
Dez. 1921	3,90	Jan. 1922	2,00	Aug. 1922	1.040
Dez. 1922	163,15	Juli 1922	3,00	Jan. 1923	49.000
März 1923	463,00	Okt. 1922	6,00	Juni 1923	108.000
Juni 1923	1.428	Nov. 1922	12,00	Juli 1923	1.100.000
Juli 1923	3.462	Dez.1922	25,00	Sept.1923	182.000.000
Aug.1923	69.000	Jan. 1923	50,00	Okt. 1923	12.000.000.000
Sept. 1923	1.512.000	März 1923	100,00	1. Nov. 1923	130.000.000.000
Okt. 1923	1.743.000.000	Aug. 1923	1.000	2. Nov. 1923	320.000.000.000
Nov. 1923	201.000.000.000	Sept. 1923	75.000	7. Nov. 1923	630.000.000.000
		Okt. 1923	2.000.000	14. Nov. 1923	1.260.000.000.000
		Nov. 1923	100.000.000	15. Nov. 1923	2.520.000.000.000
		Dez. 1923	100.000.000.000	20. Nov. 1923	4.200.000.000.000

Deflation in Deutschland 1929 – 1933

Auch für eine **Deflation** liefert die deutsche Geschichte ein eindrucksvolles Beispiel. Die letzte weltweite Deflation gab es während der Weltwirtschaftskrise 1929–1933. Während dieser Zeit sanken in Deutschland die Verbraucherpreise um 23% und die Geldmenge um 15%. Diese Entwicklung war von Massenarbeitslosigkeit begleitet. Zur Bekämpfung der durch die Wirtschaftskrise anwachsenden Defizite der Staatsfinanzen nahm die Regierung unter Reichskanzler BRÜNING ab 1930 u. a. eine Erhöhung der Verbrauchsteuern, eine Einführung neuer Steuern (Krisensteuer, Reichsfluchtsteuer zur Verhinderung von Kapitalflucht) und eine Kürzung der Staatsausgaben (u. a. Absenkung der Beamtengehälter,

Kürzung der Leistungen der Arbeitslosenversicherung, Baustopp) vor. Zusammen mit Miet- und Lohnsenkungen sollten diese Maßnahmen das inländische Preisniveau verringern, um so den Export zu beleben. Diese Deflationspolitik führte aber zu einem weiteren Rückgang der Binnennachfrage und somit zu einer Verschärfung der Krise. Die Zahl der Arbeitslosen stieg von ca. 2 Mio. (1930) auf über 6 Mio. (1932). Damit ging eine Radikalisierung in der Bevölkerung einher, durch die der Wahlerfolg der NSDAP bei den Reichstagswahlen 1932 und HITLERs Machtübernahme 1933 erheblich begünstigt wurden.

3.1.2 Quantitätsgleichung des Geldes (FISHERsche Verkehrsgleichung)

Bestandteile der Quantitätsgleichung

Ausgehend von dem sich aus dem Wirtschaftskreislauf ergebenden Zusammenhang, dass die Geld- und Güterströme in einer Volkswirtschaft gleich groß sein müssen, wurde von IRVING FISHER[1] durch Erweiterung der Ausgangsgleichung die sogenannte **Quantitätsgleichung**[2] des Geldes, die auch als **FISHERsche Verkehrsgleichung** bezeichnet wird, entwickelt.

M = Geldmenge: Geldmenge M1 (Bargeldumlauf und Sichteinlagen bei Banken)

U = Umlaufgeschwindigkeit: Häufigkeit, mit der die Geldmenge im Durchschnitt in einer Periode umgeschlagen, d.h. für Käufe verwendet wird.

H = Handelsvolumen: (Physische) Menge aller in einer Periode umgesetzten (verkauften) Güter. Das Handelsvolumen einer gesamten Volkswirtschaft ist wesentlich größer als deren Inlandsprodukt. Es umfasst auch alle Verkäufe ein und derselben Güter auf verschiedenen Produktions- und Handelsstufen (z.B. Hersteller → Großhandel → Einzelhandel → Endverbraucher) und als Gebrauchtwaren. Häufig wird aber von einer modifizierten Form der Quantitätsgleichung ausgegangen, bei der an die Stelle des Handelsvolumens das reale Inlandsprodukt (Yr) tritt.

P = Preisniveau: Gewogener Durchschnitt aller Güterpreise (Preisindex)

Die linke Seite der Gleichung stellt die in Geldeinheiten bewertete Gesamtnachfrage nach Gütern **(monetäre**[3] **Gesamtnachfrage: M × U)** dar.

---

1   Irving Fisher (1867–1947), amerikanischer Wirtschaftswissenschaftler

2   Quantität *(lat.):* Menge

3   monetär *(lat.):* auf Geld bezogen

Umlaufgeschwindigkeit des Geldes

Wenn ein 100-Euro-Schein (M = 100) innerhalb von 30 Tagen fünfmal zum Kauf von Gütern verwendet wird (U = 5), geht innerhalb dieser Zeit von dem einen Geldschein eine monetäre Nachfrage von 500 Euro aus. Wird dagegen beispielsweise in der Vorweihnachtszeit dieser Geldschein innerhalb von 30 Tagen zehnmal für den Kauf von Gütern verwendet (U = 10), steigt die mit diesem Schein bewirkte monetäre Nachfrage auf 1.000 Euro. Die Umlaufgeschwindigkeit hängt somit u. a. von den Kauf- und Zahlungsgewohnheiten ab.

Die rechte Seite kann als Ausdruck für die gesamten zu jeweiligen Preisen bewerteten Güterverkäufe aufgefasst werden.

Handelsvolumen

In einer Periode werden 1.000 Konservendosen zu je 1,00 Euro von einer Konservenfabrik an einen Lebensmittelgroßhändler verkauft. Der Großhändler liefert die Dosen zu je 1,50 Euro an verschiedene Einzelhändler. Diese verkaufen die Dosen wiederum an die Endverbraucher zu 2,00 Euro je Stück. Das zu den gegenwärtigen Preisen bewertete Handelsvolumen dieser Periode beträgt dann

1.000 Stück $\times$ 1,00 € + 1.000 Stück $\times$ 1,50 € + 1.000 Stück $\times$ 2,00 € = 4.500 €.

Geringe Aussagekraft der Quantitätsgleichung

Wenn aber die linke Seite die monetäre Gesamtnachfrage (= Güterkäufe) in einer Volkswirtschaft widerspiegelt und die rechte Seite die mit den jeweiligen Preisen bewerteten Güterverkäufe darstellt, dann gibt die Quantitätsgleichung nichts anderes als den aus der Kreislaufanalyse ableitbaren Sachverhalt wieder, dass die volkswirtschaftlichen Geld- und Güterströme einer Periode wertmäßig gleich groß sein müssen. Mit anderen Worten: Der Wert der gekauften Güter (M $\times$ U) entspricht dem Wert der verkauften Güter (H $\times$ P). Die Quantitätsgleichung ist somit eine Identitätsgleichung[1], die stets erfüllt sein muss. Sie lässt keine Aussagen über Inflationsursachen zu.

Aussagen der Quantitätsgleichung

Werden in einer Volkswirtschaft in einer Periode 250.000 Mengeneinheiten Güter verkauft, muss bei einer Geldmenge von 25.000 Geldeinheiten und einer Umlaufgeschwindigkeit von 5 der Durchschnittspreis der Güter notwendigerweise 0,5 Geldeinheiten je Mengeneinheit betragen. Hätte die Geldmenge bei gleicher Umlaufgeschwindigkeit 50.000 Geldeinheiten betragen, hätte sich der Durchschnittspreis der Güter auf 1,0 Geldeinheit je Mengeneinheit verdoppeln müssen. Eine kausale Aussage etwa in der Art: „Wenn die Geldmenge steigt, dann erhöht sich das Preisniveau entsprechend" lässt sich daraus aber nicht ableiten. Es lässt sich lediglich feststellen, dass eine Erhöhung der Geldmenge mit einem Ausgleich bei einer oder mehreren der anderen drei Größen der Quantitätsgleichung einhergehen **muss**.

Die Quantitätsgleichung (FISHERsche Verkehrsgleichung) besagt, dass die geld- und die güterwirtschaftliche Seite aller in einer Volkswirtschaft stattfindenden Käufe und Verkäufe wertmäßig gleich groß sind. Sie lässt keine Aussagen über Inflationsursachen zu.

---

1   Identität *(lat.):* völlige Gleichheit

3.2 Geldarten und Geldmenge

Arten des Geldes

In einer modernen Volkswirtschaft kann zwischen dem von der Zentralbank und dem von den Geschäftsbanken geschaffenen Geld wie folgt unterschieden werden:

Zentralbankgeld	Geschäftsbankengeld (Buch- und Giralgeld)
Von der Zentralbank (Notenbank) geschaffenes Geld. Es umfasst das Bargeld in Form von Banknoten und Münzen sowie Guthaben bei der Zentralbank (Sichteinlagen[1]).	Von den Geschäftsbanken geschaffenes Geld in Form von Sichteinlagen der Nichtbanken[2]. Über derartige Guthaben, die dem laufenden Zahlungsverkehr dienen, kann durch Abhebung (= Umwandlung in Bargeld), Scheck oder Überweisung verfügt werden.

Eine weitere Untergliederung in **Bargeld** und **Buchgeld** führt zu folgender Einteilung:

Geldarten in der Europäischen Währungsunion		
Münzen 28,9 Mrd. Euro	Banknoten 1.208,7 Mrd.Euro	
	Buchgeld	
Bargeld 1.237,6 Mrd. Euro	Guthaben bei der EZB (Einlagen von Banken und öffentlichen Haushalten) 2.292,9 Mrd. Euro	Geschäftsbankengeld (täglich fällige Sichteinlagen von Nichtbanken) 7.127,1 Mrd. Euro
Zentralbankgeld (Geldbasis) 3.530,5 Mrd. Euro		
Geld 10.657,6 Mrd. Euro		

Stand: Januar 2019

> Die Zentralbank ist die zentrale geldpolitische Institution einer Volkswirtschaft, die für die Erreichung der geldpolitischen Ziele (insbesondere der Preisniveaustabilität) verantwortlich ist und den Zahlungsverkehr sicherstellt. Sie hat das alleinige Recht zur Ausgabe von Banknoten (Notenbank).

Im Euro-Währungsgebiet (Europäische Währungsunion) werden die Aufgaben der Zentralbank von der Europäischen Zentralbank (EZB) und den nationalen Zentralbanken der Euro-Teilnehmerstaaten übernommen, die zusammen das Eurosystem bilden.

> Geschäftsbanken (Kreditinstitute) sind Unternehmen, die Bankgeschäfte (z.B. Annahme von Geldern als Einlage, Kreditgewährung, Verwaltung von Wertpapieren, Abwicklung des bargeldlosen Zahlungsverkehrs) betreiben.

Die Summe aus dem im Geschäftsbankensektor befindlichen Zentralbankgeld (Bargeldbestand der Geschäftsbanken und Guthaben bei der Zentralbank) und dem Bargeldbestand der Nichtbanken **(= Bargeldumlauf)** wird auch als **Geldbasis (M0)** bezeichnet.

---

1   Sichteinlagen sind Guthaben auf einem Bankkonto, die „bei Sicht" fällig sind, d.h., über diese Beträge kann (ohne Kündigungsfrist) sofort verfügt werden (= Guthaben auf Girokonten).

2   Nichtbanken sind private Haushalte und Organisationen (z.B. Vereine), Unternehmen (ohne Banken) und staatliche Institutionen.

Geldmengenbegriffe

In der Geldpolitik gibt es mehrere Abgrenzungskriterien, um die Geldmenge zu definieren. Dies ist u. a. dadurch bedingt, dass es für die Zentralbank unterschiedliche Ansatzpunkte gibt, um durch geldpolitische Maßnahmen die gesamtwirtschaftliche Nachfrage zu steuern und das Preisniveau zu stabilisieren. Das Eurosystem unterscheidet die **Geldmengenbegriffe M1, M2 und M3**[1].

Zum Bankensektor gehören bei dieser Abgrenzung alle sogenannten **Monetären Finanzinstitute (MFI)**. Dieser MFI-Sektor setzt sich aus der Zentralbank sowie allen im Euro-Währungsbereich ansässigen Kreditinstituten, Bausparkassen, Geldmarktfonds und ähnlichen Einrichtungen zusammen.

Zusammensetzung der Geldmengen M0, M1, M2, M3			Januar 2019 (in Mrd. Euro)
Verbindlichkeiten des Bankensektors gegenüber Nichtbanken (andere Unternehmen, Haushalte, Staat)	*vom Bankensektor ausgegebene Wertpapiere*	Schuldverschreibungen bis zu 2 Jahren[2]	64,7
		Geldmarktfondsanteile[3]	516,6
		Wertpapierpensionsgeschäfte (Repogeschäfte[4])	75,8
	kurzfristige Einlagen	Einlagen mit vereinbarter Kündigungsfrist bis zu 3 Monaten	2.298,5
		Einlagen mit vereinbarter Laufzeit bis zu 2 Jahren	1.124,2
	Sichteinlagen der Nichtbanken (täglich fällige Bankguthaben)		7.127,1
Geldbasis M0 3.530,5	Bargeldumlauf (Banknoten und Münzen außerhalb des Bankensektors)		1.167,5
	Kassenbestand der Geschäftsbanken		70,1
	Zentralbankguthaben von Geschäftsbanken und öffentlichen Haushalten		2.292,9

M3: 12.374,3   M2: 11.717,3   M1: 8.294,6

Quelle: Europäische Zentralbank, Wirtschaftsbericht, Febr. 2019, Tab. 5.1

> Wird von der Geldmenge oder dem Geldvolumen gesprochen, ist damit üblicherweise die Geldmenge M1 gemeint. Sie setzt sich zusammen aus dem Bargeldumlauf (Bargeld ohne Kassenbestände der Banken) und den Sichteinlagen von Nichtbanken aus dem Euro-Währungsgebiet.

Der Geldmengenbegriff M1 (Bargeld außerhalb des Bankensektors und Sichteinlagen der Bankkunden) entspricht weitgehend der **nachfragewirksamen Geldmenge**. Für die Berechnung der Geldmengen M2 und M3 werden der Geldmenge M1 solche Einlagen bei den Geschäftsbanken sowie kurzlaufende Wertpapiere hinzugerechnet, die ohne größere Schwierigkeiten in Zahlungsmittel umgewandelt und damit nachfragewirksam werden können. Spar- und Termineinlagen stellen aber ebenso wenig wie die kurzfristigen Wertpapiere Geld dar. Das vom ESZB im Rahmen seiner geldpolitischen Strategie bekannt gegebene **Geldmengenziel** (Referenzwert) bezieht sich auf die **Geldmenge M3**.

---

1   M steht für Money

2   Kurzlaufende Wertpapiere, z. B. Schuldverschreibungen öffentlicher Institutionen (Schatzanweisungen)

3   Anteile an Investmentfonds, die Gelder von Anlagen sammeln und den Gegenwert an Geldmarkt (= Markt für kurzfristige Kredite) anlegen.

4   Wertpapiere mit Rückkaufvereinbarung (repurchase agreements). Das Repogeschäft hat in Deutschlad sehr geringe Bedeutung.

3.3   Geldschöpfung

3.3.1   Geldproduzenten

Bar- und Buchgeld

In einer modernen Volkswirtschaft bieten die Zentralbank und die Geschäftsbanken Geld an. Während die Zentralbank das alleinige Recht hat, Bargeld (Banknoten und Münzen) in Umlauf zu bringen (Bargeldschöpfung), stellen die Geschäftsbanken Buchgeld bereit, indem sie Sichtguthaben auf Bankkonten einräumen (Buchgeldschöpfung der Geschäftsbanken).

Auszug aus der Satzung des Europäischen Systems der Zentralbanken (ESZB) und der Europäischen Zentralbank (EZB), Art. 16: Banknoten
Die EZB und die nationalen Zentralbanken sind zur Ausgabe von Banknoten berechtigt. Die von der EZB und den nationalen Zentralbanken ausgegebenen Banknoten sind die einzigen Banknoten, die in der Gemeinschaft als gesetzliches Zahlungsmittel gelten.

Münzen

Das Recht, Münzen zu prägen (Münzregal), liegt in der EU bei den Mitgliedstaaten. Die Europäische Zentralbank übernimmt die geprägten Münzen und schreibt den Mitgliedstaaten den Gegenwert gut. Da die Kosten der Münzprägung in den meisten Fällen geringer sind als der Nennwert, ergibt sich aus dem Münzregal ein nicht unbeträchtlicher Münzgewinn.

Geldproduzenten		
Staat	**Europäische Zentralbank**	**Geschäftsbanken**
Münzen ⟶ **Banknoten** Die Münzen werden vom Staat geprägt (Münzregal) und von der Zentralbank in Umlauf gebracht.	**Guthaben bei der Zentralbank (Sichteinlagen)**	**Buchgeld** Sichteinlagen der Nichtbanken bei den Geschäftsbanken = Guthaben von priv. Haushalten, Unternehmen (ohne Banken) und Staat auf Bankkonten, über die sofort (ohne Kündigungsfrist) verfügt werden kann.
Zentralbankgeld (ZBG)		

3.3.2   Geldschöpfung der Zentralbank

Zentralbankgeldmenge

Die Zentralbankgeldmenge setzt sich aus dem gesamten Bargeld (Banknoten und Münzen) außerhalb der Zentralbank sowie den Sichtguthaben bei der Zentralbank zusammen. Die Zentralbankgeldmenge ist nicht identisch mit der Geldmenge M1. Daher führt eine Veränderung der Zentralbankgeldmenge nicht zwangsläufig zu einer Veränderung der Geldmenge M1. Die Bargeldbestände der Zentralbank gehören weder zur Zentralbankgeldmenge noch zur Geldmenge M1.

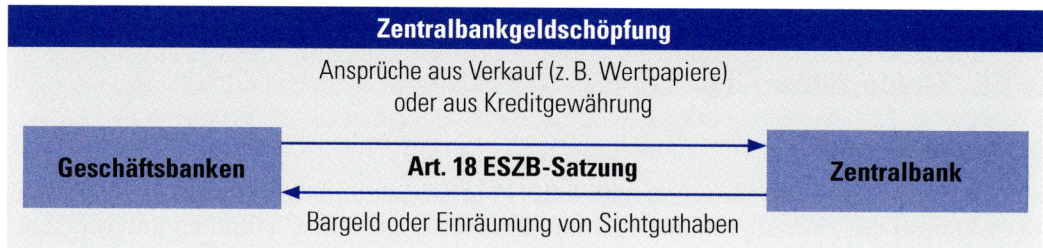

Schaffung und Vernichtung von Zentralbankgeld

Auszug aus der ESZB-Satzung Art. 18: Offenmarkt- und Kreditgeschäfte
Zur Erreichung der Ziele des ESZB und zur Erfüllung seiner Aufgaben können die EZB und die nationalen Zentralbanken auf den Finanzmärkten tätig werden, indem sie auf Gemeinschafts- oder Drittlandswährungen lautende Forderungen und börsengängige Wertpapiere sowie Edelmetalle [...] kaufen und verkaufen oder entsprechende Darlehensgeschäfte tätigen; Kreditgeschäfte mit Kreditinstituten und anderen Marktteilnehmern abschließen, [...].

Die Zentralbank schöpft Geld, wenn sie Vermögensgegenstände (z. B. Wertpapiere, Devisen) kauft und mit Zentralbankgeld bezahlt oder bei Kreditgewährung Zentralbankgeld bereitstellt.

Die Zentralbank vernichtet Geld, wenn sie Vermögensgegenstände (z. B. Wertpapiere, Devisen) verkauft und sich mit Zentralbankgeld bezahlen lässt oder zur Tilgung eingeräumter Kredite Zentralbankgeld entgegennimmt.

3.3.3 Geldschöpfung einer einzelnen Geschäftsbank

Geschäftsbankengeld (= Buch- oder Giralgeld) ist das von den Geschäftsbanken in Form von Sichtguthaben der Nichtbanken (= andere Unternehmen, Haushalte, Staat) geschaffene Geld.

Passive Schaffung von Geschäftsbankengeld (Passive Buchgeldschöpfung)

Wenn ein Bankkunde Bargeld auf sein Girokonto bei einer Geschäftsbank einzahlt, entsteht Buchgeld (= Sichtguthaben). Da in diesem Fall der Anstoß zur Schaffung von Buchgeld nicht von der Bank ausgeht, wird dieser Vorgang als **passive Buchgeldschöpfung** bezeichnet. Durch die Einzahlung von 1.000 Euro auf ein Girokonto (= Passivgeschäft der Bank) ergeben sich folgende Auswirkungen auf die Bankbilanz:

Aktiva	Zusammengefasste Bilanz der Geschäftsbank A (in Euro)		Passiva
Bisherige Aktiva (= Vermögen)	100.000	Bisherige Passiva	100.000
+ Zunahme des Banknotenbestandes (= Mehrung des ZBG-Bestandes)	1.000	+ Zunahme der Sichteinlagen (= Mehrung der Sichtverbindlichkeiten)	1.000
Aktiva insgesamt	**101.000**	**Passiva insgesamt**	**101.000**

Die Bareinzahlung führt zu einer Verlängerung der Geschäftsbankbilanz (Aktiv-Passiv-Mehrung). Die Geldmenge M1 ändert sich dadurch nicht. Lediglich die Zusammensetzung der Geldmenge M1 ist anders, da Bargeld durch Buchgeld ersetzt wird.

Bei passiver Buchgeldschöpfung ändert sich die Geldmenge M1 nicht[1]. Daher bleiben auch M2 und M3 unverändert.

Aktive Schaffung von Geschäftsbankengeld (Aktive Buchgeldschöpfung)

Eine aktive Buchgeldschöpfung liegt vor, wenn eine Geschäftsbank von einem Bankkunden gegen Einräumung eines Sichtguthabens Vermögensgegenstände (z. B. Devisen, Wertpapiere) kauft oder einem Bankkunden durch Kreditgewährung Mittel auf einem Girokonto zur weiteren Verwendung bereitstellt.

Wenn eine Geschäftsbank einem Kunden einen Kredit über 1.000 Euro zur Verfügung stellt (= Aktivgeschäft der Bank) und diesen Betrag zunächst auf dem Girokonto des Kunden gutschreibt, ergeben sich folgende Auswirkungen auf die Bankbilanz:

Aktiva	Zusammengefasste Bilanz der Geschäftsbank A (in Euro)		Passiva
Bisherige Aktiva (= Vermögen)	100.000	Bisherige Passiva	100.000
+ Zunahme des Banknotenbestandes + Zunahme der Forderungen	1.000	+ Zunahme der Sichteinlagen (= Mehrung der Sichtverbindlichkeiten)	1.000
Aktiva insgesamt	**101.000**	**Passiva insgesamt**	**101.000**

Die Kreditgewährung führt zu einer Verlängerung der Geschäftsbankbilanz (Aktiv-Passiv-Mehrung). Die Geldmenge M1 erhöht sich um 1.000 Euro, da ohne Verringerung des außerhalb des Bankensektors befindlichen Bargeldbestandes zusätzliches Buchgeld geschaffen wurde. Unabhängig davon, ob der Kreditnehmer über das neu geschaffene Buchgeld durch Überweisung auf ein anderes Konto oder durch Barabhebung verfügt, bleibt die um 1.000 Euro gestiegene Geldmenge M1 unverändert.

Bei einer Überweisung verringert sich das Sichtguthaben des Kreditnehmers, während sich gleichzeitig das Sichtguthaben des Zahlungsempfängers erhöht. Bei einer Barabhebung wird Buchgeld in Bargeld umgewandelt (Verringerung der Sichteinlagen bei gleichzeitiger Erhöhung des außerhalb des Bankensektors befindlichen Bargeldbestandes).

Bei aktiver Buchgeldschöpfung erhöht sich die Geldmenge M1 und als Folge davon auch M2 und M3.

Bei der **aktiven Buchgeldschöpfung** (Einräumung von Sichtguthaben aufgrund des Ankaufs von Vermögensgegenständen oder einer Kreditgewährung) muss die Geschäftsbank aber damit rechnen, dass die Bankkunden diese Sichtguthaben ganz oder teilweise in bar abheben wollen. In diesem Fall muss die Geschäftsbank das von ihr geschaffene Buchgeld

---

1   Ausnahme: Werden zur Geldmenge M2 gehörende (Spar-)Einlagen bar abgehoben oder auf ein Girokonto umgebucht, erhöht sich ausnahmsweise M1. M2 und M3 bleiben aber in jedem Fall unverändert.

in Bargeld, das sie aber nicht selbst schaffen kann, umwandeln. Eine unbegrenzte aktive Buchgeldschöpfung ist daher nicht möglich. Die folgenden beiden Faktoren begrenzen die aktiven Geldschöpfungsmöglichkeiten einer Geschäftsbank:

Grenzen der aktiven Buchgeldschöpfung	
Barreserve (Barreservesatz)	**Mindestreserve (Mindestreservesatz)**
Jede Bank muss ständig einen bestimmten Bargeldbetrag als Kassenbestand für die Fälle halten, in denen Kunden Sichteinlagen bar abheben wollen (Umwandlung von Buchgeld in Bargeld). Diese Liquiditätsreserve wird als **Barreserve** (BR) bezeichnet. Ihre Höhe hängt von den Erfahrungswerten der Bank hinsichtlich der Zahlungsgewohnheiten der Kunden ab.	In den meisten Ländern schreibt die Zentralbank den Geschäftsbanken vor, dass sie einen bestimmten Prozentsatz der Kundeneinlagen als **Mindestreserve** (MR) bei der Zentralbank in Form einer Sichteinlage halten müssen. Dadurch wird ein Teil des im Geschäftsbankensektor befindlichen Zentralbankgeldes blockiert.

Lernkontrolle
Aufgaben 1 u. 2

> Jede Geschäftsbank muss in Höhe eines bestimmten Prozentsatzes der Kundeneinlagen Zentralbankgeld als Reserve zurücklegen. Reservesatz (r) = Barreservesatz + Mindestreservesatz

> Die einer Geschäftsbank nach Abzug von Bar- und Mindestreserve zur freien Verfügung verbleibende Zentralbankgeldmenge wird als Überschussreserve bezeichnet:
> $U = ZBG - (BR + MR)$

Die **Überschussreserve** ist umso größer, je geringer die Bar- und Mindestreserve ist.

3.3.4   Geldschöpfung des gesamten Geschäftsbankensystems (Geldschöpfungsmultiplikator)

Im Gegensatz zu einer einzelnen Bank können die Geschäftsbanken in ihrer Gesamtheit (Geschäftsbankensystem) Buchgeld in einer Höhe schaffen, die wesentlich über die ursprüngliche Überschussreserve einer einzelnen Geschäftsbank hinausgeht (multiple Geldschöpfung). Um das in einem Modell zu zeigen, werden folgende Annahmen getroffen:

Modellannahmen

- Der Reservesatz (Mindestreserve und Barreserve) beträgt 20 % (r = 0,2).
- Eine einzelne Geschäftsbank kann nur in Höhe ihrer Überschussreserve Kredite vergeben (= aktive Buchgeldschöpfung), da sie sich kein zusätzliches Zentralbankgeld beschaffen kann.
- Es besteht eine genügend große Kreditnachfrage, sodass jede Geschäftsbank von der Möglichkeit der Kreditvergabe tatsächlich Gebrauch macht und Kredite in Höhe ihrer Überschussreserve gewährt.
- Die Kreditbeträge werden von den Kreditnehmern in voller Höhe in bar abgehoben (= Buchgeldvernichtung) und für Barzahlungen verwendet. Die Zahlungsempfänger zahlen das erhaltene Bargeld **in voller Höhe** auf ihre Girokonten bei einer **anderen Bank** ein (= passive Buchgeldschöpfung).
- Das Zentralbankgeld fließt also **vollständig** in den Geschäftsbankensektor zurück.
- Dieser Vorgang (Kreditgewährung in Höhe der Überschussreserve und Bareinzahlung des Kreditbetrages bei einer anderen Bank) wiederholt sich viele Male.

Tabellarische Darstellung des Multiplikatorprozesses

Wenn die Geschäftsbank 1 eine Bareinzahlung (= ZBG) von 10.000 Euro erhält, läuft der Prozess der Buchgeldschöpfung des gesamten Bankensystems unter den genannten Bedingungen wie folgt ab:

			Erhöhung der Sichteinlagen durch Zufluss von Bargeld (100%)	Bar- und Mindest- reserve (20%)	Überschuss- reserve = Kreditge- währung (80%)
A	Geschäftsbank 1	P	10.000	2.000	8.000
+ Reserven 2.000 + Sichteinlagen 10.000 **+ Kreditforderung 8.000**					
A	Geschäftsbank 2	P	8.000	1.600	6.400
+ Reserven 1.600 + Sichteinlagen 8.000 **+ Kreditforderung 6.400**					
A	Geschäftsbank 3	P	6.400	1.280	5.120
+ Reserven 1.280 + Sichteinlagen 6.400 **+ Kreditforderung 8.000**					
A	Geschäftsbank 4	P	5.120	1.024	4.096
+ Reserven 1.024 + Sichteinlagen 5.120 **+ Kreditforderung 4.096**					
	⋮		⋮	⋮	⋮
A	gesamtes Geschäftsbankensystem	P	50.000	10.000	40.000
+ Reserven 10.000 + Sichteinlagen 50.000 **+ Kreditforderung 40.000**					

Wie aus der Tabelle ersichtlich ist, wird die Überschussreserve, die für die Kreditgewährung zur Verfügung steht, von Stufe zu Stufe kleiner. Diese Entwicklung ist dadurch bedingt, dass jede Bank nur über 80 % des zugeflossenen Bargeldes frei verfügen kann, weil 20 % als Reserve (Mindest- und Barreserve) gehalten werden müssen. Der Geldschöpfungsprozess ist dann beendet, wenn das im Geschäftsbankensektor befindliche Bargeld von 10.000 Euro vollständig für die Reservehaltung verwendet worden ist.

> Der Geldschöpfungsprozess der Geschäftsbanken kann nur so lange andauern, bis das im Geschäftsbankensektor befindliche Bargeld (= ZBG) vollständig durch die Reserve- haltung (Mindest- und Barreserve) aufgezehrt ist.

Ermittlung des Geldschöpfungsmultiplikators

Das gesamte Geschäftsbankensystem kann auf der Grundlage einer bestimmten Über- schussreserve (= frei verfügbares Zentralbankgeld) ein Vielfaches dieses Betrages an Krediten gewähren.

Der Faktor, der angibt, auf das Wievielfache der ursprünglichen Überschussreserve sich die Kreditgewährungsmöglichkeit der Geschäftsbanken beläuft, wird als Geldschöpfungsmultiplikator (m) bezeichnet.

Der Geldschöpfungsmultiplikator gibt an, um das Wievielfache die Kreditschöpfungsmöglichkeit der Geschäftsbanken höher als die ursprüngliche Überschussreserve ist. Im vorliegenden Fall beträgt das Kreditvolumen (40.000 Euro) das Fünffache der ursprünglichen Überschussreserve (8.000 Euro). Der Geldschöpfungsmultiplikator ist fünf. Er ergibt sich als Kehrwert des Reservesatzes: $m = 1/r = 1/0{,}2 = 5$.

$$(20\%) \quad 0{,}2 \quad \triangleq \quad 10.000 \text{ Euro ZBG für Reserve (BR + MR)}$$
$$(100\%) \quad 1{,}0 \quad \triangleq \quad x \text{ Euro Summe der Sichteinlagen}$$

$$x = \frac{1}{0{,}2} \times 10.000 = 5 \times 10.000 = 50.000 \text{ Euro Sichteinlagen}$$

$\uparrow$ Multiplikator

Wenn alles Bargeld in den Geschäftsbankensektor zurückfließt (= Annahme eines vollständigen Bargeldrückflusses), ist der Geldschöpfungsmultiplikator gleich dem Kehrwert des Reservesatzes:

$$\text{Geldschöpfungsmultiplikator (m)} = \frac{1}{\text{Reservesatz (r)}}$$

Lernkontrolle
Aufgabe 3

Der Geldschöpfungsmultiplikator (m) setzt die Kreditschöpfungsmöglichkeit (Kr) und die ursprüngliche Überschussreserve ($\ddot{U}_1$) zueinander in Beziehung. Die Summe der Kredite, die das Geschäftsbankensystem aufgrund einer bestimmten Überschussreserve vergeben kann, lässt sich für den vorliegenden Fall wie folgt berechnen:

$$Kr = m \times \ddot{U}_1 = \frac{1}{r} \times \ddot{U}_1 = \frac{1}{0{,}2} \times 8.000 \text{ €} = 40.000 \text{ €}$$

Die Kreditvergabemöglichkeit des Geschäftsbankensystems ist umso größer, je geringer die Reservehaltung (Bar- und Mindestreserve) ist und umgekehrt.

Bei unveränderter Überschussreserve können die Banken ihre Kreditvergabemöglichkeiten erweitern, wenn es ihnen gelingt, ihre Kunden zur verstärkten Nutzung des bargeldlosen Zahlungsverkehrs anstelle von Barzahlung zu veranlassen. Dies würde eine Verringerung der notwendigen Barreserve mit sich bringen. Andererseits kann die Zentralbank durch Veränderung des Mindestreservesatzes die Geldschöpfungsmöglichkeiten der Geschäftsbanken beeinflussen.

Mathematische Ermittlung des Geldschöpfungsmultiplikators

Geldschöpfungsmultiplikator bei vollständigem Bargeldrückfluss

Die Entwicklung der Kreditvergabemöglichkeiten in der Tabelle auf S. 467 folgt einer mathematischen Gesetzmäßigkeit. Das Kreditvolumen des gesamten Geschäftsbankensystems (Kr_s) ergibt sich aus der Summe der von den einzelnen Geschäftsbanken gewährten Kredite. Bei einem Reservesatz von $r = 0,2$ ergibt sich folgender Zusammenhang:

$$Kr_s = Kr_1 + Kr_2 + Kr_3 + \ldots Kr_n$$
$$8.000 + 6.400 + 5.120 + \ldots$$
$$8.000 + 8.000\,(1-0,2)^1 + 8.000\,(1-0,2)^2 + 8.000\,(1-0,2)^{n-1}$$

Diese Folge entspricht einer unendlichen geometrischen Reihe. Die allgemeine Summenformel für eine unendliche geometrische Reihe der Form $a + a \times q + a \times q^2 + a \times q^3 + \ldots a \times q^{n-1}$ lautet:

$$s = \frac{1}{1-q} \times a$$

Für die Summe aller Kredite des gesamten Geschäftsbankensystems lautet die entsprechende Summenformel:

$$Kr_s = \frac{7}{1-(1-r)} \times Ü_1 = \frac{1}{r} \times Ü_1$$

Im vorliegenden Zahlenbeispiel beträgt die Kreditvergabemöglichkeit des Geschäftsbankensystems:

$$Kr_s = \frac{1}{0,2} \times 8.000,00\ € = \mathbf{40.000,00\ €}$$

Dieser Zusammenhang gilt nur unter der Annahme, dass die gewährte Kreditsumme von den Zahlungsempfängern wieder in voller Höhe bei einer anderen Bank eingezahlt wird **(= vollständiger Bargeldrückfluss in den Geschäftsbankensektor).**

Geldschöpfungsmultiplikator bei teilweisem Bargeldrückfluss

Wird davon ausgegangen, dass ein gewisser Prozentsatz der Kreditsumme von den Zahlungsempfängern als Bargeld gehalten wird und nur der Restbetrag jeweils wieder zu Sichteinlagen bei den Geschäftsbanken und damit zu neuer Kreditgewährungsmöglichkeit führt **(= teilweiser Bargeldrückfluss)**, ergibt sich eine geringere Kreditgewährungsmöglichkeit.
Beispiel:

r = Reservesatz
c = Bargeldabflussquote
    (Teil der Kreditsumme, den die Wirtschaftssubjekte als Bargeld halten)
(1− c) = Bargeldrückflussquote
    (Teil der Kreditsumme, der als Bargeld in den Geschäftsbankensektor zurückfließt)

Für $c = 0,25$ und $r = 0,2$ ergibt sich für das Zahlenbeispiel aus der Tabelle auf S. 467 folgender Zusammenhang:

$$Kr_s = Kr_1 + Kr_2 + Kr_3 + \ldots Kr_n$$
$$8.000 + 8.000\,[(1-0,25)(1-0,2)]^1 + 8.000\,[(1-0,25)(1-0,2)]^2 + 8.000\,[(1-0,25)(1-0,2)]^{n-1}$$

Entsprechend der Summenformel für eine unendliche geometrische Reihe beträgt die Kreditvergabemöglichkeit des gesamten Geschäftsbankensystems in diesem Fall:

$$\mathbf{Kr_s} = \frac{1}{1-(1-c)(1-r)} \times Ü_1 = \frac{1}{1-(1-r-c+cr)} \times Ü_1 = \frac{1}{r+c-cr} \times Ü_1 = \frac{1}{\mathbf{r\,(1-c)+c}} \times Ü_1$$

Im vorliegenden Zahlenbeispiel beträgt die Kreditvergabemöglichkeit des Geschäftsbankensystems:

$$\mathbf{Kr_s} = \frac{1}{0,2\,(1-0,25)+0,25} \times 8.000,00\ € = \frac{1}{0,4} \times 8.000,00\ € = \mathbf{20.000,00\ €}$$

Geringer Erklärungswert des Geldschöpfungsmultiplikators

Der durch den Geldschöpfungsmultiplikator beschriebene Zusammenhang zwischen Zufluss von Zentralbankgeld an eine Bank und Kreditgewährung des gesamten Bankensystems kann nicht zur Erklärung des tatsächlichen Kreditangebots dienen. Die Interpretation, dass in der Realität das Bankensystem nur als Vermittler arbeitet und die Kundeneinlagen anderen Kunden als Kredit gewährt, ist nicht zutreffend. Vielmehr ist der Zusammenhang umgekehrt: Zunächst vergeben die Banken Kredite und prüfen danach, wo sie das benötigte Zentralbankgeld am günstigsten beschaffen können. Diese Möglichkeit der Banken, „Geld aus dem Nichts" zu schaffen, wäre dann unterbunden, wenn durch ein **Vollgeldsystem**[1] alle Bankkredite in vollem Umfang durch Zentralbankgeld gedeckt wären. In diesem Fall würde Geld nur durch die Zentralbank geschaffen.

Die durch den Geldschöpfungsmultiplikator gestützte Auffassung, dass es bei einem einmaligen Zufluss von Zentralbankgeld zu einer Kreditexpansion des gesamten Bankwesens kommt, beruht auf fehlerhaften Annahmen. Es wird nämlich unterstellt, dass die Banken grundsätzlich zur Kreditvergabe bereit sind und dass dies nur wegen des Mangels an Zentralbankgeld nicht immer erfolgt. Dies würde bedeuten, dass bei einem gegebenen Zinsniveau immer ein Überschuss an Nachfrage nach Krediten besteht.

Die Geldversorgung der Geschäftsbanken durch die EZB im Zusammenhang mit der Finanz- und Staatshaushaltkrise zeigt, dass die Zentralbankguthaben der Banken sehr stark angestiegen sind („Die Banken schwimmen im Geld"), ohne dass sich dies in einer verstärkten Kreditgewährung und Geldmengenerhöhung niedergeschlagen hat. Vielmehr benutzen die Banken das billige Zentralbankgeld in erheblichem Umfang für eigene zinsbringende Anlagen und Spekulationen.

Somit ist der Geldschöpfungsmultiplikator ein auf Definitionsgleichungen beruhendes Modell, das einen mechanistischen Zusammenhang zwischen Zentralbankgeld und Kreditgewährung beschreibt, aber keine Theorie des Geldangebots darstellt.[2]

3.4 Binnenwert des Geldes

3.4.1 Kaufkraft und Preisniveau

Geld ist ein Tauschmittel. Sein Tauschwert hängt von der Gütermenge ab, die mit einer Geldeinheit erworben werden kann. Dieser Tauschwert wird auch als Kaufkraft des Geldes bezeichnet.

> Der Geldwert wird durch die Kaufkraft des Geldes bestimmt. Ausdruck für die Kaufkraft des Geldes ist die Gütermenge, die mit einer Geldeinheit erworben werden kann.

Wird die Kaufkraft des Geldes auf die Menge inländischer Güter bezogen, die für eine Einheit inländischen Geldes erworben werden kann, handelt es sich um den **Binnenwert des Geldes** (innerer Geldwert). Der **Außenwert des Geldes** (äußerer Geldwert) gibt demgegenüber an, wie viele ausländische Güter je inländischer Geldeinheit gekauft werden können. Der Außenwert des Geldes ist vom Wechselkurs abhängig.

---

1 Diese Idee wurde u. a. von so namhaften Ökonomen wie Walter Eucken (1891–1950), geistiger Vater der Sozialen Marktwirtschaft in Deutschland) und Milton Friedman (1912–2006, Nobelpreisträger 1976) vertreten.

2 Vgl. dazu P. Bofinger, Grundzüge der Volkswirtschaftslehre, 4. Aufl. Hallbergmoos 2015, S. 503 f.

Die Kaufkraft des Geldes ist von den Güterpreisen abhängig. Je höher die Güterpreise sind, desto weniger Mengeneinheiten können mit einer Geldeinheit erworben werden.

Um ermitteln zu können, ob sich die Kaufkraft des Geldes in einer Volkswirtschaft verändert hat, ist nicht die Preisentwicklung einzelner Güter entscheidend. Preiserhöhungen bei einzelnen Gütern können nämlich durch Preissenkungen bei anderen Gütern wieder ausgeglichen werden. Für die Messung der Kaufkraft kommt es vielmehr auf die Veränderung des Durchschnitts aller wichtigen Güterpreise in einer Volkswirtschaft an. Der Durchschnittspreis einer bestimmten Menge unterschiedlicher Güter ist das Preisniveau.

> Das Preisniveau ist der Durchschnitt aller wichtigen Güterpreise in einer Volkswirtschaft.

Kaufkraft des Geldes

Erhält ein Käufer zu einem bestimmten Zeitpunkt für einen Euro fünf Brötchen und zu einem späteren Zeitpunkt nur noch vier Brötchen, so ist die Kaufkraft des Geldes in Bezug auf die Brötchen gesunken. Ursache dafür ist die Preissteigerung je Brötchen von 0,20 Euro auf 0,25 Euro. Die Preissteigerung in Höhe von 25 % (von 0,20 Euro auf 0,25 Euro) bewirkt einen Kaufkraftverlust in Höhe von 20 % (von fünf Brötchen auf vier Brötchen).

Die Kaufkraft des Geldes und das Preisniveau stehen in umgekehrtem Verhältnis zueinander:

> Wenn das Preisniveau steigt, sinkt die Kaufkraft des Geldes, und umgekehrt. Die Kaufkraft des Geldes ist der Kehrwert des Preisniveaus:
>
> $$\text{Kaufkraft des Geldes} = \frac{1}{\text{Preisniveau}}$$

3.4.2 Messung des Preisniveaus: Verbraucherpreisindex

Die wirtschaftspolitisch wichtigste Kennzahl zur Messung der durchschnittlichen Preisveränderung ist der vom Statistischen Bundesamt ermittelte **Verbraucherpreisindex** (VPI). Er bringt die Preisentwicklung typischer Güter der Lebenshaltung von Durchschnittshaushalten zum Ausdruck und wird üblicherweise als Maßstab für die Veränderung des Preisniveaus und der Kaufkraft des Geldes in Deutschland benutzt.

> Der Verbraucherpreisindex misst die durchschnittlichen Preisveränderungen aller Waren und Dienstleistungen, die von privaten Haushalten für Konsumzwecke gekauft werden. Er dient als Maßstab für die Veränderung von Preisniveau und Kaufkraft in einer Volkswirtschaft.

Ein Maßstab für die Preisniveauentwicklung im gesamten Euro-Währungsraum ist der vom Europäischen Statistischen Amt ermittelte Harmonisierte Verbraucherpreisindex (HVPI).

Vorgehensweise zur Berechnung eines Verbraucherpreisindex

Das Basisjahr ist ein ausgewähltes Kalenderjahr, das als Vergleichsmaßstab für die Folgejahre (Berichtsjahre) dienen soll.

▪ Zusammenfassung typischer Konsumgüter zu einem Warenkorb

Wegen ihrer Vielzahl und ihrer unterschiedlichen Bedeutung können und sollen nicht alle Konsumgüter in die Preisbeobachtung einbezogen werden. Durch gezielte Marktbeobachtung werden daher zunächst solche Konsumgüter, die besonders typisch sind und häufig gekauft werden, ausgewählt und zu einem Warenkorb zusammengestellt.

▪ Bewertung der Güter des Warenkorbs mit den Preisen des Basisjahres

Die Güter des Warenkorbes werden mit den durchschnittlichen Preisen des Basisjahres bewertet und mit den Verbrauchsmengen gewichtet. Für den Wert dieses Warenkorbs im Basisjahr wird ein Preisindex von 100 festgesetzt.

▪ Bewertung der Güter des Warenkorbs mit den Preisen des Berichtsjahres

In den auf das Basisjahr folgenden Jahren werden dieselben Güter, die den Warenkorb des Basisjahres bilden, mit den aktuellen Preisen des Berichtsjahres bewertet, aber weiterhin mit den durchschnittlich verbrauchten Mengen des Basisjahres gewichtet. Auf diese Weise lässt sich der Wert der Güter des Warenkorbs im Berichtsjahr ermitteln.

▪ Vergleich zwischen Basisjahr und Berichtsjahr

Der Wert der Güter des Warenkorbs im Basisjahr wird mit dem Wert des Warenkorbs im Berichtsjahr verglichen. Die in Prozent ausgedrückte Wertänderung gibt die Veränderung der Lebenshaltungskosten (Inflationsrate) an, um die sich der Preisindex gegenüber dem Basisjahr erhöht.

Berechnungsbeispiel für einen Warenkorb mit drei Gütern

Güter	Basisjahr 2010			Berichtsjahr 2018		Berechnung
	Preise p_0	Menge q_0	Ausgaben $p_0 \times q_0$	Preise p_1	Ausgaben $p_1 \times q_0$	$p = \dfrac{\Sigma \, p_1 \times q_0}{\Sigma \, p_0 \times q_0} \times 100$
A	12,50 €/kg	16 kg	200 €	13,50 €/kg	216 €	
B	4,00 €/kg	75 kg	300 €	5,00 €/kg	375 €	$= \dfrac{1.216}{1.000} \times 100 = 121,6$
C	2,00 €/kg	250 kg	500 €	2,50 €/kg	625 €	
Σ			1.000 €		1.216 €	

Im vorliegenden Beispiel beträgt der Preisindex im Berichtsjahr 121,6, d. h., im Berichtsjahr mussten für den gleichen Warenkorb 21,60 % mehr bezahlt werden als im Basisjahr. Von 2010 (Basisjahr) bis 2018 (Berichtsjahr) haben sich die Lebenshaltungskosten somit um 21,6 % erhöht. Dieser Berechnung liegt folgende Formel zugrunde, die häufig bei Preisindexermittlungen angewandt wird **(Laspeyres-Index)**[1]:

$$p = \frac{\Sigma \, p_1 \times q_0}{\Sigma \, p_0 \times q_0} \times 100$$

p_0 = Preis im Basisjahr
q_0 = Menge im Basisjahr
p_1 = Preis im Berichtsjahr

---

[1] Die Formel wurde 1871 erstmals von dem Statistiker Etienne Laspeyres (1834–1913) für Indexberechnungen aufgestellt und angewandt.

Ermittlung des Verbraucherpreisindex für Deutschland durch das Statistische Bundesamt

■ Warenkorb

Die Auswahl der **Güter des Warenkorbs** durch das Statistische Bundesamt erfolgt in Form von repräsentativen[1] Stichproben. Dazu werden in der Regel zunächst typische Einkaufsstädte, dort dann typische Geschäfte und darin die am häufigsten verkauften Produkte ermittelt. Die einzelnen Güter werden zu ca. 700 Güterarten (z. B. Bücher, Autos, Benzin) zusammengefasst.

■ Preiserfassung

Für die Messung der Preisentwicklung werden in ca. 190 Gemeinden jeden Monat die Preise der gleichen Produkte in denselben Geschäften notiert. Zusätzlich erfolgt für viele Güterarten eine zentrale Preiserhebung, beispielsweise im Internet oder in Versandhauskatalogen. Insgesamt werden so monatlich über 300.000 Einzelpreise erfasst. Dabei wird auch durch entsprechende Gewichtung der Preise in unterschiedlichen Geschäftstypen (z. B. Discounter, Fachgeschäft, Versandhandel) versucht, auch Änderungen der Einkaufsgewohnheiten der Konsumenten zu berücksichtigen.

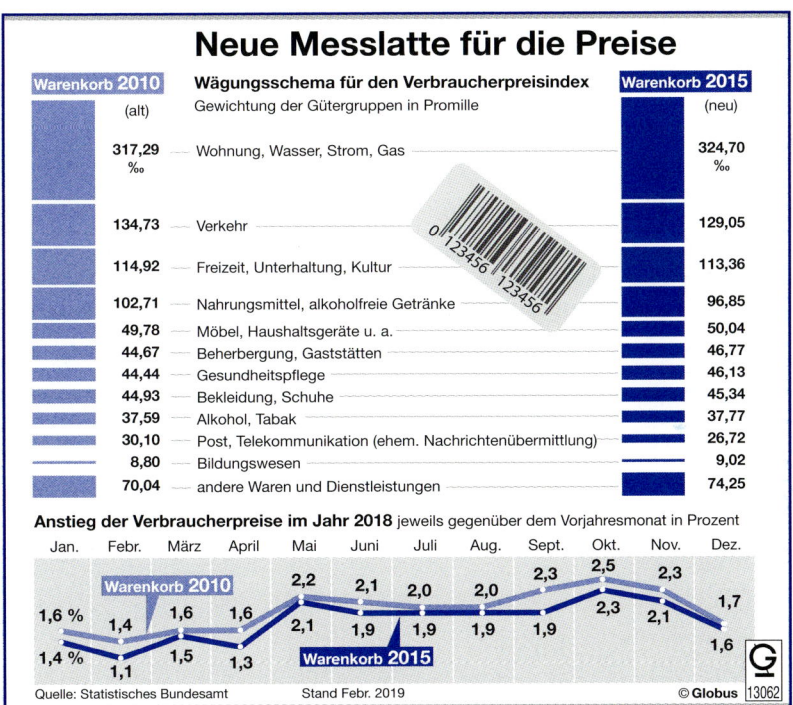

■ Gewichtung der Güterarten des Warenkorbs (Wägungsschema)

Anstelle der nur schwer zu ermittelnden Verbrauchsmengen werden die ermittelten Preise aller Güterarten des Warenkorbs mit den jeweiligen **Ausgabenanteilen**, die die privaten Haushalte im Durchschnitt für diese Güterart ausgeben, gewichtet. Als Informationsquelle für das Verbraucherverhalten dient vornehmlich die alle fünf Jahre durchgeführte Einkommens- und Verbrauchsstichprobe (EVS), in deren Rahmen 50.000 bis 70.000 Haushalte auf freiwilliger Basis während des Erhebungsjahres ein Haushaltsbuch

---

1   repräsentativ *(lat.):* stellvertretend, typisch, charakteristisch

führen. Ergänzend kommen aktuelle Erhebungen der sogenannten Laufenden Wirtschaftsrechnung (LWR) hinzu. Dazu werden die von bis zu 2.000 Haushalten monatlich zu führenden Haushaltsbücher ausgewertet. Durch Zusammenfassung der ca. 700 Güterarten des Warenkorbs und deren **Ausgabenanteile** (in Promille) zu 12 Hauptgruppen ergibt sich das **Wägungsschema** (siehe Abb. S. 473). Das Wägungsschema gibt an, welchen Anteil die einzelnen Güterarten an den gesamten Konsumausgaben der privaten Haushalte haben. Für jede dieser 12 Hauptgruppen wird ein Preisindex ermittelt. Dabei und bei der Ermittlung des Gesamtindex dienen die **Ausgabenanteile** als **Gewichtungsfaktoren**. Der Gesamtindex (Verbraucherpreisindex) wird als gewogenes arithmetisches Mittel der 12 Hauptgruppenindizes berechnet.

■ Aktualisierung des Wägungsschemas

Der Preisindex wird alle fünf Jahre auf ein neues Basisjahr umgestellt (aktuelles Basisjahr: 2010). Bei dieser regelmäßigen Umstellung erfolgt jedes Mal eine Aktualisierung des Wägungsschemas. Dadurch lassen sich auf der Basis neuer Daten über die Verbrauchsgewohnheiten Änderungen des Konsumverhaltens der privaten Haushalte im Zeitablauf berücksichtigen. Während des Fünfjahreszeitraums bleibt das Wägungsschema unverändert (= konstante Verbrauchsstrukturen), um für diesen Zeitraum ausschließlich die Preisentwicklung, unbeeinflusst von Änderungen der Ausgabengewichte, darstellen zu können. Die Güter des Warenkorbs selbst können allerdings bei Bedarf auch während der fünf Jahre aktualisiert werden, damit immer diejenigen Gütervarianten in die Preisbeobachtung eingehen, die von den Konsumenten gegenwärtig am häufigsten gekauft werden.

Entwicklung des Verbraucherpreisindex

Verbraucherpreisindex in Deutschland, Basisjahr 2010								
Jahr	**2011**	**2012**	**2013**	**2014**	**2015**	**2016**	**2017**	**2018**
Preisindex	102,1	104,1	105,7	106,6	106,9	107,4	109,3	111,4
Veränderung zum Vorjahr Indexpunkte	2,1	2,0	1,6	0,9	0,3	0,5	1,9	2,1
in %	2,10	1,96	1,54	0,85	0,28	0,47	1,77	1,92

Quelle: Deutsche Bundesbank, Monatsberichte

Die Veränderung des Preisindex kann in **Indexpunkten** oder in **Prozent (Inflationsrate)** angegeben werden.

Der Preisindex ist von 2010 (100) bis 2018 (111,4) um 11,4 Indexpunkte gestiegen. Das entspricht einer Erhöhung um 11,4 %.
Der Preisindex ist 2018 (111,4) gegenüber 2017 (109,3) um 2,1 Indexpunkte gestiegen. Als prozentuale Veränderung (Inflationsrate) ausgedrückt, ergibt das eine Erhöhung von 1,92 % (111,4 × 100/109,3 = 101,92).

$$\text{Inflationsrate} = \frac{\text{neuer Preisindex (111,4)} - \text{alter Preisindex (109,3)}}{\text{alter Preisindex (109,3)}} \times 100 = 1,92$$

Entwicklung der Kaufkraft (Geldwertentwicklung für die Verbraucher)

Die Kaufkraft ist der Kehrwert des Preisniveaus (K = 1/p), d. h.:

Je höher das Preisniveau, desto niedriger die Kaufkraft.

Wird das Preisniveau (P) durch einen Preisindex ausgedrückt, lässt sich die Kaufkraft im Vergleich zu einem anderen Jahr wie folgt berechnen:

$$\text{Kaufkraft} = \frac{\text{Preisindex des Vergleichsjahres (z. B. Basisjahr 2010: Index 100)}}{\text{Preisindex des Berichtsjahres (z. B. Berichtsjahr 2017: Index 111,4)}} \times 100 = 89,8$$

Der sich bei der Kaufkraftberechnung ergebende Wert gibt an, wie hoch die Kaufkraft im Berichtsjahr gegenüber dem Vergleichsjahr (z. B. Basisjahr) ist.

Preisindex $_{\text{alt (Basisjahr)}}$	100	Kaufkraftindex $_{\text{alt}}$ 100	
Preisniveauänderung	+ 11,4 %		
Preisindex $_{\text{neu}}$	120	Kaufkraftindex $_{\text{neu}} = \dfrac{100}{111,4} \times 100 = 89,8$	

Die Kaufkraft ist um 10,23 % gesunken.

$$\text{Kaufkraftänderung} = \frac{\text{alter Preisindex (100)} - \text{neuer Preisindex (111,4)}}{\text{neuer Preisindex (111,4)}} \times 100 = -10,23$$

Realeinkommen

Eine Erhöhung des Preisniveaus und die damit einhergehende Minderung der Kaufkraft des Geldes bedeutet für die privaten Haushalte nicht zwangsläufig eine Verringerung ihres Wohlstands. Entscheidend ist, wie sich die **Einkommen der Haushalte** entwickeln. Das **Nominaleinkommen** ist der dem Einkommen entsprechende Geldbetrag. Beim **Realeinkommen** wird dagegen auch berücksichtigt, welche Gütermenge mit einem bestimmten Nominaleinkommen gekauft werden kann.

Das Realeinkommen berücksichtigt die Kaufkraft des Einkommens. Es gibt die Gütermenge an, die mit einem bestimmten Nominaleinkommen gekauft werden kann.

$$\text{Realeinkommen} = \frac{\text{Nominaleinkommen}}{\text{Verbraucherpreisindex}} \times 100$$

Aussagekraft des Verbraucherpreisindex

Die Aussagekraft des Verbraucherpreisindex als Maßstab für Preisniveauänderungen ist u. a. aus folgenden Gründen eingeschränkt:

- **Warenkorb und Wägungsschema gelten nicht für alle Haushalte gleichermaßen:** Die Auswahl der Güter für den Warenkorb und ihre Gewichtung mit dem jeweiligen Ausgabenanteil stimmen nicht für alle Haushalte mit den Konsumgewohnheiten überein. Es wird nicht nach einzelnen sozialen Gruppen der Bevölkerung, die unterschiedlich stark von Preisänderungen bei einzelnen Gütern und von Preisniveauveränderungen insgesamt betroffen sein können, unterschieden.

- **Aktualisierung des Warenkorbs:** Neue Konsumgüter werden erst nach einiger Zeit im Warenkorb erfasst. Solche Güter sind typischerweise zunächst teuer und werden dann immer preisgünstiger. Durch die verspätete Aktualisierung des Warenkorbs bleiben die anfänglich hohen Preise dieser Güter unberücksichtigt.

■ **Aktualisierung des Wägungsschemas:** Das Wägungsschema bleibt aus Gründen der Vergleichbarkeit bis zur Festsetzung eines neuen Basisjahres im Rhythmus von fünf Jahren unverändert. In der Zwischenzeit eingetretene Änderungen der Konsumgewohnheiten, durch die sich die Ausgabenanteile für einzelne Gütergruppen ändern, werden nur verspätet berücksichtigt.

■ **Qualitätsverbesserung:** Preissteigerungen aufgrund besserer Qualität werden nicht oder nur unzureichend erfasst. Wenn beispielsweise Autos teurer werden, lässt sich statistisch der Teil der Preissteigerung, der auf besserer Qualität und Ausstattung beruht, nicht von den anderen Ursachen der Preissteigerung trennen. Die tatsächliche Preissteigerung ist daher geringer als die für den Preisindex zugrunde gelegte. Durch die sogenannte **hedonische Preismessung**[1] wird seit einiger Zeit versucht diesen Mangel zu beheben. Bleibt z. B. der Preis eines Computers trotz Qualitätsverbesserungen konstant, ergibt sich bei diesem Verfahren, dass ein Computer mit gleicher Qualität billiger geworden sein muss. Es wird geschätzt, dass insbesondere wegen der nicht erfassten Qualitätsänderungen die in Deutschland gemessene Preisniveauänderung um ca. ¾ Prozentpunkte zu hoch ausfällt.

■ **Neue Vertriebsformen:** Preisgünstige neue Vertriebsformen (z. B. Telefon- und Internet-Shopping) können nur mit zeitlicher Verzögerung berücksichtigt werden. Daher fällt die gemessene Teuerung zu hoch aus.

Konsumenten empfinden die Inflation in der Regel als etwa dreimal so hoch wie die von den Statistikern ermittelte Erhöhung des Verbraucherpreisindex („gefühlte Inflation"). Das hat u. a. folgende Gründe:

■ Preissteigerungen werden von den Verbrauchern intensiver wahrgenommen und höher bewertet als Preissenkungen.

■ Wenn häufig gekaufte Produkte teurer werden, geht dies besonders stark in das Bewusstsein der Konsumenten ein. Preissenkungen bei Gütern, die selten gekauft werden oder bei denen die Ausgaben vom Konto abgebucht werden (z. B. Telefon), werden kaum wahrgenommen.

Lernkontrolle
Aufgaben 4 u. 5

3.5   Ursachen und Auswirkungen von Geldwertminderung

3.5.1   Arten und Ursachen der Inflation

Inflation ist ein anhaltender Prozess allgemeiner Preiserhöhungen. Er führt zu einem Anstieg des Preisniveaus und damit zu einer Minderung der Kaufkraft des Geldes. Als Inflationsmaßstab dient üblicherweise der Verbraucherpreisindex.

Inflationsarten	
Tempo des Preisniveauanstiegs	**Erkennbarkeit des Preisniveauanstiegs**
■ (relative) Preisniveaustabilität: < 2 %bis 3 % ■ schleichende Inflation: jährlich 3 %bis 5 % ■ trabende Inflation ■ galoppierende Inflation bzw. Hyperinflation: monatlich > 50 %	■ offene Inflation: erkennbare Preisniveausteigerung ■ zurückgestaute (verdeckte) Inflation: Preiserhöhungen werden durch staatliche Maßnahmen wie Höchstpreise, Preis- und/oder Lohnstopp unterdrückt

---

1   hedonisch *(gr.):* lust-, genussvoll. Als hedonisch wird eine Bewertungsmethode bezeichnet, die ein Objekt nicht nur nach seinen äußeren, sondern auch nach seinen inneren Werten beurteilt.

Inflationstheorien liefern insbesondere folgende drei Erklärungsansätze für die Entstehung von Inflation:

Lernkontrolle
Aufgabe 6

Inflationsursachen		
Geldmengenbedingte Inflation	**Nachfragebedingte Inflation**	**Angebotsbedingte Inflation**
Zu starke Ausdehnung der (nachfragewirksamen) Geldmenge im Verhältnis zur Güterproduktion.	Die gesamtwirtschaftliche Nachfrage ist größer als das mit den bestehenden Produktionskapazitäten zu erstellende gesamtwirtschaftliche Angebot (Nachfrageüberschuss). Die gesamtwirtschaftliche Nachfrage kann steigen, durch erhöhte ■ Konsumgüternachfrage (C) ■ Investitionsgüternachfrage (I) ■ Staatsnachfrage (G) ■ Exportgüternachfrage (Ex)	Marktmächtige Unternehmen sind in der Lage, Kostensteigerungen in Form von Preiserhöhungen an die Verbraucher zu überwälzen **(Kostendruckinflation)**. Wenn der Grund für die von den Unternehmen durchgesetzten Preiserhöhung in einer Erhöhung der Gewinnmargen liegt, wird von einer **Gewinninflation** gesprochen.

In der Realität bestehen Wechselwirkungen zwischen den verschiedenen Inflationsursachen. In jedem Fall geht eine Inflation mit einer Erhöhung der Geldmenge einher. Andernfalls kann das Preisniveau nicht steigen. Aus dem Zusammenspiel von angebotsbedingter und nachfragebedingter Inflation kann wie folgt eine sog. **Lohn-Preis-Spirale** entstehen: Lohnerhöhungen werden von den Unternehmen in die Preise einkalkuliert und an die Verbraucher überwälzt. Die Lohnerhöhungen führen aber gleichzeitig zu einem Anstieg der Konsumgüternachfrage und damit der gesamtwirtschaftlichen Nachfrage. Daraus ergibt sich ein zusätzlicher Preisauftrieb, der wiederum zu erhöhten Lohnforderungen führt usw.

Preisniveausteigerungen im Inland können auch auf Entwicklungen im Ausland zurückzuführen sein **(importierte Inflation)**.

Inflationsursachen aus dem Ausland		
Geldmengeninflation	**Nachfrageinflation**	**Kosteninflation**
Durch Zufluss von Devisen (z.B. als Geldanlage aufgrund inflationärer Tendenzen im Ausland) steigt die inländische Geldmenge. Dies kann bei nachfragewirksamer Verwendung (z.B. erhöhte Kreditschöpfung der Banken) eine Geldmengeninflation auslösen.	Wenn die inländische Inflationsrate niedriger ist als die ausländische, steigt die Exportgüternachfrage. Dadurch wird das reale Güterangebot im Inland verknappt (Angebotslücke). Gleichzeitig steigt die Geldmenge durch den Devisenzufluss aus dem Ausland. Daraus kann eine Nachfrage bzw. Geldmengeninflation entstehen.	Wenn die Preise für importierte Rohstoffe steigen (z.B. Rohöl), löst das bei den betroffenen Unternehmen einen Kostendruck aus, der zu einer Angebotsinflation (Kostendruckinflation) führen kann.

Die Gefahr einer importierten Geldmengen- oder Nachfrageinflation besteht insbesondere bei festen Wechselkursen, wie sie bis 1973 zwischen dem US-Dollar und den Währungen der meisten Industrieländer bestanden haben. Bei flexiblen Wechselkursen wird diese Inflationsgefahr dagegen durch eine automatische Kurserhöhung der Inlandswährung (Aufwertung) gebremst.

3.5.2   Inflationswirkungen

Inflation kann zu einer erheblichen Beeinträchtigung wirtschafts- und gesellschaftspolitischer Ziele führen. Deshalb ist die Inflationsvermeidung und -bekämpfung ein wesentlicher Bereich der Wirtschaftspolitik.

Negative Wirkungen auf die wirtschaftliche Entwicklung

In einer Marktwirtschaft übernehmen die Preise u. a. eine Steuerungs- und Signalfunktion. Ein funktionierender Preismechanismus sorgt nach marktwirtschaftlicher Auffassung dafür, dass bedarfsgerechte Güter produziert und die Produktionsfaktoren einer effizienten Verwendung zugeführt werden (= optimale Allokation der Produktionsfaktoren). Im Fall einer Inflation ist die reibungslose Erfüllung dieser Preisfunktionen aber nicht mehr gewährleistet. Bei einer fortwährenden allgemeinen Preissteigerung können die Preise beispielsweise nicht mehr die Knappheit einzelner Güter signalisieren. Die Signalfunktion des Preises (= Preis als Knappheitsindikator) ist beeinträchtigt. Daraus können sich fehlerhafte Investitions- und Produktionsentscheidungen mit der Folge eines uneffizienten Einsatzes der Produktionsfaktoren (= Fehlallokation) ergeben.

Außerdem sorgt ein stabiles Preisniveau dafür, dass die in die langfristigen Zinssätze einkalkulierte Inflationsrisikoprämie gering ist. Das führt zu einem niedrigen Niveau der langfristigen Zinsen und kann stimulierend auf Investitionen und Wachstum wirken. Hohe Inflationsraten können zudem die internationale Wettbewerbsfähigkeit einer Volkswirtschaft beeinträchtigen. Ein Rückgang der Exporte mit negativen Auswirkungen für Wachstum und Beschäftigung kann die Folge sein.

Negative Verteilungswirkungen

Negative Wirkungen einer Inflation ergeben sich insbesondere für die Einkommens- und Vermögensverteilung in einer Volkswirtschaft.

Umverteilungseffekte einer Inflation	
Benachteiligte Gruppen einer Inflation	**Begünstigte Gruppen einer Inflation**
Arbeitnehmer: Die Realeinkommen der Arbeitnehmer sinken, wenn die Preissteigerungen nicht oder erst mit zeitlichem Abstand durch höhere Löhne ausgeglichen werden. Die Arbeitnehmer sind in diesem Fall zumindest zeitweise Inflationsverlierer. **Bezieher von Transfereinkommen:** Wenn Renten und andere staatliche Transferzahlungen (z. B. Kindergeld, Sozialhilfe) nicht oder nur verspätet in gleichem Maße erhöht werden, wie die Preise steigen, sinkt die reale Kaufkraft dieser Einkommensbezieher.	**Unternehmer:** Die Bezieher von Gewinneinkommen sind gegenüber den Lohnempfängern im Vorteil, wenn die Erhöhung der Güterpreise einer Lohn- und Zinserhöhung vorausgeht. Da sich der Realwert von Sachvermögen durch die Inflation nicht ändert und betriebliches Vermögen großenteils aus Sachvermögen besteht, gehören die Unternehmer zu den Inflationsgewinnern.

Gläubiger (Sparer):

Die Inflation wirkt sich auf Geldvermögen (Bankguthaben, Schuldverschreibungen usw.) anders als auf Sachvermögen (Immobilien, Maschinen usw.) aus. Der Realwert von Geldforderungen sinkt durch die Inflation. Nur wenn der Nominalzinssatz höher als die Inflationsrate ist, ist auch die Realverzinsung positiv. Andernfalls gehören die Gläubiger (Sparer) zu den Inflationsverlierern.

Wenn das Geld seine Funktion als Wertaufbewahrungsmittel verliert, kommt es zu einer „Flucht in die Sachwerte (Betongold)", d. h., die Nachfrage nach Sachvermögen (Grundstücke, Häuser, Edelmetalle) steigt. Dadurch werden zusätzliche Preissteigerungen ausgelöst.

Schuldner:

Wenn die Höhe der zu tilgenden Schuld in einem festen Geldbetrag besteht und nicht durch Inflationsgleitklauseln an die tatsächliche Kaufkraftentwicklung angepasst wird, gehören die Schuldner zu den Inflationsgewinnern. Der Realwert ihrer Schulden wird durch die Inflation geringer. Das gilt auch für die Staatsverschuldung. Angesichts der hohen Verschuldung mancher Staaten können Politiker daher durchaus ein Interesse an höheren Inflationsraten haben, um so die reale Staatsverschuldung zu senken und zur Lösung der Finanzierungsprobleme des Staates beizutragen.

Steuerzahler:

Aufgrund des progressiven Einkommensteuertarifs in Deutschland werden höhere Einkommen infolge der Progression mit einem höheren Steuersatz belegt. Sind die Einkommenssteigerungen lediglich Ausgleich für Preissteigerungen, liegt für die Steuerzahler kein realer Kaufkraftzuwachs vor. Trotzdem steigt die Einkommensteuerbelastung absolut und prozentual **(kalte Progression)**. Bei Preissteigerungen erhöhen sich auch die von den Endverbrauchern zu tragenden Verbrauchsteuern (z. B. Umsatzsteuer). Die Steuerzahler gehören daher zu den Inflationsverlierern.

Staat:

Wenn es als Ausgleich für Preissteigerungen zu Einkommenssteigerungen kommt, steigen auch die Steuereinnahmen des Staates aus der Einkommensteuer. Daneben erhöhen Preissteigerungen das Umsatzsteueraufkommen. Außerdem nimmt der Realwert der enormen Staatsschulden durch die Inflation ab. Der Staat gehört daher zunächst zu den Inflationsgewinnern. Wenn aber die Staatsausgaben aufgrund der Inflation ansteigen (z. B. höhere Gehälter im öffentlichen Dienst, höhere Preise für staatliche Bauaufträge usw.), kann der Staat mittel- bis langfristig auch zu den Inflationsverlierern gehören.

3.6 Deflation

> Deflation ist ein Prozess anhaltender Preisniveausenkung bzw. anhaltender Geldwertsteigerung.

Ein Ungleichgewicht zwischen nachfragewirksamer Geldmenge und güterwirtschaftlichem Gesamtangebot kann sowohl Ursache einer Inflation als auch Ursache einer Deflation sein.

Wenn das Wachstum der gesamtwirtschaftlichen Nachfrage nachhaltig hinter dem Anstieg des realen Inlandprodukts (= gesamtwirtschaftliches Angebot) zurückbleibt, kommt es zu einer Nachfragelücke. Die Preissenkungen und die dadurch ausgelösten Lohnsenkungen führen zu Gewinn- und Einkommensminderungen, die wiederum weitere Nachfragerückgänge auslösen. Ein solches gesamtwirtschaftliches Missverhältnis zwischen Angebot und Nachfrage, das auch als deflatorische Lücke bezeichnet wird, kann binnenwirtschaftlich bedingt sein durch

- pessimistische Zukunftserwartungen mit abnehmender Konsum- und Investitionsneigung, zunehmender Ersparnisbildung, abnehmender Kreditnachfrage, sinkenden Zinsen und sinkender Umlaufgeschwindigkeit des Geldes,
- Kürzungen der Staatsausgaben zum Ausgleich von Defiziten öffentlicher Haushalte.

Auslöser einer deflationären Entwicklung kann ein Börsenkrach sein. So leiteten beispielsweise die als „Schwarzer Freitag" bekannten Kursverluste an der New Yorker Aktienbörse vom 25. Oktober 1929 eine weltweite Deflation (Weltwirtschaftskrise 1929–1933) ein. In Japan war das Platzen einer „Spekulationsblase" Ende der 1980er-Jahre der Beginn einer über ein Jahrzehnt dauernden Deflation. Auch in der Euro-Zone sind seit der internationalen Bankenkrise (2009) die Preissteigerungsraten auf ein Niveau gesunken, das von einigen Wirtschaftswissenschaftlern als Deflationsgefahr angesehen wird.

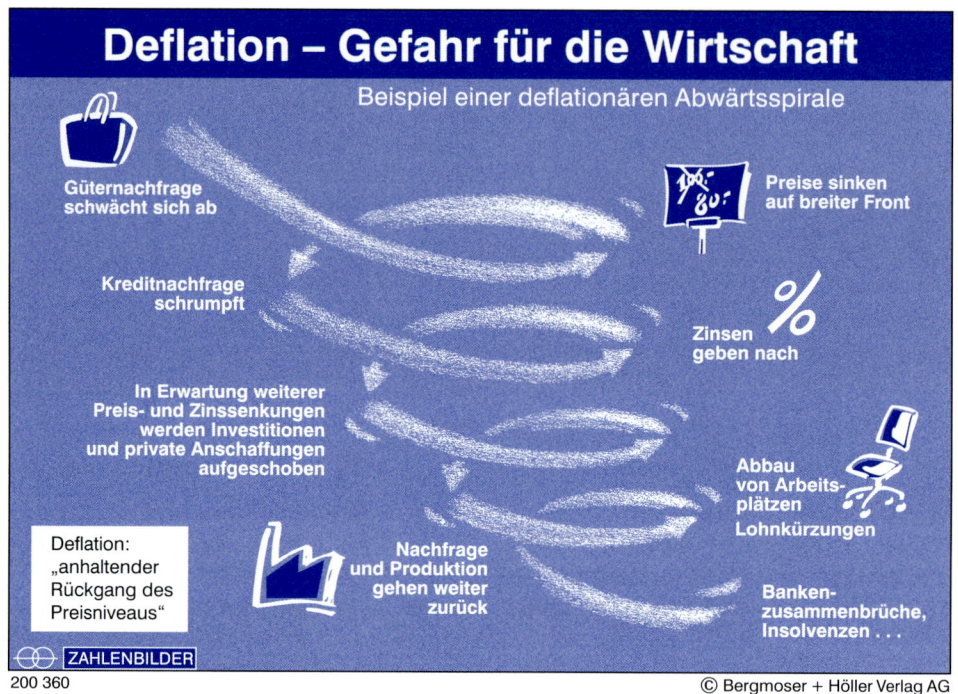

200 360

© Bergmoser + Höller Verlag AG

3.7   Träger der Geldpolitik: Das Europäische System der Zentralbanken (ESZB)

ESZB und seine Aufgaben

Inflation ist auf Dauer ohne Ausweitung der **Geldmenge** nicht möglich. Daher ist die Beeinflussung der Geldmenge ein wesentlicher Ansatzpunkt, um Inflation und Deflation zu vermeiden und zur Erreichung wirtschaftspolitischer Ziele beizutragen. In den meisten Ländern wird die Aufgabe der Geldmengenregulierung von einer **Zentralbank** als **Träger der Geldpolitik** wahrgenommen. Seit Beginn der Europäischen Währungsunion (EWU) zum 1. Januar 1999 gibt es für das gesamte Euro-Währungsgebiet nur noch eine **gemeinsame Geldpolitik**. Zuständig dafür ist das **„Europäische System der Zentralbanken"** (ESZB). Das ESZB besteht aus der Europäischen Zentralbank (EZB) und den rechtlich selbstständigen nationalen Zentralbanken (NZB) der EU-Mitgliedsstaaten. Die EZB und die NZBen der Euro-Teilnehmerstaaten werden als **Eurosystem** bezeichnet.

Die Europäischen Währungshüter

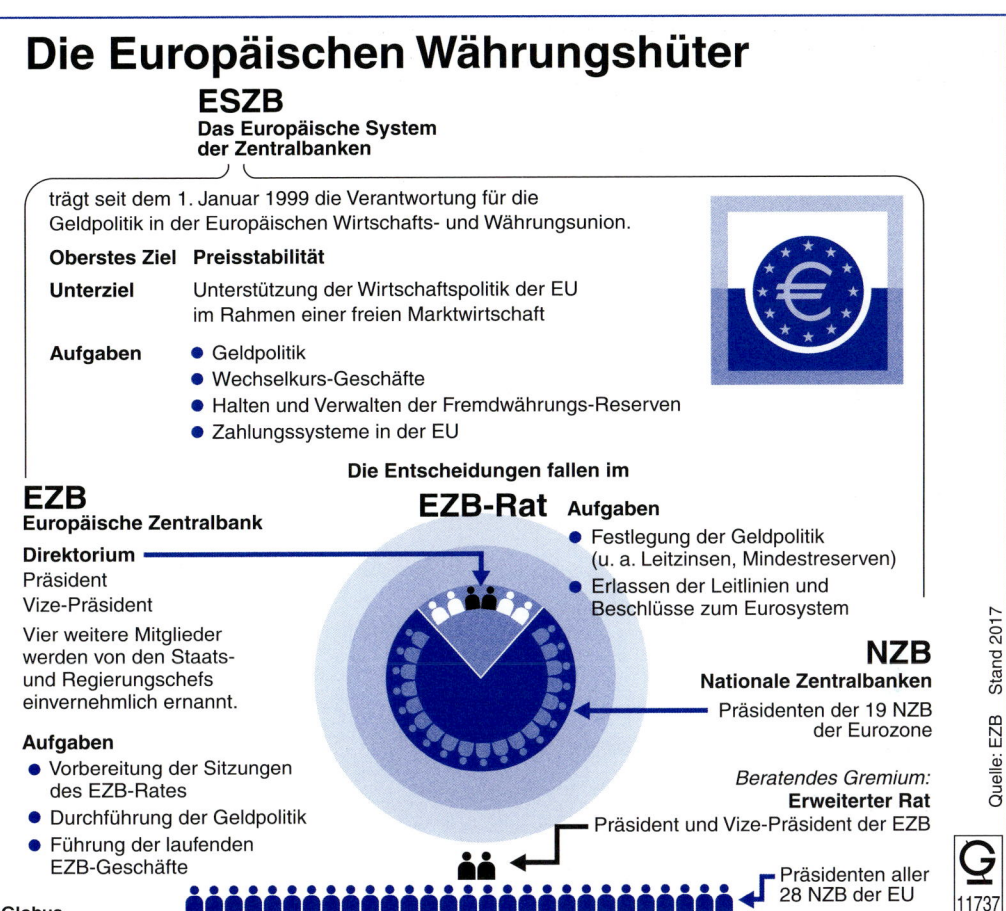

ESZB
Das Europäische System der Zentralbanken

trägt seit dem 1. Januar 1999 die Verantwortung für die Geldpolitik in der Europäischen Wirtschafts- und Währungsunion.

Oberstes Ziel Preisstabilität

Unterziel Unterstützung der Wirtschaftspolitik der EU im Rahmen einer freien Marktwirtschaft

Aufgaben
- Geldpolitik
- Wechselkurs-Geschäfte
- Halten und Verwalten der Fremdwährungs-Reserven
- Zahlungssysteme in der EU

Die Entscheidungen fallen im

EZB
Europäische Zentralbank

Direktorium
Präsident
Vize-Präsident

Vier weitere Mitglieder werden von den Staats- und Regierungschefs einvernehmlich ernannt.

Aufgaben
- Vorbereitung der Sitzungen des EZB-Rates
- Durchführung der Geldpolitik
- Führung der laufenden EZB-Geschäfte

EZB-Rat Aufgaben
- Festlegung der Geldpolitik (u. a. Leitzinsen, Mindestreserven)
- Erlassen der Leitlinien und Beschlüsse zum Eurosystem

NZB
Nationale Zentralbanken
Präsidenten der 19 NZB der Eurozone

Beratendes Gremium:
Erweiterter Rat
Präsident und Vize-Präsident der EZB

Präsidenten aller 28 NZB der EU

Quelle: EZB   Stand 2017

© Globus   11737

Bundesbankgesetz § 3:
Die Deutsche Bundesbank ist als Zentralbank der Bundesrepublik Deutschland integraler Bestandteil des Europäischen Systems der Zentralbanken.

ESZB-Satzung Art. 2:
Ziele ... ist es das vorrangige Ziel des ESZB, die Preisstabilität zu gewährleisten. Soweit dies ohne Beeinträchtigung des Zieles der Preisstabilität möglich ist, unterstützt das ESZB die allgemeine Wirtschaftspolitik in der Gemeinschaft ... Das ESZB handelt in Einklang mit dem Grundsatz einer offenen Marktwirtschaft mit freiem Wettbewerb, ...

Die EZB hat ihren Sitz in Frankfurt a. M. **Vorrangiges Ziel des ESZB ist die Sicherung der Preisniveaustabilität** in dem gemeinsamen Währungsraum. Dieses Ziel wird als erreicht angesehen, wenn die Preissteigerungsrate gegenüber dem Vorjahr mittelfristig unter, aber nahe bei 2 % liegt. Diese Grenze wurde einerseits wegen der Ungenauigkeiten bei der Berechnung des Preisindex gewählt. Andererseits soll dadurch auch dem bei sehr niedrigen Inflationsraten auftretenden Deflationsrisiko entgegengewirkt sowie die unterschiedliche Höhe der Inflationsraten in den Mitgliedsländern berücksichtigt werden. Maßstab ist die Veränderung des sog. **Harmonisierten Verbraucherpreisindex (HVPI)** für das Euro-Währungsgebiet, der aus den Preisindizes für die Lebenshaltung in den Mitgliedsländern ermittelt wird. Darüber hinaus unterstützt das ESZB die allgemeine Wirtschaftspolitik in der EU, soweit dies ohne Beeinträchtigung des Ziels der Preisniveaustabilität möglich erscheint. Neben der Geldpolitik kommt dem ESZB im Wesentlichen noch die Aufgabe zu, Banknoten auszugeben, Währungsreserven zu halten und zu verwalten sowie einen reibungslosen Zahlungsverkehr zu gewährleisten.

Die Euroländer

EU-Mitglieder, die den Euro als offizielle Währung eingeführt haben, und das Jahr der Euro-Einführung

	Belgien	1999
	Deutschland	1999
	Finnland	1999
	Frankreich	1999
	Irland	1999
	Italien	1999
	Luxemburg	1999
	Niederlande	1999
	Österreich	1999
	Portugal	1999
	Spanien	1999
	Griechenland	2001
	Slowenien	2007
	Malta	2008
	Zypern	2008
	Slowakei	2009
	Estland	2011
	Lettland	2014
	Litauen	2015

EU-Mitglieder, die den Euro (noch) nicht eingeführt haben, und ihre derzeit gültige Währung

	Land	Währung
	Bulgarien	Lew
	Dänemark	Dänische Krone
	Großbritannien	Pfund Sterling
	Kroatien	Kuna
	Polen	Złoty
	Rumänien	Leu
	Schweden	Schwed. Krone
	Tschechien	Tschech. Krone
	Ungarn	Forint

■ Euro-Länder

10045 © **Globus** Stand 2015

Quelle: Europäische Union

Hinweis: Großbritannien hat für 2019 den Austritt aus der EU geplant.

Aufbau des ESZB

Der **EZB-Rat** trifft die Entscheidungen zur Erfüllung der Aufgaben des ESZB und legt insbesondere die gemeinsame Geldpolitik fest. Ihm gehören die Präsidenten der nationalen Zentralbanken sowie die sechs Mitglieder des Direktoriums an. Das Direktorium ist für die Umsetzung der Beschlüsse des EZB-Rates und die Führung der laufenden Geschäfte der EZB verantwortlich. Es besteht aus dem Präsidenten und dem Vizepräsidenten der EZB sowie weiteren vier Mitgliedern. Sowohl die EZB als auch die nationalen Zentralbanken sind bei ihren Entscheidungen von den Weisungen der Regierungen und sonstiger Träger der Wirtschaftspolitik auf nationaler und europäischer Ebene unabhängig **(Autonomie[1] der Zentralbanken)**.

---

1   autonom *(gr.):* selbstständig, unabhängig

Die **Deutsche Bundesbank** wirkt bei der Erfüllung der Aufgaben des ESZB mit, indem sie die geldpolitischen Beschlüsse der EZB auf Ebene der Bundesrepublik Deutschland umsetzt. Außerdem sorgt sie für die Abwicklung des Zahlungsverkehrs im Inland und mit dem Ausland und verwaltet die nationalen Währungsreserven. Daneben wirkt die Bundesbank noch als Hausbank des Staates, indem sie den größten Teil des bargeldlosen Zahlungsverkehrs von Bund und Ländern abwickelt sowie bei der Ausgabe und Kurspflege von Wertpapieren der öffentlichen Hand beteiligt ist. Eine Kreditgewährung an den Staat ist aber ausgeschlossen. Da allerdings der Bund alleiniger Eigentümer des Grundkapitals der Bundesbank ist, steht ihm der Gewinn, den die Bundesbank insbesondere durch Zinserträge und Werterhöhungen ihrer Währungsreserven erzielt, zu.

Lernkontrolle
Aufgabe 7

> Die Geldpolitik des ESZB ist darauf gerichtet, durch Regulierung der Geldmenge ein stabiles Preisniveau im Euro-Währungsgebiet zu gewährleisten. Das ESZB ist bei seinen Entscheidungen von Weisungen der Regierungen und anderer Träger der Wirtschaftspolitik unabhängig.

3.8   Geldpolitische Ziele und Instrumente des ESZB

3.8.1   Geldpolitische Strategie: Zwei-Säulen-Konzept

Weil die Inflationsrate als wichtigste Zielgröße der Geldpolitik nicht direkt kontrolliert und beeinflusst werden kann, benötigt jede Zentralbank Regeln, an denen sie sich bei ihren geldpolitischen Entscheidungen orientieren kann. Diese grundsätzlichen Regeln werden als **geldpolitische Strategie** bezeichnet. Die Strategie der EZB orientiert sich an der Geldmengenentwicklung. Maßstab ist das Wachstum der Geldmenge M3.

Die Geldmenge M3 setzt sich aus dem Bargeldumlauf außerhalb des Bankensektors sowie kurzfristig in Bargeld umwandelbare Einlagen bei Banken (Spar- und Termineinlagen) und bestimmten Wertpapieren mit einer Laufzeit von bis zu zwei Jahren zusammen.

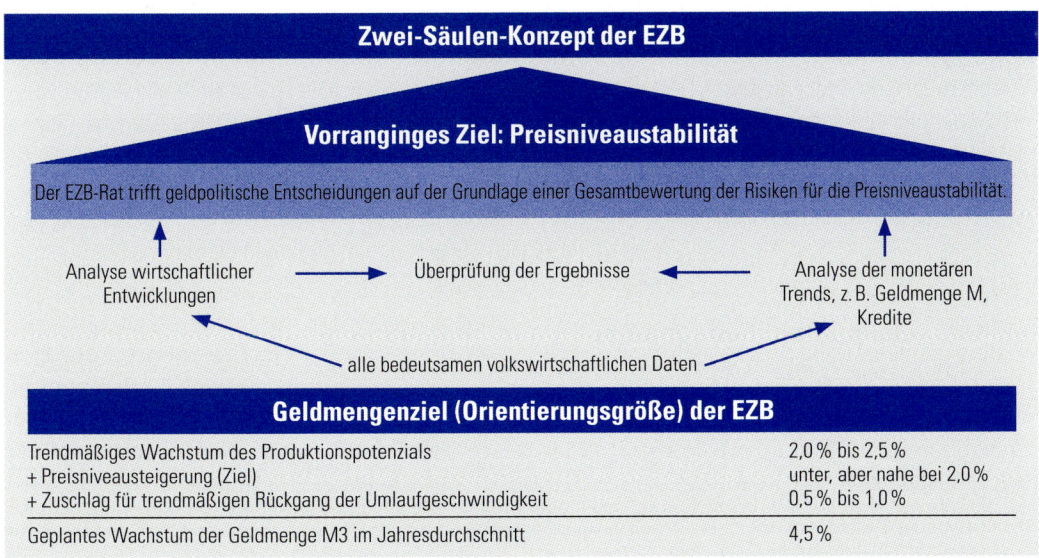

Das **Europäische System der Zentralbanken (ESZB)** hat für das Euro-Währungsgebiet mittelfristig eine Preisniveausteigerung von jährlich „unter, aber nahe bei 2 %" als Ziel festgelegt. Durch die Festlegung der Obergrenze deutlich über null soll einerseits die Gefahr einer Deflation verhindert und andererseits die wegen Messfehlern üblicherweise **zu hoch** angesetzte Preisniveauerhöhung berücksichtigt werden. Bei geldpolitischen Entscheidungen, mit denen dieses Ziel erreicht werden soll, stützt sich das ESZB auf die Analyse von zwei Bereichen, von denen negative Folgen für die Preisniveaustabilität ausgehen können **(Zwei-Säulen-Konzept)**. Im Vordergrund steht die Analyse der wirtschaftlichen Entwicklung (z.B. allgemeine konjunkturelle Situation, Lohnstückkosten, Ölpreis, Wechselkurse) und deren kurz- bis mittelfristige Inflationswirkung (Erste Säule). Danach erst erfolgt die sog. monetäre Analyse, bei der mittel- bis langfristige Inflationstrends aufgrund des Zusammenhangs zwischen Geldmenge und Preisniveau beurteilt werden. Als Orientierungsgröße (Referenzwert) wird ein Geldmengenziel bekannt gegeben, das in den letzten Jahren ein jährliches Wachstum der Geldmenge M3 um 4,5 % vorsah.

3.8.2 Geldpolitische Instrumente im Überblick

Mit den geldpolitischen Instrumenten, wie sie in der folgenden Übersicht dargestellt sind, will das ESZB zunächst **direkt** den **Geldmarkt**, der im engeren Sinne den Handel mit Zentralbankgeld zwischen den Geschäftsbanken umfasst, beeinflussen.

Indirekt soll durch die Veränderung der **Bankenliquidität** (= Versorgung der Geschäftsbanken wie z.B. Sparkassen, Volksbanken mit Geld) und die Beeinflussung des **Zinsniveaus** auf dem Geldmarkt **Einfluss auf die Kreditbedingungen** ausgeübt werden, die die Geschäftsbanken ihren Kunden (Unternehmen, Haushalte, Staat) einräumen. Nur wenn die veränderten Bedingungen, unter denen sich die Geschäftsbanken bei der Zentralbank verschulden können, von den Geschäftsbanken an ihre Kreditkunden weitergegeben werden, kann es zu einer Beeinflussung der kreditfinanzierten Nachfrage auf den Gütermärkten und damit zu einer Beeinflussung von Preisniveau und Beschäftigung kommen.

Geldpolitisches Instrumentarium des ESZB		
Offenmarktpolitik[1]	**Ständige Fazilitäten**[2]	**Mindestreservepolitik**
Kreditvergabe an Geschäftsbanken, Kauf und Verkauf von Wertpapieren zwischen ESZB und Geschäftsbanken sowie Ausgabe von EZB-Schuldverschreibungen.	Gewährung von Tagesgeldkrediten an die Geschäftsbanken bzw. Anlage überschüssiger Liquidität als Tagesgeld beim ESZB; Festlegung von Ober- und Untergrenzen der Zinssätze für täglich fällige Geldanlagen.	Die Geschäftsbanken sind verpflichtet, in Höhe eines bestimmten Anteils ihrer Verbindlichkeiten Guthaben bei der Zentralbank zu unterhalten. Die Mindestreserveguthaben werden verzinst.

---

1   Der Begriff „offener Markt" bringt zum Ausdruck, dass das ESZB die Wertpapiere nicht direkt vom Emittenten (z.B. dem Staat) übernehmen darf, sondern auf dem Geld bzw. Kapitalmarkt kaufen bzw. verkaufen muss. Inzwischen wird der Begriff Offenmarktpolitik aber für alle Maßnahmen benutzt, die von der Zentralbank als Offenmarktgeschäfte bezeichnet werden. Es muss sich dabei nicht unbedingt um Käufe und Verkäufe von Wertpapieren am offenen Markt handeln.

2   Fazilität *(lat./engl.)* ist die Möglichkeit, Kredite oder Geldanlagen bei Bedarf in Anspruch nehmen zu können.

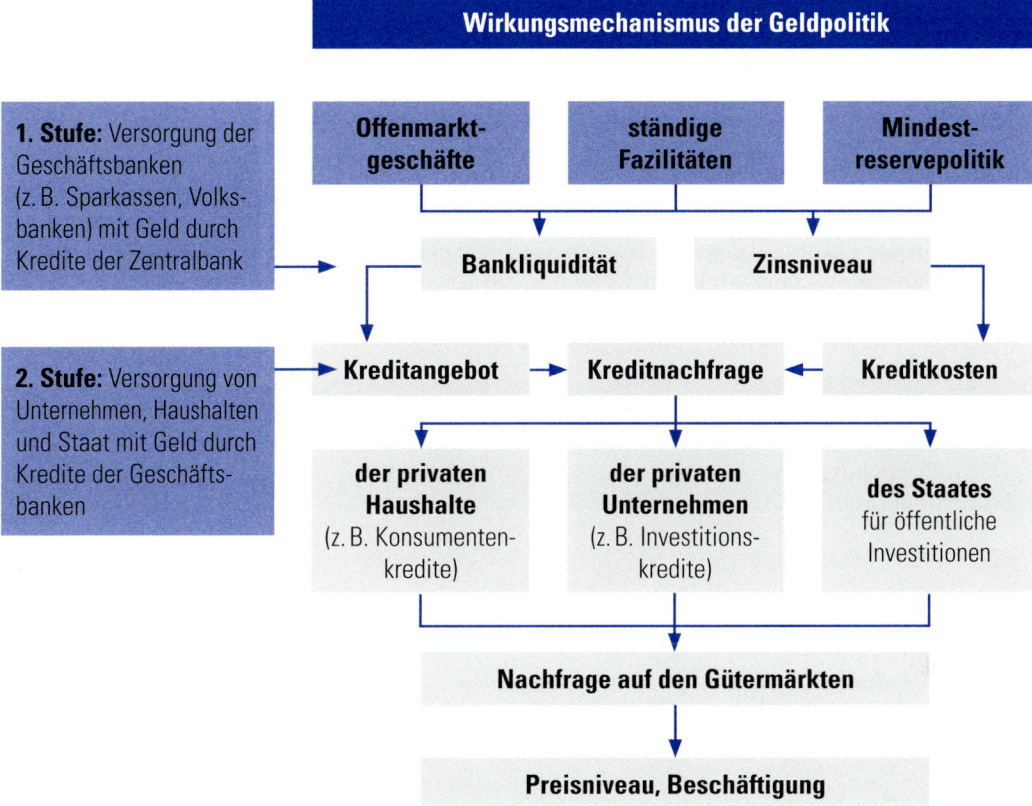

Es ist die Aufgabe der EZB, die geldpolitischen Instrumente so einzusetzen, dass durch Vermittlung der Geschäftsbanken (Kreditvergabe) der Wirtschaft die **„optimale"** Liquidität zugeführt werden kann:

- **Zu viel Liquidität** in der Wirtschaft gefährdet die **Preisniveaustabilität**. Die nachfragewirksame Geldmenge könnte stärker zunehmen als das gesamtwirtschaftliche Angebot, so dass ein Preisdruck nach oben entsteht.

- **Zu wenig Liquidität** in der Wirtschaft könnte **Wachstumschancen** beeinträchtigen und zu **Unterbeschäftigung** führen. In diesem Fall läge eine Unterversorgung der Wirtschaft mit Geld vor und die Nachfrage kann sich nicht voll entfalten.

Die Geschäftsbanken müssen der Europäischen Zentralbank für die Bereitstellung von Liquidität **Zinsen** bezahlen. Der EZB-Rat legt die Höhe dieser Zinssätze fest.

Die Zinssätze, die die EZB den Geschäftsbanken bei der Kreditvergabe in Rechnung stellt, werden als Leitzinsen bezeichnet. Diese Leitzinssätze beeinflussen wiederum das Zinsniveau für die von den Geschäftsbanken an Unternehmen, Haushalte und Staat vergebenen Kredite.

3.8.3 Offenmarktpolitik

Instrumente der Offenmarktpolitik

> Die Offenmarktpolitik ist das wichtigste Instrument der Geldpolitik. Sie umfasst verschiedene Maßnahmen, mit denen die Europäische Zentralbank die Geldmenge in der Wirtschaft beeinflussen kann.

Im Rahmen der Offenmarktpolitik legt die Europäische Zentralbank die Bedingungen (Art, Laufzeit, Volumen, Zinssatz) fest, zu denen sie Kredite (gegen Hinterlegung von Wertpapieren als Pfand) an die Geschäftsbanken vergibt[1]. Die Geldbeschaffung der Geschäftsbanken bei der EZB wird als **Refinanzierung** bezeichnet.

Befristete Geldgeschäfte im Rahmen der Offenmarktpolitik		
Bezeichnung	**Hauptrefinanzierungsgeschäft**	**Längerfristige Refinanzierungsgeschäfte**
Ziel	kurzfristige Versorgung der Geschäftsbanken mit Liquidität (Refinanzierung)	längerfristige Versorgung der Geschäftsbanken mit Liquidität (Refinanzierung)
Instrumente zur Bereitstellung von Zentralbankgeld	befristete Geldgeschäfte z. B. in Form von Pfandkrediten	befristete Geldgeschäfte z. B. in Form von Pfandkrediten
Laufzeit	eine Woche	drei Monate
Rhythmus	wöchentlich auf Initiative des ESZB	monatlich auf Initiative des ESZB

Das **Hauptrefinanzierungsgeschäft** wird allgemein als das wichtigste Offenmarktgeschäft eingestuft, weil die Geschäftsbanken sehr kurzfristig mit Liquidität versorgt werden können. Wegen der kurzen Laufzeit von einer Woche und der wöchentlichen Ausschreibung kann die Europäische Zentralbank flexibel auf zwischenzeitlich eingetretene Veränderungen reagieren. Der Zinssatz für die Hauptrefinanzierungsgeschäfte **(= Hauptrefinanzierungssatz)** ist der **erste Leitzinssatz** der Europäischen Zentralbank.

Hauptrefinanzierungsgeschäfte und längerfristige Refinanzierungsgeschäfte der EZB werden von den nationalen Zentralbanken (in Deutschland also von der Deutschen Bundesbank) in einem **Bieterverfahren** abgewickelt, bei dem die an einer Kreditaufnahme interessierten Geschäftsbanken im Voraus angeben können, zu welchem Zinssatz sie welches Kreditvolumen in Anspruch nehmen wollen **(= Tenderverfahren[2])**. Ein solches Verfahren, bei dem die Geschäftsbanken entsprechend des von ihnen gebotenen Zinssatzes zum Zuge kommen, ist erforderlich, da im Normalfall die Nachfrage der Geschäftsbanken nach Zentralbankkrediten **(= Gesamtbietungsaufkommen)** den insgesamt von der EZB angebotenen Zuteilungsbetrag übersteigt.

---

1 Neben der Kreditvergabe umfasst die Offenmarktpolitik noch weitere Instrumente zur Versorgung der Geschäftsbanken mit Liquidität (z. B. Kauf und Verkauf von Wertpapieren zwischen EZB und Geschäftsbanken), die aber von geringer Bedeutung sind und bisher selten oder noch nie angewandt wurden.

2 tender *(engl.):* Zahlungsangebot, Ausschreibung

Verfahren zur Zuteilung von Zentralbankgeld

Die Zuteilung von Zentralbankgeld an die Geschäftsbanken erfolgt im Rahmen der Offenmarktpolitik durch ein Ausschreibungsverfahren, bei dem die Geschäftsbanken Gebote über die gewünschten Beträge abgeben können (Tenderverfahren).

Ablauf des Tenderverfahrens
1. Ankündigung durch die EZB und die nationalen Zentralbanken (z. B. Montag ab 15.30 Uhr)
2. Abgabe von Geboten durch die Geschäftsbanken (z. B. Montag ab 16.00 Uhr bis Dienstag 9.30 Uhr)
3. Zusammenstellung der Gebote durch die EZB
4. Zuteilung durch die EZB und Bekanntgabe der Ergebnisse (z. B. Dienstag ab 11.15 Uhr)
5. Bestätigung der einzelnen Zuteilungsergebnisse
6. Gutschrift der Zuteilungsbeträge auf den Konten der Geschäftsbanken (z. B. Mittwoch ab 11.00 Uhr)

Je nach geldpolitischer Absicht kommt entweder ein Mengentender oder ein Zinstender infrage.

Mengentender (Festsatztender)

Beim Mengentender legt die EZB im Voraus den Zinssatz fest, zu dem sie bereit ist, den Geschäftsbanken Zentralbankgeld zu überlassen. Die Geschäftsbanken geben Gebote über den Kreditbetrag ab, den sie zu diesem Festsatz in Anspruch nehmen wollen. Normalerweise liegt die Summe der Einzelgebote erheblich über dem geldpolitisch beabsichtigten Zuteilungsvolumen, sodass den Geschäftsbanken nur ein bestimmter Prozentsatz des gewünschten Kreditbetrags zugeteilt werden kann (= Repartierung)[1]. Der Mengentender wird angewandt, wenn die EZB ein Zinssignal geben möchte. Im Zuge der Finanz- und Bankenkrise kam ab Nov. 2008 für beide Refinanzierungsgeschäfte (wieder) der Mengentender zur Anwendung. Zur Verbesserung der Liquiditätslage im Bankensektor wurden dabei ausnahmsweise allen Bietern der zum vorgegebenen Zinssatz gewünschte Kreditbetrag in vollem Umfang zugeteilt. Eine Repartierung war somit nicht nötig.

Liquiditätszuführung im Rahmen des Hauptrefi-Geschäfts mit Mengentender

1. Die EZB teilt den Geschäftsbanken mit, dass sie beabsichtigt, Zentralbankgeld im Rahmen des Hauptrefi-Geschäfts mit Mengentender zuzuteilen.

2. Die Geschäftsbanken A, B und C geben mehrere Gebote ab.

3. Die EZB stellt die Gebote zusammen (vgl. nebenstehende Tabelle) und legt das Zuteilungsvolumen auf 100 Mio. Euro fest.

Geschäftsbank	Gebot (Mio. Euro)
A	30
B	40
C	55
Insgesamt	**125**

4. Die Zuteilung wird wie folgt berechnet:

$$\frac{\text{zuzuteilender Betrag (100 Mio. Euro)} \times 100}{\text{gebotener Gesamtbetrag (125 Mio. Euro)}} = \text{Zuteilungsquote in \% (80 \%)}$$

5. Jede der drei Geschäftsbanken erhält 80 % ihres Gebots zugeteilt:
Geschäftsbank A: 24,0 Mio. Euro, Geschäftsbank B: 32,0 Mio. Euro, Geschäftsbank C: 44,0 Mio. Euro
Die Gesamtsumme der Zuteilung entspricht dem zugeteilten Betrag von 100 Mio. Euro.

---

1   repartieren *(lat.):* verteilen

Zinstender (Tender mit variablem Zinssatz)

Beim Zinstender geben die Geschäftsbanken Gebote ab, in welcher Höhe und zu welchem Zinssatz sie Kredite bei der EZB aufnehmen wollen. Je dringender eine Geschäftsbank Zentralbankgeld benötigt, umso höher ist der angebotene Zinssatz. Von ein und derselben Geschäftsbank können bis zu 10 Gebote mit verschiedenen Zinssätzen (kleinster Zinsschritt 0,01 Prozentpunkte) eingereicht werden.[1]

Liquiditätszuführung im Rahmen des Hauptrefi-Geschäfts mit Zinstender

1. Die EZB teilt den Geschäftsbanken mit, dass sie beabsichtigt, Zentralbankgeld im Rahmen des Hauptrefi-Geschäfts (befristete Transaktion) mit Zinstender zuzuteilen. Anders als bei den längerfristigen Refi-Geschäften wird dabei ein Zinssatz, der nicht unterschritten werden darf (Mindestbietungssatz = Hauptrefi-Satz), vorgeschrieben (z. B. 3 %).

2. Die Geschäftsbanken A, B und C geben mehrere Gebote ab.

3. Die EZB beschließt 100 Mio. Euro zuzuteilen und stellt die Gebote wie folgt zusammen:

Gebotene Beträge (in Mio. Euro) bei einem Zinssatz von ... %							Summe
	3,09	3,08	3,07	3,06	3,05	3,04	3,03	
Geschäftsbank A	–	5,0	5,0	5,0	10,0	5,0	5,0	35,0
Geschäftsbank B	5,0	5,0	10,0	10,0	15,0	5,0	–	50,0
Geschäftsbank C	5,0	5,0	10,0	15,0	15,0	5,0	10,0	65,0
Gebote insgesamt	10,0	15,0	25,0	30,0	40,0	15,0	15,0	150,0
kumulierte Gebote	10,0	25,0	50,0	80,0	120,0	135,0	150,0	

4. Die Zuteilung beginnt bei den höchsten gebotenen Zinssätzen. Jedes Gebot erhält so lange eine volle Zuteilung, bis das beabsichtigte Zuteilungsvolumen ausgeschöpft ist. Können beim niedrigsten zum Zuge kommenden Zinssatz nicht mehr alle Gebote befriedigt werden, muss – wie beim Mengentender – eine Zuteilungsquote berechnet werden (Repartierung). Der Zinssatz, zu dem eine Zuteilung gerade noch (ganz oder teilweise) möglich ist, wird als **marginaler[1] Zinssatz** berechnet.

Bei einer Zuteilungssumme von 100 Mio. Euro liegt der marginale Zinssatz im vorliegenden Beispiel bei 3,05 %. Alle Gebote über 3,05 % werden bis zu einem Gesamtbetrag von 80 Mio. Euro voll zugeteilt. Die 40 Mio. Euro, für die ein Zinssatz von 3,05 % geboten wurde, können nur teilweise zugeteilt werden. Die Zuteilungsquote für die Gebote zum marginalen Zinssatz ergibt sich wie folgt:

$$\text{(Gesamter Zuteilungsbetrag − Betrag der voll zugeteilten Gebote)} \times 100 = \text{Zuteilung in \%}$$

$$\frac{100 \text{ Mio. Euro} \quad - \quad 80 \text{ Mio. Euro}}{\substack{\text{Summe der Gebote zum marginalen Zinssatz} \\ 40 \text{ Mio. Euro}}} = 50\%$$

Zinstender: Holländisches oder amerikanisches Verfahren

Die Verzinsung der zugeteilten Beträge erfolgt entweder zum marginalen Zinssatz (= holländisches Verfahren) oder zu den individuellen Bietungssätzen der Geschäftsbanken (= amerikanisches Verfahren). Die Zinstender der EZB werden ausschließlich nach dem amerikanischen Verfahren abgerechnet.

---

1   marginal (lat.): am Rande, auf der Grenze liegend

Abrechnung der Zuteilung nach dem amerikanischen Verfahren zu den individuellen Bietungssätzen der Geschäftsbanken							
	Gebote (in Mio. Euro)	Zugeteilte Beträge (in Mio. Euro) zu einem Zinssatz von … %					Zuteilung ins-gesamt
		3,09	3,08	3,07	3,06	3,05	
Geschäftsbank A	35,0	–	5,0	5,0	5,0	5,0	20,0
Geschäftsbank B	50,0	5,0	5,0	10,0	10,0	7,5	37,5
Geschäftsbank C	65,0	5,0	5,0	10,0	15,0	7,5	42,5
Insgesamt	150,0	10,0	15,0	25,0	30,0	20,0	100,0

Wirkungen der Offenmarktpolitik

Befristete Offenmarktgeschäfte, wie z. B. Kreditgewährung gegen Verpfändung von Wertpapieren (Pfandkredit), führen zu Beginn der Laufzeit zu einer Geldmengenerhöhung (= **expansive**[1] **Wirkung**) und am Ende der Laufzeit zu einer Geldmengenverringerung (= **restriktive**[2] **Wirkung**).

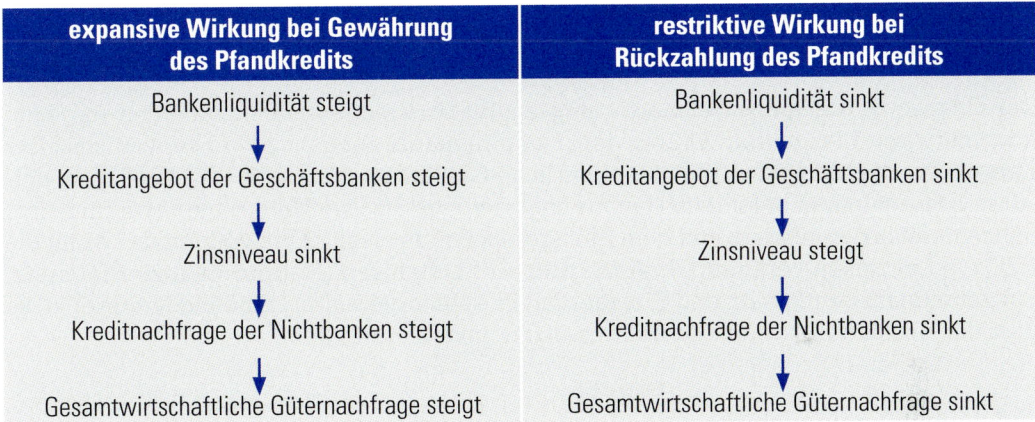

Die Kreditvergabe der EZB an die Geschäftsbanken wird dann als Instrument zur Inflationsbekämpfung wirksam, wenn der EZB-Rat die Bedingungen entsprechend gestaltet:

■ Welches **Zuteilungsvolumen** wird den Geschäftsbanken bereitgestellt?

■ Zu welchem **Hauptrefinanzierungssatz (= erster Leitzinssatz)** erhalten die Geschäftsbanken die Zuteilung?

Wenn nach Einschätzung des EZB-Rates ein **Inflationsrisiko** vorliegt, wird der EZB-Rat bei der nächsten Ausschreibung das Zuteilungsvolumen verringern und/oder den Hauptrefinanzierungssatz erhöhen. Die Bankenliquidität verringert sich und die Zinsen für die von den Geschäftsbanken an ihre Kunden vergebenen Kredite steigen. Diese **restriktive Wirkung** bremst die gesamtwirtschaftliche Nachfrage und verringert das Inflationsrisiko. Wenn umgekehrt die Inflationsrisiken gering sind, kann der EZB-Rat das Zuteilungsvolu-

---

1 expansiv *(lat.):* sich ausdehnend

2 restriktiv *(lat.):* einschränkend

Lernkontrolle
Aufgaben 8 u. 9

men erhöhen und/oder den Hauptrefinanzierungssatz senken. Eine **expansive Wirkung** kann dann zu einer positiven Beeinflussung der allgemeinen Wirtschaftslage durch Erhöhung der gesamtwirtschaftlichen Nachfrage führen.

3.8.4   Ständige Fazilitäten

Die EZB gewährt den Geschäftsbanken auf deren Initiative bei Bedarf in **unbeschränkter Höhe Kredit- und Geldanlagemöglichkeiten für einen Tag (= ständige Fazilitäten)**. Es lassen sich folgende beiden Arten von ständigen Fazilitäten unterscheiden:

Ständige Fazilitäten		
	Spitzenrefinanzierungsfazilität	**Einlagefazilitäten**
Maßnahme	Gewährung von Tagesgeldkrediten des ESZB gegen Verpfändung von Wertpapieren	Verzinsliche Anlage von Tagesgeld beim ESZB
Ziel	Kurzfristige Bereitstellung von Zentralbankgeld (Liquidität) für die Geschäftsbanken. Der Zinssatz bildet die Obergrenze des Tagesgeldsatzes.	Kurzfristige Abschöpfung von Zentralbankgeld (Liquidität) für die Geschäftsbanken. Der Zinssatz bildet die Untergrenze des Tagesgeldsatzes.
Laufzeit	ein Tag (Übernachtkredit)	ein Tag (Übernachtanlage)
Inanspruchnahme	auf Initiative der Geschäftsbanken bei Bedarf	auf Initiative der Geschäftsbanken bei Bedarf

Der Zinssatz für die **Spitzenrefinanzierungsfazilität** (= Kreditaufnahme für einen Tag) liegt normalerweise 1 Prozentpunkt über dem Hauptrefinanzierungssatz (= erster Leitzins). Der Zinssatz für die **Einlagefazilität** (= verzinsliche Geldanlage für einen Tag) liegt normalerweise 1 Prozentpunkt unter dem Hauptrefinanzierungssatz. Der Unterschied zwischen dem Spitzenrefinanzierungssatz und dem Einlagesatz beträgt somit 2 Prozentpunkte. Wenn die EZB die Leitzinsen verändert, werden alle drei **Leitzinsen** (Hauptrefinanzierungssatz, Spitzenrefinanzierungssatz und Einlagesatz) im selben Verhältnis erhöht oder gesenkt, so dass der Abstand zwischen den Leitzinssätzen unverändert bleibt.

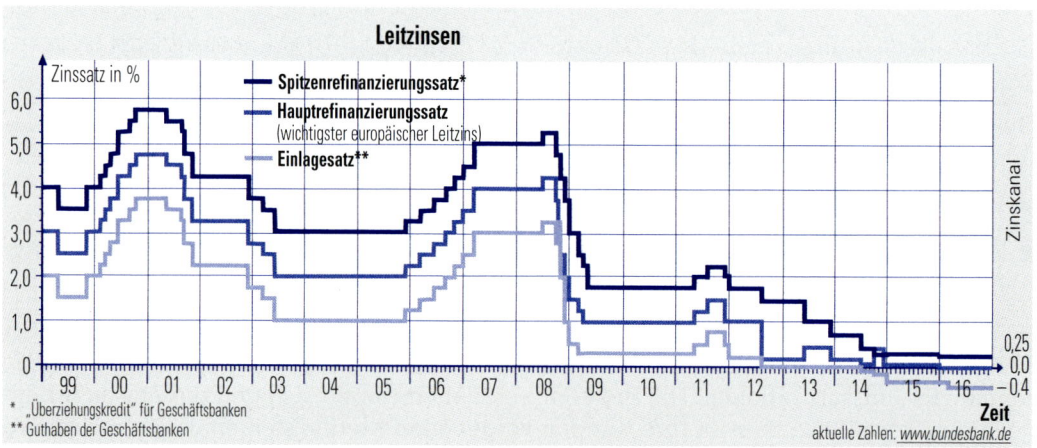

Der Spitzenrefinanzierungssatz ist in der Regel deutlich höher und der Einlagesatz deutlich niedriger als die entsprechenden Zinssätze für Tagesgeld am Geldmarkt, zu denen **Banken untereinander** kurzfristig Geld ausleihen und anlegen **(Interbankenmarkt)**. Daher nutzen die Geschäftsbanken die ständigen Fazilitäten normalerweise nur, wenn sie keine günstigeren Geldbeschaffungs- oder Geldanlagemöglichkeiten haben. Da der Zugang zu diesen Kredit- und Geldanlagemöglichkeiten – abgesehen von den geforderten Sicherheiten bei der Spitzenrefinanzierungsfazilität – keinen Beschränkungen unterliegt, bilden ihre Zinssätze im Allgemeinen eine Ober- und Untergrenze des Tagesgeldsatzes am Geldmarkt. Die geldpolitische Funktion dieses Instruments besteht somit darin, die Schwankungsbreite des (Tages-)Geldmarktsatzes **(Zinskanal)** zu begrenzen.

Lernkontrolle
Aufgabe 10

> Die Geschäftsbanken können beim ESZB Tagesgeldkredite aufnehmen (Spitzenrefinanzierungsfazilität) und überschüssige Liquidität als Tagesgeld verzinslich anlegen (Einlagefazilität).

> Der Unterschied zwischen den Zinssätzen für die Spitzenrefinanzierungsfazilität (= Obergrenze) und für die Einlagefazilität (= Untergrenze) wird als Zinskanal bezeichnet. Der Zinskanal entspricht der Schwankungsbreite für Tagesgeldzinsen am Geldmarkt.

3.8.5   Mindestreservepolitik

> Mindestreserven sind Guthaben, die die Geschäftsbanken bei den nationalen Zentralbanken zwangsweise hinterlegen müssen.

Die Geldeinlagen, die Bankkunden bei den Geschäftsbanken in Form von Kontoguthaben (z. B. Girokonto, Sparkonto) unterhalten, stellen aus der Sicht der Geschäftsbanken Verbindlichkeiten gegenüber den Bankkunden dar. Die Geschäftsbanken sind ihrerseits verpflichtet, in Höhe eines bestimmten Anteils dieser Verbindlichkeiten Guthaben bei den nationalen Zentralbanken zu unterhalten **(= Mindestreserven)**. Die Höhe der Mindestreserve richtet sich nach

- Art und Höhe der **mindestreservepflichtigen Verbindlichkeiten** einer Geschäftsbank sowie
- dem von der EZB festgelegten **Mindestreservesatz**.

Das Mindestreserve-Soll wird monatlich für jede Geschäftsbank neu berechnet. Der je nach Art und Laufzeit der Verbindlichkeit unterschiedliche **Mindestreservesatz** kann jederzeit von der EZB geändert werden. Das zur Erfüllung der Mindestreservepflicht notwendige Guthaben wird mit dem Durchschnittssatz der letzten Hauptrefinanzierungsgeschäfte verzinst.

Mit der Mindestreservepolitik verfolgt die EZB im Wesentlichen zwei geldpolitische Ziele:

- Die Reservepflicht soll im Bedarfsfall eine **Liquiditätsverknappung** bei den Geschäftsbanken herbeiführen.

- Das zur Erfüllung der Mindestreservepflicht nötige Guthaben bei der Zentralbank muss nicht während des ganzen Monats eine einheitliche Höhe aufweisen, sondern lediglich im Monats**durchschnitt** dem Mindestreserve-Soll entsprechen. Durch die Möglichkeit, das Mindestreserve-Soll vorübergehend zu über- oder unterschreiten, entsteht ein **Liquiditätspuffer**, durch den zeitweilige Schwankungen des Liquiditätsbedarfs auch ohne Eingriff der Notenbank aufgefangen werden können.

Die Tatsache, dass der Mindestreservesatz im Euro-Währungsgebiet von 1999 bis Dezember 2011 unverändert bei 2 % lag, zeigt die bisherige geringe Bedeutung dieses Instruments für die Geldpolitik der EZB.

MR-Satz seit 1. Jan. 1999	Mindestreservepflichtige Verbindlichkeiten der Geschäftsbanken
Jan. 1999 bis Dez. 2011 2 % seit 8. Dez. 2011 1 %	■ Täglich fällige Einlagen (Buchgeld) ■ Einlagen mit einer vereinbarten Laufzeit von bis zu zwei Jahren ■ Einlagen mit einer vereinbarten Kündigungsfrist von bis zu zwei Jahren ■ Ausgegebene Schuldverschreibungen mit vereinbarter Laufzeit von bis zu zwei Jahren ■ Geldmarktpapiere
0 %	■ Einlagen mit einer vereinbarten Laufzeit von über zwei Jahren ■ Einlagen mit einer vereinbarten Kündigungsfrist von über zwei Jahren ■ Repogeschäfte (Wertpapiergeschäfte mit Rückkaufsvereinbarung) ■ Ausgegebene Schuldverschreibungen mit vereinbarter Laufzeit von über zwei Jahren

Bei Änderung des Mindestreservesatzes ist folgende Wirkungskette beabsichtigt **(Transmissionsmechanismus)**.

Mindestreservepolitik		
Maßnahme	Senkung des Mindestreservesatzes	Erhöhung des Mindestreservesatzes
Ziel	Erhöhung der Liquidität der Geschäftsbanken	Verringerung der Liquidität der Geschäftsbanken
Beabsichtigte Wirkung	Kreditschöpfungsspielraum der Geschäftsbanken steigt Kreditzinssatz sinkt Kreditnachfrage der Wirtschaft steigt	Kreditschöpfungsspielraum der Geschäftsbanken sinkt Kreditzinssatz steigt Kreditnachfrage der Wirtschaft sinkt

3.9 Geldpolitische Maßnahmen zur Erreichung wirtschaftspolitischer Ziele

Der Einsatz der geldpolitischen Instrumente richtet sich nach der Zielsetzung der Europäischen Zentralbank:

■ Im Falle einer **Inflationsgefahr** ist die EZB verpflichtet, mithilfe einer **restriktiven Geldpolitik** (z. B. Leitzinserhöhung) zu versuchen, den Preisauftrieb zu bremsen.

■ Besteht dagegen keine Gefahr für die Preisniveaustabilität, kann die EZB die staatliche Wirtschaftspolitik der EWWU[1]-Mitgliedsländer unterstützen und versuchen, mit einer **expansiven Geldpolitik** (z. B. Leitzinssenkung) eine **Ankurbelung der Wirtschaft** zu erreichen.

Einer Veränderung der Leitzinsen kommt über die beabsichtigten Auswirkungen auf das Zinsniveau hinaus insofern eine große Bedeutung zu, als der EZB-Rat damit seine Einschätzung der wirtschaftlichen Lage und den seiner Meinung nach nötigen geldpolitischen Kurs deutlich macht **(Signalfunktion der Leitzinsen)**.

---

1   EWWU: Europäische Wirtschafts- und Währungsunion, Euro-Währungsgebiet

Probleme geldpolitischer Maßnahmen

Die EZB muss den Einsatz der geldpolitischen Instrumente wegen folgender Probleme sehr sorgfältig abwägen:

- Zu welchem **Zeitpunkt** sollen die beabsichtigten Maßnahmen wirksam werden?
Ein wesentliches Problem der Geldpolitik sind die **zeitlichen Verzögerungen** (time-lags) bis zum Wirksamwerden der Maßnahmen. Das Problem der **Wirkungsverzögerungen** kann besonders bedeutsam werden, wenn die Geldpolitik als Mittel zur Konjunktursteuerung eingesetzt wird.

> Eine expansive Geldpolitik (Geldmengenerhöhungen und/oder Zinssenkung), die das Ziel hat, die gesamtwirtschaftliche Güternachfrage anzukurbeln, entfaltet möglicherweise außerhalb des Banksektors erst dann ihre Wirkung, wenn sich die Wirtschaftslage bereits aufgrund anderer Faktoren so verändert hat, dass statt einer Ausdehnung eine Dämpfung der Güternachfrage nötig wäre. Aufgrund der Wirkungsverzögerungen kann es also dazu kommen, dass gesamtwirtschaftliche Ungleichgewichte noch verstärkt statt behoben werden.

- Welche Stärke des Impulses ist erforderlich, um das angestrebte Ziel zu erreichen **(Dosierungsproblem)**?
Die Frage, wie stark in der jeweiligen Situation der geldpolitische Impuls in Form von Zins- und/oder Geldmengenänderung (z. B. Erhöhung der Leitzinsen um 0,25 Prozentpunkte oder um 0,5 Prozentpunkte) sein muss, um das beabsichtige Ziel zu erreichen, ist nicht eindeutig zu beantworten. Die Dosierung kann zu schwach oder zu stark sein.

Ausweichreaktionen und Nebeneffekte

Die beabsichtigte Wirkung der von der Zentralbank ergriffenen geldpolitischen Maßnahmen kann durch das Verhalten der Geschäftsbanken und des Nichtbankensektors (Unternehmen, Haushalte, Staat) unterlaufen und durch geldpolitische Nebeneffekte eingeschränkt werden.

Ziel: Inflationsbekämpfung durch Geldmengensenkung und Zinserhöhung zur Minderung der gesamtwirtschaftlichen Güternachfrage	**Ziel: Ankurbelung der Wirtschaft durch Geldmengenerhöhung und Zinssenkung zur Steigerung der gesamtwirtschaftlichen Güternachfrage**
- Da nur die kreditfinanzierte Güternachfrage von diesen Maßnahmen betroffen ist, sinkt die gesamtwirtschaftliche Güternachfrage möglicherweise nicht in dem notwendigen Ausmaß. - Wegen der hohen Zinsen fließt Geld aus dem Ausland (z. B. US-$) zu und erhöht die inländische Geldmenge. Bei freien Wechselkursen steigt dadurch allerdings der Kurs der Inlandswährung (z. B. Euro). Dadurch wird der Zinsvorteil für ausländische Geldanleger wieder eingeschränkt. Die Kurserhöhung der Inlandswährung (Aufwertung) verteuert gleichzeitig die Exporte und verbilligt die Importe. - Unternehmen und Banken können sich möglicherweise (zinsgünstiger) im Ausland refinanzieren.	- Alle Maßnahmen haben nur Angebotscharakter, d. h., weder die Banken noch die Nichtbanken können zur Kreditaufnahme gezwungen werden. - Trotz niedriger Zinsen kann die Konsumneigung wegen pessimistischer Zukunftserwartungen gering sein. - Die Investitionsgüternachfrage kann trotz niedriger Zinsen gering sein, da Investitionsentscheidungen mehr von den Gewinnerwartungen als von der Höhe des Zinssatzes abhängig sind. - Die Geschäftsbanken legen möglicherweise die zusätzlich erhaltene Liquidität in Wertpapieren an, statt das Kreditangebot zu erhöhen (Umschichtung von Primär- in Sekundärliquidität).

Lernkontrolle
Aufgabe 11

Umstrittener Ankauf von Staatsanleihen

Seit 2010 hat die EZB im Rahmen der Staatsschuldenkrise Staatsanleihen einiger der betroffenen Euro-Länder auf dem Kapitalmarkt bzw. von Geschäftsbanken gekauft. Damit sollte u. a. die Zahlungsunfähigkeit dieser Länder verhindert und ihre Kreditwürdigkeit für die notwendige Aufnahme neuer Schulden verbessert werden. Dieses Vorgehen ist aber höchst umstritten. Der direkte Erwerb solcher Anleihen von den Staaten selbst ist der EZB nämlich eindeutig verboten *(Art. 21 der ESZB-Satzung)*. Kritiker sehen auch in dem Erwerb solcher Anleihen auf dem Kapitalmarkt einen Verstoß gegen dieses Verbot. Indem Geschäftsbanken und andere Anleger solche Anleihen, deren Rückzahlung durch die Schuldnerstaaten gefährdet ist, an die EZB verkaufen, geht einerseits das Risiko einer Staatsinsolvenz in erheblichem Maße an die EZB (und damit letztlich an die Bürger der Mitgliedsstaaten) über. Andererseits steigt durch die damit einhergehende Erhöhung der Zentralbankgeldmenge die Inflationsgefahr.

Im Hinblick auf die sich 2014 in der Euro-Zone abzeichnende Deflationsgefahr (die Inflationsrate war im Dezember 2014 mit – 0,2 % erstmals seit fünf Jahren negativ) plant die EZB als Gegenmaßnahme den Aufkauf von Staatsanleihen von Mitgliedsstaaten. Dabei geht es nicht um die Verbesserung der Kreditwürdigkeit von Krisenländern, sondern um die Erhöhung der Geldmenge zur Ankurbelung der Konjunktur und Inflationsförderung. Diese als „Quantitative Lockerung" *(quantitive easing)* bezeichnete Art der expansiven Geldpolitik, die dann zur Anwendung kommt, wenn keine weiteren Leitzinssenkungen mehr möglich sind, ist unter Wirtschaftswissenschaftlern und Politikern der Euro-Zone höchst umstritten.

Zusammenfassung und Lernkontrolle

Zusammenfassung

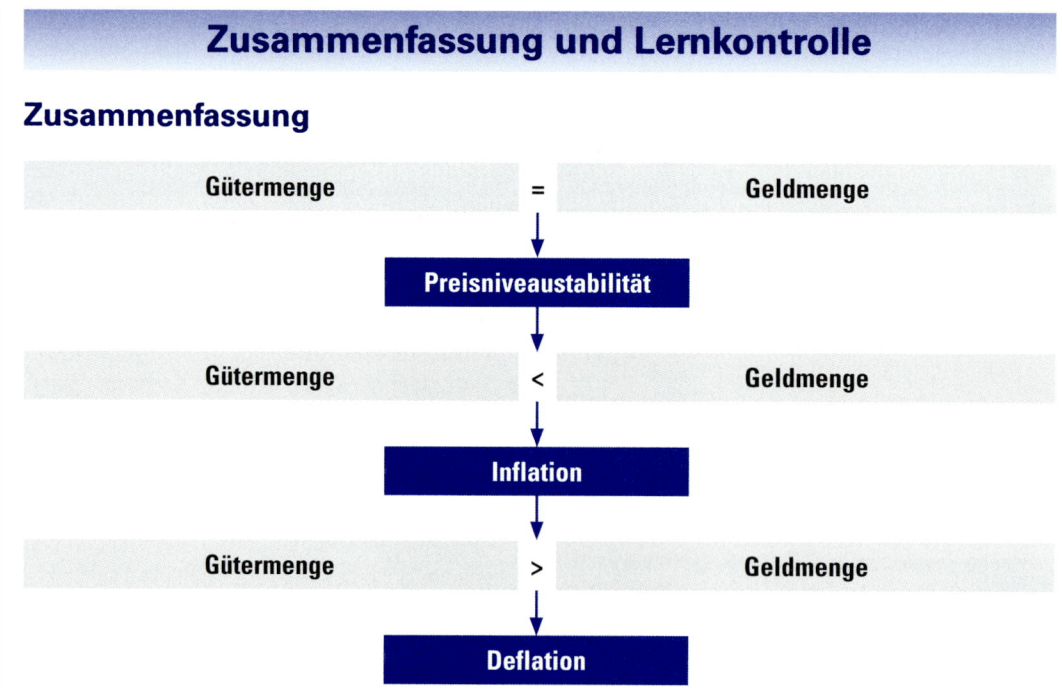

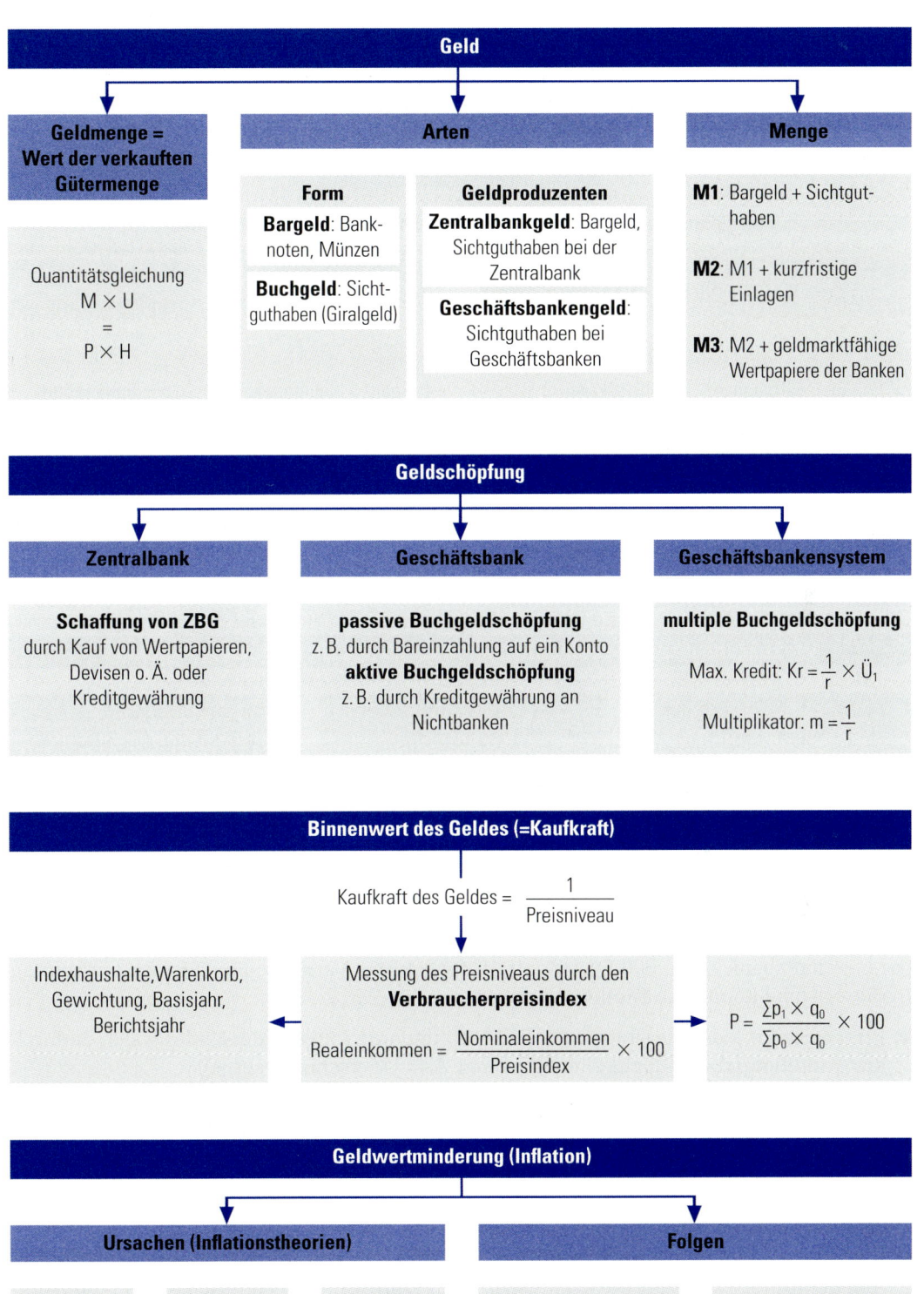

Geld

Geldmenge = Wert der verkauften Gütermenge

Quantitätsgleichung
$$M \times U = P \times H$$

Arten

Form
Bargeld: Banknoten, Münzen
Buchgeld: Sichtguthaben (Giralgeld)

Geldproduzenten
Zentralbankgeld: Bargeld, Sichtguthaben bei der Zentralbank
Geschäftsbankengeld: Sichtguthaben bei Geschäftsbanken

Menge

M1: Bargeld + Sichtguthaben

M2: M1 + kurzfristige Einlagen

M3: M2 + geldmarktfähige Wertpapiere der Banken

Geldschöpfung

Zentralbank

Schaffung von ZBG
durch Kauf von Wertpapieren, Devisen o. Ä. oder Kreditgewährung

Geschäftsbank

passive Buchgeldschöpfung
z. B. durch Bareinzahlung auf ein Konto
aktive Buchgeldschöpfung
z. B. durch Kreditgewährung an Nichtbanken

Geschäftsbankensystem

multiple Buchgeldschöpfung

Max. Kredit: $Kr = \frac{1}{r} \times \ddot{U}_1$

Multiplikator: $m = \frac{1}{r}$

Binnenwert des Geldes (=Kaufkraft)

$$\text{Kaufkraft des Geldes} = \frac{1}{\text{Preisniveau}}$$

Indexhaushalte, Warenkorb, Gewichtung, Basisjahr, Berichtsjahr

Messung des Preisniveaus durch den **Verbraucherpreisindex**

$$\text{Realeinkommen} = \frac{\text{Nominaleinkommen}}{\text{Preisindex}} \times 100$$

$$P = \frac{\sum p_1 \times q_0}{\sum p_0 \times q_0} \times 100$$

Geldwertminderung (Inflation)

Ursachen (Inflationstheorien)

Geldmenge   Nachfrage   Angebot

Folgen

Einkommensverteilung   Wachstum/Allokation

495

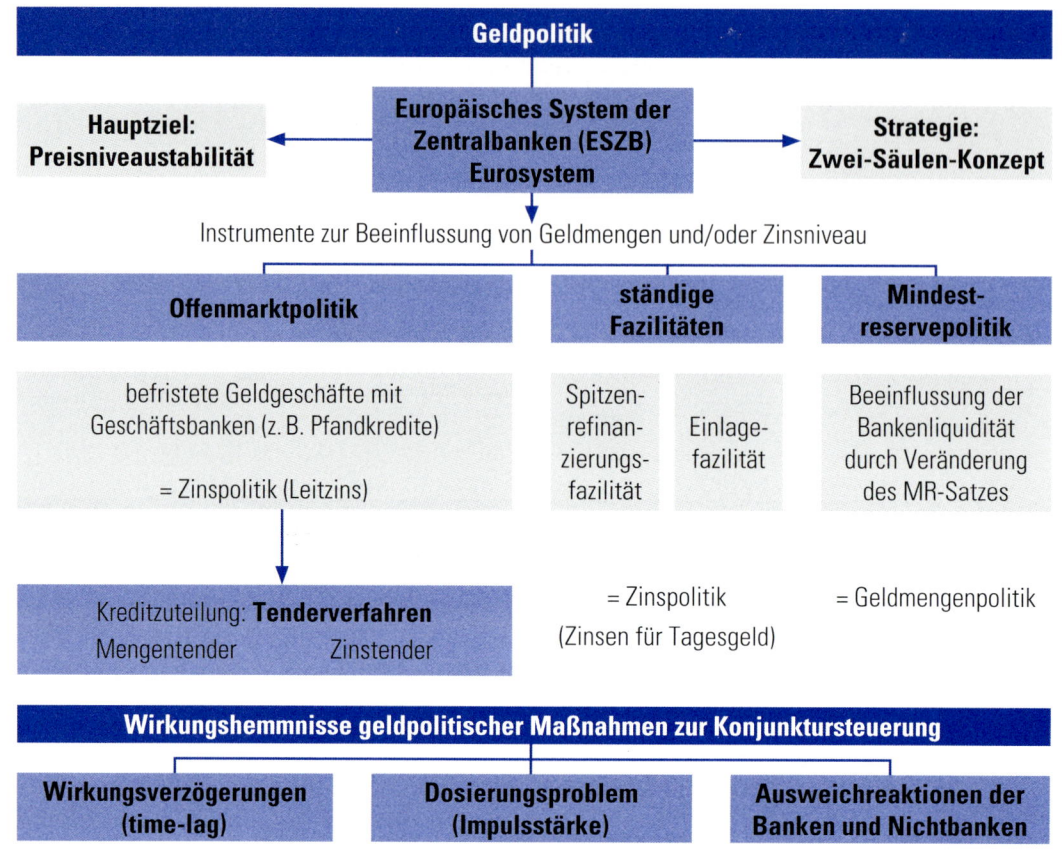

Lernkontrolle

Aufgabe 1: Geldschöpfungsmöglichkeit einer einzelnen Geschäftsbank

Nach Abzug der Bar- und Mindestreserve in Höhe von 25 % der Kundeneinlagen stehen der Geschäftsbank A 500.000 Euro Zentralbankgeld zur Verfügung (= Überschussreserve). In dieser Höhe könnte sie Kredite vergeben.

■ Prüfen Sie für jeden der folgenden Fälle, ob und ggf. in welchem Umfang sich dadurch die Kreditvergabemöglichkeiten der Bank A (= Überschussreserve),

■ Geldmenge M1

■ und die Zentralbankgeldmenge verändern.

Geben Sie auch an, ob und ggf. wie sich durch diese Vorgänge die Bilanzen der Geschäftsbank A und der Zentralbank verändern.

1. Ein Bankkunde tätigt eine Bareinzahlung auf sein Girokonto in Höhe von 5.000 Euro.
2. Ein deutscher Exporteur wechselt Devisen im Wert von 100.000 Euro bei der Geschäftsbank A um und lässt sich den Gegenwert auf seinem Girokonto gutschreiben.
3. Die Geschäftsbank A verkauft die Devisen an die Zentralbank weiter und erhält dafür Banknoten im Wert von 100.000 Euro.

Aufgabe 2: Geldschöpfung einer Geschäftsbank durch Kreditvergabe

Die Geschäftsbank B hat Wertpapiere an die Zentralbank verkauft und dafür Banknoten in Höhe von 200.000 Euro erhalten. Sie möchte auf der Basis dieses Zentralbankgeldes einem Kunden einen Kredit gewähren. Der Reservesatz auf Sichteinlagen beträgt 25 %.

1. In welcher Höhe kann die Geschäftsbank B dem Kunden höchstens einen Kredit einräumen?

2. Die Bank B räumt dem Kunden X den maximal möglichen Kredit ein (vgl. 1) und schreibt diesen auf seinem Girokonto gut.

   Prüfen Sie, wie sich die folgenden Vorgänge jeweils auf die Kreditvergabemöglichkeiten der beteiligten Banken sowie auf die Geldmenge M1 auswirken:

   Fall 1: Der Kreditnehmer X hebt den gutgeschriebenen Betrag sofort in voller Höhe von seinem Girokonto in bar ab. Das Bargeld verbleibt außerhalb des Bankensektors.

   Fall 2: Der Kreditnehmer X hebt den gutgeschriebenen Betrag sofort in voller Höhe von seinem Girokonto in bar ab und zahlt ihn auf ein Girokonto (mit Guthaben) seines Gläubigers Y bei Bank C ein.

   Fall 3: Der Kreditnehmer X überweist den gutgeschriebenen Betrag von seinem Girokonto sofort in voller Höhe auf ein Girokonto (mit Guthaben) seines Gläubigers Z bei der Bank B.

Aufgabe 3: Geldmenge – Geldschöpfungsmultiplikator

1. Angenommen, eine Volkswirtschaft ist mit Bargeld in Höhe von 100 GE für jeden der 1.000 Einwohner ausgestattet.
   Ermitteln Sie die jeweilige Höhe der Geldmenge M1 für die folgenden Fälle, wenn die Geschäftsbanken die jeweils maximal mögliche Kreditsumme gewähren.
   a) Das gesamte Bargeld befindet sich in Händen der Einwohner und damit außerhalb des Bankensektors.
   b) Das gesamte Bargeld wird auf Girokonten eingezahlt. Der Reservesatz beträgt 100 % bzw. 10 %.
   c) Das Bargeld wird zur Hälfte auf Girokonten eingezahlt. Der Reservesatz beträgt 100 % bzw. 10 %.

2. Für das Geschäftsbankensystem einer Volkswirtschaft gilt ein Reservesatz für Bar- und Mindestreserve von 30 %. Die Geschäftsbanken haben alle Kreditvergabemöglichkeiten ausgeschöpft. Die angebotenen Kredite wurden vollständig in Anspruch genommen. Alles Bargeld fließt in den Geschäftsbankensektor zurück.
   Nach n Perioden hat im Geschäftsbankensystem eine Kreditschöpfung von 10 Mio. Euro stattgefunden.
   a) Wie hoch war der Geldschöpfungsmultiplikator?
   b) Wie hoch war die Überschussreserve der ersten am Geldschöpfungsprozess beteiligten Bank?
   c) Ausgangspunkt des Geldschöpfungsprozesses war die Erhöhung der Sichteinlagen durch Bareinzahlung bei der ersten am Geldschöpfungsprozess beteiligten Bank. Wie hoch war diese zusätzliche Sichteinlage?

Aufgabe 4: Warenkorb – Preisindex

Es soll ein Preisindex für Jugendliche ermittelt werden. Dazu wird im Basisjahr 00 ein Warenkorb für Jugendliche mit den folgenden Güterarten und Gütermengen erstellt.

Güter	Menge je Monat	Preis je Einheit (Euro)	Ausgaben je Monat (Euro)
Pizza	4 Stück	4,00	16,00
Kinobesuch	2 Besuche	5,00	10,00
Transport	8 Fahrten	1,50	12,00
Jeans (Nutzungsdauer 1 Jahr)	1/12	60,00	5,00
Kosmetikartikel	4 Einheiten	2,50	10,00

1. Für die folgenden Jahre 01 und 02 liegen folgende Preise vor.
   Ermitteln Sie die Preisindizes für 01 und 02.

Güter	Preis je Einheit (Euro)	
	Jahr 01	Jahr 02
Pizza	4,50	4,50
Kinobesuch	5,50	6,00
Transport	1,50	2,00
Jeans	60,00	66,00
Kosmetikartikel	3,00	3,00

2. Für die Ermittlung eines anderen Preisindex liegen folgende Daten vor:

Güter	Preis je Einheit (Euro)		Menge der Güter	
	Basisjahr (p_0)	Berichtsjahr 01 (p_1)	Basisjahr (q_0)	Berichtsjahr 01 (q_1)
Nahrungsmittel	16,00	21,00	300	260
Bekleidung	150,00	180,00	24	36
Wohnung	800,00	960,00	12	12

a) Ermitteln Sie den Preisindex für das Berichtsjahr 01 und erläutern Sie das Ergebnis.

b) Im Jahr 02 steigen nur die Wohnungspreise (Preiserhöhung um 25 %). Ermitteln Sie den Preisindex für das Jahr 02 und die prozentuale Preisniveauerhöhung (Inflationsrate) gegenüber dem Vorjahr.

Aufgabe 5: Verbraucherpreisindex – Wägungsschema

1. Berechnen Sie die fehlenden Größen in der folgenden Tabelle (mit zwei Nachkommastelle):

Jahr		2011	2012	2013	2014	2015	2016	2017	2018
Preisindex		102,1	104,1	105,7	106,6	106,9	107,4	109,3	111,4
Veränderung zum Vorjahr	Indexpunkte	2,1	2,0	1,6	0,9	0,3	0,5		
	in %	2,10	1,96	1,54	0,85	0,28	0,47		
Kaufkraftindex		97,94	96,06	94,61	93,81	93,55	93,11		
Veränderung zum Vorjahr	Indexpunkte	2,06	1,88	1,45	0,80	0,26	0,44		
	in %	− 2,06	− 1,92	− 1,51	− 0,84	− 0,28	− 0,47		

2. Welche Folgen hätte es für die Ermittlung des Preisniveaus, wenn das Wägungsschema nicht regelmäßig neu festgelegt würde? Begründen Sie Ihre Aussage, indem Sie das auf S. 473 dargestellte Wägungsschema erläutern.

3. Warum kann der Verbraucherpreisindex die tatsächlichen Lebenshaltungskosten nur unzureichend widerspiegeln?

4. Die 12 Hauptgruppenindizes für die Ermittlung des Verbraucherpreisindex wiesen Ende 2018 folgende Werte auf (Basisjahr 2015):

1. Nahrungsmittel	106,1	5. Haushaltseinrichtung	102,2	9. Freizeit, Kultur	102,1
2. Alkohol, Tabak	108,7	6. Gesundheit	103,7	10. Bildung	102,6
3. Kleidung, Schuhe	103,1	7. Verkehr	106,4	11. Gaststätten, Hotel	107,4
4. Wohnung, Gas etc.	103,7	8. Nachrichtenübermittl.	96,3	12. Sonstiges	104,1

   a) Ermitteln Sie unter Verwendung des Wägungsschemas von S. 473 den Gesamtindex.
   b) Angenommen, im folgenden Jahr erhöhen sich die Preise für Nahrungsmittel um 10 % und die für Wohnungsnebenkosten (Gas, Strom, Wasser) um 20 %. Alle anderen Preise bleiben unverändert.
   Wie hoch ist in diesem Fall der Verbraucherpreisindex im Folgejahr?
   c) Wie hoch war unter den Annahmen von b) die prozentuale Veränderung des Preisniveaus gegenüber dem Vorjahr?

Aufgabe 6: Quantitätstheorie – Zusammenhang zwischen Geldmenge und Preisniveau

Die Vertreter der Quantitätstheorie gehen von folgender Gleichung aus[1]:

$$P_y = \frac{M \times U_y}{Y_r}$$

Y_r = reales Inlandsprodukt bzw. reales Volkseinkommen
P_y = Preisniveau der im Inlandsprodukt enthaltenen Güter (Preisindex für das Inlandsprodukt)
U_y = Umlaufgeschwindigkeit (Kreislaufgeschwindigkeit) des Geldes. Sie wird durch das Verhältnis des nominalen Inlandprodukts (Y_n) zur Geldmenge (M) bestimmt (Y_n/M) und gibt an, wie oft die Geldmenge in einer Periode umgeschlagen werden muss, um damit die Güter des Inlandsprodukts kaufen zu können.

1. In einer Volkswirtschaft wurden für das Jahr 1 die Zusammenhänge der oben dargestellten Gleichung für ein Preisniveau des Inlandsprodukts von 1 (Preisindex: 100) wie folgt empirisch nachgewiesen:

$$M \times U_y = P_y \times Y_r$$
$$1.000 \times 1,2 = 1 \times 1.200$$

Es wird davon ausgegangen, dass die in der Gleichung zum Ausdruck kommenden Zusammenhänge weiterhin Gültigkeit haben.
   a) Für das Jahr 2 wird mit einem realen Wirtschaftswachstum von 2,5 % gerechnet. Die Inflationsrate soll 2 % nicht übersteigen.
   Berechnen Sie, um wie viel Prozent die monetäre Nachfrage (M × U) im Jahr 2 höchstens steigen darf.

---

[1]   Bei dieser Gleichung handelt es sich um die nach P aufgelöste FISCHERsche Verkehrsgleichung, bei der das Handelsvolumen (H) durch das leichter zu ermittelnde Inlandsprodukt (Y) ersetzt ist (vgl. S. 459).

b) Ermitteln Sie die Umlaufgeschwindigkeit für das Jahr 2, wenn die Geldmenge (M) 1.045,5 GE und das Preisniveau 1,02 betrugen.

c) Für das Jahr 3 wird davon ausgegangen, dass die Umlaufgeschwindigkeit gegenüber dem Jahr 2 um 5 % sinkt. Um wie viel Prozent darf die Zentralbank im Jahr 3 die Geldmenge M gegenüber dem Jahr 2 (1.045,5 GE) maximal erhöhen, wenn bei einem realen Inlandsprodukt von 1.230 GE die Preisniveausteigerung gegenüber dem Jahr 2 nicht mehr als + 2 % betragen soll?

2. Die Geldmengenstrategie der EZB sieht eine jährliche Erhöhung der Geldmenge (M) um 4,5 % vor. Die Inflationsrate soll 2 % nicht übersteigen. Im Folgenden wird eine Umlaufgeschwindigkeit von 1 unterstellt.

   a) Ermitteln Sie, welche Erwartung hinsichtlich der Wachstumsrate des realen Inlandsprodukts dieser Strategie zugrunde liegt.

   b) Zur Ankurbelung der Wirtschaft erhöht die Zentralbank die Geldmenge um 8 %. Dennoch beträgt das reale Wirtschaftswachstum nur 1%.
   Berechnen Sie, welche Preisniveauänderung sich nach der Quantitätstheorie ergeben müsste.

3. In Wirklichkeit ist das Preisniveau nur um 2 % gestiegen.
   Erläutern Sie, warum in der Realität der von der Quantitätstheorie behauptete direkte Zusammenhang zwischen Geldmengenerhöhung und Preisniveausteigerung häufig nicht feststellbar ist.

Aufgabe 7: Aufgaben, Aufbau, Ziele einer Zentralbank

Beantworten Sie mithilfe einer Internetrecherche folgende Fragen:

1. Welche Staaten gehören zur Europäischen Union?

2. Welche Staaten der Europäischen Union nehmen an der Währungsunion (EWWU = Europäische Wirtschafts- und Währungsunion = Euro-Länder) teil?

3. Welche Aufgaben haben das „Europäische System der Zentralbanken" (ESZB), das „Euro-System" und der EZB-Rat?

4. Wie heißen die gegenwärtigen Präsidenten der EZB und der Deutschen Bundesbank?

5. Wie groß ist der Banknoten-Umlauf im Euro-Währungsgebiet?

6. Um wie viel Prozent ist die Geldmenge M3 in den letzten beiden Jahren gestiegen?

7. Welche Themen werden im aktuellen Monatsbericht der Deutschen Bundesbank behandelt?

Quellen: www.bundesbank.de

Aufgabe 8: Offenmarktkredite – Ausschreibung – Zinstender

1. Eine Geschäftsbank erhält von der EZB über die Deutsche Bundesbank das folgende Schreiben.

Offenmarktgeschäfte: Ankündigung   Frankfurt, 12. März 20..

Die EZB kündigt folgende Tender an:

Liquiditätsbereitstellung über Offenmarktkredite: Hauptrefinanzierungsoperation

Durchführung: Standardtender (Zinstender, amerikanisches Zuteilungsverfahren)

Gebotsfrist: 13.03.20..   9.30 Uhr   Zuteilungstag: 13.03.20..

Valutierungstag: 14.03.20...   Verfalltag: 21.03.20..   Laufzeit: 7 Tage

Mindestbietungssatz: 3,75 %   Mindestbietungsbetrag: 1,00 Mio. Euro   Bietungsschritte: 0,10 Mio. Euro

---

    a) Welchen Zweck verfolgt die EZB mit diesem Schreiben?

    b) Um welche Art von Zuteilungsverfahren (Tenderverfahren) handelt es sich im vorliegenden Fall?

2. Einen Tag später erreicht die Geschäftsbank das folgende Schreiben der EZB.

Offenmarktgeschäfte: Zuteilung   Frankfurt, 13. März 20..

Die EZB teilt folgende Tender zu:

Liquiditätsbereitstellung über Offenmarktkredite: Hauptrefinanzierungsoperation

Durchführung Standardtender (Zinstender, amerikanisches Zuteilungsverfahren)

Gebotsfrist: 13.03.20..   09.30 Uhr   Zuteilungstag: 13.03.20..

Valutierungstag: 14.03.20..   Vefalltag: 21.03.20..   Laufzeit: 7 Tage

Mindstbietungssatz: 3,75 %   Mindestbietungsbetrag: 1 Mio. Euro

Beabsichtigtes Zuteilungsvolumen: 291.000 Mio. Euro

Gesamtes Bietungsvolumen: 372.454 Mio. Euro   Anzahl der Bieter: 394

Gesamter Zuteilungsbetrag: 291.000 Mio. Euro   Repartierungsquote: 49,4656 %

Akzeptierter marginaler Zuteilungssatz: 3,85 %   Bietungsspanne: 3,75 % – 3,90 %

Für Ihr(e) Gebot(e) zu o. g. Ausschreibung wurden folgende Zuteilungsdaten ermittelt:

Bietungssatz: 3,80 %   Bietungsbetrag: 7 Mio. Euro   Zugeteilter Betrag: 0,00 Euro

---

    a) Was besagt der marginale Zuteilungssatz von 3,85 % und wie wird er ermittelt?

    b) Was besagt die Repartierungsquote von 49,4656 % und wie wird sie ermittelt?

    c) Erläutern Sie die der Geschäftsbank auf ihr Gebot hin mitgeteilten Zuteilungsdaten. Welche Aussage lässt sich über die Dringlichkeit des Geldbedarfs bei dieser Geschäftsbank machen?

    d) Welches war im vorliegenden Fall der höchste gebotene Zinssatz?

3. Erläutern Sie, wie sich dieses Offenmarktgeschäft auf die Zentralbankbilanz auswirkt.

Aufgabe 9: Offenmarktkredite – Tenderverfahren

1. Eine Geschäftsbank erhält von der EZB über die Deutsche Bundesbank das folgende Schreiben.

Offenmarktgeschäfte: Ankündigung   Frankfurt, 11. Jan. 20..

Die EZB kündigt folgende Tender an:

Liquiditätsbereitstellung über Offenmarktkredite: Hauptrefinanzierungsoperation

Durchführung: Standardtender

Gebotsfrist:	12.01.20..	9.30 Uhr	Zuteilungstag:	12.01.20..	
Valutierungstag:	13.01.20...		Verfalltag:	20.01.20..	Laufzeit: 7 Tage

Festzinssatz: 1,5 %   Mindestbietungsbetrag: 1,00 Mio. Euro   Bietungsschritte: 0,10 Mio. Euro

---

    a) Welchen Zweck verfolgt die EZB mit diesem Schreiben?

    b) Um welches Zuteilungsverfahren (Tenderverfahren) handelt es sich im vorliegenden Fall?

    c) In welchen Fällen wendet die EZB dieses Zuteilungsverfahren an?

    d) Das gesamte Bietungsvolumen betrug 950.369 Mio. Euro, der gesamte Zuteilungsbetrag 75.000 Mio. Euro. Welcher Betrag wird der Geschäftsbank zugeteilt, wenn sich ihr Bietungsbetrag auf 1,5 Mio. Euro belief?

2. Zur Behebung der Banken- und Finanzmarktkrise hat die EZB seit Oktober 2008 u. a. Offenmarktgeschäfte folgender Art getätigt:

Zuteilung

Liquiditätsbereitstellung über Offenmarktkredite

Hauptrefinanzierungsoperation, Tender-ID: 20130260

Durchführung Standardtender (Mengentender)

Gebotsfrist:	26.11.20..	09:30 Uhr	Zuteilungstag:	26.11.20..	
Valutierungstag:	27.11.20..		Vefalltag:	04.12.20..	Laufzeit: 7 Tage

Festzinssatz: 0,25 %   Mindestzuteilungsbetrag: –

Mindestbietungsbetrag: 1,00 Mio €   Höchstbietungsbetrag: –

Mindestzuteilungsquote: –

Gesamtes Bietungsvolumen: 97.210 Mio €   Anzahl der Bieter: 78

Gesamter Zuteilungsbetrag: 97.2010 Mio €   Repartierungsquote: 100,00 %

---

    a) Erläutern Sie die Besonderheiten des von der EZB angewandten Zuteilungsverfahrens.

    b) Erläutern Sie die von der EZB mit der Anwendung dieses Zuteilungsverfahrens beabsichtigte Wirkung.

    c) Angenommen, die Geschäftsbank XYZ hat ein Gebot über 1,2 Mrd. Euro abgegeben. Ermitteln Sie für diese Geschäftsbank die Höhe des Zuteilungsbetrages und die Höhe der zu zahlenden Zinsen.

    d) Wie wirkt sich das Offenmarktgeschäft am 26.11.20.. und am 04.12.20.. auf
- die Bilanzen der EZB und der Geschäftsbank XYZ
- die Zentralbankgeldmenge und die Geldmenge M1 aus?

Aufgabe 10: Offenmarktpolitik – Hauptrefinanzierungsinstrument – Tenderverfahren

Die EZB teilt den Geschäftsbanken mit, dass sie beabsichtigt, Zentralbankgeld im Rahmen des Hauptrefi-Geschäfts durch einen Zinstender mit einer Laufzeit von sieben Tagen bei Anwendung des amerikanischen Verfahrens zuzuteilen. Der Mindestbietungssatz beträgt 3,75 %. Die Geschäftsbanken A, B, C, D und E geben innerhalb von 24 Stunden folgende Gebote ab.

Banken	Gebote der Banken in Mio. Euro bei einem Zinssatz von … %				
	3,82	**3,81**	**3,80**	**3,79**	**3,78**
A	5	10	15	20	0
B	15	5	15	10	10
C	10	15	5	5	0
D	15	10	5	0	5
E	5	15	10	5	5

1. Stellen Sie die Gebote in einer Tabelle nach dem Muster auf S. 488 zusammen:

2. Die EZB beschließt die Zuteilung von 120 Mio. Euro. Ermitteln Sie
   a) den marginalen Zinssatz,
   b) die Repartierungsquote.

3. Nehmen Sie die Zuteilung der Beträge in einer Tabelle nach dem Muster auf S. 489 vor.

4. In der Vorwoche wurde ein Hauptrefi-Geschäft mit einer Zuteilung von 170 Mio. Euro durchgeführt. Die Laufzeit betrug ebenfalls 7 Tage.
   a) Um wie viel Euro hat sich in der laufenden Woche die Zentralbankgeldmenge aufgrund dieser beiden Hauptrefi-Geschäfte verändert?
   b) Wie wirkt sich diese Veränderung auf den Zinssatz für Tagesgeld aus?

5. Welche Beträge wären den fünf Banken bei unverändertem Zuteilungsvolumen der EZB (120 Mio. Euro) und bei unveränderten Gesamtbietungsbeträgen zugeteilt worden, wenn es sich um einen Mengentender zum Festzinssatz von 3,75 % gehandelt hätte?

Aufgabe 11: Probleme der Geldpolitik

1. Angenommen, im Euro-Währungsgebiet besteht die Gefahr einer Inflation.
   a) Welche Maßnahmen könnte das ESZB in dieser Situation ergreifen?
   b) Erläutern Sie den beabsichtigten Wirkungsmechanismus der bei a) genannten Maßnahmen.
   c) Erläutern Sie Wirkungshemmnisse, die dazu führen können, dass die beabsichtigten kontraktiven Wirkungen der geldpolitischen Maßnahmen nicht eintreten.
   d) Welche Probleme ergeben sich dadurch, dass die Inflationsraten in den einzelnen EWWU-Mitgliedsstaaten möglicherweise stark voneinander abweichen, die unter a) beschriebenen Maßnahmen aber für alle Mitgliedsstaaten gleichermaßen gelten?

2. Angenommen, im Euro-Währungsgebiet herrscht hohe Arbeitslosigkeit. Die Inflationsraten sind niedrig.
   a) Welche Maßnahmen könnte das ESZB in dieser Situation zur Unterstützung der Beschäftigungspolitik der EWU-Mitgliedsstaaten ergreifen?
   b) Die Wirksamkeit der geldpolitischen Maßnahmen in einer Situation der Unterbeschäftigung wird zuweilen mit dem Satz: „Man kann die Pferde zur Tränke führen, aber saufen müssen sie selbst." umschrieben. Was soll damit ausgesagt werden?
   c) Erläutern Sie Wirkungshemmnisse, die dazu führen können, dass die beabsichtigten expansiven Wirkungen der geldpolitischen Maßnahmen nicht eintreten.

4   Wirtschaftspolitik zur Beeinflussung von Wachstum, Konjunktur und Wirtschaftsstruktur

4.1   Wirtschaftswachstum

4.1.1   Ziele der Wachstumspolitik

Begriff und Bedeutung des Wirtschaftswachstums

Unter Wirtschaftswachstum ist die Zunahme des gesamtwirtschaftlichen Produktionsergebnisses zu verstehen. Als Messgröße dient dabei das reale Bruttoinlandsprodukt.

Die in Prozent ausgedrückte Veränderung des Bruttoinlandsprodukts innerhalb eines bestimmten Zeitraums wird als **Wachstumsrate** bezeichnet.

Maßstab des Wirtschaftswachstums ist das reale Bruttoinlandsprodukt. Die Wachstumsrate gibt die prozentuale Veränderung des realen Bruttoinlandsprodukts im Vergleich zur Vorperiode an.

Die Zunahme der tatsächlichen Güterproduktion (= Inlandsprodukt) setzt aber entsprechende **Produktionskapazitäten** voraus. Da beide Größen in engem Zusammenhang zueinander stehen und sich gegenseitig bedingen, dient **das Bruttoinlandsprodukt** als Maßstab für **kurz- und mittelfristiges Wachstum** (konjunkturelle Schwankungen), während das längerfristige Wachstum an der Veränderung des **Produktionspotenzials** gemessen wird.

Das Produktionspotenzial ist das gesamtwirtschaftliche Produktionsergebnis, das bei vollständiger Auslastung mit optimalem Einsatz aller Produktionsfaktoren erzeugt werden kann.

Wirtschaftswachstum ist kein Selbstzweck. Es dient vielmehr der Erreichung anderer (übergeordneter) Ziele. Wirtschaftswachstum bewirkt, dass

- sich die Güterversorgung verbessert und der Wohlstand der Bevölkerung steigt,
- bestehende Arbeitsplätze gesichert und neue Beschäftigungsmöglichkeiten geschaffen werden,
- Einkommenszuwächse entstehen, sodass ohne Eingriff in die bestehenden Einkommens- und Vermögensverhältnisse eine Begünstigung niedriger Einkommensbezieher durch eine Umverteilung der Einkommenszuwächse erleichtert und Verteilungskonflikte gemildert werden,
- aufgrund höherer Einkommen die Steuereinnahmen des Staates steigen. Dadurch kann die Versorgung mit öffentlichen Gütern verbessert, die Finanzierung staatlicher Sozialpolitik erleichtert
- und insgesamt der Wohlstand der Bevölkerung erhöht werden.

Ansatzpunkte der Wachstumspolitik

Während die Konjunkturpolitik die Schwankungen im Auslastungsgrad des Produktionspotenzials zu dämpfen versucht, ist es Aufgabe der Wachstumspolitik, das Produktionspotenzial selbst zu verändern.

Wachstumspolitik umfasst alle wirtschaftspolitischen Maßnahmen zur Erhöhung des Produktionspotenzials bzw. des am realen Inlandsprodukt gemessenen langfristigen Wirtschaftswachstums.

Ansatzpunkte der Wachstumspolitik sind die Erhöhung von Menge und Qualität der Produktionsfaktoren. Zu den wichtigsten wachstumspolitischen Maßnahmen gehören die

- Förderung von Investitionen durch Verbesserung des Investitionsklimas und der Gewinnerwartungen **(Investitionspolitik)**,
- Förderung von am Bedarf der Wirtschaft orientierter Bildung und Forschung **(Bildungs- und Forschungspolitik)**,
- Förderung des Wettbewerbs zur Begünstigung und Verbreitung von Innovationen **(Wettbewerbspolitik)**,
- Förderung der Arbeitsproduktivität durch Weiterbildung und Umschulung **(Arbeitsmarktpolitik)**,
- Bereitstellung von Infrastruktur und anderen öffentlichen Gütern für einen effizienten Einsatz der Produktionsfaktoren **(Allokationspolitik)**.

4.1.2 Grenzen des Wirtschaftswachstums

Grenzen des Wachstums

Mit einer zunehmenden mengenmäßigen Güterproduktion **(= quantitatives Wachstum)** gehen in vielen Fällen auch ein zusätzlicher Rohstoffverbrauch, vermehrte Emissionen und ein steigendes Verkehrsaufkommen einher. Dies führt zu einer erhöhten **Umweltbelastung**. Die Beseitigung dieser wachstumsbedingten **Umweltschäden** erfordert und bewirkt ihrerseits wiederum Wirtschaftswachstum. Wie in einem „Teufelskreis" ist somit Wachstum nötig, um die Probleme zu beheben, die durch eben dieses Wachstum entstanden sind und weiterhin entstehen.

Die Aufwendungen zur Umweltsanierung gehen wachstumssteigernd in das Bruttoinlandsprodukt ein, obwohl sie eigentlich nur Reparaturen am Produktionspotenzial (Behebung der am Produktionsfaktor Natur eingetretenen Schäden) darstellen. Daran wird die Unzulänglichkeit des Inlandsprodukts als Messgröße für Wirtschaftswachstum deutlich.

Nicht nur vor dem Hintergrund der wachstumsbedingten Umweltzerstörung wird von Kritikern auf die Begrenzung weiteren Wirtschaftswachstums hingewiesen. Auch in anderen Bereichen zeichnet sich ab, dass wirtschaftliches Wachstum an natürliche und soziale Grenzen stößt: Ressourcen- und Flächenverbrauch, industrielle Massenproduktion mit der Suche nach immer neuen Konsumentenbedürfnissen und Absatzmärkten, Energieverschwendung, Verstädterung, Massenverkehr, Abfall, Sondermüll usw. lassen erahnen, dass die Belastbarkeit des Erdplaneten nicht unendlich ist.

Unter dem Titel „Grenzen des Wachstums" hat der Club of Rome 1972 einen Bericht über die Umweltsituation veröffentlicht.[1] Damit wurden der Weltöffentlichkeit erstmals die Folgen eines weiteren ungezügelten wirtschaftlichen Wachstums vor Augen geführt. Unter

---

1   Der Club of Rome ist ein Zusammenschluss von Persönlichkeiten aus Wirtschaft, Wissenschaft und Kultur. Er veranstaltet Konferenzen und finanziert Berichte zu aktuellen Fragen von globaler Bedeutung. So z.B. Meadows, D., u.a., Die Grenzen des Wachstums, Reinbeck bei Hamburg (rororo) 1973 bzw. Meadows, D., u.a., Die neuen Grenzen des Wachstums, Stuttgart (DVA) 1992.

der Annahme, dass sich Umweltbewusstsein und Verhalten der Menschen nicht ändern und der weltweite Industrialisierungsprozess in der bisherigen Art weiter fortschreitet, prophezeiten die Wissenschaftler aufgrund von Computersimulationen einerseits die Erschöpfung der wichtigsten Rohstoffe und Energiequellen innerhalb einer Generation und andererseits die Zerstörung der Umwelt mit großen Hungerkatastrophen in einer übervölkerten Welt. Zwanzig Jahre später legten die Autoren neue Hochrechnungen auf der Basis aktueller Daten unter dem Titel „Die neuen Grenzen des Wachstums" vor.

Wachstumsbefürworter bestreiten dagegen solche Wachstumsgrenzen. Sie verweisen auf immer neuere Entwicklungen, Technologien und Erfindungen zur Eindämmung der negativen Folgeerscheinungen des Wirtschaftswachstums. Dass sich die auf der Basis von Computersimulationen entstandenen pessimistischen Vorhersagen über den Zusammenbruch der ökonomischen und ökologischen Systeme bisher tatsächlich nicht erfüllt haben, liegt ausschließlich an der nicht vorhersehbaren und daher in den Berechnungen nicht berücksichtigungsfähigen Entwicklung von Wissen und technischem Fortschritt.

Probleme des exponentiellen Wirtschaftswachstums[1]

Dass ein weiteres Wirtschaftswachstum in dem Umfang, wie es beispielsweise in Deutschland zur Lösung des Beschäftigungsproblems für nötig gehalten wird (mehr als 2 % jährlich), auf Dauer kaum vorstellbar ist, zeigen folgende Überlegungen: Da es sich beim Wirtschaftswachstum um ein exponentielles Wachstum (wie beim Zinseszinseffekt) handelt, würde sich bei einer jährlichen Wachstumsrate von 2 % die Güterproduktion innerhalb von 35 Jahren verdoppeln. Bei einer Wachstumsrate von 4 % (wie sie in den 1970er-Jahren angestrebt wurde) würde die Verdoppelung bereits nach knapp 18 Jahren eintreten. Nach knapp 59 Jahren wäre die Güterproduktion zehnmal so groß wie heute. Die von der Natur gesetzten Grenzen würden noch viel schneller erreicht, wenn sich in den Entwicklungsländern tatsächlich die noch wesentlich höheren Wachstumsraten einstellen würden, die langfristig nötig wären, um den Rückstand gegenüber den Industrieländern aufzuholen.

> „Jeder, der glaubt, dass exponentielles Wirtschaftswachstum für immer weitergehen kann in einer endlichen Welt, ist entweder ein Verrückter oder ein Ökonom."
> *Kenneth E. Boulding (1910–1993), US-amerikanischer Wirtschaftswissenschaftler*

Während im ersten Bericht des Club of Rome 1972 der entscheidende Begrenzungsfaktor des Wachstums noch in den erschöpfbaren Rohstoffen gesehen wurde, zeigt sich inzwischen, dass weltweit die Beeinträchtigung der Erdatmosphäre durch den Ausstoß von Klimagasen von wesentlich größerer Bedeutung ist.

4.1.3 Qualitatives Wachstum und nachhaltige Entwicklung

Ein Wirtschaftswachstum, das auch ökologische Ziele berücksichtigt, wird als qualitatives Wachstum bezeichnet. Durch ökologisch-technischen Fortschritt und umweltfreundliche Produktionsverfahren soll eine Entkoppelung zwischen Wirtschaftswachstum einerseits und dem Verbrauch an Rohstoffen und Energie andererseits ermöglicht werden.

---

1 Beim exponentiellen Wirtschaftswachstum bleibt die jährliche Zunahme des realen Bruttoinlandsprodukts nicht gleich. Sie steigt vielmehr ständig in Abhängigkeit von dem sich laufend vermehrenden jährlichen Anfangsbestand (z. B. Zinseszinsen, Bevölkerungswachstum).

Qualitatives Wachstum umfasst neben einer auf umweltschonender Technologie beruhenden Produktion umweltfreundlicher Güter auch eine Ausdehnung der Dienstleistungen zulasten der herkömmlichen Industrieproduktion. Durch entsprechende Produktionsverfahren (Technologie) und Zusammensetzung des Inlandsprodukts (Struktur) sollen auf diese Weise trotz weiteren Wirtschaftswachstums Ressourcenverbrauch und Umweltbelastung eingeschränkt werden.

Auch die Zielsetzung des qualitativen Wachstums beinhaltet also die Produktion einer sich jedes Jahr erhöhenden Gütermenge (exponentielles Wachstum). Qualitatives Wachstum ist also nicht zu verwechseln mit einem sogenannten „Nullwachstum".

Trotz der bisher erzielten Fortschritte bei der Reduzierung von Schadstoffemissionen und Ressourcenverbrauch ist aber nicht zu übersehen, dass

- das Potenzial umweltschonender Produktionsmöglichkeiten begrenzt ist,
- Güterproduktion (trotz Recycling[1] und Konzentration auf die Dienstleistungsbranche) nie ohne
- Rohstoff- und Energieverbrauch auskommt,
- die Endlichkeit der Natur im Gegensatz zu einem auf Unendlichkeit ausgerichteten (exponentiellen)
- Wirtschaftswachstum steht.

Angesichts der vielfältigen weltweiten Umweltprobleme wurde 1992 auf einer Konferenz der Vereinten Nationen die **nachhaltige Entwicklung**[2] (sustainable development) als ein verbindliches Ziel internationaler Politik formuliert[3].

4.2 Konjunkturelle Schwankungen

4.2.1 Konjunkturzyklen

Die wirtschaftliche Entwicklung der meisten Volkswirtschaften verläuft nicht stetig, sondern im Wechsel zwischen Wirtschaftskrisen und Phasen der Wohlstandssteigerung.

Bereits in der Bibel ist die Rede von sieben Jahren des Überflusses in Ägypten, denen sieben magere Jahre folgen sollen[4]. Auch in den entwickelten Volkswirtschaften der Neuzeit weist die Wirtschaftsentwicklung Schwankungen auf. Neben den jahreszeitlich bedingten **Saisonschwankungen** (z. B. im Baugewerbe, in der Landwirtschaft und im Einzelhandel) lassen sich auch mittelfristige Schwankungen feststellen, die sich über mehrere Jahre erstrecken und die gesamte Volkswirtschaft erfassen. Diese Schwankungen werden als **konjunkturelle Schwankungen** bezeichnet.

Die in gewisser Regelmäßigkeit auftretenden mehrjährigen Auf- und Abwärtsbewegungen der gesamtwirtschaftlichen Aktivitäten einer Volkswirtschaft werden als Konjunktur bezeichnet.

---

1   Recycling *(engl.):* Wiederverwendung/Wiederverwertung von Rohstoffen

2   In der Forstwirtschaft besagt das Nachhaltigkeitsprinzip, dass nicht mehr Holz geschlagen werden soll, als seit dem letzten Holz-Einschlag nachgewachsen ist.

3   Der sogenannten Rio-Erklärung über Umwelt und Entwicklung sind 1992 in Rio de Janeiro 170 Staaten, darunter auch Deutschland, beigetreten.

4   Altes Testament, Buch Genesis, Der Traum des Pharao und seine Deutung, Kapitel 41, Vers 17–36

Als **Messgrößen** für die gesamtwirtschaftlichen Aktivitäten einer Volkswirtschaft dienen häufig entweder das reale **Bruttoinlandsprodukt zu Marktpreisen** und seine Veränderung (Wachstumsraten) oder der **Auslastungsgrad des Produktionspotenzials**.

> Das Bruttoinlandsprodukt (BIP) ist der Wert aller Güter (= Waren und Dienstleistungen), der in einer bestimmten Periode im Inland produziert wird.

Das **nominale Bruttoinlandsprodukt** beruht auf den zu Marktpreisen bewerteten Gütern des Berechnungszeitraums. Um die Entwicklung des Bruttoinlandsprodukts unabhängig von der Preisveränderung der Güter betrachten zu können, wird das **reale Bruttoinlandsprodukt** verwendet.

> Das reale Bruttoinlandsprodukt ergibt sich aus dem um Preisveränderungen bereinigten nominalen Bruttoinlandsprodukt.

> Das Produktionspotenzial einer Volkswirtschaft ist das gesamtwirtschaftliche Produktionsergebnis, das bei vollständiger Auslastung und optimalem Einsatz aller Produktionsfaktoren erzeugt werden kann.

Obwohl in der Realität keine strenge Abfolge der konjunkturellen Schwankungen feststellbar ist, wird in der Konjunkturtheorie häufig von einem idealtypischen **Konjunkturzyklus** (von Punkt A bis E in der Abb. auf S. 509) ausgegangen, der aus folgenden vier **Konjunkturphasen** besteht:

- **Boom** (Hochkonjunktur)
  Das Produktionspotenzial wird über das normale Maß hinaus ausgelastet (Überbeschäftigung mit Überstunden, Sonderschichten u. Ä.). In einigen Wirtschaftsbereichen kommt es zu Produktionsengpässen. Die Zuwachsraten des BIP werden geringer. Die zu Beginn noch optimistischen Zukunftserwartungen verschlechtern sich zunehmend.

- **Abschwung** (Abschwächung/Entspannung)
  Nach Überschreiten des Hochpunktes sinken der Auslastungsgrad des Produktionspotenzials und die Investitionstätigkeit. Der Auslastungsgrad des Produktionspotenzials liegt aber immer noch über dem Durchschnitt. Das BIP wächst nicht mehr. Die Zukunftsaussichten werden pessimistisch beurteilt.

- **Rezession**[1] (Depression)
  Die Produktionskapazitäten sind nur unterdurchschnittlich ausgelastet (Unterbeschäftigung). Die Investitionstätigkeit nimmt weiter ab. Nach einer groben Definition liegt eine Rezession dann vor, wenn das reale BIP (kalender- und saisonbereinigt)[2] in mindestens zwei aufeinanderfolgenden Quartalen im Vergleich zum Vorquartal sinkt. Eine besonders lange und schwere Rezession wird als **Depression** bezeichnet.

- **Aufschwung** (Erholung)
  Diese Phase folgt nach der Überwindung einer vorangegangenen Krise (Tiefpunkt). Der Auslastungsgrad des Produktionspotenzials und die Investitionstätigkeit nehmen zu, liegen aber noch unter dem Durchschnitt. Die Wachstumsraten des BIP steigen. Die Zukunftsaussichten werden optimistisch beurteilt.

---

1   Zuweilen wird auch die Abschwungphase bereits als Rezession bezeichnet.

2   Unter Berücksichtigung der unterschiedlichen Zahl von Arbeitstagen in den einzelnen Quartalen und saisonaler Besonderheiten (z. B. saisonaler Produktionsrückgang im Winter).

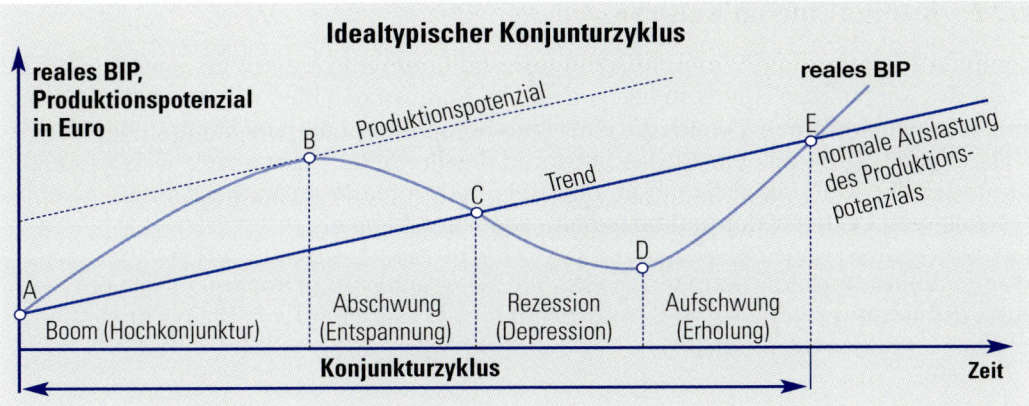

Idealtypischer Konjunturzyklus

reales BIP, Produktionspotenzial in Euro

Produktionspotenzial

reales BIP

normale Auslastung des Produktionspotenzials

Trend

A B C D E

Boom (Hochkonjunktur)	Abschwung (Entspannung)	Rezession (Depression)	Aufschwung (Erholung)	

Konjunkturzyklus

Zeit

Die Dauer eines Konjunkturzyklus in der Bundesrepublik Deutschland schwankt erheblich. Auffallend ist, dass in allen Konjunkturzyklen seit 1950 die Höhe der Wachstumsraten des Inlandsprodukts jeweils niedriger ist als in den vorhergehenden Zyklen.

Aufgrund empirischer Untersuchungen wurden für die Vergangenheit Konjunktur- und Wachstumszyklen mit unterschiedlicher Dauer festgestellt, die sich teilweise gegenseitig überlagern.

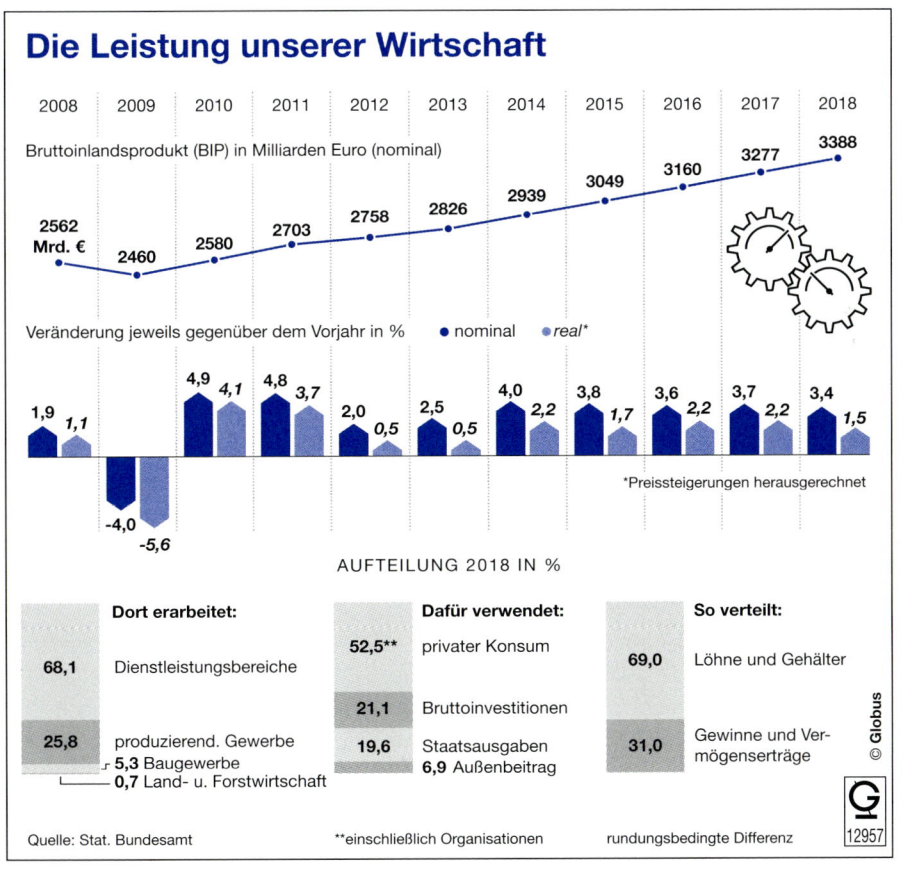

Die Leistung unserer Wirtschaft

2008	2009	2010	2011	2012	2013	2014	2015	2016	2017	2018

Bruttoinlandsprodukt (BIP) in Milliarden Euro (nominal)

2562 Mrd. € · 2460 · 2580 · 2703 · 2758 · 2826 · 2939 · 3049 · 3160 · 3277 · 3388

Veränderung jeweils gegenüber dem Vorjahr in % ● nominal ● *real**

1,9 / 1,1 — -4,0 / -5,6 — 4,9 / 4,1 — 4,8 / 3,7 — 2,0 / 0,5 — 2,5 / 0,5 — 4,0 / 2,2 — 3,8 / 1,7 — 3,6 / 2,2 — 3,7 / 2,2 — 3,4 / 1,5

*Preissteigerungen herausgerechnet

AUFTEILUNG 2018 IN %

Dort erarbeitet:

68,1 Dienstleistungsbereiche
25,8 produzierend. Gewerbe
5,3 Baugewerbe
0,7 Land- u. Forstwirtschaft

Dafür verwendet:

52,5** privater Konsum
21,1 Bruttoinvestitionen
19,6 Staatsausgaben
6,9 Außenbeitrag

So verteilt:

69,0 Löhne und Gehälter
31,0 Gewinne und Vermögenserträge

© Globus

Quelle: Stat. Bundesamt   **einschließlich Organisationen   rundungsbedingte Differenz

12957

4.2.2 Konjunkturindikatoren

Konjunkturforscher und Wirtschaftspolitiker sind daran interessiert, die jeweils aktuelle Phase des Konjunkturverlaufs zu bestimmen, um Voraussagen über die erwartete Entwicklung machen zu können. Da sich die einzelnen Konjunkturphasen nicht nur in den Wachstumsraten des BIP und dem Auslastungsgrad des Produktionspotenzials widerspiegeln, werden solche Konjunkturdiagnosen und Konjunkturprognosen auf der Grundlage eines Systems verschiedener **Konjunkturindikatoren** vorgenommen.

> Konjunkturindikatoren sind Messgrößen, die die gegenwärtige Konjunkturphase anzeigen (Konjunkturdiagnose) und Voraussagen über die voraussichtliche Entwicklung zulassen (Konjunkturprognose).

Es werden drei Gruppen von Konjunkturindikatoren unterschieden, die sich in den vier Konjunkturphasen unterschiedlich entwickeln.

- **Frühindikatoren:** dienen als Grundlage für die Prognose des weiteren Konjunkturverlaufs, z. B. Auftragseingang, Lagerhaltung, Geschäftserwartung (Geschäftsklimaindex), Baugenehmigungen, Konsumbereitschaft, Geldmenge, Einzelhandelsumsätze, Zinsstruktur (= Differenz zwischen kurz und langfristigen Zinsen), Börsenkurse

- **Gegenwartsindikatoren:** reagieren ohne zeitliche Verzögerung auf Konjunkturänderungen, z. B. reales BIP (insbesondere die Produktion von Konsum- und Investitionsgütern), Kapazitätsauslastung, Produktivität, Kreditnachfrage

- **Spätindikatoren:** reagieren mit zeitlicher Verzögerung auf Konjunkturänderungen, z. B. Preise, Beschäftigung (Arbeitslosenquote, offene Stellen), Löhne, Zahl der Insolvenzen

Beschreibung der Konjunkturphasen anhand von ausgewählten Konjunkturindikatoren

	Konjunktur-indikator	Konjunkturphasen			
		Aufschwung	**Boom**	**Abschwung**	**Rezession**
Frühindikatoren	**Auftrags-eingänge**	steigend	hohes Niveau stagnierend	stark fallend	niedriges Niveau stagnierend
	Unternehmer-erwartungen (Geschäfts-klima)	optimistisch	optimistisch/ abwartend	pessimistisch	pessimistisch/ abwartend
	Investitionen	steigend	abschwächend	stark fallend	sehr gering
Gegenwartsindikatoren	**Kapazitäts-auslastung/ Produktion**	zunehmend/ Kapazitätsaus-weitung	hoher Auslas-tungsgrad	abnehmend/ frei werdende Kapazitäten	niedrig/ Kapazitätsabbau
	Veränderung des BIP in %	langsam steigen-de Wachstums-raten	stark zu-nehmende Wachstumsraten	abnehmende Wachstumsraten	stagnierend/ negative Wachstumsraten
	Konsum	steigend	hoch	sinkend	niedrig
	Preisniveau	zunächst konstant, dann ansteigend	stark zu-nehmende Inflationsraten	langsam sinkend	niedriges Preisniveau

Konjunktur-indikator	Konjunkturphase			
	Aufschwung	**Boom**	**Abschwung**	**Rezession**
Arbeitslosen-quote	abnehmend ■ Einstellung von Mitarbeitern	niedrig ■ Fachkräftemangel ■ Aufbau von Überstunden	steigend ■ Abbau von Überstunden ■ Kurzarbeit, erste Entlassungen	hoch ■ zunehmend Entlassungen ■ Gefahr von Massenarbeitslosigkeit
Lohn-zuwächse	mäßig zunehmend	kräftig steigend	mäßig steigend	stagnierend
Zinsen	niedriges Zinsniveau	steigende Zinssätze	stark fallende Zinssätze	niedriges Zinsniveau
Zahl der Insolvenzen	sinkend	niedrig	steigend	hoch

(Spätindikatoren)

4.2.3 Ziele der Konjunkturpolitik

Lernkontrolle Aufgabe 1

Aufgabe der **Wachstumspolitik** ist es, die Entwicklung des **Produktionspotenzials** zu steuern. **Konjunkturpolitik** hat dagegen das Ziel, die **Schwankungen im Auslastungsgrad** des Produktionspotenzials zu dämpfen.

> Unter Konjunkturpolitik sind alle wirtschaftspolitischen Maßnahmen zu verstehen, die darauf gerichtet sind, die Wirtschaftsschwankungen zu glätten und eine stabile wirtschaftliche Entwicklung bei Vollbeschäftigung zu ermöglichen.

Konkrete Ziele der Konjunkturpolitik sind solche, wie sie beispielsweise im **Stabilitätsgesetz** von 1967 genannt sind: hoher Beschäftigungsstand, Preisniveaustabilität, angemessenes und stetiges Wirtschaftswachstum und außenwirtschaftliches Gleichgewicht. Weil mit der Konjunkturpolitik direkte Eingriffe des Staates in den Wirtschaftsprozess verbunden sind, handelt es sich um ein typisches Beispiel für staatliche **Ablaufpolitik** (Prozesspolitik) (im Gegensatz zur Ordnungspolitik). Zu den Politikbereichen der Konjunkturpolitik zählen insbesondere die **Fiskalpolitik** (Einnahmen- und Ausgabenpolitik des Staates), aber auch die **Geldpolitik**, die **Lohnpolitik** und die **Außenwirtschaftspolitik**.

4.3 Strukturpolitik

Begriff, Bereiche und Ansatzpunkte der Strukturpolitik

In einer wachsenden Wirtschaft verschiebt sich im Zeitablauf die Bedeutung einzelner Wirtschaftsbereiche und Regionen. Dieser **Strukturwandel** kann an der Verschiebung des Beitrags der Sektoren und Regionen zur Beschäftigung und Wertschöpfung abgelesen werden. Wachstum und Strukturwandel bedingen sich gegenseitig: Wachstum begünstigt den Strukturwandel, während ein erfolgreicher Strukturwandel das Wachstum fördert. Ein Strukturwandel stellt aber hohe Anforderungen an die Mobilität und Flexibilität der Produktionsfaktoren, insbesondere der Arbeitskräfte. Die Ziele der Strukturpolitik sind vielfältig. Sie können auf eine Erleichterung und Förderung des Strukturwandels oder aber auf eine Verlangsamung und Abschwächung von Strukturanpassungen zur Milderung negativer Begleiterscheinungen (z. B. soziale Härten) gerichtet sein.

> Strukturpolitik umfasst alle Maßnahmen die darauf abzielen, Anpassungsprozesse in Wirtschaftszweigen und Regionen einer Volkswirtschaft auszulösen, zu beschleunigen, zu erleichtern, abzuschwächen oder zu verhindern.

Zur Strukturpolitik im weitesten Sinne zählen demzufolge neben der Verkehrs-, Agrar- und Industriepolitik auch die Wettbewerbs-, Energie-, Bildungs- und Umweltpolitik. Nach den Bereichen lassen sich insbesondere sektorale Strukturpolitik und regionale Strukturpolitik unterscheiden.

Strukturpolitische Ansätze		
Förderung des Strukturwandels		Hemmung/Verlangsamung des Strukturwandels
Strukturentwicklung	Erleichterung der Strukturanpassung	Verzögerung des Strukturwandels bei Branchenkrisen (z. B. Landwirtschaft, Bergbau) zur Milderung der negativen Begleiterscheinungen des Strukturwandels, z. B. durch (subventionierten) Erhalt von Arbeitsplätzen (Strukturerhaltung).
Gezielte Förderung zukunftsträchtiger Branchen (z. B. Hightech, Bio-, Informations- und Umwelttechnologie)	„Hilfe zum Wandel" Technologieförderung, Arbeitskräftequalifikation, Stilllegungsprämien zur Erleichterung des Kapazitätsabbaus usw.	

Instrumente der Strukturpolitik

Eine Vielzahl strukturpolitischer Maßnahmen bezieht sich auf die Verbesserung der Infrastruktur oder auf die Förderung von Forschung und Technologietransfer. Damit sollen die Anpassungsflexibilität und die Mobilität in den betroffenen Sektoren und/ oder Regionen erhöht werden.

> Infrastruktur bezeichnet die wirtschaftlichen und organisatorischen Grundlagen, die für das Funktionieren und die Entwicklung einer Volkswirtschaft nötig sind (z. B. öffentliche Einrichtungen wie Verwaltungs- und Bildungseinrichtungen, Energieversorgung, Verkehrswege).

Die häufigste Maßnahme, die direkt bei den Unternehmen ansetzt, sind **Subventionen** in Form von Finanzhilfen (direkte Zuschüsse) und Steuervergünstigungen. Häufig dienen Maßnahmen, die ursprünglich nur zeitlich befristet zur Abfederung sozialer Härten ergriffen werden sollten, der Strukturerhaltung. Daneben kommen aus strukturpolitischen Gründen auch **staatliche Eingriffe in die Marktpreisbildung** und den Außenhandel zur Anwendung, wie z. B.:

- Staatlich festgesetzte Mindestpreise für landwirtschaftliche Produkte im Rahmen der EU-Agrarpolitik zur Einkommenssicherung in der Landwirtschaft
- Schutz inländischer Hersteller vor Importen durch Einfuhrzölle oder mengenmäßige Einfuhrbeschränkungen (z. B. Importverbot für Fleisch aus den USA, Festlegung von Importhöchstmengen für japanische Pkw oder chinesische Textilien)
- Absicherung von Exportgeschäften gegen politische und wirtschaftliche Risiken (Hermesbürgschaften)

4.4 Wirtschaftspolitische Grundpositionen im Vergleich: Angebotsorientierte Wirtschaftspolitik – Nachfrageorientierte Wirtschaftspolitik

Die wirtschaftspolitischen Vorschläge zur Förderung von Wirtschaftswachstum und Beschäftigung sind von einer Kontroverse zwischen Vertretern einer **angebotsorientierten** und einer **nachfrageorientierten Wirtschaftspolitik** geprägt.

Die **Vertreter einer angebotsorientierten Wirtschaftspolitik** sehen die Lösung der gesamtwirtschaftlichen Probleme in der Verbesserung der Produktionsbedingungen und der Gewinnaussichten für die Unternehmen. Sie gehen davon aus, dass die Unternehmen bei positiven Gewinnerwartungen investieren und damit Arbeitsplätze schaffen. Der Staat soll daher lediglich für günstige Rahmenbedingungen sorgen (z. B. Senkung der Unternehmenssteuern, Abbau von gesetzlichen Hemmnissen) und nicht durch eine aktive Wirtschaftspolitik in das Wirtschaftsgeschehen eingreifen.

Die **Vertreter einer nachfrageorientierten Wirtschaftspolitik** setzen dagegen auf eine aktive Konjunktur- und Beschäftigungspolitik des Staates. Durch Maßnahmen zur Erhöhung der gesamtwirtschaftlichen Nachfrage soll die wirtschaftliche Entwicklung gestützt und gefördert werden. Sie gehen davon aus, dass Unternehmen nur dann investieren und Arbeitsplätze schaffen, wenn die erzeugten Güter (= Angebot) absetzbar sind. Voraussetzung dafür ist eine genügend große Nachfrage.

Bezeichnung der wirtschaftpolitischen Konzeption	Angebotsorientierte Wirtschaftspolitik	Nachfrageorientierte Wirtschaftspolitik
Grundannahmen über den Zusammenhang zwischen Wirtschaft und Staat	■ Staat soll möglichst wenig in die Wirtschaft eingreifen, da marktwirtschaftliche Systeme **stabil** sind.	■ Staat muss in die Wirtschaft eingreifen, da marktwirtschaftliche Systeme aufgrund von Marktversagen **instabil** sind.
Vorrangiges wirtschaftspolitisches Ziel	■ Sicherung der Preisniveaustabilität.	■ Sicherung der Vollbeschäftigung
Ursachen für Konjunkturschwankungen	■ Konjunkturelle Schwankungen sind auf Schwankungen des gesamtwirtschaftlichen **Angebots** zurückzuführen.	■ Konjunkturelle Schwankungen sind auf Schwankungen der gesamtwirtschaftlichen **Nachfrage** zurückzuführen.
Ansatzpunkte der Wirtschaftspolitik	■ Staatliche Eingriffe in die Wirtschaft zur Steuerung des **gesamtwirtschaftlichen Angebots** (Rentabilität positiv beeinflussen).	■ Staatliche Eingriffe in die Wirtschaft zur Steuerung der **gesamtwirtschaftlichen Nachfrage** (Angleichung der gesamtwirtschaftlichen Nachfrage an das gesamtwirtschaftliche Produktionspotenzial).

Fortsetzung der Tabelle auf Seite 514

513

Bezeichnung der wirtschaftpolitischen Konzeption	Angebotsorientierte Wirtschaftspolitik	Nachfrageorientierte Wirtschaftspolitik
Ordnungspolitik oder Ablaufpolitik (Prozesspolitik)	■ Staat soll mithilfe von ordnungspolitischen Maßnahmen die Rahmenbedingungen für ein optimales Funktionieren des Marktsystems schaffen. **(Ordnungspolitik)**	■ Staat soll mit ablaufpolitischen (prozesspolitischen) Maßnahmen in das Wirtschaftsgeschehen eingreifen. **(Ablaufpolitik, Prozesspolitik)**
Aufgaben der staatlichen Einnahmen und Ausgabenpolitik (= Finanzpolitik)	■ Staatliche Finanzpolitik soll am Wachstum der Volkswirtschaft ausgerichtet werden, also konjunkturneutral wirken.	■ Wichtigstes Instrument ist die staatliche Finanzpolitik, also die staatliche Einnahmen- und Ausgabenpolitik **(= FISKALISMUS)**.
Aufgaben der Geldpolitik	■ Zentrale Bedeutung der Geldpolitik **(= MONETARISMUS)**. Das Geldmengenwachstum ist am Wachstum der Volkswirtschaft auszurichten.	■ Geldpolitik soll Finanzpolitik unterstützen. In einer Rezession: „Politik des billigen Geldes". Im Boom: „Politik des knappen Geldes".
Wirtschaftswissenschaftliche Grundlagen	**Milton Friedman** (1912–2006) Professor für Geldtheorie in Chicago („Chicagoer Schule") Nobelpreisträger 1976, **(Monetarismus)**.	**John Maynard Keynes** (1883–1946), berühmter engl. Volkswirt, der nach der Weltwirtschaftskrise (1929–1933) durch bahnbrechende Erkenntnisse das ökonomische Denken revolutioniert hat **(Keynesianismus)**.

Lernkontrolle
Aufgabe 2

4.5 Angebotsorientierte Wirtschaftspolitik

4.5.1 Ansatzpunkte einer angebotsorientierten Wirtschaftspolitik

Angebotsorientierte Wirtschaftspolitik will die Produktionsbedingungen in einer Volkswirtschaft verbessern, ihre Anpassungsfähigkeit an Veränderungen erhöhen sowie die Leistungsfähigkeit und Leistungsbereitschaft verbessern.

Die Rahmenbedingungen für Investitionen sollen u. a. durch eine **„Verstetigung der Wirtschaftspolitik"** verbessert werden, um dadurch zu verhindern, dass sich die bei unternehmerischen Investitionsentscheidungen zu berücksichtigenden Rahmendaten ständig und in unvorhersehbarer Weise ändern und sich als Investitionshemmnis auswirken. Es wird unterstellt, dass Unternehmer nur bei einer an einem längerfristigen Konzept orientierten Wirtschaftspolitik in der Lage sind ihre Investitionsentscheidungen an verlässlichen Rahmendaten und auf einen längeren Zeitraum hin auszurichten. Die Forderungen nach Verstetigung beziehen sich insbesondere auf die **Finanz-, Geld- und Lohnpolitik**.

Konjunkturneutrale Finanzpolitik
Die Finanzpolitik des Staates soll zunächst vorrangig einen Abbau der Defizite im Staatshaushalt dienen und eine **Absenkung der Staatsverschuldung** herbeiführen. Daher sind Staatseinnahmen und die Staatsausgaben so zu gestalten, dass von ihnen weder eine Erhöhung noch eine Dämpfung der gesamtwirtschaftlichen Nachfrage ausgeht und somit keine Beeinflussung der Konjunkturentwicklung erfolgt **(= konjunkturneutrale Finanz-**

politik). Die **Unternehmenssteuern** sollen auf ein Niveau gesenkt werden, das mehr Leistungsanreize bietet und den (internationalen) Wettbewerb nicht verzerrt. Hauptaufgabe der Finanzpolitik ist demnach **nicht die Stabilisierung des Konjunkturverlaufs**. Vielmehr soll sie für den **optimalen Einsatz aller volkswirtschaftlicher Produktionsfaktoren** (z. B. durch die Bereitstellung öffentlicher Güter bei Marktversagen) sorgen.

Geldpolitik zur Preisniveaustabilisierung

Bei einer konsequent am **Ziel der Preisniveaustabilität** ausgerichteten **Geldpolitik** darf nach monetaristischer Auffassung die Geldmenge nicht schneller wachsen als die reale Gütermenge **(= monetaristische Geldpolitik)**. Die **Zentralbank** soll daher das Geldmengenwachstum am Wirtschaftswachstum ausrichten. Nur dann kann das Ziel der Preisniveaustabilität erreicht werden.

Beschäftigungsorientierte Lohnpolitik

Eine Erhöhung der **Arbeitsproduktivität** bedeutet, dass mit einer gleich bleibenden Zahl von Erwerbstätigen eine größere Produktionsmenge erzeugt wird. Wenn die Löhne stärker steigen als die Arbeitsproduktivität, erhöhen sich die Lohnkosten je Stück (Lohnstückkosten). Gelingt es den Unternehmen, diese Kostenerhöhung in Form höherer Preise zu überwälzen, kann es zu einer Lohnkosteninflation kommen. Wenn gleichzeitig die Zentralbank die Geldmenge nicht erhöht, können die Unternehmen entweder die höheren Preise nicht durchsetzen oder die Preiserhöhungen sind bei der vorhandenen Geldmenge nur finanzierbar, wenn gleichzeitig die Produktionsmenge zurückgeht. In beiden Fällen bewirkt der Anstieg der Lohnstückkosten eine Zunahme der Arbeitslosigkeit (lohnkostenbedingte Arbeitslosigkeit). Den Tarifparteien wird von den Angebotstheoretikern daher eine Lohnpolitik empfohlen, die sich am Produktivitätsfortschritt orientiert (produktivitätsorientierte Lohnpolitik), um einen Anstieg der Lohnstückkosten zu vermeiden.

$$\text{Arbeitsproduktivität} = \frac{\text{Produktionsergebnis } \textit{(Output)}}{\text{Arbeitseinsatz}}$$

Beschäftigungsorientierte Lohnpolitik

Für einen Industriebetrieb liegen folgende Angaben vor:
Hergestellte Teile in einer Stunde
je Mitarbeiter . . . . 100 Stück
Stundenlohn . . . . 20,00 Euro
Lohnstückkosten . . . . 0,20 Euro

Durch eine verbesserte Arbeitsorganisation können jetzt in einer Stunde 110 Stück je Mitarbeiter hergestellt werden. Die Arbeitsproduktivität hat sich dadurch um 10 % erhöht. Bei einer Lohnerhöhung von 10 % verändern sich die **Lohnstückkosten** des Unternehmens nicht, wenn im Zuge der Umstellung keine weiteren Kosten anfallen. In diesem Fall besteht keine Veranlassung, aus **Kostengründen** Arbeitsplätze abzubauen.

neuer Stundenlohn . . . . 22,00 Euro
Lohnstückkosten . . . . 0,20 Euro

Eine Lohnerhöhung über 10 % könnte durch den Produktivitätsfortschritt nicht aufgefangen werden. Da in diesem Fall die Lohnstückkosten steigen, müsste das Unternehmen – z. B. wegen der internationalen Konkurrenzsituation – die Personalkosten verringern. Arbeitsplätze gehen verloren, die Beschäftigungslage verschlechtert sich.

Ergebnis: Die Löhne dürften aus beschäftigungspolitischer Sicht höchstens um 10 %, d. h. im gleichen Verhältnis wie die Produktivität, steigen.

Neben einer beschäftigungsorientierten Lohnpolitik wird eine größere Flexibilisierung des Arbeitsmarktes (z. B. betriebliche, branchenspezifische und regionale Differenzierung der Lohnentwicklung anstelle einheitlicher Flächentarifverträge, flexiblere Arbeitszeiten, Lockerung des Kündigungsschutzes und der Lohnfortzahlung im Krankheitsfall usw.) gefordert.

Mehr Marktwirtschaft in anderen Bereichen der Wirtschafts- und Sozialpolitik

In anderen Bereichen der Wirtschafts-/und Sozialpolitik soll der Staat für eine möglichst freie Entfaltung der Marktkräfte sorgen und die Leistungsanreize für Unternehmen und Arbeitnehmer erhöhen (*„mehr Markt – weniger Staat"*).

■ **Wettbewerbspolitik**
Im Rahmen der **Wettbewerbsschutzpolitik** soll – u. a. durch eine strenge Anwendung des Gesetzes gegen Wettbewerbsbeschränkungen (GWB) – wettbewerbsbeschränkendes Verhalten der Unternehmen verhindert werden. Die **Wettbewerbsförderpolitik** hat das Ziel, bestehende Marktschranken zu beseitigen und neuen Unternehmen den Marktzugang zu erleichtern **(Liberalisierung der Märkte)**. Gefordert werden u. a. der Abbau von wettbewerbshemmenden bürokratischen Hemmnissen und gesetzlichen Regelungen **(Deregulierung)**, eine **Privatisierung** solcher Aufgaben, deren Erfüllung auch dem Markt überlassen werden kann (z. B. Energiesektor), und der **Abbau von Subventionen**, die dem Erhalt von (international) nicht wettbewerbsfähigen Wirtschaftszweigen dienen (z. B. Bergbau, Werften).

■ **Sozialpolitik**
Es wird ein Abbau sozialpolitischer Fehlanreize durch mehr Eigenverantwortung und eine größere Selbstbeteiligung der Betroffenen gefordert (z. B. Selbstbeteiligung an den Krankheitskosten, Senkung der Lohnfortzahlung im Krankheitsfall, Kürzung bzw. Streichung von Arbeitslosengeld bei Ablehnung einer zumutbaren Arbeit).

■ **Bildungspolitik**
Es werden kürzere Ausbildungszeiten, mehr Praxisnähe und Bedarfsorientierung und insgesamt mehr marktwirtschaftliche Elemente (z. B. Studiengebühren, Entlohnung der Professoren nach Leistung) gefordert.

4.5.2 Probleme und Kritik einer angebotsorientierten Wirtschaftspolitik

■ **Einseitige Betonung der Angebotsseite**
Durch die einseitige Betrachtung der Angebotsseite werden wichtige Beschäftigungsimpulse, die – wie wirtschaftspolitische Erfahrungen zeigen – auch von der Nachfrageseite ausgehen können, nicht berücksichtigt.

■ **Löhne sind nicht nur Kosten- sondern auch Nachfragefaktor**
Der unterstellte Zusammenhang zwischen niedrigen Löhnen und zunehmender Beschäftigung ist weder theoretisch noch empirisch hinreichend belegt. Es ist daher fraglich, ob bei Lohnzurückhaltung die Beschäftigung in dem gewünschten Ausmaß zunimmt. Eine Reallohnsenkung kann nicht eine durch fehlende gesamtwirtschaftliche Nachfrage bedingte (keynesianische) Arbeitslosigkeit abbauen. Sinkende Löhne bedeuten nicht nur sinkende Kosten, sondern auch sinkende Konsumgüternachfrage.

■ **Einkommensumverteilung von Arm zu Reich**

Die Vorschläge der angebotsorientierten Wirtschaftspolitiker laufen vielfach darauf hinaus, die Leistungsstarken noch stärker zu belohnen und den Leistungsschwachen mit Hinweis auf größere Eigenverantwortung soziale Hilfen zu entziehen, um sie zur Leistung zu zwingen. Damit geht eine Einkommensumverteilung „von unten nach oben" einher, die teilweise als sozial ungerecht und verteilungspolitisch ungewollt angesehen wird (z. B. steuerliche Entlastung der Unternehmen bei gleichzeitiger Kürzung des Arbeitslosengeldes). Diese Umverteilung wird u. a. damit zu rechtfertigen versucht, dass die Begünstigung der Leistungsstarken auf Dauer auch den Leistungsschwachen zugute komme, da langfristig von einer gestiegenen volkswirtschaftlichen Gesamtleistung alle Einwohner Vorteile haben (z. B. durch die Finanzierbarkeit höherer Sozialleistungen).

■ **Probleme der politischen Durchsetzbarkeit**

Eine angebotstheoretische Wirtschaftspolitik kann es notwendig machen, dass über einen längeren Zeitraum eine hohe Arbeitslosigkeit toleriert werden muss. In einer parlamentarischen Demokratie ist daher die politische Durchsetzung einer solchen Wirtschaftspolitik aufgrund der in regelmäßigen Zeitabständen erfolgenden Wahlen gefährdet. Zudem ist nicht zu vernachlässigen, dass eine arbeitnehmerfreundliche Arbeits- und Sozialgesetzgebung wesentlich zum sozialen Frieden und damit zur wirtschaftlichen und gesellschaftlichen Stabilität beiträgt.

Insbesondere von (gewerkschaftsnahen) Kritikern und Globalisierungsgegnern werden die auf den Nobelpreisträger MILTON FRIEDMAN (1912–2006) und seine „Chicagoer Schule" zurückgehenden Ideen des **Monetarismus** inzwischen abwertend als **neoliberale Wirtschaftspolitik** bezeichnet. Ursprünglich wurde der Begriff **Neoliberalismus** jedoch in Deutschland in den 1930er- und 1940er-Jahren von Wirtschaftswissenschaftlern wie WALTER EUCKEN (1891–1950) und anderen geprägt, aus deren Überlegungen die später als **Ordoliberalismus** bezeichnete Konzeption der **sozialen Marktwirtschaft** in Deutschland hervorging.

4.6 Nachfrageorientierte Wirtschaftspolitik

4.6.1 Ansatzpunkte einer nachfrageorientierten Wirtschaftspolitik

Gesamtwirtschaftliche Nachfrage

Die gesamtwirtschaftliche Nachfrage setzt sich aus der Konsumgüternachfrage der privaten Haushalte (C_{pr}), der Investitionsgüternachfrage der Unternehmen (I), der Nachfrage des Staates nach Waren und Dienstleistungen (G) sowie der Nachfrage des Auslandes (Exportüberschuss: Ex – Im) zusammen

$$\text{Gesamtwirtschaftliche Nachfrage} = C_{pr} + I + G + (Ex - Im)$$

Ursache von Konjunkturschwankungen ist nach der keynesianischer Auffassung das Abweichen der **gesamtwirtschaftlichen Nachfrage** vom **Produktionspotenzial** (= gesamtwirtschaftliches Angebot). Diese Abweichungen soll der Staat durch ein **antizyklisches Gegensteuern** zum Konjunkturverlauf korrigieren.

Antizyklische Fiskalpolitik

Fiskalpolitik ist der Einsatz der Staatseinnahmen und Staatsausgaben zur Abmilderung oder Beseitigung von Konjunkturschwankungen.

In der Hochkonjunktur ist die gesamtwirtschaftliche Nachfrage im Verhältnis zum Produktionspotenzial zu hoch. Der Staat soll in dieser Situation zu einer Drosselung der gesamtwirtschaftlichen Nachfrage beitragen, indem er einerseits seine Ausgaben verringert (= Verringerung der Staatsnachfrage) und andererseits seine Einnahmen erhöht (z. B. Steuererhöhungen zur Abschöpfung von Kaufkraft und Minderung der Konsumgüternachfrage). Die sich dadurch für den Staatshaushalt ergebenden Überschüsse sollen vorübergehend stillgelegt (Konjunkturausgleichsrücklage) oder zur Schuldentilgung verwendet werden.

In der Hochkonjunktur bedeutet antizyklische Fiskalpolitik, die gesamtwirtschaftliche Nachfrage durch Verringerung der Staatsausgaben und Erhöhung der Staatseinnahmen zu dämpfen.

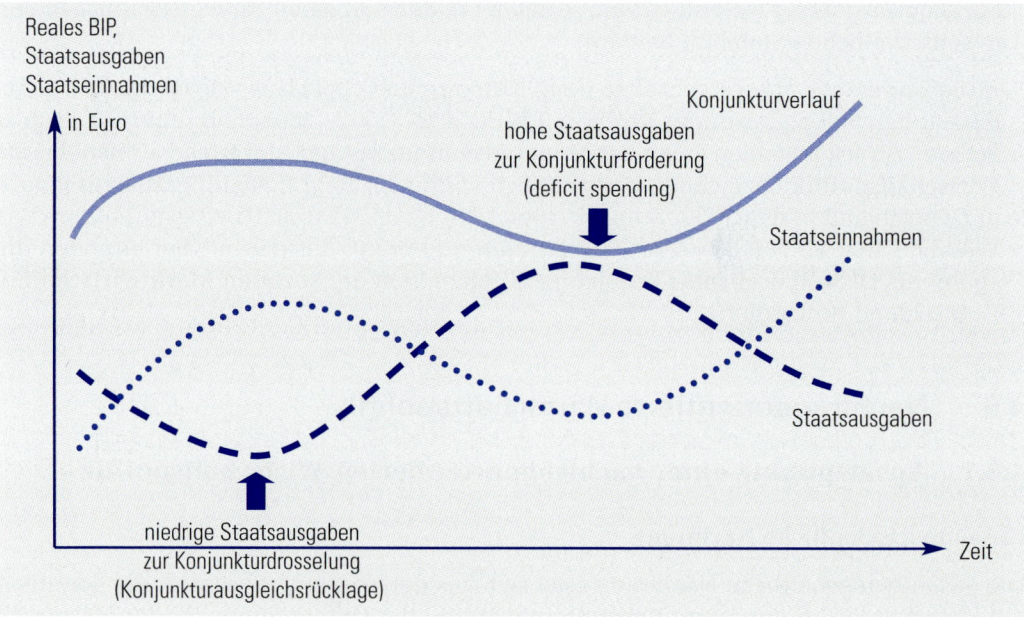

In der Rezession ist die gesamtwirtschaftliche Nachfrage im Verhältnis zum Produktionspotenzial zu gering. Der Staat soll in dieser Situation zu einer Erhöhung der gesamtwirtschaftlichen Nachfrage beitragen, indem er seine Ausgaben erhöht (= Erhöhung der Staatsnachfrage) und seine Einnahmen verringert (z. B. Steuererleichterungen als Investitionsanreiz). Das sich für den Staatshaushalt ergebende Defizit soll aus Mitteln einer Konjunkturausgleichsrücklage oder durch Kreditaufnahme (deficit-spending) finanziert werden.

In der Rezession bedeutet antizyklische Fiskalpolitik, die gesamtwirtschaftliche Nachfrage durch Erhöhung der Staatsausgaben und Verringerung der Staatseinnahmen anzukurbeln.

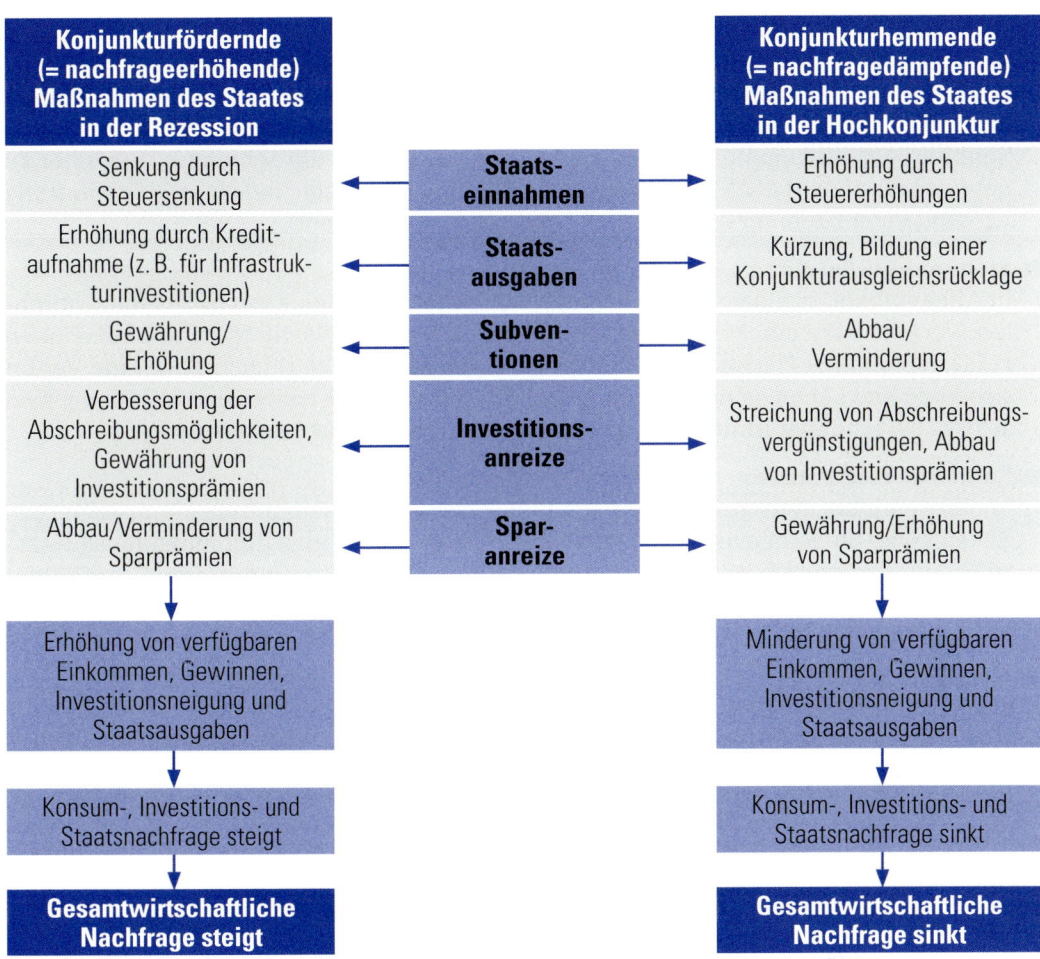

4.6.2 Probleme und Kritik einer nachfrageorientierten Wirtschaftspolitik

■ **Vernachlässigung der Preisniveaustabilität**
Das Beschäftigungsziel genießt im Rahmen der antizyklischen Fiskalpolitik Priorität gegenüber der Inflationsbekämpfung.

■ **Zunahme der Staatsverschuldung (strukturelle Haushaltsdefizite)**
Die durch staatliche Kreditaufnahme finanzierten Konjunkturprogramme zur Beschäftigungsförderung **(deficit-spending)** führen zu staatlichen Haushaltsdefiziten

Da diese Defizite in der Hochkonjunktur aus politischen Gründen (s. u.) meistens nicht wieder abgebaut werden, kommt es in der nächsten Rezession zu noch höheren Fehlbeträgen. So entstehen aus einer zunächst unproblematischen konjunkturell bedingten Staatsverschuldung strukturelle Haushaltsdefizite.

■ **Entscheidungs- und Wirkungsverzögerungen (time-lags)**
Die Wirkung antizyklischer Fiskalpolitik tritt häufig erst mit erheblicher zeitlicher Verzögerung *(time-lag)* ein. Vom Zeitpunkt des Eintritts konjunktureller Störungen und deren Wahrnehmung durch die Politiker bis zum Einsatz entsprechender Instrumente und deren Wirksamwerden können mehrere Jahre vergehen. Möglicherweise hat sich

bis dahin die konjunkturelle Lage bereits so verändert, dass die Maßnahmen eine Verstärkung statt eine Dämpfung der Konjunkturzyklen und damit eine Destabilisierung bewirken. Neben der **Auswahl der geeigneten Mittel** und dem **zeitgerechten Einsatz** *(timing)* ist auch die **Wahl der richtigen Größenordnung** der „Konjunkturspritzen" (z.B. Senkung der Einkommensteuer um 5 % oder um 10 %?) sehr schwierig. Bei einer zu geringen Dosierung der Maßnahmen verpuffen die Wirkungen, bei einer Überdosierung wird die Initialzündung für ein neues Ungleichgewicht gelegt.

■ Stop-and-go-Politik

In Abhängigkeit von der jeweiligen konjunkturellen Situation kann es zu einem abrupten Wechsel zwischen Maßnahmen zur Ankurbelung der Nachfrage und Maßnahmen zur Dämpfung der Nachfrage kommen **(Stop-and-go-Politik)**. Damit gehen eine Verunsicherung und Lähmung der Wirtschaft einher, da eine solche Politik für die Unternehmen schwer berechenbar ist und ihr Investitionsverhalten negativ beeinflusst.

■ Politische Hemmnisse

In einer parlamentarischen Demokratie fällt es den politischen Entscheidungsträgern in Zeiten hoher Steuereinnahmen schwer, diese Gelder stillzulegen (Konjunkturausgleichsrücklage) und nicht für Zwecke auszugeben, mit denen sie sich die Gunst der Wähler und damit ihre Wiederwahl erkaufen können. Andererseits sind konjunkturpolitisch notwendige Steuererhöhungen und Verringerungen der Staatsausgaben kurz vor einer Wahl kaum zu erwarten. Ökonomisch sinnvolle Maßnahmen sind somit häufig politisch nicht durchsetzbar.

Lernkontrolle
Aufgaben 3–6

> „Von Politikern Zurückhaltung zu verlangen, wenn das Geld da ist, ist dasselbe, wie wenn man von einem Hund verlangt, sich einen Wurstvorrat anzulegen." *(J. A. Schumpeter)*

Zusammenfassung und Lernkontrolle

Zusammenfassung

Wirtschaftspolitik zur Beeinflussung von Konjunktur, Wachstum und Wirtschaftsstruktur		
Wachstumspolitik	**Strukturpolitik**	**Konjunkturpolitik**
Erhöhung des Produktionspotenzials und des am realen BIP gemessenen Wirtschaftswachstums	Gestaltung der Wirtschaftsstruktur einer Volkswirtschaft durch Maßnahmen, die darauf abzielen, Anpassungsprozesse in Wirtschaftszweigen und Regionen einer Volkswirtschaft auszulösen, zu beschleunigen, zu erleichtern, abzuschwächen oder zu verhindern (z. B. durch Subventionen, Steuererleichterungen)	Glättung von Wirtschaftsschwankungen. Stabile wirtschaftliche Entwicklung bei Vollbeschäftigung

Angebotsorientierte Erhöhung des Produktionspotenzials

BIP: Y
Produktionspotenzial: P

Nachfrageorientierte Glättung kurzfristiger konjunktureller Schwankungen

BIP: Y
Produktionspotenzial: P

Grundpositionen der Beschäftigungs- und Konjunkturpolitik		
Fiskalismus (Keynesianismus)	**Arbeitslosig-keit wegen ...**	**Monetarismus (Neoklassik)**
... zu geringer gesamtwirtschaftlicher Nachfrage		... zu hoher Reallöhne
nachfrageorientierte Wirtschaftspolitik	**Strategie**	**angebotsorientierte Wirtschaftspolitik**
Ablaufpolitik (Prozesspolitik): staatliche Maßnahmen zur Beeinflussung der gesamtwirtschaftlichen Nachfrage (Globalsteuerung) wegen Marktunvollkommenheiten, **antizyklische Fiskalpolitik:** Ausschaltung bzw. Dämpfung der konjunkturellen Schwankungen durch staatliche Einnahmen- und Ausgabenpolitik, **Deficitspending:** Kreditfinanzierte Staatsausgaben zur Beschäftigungsförderung, **Geldpolitik** soll die Fiskalpolitik unterstützen („Politik des billigen Geldes"), **Löhne als Nachfragefaktor (Kaufkraft)**	**Maßnahmen**	**Ordnungspolitik:** Verbesserung der marktwirtschaftlichen Rahmenbedingungen (z. B. Wettbewerbspolitik, Deregulierung und Flexibilisierung der Märkte, Privatisierung öffentlicher Unternehmen), **stetige/konstante Wirtschaftspolitik, konjunkturneutrale Finanzpolitik, Steuersenkungen, Geldpolitik** zur konsequenten **Preisniveaustabilisierung, produktivitätsorientierte Lohnpolitik**
Vernachlässigung der **Preisniveaustabilität, Staatsverschuldung, Wirkungsverzögerungen** bei wirtschaftspolitischen Maßnahmen (time-lags), **Stop-and-go-Politik**, unerwartetes **Verhalten der Wirtschaftssubjekte**	**Probleme**	einseitige Angebotsorientierung Wirtschaftswachstum ohne Beschäftigungswirkung Wirkung von Senkungen der Unternehmenssteuern fraglich Arbeitslosigkeit trotz produktivitätsorientierter Lohnpolitik, Wirkungen auf Einkommensverteilung: politische Durchsetzbarkeit fraglich

Kombination konjunkturpolitischer Instrumente		
Staat	**Tarifpartner**	**Europäische Zentralbank**
Fiskalpolitik	Einkommenspolitik	Geldpolitik

Lernkontrolle

Aufgabe 1: Konjunkturindikatoren

1. Stellen Sie in einer Tabelle die Entwicklung der folgenden Konjunkturindikatoren in den einzelnen Phasen eines idealtypischen Konjunkturverlaufs dar. Verwenden Sie zur Charakterisierung folgende Begriffe: niedrig, hoch, steigend, stark steigend, sinkend, stark sinkend, (etwas oder sehr) optimistisch, (etwas oder sehr) pessimistisch.
   Konjunkturindikatoren: Auftragseingang, Lagerbestände, Kapazitätsauslastung, Produktion, Gewinne, Investitionen, Konsumneigung, Sparneigung, Preisniveau, Lohn- und Gehaltszuwächse, Arbeitslosenquote, offene Stellen, Zinsen, Aktienkurse, Steueraufkommen, Zukunftserwartungen.

2. Ordnen Sie folgende Konjunkturindikatoren jeweils einer der drei Gruppen Früh-, Gegenwarts- und Spätindikatoren zu. Zeigen und erläutern Sie anhand eines Vernetzungsdiagramms die Abhängigkeiten zwischen diesen Indikatoren.
   Konjunkturindikatoren: Geschäftsklima, Arbeitslosenzahl, volkswirtschaftliche Lohnsumme, Kapazitätsauslastung, Gewinnerwartungen, Geldmenge, Konsumklima, Lagerbestand, Auftragseingang, Produktion, Produktivität, Preise, Investitionen, Konsum, Auftragsbestand

Aufgabe 2: Wirtschaftspolitische Konzepte zur Beeinflussung von Konjunktur, Wachstum und Beschäftigung.

nachfrageorientiert	**Konzepte der Wirtschaftspolitik**	angebotsorientiert
Nachfrageseite:	**Ansatzpunkt der Wirtschaftspolitik**	**Angebotsseite:**
Steuerung der Wirtschaft über die gesamtwirtschaftliche Nachfrage		**Herstellung der Selbstheilungskräfte durch verbesserte Rahmenbedingungen für die Unternehmungen**
zusätzliche (staatliche) Nachfrage	**Initial- zündung:**	verbesserte Rentabilität für private Investitionen
antizyklische Fiskalpolitik (deficit spending); unterstützende Geldpolitik	**durch:**	Ausrichtung der Geldversorgung (Geldpolitik) am Wachstum des Produktionspotenzials; Steuererleichterungen für Unternehmen
Produktion, Beschäftigung und Einkommen in den betreffenden Branchen steigen	**Primäreffekt:**	Investitionen, insbesondere Innovationen nehmen zu
Nachfrage und Beschäftigung in den Konsumgüterindustrien steigen (Kaufkraft steigt)	**Folgeeffekte:**	Nachfrage und Beschäftigung in den Investitionsgüterindustrien steigen (Verbesserung des Produktionsapparates privater Unternehmen)

Steigerung des Wachstums und der Beschäftigung in der Wirtschaft

Quelle: Bundeszentrale für politische Bildung, Informationen zur politischen Bildung, Heft 177 (1990), S. 16

1. Welches der beiden Konzepte beruht auf der keynesianischen Theorie?
2. Was ist nach der keynesianischen Theorie die Hauptursache einer Unterbeschäftigung?
3. Welche Maßnahmen sollen nach der keynesianischen Theorie ergriffen werden, um eine Unterbeschäftigung abzubauen?
4. Was ist aus angebotstheoretischer Sicht die Hauptursache einer Unterbeschäftigung?
5. Welche Maßnahmen sollen aus angebotstheoretischer Sicht ergriffen werden, um eine Unterbeschäftigung abzubauen?

Aufgabe 3: Aussagen von Vertretern nachfrage- und angebotsorientierter Wirtschaftspolitik

1. Welche der folgenden Aussagen können von Vertretern einer nachfrageorientierten, welche von Vertretern einer angebotsorientierten Wirtschaftspolitik stammen? Begründen Sie Ihre Meinung.
   a) Trotz eines Gleichgewichts auf den Gütermarkten kann es zu Unterbeschäftigung kommen.
   b) Löhne und Preise sind nach unten nicht sehr flexibel.
   c) Ökonomen machen es sich zu leicht, wenn sie uns in stürmischen Zeiten nicht mehr zu erzählen haben, als dass der Ozean wieder ruhig ist, wenn sich der Sturm gelegt hat. Langfristig sind wir alle tot.
   d) Nicht die privaten Marktteilnehmer, sondern die Politiker sorgen für Instabilität des Marktsystems.
   e) Die beste Sozialpolitik ist eine freie Marktwirtschaft.
   f) Jedes Angebot schafft sich seine Nachfrage selbst.
   g) Löhne sind Kosten.
   h) Die Lohnpolitik trägt die Hauptverantwortung für die Beschäftigung.
   i) Lohnerhöhungen stärken die Massenkaufkraft.
   j) Eine Senkung des Steuersatzes kann das Steueraufkommen erhöhen.
   k) Das Problem einer Nachfragesättigung besteht wegen der unerschöpflichen menschlichen Bedürfnisse nicht.
   l) Die Selbstheilungskräfte der Märkte müssen gestärkt und die staatlichen Eingriffe in den Wirtschaftsprozess vermindert werden.
   m) Konjunkturpolitik ist überflüssig und schädlich.
   n) Die notwendigen wirtschaftspolitischen Maßnahmen sind politisch nicht oder nur schwer durchsetzbar.

2. Es wird behauptet, eine antizyklische Fiskalpolitik führe zu einer Verstärkung konjunktureller Schwankungen.
   Wie wird diese Aussage begründet?

Aufgabe 4: Vernetzungsdiagramm: Gesamtwirtschaftliches Gleichgewicht

Stellen Sie anhand eines Vernetzungsdiagramms fest, welche Einflüsse, Zusammenhänge und Abhängigkeiten zwischen den Faktoren, die auf das gesamtwirtschaftliche Gleichgewicht (Preisniveaustabilität, hoher Beschäftigungsstand, angemessenes Wirtschaftswachstum, außenwirtschaftliches Gleichgewicht) einwirken, bestehen. Verbinden Sie dazu Elemente, die sich direkt beeinflussen, mit einem Pfeil. Kennzeichnen Sie gleichgerichtete Wirkungen (je mehr – desto mehr) mit einem Pluszeichen und entgegengesetzte Wirkungen (je mehr – desto weniger) mit einem Minuszeichen.

Folgende Elemente können berücksichtigt werden: Preisniveau, Beschäftigung, Wirtschafts-wachstum, Außenbeitrag (Ex – Im), privater Verbrauch, Staatsnachfrage, private Investiti-onen, Geldmenge, Zinsniveau, Lohnniveau, Sozialabgaben, Verbrauchsteuern, Unterneh-menssteuern, Wettbewerbsfähigkeit, Subventionen, Sozialleistungen, Staatsverschuldung.

Aufgabe 5: Fallstudie: Stabilitätspolitik in der Hochkonjunktur

Für eine Volkswirtschaft liegen die in der folgenden Tabelle dargestellten Zahlen vor.

Analysieren Sie die Situation und prüfen Sie die Erfolgschancen der vorgeschlagenen Maßnahmen im Hinblick auf die Ziele Preisniveaustabilität, hoher Beschäftigungsstand und angemessenes Wirtschaftswachstum.

Folgende stabilitätspolitischen Vorschläge liegen für das kommende Jahr vor:
a) Erhöhung der Leitzinsen auf 5 % bei gleichzeitiger Erhöhung der Mindestreservesätze
b) Verringerung der Staatsausgaben bzw. Steuererhöhungen
c) Expansive Lohnpolitik (Erhöhung der Nominallöhne um 15 %)
d) Lohnzurückhaltung (nur Inflationsausgleich, reale Nullrunde)

Indikatoren	Vorjahr	laufendes Jahr
Veränderung des realen BIP	+ 4,5 %	+ 6,0 %
Veränderung des Preisniveaus	+ 5,5 %	+ 6,5 %
Veränderung der Nominallöhne	+ 8,0 %	+ 12,0 %
Veränderung der Gewinneinkommen (nominal)	+ 10,0 %	+ 14,0 %
Zahl der Arbeitslosen	210.000	150.000
Zahl der offenen Stellen	550.000	650.000
Arbeitslosenquote	+ 0,7 %	0,5 %
Veränderung der Geldmenge M3	+ 10,0 %	+ 13,0 %
Veränderung der Staatsausgaben		+ 14,0 %
Veränderung der Staatseinnahmen		+ 15,0 %
Kapitalmarktzinsen		6,0 %
Leitzinsen der Zentralbank		3,0 %
Kapazitätsauslastung		97,0 %
private Investitionen		steigend
Haushaltslage des Staates		keine Netto-neuverschuldung

Aufgabe 6: Fallstudie: Stabilitätspolitik in der Rezession

Für eine Volkswirtschaft liegen die in der folgenden Tabelle dargestellten Zahlen vor.

Analysieren Sie die Situation und prüfen Sie die Erfolgschancen der vorgeschlagenen Maßnahmen im Hinblick auf die Ziele Preisniveaustabilität, hoher Beschäftigungsstand und angemessenes Wirtschaftswachstum. Folgende stabilitätspolitischen Vorschläge liegen für das kommende Jahr vor:

1. Senkung der Leitzinsen auf 2,5 % bei gleichzeitiger Verringerung der Mindestreserve-sätze
2. zusätzliche staatliche Investitionen im Infrastrukturbereich, die durch Kreditaufnahme im Inland finanziert werden sollen
3. expansive Lohnpolitik (Erhöhung der Nominallöhne um 4,5 %)
4. Lohnzurückhaltung (reale Nullrunden für zwei Jahre)

Indikatoren	Vorjahr	laufendes Jahr
Veränderung des realen BIP	+ 2,5 %	+ 2,0 % ($\triangleq$ + 6 Mrd. GE)
Veränderung des Preisniveaus	+ 2,5 %	+ 2,5 %
Veränderung der Nominallöhne	+ 2,5 %	+ 2,0 %
Veränderung der Gewinneinkommen (nominal)	10,0 %	+ 8,0 %
Zahl der Arbeitslosen	2,3 Mio.	2,5 Mio.
Erwerbspersonen	30,0 Mio.	29,0 Mio.
Kapitalmarkt-Zinssatz	6,5 %	6,0 %
Veränderung der Geldmenge M3	+ 6,0 %	+ 7,0 %
Veränderung der Staatsausgaben		+ 2,0 %
Veränderung der Staatseinnahmen		+ 5,0 %
Leitzinsen der Zentralbank		3,5 %
Kapazitätsauslastung		Investitionsgüter schwach
		Konsumgüter sehr schwach
private Investitionen (real)	+ 3,5 %	+ 3,0 %
Haushaltslage des Staates		zurückgehende Nettokreditaufnahme

5 Beschäftigungs- und Arbeitsmarktpolitik

5.1 Ausmaß und Struktur der Arbeitslosigkeit

Arbeitslosenquote

Ein nur teilweise ausgelastetes Produktionspotenzial einer Volkswirtschaft bedeutet, dass nicht alle Produktionsfaktoren voll beschäftigt sind. Bezogen auf den Faktor Arbeit wird der Beschäftigungsstand durch die Arbeitslosenquote gemessen.

Arbeitslos sind Personen, die – obwohl sie arbeitsfähig und arbeitswillig sind – keine Beschäftigung finden. Statistisch erfasst werden aber nur die bei den Agenturen für Arbeit registrierten Arbeitsuchenden. Unter den registrierten Arbeitsuchenden können sich aber auch Personen befinden, die lediglich die finanzielle Unterstützung der Agentur für Arbeit in Anspruch nehmen wollen und zu den herrschenden Bedingungen nicht ernsthaft an einer Arbeitsaufnahme interessiert sind (= freiwillig Arbeitslose). Andererseits gehen Arbeitslose, die sich nicht bei den Agenturen für Arbeit melden, weil sie keine Vermittlungschancen sehen oder keinen Anspruch auf Unterstützungszahlungen haben, sowie die Personen, die Kurzarbeit leisten müssen, an Arbeitsbeschaffungsmaßnahmen (ABM) teilnehmen oder unfreiwillig in den Vorruhestand gegangen sind, nicht in die Arbeitslosenstatistik ein (= verdeckt Arbeitslose).

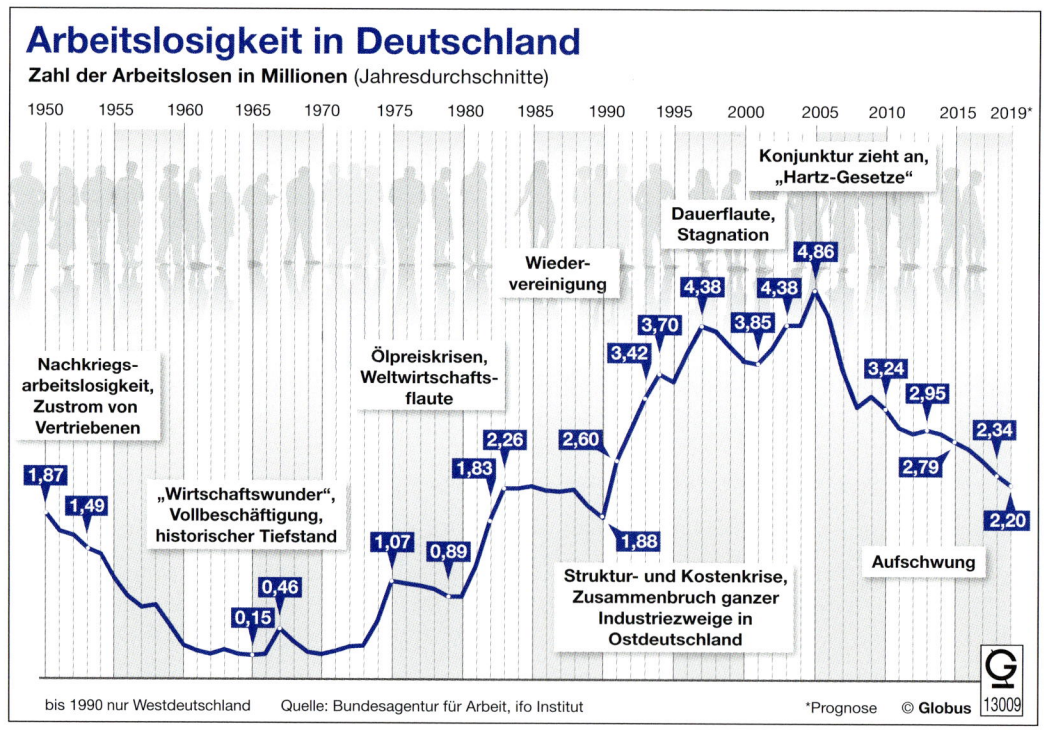

Bevölkerung, Erwerbstätigkeit und Arbeitslosigkeit (Deutschland 2018)			
Einwohner (Wohnbevölkerung) 82,9 Mio.			
Erwerbspersonen (Arbeitskräftepotenzial): 46,2 Mio. (zivile Erwerbspersonen: 45,0 Mio.)			Nicht-Erwerbspersonen 36,7 Mio.
Erwerbstätige (Inländer) 44,7 Mio.		Erwerbslose 1,5 Mio.[1]	
Arbeitnehmer (Inländer) 40,5 Mio.	Selbstständige 1,5 Mio.		
		verdeckt Arbeitslose ca. 1 Mio.	registrierte Arbeitslose 2,34 Mio.[1]

Quelle: Stat. Bundesamt, VGR 2018, März 2019

$$\text{Arbeitslosenquote (ALQ)} = \frac{\text{registrierte Arbeitslose} \times 100}{\text{zivile}^2 \text{ Erwerbspersonen}}$$

$$\text{ALQ 2018} = \frac{2,34 \times 100}{45,0} = 5,2\,\%$$

Die Arbeitslosenquote gibt an, wie viel Prozent der (zivilen) Erwerbspersonen (Erwerbstätige plus Arbeitslose) als arbeitslos registriert sind.

Struktur der Arbeitslosigkeit

Die Analyse der Arbeitslosenstruktur in Deutschland zeigt u. a. folgende Besonderheiten:

- In Ostdeutschland ist die Arbeitslosenquote als Folge des wirtschaftlichen Umbruchs nach der Wiedervereinigung bedeutend höher als in Westdeutschland.

- Unter den Arbeitslosen in Westdeutschland hat fast die Hälfte keine abgeschlossene Berufsausbildung.

- Die unterschiedlich hohe Arbeitslosigkeit bei Personen ohne Berufsausbildung und solchen mit Ausbildung vergrößert sich sowohl in den neuen als auch in den alten Bundesländern erheblich. Insgesamt ist in Deutschland das Problem der Arbeitslosigkeit unter Geringqualifizierten deutlich stärker ausgeprägt als in anderen Ländern.

- Ältere Arbeitnehmer sind von Arbeitslosigkeit besonders stark betroffen (ca. 45 % aller Arbeitslosen sind älter als 45 Jahre).

- Über ein Drittel aller Arbeitslosen ist bereits mehr als ein Jahr ohne Beschäftigung (Langzeitarbeitslose).

---

1   Nach der internationalen Statistik üben Erwerbslose keinerlei Erwerbstätigkeit aus. Registrierte Arbeitslose in Deutschland dürfen aber eine Beschäftigung bis zu 15 Wochenstunden ausüben und gelten trotzdem als arbeitslos. Daher ist die ausgewiesene Zahl der Arbeitslosen größer als die Zahl der Erwerbslosen.

2   „Zivil" bedeutet in diesem Zusammenhang, dass nur Erwerbspersonen aus Privathaushalten berücksichtigt werden. Erwerbspersonen aus sogenannten Anstaltshaushalten (z. B. Soldaten, Gefangene, Mönche) sind dagegen nicht erfasst. Die relativ hohe Abweichung zwischen der Gesamtzahl der Erwerbspersonen und den zivilen Erwerbspersonen kommt wegen der unterschiedlichen und sich teils widersprechenden Datenquellen (Arbeitsagentur und Statistisches Bundesamt) zustande.

Quelle: Bundesagentur für Arbeit   © Globus   12599

5.2   Arten und Ursachen der Arbeitslosigkeit

Arbeitslosigkeit tritt in verschiedenen Formen auf, die Unterschiede hinsichtlich ihrer Ursachen, der gesamtwirtschaftlichen Bedeutung und der Bekämpfungsmöglichkeiten aufweisen. In der Arbeitsmarktpolitik werden vornehmlich folgende vier Formen der Arbeitslosigkeit unterschieden:

Formen der Arbeitslosigkeit	**Saisonale Arbeitslosigkeit**	Saisonale Arbeitslosigkeit tritt als Folge von jahreszeitlich bedingten Nachfrageschwankungen in bestimmten Sektoren (z. B. Landwirtschaft, Bauindustrie, Fremdenverkehrsgewerbe) und Regionen auf.
	Friktionelle Arbeitslosigkeit	Friktionelle Arbeitslosigkeit entsteht, wenn Arbeitskräfte (freiwillig oder unfreiwillig) ihren Arbeitsplatz wechseln und während der Suche nach einer neuen Beschäftigung arbeitslos sind (Sucharbeitslosigkeit, natürliche Arbeitslosigkeit). Sie wird u. a. durch die Unvollkommenheit des Arbeitsmarktes (z. B. fehlende Markttransparenz) und die mangelnde Mobilität der Arbeitskräfte verursacht.
	Konjunkturelle Arbeitslosigkeit	Konjunkturelle Arbeitslosigkeit entsteht durch Schwankungen in der Auslastung des Produktionspotenzials. In der Rezession wird von den Unternehmen weniger und im Boom mehr Arbeit nachgefragt.
	Strukturelle Arbeitslosigkeit	Strukturelle Arbeitslosigkeit beruht auf Strukturwandlungen in der Volkswirtschaft, die auch Änderungen hinsichtlich der Zahl der Arbeitsplätze und der Qualifikationsanforderungen mit sich bringen. Die Arbeitsnachfrage bleibt insbesondere in einzelnen Teilbereichen des Arbeitsmarktes hinter dem Arbeitsangebot zurück, weil in diesen Bereichen im Verhältnis zur Zahl der Erwerbspersonen nicht (mehr) genügend Arbeitsplätze vorhanden sind oder die Arbeitslosen wegen Alters, Qualifikation oder geringer räumlicher Mobilität nicht für die Besetzung der freien Stellen infrage kommen.

Als Unterformen der strukturellen Arbeitslosigkeit, die alle in unmittelbarem Zusammenhang miteinander stehen und sich gegenseitig überlagern, lassen sich unterscheiden:

- Regionale Arbeitslosigkeit in Form vermehrter Arbeitslosigkeit in strukturschwachen Gebieten (z. B. neue Bundesländer, Ostfriesland).
- Berufs- und qualifikationsspezifische Arbeitslosigkeit durch Wegfall bestimmter Berufsgruppen und Änderung der Produktionsweise (z. B. Bergleute, Schriftsetzer).
- Branchenspezifische Arbeitslosigkeit als Folge eines – teilweise durch den internationalen Konkurrenzkampf ausgelösten – Strukturwandels, von dem einzelne Branchen betroffen sind (z. B. Kohle, Stahl, Werften, Textil).
- Geschlechts- und altersspezifische Arbeitslosigkeit, da beispielsweise jugendliche Berufsanfänger und ältere Arbeitslose von den Agenturen für Arbeit besonders schwer vermittelbar sind. Innerhalb aller Altersgruppen ist der Anteil arbeitsloser Frauen besonders hoch.
- Technologische Arbeitslosigkeit liegt dann vor, wenn durch neue Fertigungsverfahren (Rationalisierung) Arbeitskräfte freigesetzt werden.

Der Arbeitsmarkt in Deutschland ist in mehrfacher Hinsicht gespalten. Für die Unterschiede in West und Ost ist der Mangel an Arbeitsplätzen in den neuen Bundesländern ursächlich. Daneben besteht aber auch im Westen eine Spaltung: Arbeitslosigkeit auf der einen Seite und zahlreiche offene Stellen auf der anderen Seite. Angebot und Nachfrage auf dem Arbeitsmarkt können also nicht in Einklang gebracht werden. Diese Form der strukturellen Arbeitslosigkeit wird als **Mismatch-Arbeitslosigkeit**[1] bezeichnet. Es wird geschätzt, dass derzeit 60 % der Arbeitslosigkeit in Westdeutschland auf solche Ungleichgewichte am Arbeitsmarkt zurückzuführen sind. Entweder passen die Qualifikationsanforderungen der offenen Stellen und die Qualifikation der Arbeitsuchenden nicht zusammen **(qualifikatorischer Mismatch in Form von Fachkräftemangel)** und/oder Arbeitgeber und Arbeitsuchende befinden sich an verschiedenen Orten und sind nicht mobil **(regionaler Mismatch)**.

Arbeitslosenquote	2010	2011	2012	2013	2014	2015	2016	2017	2018
registrierte Arbeitslose in Tsd.	3.415	3.238	2.976	2.897	2.898	2.795	2.691	2.533	2.340
gemeldete offene Stellen in Tsd.	301	359	466	478	490	569	655	731	796

Quelle: Deutsche Bundesbank, Monatsbericht März 2019

Lernkontrolle
Aufgabe 1

5.3 Maßnahmen zur Bekämpfung der Arbeitslosigkeit

Unterschiedliche Ursachen der Arbeitslosigkeit erfordern unterschiedliche Maßnahmen zu ihrer Bekämpfung. Die Abbildung auf S. 530 gibt einen Überblick über mögliche Ansatzpunkte.

Unterscheidung zwischen Beschäftigungspolitik und Arbeitsmarktpolitik

Die Beschäftigungspolitik setzt an gesamtwirtschaftlichen Größen (z. B. gesamtwirtschaftliche Nachfrage und gesamtwirtschaftliches Angebot, Wirtschaftswachstum) an. Sie umfasst u. a. fiskalpolitische Maßnahmen des Staates im Rahmen der Konjunktur- und Wachstumspolitik sowie geldpolitische Maßnahmen der Zentralbank. Die Maßnahmen greifen – im Gegensatz zur Arbeitsmarktpolitik – nicht in einzelwirtschaftliche Entscheidungen einzelner Unternehmen und Haushalte ein. Im Rahmen der Arbeitsmarktpolitik geht es dagegen beispielsweise um Qualifizierungsmaßnahmen für Arbeitslose, Lohnkostenzuschüsse, Kurzarbeitergeld u. a. m.

---

1 to match *(engl.):* zusammenpassen

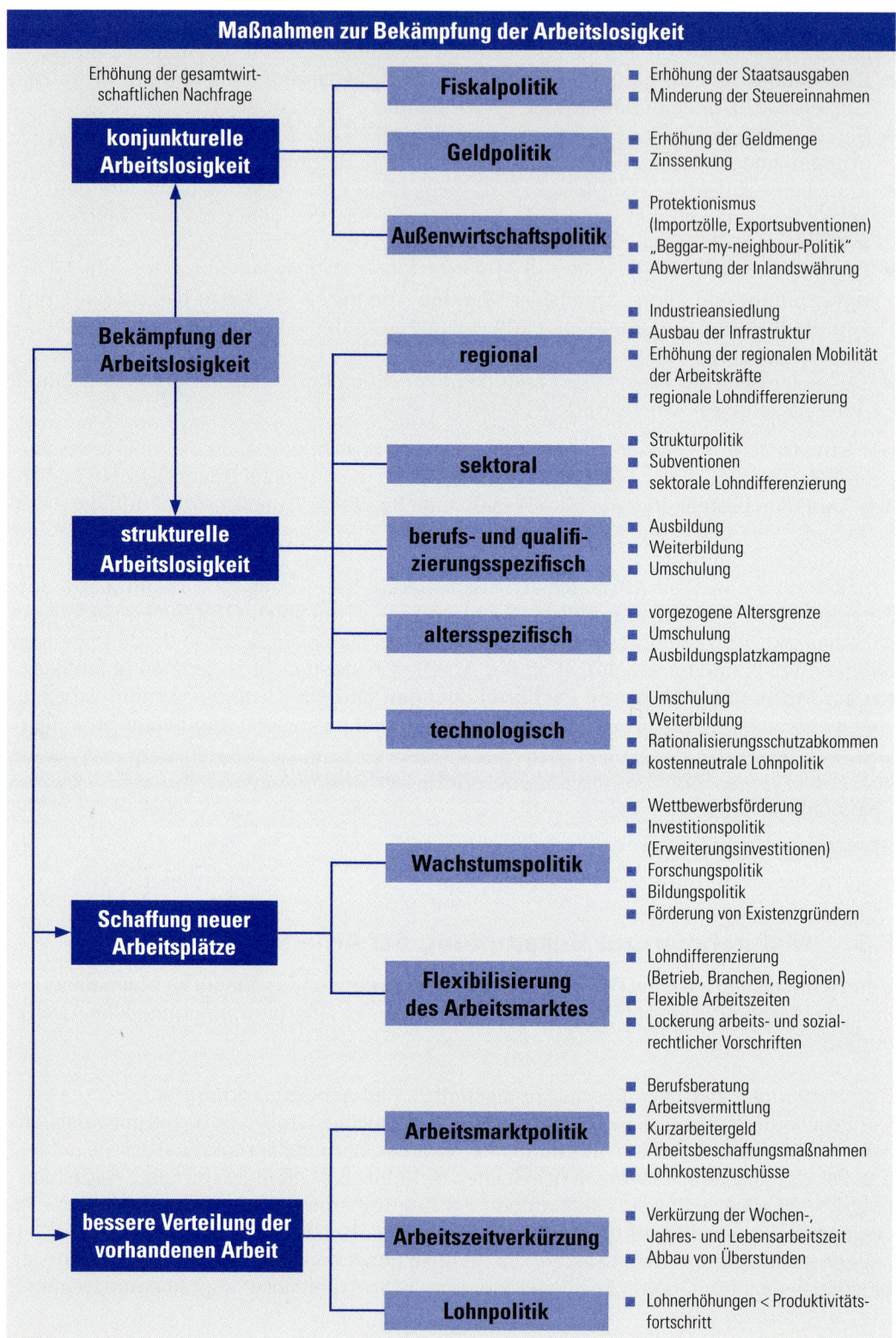

Maßnahmen zur Bekämpfung der Arbeitslosigkeit

Erhöhung der gesamtwirt-
schaftlichen Nachfrage

**konjunkturelle
Arbeitslosigkeit**

Fiskalpolitik
- Erhöhung der Staatsausgaben
- Minderung der Steuereinnahmen

Geldpolitik
- Erhöhung der Geldmenge
- Zinssenkung

Außenwirtschaftspolitik
- Protektionismus
  (Importzölle, Exportsubventionen)
- „Beggar-my-neighbour-Politik"
- Abwertung der Inlandswährung

**Bekämpfung der
Arbeitslosigkeit**

regional
- Industrieansiedlung
- Ausbau der Infrastruktur
- Erhöhung der regionalen Mobilität
  der Arbeitskräfte
- regionale Lohndifferenzierung

sektoral
- Strukturpolitik
- Subventionen
- sektorale Lohndifferenzierung

**strukturelle
Arbeitslosigkeit**

**berufs- und qualifi-
zierungsspezifisch**
- Ausbildung
- Weiterbildung
- Umschulung

altersspezifisch
- vorgezogene Altersgrenze
- Umschulung
- Ausbildungsplatzkampagne

technologisch
- Umschulung
- Weiterbildung
- Rationalisierungsschutzabkommen
- kostenneutrale Lohnpolitik

**Schaffung neuer
Arbeitsplätze**

Wachstumspolitik
- Wettbewerbsförderung
- Investitionspolitik
  (Erweiterungsinvestitionen)
- Forschungspolitik
- Bildungspolitik
- Förderung von Existenzgründern

**Flexibilisierung
des Arbeitsmarktes**
- Lohndifferenzierung
  (Betrieb, Branchen, Regionen)
- Flexible Arbeitszeiten
- Lockerung arbeits- und sozial-
  rechtlicher Vorschriften

**bessere Verteilung der
vorhandenen Arbeit**

Arbeitsmarktpolitik
- Berufsberatung
- Arbeitsvermittlung
- Kurzarbeitergeld
- Arbeitsbeschaffungsmaßnahmen
- Lohnkostenzuschüsse

Arbeitszeitverkürzung
- Verkürzung der Wochen-,
  Jahres- und Lebensarbeitszeit
- Abbau von Überstunden

Lohnpolitik
- Lohnerhöhungen < Produktivitätsfortschritt

Vorschläge der Tarifvertragsparteien zur Arbeitsmarktpolitik

Unter den Tarifparteien und den Anhängern einer angebots- bzw. nachfrageorientierten Wirtschaftspolitik herrscht allerdings – nicht zuletzt wegen der sich teilweise widersprechenden Interessenlage – Uneinigkeit, welche Maßnahmen angesichts der gegenwärtigen hohen Arbeitslosigkeit in Deutschland ergriffen werden sollen. In der folgenden Tabelle sind einige der gängigen Vorschläge und Argumente gegenübergestellt.

Maß-nahme	Neoklassische Arbeitsmarkttheorie Position der Arbeitgeber	Keynesianische Arbeitsmarkttheorie Position der Gewerkschaften
Senkung der Lohnkosten	Der Lohn als Preis für den Produktionsfaktor Arbeit muss auf Arbeitsmarktungleichgewichte reagieren. Größere Flexibilität der Löhne nach unten in Abhängigkeit von der jeweiligen Unternehmenssituation ist erforderlich. Im internationalen Vergleich ist das Lohnniveau in Deutschland äußerst hoch. Das beeinträchtigt die internationale Wettbewerbsfähigkeit der deutschen Wirtschaft.	Niedrigere Löhne bewirken nicht unbedingt eine zusätzliche Beschäftigung. Die Lohnerhöhungen der letzten Jahre waren sehr maßvoll. Die realen Nettolöhne sind sogar gesunken. Trotzdem hat die Arbeitslosigkeit zugenommen. Obwohl in Ostdeutschland das Lohnniveau wesentlich niedriger als im Westen ist, ist dort die Arbeitslosigkeit besonders hoch. Die internationale Wettbewerbsfähigkeit der deutschen Wirtschaft ist nicht gefährdet. Die enormen Exportüberschüsse zeigen, dass in Deutschland die Lohnstückkosten niedrig sind, die Produktivität hoch und die Qualität der Arbeit gut ist.
Lohnerhöhungen zur Erhöhung der Konsumgüternachfrage	Lohnerhöhungen verteuern die Produktion. Zudem ist der Nachfrageeffekt äußerst gering. Bei einem Bruttomonatslohn von 2.230 Euro würde eine Erhöhung um 100,00 Euro nach Abzug von Steuern, Sozialversicherungsabgaben, Ersparnis und Ausgaben für importierte Konsumgüter lediglich eine Nachfrageerhöhung nach inländischen Konsumgütern um 27,10 Euro (Single) bzw. 35,80 Euro (verheirateter Alleinverdiener mit 2 Kindern) bewirken.	Für eine Produktionsausweitung sind nicht die Lohnkosten entscheidend, sondern die Absatzmöglichkeiten der Unternehmen. Durch Lohnerhöhungen kann die Binnennachfrage nach Konsumgütern gestärkt und ein Beschäftigungsimpuls ausgelöst werden. In vielen Branchen sind die Produktionskapazitäten wegen fehlender Aufträge nicht ausgelastet. Das verstärkt den Preiswettbewerb und vernichtet Arbeitsplätze. Lohnerhöhungen im Rahmen des Produktivitätsfortschritts sind kostenneutral. Der Verzicht auf Lohnerhöhungen, die Kürzung der Sozialleistungen und die steigende Arbeitslosigkeit führen zu einer Schwächung der Konsumgüternachfrage und damit zu neuen Arbeitsplatzverlusten.
Einführung eines Niedriglohnsektors	Eine Lohndifferenzierung durch Einführung eines Niedriglohnsektors ist nötig, um auch gering qualifizierten Arbeitnehmern eine Beschäftigungsmöglichkeit zu bieten (Spreizung der unteren Lohngruppen). Es müssen Anreize zur Arbeitsaufnahme statt Anreize zur Schwarzarbeit geschaffen werden (z. B. durch höhere Zuverdienstgrenzen beim Arbeitslosengeld, Lohnsubventionen statt Arbeitslosengeld II).	Die Löhne in Westdeutschland haben sich seit 20 Jahren immer mehr auseinanderentwickelt, d.h., der Abstand zwischen denjenigen, die sehr viel verdienen, und denjenigen, die sehr wenig verdienen, ist immer größer geworden. Trotzdem hat sich die Arbeitslosigkeit nicht verringert. Trotz des niedrigen Lohnniveaus in Ostdeutschland ist dort die Arbeitslosigkeit besonders hoch. Ein Niedriglohnsektor setzt zudem voraus, dass es genügend freie Arbeitsplätze in diesem Arbeitsmarktsegment gibt.

Maß-nahme	Neoklassische Arbeitsmarkttheorie Position der Arbeitgeber	Keynesianische Arbeitsmarkttheorie Position der Gewerkschaften
Mindestlöhne	Mindestlöhne stellen einen marktkonträren Eingriff dar. Sie bewirken noch mehr Arbeitslosigkeit, da Geringqualifizierte im Niedriglohnbereich keine Beschäftigung mehr finden. Sie führen dazu, dass Arbeitsplätze noch schneller in Niedriglohnländer verlagert werden. In Deutschland existiert seit 2015 ein Mindestlohn. Dieser soll ab 2020 auf 9,35 Euro brutto pro Stunde steigen.	Staatlich festgelegte Mindestlöhne sichern den Beschäftigten eine für die Lebenshaltung ausreichende Lohnhöhe (Existenzminimum). Sie schützen vor Lohndumping durch Arbeitskräfte aus den osteuropäischen EU-Ländern. Fast alle Industrienationen haben Mindestlöhne eingeführt. Negative Auswirkungen auf den Arbeitsmarkt lassen sich nicht belegen.
Arbeitszeit	Flexible Arbeitszeitregelungen. Mehrarbeit ohne Lohnausgleich zur Senkung der Stückkosten und Erhöhung der Wettbewerbsfähigkeit. Dadurch wird die Beschäftigung gesichert. Der gesetzliche Anspruch auf Teilzeitarbeit und die eingeschränkte Befristungsmöglichkeit der Arbeitsverhältnisse ist arbeitsplatzschädigend. Wunschkandidaten können nicht erneut befristet eingestellt werden, wenn sie schon früher im Unternehmen beschäftigt waren. Nicht jeder Wunsch auf Teilzeitarbeit lässt sich organisatorisch in den Betriebsablauf einfügen. Diesbezügliche juristische Auseinandersetzungen kosten viel Geld und Zeit.	Mehrarbeit führt zu Mehrproduktion, die wiederum in vollem Umfang abgesetzt werden muss. Andernfalls ergibt sich sogar ein negativer Beschäftigungseffekt. Längere Arbeitszeiten verhindern Neueinstellungen. Statt Arbeitszeitverlängerung sind weitere Arbeitszeitverkürzungen zur Schaffung neuer Arbeitsplätze nötig. Produktivitätssteigerungen machen Arbeitszeitverkürzungen ohne Kostensteigerung möglich. Abbau von Überstunden.
Abschaffung der Flächentarifverträge	Die traditionellen Flächentarifverträge (Löhne werden für die gesamte Branche eines Tarifgebietes festgelegt) müssen geändert werden. Der Lohnerhöhungsspielraum ist nicht bei allen Betrieben einer Branche gleich. Lohndifferenzierung in Abhängigkeit von der wirtschaftlichen Lage eines Betriebs muss möglich sein. Wenn es leichter wäre, im Krisenfall von tariflichen Vereinbarungen abzuweichen, würden mehr Arbeitsplätze geschaffen.	Die Flächentarifverträge bieten die Möglichkeit zur Vereinbarung von Öffnungsklauseln, um auf schwierige Situationen einzelner Unternehmen Rücksicht zu nehmen. Von solchen Öffnungsklauseln wird bereits vielfältiger Gebrauch gemacht. Die Forderung nach Abschaffung der Flächentarife zielt in Wirklichkeit darauf, den Mindestschutz für die Beschäftigten zu beseitigen und die Gewerkschaften zu schwächen.
Lockerung des Kündigungsschutzes	Der Kündigungsschutz muss gelockert werden. Er stellt neben anderen Schutzgesetzen eines der wesentlichen Einstellungshindernisse dar, da die Unternehmen befürchten, Arbeitnehmer in Krisenzeiten nicht ohne Weiteres entlassen zu können. Kündigungsschutzprozesse dauern lange und bergen unkalkulierbare finanzielle Folgen (Abfindungen u. Ä.). Wegen der vorgeschriebenen Sozialauswahl müssen bei Beschäftigungsrückgang oftmals Leistungsträger zuerst entlassen werden.	Nur Arbeitnehmer, die nicht in ständiger Angst vor einem Arbeitsplatzverlust leben, sind motiviert und steigern den Unternehmenserfolg. Sie sind auch zur Fort- und Weiterbildung bereit. Kündigungsschutz bedeutet für die Arbeitnehmer mehr Existenzsicherheit. Er schützt aber keineswegs vor Kündigung, sondern nur vor Willkür. Aus internationalen Statistiken lässt sich in keinem Land ein Zusammenhang zwischen Kündigungsschutz und Arbeitslosigkeit nachweisen.

Maß-nahme	Neoklassische Arbeitsmarkttheorie Position der Arbeitgeber	Keynesianische Arbeitsmarkttheorie Position der Gewerkschaften
Fehlanreize	Wesentliche Ursache für die Arbeitslosigkeit sind Fehlanreize. Beispielsweise kann die Forderung nach mehr Beschäftigung älterer Arbeitsloser nicht fruchten, wenn der Staat durch Programme zur Frühverrentung die sozialverträgliche Entlassung älterer Arbeitnehmer fördert. Arbeitsplätze im Niedriglohnsektor können nicht entstehen, wenn die soziale Absicherung für Geringqualifizierte finanziell attraktiver ist als eine legale Erwerbstätigkeit. Dauer und Höhe der Unterstützungsleistungen verhindern eine schnelle Arbeitssuche (mangelnde Flexibilität und Anpassungsbereitschaft).	Es wird immer wieder unterstellt, dass für Problemgruppen unter den Arbeitslosen (ältere Arbeitslose, Langzeitarbeitslose, Geringqualifizierte) genügend Arbeitsplätze zur Verfügung stehen, die nur wegen mangelnden Interesses der Betroffenen aufgrund zu hoher Sozialleistungen oder wegen der unzureichenden Vermittlungstätigkeit der Agenturen für Arbeit nicht besetzt werden können. In Wirklichkeit gibt es diese Arbeitsplätze nicht. Der Slogan „Fordern statt Fördern" setzt ein Arbeitsplatzangebot voraus, das aber nicht vorhanden ist.
Absenkung des Arbeitslosengeldes II und Verschärfung der Zumutbarkeitsregeln	Das Arbeitslosengeld II soll auf Sozialhilfeniveau gesenkt und gleichzeitig die Zumutbarkeitsregelung bezüglich der von den Agenturen für Arbeit angebotenen Stellen verschärft werden. So können der Druck auf Langzeitarbeitslose und der Anreiz zur Beschäftigungsaufnahme erhöht werden.	Die Kürzung von Sozialleistungen führt zu einer weiteren Schwächung des Konsums und neuen Arbeitsplatzverlusten. Wenn Arbeitslose gezwungen werden, eine schlechter bezahlte Arbeit, die eine geringere Qualifikation erfordert, anzunehmen, nehmen sie den geringer qualifizierten Arbeitskräften die ohnehin knappen Arbeitsplätze in diesem Bereich weg. Erhöhter Druck auf Arbeitslose und Maßnahmen zur Verbesserung der Arbeitsvermittlung setzen voraus, dass es genügend freie Arbeitsplätze gibt.
Senkung der Steuer- und Abgabelast	Die Unternehmenssteuern und die Sozialversicherungsbeiträge, soweit sie sich als Lohnnebenkosten (= Arbeitgeberanteil zur Sozialversicherung) niederschlagen, müssen gesenkt werden, um die Wettbewerbsfähigkeit zu sichern.	Die Unternehmenssteuern (Körperschaftssteuer, Spitzensteuersätze der Einkommenssteuer) sind in den letzten Jahren erheblich gesenkt worden. Trotzdem hat die Beschäftigung zeitweise weiter abgenommen. Hinsichtlich der Steuer- und Sozialabgabenquote bewegt sich Deutschland international im Mittelfeld. In einigen Ländern, die arbeitsmarktpolitisch wesentlich erfolgreicher sind als Deutschland (z. B. Schweden), liegt die Abgabenqoute erheblich höher.
staatliches Beschäftigungsprogramm	Staatliche Programme zur Beschäftigungsförderung lösen allenfalls ein kurzfristiges „Strohfeuer" aus. Aufgabe des Staates ist es, die wirtschaftlichen Rahmenbedingungen so zu gestalten, dass die Unternehmen investieren und Arbeitskräfte einstellen. Steuererhöhungen sind ebenso wie eine zusätzliche Staatsverschuldung „Gift für die Wirtschaft".	Durchführung staatlicher Investitionsprogramme (z. B. Bildung, Infrastruktur, Umwelt). Finanzierung durch staatliche Kreditaufnahme auf Wiedereinführung der Börsenumsatz- und Vermögenssteuer sowie Erhöhung der im internationalen Vergleich niedrigen Erbschaftssteuer. Auf Dauer tritt durch die ausgelöste Beschäftigungserhöhung wegen des damit einhergehenden höheren Steueraufkommens ein Selbstfinanzierungseffekt ein.

Lernkontrolle
Aufgaben 2 u. 3

Zusammenfassung und Lernkontrolle

Zusammenfassung

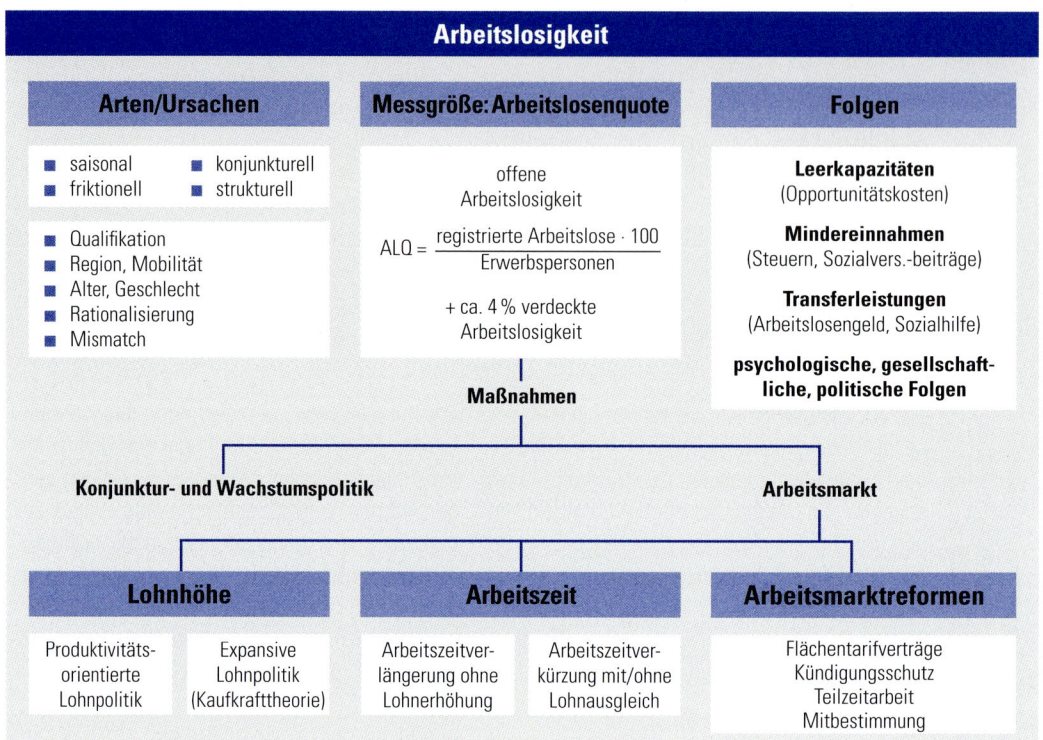

Lernkontrolle

Aufgabe 1: Arbeitslosigkeit in Deutschland – Arbeitslosenquote – Arten und Ursachen der Arbeitslosigkeit

	2013	2014	2015	2016	2017	2018
zivile Erwerbspersonen (Tsd.)	42.910	42.000	43.671	44.114	44.438	45.000
regisitrierte Arbeitslose (Tsd.)	2.950	2.898	2.795	2.691	2.533	2.340
offene Stellen (Tsd.)	434	490	569	655	731	796
Erwerbstätige im Baugewerbe (Tsd.)	2.427	2.436	2.427	2.451	2.490	2.529
Erwerbstätige im Dienstleistungsgewerbe (Tsd.)	30.869	31.286	31.886	32.461	33.011	33.356
Langzeitarbeitslose in % aller AL	35,9	36,6	37,2	36,9	35,6	34,8
ALQ bei Erwerbspersonen ohne Beruf in %	20,0	19,9	20,0	19,1	19,0	17,9
ALQ neue Bundesländer	11,6	11,0	10,3	9,0	8,4	6,7
Bruttolöhne/-gehälter je Arbeitnehmerstunde in Euro	23,82	24,36	24,95	25,67	26,27	26,99
Arbeitsproduktivität je Erwerbstätigenstunde (2010 = 100)	103,5	104,3	105,0	106,4	107,6	107,6

Quelle: Statistisches Bundesamt, VGR 2018, März 2019

1. Ermitteln Sie die Quoten der registrierten Arbeitslosen für die Jahre 2011 bis 2018.
2. Wodurch ist die Abweichung zur Quote der offenen und verdeckten Arbeitslosigkeit bedingt?

3. Warum hat sich trotz steigender Arbeitslosigkeit gleichzeitig die Zahl der offenen Stellen erhöht?

4. Prüfen Sie anhand der Zahlen aus der Tabelle auf S. 534 und der Abb. auf S. 528, inwieweit verschiedene Arten der Arbeitslosigkeit erkennbar sind.

5. Analysieren Sie die aktuelle Situation und Entwicklung auf dem Arbeitsmarkt (Arbeitslosenquoten der einzelnen Bundesländer, Zugang und Abgang an Arbeitslosen während der letzten Monate, Bestand an Arbeitslosen):
http://statistik.arbeitsagentur.de   www.sozialpolitik-aktuell.de

Aufgabe 2: Lohnpolitik – Beschäftigungspolitik

Bei der Diskussion um den Zusammenhang zwischen Lohnerhöhungen und Arbeitslosigkeit werden folgende Positionen vertreten:

Unternehmer: Lohnerhöhungen erhöhen die Produktionskosten und führen dadurch zu noch mehr Arbeitslosigkeit (Kosteneffekt).
Gewerkschaften: Lohnerhöhungen führen zu einer Erhöhung der Konsumgüternachfrage und bewirken eine Verringerung der Arbeitslosigkeit (Kaufkrafteffekt).

1. Aus Unternehmersicht wird behauptet, der Kosteneffekt einer Lohnerhöhung sei wesentlich höher als der direkte Nachfrageeffekt.
Überprüfen Sie diese Behauptung, indem Sie die Kostenbelastung sowie die Wirkung auf die Nachfrage nach inländischen Konsumgütern ermitteln, wenn eine Bruttolohnerhöhung um 100,00 Euro vereinbart wird und folgende Annahmen gelten: Sozialversicherungsbeiträge (je zur Hälfte vom Arbeitgeber und Arbeitnehmer getragen): ca. 40 %; Lohnsteuer (einschl. Solidaritätszuschlag): ca. 25 %; Sparquote: 5 %; Anteil importierter Konsumgüter an den gesamten Konsumausgaben: 11 %.

2. Erstellen Sie aus den folgenden Elementen je eine Wirkungskette, die die Argumentation der Unternehmer bzw. der Gewerkschaften stützt. (Es müssen nicht alle Elemente verwendet werden.)
Elemente: (1) Tariflöhne, (2) Volkswirtschaftliche Lohnsumme, (3) Gewinne, (4) Erweiterungsinvestitionen, (5) Produktion, (6) Produktionskosten, (7) Konsum, (8) gesamtwirtschaftliche Nachfrage, (9) (internationale) Wettbewerbsfähigkeit, (10) Rationalisierung, (11) Beschäftigung.
Verbinden Sie die von Ihnen ausgewählten Elemente mit Pfeilen und versehen Sie die Pfeilspitze nach folgender Regel mit einem Plus- oder Minuszeichen:
Pluszeichen: gleichgerichtete (verstärkende) Wirkung (je mehr – desto mehr bzw. je weniger – desto weniger)
Minuszeichen: entgegengesetzte (abschwächende) Wirkung (je mehr – desto weniger bzw. je weniger – desto mehr)

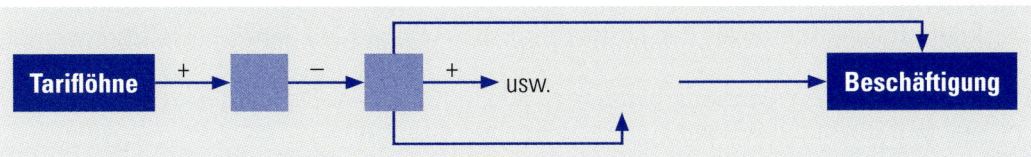

3. Erstellen Sie unter Verwendung der Elemente von Aufgabe 2 und weiterer Elemente (s. u.) ein Vernetzungsdiagramm, das Zusammenhänge und Abhängigkeiten zwischen verschiedenen Faktoren und Prozessen aufzeigt, die zur Arbeitslosigkeit bzw. deren Behebung beitragen.

Weitere Elemente, die im Vernetzungsdiagramm berücksichtigt werden können: Lohn-nebenkosten, Flexibilisierung von Arbeitszeiten und Lohntarifen, Unternehmenssteuern, Exporte, staatliche Zuschüsse zur Arbeitslosenversicherung, staatliche Maßnahmen zur Arbeitsbeschaffung, Sozialhilfe, Belastung des Staatshaushaltes, Verbrauchsteuern, Kaufkraft, …

Symbolisieren Sie dazu Wirkungen, die ein Element **direkt** auf ein anderes Element ausübt, durch einen Pfeil und kennzeichnen Sie die Wirkungsrichtung mit einem Plus- bzw. Minuszeichen (vgl. Aufgabe 2).

4. Stellen Sie im Vernetzungsdiagramm Wirkungsketten fest, bei denen sich bestimmte Elemente selbst indirekt beeinflussen (Rückkopplungskreisläufe).

Aufgabe 3: Maßnahmen zur Bekämpfung der Arbeitslosigkeit

Ordnen Sie den folgenden 20 Maßnahmen die verschiedenen Zuständigkeits- und Interessenbereiche a) bis e) zu:

a)   Bundesagentur für Arbeit
b)   Bundesregierung
c)   Tarifpolitik
d)   arbeitgeberfreundlich
e)   arbeitnehmerfreundlich

1.) Lohnerhöhung zur Steigerung der Konsumgüternachfrage (expansive Lohnpolitik)
2.) Senkung der Lohnnebenkosten durch Streichung des Arbeitgeberanteils zur Sozialversicherung
3.) Beschäftigung unter Tariflohn (Niedriglohnsektor)
4.) Senkung der Unternehmenssteuern und der Lohnnebenkosten
5.) Lockerung des Kündigungsschutzes
6.) bessere Qualifizierung der Arbeitskräfte
7.) keine Lohnerhöhungen (Nullrunde)
8.) Flexibilisierung der Arbeitszeit, längere Maschinenlaufzeiten
9.) Teilzeitarbeit
10.) Abschaffung der Flächentarifverträge
11.) Kürzung von Arbeitslosengeld, Arbeitslosenhilfe und Sozialhilfe als Anreiz zur Arbeits-aufnahme
12.) Verlängerung der Arbeitszeit ohne Lohnausgleich
13.) befristete Arbeitsverträge
14.) kreditfinanzierte staatliche Bildungs-, Forschungs-, Umwelt- und Infrastrukturinves-titionen
15.) Verhinderung/Abschaffung von Mindestlöhnen
16.) Öffnungsklauseln bei Tarifverträgen („Einsteigertarife"), aufgrund derer auch Arbeits-kräfte zu niedrigeren als den tarifvertraglich vereinbarten Löhnen beschäftigt werden dürfen
17.) Verringerung der Wochenarbeitszeit (z. B. 35-Stunden-Woche) und der Lebensarbeits-zeit (z. B. Beginn des Renteneintrittsalters mit 60 Jahren)
18.) staatlich subventionierte Nachfrage nach Arbeitskräften (z. B. Kombilohn)
19.) Senkungen der Einkommen- und Körperschaftsteuern zur Erhöhung der Investitions- und Konsumgüternachfrage
20.) Neueinstellungen durch Abbau/Vermeidung von Überstunden

6   Umweltpolitik

6.1   Ursachen und Ausmaß der Umweltprobleme

Die wesentlichen Ursachen der Umweltbelastung lassen sich folgendermaßen einteilen:

produktionsbedingte Ursachen		verhaltens- und systembedingte Ursachen	
Bevölkerungswachstum und Verstädterung	Wirtschaftswachstum und Arbeitsteilung	Umwelt als öffentliches Gut	Marktversagen
zunehmender Rohstoff- und Energieverbrauch		Entstehung externer Kosten durch Überbeanspruchung der Umweltgüter	

Das vorrangigste Umweltproblem weltweit sind die Klimaveränderungen durch den Treibhauseffekt. Hauptursache ist dabei das Kohlendioxid (CO_2), das vor allem durch die Verbrennung fossiler[1] Brennstoffe (Erdöl, Kohle, Erdgas) in die Atmosphäre entweicht. Der weltweite CO_2-Ausstoß ist somit eng an den weltweiten Verbrauch nicht erneuerbarer Energieträger gekoppelt.

> Die weltweite Klimaveränderung als Folge der Verbrennung von Erdöl, Erdgas und Kohle ist derzeit das vorherrschende Umweltproblem.

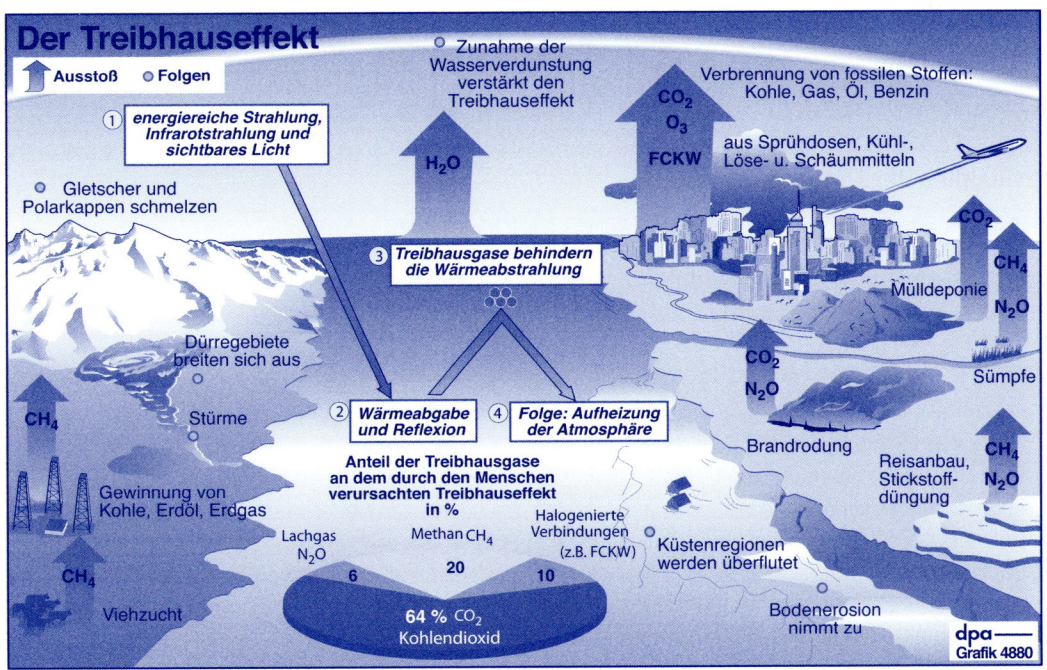

___

1   fossil *(lat.):* Fossilien sind Überreste und Abdrücke von Lebewesen, die in vorgeschichtlicher Zeit gelebt haben. Durch besondere Umstände sind diese Lebewesen nach ihrem Tod nicht verwest und zerfallen, sondern ihre Struktur blieb bis heute erhalten. Die fossilen Energieträger Erdöl, Erdgas und Kohle sind ebenfalls derartige Überreste.

6.2   Ziele und Prinzipien der Umweltpolitik

Umweltpolitik umfasst alle Maßnahmen, um die natürliche Umwelt als Lebensgrundlage des Menschen auch für die nachfolgenden Generationen zu sichern. Dazu sind Boden, Luft, Wasser, Pflanzen und Tierwelt vor schädlichen Wirkungen menschlicher Eingriffe zu schützen sowie bereits eingetretene Umweltschäden zu beseitigen.

Nachhaltige Entwicklung als Leitbild

In der Bundesrepublik wurde seit Anfang der Siebzigerjahre eine Vielzahl von Umweltschutzgesetzen und -verordnungen erlassen. Die Maßnahmen reichen vom Abfallbeseitigungsgesetz (1972) über das Bundesimmissionsschutzgesetz (1974) und das Bundesnaturschutzgesetz (1976) bis zur vorgeschriebenen Umweltverträglichkeitsprüfung (1990). Die Leitvorstellung der nachhaltigen Entwicklung, wie sie auch 1994 als Staatsziel im Grundgesetz der Bundesrepublik Deutschland (Art. 20a) verankert wurde, zielt auf die Bewahrung der Umwelt auch für künftige Generationen ab.

Grundgesetz Artikel 20a [Umweltschutz]

Der Staat schützt auch in Verantwortung für die künftigen Generationen die natürlichen Lebensgrundlagen und die Tiere im Rahmen der verfassungsrechtlichen Ordnung durch Gesetzgebung und nach Maßgabe von Gesetz und Recht durch die vollziehende Gewalt und die Rechtsprechung.

Nachhaltige Entwicklung ist ein ethisches Leitbild, das auf eine umweltverträgliche Entwicklung abzielt. Dadurch sollen sowohl alle derzeit auf der Welt lebenden Menschen als auch die künftigen Generationen gleiche Lebenschancen erhalten.

Prinzipien der Umweltpolitik

Die Umweltpolitik in Deutschland beruht im Wesentlichen auf folgenden vier Prinzipien:

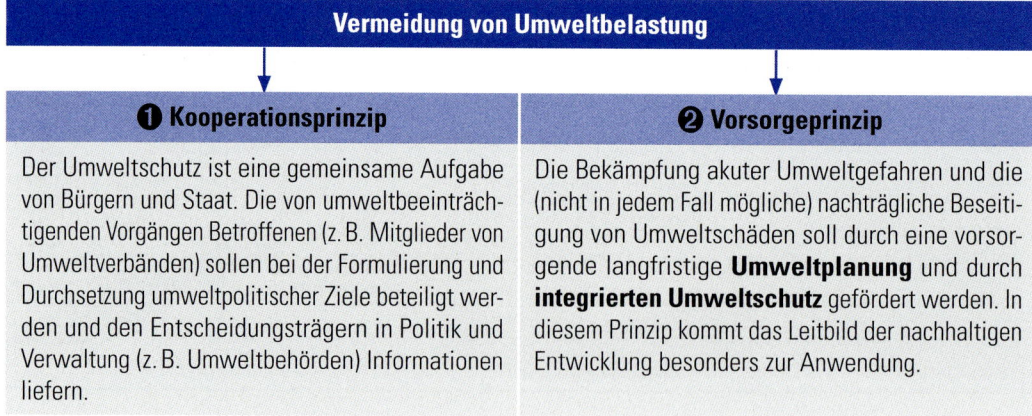

Vermeidung von Umweltbelastung

❶ Kooperationsprinzip	❷ Vorsorgeprinzip
Der Umweltschutz ist eine gemeinsame Aufgabe von Bürgern und Staat. Die von umweltbeeinträchtigenden Vorgängen Betroffenen (z. B. Mitglieder von Umweltverbänden) sollen bei der Formulierung und Durchsetzung umweltpolitischer Ziele beteiligt werden und den Entscheidungsträgern in Politik und Verwaltung (z. B. Umweltbehörden) Informationen liefern.	Die Bekämpfung akuter Umweltgefahren und die (nicht in jedem Fall mögliche) nachträgliche Beseitigung von Umweltschäden soll durch eine vorsorgende langfristige **Umweltplanung** und durch **integrierten Umweltschutz** gefördert werden. In diesem Prinzip kommt das Leitbild der nachhaltigen Entwicklung besonders zur Anwendung.

Aufteilung der Kosten zur Vermeidung oder Beseitigung von Umweltbelastung

❸ Verursacherprinzip als umweltpolitische Leitlinie

Die Kosten zur Vermeidung oder Beseitigung von Umweltschädigungen sollen von denjenigen getragen werden, die für ihre Entstehung verantwortlich sind. Es ist aber nicht immer feststellbar, wer in welchem Umfang zur Umweltbelastung beigetragen hat. Auch die damit einhergehende staatliche Kontrolle und Überwachung ist nicht in allen Fällen möglich oder sinnvoll. In manchen Fällen gehen zudem mit dem Verursacherprinzip unerwünschte Nebenwirkungen einher, wenn beispielsweise die durch betrieblichen Umweltschutz verursachten Kostenerhöhungen die wirtschaftliche Existenz einzelner Unternehmen oder ganzer Branchen im internationalen Wettbewerb gefährden. Daher muss immer dann, wenn das Verursacherprinzip nicht anwendbar ist oder angewendet werden soll, auf andere Prinzipien zurückgegriffen werden.

❹ Gemeinlastprinzip

Nicht die Verursacher, sondern bestimmte gesellschaftliche Gruppen oder die Allgemeinheit werden mit den Umweltkosten belastet. Der Staat finanziert aus Steuermitteln Umweltschutz und die Behebung von Umweltschäden. Dieses Prinzip sollte nach Möglichkeit nur in Ausnahmefällen zur Anwendung kommen. Es begünstigt das „Trittbrettfahrerproblem".

Die Kosten zur Vermeidung oder Beseitigung von Umweltschäden sollen demjenigen angelastet werden, der für ihre Entstehung verantwortlich ist (Verursacherprinzip). Nur wenn der Verursacher nicht feststellbar ist oder akute Gefahr zu beseitigen ist, soll auf Steuermittel (Gemeinlastprinzip) zurückgegriffen werden. Eine Leitidee der Umweltökonomie ist die Internalisierung sozialer Kosten. Die durch die Umweltbelastung entstehenden Kosten sollen dabei beim Verursacher zum Bestandteil seiner betriebswirtschaftlichen bzw. einzelwirtschaftlichen Kostenrechnung gemacht werden, sodass er das umweltbelastende Verhalten aus Kostengründen einschränkt. Dies kann durch die Erhebung von Umweltabgaben geschehen.

Soziale Kosten (externe Kosten)

Beim Produktionsprozess in einer Zementfabrik entstehen große Mengen an Staub, der in die Luft abgelassen (emittiert) wird. Die Anwohner in der Umgebung werden dadurch belastet. Beispielsweise muss die Wäsche häufiger gewaschen werden. Die Lebensqualität sinkt wegen der hohen Luftbelastung. Einer elektrotechnischen Fabrik in der Nähe, die für ihre Produktion staubfreie Luft benötigt, entstehen entweder zusätzliche Kosten für Luftfilter oder sie muss ihren Produktionsstandort verlegen. Bei der verursachenden Zementfabrik gehen aber nur die **internen Kosten** (z. B. Lohnkosten, Kosten für Roh-, Hilfs- und Betriebsstoffe) in die Kostenrechnung und die Preiskalkulation ein. Die ebenfalls von ihr verursachten externen Kosten werden hingegen anderen Personen und Unternehmen angelastet. Die Zementfabrik kann somit billiger produzieren, als wenn sie auch die von ihr verursachten externen Kosten tragen müsste. Der Preis, den die Zementfabrik für ihre Produkte erzielt, ist somit zu niedrig, da er nicht alle durch die Zementproduktion entstehenden Kosten deckt. Wenn es gelingt, durch umweltpolitische Maßnahmen die Nachteile der anderen Personen und Unternehmen auf Kosten der Zementfabrik zu verringern oder ganz zu vermeiden, liegt eine Internalisierung der externen Kosten (Belastung des Verursachers mit **allen** Kosten) vor. Der Zementpreis dieser Fabrik müsste dann steigen. Ist die Preiserhöhung am Markt durchsetzbar, zahlen die Kunden für die Vermeidung der Staubemission.

Umweltschäden verursachen externe Kosten. Umweltprinzipien lassen sich danach unterscheiden, wer die Kosten für die Beseitigung oder Vermeidung von Umweltschäden trägt.

Umweltprinzipien	Beispiel: Einwegdose	Beispiel: Abwasser
„Wer zahlt für die Vermeidung oder Beseitigung von Umweltschäden?"	Schüler Mario lässt während einer Wanderung eine Coladose im Wald liegen.	Eine Papierfabrik leitet Abwasser ungeklärt in einen Fluss und beeinträchtigt den Fischfang, die Ausflugslokale am Ufer usw.
Verursacherprinzip „Der Täter zahlt."	Mario muss auf Anordnung des Lehrers die Dose holen und recyceln (Dosenpfand).	Die Fabrik muss auf eigene Kosten einen Filter einbauen.
Geschädigtenprinzip „Das Opfer zahlt."	Ein Wanderer, dem die Dose ein „Dorn im Auge ist", entsorgt sie.	Flussfischer und Ausflugslokale finanzieren einen Filter für die Fabrik.
Gemeinlastprinzip „Die Allgemeinheit zahlt."	Der aus Steuergeldern finanzierte Waldhüter entsorgt die Dose im „Gelben Sack".	Die Stadt baut eine aus Steuergeldern finanzierte Kläranlage.
Kooperationsprinzip „Täter, Opfer und Allgemeinheit zahlen."	Mario hebt die Dose auf, entsorgt sie auf einer öffentlichen Mülldeponie und erhält von dem Wanderer eine Belohnung.	Die Fabrik baut auf eigene Kosten eine Filteranlage ein und erhält von den Ausflugslokalen und der Stadt eine finanzielle Anerkennung.
Nach-uns-die-Sintflut-Prinzip „Niemand oder die künftigen Generationen zahlen."	Die Dose bleibt im Wald liegen und beeinträchtigt das Wohlbefinden der Wanderer.	Das Wasser wird weiterhin verschmutzt und beeinträchtigt die Flussfischer, die Fischqualität und die Ausflugslokale.
Vorsorgeprinzip (Vermeidung von Umweltschäden)	Aufgrund erfolgreicher Umwelterziehung und eines geschärften Umweltbewusstseins kauft Mario nur Getränke in Mehrwegflaschen. Er trägt die Kosten für die Vermeidung von Umweltschäden, indem er auf das bequeme „Ex-und-hopp"-Verhalten verzichtet.	Weil umweltpolitische Ziele aus Gründen der Ethik und des Images zum Leitbild des Unternehmens gehören, werden möglichst umweltschonende Produktionsverfahren angewendet. Die Kosten trägt das Unternehmen (und bei Überwälzung auf die Preise der Verbraucher).

Quelle: In Anlehnung an L. Wildmann, Wirtschaftspolitik, München 2007, S.129

Möglichkeiten zur Internalisierung externer Kosten bieten u. a.
- Verhandlungen (Kooperationslösungen wie z.B. „freiwillige Selbstverpflichtungen" von Unternehmen, Ökoaudit[1] wie z.B. EMAS [European Eco-Management and Audit Scheme])
- Verursacherhaftung (z.B. Umwelthaftungsrecht, Schadensersatzregelungen)
- Besteuerung von Schadstoffemissionen (z.B. Ökosteuer)
- Handel mit Verschmutzungsrechten (Umweltzertifikate).

Lernkontrolle Aufgabe 1 Diese Instrumente können durch staatliche Auflagen in Form von Geboten und Verboten (Ordnungsrecht) ergänzt werden.

---

1 Regelmäßige Untersuchung und Bewertung von Unternehmen im Hinblick auf ihre Umweltwirkungen. Mit diesem Instrument soll insbesondere die Eigenverantwortung der Unternehmen für den Umweltschutz gestärkt werden.

6.3 Instrumente der Umweltpolitik

6.3.1 Marktwirtschaftliche Lösung über den Preis: Umweltabgabe (Ökosteuer)

Grundlagen der Ökosteuer

Der englische Ökonom A. C. Pigou[1] hat bereits 1920 vorgeschlagen, die bei Produktion oder Verbrauch entstehenden Kosten, die nicht vom Verursacher, sondern von anderen Personen bzw. der Allgemeinheit getragen und nicht im Marktpreis berücksichtigt werden (= **soziale** bzw. **externe Kosten** wie z. B. Gewässer- und Bodenbelastung, Lärm, Luftverschmutzung usw.), durch die Erhebung von Steuern in die private Kostenrechnung der Marktteilnehmer einzubeziehen (= Internalisierung externer Kosten). Das Grundprinzip der sog. **Pigou-Steuer** sieht vor, im Falle von Umweltschäden die Verursacher der externen Kosten mit einer Steuer für jede ausgestoßene Schadstoffeinheit zu belasten (= Mengensteuer) und sie dadurch zu veranlassen, Maßnahmen zur Vermeidung des Schadstoffausstoßes zu ergreifen.

> **Beispiel:**
> Wenn es gelänge, die negativen Folgen des bei der Verbrennung fossiler Energieträger (Öl, Kohle oder Gas) zur Stromerzeugung entweichenden Treibhausgases Kohlendioxyd (CO_2) zu messen und in Geldeinheiten auszudrücken (z. B. Schäden durch Klimaerwärmung und Abschmelzen des Polareises mit der Folge einer Erhöhung des Meeresspiegels und der Überschwemmung von Küstengebieten), könnte die Stromerzeugung mit einer allgemeinen Energiesteuer oder einer speziellen CO_2-Steuer belastet werden. Die Stromproduzenten würden diese Steuer in ihre Kostenrechnung einbeziehen und den Strompreis entsprechend erhöhen. Auf diese Preiserhöhung würden die Stromkunden möglicherweise reagieren, indem sie Energie einsparen bzw. den teuren Strom aus der Verbrennung fossiler Energieträger durch billigere und gleichzeitig umweltschonendere Energien ersetzen. Das Hauptproblem dieses Konzepts liegt in der Festsetzung eines geeigneten Steuersatzes, der die Erfassung, Messung und Bewertung der durch den CO_2-Ausstoß entstehenden Schäden voraussetzt. Da diese insbesondere von den Industrieländern verursachten Umweltschäden zudem weltweit auftreten, ist nur ein gemeinsames Vorgehen auf internationaler Ebene Erfolg versprechend.

Da solche **Ökosteuern** (z. B. Energiesteuer in Form der Mineralölsteuer oder CO_2-Steuer) den Preismechanismus nicht außer Kraft setzen, sind sie **marktkonform**. Sie sind grundsätzlich geeignet, die knappen Ressourcen in den Fällen, in denen ein Marktversagen wie im Umweltbereich vorliegt, so zu lenken und auf die verschiedenen Verwendungsmöglichkeiten zu verteilen, dass es zu einem effizienten Einsatz des Produktionsfaktors Natur (Umwelt) kommt.

> Ökosteuern sind marktkonforme Instrumente der Umweltpolitik.

Durch die in Deutschland 1999 begonnene ökologische Steuerreform soll der Verbrauch von Energie (Mineralöl und Strom) verteuert werden. Das Steueraufkommen wird großenteils zur Senkung bzw. Stabilisierung der Beiträge zur gesetzlichen Rentenversicherung verwendet. Die Rentenversicherungsbeiträge stellen in Form des Arbeitgeberanteils zur

---

1   Arthur Cecil Pigou, englischer Ökonom (1877–1959)

541

Rentenversicherung Kosten für den Produktionsfaktor Arbeit (in Form von Personalzusatzkosten) dar. Durch die Ökosteuer sollen also einerseits der Einsatz des kostenlosen bzw. zu billigen Produktionsfaktors Natur (Umwelt) verteuert und sein Verbrauch verringert werden. Andererseits wird gleichzeitig der teure Produktionsfaktor Arbeit verbilligt. Dieser Effekt wird auch als „Doppelte Dividende" der ökologischen Steuerreform bezeichnet.

Ökosteuer: Pro und Kontra

Auch wenn die „Ökosteuer" in Deutschland insbesondere bei steigenden Benzinpreisen immer wieder zum politischen Reizthema wird, lassen sich dennoch sachliche Gründe für und gegen eine solche Steuer anführen.

Befürworter	Kritiker
Die Ökosteuer ist ein marktkonformes umweltpolitisches Instrument, das den Umweltverschmutzern die Freiheit lässt, die Umweltverschmutzung zu reduzieren oder die Steuer zu zahlen.	Es gibt zu viele Ausnahmen. Aus Wettbewerbsgründen sind z. B. besonders energieintensive Branchen von der Steuer ausgenommen. Die emissionsreiche Kohle ist steuerfrei, während das weniger umweltschädliche Erdgas besteuert wird.
Die Ökosteuer ist ein effizientes Instrument zur Verringerung des Rohstoffverbrauchs und des CO_2-Ausstoßes.	
Die Einnahmen des Staates aus der Ökosteuer werden zur Senkung der Rentenversicherungsbeiträge verwendet. Dadurch sinken auch Arbeitgeberbeiträge zur Sozialversicherung. Diese Minderung der Arbeitskosten ist ein Anreiz zur Beschäftigungserhöhung.	Die mit der Ökosteuer bewirkte Minderung bzw. Stabilisierung der Rentenversicherungsbeiträge ist viel zu gering, um positive Beschäftigungseffekte auszulösen. Die Arbeitskosten in Deutschland sind trotz der Ökosteuer im internationalen Vergleich noch zu hoch.
Die Ökosteuer führt nicht nur zu einer Verringerung der Übernutzung des Produktionsfaktors Natur. Sie gibt auch Impulse für einen Strukturwandel in der Wirtschaft zur Einsparung und besseren Nutzung von Energien in energieintensiven Branchen (Anreize für die Entwicklung umweltfreundlicher Technologien). Außerdem erfolgt eine Verlagerung von energieintensiver hin zu arbeitsintensiver Produktion.	Eine „doppelte Dividende" ist nicht möglich. Wenn der Staat über Einnahmen aus der Ökosteuer zur Stabilisierung der Rentenversicherungsbeiträge verfügen will, setzt das voraus, dass die Umwelt weiter belastet wird. Wird die Umwelt hingegen nicht belastet, weil der Energieverbrauch tatsächlich zurückgeht, hat der Staat auch keine zusätzlichen Steuereinnahmen („Erdrosselungssteuer").
Auch andere EU-Mitgliedstaaten diskutieren die Einführung einer Energiesteuer. In einigen Ländern ist die Belastung der Unternehmen durch eine solche Steuer bereits höher als in Deutschland. Deutschland als wichtiges Industrieland könnte mit gutem Beispiel vorangehen und zeigen, dass eine solche Steuer keine nachteiligen Auswirkungen auf die gesamtwirtschaftliche Entwicklung hat. Die Ökosteuer gibt zudem Anstöße zur Entwicklung umweltschonender Technologien, die weltweit zur Energieeinsparung nutzbar sind. Das Argument der internationalen Wettbewerbsverzerrung würde dazu führen, dass jegliche nationale Umweltpolitik unterbleiben müsste.	Eine Energiesteuer im nationalen Alleingang schadet der Wettbewerbsfähigkeit der deutschen Industrie und dem Investitionsklima für den Standort Deutschland. Durch die Ökosteuer werden somit keine Arbeitsplätze geschaffen, sondern vernichtet. Der weltweite Energieverbrauch wird nicht reduziert, er findet wegen der Abwanderung von Betrieben aus Deutschland nur anderswo statt.
	Die Ökosteuer ist sozial ungerecht, weil auch Bevölkerungsgruppen belastet werden, für die sich eine Senkung der Rentenversicherungsbeiträge nicht positiv auswirkt (z. B. Selbstständige, Rentner, Studenten).

Lernkontrolle Aufgabe 2

6.3.2 Marktwirtschaftliche Lösung über die Menge: Handel mit Verschmutzungsrechten

Einen bisher noch wenig erprobten Ansatz der praktischen Umweltpolitik stellt die staatliche Vergabe von Verschmutzungsrechten (Umweltlizenzen, Emissionslizenzen, Umweltnutzungsrechte, Umweltzertifikate) und der Handel mit diesen Rechten dar.

Nicht für einzelne Verursacher, sondern für eine ganze Region werden Grenzwerte für die Schadstoffemission entsprechend den angestrebten Umweltzielen (z. B. Einschränkung des CO_2-Ausstoßes) festgelegt. Die Verursacher erhalten vor Aufnahme des Handels entweder kostenlose Verschmutzungsrechte oder sie müssen diese dem Staat im Rahmen einer Versteigerung abkaufen.

Staatliche Versteigerung von Umweltlizenzen

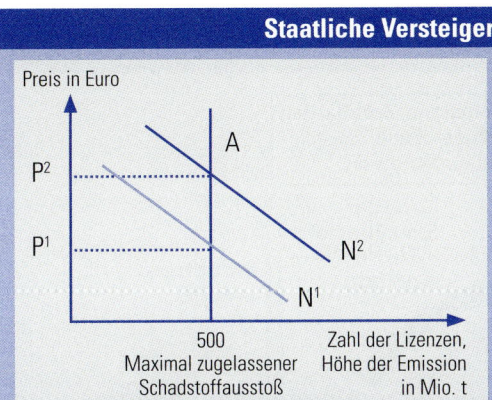

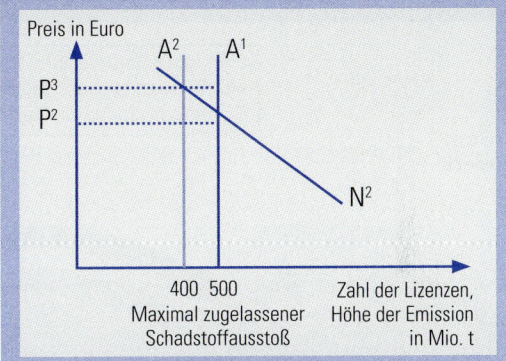

Der Staat legt den maximal zulässigen Schadstoffausstoß für eine Periode auf 500 Mio. t fest. Die Angebotskurve bei der Versteigerung von Umweltlizenzen ist völlig starr (Parallele zur Preisachse). Ist die Anzahl der ausgegebenen Lizenzen geringer als die von den Verursachern benötigte, steigt im Laufe der Zeit die Nachfrage nach Lizenzen. Die Nachfragekurve (**N¹**) verschiebt sich nach rechts (**N²**). Bei unverändertem Angebot erhöht sich der Preis bei der Neuzuteilung von **P¹** auf **P²**.

Senkt der Staat in der nächsten Periode den maximal zulässigen Schadstoffausstoß auf 400 Mio. t, verschiebt sich die ursprüngliche Angebotskurve für Umweltlizenzen (**A¹**) nach links (**A²**). Bei unveränderter Nachfrage steigt der Preis für Umweltlizenzen von **P²** auf **P³**.

> Verschmutzungsrechte (Umweltlizenzen) sind ein Instrument staatlicher Umweltpolitik. Sie berechtigen den Inhaber (= Verursacher von Umweltschäden) zum Ausstoß einer bestimmten Schadstoffmenge für einen bestimmten Zeitraum.

Wer über seine Berechtigung hinaus mehr Schadstoffe ausstoßen will, muss Verschmutzungsrechte in entsprechendem Umfang hinzukaufen. Wer umweltschonend produziert und mehr Verschmutzungsrechte hat, als er benötigt, kann diese Rechte verkaufen. Dadurch bildet sich ein Markt, auf dem durch Angebot und Nachfrage ein Preis für die Erlaubnis zur Umweltbelastung zustande kommt. Dieser Preis begünstigt die Verkäufer von Rechten (= umweltschonende Produzenten) und belastet die Käufer von Rechten (= umweltschädigende Produzenten). Da die Rechte nur eine begrenzte zeitliche Gültigkeit haben, kann der Staat bei der Neuzuteilung der Rechte das Angebot verknappen und dadurch indirekt eine Preiserhöhung auslösen (siehe Abb. rechts oben).

> Verschmutzungsrechte (Umweltlizenzen) können an einer Börse ge- und verkauft werden.

Mit der Preissteigerung geht ein weiterer Anreiz zum Einsatz umweltschonender Technologien einher. Für einige Verursacher sind nämlich die Kosten für eine Umstellung auf umweltfreundlichere Produktionsmethoden geringer als die Kosten für den Kauf der andernfalls benötigten Verschmutzungsrechte. Bereits vorhandene Rechte können dann zu einem entsprechend günstigeren Preis verkauft werden. Nur diejenigen Verursacher benötigen dann noch Verschmutzungsrechte, bei denen die Vermeidungskosten immer noch höher sind als der Preis für die Verschmutzungsrechte.

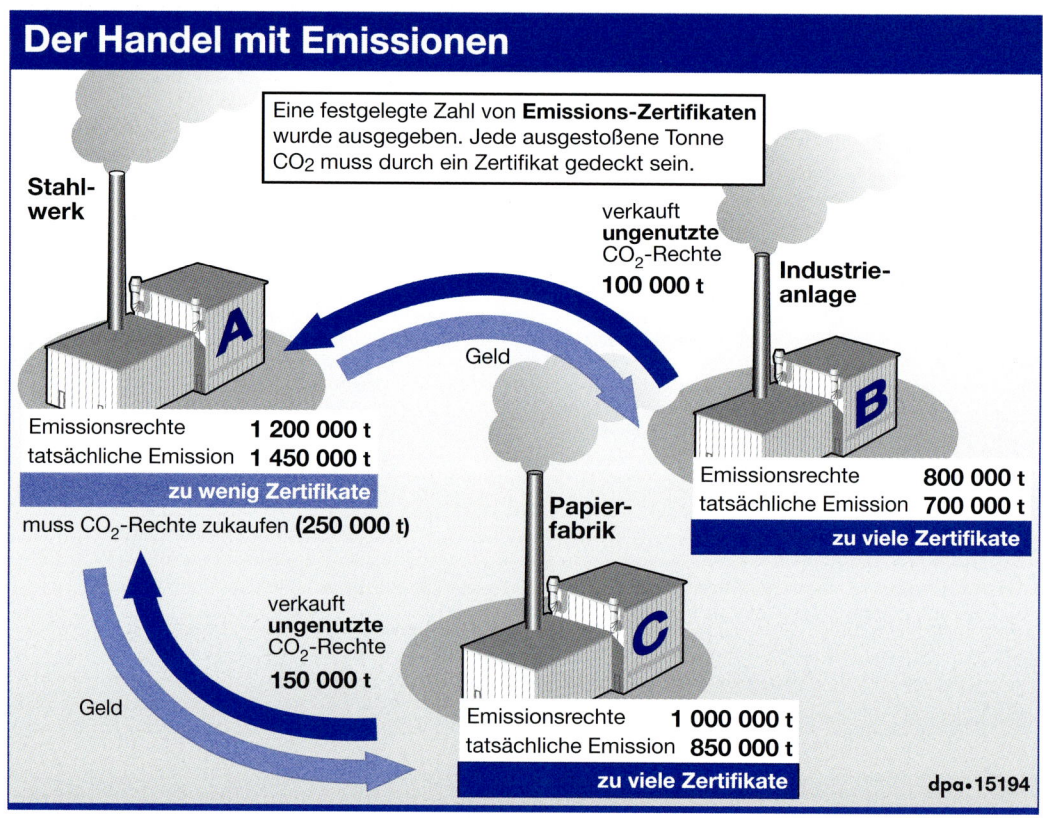

Verschmutzungsrechte Pro und Kontra

Pro	Kontra
Es handelt sich um ein marktwirtschaftliches Instrument, das den Umweltverschmutzern die Freiheit lässt, die Umweltverschmutzung zu reduzieren oder Umweltlizenzen zu kaufen. Die gewünschte mengenmäßige Wirkung kann – anders als bei der Ökosteuer – exakt festgelegt werden. Die Kosten sind sehr niedrig.	Es entstehen Wettbewerbsnachteile und Arbeitsplatzverluste wegen der Verteuerung von Energie- und Produktionskosten.

Pro	Kontra
Das Verfahren verursacht vergleichsweise einen geringen Verwaltungsaufwand, da sich der Staat auf die Vorgabe der Höchstmengen und deren Kontrolle beschränken kann.	Die Festlegung der Mengen und Zuteilung auf die Unternehmen bedeutet eine bürokratische Reglementierung und macht umfassende staatliche Kontrollen nötig.
Der Staat und Umweltschutzorganisationen können ebenfalls Umweltlizenzen kaufen und stilllegen, um indirekt den Preis und damit die Umweltstandards zu erhöhen.	Es kann zu Missbrauch und Wettbewerbsverzerrungen kommen, indem zahlungskräftige Unternehmen Umweltlizenzen aufkaufen und stilllegen, um Konkurrenten vom Markt zu verdrängen.
Es werden Innovationen im Bereich der Umwelttechnologie ausgelöst.	Das Verfahren könnte missbraucht werden, indem Unternehmen ihre Anlagen in Deutschland schließen, die vorhandenen Umweltlizenzen verkaufen und eine neue umweltbelastende Anlage außerhalb der EU errichten.
Zwar erfolgt trotz der Umweltlizenzen noch eine Umweltverschmutzung. Ohne Umweltlizenzen könnte aber das maximal zulässige Maß an Umweltverschmutzung nicht vom Staat vorgegeben werden. Das Recht zum Verschmutzen der Umwelt würde dann gewissermaßen zum Nulltarif verschenkt. Es bestünde kein Anreiz, die Umweltverschmutzung zu verringern.	Es ist ethisch nicht vertretbar, das Recht auf Schädigung der Umwelt meistbietend zu versteigern („Ablasshandel", „ökologische Prostitution").

Lernkontrolle
Aufgabe 3

Zusammenfassung und Lernkontrolle

Zusammenfassung

| Ursachen der Umweltprobleme | → | Umweltpolitik | ← | Leitbild und Prinzipien der Umweltpolitik |

| produktionsbedingte Ursachen (Wirtschaftswachstum, Bevölkerungswachstum) | verhaltens- und systembedingte Ursachen (externe Kosten, Marktversagen) |

Klimapolitik

Maßnahmen

Leitbild der nachhaltigen Entwicklung

Prinzipien

| Kooperation | Vorsorge | Verursacher | Gemeinlast |

Markt: Umweltabgaben (Ökosteuer)	**Auflagen (Ordnungsrecht)**	**Markt: Handel mit Verschmutzungsrechten**
marktkonforme Maßnahme Pro – Kontra	wirtschaftlich ineffizient, Behinderung von technischem Fortschritt im Umweltbereich	marktwirtschaftliche Lösung Pro – Kontra

Lernkontrolle

Aufgabe 1: Staatliche Umweltpolitik – Wirtschaftsordnung – Soziale Kosten – Öffentliche Güter – Trittbrettfahrerproblem

Die beiden **Länder A** und **B** bilden zusammen mit mehreren Nachbarländern eine Wirtschaftsgemeinschaft. Die Mitgliedsländer haben einen gemeinsamen Binnenmarkt eingeführt, sodass zwischen ihnen ein freier Waren- und Kapitalverkehr ohne Zollschranken, ohne Devisenbestimmungen und ohne sonstige Handelshemmnisse herrscht.

Die **Länder A** und **B** sind durch den Grenzfluss Rio voneinander getrennt. Im oberen Flusslauf befindet sich auf beiden Seiten je eine Papierfabrik. Beide Fabriken leiten bisher ihre Abwässer ungeklärt in den Rio.

Im **Land A** wird eine äußerst liberale Wirtschaftspolitik mit möglichst wenig staatlichen Eingriffen in das Wirtschaftsgeschehen betrieben. **Im Land B** wurde nach den letzten Wahlen eine Koalitionsregierung gebildet, an der auch eine ökologisch orientierte Partei beteiligt ist.

1. Situation (Lösungsversuch 1)

Die Regierung im **Land B** weist darauf hin, dass durch die Wasserverschmutzung erhebliche Nachteile für die Allgemeinheit entstehen, die nicht länger tragbar seien. Die Papierfabrik im **Land B** wird daher aufgefordert, auf ihrem Betriebsgelände eine Kläranlage zu bauen und nur noch gefiltertes Wasser in den Rio zurückzuleiten. Für die dazu nötige Investition stellt die Regierung ein zinsgünstiges Darlehen sowie Steuervergünstigungen durch verbesserte Abschreibungsmöglichkeiten in Aussicht.

1. Bei der Beseitigung von Umweltschäden wird zwischen **Verursacherprinzip** und **Gemeinlastprinzip** unterschieden.
   Wo sind die Umweltschutzmaßnahmen der Regierung des **Landes B** einzuordnen?
2. Welche Nachteile für die Allgemeinheit kann die Regierung des **Landes B** bei der Begründung ihres Vorgehens gemeint haben?
3. Warum werden solche Nachteile für die Allgemeinheit, die durch Umweltbelastung entstehen, als **soziale Kosten** bezeichnet? Berücksichtigen Sie dabei, wer diese Kosten verursacht und wer sie zu tragen hat.
4. Die Papierfabrik im **Land B** kommt der Aufforderung der Regierung nicht nach. Sie argumentiert damit, dass der Bau einer Kläranlage zu einer Verschlechterung der Wettbewerbssituation und zum Verlust von Absatzmärkten führen würde.
   Auf welchen betriebswirtschaftlichen Überlegungen beruht diese Argumentation?
5. Welche Auswirkungen könnten sich für die angestrebte Reinhaltung des Rio ergeben, wenn die **Regierung B** die Papierfabrik zum Bau der Kläranlage zwingt und sich die von der Papierfabrik geäußerten Befürchtungen tatsächlich bewahrheiten?
6. Warum sind die Möglichkeiten der **Regierung B**, die Papierfabrik vor dem befürchteten Verlust von Absatzmärkten zu schützen, dadurch eingeschränkt, dass die **Länder A** und **B** Mitglieder der oben beschriebenen Wirtschaftsgemeinschaft sind?
7. Könnten die Verbraucher durch umweltfreundliches Verhalten den Befürchtungen und Vorbehalten der Papierfabrik beim Bau der Kläranlage entgegenwirken?

2. Situation (Lösungsversuch 2)

Beide Papierfabriken leiten ihre Abwässer weiterhin ungeklärt in den Rio. Durch die zunehmende Wasserverschmutzung fühlen sich verschiedene Bevölkerungsgruppen in beiden Ländern inzwischen stark belastet:

- Am unteren Flusslauf kann kaum noch Wasser- und Angelsport ausgeübt werden, sodass die Kioske, Bootsvermieter und Ausflugsrestaurants erhebliche Umsatzeinbußen haben.

- Für die Anrainer vermindert sich der Freizeitwert der Grundstücke, was sich in sinkenden Grundstückspreisen niederschlägt.

- Die Trinkwasserversorgung ist in einigen Gemeinden beeinträchtigt. Die Trinkwasseraufbereitung durch die Gemeinden führt inzwischen zu erheblichen Mehrkosten und damit zu höheren Leitungswassergebühren für die Verbraucher.

- Bei den Flussfischern haben sich die Fangmengen drastisch verringert.

Sowohl im **Land A** als auch im **Land B** bildet sich daher eine Interessengemeinschaft „Sauberer Rio". Die Interessengemeinschaften A und B haben beide das Ziel, die Papierfabriken zum Bau einer gemeinsamen Kläranlage im oberen Flusslauf zu veranlassen. Die Papierfabriken sind dazu bereit, wenn sie zur Finanzierung der Investitionskosten einen Zuschuss von insgesamt 5 GE erhalten. Der Bau der Kläranlage würde für jede der beiden Interessengemeinschaften zu einer Nutzensteigerung von 4 GE (z.B. in Form von Mehreinnahmen, Wertsteigerungen oder Kostensenkungen) führen.

Jede der beiden Interessengemeinschaften A und B hat zwei Strategien zur Auswahl:

Strategie 1 (S1): Bereitschaft zur Zahlung
Das hat zur Folge, dass der Zuschuss ganz (5 GE) oder zur Hälfte (2,5 GE) gezahlt werden muss.

Strategie 2 (S2): keine Zahlung
Es wird vielmehr darauf gehofft, dass die andere Interessengemeinschaft den erforderlichen Zuschuss vollständig zahlt (5 GE).

Somit ergeben sich vier mögliche Strategiekombinationen mit verschiedenen Vor- oder Nachteilen für die beiden Interessengemeinschaften (IG). Die Vor-/Nachteile der IG A werden in der linken unteren Ecke, die Vor-/Nachteile der IG B in der rechten oberen Ecke der vier Felder eingetragen.

		IG B	
		zahlen (S_{B1})	nicht zahlen (S_{B2})
IG A	zahlen (S_{A1})	1,5 / 1,5	1,5 / −1
	nicht zahlen (S_{A1})		

Beispiel:
Strategiekombination (S_{A1}/S_{B1}):
IG A und IG B zahlen.
Jede IG muss in diesem Fall die Hälfte des Zuschusses, nämlich 2,5 GE zahlen.
Vorteil (netto) = Nutzenzuwachs (4) – Kosten (2,5) = 1,5 GE

1. Ermitteln Sie für die übrigen Strategiekombinationen die Vor-/Nachteile für die beiden Interessengemeinschaften nach obigem Muster.

2. Erläutern Sie die Strategiekombination, die aus Sicht der **Interessengemeinschaft A** am günstigsten ist.
3. Erläutern Sie die Strategiekombination, die aus Sicht der **Interessengemeinschaft B** am günstigsten ist.
4. Zu welcher Strategiekombination wird das Verhalten der beiden Interessengemeinschaften vermutlich führen? Begründen Sie dieses Verhalten und erläutern Sie das Ergebnis.
5. Das zu erwartende Verhalten der Interessengemeinschaften wird auch als **Trittbrettfahrerproblem** (Free-rider-Problem) bezeichnet. Erläutern Sie diesen Begriff anhand des vorliegenden Beispiels.

3. Situation (Lösungsversuch 3)

Nachdem weder die Investitionsanreize der Regierung des **Landes B** noch die Initiativen der beiden Interessengemeinschaften zum Erfolg geführt haben, stimmen sich beide Länder in ihrem Vorgehen ab. Sie haben erkannt, dass nationale Einzelmaßnahmen beim Umweltschutz weitgehend wirkungslos sind. Die beiden Papierfabriken werden von beiden Regierungen aufgefordert, gemeinsam ein privates Klärwerk im oberen Flusslauf zu errichten, das die gesamten Abwässer reinigt. Wenn dieser Aufforderung nicht nachgekommen wird, erheben beide Regierungen eine kostendeckende Gebühr in gleicher Höhe für die Reinigung des Wassers durch ein staatliches Klärwerk. Die beiden Papierfabriken müssen sich also entscheiden, ob sie ihre Abwässer selbst reinigen oder die Reinigungsgebühr an den Staat zahlen wollen. Die Gebühren im Falle staatlicher Reinigung belaufen sich auf 6 GE für jedes Unternehmen. Bau und Betrieb einer privaten Kläranlage würden jährlich **Gesamtkosten** von 10 GE verursachen.

1. Halten Sie die staatliche Einflussnahme im vorliegenden Fall für gerechtfertigt?
2. Welche Lösung wäre für die **einzelne** Papierfabrik im vorliegenden Fall am günstigsten?
3. Wie werden sich die beiden Papierfabriken voraussichtlich verhalten? Begründen Sie Ihre Aussage.

4. Ergebnis

Ein wesentliches Funktionsmerkmal der Marktwirtschaft wird von Adam Smith (1723–1790), dem Begründer der klassischen Volkswirtschaftslehre und Vorreiter marktwirtschaftlichen Denkens, wie folgt beschrieben:

> „Stets sind alle Menschen darauf bedacht, die für sie vorteilhafteste Anlage ihrer Kapitalien ausfindig zu machen. In der Tat hat jeder dabei nur seinen eigenen Vorteil, nicht aber das Wohl der gesamten Volkswirtschaft im Auge. Aber dieses Erpichtsein auf seinen eigenen Vorteil führt ihn ganz von selbst – oder besser gesagt – notwendigerweise dazu, derjenigen Kapitalanlage den Vorzug zu geben, die zu gleicher Zeit für die Volkswirtschaft als Ganzes am vorteilhaftesten ist. Verfolgt er nämlich sein eigenes Interesse, so fördert er damit das Gesamtwohl viel nachhaltiger, als wenn die Verfolgung des Gemeinwohls unmittelbar sein Ziel wäre. Ich habe nie viel Gutes von denen gehalten, die angeblich für das allgemeine Beste tätig waren."
>
> *A. Smith, An Inquiry into the Nature and Causes of the Wealth of Nations, 1776, zitiert nach: Untersuchungen über Natur und Ursprung des Volkswohlstandes, Braunschweig 1949, S. 24 ff.*

1. Es wird behauptet, die Umweltverschmutzung sei auf ein Versagen des Marktes zurückzuführen, da für den Umweltbereich das von A. Smith beschriebene Verhältnis von Eigen- und Gesamtnutzen nicht zutreffe.
   Nehmen Sie dazu Stellung und prüfen Sie die Aussage anhand von Situation 1.
2. Warum ist bei Situation 3 durch die Verfolgung von Eigeninteressen gleichzeitig eine Erhöhung des Gemeinwohls möglich?
3. Erläutern Sie an einem selbst gewählten Beispiel, dass die Aussage von A. Smith in einer Marktwirtschaft auch ohne staatliche Eingriffe zutreffend sein kann.

Aufgabe 2: Vernetzungsdiagramm: Ökosteuer

Stellen Sie anhand eines Vernetzungsdiagramms fest, welche Zusammenhänge und Abhängigkeiten zwischen den Faktoren, die durch die Ökosteuer beeinflusst werden, bestehen. Verbinden Sie dazu Elemente, die sich direkt beeinflussen, mit einem Pfeil. Kennzeichnen Sie gleichgerichtete Wirkungen (je mehr – desto mehr) mit einem Pluszeichen und entgegengesetzte Wirkungen (je mehr – desto weniger) mit einem Minuszeichen. Erläutern Sie alle durch Pfeile dargestellten Abhängigkeiten. Folgende Elemente können berücksichtigt werden: Ökosteuer, Umweltbelastung, Verbraucherpreise, Reallöhne, Lohnnebenkosten, Arbeitsplätze, Staatseinnahmen, Kosten der Arbeitslosigkeit, Konsumgüternachfrage, Investitionsgüternachfrage, Ge-/Verbrauch umweltbelastender Produkte, Marktchancen für umweltfreundliche Produkte, Devisen für Rohölimporte, ...

Aufgabe 3: Emissionshandel

Jedes der beiden Unternehmen A und B stößt in einem bestimmten Zeitraum 800 t CO_2 aus. Die Kosten für die Minderung des Schadstoffausstoßes um jeweils eine Tonne betragen bei Unternehmen A 200 GE und bei Unternehmen B 100 GE. Die Regierung möchte den Schadstoffausstoß beider Unternehmen zusammen auf 1.400 t begrenzen.

1. Welche Kosten würden für jedes der beiden Unternehmen und insgesamt anfallen, wenn beide Unternehmen aufgrund eines Gesetzes verpflichtet würden, den Schadstoffausstoß jeweils um 100 t zu verringern?
2. Als Alternative zu einer gesetzlichen Regelung teilt die Regierung jedem der beiden Unternehmen kostenlose Emissionsrechte über 700 t zu.
   a) Überlegen Sie, wie hoch der Preis für die Emissionsrechte je t mindestens sein muss bzw. höchstens sein darf, damit ein Handel mit Emissionsrechten zwischen den Unternehmen A und B zustande kommt.
   b) Angenommen, der Preis für Emissionsrechte pendelt sich bei 150 GE je t ein. Weisen Sie für diesen Fall nach, dass durch den Handel mit Emissionsrechten das Ziel einer Verringerung des Emissionsausstoßes auf 1.400 t kostengünstiger als durch ein Verbot (vgl. 1.) erreicht werden kann.

7   Sozial- und Verteilungspolitik

7.1   Einkommensentstehung – Einkommensverteilung – Einkommensumverteilung

Entstehung und Verteilung des Volkseinkommens – funktionelle Einkommensverteilung

Für die erbrachte Arbeitsleistung und die Nutzung der anderen im Produktionsprozess eingesetzten Produktionsfaktoren erhalten deren Inhaber von den Unternehmen ein Entgelt in Form von Lohn, Pacht, Zinsen, Gewinn. Diese Entlohnung der Produktionsfaktoren wird als Faktoreinkommen bezeichnet.

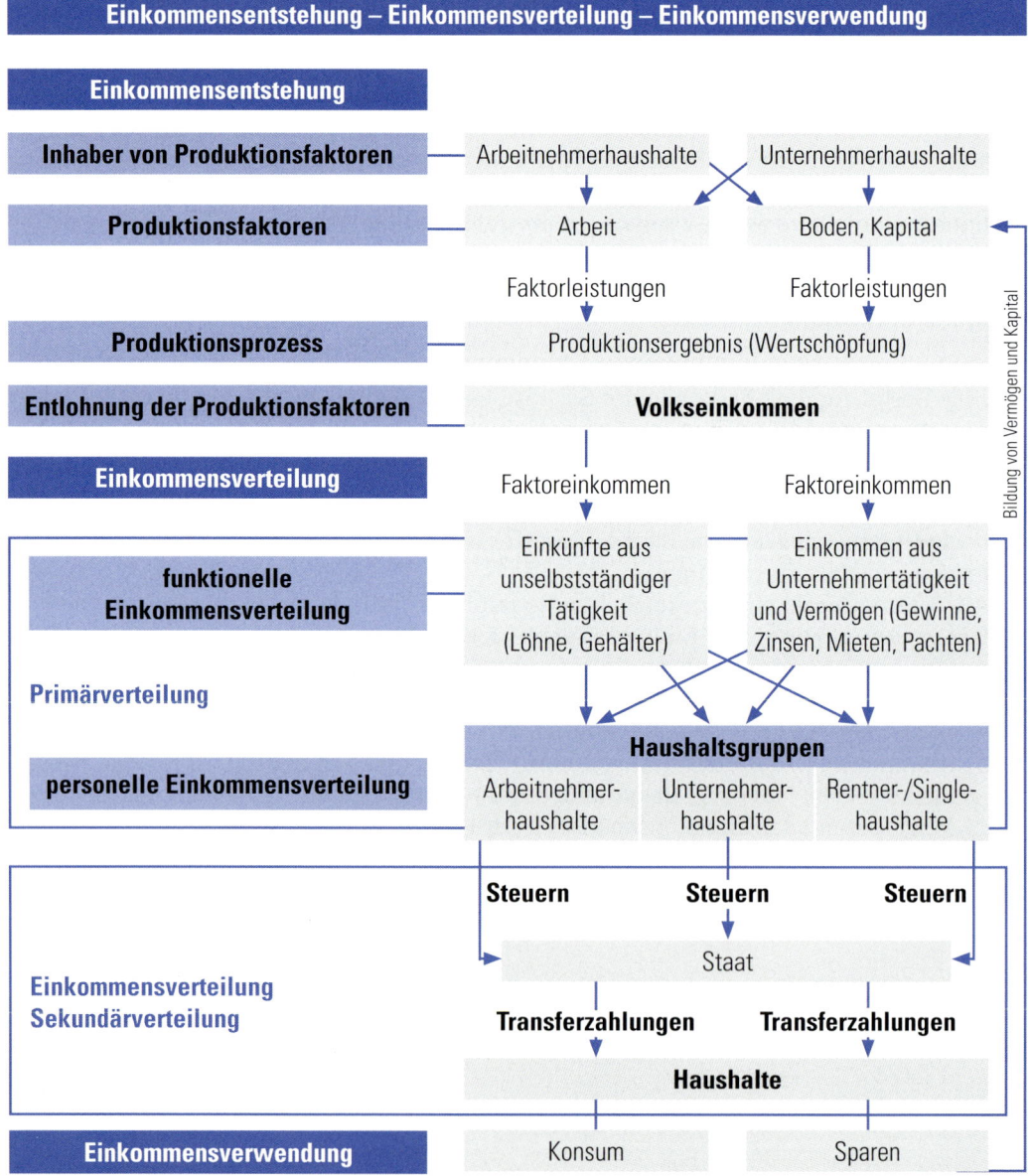

Faktoreinkommen sind die Entgelte, die die Inhaber der Produktionsfaktoren für deren Einsatz im Produktionsprozess erhalten.

Die Summe aller von Inländern in einer Volkswirtschaft bezogenen Faktoreinkommen ergibt das Volkseinkommen.

Die Verteilung des Volkseinkommens auf die unterschiedlichen Produktionsfaktoren wird als funktionelle[1] (oder: funktionale) Einkommensverteilung bezeichnet.

Die funktionelle Einkommensverteilung zeigt die Aufteilung des Volkseinkommens auf die Produktionsfaktoren Arbeit, Boden und Kapital.

Da eine genaue statistische Aufteilung des Volkseinkommens auf die einzelnen Produktionsfaktoren sehr schwierig wäre, werden im Rahmen der funktionellen Einkommensverteilung nur zwei Einkommensarten unterschieden:

Volkseinkommen	
Einkommen aus unselbstständiger Arbeit (Löhne und Gehälter)	Einkommen aus Unternehmertätigkeit und Vermögen (Gewinne, Zinsen, Pachten, Mieten)

Der Anteil der Einkommen aus unselbstständiger Arbeit am Volkseinkommen wird als Lohnquote bezeichnet.

Personelle Einkommensverteilung

Das Gesamteinkommen einer Person oder eines Haushalts setzt sich in vielen Fällen aus mehreren Einkommensarten zusammen. Beispielsweise erzielt ein Arbeitnehmerhaushalt neben seinem Lohneinkommen möglicherweise auch noch Zinsen und Dividenden aus den in Wertpapieren angelegten Ersparnissen oder Mieteinkünfte aus einer vermieteten Wohnung. Dies wird bei der personellen Einkommensverteilung berücksichtigt, indem die Verteilung des Einkommens auf einzelne Personen und Personengruppen (z. B. Familien, Rentnerhaushalte, soziale Schichten) dargestellt wird.

Die personelle Einkommensverteilung zeigt die Verteilung des Einkommens auf bestimmte Personen und Personengruppen.

Bei der Ermittlung der personellen Einkommensverteilung bleibt die Art der Einkommensentstehung (z. B. Arbeits- oder Gewinneinkommen) also unberücksichtigt. Die personelle Einkommensverteilung lässt beispielsweise Aussagen darüber zu, wie viel Prozent des Volkseinkommens auf wie viel Prozent der Haushalte entfallen.

Einkommensumverteilung: Primäre und sekundäre Einkommensverteilung

Nach dem Zeitpunkt, an dem die Einkommensverteilung betrachtet wird, lässt sich zwischen primärer Einkommensverteilung und sekundärer Einkommensverteilung unterscheiden.

Als primäre Einkommensverteilung wird die Einkommensverteilung bezeichnet, die sich unmittelbar aus dem Produktionsprozess aufgrund der erhaltenen Faktoreinkommen ergibt.

---

1   funktionell *(lat.):* eine Tätigkeit betreffend

Die primäre Einkommensverteilung beruht auf den an den Faktormärkten erzielten Einkommen. Sie spiegelt die von den Produktionsfaktoren geleisteten Beiträge im Rahmen des Produktionsprozesses wider und entspricht einer Einkommensverteilung nach dem **Leistungsprinzip**. Aufgrund von Alter, Krankheit, unterschiedlicher Intelligenz und anderen Faktoren sind aber nicht alle Menschen gleichermaßen leistungsfähig. Außerdem bestehen je nach sozialer Herkunft und Bildungsstand höchst unterschiedliche Startchancen ins Berufsleben. Eine ausschließlich leistungsabhängige und dem Prinzip der **Leistungsgerechtigkeit** entsprechende Einkommensverteilung wird daher allgemein als sozial unverträglich und ungerecht empfunden. In Abhängigkeit von den in der Bevölkerung vorherrschenden Gerechtigkeitsvorstellungen soll der Staat daher eine Umverteilung dieser Leistungseinkommen zugunsten derjenigen vornehmen, die aus verschiedenen Gründen nicht oder nicht in ausreichendem Maße für sich selbst aufkommen können **(Bedarfsgerechtigkeit)**. Wenn der Staat die primäre Einkommensverteilung mittels verteilungspolitischer Maßnahmen mit dem Ziel einer größeren **Bedarfsgerechtigkeit** und **Chancengleichheit** korrigiert, ergibt sich die **sekundäre Einkommensverteilung**.

> Als sekundäre Einkommensverteilung wird die Einkommensverteilung bezeichnet, die sich nach staatlichen Umverteilungsmaßnahmen ergibt.

Es gibt aber keinen allgemein anerkannten Maßstab für eine gerechte Einkommensverteilung. Vielmehr ist dieses Ziel an bestimmten Gerechtigkeitsvorstellungen orientiert, die auf Werturteilen beruhen und nicht messbar sind.

Unterschied zwischen ungleich und ungerecht

Der Unterschied zwischen wissenschaftlichen Aussagen und Werturteilen lässt sich anhand der Einkommensverteilung zeigen. Die Feststellung, die Verteilung der Einkommen in Deutschland sei ungleich, ist eine wissenschaftliche Aussage, die sich durch entsprechende Statistiken und Darstellungen (vgl. Lorenz-Kurve S. 554) belegen lässt. Die Aussage, die Verteilung sei ungerecht, ist hingegen eine Wertung, die auf der persönlichen Meinung desjenigen beruht, der sie äußert. Während manche die aktuelle Einkommensverteilung in Deutschland als ungerecht empfinden und eine stärkere Umverteilung fordern, sind andere der Meinung, es werde genug umverteilt und die bestehende Verteilung sei durchaus angemessen.

Die Einschätzung der Verteilungsgerechtigkeit in der Bevölkerung

Frage: „Wie sehen Sie das: Sind die wirtschaftlichen Verhältnisse bei uns in der Bundesrepublik – ich meine, was sie verdienen – im Großen und Ganzen gerecht oder nicht gerecht?"

Grafik nach: Bertelsmann Stiftung (Hrsg.), Einstellungen zur Sozialen Marktwirtschaft in Deutschland am Jahresanfang 2010 – Erkenntnisse aus repräsentativen Trendfortschreibungen (durchgeführt vom Institut für Demoskopie Allensbach). Gütersloh 2010, S. 8; aktuellere Daten liegen nicht vor.

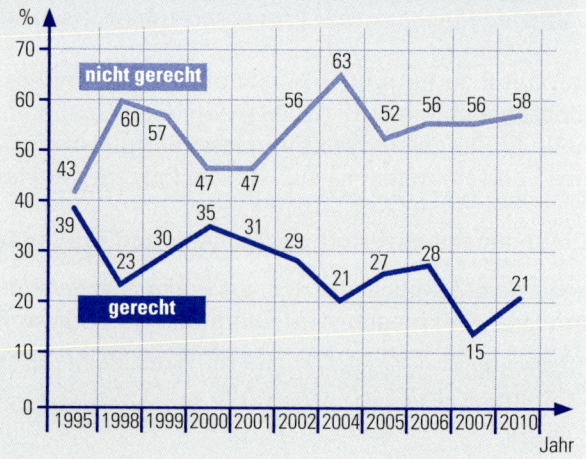

Mittel zur Einkommensumverteilung von der Primär- zur Sekundärverteilung sind von der Einkommenshöhe abhängige Steuern und Sozialabgaben sowie Transferzahlungen (z.B. Kindergeld, Krankengeld, Renten, Arbeitslosengeld, Sozialhilfe, Wohngeld, Ausbildungsförderung).

Lernkontrolle
Aufgabe 1

7.2 Einkommens- und Vermögensverteilung in Deutschland

Lohnquote als Maßstab für die funktionelle Einkommensverteilung

Bezüglich der funktionellen Einkommensverteilung in Deutschland lässt sich folgende Feststellung treffen: Die Lohnquote, d.h. der Anteil der Einkommen aus unselbstständiger Arbeit am Volkseinkommen, hat in den Jahren 1993 bis 1998 ständig abgenommen. Danach ist sie wieder leicht gestiegen und 2007 auf den niedrigsten Stand seit 1970 gefallen. Danach kam es erneut zu einem leichten Anstieg.

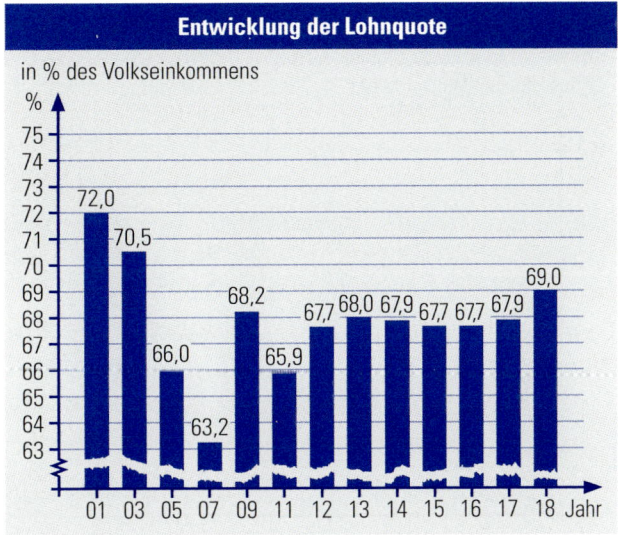

Allerdings lässt sich mit der Lohnquote allein die Einkommensverteilung nicht messen. Einerseits werden die Vermögenseinkommen der Arbeitnehmer (z.B. Zinseinkünfte, Erträge aus Immobilien) ebenso den Einkommen aus Unternehmertätigkeit und Vermögen zugerechnet wie die Einkommen von Landwirten und anderen Kleingewerbetreibenden. Die sich teilweise auf mehrere Millionen Euro jährlich belaufenden Bezüge der Vorstandsvorsitzenden deutscher Aktiengesellschaften gehören dagegen zu den Einkommen aus unselbstständiger Arbeit und gehen in die Lohnquote ein. In den letzten Jahrzehnten haben die Einkommen aus Vermögen ständig zugenommen (von 5 % des Volkseinkommens 1970 auf inzwischen über 10 %). Dadurch nimmt die Lohnquote zwangsläufig ab, ohne dass damit zugleich eine Schlechterstellung der Arbeitnehmer einhergehen muss.

Ungleiche Einkommensverteilung

Die personelle Einkommensverteilung lässt sich u.a. mithilfe einer LORENZ[1]-Kurve (Konzentrationskurve) darstellen. Die nachstehenden LORENZ-Kurven für die personelle Einkommensverteilung in der Bundesrepublik Deutschland zeigen u.a., dass bei der Primärverteilung (= vor der Umverteilung durch Steuern, Sozialabgaben und Transferzahlungen) 50 % der einkommensschwächsten Haushalte über knapp 25 % aller in der Bundesrepublik erzielten Bruttoeinkommen verfügten, während auf die restlichen 50 % der Haushalte ca. 75 % aller Bruttoeinkommen entfielen. Bei der Sekundärverteilung (= nach der Umverteilung durch staatliche Maßnahmen) verfügten die einkommensschwächsten 50 % der Haus-

---

1   Nach dem amerikanischen Statistiker Max O. Lorenz benannte grafische Darstellung einer Häufigkeitsverteilung, die insbesondere die Konzentration veranschaulicht.

halte über ca. 30 % aller Nettoeinkommen. Andererseits vereinigten die 20 % der Haushalte mit den höchsten Einkommen über 40 % aller Nettoeinkommen auf sich. Nach dem regelmäßig von der Bundesregierung vorgelegten „Armuts- und Reichtumsbericht" hat sich die Ungleichverteilung der Einkommen in den letzten Jahren und Jahrzehnten erheblich erhöht und hat sich seit 2013 auf hohem Niveau stabilisiert. 2015 betrug die Armutsrisikoquote, d. h. der Anteil der Personen in Haushalten, deren Einkommen (einschließlich aller Transfereinkommen) weniger als 60 % des Durchschnittseinkommens (d. h. weniger als 1.033 Euro monatlich) beträgt, 16,5 %. Insbesondere Arbeitslose, Alleinerziehende und Familien mit Migrationshintergrund haben ein erhöhtes Armutsrisiko.

Lernkontrolle
Aufgabe 2

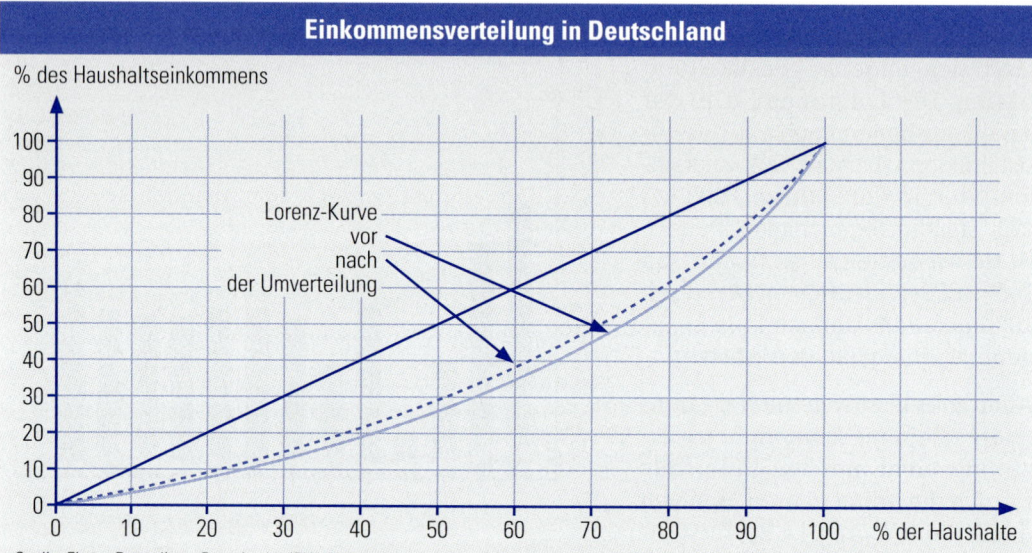

Quelle: Eigene Darstellung, Datenbasis: IDW, Deutschland in Zahlen 2018, Tab. 6.2; Lorenzkurve nach der Umverteilung auf der Basis div. SVR-Gutachten geschätzt

---

Beispiel: Manager mit Spitzenverdienst 2016

Deutsche Top-Manager verdienen prächtig: Durchschnittlich 5,519 Mio. Euro erhielt der Chef eines DAX-Konzerns 2016. Die Vergütung der Vorstände setzt sich aus variablen Posten wie Boni und Prämien sowie einem Fixgehalt zusammen.

Absoluter Top-Verdiener war mit mehr als 13 Mio. Euro SAP-Chef Bill McDermott. An zweiter Stelle der Spitzenverdiener stand Matthias Müller (VW) mit 9,6 Mio. Euro, gefolgt von Dieter Zetsche (Daimler) mit 7,7 Mio. Euro und Harald Krüger von BMW (7,6 Mio. Euro). Weitere Spitzenplätze nahmen Bernd Scheifele (Heidelberger Cement: 7,2 Mio. Euro), Joe Kaeser (Siemens: 7,1 Mio. Euro), Carsten Kengeter (Deutsche Börse: 6,2 Mio. Euro) und Rice Powell (Fresenius Medical Care: 6,1 Mio. Euro) ein.

Im internationalen Vergleich ist die Vergütung der deutschen Vorstandsvorsitzenden mit durchschnittlich 5,5 Mio. Euro allerdings bescheiden. In den USA lag sie 2016 bei durchschnittlich 17,1 Mio. Euro. Spitzenverdiener bei den im Dow-Jones-Index notierten Unternehmen war Disney-Chef Robert Iger mit 32 Mio. Euro.

Quelle: Eigene Darstellung, Datenbasis: Deutsche Schutzgemeinschaft für Wertpapierbesitz e.V. (DSW) Technische Universität München (TUM), Studie zur Vergütung der Vorstände in den DAX-Unternehmen 2016

Die reichsten Deutschen 2018			
Rang	Person bzw. Familie	Unternehmen, Branche	Vermögen in Mrd. Euro
1	Stefan Quandt, Susanne Klatten	BMW, Altana, Delton, SGL-Carbon Auto, Beteiligungen	34,0
2	Familie Reimann	JAB-Holding, Coty, Reckit Benckiser, Jacobs Reinigungsmittel, Kosmetik, Getränke	33,0
3	Dieter Schwarz	Lidl, Kaufland Einzelhandel, Immobilien	25,0
4	Familien Albrecht und Heister	Aldi Süd Einzelhandel, Immobilien	21,8
5	Familien Theo Albrecht Jr. und Babette Albrecht	Aldi Nord Einzelhandel, Immobilien	17,5
6	Georg und Maria-Elisabeth Schaeffler	Schaeffler Technologies, Continental Maschinenbau, Autozulieferer	17,0
7	Heinz-Hermann Thiele	Knorr-Bremse, Vossloh Autozulieferer, Bahntechnik	15,0
8	Familie Otto	Otto Versand, ECE, Paramount Versandhandel, Logistik, Immobilien	13,5
9	Familie Porsche	Porsche, Volkswagen Auto, Beteiligungen	12,0
10	Klaus Michael Kühne	Kühne + Nagel, Hapag Lloyd Logistik, Schifffahrt	10,5

Quelle: https://www.manager-magazin.de/ 04.10. 2018, Suchbegriff: Die reichsten Deutschen

Einkommens- und Vermögensverteilung in Deutschland

Einkommen sind nicht gleich verteilt. Die Ungleichheit der Einkommen ergibt sich aus dem Marktprozess. Sie wird allerdings durch Transferleistungen einerseits sowie Steuern und Sozialversicherungsbeiträge andererseits wesentlich reduziert (vgl. die Abbildung auf der vorangehenden Seite). Trotzdem hat die Ungleichverteilung der Einkommen in Deutschland in den letzten Jahrzehnten zugenommen. Eine vergleichbare Entwicklung war auch für die neuen Länder feststellbar. Noch wesentlich ungleichmäßiger als die Einkommen sind aber die Privatvermögen in Deutschland verteilt. Die reichsten 10 % der Haushalte besitzen mehr als 55 % des gesamten Vermögens. Die untere Hälfte der Haushalte verfügt dagegen lediglich über weniger als 1 % des gesamten Vermögens. Die Ungleichheit der Vermögensverteilung beruht zu einem erheblichen Teil auf der ungleichmäßigen Einkommensverteilung. Vom Einkommen hängt die Sparfähigkeit ab, die neben Erbschaften und Wertzuwächsen die Entwicklung der individuellen Vermögensbestände im Lebensverlauf bestimmt. Zusammenfassend ist festzustellen, dass sich die Ungleichheit der Einkommen und der Vermögen langfristig verstärkt hat. Die Schere zwischen arm und reich hat sich weiter geöffnet.

Quellen: Eigene Darstellung: Datenbasis: Div. Armuts- und Reichtumsberichte der Bundesregierung 2005–2017

Ungleiche Vermögensverteilung

Auch die Vermögensverteilung lässt sich in Form einer LORENZ-Kurve darstellen. Hier zeigt sich für die Bundesrepublik eine noch ungleichmäßigere Verteilung als bei den Einkommen. Die ärmsten 50 % der Haushalte verfügen nur über 2 %, die reichsten 10 % der Haushalte dagegen über ca. 64 % des Gesamtvermögens. Auf eine kleine Minderheit von nur einem Promille, d. h. 0,1 % aller Haushalte (= ca. 40.000 Haushalte) entfallen über 17,5 % des Gesamtvermögens (= 11,7 Mio. Euro je Haushalt). Das Reinvermögen eines Haushalts ergibt sich aus der Summe von Geld- und Sachvermögen (Immobilien- und Gebrauchsvermögen) abzüglich der Schulden.

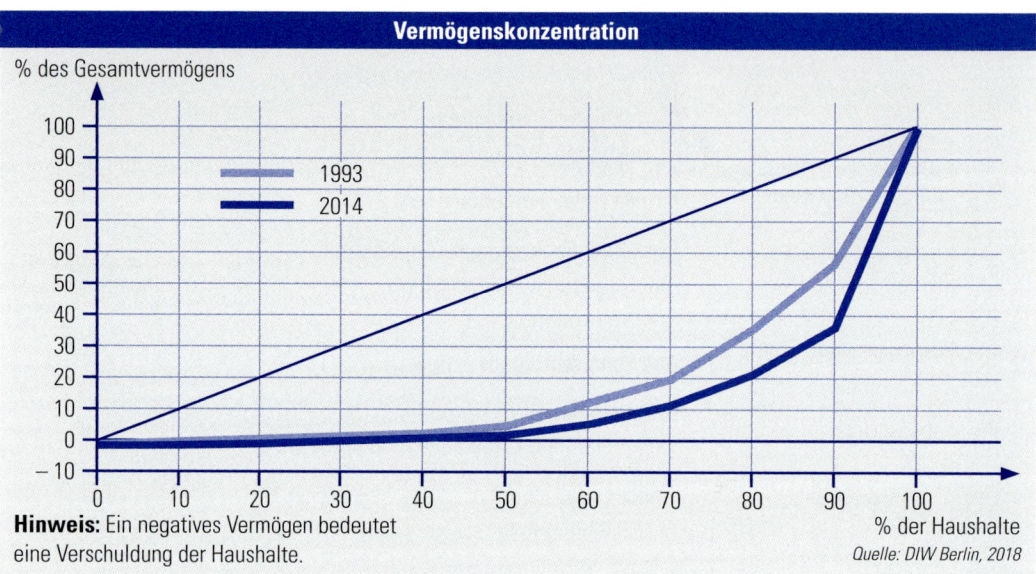

Hinweis: Ein negatives Vermögen bedeutet eine Verschuldung der Haushalte.

Quelle: DIW Berlin, 2018

Nach einer Studie des Deutschen Instituts für Wirtschaftsforschung verfügte jeder erwachsene Bundesbürger 2012 durchschnittlich über ein Nettovermögen (= Bruttovermögen – Schulden) in Höhe von rund 83.000 Euro. Diese Zahl sagt aber nichts darüber aus, wie dieses Vermögen in Deutschland verteilt ist. So gibt es deutliche Unterschiede zwischen den alten und den neuen Ländern: Während der Durchschnittswert für Westdeutschland über 94.000 Euro liegt, beträgt er in den neuen Ländern nur gut 41.000 Euro. Das reichste Prozent der Bevölkerung kommt auf ein Vermögen von durchschnittlich mehr als 800.000 Euro. Aber es gibt auch diejenigen, die nicht einmal über ein kleines Vermögen verfügen: So geht fast ein Viertel der Bevölkerung völlig leer aus – es hat weder Geld- noch Immobilienvermögen. Viele davon haben statt Vermögen nur Schulden.

7.3   Ziele, Ansatzpunkte und Maßnahmen der Sozial- und Verteilungspolitik

Ziele der Sozialpolitik

Die Sozialordnung, die neben der Wettbewerbsordnung das zentrale Element der am Leitbild der sozialen Marktwirtschaft orientierten Wirtschaftsordnung in Deutschland ist, wird wesentlich durch die Sozialpolitik gestaltet.

> Sozialpolitik umfasst alle Maßnahmen in verschiedenen gesellschaftlichen Bereichen, die einer Angleichung der Lebenschancen sowie der Verbesserung und Absicherung der Lebensbedingungen der Bevölkerung dienen.

Die Sozialpolitik in Deutschland verfolgt zwei wesentliche Ziele:

Soziale Gerechtigkeit	Soziale Sicherheit
■ Startgerechtigkeit durch möglichst gleiche materielle Ausgangsbasis für alle (Chancengleichheit) ■ Ausgleich starker Einkommens- und Vermögensunterschiede (z. B. wegen unterschiedlicher Familienlasten wie bei kinderreichen Familien) ■ Hilfe für sozial Schwache (z. B. Behinderte, Personen mit geminderter Leistungsfähigkeit)	Sicherung der wirtschaftlichen und sozialen Lebensbedingungen bestimmter sozialer Gruppen gegen allgemeine Lebensrisiken wie Unfall, Krankheit, Invalidität, Alter, Arbeitslosigkeit, Tod des Ernährers.

Einkommensumverteilung

Durch den Leistungswettbewerb auf Güter- und Faktormärkten wird auch die Verteilung von Löhnen und Gewinnen bestimmt (Verteilungsfunktion des Preiswettbewerbs). Diese primäre Einkommensverteilung ist ausschließlich leistungsabhängig und wird deswegen als ungerecht empfunden. Sie kann durch staatliche Umverteilungsmaßnahmen nach bestimmten Gerechtigkeitsvorstellungen korrigiert werden (= sekundäre Einkommensverteilung).

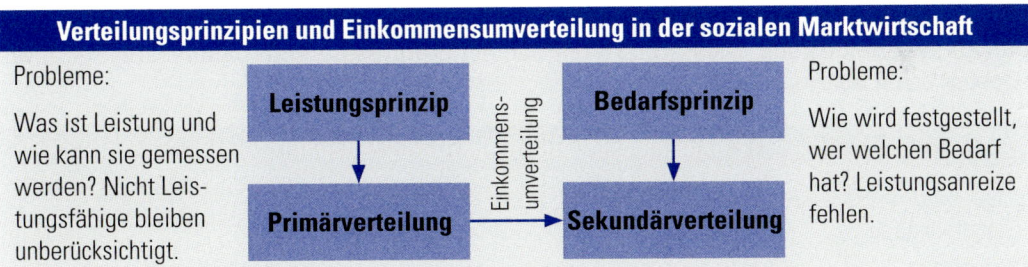

Aufgrund der Tarifautonomie ist eine Einkommenspolitik des Staates im Sinne einer direkten Beeinflussung von Löhnen und Gehältern (funktionelle Einkommens- und Primärverteilung) nur im öffentlichen Dienst möglich, wo der Staat selbst als Arbeitgeber auftritt. Im Zusammenhang mit der Sozialpolitik ist unter Einkommenspolitik daher vor allem eine Einkommensumverteilungspolitik des Staates zu verstehen.

> Einkommensumverteilungspolitik umfasst alle Maßnahmen, die in eine auf den Marktergebnissen beruhende primäre Einkommensverteilung eingreifen und durch Umverteilung eine Sekundärverteilung herbeiführen.

In Deutschland erfolgt die Einkommensumverteilung insbesondere durch folgende Maßnahmen:

Einkommenssteuer	Sozialversicherungsbeiträge	Transferzahlungen
Besteuerung nach der Leistungsfähigkeit aufgrund eines Einkommensteuertarifs, der ab einem unversteuerten Grundfreibetrag bei zunehmender Einkommenshöhe progressiv ansteigt (2019 Eingangssteuersatz 14 %, Spitzensteuersatz 45 %). Bei den meisten Steuerexperten ist unbestritten, dass ein progressiver Einkommensteuertarif der Besteuerung nach dem Leistungsfähigkeitsprinzip am ehesten entspricht. Auch die „Väter der sozialen Marktwirtschaft" hielten eine solche progressive Einkommensbesteuerung für den in einer Marktwirtschaft nötigen Einkommensausgleich ausdrücklich für sinnvoll.[1]	Einkommensabhängige Pflichtbeiträge zur Renten-, Arbeitslosen-, Kranken- und Pflegeversicherung der Arbeitnehmer, die in den meisten Fällen vom Arbeitgeber und Arbeitnehmer je zur Hälfte getragen werden. Geringfügige Ausnahmen von dieser jeweils hälftigen Beitragszahlung bestehen lediglich in der Pflegeversicherung beim Zuschlag von 0,25 % für kinderlose Arbeitnehmer, die älter als 23 Jahre sind. In beiden Fällen entfällt der Arbeitgeberanteil.	aus Steuern, Sozialversicherungsbeiträgen oder staatlicher Kreditaufnahme finanzierte Zahlungen an private Haushalte (u. a. Alters- und Erwerbsminderungsrenten, Sozialhilfe, Deckung der Krankheitskosten, Kranken-, Arbeitslosen-, Kinder-, Erziehungs- und Wohngeld, Ausbildungsförderung, Förderung der Vermögensbildung)

Progressiver Einkommensteuertarif als Beispiel für Einkommensumverteilung

Ein progressiver Einkommensteuertarif zeichnet sich dadurch aus, dass bei steigendem Einkommen der Steuersatz immer höher wird. Das führt dazu, dass ein Steuerpflichtiger, der ein doppelt so hohes zu versteuerndes Einkommen wie sein Nachbar hat, mehr als doppelt so viel Einkommensteuer zahlen muss. Ein solcher Steuertarif wir damit begründet, dass aus Gerechtigkeitsgründen eine Besteuerung nach der Leistungsfähigkeit des Steuerpflichtigen erfolgen soll. Dieses Ziel ist mit einem progressiven Einkommensteuertarif am ehesten erreichbar.

Einkommensteuertarif (für Alleinstehende)	
Tarifaufbau	**Tarif von 2019**
Grundfreibetrag	9.168 Euro
Progressionszone mit ansteigenden Grenzsteuersätzen	14 % bis 42 %
erste obere Proportionalstufe mit gleichbleibendem Grenzsteuersatz	42 % ab 55.961 Euro
zweite obere Proportionalstufe mit gleichbleibendem Grenzsteuersatz[2]	45 % ab 265.327 Euro

---

1   Vgl. Eucken, W., Grundsätze der Wirtschaftspolitik, Tübingen, 2. Aufl. 1955, S. 300–304 und Müller-Armack, A., Genealogie der Sozialen Marktwirtschaft, Bern/Stuttgart 1981, S. 99

2   Diese 2007 eingeführte Erhöhung des Spitzensteuersatzes wird als **Reichensteuer** bezeichnet. Der Begriff „Reichensteuer" (polemisch als Millionärs- oder Neidsteuer bezeichnet) ist ein politisches Schlagwort, das nicht aus dem Steuerrecht stammt.

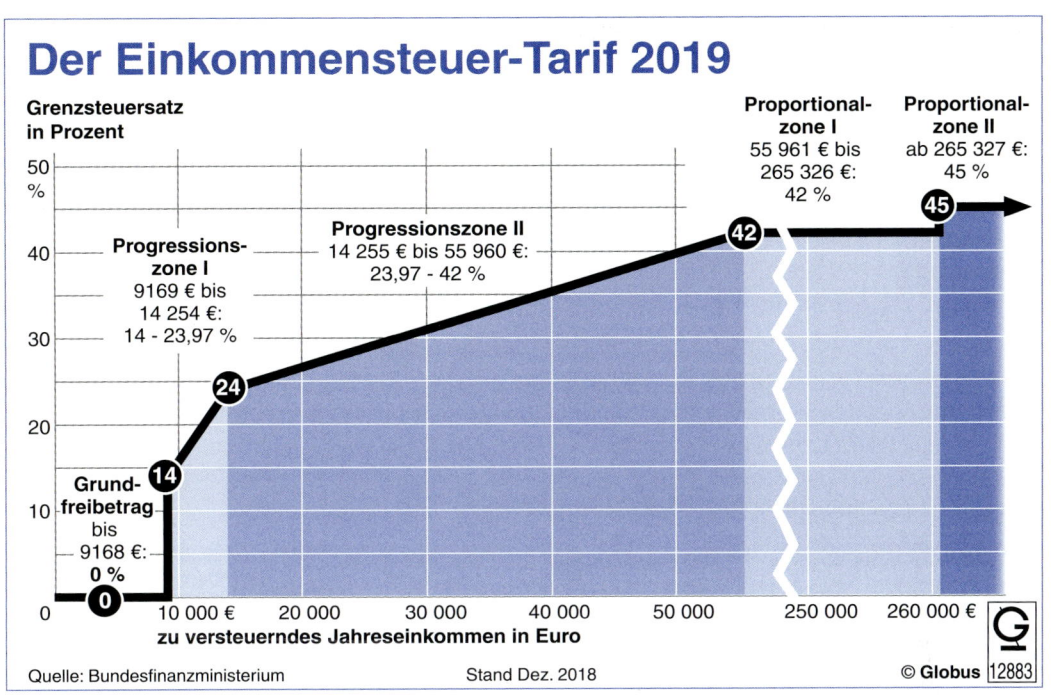

Der Einkommensteuer-Tarif 2019

Grenzsteuersatz
in Prozent

Proportional-zone I
55 961 € bis
265 326 €:
42 %

Proportional-zone II
ab 265 327 €:
45 %

Progressions-zone I
9169 € bis
14 254 €:
14 - 23,97 %

Progressionszone II
14 255 € bis 55 960 €:
23,97 - 42 %

Grund-freibetrag
bis
9168 €:
0 %

zu versteuerndes Jahreseinkommen in Euro

Quelle: Bundesfinanzministerium   Stand Dez. 2018   © Globus 12883

zu versteuerndes Einkommen in Euro	2019 gültiger Einkommensteuertarif		
	Einkommensteuer in Euro	Durchschnittssteuersatz in %[1]	Grenzsteuersatz in %[2]
9.000	0	0	0
10.000	123	1,23	15,63
20.000	2.414	12,07	26,45
30.000	5.275	17,58	30,78
40.000	8.569	21,42	35,10
50.000	12.295	24,59	39,42
60.000	16.419	27,37	42,00
70.000	20.619	29,49	42,00
100.000	118.259	39,42	42,00
200.000	33.219	33,22	42,00
300.000	75.219	37,61	42,00

1   Durchschnittssteuersatz: Einkommensteuer im Verhältnis zum zu versteuernden Einkommen

2   Grenzsteuersatz: Prozentsatz, mit dem (theoretisch beliebig kleine) Einkommenszuwächse bzw. -verringerungen be- bzw. entlastet werden.

559

Hinweis zum Grenzsteuersatz

Viele Steuerzahler glauben, sie müssten ihr gesamtes zu versteuerndes Einkommen mit einem einheitlichen Steuersatz versteuern (z. B. 60.000 Euro mit 42 %). Diese Auffassung ist falsch. Die unterschiedlichen Steuersätze des Einkommensteuertarifs beziehen sich vielmehr jeweils nur auf den zuletzt hinzuverdienten Euro (Grenzsteuersatz). Einkommensteuerpflichtige erhalten demnach – unabhängig von der Höhe des zu versteuernden Einkommens – den Grundfreibetrag (9.168 Euro). Der erste darüber hinausgehende Euro an Einkommen wird bei allen Steuerpflichtigen lediglich mit dem niedrigen Eingangssteuersatz (14 %) besteuert usw.

Aufgrund des progressiven Steuersatzes wirkt sich eine Steuerentlastung bei Beziehern höherer Einkommen wesentlich stärker aus als bei Beziehern niedriger Einkommen. Wenn beispielsweise ein steuerpflichtiger Arbeitnehmer sein zu versteuerndes Einkommen durch Steuervergünstigungen um 1.000 Euro mindern kann (z. B. durch Geltendmachung der sogenannten „Pendlerpauschale" für Fahrtkosten zwischen Wohnung und Arbeitsstätte oder andere steuermindernde Ausgaben), so bewirkt das nach dem 2019 gültigen **Einkommensteuertarif** je nach Einkommenshöhe folgende Steuerersparnis:

zu versteuerndes Einkommen vorher	Einkommen-steuer vorher	Minderung des zu versteuernden Einkommens	zu versteuerndes Einkommen nachher	Einkommen-steuer nachher	Steuerersparnis	
					in Euro	in % der Minderung
20.000 €	2.414 €	1.000 €	19.000 €	2.121 €	263 €	26,8 %
60.000 €	16.419 €	1.000 €	59.000 €	15.999 €	420 €	42,0 %

Lernkontrolle
Aufgabe 3

Vermögensumverteilung durch Vermögen- und Erbschaftsteuer

Während eine progressive Einkommensteuer der Einkommensumverteilung dient, eignet sich u. a. die Vermögen- und Erbschaftsteuer für eine Vermögensumverteilung. In beiden Fällen handelt es sich um eine Substanzsteuer, die – im Unterschied zu einer Ertragsteuer (z. B. Einkommensteuer) – auf ein bestehendes Vermögen erhoben wird. Allerdings wurde die in Deutschland bis 1997 erhobene Vermögensteuer in der damaligen Form wegen der günstigeren Besteuerung von Immobilienvermögen im Vergleich zu Geldvermögen vom Bundesverfassungsgericht für verfassungswidrig erklärt und ist seitdem ausgesetzt. Um die Wiedereinführung gibt es politische Auseinandersetzungen. Die Erbschaftsteuer ist in Deutschland im Vergleich zu den Substanzsteuern anderer Länder (z. B. Großbritannien, USA, Japan) äußerst niedrig und hat daher nur geringe Umverteilungswirkungen. Diese wurden im Rahmen der ab 2009 geltenden Erbschaftsteuerreform noch weiter abgeschwächt.

Vermögensbildung

Die Vermögensbildung von Beziehern kleinerer Einkommen wird insbesondere durch folgende Maßnahmen staatlich gefördert:

Arbeitnehmersparzulage nach dem 5. Vermögensbildungsgesetz	Wohnungsbauprämie nach dem Wohnungsbauprämiengesetz
(siehe dazu Lernfeld 4; Kapitel 3)	(siehe dazu Lernfeld 4, Kapitel 3)

Arbeitnehmerschutz, Betriebs- und Unternehmensverfassung, Arbeitsmarktpolitik

Neben den genannten Transferzahlungen, die der sozialen Sicherung sowie der Familien-, Bildungs-und Vermögenspolitik dienen, stellen auch folgende Maßnahmen wichtige sozial-politische Ansätze im Rahmen der Sozialordnung der Bundesrepublik Deutschland dar:

- Arbeitnehmerschutz im Betrieb: Kündigungsschutz, Arbeitszeitschutz, Lohnfortzahlung im Krankheitsfall, Unfallschutz

- Betriebs- und Unternehmensverfassung: Mitbestimmung der Arbeitnehmer (Regelung der Mitwirkung und Mitentscheidung von Arbeitnehmervertretern in wirtschaftlichen, personellen und sozialen Belangen des Unternehmens, z.B. im Betriebsverfassungsgesetz und im Mitbestimmungsgesetz)

- Arbeitsmarktpolitik: Arbeitsvermittlung, Berufsberatung, Arbeitsförderung, Tarif-vertragswesen, Vollbeschäftigungspolitik

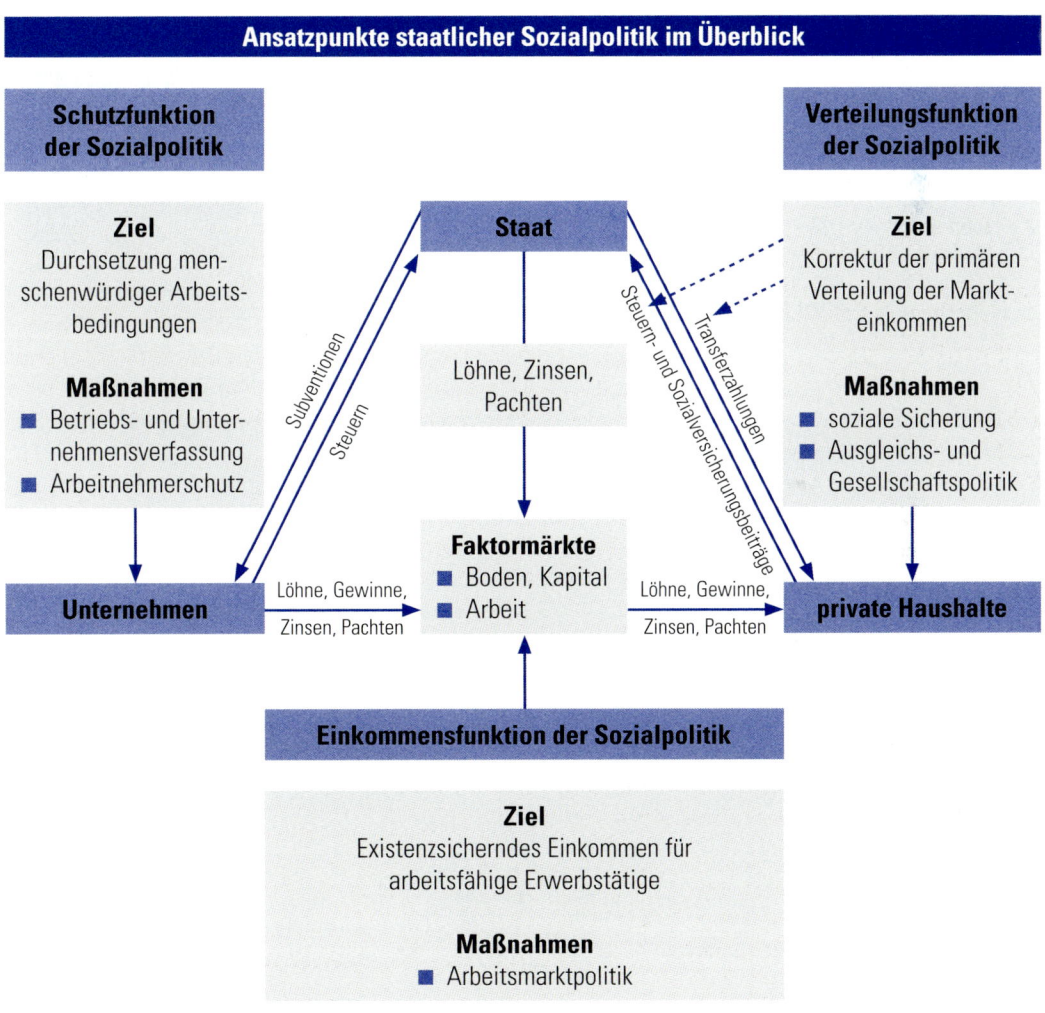

Ansatzpunkte staatlicher Sozialpolitik im Überblick

Zusammenfassung und Lernkontrolle

Zusammenfassung

Verteilungsprinzipien	→	soziale Gerechtigkeit	←	Sozialordnung in Deutschland

Leistungs-, Bedarfs-, Gleichheitsprinzip

soziale Marktwirtschaft

Einkommens- und Sozialpolitik

soziale Sicherheit	Einkommensumverteilung	sonstige Ansätze
Renten-, Arbeitslosen-, Kranken-, Pflege- und Unfallversicherung, Sozialhilfe	progressive Einkommensteuer, Sozialversicherungsbeiträge, Transferzahlungen	Arbeitnehmerschutz im Betrieb, Betriebsverfassung, Arbeitsmarktpolitik

Einkommens- und Vermögensverteilung in Deutschland

primäre Einkommensverteilung	funktionelle Einkommensverteilung (Lohnquote)
sekundäre Einkommensverteilung	personelle Einkommensverteilung

Lernkontrolle

Aufgaben 1: Rollenspiel: Grundprobleme einer gerechten Einkommensverteilung

Führen Sie in Ihrer Klasse das Rollenspiel „Gerechte Einkommensverteilung" durch und diskutieren Sie vor diesem Hintergrund verschiedene Prinzipien der Einkommensverteilung.

Aufgaben 2: Einkommensverteilung in Deutschland

Für die Messung der Einkommenskonzentration werden die privaten Haushalte häufig entsprechend der Höhe ihres Einkommens in 10 Gruppen (= Dezile) eingeteilt. Für jede Gruppe wird der prozentuale Anteil am Gesamteinkommen aller Haushalte wie folgt ausgewiesen: Anteil der ärmsten 10 % der Haushalte (= 1. Dezil) am Gesamteinkommen, Anteil der zweitärmsten 10 % der Haushalte (= 2. Dezil) am Gesamteinkommen usw. bis zum Anteil der reichsten 10 % der Haushalte (= 10. Dezil) am Gesamteinkommen.

Entsprechend dieser Gliederung liegen für die BRD für die Jahre 1991 und 2009 folgende Zahlen vor:

Haushaltsgruppen nach Einkommenshöhe (Dezile)		1. 10 %	2. 10 %	3. 10 %	4. 10 %	5. 10 %	6. 10 %	7. 10 %	8. 10 %	9. 10 %	10. 10 %
% Anteil am Gesamteinkommen aller Haushalte	1991 vorher	0,2	1,4	3,4	5,7	7,9	9,7	11,6	14,1	17,7	28,3
	1991 nachher	4,0	5,9	6,9	7,7	8,5	9,4	10,4	12,0	14,2	21,0
	2009 vorher	0,1	1,2	2,8	5,1	7,2	9,2	11,3	13,6	17,7	31,8
	2009 nachher	3,6	5,2	6,3	7,3	8,2	9,3	10,3	11,9	14,2	23,7

1. Erstellen Sie in Anlehnung an die Abb. auf S. 554 für die Einkommensverteilung in Deutschland zwei Abbildungen mit je zwei LORENZ-Kurven für 1991 (vor und nach der Einkommensumverteilung) und 2009 (vor und nach der Einkommensumverteilung).
2. Vergleichen Sie die Kurvenverläufe miteinander und erläutern Sie die Aussagekraft der von Ihnen erstellten LORENZ-Kurven.
3. Stellen Sie fest, wie viel Prozent des Gesamteinkommens jeweils die ärmsten 20 % und die reichsten 20 % der Haushalte in den Jahren 1991 und 2009 (jeweils vor und nach der Einkommensumverteilung) auf sich vereinigt haben.
4. Wie viel Euro haben die in der Zeitungsmeldung auf S. 554 erwähnten Top-Manager pro Tag/pro Stunde verdient, wenn 230 Arbeitstage pro Jahr und ein 8-h-Tag zugrunde gelegt werden? Vergleichen Sie das Ergebnis mit dem Durchschnittseinkommen eines Bankangestellten, einer Krankenschwester und eines Hartz-IV-Empfängers.
5. Bilden Sie sich in Anlehnung an die Grafiken und die Texte auf S. 554 und 555 eine Meinung zu der Frage: „Ist die Einkommensverteilung in Deutschland gerecht?"

Aufgabe 3: Einkommensteuertarif – Einkommensumverteilung

1. Beschreiben Sie anhand der Tabelle und der Abb. auf S. 559 die Entwicklung des Grenz- und Durchschnittssteuersatzes bei zunehmendem zu versteuernden Einkommen. Welche Besonderheiten lassen sich feststellen?

2. Angenommen, bei einem ledigen Steuerpflichtigen erhöht sich das zu versteuernde Einkommen um 100,00 Euro. Ermitteln Sie mithilfe der Grenzsteuersätze, wie viel Euro von diesen 100,00 Euro Zusatzeinkommen als Einkommensteuer abgeführt werden müssen, wenn das bisherige zu versteuernde Einkommen folgende Höhe hat:

   a) 5.000 Euro   b) 10.000 Euro   c) 20.000 Euro   d) 40.000 Euro

   e) 50.000 Euro   f) 60.000 Euro   g) 70.000 Euro

3. Ist es Ihrer Meinung nach gerecht, dass Grenz- und Durchschnittssteuersatz bei zunehmendem zu versteuerndem Einkommen steigen (= progressiver Einkommensteuertarif)?

4. Von verschiedenen politischen Parteien wird häufig eine Entlastung der „unteren und mittleren Einkommensbezieher" von der Einkommensteuer gefordert. Angenommen beim gegenwärtigen Einkommensteuertarif würde der Grundfreibetrag auf 10.000 Euro erhöht und der Eingangssteuersatz auf 12 % gesenkt. Prüfen Sie, welche Einkommensbezieher dadurch begünstigt würden.

5. In der steuerpolitischen Diskussion wird häufig die kalte Progression des derzeitigen Einkommensteuertarifs beklagt.

> Kalte Progression ist die Steuermehrbelastung, die dann eintritt, wenn Lohnsteigerungen lediglich zu einem Inflationsausgleich führen und gleichzeitig die Einkommensteuersätze nicht der Inflationsrate angepasst werden. Durch den progressiven Einkommensteuertarif wird für jeden über dem Grundfreibetrag verdienten Euro ein höherer Einkommensteuersatz (Grenzsteuersatz) fällig – das Realeinkommen sinkt.

Überprüfen Sie diesen Effekt anhand des folgenden Beispiels:

Ein einkommensteuerpflichtiger Angestellter (ledig) hat ein zu versteuerndes Jahreseinkommen von 50.000 Euro. Im letzten Jahr lag die Preissteigerungsrate bei 4 %. Als Inflationsausgleich erhält er eine Gehaltserhöhung, durch die sein zu versteuerndes Einkommen ebenfalls um 4 % auf jetzt 52.000 Euro steigt.

a) Wie hoch ist jeweils die Einkommensteuerbelastung in Euro, der Durchschnittssteuersatz und das Resteinkommen?

   Hinweis: Nach dem ESt-Tarif 2019 ergibt sich folgende ESt:

   zu versteuerndes Einkommen (zvE) von 50.000 Euro: ESt 12.095 Euro

   zu versteuerndes Einkommen (zvE) von 52.000 Euro: ESt 13.093 Euro

   Die Einkommensteuer kann u. a. mithilfe des Abgabenrechners des Bundesfinanzministeriums im Internet ermittelt werden. Suchbegriff: Abgabenrechner (www.abgabenrechner.de/ekst)

b) Wie hoch sind die Realwerte des zu versteuernden Einkommens und des Resteinkommens nach der Gehaltserhöhung? Geben Sie die Höhe des durch die Steuerprogression verursachten Einkommensnachteils des Steuerpflichtigen an.

c) Wie müsste der Steuertarif ausgestaltet sein, um die negativen Auswirkungen der „kalten Progression" zu vermeiden?

8 Außenwirtschaft

8.1 Außenwirtschaft und Zahlungsbilanz

Außenhandel ist der grenzüberschreitende Waren- und Dienstleistungsverkehr einer Volkswirtschaft. Er umfasst den Kauf ausländischer Güter (Import) und den Auslandsabsatz inländischer Güter (Export).

Deutschland gehört neben China, den USA und Japan zu den exportstärksten Volkswirtschaften der Welt. Annähernd jeder vierte Arbeitsplatz in Deutschland ist exportabhängig. Die Absatzmärkte deutscher Güter im Ausland konzentrieren sich auf die Mitgliedsstaaten der Europäischen Union und die USA. Andererseits ist Deutschland als dicht besiedeltes Industrieland mit geringen Rohstoffvorkommen auf die Einfuhr vieler Güter angewiesen.

Deutschlands wichtigste Handelspartner

Angaben für 2018 in Milliarden Euro

Die größten Lieferanten (Einfuhr)

Land	Mrd. €
China	106,2 Mrd. €
Niederlande	98,2
Frankreich	65,2
USA	64,6
Italien	60,2
Polen	55,2
Tschechien	47,7
Belgien	46,1
Schweiz	45,9
Österreich	43,1
Großbritannien	37,0
Russland	36,0
Spanien	32,5
Ungarn	27,6
Japan	23,7
Türkei	16,3

Die größten Kunden (Ausfuhr)

Mrd. €	Land
113,5 Mrd. €	USA
105,3	Frankreich
93,1	China
91,3	Niederlande
82,0	Großbritannien
70,0	Italien
64,8	Österreich
63,3	Polen
54,1	Schweiz
44,4	Belgien
44,3	Spanien
44,2	Tschechien
26,3	Ungarn
26,3	Schweden
25,9	Russland
20,4	Japan

Quelle: Statistisches Bundesamt (Februar 2019)   vorläufige Angaben   © Globus 13050

Außenhandel ist in der Regel dann vorteilhaft, wenn

- bestimmte Rohstoffe und andere Güter im Inland nicht verfügbar sind,
- aufgrund der unterschiedlichen Ausstattung mit Produktionsfaktoren bestimmte Güter in bestimmten Ländern kostengünstiger als anderswo hergestellt werden können und sich deswegen Preisunterschiede zwischen In- und Ausland ergeben.

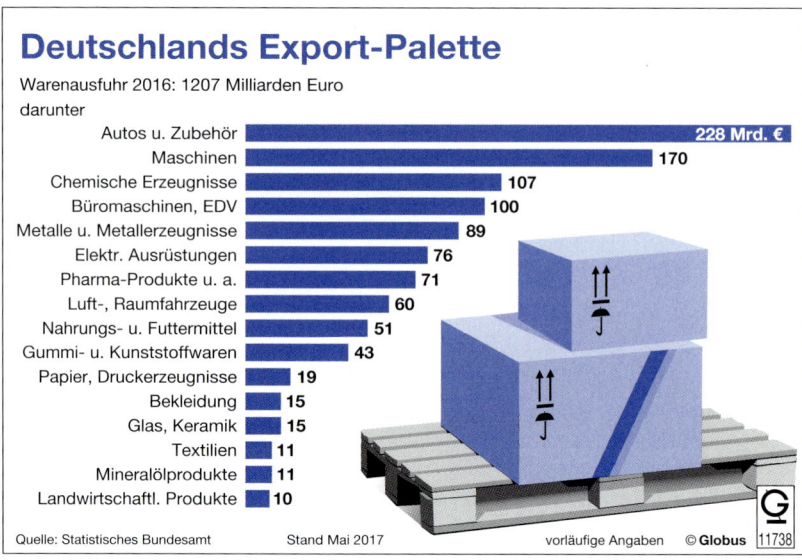

Deutschlands Export-Palette

Warenausfuhr 2016: 1207 Milliarden Euro

darunter

Autos u. Zubehör	228 Mrd. €
Maschinen	170
Chemische Erzeugnisse	107
Büromaschinen, EDV	100
Metalle u. Metallerzeugnisse	89
Elektr. Ausrüstungen	76
Pharma-Produkte u. a.	71
Luft-, Raumfahrzeuge	60
Nahrungs- u. Futtermittel	51
Gummi- u. Kunststoffwaren	43
Papier, Druckerzeugnisse	19
Bekleidung	15
Glas, Keramik	15
Textilien	11
Mineralölprodukte	11
Landwirtschaftl. Produkte	10

Quelle: Statistisches Bundesamt   Stand Mai 2017   vorläufige Angaben   © Globus   11738

In der Zahlungsbilanz werden die wirtschaftlichen Vorgänge (Transaktionen), die während eines bestimmten Zeitraums zwischen Inländern und Ausländern stattfinden, erfasst.

Der Begriff „Bilanz" ist in diesem Zusammenhang missverständlich, weil – anders als beim üblichen Bilanzbegriff – keine Bestände zu einem bestimmten Zeitpunkt, sondern Geldströme während eines bestimmten Zeitraums dargestellt werden.

		Zahlungsbilanz	
Leistungsbilanz	Handelsbilanz	Warenexporte	Warenimporte
	Dienstleistungsbilanz	Dienstleistungsexporte	Dienstleistungsimporte
	Bilanz der Erwerbs- und Vermögenseinkommen (Primäreinkommen)	erhaltene Erwerbs- und Vermögenseinkommen	geleistete Erwerbs- und Vermögenseinkommen
	Bilanz der laufenden Übertragungen (Sekundäreinkommen)	empfangene Übertragungen	geleistete Übertragungen
Vermögens-bilanz		empfangene Schenkungen, Erbschaften	geleistete Schenkungen, Erbschaften
Kapitalbi-lanz		Kapitalimporte ▪ Zunahme von Verbindlichkeiten ▪ Verringerung von Forderungen	Kapitalexporte ▪ Zunahme von Forderungen ▪ Verringerung von Verbindlichkeiten
Devisen-bilanz		Verringerung des Devisenbestandes der Zentralbank	Erhöhung des Devisenbestandes der Zentralbank
		Summe	Summe

In der Zahlungsbilanz werden die wirtschaftlichen Vorgänge (Transaktionen), die während eines bestimmten Zeitraums zwischen Inländern und Ausländern stattfinden, erfasst.

Handelsbilanz:
Die Warenexporte sind in Deutschland üblicherweise höher als die Warenimporte (= aktive Handelsbilanz).

Dienstleistungsbilanz:
Exporte und Importe von Dienstleistungen (u. a. Transport- und Versicherungsleistungen, Auslandsreisen). Auslandsreisen bedeuten einen Dienstleistungsimport. Der Saldo der deutschen Dienstleistungsbilanz ist wegen der zahlreichen Auslandsreisen der deutschen Bevölkerung traditionell negativ (= Importüberschuss).

Bilanz der Erwerbs- und Vermögenseinkommen (Primäreinkommen):
grenzüberschreitendes Faktoreinkommen (Kapitalerträge und Arbeitseinkommen)

Bilanz der laufenden Übertragungen (Sekundäreinkommen):
Beiträge an internationalen Organisationen (z. B. EU), grenzüberschreitenden Renten, Pensionen und Unterstützungszahlungen (z. B. die Überweisungen der in Deutschland lebenden ausländischen Arbeitnehmer in ihre Heimatländer) sowie Zahlungen im Rahmen der Entwicklungshilfe, sofern es sich nicht um Kredite handelt. Der Saldo der deutschen Übertragungsbilanz ist insbesondere wegen hohen Leistungen an die EU üblicherweise negativ.

Kapitalbilanz:
Kapitalexporte und Kapitalimporte wie z. B. grenzüberschreitende Kreditgeschäfte, Wertpapierkäufe oder Direktinvestitionen (= Unternehmensgründung oder Kapitalbeteiligung an Unternehmen). Kapitalimporte führen zu einer Zunahme der Verbindlichkeiten gegenüber dem Ausland oder zu einer Abnahme der Forderungen an das Ausland. Kauft ein deutscher Importeur Waren aus dem Ausland auf Kredit, so liegt ein Kapitalimport in Höhe der Verbindlichkeit vor. Ebenso stellen der Erwerb von deutschen Wertpapieren durch Ausländer und die Auflösung von Beteiligungen inländischer Unternehmen an ausländischen Unternehmen **Kapitalimporte** dar. Kapitalexporte führen zu einer Zunahme der Forderungen an das Ausland oder zu einer Abnahme der Verbindlichkeiten gegenüber dem Ausland. Dazu gehören z. B. Liefererkredite, die inländische Exporteure ihren Kunden einräumen, der Erwerb von Wertpapieren im Ausland sowie Kapitalbeteiligungen an ausländischen Unternehmen.

Restposten (Saldo der statistisch nicht aufgliederbaren Transaktionen):
Da nicht alle außenwirtschaftlichen Vorgänge genau erfasst werden können (z. B. nicht oder falsch deklarierte Auslandsgeschäfte, Schmuggel, Kapitalflucht), enthält die Zahlungsbilanz die Position „Saldo der statistisch nicht aufgliederbaren Transaktionen". Dabei handelt es sich um einen Restposten, der ungeklärte Beträge umfasst.

Die Zahlungsbilanz ist statistisch immer ausgeglichen. Die Teilbilanzen weisen jedoch üblicherweise Ungleichgewichte und damit positive oder negative Salden auf.

Zahlungsbilanz für Deutschland 2016 – 2018 in Mrd. Euro			
	2016	**2017**	**2018**
I. Leistungsbilanz			
1. Außenhandel			
Ausfuhr	1.178,6	1.256,3	1.292,8
Einfuhr	926,0	1.003,2	1.070,9
Saldo	252,6	253,1	221,9
2. Dienstleistungen			
Einnahmen	263,8	281,8	290,6
Ausgaben	284,8	303,7	310,2
Saldo	− 21,0	− 21,9	− 19,6
4. Erwerbs- und Vermögenseinkommen (Primär-	74,7	80,3	91,7
einkommen) (Saldo)	− 40,9	− 49,6	− 47,6
5. Laufende Übertragungen (Sekundäreinkommen) (Saldo)			
Saldo der Leistungsbilanz	**265,5**	**261,9**	**246,4**
II. Vermögensübertragungen (Saldo)	**2,1**	**− 1,9**	**1,9**
III. Kapitalbilanz (Export +, Import −)			
Direktinvestition	43,2	48,7	43,5
Wertpapiere	199,0	196,6	113,1
Finanzderivate u. Mitarbeiteroptionen	29,1	11,6	23,3
Übriger Kapitalverkehr	− 13,2	27,3	45,4
Saldo der Kapitalbilanz (Export +, Import −)	**258,0**	**284,2**	**225,2**
IV. Restposten (statistisch nicht aufgliederbar)	**8,0**	**− 22,9**	**22,3**
V. Veränderung der Währungsreserven (Devisenbilanz)	**1,7**	**− 1,3**	**0,8**
Bilanzgleichung: I. + II. = III. + IV. + V.			
I. Saldo der Leistungsbilanz	265,5	261,9	246,4
+ II. Saldo der Vermögensbilanz	2,1	− 1,9	1,9
= Saldo insgesamt	**267,6**	**259,9**	**248,2**
III. Saldo der Kapitalbilanz	258,0	284,2	225,2
+ IV. Saldo Restposten	8,0	− 22,9	22,3
+ V. Saldo der Devisenbilanz	1,7	− 1,3	0,8
= Saldo insgesamt	**267,6**	**259,9**	**248,2**
Volkswirtschaftliche Gesamtrechnung			
Exporte von Waren und Dienstleistungen	1.450,2	1.541,9	1.590,2
Importe von Waren und Dienstleistungen	1.202,8	1.294,1	1.360,9
Außenbeitrag	**247,5**	**247,8**	**229,2**
Terms of Trade (2010 = 100)	**103,88**	**102,84**	**102,1**

Lernkontrolle
Aufgabe 1

Hinweis: Die Vorzeichen bei Kapital- und Devisenbilanz entsprechen – abweichend von der Systematik der Bundesbank – der Darstellung im statistischen Jahrbuch.

Quelle: Deutsche Bundesbank, Zahlungsbilanzstatistik März 2019

8.2 System freier Wechselkurs

8.2.1 Kursbildung

Wechselkurs (Devisenkurs)

Es gibt keine **Währung** (= gesetzliches Zahlungsmittel eines Staates oder einer Staatengemeinschaft), die in allen Volkswirtschaften der Welt Gültigkeit hat. Außenhandel, bei dem Im- und Exportgüter gegen Geld getauscht werden, ist deshalb nur möglich, wenn die Währungen verschiedener Länder untereinander austauschbar sind. Das Austauschverhältnis zwischen zwei Währungen wird als Wechselkurs (exchange rate) bezeichnet. Der Begriff **Wechselkurs** stammt aus der Zeit, als der internationale Zahlungsverkehr noch vornehmlich mithilfe von Wechseln abgewickelt wurde, die an einem ausländischen Ort in ausländischer Währung zahlbar waren. Gleichbedeutend wird auch der Begriff **Devisenkurs** benutzt. **Devisen** sind kurzfristige Forderungen (Sichtguthaben, Schecks und Wechsel) in fremder Währung. Ausländische Noten und Münzen werden dagegen als **Sorten** bezeichnet.

> Der Wechselkurs gibt den Preis für eine bestimmte Menge einer Währung (z.B. 1 Euro) ausgedrückt in einer anderen Währung (z.B. US-$) an. Er ist Maßstab für den Außenwert des Geldes.

Mengennotierung

Seit Einführung des Euro wird bei Kursangaben offiziell nur die sogenannte Mengennotierung verwendet. Sie gibt an, welchen Betrag einer ausländischen Währung man für einen Euro erhält bzw. bezahlen muss. Wie aus der unten stehenden Kurstabelle ersichtlich ist, benutzen die Banken für die Umrechnung der Währung zwei Kurse. Der niedrigere Geldkurs (Ankaufskurs) wird angewandt, wenn die Bank ausländische Zahlungsmittel verkauft und Euro ankauft. Der Kunde erhält in diesem Fall für 1 Euro die kleinere Menge ausländischer Zahlungsmittel. Der höhere Briefkurs (Verkaufskurs) wird angewandt, wenn die Bank ausländische Zahlungsmittel ankauft und Euro verkauft. Der Kunde muss in diesem Fall für 1 Euro die größere Menge an ausländischen Zahlungsmitteln bereitstellen. Der Unterschied zwischen Geld- und Briefkurs ist die Verdienstspanne der Banken für ihre Dienstleistungen im Devisen- und Sortenhandel. Die Umrechnung der Kurse für Währungen der Nicht-Euro-Staaten erfolgt auf der Basis von Kurstabellen. Darin sind die an der Frankfurter oder Düsseldorfer Devisenbörse festgestellten Kurse der Währungen enthalten. Diese Kurse werden jedoch nicht mehr ausschließlich an den Devisenbörsen, sondern auch zwischen den Kreditinstituten ausgehandelt. Sie werden auch als Referenzkurse bezeichnet. Da die Tabellen nur unverbindliche Orientierungswerte darstellen, können die Kursangaben einzelner Kreditinstitute von den Referenzkursen abweichen.

Devisen- und Sortenkurse für 1 Euro					
28.03.2019		**Devisenkurse Referenzkurse Euro**		**Sortenpreise am Bankschalter[1]**	
		Geld	**Brief**	**Ankauf**	**Verkauf**
USA	US-$	1,1197	1,1257	1,0825	1,1582
Japan	Yen	123,7300	124,2100	1,1933	1,2788
Großbrit.	£	0,8536	0,8576	0,8293	0,8796
Schweiz	sfr	1,1165	1,1205	1,0802	1,1568
Kanada	kan-$	1,5003	1,5123	1,4420	1,5586
Schweden	skr	10,4460	10,4940	10,0070	10,8802
Norwegen	nkr	9,7030	9,7510	9,2980	10,0888
Dänemark	dkr	7,4463	7,4863	7,2171	7,7155
Australien	A-$	1,5743	1,5943	1,5161	1,6404
Neuseeland	NZ-$	1,6387	1,6627	1,5485	1,7313
Polen	Zloty	4,2724	4,3204	3,8472	4,6047

Quelle: Badische Zeitung, 29. März 2019, S.18

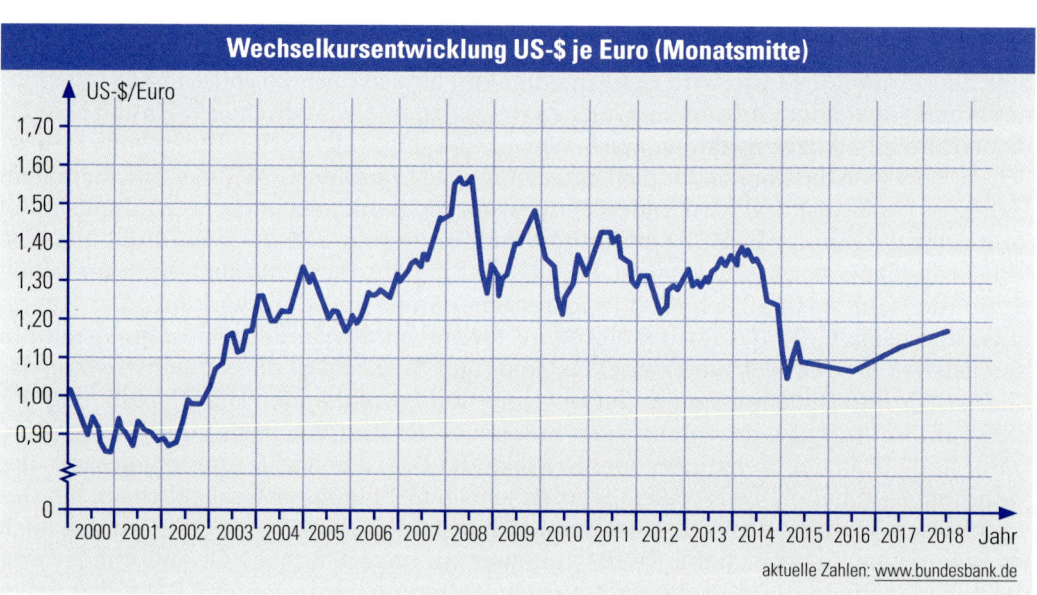

Quelle: Deutsche Bundesbank, Monatsbericht, März 2019, Tab. XII.10

---

1   Sortenkurse aus Sicht der Bank

Devisenmarkt

Ein System freier Wechselkurse liegt vor, wenn sich der Wechselkurs als Gleichgewichtspreis durch Angebot und Nachfrage auf dem Devisenmarkt bildet.

Die Preisbildung auf dem Devisenmarkt vollzieht sich wie beim Polypol auf dem vollkommenen Markt. Es werden aber keine Waren und Dienstleistungen gehandelt.

Auf dem Devisenmarkt werden Guthaben in Inlandswährung (z. B. Euro) gehandelt, deren Preis in Auslandswährung (z. B. US-$) ausgedrückt wird.

Die Grafik stellt im üblichen Preis-Mengen-Diagramm das Zustandekommen des Wechselkurses (w_0 = Gleichgewichtspreis) zwischen US-$ und Euro dar.

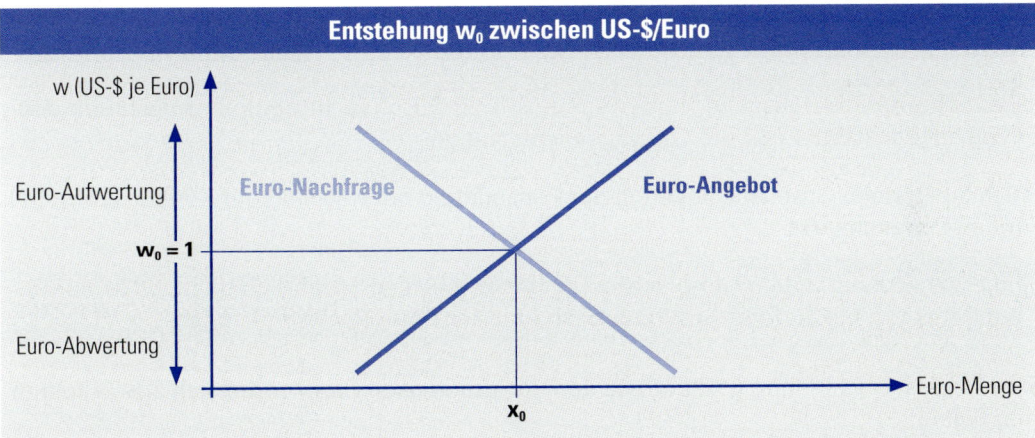

Jeder Nachfrage nach Euro entspricht gleichzeitig ein Angebot an Devisen (hier: US-$).
Die Nachfragekurve für Euro hat im Normalfall eine negative Steigung. Das bedeutet:

Je höher der Kurs, d. h. je mehr US-$ für einen Euro bezahlt werden müssen, umso geringer ist die geplante Nachfragemenge nach Euro. Je niedriger der Kurs, d. h. je weniger US-$ für einen Euro bezahlt werden müssen, umso höher ist die geplante Nachfragemenge nach Euro.

Beispiel: Wirkung einer Kurssteigerung

Würde der Kurs steigen (z. B. von 1,40 US-$ je Euro auf 1,50 US-$ je Euro), müssten je Euro mehr US-$ bezahlt werden. Wenn deutsche Exporteure nach wie vor denselben Gegenwert in Euro erlösen wollen, müssen die in US-$ ausgedrückten Preise für deutsche Exportgüter in den USA erhöht werden. In den USA würden durch diese Verteuerung weniger deutsche Exportgüter nachgefragt. Daher benötigen die amerikanischen Importeure weniger Euro zur Bezahlung der Importe. Da sie weniger US-$ gegen Euro tauschen, würde die angebotene Menge an US-$ und damit die nachgefragte Menge nach Euro sinken.

Jedem Angebot an Euro entspricht gleichzeitig eine Nachfrage nach Devisen (z. B. US-$).
Die Angebotskurve für Euro hat im Normalfall eine positive Steigung. Das bedeutet:

Je höher der Kurs, d. h. je mehr US-$ für einen Euro bezahlt werden müssen, umso höher ist die geplante Angebotsmenge für Euro. Je niedriger der Kurs, d. h. je weniger US-$ für einen Euro bezahlt werden müssen, umso geringer ist die geplante Angebotsmenge für Euro.

Beispiel: Wirkung einer Kurssenkung

Würde der Kurs sinken (z. B. von 1,50 US-$ je Euro auf 1,40 US-$ je Euro), müssten je Euro weniger US-$ bezahlt werden. Wenn Exporteure aus den USA nach wie vor denselben Gegenwert in US-$ erlösen wollen, müssen die Euro-Preise für amerikanische Exportgüter in Deutschland erhöht werden. In Deutschland würden durch diese Verteuerung weniger amerikanische Exportgüter nachgefragt. Daher benötigen die deutschen Importeure weniger US-$ zur Bezahlung der Importe. Da sie weniger Euro gegen US-$ tauschen, würde die nachgefragte Menge nach US-$ und damit die angebotene Menge an Euro sinken.

Der Schnittpunkt zwischen Euro-Angebots- und Euro-Nachfragekurve bestimmt den Gleichgewichtskurs und die Gleichgewichtsmenge.

Auch die übrigen Gesetzmäßigkeiten der Preisbildung bei vollständiger Konkurrenz gelten für den Devisenmarkt.

Eine Verschiebung der Euro-Nachfragekurve ergibt sich, wenn sich nicht der Wechselkurs, sondern ein anderer Bestimmungsfaktor der Euro-Nachfrage ändert.

Eine Rechtsverschiebung (= Zunahme der Nachfrage nach Euro) ergibt sich z. B. in folgenden Fällen:
- Wert der Exporte in die USA steigt.
- Kapital aus dem außereuropäischen Ausland wird im Euro-Währungsgebiet wegen hoher Zinsen angelegt.
- Das ESZB verkauft aus seinen Währungsreserven US-$ gegen Euro, um den Euro-Kurs zu stützen.

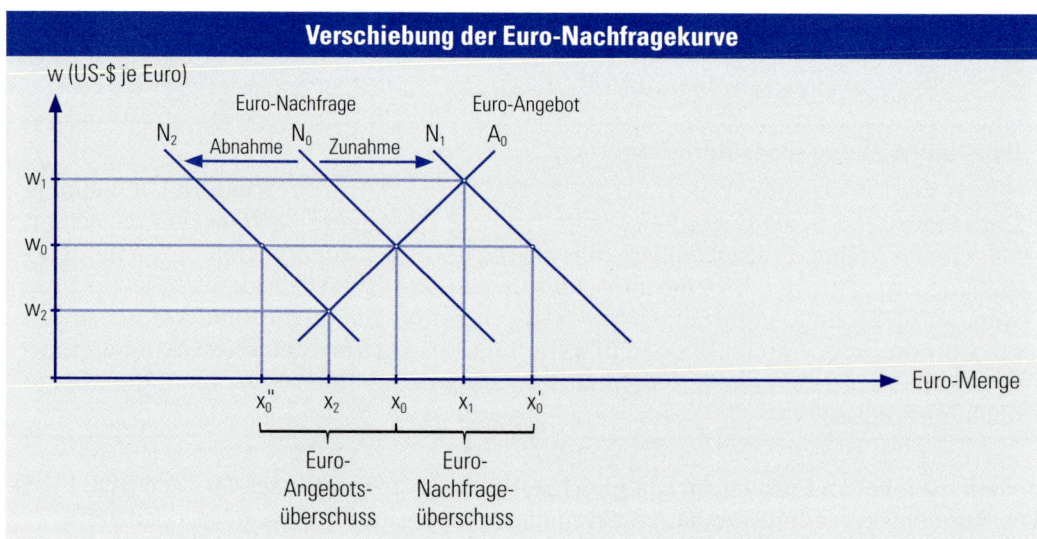

Steigt die Nachfrage nach Euro (= Rechtsverschiebung der Nachfragekurve) bei unverändertem Angebot, so steigt aufgrund des Nachfrageüberschusses der Wechselkurs.

Sinkt die Nachfrage nach Euro (= Linksverschiebung der Nachfragekurve) bei unverändertem Angebot, so sinkt aufgrund des Angebotsüberschusses der Wechselkurs.
Eine Verschiebung der Euro-Angebotskurve ergibt sich, wenn sich nicht der Wechselkurs, sondern ein anderer Bestimmungsfaktor des Euro-Angebots ändert.

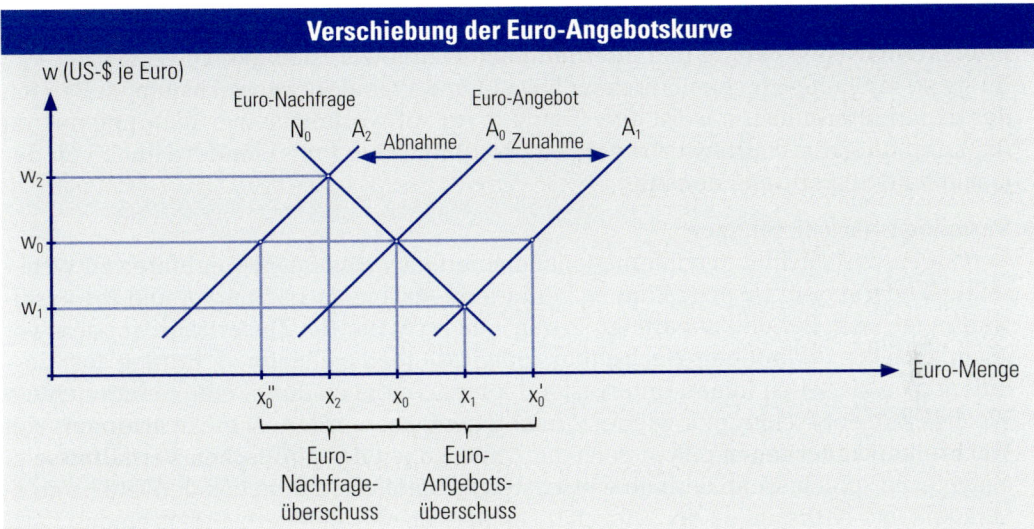

Verschiebung der Euro-Angebotskurve

Eine Rechtsverschiebung (= Zunahme des Angebots an Euro) ergibt sich z. B. in folgenden Fällen:
- Wert der Importe, die in US-$ bezahlt werden müssen (z. B. Rohöl), steigt.
- Kapital aus dem Euro-Währungsgebiet wird wegen höherer Zinsen im außereuropäischen Ausland angelegt.
- Eine ausländische Zentralbank verkauft aus ihren Devisenreserven Euro, um den Kurs der eigenen Währung zu stützen.

Steigt das Angebot an Euro (= Rechtsverschiebung der Angebotskurve) bei unveränderter Nachfrage, so sinkt aufgrund des Angebotsüberschusses der Wechselkurs.

Sinkt das Angebot an Euro (= Linksverschiebung der Angebotskurve) bei unveränderter Nachfrage, so steigt aufgrund des Nachfrageüberschusses der Wechselkurs.

Wechselkursschwankungen (Aufwertung und Abwertung)

Steigt der Wechselkurs US-$/Euro, liegt eine Aufwertung des Euro und eine Abwertung des US-$ vor.

Sinkt der Wechselkurs US-$/Euro, liegt eine Abwertung des Euro und eine Aufwertung des US-$ vor.

Bei den **Ursachen für Wechselkursschwankungen** können güterwirtschaftliche Faktoren (Handelsströme) und finanzwirtschaftliche Faktoren (Kapitalströme) unterschieden werden.

■ **Inflationsdifferenzen zwischen einzelnen Ländern**

Steigen die Preise im Ausland stärker als im Inland, kann es zu einer Zunahme der Exporte und Abnahme der Importe kommen. Zur Bezahlung der steigenden Exporte werden mehr Devisen (z. B. US-$) in Euro und wegen der sinkenden Importe weniger Euro in Devisen (z. B. US-$) umgetauscht. Auf dem Devisenmarkt führt das in Bezug auf den Euro zu einer Nachfrageerhöhung bzw. zu einer Angebotssenkung und damit zu einer Euro-Aufwertung.

■ **Produktivitätsentwicklung und internationale Wettbewerbsfähigkeit**

Ein Land mit hohem technologischem Niveau und Produktivitätswachstum im Bereich der Exportgüterindustrie weist eine Tendenz zur Aufwertung seiner Währung auf, da die internationale Wettbewerbsfähigkeit nicht nur vom Preis, sondern auch von der Qualität der Exportgüter abhängt.

■ **Vermögensumschichtungen**

Vermögensumschichtungen international operierender Kapitalanleger führen zu Wechselkursänderungen. Ursache können veränderte Risikoeinschätzungen und Ertragserwartungen sein. Für den erwarteten Ertrag sind nicht nur die **Zinserträge**, sondern vor allem auch die zukünftigen **Wechselkursentwicklungen** maßgebend. Erträge aus Zinsdifferenzen zwischen Inland und Ausland können nämlich durch entgegengerichtete Wechselkursentwicklungen wieder zunichtegemacht werden. Die **Erwartungen von Wechselkursänderungen** gehen auch auf **Änderungen der politischen Verhältnisse** in einem Land zurück, wenn deshalb wirtschaftliche Stabilität, internationale Wettbewerbsfähigkeit und Wirksamkeit der Wirtschaftspolitik von den Anlegern anders eingeschätzt werden.

■ **Spekulation**

Wechselkursschwankungen können durch sogenannte **Seifenblaseneffekte** *(bubbles)* verstärkt werden. Damit ist das spekulative Verhalten von Anlegern gemeint, die beispielsweise – obwohl alle ökonomischen Daten gegen einen weiteren Kursanstieg sprechen – weiterhin auf einen Kursanstieg spekulieren und ihr Geld in der aufwertungsverdächtigen Währung anlegen. Je mehr Anleger sich so verhalten, umso eher kommt es tatsächlich zu der erwarteten Wechselkursveränderung.

Ein wesentliches wirtschaftliches Argument für die Einführung des Euro als gemeinsame Währung im Rahmen der Europäischen Währungsunion war der dadurch bedingte Wegfall des Wechselkursrisikos zwischen den beteiligten Ländern. Das soll den innereuropäischen Handel erleichtern und so durch zusätzliche Investitionen und Produktivitätsfortschritte zu positiven Wachstumseffekten führen.

Zwischen dem Euro und den Währungen einiger EU-Mitgliedstaaten, die (noch) nicht an der Währungsunion teilnehmen (z. B. Dänemark), besteht ein **System fester Wechselkurse mit Bandbreiten** (= Kombination fester und freier Wechselkurse). Dazu wird ein **Leitkurs** zwischen der jeweiligen Währung (z. B. Dänische Krone) und dem Euro vereinbart sowie eine **Bandbreite** (z. B. ±15 %) festgelegt. Weicht der sich auf dem Devisenmarkt ergebende Wechselkurs um mehr als die festgelegte Bandbreite vom Leitkurs ab, intervenieren die Zentralbanken durch den Kauf bzw. Verkauf der betroffenen Währung so lange am Devisenmarkt, bis der Wechselkurs wieder innerhalb der Bandbreite liegt.

Lernkontrolle
Aufgaben 2 u. 3

8.2.2 Zusammenhang zwischen Wechselkurs und Außenhandel

Einerseits beeinflusst der Wechselkurs den Außenhandel, da Wechselkursänderungen Preisänderungen für Import- und Exportgüter bedeuten. Andererseits entstehen aber Angebot und Nachfrage auf dem Devisenmarkt auch durch internationale Güterströme, sodass der Wechselkurs auch vom Außenhandel beeinflusst wird.

Abhängigkeit des Außenhandels vom Wechselkurs

Steigt der Wechselkurs (Aufwertung), müssen für eine inländische Währungseinheit mehr ausländische Währungseinheiten bezahlt werden (z. B. mehr US-$ je Euro). Dies hat eine Verteuerung der inländischen Güter im Ausland (Exportgüter) und eine Verbilligung der ausländischen Güter im Inland (Importgüter) zur Folge.

Situation	Export Export deutscher Luxusautos im Wert von 50.000 Euro je Stück in die USA	Import Rohölimporte, die in US-$ bezahlt werden 1 Barrel (159 l) Rohöl kostet 60,00 US-$.
vor der Aufwertung: Kurs 1,00 US-$/Euro	Bei einem Kurs von 1,00 muss der Exporteur ein Auto in den USA für 50.000 US-$ verkaufen, um als Gegenwert 50.000 Euro zu erhalten.	Bei einem Kurs von 1,00 erhält der Importeur für 60,00 Euro den Gegenwert von 60,00 US-$ zur Bezahlung von 1 Barrel Rohöl.
nach der Aufwertung: Kurs 1,50 US-$/Euro	Bei einem Kurs von 1,50 muss der Exporteur ein Auto in den USA für 75.000 US-$ verkaufen, um als Gegenwert 50.000 Euro zu erhalten. Würde er ein Auto weiterhin für 50.000 US-$ verkaufen, erhielte er nur 33,333 Euro.	Bei einem Kurs von 1,50 erhält der Importeur für 40,00 Euro den Gegenwert von 60,00 US-$ zur Bezahlung von 1 Barrel Rohöl. Für 60,00 Euro würde er jetzt 90,00 US-$ erhalten.

Bei einer Kurssteigerung (Aufwertung) nehmen die Exporte tendenziell ab und die Importe tendenziell zu.

Sinkt der Wechselkurs (Abwertung), müssen für eine inländische Währungseinheit weniger ausländische Währungseinheiten bezahlt werden (z. B. weniger US-$ je Euro). Dies hat eine Verbilligung der inländischen Güter im Ausland (Exportgüter) und eine Verteuerung der ausländischen Güter im Inland (Importgüter) zur Folge.

Bei einer Kurssenkung (Abwertung) nehmen die Exporte tendenziell zu und die Importe tendenziell ab.

Abhängigkeit des Wechselkurses vom Außenhandel

Werden deutsche Exportgüter in die USA verkauft, tauschen die Exporteure die US-$, die sie zur Bezahlung erhalten haben, in Euro um. Das Angebot an US-$ und damit die Nachfrage nach Euro steigt. Bei unverändertem Euro-Angebot steigt dann der Wechselkurs US-$/Euro.

Warenexporte führen zu einem Steigen des Wechselkurses.

Werden ausländische Güter, die in US-$ bezahlt werden müssen, importiert, tauschen die deutschen Importeure für die Bezahlung Euro in US-$ um. Die Nachfrage nach US-$ und damit das Angebot an Euro steigt. Bei unveränderter Euro-Nachfrage sinkt dann der Wechselkurs US-$/Euro.

> Warenimporte führen zu einem Sinken des Wechselkurses.

Wechselkursmechanismus und Leistungsbilanzungleichgewichte

Durch die gegenseitige Beeinflussung von Wechselkurs und Außenhandel bei flexiblen Wechselkursen (Wechselkursmechanismus) kann es tendenziell zum Abbau von Leistungsbilanzungleichgewichten (Export- oder Importüberschüssen) kommen. Dazu müssen u. a. folgende Voraussetzungen erfüllt sein:

- Güterimporte und -exporte reagieren auf Wechselkursänderungen normal, d. h., eine Abwertung bewirkt eine Importsenkung und Exporterhöhung, während eine Aufwertung zu einer Importerhöhung und Exportsenkung führt. Diese Reaktion tritt aber nur dann ein, wenn die Nachfrage nach Im- und Exporten hinreichend preiselastisch ist (Elastizitätsbedingungen).
- Devisenangebot und Devisennachfrage müssen maßgeblich aus Güterexporten und Güterimporten stammen. In Wirklichkeit haben aber zwischenzeitlich die internationalen Kapitalströme einen viel größeren Einfluss auf Angebot und Nachfrage am Devisenmarkt als die internationalen Warenströme. Daher können Wechselkursveränderungen unabhängig von Güterex- und -importen auftreten, sodass der Wechselkursmechanismus seine Wirkung nicht entfalten kann.

Lernkontrolle
Aufgaben 4 u. 5

8.3 Außenwirtschaftpolitische Maßnahmen

> Unter Außenwirtschaftspolitik ist die Gesamtheit aller Maßnahmen zur Beeinflussung und Steuerung der außenwirtschaftlichen Beziehungen eines Landes zu verstehen. Sie umfasst sowohl die Außenhandelspolitik (Ordnung und Lenkung der internationalen Warenströme) als auch die Währungs- und Wechselkurspolitik (Ordnung und Lenkung der internationalen Kapitalströme).

Außenhandelspolitik zwischen Protektionismus[1] und Freihandel

Außenhandelspolitik ist der Teil der Außenwirtschaftspolitik, der sich auf die Beeinflussung des Warenverkehrs mit dem Ausland (Außenhandel) bezieht. Dazu gehören Maßnahmen zur Beschränkung des Imports und zur Förderung des Exports, der Abschluss von Handelsverträgen sowie die Beteiligung an internationalen Organisationen zur Liberalisierung des internationalen Handels.

> Unter Protektionismus sind alle außenwirtschaftspolitischen Maßnahmen zu verstehen, mit denen versucht wird, die eigene Volkswirtschaft oder bestimmte inländische Industriezweige vor ausländischer Konkurrenz zu schützen.

Die Beeinflussung des Außenhandels zum Schutz der inländischen Wirtschaft vor ausländischer Konkurrenz kann durch tarifäre Handelshemmnisse (z. B. Preispolitik mittels Zöllen, Steuern und Subventionen) oder nichttarifäre Handelshemmnisse (z. B. mengenmäßige Beschränkungen wie Export-/Importkontingente, technische Normen und Standards) erfolgen.

---

1 Protektionismus *(lat.):* Schutz, Schutz der inländischen Wirtschaft vor ausländischer Konkurrenz

Überblick über protektionistische Maßnahmen der Außenwirtschaftspolitik			
Ziel	**Maßnahme**	**Wirkung**	**Zweck**
Import-beschränkung	Importzölle erhöhen, Importsubventionen senken (Preispolitik)	Verteuerung der Importe	Inlandsproduktion wird vor ausländischer Konkurrenz geschützt.
	Importverbote bzw. Importkontingentierung einführen (Mengenpolitik)	Beschränkung der Importe	Strukturpolitik
	Abwertung der Inlandswährung (Devisenkäufe der Zentralbank bei flexiblen Wechselkursen)	Verteuerung der Importe	Konjunkturförderung
Import-förderung	Importsubventionen erhöhen, Importzölle senken (Preispolitik)	Verbilligung der Importe	vermehrte Verwendung von Auslandsgütern im Inland
	Importverbote bzw. Importkontingentierung abschaffen (Mengenpolitik)	Ausweitung der Importe	Konjunkturdämpfung
	Aufwertung der Inlandswährung (Devisenverkäufe der Zentralbank bei flexiblen Wechselkursen)	Verbilligung der Importe	
Export-förderung	Exportsubventionen erhöhen, Exportzölle senken (Preispolitik)	Verbilligung der Exporte	vermehrte Güterproduktion im Inland für den Export
	staatliche Bürgerschaften und Garantien zur Absicherung von Exportrisiken ausweiten (z. B. Forderungsausfälle)	Ausweitung der Exporte	Strukturpolitik
	Exportverbote bzw. Exportkontingentierung abschaffen (Mengenpolitik)	Ausweitung der Exporte	Konjunkturförderung
	Abwertung der Inlandswährung (Devisenkäufe der Zentralbank bei flexiblen Wechselkursen)	Verbilligung der Exporte	
Export-beschränkung	Exportsubventionen senken, Exportzölle erhöhen (Preispolitik)	Verteuerung der Exporte	verminderte Güterproduktion im Inland für den Export
	staatliche Bürgerschaften und Garantien zur Absicherung von Exportrisiken abbauen	Beschränkung der Exporte	Strukturpolitik
	Exportverbote bzw. Exportkontingentierung einführen (Mengenpolitik)	Beschränkung der Exporte	Konjunkturdämpfung
	Aufwertung der Inlandswährung (Devisenverkäufe der Zentralbank bei flexiblen Wechselkursen)	Verteuerung der Exporte	

Lernkontrolle Aufgabe6

577

8.4 Internationale Organisationen zur Regelung außenwirtschaftlicher Beziehungen

Protektionistische Eingriffe in den Außenhandel gehen seit einiger Zeit weltweit zurück, weil zunehmend internationale Vereinbarungen zum Abbau von Zöllen und anderen Handelshemmnissen getroffen und von der **Welthandelsorganisation** überwacht werden (Ziel: Liberalisierung des Welthandels). Wegen ihrer Mitgliedschaft in der EU stehen der Bundesrepublik Deutschland solche Maßnahmen ohnehin nicht zur Verfügung, da für diese Bereiche der Außenwirtschaftspolitik übergeordnete Organe der EU zuständig sind.

Welthandelsorganisation (WTO)[1]

1948 trat das Allgemeine Zoll- und Handelsabkommen GATT (General Agreement on Tariffs and Trade) als zwischenstaatliche Vereinbarung zur Regulierung des Welthandels in Kraft. Ziel dieser Unterorganisation der Vereinten Nationen (UNO) war die Schaffung einer internationalen Handelsordnung auf der Basis des Freihandels. Die Bundesrepublik Deutschland trat diesem Abkommen 1951 bei. In der Anfangsphase wurden zunächst Verhandlungen zwischen den beteiligten Ländern zum Abbau von Zollschranken geführt. Nach dem verstärkten Auftreten von nichttarifären Handelshemmnissen richtete sich das Ziel auf den Abbau aller weltweiten Handelshemmnisse. 1995 wurde das GATT durch die Welthandelsorganisation WTO (World Trade Organization) abgelöst. Zur WTO gehören 164 stimmberechtigte Mitgliedsländer (2019). Aufgabe der WTO ist es u. a., die Einhaltung des Allgemeinen Zoll- und Handelsabkommens zu überwachen, mit der Absicht,

- den Welthandel durch freien Güteraustausch zu fördern,
- den Abbau von Zöllen und sonstigen Handelshemmnissen zu beschleunigen,
- den Lebensstandard und die Beschäftigung weltweit zu fördern.

Die WTO hat ihren Sitz in Genf (Schweiz). Inzwischen unterliegen ca. 90 % des internationalen Handels mit Gütern und Dienstleistungen den WTO-Regeln.

Internationaler Währungsfonds

Der Internationale Währungsfonds (IWF) wurde 1944 auf der Währungskonferenz in der nordamerikanischen Stadt Bretton Woods gegründet. Er bildet zusammen mit der Weltbank und der Internationalen Entwicklungsorganisation (IDA) ebenfalls eine Sonderorganisation der Vereinten Nationen (UNO) und hat seinen Sitz in der US-Hauptstadt Washington. Die Bundesrepublik Deutschland trat dem IWF 1952 bei.

Die wichtigsten Ziele des IWF sind

- die Förderung der internationalen Zusammenarbeit auf dem Gebiet der Währungspolitik,
- die Förderung des Welthandels,
- die Vergabe finanzieller Mittel an Mitgliedsländer zur Hilfe bei Zahlungsschwierigkeiten.

Im IWF sind 189 Länder (2019) zusammengeschlossen. Jedes Land muss einen finanziellen Beitrag (Quote) leisten, dessen Höhe u. a. vom Bruttoinlandsprodukt, der Leistungsbilanz und den Währungsreserven abhängt. Nach der Höhe der Quote richten sich die Stimmrechte sowie die Höhe der möglichen Inanspruchnahme von Krediten. Die USA verfügen über ca. 17 % der Stimmrechte, gefolgt von Japan und Deutschland mit jeweils ca. 6 % sowie Frankreich und Großbritannien mit jeweils ca. 4 %. Russland verfügt demgegenüber lediglich nur über knapp 3 % und China nur über knapp 4 % der Stimmrechte.

---

1 **W**orld **T**rade **O**rganisation

Wenn ein Mitgliedsland Schwierigkeiten hat, seinen internationalen Zahlungsverpflichtungen nachzukommen, kann es zur Erhöhung seiner Devisenreserven Kredite beim IWF aufnehmen. Die Kreditgewährung erfolgt aber unter der Bedingung, dass das Empfängerland die wirtschafts-, finanz- und sozialpolitischen Auflagen des IWF befolgt (z.B. Kürzung von Staatsausgaben zur Sanierung der öffentlichen Haushalte, Antiinflationspolitik, Öffnung der Märkte für ausländische Waren und ausländisches Kapital, Strukturanpassungen).

Diese Auflagen sind an den Vorstellungen der westlichen Industrieländer, die beim IWF über die Stimmenmehrheit verfügen, orientiert. Ziel des IWF ist es, die Wirtschaft des jeweiligen Empfängerlandes zu liberalisieren und den Wettbewerb in möglichst allen Wirtschaftsbereichen zu verstärken.

Zusammenfassung und Lernkontrolle

Zusammenfassung

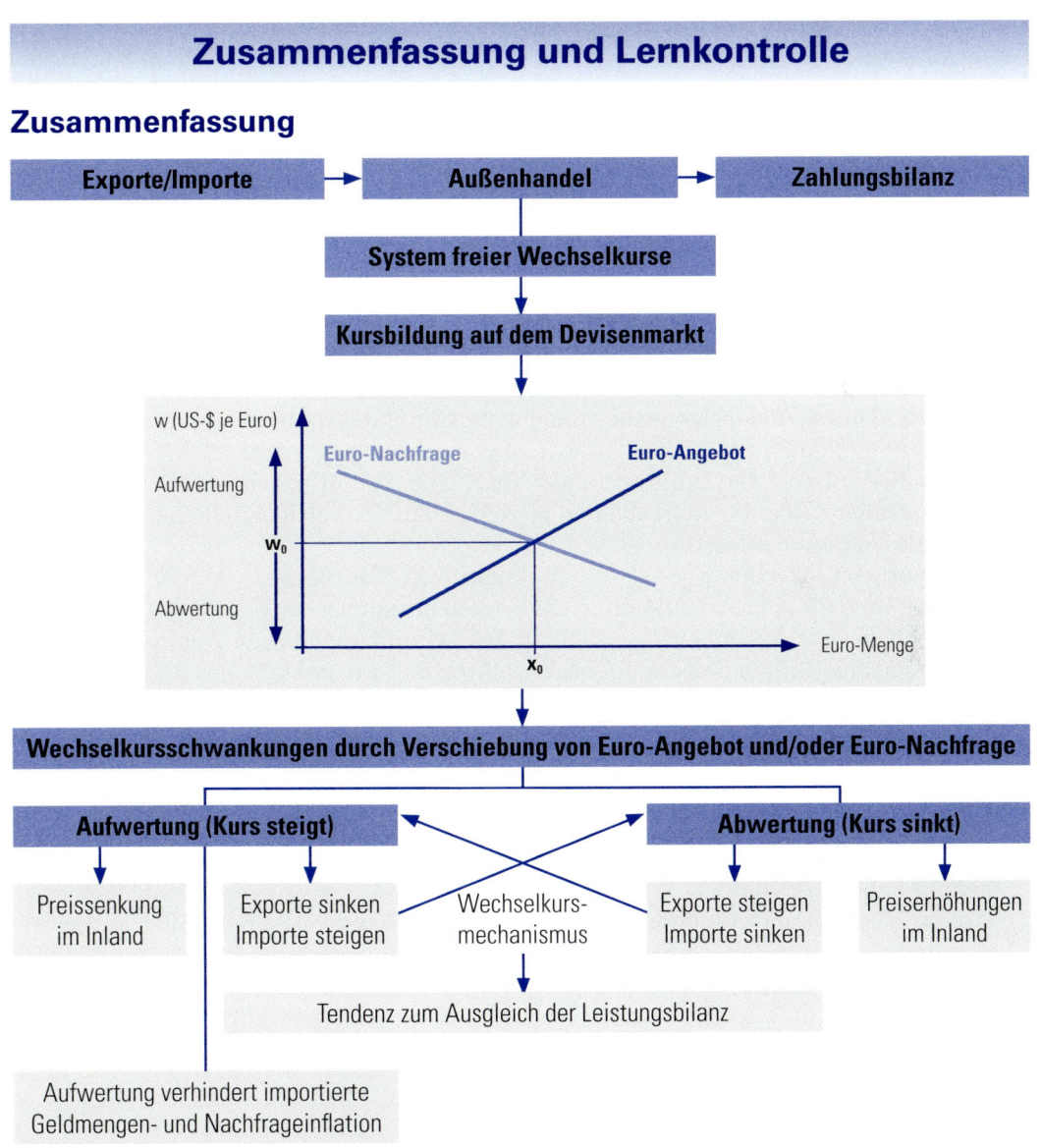

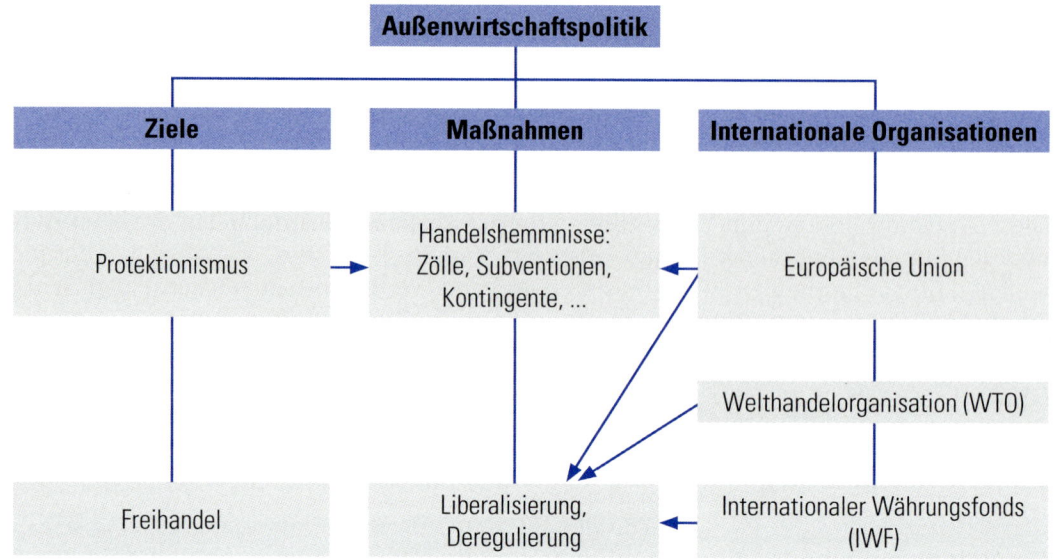

Lernkontrolle

Aufgabe 1: Außenhandel Deutschland – Zahlungsbilanz

1. Deutschland galt in den letzten Jahren als Exportweltmeister. Stellen Sie anhand der Abbildung auf S. 566 fest, welches die wichtigsten Exportgüter waren und in welche Länder vornehmlich exportiert wurde.
2. Stellen Sie anhand der Zahlungsbilanz auf S. 568 fest, in welchen Teilbilanzen der Zahlungsbilanz sich der Außenhandel niederschlägt. In welchen Teilbilanzen werden folgende Vorgänge erfasst?
   a) Export von Maschinen
   b) Import von Südfrüchten
   c) Ausgaben für Auslandsurlaub
   d) Erwerb ausländischer Wertpapiere
3. Wie hoch war der Außenbeitrag (= Beitrag des Ex- und Imports von Waren und Dienstleistungen zum BIP) in den angegebenen Jahren in Euro und in % des BIP (siehe auch S. 446)?

Aufgabe 2: Angebot und Nachfrage auf dem Devisenmarkt – Wechselkursveränderungen

1. Stellen Sie anhand der Abbildung auf S. 570 die Veränderung des Wechselkurses US-$/ Euro für Anfang 2002 im Vergleich zu Anfang 2008 und 2018 durch Angebots- und Nachfragekurven dar und erläutern Sie Ursachen, die zu dieser Wechselkursänderung geführt haben können.
2. Welche Wechselkursveränderungen (US-$/Euro) werden in folgenden Fällen ausgelöst? Begründen Sie Ihre Aussagen.
   a) Das Zinsniveau in den USA liegt über dem in Europa. Es werden weitere Zinserhöhungen in den USA erwartet.
   b) Amerikanische Unternehmen investieren vermehrt in Deutschland.

c) Internationale Unternehmen und Kapitalanleger haben größeres Vertrauen in die amerikanische als in die deutsche Wirtschaftspolitik. Die Gewinnerwartungen in den USA sind daher größer als in Deutschland.

d) Die EZB verkauft US-$, um die Gefahr einer importierten Kosteninflation zu senken.

e) Devisenspekulanten vermuten, dass der Euro seinen Tiefpunkt noch nicht erreicht hat und weiter fällt.

f) Devisenspekulanten vermuten, dass der Euro zum Jahresende 1,30 US-$ statt derzeit 1,00 US-$ kosten wird.

g) Der Preis für Rohöl, das in US-$ abgerechnet wird, sinkt weltweit.

h) Kapitalanleger und Devisenspekulanten rechnen damit, dass der Euro nicht so hart und stabil bleibt. Für den Euro-Währungsraum werden höhere Inflationsraten als für die USA vorhergesagt.

i) Gemessen an den Auftragseingängen und der Industrieproduktion zeichnet sich für die USA ein schnellerer und stärkerer Konjunkturaufschwung als in Europa ab.

j) Lohnstückkosten, Arbeitslosenquote und Neuverschuldung des Staates sind in den USA geringer als in den europäischen Staaten.

k) Die Preise in den USA steigen schneller als im Euro-Währungsraum.

l) Die EZB schwenkt auf eine restriktive Geldpolitik um.

m) Das Handelsbilanzdefizit (Importüberschuss) der USA wird kleiner.

3. Welche der in Aufgabe 2 a)–m) genannten Wechselkursveränderungen können Kurssteigerungen bei Aktien exportorientierter deutscher Unternehmen auslösen?

Aufgabe 3: Intervention der Zentralbank am Devisenmarkt

> **Auszug aus einem Monatsbericht der Europäischen Zentralbank:**
>
> Die Nachfrage nach japanischen Yen am Devisenmarkt stieg nach den BIP-Zahlen für das erste Quartal in Japan rapide an. Um diese erhöhte Nachfrage befriedigen zu können, bat die Bank von Japan die EZB, in ihrem Namen japanische Yen gegen Euro zu verkaufen. Am Tag der Durchführung dieser Devisenmarktgeschäfte eröffnete der Wechselkurs bei 123,55 JPY/Euro und schloss bei 125,15 JPY/Euro.

1. Beurteilen Sie, ob es sich bei den erwähnten BIP-Zahlen für Japan um positive oder negative Entwicklungen des BIP gehandelt hat. Begründen Sie Ihre Aussage.

2. Skizzieren Sie die beschriebene Kursveränderung in einem Preis-Mengen-Diagramm (y-Achse: Wechselkurs JPY/Euro, x-Achse: Menge Euro).

3. Liegt im vorliegenden Fall eine Aufwertung oder Abwertung des Yen gegenüber dem Euro vor?

4. Aus welchen Gründen kann die Stärke des japanischen Yen (JPY) gegenüber dem US-Dollar sowohl für Japan als auch für die USA unerwünscht sein?

5. Angenommen, die Aufwertung des Yen gegenüber dem US-Dollar soll in einer gemeinsamen Aktion der Zentralbanken beider Länder gestoppt werden.

   a) Welche Maßnahmen müssten die beiden Zentralbanken jeweils ergreifen, wenn beide in den Devisenmarkt eingreifen wollen? Begründen Sie Ihre Aussage.

   b) Welche Veränderung des Leitzinses müssten die beiden Zentralbanken jeweils vornehmen, wenn der Wechselkurs durch Zinsänderungen in beiden Ländern beeinflusst werden soll? Begründen Sie Ihre Aussage.

6. Erläutern Sie, welche Voraussetzungen vorliegen müssen, damit der in folgendem Zeitungsartikel beschriebene Zusammenhang zwischen Wechselkurs und Leistungs- bilanz eintritt.

Starker Yen drückt Japans Leistungsbilanz-Überschuss

TOKIO. Japan konnte im ersten Halbjahr seinen chronischen Überschuss in der Leistungsbilanz deutlich abbauen. Die Ursache dafür war in erster Linie die Verteuerung der japanischen Währung. Der Yen hat innerhalb dieser sechs Monate gegenüber dem US-Dollar 10 % an Wert gewonnen. Infolgedessen gingen die Exporte um 9,2 % zurück. Besonders stark schlugen die rückläufigen Ausfuhren nach Euro- pa und in die USA zu Buche.

Aufgabe 4: Auswirkungen freier Wechselkurse – Aufwertung – Handelsbilanzungleichgewicht

1. Angenommen, auf dem Devisenmarkt ergibt sich ein Wechselkurs zwischen Schweizer Franken (sfr) und Euro von 1,50 sfr/Euro. Deutsche Exporteure haben Güter im Wert von 100 Mio. Euro in die Schweiz exportiert. Aus der Schweiz wurden Güter im Wert von 80 Mio. sfr. importiert. Diese Handelsströme tragen zu einem bestehenden Un- gleichgewicht in der deutschen Handelsbilanz (Exportüberschuss) bei. Die deutschen und schweizerischen Importeure bieten auf einem gemeinsamen Devisenmarkt jeweils ihre inländische Währung an und fragen die zur Bezahlung der Importe benötigte aus- ländische Währung nach. Wie groß sind in diesem Fall das Angebot an Euro und die Nachfrage nach Euro?
2. Angenommen, aufgrund der Angebots- und Nachfragesituation auf dem Devisenmarkt ändert sich der Wechselkurs um 20 %. Welcher neue Wechselkurs ergibt sich?
3. Ein schweizerischer Hersteller exportiert Armbanduhren nach Deutschland. Um wie viel Prozent kann er nach der Kursänderung den Preis in Deutschland verändern, wenn er nach wie vor 200 sfr. je Stück erlösen möchte?
4. Ein deutscher Autoexporteur liefert in die Schweiz. Um wie viel Prozent muss er nach der Kursänderung den Preis in der Schweiz verändern, wenn er nach wie vor 15.000 Euro je Auto erlösen möchte?
5. Wie kann sich die Änderung des Wechselkurses im vorliegenden Fall auf die deutsche Handelsbilanz auswirken?
6. Der Höchststand des Wechselkurses sfr/Euro betrug 1,68 (2007). Im Zusammenhang mit der Staatsschuldenkrise im Euro-Währungsgebiet 2010/2011 fiel der Kurs 2011 zeitweise bis auf 1,04 sfr/Euro. Im September 2011 kündigte die Schweizerische National- bank daraufhin an, künftig keinen Kurs mehr unter 1,20 sfr/Euro zu dulden und notfalls in entsprechender Weise am Devisenmarkt einzugreifen. Dies geschah bis zum Jan. 2015.
   a) Erläutern Sie, worauf der starke Kursverlust des Euro gegenüber dem Schweizer Franken im Jahr 2011 zurückzuführen sein könnte.
   b) Aus welchen Gründen könnte die Schweizerische Nationalbank einen Kurs unter 1,20 sfr/Euro verhindern wollen?
   c) Welche Maßnahmen musste die Schweizerische Nationalbank am Devisenmarkt ergreifen, wenn der Kurs auf unter 1,20 sfr/Euro abzusinken drohte und sie das verhindern wollte?

Aufgabe 5: Außenhandel und Wettbewerbsfähigkeit

Ein deutscher Werkzeugmaschinenhersteller exportiert den größten Teil seiner Produkte in Länder, in denen die Kunden eine Rechnungsstellung in US-$ wünschen. Die großenteils importierten Rohstoffe muss der Maschinenhersteller ebenfalls in US-$ bezahlen.

Wie wirken sich folgende Entwicklungen auf die Wettbewerbssituation des Maschinenherstellers aus?

1. Der Wechselkurs zwischen Euro und US-$ hat sich verändert. Bisher mussten für 1,00 Euro 1,10 US-$ bezahlt werden. Der neue Wechselkurs ist 1,25.
2. Der Wechselkurs zwischen Euro und US-$ hat sich verändert. Bisher mussten für 1,00 Euro 1,10 US-$ bezahlt werden. Der neue Wechselkurs ist 0,90.
3. Wegen weltweit abnehmender Nachfrage sinken die Preise der in Dollar bewerteten Rohstoffe.
4. Die Tarifverhandlungen in der Metallindustrie führen zu einer Lohnsteigerung von 2,5 %.
5. Anbieter aus Niedriglohnländern bieten vergleichbare Werkzeugmaschinen auf dem Weltmarkt zum gleichen Preis wie der deutsche Hersteller an.

Aufgabe 6: Abbau von internationalen Handelsbeschränkungen

Die USA und China treiben miteinander Handel. Beide haben dabei die Wahl, entweder auf Handelsbeschränkungen (z. B. Importzölle) zu verzichten (Freihandel) oder zum Schutz der eigenen Wirtschaft und aus anderen Gründen Zollbarrieren sowie andere Handelshemmnisse zu errichten (Protektionismus).

Jedes Land hat somit zwei Strategien zur Auswahl: Freihandel oder Protektion
Strategie 1 (S1): Freihandel   **Strategie 2 (S2):** Protektionismus

Die jeweiligen Ergebnisse der vier möglichen Strategiekombinationen sind in der folgenden Matrix wiedergegeben. Die Vor-/Nachteile für die USA sind jeweils in die linke untere Ecke, die Vor-/Nachteile für China sind jeweils in die rechte obere Ecke der vier Felder eingetragen.

		China	
		Freihandel (S1$_{China}$)	Protektionismus (S2$_{China}$)
USA	Freihandel (S1$_{USA}$)	10 10	20 −10
	Protektionismus (S2$_{USA}$)	−10 20	−5 −5

1. Erläutern Sie die Strategiekombination, die aus Sicht der USA am günstigsten ist.
2. Erläutern Sie die Strategiekombination, die aus Sicht Chinas am günstigsten ist.
3. Zu welcher Strategiekombination wird das Verhalten der beiden Länder führen, wenn jedes die für sich günstigste Lösung verfolgt? Begründen Sie dieses Verhalten und erläutern Sie das Ergebnis.
4. Welche Konsequenzen ergeben sich aus den Ergebnissen für den internationalen Handel?

9 Europäische Union: Von der nationalen zur europäischen Volkswirtschaft

9.1 Integrationsstufen und EU-Erweiterung

Ziele der Europäischen Union

Die Bundesrepublik Deutschland hat im Rahmen des europäischen Einigungsprozesses von Anfang an eine bedeutende Rolle gespielt. Endziel dieser Integrationsbestrebungen ist der Zusammenschluss europäischer Staaten zu einer politischen Union. Neben dem wirtschaftlichen Bereich sollen dann auch alle sonstigen zentralen Politikfelder wie z. B. Außen- und Verteidigungspolitik gemeinsam gestaltet und vereinheitlicht werden. Politisches Oberziel ist dabei die Friedenssicherung.

Bisher waren es aber vor allem wirtschaftliche Gründe, die sich als Motor des Einigungsprozesses erwiesen haben. Die Schaffung eines großen einheitlichen europäischen Marktes ohne wirtschaftliche Beschränkungen (u. a. freier Waren-, Kapital- und Personenverkehr, Niederlassungs- und Beschäftigungsfreiheit) soll Wirtschaftswachstum und Wohlstand erzeugen und gleichzeitig die Basis für einen erfolgreichen Wettbewerb mit anderen Regionen der Weltwirtschaft wie Nordamerika und Asien schaffen.

Stufen der Europäischen Integration						
Stufen / **Merkmale**	**Freihandelszone**	**Zollunion**	**gemeinsamer Binnenmarkt**	**Wirtschaftsunion**	**Währungsunion**	**politische Union**
Abbau der Binnenzölle (freier Warenverkehr)	**1951** für Kohle und Stahl	**1968** für Gewerbe	**1993** freier Personen- und Kapitalverkehr, Niederlassungs- und Beschäftigungsfreiheit	**1997** Angleichung von Preis- u. Zinsniveau, Haushaltsdefiziten, Staatsverschuldung (Konvergenzkriterien); weitere Harmonisierung ist geplant	**1999** durch Einführung des Euro und Übertragung der Geldpolitik an die EZB	**?** Zeitpunkt der Verwirklichung des Endziels der Integration ist ungewiss
einheitlicher Außenzoll gegenüber Drittländern		**1970** für Landwirtschaft				
Mobilität der Produktionsfaktoren Arbeit und Kapital					ab **2002** Euro einziges gesetzliches Zahlungsmittel	
Harmonisierung der Wirtschaftspolitik						
gemeinsame Währung und Zentralbank						
Harmonisierung aller Politikbereiche						

Von der Freihandelszone zur Währungsunion

Ein freier Warenverkehr zwischen den Mitgliedstaaten ohne Zollschranken und andere Handelshemmnisse war bereits 1957 bei der Gründung der Europäischen Wirtschaftsgemeinschaft (EWG) ein wesentliches Ziel. Dies wurde für den gewerblichen Bereich 1968 und für die Landwirtschaft 1970 durch die Errichtung einer Zollunion erreicht. Allerdings behinderten nach wie vor sogenannte nichttarifäre Handelshemmnisse (z. B. unterschiedliche Normen, technische Vorschriften und Qualitätsstandards) den Warenverkehr.

| 1957 | **Gründung der europäischen Wirtschaftsgemeinschaft (EWG)**
6 Mitglieder: Bundesrepublik Deutschland, Italien, Frankreich, Belgien, Niederlande, Luxemburg
Ziel: Intensivierung des Wirtschaftsaustauschs zwischen den Mitgliedsstaaten und dadurch Erhöhung des Lebensstandards |

Durch weitere Harmonisierung und gegenseitige Anerkennung einzelstaatlicher Vorschriften und Regelungen konnte 1993 der gemeinsame Binnenmarkt eingeführt werden.

| 1993 | Beginn des **europäischen Binnenmarktes** durch Verwirklichung der „vier Freiheiten"
■ freier Personenverkehr: Wegfall von Grenzkontrollen, Niederlassungs- und Beschäftigungsfreiheit für EG-Bürger
■ freier Warenverkehr: Wegfall von Grenzkontrollen, Harmonisierung von Normen, Steuern usw.
■ freier Dienstleistungsverkehr: Liberalisierung der Finanzdienstleistungen, Harmonisierung der Banken- und Versicherungsaufsicht
■ freier Kapitalverkehr: größere Freizügigkeit für Geld- und Kapitalbewegungen, Liberalisierung des Wertpapierverkehrs |

Mit dem europäischen Einigungsprozess geht gleichzeitig eine zunehmende Verlagerung von Zuständigkeiten für bestimmte Politikbereiche von Mitgliedstaaten an übergeordnete Organe der EU einher. So hat die Deutsche Bundesbank seit 1999 das Recht verloren, unabhängige geldpolitische Entscheidungen für die Bundesrepublik Deutschland zu treffen. Die Geldpolitik der Mitgliedstaaten wird seitdem vom Europäischen Zentralbankrat (EZB-Rat), dem Entscheidungsgremium der Europäischen Zentralbank (EZB), bestimmt.

| 1999 | Beginn der **Europäischen Währungsunion** mit elf der damals 15 EU-Mitgliedstaaten (Deutschland, Frankreich, Italien, Niederlande, Belgien, Luxemburg, Irland, Spanien, Portugal, Österreich, Finnland). Unwiderrufliche Festlegung der Umrechnungskurse für die Währungen der Teilnehmerstaaten untereinander und zum Euro. Seit 2001 gehören auch Griechenland und seit 2007 Slowenien zur Währungsunion. Der Euro wurde eine eigenständige Währung und ist seit 2002 alleiniges gesetzliches Zahlungsmittel. |

Von den 27 EU-Mitgliedern nehmen bisher lediglich 18 (2015) an der Europäischen Währungsunion mit der gemeinsamen Euro-Währung und der gemeinsamen Geldpolitik der EZB teil. Voraussetzung für die Teilnahme an der Währungsunion ist die Erfüllung der sogenannten Konvergenzkriterien[1].

Konvergenzkriterien für den Beitritt zur Europäischen Währungsunion			
stabiles Preisniveau	**gesunde Staatsfinanzen**	**stabile Wechselkurse**	**Zinsniveau**
Die Inflationsrate darf höchstens 1,5 Prozentpunkte über dem Durchschnitt der drei preisstabilsten Mitgliedsländern liegen.	Die jährliche Neuverschuldung des Staates (Defizit der öffentlichen Haushalte) darf höchstens 3 %, die Gesamtverschuldung höchstens 60 % des BIP betragen.	Teilnahme in den letzten zwei Jahren am Europäischen Währungssystem (EWS) ohne starke Kursschwankungen.	langfristige Zinsen höchstens 2 Prozentpunkte über dem Zinssatz der drei preisstabilsten Mitgliedsländer

Überschreitet ein Land nach Aufnahme in die Währungsunion beispielsweise die Vorgaben für die Staatsverschuldung, drohen ihm seitens der EU-Kommission Abmahnungen („blaue Briefe"), Defizitverfahren (= Verpflichtung, Sparbeschlüsse vorzulegen und einzuhalten) und letztlich Geldbußen bis zu 0,5 % des jeweiligen BIP.

---

1   Konvergenz *(lat.)*: Annäherung, Übereinstimmung

EU-Erweiterungen

1. Mai 2004: EU-Osterweiterung

Beitritt von zehn Mitgliedsstaaten. Wegen des teilweise erheblichen Lohn-, Einkommens- und Produktivitätsgefälles zwischen den bisherigen und den neuen EU-Ländern ergeben sich in Zukunft erhebliche wirtschaftliche Herausforderungen für die alten EU-Länder (z. B. Druck auf das Lohnniveau bzw. steigende Arbeitslosigkeit in den alten EU-Ländern durch vermehrte Zuwanderer von Arbeitskräften aus den mittel- und osteuropäischen Ländern).

1. Januar 2007: Erhöhung der EU-Länder auf 27

Beitritt von Bulgarien und Rumänien

1. Juli 2013

Beitritt von Kroatien als 28. Mitgliedsstaat

zukünftige EU-Erweiterung

Aktuell werden Beitrittsverhandlungen mit Island, Mazedonien, Montenegro und der Türkei geführt. Serbien ist seit März 2012 offizieller Beitrittskandidat.
Für 2019 plant Großbritannien den Austritt aus der EU.

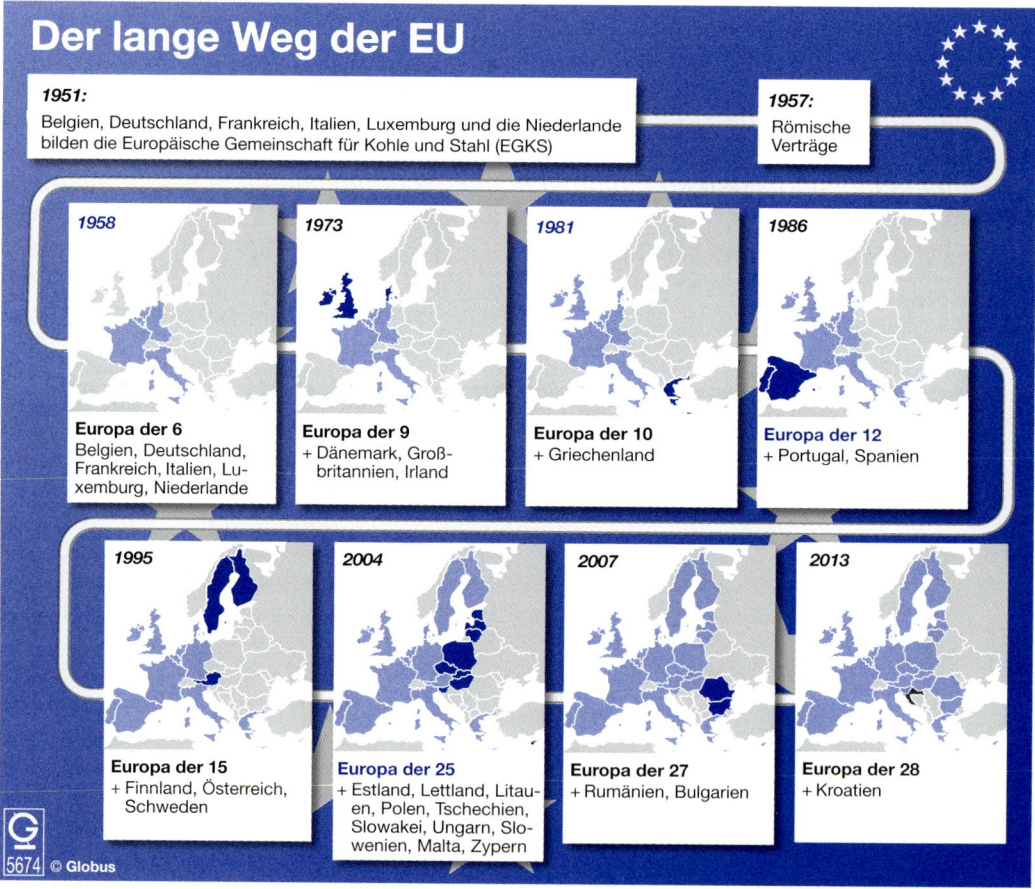

Der lange Weg der EU

1951:
Belgien, Deutschland, Frankreich, Italien, Luxemburg und die Niederlande bilden die Europäische Gemeinschaft für Kohle und Stahl (EGKS)

1957:
Römische Verträge

1958
Europa der 6
Belgien, Deutschland, Frankreich, Italien, Luxemburg, Niederlande

1973
Europa der 9
+ Dänemark, Großbritannien, Irland

1981
Europa der 10
+ Griechenland

1986
Europa der 12
+ Portugal, Spanien

1995
Europa der 15
+ Finnland, Österreich, Schweden

2004
Europa der 25
+ Estland, Lettland, Litauen, Polen, Tschechien, Slowakei, Ungarn, Slowenien, Malta, Zypern

2007
Europa der 27
+ Rumänien, Bulgarien

2013
Europa der 28
+ Kroatien

5674 © Globus

9.2 Ziele und Konstruktionsmängel der Europäischen Währungsunion (EWU)

Ziele der Euro-Einführung

Mit der Euro-Einführung wurden u. a. folgende Ziele verfolgt:

- Vollendung des gemeinsamen Binnenmarktes (freier Verkehr von Waren, Dienstleistungen, Kapital und Arbeitskräften) durch ein einheitliches Zahlungsmittel
- Verstärkung des Handels und der wirtschaftlichen Zusammenarbeit zwischen den Mitgliedsstaaten durch Wegfall von Wechselkursrisiken sowie der Kosten für Währungsumtausch und Wechselkursabsicherungen
- Abbau von Preisunterschieden, da die Preise in einem gemeinsamen Währungsraum leicht miteinander verglichen werden können. Das sollte wiederum zur Stärkung des Wettbewerbs zwischen den beteiligten Ländern, zu niedrigen Inflationsraten und zu Wohlstandssteigerungen aufgrund einer Ausdehnung des Binnenhandels führen.
- Euro als zweite internationale Leitwährung und Gegengewicht zum Dollar
- Förderung der wirtschaftlichen und politischen Stabilität als weiterer Schritt zu einer politischen Union

Konstruktionsmängel der europäischen Währungsunion (EWU)

- **Falsche Reihenfolge: Zuerst politische Union nötig – dann Währungsunion**
  Nach der sogenannten Krönungstheorie hätte der Währungsunion unbedingt eine politische Union vorausgehen müssen, in der insbesondere auch die Wirtschafts-, Sozial- und Finanzpolitik der einzelnen Mitgliedsstaaten aufeinander abgestimmt ist (Harmonisierung). Diese politische Union wäre nach dieser Theorie dann von der gemeinsamen Währung „gekrönt" worden. In der EWU ist derzeit aber nur die Geldpolitik durch die EZB vereinheitlicht. Die Zuständigkeiten für die anderen Politikbereiche liegen dagegen nach wie vor bei den Regierungen der einzelnen Mitgliedsstaaten.

- **Einheitliche Geldpolitik trotz unterschiedlicher konjunktureller Entwicklung**
  Die Mitgliedsstaaten unterscheiden sich erheblich in ihrer Wirtschaftsstruktur, dem Stand ihrer wirtschaftlichen Entwicklung sowie hinsichtlich der Art und der Dauer auftretender Konjunkturschwankungen. Nach der Theorie des optimalen Währungsraumes entspricht die EWU daher nicht den wesentlichen Erfordernissen für das Funktionieren einer Währungsunion. Die EZB kann nämlich nur eine gemeinsame Geldpolitik betreiben (z. B. einheitliche Leitzinsänderung für das gesamte Währungsgebiet). Die besonderen Erfordernisse der einzelnen Mitgliedstaaten bleiben dabei unberücksichtigt.

- **Mangelnde Haushaltsdisziplin**
  Trotz des Stabilitäts- und Wachstumspaktes und der darin vorgesehenen Sanktionsmöglichkeiten ist es der EU nicht gelungen, die Mitgliedstaaten zu ausreichender Disziplin bei der Staatsverschuldung zu bewegen.

Zielerreichung

Bisher wurden u. a. folgende Ziele der Währungsunion erreicht:

- Der Handel innerhalb der Euro-Zone hat sich erheblich erhöht. Das gilt insbesondere für Deutschland, das mehr als 60 % seiner Exporte in EU-Staaten und über 40 % in Mitgliedsstaaten der Euro-Zone absetzt.

■ Die EZB konnte ihre Hauptaufgabe, die durchschnittliche Inflationsrate bei „unter, aber nahe bei zwei Prozent" zu halten, in den meisten Jahren erreichen. Allerdings ist die Bandbreite teilweise erheblich (z. B. 2010: Griechenland 4,7 %, Niederlande 0,9 %). Seit 2014 bestehen aber eher deflationäre Tendenzen.

■ Der Euro konnte sich neben dem Dollar als zweite Weltwährung durchsetzen.

9.3   Folgen der Euro-Einführung: Probleme in einigen Mitgliedsstaaten

■ **Niedrige Zinsen als Anreiz für überhöhte Verschuldung**

Vor der Euro-Einführung wurden die staatlichen Schuldverschreibungen (Bonds) in Landeswährungen ausgegeben. Daher gab es bei den Auslandsschulden der einzelnen Staaten erhebliche Zinsunterschiede, da sich der Zinssatz auch nach der Höhe des vom Investor zu tragenden Währungsrisikos bemisst. Diese Unterschiede waren seit der Euro-Einführung bis zum Ausbruch der Staatsschuldenkrise 2009 nahezu verschwunden (Zinskonvergenz). Auch die Geldpolitik der EZB trug zu einem relativ niedrigen Zinsniveau im Euro-Raum bei. Das war in vielen Ländern ein Anreiz für eine zunehmende öffentliche und private Verschuldung. Die Kredite wurden aber vielfach nicht für wachstumsfördernde Investitionen, sondern für konsumtive Zwecke und zur Aufblähung der Staatsausgaben (z. B. Personalerhöhung im öffentlichen Dienst) verwendet.

■ **Schwierigkeiten einer einheitlichen Geldpolitik (one size fits all policy)**

Die Geld- und Zinspolitik für einen solch heterogenen Wirtschaftsraum wie die EWU hat sich als schwierig erwiesen: Für einige Mitgliedsstaaten mit hohen Wachstums- und Inflationsraten wäre zeitweise eine Leitzinserhöhung und Geldmengenverknappung nötig gewesen. Gleichzeitig wären aber für andere Mitgliedsstaaten mit niedrigen Wachstumsraten und hoher Arbeitslosigkeit Zinssenkungen sinnvoll gewesen. Solche regionalen Unterschiede lassen sich aber mit der einheitlichen Geldpolitik nicht hinreichend berücksichtigen.

■ **Handelsungleichgewichte zwischen den Mitgliedsstaaten**

Der Handel innerhalb der EWU ist durch erhebliche Ungleichgewichte geprägt: Deutschland erwirtschaftet beispielsweise erhebliche Handelsbilanzüberschüsse, während die südeuropäischen EWU-Mitglieder hohe Defizite aufweisen. Ein Land, das mehr importiert als exportiert verschuldet sich in der Regel im Ausland, um seine Importe bezahlen zu können. Außerdem hat die Deutsche Bundesbank im Rahmen des europäischen Zahlungsausgleichssystems Forderungen in dreistelliger Milliardenhöhe (mehr als 600 Mrd. Euro im März 2012 und 460 Mrd. Euro Ende Dezember 2014) gegenüber den Zentralbanken anderer EWU-Mitglieder, weil deren Banken teilweise ihrer internationalen Zahlungsverpflichtung nicht nachkommen (sogenannte Target2-Salden).

■ **Keine Anpassungsmöglichkeiten durch Abwertung der Währungen**

Normalerweise würden die beschriebenen Handelsbilanzungleichgewichte dadurch abgebaut, dass die Währung eines Landes mit wirtschaftlichen Problemen und Exportschwäche gegenüber der Währung der boomenden Exportnation abgewertet wird. Dadurch würden sich die Exportgüter des abwertenden Landes verbilligen und die gesamtwirtschaftliche Nachfrage angekurbelt. Durch die Euro-Einführung können die Mitgliedsstaaten ihre Wettbewerbsfähigkeit aber nicht mehr durch eine Abwertung der eigenen Währung verbessern.

■ **Andere Anpassungsmechanismen versagen**

Weil die Euro-Staaten in der Krise weder die Möglichkeit zur Abwertung haben, um ihre Exporte zu erhöhen, noch die Geldpolitik zum Aufschwung beitragen kann, bleibt nur die Möglichkeit, dass die Erzeugnisse über günstigere Preise konkurrenzfähig werden. Um das zu erreichen, dürften die Löhne nicht zu stark steigen bzw. müssten sogar sinken. Wirtschaftswissenschaftler sprechen in diesem Zusammenhang von einer „inneren Abwertung". Eine solche Lohnpolitik ist jedoch oft nur schwer durchsetzbar.

Zusammenhänge zwischen Finanzkrise, Staatsschuldenkrise und Euro-Krise

Aufgrund der 2008 in den USA ausgebrochenen schweren Finanz- und Bankenkrise mussten die teilweise bereits zuvor hoch verschuldeten Euro-Staaten erhebliche Mittel aufbringen, um sogenannte „systemrelevante" Banken[1] zu retten, die sich verspekuliert hatten. Ohne die Rettung solcher Banken, hätte aufgrund möglicher Kettenreaktionen die Gefahr eines Zusammenbruchs für den gesamten Finanzsektor bestanden. Wegen der Bankenrettung und kreditfinanzierter Konjunkturprogramme zur Ankurbelung der Wirtschaft stieg die Staatsverschuldung sprunghaft an (In Deutschland erhöhte sich der Schuldenstand durch die Bankenrettung um ca. 300 Mrd. Euro.). Die Verschuldung einiger als instabil geltender Mitgliedsstaaten (Griechenland, Portugal, Spanien, Italien) ist inzwischen so hoch, dass Anleger eine Zahlungsunfähigkeit dieser Länder nicht ausschließen. Das veranlasst die Rating-Agenturen[2], die Kreditwürdigkeit dieser Krisenstaaten herabzustufen. Um am Kapitalmarkt[3] neue Kredite zur Ablösung der fälligen alten Kredite aufnehmen zu können (= Umschuldung), hätten Krisenstaaten als Risikoprämie Zinsen in auf Dauer nicht tragbarer Höhe zahlen müssen (z. B. Griechenland). Daher benötigten sie ab 2010 Finanzhilfen zur Vermeidung einer Staatsinsolvenz. Vor diesem Hintergrund lässt sich argumentieren, dass die derzeitige Staatsschuldenkrise in manchen Euro-Staaten zumindest in nicht unerheblichem Maße durch die Bankenkrise und die Bankenrettung (mit-)verursacht worden ist. Ob die gegenwärtige Euro-Krise tatsächlich wiederum eine Folge der Staatsschuldenkrise ist oder ob nicht die Staatsschuldenkrise ihrerseits die Folge der Gemeinschaftswährung mit ihren zur übermäßigen Verschuldung einladenden niedrigen Zinsen und den nicht funktionierenden Sanktionsmechanismen ist, ist ebenfalls strittig.

9.4 Ansätze zur Lösung der Schuldenkrise im Euro-Raum

Neben den Versuchen, durch Sparprogramme eine Haushaltskonsolidierung zu erreichen und Strukturreformen für mehr Wirtschaftswachstum einzuleiten, werden derzeit folgende Lösungsansätze diskutiert, teilweise bereits praktiziert und miteinander kombiniert:

Austritt schwacher Mitgliedsstaaten aus der Eurozone

Ein Austritt schwacher Mitgliedsstaaten (z. B. Griechenland) würde in diesen Staaten eine massive Abwertung der neuen Währung mit sich bringen. Dadurch könnten zwar die in-

---

1   Eine Bank gilt dann als systemrelevant, wenn ihr Zusammenbruch für die Volkswirtschaft teurer wäre als ihre Rettung vor der Insolvenz auf Staatskosten (= „too big to fail" – zu groß, um zu scheitern).

2   Ratingagenturen sind private, gewinnorientierte Unternehmen, die die Kreditwürdigkeit (Bonität) von Unternehmen und Staaten bewerten.

3   Häufig wird in diesem Zusammenhang von „den Finanzmärkten" gesprochen. Finanzmarkt ist ein Oberbegriff für internationale Märkte, an denen Kredite, Wertpapiere, Devisen und andere Finanzinstrumente (Derivate) gehandelt werden. Staatsanleihen werden auf dem Kapitalmarkt (= Finanzmarkt für mittel- und langfristige Kapitalbeschaffung) gehandelt. Dabei muss zwischen dem Kapitalmarkt für die Erstausgabe von Wertpapieren (Primärmarkt, Emissionsmarkt) und dem Kapitalmarkt für den Handel mit bereits in Umlauf befindlichen Wertpapieren (Sekundärmarkt, Umlaufmarkt) unterschieden werden.

ternationale Wettbewerbsfähigkeit verbessert und die Exportmöglichkeiten erhöht werden, gleichzeitig würden aber die Importe erheblich teurer. Den Wert ihrer Auslandsschulden könnten diese Länder zudem nicht durch eine Abwertung senken, da es sich um Euro-Schuldverschreibungen handelt. Da diese Euro-Schulden vermutlich nicht getilgt werden können, wäre eine Staatsinsolvenz (Staatsbankrott) die unausweichliche Folge. Außerdem würde es zu einer massiven Kapitalflucht aus diesen Staaten hin in Staaten mit stabilen Währungen kommen. Das könnte zu einem Zusammenbruch des inländischen Bankensystems führen, wodurch wiederum die Lohn- und Rentenzahlungen gefährdet wären. Soziale Unruhen bis hin zur Gefährdung der Demokratie sind daher nicht ausgeschlossen. Für die Eurozone bestünde die Gefahr eines sogenannten Domino-Effekts, indem durch eine Kettenreaktion weitere instabile Mitgliedsstaaten betroffen würden.

Austritt starker Mitgliedsstaaten

Auch für starke Mitgliedsstaaten (z. B. Deutschland) wäre ein Austritt mit erheblichen negativen Folgen verbunden. Es würde zu einer starken Aufwertung der neuen Währung (z. B. D-Mark) kommen. Das hätte aber einen massiven Einbruch der Exporte und damit einhergehend einen Anstieg der Arbeitslosigkeit zur Folge. Gleichzeitig würde der Wert der auf Euro lautenden Forderungen des Austrittlandes entsprechend abnehmen.

Umschuldung

Bei einer „sanften" Umschuldung gewähren die Gläubiger den Schuldnerländern mehr Zeit für die Schuldentilgung (Tilgungsstreckung) und/oder räumen ihnen nachträglich einen niedrigeren Zinssatz ein. Eine „harte" Umschuldung ist dagegen mit einem Schuldenerlass (Schuldenschnitt, haircut) verbunden. In diesem Fall verzichten die Gläubiger auf einen Teil ihrer Forderungen. Das bringt schlagartig eine sinkende Schuldenlast für das umschuldende Land mit sich. Ein solcher Schuldenerlass wurde im März 2012 für Griechenland vereinbart.

Haushaltskonsolidierung: Europäischer Fiskalpakt (Europäische Fiskalunion)

An der fehlenden Haushaltsdisziplin einiger Mitgliedsstaaten setzt der sogenannte Europäische Fiskalpakt (Europäische Fiskalunion) an. Dieser Pakt wurde im März 2012 von allen EU-Mitgliedern mit Ausnahme von Großbritannien und Tschechien unterzeichnet. Dadurch soll eine verstärkte Zusammenarbeit aller EU-Mitgliedsstaaten in Bezug auf öffentliche Ausgaben, Steuern und Abgaben bis hin zu einer in der Verfassung verankerten Schuldenbremse ermöglicht werden. Staaten, die sich nicht an die Haushaltsdisziplin halten und den gemeinsam vereinbarten Stabilitäts- und Wachstumspakt verletzen, sollen neben Strafzahlungen auch einen Teil ihrer Rechte zur Aufstellung des Staatshaushalts verlieren.

Ausgabe von Eurobonds

Durch die Einführung von sogenannten Eurobonds müsste sich nicht mehr jedes Mitglied der EWU alleine am Kapitalmarkt zu höchst unterschiedlichen Zinssätzen verschulden. Vielmehr würden die beteiligten Staaten gegen Ausgabe von gemeinsamen Schuldverschreibungen (Eurobonds) Kredite zu einem einheitlichen Zinssatz aufnehmen, die benötigten Kreditmittel untereinander zuteilen und gesamtschuldnerisch für die Zahlung von Zinsen und Tilgung haften. Da in diesem Fall die Staaten mit hoher Kreditwürdigkeit (z. B. Deutschland) für Staaten mit niedriger Kreditwürdigkeit (z. B. Portugal) haften, würde sich der Zinssatz für solche Euro-Bonds zwischen den Extremen einpendeln. Neben den

Zinserhöhungen für die kreditwürdigen EWU-Mitglieder wird an diesem Vorschlag insbesondere kritisiert, dass die Krisenländer durch die Vergemeinschaftung von Schulden und Zinsen keinen Anreiz mehr zur Sanierung ihrer Staatsfinanzen hätten. Eine Einführung solcher Eurobonds müsste daher mit verstärkten Kontrollen der EU zur Einhaltung von Verschuldungsgrenzen bis hin zur Möglichkeit, in die jeweiligen nationalen Staatshaushalte einzugreifen, verbunden sein.

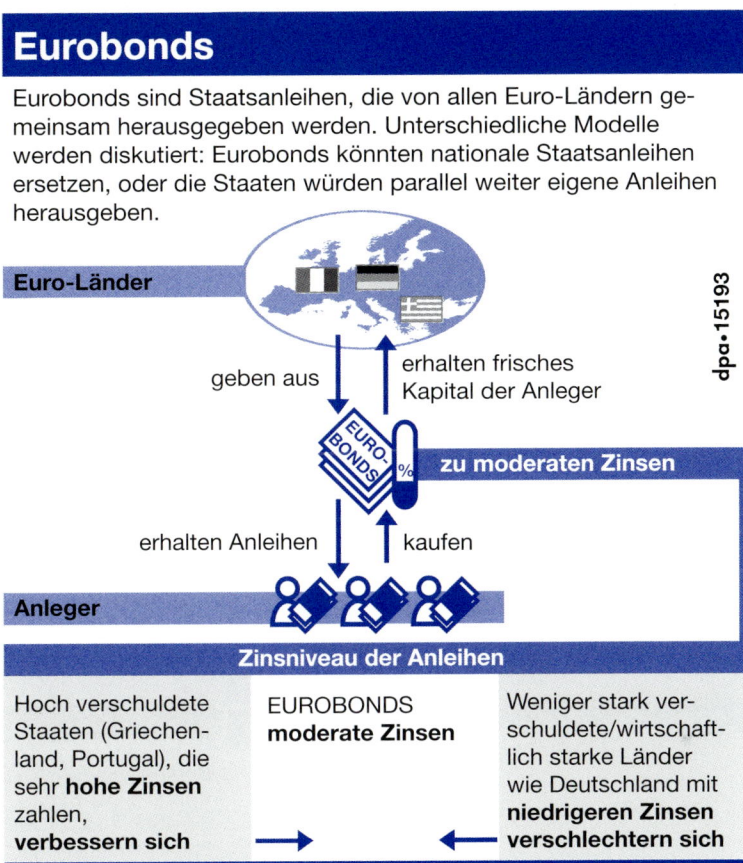

9.5 Beitrag der EZB zur Krisenbewältigung

Verbotene Staatsfinanzierung der EZB

Der EZB ist eine direkte Finanzierung von Euro-Staaten (z. B. Kauf von neu ausgegebenen Staatsanleihen eines Krisenstaates oder anderweitige direkte Kreditvergabe) verboten (Art. 21 ESZB-Satzung). Dieses strikte Verbot soll die Unabhängigkeit der EZB von staatlicher Einflussnahme wahren und die Inflationsgefahr, die mit einer Erhöhung der (Zentralbank-) Geldmenge einhergehen kann, abwenden. Wichtigste Aufgabe der EZB ist es vielmehr, mit geldpolitischen Mitteln für die Stabilität des Preisniveaus zu sorgen.

Umstrittener Ankauf von Staatsanleihen durch die EZB am Sekundärmarkt (Umlaufmarkt)

Zwischen einem (der EZB verbotenen) Kauf von Staatsanleihen bei der Erstausgabe (= Kauf am Primärmarkt bzw. Emissionsmarkt) und einem Kauf von bereits in Umlauf befindlichen Staatsanleihen (= Kauf am Sekundärmarkt bzw. Umlaufmarkt) bestehen wesentliche Unterschiede. Bei einem Primärmarktkauf stellt ein Investor direkt dem jeweiligen Staat Finanzierungsmittel als Kredit zur Verfügung und übernimmt gegen Zahlung einer Risikoprämie (= Zins) das Ausfallrisiko. Durch den Handel mit diesen Staatsanleihen am Sekundärmarkt bildet sich ein Preis (Kurs) für die Anleihen. Die Höhe dieses Preises spiegelt die Einschätzung der Marktteilnehmer wider, wie hoch das Ausfallrisiko ist.

Zwischen Mai 2010 und September 2012 hat die EZB am Sekundärmarkt oder direkt von gefährdeten Geschäftsbanken in Umlauf befindliche Staatsanleihen von Krisenstaaten im Wert von ca. 209 Mrd. Euro gekauft. Am 6. September 2012 kündigte die EZB an, bei Bedarf künftig Staatsanleihen der Krisen-Staaten „in unbegrenzter Höhe" am Sekundärmarkt zu kaufen. Voraussetzung dafür soll allerdings sein, dass das betreffende Land „unter den Euro-Rettungsschirm schlüpft" und die Auflagen des ESM (Europäischer Stabilitätsmechanismus) erfüllt.

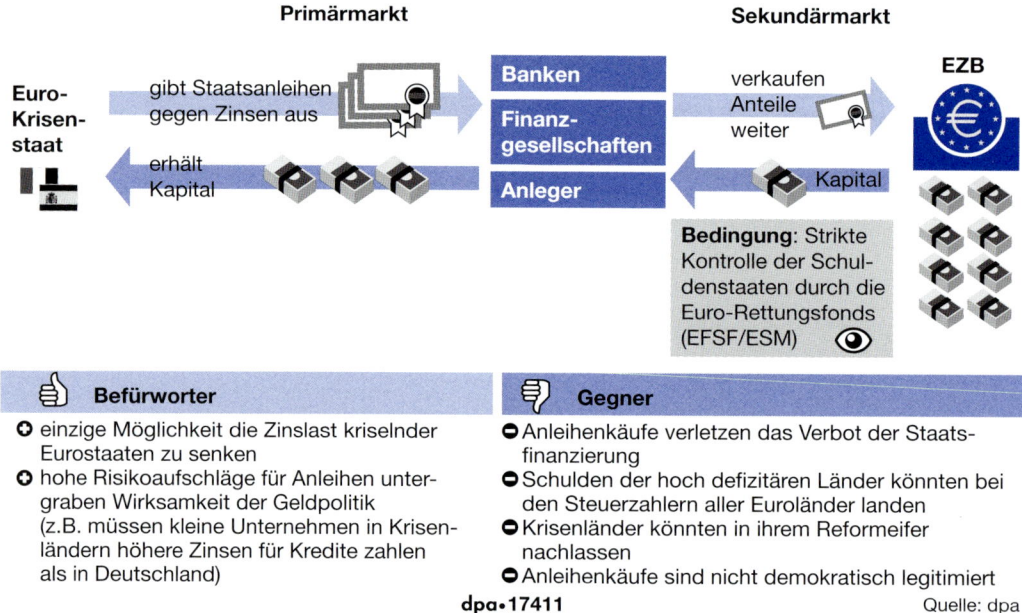

EZB will erneut Staatsanleihen kaufen

Durch den indirekten Kauf von Staatsanleihen mit einer Laufzeit von einem bis drei Jahren will die EZB die Anleihenzinsen der Euro-Krisenländer drücken.

Befürworter	**Gegner**
○ einzige Möglichkeit die Zinslast kriselnder Eurostaaten zu senken ○ hohe Risikoaufschläge für Anleihen untergraben Wirksamkeit der Geldpolitik (z.B. müssen kleine Unternehmen in Krisenländern höhere Zinsen für Kredite zahlen als in Deutschland)	⊖ Anleihenkäufe verletzen das Verbot der Staatsfinanzierung ⊖ Schulden der hoch defizitären Länder könnten bei den Steuerzahlern aller Euroländer landen ⊖ Krisenländer könnten in ihrem Reformeifer nachlassen ⊖ Anleihenkäufe sind nicht demokratisch legitimiert

dpa•17411   Quelle: dpa

Der Ankauf von Anleihen am Sekundärmarkt ist der EZB grundsätzlich erlaubt, wenn dies der Erreichung ihrer Ziele und der Erfüllung ihrer Aufgaben dient (Art. 18 der ESZB-Satzung). Auch die ehemalige Deutsche Bundesbank hat seinerzeit mehrfach im Rahmen der Offenmarktpolitik Staatsanleihen am Sekundärmarkt gekauft. Die EZB verteidigt diese Maßnahme daher mit dem Hinweis, dass der Ankauf von Anleihen gemäß Art. 18 der ESZB-Satzung zum geldpolitischen Instrumentarium der EZB gehört und der Vereinheitlichung des Zins-niveaus in der Eurozone dient. Um Rezessions- und Deflationsgefahren mit geldpolitischen Mitteln zu bekämpfen kann eine solche Maßnahme im Rahmen einer expansiven Geld-politik tatsächlich sinnvoll sein.[1] Im vorliegenden Fall ist aber strittig, ob es sich wirklich um eine geldpolitische Maßnahme zur Erreichung der EZB-Ziele (vorrangiges Ziel: Preisniveaustabilisierung) oder um eine (unzulässige) finanzpolitische Maßnahme zur Staatsfinanzierung handelt. Der Ankauf von Anleihen durch die EZB am Sekundärmarkt bewirkt zwar keinen Geldzufluss an die Krisenstaaten. Allerdings sinken dadurch die Zinsen am Anleihenmarkt, so dass die Ausgabe neuer Staatsanleihen zu günstigeren Zin-sen erfolgen kann. Außerdem soll den Anlegern durch die Ankündigung eines Ankaufs in „unbegrenzter Höhe" signalisiert werden, dass für sie kein Ausfallrisiko besteht, das einen erhöhten Zinssatz (Risikozuschlag) rechtfertigt. Wenn aber die Krisenstaaten tatsächlich am Fälligkeitstag die von der EZB aufgekauften Anleihen nicht oder nicht in vollem Umfang tilgen können (oder bereits vorher ein Schuldenerlass/Schuldenschnitt vereinbart wurde), erleidet die EZB Verluste in entsprechender Höhe, da der Wert der angekauften Anleihen gesunken ist und im Extremfall 0 Euro beträgt. Diese Verluste müssen von den nationalen Zentralbanken (Deutschland: Deutsche Bundesbank) entsprechend ihrem Anteil am Ei-genkapital der EZB getragen werden (z. B. Deutsche Bundesbank 27,15 %). Dadurch kön-nen die nationalen Zentralbanken entsprechend weniger (oder gar keine) Gewinne an den jeweiligen Staatshaushalt abführen. Letztlich werden dadurch die Bürger der Euro-Staaten belastet, da diese Einnahmeausfälle durch sinkende staatliche Ausgaben (= Verzicht auf staatliche Leistungen) und/oder Steuererhöhungen ausgeglichen werden müssen.

In dem geplanten Vorgehen, nur Staatsanleihen solcher Krisenstaaten anzukaufen, die die Bedingungen des ESM erfüllen, sehen Kritiker zudem einen Verstoß gegen die in Art. 7 der ESZB-Satzung festgelegten Unabhängigkeit der EZB. Die EZB würde dann nämlich ihre Entscheidungen nicht mehr frei treffen, sondern von der Erfüllung der Auflagen des ESM und den finanzpolitischen Maßnahmen der Schuldnerstaaten abhängig machen. Im Juni 2015 hat allerdings der Europäische Gerichtshof den Kauf von Staatsanleihen durch die EZB für zulässig erklärt.

Inflationsgefahr durch den Ankauf von Staatsanleihen durch die EZB?

Im Zusammenhang mit den Anleihekäufen der EZB am Sekundärmarkt wird häufig auf die damit einhergehenden Inflationsgefahren hingewiesen. Wenn die EZB Anleihen kauft, steigt nämlich im Gegenzug die Zentralbankgeldmenge, auf deren Basis die Geschäfts-banken weiteres Geld in Form von Krediten schaffen können. Durch die für die Anleihen anfallenden Zins- und Tilgungszahlungen an die EZB sinkt die Zentralbankgeldmenge zu einem späteren Zeitpunkt aber wieder.

Nur wenn zwischenzeitlich die erhöhte Geldmenge nachfragewirksam verwendet wird und dadurch die Preise für Güter des Warenkorbs, der dem Verbraucherpreisindex zugrun-de liegt, steigen, führt die Geldmengenerhöhung tatsächlich zu inflationären Tendenzen. Allerdings ist auch in vergangenen Jahren die Geldmenge in der Eurozone zeitweise er-heblich gestiegen, ohne dass es zu übermäßigen Preisniveausteigerungen kam. Das war einerseits dadurch bedingt, dass die Produktionskapazitäten im Euro-Raum nur unterdurch-schnittlich ausgelastet waren und somit eine Mehrproduktion ohne Preissteigerungen

---

[1]   Auch die englische und die amerikanische Zentralbank haben zur Bekämpfung der Finanzmarktkrise solche außergewöhnlichen Anleihenkäufe, die eine Geldmengenerhöhung zum Ziel haben, in größerem Umfang prak-tiziert.

möglich war. Andererseits wurde die erhöhte Geldmenge nicht vorrangig für Güter des Warenkorbs, sondern für Kapitalanlagen verwendet. Es muss daher zwischen den Preisen für Güter des Warenkorbs einerseits und Vermögenspreisen andererseits unterschieden werden. In letzter Zeit zeichnet sich insbesondere auf dem deutschen Immobilienmarkt eine verstärkte Nachfrage mit entsprechenden Preissteigerungen ab („Blasenbildung"). Aber nur wenn der Immobilienboom zu steigenden Mieten führt, steigt dadurch auch das Verbraucherpreisniveau. Andererseits hat die Erhöhung der Zentralbankgeldmenge die Geschäftsbanken bisher nicht zu einer wesentlichen Erhöhung der Kreditvergabe für die Privatwirtschaft veranlasst. Da die Geschäftsbanken solche Kredite inzwischen zunehmend auch mit Eigenkapital absichern müssen, erscheint ihnen eine Kreditvergabe derzeit zu risikoreich. Daraus ergibt sich die gegenwärtig zu beobachtende Situation, dass zwar die Geldmenge steigt, ohne dass dies aber bisher eine deutliche Erhöhung des Preisniveaus zur Folge hatte. Es ist allerdings nicht auszuschließen, dass irgendwann das Missverhältnis zwischen Zentralbankgeld, Schulden und Bruttoinlandsprodukt so groß wird, dass eine sogenannte „Ketchup-Inflation" droht. Wie bei einer Ketchupflasche, die man schüttelt, kommt zuerst nichts heraus und dann ein ganzer Schwall, den man nicht aufhalten kann. Ähnlich kann es sich mit der Inflation verhalten. Wenn sie tatsächlich kommt, wird die EZB sie kaum mit Hilfe ihrer geldabschöpfenden Instrumente (z. B. Verkauf von Staatsanleihen) oder über massive Zinserhöhungen aufhalten können.

Im Hinblick auf die sich 2014 in der Euro-Zone abzeichnende Deflationsgefahr (die Inflationsrate war im Dezember 2014 mit – 0,2 % erstmals seit fünf Jahren negativ) plant die EZB als Gegenmaßnahme den Aufkauf von Staatsanleihen von Mitgliedsstaaten. Dabei geht es nicht um die Verbesserung der Kreditwürdigkeit von Krisenländern, sondern um die Erhöhung der Geldmenge zur Ankurbelung der Konjunktur und Inflationsförderung. Diese als „Quantitative Lockerung" (quantitive easing) bezeichnete Art der expansiven Geldpolitik, die dann zur Anwendung kommt, wenn keine weiteren Leitzinssenkungen mehr möglich sind, ist unter Wirtschaftswissenschaftlern und Politikern der Euro-Zone höchst umstritten.

9.6   Europäischer Stabilitätsmechanismus (ESM)

Zweck und Kapitalausstattung des ESM

Zur Aufrechterhaltung der Zahlungsfähigkeit der Krisenstaaten und ihrer Banken haben die Euro-Staaten 2012 den „Europäischen Stabilitätsmechanismus" (ESM, *European Stability Mechanism*) geschaffen.

Der ESM ist mit einem Stammkapital von 700 Mrd. Euro ausgestattet. Dieser Betrag wird von den Euro-Staaten anteilig aufgebracht (Deutschland: 27,15 % = 190 Mrd. Euro). Von diesem Gesamtbetrag werden 80 Mrd. Euro (Deutschland 22 Mrd. Euro) in fünf Raten in den Fonds eingezahlt. Über die restlichen 620 Mrd. Euro (Deutschland 168 Mrd. Euro) geben die Euro-Staaten Garantien, die im Bedarfsfall vom EMS eingefordert werden können.

In gegenseitigem Einvernehmen sollen aus diesem Fonds unter bestimmten Bedingungen zahlungsunfähigen Mitgliedstaaten der Eurozone Kredite gewährt werden.

Umfang der Kreditvergabemöglichkeit durch den ESM

Auf der Basis dieser Kapitalausstattung soll der ESM maximal 500 Mrd. Euro Kredite an die Krisenstaaten vergeben Die für die Finanzierungshilfen nötigen Mittel soll sich der ESM durch Ausgabe eigener Anleihen am Kapitalmarkt beschaffen. Aufgrund der Garantien der Euro-Staaten und der „Übersicherung" in Höhe von 200 Mrd. Euro (Kapitalausstattung 700 Mrd. Euro – maximales Kreditvolumen 500 Mrd. Euro = 200 Mrd. „Übersicherung") soll gewährleistet werden, dass der ESM von den Ratingagenturen die höchste Bonitätsstufe (AAA) erhält und sich somit im Bedarfsfall durch die Ausgabe eigener Anleihen zinsgünstige Finanzierungsmittel auf dem Kapitalmarkt beschaffen kann.

Voraussetzungen und Formen der Hilfen durch den ESM

Ein Krisenstaat kann unter bestimmten Voraussetzungen Hilfe beim ESM beantragen. Eine sog. „Troika" (= Gremium mit Vertretern der EU-Kommission, der Europäischen Zentralbank und des Internationalen Währungsfonds) beurteilt, ob eine solche Hilfe möglich bzw. nötig ist und überwacht ggf. die Einhaltung der Bedingungen (u. a. Ratifizierung des Fiskalpakts mit Schuldenbremse usw., Reform- und Anpassungsmaßnahmen, „Strukturreformen", ...).

Die Hilfe des ESM kann in folgender Form erfolgen:

- direkte (vorsorgliche) Kredite an Krisenstaaten: Den Krisenstaaten wird – ähnlich wie bei einem Dispositionskredit für Privatpersonen – vorsorglich ein Kreditlimit eingeräumt, ohne dass zwingend auf diesen Kredit zugegriffen wird. Damit sollen die Anleger beruhigt werden, indem ihnen signalisiert wird, dass eine Zahlungsunfähigkeit dieses Staates unwahrscheinlich ist. Gelingt die Beruhigung, wird der Kredit im Idealfall nie abgerufen.

- Finanzhilfen an einzelne Banken der Krisenstaaten. Die bisherige Fassung des ESM-Vertrags sieht vor, dass diese Hilfen nicht direkt den betroffenen Banken zufließen, sondern als Kredite an den jeweiligen Krisenstaat (mit entsprechender Erhöhung der Staatsverschuldung) gewährt werden. Durch Änderung von Art. 19 des ESM-Vertrags ist aber später eine direkte Unterstützung der Banken nicht ausgeschlossen. Die Bundesregierung will solchen Direkthilfen erst zustimmen, wenn die beschlossene europäische Bankenaufsicht funktionsfähig ist.

- Kauf von Staatsanleihen der Krisenstaaten zu niedrigen Zinsen am Primärmarkt (= Kauf von neu ausgegebenen Anleihen mit der Folge eines direkten zinsgünstigen Geldzuflusses an die Krisenstaaten)

- In Ausnahmefällen: Kauf von Staatsanleihen der Krisenstaaten am Sekundärmarkt zur Zinsberuhigung und Senkung des Zinsniveaus.

Kritik am ESM

Die Möglichkeiten, durch einen solchen „Rettungsschirm" die Krise zu beheben, werden höchst unterschiedlich eingeschätzt. Kritiker vermuten, dass weder der bisherige Rettungsfonds noch weitere Bürgschaften ausreichen, um die Probleme zu lösen. Sie sehen vielmehr die Gefahr, dass sich durch diese Maßnahmen (wie auch durch den Ankauf von Staatsanleihen durch die EZB) die Währungsunion in eine **Transferunion** mit deutlich höheren Nettozahlungen der Geberländer als bisher verwandelt. Aus ihrer Sicht wird durch den EMS insbesondere das Grundproblem nicht gelöst, dass einzelne Staaten immer neue Mittel und Wege finden, um die Verschuldungsregeln zu umgehen.

Euro-Rettung im Gesamtzusammenhang

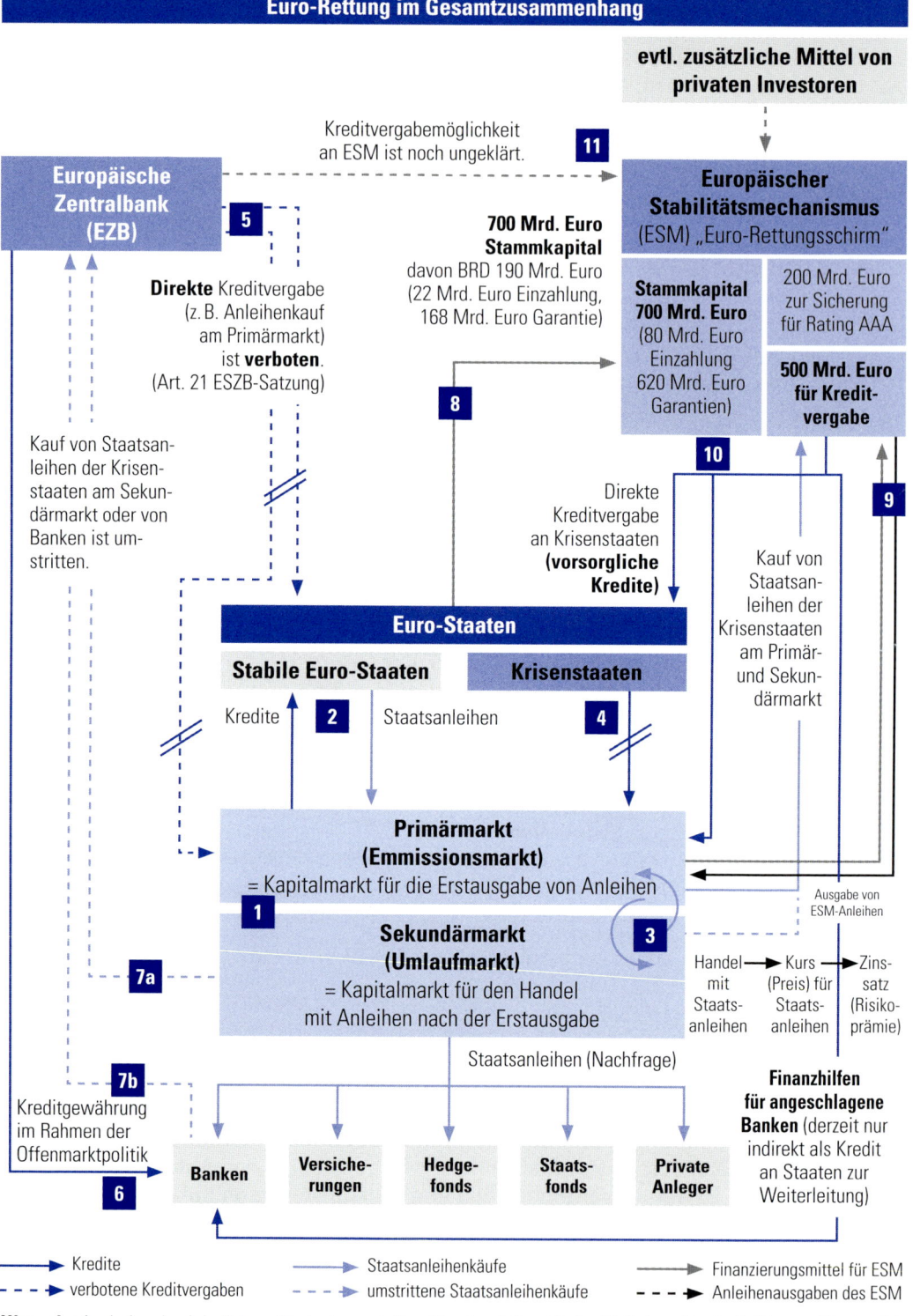

Hinweis: Auch den durch hellblaue Pfeile dargestellten Staatsanleihenkäufen fließt jeweils ein Geldstrom (Kaufpreis) entgegen, der aber aus Gründen der Übersichtlichkeit vernachlässigt wurde.

Erläuterungen zu den Nummerierungen in der Grafik

(1) Begriffsabgrenzung: Finanzmarkt – Kapitalmarkt – Primärmarkt – Sekundärmarkt

Finanzmarkt ist ein Oberbegriff für internationale Märkte, an denen Kredite, Wertpapiere, Devisen und andere Finanzinstrumente (Derivate) gehandelt werden. Staatsanleihen (und andere Wertpapiere) werden auf dem **Kapitalmarkt** (= Finanzmarkt für mittel- und langfristige Kapitalbeschaffung) gehandelt. Der **Primärmarkt** (Emissionsmarkt) ist der Kapitalmarkt für die Erstausgabe von Wertpapieren. Der **Sekundärmarkt** (Umlaufmarkt) ist der Kapitalmarkt für den Handel mit bereits in Umlauf befindlichen Wertpapieren.

(2) Staatsverschuldung durch Ausgabe von Staatsanleihen am Primärmarkt

Staaten verschulden sich durch Kreditaufnahme gegen Ausgabe von Anleihen (= festverzinsliche Wertpapiere in Form von Schuldverschreibungen). Die **Erstausgabe** solcher **Staatsanleihen** erfolgt am **Primärmarkt** (Emissionsmarkt). Dadurch fließt den Schuldnerstaaten „frisches" Geld in Form neuer Kredite zu. Ob aber Investoren bereit sind, diese Anleihen zu kaufen und entsprechende Kredite zu gewähren, hängt im Wesentlichen von der Höhe des gebotenen Zinssatzes ab. Für die von den Investoren erwartete Zinshöhe ist neben der Kreditsumme und der Laufzeit insbesondere die Kreditwürdigkeit des Staates und damit das vom Investor zu tragende Risiko entscheidend. Je länger die Laufzeit der Anleihe und je höher das Risiko einer Zahlungsunfähigkeit des betreffenden Staates, desto höher ist der von den Investoren geforderte Risikoaufschlag in Form erhöhter Zinsen.

> **Beispiel:**
> Bei einem Nominalzins von 4 % muss der Schuldnerstaat dem jeweiligen Inhaber einer Staatsanleihe mit einem Nominalwert von 100 Euro jährlich 4 Euro Zinsen bezahlen.

(3) Handel mit Staatsanleihen am Sekundärmarkt

Die bereits in **Umlauf** befindlichen Anleihen können **zwischen Kapitalanlegern** am **Sekundärmarkt** (Umlaufmarkt) gehandelt werden. Den **Schuldnerstaaten** fließt dadurch aber **kein Geld** zu. Vielmehr bildet sich am Sekundärmarkt durch Angebot und Nachfrage ein Preis (Kurs) für die Anleihen. Das Verhalten der Kapitalanleger (Anbieter und Nachfrager) wird maßgeblich durch folgende Faktoren beeinflusst:

- Zinsentwicklung für gleichartige Anlageformen am Kapitalmarkt (allgemeines Zinsniveau),

- Kreditwürdigkeit des Schuldnerlandes, die sich möglicherweise während der Laufzeit der Anleihen verändert

- Restlaufzeit der Anleihen.

Von dem sich am Kapitalmarkt ergebenden Kurs hängt die tatsächliche Verzinsung (Effektivzins, Rendite) der Anleihen ab. Dabei lassen sich zwei Fälle unterscheiden.

a) Die Nachfrage nach der Anleihe nimmt zu, weil neuen Anlegern (= Nachfrager) die Nominalverzinsung (z. B. 4 %) vergleichsweise günstig erscheint und/oder weil das Ausfallrisiko (Zahlungsunfähigkeit des Schuldners) vergleichsweise gering eingeschätzt wird. Die bisherigen Inhaber der Anleihe (Anbieter) sind aber nur bereit, diese zu einem höheren als dem ursprünglichen Preis zu verkaufen. Der Preis (Kurs) für die Anleihe steigt. Dadurch sinkt für die neuen Anleger die tatsächliche Verzinsung (Effektivzins, Rendite).

> **Beispiel:**
> Aufgrund der erhöhten Nachfrage muss ein Anleger (Nachfrager) am Sekundärmarkt für eine Anleihe mit einem Nominalwert von 100 Euro und einem Zinssatz von 4 % jetzt 105 Euro bezahlen (= Kurswert). Dafür erhält er vom Schuldner jährlich 4,00 Euro Zinsen. Wegen des von 100 Euro auf 105 Euro gestiegenen Kurses hat sich die tatsächliche Verzinsung aber verringert:
> 4 Euro Zinsen × 100 / 105 Euro Kapitaleinsatz = 3,81 % Rendite

b) Das Angebot für die Anleihe nimmt zu, weil den bisherigen Anlegern (= Anbieter) die Nominalverzinsung (z. B. 4 %) inzwischen vergleichsweise ungünstig erscheint und/oder das Ausfallrisiko (Zahlungsunfähigkeit des Staates) vergleichsweise höher eingeschätzt wird. Die neuen Anleger (Nachfrager) sind aber nur bereit, diese Anleihen zu einem niedrigeren als dem ursprünglichen Preis zu kaufen. Der Preis (Kurs) für die Anleihe sinkt. Dadurch steigt die tatsächliche Verzinsung (Effektivzins, Rendite).

> **Beispiel:**
> Aufgrund des erhöhten Angebots kann ein Anleger (Nachfrager) am Sekundärmarkt eine Anleihe mit einem Nominalwert von 100 Euro und einem Zinssatz von 4 % jetzt für 95 Euro kaufen (= Kurswert). Dafür erhält er vom Schuldner jährlich 4,00 Euro Zinsen. Wegen des von 100 Euro auf 95 Euro gesunkenen Kurses hat sich die tatsächliche Verzinsung aber erhöht:
> 4 Euro Zinsen × 100 / 95 Euro Kapitaleinsatz = 4,21 % Rendite

Die sich aus dem Nominalzinssatz und dem Kurs ergebende aktuelle **Rendite** der **umlaufenden Anleihen** ist Orientierungsgröße für den Zinssatz, mit dem zum gegenwärtigen Zeitpunkt neu auszugebende Anleihen mindestens ausgestattet sein müssen, damit sie am Primärmarkt verkäuflich sind.

(4) Probleme der Krisenstaaten bei der Neuverschuldung am Kapitalmarkt

Einige Euro-Staaten haben aufgrund der steigenden Verschuldung ihre Kreditwürdigkeit eingebüßt, so dass die Ausgabe neuer Staatsanleihen zu tragbaren Zinsen nicht mehr möglich ist (z. B. Griechenland). Seit 2010 benötigen diese Krisenstaaten Finanzhilfen zur Vermeidung einer Staatsinsolvenz.

(5) Verbotene Staatsfinanzierung der EZB

Der EZB ist eine direkte Finanzierung von Euro-Staaten (z. B. Kauf von Staatsanleihen am Primärmarkt oder anderweitige Kreditvergabe) verboten (Art. 21 ESZB-Satzung).

(6) Zinsgünstige Kredite der EZB an die Geschäftsbanken im Rahmen der Offenmarktpolitik

Die EZB stellt im Rahmen der Offenmarktpolitik als außergewöhnliche Maßnahme den Geschäftsbanken zinsgünstige Kredite (z. B. 1 % Zinsen bei einer Laufzeit von 3 Jahren) mit der Erwartung zur Verfügung, dass die Geschäftsbanken damit Staatsanleihen kaufen und so zur Zinssenkung beitragen. Verpflichtet sind die Geschäftsbanken dazu allerdings nicht.

(7) Kauf von Staatsanleihen am Sekundärmarkt durch die EZB

Zwischen Mai 2010 und September 2012 hat die EZB am Sekundärmarkt oder direkt von gefährdeten Geschäftsbanken in Umlauf befindliche Staatsanleihen von Krisenstaaten im Wert von ca. 209 Mrd. Euro gekauft. Am 06. September kündigte die EZB an, bei Bedarf künftig Staatsanleihen der Krisen-Staaten „in unbegrenzter Höhe" am Sekundärmarkt zu kaufen.

(8) Euro-Rettungsschirm: Europäischer Stabilitätsmechanismus (ESM)

Zur Aufrechterhaltung der Zahlungsfähigkeit der Krisenstaaten und ihrer Banken haben die Euro-Staaten 2012 den „Europäischen Stabilitätsmechanismus" (ESM, European Stability Mechanism) geschaffen.

(9) Umfang der Kreditvergabemöglichkeit durch den ESM

Die für die Finanzierungshilfen nötigen Mittel soll sich der ESM durch Ausgabe eigener Anleihen am Kapitalmarkt beschaffen. Aufgrund der Garantien der Euro-Staaten und der „Übersicherung" in Höhe von 200 Mrd. Euro (Kapitalausstattung 700 Mrd. Euro – maximales Kreditvolumen 500 Mrd. Euro = 200 Mrd. Euro „Übersicherung") soll gewährleistet werden, dass der ESM von den Ratingagenturen die höchste Bonitätsstufe (AAA) erhält und sich somit im Bedarfsfall durch die Ausgabe eigener Anleihen zinsgünstige Finanzierungsmittel auf dem Kapitalmarkt beschaffen kann.

(10) Voraussetzungen und Formen der Hilfeleistungen durch den ESM

Ein Krisenstaat kann unter bestimmten Voraussetzungen Hilfe beim ESM beantragen. Eine sog. „Troika" (= Gremium mit Vertretern der EU-Kommission, der Europäischen Zentralbank und des Internationalen Währungsfonds) beurteilt, ob eine solche Hilfe möglich bzw. nötig ist und überwacht ggf. die Einhaltung der Bedingungen (u. a. Ratifizierung des Fiskalpakts mit Schuldenbremse usw., Reform- und Anpassungsmaßnahmen, „Strukturreformen", …).

Ein Krisenstaat kann unter bestimmten Bedingungen Hilfe des ESM in verschiedener Form erhalten.

(11) Ungeklärte Fragen

Ungeklärt ist noch, ob der ESM

- ■ wie eine Geschäftsbank Kredite bei der EZB aufnehmen können soll,

- ■ zusätzliche Mittel privater Investoren und institutioneller Anleger (z. B. Hedgefonds, Pensionskassen, …) aufnehmen können soll, um die Kreditvergabemöglichkeit auf bis zu 2.000 Mrd. Euro zu erhöhen. Um solchen Anlegern einen Anreiz zu bieten, soll der ESM deren Risiken teilweise absichern. Die größten Risiken (z. B. die ersten 30 % eines möglichen Forderungsverlustes bei einem Schuldenschnitt für einen der Krisenstaaten) werden dabei aus dem Stammkapital des ESM getragen.